北京朝阳年鉴

BEIJING CHAOYANG NIANJIAN

2011

北京市朝阳区地方志编纂委员会

中 华 书 局

图书在版编目（CIP）数据

北京朝阳年鉴 .2011/北京市朝阳区地方志编纂委员会编 .
－北京：中华书局，2011.12
ISBN 978－7－101－08385－9

Ⅰ.北…　Ⅱ.北…　Ⅲ.朝阳区－2011－年鉴
Ⅳ.Z521.3

中国版本图书馆 CIP 数据核字（2011）第 236968 号

责任编辑：金　锋

北京朝阳年鉴 2011

北京市朝阳区地方志编纂委员会编

*

中　华　书　局　出　版

（北京市丰台区太平桥西里 38 号　100073）

http://www.zhbc.com.cn

E-mail:zhbc@zhbc.com.cn

廊坊市金虹宇印务有限公司印刷

*

787×1092　1/16　42.5 印张　44 插页　1 404 千字

2011 年 12 月第 1 版　2011 年 12 月第 1 次印刷

印数：1－3200 册　定价：180.00 元

ISBN 978－7－101－08385－9

北京市朝阳区地方志编纂委员会

顾　问　陈　刚

主　任　程连元

副主任　陈宏志　谢　莹　于五一　张立新(常务)
郑　煌　关三多

委　员　苑文新　朱春霞　刘军胜　宿静美　邓献云
王小毛　苏　民　杨树旗　黄　亮　李惠芳
金宏图　尹秀峰　刘　凯　黄　敏　张永新
孙其军　王文远　朱柏成　张　勇　吴凤岐
黄晓伟　王先勇　史素珍　李　辉　马　龙
王爱录　吕明杰　王春平　邹立嵩　申玺朝
王雪梅

《北京朝阳年鉴》编辑部

主　　编　程连元

常务副主编　张立新

副 主 编　邓献云　王维成

执行副主编　赵万顺

编　　辑　党京华　王凤梅　胡永刚　赵　思　姜为田

编 辑 说 明

一、《北京朝阳年鉴》(2011) 是在中共北京市朝阳区委和朝阳区人民政府领导下，由朝阳区地方志编纂委员会主持编纂的综合性资料性工具书。

二、本年鉴以马列主义、毛泽东思想、邓小平理论和“三个代表”重要思想为指导，深入贯彻落实科学发展观，坚持党的基本路线，实事求是地反映客观情况。

三、本年鉴从2005年开始逐年编纂出版。当年出版的年鉴记述上一年朝阳区在政治、经济、文化、社会各个领域各项事业发展变化的基本情况和发生的大事、要事、新事及有影响的新建设、新成就、新进展、新经验。为各级领导决策提供可资参考的依据，为各行各业提供有价值的资料，为各方面人士了解朝阳、研究朝阳提供信息。

四、本年鉴以记述朝阳区属各系统各单位情况为主，适当记述辖域内中央、市属单位情况，突出主体又概括全貌。

五、本年鉴文字内容设大事记、特载、专文、政党团体、政权政协、政法军事、产业商贸旅游、农业水利气象、功能区建设、综合经济管理、财政税务金融、城市建设、城市管理、科技教育、文化体育卫生、社会生活、地域、人物、统计资料、附录共20个一级栏目。除大事记、特载、专文、人物、统计资料、附录外，其余均为条目体，下设二级栏目，二级栏目下设分目，分目下设条目。

六、本年鉴反映2010年1月1日至12月31日的情况，文内一般直书月、日、年内，不再书写年份。

七、本年鉴所用文稿，均由区属各部门各单位和驻区有关单位专人撰写或提供，并经主管负责人审核。统计数字由朝阳区统计局提供。图片由各有关单位提供。

八、本年鉴由《北京朝阳年鉴》编辑部负责编辑，编辑部设在朝阳区地方志编纂委员会办公室。在编辑出版工作中，得到全区各部门各单位的大力支持和帮助，在此一并表示衷心感谢。年鉴中存在的不足和疏漏之处，恳请读者批评指正。

12月29日，中共中央总书记、国家主席胡锦涛在朝阳区丽景园小区考察民生工作

8月23日，中共中央政治局常委、国家副主席习近平到朝阳区视察

8月13日，中共中央政治局常委、国务院副总理李克强考察本区保障性住房建设

2月8日，中共中央政治局常委、中央政法委书记周永康视察平房地区综治维稳中心

中共中央政治局委员、中央政法委副书记王乐泉到亚运村街道综治维稳中心调研社会管理创新工作

中共中央政治局委员、市委书记刘淇，市长郭金龙到来广营视察北苑村拆迁情况

国务委员、公安部长孟建柱检查指导巡控工作

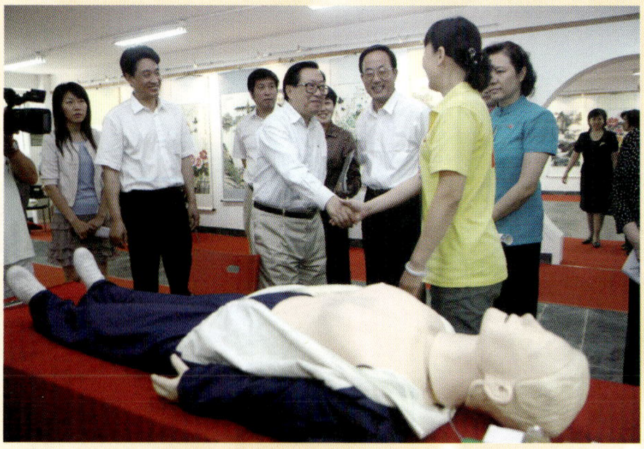

全国人大常委会副委员长、中国红十字会会长华建敏视察CBD红十字协会

全国妇联和中国家庭文化研究会领导到高碑店村考察

市人大常委会主任杜德印慰问离休老干部

市政协主席阳安江来区调研流动人口管理服务情况

市委副书记王安顺到南郎社区警务工作室考察调研

市委常委梁伟调研“一刻钟社区服务圈”建设工作

市委常委、统战部长牛有成听取土储等工作汇报

国家统计局局长马建堂到大屯街道慧忠里第二社区检查指导人口普查工作

水利部副部长刘宁、副市长夏占义视察水务建设工程

副市长苟仲文到黑桥村视察防煤气中毒试点工作

民政部副部长孙绍骋慰问革命伤残军人

国家质检总局副局长孙大伟检查太阳宫热电公司特种设备

副市长丁向阳体验社区服务热线系统

中共北京市朝阳区委十届十一次全体（扩大）会议

朝阳区第十四届人民代表大会第五次会议

政协北京市朝阳区第十一届委员会第五次会议

区委书记陈刚调研环境整治工作

区人大常委会主任王力军调研民生改善

区长程连元检查禁限放工作

区政协主席辛燕琴视察土地储备工作

区人大代表创建文明城区签字活动

区人大代表接待选民

区人民政协理论与实践研究会成立

区政协委员调研CBD规划发展

朝阳区“两会”组织人大代表询问和政协委员咨询活动

区委书记陈刚与民主党派负责人亲切交谈

区委副书记、区长程连元与区政协委员亲切交谈

区人大常委会主任王力军、区政协主席辛燕琴参加区“两会”询问活动

两会咨询活动

武汉市党政代表团参观建外街道指挥中心

中央党校学员在大望京公园参观考察

民政部等八部委有关领导到梵谷水郡社区，考察社区服务中心

市纪委工作人员参观团结湖街道廉政书法作品

“两岸青年创业创新高端论坛”在望京科技创业园举行

中共中央党校“老挝班”到崔各庄乡何各庄村考察调研

孟加拉国生殖健康和妇幼保健代表团考察流动人口计划生育工作

韩国首尔红十字会到区老年病医院考察

土耳其政府官员参观崔各庄乡何各庄村

区青联接待韩国首尔江南区青少年访问交流团

庆祝建党89周年，群众心目中的好党员颁奖晚会

党员重温入党誓词

十八里店乡周庄村村民投票选举新一届村党总支

朝外地区社会建设协调委员会成立

为社区流动党员服务站授牌

科级干部竞聘答辩演讲

市民参与全国文明城区创建

社区居民在创建全国文明城区横幅上签字承诺

姚家园村小志愿者参加创建全国文明城区助残活动

以劳模命名的职工志愿服务队誓师成立

文明传递社区行

文明乘车监督员、社会志愿者、文明小使者发出倡议，从文明乘车做起，参与全国文明城区创建

争做文明小天使

小小排队文明引导员学习使用旗语

为小朋友佩戴做文明有礼北京人的胸牌

设立社情民意箱

开展创建全国文明城区宣传活动

“心系国策、共建文明”书画、摄影展

“与共和国将军回首那如歌的岁月”红歌会，老将军现场题字“创文明我行”

大学生村官向乘客宣传文明城区创建工作

区慈善协会为失能老人送救助券

社区老年合唱队

党员“一卡通”双向服务活动

共产党员献爱心捐款

为玉树地震灾区捐款

平房地区村民为灾区捐款

为西南旱灾捐款

亚运村中心幼儿园的小朋友为玉树地震灾区捐款

“心系玉树 大爱无疆”朝阳、崇文书画家作品义卖

警民携手筑平安

公安分局接受群众赠送锦旗

社区普法知识竞赛

奥林匹克公园派出所揭牌

区检察院与龙爪树村开展共建活动

区法院召开“一体化审判管理”新闻发布会

2010北京CBD国际商务节开幕

2010北京CBD国际商务节掠影

2010北京CBD国际商务节掠影

2010北京CBD国际商务节掠影

2010北京CBD国际商务节掠影

2010北京CBD国际商务节掠影

第六次全国人口普查启动仪式

人口普查入户登记相关信息

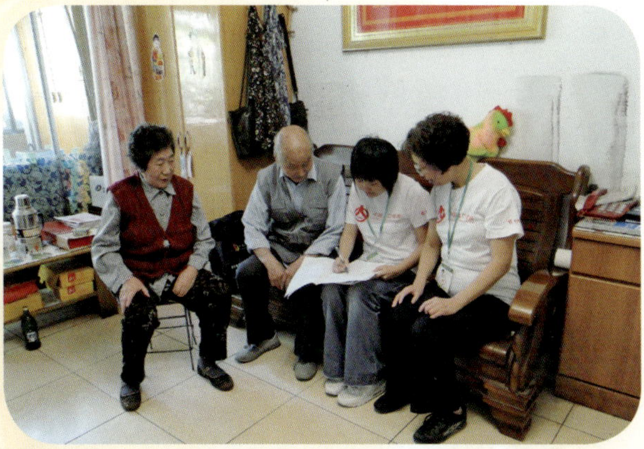

人口普查员入户普查

安全生产月宣传咨询日

安全生产监督员深入工地检查安全生产

检查消防器具

大型联合消防疏散演习

商务楼宇消防安全运动会

消防安全教育从娃娃抓起

交通管理服务进商务楼宇

公共服务进楼宇

成立社会工作事务所

大望社区“爱心商业联合会”成立

社区居民向街道送锦旗

定福家园南社区成立“爱心互助会”

双井街道“社区便民小巴士”解决居民最后一公里出行难问题

老旧社区改造，华严北里社区实现通邮到户

"新鲜星期六"食品进社区

农业走进城市

无土栽培芽苗菜受欢迎

东湖、来广营以城带乡签约仪式

首届朝阳中老年模特大赛在朝阳规划艺术馆举行

朝阳规划艺术馆"T空间"背景

第六届"温暖行动在朝阳"启动仪式

发放社会保障卡

第一批"小帮手"手机发放到老人、残疾人手中

居民领到首批"一老一小"社保卡

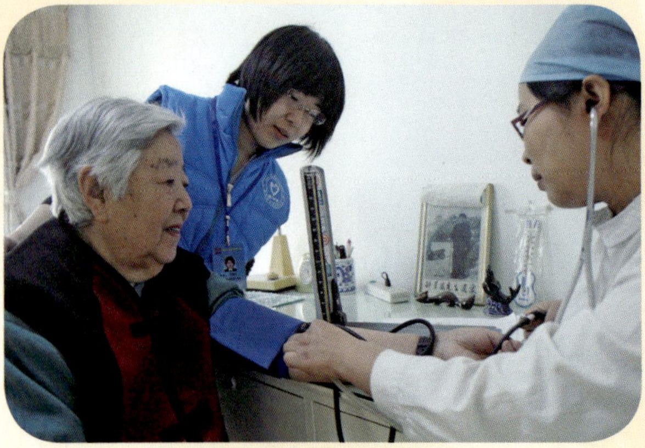

阳光接力为老服务

中复电讯公司捐款助学

来广营地区新添加的老年餐桌投入使用

看望慰问将过生日的老人

情暖相依和谐劲松 七夕金婚庆典

社区老年餐桌

区第一福利中心老人手工活动

新源里社区为老人集体祝寿

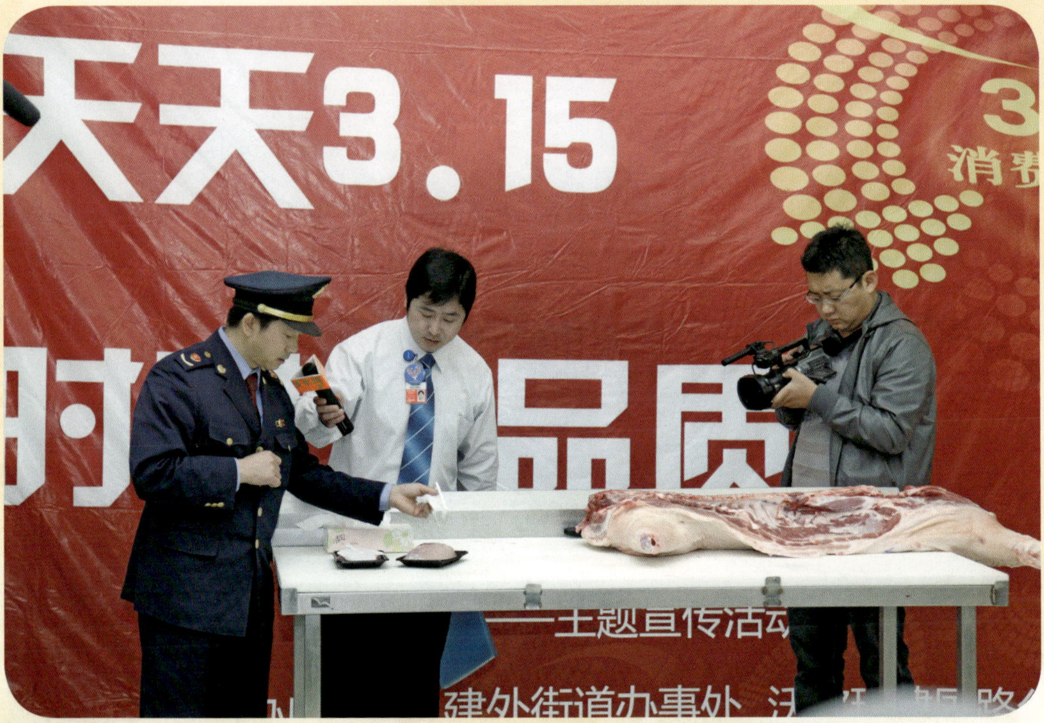

“天天3.15，时时好品质”主题宣传活动

食品安全宣传活动

流动人口协管员入户检查指导煤炉的使用

节水宣传

规范用工宣传深入外企

科技周宣传活动

以低碳生活为主题的2010年科技周启动仪式

开展依法信访宣传

开展征兵宣传活动

开展我身边的文明榜样宣讲活动

街道司法所与律师事务所建立联系机制

十里河发展论坛

开展“共绘小红门”活动

郊野公园开园仪式

定向安置房“来北家园”奠基仪式

村民参观腾退安置用房建设工地

鸿博家园二期A区选房现场

“春分朝阳”第四届民俗文化节

“颂歌献给党”红歌赛

六里屯街道举办情牵祖国繁荣心系朝阳文明文艺汇演

望京夏日文化广场活动

香河园夏日文化广场活动

载歌载舞纪念“三八”国际妇女劳动节100周年

上辛堡村村民秧歌表演

百姓周末大舞台活动

百姓周末大舞台活动

居民相声联欢会

威风锣鼓表演

区文化馆“红半天”女子鼓乐团表演鼓乐《欢乐节日》

建外地区第四届CBD文化节开幕式

朝阳青年文明行动启动仪式

庆“三八”时装表演赛

三里屯街道联合武警总队医院开展义诊活动

为驻地部队官民送上普法书籍

警民联谊包元宵

军爱民、民拥军，医疗帮扶暖人心

军民包粽子过端午

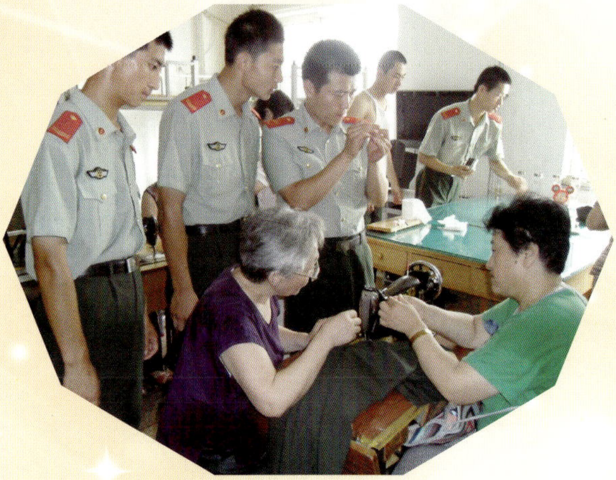

“社区母亲”进军营，为战士缝补衣服

青年志愿者老人演出自己编排的文艺节目

平房地区国美家园社区和驻地武警战士联袂表演《洗衣歌》

志愿者、残疾儿童、文明小天使共庆六一

牵手阳光少儿活动

香河园街道举办迎新春楹联书画笔会

一级战斗英雄、感动中国人物史光柱作专题报告

区残联慰问作家史铁生

影视演员沙玉华参加三里屯街道幸福二村社区绿化活动

邓亚萍慰问武博志愿者

呼家楼街道形象大使、盲人作家张骥良正在创作

表彰见义勇为人员

表彰孝亲敬老

文明小孝星

清明节感恩谢亲咏诗会

静安里社区组织爱心党员赴延庆四海小学开展爱心捐赠

四代同堂的文明家庭在和大家分享和谐家庭的秘籍

阳光计生行动启动仪式

朝阳区首批0-3岁儿童早期教育基地正式启动

非公企业大龄青年相亲会

预防艾滋病宣传进工地

CBD白领鹊桥会

10月10日零点上班迎接第一对新人

文明乘车志愿者

青年志愿者开展志愿服务

文明乘车引导员清扫站台积雪

排队文明引导员在站台上宣传文明乘车

开展静态停车秩序整顿

“弘扬中华饮食文化促进文明和谐建设”炸酱面大赛

东湖慈善饺子宴

亚运村街道“我的朝阳 我的家”大碗茶广场故事会

体验端午活动

三丰里小吃节

东湖街道“博远杯”书画创作笔会

三里屯隔壁剧社表演话剧《我爱北京三里屯》

潘家园旧货市场第二届春节庙会

呼家楼街道第四届象棋比赛

三里屯国际街区的兵马俑灯笼景观展

潘家园旧货市场老外也来摆地摊

国际家庭日活动

粽香盈袖话端午活动

亚运村街道“低碳社区一家亲”跳蚤市场

《牵手阳光》创刊仪式

中华文化进社区民俗文化周

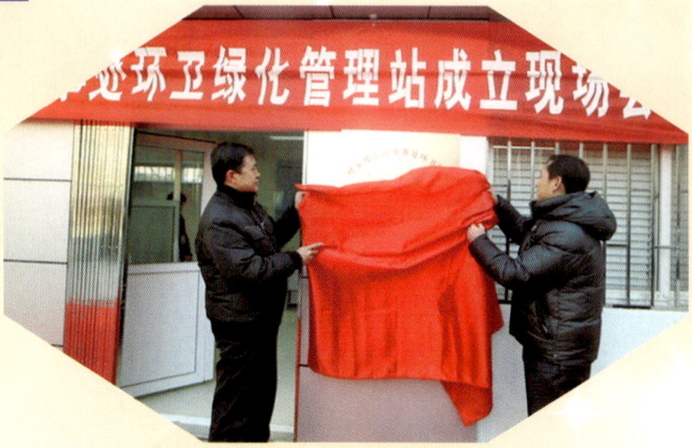

呼家楼街道成立全区首个环卫绿化管理站

评选文明楼院

环保志愿者旗帜

少年儿童宣誓做环保小卫士

争做环保人

儿童环保服装展

垃圾分类回收活动

废品换礼品活动

亮马河清理活动

“清洁城市 创建全国文明城区”活动

亚运村遍地尽开文明花

朝阳城市志愿者庆祝国际志愿者日迷你长走活动

崔各庄乡奶子房第一届农民运动会

恋日绿岛社区运动会

大学生社工拓展训练

打工子弟科普知识推广活动

康复指导员指导残疾人编制手工工艺品

已建成的康营家园定向安置房

正在建设中的定向安置房

农民新村

已入住的定向安置房

农民回迁楼入住

农民新村

郊野公园

郊野公园

郊野公园

郊野公园

郊野公园

郊野公园

目 录

大事记

特 载

专 文

政党 团体

政权　政协

政法　军事

产业　商贸　旅游

农业　水利　气象

功能区建设

综合经济管理

财政　税收　金融

城市建设

城市管理

科技教育

文化 体育 卫生

社会生活

地　域

人　物

统计资料

附 录

大事记

1月

4日　湖北省武汉市党政代表团到区考察。

5日　中共朝阳区委召开十届十一次全体(扩大)会议。总结2009年工作,研究部署2010年任务。审议通过《中共北京市朝阳区委十届十一次全体(扩大)会议决议》。审议通过《北京市朝阳区党代表大会代表任期制实施细则》。

7日　副市长夏占义就挂帐整治督办重点村整治工作和土地确权工作进展情况到区进行调研。

11日至13日　政协朝阳区第十一届委员会第五次会议召开。

12日至15日　朝阳区第十四届人民代表大会第五次会议召开。

19日　安全生产工作会召开。

26日　市公安局派出所中心警务站建设工作现场会暨朝阳公安分局派出所中心警务站揭牌仪式在十八里店派出所举行。

31日　中共中央政治局常委、国务院总理温家宝在中共中央政治局委员、市委书记刘淇陪同下到麦子店街道枣营北里社区服务中心,就政府工作报告征求意见。

＊　副市长苟仲文到区调研安全生产工作。

2月

1日　十届全国人大副委员长、九届全国妇联主席、中国关心下一代工作委员会主任顾秀莲,到高碑店乡高碑店村考察家庭文化建设工作。

2日　创建全国文明城区动员大会召开。

＊　意大利市长访华团到北京商务中心区考察访问。

4日　第23次老干部座谈会暨老干部工作“双先”表彰大会召开。

＊　综合经济工作会议召开。

5日　农村城市化工作会议召开。

8日　中共中央政治局常委、中央政法委书记周永康到朝阳法院双桥法庭和平房地区办事处综治维稳中心视察指导工作,慰问政法干警和基层治保工作者。

＊　新春团拜会举行。

20日　市委书记刘淇,市委副书记、市长郭金龙到来广营乡北苑村,就加快城乡结合部建设、推进城乡一体化发展进行专题调研。

21日　中共朝阳区纪律检查委员会第六次全体会议暨全区党风廉政建设工作会召开。

22日　政法、信访、维稳工作会议召开,

23日　社会建设大会召开。

3月

1日　本区与市发改委、市委研究室、市委宣传部等9个单位联合举办“2010年世界城市建设国际论坛”。

＊　苟仲文到崔各庄乡黑桥村,调研农村出租房屋一氧化碳中毒远程预警防控系统试点应用情况。

16日　朝阳规划艺术馆对公众开放。

20日至21日　2010中国会展经济研究会年会暨北京会展国际论坛在本区举办。

23日　市政协主席阳安江到区就流动人口管理服务情况进行调研视察。

30日　刘淇、郭金龙就“转变经济发展方式,加快推进重点产业功能区建设”到北京商务中心区行调研,提出要朝阳区争当转变发展方式示范区、建设世界城市试验区、推进城乡一体化先行区和促进社会和谐模范区(简称“新四区”)的要求。

4月

6日　日本东京大田区区长松原忠义访问本区。

19日　区党政代表团考察天津经济社会发展情况。

22日　区委人大工作会议召开。

28日　中共朝阳区委举行十届十二次全体(扩大)会议,就进一步加快推进“新四区”发展战略提出实施意见。会议审议通过《关于加快推进“新四区”发展战略的意见》。

5月

7日　市人大常委会主任杜德印到区调研“统筹城乡发展,推动城乡一体化”情况。

10日　创先争优暨党员作风建设年活动动员大会召开。

13日　刘淇、郭金龙到区就“落实绿色北京行动计划,推进垃圾分类处理和再生利用”进行调研。

21日　夏占义到区就城乡结合部建设以及城乡一体化工作进行考察调研。

27日　国务院侨务办公室主任李海峰到北京商务中心区进行调研。

*　2009年度“感动朝阳”十大新闻事件、十大新闻人物评选揭晓。

31日　面向社会启动为“十二五”规划建言献策活动。

6月

1日　中共中央政治局委员、国务委员刘延东到祁庄小学,参加“关爱儿童,读书成长”向市十所小学进城务工人员子弟捐赠百种优秀少儿图书的活动。

9日　全国人大常委会副委员长、中国红十字会会长华建敏到区调研红十字工作。

17日　杜德印与部分市人大代表到区调研学前教育工作。

22日　区城乡环境建设委员会正式成立。

7月

1日　纪念建党89周年暨“群众心目中的好党员”表彰大会召开,授予于涛等50名同志“朝阳区群众心目中的好党员”称号。

13日　卫生部长陈竺到劲松社区卫生服务中心就医药卫生体制改革进展情况进行调研。

17日　区民兵防空团女民兵高炮营正式组建成立。

21日　区政协理论与实践研究会成立。

28日　朝阳政策性住房项目全面开工。

8月

3日至4日　两岸青年创新创业高端论坛在本区举办。

10日　本区第八届村委会选举工作完成。

13日　中共中央政治局常委、国务院副总理李克强到区考察保障性住房建设情况。

18日　中共中央政治局委员、中央政法委副书记王乐泉查看亚运村街道办事处综治维稳中心、司法局阳光中途之家工作情况。

20日　区红十字会第八次会员代表大会举行。

23日　中共中央政治局常委、国家副主席习近平到区调研党的基层组织建设和干部队伍建设情况,视察叶青大厦并调研非公企业党建工作。

30日　市委副书记、政法委书记王安顺到区调研司法行政工作。

9月

3日　社会服务管理创新推进大会召开。

8日　全国十五城市市辖区人大工作研讨会第四十次会议在本区举行。

11日　陈竺到三间房社区卫生服务中心,对麻疹疫苗接种情况进行视察。

15日　市委常委梁伟调研区社会服务管理创新工作。

*　区政协、区委统战部议政会召开。

27日　王安顺,市委常委、市公安局局长傅政华检查朝阳国际旅游文化节安全工作。

10月

12日　深化干部人事制度改革暨公开推荐、竞争上岗工作会召开。

13日　区百名“孝星”获表彰。

21日　全区领导干部大会召开,传达党的十七届五中全会精神。

27日　本市首家青年社工协会成立。

28日　2010北京CBD国际商务节开幕。

11月

5日　郭金龙到区检查冬季供暖准备工作。

*　人才工作会议暨第三届人才表彰大会召开。

8日 区综合应急救援支队成立。

10日 区委政协工作会议召开。

＊ 朝阳首批廉租房入住仪式在“常营丽景园”小区举行。

11日 市委常委、市纪委书记叶青纯到区对北京商务中心区、农村城市化等工作进行调研。

13日 财政部长谢旭人调研本区财政工作。

17日 “十二五”规划编制工作领导小组全体会召开。

22日 43个街乡和CBD地区同时成立总工会并挂牌。

24日 叶青纯调研本区反腐倡廉工作。

25日 梁伟调研本区社会服务管理创新工作。

12月

2日 区志愿者工作推进会召开。

6日至7日 中共朝阳区委举行十届十三次全体(扩大)会议，审议通过《中共北京市朝阳区委关于制定朝阳区国民经济和社会发展第十二个五年规划的建议》。

7日 刘淇、郭金龙到望京街道和麦子店街道就本市地下人防工程利用和管理工作进行调研。

9日 阳安江到区就经济社会发展及政协工作进行调研。

11日 市委常委、市城乡结合部建设领导小组组长牛有成调研本区城乡一体化工作。

＊ 区律师协会成立。

20日 区行政复议委员会成立。

29日 中共中央总书记、国家主席胡锦涛到金隅丽景园小区视察，深入居民家中与居民亲切座谈，了解居民的居住条件及生活情况。

＊ 区政协举行新年茶话会。

特　　载

在中国共产党北京市朝阳区十届十三次全体(扩大)会议上的讲话

中共朝阳区委书记　陈　刚

(2010年12月7日)

各位委员、同志们:

这次全会十分重要,是一次谋划未来、统一思想、凝心聚力的会议。一天多的时间,大家围绕"十一五"工作、"十二五"发展认真讨论研究,积极发表意见,并审议通过区委《关于制定朝阳区国民经济和社会发展第十二个五年规划的建议》(以下简称《建议》),为动员全区上下加快"新四区"建设,再创发展新优势,探索"十二五"发展新模式,在更高层次上推进朝阳又好又快发展奠定了坚实的基础。

下面,我就回顾"十一五"和2010年全区工作、科学研判形势、做好当前和明年的重点工作,讲三个方面的意见。

一、"十一五"和2010年全区工作回顾

"十一五"时期,我们按照城市功能定位,深入落实区十次党代会提出的"三个坚持、三个提升"的要求,抓住奥运和新中国成立60周年庆典服务保障两件大事,再创核心竞争力、承载环境、文化文明的新优势,以功能区协同发展加快农村城市化、城市现代化、区域国际化,以统筹改善民生为重点加强社会建设,以创建全国文明城区提升区域文化软实力,以提高党的建设科学化水平为区域又好又快发展提供有力保障,圆满完成了"十一五"规划目标和任务,取得了辉煌的发展成就。

总结五年发展成就,突出体现在五个方面:一是发展能力经受考验,高水平完成北京奥运会、残奥会和新中国成立60周年庆典服务保障任务,成功化解国际金融危机的冲击,稳妥应对"高发展、高风险"的复杂形势,区级财政收入连续突破100亿元、200亿元大关,连续多年稳居全市各区县首位。二是发展特色基本形成,国际化的区域特色、高端化的产业特色和先行先试的工作特色不断强化。三是发展布局更加合理,三大功能区成为全区发展的增长极,三大储备区建设全面加快,农村土地储备的实施拓宽了发展空间。四是发展环境全面优化,基础设施、城市功能和城乡环境建设实现跨越式发展,政府服务、城市文明、人才发展等水平不断提升。五是发展成果广泛共享,社会事业蓬勃发展,民生保障大为改善,流动人口与本地居民同管理、同服务深入落实。围绕五年来的发展建设,朝阳的工作正在加快实现"四个转变",即城市发展由注重外在形象向提升内在品质转变,发展环境由注重招商引资向宜居宜商转变,社会建设由满足群众基本需求向创新社会服务管理转变,区域发展由注重经济建设向经济社会协调发展转变。

特别是2010年,在圆满完成两件大事,全区进入常态化发展的新形势下,我们坚持以科学发展观为统领,加快推进"新四区"发展战略,积极探索再创发展新优势的有效路径,不断开创各项工作的新局面。回顾今年的工作,有这样几个特点:

第一,今年是谋划发展之年,我们全面理清了朝阳未来的发展思路。在有效应对金融危机之后，区委及时调整工作思路，把谋划朝阳今后一个时期的发展提上了重要日程。我们以落实3月30日刘淇书记、郭金龙市长在CBD地区调研的指示精神为契机，制定了《关于加快推进“新四区”发展战略的意见》，明确了未来的发展目标和方向。以“新四区”发展战略为指引，我们统筹抓好“十一五”工作的梳理和“十二五”规划的制定，全面谋划未来五年的发展思路和工作重点。我们大力推进人口、产业、空间和土地利用规划“四规合一”，深入研究人口、交通、科技创新、文化软实力等影响可持续发展的重点问题，提出一系列具有指导性的思路和意见，在科学发展上做到了超前谋划。

第二，今年是加快发展之年，我们进一步提升了区域发展质量。在巩固“三保”成果的基础上，着力深化功能区带动发展战略。CBD核心区规划、拆迁和土地入市工作有序推进，东扩区重点地块取得一级开发授权，成功举办北京CBD国际商务节、世界城市国际论坛等活动，新增跨国地区总部11家、外资金融机构13家、国际组织6家，国际金融主聚集区功能进一步强化，国际商务功能全面提升；电子城北扩和产业集聚态势良好，发展环境全面优化；奥运功能区积极创建5A级景区，加快建设国际文化体育中心，成为奥运旅游标志地和北京旅游新地标；定福庄传媒文化产业区、垡头环渤海总部商务基地、东坝国际商贸中心的规划布局、产业功能基本确定，温榆河生态走廊功能区的基础设施建设和拆迁腾退工作有序推进，储备区开发建设全面展开。功能区协同发展态势良好，现代服务业主导、高新技术产业支撑、文化创意产业集群发展的多元化产业格局全面确立。全年预计实现地区生产总值2595亿元，同比增长9%；区级财政收入预计达到230亿元，同比增长20.6%；全年实际利用外资额、全社会固定资产投资额和社会消费品零售额均位居全市首位，朝阳发展的区域影响力、辐射带动力进一步提高。

第三，今年是创新发展之年，我们积极探索了朝阳发展的新模式、新途径。立足区域实际，坚持以创新为动力，破瓶颈、解难题、创优势、促发展。我们按照“六位一体”的思路，有序推进重点村整治、农村土地储备和管理体制改革，总结出解决城乡结合部突出问题的初步经验，加快城乡一体化，积极探索农村城市化的多种模式。我们以社会服务管理创新试点为契机，整合人口、社会单位、地下空间等基础数据库，构建集成安全生产、综治维稳、城市管理等十项功能的全模式社会服务管理系统，取得试点工作的阶段性成果。我们树立“大城管”理念，建立大统筹、大协调、大联合的工作机制，提升城市建设管理水平，取得国际化社区建设、“阳光中途之家”、商务楼宇党建等方面的新经验，实现垃圾分类、老旧小区准物业管理试点、“一刻钟社区服务圈”建设工作的新突破。我们注重夯实基层基础，深入推进“一网两库三关”社会维稳风险治理和科学管理体系建设，探索出具有朝阳特点的基层维稳模式，为正确处理改革发展稳定关系进行了新尝试。

第四，今年是民生改善之年，我们进一步让发展成果为人民共享。区委坚持把改善民生作为落实科学发展观的核心内容、增进社会和谐的根本环节和创先争优的重点要求，深入落实《关于统筹解决民生问题的意见》。我们构建大民生工作格局，健全工作运行机制，集中出台多项配套政策，形成改善民生的工作体系。我们进一步强化政府的社会管理和公共服务职能，加大民生工作和社会事业投入，建立健全了城乡覆盖的公共服务体系，就业、住房、社会保障等基本公共服务均等化水平全面提升。我们坚持“创建的过程就是让百姓受益的过程，创建的行动就是惠民的行动”的导向，不断深化文明城区创建工作，解决了一批群众关心的环境建设、道路交通、食品安全、绿化美化、公共文明等问题，“文明朝阳、共建共享”的理念深入人心。

第五，今年是党建科学化水平提升之年，我们进一步提高了党建保障发展的能力。区委坚持以科学发展观为指导，深入落实市委“党员作风建设年”的要求，以作风建设为先导，以能力建设为核心，以科学化建设为方向，扎实推进执政能力建设，以此统领和保障全区各项工作有效开展。我们进一步完善党的领导方式，召开区委加强人大、政协工作会议，支持区政府创新有为，健全完善大统战工作格局，深化工、青、妇等枢纽型社会组织建设，区委总揽全局、协调各方的能力进一步提高。我们深入推进干部人事制度改革，通过公开选拔、公开推荐、竞争上岗等形式增强选人用人的科学性、民主性，通过优化班子结构、率先推出“凤凰计划”、完善科学评价机制等，增强了干部人才队伍的活力和创造力。我们不断加强基层党建工作，以开展创先争优活动为契机，建组织、建阵地、建服务体系，形成覆盖城乡、商务楼宇和“两新”组织的党建工作网络，充分发挥了党组织战斗堡垒作用和党员先锋模范作用。我们全面深化党风廉政建设，实现了廉政风险防范管理向上和向下“两个延伸”，完成了5批次15个单位的巡视工作，保持了查办大要案的高压态势，惩防腐败体系建设扎实推进。

总的来说，朝阳区的发展优势进一步强化，各项工作继续走在全市前列，人民生活品质显著提升，得到了上级、群众和社会方方面面的充分肯定。成绩的取得，离不开区四套班子的精诚团结、默契协作，离不开全区广大党员干部群众的奋力拼搏、无私奉献，在这里向大家表示衷心地感谢。

二、科学研判形势，把思想统一到“十二五”发展上来

党的十七届五中全会要求以科学发展为主题，以加快转变经济发展方式为主线，深化改革开放，保障和改善民生，促进经济长期平稳较快发展和社会和谐稳定，并提出“四个更加注重”、“五个坚持”，实现经济社会又好又快发展的新思路。市委十届八次全会提出，加快推进“人文北京、科技北京、绿色北京”建设，努力打造国际活动聚集之都、世界高端企业总部聚集之都、世界高端人才聚集之都、中国特色社会主义先进文化之都、和谐宜居之都，推动北京向中国特色世界城市迈出坚实步伐。我们要按照中央、市委的要求，进一步把思想聚焦到“十二五”发展上来，进一步加深对朝阳区当前面临形势的认识和把握。

(一)把思想统一到“十二五”规划建议上来

本次全会通过的区委《建议》，确定了“十二五”时期我区经济社会发展的指导思想、基本原则、目标任务和保障措施，对“十二五”发展作出了全面部署，是今后五年朝阳经济社会发展的纲领性文件。要实现未来五年朝阳发展目标，关键在于深入理解这个《建议》，切实做到“四个准确把握”：一要准确把握“十二五”时期发展的主题和主线，确保科学发展取得新进步。要深化对科学发展观的认识，全面准确领会科学发展观的科学内涵、精神实质和根本要求，在转变经济发展方式中全面贯彻落实科学发展观。二要准确把握“十二五”时期发展的原则，确保区域协调发展取得实质性进展。《建议》提出的四个基本原则是“十二五”时期经济社会及各项事业发展必须遵循的基本准则。要把统筹兼顾、协调发展作为推动区域科学发展的总体要求，以世界眼光、国际标准深化区域核心特色，以绿色引领、创新驱动加快转变经济发展方式，努力实现以人为本、共建共享，让发展成果惠及全区人民。三要准确把握“十二五”时期发展的主要任务，确保做好改革发展稳定各项工作。《建议》明确了“十二五”期间的目标任务，突出了核心功能、可持续发展、城乡统筹、软实力、改善民生等重点，涉及到经济社会方方面面，反映了朝阳的发展趋势和要求，也回应了人民群众对发展的关切。目标鼓舞人心，任务艰巨繁重，全区各单位要认真领会、主动筹划、狠抓落实。四要准确把握“十二五”时期发展的重大措施，确保落实到位。《建议》提出以“双十工程”为载体，全面推进“十二五”时期经济社会发展。全区各单位要全面落实“双十工程”，相关部门要结合实际制定实施方案，细化落实措施。

(二)把思想统一到科学研判“十二五”发展形势上来

未来五年，是朝阳区站在新的起点，围绕“新四区”建设目标，转变经济发展方式、推进又好又快发展的重要阶段。要在新形势下把握机遇、赢得主动、创造优势，实现新发展，关键在于科学研判“十二五”发展形势。

在新的起点上实现新发展，必须对国际国内宏观形势有清醒的认识。随着经济全球化深入发展，新一轮科技革命蓬勃兴起，区域一体化加快推进，国家主体功能区规划实施，各省市转变经济发展方式步伐加快，有利于我们发挥国际化优势，充分利用“两个市场”和“两种资源”，抓住京津冀一体化发展契机，整合区域资源、增强功能互补，实现经济结构优化和产业升级，提高创新驱动力和核心竞争力。

在新的起点上实现新发展，必须对首都发展的新要求有清醒的认识。面对市委、市政府赋予朝阳建设世界城市试验区的新定位，我们要顺势而为，突出核心特色，全面提升国际化水平，全力建设国际商务中心。面对首都构建“两轴、两带、多中心”的布局要求，我们要在加强区域协作的同时，立足自身、挖掘潜力，努力在完善结构、调整布局、转变发展方式上下功夫，再创核心竞争力、承载环境、文化文明新优势。面对市委、市政府转变经济发展方式的新要求，我们要敢于先行先试，力争在处理和解决复杂问题，特别是在解决人口膨胀、交通拥堵、创新驱动等方面真抓实干，为首都建设和发展积累经验、探索新路。

在新的起点上实现新发展，必须对朝阳发展的既有优势和瓶颈问题有清醒的认识。经过多年的发展，朝阳已形成了独特的发展优势。一是国际化的优势。奥运的成功举办，使朝阳的国际知名度和影响力显著提升；区域内世界500强企业、跨国公司总部、国际研发中心等高端要素高度集聚，成为承载首都国际功能的重要区域，国际化已经成为朝阳最突出的特征、最显著的优势、最重要的资源。二是功能区的优势。通过实施功能区带动战略，我们按照“组团式规划、板块式发展”的思路，已形成了特色鲜明、功能互补、产业联通的六大功能区联动发展格局，在首都重点建设的六大高端产业功能区中，朝阳占了两个多，将会在国家实施主体功能区战略、首都建设世界城市进程中发挥越来越重要的作用。三是空间的优势。朝阳规划面积全部为城区，占北京市规划城区的46%，其中农村地区的面积超过70%。随着城市化进程的进一步加快，农村地区将进一步释放出发展空间，具备承接产业转移、重大项目、城市功能的巨大潜力。同时也要清醒地看到，我们的发展仍面临着许多难题，如功能区发展不均衡，核心功能尚未充分发挥，文化软实力亟待提高，提升核心竞争优势更加紧迫；区域人口资源环境矛盾日益突出，创新驱动的要求提高，加快经济发展方式转变更加

紧迫；社会矛盾纠纷复杂多样，安全生产形势依然严峻，维护社会安全稳定的任务更加紧迫；就业、教育、医疗、社保、住房、交通等关系群众切身利益的领域仍存在不少难点和焦点问题，加强改善民生为重点的社会建设更加紧迫。

（三）把思想统一到“十二五”发展要求上来

“十二五”可以说是个转折点，过去我们强调经济增长速度，当前和今后我们更强调经济增长的质量和惠及民生。这个转型涉及发展理念的变革、模式的转型、路径的创新，是一种综合性、系统性、战略性的转变。它不仅仅是量的积累，更是质的提升，要通过经济的发展为社会进步和人民生活改善提供物质基础，让社会成员公平合理地分享经济发展成果，寻求经济和社会的协调发展。因此，未来五年我们要努力做到“三个更加注重”：

一要更加注重软实力。软实力是决定城市竞争力的长期性、基础性和战略性要素，软硬实力双轮驱动是发展方式转变的必由之路。要增强文化自信力，通过继承优秀文化传统拥有自信，通过塑造和培育城市人文精神提升自信，并将其内化于朝阳人的各种实践活动过程。要抢占文化发展的制高点，大力发展文化创意产业，激发区域创意、创新活力，使“创意朝阳”成为向世界展示朝阳城市形象、城市精神和城市创新活力的亮丽名片。要坚持以人为本，切实尊重人民群众在文化建设中的主体地位，建设公共文化服务网络，促进文化大发展大繁荣。

二要更加注重创新驱动。中央要求北京市在经济发展上要实现创新拉动。谁先实现创新，谁就能率先在首都新一轮发展中赢得先机和主动。要把创新发展与绿色发展相结合，无论是发展战略性新兴产业，还是改造传统产业、促进服务业发展、加强基础设施建设，都要牢固树立生态环保意识，积极发展绿色经济、循环经济，走可持续发展之路。要把创新发展与完善高端产业体系相结合，推动科技创新和知识创新，抢占未来技术和产业制高点，加快创新成果向现实生产力转化。要把创新发展与人才强区战略相结合，不断优化人才发展环境，推进高端人才、创新人才队伍建设，全方位打造以国际化氛围、国际化标准、国际化服务为核心要素的朝阳聚才品牌。

三要更加注重社会公平。实现社会公平是建设和谐社会的内在要求，是发展方式转变的重要着力点。要更加重视发展社会主义民主政治，继续推动城乡社会服务管理创新，大力推进全模式社会服务管理系统建设，探索基层公共事务和公共事业由群众自我管理、自我服务、自我教育、自我监督的新途径，引导群众树立社会主义民主法治、自由平等、公平正义理念。要更加重视统筹和改善民生，以“十大民生工程”为载体，着力构建社会公平保障体系，健全大民生工作格局，让人民群众共享发展成果。要加快向公共服务型政府转型，完善公共财政制度，提升政府公共服务能力，实现服务均等、保障公平、司法公正。

三、努力做好当前和明年的重点工作，确保“十二五”开好局、起好步

现在距离年底还有不到一个月的时间，全区上下必须集中精力，全力实现“十一五”的完美收官，认真做好岁末年初的各项工作，积极筹划“十二五”开局之年的各项工作，谱写下一个五年的良好开篇。

（一）科学编制“十二五”规划纲要

区委《建议》审议通过之后，规划纲要编制工作进入冲刺阶段。要做好与市“十二五”规划纲要的对接，按照“开门编规划”的原则，广泛征求社会各界的意见、建议，使规划纲要真正成为凝聚全区人民智慧结晶的发展蓝图。要进一步完善规划纲要和专项规划的落实保障措施，抓好发展大事，办好惠民实事。要加大新闻宣传力度，提高全区人民对制定和落实“十二五”规划的知晓率、参与度，在全区上下形成关注“十二五”发展规划的浓厚氛围。

（二）扎实做好岁末年初的各项工作

要按照年初的既定目标和部署，全面完成各项重点工作、为民办实事等折子工程及各项指标任务，做好“十一五”规划的收尾工作。要抓好社会治安综合治理和城市安全运行保障，特别要下大力气抓好安全生产，持续开展安全生产监督检查，强化防范措施，严防安全事故；要全力做好矛盾排查调处工作，严防群体性事件，确保社会安全稳定；要加强市场供应、食品安全和价格管理，确保“两节”祥和安定。要开展好“送温暖”走访慰问活动，切实解决老百姓的实际困难，让困难群众真切感受到党和政府的民生实惠与人文关怀。“两节”期间要强化廉洁自律意识，切实做到勤俭节约，坚决避免铺张浪费。

（三）全力做好2011年的工作

2011年是“十二五”的开局之年。明年工作总的要求是：以科学发展观为指导，深入贯彻落实党的十七届五中全会、市委十届八次全会精神，按照建设“新四区”的要求，以实施“十大发展基地建设工程”、“十大民生工程”为重点，继续推进功能区协同发展、文明城区创建、社会管理创新和城乡一体化，不断提高各级党组织领导科学发展的能力，团结带领全区人民再创核心竞争力、承载环境、文化文明的新优势，在更高层次上推进朝阳又好又快发展。为确保“十二五”开好局、起好步，2011年要重点做好以下几项工作：

一是实施“双十工程”，抓好“十二五”发展新开局。

坚持经济社会协调发展,以实施“双十工程”为载体,着力解决影响发展的瓶颈问题和关系群众切身利益的民生问题,提升发展质量,共享发展成果。实施十大发展基地建设工程。要研究制定每一项工程的单项方案,根据功能定位、发展要求和成熟程度确定工作进度和目标举措,确保十大发展基地建设取得实质性进展。要以十大发展基地建设工程为重点,进一步深化功能区带动战略,构建“五轴三带”产业通道,壮大优势产业,引进重大功能性产业项目,加快培育新一代移动通讯、生物医药等战略性新兴产业,发展以物联网、电子商务为代表的信息服务业,继续巩固基础性配套产业,形成十大发展基地多点支撑、六大功能区协同发展的格局。要加快CBD核心区及东扩建设,提升奥运功能区文化集聚功能,打造电子城自主创新示范基地,推进CBD—定福庄传媒走廊、温榆河生态走廊开发建设,科学规划垡头环渤海总部商务区,进一步增强辐射带动作用。实施十大民生工程。要研究制定每一项工程的单项方案,明确具体目标和考核标准,确保推进有实效、群众得实惠。要围绕实施十大民生工程,深入研究解决人口、交通、环保、就业等重点难点问题,提高城市运行保障能力,提升服务发展的水平。要继续加强大民生工作格局建设,统筹各方力量,健全服务手段,创新体制机制,形成民生工作合力。建立监督考核机制。围绕“双十工程”进行任务分解,明确牵头区领导、主责单位和工作进度,强化全程督促,建立研究分析、重点工作跟踪督查和年度考核制度,加强社会监督,确保加快发展和为民惠民的各项举措落到实处。

二是提升创建水平,确保争创全国文明城区工作取得新成效。2011年是争创全国文明城区的关键之年,全区广大党员领导干部要进一步增强责任感和紧迫感,乘势而上、创新有为,确保创建工作取得新成效。突出整改落实。要借鉴奥运筹办经验,倒排工期,集中精力对每一轮测评中发现的问题逐项整改。要落实责任人,形成整改的详细台帐,有计划、有步骤地加以落实。各项措施的制定要有针对性、实效性和长效性,要注意细化和量化,做到能操作、有标准、见成效、见长效。要加大督导考核力度,通报考核结果,实施责任追究。突出工作统筹。要强化统筹协调,坚持区领导“包片联系基层”制度、领导小组调度工作制度、指挥部联席会议制度,加大问题解决的力度。要探索建立长效工作机制,深化现有的社会信用评价体系、公共服务平台、社会动员机制、社会监督评价体系、志愿服务等五大品牌,提高群众的知晓率、参与度,形成争创合力。突出文化文明。要完善公共文化服务体系,优化文化设施布局和配置,引导社会资源发展文化事业,吸引更多高品质文化项目落户朝阳,增强文化特色,繁荣基层文化,形成公共文化服务运行新机制。要推进文化创意产业高端发展,整合创意要素,加快文化创意投资、交易、传播、消费平台建设,进一步提高文化创意的贡献度。要弘扬“人文奥运”理念,广泛开展精神文明创建和志愿服务活动,建设学习型城区,提升市民素质,推进传统文化与现代文明相互交融,不断提升文化软实力。

三是完善全模式系统,推动社会服务管理创新取得新突破。以完善全模式社会服务管理系统为突破口,提高社会建设整体水平,努力形成具有朝阳特色的社会服务管理新模式。完善系统建设。要切实抓好标准化系统建设,确保基础信息的准确性、权威性和安全性,为系统提供可靠的运行基础,为后续的数据分析和管理决策提供科学依据。通过街乡试点,实现与区级全模式平台联通,成熟后逐步向其他街乡推开。完善工作格局。各单位都要对照全模式系统理清职能、整合资源,能够纳入全模式系统中办理的业务和相关基础数据,都要尽可能地纳入进去,尽快实现部门工作和全模式系统的顺畅磨合。要不断深化试点工作,在实践中检验和优化全模式系统。深化创新成果。要进一步加强社区规范化建设,全面推进垃圾分类、老旧小区准物业管理试点、“一刻钟社区服务圈”建设,深化国际化社区、“阳光中途之家”、商务楼宇党建等工作,努力打造具有影响力的公益服务项目品牌。要进一步完善“一网两库三关”维稳体系,巩固矛盾纠纷集中化解专项行动成果,探索信访维稳长效工作机制。要进一步强化安全生产监督管理,确保生产、生活安全。

四是加强城乡统筹,推动城乡一体化取得新进展。把握重点、突破难点、抓好试点,深入研究政策突破问题,全力建设城乡一体化先行区。积极稳妥推进土地储备工作。坚持总体可控、有序推进、滚动开发,加快推进拆迁腾退、回迁安置房建设和公共配套服务设施建设,积极完成城乡结合部重点村整治工作,坚决遏制非法占地和违法建设,确保土地储备与农民就业、产业优化、社会保障、环境整治等工作同部署、同推进。进一步加强基础设施建设。主动对接功能区建设,完善农村地区基础设施规划,优先安排产业聚集区、安置房组团等重点区域建设项目,统筹推进市政基础设施建设,特别要大力推进农村地区主次干路以及乡村道路建设,提高综合承载能力。深入破解发展难题。继续深入研究绿隔地区建设、土地储备有关政策,探索创新城乡一体化多种发展模式。依托功能区辐射带动作用,大力吸引功能性项目和高端产业,推动农村地区产业结构转型升级。建立完善监督体系和监督机制,全面加强农村集体资金、资产和资源的管理,确保土储过程中集体资产安全。按照宜统则统、宜分则分、统分结合的原则，积极稳妥推进乡级土地股份制改革和村级集体产权制度改革，逐步建立乡级统筹的集体经济管理体制。进一步深化农村社会管理体制改革，创新村级管理体制，稳步实施“建居撤村”及“村改居”工作。

五是强化执政能力，确保党建科学化水平实现新提升。深入总结“十一五”时期全区党建工作的经验，以执政能力建设和先进性建设为主线，以深入开展创先争优活动为载体，着力提升党建科学化水平，为全面实施“十二五”规划，推动朝阳新一轮发展提供坚强的政治保证。切实提高领导科学发展的能力。进一步解放思想，结合推进“新四区”发展战略，深入研究事关区域发展的重大问题，着力把握发展规律、创新发展理念、转变发展方式、破解发展难题。加强领导班子和干部队伍建设，坚持以“五个楷模”为导向，进一步优化领导班子结构，确保换届之年各级班子整体功能得到提升。进一步深化干部人事制度改革，完善促进科学发展的领导班子和领导干部考核评价机制，加大竞争性选拔干部力度。坚持高端引领和整体推进相结合，深入开展人才发展战略研究，加强政策集成，完善人才公共服务体系，营造干事创业的良好氛围，为“十二五”提供智力支持和人才保障。切实提高做好群众工作的能力。要把提高做好群众工作的能力作为“十二五”开局之年党建工作的关键点抓紧抓好。要牢固树立群众观点，坚持思想上尊重群众、感情上贴近群众、工作上依靠群众，正确把握同人民群众的关系，摆正同人民群众的位置，从群众中汲取智慧和力量，切实增强贯彻执行群众路线的自觉性和坚定性。要注意把握群众诉求，想问题、作决策、做工作都要从群众利益出发，认真解决群众反映强烈的教育医疗、征地拆迁、食品安全等突出问题，统筹协调好各方面的利益关系，切实将惠民政策转化为民生实惠，让广大群众共享改革发展的成果。要讲究群众工作的方式方法，深入研究和把握新形势下群众工作的新特点新要求，综合运用法律、政策、经济等手段和教育、协商、疏导等方法，在密切联系群众上、在增进互信上、在解决实际问题上、在增强法制观念上、在搞好示范引导上下功夫，切实提高群众工作的针对性和实效性。要不断健全服务群众制度、干部联系群众制度、用党的群众工作统揽信访工作制度，健全党和政府主导的维护群众权益机制，建立起做好群众工作的长效机制。切实提高加强党的自身建设的能力。深入开展创先争优活动，要紧紧围绕推动科学发展的主题，将创先争优活动打造成人民满意的品牌工程；要以建党90周年为契机，深化创先争优活动，发挥典型示范作用，营造学习先进、争当先进、赶超先进的良好氛围。要加强基层党组织建设，深入推进建组织、建阵地、建服务体系工作，提升基层党组织服务社会的能力，巩固和深化商务楼宇党建，探索流动党员管理新模式，不断推进基层党建创新。要加强党风廉政建设和反腐败斗争，深化廉政风险防范，建立健全反腐倡廉基本制度体系和监督制约机制；推广“廉洁奥运”成功经验，围绕重要领域、重大项目、重点工程，加大监督检查、效能监察力度，加大专项治理、查办违法违纪案件力度，切实从源头上推进惩防腐败体系建设。

各位委员、同志们，在“十一五”的五年里，我们谱写了朝阳发展的辉煌篇章。下一个五年，朝阳的发展将迈向更新更高的阶段。希望全区上下振奋精神、再接再厉，乘势而上、开拓创新，在新的起点上推进朝阳又好又快发展，为首都“人文北京、科技北京、绿色北京”和中国特色世界城市建设做出应有的贡献！

政府工作报告

——2011年1月5日在北京市朝阳区第十四届人民代表大会第六次会议上

朝阳区人民政府区长　程连元

各位代表：

现在，我代表朝阳区人民政府，向大会报告政府工作，并对“十二五”规划纲要（草案）作说明，请予审议，并请各位政协委员提出意见。

2010年工作回顾

2010年,在市委、市政府和区委的坚强领导下,在区人大、区政协的监督和支持下,全区上下深入贯彻落实科学发展观,加快推进“新四区”发展战略,团结一心,扎实工作,较好完成了全年各项工作任务,经济社会发展取得了新的成绩。

——区域经济平稳较快发展,继续保持全市领先地位。预计实现地区生产总值2618亿元,同比增长10%;区级财政收入233.8亿元,同比增长22.6%。

——全国文明城区创建不断深入,城乡一体化建设步伐加快,农村基础设施和农民安置房建设全面推进,全模式社会服务管理体系初步形成,城市建设和社会管理水平进一步提升。城市绿化覆盖率达到45%,农展馆、奥体中心子站二级以上天数分别达到78.3%和75.6%。

——人民生活水平明显提高。城镇登记失业率控制在1%以内。社会保障制度实现全覆盖,农村养老保险覆盖率达到98%。城乡居民收入同比分别增长9%和10%。

一年来,我们认真落实区十四届人大五次会议决议,紧紧围绕推动朝阳科学发展,主要在四个方面加大了工作推进力度。

一、着力调整结构,提升经济发展质量

坚持规划引导,切实转变经济发展方式,经济结构更加优化,国际化特色更加明显,发展的持续性和协调性不断增强。

(一)抓政策落实,优化区域发展环境。认真落实中央和北京市关于宏观调控和产业发展的政策,推动区域经济步入平稳上升的发展轨道。加强商业配套设施建设,改造提升特色商业街区和农村有形市场,优化消费环境,扩大消费需求和规模,预计全年社会消费品零售额增长16.5%。加大融资协调服务力度,加快推进重大项目和重点区域建设,简化行政审批,优化办事流程,保持投资稳定增长,预计全社会固定资产投资额增长11%。完善联动机制,鼓励各部门、各街乡深入了解企业需求,主动帮助企业解决实际问题,在全区形成了服务企业发展的良好氛围。

(二)抓功能性项目,深化产业结构调整。坚决落实高端高效的发展思路,集中精力引进重大项目,重点产业支撑作用进一步增强。现代服务业预计实现收入5854亿元,同比增长15%,对财政收入增长的贡献度达到56%。中国国际期货总部等45家金融机构入驻,金融机构总量占全市的25%。以文化传媒、旅游休闲、设计创意为主导的文化创意产业快速发展,新增企业3819家,企业总量约占全市的60%,预计实现收入1477亿元,同比增长15%。联合中央在京企业、民企、技术协会,成立移动通讯、生命科学和新能源产业联盟,培育战略性新兴产业,高技术产业稳步增长。出台促进和保护知识产权“1+8”政策措施,专利申请量增长18%,技术合同成交额增长20%,区域创新驱动能力明显增强。

(三)抓功能区建设,优化产业空间布局。通过完善规划、创新机制,功能区建设取得新突破。积极探索土地入市与后期产业发展有机对接的新机制,CBD核心区规划、拆迁、土地入市和项目招商工作有序推进,东扩区重点地块取得一级开发授权批复。出台金盏、电子城等园区项目集约利用土地标准,电子城功能区建设稳步推进,ABB三期、望京科技园三期投入使用,驼房营路等8条园区道路完工,北扩区基本完成拆迁。奥运场馆改造和赛后利用成效明显,世界武搏会等国际大型活动成功举办,奥林匹克公园接待游客突破4500万人次,5A级景区创建工作进展顺利,成为北京旅游新地标。CBD—定福庄国际传媒产业走廊规模效应初步显现。大望京科技商务创新区大部分地块完成入市交易。金盏金融服务园区标准化写字楼一期主体工程竣工,园区道路加快建设,重点项目引进取得新进展。垡头商务总部基地、东坝国际商贸中心的产业定位和规划基本明确。温榆河功能区基础设施建设和拆迁腾退工作有序推进。

(四)抓高端要素聚集,提高区域国际化水平。成功举办CBD国际商务节、世界城市国际论坛等活动,搭建国际交流平台,实施朝阳“凤凰计划”,完善人才引进与服务机制,促进高端资源和人才聚集。新增沃尔沃等跨国公司地区总部12家、外资金融机构13家、国际组织6家。全区跨国公司地区总部达到59家,占全市的72%;世界500强企业累计投资项目达到266个,占全市的44.8%;外资金融机构达到252家,占全市的65%。1—11月,实际利用外资24亿美元,同比增长10.9%,占全市的39.3%。进出口总额预计达到1200亿美元,同比增长43%,占全市的41%。

二、着力推进城乡统筹,提高区域发展综合承载能力

坚持区域协调发展,统筹城乡规划、建设、运行、管理、发展和服务,着力破解发展中的突出矛盾和主要问题,城乡一体化建设步伐明显加快,城乡建设管理水平进一步提高。

(一)统筹推进农村城市化。按照“六位一体”思路,坚持人口、产业、空间、土地利用规划“四规合一”原则,稳步实施土地储备,统筹41个村拆迁腾退工作,累计腾退住宅674万平方米、非住宅715万平方米,分别完成总量的95%和71%,启动300万平方米安置房建设,公共服务配套和周边市政基础设施建设同步推进。严格控制违法建设,共拆除违建179万平方米。9个市级重点村环境整治工作有序推进。基本完成绿隔地区"一乡一策"规划调整,启动农民新村建设139.5万平方米,2.5万人实现搬迁腾退。农村体制改革取得重要进展。

(二)切实加强城乡基础设施和环境建设。进一步完善路网系统,启动百条道路建设和微循环改造,温榆河大道等15条道路建成通车,打通断、堵头路15处,大中修道路50条,维修社区路30条。全力推进5条轨道交通的拆迁任务,保障了工程建设进度。加大环境整治力度,街面环境秩序乱点得到有效治理。新增、改造绿化面积200公顷,建成清河营公园、大望京公园等一批景观亮点,累计开放郊野公园25个。认真落实控制大气污染措施,推进节能减排,完成72.8万平方米建筑节能改造,淘汰黄标车4147辆,提前实现空气质量改善目标。实施萧太后河等水环境治理,建成3个污水达标排放试点小区,城市污水处理率达到92%。推进生活垃圾分类工作,182个社区、66万户居民实现垃圾分类收运,垃圾循环利用率达到55%。垃圾焚烧处理厂日处理垃圾达到1600吨,餐厨垃圾处理厂建成并开始调试运行。

(三)全力维护城市运行安全和社会稳定。紧抓全市社会服务管理综合试点区机遇,集成数字化城市管理、奥运筹备等工作成果,初步构建了全模式社会服务管理系统,城市管理运行机制更加完善。探索统筹解决人口问题长效机制,规范管理出租房屋,人口服务管理工作进一步加强。规范机动车停车秩序,开展路侧停车规范化管理试点,整合车位1.4万个,缓解停车压力。加强公共安全风险管理和隐患排查,规范应急预案体系,成立区应急综合救援支队,应急处置能力得到提升。加强街乡安全监管规范化建设,开展消防隐患、地下空间等专项整治,安全生产形势保持平稳。建立重大事项社会稳定风险评估机制,推广信访代理等成功经验,集中化解矛盾纠纷,信访积案化解率达到81.6%。整合基层力量和资源,建成43个街乡综治维稳中心,强化社会治安综合治理,可防性刑事案件同比下降13%,群众安全感不断上升。

三、着力创建全国文明城区,促进社会和谐建设

围绕群众最关心、最直接、最现实的利益问题,以创建全国文明城区为龙头,构建起具有朝阳特色的大民生工作格局,建立了"1+10+43"的文明城区创建工作体系,推动了各项社会事业发展,为民服务能力和水平进一步提升。

(一)教育卫生事业加快发展。坚持教育优先发展战略,全面实施素质教育,教育整体水平稳步提升。实施名校合作战略,加快优质教育资源聚集,累计14所名校落户朝阳。深化"双名工程",加大培养和引进力度,骨干教师队伍进一步扩大。大力发展学前教育,增加入园名额4700个。完成117个校址的安全工程建设,加强学校人防、物防、技防力量配备,努力建设平安和谐校园。加强公共卫生安全风险管理,甲乙类传染病发病率下降24.5%。拓展社区卫生服务功能,推行家庭医生服务模式,延长接诊服务时间,社区卫生服务水平不断提高,就诊人数同比提高14.9%。

(二)文化文明建设不断深入。坚持城乡统筹,不断完善公共文化服务网络,推动文体事业繁荣发展,丰富群众精神文化生活。建成区全民健身综合活动中心、5个街乡文化中心、83家益民书屋、32套全民健身工程,83所学校体育设施向社会开放。举办流行音乐周、全民健身日等各种活动1260场,受益群众429万人次。建立专项扶持资金,引导群众文化队伍发展,1993支文体队伍活跃在基层。推进六大文明引导行动,开展"做文明有礼的北京人"主题活动,深化精神文明建设,城市文明程度进一步提升。

(三)城乡就业和社会保障工作统筹推进。整合扶持政策,提高就业组织化程度,开发就业岗位11.8万个,2.9万名城镇登记失业人员、1.4万名困难人员实现再就业。制定并实施土地储备过渡期人员安置政策,1.2万人实现转移就业和安置就业。加强劳动市场监管,帮助劳动者追回工资3300万元。20.6万名"一老一小"人员、6948名无业居民参加大病医疗保险。提高新农合人均筹资标准,参合率达到99.2%。321家定点医疗机构实现就医即时结算,减轻个人垫付款负担12.7亿元。公费医疗制度改革稳步推进。完善社会救助体系,投入2.1亿元,帮扶救助困难群体。

(四)为民服务实效明显增强。完善社区便民服务,整合服务资源,建成121个"一刻钟社区服务圈"。推进居家养老助残服务,落实"九养"政策,养老服务体系更加完善,为5.8万人发放了居家养老(助残)券。加快政策性住房建设,超额完成市下达目标,5547户家庭得到配租配售。开展专项检查,加大对问题奶粉、伪劣药品的打击力度,营造安全的生活环境。

四、着力加强自身建设,提升政府工作效能

一年来,我们认真落实区委关于深入开展创先争优暨党员作风建设年活动部署,着力转变政府职能,切实改进工作作风。始终坚持依法行政。认真执行区人大及其常委会决议和决定,坚持重大事项报告制度,自觉接受人大监督,认真听取政协、民主党派和人民团体的意见。办复全国、市、区人大代表建议、政协委员提案655件。围绕办理《进一步改善民生,加强朝阳区养老服务体系建设》议案，整合全区力量，促进了政府各项工作开展和养老事业的发展。规范程序、加强监督，行政审批效率进一步提高。始终强调制度建设。新推出政府重大行政事项决策办法等11项工作制度，强化监督检查、责任追究等5项监督机制，政府工作的标准化、规范化水平不断提高。始终强化勤政廉政建设。深化廉政风险防范“两个延伸”，开展“小金库”、工程建设领域等专项治理，严格出国出境管理，控制会议、庆典等活动，加大对重点领域监管，完善廉政风险防范体系，从源头上防止行政机关及公务员违法违纪行为的发生。优化财政支出结构，在安全、产业促进、公共服务管理等方面实行财力下沉，提高工作实效。加强公务员队伍建设，推进政务公开和信息公开，完善行政效能监察机制，强化目标管理双百考核，折子工程和为民办实事工作有效落实，民主法制、妇女儿童、民族宗教、双拥、外事、侨务和对台等工作全面推进。

各位代表，过去一年朝阳区各项工作取得了优异成绩，为“十一五”发展画上了圆满句号。五年来，在区委的坚强领导下，全区上下深入贯彻科学发展观，围绕城市功能定位和“三化四区”目标，大胆创新、扎实工作，圆满完成奥运和新中国成立60周年庆典服务保障两大任务，有效应对了国际金融危机冲击，区域经济综合实力迈上新台阶，地区生产总值由2005年的1301亿元增加到2618亿元，年均增长15%；人均地区生产总值由5690美元增加到1.15万美元；区级财政收入在全市率先跨越百亿元和二百亿元大关，由85.3亿元增加到233.8亿元，年均增长22.3%。经济发展方式加快转变，万元GDP能耗比“十五”末降低31.7%；第三产业比重达到88.8%，比“十五”末提高7个百分点。人民生活持续改善，群众收入水平快速提升。城乡居民收入年均分别增长11.4%和10.5%。农村城市化进程进一步加快，综合实现程度达到94.5%。城市现代化水平明显提高，运行保障能力大幅提升，城乡面貌焕然一新。区域国际化优势进一步增强，国际商务中心特色更加凸显。

实践证明，过去的五年，是朝阳区综合经济实力增长最快、城乡面貌变化最大、人民得到实惠最多的时期之一。过去的五年，朝阳区获得了全国绿化先进集体、全国数字化城市管理先进集体、跨国公司最佳投资城区、全国推进义务教育均衡发展工作先进地区等众多荣誉和称号。这些成绩的取得，得益于区委的坚强领导和区人大、区政协的有力监督与支持，得益于朝阳区多年来抓机遇、促发展奠定的坚实基础，得益于全区广大干部群众的辛勤劳动和无私奉献。在此，我代表区政府，向全区人民，向各位人大代表、政协委员、各民主党派和无党派人士、各人民团体、社会各界人士，向大力支持我们工作的驻区中央、市属单位和人民解放军、武警部队，表示衷心的感谢和崇高的敬意！

在总结成绩的同时，我们也清醒地认识到，朝阳区经济社会发展中还存在很多困难和问题。一是区域核心竞争优势尚未充分显现。重点产业对经济支撑作用还需加强，战略性新兴产业仍需加快培育，城乡之间、区域之间发展还不平衡，加快发展方式转变的任务还很艰巨。二是人口资源环境和安全稳定压力仍然突出。人口、交通等城市管理问题日益凸显，控制人口过快增长、缓解交通拥堵、加强城市精细化管理的任务仍然繁重；安全稳定形势虽然总体可控，但是信访总量高位运行，安全隐患总量居高不下，安全稳定还面临着很大的压力和挑战。三是公共服务和社会管理水平与群众日益增长的需求相比，仍然存在差距。在保障和改善民生、创新社会管理机制等方面，还需要加大力度。针对这些问题，要采取更为扎实有效的措施，统筹加以解决。

2011年工作任务

2011年，是实施“十二五”规划的开局之年，也是加快转变经济发展方式、落实“人文北京、科技北京、绿色北京”建设、推进“新四区”发展的重要一年。今年政府工作的总体要求是：全面贯彻党的十七大、十七届五中全会、中央经济工作会、市委十届八次全会和区委十届十三次全会精神，深入落实科学发展观，以科学发展为主题，以加快转变经济发展方式为主线，紧紧围绕“新四区”发展战略，着力调整结构，优化布局，强化创新驱动，努力开创经济发展的新局面；着力提升国际化水平，强化国际商务中心功能，努力开创中国特色世界城市试验区建设的新局面；着力推进农村城市化，改善基础设施条件，提升公共服务水平，努力开创城乡一体化发展的新局面；着力保障和改善民生，加强社会管理，繁荣社会事业，努力开创和谐社会建设的新局面，争创全国文明城区，以出色的成绩迎接建党90周年。

当前，世界经济格局正在发生深刻复杂变化，我国仍处于重要战略机遇期，经济发展长期向好的趋势没有改变，但是不确定因素仍然存在。朝阳区作为首都经济强区和国际交往的重要窗口，面临着难得的机遇，也面对着严峻的挑战。综合各方面因素，今年经济社会发展的主要目标是：城镇登记失业率控制在2%以内，城乡居民收入增长8%，区级财政收入增长9%。

实现上述目标，我们必须认清形势，坚定信心，牢牢把握主题主线，切实增强机遇意识、忧患意识、责任意识，切实增强工作的前瞻性、科学性和创造性，推动朝阳区经济社会又好又快发展。坚持高端高效，调结构、上水平，提升发展质量。把人口资源环境协调发展放在更加突出的位置，加快转变经济发展方式，努力建设资源节约型、环境友好型社会，提升核心竞争优势，扩大国际影响力，巩固经济强区地位。坚持创新驱动，创优势、增活力，促进持续发展。把科技进步和自主创新作为推动发展的重要力量，深入贯彻科教兴区、人才强区战略，推动创新型城市建设，营造开放包容的发展氛围，优化发展环境，增强发展活力。坚持城乡统筹，强管理、促均衡，实现协同发展。全面推进城乡一体化，下大力气解决群众关心的交通、环境、城市秩序等问题，运用信息化手段促进城市管理现代化，提升朝阳区发展品质，使城市更好地服务人民生活。坚持以人为本，解难题、促和谐，推动成果共享。坚定不移地把保障和改善民生作为各项工作的出发点和落脚点，进一步加大倾斜力度，推进“十大民生工程”建设，促进基本公共服务均等化，让城乡居民共享发展成果。

今年，重点抓好以下几个方面工作：

一、加快转变经济发展方式，提升区域核心竞争力

坚持高端引领、创新驱动，以“十大发展基地”为重点，进一步调整结构、优化布局，强化国际商务中心功能，加快培育支撑经济持续发展的产业集群，做转变发展方式示范区。

（一）加快高端产业体系建设，提高持续发展能力。大力发展以金融、商务服务为代表的现代服务业，为北京打造服务品牌做出应有贡献。加快国际金融资讯中心、期货和金融衍生品中心、国际保险中心建设。完善总部经济和商务楼宇经济政策，吸引世界500强企业、世界顶级零售商和国际一线品牌入驻。加强商务服务设施建设，着力培育国际化的消费聚集区和旅游品牌。推进以现代传媒、旅游会展为代表的文化创意产业发展，重点引入龙头型企业和重大标志性项目。围绕首都打造创新型城市，加快以“三新”产业为代表的高新技术产业发展，引进以电子信息为主的跨国公司研发中心和具有自主知识产权的民营企业，发展以物联网、电子商务为代表的信息服务业。积极发展健康、养老等家庭服务业。

（二）加快功能区规划建设，提升区域发展品质。瞄准国际一流目标，推进CBD核心区整体开发建设，优先安排人行通道、地下交通廊道和通信、电力等市政设施建设，加快东扩区控制性详细规划的编制和重点地块拆迁工作，实现CBD建设发展的新突破。完成电子城北扩一期控规调整，加快园区基础设施和重大项目建设，重点引入跨国公司研发总部，促进“三新”产业聚集。加快奥林匹克公园国家文化交流展示中心建设，吸引具有国际影响力的体育赛事、文艺演出和会议展览，协助推进国家美术馆新馆、中国工艺美术馆、中国国学中心等国家级文化设施建设。加快北京音乐创意产业园等项目建设，努力把CBD—定福庄国际传媒走廊建设成为新媒体产业功能区。完成东坝北区、垡头核心区控制性详细规划编制，推动重点地块入市。推进温榆河、金盏金融园区、定福庄和大望京地区基础设施和重点项目建设。

（三）注重创新驱动，提升区域发展活力。建立与国际接轨的创新创业服务体系，鼓励企业加大科技创新投入，引进国际高端人才和科技创新型人才。抓好产学研合作，培育发展中介组织，加强知识产权保护和运用，推动重大科技成果产业化。加强与港澳台和国际友城的联系，发挥世界CBD联盟作用，深化与国际产业园区合作，推进国际文化交流和技术合作。发挥国有企业在功能区和重点项目建设中的作用，提高国有资产运营效益。优化投资环境，提高产业投资比重，扩大民间投资，促进民营经济发展。

（四）积极发展绿色经济，提高资源利用效率。强化目标管理和考核，突出抓好建筑、公共机构等重点领域节能，完成市里下达的万元GDP能耗下降指标。严格执行建筑节能标准，做好建筑节能改造。构建重点企业耗能监测系统，推进合同能源管理，促进节能服务业发展。加强节水管理和水循环利用工程建设，严格雨污分离排放，在有条件的小区安装污水处理设施，引导新建小区同步配建污水处理装置，推进小区污水排放达标建设。加强宣传引导、政策鼓励，不断提高居民垃圾分类收集率。加快循环经济产业园建设，大力发展循环经济和环保产业。

二、加快农村地区建设步伐，促进城乡一体化发展

着力破解难题、突破瓶颈，切实加大农村地区建设发展、产业升级、就业保障、基本公共服务等方面的工作力度，全面加快农村城市化进程，推进城乡一体化先行区建设。

（一）统筹推进农村城市化建设。坚持总体可控、有序推进、滚动开发，积极稳妥地推进土储地区拆迁腾退工作。加快土地整理、上市和资金回笼节奏，严格拆迁腾退资金使用监管。坚持安全与质量并重、公建配套与主体工程同步，加快土地储备区域安置房建设，确保农民如期回迁。落实“一乡一策”规划建设，年内竣工农民自住房和商品房118万平方米。加大城乡结合部重点村整治力度，推进4个重点村的拆迁腾退和安置房建设。加快农村地区道路、供水、供电设施建设，优先保障安置房、重点产业项目和上市地块对基础设施的需求。坚决遏制非法占地和违法建设。

（二）提高农村地区经济发展质量。统筹城乡经济发展，深入研究城市化过程中的产业定位，深度挖掘产业用地资源，抓好温榆河东三乡、垡头等土地储备区域的空间利用,推进重大项目的引入和建设。依托功能区辐射带动,对接“十大发展基地”,突破城乡、乡域界限,强化产业导向和准入机制,整治关闭低级次产业,调整升级传统产业,引进发展高端产业,促进农村地区产业、就业和环境协调发展。加强农村集体资金、资产、资源管理,确保农村城市化进程中资金安全、资产保值增值和资源合理利用。积极稳妥地推进乡级土地股份制改革和村级集体产权制度改革。

(三)完善农村公共服务体系。以土地储备区域为重点,统筹研究农村地区教育、卫生、文化、体育等公共服务设施整体布局,加大幼儿园、义务教育学校、地区医疗中心的建设力度,推动公共服务向农村覆盖。积极开展就业服务,促进农村劳动力多渠道、多形式、跨地区转移就业,稳妥解决土储地区劳动力安置。以豆各庄乡为突破,推动土地储备区域、绿隔地区以及重点工程涉及的农民转居工作,尽快将拆迁区域劳动力纳入城镇社会保障体系,扩大农村劳动力参加城镇职工保险覆盖率。

三、加强城市和社会管理,促进城市安全有序运行

创新社会服务管理机制,健全现代化城市管理体制,加强城乡环境建设和生态文明建设,以信息化提升城市管理现代化,努力创建和谐宜居、安全稳定的生活环境。

(一)加强社会建设和社会服务管理。探索现代城市公共治理模式,深化全模式社会服务管理的试点工作,并逐步在全区推广。加强社区规范化管理,社区规范化率达到90%,推进社区信息化建设,夯实社会管理基层基础。完善社会动员体系,加强新形势下社区居委会建设,吸引社会团体和社会组织参与社区服务。加强监督指导,提升物业服务质量,逐步解决老旧小区物业管理问题。加强农村新建小区的管理。制定实施“六五”普法规划,营造良好的法治环境。

(二)加强交通拥堵治理。全面落实北京市治理交通拥堵的各项措施,切实加大交通拥堵的治理力度。坚持标本兼治,完善路网结构和交通配套设施,加快已经启动的百条道路建设步伐,组织实施一批断头路、堵头路的改造工程,打通道路微循环系统。全力配合,推进区内轨道交通建设,做好由我区负责的拆迁工作。大力整治停车秩序,规范路侧临时停车场和小区停车管理。挖掘整合各类资源,推进公共停车场建设,鼓励社会单位和社区开放停车设施。加快道路管理信息系统建设,提高信息服务管理水平。加强重点区域交通秩序综合治理,提高道路通行效率。

(三)加强城市人口管理。控制人口总量,强化人口管理综合协调机制,严格落实目标责任制。通过规划引导,调整房地产结构,推动区域功能疏解,优化公共服务资源配置,引导人口合理分布。探索人口服务管理新模式,积极发挥产业发展对人口规模的调节作用,强化源头控制。规范房屋出租行为,提升农民出租房屋管理的组织化、信息化程度,完善实有人口库,加强对人口变化的动态管理和实时监控。完成第六次人口普查工作。

(四)加强城乡环境建设。开展“精细管理,美化市容”活动,健全环境联合执法机制,以老旧小区、城乡结合部、主要道路两侧为重点,治理影响环境质量的重点问题,切实加大环境整治力度。建成6个郊野公园。完善重点污染源自动监控系统和环境质量自动监测体系,加大污水排放治理力度。完成萧太后河下段水环境整治任务,启动曹各庄沟等4处水环境治理工程,推进南水北调东干渠及水源十厂拆迁工作。狠抓大气污染防治,确保完成二级天任务指标。

(五)加强公共安全管理。做好重大事项社会稳定风险评估,着力推行用群众工作统揽信访工作,集中解决一批历史遗留问题。严格落实企业主体责任,加强对建筑工地、人员密集场所的监管,全面整治地下空间,坚决排查治理安全隐患,全力压减各类安全生产事故,遏制重特大事故发生。完善公共消防安全基础设施,加强消防队伍建设和市民培训,提高防控火灾能力。探索公共安全风险管理常态化机制,提升突发事件风险防控和应急处置能力。健全监测体系,加强食品、药品等领域的安全监管。夯实基层力量,完善社区治安防控体系,严厉打击各类刑事犯罪活动,努力营造社会安定、环境安全、百姓安宁的良好局面。

四、健全基本公共服务体系,保障和改善民生

完善大民生工作格局,建立城乡一体的公共服务体系,促进基本公共服务均等化,不断提高人民生活品质。

(一)加快医疗卫生事业发展。完善医疗设施布局,在东南、东北部地区引入优质医疗资源,推进垂杨柳医院改扩建、和平医院老年病住院楼改造和区疾控中心二期建设,逐步完善以社区卫生服务机构为基础、大型医院为技术支持、专科医院为补充的医疗服务网络。加强公共卫生服务体系建设,提高疾病预防控制、精神卫生、妇幼保健、卫生监督的能力和水平。推进社区卫生信息化建设,搭建功能更加完善的社区卫生服务体系。大力支持中医药特色卫生服务中心(站)建设。鼓励和引导社会资本发展医疗卫生事业,促进非公立医疗卫生机构发展,形成投资主体多元化、投资方式多样化的办医体制。

(二)积极做好就业和社会保障工作。坚持以产业发展带动就业,实施更加积极的就业政策。完善城乡统一的就业促进、管理和援助机制,提高农村劳动力转移就业的组织化程度,鼓励农村劳动力自谋职业、灵活就业。落实公益性“托底”安置就业政策,帮扶困难群体就业。完善高校毕业生就业服务平台建设,促进大学生充分就业。完善劳动关系调解机制,维护劳动者合法权益。健全城乡统筹的社会保障体系。

(三)切实保障群众基本生活。完善社区服务管理体系,全面推进“一刻钟社区服务圈”建设,整合社会单位服务资源,打造公益服务项目品牌。完善养老服务体系,强化社区居家养老服务功能,推进民办养老服务机构发展,鼓励社会机构参与各类养老服务设施建设。加快区第二福利中心建设,在有条件的社区卫生服务中心设立老年病科。推进残疾人社会保障和服务体系建设,建成区残疾人职业康复中心。加强政策性住房建设和配租配售工作,建设和收购3.5万套,竣工7500套,发放租房补贴3165户,并同步组织好在建项目的公共配套设施建设。

五、优先发展教育事业,推动终身教育体系建设

教育是家庭的希望、民族的未来、城市发展品质的标志。要始终把教育摆在优先发展的战略地位,坚持规划优先、建设优先、投入优先,推进教育体制改革试点区建设,提高整体教育水平。

(一)扩大优质资源,促进教育均衡发展。统筹城乡教育规划,在居住组团、农村地区安置房建设中,优先配置基础教育资源,高标准推进现代化学校建设。积极引进优质教育资源,进一步吸引名校、名师落户朝阳。抓好学校品牌建设和校园文化建设。加强规模高中校建设,促进高中教育多元、特色发展。优化教育投入结构,促进政策、资金、资源向农村地区倾斜,缩小城乡教育差距。加强校安工程建设,打造平安校园。深入推进素质教育,培养学生创新精神和实践能力,关心学生心理健康,促进学生全面发展。

(二)发展各级各类教育,促进教育协调发展。大力发展学前教育,新开办幼儿园10所,增加入园名额4000个,积极解决入园难问题。调整职业教育资源布局,支持职业教育特色发展,提升服务区域发展能力。大力发展成人教育、社区教育。突出教育国际化特色,加强与国外教育机构、优秀中小学的合作交流,在国际化教育、创新教育上先行先试。积极鼓励民办教育发展。

(三)创新管理模式,优化教育发展环境。以扩大学校办学自主权、增强学校办学活力为重点,在办学体制、课程教材、拔尖创新人才培养等方面,积极探索、大胆改革。开展学区化管理改革试点,探索中高职衔接、国际合作办学、职教普教融通的新型人才培养模式,提高公共教育服务水平。深化教育人事制度改革,制定支持政策,完善用人机制,加大优秀教师、校长培养和引进力度。

六、大力加强文化建设,提升区域文明程度

以创建全国文明城区为载体,完善文化文明建设体系,发挥文化引导社会、促进发展的功能,推动区域文化软实力建设。

(一)全力争创全国文明城区。巩固社会动员机制、信用评价体系、监督测评体系、志愿服务体系,实施文明创建品牌推介行动,深化“十大文明提升行动”,组织开展各种品牌活动,突出整改落实、突出工作统筹、突出文化文明,确保创建工作取得实效。

(二)加强精神文明建设。围绕构建社会主义核心价值体系,加强理想信念教育和社会诚信体系建设,大力弘扬敬老孝亲、尊师重教的传统美德,倡导健康向上的社会风气。发展各类学习型组织,建设学习型城区。加强未成年人教育,健全学校、家庭、社会“三结合”的教育网络。加强志愿服务体系和队伍建设,拓展志愿服务领域,推动志愿服务社会化、规范化、国际化。争创“全国双拥模范城”五连冠。

(三)大力发展文化体育事业。推进文化设施建设,创新文化发展模式,进一步完善公共文化服务体系。广泛开展社区文化活动,培育一批富有特色的群众文化、时尚文化、传统文化、原创文化品牌。发展文艺协会,组建区文化艺术团。引导、支持民办文化机构发展。创新机制,加强对文化市场的监督管理。制定全民健身实施计划,推动群众体育、竞技体育发展,不断提高城乡居民的身体素质。做好民族宗教工作,切实保障妇女、儿童权益。

七、加强政府行政能力建设,服务保障各项事业发展

始终坚持依法行政,进一步转变政府职能,创新发展理念,加强作风建设,提高行政效能,为各项事业发展提供坚实保证。

(一)建设法治政府。坚决贯彻执行区人大及其常委会决议,自觉接受人大法律监督和工作监督,认真听取各民主党派、工商联、各人民团体和各界人士的意见、建议,自觉接受人民政协民主监督。强化督办机制,继续提高人大议案、建议和政协提案的办理质量。加强依法行政制度建设,完善决策机制,健全重大行政决策评估制度和绩效考核评价体系,规范行政行为。加强行政执法队伍建设,强化执法监督,严厉查处危害生产安全、食品药品安全、环境保护、社会治安等方面的违法案件,维护公共利益和经济社会秩序,提高政府公信力。

(二)建设服务型政府。坚持问政于民、问需于民、问计于民,全面加强区政府各部门及工作人员的政风行风建设,牢固树立群众观点和服务意识,为基层服务、为群众服务、为企业服务、为社会服务。深化行政管理体制改革,继续精简、规范行政审批事项,完善一站式综合服务大厅功能,扩大网上审批范围,推进政府职能转变和管理创新。加大政务公开力度,完善信息公开机制,拓宽办事公开领域,为群众生产生活提供优质、高效、便利的服务。

(三)建设高效廉洁政府。加强公务员队伍建设,大力推行公务员轮岗交流,科级干部竞争上岗率力争达到70%。推进乡级机构改革,深化事业单位人事制度改革。加强对重点项目、重大资金的审计监察。强化节俭意识,加强财政资金使用监管,控制政府运行成本。完善财政支出结构,进一步加大对民生、重大基础设施、基层公共服务的投入力度。加强行政事业单位国有资产管理。深入推进目标管理双百考核,确保政府各项工作有效落实。严格执行党风廉政建设责任制,强化领导干部"一岗双责",严格风险防范管理,加大违纪违法案件查办力度。

关于"十二五"规划纲要(草案)的说明

区委十届十三次全会通过的《关于制定朝阳区国民经济和社会发展第十二个五年规划的建议》(以下简称"《建议》"),提出了未来五年朝阳经济社会发展的指导思想、发展目标和主要任务。根据《建议》精神,区政府制定了《朝阳区国民经济和社会发展第十二个五年规划纲要(草案)》(以下简称"《纲要(草案)》"),已提请大会审议。下面,我简要说明几个问题。

一、《纲要(草案)》的编制过程和主要特点

区委、区政府高度重视规划编制工作。成立了四套班子一把手任组长的领导小组,组建了由各领域专家组成的规划编制专家顾问组,历经一年多时间研究相关工作。组织有关部门、研究机构对事关朝阳发展的45个重大问题进行专题研究,并同步编制43个专项规划,召开专家座谈会,开展网上建言献策活动,区人大、区政协组织代表、委员深入调研,提出各类建议300多条,为规划编制提供了重要依据。区人大常委会研究制定了规划编制工作监督方案,将规划编制作为重大项目进行监督管理,有力促进了各项工作开展。《纲要(草案)》初稿形成后,区委、区政府多次组织召开专题会,对一系列重大问题进行研究决策。《纲要(草案)》还广泛征求了各街乡、各部门和重点企业的意见,听取了人大代表、政协委员、各民主党派、工商联负责人、无党派人士以及专家学者的意见,吸纳了市民大量的建议。《纲要(草案)》的编制过程,是发扬民主、集思广益、科学决策的过程,也是统一全区认识、形成社会共识的过程。

在规划编制过程中,为了增强《纲要(草案)》的科学性、前瞻性、针对性,重点把握了以下四条原则:一是准确领会上级精神,特别是十七届五中全会和市委十届八次全会精神,突出科学发展主题、加快转变经济发展方式主线。二是坚持在继承中发展、在发展中创新,深入分析"十一五"奠定的基础,保持发展思路和工作思路的连续性。三是深入研究朝阳的功能定位,始终突出国际化特色,强调朝阳在首都建设中国特色世界城市中的地位和作用。四是正确处理战略性与操作性的关系,围绕"新四区"发展战略,以"双十工程"为载体和重点,推进规划纲要的实施。

二、关于"十二五"时期的总体发展思路和目标

"十二五"时期是我国深化改革开放、加快转变经济发展方式的攻坚时期,也是朝阳加快区域发展、再创发展新优势的关键阶段。《纲要(草案)》从实际出发,提出"十二五"时期发展的指导思想是:高举中国特色社会主义伟大旗帜,以邓小平理论和"三个代表"重要思想为指导,深入贯彻落实科学发展观,紧紧围绕落实"人文北京、科技北京、绿色北京"发展战略和建设中国特色世界城市的目标,以科学发展为主题,以加快转变经济发展方式为主线,深入促进"转变发展方式示范区、建设世界城市试验区、推进城乡一体化先行区、促进社会和谐模范区"建设,不断提升区域核心竞争力、承载环境、文化文明新优势,在更高层次上推动朝阳又好又快发展。

根据区委《建议》,《纲要(草案)》提出"十二五"时期,全区经济社会发展的目标是:经济保持平稳较快发展,结构调整取得重大进展,国际化水平明显提升,城乡一体化发展实现新突破,文化软实力进一步增强,城乡居民收入与经济增长同步,生态文明建设成效显著,社会建设明显加强,具有世界影响的国际商务中心功能全面提升。

为了确保这些目标顺利实现,《纲要(草案)》提出了18个量化考核指标,其中预期性指标6个,约束性指标12个。主要突出转变发展方式、改善民生和国际化特色。考虑到"十二五"期间不可预测因素较多,朝阳区又是国际化程度较高的区域,对国际、国内宏观形势变化的敏感性强,指标值的确定既要留有余地,又要有利于实现速度和结构质量效益相统一,为加快转变经济发展方式预留空间。为此,《纲要(草案)》提出,"十二五"时期,地区生产总值年均增长8%,财政收入年均增长9%,城乡居民收入年均增长8%。

三、关于"十二五"时期的主要任务

《纲要(草案)》共9篇、37章,提出了"十二五"时期的六大任务。

一是全面提升国际商务中心功能。规划纲要把全力打造国际商务中心作为首要任务进行专门阐述，主要是考虑经过多年的积累，国际化已经成为朝阳最重要的资源、最突出的特征、最显著的优势和最明显的发展趋势。提升国际商务中心功能，重点是加快建设高端要素聚集、商务活动活跃、资讯集散快捷、国际人才汇聚的国际商务中心，目的是全面提升服务国家参与国际经济合作发展的能力，提升服务首都向中国特色世界城市迈进的能力，提升区域的国际影响力和竞争力。重点要强化总部经济聚集优势，推进国际金融主聚集区建设，提升国际商务和贸易功能，促进国际信息集聚传播，优化国际商务服务环境。

二是加快转变经济发展方式。加快转变经济发展方式既是当前和今后一个时期中央和首都经济社会发展的重大战略任务，也是朝阳提高可持续发展能力、再创发展新优势的现实需要。重点要在五个方面加快转变。一是调整优化产业结构；二是提升六大功能区功能；三是构筑五轴三带发展格局；四是加强科技创新和人才支撑；五是提高可持续发展能力。

三是深入推进城乡一体发展。“十二五”期间，要以加快完成农村城市化为主攻方向，以提高农民生活品质为落脚点，努力在产业发展、就业安置、社会保障、转工转居、体制创新等方面实现新突破，全力建设城乡一体化先行区。一是加快城市化建设进程。二是促进农村经济快速健康发展。三是提高农民生活品质。努力实现城乡社会保障一体化，完善城乡一体的公共服务体系。

四是大力提高城市建设管理水平。围绕提高城市可持续发展的承载能力，瞄准世界先进城市的标准，全面提高城市规划和建设水平，大幅提高基础设施的系统性、安全性和可靠性，显著提升城市管理的精细化、人性化和智能化水平，营造安全、有序、祥和的城市环境。重点是加强城市建设，改善生态环境，强化城市环境秩序管理，构建全模式下的城市管理体系。

五是着力加强和谐社会建设。根据社会建言献策活动和人大代表、政协委员征集意见活动汇总的情况，我们将群众关心的教育、健康、就业、保障、社会服务、安全稳定、政治权益等问题作为“十二五”规划的重要任务，积极顺应群众过上更好生活的新期待。要努力构建优质均衡的教育体系。全面提高健康服务水平。千方百计扩大劳动力就业。健全覆盖城乡的社会保障体系。建设安全稳定的社会环境。推进社会服务管理创新。大力加强民主法制建设。

六是积极促进文化繁荣发展。文化是民族的精神和灵魂。坚持社会主义先进文化前进的方向，丰富文化理念，发掘文化内容，完善文化设施，盘活文化资源，活跃文化市场，创新文化模式，汇聚文化人才，打造一流的公共文化服务，增强区域的精神凝聚力和文化创造力。提升城市人文品质，加强公共文化建设，激发文化创新活力，促进文化传播和交流。

四、关于全力推进“双十工程”实施

为确保各项任务取得实效，《纲要（草案）》提出“十二五”期间要组织实施好“双十工程”，即“十大发展基地”和“十大民生工程”。“双十工程”是确保经济社会发展各项任务取得实效的重要抓手，是体现本次《纲要（草案）》既着眼长远，又脚踏实地的核心内容。在经济发展方面，着力抓好十大发展基地建设，将功能提升、产业调整、区域均衡等任务落到实处。通过抓好这些区域的发展，促进投资稳定，促进产业落地，促进区域协调，进一步提升朝阳区的影响力。在社会发展方面，着力抓好十大民生工程实施。围绕群众最关心、反映最强烈的十个方面，明确约束性的考核指标，列出带动性强的重点项目，排出关系长远的重大任务，确保在改善民生方面取得实实在在的效果。

五、关于统筹深化重点领域改革

改革是加快转变经济发展方式的强大动力，必须进一步调动各方面改革的积极性，加快体制机制创新，为规划实施提供强有力的制度保障。一是创新政府服务管理体制。进一步转变政府职能，加快建立“阳光、高效、廉洁”的行政审批机制，深化投融资体制改革，建立“十大发展基地”落实工作机制，全面提高行政效率，推进政务公开，健全行政决策机制。二是加强经济体制改革。推进国有经济布局的调整优化，提高国有企业的竞争能力，进一步完善国资监管机制。积极支持中小企业发展，拓宽民营经济发展空间。三是完善社会管理和服务机制。加强配套政策制定，创新公共服务机制，提高公共服务效率。创新城乡一体化发展机制，推进农村行政管理体制改革，健全农村服务保障体系，建立与城市化相适应的农村社区管理体制。四是完善规划实施管理机制。抓好专项规划落实，建立规划实施监测机制。完善政策和资金保障机制，根据规划实施情况，及时制定、完善相关政策，加强公共服务领域重大项目的资金保障。健全项目带动机制，完善重大项目储备机制，加强跟踪管理，保证项目建设有序推进。强化社会参与，加强规划宣传，构建社会参与机制。

各位代表，朝阳区发展正站在一个新的历史起点上，前景无限美好，事业催人奋进。让我们在市委、市政府和区委的坚强领导下，坚定信心，开拓创新，扎实工作，为加快“新四区”建设，推动朝阳在更高层次上又好又快发展，实现“十二五”规划宏伟蓝图而努力奋斗！

朝阳区人民代表大会常务委员会工作报告

——2011年1月6日在北京市朝阳区第十四届人民代表大会第六次会议上

朝阳区人大常委会主任　王力军

各位代表：

我受朝阳区第十四届人民代表大会常务委员会委托，向大会报告工作，请予审议。

2010年的主要工作

2010年，是全区实施"新四区"发展战略，全面完成"十一五"规划任务、科学编制"十二五"规划的重要一年；也是我区人大工作取得重要进展的一年。区人大常委会在区委领导下，深入学习贯彻十七届五中全会和市委、区委人大工作会议精神，围绕"六个新作为"工作目标，认真执行本届人大五次会议决议，依法履行职责，为我区经济社会又好又快发展提供民主法制保障，发挥了地方国家权力机关的职能作用。

一、落实市委、区委人大工作会议精神，坚持和完善人民代表大会制度

2010年4月，为贯彻落实市委第三次人大工作会议精神，区委召开了人大工作会议，对做好新形势下的人大工作，更好地坚持和完善人民代表大会制度，提出了新的要求。常委会把贯彻会议精神作为首要任务，认真组织全体区人大代表、常委会组成人员和工作人员进行学习，以会议精神的落实推动人大工作深入开展。

(一)深化了对人民代表大会制度的认识。坚持和完善人民代表大会制度，首先，必须始终坚持党的领导。坚持党对人大工作的领导是坚持和完善人民代表大会制度的根本保障和重要前提。人大及其常委会必须在党的领导下，紧紧围绕区委中心工作和人民群众关心的问题依法履职，确保区委部署和要求在人大工作中的落实。其次，必须充分发挥人大代表的主体作用。代表的主体作用要通过制度来实现和保障。要不断完善服务保障代表依法履职的工作制度，充分发挥代表了解民情、代表民意、反映民愿的作用，使群众的意愿和利益诉求有序进入政府决策，实现好、维护好、发展好人民群众的根本利益。第三，必须准确把握人大职能定位，依法有效履行职责，保证、督促、支持"一府两院"依法行政、公正司法和高效运行，共同推进全区发展。我们把上述认识转化为具体行动，扎实做好人大工作，在实践中坚持和完善好人民代表大会制度。

(二)认真执行人民代表大会决议。一年来，常委会共召开会议7次，审议议题25项。其中，听取审议"一府两院"专项工作报告9个、议案办理情况报告1个；听取审议了本区2010年国民经济和社会发展计划上半年执行情况、预算上半年执行情况及2009年预算执行和其他财政收支的审计工作报告，审查和批准了2009年决算和2010年预计超收收入使用方案。开展了食品安全法执法检查，听取审议了相关报告。依法作出有关决议、决定17项。依法任免国家机关工作人员94人次，任命张立新为区人民政府副区长。全面完成了本届人大五次会议确定的工作任务。

五次会议确立了《进一步改善民生，加强朝阳区养老服务体系建设》的议案。常委会将议案督办作为执行大会决议的一项重要内容，针对议案办理涉及部门多、影响面大的特点，切实改进工作方式，注重议案办理实效。一是成立督办机构，确定督办重点。常委会成立了议案督办工作组，统筹协调议案督办工作。把养老服务体系建设的组织领导、政策扶持、设施建设、资金投入和服务队伍建设作为督办重点，制定了督办工作方案和折子工程。二是完善督办工作格局，形成工作合力。将议案督办内容与常委会和主任会议题有机结合，各工作委员会共同参与、分工负责、协同督办。并积极与政府、人大代表沟通情况、共商对策，共同推进议案落实。三是加强过程监督，发挥代表作用。先后13次组织议案领衔代表和其他市、区人大代表共172人次开展调研，考察学习先进地区养老服务工作的做法和经验，听取区政府有关部门的专题汇报，提出了科学编制"十二五"老龄事业发展规划、强化社区养老服务功能、提升养老机构服务水平、落实各项养老优待政策措施等建议。区政府高度重视议案办理工作，建立健全了区、街道(地区)、社区(村)三级居家养老服务管理网络；制定了落实“九养”政策的实施意见及相关配套措施，加大养老服务体系建设的政策和资金支持力度；克服农村地区大规模拆迁腾退的不利影响，加快养老服务设施建设，新增3745张养老床位，新建养老餐桌473个、托老(残)所435个；首次制定我区老龄事业发展五年规划，推进养老事业与人民群众的需求相适应。议案办理效果明显。

(三)发挥人大职能作用推进“十二五”规划编制。“十二五”规划纲要是引领今后五年我区经济社会发展的纲领性文件。常委会把推动“十一五”规划落实和“十二五”规划编制作为全年工作主线，确定重点、制定方案，扎实做好审查批准规划纲要的准备工作。充分考虑规划编制内容的广泛性、复杂性，整合常委会工作机构力量，从专项规划入手，分工负责规划编制的监督工作。多次组织委员和代表深入开展调研，听取工作汇报，加强工作沟通，提出意见建议，推进“十一五”规划落实，让委员和代表提前介入“十二五”规划编制工作。常委会还通过设置网上专栏、问卷调查、座谈研讨、信息报送等方式，广泛征集专家、代表和人民群众对“十二五”规划的建议，汇总整理为13个方面415条，反馈区政府，集中表达人民群众的意愿，使“十二五”规划的编制工作，成为扩大民主、凝聚智慧、形成共识、改进工作的过程，为本次大会依法审查批准规划纲要奠定了坚实基础。

二、扎实开展监督工作，努力推进“新四区”建设

常委会认真贯彻监督法，围绕我区科学发展的重点问题和人民群众关注的热点问题，依法履行监督职责。

(一)关注功能区建设，促进经济平稳较快发展。CBD功能区是带动我区经济发展的龙头。为推进CBD功能区东扩工作，常委会围绕东扩区域的发展方案、产业定位、基础设施、优惠政策等问题深入调研，在此基础上，听取审议了区政府关于CBD功能区东扩发展与规划工作的情况报告。区政府把审议意见纳入CBD功能区“十二五”发展专项规划，高标准推进东扩工作。为促进电子城功能区提高发展质量，常委会组织委员和代表深入园区和企业调研，提出科学谋划未来发展、提升发展环境质量、创新管理体制机制等建议，促进电子城功能区高端化发展。对定福庄传媒文化产业区、垡头文化休闲产业区等储备区建设情况开展调研，结合相关议题的审议，提出转变发展方式、加快功能区空间拓展和储备区规划建设等建议，促进我区经济继续保持持续增长态势。常委会还深化财政预算监督工作，督促政府进一步规范和细化预算编制，提高预算科学性、合理性。加强对土地储备、民生改善等支出的监督，督促政府加强资金支出结构和使用方向的分析，提高财政资金使用效益。督促支持政府审计部门发挥职能作用，审计局按照常委会要求改进工作报告形式，扩大审计结果公开范围，使我区的财政管理和审计监督工作更加规范。常委会还对审计中发现的物业费支出不规范、残保金预算编制口径不统一等问题进行了跟踪监督，促进财政资金依法、高效、安全使用。

(二)抓住农村发展重点问题，促进城乡一体化。土地储备是关系全区发展的一件大事，关系群众切身利益，人大代表高度关注。为积极稳妥推进土地储备工作，常委会围绕拆迁腾退、安置房建设、农民安置和资金安全等关键环节，深入调查研究，听取审议了区政府关于推进土地储备工作的报告，提出了维护好农民利益、加快农村产业发展、加强风险防范、寻求政策突破等意见和建议。区政府十分重视，在土地储备工作中，注重做好群众工作，提高资金使用效率，积极协调解决整建制转居、安置房建设等难点问题，努力推动农村地区发展。围绕农村产业发展与农民就业的重点问题，常委会听取审议了区政府发展农村产业、促进农民就业工作情况的报告，并通过市人大代表向市有关部门反映产业项目审批难问题，积极推进解决制约产业发展和农民就业的深层次问题。常委会还对农村社会管理体制问题开展调研，就加快农村社区建设等工作提出建议。区政府根据市有关规定，提高社区工作者收入，加快解决社区用房不达标问题，努力提高农村社会管理水平。继续跟踪本届人大四次会议议案的后续办理工作，督促区政府加快来广营清河营、大屯黄草湾等六大郊野公园建设。区政府落实了郊野公园管理中心编制和资金，公园建设管理工作逐步理顺。截至去年5月，上述公园均按时建成并免费向社会开放。

(三)围绕热点问题开展监督，促进民生改善。为促进我区卫生事业发展，解决群众看病难、看病贵的问题，常委会在开展专项调研的基础上，听取审议了我区公共卫生体系和基层卫生服务体系建设情况的报告。区政府认真落实审议意见，新建的社区卫生服务站已纳入大病统筹医保单位，外聘医务人员提高薪酬所需经费列入今年财政预算，街乡公共卫生管理机构不健全问题正着手解决。食品安全直接关系到人民群众的身体健康和生命安全。常委会连续三年开展了食品卫生与安全工作监督，2010年又重点检查了食品安全法的实施情况。为提高执法检查的实际效果，对委员和代表开展了相关法律法规的培训。同时，丰富检查形式，采取群众评价、随机检查、随时抽查、现场检测四种方式，对食品生产与加工、流通与消费等重点环节进行检查,提出了整改意见。区政府以此为契机,加强食品安全管理,重点开展了夏季食品安全整治、食品添加剂生产及使用的监督检查等一系列专项工作,进一步规范了我区食品生产经营秩序。

为了推进文明城区创建工作,常委会组织委员和代表开展有针对性的专题调研,提出了加强工作统筹、明确硬性指标的保障措施等建议,促使创建过程成为群众共建共享的过程。城市管理是代表反映比较集中的问题。常委会在2009年听取审议区政府奥运后城市环境管理工作报告的基础上,针对城市管理监察工作开展调研,听取政府有关部门的工作汇报,提出了加强城管监察队伍建设、创新城市管理体制机制、扩大城市管理社会参与等建议。此外,常委会对社会建设、农村基础设施建设和垂杨柳医院改扩建等工作进行了跟踪监督。

(四)致力"法治朝阳"建设,推进依法行政和公正司法。常委会从依法行政的制度建设、思想认识和保障措施入手,听取审议了区政府关于全面推进依法行政加强法治政府建设情况的报告,提出了规范行政行为、提高行政效能、加强法制机构建设等意见。区政府制定了《依法行政考核办法(试行)》、《重大行政事项决策办法(试行)》等工作制度,加强对全区行政执法部门和各街、乡依法行政工作的考核,不断提高全区依法行政工作水平。听取审议了区政府关于推进"五五"普法工作情况的报告,提出了完善普法工作格局、扩大普法覆盖面、提高普法针对性和实效性等意见,促进全区法制宣传教育工作的深入开展。听取审议了区法院立案审判工作和区检察院公诉工作的报告。审议前,部分常委会组成人员和代表多次到"两院"调研,通过座谈、视察、旁听庭审等方式,多角度了解情况。在此基础上,就立案审判工作提出提高思想认识、改进工作作风、加强队伍建设、完善便民利民制度等意见,就公诉工作提出依法严厉打击严重刑事犯罪、加大诉讼监督工作力度、推进公诉工作改革、提升公诉队伍整体素质等意见。区法院积极采取措施,提高服务水平,深化机制创新,推进立案审判工作规范化建设。区检察院完善了相关工作制度,充分发挥公诉职能,强化诉讼监督,努力提高办案质量。

一年来,常委会把做好监督工作作为履行职责的着力点,按照"六个新作为"工作目标的要求,坚持监督与支持有机结合,切实改进方式方法,注重形成工作合力,监督实效进一步提高,监督作用进一步发挥。

三、不断改进代表工作,服务保障代表履职

常委会始终把促进代表履职、发挥代表作用,作为代表工作的主要目标,作为检验常委会工作水平的一项重要标准,加强服务,提升水平,支持和保障代表依法履职。

(一)健全机制,保障代表依法行使职权。常委会结合当前工作特点,及时修订《主任、副主任接待代表制度》、《代表工作规则》和《代表联系选民办法》,支持和规范代表履行职责、发挥作用。继续开展代表工作达标考核活动,推动基层代表工作的制度化和规范化,为代表履职提供服务保障。完善教育、卫生、农村、妇女四个专业代表小组活动机制,充分发挥专业代表小组的作用,提高代表履职实效。加强代表培训工作,开展了世界城市、国际形势和朝阳区情等专题学习。坚持办好《和谐在线》和《代表直通车》栏目,积极宣传代表履职的典型事迹,为代表行使职权营造良好的舆论氛围。

(二)丰富活动,促进代表有效发挥作用。常委会充分发挥人大街道工委、地区代表小组的作用,认真组织闭会期间代表活动,使代表执行职务与常委会工作密切对接。根据代表意愿,邀请代表参与常委会重点工作,为代表知情知政、提高履职水平打下基础。一年来,参加常委会组织的调研视察、执法检查等活动和列席常委会会议的代表达1358人次。结合争创全国文明城区的中心工作,开展了"为文明倾心注情,为发展献策出力"主题活动,充分发挥代表在创建工作中的优势和作用。组织代表参与矛盾纠纷集中化解专项行动,通过代表接待选民,参与调处纠纷,帮助解决问题。代表参加街乡组织的各类活动1770人次,联系选民1.2万余人次,为促进社会和谐稳定发挥作用。常委会还认真做好市人大朝阳团代表的服务工作,首次组织市代表向区代表述职,加强市、区代表的联系与沟通,借助市代表优势,反映我区需要市有关部门协调解决的问题。通过市代表的积极呼吁,"南四环小红门桥至肖村桥区间增设出口"等一些难点问题得到解决。

(三)注重实效,加强代表建议督办工作。常委会进一步完善主任、副主任重点督办,各工作委员会分类督办,代表联络室统筹督办的工作机制,搞好建议提前征集工作,积极推动建议的落实。一是加强建议的综合分析。确定9件群众关注度高、办理难度大的建议,由主任、副主任督办;58件与常委会会议、主任会议议题相关的建议,由工作委员会督办。二是加强与代表及政府部门的沟通协调。对部分涉及承办部门多、协调难度大的建议,召开督办工作会,推进办理工作。"加快东风地区星火路工程建设"等一批建议反映的问题得到解决。三是加大跟踪督办力度。对本届以来的54件未落实建议进行跟踪督办,其中19件已得到解决。

本届人大五次会议期间,共收到代表建议297件。除36件超出本区范围转市有关部门外,交区有关部门

办理的261件全部办复。其中，已经得到落实的153件，占58.6%，建议落实率比去年提高了16.1%。闭会期间收到代表建议33件，其中30件已经办理并答复代表，3件正在办理中。

一年来，广大代表以对人民群众高度负责的精神，主动深入选区、深入选民，服务群众、服务发展，以实际行动为民代言、为民主张，为推进我区科学发展、和谐稳定发挥了不可替代的巨大作用。

四、切实加强自身建设，进一步提高履职能力

常委会进一步加强学习培训，改进工作方式，强化工作基础，不断提高工作水平。

（一）加强思想政治建设。坚持举办常委会读书班、专题报告会、常委会会前学习等制度，学习十七届五中全会及市委、区委全会精神，深化了对贯彻落实科学发展观、加快转变经济发展方式和中国特色世界城市、朝阳"新四区"发展战略的认识，加强了对新时期人大工作规律和特点的把握，不断提高组成人员的政治素质。加强法律法规和人大业务等知识的系统学习培训，不断提高组成人员的专业素养。

（二）不断完善工作方式。坚持"准、精、实"的工作原则，科学安排议题和工作，突出重点，注重实效。继续坚持和完善监督工作项目管理，对纳入项目管理的11项议题，抓住监督重点确定、调研视察组织、会议审议安排和会后督促落实四个环节，逐项制定工作方案，提高监督工作的针对性、目的性和建设性。支持常委会组成人员提前进入议题的调研视察，充分调动组成人员和列席代表发言的积极性，发扬民主、集思广益，保障常委会审议更充分、更透彻，提高会议审议质量。加强常委会会议、主任会议等会议和活动的宣传报道，使人大工作更加公开和透明。继续组织公民旁听常委会会议，自觉接受人民群众监督。

（三）继续推进机关建设。在区委的关心、支持下，常委会单独设立研究室和信访办公室，调整充实了人员力量，工作机构不断健全。完善信息工作体系，信息工作继续在市人大系统保持领先。深入开展"作风建设年"和创先争优活动，机关作风进一步改进，干部能力不断提高。成功举办了全国十五城市市辖区人大工作研讨会第四十次会议，交流了人大工作经验，宣传了朝阳发展成就，展示了机关良好的精神风貌。

常委会认真做好信访工作，通过信访了解民情，为常委会工作提供参考，全年共办理各类信访365件次，推动解决了一批涉及群众切身利益的问题。协助市人大开展了北运河流域水系综合治理、城市生活垃圾处理等调研视察工作。加强对乡人大工作的指导，落实区委人大工作会议要求，乡人大成立办公室，乡人大建设进一步加强。

各位代表，一年来，在"六个新作为"工作目标的激励下，常委会的各项工作不断取得新的进展和成效。这是在区委正确领导下，全体常委会组成人员和人大代表辛勤工作的结果，是区政府、区法院、区检察院密切配合的结果，也是广大人民群众关心、支持的结果。在此，我代表区人大常委会，向各位代表、"一府两院"，向所有关心、支持人大工作的同志们、朋友们，表示衷心的感谢！

面对新形势、新任务，我们清醒地认识到，在取得成绩的同时，常委会的工作还有差距。特别是，监督方式方法的综合运用有待进一步探索；服务保障代表知情知政、发挥作用的工作有待进一步深化；代表建议督办和办理的实效有待进一步增强。对此，我们将认真加以改进。

2011年的工作任务

2011年，是实施"十二五"规划的开局之年，是区人大设立常委会30周年，也是本届人大及其常委会的换届之年。常委会要在区委的领导下，贯彻落实十七届五中全会和区委十届十三次全会、人大工作会议精神，紧紧围绕"新四区"建设，认真履职，扎实工作，注重实效，努力实现"六个新作为"工作目标，为推动我区再创发展新优势，在更高层次上实现又好又快发展做出应有的贡献。

在监督工作方面，继续坚持"准、精、实"的工作原则，把监督议题与"十二五"规划的启动实施紧密结合，特别是与推进"双十工程"建设紧密结合，抓住年度计划与中长期规划衔接等关键问题，依法履行监督职责，促进"十二五"规划实现良好开局。

为推动我区保障性住房建设，促进群众特别是中低收入群体"住房难"问题的解决，听取审议区政府关于保障性住房工作情况的报告；为统筹推进城乡一体化、确保农村和谐稳定，听取审议区政府关于土地储备定向安置房建设工作情况的报告；为促进学前教育健康发展，推动解决入园难、入园贵的问题，听取审议区政府关于学前教育工作情况的报告；为推动我区提升区域文明，听取审议区政府关于创建全国文明城区工作情况的报告；结合贯彻实施法制宣传教育第六个五年规划，听取审议区政府关于"六五"普法工作规划（2011—2015）的报告。

加强计划、预算工作监督。听取审议我区2011年国民经济和社会发展计划上半年执行情况、预算上半年执行情况以及2010年财政收支审计工作、决算草案的报告，审查批准2010年区级决算，初步审查2011年预算草案的主要内容。预算监督要以税源建设为重点,促进财政收入稳定增长;以法定支出、专项资金支出为重点,促进财政资金使用管理的规范化、精细化和科学化;以民生项目、重大资金使用为重点,促进提高财政资金使用效率,保障资金使用安全。

开展消防法及北京市消防条例等法律法规的执法检查。跟踪监督区政府继续办理养老议案、区法院立案审判和区检察院公诉以及垂杨柳医院改扩建等工作。组织代表围绕功能区发展、社会管理创新和城乡一体化等重点工作开展视察调研,促进“十二五”规划的顺利实施。

继续做好代表工作,认真贯彻新修订的代表法,丰富代表活动内容,提高代表活动质量,更好地支持、规范和保障代表依法行使职权、发挥作用。加强代表建议的综合分析和跟踪督办,认真完成本次大会交办的议案和代表建议、批评、意见的督办工作。

继续加强常委会自身建设,进一步提高人大工作的质量和实效。为纪念区人大设立常委会30周年,表彰“双好”代表,开展多种形式的纪念活动,回顾区人大常委会30年来的发展历程,系统总结人大工作的基本经验,坚持和完善人民代表大会制度。

切实做好区、乡人大代表换届选举工作。要坚持党的领导、充分发扬民主、严格依法办事,认真细致地抓好换届选举各项工作,为区、乡两级新一届人大开展工作打好基础。

各位代表,“十二五”规划的蓝图已经绘就,朝阳的发展进入一个新的阶段。我们要在区委的领导下,认真履行人民赋予的权力,继续保持良好的精神状态,努力进取,奋发有为,圆满完成换届之年的各项任务,为坚持和完善人民代表大会制度,推进“新四区”建设而努力奋斗!

朝阳区政协第十一届委员会常务委员会工作报告

——2011年1月4日在政协北京市朝阳区
第十一届委员会第六次会议上

朝阳区政协主席　辛燕琴

各位委员:

我受政协北京市朝阳区第十一届委员会常务委员会的委托,向大会作工作报告,请予审议。

2010年工作回顾

2010年,是我区实施“新四区”发展战略、编制“十二五”规划,经济社会发展取得长足进步的一年。区政协常委会在中共朝阳区委领导下,高举中国特色社会主义伟大旗帜,深入贯彻落实科学发展观,围绕区委的总体工作部署,团结和依靠各界委员,认真履行政治协商、民主监督、参政议政职能,齐心协力谋发展,凝心聚力促和谐,较好地发挥了协调关系、汇聚力量、建言献策、服务大局的作用,为推进朝阳区人民政协事业创新发展,促进区域经济社会又好又快发展做出了积极贡献。

一、认真贯彻落实区委总体部署,深化政治协商职能

一年来,常委会学习贯彻《中共中央关于加强人民政协工作的意见》和胡锦涛总书记在庆祝人民政协成立60周年大会上的讲话精神,深刻领会中共朝阳区委关于推进民主政治建设的总体部署,深化政治协商职能,促进科学民主决策。

协助区委召开政协工作会议。受中共朝阳区委的委托,就贯彻落实北京市第三次政协工作会议精神、开好我区政协工作会议,积极配合区委对区党政部门贯彻落实《中共中央关于加强人民政协工作的意见》和区委《实施意见》情况进行全面检查,协助区委制定《关于加强人民政协政治协商制度建设的意见》(以下简称区委《意见》);召开多层次多形式座谈会,广泛听取区政协委员、各民主党派和人民团体负责人、区委区政府有关部门负责人和党政领导等方面的意见和建议,切实做好政协工作会议的相关筹备工作。会议召开后,通过党组会议、常委会议、主席会议、党派联席会议、秘书长会议和专门委员会会议认真学习、深刻领会，把握定位、履职尽责，着力增强政治责任感和历史使命感；坚持用区委《意见》促进区政协履行职能的制度化、规范化和程序化建设，着力提升工作科学化水平。全区政协工作会议的召开，从制度上进一步强化了人民政协政治协商职能，从环境上进一步营造了社会各界关心支持人民政协工作的良好氛围，为朝阳区人民政协事业的发展注入了强劲动力。

结合全区工作重点协商议政。重视开展多层面的协商议政，推进党政重大决策部署的科学化、民主化。区政协十一届五次会议上，委员们认真讨论区政府工作报告，围绕全区重点工作召开专题座谈会，与区委、区政府领导和相关部门负责同志面对面协商交流，就优化经济结构、推进功能区发展、做好土地储备工作、加强文化文明建设和推进民生改善等多方面，提出120多条意见和建议。常委会议先后约请区政府领导到会通报上半年经济社会发展情况，以及农村地区土地储备、全国文明城区创建、党风廉政建设等工作开展情况，听取区政府落实区政协常委会《关于推进我区城乡一体化统筹解决农民社会保障问题》建议案情况通报，加强沟通交流，积极协商建言。主席班子成员列席区委全委会议、常委会议和区政府常务办公会及有关重要会议，知情明政，重点协商。各专门委员会与区委区政府20多个职能部门开展对口协商，听取情况通报，进行专题座谈，就有关问题现场出谋划策，促进了政府工作效能的提升。

为"十二五"规划编制建言献策。积极围绕全区国民经济和社会发展第十二个五年规划编制协商建言。通过召开常委会议、党派联席会议，参与"十二五"规划方案征求意见会，认真组织区政协常委、各党派团体和各界委员代表听取"十二五"规划编制情况通报，就功能区空间布局与辐射带动、高端产业体系建设与政策支撑、城乡一体化推进与城乡管理服务创新、文化产业发展与软实力提升、社会服务管理与人口资源环境协调发展等诸多方面，提出了大量有价值的意见和建议。区政协各专门委员会围绕专项规划召开系列座谈会，就加快国际金融主聚集区建设，推进CBD功能区服务国际化，促进城乡基本公共服务均等化，关注优质教育、特色教育和国际化教育，促进外来人口有序流动管理等方面积极建言献策，为"十二五"规划编制提供了智力支持。

二、服务全区发展大局议政监督，推进经济社会发展

一年来，常委会服务全区工作大局，充分利用议政会、视察调研、特约监督、提案督办等履职平台，积极履行民主监督、参政议政职能，努力推进区域经济社会发展。

集各方之智议政建言，助推"新四区"建设。由区政协各专门委员会牵头，会同区各民主党派、工商联和相关社会团体，广泛吸纳研究机构专家学者参与，围绕推进发展方式转变、加快城乡一体化建设、促进社会和谐稳定三个议政专题，深入开展调研活动，形成39份调研报告，分析问题，研究对策，提出建议。召开专题议政会，12位党派和委员代表作大会发言，就优化CBD核心功能、完善金融服务体系、做好土地储备工作、构建和谐劳动关系、培育社会公益事业、推进全国文明城区创建等诸多方面坦诚建言。其中，关于建立和谐劳动关系的建议、关于加强社区卫生工作的建议等，分析深入、数据论证充分，为相关部门决策提供了重要参考依据；关于进一步推进朝阳区国际金融主聚集区建设的政策建议，得到区委主要领导的高度重视，批示相关部门进行专题研究，并纳入区"十二五"规划提出的"全面提升国际商务中心功能"主要任务中。同时，在委员中开展了"为经济发展建言出力"主题月活动，通过召开企业界、金融界委员企业家座谈会，走访委员和委员企业，组织经济界委员实地了解农村土地储备中的拆迁、建设情况和农民就业安置工作，提出了许多有价值的意见和建议，得到了相关部门的重视和采纳。

加强视察调研和特约监督，增强参政议政实效。坚持以推进科学发展和促进民生改善为工作着力点，围绕功能区建设、社会保障、医疗卫生、文化产业、公共服务、生产和食品药品安全等方面，开展视察调研68次，形成构建和谐劳动关系、发展我区博物馆事业、推进垡头储备区产业发展、促进城乡基本公共服务均等化、加强艾滋病防控、开展生活垃圾分类处理、重视清真饮食网点建设等7份调研报告，并形成关于调整和完善我区劳动争议处理机制、大力发展我区博物馆事业两份常委会建议案，报送区委区政府决策参考。其中，促进我区博物馆事业发展研究成果直接转化为我区文化建设的具体措施。同时，集中组织委员视察CBD功能区发展、农民新村建设、优质教育资源引进、社区规范化建设，增进共识，形成合力。全年向区政法委、监察局、民政局、城管监察大队等部门推荐30名委员担任特约工作人员、社会监督员和行风评议员，通过明查暗访、座谈问卷和现场评议等方式，积极参与执法检查、行风评议、党风廉政责任制检查、文明窗口检查评比和后备干部推荐评议，为推进我区廉政勤政建设和依法行政发挥了应有的作用。

多种形式并举，促进提案的办理落实。在去年召开提案工作会议基础上，认真抓好《关于加强和改进提案工作的意见》落实，建立党派团体提案沟通机制，进一步完善党派团体提案的提出程序;建立区委办、区政府办和区政协提案委员会联席会议制度,进一步做好提案联审会商和交办工作。区委区政府领导对提案办理工作给予高度重视,对17件党派提案作出批示,促进党派提案的督办落实。创办《提案摘报》,报送区领导参阅,促进了委员提案快速有效办理。坚持区政协领导督办重点提案制度,分别对推进全区“居家养老”社会服务业发展、加强CBD—定福庄传媒产业走廊研究、增加医疗机构及卫生工作人员合理布局等3件重点提案及相关的54件提案进行重点督办。采取“同类提案合并”交办,深入承办单位沟通交流等形式,增强了提案办理实效。五次会议以来立案的340件提案,全部实行网上交办并办复。提案的办理落实,为促进区域经济社会发展发挥出重要作用。

三、切实发挥政协组织优势,促进社会和谐稳定

一年来,常委会把握团结和民主两大主题,发挥人民政协团结各界、联系广泛的组织优势,为促进社会和谐稳定凝心聚力。

深化委员进社区工作。在健全工作机制的基础上,和街乡联手,注重与创建全国文明城区、关注民生民意、征集提案线索、开展特色活动紧密结合,全力推进委员进社区工作。朝外、建外、东湖、香河园、三里屯、劲松、和平街、亚运村、安贞、东风、太阳宫、常营等街道和地区,通过开设政协委员接待日、举行专题座谈会、组织视察调研等多种形式,听民意、取民智、创和谐。各委员进社区工作组认真组织委员走进社区,着眼社区民情民意,着手共创和谐,着力创建文明社区,积极协助基层做好协调关系、理顺情绪和排忧解难工作。委员们带着热情、带着责任、带着资源进社区,开展中外文化交流,举办‘社区大讲堂’,倡导低碳生活,进行医疗会诊和社会捐助等各项公益性服务活动,深受居民欢迎。一年来,委员进社区工作组组织委员开展进社区活动120余次,参与委员460人次,为和谐社区建设和基层民主政治建设发挥出积极作用。

参与创建全国文明城区。号召全体委员奉献热情、积极参与。通过开展视察座谈、反映社情民意等方式,积极当好创建全国文明城区的志愿者、宣传队、监督员;组织政协委员奉献智慧,建言献策。与区文明办一道,以“同创文明城区、共建和谐朝阳”为主题,召开专题座谈会,就市容市貌、公共秩序、文明礼仪、社会治安等多方面提出意见和建议;倡导政协委员奉献力量、有所作为。积极开展绿色出行“五个一”活动,即邀请中国工程院副院长杜祥琬院士作《哥本哈根会议与中国绿色低碳能源战略》专题报告,向全体政协委员发出一封“绿色出行”倡议书,与区文明办等8家单位联合举办“创建文明城区、提倡绿色出行”宣传活动,举行“绿色出行”捐助仪式,开展为“绿色出行”建言献策活动,营造了“绿色出行,享受低碳,健康生活”的良好社会氛围,用实际行动参与了创建全国文明城区工作。

做好团结各界、凝聚人心工作。重视发挥人民政协作为中国共产党领导的多党合作和政治协商重要机构的作用,与各民主党派形成调研活动统筹、资源信息共享、咨询论证合力的良好工作机制,营造了团结合作、融洽共事的良好氛围。重视发挥人民政协作为爱国统一战线组织的作用,积极做好民族宗教工作,通过邀请原国家宗教局局长叶小文同志作《反对民族分裂,维护祖国统一》专题报告,组织视察本区重点宗教场所,调研清真食品网点建设,努力促进民族团结、宗教和睦;积极做好港澳台侨工作,通过举办国际和台海形势报告会,开展元宵节、中秋节联谊座谈活动,组织参观考察,加强了港澳台侨界委员与港、台学生的联系交流,努力为祖国和平统一大业凝心聚力;积极关注不同阶层利益诉求,通过各党派团体和各界委员反映社情民意信息242条,协助党和政府妥善处理好各方面利益关系;积极打造团结和联系社会各界的平台,通过新年茶话会、新春联谊舞会、女委员联谊活动、教师节座谈会、迎国庆庆中秋系列活动,增进了社会各界热爱朝阳、共谋发展的凝聚力。重视扩大对外友好交往,通过组织常委赴内蒙学习考察,与区政府一起对突泉县进行对口帮扶,参加全国十四省市(区)政协工作研讨会,组织各专委会外出考察,接待全国政协、外省市区政协来我区的参观视察,进行多方位的工作研讨和交流,扩大了区域的社会影响力。

四、着力提升政协自身建设水平,推进工作有序开展

一年来,常委会持之以恒抓好党派、界别、委员、专门委员会和政协机关“五位一体”的自身建设,不断提升履职水平。

积极促进党派合作,突出界别工作特色。注重为各民主党派、工商联搭建履职平台,畅通参政议政渠道。一年来,区各民主党派、工商联和无党派人士提出集体提案17件,形成调研报告32份,在政协组织中发挥出重要作用。注重创新界别工作,彰显政协特色。通过制定《关于进一步发挥界别作用的意见》,建立健全界别工作运作机制,促进界别委员组织化、界别活动常态化、界别作用功能化,界别履职成果突出。如经济界委员围绕各自行业发展中存在的问题,通过界别座谈会,共谋发展良策;科技界委员与区科协联手,确定区科技扶持项目,帮扶企业提升技术创新能力;教育界委员与区教委联合举办“为朝阳职业教育建言”专题研讨会,共商职业教育发展。一年来,召开经济、科技、教育、体育、医药卫生、新闻出版、民族宗教、台胞台属、社会福利与社会保障等界别座谈会30余次，组织界别委员开展学习、视察、调研等各类活动20余次，提出界别提案7件，较好地调动了各界别参政议政积极性，发挥了政协界别在扩大社会各阶层有序政治参与中的重要作用。

增强专委会工作活力，发挥委员主体作用。重视发挥各专门委员会在政协履职中的基础作用和桥梁、纽带作用，通过专委会搭建区党政部门和区政协界别组对口联系的平台，开展与区各民主党派、工商联的联动调研，有计划有步骤地组织各界委员开展各类履职活动，进一步增强了专门委员会的工作活力和履职成效。重视发挥委员主体作用，通过组织听取区情通报、集中视察、举办第二期委员读书班等多种形式，进一步畅通了委员知情明政的渠道；坚持政协领导走访委员及其所在单位制度，落实委员队伍建设和管理的办法，进一步增强了委员履职尽责的政治责任感；积极搭建委员活动平台，开展了系列调研、视察、座谈等协商议政和特约监督活动。一年来，广大政协委员正确处理履行委员职责与做好本职工作的关系，开展各类履职活动180余次，参与的政协委员达1600多人次，充分反映了各界委员强烈的履职意识，体现出高度的政治责任感和历史使命感。

抓好政协机关建设，加强政协理论研究与宣传。重视研究政协机关自身建设问题，不断推进机关工作的制度化、规范化和程序化建设，着力提升政协工作科学化水平。通过制定《区政协党组工作规则》、《关于加强“四型”机关建设的意见》，进行机关党总支（支部）换届选举，努力打造“学习型、服务型、创新型、和谐型”机关，增强了政务性服务能力和统筹协调能力。成立区政协理论与实践研究会，加强人民政协理论研究和对工作实践的指导，使我区的政协理论与实践研究工作步入有组织、系统化轨道。改版区政协网站，完善机关网上办公系统、委员异地办公服务系统、提案动态管理系统和信息平台系统，使之成为资源共享、凝聚委员的平台。重视开展多层面、多角度的宣传展示工作。通过编辑出版《朝阳文史》（第10辑）、《朝阳文史选编》、《坝河漕运》等书籍，与《朝阳报》合办“朝阳风物”等栏目，积极发挥文史资料存史、资政、团结、育人的重要作用；创办并发行《朝阳政协》期刊，使之成为交流政协工作经验和体会的学习园地，展示人民政协履职成果和委员形象的宣传窗口，反映各界政协委员心声的议政论坛，体现人民政协理论研究与实践成果的交流平台；编印《朝阳政协年鉴2009》、《学习文选》、《委员论坛》，编发《政协简报》、《委员进社区专刊》，不断为政协委员提供理论支持和舆论阵地；加强与区内外媒体的合作，继续与广电中心办好《和谐在线》，开展政协委员与市民的交流互动，积极宣传和报道政协履职成果，进一步扩大了政协社会影响力。

过去一年，常委会深切感受到，区政协各参加单位和全体政协委员以高度的政治责任感和使命感，感情上真诚投入，工作上履职尽责；全区各级组织和社会各界人士对人民政协事业，政治上高度重视，工作上积极支持，区政协工作呈现出党委重视、政府支持、政协主动、各方配合的良好态势。在此，我代表区政协常委会向为政协工作付出智慧心血、做出贡献的各界委员，向所有关心、支持政协工作的各级领导、各界人士，表示崇高的敬意和衷心的感谢！与此同时，也清醒地看到，我们的工作中还存在一些亟待加强和改进的方面。主要是：履行职能的科学化水平需要进一步提高，委员主体作用的发挥需要进一步加强，政协机关政务性服务能力需要进一步提升。对于这些差距和不足，常委会将在新的一年中认真研究，并着力加以改进。

2011年工作任务

2011年是“十二五”的开局之年，是本届政协及其常委会换届之年。区政协工作的指导思想是：以科学发展观为指导，深入学习贯彻中共十七届五中全会精神，深入贯彻落实区委十届十三次全会精神和政协工作会议精神，认真履行政治协商、民主监督、参政议政职能，更好地协调关系、汇聚力量、建言献策、服务大局，为实现“十二五”良好开局，在更高层次上推进朝阳区又好又快发展贡献智慧和力量。

一、贯彻区委政协工作会议精神，推动政治协商深入开展

要把贯彻落实区委政协工作会议精神放在重要位置，协助区委制定《＜中共朝阳区委关于加强人民政协政治协商制度建设的意见＞的实施细则》，切实推进区委《意见》的落实。根据区委确定的协商议题，制定好政治协商实施方案。加强区情通报工作，拓宽委员知情明政的渠道，进一步提升协商议政的能力。广泛调动区各民主党派、人民团体和各界委员的力量，围绕协商议题特别是“十二五”规划实施中的重大问题，深入开展调查研究，增强协商建言的前瞻性和实效性。认真抓好协商活动的组织工作，开展好全委会议、常委会议、主席会议、专委会议、专题议政会等协商活动，努力提高协商质量和水平。认真做好协商成果的整理报送工作，注重协商成果的转化，增强协商议政的实效。以加强政治协商制度建设为引领，大力推进人民政协理论的研究与实践，积极探索政治协商、民主监督、参政议政三项职能的有机结合，做到以科学理论为指导、以科学制度作保障、以科学方法来推进政协工作的创新发展。

二、围绕全区重点工作议政建言,促进“十二五”良好开局

要紧扣“十二五”规划实施的重点和难点履职尽责。重点围绕经济发展方式转变,就促进高端产业体系建设、探索城乡一体化模式、推动资源节约型环境友好型社会建设等方面,利用调研、议政会和提案等多种形式建言献策,为区委区政府决策提供有益参考。重点围绕我区“十大发展基地建设工程”和“十大民生工程”的实施,就深化功能区带动战略、优化国际商务中心功能、创新城乡管理服务、控制人口总量抓好有序管理、关注交通拥堵有效治理、提高城市精细化管理水平等方面,以及就业、教育文化、医疗卫生、社会保障、住房保障、宜居环境、生产和食品药品安全、公共服务均等化等直接关系民生、影响社会稳定的问题,选准角度,开展视察调研、专题座谈,或提出提案、反映民意,为党政部门出实招、献良策。重点围绕争创全国文明城区工作,号召委员立足本职,发挥优势和特长,积极参与精神文明创建和志愿服务活动,争做城市环境、社会秩序和城市文明的维护者;就提升城市文化软实力、促进相关部门建立长效工作机制等方面建言献策。要着力提高提案质量,重视集体提案尤其是界别提案的征集工作。要探索和实践民主监督新形式,发挥好政协建议案、提案、社情民意信息和特约监督工作的作用,增强民主监督实效,维护全区改革发展稳定大局。

三、把握团结民主两大主题,积极营造和谐向上政治氛围

要发挥人民政协爱国统一战线组织的作用,通过举办庆祝中国共产党成立90周年和纪念辛亥革命100周年座谈会、研讨会,回顾爱国统一战线优良传统,弘扬爱国主义为核心的民族精神和以改革创新为核心的时代精神。要加强同各民主党派、无党派人士、各人民团体的联系与交流,共同回顾五年合作历程;加强同少数民族、宗教界代表人士的联系与交流,开展视察调研活动,积极协助党和政府做好民族工作和宗教工作;加强与港澳台同胞和台属的联系与交流,充分利用传统节日开展系列活动,推动两岸四地间经济文化交流与合作;加强与社会各阶层的联系与交流,关注不同阶层的利益诉求,承担起扩大社会各界有序政治参与,发扬社会主义民主的责任。要按照中共朝阳区委的统一部署,做好政协换届有关工作。通过开展多形式的总结表彰、联谊交流等活动,全面回顾本届政协五年履职的成果,认真总结坚持和完善中国共产党领导的多党合作和政治协商制度的经验体会,进一步探索新形势下人民政协工作的特点和规律;通过加强与区内外媒体合作,办好《朝阳政协》等刊物,充分展示区政协围绕中心、服务大局的履职成果和政协委员的履职风采,努力营造和谐向上的政治氛围,切实做好团结联谊、凝聚力量的工作。

四、提升政协自身建设水平,着力推进政协各项基础工作

要充分发挥区各民主党派、工商联和无党派人士在政协组织中的作用,努力营造和谐共事的良好氛围。要充分运用界别讨论、界别发言、界别提案、界别反映社情民意等形式,彰显界别工作成效。要继续推进委员进社区工作,探索履职形式向基层拓展和延伸,在部分条件成熟的街道、地区办事处成立政协工作领导小组或政协工作委员会;继续办好高质量的专题报告会和委员读书班,组织好视察调研活动,开展走访委员工作,做好委员履职情况统计和总结表彰工作。要重视发挥政协专门委员会基础作用,切实增强专委会工作实效。要以推进人民政治协商制度建设为契机,加强人民政协工作的科学化研究,推动人民政协理论和实践研究深入开展。要厚文重史,广征博采,进一步做好文史资料的征集、编辑和出版工作。要大力推进“学习型、服务型、创新型、和谐型”机关建设,着力提高全局观念、服务意识,进一步增强政务性服务能力和统筹协调能力。要做好区政协工作的全面总结,圆满完成历史赋予本届政协的工作任务。

各位委员,在加快“新四区”建设,推进“十二五”各项任务实施中,人民政协肩负着光荣的历史使命,政协工作大有可为。让我们在中共朝阳区委的领导下,团结一切积极力量,调动一切积极因素,携手同心,开拓奋进,为圆满完成历史赋予本届政协的工作任务,为推动朝阳区在更高层次上又好又快发展做出新的更大的贡献。

北京市朝阳区人民检察院工作报告(摘要)

——2011年1月6日在北京市朝阳区第十四届
人民代表大会第六次会议上

朝阳区人民检察院检察长 王 立

各位代表：

我代表朝阳区人民检察院向大会报告工作，请予审议。

2010年工作回顾

2010年，我院在区委和市检察院的领导下，在区人大及其常委会的监督下，深入贯彻落实科学发展观，认真学习贯彻党的十七大和十七届四中、五中全会精神，紧紧围绕党和国家工作大局，以深入推进三项重点工作为载体，不断强化法律监督、强化自身监督、强化高素质检察队伍建设，统筹推进各项检察工作，为朝阳区"新四区"战略目标顺利实现创造和谐稳定的社会环境和良好的法治环境。

一、充分发挥检察职能作用，扎实推进三项重点工作

(一)围绕促进社会矛盾化解，全面加强制度建设

高度重视机制创新和制度建设，全力化解社会矛盾。积极探索检调对接工作机制，与区司法局签订《关于加强协作共同化解社会矛盾的工作意见(试行)》，有效实现检、调双向互动。探索建立联系基层群众新机制，分别在亚运村街道和小红门乡设置检察联络室，现场受理群众举报、提供法律咨询，配合街乡做好平安社区建设、拆迁整治、矛盾化解等工作。建立执法办案风险评估预警机制，制定《朝阳区人民检察院信访风险评估预警工作办法》，加强对重大敏感案件的风险评估预警，切实减少涉检信访。

(二)围绕推进社会管理创新，全面提升服务水平

找准检察机关参与社会管理的着力点，创立检察建议约谈机制，在发送检察建议同时与被建议单位座谈，阐释建议内容，扩大检察建议社会效果，获得了高检院和市检察院的肯定。积极服务保障城乡结合部建设和重点地区整治工作，启动重点村拆迁专项预防工作，深入走访已经启动拆迁腾退的重点村，围绕群众反映集中的拆迁评估环节、拆迁补偿审计监督等问题开展职务犯罪预防、法律宣传等工作。围绕办案中发现的问题撰写工作简报获得中央、市委主要领导的肯定与批示。

(三)围绕保障公正廉洁执法，全面加强自身监督

把强化自身监督与强化法律监督放到同等重要的位置，年初制定《全面加强执法规范化建设的意见》，核查重点案件及法律文书，分析查找执法中存在的问题。在加强内部监督同时自觉接受外部监督，主动向区人大常委会汇报公诉工作，人大听取和审议检察机关专项工作报告已实现常态化。今年6月和11月，我院先后邀请人大代表、特约监督员视察渎职侵权检察、监所检察工作，虚心听取意见和建议，得到了代表们的肯定与支持。

二、全面履行法律监督职能，积极服务首都和朝阳区科学发展大局

(一)依法打击刑事犯罪，全力维护社会稳定

严厉打击影响稳定和发展的刑事犯罪。充分履行审查批捕、审查起诉等法定职责，全年共批准逮捕各类刑事犯罪2719件3469人、提起公诉3426件4396人。突出打击严重影响群众安全感的暴力犯罪和多发性侵财犯罪，坚决打击破坏经济秩序和损害群众利益的经济犯罪。积极配合公安等部门严厉打击破坏城乡结合部建设的各类违法犯罪活动，依法查办野蛮拆迁、违法拆迁、黑恶势力介入拆迁案件以及拆迁领域职务犯罪、渎职犯罪案件，努力为推进城乡结合部建设营造良好的法治环境。

认真贯彻落实宽严相济刑事政策。在严厉打击各类刑事犯罪同时，依法对轻微犯罪从宽处理，对没有逮捕必要的不予批准逮捕49人，对情节轻微的决定不起诉27人。成立未成年人刑事犯罪检察处，不断探索符合未成年人身心特点的办案方式。联合公安机关、法

院完善轻微刑事案件快速办理机制,办理轻微刑事案件从刑事拘留到审判平均诉讼周期为48天,比以往提速70%以上。

(二)深入查办和预防职务犯罪,积极推进反腐倡廉建设

切实加大查办贪污贿赂犯罪力度。全年共立案侦查贪污贿赂犯罪23件26人,其中立案侦查贪污贿赂百万元以上大案6件,县处级以上要案5人,其中局级以上干部4人。立案侦查了北京市经济信息管理中心主任副局级干部智某受贿案,立案后45天即侦查完结,目前智某获刑11年;自行发现某央企正局级干部杨某贪污犯罪线索并对其立案侦查;查办了某能源企业副局级干部李某受贿案。突出查办新闻媒体领域职务犯罪,据此提出的对策建议得到高检院曹建明检察长批示。

积极探索渎职侵权检察工作新机制。加大对国家机关工作人员渎职案件办案力度,对我区土储拆迁过程中发生的玩忽职守案严肃依法查办,切实保障了拆迁资金安全。深入拓展职务犯罪预防途径,围绕土储工作开展专项预防,分别确定三种不同服务模式配合推进城乡一体化进程。结合我院近三年查办的拆迁领域典型职务犯罪案件提出我区当前拆迁领域职务犯罪风险及预防建议,获得区委、区政府主要领导高度重视并予批示。

(三)强化诉讼监督,积极维护司法公正

不断完善诉讼监督机制。建立健全外部沟通协调机制,与区法院建立再审检察建议联络机制,定期通报反馈受理申诉案件情况,进一步提高案件办理质量。协调各方制定规范性文件,在全市率先制定《关于进一步加强案件审限流程管理的规定(试行)》,督促法院及时向看守所送达相关延审手续,防止出现超期羁押;推动朝阳区公、检、法三机关制定《北京市朝阳区公检法三机关扣押款物移送办法(试行)》,保证诉讼程序顺利进行。

三、大力加强队伍建设,着力提高队伍整体素质和执法水平

(一)切实加强队伍思想建设,不断深化主题实践和专项教育活动

通过多种形式深入开展"恪守检察职业道德,促进公正廉洁执法"主题实践活动,以"弘扬中华传统美德、恪守检察职业道德"为主题,举办"咏月·修德·铭志"中秋诗会暨诗歌朗诵比赛,以生动活泼的形式开展职业道德教育;积极推进"反特权思想、反霸道作风"专项教育活动,进一步更新执法观念,提高干警规范化执法意识,促进严格、公正、廉洁、文明执法。

(二)深入推进检察文化建设,努力提升队伍凝聚力和精神风貌

不断丰富检察文化建设的载体和形式,设计制作以"检察职业道德与检察文化"为主题的"检察文化长廊",建立具有本院特色的检察职业道德宣传教育阵地;启动"社团推介月"活动,通过集中活动、集中展示的形式继续打造社团文化品牌;围绕以"北京市先进工作者"刘静同志为代表的先进典型开展了一系列创先争优活动,带动了整体队伍精神面貌的提高。

(三)强化人才培养和管理,着力推进队伍专业化建设

以创建学习型检察院为目标,全面推进专业化人才队伍建设。与北京市管理科学院合作举办中层干部培训班,有针对性地提高中层干部凝聚团队、管理队伍方面的素质能力;改革新招录人员培训模式,组织法警赴武警雪豹突击队接受军事训练,;加强"CYPP"人才发展团队建设,设立"青年检察官训练班"着力培养青年人才,推动人才团队可持续发展;创办"朝阳检察官夜校",解决工学矛盾,以实际行动推进学习型组织建设。2010年,我院被评为"朝阳区重视人才先进单位";1名同志被评为"朝阳区专业技术、管理拔尖人才",1名同志当选"首都十大杰出青年法学家",1名高层次人才作为全市检察系统唯一代表赴四川什邡市政法系统培训班授课,人才培养成效显著。

回顾一年来的工作,我们也清醒认识到,面对新形势新任务,检察工作还存在一些问题和不足,突出表现在:一是推进三项重点工作中,在经验总结、机制创新、工作思路等方面还需要加大力度、更加深入;二是履行法律监督职责的能力有待进一步加强,尤其是新形势下化解矛盾纠纷水平和做群众工作的能力有待提高;三是队伍的执法观念和执法作风与形势要求还有差距,部分检察人员依然存在就案办案、机械办案的倾向,不能正确处理法律效果与政治效果、社会效果的关系。对于以上问题,我们将高度重视,以求真务实的精神,切实采取有效措施加以解决。

2011年工作思路

2011年,我院检察工作总体围绕如下五个方面展开:

(一)坚持围绕中心、服务大局,深入推进三项重点工作

深入贯彻十七届五中全会精神,牢牢把握科学发展的主题,紧紧围绕加快转变经济发展方式的主线,深入研究检察机关服务大局的结合点和切入点。以执法办案为中心,更加积极主动地做好化解社会矛盾、参与社会管理创新等工作,已经出台的各项制度要抓落实

抓深化，正在研讨谋划的工作要抓紧筹备，全面、整体地推进三项重点工作。

(二)坚持改革创新，推动检察工作科学发展

2011年是十二五规划的开局之年，也是检察改革的攻坚之年，要根据经济社会形式对检察工作提出的新要求，不断研究新情况、解决新问题、探索新方法。进一步深化执法规范化建设、未成年人检察、非法证据排除等业务改革探索，进一步完善机构改革、队伍结构优化，实现检察工作自身全面协调可持续发展。

(三)坚持提高群众工作能力，切实做好新形势下的群众工作

准确把握当前群众工作的新特点新要求，积极探索群众工作规律，以人民群众满意为目标，着力解决人民群众反映强烈的执法问题。以建立驻街乡检察室为契机，完善群众工作制度，改进群众工作方式方法，加强群众工作能力专题培训，增强针对性和实效性，切实解决群众关心的突出问题和实际问题。

(四)坚持从严治检，努力建设高素质检察队伍

高度重视检察机关自身公正廉洁执法问题，全面加强检察队伍思想政治建设、纪律作风建设、反腐倡廉建设、执法规范化建设，树立检察队伍的良好形象。进一步深化人才建设和检察文化建设，全面提升队伍的专业化水平和综合素质，凝聚力量推动检察工作科学发展。

(五)坚持自觉接受人大及社会各界监督，确保检察权正确行使

牢固树立监督者必须自觉接受监督的意识，坚持向人大汇报工作制度。不断加强与人大代表的经常性联系，努力为人大代表履行职责、了解检察工作提供便利，紧紧依靠人大代表的监督和支持，不断加强和改进检察工作。进一步深化检务公开，依法保障人民群众的知情权、参与权和监督权。

各位代表，新的一年里，我院将在区委和市检察院坚强领导下，在区人大及其常委会监督支持下，高举中国特色社会主义伟大旗帜，坚定不移地强化法律监督、维护公平正义、推动科学发展、促进社会和谐，与时俱进、开拓创新、锐意进取、扎实工作，努力为服务和保障"首善之区"建设做出新的更大的贡献！

北京市朝阳区人民法院工作报告(摘要)

——2011年1月6日在北京市朝阳区第十四届人民代表大会第六次会议上

朝阳区人民法院院长　李瑞翔

各位代表：

我代表朝阳区人民法院向大会报告工作，请予审议。

2010年工作回顾

2010年，我院在区委的领导、区人大及其常委会的监督和上级法院的指导下，认真贯彻落实党的十七大和十七届四中、五中全会精神，围绕深入推进"三项重点工作"的要求和"为大局服务，为人民司法"的工作主题，切实履行宪法和法律赋予的职责，各项工作取得了新进展。全年共受理各类案件58060件，结案58093件，同比分别上升3.7%和5.1%，收结案数量连续两年位居全市基层法院首位。

一、坚持能动司法，着力服务"新四区"发展大局

(一)着眼和谐稳定，积极推进平安朝阳建设

加强刑事审判工作。一是坚持"严打"方针，加大对群众反映强烈的暴力犯罪、多发性侵财类犯罪等打击力度，全年共审结刑事案件3480件，判处罪犯4505人，其中判处五年以上有期徒刑554人。二是继续贯彻宽严相济的刑事政策，对未成年人犯罪和情节轻微、危害不大的犯罪依法从宽处理，适用缓刑和免予刑事处罚850人。三是牢固树立"首都无小事"意识，高度关注刑事案件背后的敏感性问题，建立研判机制，做好工作预案。

深化调解和解工作。共计调解和解各类纠纷

27225件。一是深化诉前调解工作,探索劳动争议、物业等类型化纠纷的集中调解机制。二是完善诉调对接机制,建立类型化纠纷的联动调解平台。三是认真贯彻《人民调解法》,与区司法局通力合作,精心选聘了新一届共100名特邀调解员。

重视涉诉信访工作。以化解矛盾为目标,一手抓初信初访工作,落实初信初访总体分析、逐案提示、部门化解机制和首办责任制,全年化解初信初访303件;一手抓涉诉信访积案处理,通过完善多方参与的信访联动化解机制,全年挂账督办的信访积案办结率为100%。

(二)着眼服务保障,努力促进经济社会又好又快发展

充分发挥商事和行政审判职能。全年共审结商事案件5272件,审结行政诉讼案件279件、行政非诉执行案件110件。涉CBD核心区拆迁的37起行政诉讼案件,经过我院全力协调,在短期内得到迅速化解,促进了重点工程顺利进行。

主动开展调研服务辖区发展。针对土地储备等区域发展背景下产生的诉讼进行专题调研,提出应对建议,服务朝阳区城乡一体化建设;针对金融业发展中的法律风险问题,深入区金融商会和金融机构,积极提供法律服务;发布《行政案件司法审判年度报告》,促进依法行政。

二、坚持为民司法,着力维护群众合法权益

在审判中注重保障民生,让群众感受到公正和明白。一年来,共审结民事案件33673件,同比上升5.8%。一是成立劳动争议、房地产、医疗等专业合议庭,提升专业化审判水平。二是针对因宏观政策调控、区域经济发展等因素引发的大量二手房买卖、消费信贷等案件,加强对诉讼成因等方面的调研,积极开展判后答疑,引导当事人诚信守约。三是妥善处理涉及民生的群体性案件,切实维护人民群众的合法权益。

从细节上重视便民利民,让群众感受到便捷和受尊重。通过评选"立案先进窗口"、延长接待时间、安排经验丰富的老法官引导诉讼,促进立案窗口规范化建设,提升立案窗口服务水平;通过加强人民法庭立案点接待工作,方便辖区群众就近起诉,全年共接待115205人次。增设刑事诉讼服务窗口,减少刑事审判庭在外办公给当事人造成的不便;积极开展司法救助,全年为当事人缓、减、免交诉讼费29.79万元,同时加大主动调取证据的力度,并对诉讼能力较弱的当事人加强指导,努力从真正意义上实现让有理无钱的人打得起官司、让有理有据的人打得赢官司。设置执行局长信箱,完善接待制度,畅通执行案件当事人的诉求渠道;对因查找不到被执行人财产而生活确有困难的申请执行人,给予适当救助,帮助其渡过难关。

三、坚持规范司法,着力提升审判质效

积极推进审判管理创新。针对审判管理中存在的制度不健全、落实不到位、缺乏统筹协调等问题,我院构建了"一体化审判管理体系",努力实现制度建设与制度落实、管理审判与服务审判、接受管理与自我管理、事后管理与事中管理、严格考核与有效激励"五个一体化"。一是设立审判委员会办公室,对审判管理进行统筹协调,形成行政化管理与专业化管理相结合的新模式。二是建立全程提示制度,服务审判,帮助法官降低工作风险、减轻办案压力。全年共发布各类提示2016项,有效预防和弥补了工作疏漏。三是召开多层级的法官会议,让法官参与管理、认同管理并加强自我管理。四是严格案件流程的审批程序,强化对案件审理的事中监督。五是全面考核审判质量、效率和效果,引导法官努力做到案结事了人和。该项工作实施以来,审判质量、效率和效果均稳步提升:在结案数同比上升的情况下,案件发改率同比下降1.4个百分点,延审案件同比下降25.9%,上诉案件同比下降0.5%,一审服判息诉率同比提高1.2个百分点。"一体化审判管理体系"受到了上级法院高度关注,我院在全市法院作经验介绍,相关做法被最高法院以工作简报的形式转发,供全国法院学习借鉴。

积极推进执行机制创新。一是建立分段集约执行工作机制,将执行实施权分解为启动执行、强制执行和终结执行三个阶段,形成"一人主办"与"分段集约"相结合的工作模式,努力实现执行行为规范化、监督制约全程化、执行过程透明化、执行工作高效化。二是建立执行快速反应机制,发现执行线索和突遇紧急情况,迅速采取行动,及时实现当事人合法权益。一年来,执结各类案件14757件,同比上升20%。

四、坚持公正廉洁司法,着力提高队伍素质

深入开展"朝法魂"大讨论活动,强化思想教育,使全体干警受到了一次全面深刻的世界观、人生观、价值观教育。同时,细致做好尊重关心干警工作,进一步激发了全院干警的工作热情。全年,院、庭长率先垂范,共办案13876件,占全院结案数的23.9%。

大力加强青年法官培养。出台了专门的工作意见,建立了专家课堂、资深法官课堂、庭审课堂、窗口实践课堂"四个课堂"培养机制。一年来,共组织300余名青年法官轮流到立案、信访窗口实践,邀请11位专家和4名资深法官授课,举办了15场"庭审课堂"。通过上述举措,青年法官的政治素养、群众观念和司法能力明显增强。

持续推进反腐倡廉建设。加强廉政教育,举办廉政文化建设展,营造积极向上、清正廉洁的工作氛围;

依托"一体化审判管理体系"，对于工作中发现的廉政风险点，通过发布监察提示等形式，及时加以预防；开展风险点调研，制定工作方案，有效防范渎职侵权行为。一年来，我院没有发生违法违纪事件。

五、坚持公开司法，着力拓宽接受监督渠道

主动接受人大监督。一是认真向区人大常委会汇报立案审判工作，并根据审议意见进行积极整改。二是高度重视代表建议办理工作，坚持"一把手"过问、主管院长督办、办公室督促、承办庭办理的工作机制；对于重点交办事项，要求主管院长当面答复，全年共办理建议3件，均获代表认可。三是拓宽与人大代表联络渠道，院领导主动走访代表听取工作意见，并邀请代表参与"法官讲坛"、全程跟随案件执行，全年共有近百名代表到我院视察监督工作。

认真接受法律监督。切实落实检察长列席审判委员会制度，全年共邀请检察长列席审判委员会6次；与区检察院就法律监督开展业务交流，听取检察机关提出的检察建议，确保司法公正。

自觉接受政协民主监督和社会监督。一是及时向区政协通报法院工作情况，认真听取委员意见，积极办理委员提案。二是设立"司法公开宣传日"，组织形式多样的开放活动，受到社会舆论广泛好评。三是加强互联网站建设，进一步做好民意沟通、接受监督工作。四是坚持定期开展"法庭开放日"活动，全年接待各界群众千余人次。此外，进行网络庭审直播35次，召开新闻发布会5次。2010年，我院被最高法院确定为全国首批"司法公开示范法院"。

与此同时，我院工作还存在着一些问题和不足，我们将切实采取措施，努力加以解决，也诚恳地希望得到方方面面的监督和支持！

2011年工作思路

一、围绕服务区域发展，在进一步抓好执法办案工作上下功夫

围绕六大功能区核心功能提升和"五轴三带"发展格局构筑，加强对"双十工程"推进过程中的新情况、新问题的调研，促进区域经济发展方式转变；依法处理绿化隔离地区、土地储备区域、农村集体产权制度改革等重点工作推进中出现的各类纠纷，促进城乡一体化建设；加强文化创意产业的知识产权保护，促进文化繁荣和文明建设；积极参与社会管理创新和调解网络体系建设，促进社会和谐。

二、围绕保障群众权益，在进一步践行司法为民理念上下功夫

依法妥善审理关系群众切身利益的教育、健康、交通、住房等涉民生案件，积极回应人民群众的新关切；继续完善"法庭开放日"、"司法公开宣传日"、网络庭审直播等制度，逐步公开裁判文书，让法院工作更加阳光透明；建立与人大代表的常态联络沟通机制，自觉接受政协的民主监督和检察机关的法律监督，以监督促公正。

三、围绕促进公正高效，在进一步创新审判管理机制上下功夫

进一步加强审判管理，完善以院、庭长管理为主的行政化层级管理与审委会的专业化管理相结合的工作模式；按照上级法院的要求，积极稳妥推进量刑规范化工作，增强司法公信力；进一步推进"无执行积案先进法院"创建活动，完善分段集约执行工作机制，最大限度实现当事人合法权益；继续开展"集中清理涉诉信访积案"活动，加大源头治理力度，最大限度减少涉诉信访。

四、围绕树立司法权威，在进一步推进公正廉洁执法上下功夫

深入开展"朝法魂"大讨论活动，建立新形势下的法官业绩考核体系，进一步提升干警的政治素质和职业道德水平；坚持以加强青年法官培养为重点，在全院干警中开展群众观点再教育，做到用群众认同的态度倾听诉求，用群众认可的方式查清事实，用群众接受的语言诠释法理，用群众信服的方法化解纠纷；针对重点岗位和关键环节，建立风险防范长效机制，严防违法违纪行为发生。

各位代表，2011年，我院将以荣获"全国优秀法院"做为新的起点，谦虚谨慎，戒骄戒躁，进一步增强主动服务大局的紧迫感，进一步增强人民法官为人民的责任感，进一步增强公正廉洁司法的使命感，为朝阳区"新四区"建设做出应有的贡献！

关于朝阳区2010年国民经济和社会发展计划执行情况与2011年国民经济和社会发展计划草案的报告(摘要)

——2011年1月5日在朝阳区第十四届人民代表大会第六次会议上

朝阳区发展和改革委员会主任　王亚贵

一、2010年国民经济和社会发展计划执行情况

2010年,全区紧紧围绕“新四区”发展总体要求,坚持再创“三个新优势”的工作目标,统筹协调、狠抓落实,在促发展中更加注重结构调整与升级,在强化自身发展优势中更加注重国际化资源的集聚,在加快发展速度中更加注重城乡统筹,在发展经济的同时更加注重民生的改善,经济社会计划指标完成情况良好。

区域经济实现了平稳增长。预计实现地区生产总值2618亿元,增长10%;实现财政收入233.8亿元,增长22.6%,完成全年计划的112.5%。社会消费品零售额预计完成1722.2亿元,增长16.5%;全社会固定资产投资预计完成1226亿元,增长11%。区域国际化和窗口功能进一步加强,实际利用外资24亿美元,增长10.9%;外贸总量稳步回升,全区预计完成进出口总额1200亿美元,增长43%。经济社会协同发展,城镇登记失业率控制在1%以内,低于年初控制目标1个百分点;城镇居民人均可支配收入同比增长9%,达到3万元;农民人均纯收入同比增长10%,达到1.8万元。2010年计划任务执行的主要特点是:

(一)发展方式转变步伐加快,经济增长动力增强

经济增长结构继续优化。通过加快设施建设、加强品牌培育,区域消费贡献稳步提高;落实宏观调控政策要求,投资规模保持了平稳增长。

重点产业发展优势增强。现代服务业规模与功能同步提升,金融业持续稳定发展,高技术产业规模持续扩大,文化创意产业加速聚集,中国移动通信战略性新兴产业项目加快落地。

发展趋势更加凸显朝阳特色。国际化特色进一步凸显;创新能力不断增强;深入开展了节能减排工作。

区域发展环境不断优化。完善招商引资工作体系;健全税源培育、涵养、发展的工作机制和政策体系;创新了服务中小企业和非公企业发展的工作模式;着力提高行政审批效率。

(二)重点区域加快发展,城乡一体化进程加快

功能区建设继续加强,发展空间进一步拓展。CBD功能区建设取得新突破,对高端资源的吸引聚集能力继续提升,东扩战略同步推进;电子城功能区建设稳步推进,重点项目进展顺利;奥运功能区发展基础进一步夯实,文化创意、旅游等产业加速形成,发展空间进一步提升。

推进储备区规划建设,增强了区域发展后劲。优化调整了温榆河储备区控制性详细规划;金盏金融园区市政道路“三五工程”全部启动;定福庄传媒文化产业区发展规划方案已编制完成;垡头储备区确定了“环渤海总部商务区”的功能定位;东坝商务区已完成规划方案的征集和评审等。

加快农村城市化步伐,区域发展基础更加扎实。稳步推进土地储备工作,优化区域发展空间;加快重点项目落地,促进了农村地区经济规模和质量的同步提升;稳步推进农村经济体制改革,发展活力增强。

(三)基础环境建设力度加大,城乡运行管理水平进一步提升

完善城乡基础设施建设,城市环境持续改善。加快道路设施建设;加大环卫设施建设力度;优化区域水环境质量;继续优化城市景观;加强对空气污染的治理。

提升城乡管理水平,保障了城市的有效运行。完善信息化城市管理系统;提高了应急管理能力。

强化社会管理体制改革,完善社会管理模式。搭建全模式社会服务管理系统;推进社区规范化建设;加强社区志愿服务建设。

(四)推进社会事业发展,确保成果惠及民生

创新就业服务手段,统筹推进城乡就业。结合产业发展和重点区域开发建设,多渠道开发就业岗位11.8万个;加大对就业困难群体帮扶力度;加强职业

技能培训。

扩大社会保障范围，完善社会救助体系。拓展城镇社会保险覆盖面；扩大医保范围；加强了对特困群体的救助，部分缓解了困难群体的生活压力。

优化公共服务水平，提升公共事业品质。推进了教育优质均衡发展；加快医疗卫生事业发展；加强公共文化建设。

民生项目全面实施，惠民工程效果显现。加快政策性住房建设；完善社区便民服务；推进居家养老助残服务；加强劳动市场监管，维护了弱势群体的合法利益。

推进文明城区创建，促进社会和谐发展。夯实了文明创建工作的基础；实施文明创建"五进"工程；继续做好维稳工作，营造了区域和谐稳定的良好局面。

总体看，2010年国民经济和社会发展计划执行情况良好，同时，我们也清醒地认识到，当前发展中也存在一些问题，需要高度关注：一是经济增长的稳定性还需进一步增强，提升区域核心竞争优势的要求使我区加快结构调整、转变发展方式的任务更加紧迫。二是节能减排压力不断加大，节能降耗形势较为严峻。三是人口、交通等城市管理问题日益凸显，在健全基本公共服务体系、创新社会管理机制等方面，仍需要加快改进提升。

二、2011年经济社会发展计划总体考虑和初步安排

2011年是"十二五"规划的启动之年，也是积极实践"新四区"发展战略、开创区域发展新局面的重要一年。我们将认真贯彻党的十七大、十七届五中全会、中央经济工作会、市委十届八次全会和区委十届十三次全会精神，着力加快发展方式转变，全面提升发展质量；着力加强开拓创新，全面提升发展动力；着力加快城乡协同发展，全面促进区域均衡；着力做好民生改善，全面推进和谐发展，切实将应对外部环境复杂变化与完善长效机制紧密结合起来，把全面完成年度任务与为"十二五"开好局、起好步结合起来，推动区域科学发展。

2011年的主要预期发展目标是：地区生产总值增长8%，区级财政收入增长9%；全社会固定资产投资按可比口径增长8%，社会消费品零售额按可比口径增长8%；单位地区生产总值能耗指标完成市下达任务；城镇登记失业率控制在2%以内，城镇居民人均可支配收入和农村居民人均纯收入均增长8%。

（一）加快转变发展方式，提升经济发展质量

推进国际化商务中心建设，提升区域国际化影响力。大力发展总部经济；加快推进要素市场建设；强化国际化服务功能。

调整优化经济增长结构，增强区域发展动力。通过继续加大对龙头商贸企业的引进、深化商业品牌化战略、鼓励新型消费等途径扩大消费规模；通过着力推进政府主导项目投资的落实、调动社会投资参与建设的积极性、扩大政府网上审批行政事项的范围、提高审批效率等方式稳定投资规模。

加快完善高端产业体系，增强产业核心竞争力。着眼于强化产业功能，进一步发挥产业资金的引导作用，通过关键企业引进、重大项目建设，推进现代服务业、金融产业、高技术产业和文化创意等重点产业向价值链高端延伸和升级。

提升自主创新能力，增强区域可持续发展后劲。支持自主创新，提升区域创新能力；进一步促进资源节约，提高资源的利用效率；继续深入开展节能减排工作。

（二）加快发展基地建设，促进区域均衡发展

强化功能区开发建设，提升辐射带动效果。着力提升CBD高端商务和总部经济功能，完成CBD核心区地块的上市交易，稳步推进CBD东扩区域开发；完成电子城北扩一期控规调整，加快推进IT产业园和国际电子总部等项目的实施，推动高新技术、科技服务向纵深发展；进一步完善奥运功能区的配套政策体系，推动"国家级文化体育创新示范区"建设，加快北部场馆群的改造，吸引龙头企业落户和产业要素聚集。

加快储备区规划建设，扩展发展空间。确定温榆河区域产业发展规划；加大金盏金融服务园区的建设和招商力度；开展定福庄产业区产业用地规模的研究；加快垡头中心区建设；加快东坝国际商贸中心区总体规划设计方案审批和土地一级开发；加快大望京国际科技商务区开发，形成新的增长点。

加快农村城市化步伐，推进区域协同发展。继续做好土地储备工作；加快农村产业结构的优化和升级；继续加大对农村地区基础设施和公共服务设施的投入力度；积极推进土地储备区域和重点村农民转居转工进城保工作；加快形成统筹城乡发展的长效机制。

（三）提升城乡建管水平，增强区域协同能力

提升道路建设和交通管理水平。统筹区域内道路交通规划；建立健全道路建设工作机制与组织模式；加快重点区域路网建设；坚持公交优先发展战略；加快推动便民交通系统建设。

加强城乡环境建设。加快污水治理；加大城乡结合部地区环卫基础设施建设；加强区域绿化美化建设；积极推进重点区域环境整治工作；提升城市空气质量。

完善城乡运行管理机制。树立"大城管"理念；推进数字化城市运行管理；加强城乡环境秩序治理；完善治安防控体系；探索应急管理常态化运行机制。

加强社会管理。创新社会服务管理模式;继续推进社区规范化建设;深化农村社会管理体制改革。

(四)着力构建大民生工作格局,努力打造和谐社会首善之区

提高就业组织化程度,鼓励多渠道灵活就业。加强重点区域岗位开发;加大对毕业生就业帮扶力度;促进农民转移就业。

健全城乡社会保障体系,构建适度普惠性福利体系。提高保障标准;扩大社会保障覆盖面;强化医保整合工作;落实城乡居民养老保险制度;推进农民转居转工工作。

合理有序安排社会事业投入,完善可持续的公共服务体系。优化教育结构;完善公共卫生服务体系;促进文化体育事业发展。

共享社会发展成果,提升人民生活质量。大力开展政策性住房建设,同步完善周边各项基础配套设施;加强对商品房物业企业的监督指导;全面推广"一刻钟社区服务圈";完善养老服务体系等;关注残疾人生活;巩固提升文明城区创建成果,推动朝阳实现可持续发展。

关于朝阳区2010年财政预算执行情况和2011年财政预算草案的报告(摘要)

——2011年1月5日在朝阳区第十四届人民代表大会第六次会议上

朝阳区财政局局长　邹立嵩

2010年财政预算执行情况

一、2010年财政收支总体情况

2010年我区区级财政收入完成2337703万元,比上年增加431136万元,增长22.6%,完成预算的112.5%。当年财力完成1848952万元,比上年增加334532万元,增长22.1%,完成预算的125.5%,动用上年结余306万元,实际可用财力为1849258万元,除安排预算稳定调节基金103598万元外,安排支出1727460万元,当年专项结余18200万元。财政支出完成1727460万元,比上年增加276173万元,增长19%,完成预算的117.2%。

以上数字是按照预算执行的情况初步汇总的,在决算编成后,还会有所变化。

2010年财政预算执行主要有以下特点:一是财政收入在高基数上持续增长,圆满完成年初预算任务,全年财政收入总体呈现高开、平稳、向好的态势。二是强化财政支出的统筹力度,做好法定支出及当年重点工作的资金保障,财政资金重点向民生领域倾斜,完成教育总支出436266万元,社会保障和就业支出307760万元,医疗卫生支出139213万元,农林水事务支出127087万元,科学技术支出34409万元,文化支出24812万元,人口和计划生育事务支出5042万元,在满足各项法定要求的同时,进一步推进各项社会事业的健康发展。

二、2010年财政管理工作

(一)积极调整结构,加快转变发展方式,支持经济可持续发展

以确保财政收入稳步增长为中心工作,积极推进功能区建设,优化区域产业结构布局,安排资金97106万元,促进经济平稳较快发展。一是支持功能区整体统筹发展,大力支持CBD、奥运、电子城功能区建设,形成三大功能区和三大储备区协同发展格局。二是强化区域优势产业对全区经济的支撑作用,大力扶持现代服务业发展,重点支持高新技术产业,促进金融产业协调发展,推进文化创意产业拓展市场;大力支持招商引资工作,积极倡导节能减排。三是发挥财政政策的引导作用,规范企业纳税行为,落实并完善帮扶企业工作。

(二)落实惠民政策,加强基本公共服务,构建"大民生"工作格局

以提高民生保障能力为重点,立足经济社会协调发展,紧紧围绕群众需求,安排资金883239万元,着力

改善城乡居民生活水平。一是全面推进各级各类教育发展，推进“双名工程”，高标准建设规模院校，支持中小学校舍抗震加固工作，积极发展学前教育，努力改善农村地区薄弱校办学条件。二是深入推进就业和社会保障工作，落实就业扶持政策，继续扩大城镇社会保险覆盖面，支持社会救助体系建设，落实“九养”政策，关注残疾人事业发展，政策性住房建设加快推进。三是支持公共卫生事业健康发展，整合医疗卫生资源，推行社区卫生应急服务，推广中医药服务，坚持药品零差率销售，支持疾病预防控制。

（三）坚持城乡统筹，促进社会和谐稳定，统筹推进建设和管理

以创建文明城区为契机，提升社会服务管理水平，建设宜居城市，安排资金574269万元，构建和谐稳定有序的城乡环境。一是文明城区建设工作深入开展，推进“六大文明秩序引导”工作，开展城市、社会、国际三大志愿服务行动，支持文化体育事业建设。二是推进城市建设、创新城市管理，大力支持城市路网建设，推进绿化美化和广场公园建设，加强环境保护工作，支持垃圾分类工作开展，实现数字化城市管理城乡全覆盖，加大流动人口服务力度，大力支持全国人口普查工作，确保全区安全稳定。三是加快农村城市化进程，稳步推进土地储备工作，确保资金安全，继续支持农村道路、公厕等基础设施建设，大力支持环境整治工作，落实家电下乡、汽车以旧换新政策，推进农产品质量安全追溯体系建设，着力提高农民生活水平。

（四）强化“两基”建设，推进财政改革，落实科学化精细化管理

以科学化精细化为理念，统筹财政各项改革，切实抓好预算管理。一是深入推进部门预算改革，进一步严格控制“人、车、会”等一般行政性开支，控制债务规模和债务风险，将预算编制与信息公开工作相结合。二是统筹推进国库集中支付改革，改革试点单位达182家；落实北京市精神，筹备基本建设资金纳入改革的准备工作。三是继续开展政府采购专业化管理，启用北京市评标专家库，将街乡纳入政府采购范围。四是夯实各项管理基础工作，加强行政事业单位资产动态管理，完善会计委托代理记账工作，强化对重大项目的投资评审力度。五是大力推进基层建设，努力提升基层提供公共服务的质量，加强街乡财政资金监管。

2011年财政预算草案和主要工作

一、2011年预算草案情况

2011年预算编制的指导思想是：全面贯彻市委、区委全会精神，按照加快构建社会主义和谐社会和完善公共财政体制的要求，大力推进公共财政体制改革，全面落实财政科学化精细化管理，夯实基础工作，加强基层建设，严格控制政府运行成本，推进综合预算编制，完善财政支出标准，强化财政监督和绩效考评管理，积极推进依法理财、科学理财、为民理财。

按照上述指导思想，依据相关法律法规的要求，在充分听取人大代表意见的基础上，按照朝阳区经济社会发展的需要，区政府编制了2011年财政收支预算草案，提请大会审议：

财政收入2548000万元，比上年增长9%；

当年财力1820000万元，比上年预算增长23.5%；

财政支出安排1820000万元，比上年预算增长23.5%。

财力与支出相抵，当年预算收支平衡。

二、2011年财政管理工作

（一）加快转变经济发展方式，确保财政收入持续增收

把握经济结构战略性调整的机遇，安排资金117098万元，促进经济可持续发展。一是进一步推进CBD、奥运、电子城三大功能区规划建设，加快储备区建设步伐。二是立足各功能区产业定位，优化壮大金融、商务服务、文化传媒、旅游会展等重点产业的发展。三是坚持全区联动的税源涵养工作体系，涵养税源并敦促企业依法纳税，鼓励倡导节能降耗。

（二）支持“大民生”工作格局建设，统筹发展各项社会事业

继续加大对民生领域的投入力度，安排资金901166万元，进一步推进基本公共服务体系建设。一是优先发展教育，调整城乡教育布局，大力支持发展学前教育，妥善解决百姓子女入学入托问题。二是高度重视社会保障和就业工作，促进劳动力充分就业，支持各项社会保障政策的落实，继续推进“一老一小”、“无业居民”大病医疗保险和城镇居民基本医疗保险，推进养老服务体系建设，推进残疾人事业发展，进一步推进政策性住房建设。三是深化医疗保障体系改革，完善医疗资源的规划布局，进一步提高基层卫生服务质量，支持推广中医药诊疗技术，继续推行社区药品零差率，提高公共卫生应急能力。

（三）推进城乡协同发展，营造和谐宜居的生活环境

强化城市管理和社会建设，安排资金258505万元。一是加快城市路网优化布局，支持停车场建设及数字化停车管理，改善百姓出行条件；二是大力支持环境建设和污染治理，深入开展垃圾分类工作，支持循环经济发展；三是加强社会治安综合治理，开展食品药品等专项检查，进一步加大矛盾纠纷解决力度；四是繁荣

发展文化事业,创建全国文明城区,提升区域文化品位和文明形象。

加快农村地区发展,安排资金183847万元。一是改善农村地区道路交通、环卫排污设施等基础设施建设;二是推进农村环境整治工作,支持郊野公园建设;三是挖掘农村产业发展潜力,促进农民增收;四是分阶段解决土储地区劳动力就业问题,切实推进农村社会保障工作。

(四)全面落实科学化精细化管理,进一步提高财政管理水平

一是强化预算执行和预算管理,提高政府偿债能力,坚持构建节约型政府;二是统筹推进部门预算、国库集中支付、政府采购等改革工作,提高财政资金的保障能力;三是夯实基础工作、加强基层建设,进一步强化土地储备资金的监管工作,强化基层政府财政监管工作;四是引导街乡控制并规划人口增长,进一步加大公益事业经费的投入力度。

专 文

朝阳区 2010 年第六次全国人口普查主要数据公报[1]

朝阳区第六次全国人口普查领导小组办公室
北京市朝阳区统计局
国家统计局朝阳调查队
北京市朝阳区经济社会调查队

根据《全国人口普查条例》和国务院的决定，我国以 2010 年 11 月 1 日零时为标准时点进行了第六次全国人口普查[2]。在国务院、北京市和朝阳区各级人民政府的统一领导下，在全体普查对象的支持配合下，通过广大普查工作人员的艰苦努力，圆满完成了人口普查任务。现将普查的主要数据公布如下：

一、全区常住人口

全区常住人口[3]为 354.5 万人，同 2000 年第五次全国人口普查相比，十年共增加 125.5 万人，增长 54.8%。平均每年增加 12.6 万人，年平均增长率为 4.5%。全区常住人口中，外省市来京人员为 151.5 万人，占常住人口的 42.7%。

二、家庭户人口

全区常住人口中共有家庭户[4]131.8 万户，家庭户人口为 298.2 万人，平均每个家庭户的人口为 2.26 人，比 2000 年第五次全国人口普查的人减少了 0.52 人。

三、性别构成

全区常住人口中，男性为 182.5 万人，占常住人口的 51.5%；女性为 172.0 万人，占常住人口的 48.5%。常住人口性别比(以女性为 100，男性对女性的比例)由 2000 年第五次全国人口普查的 113.3 下降为 106.1。

四、年龄构成

全区常住人口中，0—14 岁的人口为 26.8 万人，占常住人口 7.6%；15—64 岁的人口为 297.1 万人，占常住人口的 83.8%；65 岁以上的人口为 30.6 万人，占常住人口的 8.6%。同 2000 年第五次全国人口普查相比，0—14 岁人口的比重下降了 3.3 个百分点，15—64 岁人口的比重上升了 2.7 个百分点，65 岁以上人口的比重上升了 0.6 个百分点。

五、民族构成

全区常住人口中，汉族人口为 340.5 万人，占常住人口的 96.0%；各少数民族人口为 14.0 万人，占常住人口的 4.0%。同 2000 年第五次全国人口普查相比，汉族人口增加了 123.0 万人，各少数民族人口增加了 2.5 万人。

六、各种受教育程度人口

全区常住人口中，具有大学(指大专及以上)程度的 129.3 万人；具有高中(含中专)程度的 75.2 万人；具有初中程度的 105.1 万人；具有小学程度的 27.6 万人(以上各种受教育程度的人包括各类学校的毕业生、肄业生和在校生)。

同 2000 年第五次全国人口普查相比，每 10 万人中具有大学程度的由 20927 人上升为 36472 人；具有高中程度的由 25776 人下降为 21220 人；具有初中程度的由 32882 人下降为 29653 人；具有小学程度的由 13608 人下降为 7782 人。

文盲人口(15 岁及以上不识字的人)为 3.0 万人，文盲率[5]为 0.9%。同 2000 年第五次全国人口普查相比,文盲人口减少 3.3 万人,文盲率下降 1.9 个百分点。

七、人口地区分布

全区街道系统(含奥运村街道)共有常住人口 184.0 万人,地区办事处共有常住人口 170.5 万人。

全区常住人口的地区分布如下:

建外街道办事处	3.5 万人
朝外街道办事处	4.0 万人
呼家楼街道办事处	6.2 万人
三里屯街道办事处	3.5 万人
左家庄街道办事处	8.0 万人
香河园街道办事处	5.2 万人
和平街街道办事处	10.8 万人
安贞街道办事处	6.8 万人
亚运村街道办事处	7.2 万人
小关街道办事处	6.8 万人
酒仙桥街道办事处	6.2 万人
麦子店街道办事处	3.2 万人
团结湖街道办事处	3.8 万人
六里屯街道办事处	10.8 万人
八里庄街道办事处	10.8 万人
双井街道办事处	9.7 万人
劲松街道办事处	10.7 万人
潘家园街道办事处	11.3 万人
垡头街道办事处	5.5 万人
南磨房地区办事处	13.0 万人
高碑店地区办事处	11.8 万人
将台地区办事处	7.1 万人
太阳宫地区办事处	7.0 万人
大屯街道办事处	14.1 万人
望京街道办事处	16.8 万人
小红门地区办事处	5.8 万人
十八里店地区办事处	20.1 万人
平房地区办事处	12.1 万人
东风地区办事处	8.7 万人
奥运村街道办事处	10.5 万人
来广营地区办事处	12.4 万人
常营地区办事处	4.8 万人
三间房地区办事处	12.6 万人
管庄地区办事处	10.5 万人
金盏地区办事处	5.8 万人
孙河地区办事处	2.4 万人
崔各庄地区办事处	10.2 万人
东坝地区办事处	8.9 万人
黑庄户地区办事处	5.7 万人
豆各庄地区办事处	3.3 万人
王四营地区办事处	8.4 万人
首都机场街道办事处	2.1 万人
东湖街道办事处筹备处	6.4 万人

注释:

[1]本公报中数据为机器汇总数。

[2]普查登记的对象是指普查标准时点在中华人民共和国境内的自然人以及在中华人民共和国境外但未定居的中国公民,不包括在中华人民共和国境内短期停留的境外人员。

[3]朝阳区的人口,是普查登记的 2010 年 11 月 1 日零时的常住人口。常住人口包括,居住在本乡镇街道,户口在本乡镇街道或户口待定的人;居住在本乡镇街道,离开户口所在的乡镇街道半年以上的人;户口在本乡镇街道,外出不满半年或在境外工作学习的人。

[4]家庭户是指以家庭成员关系为主、居住一处共同生活的人组成的户。

[5]文盲率是指 15 岁及以上不识字人口占常住人口的比重。

政党 团体

中国共产党北京市朝阳区委员会

概 述

年内，中共朝阳区委坚持以科学发展观为统领，加快推进“新四区”发展战略。在有效应对金融危机之后，区委及时调整工作思路，把谋划朝阳今后一个时期的发展提上重要日程。落实3月30日市委书记刘淇、市长郭金龙在CBD地区调研时提出的朝阳区要争当“转变发展方式示范区、建设世界城市试验区、推进城乡一体化先行区、促进社会和谐模范区”的指示精神，制定《关于加快推进“新四区”发展战略的意见》，明确未来的发展目标和方向。以“新四区”发展战略为指引，统筹抓好“十一五”工作的梳理和“十二五”规划的制定，全面谋划未来五年的发展思路和工作重点。大力推进人口、产业、空间和土地利用规划“四规合一”，深入研究人口、交通、科技创新、文化软实力等影响可持续发展的重点问题，提出一系列具有指导性的思路和意见，在科学发展上做到超前谋划。

坚持加快发展，提升区域发展质量。在巩固“保增长、保民生、保稳定”成果的基础上，着力深化功能区带动发展战略。CBD核心区规划、拆迁和土地入市工作有序推进，东扩区重点地块取得一级开发授权，成功举办北京CBD国际商务节、世界城市国际论坛等活动，新增跨国地区总部11家、外资金融机构13家、国际组织6家，国际金融主聚集区功能进一步强化，国际商务功能全面提升；电子城北扩和产业集聚态势良好，发展环境全面优化；奥运功能区积极创建5A级景区，加快建设国际文化体育中心，成为奥运旅游标志地和北京旅游新地标；定福庄传媒文化产业区、垡头环渤海总部商务基地、东坝国际商贸中心的规划布局、产业功能基本确定，温榆河生态走廊功能区的基础设施建设和拆迁腾退工作有序推进，储备区开发建设全面展开。功能区协同发展态势良好，现代服务业主导、高新技术产业支撑、文化创意产业集群发展的多元化产业格局全面确立。2010年，实现地区生产总值2666.5亿元，同比增长12%；区级财政收入234.3亿元，同比增长22.8%；全年实际利用外资额、全社会固定资产投资额和社会消费品零售额均位居全市首位，朝阳发展的区域影响力、辐射带动力进一步提高。

坚持创新发展，积极探索朝阳发展的新模式、新途径。立足区域实际，坚持以创新为动力，破瓶颈、解难题、创优势、促发展。按照“六位一体”的思路，有序推进重点村整治、农村土地储备和管理体制改革，总结出解决城乡结合部突出问题的初步经验，加快城乡一体化，积极探索农村城市化的多种模式。以社会服务管理创新试点为契机，整合人口、社会单位、地下空间等基础数据库，构建集成安全生产、综治维稳、城市管理等十项功能的全模式社会服务管理系统，取得试点工作阶段性成果。树立“大城管”理念，建立大统筹、大协调、大联合工作机制，提升城市建设管理水平，取得国际化社区建设、“阳光中途之家”、商务楼宇党建等方面的新经验，实现垃圾分类、老旧小区准物业管理试点、“一刻钟社区服务圈”建设工作的新突破。注重夯实基层基础，深入推进“一网两库三关”社会维稳风险治理和科学管理体系建设，探索出具有朝阳特点的基层维稳模式，为正确处理改革发展稳定关系进行新尝试。

深入落实《关于统筹解决民生问题的意见》。构建“大民生”工作格局，健全工作运行机制，集中出台多项配套政策，形成改善民生的工作体系。进一步强化政府的社会管理和公共服务职能,加大民生工作和社会事业投入,建立健全城乡覆盖的公共服务体系,就业、住房、社会保障等基本公共服务均等化水平全面提升。坚持"创建的过程就是让百姓受益的过程,创建的行动就是惠民的行动"的导向,不断深化文明城区创建工作,切实解决了一批群众关心的环境建设、道路交通、食品安全、绿化美化、公共文明等问题,"文明朝阳、共建共享"的理念深入人心。

坚持提升党建科学化水平,进一步提高党建保障发展的能力。区委坚持以科学发展观为指导,深入落实市委"党员作风建设年"的要求,以作风建设为先导,以能力建设为核心,以科学化建设为方向,扎实推进执政能力建设,以此统领和保障全区各项工作有效开展。进一步完善党的领导方式,召开区委加强人大、政协工作会议,支持区政府创新有为,健全完善大统战工作格局,深化工、青、妇等枢纽型社会组织建设,区委总揽全局、协调各方的能力进一步提高。深入推进干部人事制度改革,通过公开选拔、公开推荐、竞争上岗等形式增强选人用人的科学性、民主性,通过优化班子结构、率先推出"凤凰计划"、完善科学评价机制等增强干部人才队伍的活力和创造力。不断加强基层党建工作,以开展创先争优活动为契机,建组织、建阵地、建服务体系,形成覆盖城乡、商务楼宇和"两新"组织的党建工作网络,充分发挥党组织战斗堡垒作用和党员先锋模范作用。全面深化党风廉政建设,实现廉政风险防范管理向上和向下"两个延伸",完成5批次15个单位的巡视工作,保持查办大要案的高压态势,惩防腐败体系建设扎实推进。

地址:日坛北街33号
电话:65094217
邮编:100020

(刘 莹)

主要工作和重大活动

【区委十届十一次全体(扩大)会议】 1月5日,召开区委十届十一次全体(扩大)会议,认真贯彻落实党的十七大、十七届四中全会、中央经济工作会议和市委十届七次全会精神,总结2009年工作,研究部署2010年任务。区委委员、区委候补委员出席,区四套班子领导、副巡视员、区纪委委员、全区二级班子党政正职、区委组织员、区委巡视组组长、各民主党派负责人、工商联负责人、无党派代表人士、基层党代表列席。区委书记陈刚代表区委常委会作题为《攻坚克难、再创优势,在更高层次上推进朝阳又好又快发展》的工作报告。陈刚在闭幕式讲话中要求,准确把握全年的发展形势和目标任务,把思想统一到全会精神上来,把握工作节奏,抓好贯彻落实,扎实做好年初开局的各项工作。

(刘 莹)

【创建全国文明城区工作动员大会】 2月2日,召开创建全国文明城区工作动员大会,陈刚、程连元、王力军、辛燕琴等区四套班子领导出席,区委副书记、区长程连元主持会议。区委副书记宋连娣宣读区委、区政府《关于创建全国文明城区工作的意见》,区委、区政府向各行业代表授予"文明行动旗"。陈刚在讲话中强调,全区上下要把创建全国文明城区作为一项重中之重的工作,切实抓紧抓好。要统一思想认识,充分认清创建工作的重大意义,积极推进"四个转变",不断丰富创建工作内涵,加强组织领导,构筑创建工作合力。

(刘 莹)

【第二十三次老干部座谈会】 2月4日,召开第二十三次老干部座谈会暨老干部工作"双先"表彰大会,深入学习贯彻党的十七届四中全会、全国老干部局长会议、北京市第二十三次老干部座谈会和区委十届十一次全会精神,回顾总结2009年的老干部工作,研究部署2010年工作任务。市老干部局副局长高力,区领导程连元、王力军、辛燕琴、宋连娣、陈宏志出席。宋连娣主持会议,并宣读《关于表彰2008—2009年朝阳区老干部工作先进集体、先进个人的决定》,区委常委、组织部长陈宏志作《深入学习贯彻党的十七届四中全会精神,全面做好朝阳区离退休干部工作》的报告。程连元在讲话中,向老干部们通报2009年朝阳区经济社会发展情况及2010年的工作思路,强调要进一步增强做好老干部工作的责任感,不断提高老干部工作水平,使老干部工作更好地服务朝阳科学发展。

(刘 莹)

【综合经济工作会】 2月4日,召开综合经济工作会议,落实区委全会和区人代会精神,部署2010年经济工作,统一思想,凝聚力量,再创发展新优势,推进朝阳区在更高层次上又好又快发展,为建设"人文北京、科技北京、绿色北京"做出贡献。市委常委、常务副市长吉林,区四套班子领导出席,程连元主持会议。区委常委、常务副区长吴桂英作《乘势而上,扎实工作,促进朝阳经济在更高层次上实现新发展》的工作报告。陈刚在讲话中强调经济工作要抓住分工落实与工作统筹、当前利益与长远利益、注重增量与服务存量、任务指标与考核奖励等四个关键问题,站在全区工作大局上总体把握、认真思考和研究,希望全区上下同心同德、攻坚克难,为在更高层次上实现朝阳又好又快发展而努力奋斗。

(刘 莹)

【农村城市化工作会】 2月5日,召

开农村城市化工作会，认真总结2009年工作，深入分析形势，研究部署2010年各项任务，进一步动员农村地区广大干部群众统一思想、抢抓机遇、攻坚克难，在更高起点上推进农村城市化进程。区四套班子领导出席，程连元主持会议。宋连娣宣读区委、区政府《关于表彰2009年度朝阳区农村地区先进单位的决定》，对南磨房乡等10个"五个好"乡党委，豆各庄乡、北京赛特奥特莱斯商贸有限公司等26个社会主义新农村建设先进单位进行表彰。区委常委、副区长刘希泉作《抢抓机遇，攻坚克难，在更高起点上推进农村城市化进程》的工作报告。陈刚在讲话中强调，要强化在更高层次上加快发展的意识，关注五方面问题，希望农村系统各党委政府和广大干部振奋精神，攻坚克难，扎实工作，再创佳绩，推进农村城市化工作迈上新台阶，为实现朝阳区在更高层次上又好又快发展做出新贡献。

（刘　莹）

【区纪委第六次全体会议】　2月21日，召开第十届纪律检查委员会第六次全体会议暨全区党风廉政建设工作会，认真学习贯彻中纪委十七届五次全会、市纪委十届六次全会和区委十届十一次全会精神，回顾总结2009年全区党风廉政建设和反腐败工作，研究部署2010年工作任务。市纪委副书记王海平，区四套班子领导出席，程连元主持会议。宋连娣传达胡锦涛总书记在中纪委十七届五次全会上的讲话和市纪委十届六次全会暨全市党风廉政建设工作会议精神，区委常委、区纪委书记尚延华作《扎实推进党风廉政建设和反腐败工作，为在更高层次上推进朝阳又好又快发展提供有力保障》的工作报告。陈刚在讲话中要求，聚焦"两个务必"，深入思考新阶段的党风廉政建设，清醒看待党员干部队伍在作风上存在的突出问题，不断加大党风廉政建设力度，以昂扬的精神、扎实的工作进一步提高党风廉政建设水平。

（刘　莹）

【政法信访维稳工作会】　2月22日，召开政法、维稳、信访工作会，总结2009年的政法、维稳、信访工作，对2010年任务进行全面部署。区四套班子领导出席，区委常委、政法委书记佟克克作《固本强基促创新，真抓实干保平安，为实现更高层次发展提供坚强保障》的工作报告，刘希泉作《全面加强信访工作，合力化解矛盾纠纷，为谋求更高层次的发展筑牢和谐稳定的社会基础》的工作报告。陈刚在讲话中深入分析维护稳定工作出现的新情况、新问题，强调要落实科学稳定观，不断强化统筹意识、民本意识、前瞻意识和长效意识，充分发挥组织体系优势，切实做到提高工作能力、加强统筹协调、落实工作责任，扎实推进平安朝阳建设再上新水平。

（刘　莹）

【社会建设大会】　2月23日，召开社会建设大会，深入贯彻落实北京市社会建设大会精神，总结2009年社会建设工作，部署2010年工作任务，动员全区广大党员干部群众和社会各界，围绕"攻坚克难、再创优势，在更高层次上推进朝阳又好又快发展"的总要求，以全国文明城区创建为载体，坚持以人为本、改善民生，全面提升朝阳社会建设工作水平。区四套班子领导出席，程连元主持会议。刘希泉宣读区委、区政府《关于表彰2009年度朝阳区社会领域和谐建设先进单位的决定》，授予建外街道、麦子店街道、团结湖街道中路北社区、南磨房地区南新园社区、北京市职工体育服务中心、华联新光百货（北京）有限公司等329个单位"朝阳区社会领域和谐建设先进单位"称号。区委常委、宣传部长谢莹作《以人为本，改善民生，全面提升朝阳区社会建设工作水平》的工作报告，副区长赵全保部署社会领域创建全国文明城区工作。陈刚在讲话中强调，要在创建全国文明城区中创模式、树典型、出经验，在关注民生、构建社会和谐方面抓重点、攻难点、见实效，在以党建统领社会建设方面提能力、有创新、求突破，为开创我区社会建设工作新局面，推动朝阳在更高层次上又好又快发展做出新的更大的贡献。

（刘　莹）

【区委党的建设工作领导小组（扩大）会议】　3月16日，召开区委党的建设工作领导小组（扩大）会，研究和部署2010年全区党建工作。区领导陈刚、宋连娣、尚延华、陈宏志出席，宋连娣主持会议。陈宏志对《中共北京市朝阳区委党的建设工作领导小组2010年工作要点》作说明。陈刚在讲话中强调，党委书记抓好党建工作要找准三个着力点，着力强化九方面工作，不断提高党的建设科学化水平，全面推进党建工作体系化建设，切实增强党建工作整体合力。

（刘　莹）

【区委人大工作会议】　4月22日，召开区委人大工作会议，传达市委第三次人大工作会议精神，就贯彻落实《中共北京市朝阳区委关于做好当前人大工作的若干意见》进行部署。区四套班子领导出席，程连元主持会议。陈刚在讲话中强调，要充分认识人大工作面临的新形势，坚持正确政治方向，服务朝阳发展大局，不断创新工作方式，着力提高人大及其常委会工作能力和水平，切实为人大及其常委会依法履职提供保障，努力开创人大工作新局面。

（刘　莹）

【区委十届十二次全体(扩大)会议】 4月28日,区委召开十届十二次全体(扩大)会议,深入贯彻落实科学发展观,按照市委、市政府关于朝阳区要争当转变发展方式示范区、建设世界城市试验区、推进城乡一体化先行区、促进社会和谐模范区的要求,专题研究朝阳区加快推进"新四区"发展战略的重大意义、指导思想、基本原则、重点任务和保障措施,动员全区上下把思想统一到"新四区"建设上来,努力推进朝阳区在更高层次上又好又快发展。区委委员、区委候补委员出席,区四套班子领导、副巡视员、区纪委委员、全区二级班子党政正职、区委组织员、区委巡视组组长、各民主党派负责人、工商联负责人、无党派代表人士、基层党代表列席。宋连娣对《关于加快推进"新四区"发展战略的意见》作说明,全会审议并通过《关于加快推进"新四区"发展战略的意见》和《中共北京市朝阳区委十届十二次全体(扩大)会议决议》。陈刚在全会闭幕式讲话中强调,"新四区"发展战略是首都提出建设世界城市之后朝阳发展面临的又一重大历史机遇,是朝阳抢抓机遇、加快发展的重大战略。要进一步把思想统一到全会精神上来,切实抓好全会精神和《意见》的贯彻落实,扎实推进各项重点工作。

(刘　莹)

【开展创先争优动员大会】 5月10日,召开开展创先争优暨党员作风建设年活动动员大会,全面部署创先争优活动。区领导陈刚、程连元、王力军、辛燕琴、宋连娣、吴桂英、尚延华、陈宏志、刘希泉、李彦田、谢莹、张春秀、王春出席,程连元主持会议,宋连娣部署全区创先争优暨党员作风建设年活动。陈刚在讲话中强调,要充分认识开展创先争优活动的重大意义,紧紧围绕活动主题和目标,努力在推进"新四区"发展战略上创先争优,切实加强组织领导,为创先争优活动顺利推进提供有力保障。

(刘　莹)

【纪念建党89周年大会】 7月1日,召开纪念建党89周年暨"群众心目中的好党员"表彰大会,隆重纪念中国共产党成立89周年,并对"群众心目中的好党员"进行表彰。区领导陈刚、程连元、宋连娣、吴桂英、尚延华、陈宏志、佟克克、刘希泉、李彦田出席,程连元主持会议。陈宏志宣读《中共北京市朝阳区委关于表彰朝阳区群众心目中的好党员的决定》,授予于涛等50名同志"朝阳区群众心目中的好党员"称号。陈刚在讲话中要求,要通过表彰活动进一步把创先争优活动引向深入,充分发挥全区各级党组织的战斗堡垒作用和广大党员的先锋模范作用,在服务中心工作、推进科学发展上创先争优,在加强基层组织建设、推进工作创新上创先争优,在服务人民群众、促进社会和谐上创先争优。

(刘　莹)

【半年工作形势分析会】 7月28日,召开半年工作形势分析会,总结上半年工作,分析面临的形势,部署下半年任务。区四套班子领导出席,程连元对上半年经济社会运行情况和下半年重点工作进行通报。陈刚就做好下半年工作强调,要团结一心、再接再厉,在解放思想中统一思想,在突出重点中整体推进,在改进方法中增强合力,在创先争优中加强党建,确保圆满完成全年各项任务,为"十一五"划上圆满句号,为"新四区"建设奠定良好基础。

(刘　莹)

【社会服务管理创新推进大会】 9月3日,召开社会服务管理创新推进大会,贯彻落实中央和市委、市政府的要求,对社会服务管理创新工作进行全面动员和部署。市有关部门领导王翔、宋贵伦、吴世民、闫满成、赵小卫、王智玲,区四套班子领导出席。宋连娣宣布区社会服务管理创新工作领导小组组织领导体系,佟克克宣读《朝阳区关于聘请社会服务管理创新工作专家顾问的决定》,赵全保作《朝阳区推进社会服务管理创新实施意见》的说明。陈刚在讲话中强调,要把综合试点作为提升全区整体工作水平的重要契机和有效载体,举全区之力,发扬优良传统,突出自身特点,切实加强创新,统筹推进社会服务管理创新工作,努力完成好试点工作,使朝阳区社会服务管理水平再上新台阶。

(刘　莹)

【深化干部人事制度改革工作会】 10月12日,召开深化干部人事制度改革暨公开推荐、竞争上岗工作会,部署深化干部人事制度改革相关工作。区四套班子领导出席,宋连娣主持会议。陈刚在讲话中要求,必须深刻认识继续深化干部人事制度改革的重要性和必要性,进一步解放思想,在把握关键环节、解决突出问题中统一思想,切实加强组织领导,确保干部人事制度改革积极稳妥、有序推进,不断提高全区干部人事工作科学化、制度化水平。

(刘　莹)

【全区领导干部大会】 10月21日,召开领导干部大会,贯彻落实市委常委扩大会精神,传达、学习并贯彻党的十七届五中全会精神。区四套班子领导出席,程连元主持会议。宋连娣传达党的十七届五中全会和市委常委扩大会议精神。程连元在讲话中强调,各部门、各街乡要认真学习、坚决贯彻十七届五中全会精神,在全面落实和完成今年工作任务的基础上,谋好朝阳发展、干好朝阳工作,为"十二五"开好局、起好步奠定坚实基础。

（刘　莹）

【人才工作会议】　11月5日，召开人才工作会议暨第三届人才表彰大会，市有关部门领导张志伟、闫成、宋丰景，区四套班子领导出席，宋连娣主持会议。陈宏志宣读区委、区政府《关于命名表彰朝阳区突出贡献人才奖、突出贡献人才提名奖、国际人才奖、专业技术管理拔尖人才、学术技术带头人、优秀青年人才和朝阳区重视人才先进单位、高层次创新创业人才团队的决定》，授予田树林等5名同志“朝阳区突出贡献人才奖”、严光文等10名同志“朝阳区突出贡献人才提名奖”、蒲敬思等5名同志“朝阳区国际人才奖”、马继红等20名同志“朝阳区专业技术、管理拔尖人才”荣誉称号、王贵军等30名同志“朝阳区学术技术带头人”荣誉称号、马利荣等40名同志“朝阳区优秀青年人才”荣誉称号，命名区教委等10个单位为“朝阳区重视人才先进单位”、精进电动科技（北京）有限公司等5个单位为“朝阳区高层次创新创业人才团队”，并予以表彰奖励。陈刚在讲话中强调，要不断增强忧患意识，从朝阳经济社会发展的战略高度出发，切实做好新形势下的人才工作，努力建设一流的人才强区。

（刘　莹）

【区委政协工作会议】　11月10日，召开区委政协工作会议，贯彻落实北京市第三次政协工作会议精神，就全面推进朝阳区人民政协事业发展进行部署。区四套班子领导出席，程连元主持会议。陈刚在讲话中强调，要提高认识、发挥优势，不断增强推进人民政协事业的责任感和自觉性，坚持正确的政治方向，服务大局履职尽责，创造性开展工作，全面加强和改进对政协工作的领导，为实现朝阳科学发展、和谐发展做出更大贡献，努力开创全区政协工作的新局面。

（刘　莹）

【区委十届十三次全体(扩大)会议】　12月6日，召开区委十届十三次全体（扩大）会议，深入学习贯彻党的十七届五中全会、市委十届八次全会精神，回顾朝阳“十一五”的发展成就，分析“十二五”时期的发展形势，明确发展的指导思想、基本原则、主要目标、主要任务和保障措施。区委委员、区委候补委员出席，区四套班子领导、副巡视员、区纪委委员、全区二级班子党政正职、区委组织员、区委巡视组组长、各民主党派负责人、工商联负责人，无党派代表人士、基层党代表列席。程连元作《中共北京市朝阳区委关于制定朝阳区国民经济和社会发展第十二个五年规划建议的说明》，全会审议并通过《中共北京市朝阳区委关于制定朝阳区国民经济和社会发展第十二个五年规划的建议》。陈刚在全会闭幕式讲话中强调，要科学研判形势，把思想统一到“十二五”发展上来，努力做好当前和明年的重点工作，确保“十二五”开好局、起好步。

（刘　莹）

【区委常委会】　年内，召开常委会24次，研究议题111个。议题涉及“十二五”发展规划、“新四区”发展战略、功能区建设发展、社会服务管理创新、文化创新发展、全国文明城区创建等内容。

（刘　莹）

组织工作

【概况】　中共朝阳区委组织部是区委主管组织建设、干部队伍建设和人才队伍建设的职能部门。设干部科、干部监督科、人才科、组织科、党员教育管理科、干部教育培训科、调研室、党代表联络室、办公室等9个科室。9月，区编办批准成立“朝阳区处级班子和干部综合考核评价中心”，为区委组织部所属事业单位。年内，扎实开展创先争优活动，为“新四区”建设提供有力保证。全面加强领导班子和干部队伍建设，着力提升班子干部的执政能力。突出重点有序推进，干部人事制度改革取得新突破。以高层次、高技能人才为重点，统筹推进人才队伍建设。积极推进基层党组织建设，不断增强基层党组织和党员队伍活力。深入开展“讲党性、重品行、做表率”带头创先争优活动，组织部门自身建设迈出新步伐。平房乡组织科、区卫生局组织科长高晓梅分别被评为全市“讲党性、重品行、作表率”带头创先争优先进集体和先进个人，区委组织部推荐的《朝阳区商务楼宇党建工作新模式》、《朝阳区首创“两推一述三公开”处级正职提名推荐新模式》、《朝阳区吸引海外高层次人才“凤凰计划”》三个项目被评为全市“讲党性、重品行、作表率”带头创先争优组织工作创新项目。

地址：日坛北街33号
电话：65094313
邮编：100020

（龙　涛）

【审议通过《区党代表任期制实施细则》】　1月5日，在区委召开的十届十一次全会上，区委书记陈刚作题为《攻坚克难、再创优势，在更高层次上推进朝阳又好又快发展》报告。陈刚书记在讲话中强调，要加强党内基层民主建设，全面落实党代表任期制，形成区级党代表任期制的制度和工作体系。区委常委、组织部长陈宏志在区委十届十一次全会上做了提请全会审议《中国共产党北京市朝阳区代表大会代表任期制实施细则（试行）》的说明，经全会审议，正式通过《实施细则》。

（张　洁）

【基层区党代表列席区委全会】 1月5日,21名来自街道、农村、卫生、教育系统的区第十次党代表大会基层代表,应邀列席区委十届十一次全会,参与审议区委工作报告,并作为会议第五组开展讨论,陈宏志,区委组织部常务副部长王小毛参加讨论活动。邀请部分基层党代表列席区委全会,是本区继建立工作体系,完善工作制度之后为落实代表任期制工作推出的又一项重大举措。有助于代表全面了解区情和领会区委精神,便于代表更好开展工作和履行职责。列席会议将作为本区落实党代表任期制工作的一项长效机制,区委每次召开全会或其他重要会议,都将邀请部分基层一线区党代表列席,使区委在做出重要决策时能够充分听取基层党员和群众的意见、建议,确保区委决策的民主性和科学性。

(张　洁)

【基层党建互查互评工作】 1月21日,召开区委八个主管工委2009年基层党建工作互查互评交流汇报会。各工委相互查阅档案,总结2009年工作情况,梳理2010年党建工作思路。

(王延安)

【团职军转和挂职干部工作】 1月,召开团职军转干部见面暨安置工作动员会,对31名团职军转干部的安置、培训等工作进行具体部署,完成团职军转干部安置工作。年内,外派2名干部援蒙、1名干部援藏、2名干部援青、3名干部援疆。接收中央两部一委挂职干部2名,河北、内蒙古、新疆、浙江、江苏等省市区和市直机关挂职干部13批46人次,在尊重派出单位及本人挂职意向基础上,按照"专业对口"的原则拟定安置方案,将挂职干部分别安置在相关委办局及部分街乡等单位。

(刘　欣)

【慰问党组织和党员】 1月,对部分建国前入党的老党员、困难党员、优秀党员和流动党员进行"春节"慰问,慰问人数600余人。2月,组织全区各行各业、各条战线上的近2000名党员代表到国家大剧院观看大型音乐舞蹈史诗《复兴之路》演出活动。"七一"期间,对部分建国前入党的老党员、困难党员、优秀党员和流动党员及流动党员"双向共管"单位党组织进行"七一"慰问,慰问人数470人、党组织2个。

(李晓伟)

【信息化建设】 1月,应用干部信息管理系统、党员信息管理系统完成2009年度干部统计、党员统计等相关工作,健全各类人员信息库。4月,继续推进干部信息库、党员信息库、办公知识信息库、评价信息库建设,新建朝阳区干部职数管理系统。6月,作为全市"大组工网"建设试点单位,通过制定方案、检查线路,排查产品、准备设备,健全制度、明确责任,完成3台终端计算机接入工作,并通过市委组织部检查验收,实现与中组部和全国各省市组织部门互联互通。7月,规范"三铁一器"普通密码机房管理,做好非密码工作人员进出登记,排除安全隐患。11月,重新修改和制定组织系统信息化建设各项规章制度,汇编成册,对网络运行、密码使用、系统维护等各项工作作明确规定。

(龙　涛)

【党委成立工作】 2月,博鼎诚工工程设计有限公司党委成立;7月,东湖街道南湖中园北社区党委成立;8月,大地工程开发集团党委成立;9月,垡头街道翠城馨园、翠城雅园、翠城趣园、翠城盛园、翠城熙园社区党委成立;11月,地雅投资管理有限公司党委成立。年内,南磨房、平房、豆各庄、奥运村、管庄、高碑店、十八里店、东风、来广营、太阳宫、金盏等11个地区成立社会工作党委。

(王延安)

【党代表工作培训】 3月18日－19日,举办区第十次党代表大会代表培训班,陈宏志,市委组织部组织指导处调研员刘景昶等领导出席会议。来自全区的300余名党代表和各主管工委、各街乡副书记参加培训。陈宏志在开班动员会上作重要讲话,他指出,实行党代表任期制有利于促进党员主体地位的真正落实,进一步密切党与群众的联系;有利于不断完善党的代表大会制度;有利于提高决策的民主化、科学化,有利于强化党内监督、促进党风廉政建设。王小毛作关于提高代表履职能力、充分发挥作用的专题培训;区委宣传部常务副部长苏民、区委政法委常务副书记吴学文和区发改委副主任朱柏成等领导分别就文明城区创建、安全稳定形势和经济社会发展等重要区情做专题辅导。会上,还向全体区党代表颁发了《代表证》。9月20日－21日,组织召开2010年度基层党代表培训会,来自社区、农村、企业、学校、医院、公安、司法一线的130余名基层党代表和43个街乡组织科长参加培训。

(张洁)

【"十二五"人才发展规划编制】 3月24日,朝阳区人才工作领导小组办公室组织召开全区"十二五"人才发展规划编制工作部署会,区委组织部、区人力社保局、区委各工委和相关31家单位人员参加会议。区人才工作领导小组办公室负责组织编制全区"十二五"人才总体规划;各系统、相关产业、区域主管部门根据"十一五"时期任务分工、当前人才需求和"十二五"时期形势发展,负责研究编制11支重点队伍专项规划和12支特色队伍人才发展报告。总体规划和各专项规划的研究编制、修改论证、颁布实施同步展开，有序衔接，将形成完善的朝阳区"十二五"时期人才发展规划体系。

（黄英杰）

【深化干部人事制度改革】　3月，在总结以往改革经验的基础上，采取召开座谈会、书面征求意见等方式，开展广泛、深入调研，系统研究深化干部人事制度改革工作，明确朝阳区总体改革思路，即构建一个符合实际、更加民主开放的干部人事工作体系，推进竞争择优、综合考评、交流轮岗、能上能下和信息公开"五个常态化"，重点突破规范干部选拔任用提名推荐工作、注重从基层一线选拔干部等若干项目。10月，召开区深化干部人事制度改革会，全区二级班子党政正职参加会议，会上下发《朝阳区进一步深化干部人事制度改革加快建设高素质干部队伍的意见》，在全区形成深化干部人事改革共识，明确了干部人事制度改革的目标。会后，首次召开深化干部人事制度改革新闻通气会，向新闻媒体通报朝阳区深化干部人事制度改革情况，受到社会各界好评。11月以来，按照改革的总体思路，采取"一、三、十""组合拳"的方式，综合推进干部人事制度改革。"一"是营造一个良好的改革氛围；"三"是实施三项具体措施推进改革，即公开推荐空缺的委办局正职和街道书记、推进竞争性选拔和交流轮岗一批干部；"十"是制定出台《区委常委会讨论任免区委管理干部实行投票表决的办法（试行）》等10项制度。

（刘　欣）

【建立社区党建工作数据库】　4月20日，朝阳区建立社区党建工作数据库。区委组织部统筹指导区委社工委、农工委，对全区社区党建基本情况进行全面统计汇总，要求"一社区一报表"，总结梳理各社区党建亮点工作，实行社区报表的年报制度，动态掌握各社区的基本情况和工作亮点，为全区开展社区党建工作提供准确数据和典型经验，夯实社区党建工作基础。

（王延安）

【党代表调研视察】　4月20日－24日，区委组织部组织街道、农村、机关、宣传、政法、教育、国资、非公系统的130余名基层区党代表，分别前往CBD功能区、朝阳规划艺术馆和高碑店村进行区情专题调研视察。代表们在调研过程中切实感受到农村城乡一体化建设给村民带来的实惠和利益，进一步知晓朝阳区的历史发展和未来规划，深入了解到全区经济、社会、文化和党的建设情况。通过调研活动，落实党代表的知情权、参与权和监督权，增强党代表履职意识，调动党代表开展工作的积极性和主动性。8月19日－20日，区委组织部组织街道、农村、机关、宣传、政法、教育、国资、非公系统的130余名基层区党代表，分批前往798艺术园区和奥运功能区，深入了解我区奥运功能区建设和文化创意产业发展情况。

（张　洁）

【公开选拔和竞争上岗】　4月至7月，根据全市公开选拔领导干部工作的统一部署，对住建委副主任、统计局副局长、朝开公司总会计师和总工程师等四个岗位进行全市范围的公开选拔，经过资格审查、笔试面试、测评考察等环节确定了任职人选，其中2位为非中共干部。10月至11月，为进一步扩大选人视野，搭建公开竞争的平台，开展街乡行政正职竞争上岗工作。此次竞争上岗综合采取公开报名、民主测评、履历评估、面试、差额考察、差额酝酿、常委会票决等方式确定人选，特别是突出对人选在实际工作中的组织领导、解决实际问题和执行能力的考评，努力实现"让干得好的考得好，只会考不会干的选不上"。经过上述环节，共确定街乡行政正职6人。同时，根据处级班子和干部队伍建设实际需要，对奥林匹克公园管委会、维稳办、环保局、CBD管委会、社区学院共5家单位的7个副职岗位开展单位内部竞争上岗，促进了优秀干部脱颖而出。

（刘　欣）

【"群众心目中的好党员"评选表彰】　4月底至7月初，经615392名群众投票，评选出50名朝阳区"群众心目中的好党员"，其中叶如陵、刘爱英等9名同志被评为北京市"群众心目中的好党员"。7月1日，区委在北京会议中心大报告厅召开朝阳区纪念建党89周年暨"群众心目中的好党员"表彰大会，对本区"群众心目中的好党员"进行表彰。

（李晓伟）

【开展创先争优活动】　5月10日，区委召开创先争优活动动员大会。区委印发《关于在全区基层党组织和党员中深入开展创先争优活动的实施意见》，并转发上级对区县、城市街道社区、乡镇村、非公经济组织开展创先争优活动实施意见，对机关、街道、农村、国有企业、政法、教育、文化、卫生、体育、非公有制经济组织和社会组织中的党组织如何开展创先争活动分类提出具体要求。年内，全区5209个基层党组织、14万余名党员和莆田市、玉田县、张家口等地驻朝阳流动党员参与活动。

（李晓伟）

【召开人才工作领导小组会】　5月13日，区委召开2010年人才工作领导小组会议，全区人才工作领导小组41个成员单位领导参加会议。会议全面总结2009年人才工作，对2010年各项工作作出部署，审议通2010年人才工作要点、项目管理办法、评选表彰方案、海外高层次人才评选认定等相关事项。

(黄英杰)

【党建研究会成立】 5月19日,在北京会议中心召开朝阳区党的建设研究会成立大会。中央组织部党建研究所世界政党研究室主任韩久根、中央组织部党建研究所世界政党研究室主任科员龚加成、全国党建研究会秘书处办公室主任科员吕洪蕾、市委组织部部务委员、组织处处长、市党建研究会秘书长、党建研究所所长韩昱、市党建研究会常务副秘书长刘道福出席成立大会,陈宏志主持会议。会议审议通过《北京市朝阳区党的建设研究会章程(草案)》,选举产生北京市朝阳区党的建设研究会第一届领导机构成员(理事会理事、会长、副会长、秘书长、监事会监事),当选会长王力军致辞并部署区党建研究会2010年主要工作。

(王延安)

【开通"望京创业人才班车"】 5月28日,"望京创业人才班车"开通仪式在望京科技创业园中心广场隆重举行。区委常委、组织部长陈宏志、区人大常委会副主任闫学锋、区长助理巴图、北京海外学人中心副主任赵峰,区国资委、区科委、区外办、电子城科技园管委会、望京综开公司等有关部门和单位负责人,以及留学人员企业代表100余人,出席人才班车开通仪式。仪式由区人力资源和社会保障局书记郑煌主持。仪式上,望京综开张维刚总经理介绍了"望京创业人才班车"开通的背景情况,陈宏志、闫学锋为"望京创业人才班车"站牌揭幕。市区留学人员服务相关部门领导为企业代表发放乘车卡。

(黄英杰)

【制定处级领导班子建设规划】 5月,根据区委十一次全会精神,研究制定《2009—2013年北京市朝阳区处级党政领导班子建设规划》,并书面征求全区二级班子的意见,充分吸纳各方面意见建议,经区委常委会讨论通过后,正式下发全区,明确处级班子建设的指导思想、基本目标、重点任务和主要措施,对今后一个时期领导班子和干部队伍建设作出全面部署。

(刘　欣)

【年轻干部和后备干部工作】 5月,制定出台《2009－2020年朝阳区处级党政领导班子后备干部队伍建设规划》,对今后一个时期我区后备干部队伍建设的战略目标、政策措施和制度保障等方面进行科学规划。强化年轻干部实践锻炼,选调5名优秀年轻干部到区信访办挂职锻炼,开展与房山区、延庆县等远郊区县互派挂职干部工作,选派8名年轻干部到房山挂职锻炼,选派6名基层一线的年轻干部到延庆挂职锻炼。选调干部参与重点工作,组织抽调机关、基层优秀干部参与争创文明城区工作。注重对街乡助理跟踪培养,采取有效措施,促进街乡助理加速成长。

(刘　欣)

【《区党代表通讯》(试刊)创刊】 6月15日,《北京市朝阳区党代表通讯》(试刊)创刊。刊物将秉承"宣传党的政策、传递重要区情、反映代表声音"的办刊原则,着力宣传党的方针政策、传播党内民主建设的理论、通报区委重点工作、发布各级党组织的工作信息、反映区党代表的意见和建议,努力使其成为党代表任期制工作的宣传窗口和党代表开展工作的重要载体。

(张　洁)

【创先争优活动专题座谈会】 6月16日,陈宏志主持召开创先争优活动专题座谈会,听取各系统各单位开展创先争优活动的整体进展和特色做法,对下一阶段创先争优活动的组织和领导工作提出了要求。

(李晓伟)

【首批海外高层次人才座谈会】 6月18日,召开首批认定海外高层次人才座谈会。陈刚、程连元、吴桂英、陈宏志、谢莹出席会议,相关委办局和北京海外学人中心CBD分中心的主要负责同志,以及朝阳区首批认定的海外高层次人才参加会议。座谈会上,陈刚指出,朝阳区国际化特征突出,海外高层次人才是朝阳建设"新四区",特别是建设世界城市试验区的核心力量,大力引进海外高层次人才是实施人才强区战略的重要举措,区委、区政府高度重视海外学人工作,已将其列入朝阳区"十二五"人才规划和中长期人才发展规划。

(黄英杰)

【成立海外学人俱乐部】 6月18日,举行朝阳区海外学人俱乐部成立仪式。市委组织部副部长张志伟,市委组织部部务委员、人才处处长闫成,市人力资源和社会保障局副局长宋丰景,北京海外学人中心副主任赵峰,市委组织部人才处调研员、副处长于淼,区委书记陈刚,区委常委、常务副区长吴桂英,区委常委、组织部长陈宏志,区委常委、宣传部长谢莹,区人才工作领导小组相关成员单位领导,以及海外学人代表等近百人参加了俱乐部成立仪式。陈刚、张志伟分别为俱乐部成立致贺辞。海外学人代表,慈铭健康体检管理集团有限公司总裁、首席执行官韩小红女士代表俱乐部会员发言。朝阳区海外学人俱乐部的宗旨是:携手海外精英人才,共创朝阳美好未来,服务朝阳经济社会发展。

(黄英杰)

【向海外高层次人才兑现政策资金】 6月18日，朝阳区向首批入选“凤凰计划”的海外高层次人才一次性兑现政策资金850万元，其中创业类7人，每人奖励70万元；工作类18人，每人奖励20万元。这25名海外人才毕业于国外知名院校，创业和工作在朝阳区高端、新兴产业领域。

（黄英杰）

【创先争优活动领导小组会】 6月18日，召开创先争优活动领导小组第一次会议，审议并通过区委创先争优领导机构名单，明确对全区创先争优活动分类指导工作的分工。各基层党组织积极行动，构建党(工)委统一领导，组织部门和宣传部门共同负责、相关部门参与指导的工作机制。9月20日，区委创先争优活动领导小组召开第二次会议，传达中央党群共建创先争优视频会和市委创先争优活动领导小组第二次会议精神，听取工青妇系统开展创先争优活动的思考和计划以及各主管工委开展创先争优活动的阶段性总结，对下一步创先争优活动进行专题研讨和部署。

（李晓伟）

【调研视察工作】 6月24日，中组部组织二局二处副处长牟芳廷、干部梁小强，市委组织部干部阎潇毅，到朝阳区调研商务楼宇党建工作，区委组织部常务副部长王小毛陪同。先后到望京街道佳境天城楼宇服务站、亚运村街道五矿大厦楼宇服务站和呼家楼街道SOHO尚都楼宇服务站调研指导工作。8月23日，中共中央政治局常委、国家副主席习近平到叶青大厦调研非公企业党建工作，指出要研究新情况，解决新问题，要将创先争优活动与基层党建创新结合起来，不断提高基层党建工作科学化水平。9月16日，中组部组织二局局长陈向群到北京调研中小学校党建工作，召开中小学党建工作座谈会。朝阳区师范学校附属小学、八十中学参加座谈会并作典型发言。10月24日，中央办公厅调研室到高碑店乡调研农村党建工作。

（王延安）

【开展主题党日活动】 6月至8月，在各级党组织和广大党员中开展“强化作风、再创优势、凝心聚力促发展”主题党日活动。各级党组织发挥引导、动员和凝聚作用，按照“五个好”和“五带头”的要求，切实转变工作作风，更好地体现党员的先进性；密切党群关系，增强党组织和党员为广大人民群众服务的主动性和自觉性；围绕中心，服务大局，推动朝阳区各项工作不断向前发展。

（李晓伟）

【召开聚集国际人才研讨会】 7月13日，区委、区政府在郡王府CBD国际会议中心召开“聚集国际人才，建设世界城市试验区”研讨会。邀请中组部人才局、国家外专局、市委组织部、市人力社保局有关领导、国内知名人才专家和海外高层次人才代表等20余人参与研讨交流。

（黄英杰）

【组织基层党代表参加干部选拔】 7月，区委组织部推荐本区3名基层党代表参与全市公开选拔处级干部面试工作。10月12日，来自本区街道、农村、教育、司法等部门的5名基层党代表应邀列席全区深化干部人事制度改革暨公开推荐、竞争上岗工作会。与会代表与其他参会的党政领导干部、人大代表和政协委员一同学习《朝阳区进一步深化干部人事制度改革加快建设高素质干部队伍的意见》等会议文件，并参与公开选拔处级干部的推荐活动。

（张　洁）

【社区党员代表大会常任制试点】 7月，在健全社区党员代表常任制制度体系和落实好社区党员代表大会年会工作的基础上，垡头街道正式启动社区党员代表大会常任制试点工作。

（张　洁）

【党员教育培训示范基地创建】 7月，结合“创先争优”活动开展，在全区范围内开展党员教育培训示范基地的创建活动。全区共有68个单位参与申报。通过听取汇报、交流座谈、查阅档案、实地查看等方式，进行严格评审，最终确定16个党员教育培训示范基地作为首批挂牌单位。同时，确定40家参与申报的基层党组织作为本区第二批党员电教示范播放点。

（李晓伟）

【社会工作党委换届】 8月25日，六里屯街道社会工作党委召开换届选举大会，78名代表参加会议。会议通过《六里屯社会工作党委选举办法》（草案）以及新一届党委委员候选人建议名单、总监票人、监票人建议名单。这是北京市第一家社会工作党委换届选举，具有很强的实践意义和开创性。大会选举书记1名，副书记2名，委员11名，党委委员差额选举产生。新选出的党委班子向代表大会见面，并作上任发言，表示要真抓实干，继续做好社会领域党建工作。11月27日，朝外地区社会工作党委召开换届选举大会，大会有70名社会领域党员参加，大会采用“三推一选”的方式直接选举产生书记1名、副书记3名，委员9名。

（王延安）

【“两新组织”党建工作】 9月9日，中共大地工程开发集团委员会成立。11月17日，中共地雅投资管理集团有限公司委员会成立，是朝阳区农村系统第一家非公企业党委。12月20日至22日，市委组织部、市委社会工委、市委党校举办全市“两新”组织党组织负责人示范培训班，本区选派9名基层党组织负责人参会。

（王延安）

【开展“创先争优”红歌赛活动】 9月27日，全区举办“红色歌曲大家唱”展演，来自基层的14支合唱队伍唱响红歌，来自各个领域的千余名党员观看并参加活动，营造了昂扬向上、奋发有为的文化氛围。

（李晓伟）

【党群共建创先争优工作会议】 10月13日，召开区党群共建创先争优工作会议，区委各主管工委、区总工会、团区委、区妇联及区委直属二级单位群团组织负责人参加会议。会上，区总工会、团区委、区妇联负责同志进行主题发言，创先争优活动领导小组下发了关于增补工青妇组织相关同志作为领导小组成员的文件，对全区党群共建创先争优工作进行部署。

（李晓伟）

【首次举办人才论坛】 10月30日，举行“国际人才与区域发展高端论坛”，是北京CBD国际商务节举办十届以来首个以人才为主题的高端论坛。通过举办国际人才论坛，推动朝阳建设“国际人才宜聚区”的步伐。市委组织部部务委员、人才处处长闫成，市人才工作领导小组成员单位有关领导，区四套班子主要领导和区人才工作领导小组成员单位主要领导，国际国内知名企业与人力资源研究机构有关负责人出席论坛。人才论坛云集了来自美国、新西兰、日本和中国的多位国内外人才发展领域的专家参与演讲和讨论。

（黄英杰）

【基层党组织负责人境外培训】 10月，选取部分优秀村(社区)的党组织负责人，分两批赴新加坡学习社区管理经验。召开专题座谈会，进一步转化学习成果，交流社区党建工作经验，为提升全区基层党建工作水平奠定的基础。

（李晓伟）

【先进事迹专场报告会】 11月9日，北京市“群众心目中的好党员”先进事迹巡回宣讲活动举行朝阳专场报告会。来自不同行业的5位北京市“群众心目中的好党员”代表进行演讲，500余名党员群众参加报告会。

（李晓伟）

【开展基层党代表读书月活动】 11月，在全体基层党代表中开展“金秋十月”集中读书活动。读书活动分为个人自学、集中研讨和撰写心得三个部分。重点学习党的重要文件精神、重大政治理论，以及基层党内民主建设等各方面的知识。同时，还为基层代表推荐部分选读书目，涉及党员修养、国外政党执政建设、外省市党代会常任制实践案例等各个方面，并为全体代表发放读书卡。

（张　洁）

【党代表任期制工作会】 12月23日－24日，召开2010年区党代表任期制工作会，市委组织部组织指导处处长晋秋红，王小毛等相关领导出席会议。来自各社区、农村、学校、医院和企事业单位基层一线的区党代表130余名，以及各主管工委和43个街乡的组织科长参加会议。晋秋红介绍全国实行党代表任期制和党代会常任制的基本情况，简要点评了全市各区县实行党代表任期制的主要做法和亮点，并就党代表进一步履行职责发挥作用提出三点要求。王小毛总结本区2010年党代表任期制工作，并对2011年党代表任期制工作提出具体思路。区委组织部党代表联络室的同志传达区委十届十三次全会精神，垡头、太阳宫、朝阳公园3个单位做典型发言，中央党校宋福范教授就党的十七届五中全会精神作专题辅导。

（张　洁）

【自身建设】 年内，按照中组部、市委组织部的部署和要求，自觉把“讲党性、重品行、作表率”活动与创先争优活动结合起来，加强组织部门自身建设，推动组织工作创新发展。组织“做党性最强的组工干部”演讲等活动，深化对党性的理解和认识。采取召开组织工作科学化研讨会、推进重点课题研究、编发《组织工作学习咨询》等措施，加强学习型、研究型、创新型组工干部队伍建设。坚持组织部长下基层活动，深入基层与干部谈心谈话400余人次，了解班子干部推进工作情况，帮助解决党员活动中心建设等实际问题。

（龙　涛）

【政工职称评定工作】 年内，完成政工职称评审工作，4人获高级政工师资格，53人获政工师资格，28人获助理政工师资格。

（曾　智）

【建成现场教学基地】 年内，建成第二批教学基地5个，分别为：CBD经济社会发展成果教育基地、南磨房乡农村城市化教育基地、朝阳规划艺术馆、八里庄街道红色教育基地、柳芳北里和谐社区建设教育基地。依托现场教学基地，开展了多种形式的现场教学、参观考察等学习培训活动，使课堂从教室延伸到工作现场，将学习与工作实际紧密联系，增强培训效果。

（曾　智）

【培训工作】 年内，选送处级干部14人到北京大学进修学习3个月；

举办处级干部进修班4期，培训164人；举办中青年干部培训班2期，培训104人；举办青年政治理论读书班1期，培训108人。选送25名新任党政正职领导干部到中国浦东干部学院进行为期一周的专题培训；举办国际化素质专题培训班，培训43人；举办文化创意产业专题培训班，培训49人；举办社会建设和城市管理专题培训班，分别培训150人；举办全区依法行政和司法行政业务专题培训，分别培训120人和230人；举办应急系统、信访专题、新闻发言人、农村组工干部、就业政策、基层综治基础工作、企业经营管理人员培训班等专题班14期，共培训1249人；组织境外培训考察团3期，其中赴美国社会工作与社会人才培养培训团22人，赴新加坡社区工作者培训班2期，共48人，赴瑞典、丹麦培训团5人。

（曾 智）

【在线学习】 年内，参加在线学习局级干部28人、处级干部1041人，人均62.22学时，参加考核的干部全部达到市委组织部规定的考核目标，完成全年的在线学习任务。

（曾 智）

【主题实践活动】 年内，全区23个街道的1600多个基层党组织61298名党员全部参与公开承诺，在党员干部的带动下，社区居民也广泛参与承诺。农村系统建立"党员设岗定责"制度，24700名党员参与认岗。机关系统开展"千名干部下基层活动"，促进了党员干部创先争优。非公、国资、CBD等系统也广泛组织企业党员参与公开承诺和实践活动。

（李晓伟）

【基层党建工作创新项目评比】 年内，在全区基层党组织和流动党组织中广泛开展基层党建工作创新项目评比活动，经过基层单位申报、各主管工委评选，全区共报送创新项目39项，经过遴选，将建外街道工委"三位一体"商务楼宇服务站等20个项目推荐到市委创先办备案。

（李晓伟）

【关爱老党员】 年内，对建国前入党的农村户口老党员和不享受离退休金的城镇居民户口的老党员发放生活补助每人每月500元。全年全区共有20名农村户口的老党员和182名城镇居民户口的老党员符合补助条件，总计发放补助金60.6万元。

（李晓伟）

【关爱生活困难党员】 年内，简化"区生活困难党员帮扶专项资金"的申报和发放工程序，扩大帮扶覆盖面。全年共有1700名生活困难党员受到"区生活困难党员专项资金"的帮扶，帮扶资金总量达219.2万元。

（李晓伟）

【党员信息服务】 年内，利用全区党员信息服务平台，以手机短信和语音呼叫方式，向各级党组织和各类党员开展宣传互动20次，接收信息的受众面达798000余人次，76000余个党员家庭收到祝福生日的语音电话；党员回复912条短信。

（李晓伟）

【党费收缴使用管理】 年内，对2009年度全区有党费留成各单位党组织的党费收缴、管理、使用和上缴情况进行检查；对2009年度"两新"党组织上缴的党费进行集中返还，返还金额达60余万元；按照中央和市委有关要求，通过朝阳政务内网、组工专网及各单位、各地区的局域网等内部网络，向全区基层党组织和党员公示中管、市管和区管党费使用情况。

（李晓伟）

【发展党员情况】 年内，发展党员1509名，完成年初计划1700名的88.8%。发展总数比上年减少42名，降低了2.7个百分点。其中，发展女党员812名，占发展总数的53.8%；发展少数民族党员59名，占发展总数的3.9%；发展35岁以下的党员871名，占发展总数的57.7%；发展大专以上文化程度的党员1277名，占发展总数的84.6%；发展生产、工作第一线的党员1108名，占发展总数的73.4%。与上年相比，发展女党员增加9名，提高了0.6个百分点；发展35岁以下的党员增加2名，提高0.1个百分点；发展大专以上文化程度的党员减少5名，降低0.3个百分点；发展生产、工作第一线的党员减少93名，降低6个百分点。

（李晓伟）

【共产党员献爱心】 年内，开展"共产党员献爱心"捐献活动，收到捐款392万余元，82705人参与。

（李晓伟）

【党员教育培训】 年内，制定并下发《朝阳区2009—2013年党员教育培训工作的实施意见》，明确指导思想、目标要求和工作原则；规定培训内容、时间和方式；提出六大重点培训工程；建立了组织领导和保障机制。依据《意见》详细制定2010年党员教育培训计划，全年开展"两新"组织党组织负责人培训班、大学生村官和社区工作者党员培训班、基层党支部书记素质提升班等区级示范培训。全区各级党组织培训党员130316人次，其中区级层面培训党员11841人次，基层党组织培训党员118475人次。11月23日，接待中央党校县级党委组织部长培训班现场教学活动，50余名学员与朝阳区及高碑店乡等领导进行现场座谈和交流，参观高碑店村新农村建设、朝阳艺术规划馆。

（李晓伟）

【农村党员干部远程教育】 年内,落实《北京市农村党员干部现代远程教育实施意见》,在抓好农村终端站点管理的同时,统筹开展教育资源开发、队伍建设等工作,完成全年工作任务。在加强终端站点建设上,制定终端站点日常管理制度、设备使用制度等,用制度促管理、见长效。在教学资源建设上,积极整合各方资源努力创作,充分挖掘素材,制作《在鲜红的党旗下》、《高碑店村新农村建设》等电教片。在队伍建设上,制定终端站点管理员工作职责,同时将北京长城网信息联络员队伍发展到各系统,建立起全区范围内的远程教育信息员队伍,明确及时上报信息、及时观看、浏览网站资源等要求。

(李晓伟)

【党组织建设】 年末,全区有基层党委442个、党总支328个、党支部4900个。党员总数148570名,其中:女党员66194名,占44.5%;大专以上学历的占44.5%;中专、高中学历的占24.7%;初中及以下学历的占30.8%。年内,发展党员1509名,其中35岁以下党员871名,占57.7%。入党积极分子总数8740名,其中35岁以下的入党积极分子4600名,占52.6%。

(王延安)

【处级班子思想政治建设】 年内,通过专题学习、座谈会等方式,组织处级领导班子学习贯彻党的十七届四中全会等会议精神,教育引导全区领导干部把思想统一到中央、市委和区委十届十一次全会精神上来。加强民主集中制建设,把落实民主决策情况作为评价班子和考核干部的重要内容,围绕"三重一大",加强对处级领导班子落实民主决策情况的检查指导。12月,以"贯彻落实《党员领导干部廉洁从政若干准则》,切实加强领导干部作风建设"为主题,组织处级领导班子召开民主生活会,强化领导干部廉洁从政意识。加强对处级领导班子的走访调研和分析研究,加大对处级班子思想政治建设的指导检查力度,同时定期分析班子运行情况,实现对班子建设状况的动态掌握,有针对性地开展好思想作风建设。根据区委关于作风建设的总体要求,组织开展作风督察,会同纪委、各工委开展土地储备、创建文明城区等重点工作督察,了解班子、干部在中心任务、重点工作中作风建设的实际情况,确保处级班子作风建设取得实效。

(刘 欣)

【处级班子干部调整情况】 年内,按照统筹考虑、科学调配的原则,调整干部175人次,涉及班子75个,其中:提拔68人次(正职7人次),平职改任55人次,兼职任免28人次,免职退二线(退休)24人次。经过调整,班子结构得到优化,整体功能得到增强。

(刘 欣)

【全面推行处级领导班子综合考核】 年内,总结街道试点经验,在全区全面推行综合考核,涉及132个处级班子,包括法检两院,19个党群部门,49个政府部门,13个人大和政协内设机构,43个街乡,6个事业单位。6月,召开考核成员单位工作部署会,向全区下发开展处级班子综合考核的通知,部署全年综合考核任务。6月至12月,由综合考核各成员单位实施过程考核。12月,区委派出9个考核组,采取述职述廉、民主测评、民主评议、实地检查等方式对全区各处级单位进行了考核。年底,区考核办汇总日常评价和年底集中考核等各方数据,征求区领导和主管工委意见,综合分析形成各单位综合考核得分,报请区委研究确定考核等次,将考核结果在全区进行了公示和反馈。综合考核采用实绩分析、民主测评、民意调查、上级评价等多种方式进行评价,既有对工作绩效的评价,又有对自身建设的评价,既有单位内部评价,又有上级领导、服务对象和社会公众的评价,同时委办局和街乡还进行了互评,实现全方位评价。

(刘 欣)

【干部监督工作】 年内,学习4项监督制度,向处级以上领导干部发放四项监督制度合订本,转发中组部印发的参考测试题,督促各级领导干部认真学习并进行自我测试,同时通过专题会、研讨会、座谈会等形式,组织开展学习贯彻活动。加强四项监督制度宣传,在《朝阳报》、政府内外网、朝阳有线、组工网等媒体进行专题宣传。围绕贯彻落实四项监督制度,制定并在全区下发《科级干部选拔任用工作有关事项报告实施办法(试行)》、《处级领导班子报告干部选拔任用工作并接受民主评议实施办法(试行)》和《处级领导班子正职履行干部选拔任用工作职责离任检查实施办法(试行)》。加大对干部选拔任用工作的监督检查力度,对调整的16名正职领导干部任职期间履行干部选拔任用工作职责的情况进行离任检查,要求本区161个处级班子对本单位选人用人情况进行自查,并安排各工委对本系统各单位开展条例执行情况进行检查,组织了对本区干部选拔任用工作的民主测评、个别谈话以及抽查四家基层单位等工作。坚持重大事项报告、个人收入申报、年度述职述廉等制度,同时加大经济责任审计力度,召开审计联席会,部署全年任中审计工作,进行离任审计35人。坚持干部任前廉政征询制度和干部监督工作联席会议制度,健全干部监督工作协调机制。加强"12380"举报电话受理工作,接待来信来访调查41次,充分发挥群众监督作用，增强监督合力。

（刘　欣）

【干部关爱工作】　年内，推进干部“关爱”工程，采取多种措施关心爱护干部。在身心健康上关爱干部，3月至12月，分批组织处级党政正职集中学习，引导干部以更好的思想状态和工作状态投入到朝阳区各项建设中来。4月，组织局级和正处级领导干部进行健康检查，全面了解掌握本区局、处级领导干部的身体健康状况，做到预防为主，发现问题及早诊治。6月，组织处级退休干部召开“四个一”会议，引导退休干部调整心态，帮助退休干部顺利进入稳定的退休生活状态。在政治上关怀干部，为一批在基层工作多年临近退休、任正科实职时间长、发挥作用好的基层干部解决副处待遇，激发了广大基层干部的工作热情，在干部群众中引起较好反响。进一步落实区委关爱干部的要求，结合综合考核，加强与干部的思想沟通，与全区1097名处级干部普遍进行了谈话谈心，了解干部的想法、困难和需求，使干部感受到区委的关心爱护，在精神上受到鼓舞。

（刘　欣）

宣传工作

【概况】　中共朝阳区委宣传部是主管本区意识形态、对外宣传的区委工作部门。朝阳区精神文明建设委员会办公室是区委、区政府精神文明建设工作的综合协调部门，也是区精神文明建设委员会的办事机构，设在区委宣传部。区委宣传部代行宣传系统工委职能。内设办公室、基层工作科、宣传科、理论科、综合科（未成年人科）、创建科、研究室、区委对外宣传领导小组办公室（区人民政府新闻办公室）、区共建文明乘车秩序协调领导小组办公室（乘车办）、文化创意产业发展科。文化创意产业发展科同时承担区文化创意产业领导小组办公室日常工作。

地址：日坛北街33号

电话：65094403

邮编：100020

（魏　薇）

【朝阳“两会”宣传】　年初，区“两会”举行多场新闻发布，分别就年内朝阳区创建全国文明城区、重点经济工作、基础设施与城市景观建设计划以及民生方面等情况进行发布。区长程连元就朝阳区经济发展、CBD东扩、金融业发展及城乡一体化建设等方面工作，与记者进行详尽而细致的沟通。《北京日报》、《北京晚报》、北京电视台等媒体进行报道。

（陈　婧）

【“做文明有礼的北京人”主题活动】

春节前夕，开展“关爱空巢老人·亲情陪伴过大年”活动；春节期间，开展北京朝阳国际风情节大型公益互动游戏——“文明我先行互动乐园”，以“愉快过两节，文明我先行”为主题的第九届北京民俗文化节暨第十二届东岳庙春节文化庙会，开展以“携手慈善 凝聚你我爱心，情暖朝阳 共创文明和谐”为主题的“捐一元钱献一份爱”活动；3月5日举办“学雷锋 争做文明有礼的北京人”主题宣传实践活动；清明节前夕，开展“爱我朝阳 传诵经典”清明诗会；4月23日世界读书日，举办“朝阳区2010年全民阅读活动启动仪式”；“五一”期间，开展2010年第五届朝阳流行音乐周“文明朝阳·精彩有我，做文明有礼的北京人”大型公益活动；4月30日举行朝阳区2010年中小学生庆“五一”慰问来京建设者管乐展演；8月24日，开展“做文明有礼的中国人”网上签名寄语活动，地区百余名干部在各自工作岗位上进行网上签名寄语；开展“做文明有礼的北京人”为主题的“垃圾减量，垃圾分类从我做起”活动，普及垃圾减量和垃圾分类知识。

（李佳静）

【世界城市论坛新闻宣传】　3月2日，2010年世界城市建设国际论坛在京开幕，邀请近50家媒体对世界城市建设国际论坛进行报道。论坛结束后，区委宣传部策划了媒体对论坛的第二轮报道，把与会专家学者演讲稿投放到中央及市属主流报刊中刊发。中央电视台、新华社、《北京日报》、北京电视台等媒体进行报道。

（陈　婧）

【全区宣传干部培训班】　3月9日，全区宣传思想和精神文明建设工作培训班在蟹岛举办。会议传达中央、市宣传部长会议精神，总结上年区宣传思想和精神文明建设工作情况、部署2010年重点工作，并就理论武装、新闻宣传、创建全国文明城区等工作分别进行专题讲座和部署。

（袁裕中）

【对外文化交流】　3月14日，区对外文化交流协会与爱尔兰使馆旅游局合作在朝阳公园举办“2010年北京·爱尔兰文化节”，特邀嘉宾及观众约300人参加活动，以舞台歌舞表演等形式促进朝阳区与爱尔兰城市的民间文化艺术交流。

（祁春娜）

【区规划艺术馆对外开放】　3月16日，朝阳规划艺术馆向公众开放。

（陈　婧）

【“新四区”建设宣传报道】　3月底，刘淇等市委有关领导到朝阳区调研，提出朝阳区建设“新四区”的要求。围绕“新四区”建设，朝阳区策划系列宣传报道。4月底至5月初，在北京电视台《北京新闻》中推出系列报道，分别以《北京商务中心区新起点上再出发》、《北京商务中心区经济结构优化升级》、《北京商务中心区打造城乡一体化先行区》和《北京商务中心区——从办公室到幸福的家》为题，分四集进行报道播出。《北京日报》4月26日头版，策划刊发题为《朝阳：站在新起点 冲刺新四区》的文章。配合该文章的刊发，4月30日，以通版形式刊发《瞩目新四区，建设新朝阳》专题报道。

（梁雪琴）

【群众性精神文明创建】 3月，重新制定《关于深入开展朝阳区群众性精神文明创建申报制的工作意见》。年内，落实首都文明办《关于做好全国精神文明先进单位复查工作的通知》要求，在对各单位自查基础上，组织各工委对系统内上年度全国精神文明先进单位进行督查，完成全国精神文明先进单位复查工作。

（崔 洁）

【清明诗会】 4月2日，“爱我朝阳，传诵经典”朝阳区清明诗会在北京第八十中学礼堂举行。市委宣传部副部长傅华、副区长张春秀、区委副巡视员刘英男等领导观看。这次活动由区委宣传部、区文明办、团区委、区教工委、区文化委、区文联以及区委各工委、区总工会、区妇联共同举办。诗会表演形式多样，演出单位在原有的古诗文词中经过加工创新，有配乐诗朗诵、情景剧、舞蹈诗、大合唱等多种形式。

（袁裕中）

【未成年人思想道德建设】 清明节期间，以“我的朝阳我的家”为主题，动员组织未成年人开展清明节系列文明礼仪宣传教育实践活动。组织中小学生参加“爱我朝阳 传诵经典”清明诗会，组织中国传媒大学等驻区高校的国学、诗歌、古琴社团的大学生举办“清明琴诗吟唱雅集”活动，动员广大青少年到革命公墓进行祭扫，参加爱国主义教育基地——市禁毒教育基地组织的禁毒教育活动。暑假在青少年中开展“创建全国文明城区——做一个有道德的人”主题实践活动，以“六小”为载体，开展“小志愿者”、“小楼门长”、“环保小卫士”、“家庭小孝星”、“文明小宣传员”实践活动，引导广大青少年参加创建全国文明城区工作。

（李佳静）

【“人民日报金台行”活动】 4月中下旬，区委宣传部、区广电新闻中心与《人民日报》合作，首次推出“朝阳区基层读者金台行”活动，由区委书记陈刚、区委常委、宣传部长谢莹带领区各级、各界读者代表与《人民日报》社社长张研农一行进行沟通和交流，与《人民日报》搭建良好的合作交流平台和机制。

（梁雪琴）

【身边好人和道德模范】 4月，在全区启动“我推荐、我评议身边好人”推荐活动，扎实开展“我推荐、我评议身边好人”活动，全年推荐32人，最终2名候选人经过网上投票入选“中国好人榜”。12月24日，由中央文明办、首都文明办、中共朝阳区委、朝阳区政府、中共北京市委讲师团、中国文明网承办的“道德的传承——全国道德模范与身边好人北京现场交流活动”在总装备部礼堂举行。朝阳区“首都十大道德模范”杨立英讲述自己照顾“植物人”丈夫的亲身经历，感动在座的每一位观众。朝阳区美国志愿者杜大卫、“全国道德模范”提名奖获奖者董学法、“中国好人榜”好人陆远大、参加新中国成立60周年阅兵式的朝阳区女民兵方队代表来到现场，与500多名现场观众进行互动。

（李佳静）

【文明乘车】 5月12日，召开“创建全国文明城区 做文明有礼的北京人”朝阳区文明乘车工作培训会。会上部署近期朝阳区文明乘车工作内容，针对文明乘车业务常识和日常管理进行培训。7月8日，朝阳区乘车办在双井街道与公交集团第七客运分公司联合举行“2010年公交集团客七分公司慰问朝阳区文明乘车引导员暨携手共建活动启动仪式”。区文明办、区创建办、市公交集团第七客运分公司相关领导出席，朝阳区100名文明乘车引导员代表参加。11月23日起，首都文明办面向社会公开招募公共文明引导员，参加地铁、公交和轨道交通站台的文明引导服务。朝阳区乘车办累计接待市民报名178人次，电话咨询285人次，经区乘车办及相关街乡面试合格、安排培训考核录用新公共文明引导员159名。

（岳 静）

【文化创意产业银企对接会】 7月20日，区委宣传部会同区金融办，举行文化创意产业银企对接会。北京银行等机构与4家区文创企业签约，贷款支持额度2.8亿元。

（梁璐璐）

【“2010年世界武搏会”相关工作】 8月28日－9月4日，2010年北京首届世界武搏运动会在北京隆重举办。区文明办承担武搏会社会宣传发动和国家体育馆开幕式、奥体中心比赛场馆近15600人次后备观众的组织保障任务。区文明办组织43个街乡以及驻区文明单位累计15600人次，观看开幕式以及奥体中心场馆举办的拳击、武术散打、泰拳、自由搏击四个项目13场比赛。全体后备观众做到“遵守纪律、文明观赛、热情懂行、人走场净”。

（岳 静）

【文明指数测评工作】 8月，委托第三方专业测评机构，依据测评体系两次面向委办局、街乡开展数据采集、统计分析，以“模拟考试”的方式查找工作中存在的短板和薄弱环节。全区各单位针对测评反馈问题，系统梳理，细化措施，明确时限，扎扎实实开展整改，有效推动创建工作常态化、制度化、精细化。

（崔 洁）

【调研活动】 8－9月，市委宣传部和区委宣传部联合策划组织“中央媒体机构负责人走进798艺术区”的调研活动，邀请《人民日报》、新华社、《光明日报》、《经济日报》和中央电视台、中央人民广播电台等6家中央主流媒体对798艺术园区发展成就进行集中采访报道。8月28日，中央电视台《新闻联播》栏目以“‘798艺术区’：走向世界的中国当代艺术符号”为题，报道798艺术区十多年的发展历程。9月20日《人民日报》头版以《北京798，绽放创意之花》为题，9月5日《光明日报》头版以《“798”：北京文化新地标》为题，8月28日《经济日报》以《北京建设798艺术区文化新地标》为题，陆续刊发798艺术区发展的成就性报道。

（陈 婧）

【“红色歌曲大家唱”活动】 9月27日在21世纪剧场举办“创先争优当表率 文明创建我先行”——朝阳区红色歌曲大家唱文艺汇演，1200余名观众观看演出。区领导陈宏志、阎学峰、关三多、刘英男等领导出席文艺汇演现场。

（袁裕中）

【“共铸诚信”征文大赛】 9月，在全区范围内组织开展“共铸诚信”主题征文大赛。征文以政务诚信、商务诚信、社会诚信为主要内容，朝阳区共有7部作品获奖，其中1部为“最佳作品”奖——东风派出所报送的《诚信人生AB剧》；6部为“好作品”奖——分别是：和平街街道和平东街社区服务站报送的《从“诚”到“成”》、东湖街道果岭里社区报送的《诚信，不可缺少的美德》、八里庄街道报送的《用诚信建设来完善社会主义市场经济》、来广营乡政府经济办报送的《诚信，理想之基》、垡头派出所报送的《20元钱的信任》、朝阳供电公司政工办报送的《第一百张应急送电卡》。

（崔 洁）

【社会服务管理创新工作宣传】 9—12月，陆续开展朝阳老旧小区推广准物业管理、地下停车试点、老人和残疾人享受“一键通”电话服务、全区360余所中小学幼儿园配备专职校园保安等，围绕社会服务管理创新工作进行系列宣传，《人民日报》、《北京日报》、北京电视台、新华社、《新京报》等媒体进行报道。

（陈 婧）

【北京CBD国际商务节宣传】 10月28日，2010北京CBD国际商务节在国贸开幕。会议期间，围绕三大论坛进行大规模宣传报道的同时，策划、组织了国际金融、人才工作等多场新闻发布会，邀请区领导陈刚、程连元、吴桂英参加媒体专访，为本届北京CBD国际商务节的顺利进行，营造良好的舆论氛围。中央电视台、《北京日报》、北京电视台、《经济观察报》等主流和专业媒体进行报道。

（姚 骏）

【第五届北京国际文化创意产业博览会】 11月18日至21日，第五届北京国际文化创意产业博览会在中国国际展览中心举行。朝阳区以“展示创意魅力 体验精彩朝阳”为主题，提出打造“中国国际信息传媒中心”口号，组织来自全区六大功能区和重点园区、重点项目、重点企业的60余家单位，分集中展示、传媒、设计、文化、体验、信息六大板块，展示朝阳区文化创意产业发展成就和未来展望，展览面积1500平米。活动期间，累计接待社会各届观众17万人次，中央、市属媒体报道近400篇次，项目签约金额150亿元。中共中央政治局常委李长春，中共中央政治局委员、北京市委书记刘淇，中共中央政治局委员、中宣部部长刘云山，北京市委副书记、市长郭金龙等中央和市领导莅临朝阳区展区，并给予充分肯定和高度评价。区领导陈刚、程连元、谢莹陪同参观。

（郭 琪）

【承办中国国际版权博览会】 11月18日至21日，第三届中国国际版权博览会在国家会议中心举行。本次博览会分国际版权论坛、文化展演、产业展览、主题活动四大板块，邀请到包括世界知识产权组织总干事弗朗西斯·加利，国际唱片协会（IFPI）主席弗朗西斯·摩尔等在内的50多个国家和地区的权威专家出席，围绕版权保护、贸易、投融资等方面进行探讨。每年一届的中国国际版权博览会由中国新闻出版总署等中央相关部委及北京市人民政府主办，市版权局、中国贸促会北京分会、朝阳区政府承办，是目前唯一的国家级版权国际交流平台。

（李 强）

【“两报两刊”征订工作】 年底，完成2011年党报党刊征订任务，全区累计订阅《人民日报》30448份，《求是》杂志1644分，《北京日报》17843份、《前线》杂志3876份。

（蓝万荣 邹明）

【人才工作】 年内，为充分发挥宣传系统人才建设基金对人才工作的支持和保障作用，继续投入100万资金，其中区委宣传部投入50万，系统各单位相应投入50万。组织推荐21人申报北京市优秀人才资助,其中3人获北京市人才资助。

（蓝万荣）

【宣传系统党内培训】 年内,制定实施《朝阳区宣传系统2009—2013年党员教育培训工实施方案》和《宣传系统2010年党员教育培训年度工作计划》,分层次组织专题培训。举办基层党支部书记培训班。设置世界城市和“新四区”建设、领导科学和领导方式方法两个专题,邀请专家、学者对宣传系统各单位主管领导和组工干部,机关党支部书记、基层党(总支)支部书记进行培训。举办党员骨干培训班,邀请北京市讲师团专家就世界城市和“新四区”建设,对宣传系统各级基层党组织的委员和党员骨干进行专题培训。举办新发展党员培训班,邀请北京市讲师团专家就党的基本知识和党的历史,对2009－2010年新发展党员进行专题培训。

（蓝万荣）

【宣传系统获市级先进】 年内,张新庆等9名(含两名非公医疗机构人员)被评为“北京市劳模”和“北京市先进工作者”,北京朝阳剧场场务部等2个单位被评为“北京市模范集体”。朝阳区广播电视新闻中心编辑科等2个单位被评为“北京市‘三八’红旗集体”,李虹等6名同志获“北京市‘三八’红旗奖章”。谷现恩评为“北京市群众心目中的好党员”。

（蓝万荣）

【文明志愿服务活动】 年内,每月11日,以“做文明有礼的北京人”为主题,以公共文明引导行动为主线,在全区范围内开展了以“排队推动日三周年”、“文明游园”、“文明排队”、“交通文明引导行动”、“垃圾减量宣传日”为主要内容的社会宣传活动,开展公共文明引导志愿服务行动,发放各类宣传品、宣传资料,劝阻不文明行为,动员区人大代表、政协委员、外国友人、中小学生等社会各界人士参与。1月30日－2月12日,2月18日－3月10日,区乘车办在八王坟长途客运汽车站组织公共文明引导员开展春运志愿服务活动。3月1日－3月11日,开展“学习雷锋,做文明有礼北京人”专项宣传活动,引导广大市民群众立足本职工作岗位,参与学雷锋活动,弘扬雷锋同志爱岗敬业、乐于奉献、全心全意为人民服务的精神,培育志愿互助的良好社会风尚,推动全区学雷锋志愿服务行动深入发展。全国“五一”劳动奖章获得者、在京务工有为青年李高峰带领来京河南人志愿服务队参加此次学雷锋志愿服务活动。3月27日、4月28日,朝阳区文明乘车引导员在工人体育场周边重点公交站台分别开展中超联赛、亚冠联赛交通引导志愿服务活动,维护站台乘车秩序。4月1日－4月5日,针对清明期间祭扫高峰,以“我们的节日·清明——做文明有礼的北京人”为主题,在东大桥350路首末站及平房东郊殡仪馆两站组织文明乘车引导员开展文明祭扫宣传和乘车秩序引导志愿服务活动。10月1日—10月3日,开展国庆志愿服务活动,倡导游人绿色出行,文明游园,在公共场所文明礼让、自觉排队,共建公共文明秩序。

（岳　静）

【创意产业集聚区】 年内,“奥林匹克公园”、“北京音乐创意产业园”被认定为市级文化创意产业集聚区,至此,朝阳区市级文化创意产业集聚区达到8家,实现收入占全市30家集聚区的65%。年内不定期召开朝阳区文化创意产业集聚区和重点项目工作会议,建立集聚区联系人机制和定期沟通机制,听取各集聚区发展情况,沟通信息,共商解决集聚区建设、管理及产业发展等方面的问题,提升集聚带动效应。

（梁璐璐）

【文化创意产业项目管理系统】 年内,建设完成朝阳区文化创意产业项目管理系统并投入运营,实现企业登记、项目申报、项目评审、资金拨付、项目监督、项目验收的全过程信息化管理,提高了申报组织、项目管理、专项资金拨付管理的科学化和规范化水平。

（武艺林）

【文化创意产业整体发展情况】 年内,文化创意注册企业32396家,其中规模以上文化创意企业1830家,约占全市总量的25%。1月至11月规模以上企业实现收入1339.7亿元,同比增长22.8%,占全市总量的24.1%;实现增加值374.3亿元,占全区GDP的14%;全年文化创意产业实现区级收入49.4亿元,同比增长20.2%,占全区区级收入总量的25.1%;全区共有8个市级文化创意产业集聚区、14个区级文化创意产业集聚区和30个重点产业基地,居全市各区县之首;各项主要经济指标占全市的四分之一以上。全年有31个文化创意产业项目获得市级文化创意产业发展专项资金2517.19263万元。产业结构趋于优化,文化传媒产业增速明显,朝阳区重点发展的文化传媒(含广告)、高端会展、旅游休闲三个主导产业实现收入约占全区文化创意产业的60%。

（李　强）

【龙头文化创意企业引进情况】 年内,累计引进10家注册资金在5000万元以上的文化创意企业落户朝阳区,大部分落户CBD－定福庄国际传媒产业走廊。其中中物汇通支付清算信息股份有限公司、北京华影盛视文化传播有限公司、康沃文化发展有限责任公司、北京康辉景区旅游开发有限责任公司注册资金分别达5亿元、4亿元、1亿元、1.57亿元。

（李　明）

【文化创意产业专题培训班】　年内，举办第四期处级干部文化创意产业专题培训班，邀请产、学、研和企业界权威专家进行授课，各委办局、街乡主管领导以及部分园区和企业代表51人参加培训，培训后赴上海世博会实地调研学习。

（郭　琪）

【CBD－定福庄国际传媒走廊建设】　年内，“传媒走廊”重点项目建设全面启动，建成和在建重点文化创意产业项目25个，吸引社会投资近200亿元。“传媒走廊”汇集3个国家级文化创意产业项目、3个市级文化创意产业集聚区和8个区级文化创意产业集聚区，聚集影视制作、设计咨询、广告会展等传媒类企业超过12000家。2010年“传媒走廊”文化创意企业实现收入超过600亿元，其中文化传媒产业实现收入约300亿元。

（李　明）

【区委中心组学习】　年内，按照中央、市委“关于进一步加强和改进党委（党组）中心组学习”的指示精神，制定实施《2010年朝阳区委中心组学习计划》、《2010年朝阳区干部理论学习意见》。围绕创建全国文明城区、党风廉政建设、民族团结与祖国统一、干部选拔任用四项监督制度、十七届五中全会精神5个主题，组织区委中心组集中学习。区委中心组先后召开76次专题会、座谈会，组织集中学习研讨12次、专题调研42次。就全国文明城区创建工作、开展创先争优暨党员作风建设年活动、加快城乡一体化、土地储备工作、涉稳预警和矛盾处置工作、廉政风险防范管理工作进行研究、做出部署。在《前线》杂志2010年第2期刊发题为《发挥党委中心组学习引领科学发展的功能：定方向、出思路、显实效》及《朝阳中心组学习成果转化实例》，《前线》杂志专门为此文配发专家点评。

（权英淑　姜　磊）

【理论宣讲活动】　年内，依托市委讲师团，组成专家宣讲队伍，结合学习贯彻十七届四中全会精神，联系当前突出的现实问题，面向全区各级干部开展理论宣讲辅导。组织专家深入基层开展宣讲活动，宣传党中央和北京市科学发展战略，加强社会主义核心价值体系教育。

（权英淑　姜　磊）

【理论学习研究成果】　年内，引导区委中心组成员坚持每年撰写调研文章，提升其理论指导实践、破解发展难题的能力和水平。在北京市思想政治工作研究会开展的“丹柯杯”评选活动中，朝阳区组织参评局级领导调研报告23篇，获一等奖3篇、二等奖4篇、三等奖4篇。在市委讲师团开展的第一届“宣讲家杯”优秀报告（党课）评选活动中，朝阳区征集上报参评作品20件，获一等奖3件、二等奖6件、三等奖1件。

（权英淑　姜　磊）

【稿件征集】　年内，根据市思想政治工作研究会转发中国政研会推荐群众思想工作案例稿件通知要求，朝阳区征集上报群众思想工作案例稿件16篇。其中，分别由酒仙桥、呼家楼、麦子店、高碑店报送的《“小红帽”凝聚“志愿情”》、《贴近群众的“十必访一公开”》、《“五扶工程”服务民生》、《“四个一”工作聚民心促和谐》4篇案例稿件，收录至由中国思想政治工作研究会、中宣部思想政治工作研究所组织编写的《群众思想工作案例选编》一书。此外，呼家楼、酒仙桥、麦子店、崔各庄、太阳宫、区房管局、望京综开公司、蓝岛大厦报送的8篇案例稿件，被北京市思想政治工作研究会网站刊发。

（权英淑　姜　磊）

【基层思想政治课题调研】　年内，提出4个调研方向20个选题，设立专项经费支持，指导调研报告的撰写。各工委、各单位上报参评调研报告33篇，其中重点关注课题9篇，立项研究课题24篇。邀请中国思想政治工作研究会、市委宣传部、《前线》杂志社、北京国际城市发展研究院等6家单位的专家领导进行评审，90分以上的3篇，80分至90分的9篇，70分至80分的20篇，60分至70分的1篇。调研报告质量稳中有升。与北京市社会科学院合作完成《世界城市视野下的“人文北京”朝阳实践研究》和《城乡一体化发展与宣传思想工作创新研究》2篇重点调研报告，并入选《北京社会发展报告》。

（李文轩）

【舆情信息工作】　年内，重点分析研判有代表性、典型性、倾向性、苗头性的问题，撰写舆情信息151条，《朝阳信息》采用14篇。向市委宣传部舆情处报送72篇舆情信息，市委宣传部《舆情信息》采用量居全市前列。信息质量得到市委宣传部领导肯定，起到“反映真实情况，提供鲜活经验，加强舆论监督、提出决策参考”的作用。

（李文轩）

【新闻发言人和外宣干部培训班】　年内，重新统计核查全区139家单位新闻发言人基本信息。与区委组织部联合清华大学新闻与传播学院举办朝阳区2010年初任新闻发言人培训班，邀请国内知名专家、媒体记者、政府官员，围绕网络舆情热点分析和展望、网络时代的政府新闻发布与危机管理等专题,对45名初任新闻发言人进行专题培训和模拟演练。并组织观摩外交部例行记者会,与外交部发言人姜瑜座谈交流。与清华大学全球新闻研究室、路透社联合举办"全球新闻实务第22期高级摄影报道研讨班",区内宣传骨干和新华社、中国日报、凤凰新媒体、环球时报等媒体32人参加培训。

(王金凤)

【"中外记者看朝阳"外宣活动】 年内,邀请美联社、美联环球电视、西班牙埃菲社、匈牙利新闻社等60余家境外媒体,实地采访"北京朝阳国际风情节"、"朝阳流行音乐周"、"北京海洋沙滩狂欢节"、"高碑店漕运庙会"、"莱太花卉市场春节民俗活动"等15场活动。

(王金凤)

【"百姓爱心故事"征集评选】 年内,与区文明办、区广电新闻中心联合印发通知,在全区范围开展"百姓爱心故事"征集评选活动。累计征集上报爱心故事200余篇,超额完成市里下达的100篇上报任务。组织开展"百姓爱心故事"投票评选活动,在初评阶段全市投票评选150个"百姓爱心故事",朝阳区入选20个;中评阶段全市评选100个,朝阳区入选13个;总评阶段全市评选50个,朝阳区入选"爱心明星奖"1个、"百姓爱心故事奖"6个、"百姓爱心故事提名奖"7个,获奖数量位居全市各区县第一,宣传部获优秀组织奖。

(权英淑 姜磊)

【群众文化年】 年内,以"我的朝阳我的家"为主题,从4月至12月在全区开展活动。以传统节庆活动和重大节日活动为切入点,以"百姓家庭才艺大赛"形式贯穿全年。全区区级重点活动有9个部分:1.举办百姓家庭才艺大赛;2.举办全民阅读活动;3.举办"庆五一"系列文化活动;4.举办端午节系列文化活动;5.举办奥运文化广场和城市名园系列文化活动;6.举办中秋节系列文化活动;7.举办"迎国庆"系列文化活动;8.举办"镜头中的朝阳—朝阳之春"摄影比赛活动;9.策划制作群众文化年"百姓春晚"。

(袁裕中)

【评选朝阳区"老八景·新八景"】 年内,评选出"新八景"和"老八景"。分别为:新八景——北京国际商务中心(CBD全景)、奥林匹克公园中心区、中央电视台新址、朝阳公园、北京欢乐谷、北京798艺术区、潘家园旧货市场和中国电影博物馆;老八景——东岳庙、日坛、元大都城垣遗址公园、八里桥、十方诸佛宝塔、北顶娘娘庙、常营清真古寺、491电台。

(袁裕中)

【学习型党组织建设】 年内,按照中央、市委指示精神,制发《朝阳区推进学习型党组织建设的工作意见》和《关于现阶段在全区深入推进学习型党组织建设的工作方案》,对学习型党组织建设工作进行安排部署,并提出指导性意见和具体工作要求,在全区营造重视学习、崇尚学习、坚持学习的氛围。10月,在全市学习型党组织建设研讨会上汇报朝阳区学习型党组织建设经验做法的基础上,梳理上报"朝阳区学习型党组织建设六个长效机制"经验材料。协调安排市委宣传部有关部门就学习型党组织建设专题到朝外街道开展调研。在市委宣传部和《前线》杂志社联合举办的北京市"学习型党组织建设论坛"上,朝阳区亚运村街道安慧里社区党委代表全市基层党组织做大会经验交流。《前线》杂志2010年第12期刊发《朝阳区:以党委中心组学习带动全区学习型党组织建设》,并配发题为《建设学习型党组织要解决三个重要问题》的记者短评。

(权英淑 姜 磊)

【社区干部上网工程】 年内,会同市网管办、区委农工委、区委社会工委实地调研,召开"社区干部上网工程"首批试点社区专题座谈会,为首批8家试点社区配备专项工作电脑各一台。启动第二批15家试点社区工作,创办《朝阳区"社区干部上网工程"简报》。全年,试点社区累计发帖4100多篇,网上开展"文明创建、你我同行"社区千人健步走、"文明养宠物"宠物大赛、"乐享低碳新生活、共创文明新社区"等上百项活动。

(祁春娜)

【千场百姓沙龙】 年内,围绕创建文明城区,在43个街(乡)引导开展"千场百姓沙龙"活动。在区文明办统筹下,由区文明市民总校负责活动落实,全区43个街乡充分发挥文明市民中心校和基层校的作用积极配合。全年累计开展各类活动643场,其中在街(乡)层面开展的活动296场,在社区内开展的活动约有347场,参与人员7万多人。

(李佳静)

统战工作

【概况】 中共朝阳区委统战部、中共朝阳区委台湾工作办公室、朝阳区人民政府台湾事务办公室、朝阳区人民政府侨务办公室3个机构合署办公。

地址:团结湖北5条5号
电话:65099438
邮编:100026

(姚德文)

【走访慰问】 元旦春节期间,区委统战部、台办、侨办分别对党外代表人士、无党派退下来的老同志及黄埔同学会部分困难人士、部内离退休老同志、长期帮扶对象、民族宗教界困难人士和部分宗教活动场所教职人员、归侨侨眷、台胞台属和重点侨资、台资企业进行走访慰问。区领导走访慰问62位党外朋友,送去慰问金和慰问品,累计近4万元。

(姚德文)

【世界侨商中心落座CBD】 1月7日,市委常委、统战部长牛有成,市侨办主任李印泽到CBD调研,拟在东扩区红庙北里地块建设"世界侨商中心"项目,占地约36公顷,是CBD东扩区计划率先进行开发建设地块之一。4月8日在昆泰嘉华酒店紫金厅举行市侨办与区政府合作建设"世界华商中心区"战略协议签约仪式。10月28日落户CBD商务区,并举行揭牌仪式。

(姚德文)

【迎新春团拜联谊活动】 1月11日,在二十一世纪饭店召开党外人士迎春座谈会;1月26日在易事达广场召开新社会阶层人士会长联谊会;2月4日,在北京亚奥国际酒店举办朝阳区新社会阶层人士联谊会;2月8日,在望京东坡举办统战系统驻会机关干部和各民主党派主委参加的2010年新春团拜会;2月23日,与区台办、区侨办联合举办元宵节电影招待会;3月27日,区侨办、侨资企业协会和欧乐家居联合举办侨商联谊会。

(姚德文)

【调研考察】 1月20日,市人大常委会副主任刘晓晨等领导一行7人,到区台资企业冠捷科技(北京)有限公司就《中华人民共和国台湾同胞投资保护法》的实施情况进行调研。5月27日,市委统战部工商经济处领导一行10人,到本区调研非公经济代表人士队伍建设情况。分别参加朝阳区新阶层联席会成员单位、社会工委、东湖街道等部门和非公有制经济与自由择业知识分子代表人士两个层面的座谈会。会上,介绍了本区开展非公有制经济与自由择业知识分子代表人士队伍建设的总体情况。5月27日,国侨办领导到CBD调研,区委领导和区相关部门、负责人陪同调研。8月28日,区委常委、统战部部长佟克克带领班子成员到叶青大厦调研非公经济楼宇统战工作。9月20日,区侨办陪同市侨办领导到和平街街道、小关街道、酒仙桥街道调研侨法宣传和"侨法宣传角"建设工作。10月29日,全国人大常委会副委员长、民进中央主席严隽琪考察"798"艺术区,区委副书记宋连娣及相关部门领导陪同考察。

(姚德文)

【党外干部工作】 1月21日,召开区党外处级干部座谈会。全区有党外处级以上领导干部45名,其中:局级6名,正处级3名,副处级36名,有27个处级领导班子配备了党外干部。5月5-7日,举办党外处级干部培训班。来自全区各单位的25名党外处级干部和区政协、区各民主党派、工商联驻会干部等60余人参加培训。培训内容:传达区十届十二次全会精神、首都发展战略、领导方法与领导艺术、新时期政协工作、人民代表大会制度、世界城市建设与朝阳发展新定位等内容。

(姚德文)

【培训工作】 3月25-26日,举办区民主党派骨干成员培训班。培训内容:《学习和实践社会主义核心价值观》、《朝阳区情》、《多党合作制度》。参加培训150人次。9月2日举办2010年民主党派暑期研讨班,研讨内容:社会主义核心价值体系学。参加研讨班的有各民主党派、工商联领导及无党派代表人士34人。

(姚德文)

【协商通报会】 3月26日,召开区各民主党派、无党派人士和人民团体负责人民主协商通报会,内容:《增补区十一届政协委员建议名单》。4月22日就区委全会文件进行协商讨论;4月26日就《关于加快推进"新四区"发展战略的意见》(征求意见稿)听取党外人士的意见和建议;9月2日,12月8日,区委有关部门对《增补区十一届政协委员建议名单》协商过程中提出的意见建议进行研究。至年末,召开区各民主党派、无党派人士和人民团体负责人民主协商会4次、情况通报会5次。

(姚德文)

【走访考察侨资企业】 4月15日,区侨办陪同市侨办外联处领导到本区考察竞园和北京东亿国际传媒产业园。竞园作为亚洲一家有影响的图片产业基地,中国图片资源集聚区,被市政府授牌确认为北京市文化创意产业集聚园区,占地10万平方米。北京东亿国际传媒产业园总占地130亩,规划建筑面积25万平方米。与CBD东扩商圈接壤,共同构成北京商务中央区与中央传媒区的复合地带。该区域已有7000多家传媒企业,国际化程度高,香港凤凰卫视等90%以上的海外驻京传媒机构聚集于此。

(姚德文)

【植树捐款献爱心】 4月17日,区台办、区侨办组织区部分台胞、台侨商、港澳侨胞、民主党派人士和统战部全体干部130余,人到大望京公园进行义务植树和为玉树灾区人民献爱心活动。捐款10295.21元。

(姚德文)

【对台领导小组扩大会议】 4月29日,召开2010年区委对台工作领导小组(扩大)会议。会议由区委统战部常务副部长刘乃晨主持,传达2010年市对台工作会议精神;总结2009年对台工作情况,部署2010年全区对台工作任务。区对台工作领导小组成员,台胞权益保障协调小组成员和区有关民主党派、人民团体负责人等40余人参加会议。会议要求在当前两岸大交流、大合作、大发展的重要机遇下,加大对台招商引资力度,紧密结合“新四区”建设和创建全国文明城区,有计划、有步骤、有规模地提升交流层次,创新合作方式,拓展和深化交流合作领域,促进京台两地经济社会发展,为实现两岸和平统一贡献力量。

(姚德文)

【专题会议】 5月24日,召开专题会议讨论区党外代表人士队伍建设,会议通报了近期区党外代表人士队伍建设工作的进展情况。佟克克指出:要高度重视党外代表人士队伍建设工作,把此项工作作为统战基础性、战略性工作来对待,对本区民主党派、无党派人士、少数民族、宗教、新社会阶层、港澳台海外等六支队伍进行重新摸底,代表人士名单确定后,要做好培训、培养工作。

(姚德文)

【五侨联席会】 6月10日,区侨办组织召开五侨联席会。区侨办通报“世界华商中心区”项目进展情况及国侨办、市领导来CBD的调研情况。区侨办、区人大内司工委、区政协港澳台侨委员会、区侨联、致公党区委各自通报上半年的工作情况和下半年工作计划,并将下半年有关单位相同的工作内容进行整合。

(姚德文)

【为台胞在京创业搭建平台】 7月7日,为台资企业和有意向到本区投资的台胞举办“朝阳区投资政策说明会”。解决中小台资企业担保难、融资难等问题。9月3日,为满足台商对融资担保服务的需求,整合政府职能部门、银行、企业等各方面有效资源,推出台胞“融资担保一站式服务平台”,为台胞在大陆投资、融资、信用担保等方面提供保障。

(姚德文)

【第十一届京台青少年交流周】 7月16日,海峡两岸教育论坛暨第十一届京台青少年交流周开幕式及论坛在区八十中学隆重举行。该活与区教委合作承办。现已有八十中学、陈经纶中学、芳草地国际学校等多所中小学与台湾学校结成对子,每年进行不定期互访,交流两岸办学经验成果,促进两岸教育教学工作,促进中华民族传统文化在青少年教育中传承和发展。

(姚德文)

【华裔青少年夏令营】 7月21日－8月5日,区侨办接待来自美国“底特律—北京”华裔青少年夏令营一行14人,营员的年龄在10－18岁之间。除学习汉语外,还安排营员们了解祖(籍)国的文化、历史和北京现代化、国际化大都市的发展及变化,学习烹饪、书法绘画、手工等课程,组织参观天安门、故宫和军事博物馆、中国科技馆、琉璃厂、长城、颐和园、天坛、奥林匹克公园等活动。

(姚德文)

【两岸青年高端论坛开幕】 8月3日,区台办与区青年联合会等单位承办的“两岸青年创新创业高端论坛”在望京科技创业园举行。两岸青年企业家代表、创业青年代表200余人参加论坛及开幕式。

(姚德文)

【台湾青年创业基地揭牌】 8月4日,在望京科技园举行成立“台湾青年创业基地”揭牌仪式。针对台湾青年来京创业初期面临的场地缺乏、资金不足、信息不畅、政策不熟等问题,在望京科技创业园开辟出总面积400平米,能容纳20个初创企业的创业场所,来自台湾杰出青年创业代表团成员等100余人参加揭牌仪式。

(姚德文)

【区民主党派与街乡结对子创建文明城区】 8月19日,召开“区各民主党派与街乡创建文明城区结对子签约仪式”。民革区委与麦子店街道办事处、民盟区委与亚运村街道办事处、民建区委与安贞街道办事处、民进区委与呼家楼街道办事处、农工党区委与左家庄街道办事处、致公党区委和台盟区工委与团结湖街道办事处黑庄户地区办事处、九三学社区委与三间房地区办事处共同签署“朝阳区各民主党派与街乡创建文明城区结对子协议”。协议内容包括各街乡根据需要与各民主党派进行协商,提出服务内容、服务项目,为党派活动搭建平台,提供条件。各民主党派根据需求深入结对子街乡开展咨询、义诊、知识讲座等社会服务工作。

(姚德文)

【民族宗教工作】 9月10日,穆斯林传统节日——开斋节;11月17日,穆斯林节日——古尔邦节,两节期间,区领导到南下坡清真寺慰问穆斯林群众,其余7所清真寺所在地的街、乡领导也分别到辖区清真寺向各地穆斯林群众祝贺节日。12月9日,朝阳区基督教三自爱国运动委员会第二次代表大会在朝阳基督教堂举行,代表90余人出席会议。会议回顾总结朝阳区基督教三自爱国运动委员会第一次代表大会召开以来取得的成就和经验,审议通过《“三自”工作报告》和《区基督教三自爱国运动委员会章程》修正案草案，选举产生朝阳区基督教爱国会第二届领导班子。12月24日，市委常委、统战部长牛有成，市人大、市政府、市政协、市宗教局等领导来到朝阳区基督教朝阳堂，慰问市基督教教务委员会会长于新粒牧师和基督教朝阳堂教职人员，为他们送去慰问金和节日的问候。

（姚德文）

【区领导台商接待日】 9月14日，举行"区领导台商接待日"活动，副区长张立新与台商以联谊的形式进行座谈，北京台资企业协会会长、理事等30余人参加活动。

（姚德文）

【参加第五届台商杯运动会】 10月31日，区台办组团参加市台办、台协在北京大学生体育馆举办的第五届北京"台商杯"球类运动会。本区参加羽毛球、乒乓球两个项目的比赛，羽毛球获得团体第二名，乒乓球获团体第六名，区台办获优秀组织奖。

（姚德文）

【第十三届京台科技论坛】 12月15－17日，区台办组团参加第十三届京台科技论坛开幕式，参观考察台湾汇丰汽车股份有限公司总部、台东初鹿牧场等企业，会见台湾财团法人辜公亮文教基金会主席辜怀群（辜振甫先生长女），并与岛内工商界人士进行沟通交流，在朝、台两地经贸合作和交流方面取得一定程度的共识。经过前期协商和论证，区金盏乡企业金港控股有限公司与台湾汇丰汽车股份有限公司、捷上汽车救援有限公司就汽车主题公园项目，中商环讯科技发展有限公司与台湾新强光电股份有限公司就LED产品展示中心和研发中心项目，在主论坛上签订合作协议，项目总金额达5亿元人民币，并在高雄市举办的分论坛上向岛内工商界人士推介朝阳区区域投资环境，建设情况及项目信息。

（姚德文）

老干部工作

【概况】 中共北京市朝阳区委老干部局隶属区委组织部领导。负责落实党的老干部政策，为本区离休和副处级以上退休干部开展服务工作。截止到2010年12月31日，全区有离休干部691人，易地安置离休干部92人，副处级以上退休干部950人。

地址：团结湖南里甲1号

邮编：100026

电话：85975641

（吴晓东）

【开展走访慰问活动】 元旦、春节和国庆期间，区四套班子领导和各单位党政领导分别走访看望老干部，召开座谈会、团拜会、茶话会等116场次，走访慰问离退休干部2851人，送去慰问金和慰问品合计236.95万元，重点对区属62名生活不能自理、85岁以上、长期重病、家庭特困、独居的离休干部进行了走访慰问。

（吴晓东）

【"双先"表彰大会】 2月4日，召开第二十三次老干部座谈会暨老干部工作"双先"表彰大会，总结2009年老干部工作经验，表彰老干部工作先进集体和先进个人，部署2010年老干部工作任务。会议由区委副书记宋连娣主持。市老干部局副局长高力，区长程连元，区人大常委会主任王力军，区政协主席辛燕琴，区委常委、组织部长陈宏志出席会议，全区老干部代表、各单位老干部工作主管领导、老干部工作先进集体和先进个人280余人参加大会。会上，陈宏志作《深入学习贯彻党的十七届四中全会精神，全面做好朝阳区离退休干部工作》的报告。高力对朝阳区2009年老干部工作取得的成绩给予了充分肯定。程连元在座谈会上向老干部通报本区2009年各项工作进展情况，对2010年老干部工作提出要求。大会还对2008－2009年本区老干部工作的62个先进集体、18名先进个人进行表彰，并向"双先"代表颁发奖牌和荣誉证书。同时，印发北京市第二十三次老干部座谈会暨离退休干部"双先"表彰大会传达提纲和朝阳区"双先"经验交流材料。

（吴晓东）

【建立"一站、一院、两分校"】 3月11日，老干部大学（党校）分校在6个联合工作站全面启动。5月14日，在朝阳区中医医院召开现场会，总结中医院离休干部就医绿色通道试点工作，朝阳区离休干部就医绿色通道在煤炭总医院、航空航天医院、华信医院、垂杨柳医院、朝阳二院及部分社区卫生服务中心全面启动，标志着"一站、一院、两分校"（即：每一个联合工作站内，有一个就医绿色通道医院、一个老干部党校分校和一个老干部大学分校）的目标全面实现。

（吴晓东）

【离退休干部党支部建设】 年内，积极引导离退休干部党支部参加"五好支部"创建活动。举办2期老干部党校学习班。召开离退休干部党支部书记"五好支部"创建工作交流会。区委组织部、老干部局和老干部代表组成考评组，共评选出8个"五好示范支部"和18个"五好支部"。以"学先进创五好，健身心乐晚年"为主题开展系列活动。年初，区委常委、武装部长李彦田向老领导们通报女民兵方队受训情况，在通报会上，新任区委常委、组织部长陈宏志与老领导见面并作重要讲话;区委常委、宣传部长谢莹为离退休干部通报朝阳区文明城区创建工作情况;组织部分局级离退休干部和离退休干部党支部书记,到国家大剧院观看大型音乐舞蹈史诗《复兴之路》;组织老干部党支部书记、局职老领导参观航空博物馆、朝阳区规划艺术馆等,让老同志切身感受到改革开放以来首都的发展变化和新农村建设,不断增强思想政治工作的针对性和实效性。对46名新退休局处级干部进行培训。坚持把老干部党校、老干部大学、老干部活动中心作为加强离退休干部思想政治工作的主阵地,建立59个党校社区课堂,在6个老干部社区“四就近”联合工作站开办了老干部党校分校和老干部大学分校,朝阳区老干部大学上半年开设了书法、绘画、摄影等11个专业17个班级,累计招收了524名离退休干部学员。在6个分校参加学习的老同志233名。建立和完善信息、宣传、调研工作机制。在《北京市老干部》杂志、《中国老年报》等报刊刊登稿件70篇,上报3篇老干部工作调研报告。

(吴晓东)

【落实老干部生活待遇】 年内,区委组织部、老干部局、区财政局联合下发《关于落实朝阳区第二十三次老干部座谈会精神为老干部办几件实事的通知》。执行市委有关离退休干部生活待遇政策,为离休干部调整特需经费标准,为去世离休干部无工作遗属一次性发放生活补贴。协调医疗、医保等部门,着力解决老干部看病就医方面的实际困难,为本区去世离休干部无工作且无子女的配偶办理基本医疗保险,为易地安置离休干部增加定点医疗机构,为5名离休干部办理享受副市长级单项医疗待遇手续。组织1686名离退休干部在朝阳第二医院、朝阳中医院进行健康体检,为120名高龄、生活不能自理的离休干部进行上门体检,为30名老干部检查出潜在疾病,做到无病早防、有病早治。组织5批396名老干部到桂林、庐山、广州等地健康休养。组织易地安置离休干部和企业离退休干部参观工农业建设项目,观看北京新变化。

(吴晓东)

【“三创两做”文明创建活动】 年内,结合区创建全国文明城区重点工作,制定《朝阳区老干部系统开展“三创两做”活动积极参与朝阳区创建文明城区工作实施方案》。《方案》明确了在老干部系统扎实开展以“创服务老干部示范集体、创‘五好’离退休干部党支部、创机关文明科室,做‘三好’老干部、做老干部贴心人”为主要内容的“三创两做”文明创建活动具体任务,提出活动的阶段目标和总体目标。3月15日至16日,召开老干部工作会暨“三创两做”文明创建活动动员部署会。在离退休干部党支部书记学习班上,离退休干部党支部书记代表鹏途宣读《创建倡议书》。

(吴晓东)

保密工作

【概况】 中共朝阳区委保密委员会办公室和区国家保密局是一个机构,两块牌子,既是区委保密委员会的办事机构,又是区政府管理保密工作的职能部门,由区委办公室管理。设综合科和保密检查技术科。

地址:日坛北街33号

邮编:100020

电话:65094302

(郎春颖)

【健全保密组织和干部队伍】 1月,开展保密组织和保密干部情况调查工作,发放通知和表格,要求区属单位完整填写本单位保密工作领导小组成员姓名、职务,保密干部联系方式、有无上岗证等,及时统计变动情况,完成对区属148家单位的保密组织和保密干部情况调查工作,并制作朝阳区保密系统通讯录。

(郎春颖)

【考试保密检查】 5月22日,对2010年度全国卫生专业技术人员资格考试的2个考点试卷保密室工作情况进行巡视检查。6月5日－8日,对13个高考考点试卷保密室进行拉网式检查。在高考试卷存放期间,检查区考试中心,对试卷保密室的防盗报警系统、监控系统、规章制度、工作人员配备、值班记录及周边环境等进行检查,考试期间对8个考点的试卷保密室进行了巡视。6月22日－26日,对中考考点进行检查,确保本区各类考试工作中的国家秘密安全。

(郎春颖)

【保密承诺书签订人员知识竞赛】 6月,组织开展保密承诺书签订人员知识竞赛活动,区属单位8920名工作人员参加竞赛,提高领导干部和涉密人员保密意识和防范技能。

(郎春颖)

【清理取缔涉密文件资料非法交易】 8月23日起,在全区范围内开展集中清理取缔涉密文件资料非法交易检查,并有针对性地对辖区内三家旧交易网站进行检查和查处。9月7日,市委保密委副主任、市国家保密局局长陈静带领市公安局、市商务委、市工商局、市通信局相关领导到本区检查清理取缔涉密文件资料非法交易工作,区委副书记宋连娣、副区长张立新参加检查。市国家保密局局长陈静提出工作要求:要进一步提高认识,增强做好朝阳区保密工作的责任感和紧迫感;要进一步健全相关制度,建立科学完善的保密工作体系;要进一步强化管理,充分发挥相关部门的联动机制;要进一步加强保密技术支撑与防范,消除泄密隐患;要进一步加强队伍建设,提高干部的综合素质。此次专项检查,出动检查车辆20余辆、检查人员40人次,排查旧货市场1个,其中书报摊位36个;排查网站800家;排查再生资源市场357个,其中书报摊位371个;签订责任书408份;发放宣传资料百余份。没有发现涉密文件资料非法交易和互联网站交易涉密文件资料现象。

（郎春颖）

【区领导听取保密工作汇报】 8月24日,区委书记碰头会听取区保密局工作汇报,区委书记陈刚对几年来区保密局工作给予充分肯定,同时提出三点要求:一是各级党政领导干部要高度重视保密工作,要从领导干部自身做起。下一步结合政府实际工作,区保密局要向区政府常务会作汇报,关键是基本的保密常识和保密纪律。二是要强化基础性工作,加快保密监管平台建设。三是要加强日常考核和管理,关键是抓好保密工作制度落实。

（郎春颖）

【制作发放警示标识】 8月,为进一步加强保密工作,广泛宣传新《保密法》,防止工作疏忽泄密,区保密局制作警示标识5万余枚,发放至区属单位,在全区涉密计算机、非涉密计算机、电话机、传真机、复印机的显著位置张贴,随时提醒工作人员做好保密工作。

（郎春颖）

【保密业务培训暨检查部署会】 9月2－3日,举办保密业务培训暨检查部署会。培训面向区属各单位保密工作主管领导和保密干部,280人参加。培训涉及《保密法》的基本内涵和精神实质,以及《保密法》的修订背景、立法宗旨和基本原则出发,系统讲解了保密工作方针、计算机网络保密管理、涉密载体和涉密人员管理、涉外保密管理、违法责任追究、保密工作责任制等内容。区委副书记宋连娣参加会议并做动员,要求参会领导和保密干部:一是要高度重视保密工作。二是抓好保密干部队伍建设。三是通过培训提高保密工作水平,为建设"新四区"和创建文明城区做好服务保障。

（郎春颖）

【百日调研和检查】 9－11月,为落实区委书记陈刚对保密工作提出的要求,区保密局开展保密工作百日调研和检查工作,由宋连娣和张立新任组长。根据新《保密法》规定,制作《朝阳区保密工作检查手册》,明确检查要求、检查工作程序和标准,编制保密工作情况调查表、保密工作检查总体情况评价表、保密工作制度参照表。将日常保密工作细化为十大项三十一小项,标明分值,进行打分,最后按分值评定出"优秀"、"达标"、"未达标"三个档次。在检查中,区保密局由处级领导带队,被查单位主管领导和保密干部参加,采取一听、二看、三查、四议、五改、六评的形式,重点检查各单位保密制度建设、涉密计算机和涉密存储介质管理和使用、涉密载体管理和使用、非涉密计算机是否存储处理涉密或敏感信息等情况。对检查中发现的问题,当面指出并下发整改通知书,限期整改,并将整改结果,反馈区保密局存档备案。本次检查全区148家单位,非涉密计算机441台,并且检查了涉密计算机、涉密存储介质。下发整改通知书136份,要求各单位20日内完成整改工作。整改落实情况实现4个百分之百。一是保密工作制度健全完善实现100%;二是涉密计算机隐患排查实现100%;三是领导干部责任制落实实现100%;四是相关台帐建立完善实现100%。结合检查,对全区保密工作开展状况进行调研,摸清各单位保密工作的需求和存在的问题,建立起全区保密干部和系统设备管理台帐。

（郎春颖）

【新《保密法》工作交流会】 11月12日,召开全区学习贯彻新《保密法》工作交流会,对百日调研和检查进行总结。市保密局长陈静、区委保密委员会主任、副区长张立新参加会议。交流会上,陈静对百日调研和检查工作取得的成效给予肯定,提出要加强技术防范。张立新要求区保密局和全区各单位:要高度重视保密工作,增强全员的保密意识,筑牢保守国家秘密的思想防线。抓好保密制度落实,巩固百日调研和检查成果,建立起长效保密工作管理机制。加强保密干部队伍建设,不断提升保密工作水平,为建设"新四区"和创建全国文明城区做好服务保障。

（郎春颖）

【编印《保密工作大家做》】 11月,编印《保密工作大家做》手册,发放至全区各单位。内容包括市、区领导对本区保密工作的重要批示和工作要求以及部分区属单位的保密工作交流材料。

（郎春颖）

【检查定点印刷复制单位】 12月13－14日,对辖区内4家印刷、复制国家秘密载体定点单位进行保密检查,听取各企业保密工作汇报,查看工作现场,对企业的基本信息、保密防范措施、保密制度、要害部位管理情况进行检查,4家企业均符合保密规定。

（郎春颖）

【试卷保密室验收】 12月,根据教育部、中宣部、公安部和国家保密局《国家教育考试考务安全保密工作规定》要求,对中国音乐学院试卷保密室调整情况进行验收,经实地检查,发放合格通知。

(郎春颖)

区直机关工委工作

【概况】 中共北京市朝阳区委区直属机关工作委员会,是主管区直属机关系统党的建设和思想政治工作的区委工作部门,领导区直属机关纪律检查委员会工作。年内,区直机关工委所辖67个处级单位,设7个直属党委、3个直属机关党委、23个直属党总支、34个直属党支部,有机关党员5222名、朝阳人才和朝阳职介存档党员4570名。年内,机关工委新发展党员42人,转正64人,15个直属党总支、支部完成换届改选工作,

地址:日坛北街33号

邮编:100020

电话:65099306

(王 静)

【启动仪式】 2月中旬,与区委宣传部共同主办“区直机关争做创建全国文明城区工作的表率”活动启动仪式,对机关系统创建全国文明城区工作进行部署。仪式上,机关干部代表进行表态发言,与会领导为机关文明行动先锋队、志愿者服务队等队伍授旗,并在宣传条幅上签名。1500余名机关干部代表参加活动。

(王 静)

【机关系统“学习大讲堂”】 2月,开设机关系统“学习大讲堂”系列活动,邀请专家学习授课。全年举办政治理论、文明礼仪、法律知识、书法绘画等方面的学习讲座6期。

(王 静)

【报告会】 4月中旬,举办“区直机关系统争做创建文明城区工作的表率”报告会,邀请北京国际城市发展研究院公共文明研究所所长李文兵研究员,为机关系统360余名干部职工代表授课。

(王 静)

【慈善捐款活动】 4月中旬至6月底,组织广大党员先后开展向青海玉树地震灾区捐款、“献慈善情、暖职工心”、“共产党员献爱心”等募捐活动,共募集慈善款171万余元。

(王 静)

【区直机关智力运动会】 5月中旬,举办区直机关智力运动会,区四套班子领导与200余名机关干部参加了象棋、围棋、桥牌和拖拉机的比赛,进一步启迪智慧、陶冶情操,展示机关干部的精神风貌。

(王 静)

【入党积极分子培训班】 6月初,组织129名入党积极分子学习《中国共产党章程》、《党史》、《中国共产党发展党员工作细则》、《中国共产党党和国家机关基层组织工作条例》,并进行分组交流讨论和党的基本知识考试。

(王 静)

【党建工作座谈会】 6月底,召开“庆七一”党建工作座谈会,邀请部分机关组织负责人、专职副书记,就“机关党组织建设”考核评价工作和如何更好地开展“继续深化三服务,千名干部下基层”活动进行座谈。

(王 静)

【培训】 8月中旬,分别举办机关系统组织委员、宣传信息员培训班,就“党员发展工作”、“机关宣传信息工作”等内容进行专题培训,并邀请专家进行专题授课,近200人参加培训。

(王 静)

【主题演讲会】 10月下旬,举办机关系统“转变作风促发展、创先争优做表率”主题演讲会,推进机关系统创先争优活动,营造机关干部学习先进、崇尚先进、争当先进的良好氛围。

(王 静)

党校工作

【概况】 中共朝阳区委党校是区委直接领导,培养领导干部、理论宣传干部和国家公务员的学校,兼有区行政干部学校、区社会主义学院、市委党校成人教育学院朝阳党校分院职能,是四块牌子一支队伍。内设校长办公室、党群办公室、财务科、行政科、培训科、成教科、教学保障科、学员工作科、综合教研室、党建教研室10个科室。在职教职员工51人,其中教师9人。主要任务是轮训培训处级领导干部、中青年后备干部、国家公务员、基层党员和积极分子,开展成人学历教育等工作。

地址:静安庄1区4号

邮编:100028

电话:64651199

(刘新欣)

【主体培训】 年内,举办主体班、专题班22期。包括4期处级干部进修班;2期中青年干部培训班;2期军转干部培训班;区民主党派骨干成员培训班;新闻发言人培训班;区党外处级领导干部培训班;处级干部文化创意产业专题培训班;“两新”组织基层组织负责人培训班;青年政治理论读书班;人才规划培训班;区直机关系统党的积极分子培训班;区第26期公务员正科级任职培训班;区处级女领导干部培训班;区人力资源社会保障系统干部专业培训班;区社区党委书记赴新加坡示范培训班。培训学员共1283人。承担北京市药监局公务员科级干部培训班,培训学员41人。承担广州

市天河区委党校处级干部培训班，培训学员36人。

（刘新欣）

【基层培训】 年内，举办11个培训班。其中有国税局入党积极分子培训班；国资委入党积极分子培训班；将台乡入党积极分子培训；三间房乡入党积极分子培训班；小红门乡党支部委员培训班；管庄地区基层党课专题培训班；管庄地区中青年干部培训班；将台乡后备干部培训班；太阳宫乡党代表培训班和创先争优讲座等。全年党校教师33人次，到28个单位讲授科学发展观、新党章、党史、党的基本理论等累计21个专题，听课人数2400多人。

（刘新欣）

【探索分校工作模式】 年内，探索分校工作模式。在调查走访基础上，初步确立"边建设、边运行、边规范"工作思路。研究制定《关于进一步加强和推进党校分校试点工作的指导意见（试行）》。明确分校规范化建设指导思想、工作原则、目标任务等内容。同时制定区委党校分校规范化建设考核评估标准，作为党校分校规范化建设考核评估的主要依据。

（刘新欣）

【学历教育】 年内，学历教育录取93人，其中本科52人，在职研究生41人。

（刘新欣）

【社会力量办学】 年内，组织完成6期公务员信息化与电子政务培训班，培训学员456人。首都职工素质教育培训班招收270人。

（刘新欣）

区委党史办

【概况】 中共朝阳区委党史资料征集办公室是中共朝阳区委主管党史工作的职能部门。

地址：日坛北街33号

电话：65099228

邮编：100020

（钱素君）

【组织史资料丛书征编】 3月，启动《中国共产党北京市朝阳区组织史资料丛书》编纂工作。组建编辑部和基层五大系统编辑分部，确定238个有编写任务的单位。全书于2011年6月底出版发行。《丛书》分综合卷和基层组织史资料卷。综合卷入编时间为1987年至2010年，被列入北京市组织史资料系列丛书；基层组织史资料卷包括街道系统、农村系统、政法系统、教育系统、卫生系统五卷。入编时间为1949年新中国成立至2010年。《丛书》记述各单位主要职能，机构建撤、分合、升降、更名等变化情况，以及隶属关系、内设机构、机构定编、党员人数的变化情况，下属机构名称及个数、单位工作运转情况等内容。

（钱素君）

【革命遗址普查】 5月中旬至7月上旬，开展革命遗址普查工作。最终形成遗址普查成果4个。其中，重要历史事件和重要机构旧址2处（五里桥北平和平解放谈判地旧址、491电台）、烈士墓2处（马骏烈士墓、北京市双桥革命烈士墓）。

（钱素君）

【软科学项目】 5月27日，承担的本区科委软科学项目《朝阳区农村城市化与农村经济发展研究》课题通过验收，获评审小组专家的一致好评。该课题经18次深入基层调研，22次集中研究，七易其稿，历时一年形成3.5万字的研究成果。

（钱素君）

【党史"四进"工程】 5月，分别在第八十中学、红芍社等单位举行赠送党史书籍活动。一批内容丰富、形式多样、具有鲜明地方特色的党史图书走进学校、社区、农村和企业，成为对基层干部群众和青少年进行爱国主义教育和革命传统教育的生动教材，受到各界的欢迎。

（钱素君）

【第一个区级党史教育活动基地挂牌成立】 9月21日，本区第一个区级党史教育活动基地——红芍社党史教育活动示范基地挂牌成立。为落实中发[2010]10号文件和全国党史工作会议精神，会同区委组织部、宣传部、农工委经过调研考察和培育，依托红芍社党员服务中心，在党员服务中心党建活动内容的基础上增加10项党史内容，即"天天课堂"增加党史教育内容；图书阅览室设立党史书刊专柜；网络学习平台开设党史教育专栏；党员电教室增加党史电教片播放的频率；开设党史长廊；建立党史荣誉室；开展重要节日纪念活动；开展以党史教育为主要内容的冬令营、夏令营活动；与驻区学校合作开设党史"第一课堂"；开展党史知识竞赛和演讲比赛活动。红芍社党史教育活动示范基地的建立，对全区党史宣传教育进基层活动的开展，推进全区党史教育活动基地建设，起到带动和示范作用。

（钱素君）

【党史参阅】 年内，专题组完成《党史参阅》19篇，其中3篇获区领导指示。区委书记陈刚对《关于朝阳区文明区建设的几点思考》一文做出批示："这篇文章写得很好，请创建办转发，请各部门各单位的负责同志读一读，照一照，议一议。"区委副书记宋连娣对《朝阳区文明城区建设的历史回顾与分析》、《关于朝阳区文明区建设的几点思考》两篇报告批示："党史参阅18期、19期对我区文明城区创建很有指导意义,请创建办及相关部门、单位阅研,并对党史办认真履职、善于思考提出表扬。”副区长吴桂英对《朝阳区五个“五年计划”的浅析和思考》文稿,批示:“在十二五规划编制阶段,党史办这篇资料非常及时,很有借鉴和参考作用。请规划编制工作小组认真学习。”

(钱素君)

【思想政治工作调研】 年内,撰写的调研报告《围绕民生创新城市化进程中的农村思想政治工作—来广营乡的实践与思考》获“2009年朝阳区基层思想政治工作调研课题”优秀调研报告一等奖。

(钱素君)

【党史宣传】 年内,《朝阳党史》出刊两期,重点宣传中发[2010]10号文件和全国党史工作会议精神、区委全会精神,刊发与创建文明城区、创先争优等区委中心工作相关的重要文章以及纪念抗美援朝60周年等重要事件的稿件。朝阳党史网站增设《学习贯彻全国党史工作会议精神》《组织史资料编撰》专栏。本办在区外刊物发表论文6篇。其中,中国文明网1篇,《北京党史》1篇、《当代北京研究》4篇。《北京党史工作》采用党史办信息17篇,《朝阳报》采用13篇。

(钱素君)

【筹建党史资料库】 年内,投入大量人力、物力、财力,抽调专人集中时间进行资料库建设,资料库于年底基本建成。资料库现有图书14类,3200册;资料19类,2833卷(件);照片8类,21卷;画册8类,111册。入库图书均以《中国图书馆分类法》为参考,入库数据包括编号、图书名称、作者、出版社、出版日期等。资料库有纸质目录和电子目录两种检索工具,方便各种资料的查找。

(钱素君)

纪 检 监 察

【概况】 中共北京市朝阳区纪律检查委员会(简称区纪委)是主管全区党的纪律检查工作的区委工作机构;朝阳区监察局(简称区监察局)是主管全区行政监察工作的区政府职能部门。区纪委与区监察局于1993年合署办公。区纪委、区监察局在区委、区政府和市纪委、市监察局双重领导下进行工作。内设办公室、宣传教育研究室、自律室、信访室、案件检查室、案件审理室、执法监察室、纠风室、行政投诉中心。区纪委、区监察局行政编制41名。

地址:日坛北街33号

电话:65099369

邮编:100020

(董 洁)

【烟花爆竹安全管理专项检查】 上年末,会同朝阳公安分局、朝阳工商分局、区安监局、朝阳交通支队、区城管监察大队等区烟花办成员单位,牵头成立区烟花办督察检查组,并根据市监察局专项行政检查工作部署,制发《朝阳区2010年元旦、春节烟花爆竹安全管理工作专项检查实施方案》,明确检查内容、工作要求、具体时间安排及各项工作机制等。上年末至2010年2月,抽查部分街乡烟花爆竹安全管理工作情况4次,针对发现的个别社会单位重视程度不够等问题提出意见建议10余条,督促有关单位严格落实组织部署、宣传发动、安全监管、查缴非法、隐患排查、秩序维护、禁放看护、应急处置等“八个规范动作”;除夕、正月初五、正月十五等重点时段,在区委、区政府领导带领下,对辖区烟花爆竹管控工作进行了抽查、检查。

(陈 征)

【领导干部廉洁自律】 1月6日,制发《关于2010年春节期间加强廉洁自律做好厉行节约工作的通知》。8月10日,制发《关于贯彻落实厉行节约有关要求的通知》。9月,按照市纪委相关要求,与市住房城乡建设委纪检组、市公安局纪委共同开展“禁止利用职权和职务上的影响谋取不正当利益”专题调研,形成调研报告。10月20日,在区委党校召开新任职处级领导干部廉政谈话会。区委常委、区纪委书记尚延华出席并发表讲话,27家区属单位65名新任职的处级领导干部参加集体谈话并签订《廉政承诺书》。11月,对区安监局局长关伟违反廉洁自律规定行为进行全区通报。年底,会同区委组织部组织全区各单位召开“贯彻落实《中国共产党党员领导干部廉洁从政若干准则》,切实加强领导干部作风建设”专题民主生活会,组织全委副科级以上干部21人参加36个二级班子民主生活会。

(那珊珊)

【保障性住房管理立项效能监察】 1-5月,对本区住房保障资格审核实施工作质量评估,对区房管部门的“一评四查”(即窗口工作测评、收入单位复查、社保中心调查、公积金中心调查、房改系统筛查)等重点环节进行全程监督,对备案家庭档案材料抽查工作进行全程监督。5月底,会同区房管局、市公安局资源和朝阳分局、朝阳交通支队、区人力社会保障局、市住房公积金朝阳管理分中心、区地税局等12家相关单位成立政策性住房联合审查办公室,对已备案家庭进行资格复核,对"三核查、三比对"(房屋权属信息核查、户籍信息核查、车辆权属信息核查、社会保险金缴纳信息比对、公积金缴纳信息比对及个人所得税比对)等复核过程进行同步监督。全年,联审办累计完成32569户的申请材料复核工作,1208户家庭自动放弃申请资格,1076户家庭被暂停配售(配租)。

(刘一凡)

【区纪委十届六次全会】 2月3日,召开中共北京市朝阳区第十届纪律检查委员会第六次全体会议暨全区党风廉政建设工作会议,全体纪委委员参加会议,全区各单位纪工委书记、纪委书记、纪检组长和相关单位纪检监察工作负责人列席会议。全会审议通过区委常委、区纪委书记尚延华所作的《扎实推进党风廉政建设和反腐败工作,为在更高层次上推进朝阳又好又快发展提供有力保障》工作报告。全会要求全区各级纪检监察组织和广大纪检监察干部认真贯彻落实胡锦涛总书记在中纪委十七届五次全会上的重要讲话和市纪委十届六次全会暨全市党风廉政建设工作会议精神;以科学发展观统领纪检监察工作,按照全面协调的要求和统筹兼顾的方法,围绕中心、服务大局、突出重点、认真履职,深入推进全区反腐倡廉建设,为实现"四个走在前列"的工作目标、在新的起点上推进朝阳又好又快发展,提供坚强的政治和纪律保障。

(胡伟献)

【创建全国文明城区工作】 3月初,成立由区纪委常务副书记、区监察局局长张树安及区纪委副书记曲君、陈琳担任的创建工作领导小组,主要负责创建工作研究、部署和指导工作。领导小组下设办公室,主要负责委局创建工作的组织协调,制定各项工作制度和工作方案,同时成立综合协调组、宣传信息组及档案材料组,具体负责工作落实。对照《朝阳区创建全国文明城区工作任务分解一览表》,针对委局承担的7项主责、12项配合工作任务进行分解对接,明确主管领导、责任人及工作任务、工作标准、工作要求和完成时限,形成创建工作体系,制发《区纪委监察局落实朝阳区创建全国文明城区任务分解的工作方案》。年内,按照《朝阳区创建全国文明城区工作行动方案》整体部署,区纪委监察局与区委组织部共同承担创建领导小组组织监察指挥部职责。7月至8月,会同区创建办、区统计局等单位,组织开展政府机关行政效能和廉洁自律情况问卷调查,重点围绕服务质量、信息公开、依法办事、廉洁自律等方面,针对服务态度冷硬、主动服务意识不够等8类具体问题进行评议,调查结果经汇总分析后形成专项分析报告,并将结果与民主评议基层科队站所活动、廉政风险防范工作以及创建全国文明城区监测评价工作相结合,对存在的突出问题督促有关单位进行整改,对普遍存在的共性问题督促做出制度性规定。区纪委监察局根据自身承担的主责,按要求及时移送区创建办2009年创建材料5卷36件、2009－2010年创建材料6卷95件。

(张卫红 李 兵 董 洁)

【食品安全控制立项效能监察】 3月,召开区食品安全工作部署会,建立工作例会、联合检查、信息反馈等工作制度,区监察局、区卫生局、区质监局等相关部门成立"'两会'期间食品安全突发事件应急处理工作临时指挥部"和"区食品安全检查小组",负责组织协调、检查督促相关部门落实食品安全监管责任。全国"两会"期间,对两会代表驻地食品原材料供应,学生营养配餐卫生质量,定点屠宰企业各项流程以及本区酒类市场等进行集中检查,抽取各类食品样本446个,查处取缔无照经营、露天烧烤等违法行为552起,查扣各类假酒2817瓶。

(赵 伟)

【党风廉政建设责任制】 4月22日,制发《2010年朝阳区党风廉政建设和反腐败主要任务分工》,将任务分解为50项,由12位区委、区政府领导分管,涉及牵头单位22个。11月19日,制发《关于2010年对全区各单位落实党风廉政建设责任制、推进惩防体系建设任务完成情况进行专项检查的通知》。11月25日,制发《关于2010年对部分单位落实党风廉政建设责任制、推进惩防体系建设任务完成情况进行重点检查的通知》。由区委、区政府领导带队,组成17个检查组,采取"一会、一查、一测、一访"形式,分别对区住建委、崔各庄乡、大屯街道、朝阳公园等17个单位进行检查考核并将检查考核结果进行反馈。同时,区纪委选派10名干部参加全区领导班子和领导干部年度综合考核工作组,重点检查党风廉政建设责任制落实情况,实现了党风廉政建设责任制量化考核全区覆盖。

(那珊珊)

【廉政风险防范管理】 4月26日,制发《2010年北京市朝阳区推进廉政风险防范管理工作方案》。6月12日,制发《朝阳区区级领导班子及其成员推进廉政风险防范管理工作实施方案》,四套区级领导班子及26名班子成员按照方案部署全部完成学习培训、查找风险、制定措施、公示和考核修正等各阶段工作。7月14日,制发《中共北京市朝阳区纪委关于对廉政风险防范管理工作及牵头任务完成情况进行督查的通知》,对各单位、部门廉政风险防范管理工作"回头看"、项目化管理和"向下延伸"情况进行督导,并分系统编发6期工作动态,推广20个单位经验、29个单位的亮点工作。会同区委农工委制发《朝阳区农村城乡一体化土地腾退廉政风险防范规程、风险点及防控措施》,6月9日市委书记刘淇对此作出重要批示:"建议在50个重点村城市化工作中推广这项制度"。《中国纪检监察报》2010年6月18日第2版专题刊发了《抓延伸 抓制度 抓覆盖 抓技防 抓考核——朝阳围绕"五抓"加强廉政风险防范管理》。11月12日,区委书记陈刚在市廉政风险防范管理工作会上做典型发言。

(那珊珊)

【行政效能监察】 4月,制发《关于2010年度效能监察立项工作的通知》,区政府54个职能部门和4个区属事业单位立项249项,街道系统立项195项,农村系统立项107项。8月和12月,分别组织各牵头单位,采取多种形式,对各单位立项工作任务完成情况进行分组监督检查,对进展缓慢或者质量不高的项目提出整改意见和建议。

(李兵)

【违法建设专项治理督查】 4月,会同区委组织部联合制发《违法建设专项治理督查工作方案》,明确督查工作由区委常委、区纪委书记尚延华,区委常委、组织部长陈宏志牵头,分别从区纪委、区委组织部、区农委以及基层单位抽调业务骨干组成8个督查组,分赴各地区(乡)实施督查。在半个月时间内,督查组赴20个地区(乡)开展监督检查53组次;召开工作座谈会35次;走访座谈262人次;实施拆违现场督查52项次;调研检查行政村66个;发现问题40个;提出工作建议48项;督促各地区(乡)拆除违法建设170余万平米,有效促进了违法建设整治工作,确保督查过程"全覆盖,无死角"。

(郝立军)

【土地储备资金监管】 4月,制发《关于土地储备工作纪律的规定》,针对土地储备工作制度政策执行、重大事项决策、宣传教育答疑、违法建设管控、资金管理使用、定向安置房分配等方面提出9条禁止性规定,确保土地储备工作的健康顺利开展。年内,土地储备资金监管小组召开小组联席会议6次,参加各种会议和检查30余次,对23个村的拆迁面积进行现场复核,完成土地储备区域内8个乡55个村的非住宅建筑面积卫星遥感核查工作;制发《关于对孙河、东坝和金盏地区(乡)违法建设控制不力问题的通报》,对上述三个乡的党政主要领导及主管领导进行通报批评。6月,市纪委监察局课题组就如何加强风险防范和借鉴廉洁奥运经验等方面对朝阳区土地储备工作进行调研,对朝阳区土地储备工作给予高度评价。

(郝克敏)

【重点村城市化工程立项效能监察】 5月,制发《关于对城乡结合部重点村城市化工程任务落实情况开展立项效能监察(督查)的实施方案》,对区9个重点村的城市化建设工作开展立项效能监察,督促相关部门和相关乡建立健全各项规章制度、切实履行职责、协调解决存在问题,对资金管理使用、建设质量安全等进行监督检查,确保重点村城市化建设任务顺利完成。8月,完成迎接市联合检查组检查工作。12月,督促区农委等相关部门对重点村建设工作中存在的拆迁进展缓慢等3个问题进行整改,并向市纪委监察局提出继续完善工作的意见建议2条。

(郝克敏)

【目标管理双百考核】 5月,制发《朝阳区2010年目标管理双百考核工作实施意见》,修订完善《朝阳区效能监察评价指标体系》和《朝阳区优化发展环境评价指标体系》。依据"朝阳区效能监察评价指标体系、朝阳区优化发展环境评价指标体系",在加强日常监督检查的基础上,年终综合运用职能部门评议、网上评议、民意测评、民主评议、主管领导评议、互查互评等6种考评方式,对全区54个职能部门、4个区属事业单位和23个街道办事处、20个地区办事处(乡政府)进行考核评议,确定45个单位目标管理双百考核综合先进单位和28个单项先进单位。

(张卫红)

【民主评议基层站所】 6月底,制发《朝阳区关于加强民主评议基层站所工作实施方案》。7月8日,召开区民主评议基层站所工作启动大会,对2010年民主评议工作进行全面部署。年内,评议工作逐步探索总结出"三四五六"工作模式,评议范围突出"3个层面",覆盖区政府部门及街、乡482个队、站、所和10个公共服务行业基层站点;评议方法强化"4个结合",从群众最关心、反映最强烈的突出问题入手,明确将"信息公开、依法行政、服务质量、廉洁自律和整改落实"5方面作为重点评议内容;在评议步骤上严格把握"动员部署、自查自纠、公开评议、落实整改、民主测评和结果运用"6个环节,明确每个环节时间节点和工作要求。全年,各基层站所自查自纠各类问题600余个,制定整改措施350余项,在全区公开服务承诺

400余项。

（李福硕）

【保障性住房建设监督检查】 6月，会同区发改委、区住建委等11个职能部门和涉及土地储备的9个地区办事处成立保障性住房建设监督检查工作组，9月制发《朝阳区保障性住房建设监督检查工作方案》，明确检查内容、成员单位职责分工和工作安排等。协调区住建委、区质监局和区安监局等单位，抽调8名专职工作人员成立监督检查工作组办公室，具体负责监督检查、沟通协调和督促整改等日常工作。7至12月，会同区发改委、市规划委朝阳分局、市国土局朝阳分局、区审计局、区住建委、区安监局、区质监局和区档案局等工作组成员单位开展联合检查2次，组织工作组办公室开展日常检查40余次，现场主要建筑材料抽样检测19次，检查中发现建设手续不完备、工程质量隐患、施工安全隐患等3类10余项具体问题，检查组成员单位下发整改建议书、《监督检查转移单》、《重要建筑材料抽验通知单》等文件，要求项目单位限期整改。

（李　兵）

【矛盾纠纷集中化解专项督查】 6月，会同区委组织部联合制发《朝阳区矛盾纠纷集中化解专项行动领导小组督查工作组工作方案》，明确督查工作由区委常委、区纪委书记尚延华，区委常委、组织部长陈宏志牵头，分别从区纪委、区委组织部、区农委、区社工委以及专业部门抽调业务骨干组成2个督查组开展专项督查。6至8月，督查工作组重点围绕各街乡上报挂账重点矛盾化解情况开展监督检查5次，召开工作座谈会4次，有针对性地提出工作建议10余条，大部分建议被有关单位采纳。

（陈　征）

【基层信访联合立项效能监察】 7月，区行政投诉中心与区信访办成立联合效能监察组，制发《关于对我区基层信访工作情况开展联合立项效能监察的通知》。对全区信访矛盾调处工作抽查27次，提出意见建议41条。全年，本区初信初访化解率92%、重信重访化解率81%、积案化解率74%。

（赵　伟）

【区纪委十届七次全会】 8月12日，召开中共北京市朝阳区第十届纪律检查委员会第七次全体会议，全体纪委委员参加会议。全会通报了我区重点领域重大项目监督管理情况、反腐倡廉法规制度建设情况、2010年案件查处工作情况和巡视工作情况。全会要求全区各级纪检监察组织和广大纪检监察干部要按照市委、市纪委和区委、区政府的工作部署，围绕中心、服务大局，开拓创新、狠抓落实，深入推进全区党风廉政建设和反腐败工作，为创建全国文明城区、推进"新四区"发展战略做出新的更大贡献。

（胡伟献）

【社会服务管理创新监督考核】 9月，会同区委组织部、区人力社保局、区审计局共同组成监察考核组，对全区推进社会服务管理创新工作进行监督考核。结合效能监察中期检查、年度考核等开展系列监督检查，组织召开社会服务管理创新工作座谈会，在听取综合各部门意见，分析工作形势的基础上，形成《关于社会服务管理创新有关情况的报告》，上报区委、区政府。

（李　兵）

【依法行政考核】 10月至12月，按照区政府《关于落实市政府对区县依法行政情况考核工作的方案》要求，制发《朝阳区政府决策责任追究办法》、《朝阳区行政执法责任追究实施细则》、《朝阳区新闻媒体反映问题调查处理反馈工作方案》等规范性文件；收集整理专项考核指标档案资料，对照北京市依法行政考核指标体系进行自查。12月，完成迎接市依法行政考核检查组检查任务。12月31日，区政府制发《关于印发朝阳区政府重大行政事项决策办法等相关制度的通知》，将《朝阳区政府决策责任追究办法》、《朝阳区行政执法责任追究实施细则》等文件汇总印发执行。

（陈　征）

【纪检监察信息工作】 年内，向市纪委报送各类信息158条，采用60条，信息工作名列市纪检监察系统第一名。

（胡伟献）

【政民互动】 年内，完善受理、转办、督办工作机制和上下联动的办信机制。针对政风行风类和涉及群众利益的重点信件，建立《受理群众信访举报件登记薄》和《受理群众信访举报件批办单》制度，严格信件登记和审批审结，对重点问题通过直查快办、联查联办等形式，督促问题解决。坚持舆情分析研判制度，对2010年第四个季度公共管理、公共服务、群众生活和政风行风类问题进行梳理、分析，并报区委、区政府领导，为领导决策提供参考。全年，平台受理信件32344件，办结30052件，办结率为93.91%。

（李福硕）

【政务公开】 年内，落实《深化政务公开工作意见》和《政务公开工作办法》，会同区政府信息公开办、区信息办着重抓好重点领域、重点部门、重点环节，促进工作深化。加大"保民生、促发展、调结构"、规范行政执法自由裁量权、廉政风险防范管理、征地拆迁补偿以及深化全程办事代理制等工作公开力度，保证群众知情权、参与权、监督权。加强组织协调和监督检查,将政务公开工作纳入目标管理双百考核,组织特约监察员加强对网上政务公开工作检查评议,推进行政权力公开透明运行。

(李福硕)

【纠风专项治理】 年内,针对群众反映强烈的突出问题,特别是损害群众利益的不正之风问题,制发《朝阳区2010年纠风专项治理实施方案》,对涉及教育、卫生、社保、食品药品安全等10项专项治理工作进行安排部署,涉及牵头部门9个,协办部门12个,明确工作职责、主要任务和工作要求,会同相关责任部门开展专项检查、日常检查和过程监督。针对教育乱收费问题,完善《规范公办校设立培训机构的管理意见》等制度,为有效防止乱收费问题起到了积极作用;针对社保基金监管,完善《社保基金安全管理规定》、《社保基金监督实施细则》、《风险防控措施》,管好百姓的救命钱;针对强农惠农资金管理使用和农民负担问题,制发《加强农村"三资"管理使用工作意见》,维护农民合法权益;围绕药品安全,完善"黑名单"制度,净化市场环境。会同区人力社保局开展清理评比达标表彰工作,严格项目审批和资金管理。会同区外办加大制止公款出国(境)旅游专项工作力度,严格审批和监督检查,保证了因公出国(境)团组和经费支出压缩指标的完成。对骗领残疾人补助金、工作人员吃拿卡要、违章建筑、教育乱收费等6件群众举报进行直查,对情况属实的分别做出处理。

(李　兵)

【特约监察员工作】 年内,根据《朝阳区监察局特约监察员管理办法》,加强对特约监察员的规范管理。梳理特约员监察员情况,合理调整评议组,配备正副组长。召开特约监察员工作会和民主评议基层站所培训会,明确特约监察员的职能定位、考核评议的重点内容、方法步骤,并组织相互研讨交流。坚持"三级联动",加强评议组与市评议员及基层单位特约员的交流,做到评议资源和信息共享。组织特约监察员参与对全区54个职能部门、4个区属事业单位和23个街道办事处、20个地区办事处(乡政府)的考核评议。全年,特约监察员进行明察暗访649人次,召开座谈104次,发放调查问卷5500余份。收集各类意见建议500余条,经梳理归纳后向被评单位反馈200余条。

(张卫红)

【网上监察系统建设】 年内,落实行政监察现代化相关工作部署,对网上监察系统进行优化升级,完成"重大工程"、"全程代办为民服务"子系统的改版升级。全年通过网上监察系统,累计跟踪监督监察政府投资重大工程建设项目157项,效能监察立项571项,区属折子实事158项,政府采购事项574项(次),安全生产隐患164项,跟踪信访事项办理10832件(次),监督全程代办为民服务事项17214项;公开政府政务信息10519条;通过政民互动平台受理信件24898件次。年内,全国及北京市先后有4个市区县到朝阳区学习交流网上监察系统建设经验;10月、11月,两次在全国电子政务培训班上介绍网上监察系统建设管理经验。

(郝立军　王　玮)

【工程建设突出问题专项治理】 年内,继续会同区发改委牵头开展专项治理工作。全年组织召开专项治理领导小组专题会3次、治理办扩大会议4次,协调相关职能部门开展专项稽查12项(次),编发简报8期,下发通知14份,及时传达市治理办及区领导小组相关指示精神,指导区10个专项工作组开展第一阶段、第二阶段专项治理工作。针对区各专项工作组梳理出129个存在问题项目,区治理办建立了整改督查台帐,自4月起每月收集问题项目整改情况,及时督促整改,先后形成三期《关于朝阳区工程建设领域突出问题专项治理整改工作情况的报告》,及时上报区领导小组供领导参考,有效推动了专项治理整改工作。截止年底,专项治理第一、第二阶段120项问题完成整改,阶段整改完成率93 %。4月、10月、11月,北京市专项治理工作检查组、中央检查组先后4次对区部分建设项目进行抽查,区治理办完成各项迎检任务。

(郝立军　陈　征)

【政府投资重大项目监督检查】 年内,会同区发改委、区财政局、区审计局等单位,实行部门联动,对CBD核心区二期、金盏金融园区建设、循环经济产业园建设、轨道交通、垂杨柳医院改扩建等政府投资重大项目开展过程监督,制定监督工作方案,明确工作机制,强化监督检查。全年累计参加政府投资项目重点环节的日常监督检查50余次,提出各类意见建议160余条,绝大部分建议被项目单位接受。协调相关职能部门先后开展专项稽查10项(次),对CBD核心区二期拆迁等重点项目进行跟踪审计,组织重点抽查检查5次。通过检查发现6类12项问题,并督促相关项目单位及时进行整改。年内,对2起招标程序不规范、49起基建程序不完备的工程项目进行督促整改,对5个工程项目建议纳入市区二级有形建筑市场组织招投标;另外,配合相关部门对19个存在质量安全问题的项目实施行政处罚,对3个建设单位的主管领导实施诫勉谈话。

(郝立军　陈　征)

【信访举报受理情况】 年内,受理信访举报452件次(其中纪监外信访件13件次),比上年下降14.2%。其中,受理来信386件次,接待来访10件次,受理电话举报14件次,受理网络举报42件次。初信初访284件次(重信168件次)。纪检监察受理范围内的439件次,比上年下降13.1%。

(姜仁忠)

【查办案件】 年内,立案26件,其中大要案16件,包括直查案件13件。向司法机关移送6件。结案按照职级划分,涉及处级2件,科级3件,一般干部1件,其他人员4件。通过查办案件,为国家和集体挽回直接经济损失161.28万元。

(杜娟娟)

【案件审理工作】 年内,审结案件10件,涉及人员10人,其中给予开除党籍、开除公职双重处分2人,单纯给予开除党籍处分4人,给予留党察看一年处分2人、给予行政记过处分1人、给予组织处理1人。10人中,处级党员领导干部2人,科级党员干部3人、一般党员、公务员5人。按违纪行为性质分类,贪污贿赂行为3件、妨害社会管理秩序行为3件、违反政治纪律行为2件、失职渎职行为2件。

(胡 镔)

【行政投诉】 年内,接待行政投诉221件,在受理范围内的123件。其中,来信、来访、来电及网上投诉102件,上级交办18件,领导批办3件;直查投诉69件,直查率56.1%,督查转办31件;协调解决18件;记录留存5件,办结119件,办结率96.74%。在受理投诉件中,区属委办局60件(次),街、乡63件(次)。其中"不履行职责"39件,"不依法受理审批"5件,"违规执法"8件,"推诿扯皮"5件,"效率低下"7件,"违规收费"1件,违法拆迁2件,态度恶劣13件,其他43件。

(张春玲)

【廉政文化建设】 年内,全面推进廉政文化"六进"活动。4月至12月组织全区党员干部参加"清风吹过我身旁"廉政主题演讲活动,近100名选手参加演讲比赛,党员干部几千人参与观看了初赛、复赛及决赛。同时在亚运村、左家庄等街道开展廉政书画展,奥运村街道开展廉政知识竞赛,垡头、平房等街道开展廉洁文化教育展览等活动;在农村系统开展红歌会、预防职务犯罪图片展和廉政文化作品展演等活动;在教育系统开展"廉洁文化进校园"等经典品牌活动,扩大廉政文化建设覆盖面。在大屯街道建成朝阳首个廉政文化主题公园,11月9日举行"强作风、扬正气、促发展"廉政主题教育活动暨"大屯廉政文化主题公园"揭牌仪式。

(高 华)

【党风廉政教育】 年内,围绕"党员作风建设年"主题,重点开展专题教育、示范教育、岗位教育、警示教育。示范教育方面,开展《廉政准则》专题学习教育"五个一"活动,即组织一次专题学习;赠送一本《廉政准则》读本;开展一次专题辅导讲座;开设一个《廉政准则》知识窗专栏;组织一次《廉政准则》考试,全区1900余名党员领导干部参加学习考试;组织开展"清风吹过我身旁"廉政主题演讲活动,近100名来自不同系统的选手参加比赛。专题教育方面,组织观看《老百姓是天》、《远山的红叶》、《第一书记》三部影片,开展观影系列教育活动,全区近10万名党员干部进行了观影体会交流。岗位教育方面,组织全区200余名纪检监察干部参加纪检监察理论业务培训教育,提高履职能力;在全区基层纪委书记中开展"纪委书记上讲坛"教育活动,组织31名基层纪委书记参加中纪委、市纪委组织的各项纪检理论业务培训。警示教育方面,一是组织全区党员干部观看反面典型电教片,二是开展法制教育,邀请有关街道、国有企业等系统的党员干部200余人到法院观摩法庭庭审;三是组织朝外街道、建委、三里屯、地税局等10余家单位1000名党员干部,到北京市第二监狱和北京市警示教育基地进行参观教育活动,受教育人数7万余人。

(高 华)

【反腐倡廉宣传】 年内,在《朝阳报》开设"廉政心声"专栏,刊登党员干部的优秀体会交流文章。对基层各单位开展的廉政文化建设活动进行宣传和展示。对我区行风政风建设和廉政风险防范管理工作取得的经验和阶段性成果进行了梳理、总结和宣传。全年刊发宣传稿件126篇,其中中央刊物17篇,比年增加30%;市级刊物36篇,比年增加16%;区级刊物73篇。编发纪检监察简报4期,第6次被中纪委《纪检监察报》评为优秀通联站。

(高 华)

【政府信息公开工作】 年内,主动公开政府信息47条。其中,法规文件类信息1条,规划计划类信息4条,行政职责类信息14条,业务动态类信息28条。主动公开政府信息的形式包括公开在区监察局网站、区档案局政府信息公开查阅场所等。

(董 洁)

【纪检监察系统绩效考核】 年末,全区90个基层单位考核情况为:80分以上65个单位,60分以上23个单位,50分以上2个单位。24个单位进行2—8分的工作加分单位,1个单位进行工作减分。

(董 洁)

民 主 党 派

民革朝阳区委

【概况】 中国国民党革命委员会北京市朝阳区委员会(简称民革朝阳区委)下设参政议政、祖国统一、社会服务、信息、宣传、文体、老龄、妇女、《参政议政之音》编委会、《潮流》编辑部 10 个专委会。有党员 707 人,基层支部 19 个。

地址:团结湖北五条 8 号(党派楼)204 室
电话:65094936
邮编:100026

(金晓萍)

【思想组织建设】 1 月 20 日,召开文艺支部成立大会。会上,党员们分别作了自我介绍并畅谈了对支部发展的设想。主委绛云致词并介绍了朝阳区和民革朝阳区委概况。3 月 17 日,召开二届二十五次主委会议和二届十九次全委会议,通报民革市委传达贯彻全国两会精神,研究民革朝阳区委学习践行社会主义核心价值体系工作方案以及召开参政议政、信息工作专委会会议,社会服务工作重点项目,民革工作进社区等重点工作。会议由主委绛云主持,副主委刘子华、姚国峰出席会议。6 月 8 日,召开二届二十次全委会议。通报各支部学习践行社会主义核心价值体系工作情况,研究区委学习践行社会主义核心价值体系下一步与的街道联合活动方案以及筹备召开区委参政议政、信息工作专委会会议、区政协议政会、区委网站建设等项近期工作。9 月 20 日,召开二届二十一次全委会议,通报近期工作情况,审定上半年工作总结和社会主义核心价值体系学习践行工作总结,研究下一步社会服务、调研报告撰写、参与区统战部红歌赛和举办《潮流杯》辛亥革命史料征集等项工作。12 月 15 日,召开二届二十八次主委会议,通报近期工作和年度财务情况;审议区委《2010 年工作总结和 2011 年工作思路》;研究市委安排的各项工作和区委以及基层支部工作。12 月 15 日,召开二届二十二次全委会议,各位委员就所分管的专委会工作做总结;通报近期工作;审议区委《2010 年工作总结和 2011 年工作思路》草稿;研究市委安排的各项工作以及区委和基层支部工作。

(金晓萍)

【祖国统一工作】 1 月 22 日,绛云陪同中共朝阳区委统战部领导看望慰问民革老党员、当年飞虎队队员,现年 88 岁的彭嘉衡先生。1 月 30 日,应民革中央、民革市委委托,接待第八届台湾杰出青年参访团。区政协副主席关三多、民革朝阳区委主委绛云全程陪同参观。参访团一行 35 人均为台湾各高校杰出青年,他们参观了鸟巢、水立方等奥运场馆并登上玲珑塔俯瞰奥林匹克公园。参观了望京高科技园区,并与望京高科技园、区青联有关领导座谈。9 月 13、14 日,接待奇美爱乐管弦乐团和奇美集团创办人、奇美文化基金会董事长许文龙一行一百余人的台湾赴大陆参访团。客人们分别参观了鸟巢、水立方、玲珑塔等奥运景观。副区长、奥林匹克公园管委会主任王春、区政协副主席关三多等陪同参观。

(金晓萍)

【主要活动】 1 月 22 日,进行"两节"慰问活动。走访慰问了原区委、区工委老领导,老黄埔党员,以及部分党内知名人士。1 月 29 日,举办新春联谊会。中共朝阳区委统战部领导、区委委员以及部分原区委老领导出席会议。在"三八"国际劳动妇女节 100 周年之际,组织慰问女党员游园活动。有 36 名女党员受到民革市委表彰。重阳节前夕,组织区内 60 岁以上老党员和教师党员 90 余人参观朝阳规划艺术馆。区委主委绛云带队全程参观。通过参观使居住在朝阳区内的民革党员对朝阳区的古往今来、现代化朝阳区的飞速发展、日新月异的巨大变化和未来朝阳区的发展定位有了更深入的了解。

(金晓萍)

【社会服务】 1 月 25 日,张大千再传弟子,素有"虎王"之称的著名画家高歌先生与中侨联实业发展总公司常务副总经理、民革朝阳八支支委芦建伟先生一行来到中央民族大学,为 18 名贫寒学子送回家过年的路费,并与受助学生代表见面。天津农业大学受助学生代表也参加了资助仪式。此次活动中,天津农业大学有 8 名大学生受益。中央民族大学学生处白洁老师代表 18 名学生接受了捐助并表达了对社会爱心人士的感谢。8 月 13 日,中共朝阳区委统战部、区慈善协会领导和绛云主委一行,看望不幸罹患肺癌的第十二支部副主委、《潮流》杂志编委武剑云,并为其送去 2 万元慈善款。同时,《潮流》杂志进行了义卖活动,为武剑云募集义卖捐款 3 万余元。由武剑云所在十二支部发起的为武剑云捐款的倡议,也得到了各支部的积极响应,朝阳民革党员个人和支部共募集捐款 3 万多元,也分批送到武剑云手中。8月19日，参与中共朝阳区委统战部举办的“朝阳区各民主党派与街乡结对子”活动。与麦子店街道签订了合作协议。承诺根据街道需要，走进街道、社区，服务居民，开展丰富多彩的社会服务工作，为创建全国文明城区作贡献。

（金晓萍）

【理论学习】 3月19－20日，召开“民革北京市委传达贯彻全国两会精神常委扩大会暨民革朝阳区委学习践行社会主义核心价值体系工作研讨会”。民革市委主委傅惠民、副主委于雪鹰、李霭君、市委常委、市委各处室有关领导；区政协副主席关三多；中共朝阳区委统战部副部长李金虎；民革朝阳区委主委绛云、副主委刘子华、姚国峰、区委委员、各支部委员、各专委会主要负责人等共计120余人出席会议。会上，绛云作了学习践行社会主义核心价值体系活动方案说明；关三多介绍了区情。傅惠民介绍了学习践行社会主义核心价值体系活动的背景、内涵、活动开展的意义和重要性以及工作开展的方式、方法，进程等情况。民革市委调研处处长刘家麒、组织处副处长博薇分别介绍了参政议政和组织工作。会议期间，民革朝阳区委全体与会人员列席了民革市委常委扩大会，听取了全国两会精神的传达和民革市委学习践行社会主义核心价值体系活动实施方案及开展情况。6月5日，第十五支部举办主题为“把民族精神与时代精神统一于民族振兴伟业”的学习社会主义核心价值体系研讨会。绛云出席会议，就学习社会主义核心价值体系的重要意义及讨论会的目的、作用发表讲话，指出，大家要认真学习社会主义核心价值体系的深刻内涵，切实履行好民主党派参政议政职能，为朝阳区“新四区”建设和北京市建设世界城市贡献更多力量。

（金晓萍）

【宣传工作】 7月1日，民革区委委员张嘉民在南磨房地区成教中心的支持与配合下，举办了一场别开生面的《琴韵心声 歌伴我行》——庆祝中国共产党成立89周年主题音乐活动。全年，出版《潮流》杂志4期，登载各级文件、理论学习文章和党员投稿，并在党员中广泛发放，起到了良好的宣传效果。

（金晓萍）

【参政议政】 9月2日，在北京市第三次政协工作会议上，民革朝阳区委副主委、市政协委员、北京市华伦律师事务所主任刘子华的提案《关于加大对商品住宅专项维修资金监管力度的提案》获“最具影响力提案”奖。该提案对住宅专项维修资金的归集和管理工作发挥了重要的民主监督作用，促进了维修资金监管制度建设，维护了购房者的合法权益。12月26日，参政议政专门委员会召开年度参政议政法律组工作会议，由专委会常务副主任李继泉主持，副主委刘子华就如何发挥律师党员在党派参政议政中的作用进行讲话，李继泉对年内律师党员参与党派参政议政工作情况进行总结。年终，民革朝阳区委提交的《健全诉与非诉衔接机制 缓解/解决“诉讼爆炸”的建议》的提案获朝阳区政协优秀提案奖；调研报告《改革与创新朝阳区农村集体土地管理机制推进城乡一体化发展建议》和《关于城市住房规划对北京市住房市场影响的调研》分别获朝阳区民主党派专项调研优秀成果二等奖。全年报送信息67篇。

（金晓萍）

民盟朝阳区委

【概况】 中国民主同盟北京市朝阳区委员会（简称民盟朝阳区委）下设基层委员会3个，基层支部41个，盟员1212人。其中高教389人，普教143人，科研院所168人，医药卫生68人，文化界158人，经济界236人，政府机关46人。具有中高级职称的1025名，占84.6%。设文化教育、经济科技、参政议政、社会服务、法制工作、妇女工作、老龄工作、青年工作8个专委会。有全国人大代表1名，市人大代表1名，区人大代表9名（其中常委1名），全国政协委员5名，市政协委员6名（其中常委3名），区政协委员18名（其中常委3名）。区级特约工作人员14名。

地址：团结湖北五条8号楼203室
电话：65094938，65094058
电子邮箱：mmchyqw@sohu.com
网站：http://www.chymm.org.cn

（衣　雪）

【主要活动】 1月28日，举办新春联谊会，中共朝阳区委统战部副部长李金虎出席并讲话。“三八”妇女节期间，妇女工作委员会组织部分女盟员参观中医药博物馆。7月19日，专职副主委周道珍与老龄工作委员会主任谢宝顺、张学军，以及两名机关干部，探望了朝阳民盟小组创始人张方海先生。12月16日，在北京电子科技职业学院汽车工程学院举办乒乓球友谊赛。

（衣　雪）

【参政议政】 3月，专职副主委周道珍参加民盟市委主办的《贺百年，展芳华——民盟北京市委第二届女性参政议政论坛》，作了题为《认真履行职能，积极参政议政——朝阳区女盟员在参政议政工作中发挥积极作用》的主题发言。5月11日，召开“为朝阳经济发展建言献策”座谈会，会议介绍了朝阳区“十二五”规划编制工作情况，通报了区政协开展“我为朝阳经济发展建言献策”活动安排。9月15日，在区政协召开的议政会上，主委曾原纪代表民盟区委作了题为《关于加强我区土地储备科学规划，进一步加快城乡一体化进程的建议》的发言。在区政协十一届五次会议上，提交了2篇党派提案和29篇委员提案，其中《关于朝阳区社区服务工作的建议》获得党派优秀提案奖，李刚撰写的《增加医疗机构及卫生工作人员合理布局，进一步缓解我区病人看病难问题的建议》和张学军撰写的《努力推进全区“居家养老”社会服务业的发展》作为牵头提案被区政协重点督办。完成4篇调研报告，其中阚存一副主委执笔的《朝阳区产业结构与布局调整的研究》获得区统战系统优秀调研成果一等奖，另有2篇获得三等奖。与民盟市委合作，由殷培红主笔撰写《关于落实低碳城市理念，建设绿色北京对策研究》，获得本年度民盟市委优秀调研课题，并被定为市政协议政会发言材料。专职副主委周道珍参与了盟市委的《首都社区矫正研究》调研，获北京市委统战部调研成果三等奖。全年向市政协、民盟市委、区政协、区委统战部报送信息70余条，其中宋晶撰写的信息《畸形围产儿致死性引产相关规定不适应临床要求》被民盟中央采编。孙轶撰写的信息《关于稳定社区工作者队伍的建议》被市委领导批示。

(衣　雪)

【社会服务】 4月，为支援我国西南地区抗旱，向区红十字会捐款12200元。5月28日，综合三支部开展“烛光行动”，向河北肃宁县前堤村小学捐书350册。6月9日，盟员、城市雕塑艺术家黄剑创作大型雕塑《玉树花开》，赠送给青海玉树地震灾区人民，民盟中央副主席李重庵出席捐赠仪式并致词，民盟中央组织部部长陈幼平、民盟市委副主委刘玉芳、秘书长赵雅君等出席活动。7月16日，民盟中央社会法制委员会和民盟区委组织盟员画家到北京劳教所开展帮教活动。8月1日，社会服务委员会组织医务界8名盟员到内蒙古锡林郭勒盟正蓝旗宝绍岱苏木(乡)进行为期2天的义诊。8月19日，与亚运村地区在创建全国文明城区方面结成对子，后推荐两名盟员担任该地区社会建设协调委员会常务委员。12月，与民盟中央合作，河北承德宽城满族自治县50所中小学捐赠书画作品和报纸，民盟中央副主席李重庵、社会服务部部长段海溪、民盟朝阳区委专职副主委周道珍出席并讲话。“女教授进社区”系列活动全年共计举行32人次、27场讲座，分别在朝阳、海淀、石景山、怀柔等地进行了国学、法律、中医保健、青少年网瘾等内容的讲座。

(衣　雪)

【自身建设】 10月12日，召开民盟朝阳区委成立十周年庆祝大会，民盟中央主席蒋树声，民盟市委主委葛剑平，区政协主席辛燕琴，中共朝阳区委常委、统战部长佟克克分别为民盟区委成立十周年题词。副市长程红，民盟市委主委葛剑平，民盟中央组织部部长陈幼平，区政协主席辛燕琴，民盟市委专职副主委刘玉芳，中共朝阳区委常委、组织部长陈宏志等领导到会祝贺。编印了参政议政文集和《十年历程》纪念画册，表彰了12个先进基层组织，16位优秀老盟员和39位优秀盟员。全年共召开主委会6次、全委会4次、青年工作委员会成立会议、组织工作会议、调研工作会议等22次会议。发展新盟员51人，其中博士12人，硕士7人，高中级职称30人，发展率为4.4%；平均年龄38.4岁。组织完成了北京中医药大学成立委员会、北京工业大学委员会换届会工作。

(衣　雪)

【思想建设】 年内，召开三届十八次全委(扩大)会暨学习社会主义核心价值体系座谈会，组织区委委员学习社会主义核心价值体系的有关文件和材料；在民盟朝阳区青年工作委员会成立会议上，组织青年盟员学习社会主义核心价值体系，强调青年盟员要在政治上把握正确方向，坚持中国共产党的领导，掌握社会主义核心价值体系的精神实质；在组织工作会议上，由主副委带领各个基层组织的负责人学习十七届五中全会精神，民盟中央蒋树声主席在民盟中央中常会上关于参政议政的讲话精神，民盟中央常务副主席张宝文、组织部部长陈幼平在组织工作研讨会上的讲话精神，以及民盟市委和中共朝阳区委的有关会议精神。组织盟员参加了民盟中央《民生论坛》、《灾害论坛》、中共朝阳区委统战部召开的统战理论学习班和党外干部学习班，多次参加民盟市委组织的“社会主义核心价值体系学习报告会”、电视剧《民主之澜》观后座谈会、经济社会发展形势报告会、新盟员学习班、“十二五”时期北京地方高等教育改革与发展思路通报会等。

(衣雪)

民建朝阳区委

【概况】 中国民主建国会北京市朝阳区委员会有会员1268人，28个支部。

地址：团结湖北五条8号209室、210室

电话：65094054 65094934

邮编：100026

(李佳君)

【社会服务】 年初，在民建市委举办的为云南干旱地区捐赠水窖的活动中，区民建会员捐款49150元；参加为玉树地震捐款捐物和书画义卖活动，捐助金额47万元；在企业家回报社会——为贵州毕节建设募捐活动中，捐款近8万元。“五一”劳

动节夕前，科七支部与北京市东屿物业公司联合对芍药居北里社区5户困难家庭进行走访慰问；教师节前夕，科二支部与安贞街道工委联合举办“创建文明城区慰问安华学校教师心理健康讲座”，标志着朝阳民建与安贞街道结对创建全国文明城区活动正式启动；11月，科二支部与安贞街道再次联合组织开展大型综合义务咨询活动；社会服务专委会在什刹海街道办事处西什库社区居委会举办《经络养生》讲座，并在春节前看望红庙社区孤老何俊经老人。

（李佳君）

【组织建设】 4月，成立科技一支部，成员为上年转入民建区委的会员。9月，成立国家林业局支部。10月，成立叶青大厦支部。全年共发展会员48名，从民建市委转入会员28名。发展会员平均年龄为39岁，其中研究生以上学历21人，具有中高级职称12人。全年共召开申请入会的会友座谈会4次，组织新会员培训班1次，参加民建市委组织的新会员培训班2次。3月至6月进行了支部调整改选。

（李佳君）

【信息工作】 6月，成立信息专委会，全年召开4次信息工作交流会和信息员培训班，25个支部143名会员报送各类信息506条，其中66条社情民意信息被民建中央、民建市委和区政协等部门采编。专门组织相关会员与区政协围绕“为朝阳经济建言献策”的主题展开座谈交流，报送建议和信息。在民建市委网站信息评比活动和社情民意信息评比活动中，均获得集体第一名。

（李佳君）

【主要活动】 世博会期间，民建区委主委徐艳梅率团到上海考察访问，与民建上海市浦东区委部分成员及企业家代表召开座谈会，共商世博会后“科技创新与中小企业发展”问题；中信支部举办金融与新兴产业发展专题研讨会，全国人大常委会副委员长、民建中央主席陈昌智，民建中央副主席辜胜阻等民建中央、民建市委的领导出席；建材院支部以现代抗震节能装配型房屋技术报告为主题召开支部活动；经济专委会和科四支部共同举办、科八支部协办，召开“中国民企生存现状及出路的思考”报告会；科一支部参加京津晋三地民建组织交流座谈会，围绕发挥整体优势，更好地为京津冀晋蒙的经济发展服务进行探讨；联合一支部召开研讨会，为实施“十二五”规划献计献策；经济专委会与北京银行CBD管理部领导就会员企业与金融机构互利合作进行沟通；首经贸支部组织会员，调研会员企业文化建设；科七支部和首经贸支部就“房价”问题进行座谈，并形成建议。

（李佳君）

【参政议政】 年内，法制专委会与区政协提案委员会联合对朝阳区劳动执法情况及相关机构职能进行调研，起草了《构建和谐劳动关系，促进朝阳区社会经济发展与稳定》的调研报告，在区政协议政会上作发言，并以区政协常委会建议案的形式，报送中共朝阳区委、区政府研究参考。李瑶执笔撰写的《进一步推进朝阳区国际金融主聚集区建设的政策建议》的调研报告，在区政协议政会上作为第一个主题发言，中共朝阳区委书记陈刚专门作出批示。王富德执笔撰写的《朝阳区文化传媒产业现状的调查》在议政会上作大会发言。杨智良、杜立元执笔撰写的《利用CBD东扩机会，促进朝阳区低碳经济转型》，杨扬、石刚和赵立执笔撰写的《打造诚信餐饮服务平台，构建社会信用评价体系》，李杨和石刚执笔撰写的《加强青少年身心健康教育，关爱青少年身心健康发展的调查与建议》被收录在议政会的材料汇编中。黄峻雄执笔撰写的《关于促进朝阳区中小型外商投资企业投融资服务体系建设的建议》、马嘉执笔撰写的《打造朝阳设计品牌，树国际外包特色区》作为党派提案进行提交。在本年度民主党派专项调研活动中，《进一步推进朝阳区国际金融主聚集区建设的政策建议》被评为一等奖，《构建和谐劳动关系，促进朝阳区社会经济发展与稳定》和《朝阳区文化传媒产业现状的调查》被评为二等奖。

（李佳君）

【思想建设】 年内，结合贯彻实施《民建中央关于新形势下进一步加强自身建设的意见》和《民建北京市委关于贯彻落实＜民建中央关于新形势下进一步加强自身建设的意见＞的实施办法》文件精神，召开学习和践行社会主义核心价值体系座谈会、支部主任加强自身建设座谈会、“学习中共中央十七届五中全会精神”座谈会等；组织会员观看并学习《首都统一战线服务首都科学发展实录》和电视剧《黄炎培》。

（李佳君）

民进朝阳区委

【概况】 中国民主促进会北京市朝阳区委员会共有会员545人，支部25个。其中年内新发展会员15人，教育界别2人，其他界别13人；6人具有中高级职称。

地址：团结湖北五条8号党派楼211室
邮编：100026
电话：65094935

（赵建萍）

【会员活动】 1月，社会服务专委会摄影组举办新春摄影展，展出会员作品一百五十幅。3月6日，与民进中央妇女儿童委员会、民进市委妇女儿童委员会、中国红十字基金会西部女性阳光基金、区政协共同举办“阳光·春天三八国际妇女节健康爱心传递行走活动”,倡导健康、低碳的生活方式。5月8日,社会服务专委会与信息专委会联合组织专委会委员到门头沟爨底下村摄影采风。张耘主委、杨爱军、林力平副主委参加了活动。10月16日,与北京永瀚星港生物技术有限公司举办“民进人送医到民进”重阳节义务医疗服务,为本区及崇文区和东城区老会员及进行肿瘤标志物监测,活动得到肿瘤医院会员陈智周的无偿赞助。

(赵建萍)

【社会服务与交流】 4月,参加民进中央、民进市委对贵州省金沙县教育扶贫项目“阳光彩虹行动”暨北京市8所学校和贵州省金沙县8所学校一对一手拉手对口交流活动,朝阳有3所学校(求实职业学校、东方培新学校、国美家园小学)参加了一对一手拉手对口交流活动。4月14日,会员为青海省玉树县地震灾区捐款37200元,转寄青海玉树,定向支持在地震中倒塌的青海省玉树县巴塘乡学校和玉树州红旗小学的重建。7月17日,民进区委委员、支部主任、骨干会员来到山西省大同市,与民进大同市委就加强自身建设、创建活动、参政议政等问题进行交流与座谈。年内东方培新学校、北京求实职业高中、国美家园小学作为西部教师培训基地,接待、培训了来自贵州金沙二中、贵州金沙三小、海南省白沙县丫杈中心小学的教师,计34人次。

(赵建萍)

【思想与组织建设】 4月30日,举办由部分新会员和专委会委员参加的培训班,邀请中央社会主义学院统战理论研究室副主任郑宪教授讲课,培训的主要内容有:统一战线基本知识;民主党派如何履行参政议政和民主监督职能;如何有效开展社会服务工作等,30余名会员参加培训。11月19日,与民进市委、民进东城区委和民进西城区委在市民主党派团体办公楼联合举办“树立和践行社会主义核心价值体系活动之——东西方文化漫谈”专题报告会,邀请原中国驻新西兰大使、中国教育国际交流研修学院院长张利民主讲,民进市委秘书长王报换和民进区委主委张耘以及近百名民进会员参加了报告会。截止12月底,完成经济一支部、八十中学支部、北工大附中支部、日坛中学支部、朝阳分院支部、北片联合支部、社科院支部、朝师附小支部、退休支部9个支部换届工作。12月4日,成立青年工作委员会,在民进区委领导下负责全区青年会员工作。年内,民进区委获得民进中央授予的“民进全国先进地方组织”称号,是北京市民进区委中唯一获此殊荣的单位。在民进市委开展的评优活动中,民进朝阳区委荣获“优秀区委”称号;经济二支部荣获“优秀支部”称号;3人荣获“民进北京市委优秀会员”称号;4人荣获“民进北京市委优秀会务工作者”称号。

(赵建萍)

【参政议政】 年内,《朝阳区国际教育的需求与发展》、《关于“公共服务设施先导先行,推动朝阳区城乡一体化可持续发展”的建议》、《朝阳区城市化进程中的农村社区建设问题及其对策》三篇调研报告在区委统战部的评比中获得三等奖。会员上报社情民意类信息230余条,由民进区委采编并报送民进市委、区委统战部和区政协信息104条。

(赵建萍)

农工党朝阳区委

【概况】 中国农工民主党北京市朝阳区委员会(简称农工党朝阳区委)截至年底有22个支部,党员639名,主要由医药卫生界中高级知识分子组成。农工党朝阳区第二届委员会有委员16名,设办公室、组织部、宣传部3个内设机构,专门工作委员会5个,分别为参政议政工作委员会、社会服务工作委员会、宣传工作委员会、青年工作委员会和老龄工作委员会。党员中,高级职称362人,中级职称194人,初级职称18人。担任全国政协委员2人,市政协委员4人(常委1人),区人大代表4人(常委1人),区政协委员21人(常委3人),担任市级特邀监督员3人,区级特邀监督员7人;有2人享受政府特殊津贴。年内,荣获农工党系统和统战系统多项表彰和奖项。

地址:团结湖北五条8号楼206室
电话:65094937
邮编:100026

(管文东)

【主要活动】 5月11日,组织全体农工党员参观中国科技馆新馆。6月4日—7日,联合农工党包头市委一行53人,到红色革命老区山东沂蒙参观,感受革命老区的人、景、情。5月,为青海玉树地震灾区捐款18620元。部分农工党员被选为卫生部抗震救灾医疗队员,赴玉树灾区参加救援。8月,为“邓演达纪念园”捐款5000元,区委主委邢念增以个人名义捐款1000元。年内,老龄委组织老年党员游览玉渊潭、八大处等公园。青工委到奥运村地区,与地区妇联和计生部门联合开展关爱女性健康知识讲座。

(管文东)

【社会服务】 7月13日,到顺义区赵全营镇板桥村的“太阳村儿童教育咨询中心”,送去由区委委员洪玉辉出资捐助的学习文具、夏日饮品等。区委专职副主委、精神卫生专家昌延力对个别小朋友进行了心理辅导。年内,“中国环境与健康宣传周”期间,在左家庄街道办事处组织专家进行大型义诊活动;国际科学与和平周期间,在高碑店乡构建和谐社会联系点组织朝阳医院支部肿瘤专家举办专场义诊咨询和讲座;老龄委、青工委充分发挥专委会作用,组织专家在左家庄、奥运村、八里庄等地区举办健康知识讲座。联合农工党市委、中国性科学杂志社和左家庄街道办事处,在左家庄地区天虹百货广场举办世界艾滋病日大型社会宣传活动。与左家庄街道办事处以结对子签约的形式建立社会服务合作关系,以实际行动参与朝阳区文明城区创建和“新四区”建设。发动党内各类专家及人才,重点参与左家庄社区文化节和社区健康大讲堂等活动。区委被农工党中央评选为“2007—2009 年全国社会服务工作先进集体”。

(管文东)

【参政议政】 年内,向农工党市委、中共朝阳区委统战部、区政协上报信息 140 条。其中社情民意类信息 88 条,在农工党市委采用率名列第一。撰写《关于进一步促进北京 CBD 建设发展的建议》、《关于避免朝阳区公用水浪费问题的建议》2 件党派提案,提交区政协十一届六次会议。提案《我区精神卫生机构亟须扩大规模,以适应快速增长的精神卫生服务需求》获区政协党派优秀提案奖。完成调研报告 6 篇,《关于改进朝阳区统计工作的建议》获区统战系统一等奖,《关于进一步促进北京 CBD 建设发展的调研报告》获二等奖,《朝阳区区属医疗机构医德评价、推广体系研究》获三等奖。调研课题《创建新型医德评价推广体系,推动医德医风的实质性改进》被选为区第五届议政会大会发言,建议建设“多元化信息化医德推广评价体系”,以缓解日趋紧张的医患关系,为人民群众提供更加优质的医疗服务。

(管文东)

【思想建设】 年内,组织区委主委和区委委员集中学习,支部组织党员集中学习。把继续深入学习实践科学发展观,创新党派工作思路与履行党派职能有机结合,把科学发展理论与参政党建设、参政议政实践有机结合。根据《农工党中央树立和践行社会主义核心价值体系三年工作规划》、中共中央统战部《社会主义核心价值体系实践行动实施方案》、中共北京市委统战部《关于协助民主党派树立和践行社会主义核心价值体系的意见》精神,在全体农工党员,特别是领导班子成员和骨干队伍中,开展树立和践行社会主义核心价值体系活动。组织后备干部、参政议政骨干及机关干部参加区统战部举办的“朝阳区民主党派骨干成员培训班”;组织近 30 名新党员及部分中青年党员参加农工党市委举办的中青年党员学习班;组织 20 多名参政议政骨干参加“农工党北京市委举办的参政议政工作培训班”;组织部分党员参加中共北京市委统战部举办的首都统一战线大讲堂等。

(管文东)

【组织建设】 年内,发展新党员 16 名。完成全部 22 个支部的换届选举工作,推选出新一届支部班子人选。

(管文东)

致公党朝阳区委员会

【概况】 致公党朝阳区委本年有党员 429 人,分为 14 个支部。其中男党员 204 人,女党员 225 人;归侨、侨眷、港澳台属、留学归国人员 310 人;大学以上学历 330 人;高级职称 204 人,中级职称 211 人。担任全国政协委员 2 人、市人大代表 1 人、市政协委员 1 人、区人大常委 1 人、区政协委员 21 人(其中副主席 1 人、常委 3 人、副秘书长 1 人、专委会副主任 3 人)。致公党中央委员 3 人(其中常委 1 人)、致公党市委委员 6 人(其中常委 3 人)。担任国土资源部特约监察专员 2 人、市级特约工作人员 6 人、区级特约工作人员 7 人。

地址:团结湖北五条 8 号楼 207 室

电话:65094933

邮编:100026

(田丽华)

【主要活动】 1 月 24 日,举办迎新春联欢会,160 余名党员参加。1 月 23 日、28 日和 2 月 2 日、10 日家访慰问老党员。3 月 17 日,召开老龄组会议,通报区情并讨论全年工作计划。3 月 28 日,致公党宣武区工委到朝阳交流座谈,就调研、信息、支部工作等进行交流。4 月 27 日,老龄组组织“循经守穴”健康讲座。5 月 8 日,组织党员参加朝阳区政协创建文明城区倡导绿色出行宣传活动启动仪式。7 月 28 日,召开参政议政工作会,围绕区政协议政会课题讨论区委选题及确立负责人。9 月 14 日,组织老党员赴顺义燕京啤酒厂参观。10 月 9 日,组织重阳节活动,带领老党员赴昌平中卡妇女友好果园采摘,30 余人参加。12 月 1 日至 4 日,组织区委委员赴贵州考察。

(田丽华)

【思想建设】 4 月至 12 月,开展树立践行社会主义核心价值体系、推进基层组织建设主题活动。在致公党市委召开的阶段性总结大会上,第九支部代表基层组织就前一阶段开展主题活动的基本情况、做法和取得的经验及存在的问题等作大会发言。12 月,区委被致公党中央评为“树立和践行社会主义核心价值体系 推进基层组织建设活动优秀集体”,2名党员被评为“优秀个人”。被致公党市委评为“树立和践行社会主义核心价值体系优秀集体”。7月27日,成立理论研究小组,参与致公党市委成立30周年征文、反法西斯战争胜利65周年征文和致公党市委“发展论坛”,撰写文章21篇,部分刊登于《北京致公》、《纪念反法西斯战争胜利65周年文集》和《世界城市与可持续发展文集》,有2篇文章被《首都规划杂志》转载。在致公党市委成立30周年征文活动中,区委获“优秀组织奖”。年内,部分骨干党员参加中共朝阳区委统战部骨干成员培训班、党外处级干部培训班、致公党北京市委骨干成员培训班。

(田丽华)

【参政议政】 年内,围绕“人文北京、科技北京、绿色北京”和朝阳区“新四区”的建设以及区委提出的“经济建设高端化、功能建设高效化、发展环境优质化”的要求,提出9项调研课题,其中《北京市生态涵养区生态服务功能提升对策与建议》、《加快推动北京智能交通建设,实现感知首都交通的调研》获市统战系统优秀调研成果二等奖;《朝阳区城市化过程中资源环境问题的调研》、《关于扩大消费,增强经济发展内生动力的调研》、《加快培育朝阳区社会公益事业,促进朝阳区文化文明新优势发展的建议》分别获区统战系统优秀调研成果一、二、三等奖;《用系统科学解决环境保护制约经济社会发展瓶颈的难题》、《北京市生态文明建设的对策措施研究》和《关于应用物联网技术推进北京市智能交通发展的调研报告》获致公党市委调研成果优秀奖。区委提出的《提升产业结构促进经济可持续发展》获区政协十一届五次会议党派优秀提案奖,《关于尽快解决农贸市场堵塞防火通道和扰民问题的建议》获委员优秀提案奖。在以“为朝阳区科学发展建言”为主题的区政协、区委统战部组织的议政会上,围绕转变发展方式建设世界城市、创建文明城区促进社会和谐和推进城乡一体化三个课题,提交4篇建言文章,其中《以“三化”为抓手全面推进朝阳区城乡统筹发展》的意见和建议,在议政会做大会发言。党员积极撰写社情民意信息,分别向致公党市委和中共朝阳区委统战部投稿70余篇。

(田丽华)

【社会服务】 年内,为西南五省旱灾地区和青海玉树地震灾区捐款,据不完全统计,共捐款34410元。8月19日在朝阳宾馆参加区统战部牵头的“民主党派与街乡结对子签约仪式”,与团结湖街道、黑庄户乡结成对子。

(田丽华)

【组织建设】 年内,发展党员14人,转入党员5人,转出党员4人。各支部陆续进行换届调整。

(田丽华)

九三学社朝阳区委

【概况】 九三学社北京市朝阳区委员会设办公室、组织部、宣传部、参政议政委员会、社会工作委员会、青年工作委员会。截至年底,有基层支社22个,社员885名,其中科技界占48%;高教界占32%;医卫界15%;其他界别5%;具有高级职称的663名,均在朝阳区域内的科研院所、高等院校、医院、国家机关、企事业单位工作。全年发展社员24名,其中具有高级技术职称的17名,占71%,具有硕士以上学历的18名,占75%,博士8名,平均年龄37.8岁。社员中,有全国人大常务委员会委员1人,全国政协委员3人,市政协委员4人。区人大代表3人;区政协委员20人(副主席1人,常委3人)。区妇联执委1人,区青联委员6人,各级政府特约人员18人。九三学社中央委员8人,九三学社市委委员12人(副主任委员2人,常委3人)。

地址:团结湖北五条8号楼205室。
电话:65094932、65094059。
邮编:100026。
电子邮箱:jiusanchaoyang@sina.com

(刘　军)

【慰问联谊】 1月,召开迎新春联欢会。3月,举办“三八”节活动,参观中国科技馆新馆。5月,在九三学社市委举办的第二届“民科杯”乒乓球团体赛中,获团体赛第一名。6月,全体区委委员和部分支社干部社员及机关干部为因病不幸去世老社员、综合支社的张克钧捐款2万余元。9月,举办教师节活动,组织在高校工作的社员,参观北京轨道交通指挥控制中心。10月,举办重阳节活动,组织来自全区各个支社的40余名老社员参观朝阳规划艺术馆。

(刘　军)

【社会服务】 4月,参加九三学社成都市委员会在彭州市举办的“2010彭州论坛-感恩暨灾后科学重建”活动。常务副主委费琨代表九三学社区委做大会发言。5月,区委部分政协委员及社员参加区政协、区文明办在朝阳公园举办的“创建文明城区,提倡绿色出行”宣传活动启动仪式。7月,与市科协,九三学社市委、小关街道办事处,区科协、北京科普发展中心在小关社区奥林匹克文化广场联合举办“第十二届北京科普之夏暨朝阳区科教进社区活动启动仪式”。8月,与三间房地区办事处签订了创建文明城区结对子协议书。

(刘　军)

【举办社区委成立十周年活动】 年内，组织成立十周年评优表彰活动。5个支社被评为先进支社，2个支社被评为参政议政先进支社，2个支社被评为社会服务工作先进支社，55名社员被评为优秀社员。搜集整理十年来的工作的照片、文字资料，以及区委重要历史人物、代表性人物、50年以上社龄的老社员、老领导的人物资料。编辑印制了《我们共同走过》纪念画册以及区委十年来的优秀调研报告文集，收录反映十年来区委各方面工作的图片257张，获奖调研报告23篇。12月24日，举办成立十周年庆祝大会。九三中央副主席、九三市委主委马大龙，中共朝阳区委常委、统战部部长佟克克，九三市委常务副主委王琳，九三中央组织部副部长唐可立，区政协副主席、中共朝阳区委统战部常务副部长刘乃晨等领导及朝阳区各民主党派、工商联、九三学社各区委、区工委的代表应邀参加大会。来自全区22个支社的150余名社员代表全区885名社员参加了大会。大会总结了九三学社朝阳区委成立十年以来的工作，对先进支社和优秀社员进行了表彰。

（刘　军）

【参政议政】 年内，参政议政委员会《朝阳区社会化居家养老亟待解决的问题与对策建议》；《在建设世界城市试验区背景下，改进朝阳区外籍人口服务管理的建议》；《强化市容管理，优化环境秩序，创建文明城区》三篇调研报告，在区统战系统优秀调研评比中分别获得一等奖、二等奖和三等奖。在区政协第十一届五次全会上，提交党派提案2篇，委员个人提案24篇。其中《关于奥运会后朝阳区奥运场馆及基础设施的风险问题与对策》，被区政协评为党派优秀提案，冯兴元撰写的《关于进一步推进朝阳区农村集体资产管理体制改革、促进农村经济与金融组织多元化的建议》被评为政协委员优秀提案。在区政协召开的议政会上，提交了题为《从国际人才培养的角度谈如何建设世界城市试验区》和《强化市容管理，优化环境秩序，创建文明城区》两篇书面发言。全年，报送信息175篇。其中，综合支社社员撰写的17篇信息，作为提案和建议案提交给市“两会”。

（刘　军）

【思想建设】 年内，向基层支社下发《九三学社朝阳区委关于“学习和树立社会主义核心价值体系”的实施意见》，通过多种形式进行学习。各基层支社根据自身特点，组织学习了“社会主义核心价值体系”和中共十七届四中、五中全会精神。北京工业大学支社组织社员赴革命老区参观学习，化工大学支社组织社员赴东北老工业基地参观老工业企业科技创新成果，中医药大学支社赴房山周口店北京猿人遗址瞻仰九三学社前辈科学家墓地。部分社员在社内杂志和报刊上登载了学习心得体会。向各支社下发《九三学社朝阳区委关于2010年“创优争先”活动中各支社需要开展的工作》。综合支社社员霍超、胡文炬分别获得“我的入社介绍人”征文活动优秀奖、《中国的政党制度及社的知识问答》优秀奖。

（刘　军）

【组织建设】 年内，北京工业大学、北京中医药大学、对外经贸大学、中国传媒大学、北京化工研究院、轻工、生物制品研究所、煤炭科学院、矿产地质研究院、中国科技馆、朝阳医药卫生、安贞医院、朝阳建设、朝阳经济14个支社完成换届工作。

（刘　军）

【档案工作】 年内，根据九三市委关于二级组织档案管理工作的有关规定和要求，制定《档案工作管理办法》，规范档案的收集、归档和整理工作。区委成立十年以来，坚持对各项工作文件等进行科学的分类管理和保存，积累了大量资料档案。9月，顺利通过社市委的档案工作验收检查。

（刘　军）

台盟朝阳区工委

【概况】 台湾民主自治同盟北京市委员会朝阳区工作委员会是台盟北京市委员会派出机构。台盟朝阳区工作委员会委员7人，盟员80人，支部3个。

地址：团结湖北五条8号
电话：65094943
邮编：100026

（侯立勇）

【主要活动】 年初，召开总结表彰大会，通报了区政府本年工作重点，对积极报送信息和参与调研工作的盟员进行了表彰。春节前，台盟区工委主任、副主任和办公室的同志代表区工委走访慰问了11位老盟员，送去台盟组织的问候。3月中旬，区工委领导向盟员通报区情；宣读了台盟朝阳区工委落实朝阳区创建全国文明城区工作计划。会后各专项小组召开会议对近期工作进行了研究。3月30日，组织老盟员参加区政协举办的《哥本哈根会议与中国绿色、低碳能源战略》专题报告会。4月17日，与西城区工委联合组织中青年盟员到房山大石窝镇开展公益植树活动。4月22日，组织老盟员参观位于双井地区的乐成老年健康生活中心，体验了现代化的养老设施。4、5月份，围绕区情在盟员中开展了“我为朝阳经济发展建言献策”活动，征集盟员对朝阳区发展建设的建议。5月8日，组织盟员参加“创建文明城区、提倡绿色出行”宣传活动启动仪式。10月24

日,台盟市委主办、区工委承办的台盟北京市委第二届“同心杯”乒乓球赛在闽龙乒乓球俱乐部举行。区工委代表队在比赛中获得男子单打前三名、女子单打第二名、男女混合双打第二名、团体总分第一名的好成绩。参与朝阳区全国文明城区创建工作,制定工作计划,在广大盟员中开展“爱朝阳、讲文明、树新风”主题活动。号召广大盟员积极投身创建活动,争做倡导文明的使者,争当传播文明的先锋,以实际行动展示民主党派成员的风貌。

(侯立勇)

【组织建设】 3月20日,召开中青年盟员支部会议,根据《台盟北京市委支部负责人选举办法》,经表决选举,对两个中青年支部的部分负责人进行了调整,三位年轻同志担任了支部副主任。通过调整,支部负责人已配备完整,年龄结构更趋合理。成立参政议政小组、并对信息小组、简报小组人员进行调整。

(侯立勇)

【自身建设】 年内,组织盟员参加台盟市委组织的全国、北京市“两会”精神学习,参加学习和践行社会主义核心价值体系学习报告会、座谈交流会,学习班以及“台盟在我心中、典型在我身边”盟史学习和先进事迹宣讲等活动。深入开展学习和践行社会主义核心价值体系活动。举办中青年和老盟员学习班,围绕中央统战部部长杜青林在中央社会主义学院2009年秋季开学典礼上关于民主党派学习和践行社会主义核心价值体系的讲话内容,就社会主义核心价值体系的内涵、实质和民主党派成员应如何明确责任、提高认识进行学习和交流。举办盟员学习活动,深入学习中共十七届五中全会精神。召开四次区工委会议和两次支部主任会议,研究区工委工作。坚持区工委领导与新盟员座谈制度。7位同志参加了中共朝阳区委统战部举办的民主党派骨干成员培训班。1位盟员参加了中共北京市委统战部组织的北京市社会主义学院的学习。10位盟员参加了台盟市委中青年盟员培训班。4位盟员参加了台盟市委组织的骨干盟员赴外省市学习活动。

(侯立勇)

【参政议政】 年内,区工委主要领导参加中共朝阳区委、区政府、区政协、区统战部召开的协商会、座谈会、情况通报会等十余次,围绕朝阳区的“新四区”建设和“十二五”规划等区重点工作积极建言献策。在区政协十一届五次会议上,提交了《关于朝阳区文化创意产业发展建议》和《关于促进朝阳区科技成果转化的建议》两件党派提案,委员个人提案8件。区工委提出的《关于朝阳区学前教育对策建议》党派提案被评为优秀提案。区工委先后两次开展盟员议政日活动,围绕市、区社会热点、难点问题积极建言献策。开展《关于推进朝阳区郊野公园建设问题与建议》和《朝阳区版权保护的现状、问题与建议》两项调研。与区绿化隔离地区建设指挥部办公室、区科委、文化执法大队等单位进行3次调研座谈。调研小组还到朝阳区部分郊野公园进行实地考察,完成《朝阳区郊野公园建设管理存在的问题及对策》调研报告1篇,荣获本年度党派专项调研优秀成果三等奖。在区政协与区委统战部联合举办“新四区”发展战略建言献策议政会上,提交议政论文一篇。全年上报信息60余条,被中央、市、区有关部门采纳10余条。其中盟员黄中报送的《关于加强对海关人员涉台方针政策教育的建议》被全国政协采用。在台盟市委参政议政工作表彰会上,潘迎主任荣获参政议政先进个人奖;盟员陈弘、何标、姚珍、曾凌荣获信息先进工作者奖,区工委的调研报告分获优秀调研二、三等奖。

(侯立勇)

【对台工作】 年内,引导盟员关注两岸关系发展,把握好中共中央对台方针政策。发挥亲情、乡情优势,做好对台交往工作。借助朝阳区的资源优势和区政协平台,拓展与在朝阳区的台湾学生的交流与交往,让他们走进朝阳,了解朝阳区。元宵节前夕,与区政协港澳台侨专委会联合组织联谊活动,邀请北京中医药大学未返台过年的台湾学生参加。大家一同参观了新落成的中国科技馆。中秋节前夕,与区政协港澳台侨专委会共同举办“迎中秋、话团圆”联谊座谈活动,邀请北京中医药大学港台学生参观坐落在高碑店乡的“明清科举状元匾额博物馆”,一同观看了北京传统的天桥艺人绝活表演,并举办了座谈会,大家畅谈感受共叙乡情。年内,共有四十多名台湾学生参加了台盟区工委组织的活动。在12月召开的北京市民主党派“凝心聚力”工程建设总结大会上,潘迎荣获北京市民主党派十大优秀人物,台盟区工委“以亲情乡情为纽带,深入做好台生工作”的经验被评为北京市民主党派基层十大典型经验。

(侯立勇)

【社会服务】 年内,为青海玉树地震灾区捐款31120元。为甘肃舟曲地区捐款4400元。六一前夕,50余位盟员参加台盟市委为少数民族小学捐助学习用具的爱心活动。10月,响应台盟市委号召组织盟员参加“统一战线参与毕节试验区建设改善民生工程·同心水窖”捐助活动。与团结湖街道办事处和黑庄户地区办事处签署协议结成共建对子,共同开展文明城区创健工作。

(侯立勇)

团 体

朝阳区总工会

【概况】 朝阳区总工会是朝阳区工会组织的领导机关。内设办公室、基层工作部、组织宣教部、劳动保障部(职工帮扶服务中心),编制22人,工勤人员3人。全区有会员21.4万人;街、乡、局、区属企业和中央、市属、三资、企业直属基层工会130个,专兼职工会干部458人,基层工会1548个,涵盖单位4786个。

地址:日坛北街33号

电话:65099158

邮编:100020

(朱 博)

【工作会议】 1月18日,召开本年工作会议暨送温暖启动仪式。来自各基层工会主席、副主席和区总工会委员会委员120余人参加了会议。市总工会副主席王北平作重要讲话,区委副书记宋连娣出席了会议,会议由区总工会主席尹秀峰主持。会上,回顾了上年工会工作,对本年的重点工作进行了部署,对先进集体和个人进行了表彰,并向积极参与"献慈善情,暖职工心"募捐活动的单位颁发了奖牌和证书。

(朱 博)

【两节送温暖】 两节期间,开展以"真情暖职工,关爱促和谐"为主题的送温暖活动。对本年在册的472名困难职工通过"京卡·互助服务卡"的形式,向每户困难职工发放1000元慰问金,计472000元,对7户困难职工进行重点走访慰问,送去生活必需品。对垃圾处理中心、环卫中心的一线职工进行走访慰问,并在东风乡为在京过年的外地职工举办饺子宴共度佳节。走访慰问劳模217人次,发放慰问金64.8万元;全年看望慰问患病住院及病故劳模(家属)21人次,发放慰问金4.5万元。

(朱 博)

【"三八"妇女节慰问活动】 在"三八国际妇女节"到来之际,区总工会帮扶中心及时与慈善协会沟通,对全区79名单亲困难母亲进行慰问,为每人发放"三八"慰问金300元,共计发放慰问金23700元。

(朱 博)

【庆"五一"表彰劳模】 4月26日,举办庆"五一"暨2010年度劳模颁奖典礼。市总工会党组书记、副主席韩子荣、市总工会副主席王玉英、区委书记陈刚、区长程连元出席会议。会议由区总工会主席尹秀峰主持。区人大、政协领导以及各委办局、社会团体、街道、地区党政一把手和主管工会工作的领导、区总工会直属局工会主席出席会议。往届劳模代表及职工代表计800余人共同庆祝"五一国际劳动节"。会上,对4名全国劳模、98名市级劳模和15个模范集体进行了表彰;以劳模命名的职工志愿服务队誓师成立。启动"建设新四区、创建文明区"朝阳职工文明行动。

(朱 博)

【暑期"送清凉"活动】 8月5日、6日,分别对垃圾处理中心、环卫中心、市政管理所和太阳宫广场工地进行慰问,看望奋战在高温一线的广大职工。为职工送上白糖、绿豆、清凉油等防暑降温慰问品及60000元慰问金。同时,对职工进行安全教育,劳护用品发放,高温季节防暑降温等各项措施落实情况进行调研检查。

(朱 博)

【职工广播操比赛】 9月13日,朝阳区第二届群众体育大会暨职工广播操比赛在朝阳体育馆举行。比赛由区总工会联合区体育局共同举办。区各局、公司、街、乡及直属基层工会组成的60支队伍2300人参加比赛。市总工会副主席王玉英、副区长张立新等领导出席,尹秀峰致开幕辞。经过裁判的严格评审,最终从60支参赛队伍中,筛选出20支获奖队伍。区教委、区绿化局、区国税局和区档案局四支队伍获得一等奖。

(朱 博)

【街乡及功能区成立总工会】 11月22日,在世纪财富中心举行43个街乡、功能区总工会成立揭牌仪式。全国总工会基层建设部部长郭稳才,全国总工会基层建设二部处长王英,市总工会党组副书记、副主席王北平,市总工会组织部部长、副巡视员韦江,副区长张立新,区总工会主席尹秀峰,及区人力社保局、区委社会工委、农工会领导参加揭牌仪式,并为街乡功能区总工会代表赠送办公设备。

(朱 博)

【关爱劳模】 年内,分两批次组织61名在职劳模外出休养;组织六批次劳模参加市总及全总组织的劳模外出休养;组织34名2010年度劳模参加市总工人疗养院的劳模体检活动;协调组织68人次参加上级工会观影、健康知识讲座等活动。

(朱 博)

【帮扶救助困难职工】 年内,加大了对一次性救助人员的救助力度,进一步规范临时救助的审批的程序。全年针对职工患大病和突发意外的一次性救助项目救助28人,发放救助金14.8万元。充分整合协调市、区两级就业服务资源,开发利用12351职工服务平台,启动街乡工会服务站就业服务工作。有20家招聘单位在平台发布用人岗位817个,有71人利用平台寻找就业岗位。通过平台为区域内76名困难职工提供再就业政策咨询。在八里庄、呼家楼、六里屯街道举办就业援助送岗位到街道专题招聘会。有48家招聘单位与188名求职者达成了就业合作意向。

(朱 博)

【安全生产培训】 年内,与区建委组织对21个施工工地的1500多名农民工和工地技安管理人员进行岗前安全生产技能和安全检查方法培训。与区安监局制定职业病检查方案,并对2个有毒有害企业进行专项检查,对存在的问题提出整改意见。与区安监局、卫生局、人力资源和社会保障局组织开展了对112个企业的粉尘与高毒物品危害治理专项行动,重点对已建立台帐的职业危害严重的家具制造和印刷等行业劳动保护工作进行检查复查。参加了18起事故调查处理工作,为伤亡职工主张赔偿金额230余万元。

(朱 博)

【法律援助】 年内,培训劳动争议调解员541名,聘请律师志愿者38名,律师志愿者深入基层工会提供法律服务253人次,直接参与集体争议案件3起。劳动争议调解中心接待来访咨询3981人次。受理1525件,办结1226件,撤诉280件,调解成功(含代理诉讼)755件,涉及金额516.19万元;受理区信访办委托案件8件,涉案金额15万元。1名调解员被评为全市劳动争议优秀调解员。

(朱 博)

【开展募捐活动】 年内,与区慈善协会开展了"献慈善情、暖职工心"募捐活动,有64家基层单位捐款,累计捐款金额615235元(其中企业捐款157837.3元;个人捐款457397.7元)。各基层工会的捐款100%用于本单位的困难职工救助。

(朱 博)

【"金秋助学"活动】 年内,对原有的困难职工档案实施了动态管理,为每一名困难职工子女的就学就业情况进行了详细登记,并定期了解他们的学习和生活情况。同时,除按困难职工子女就学年级制定救助标准外,还专门为单亲困难女工家庭的子女制定了更高的救助标准和更宽的救助范围。"博爱·金秋助学"项目为167名困难职工子女提供26.5万元助学金。

(朱 博)

【职工技能大赛】 年内,与区商务委、区文明办共同组织开展"创文明之城、展职工风采"商业服务业职工技能竞赛展示活动。组织全区服务行业职工进行了超市收银、口布折花技能培训竞赛,有500余名职工参与,25名职工获奖。

(朱 博)

【职工互助保障工作】 年内,全区发展新会员3563人,各项保障计划共计投保金额(不含新入会员费)1986912元。各项互助保障计划理赔、慰问746人次,赔付金额1581997.82元。

(朱 博)

【建会工作】 年内,本区新增工会组织139家,新增会员17008人,签订集体合同810份,涉及企业2972家,职代会建制率达到已建会企业的44%,涉及企业2125家。

(朱 博)

共青团朝阳区委员会

【概况】 共青团朝阳区委员会是中共北京市朝阳区委领导下、共青团北京市委指导下的一级团委,是朝阳区先进青年的群众组织,负责全区共青团工作,领导少先队朝阳区工作委员会,指导朝阳区青年联合会,并承担朝阳区未成年保护委员会办公室的工作。机关下设办公室、组宣工作部、基层工作部、社会工作部,下辖青少年指导服务中心、青年志愿者协会两个事业单位,分别行使各自职责,共同开展朝阳区青少年事业。截止年底,全区共有14至28周岁青年7.6万人,其中,区属团员3.5万人,团青比例为1:2.17。全区有二级团组织123个,其中街道系统23个,农村系统20个,青工系统55个,非公经济及民办高校团组织31个。

地址:日坛北街33号

电话:65094384

邮编:100020

(孟媛媛)

【服务青年就业创业】 1月13日,启动北京YBC中国青年创业国际计划。3月31日,召开青年就业创业见习基地工作例会。4月17日,在北京化工大学举办"朝阳区青年就业双选会"。5月31日,在大屯街道成立全市首家青少年成长中心。6月23日,召开本年第二季度朝阳区青年就业创业见习基地工作例会。8月3日至4日,在望京科技创业园举行"两岸青年创新创业高端论坛"。8月24日,成立区青年就业创业促进中心。年内,共建立各类见习基地59家,提供1376个见习岗位,招募见习人员2615人,累计发放见习基地补贴729万元，见习人员与见习基地签订就业合同的为760人。

（孟媛媛）

【志愿服务工作】　1月，全面展开"阳光接力"志愿行动，组织2000余名志愿者对全区43个街乡的500余名"九养"对象和175名"重残低保"青少年进行结对帮扶，推动志愿服务力量向基层倾斜。3月3日，举行"老中青志愿者共话助老服务座谈会"，标志"阳光接力"志愿行动正式拉开序幕。5月29日，开展"阳光接力"行动志愿者骨干培训工作。7月13日，为庆祝奥林匹克公园公共区城市志愿者服务站点成立500天，在"水立方"志愿者服务站点举行系列活动。7月，开展"城市阳光"打工子女科普知识推广系列活动，该活动是团区委启动的"心手相牵，拥抱朝阳"志愿服务活动的一个重要组成部分。8月29日，举行"公益点亮城市共建文明城区"—第二届志愿者主题日活动。10月2日，举办首届"朝阳城市志愿者趣味运动会"活动，献礼国庆61周年。

（孟媛媛）

【博士进朝阳】　2月2日，朝阳区"博士俱乐部"正式成立。8月至11月，开展"2010年首都高校博士生、博士后和高校辅导员到朝阳区挂职锻炼"工作，来自18所高校的29名博士生、1名博士后和4名高校辅导员在驻区28家单位挂职锻炼。期间，组织开展一次"区情"参观调研学习活动和四次"新四区"专题调研活动。

（孟媛媛）

【"倾听日"活动】　2月6日，以倾听望京网青年网友、望京社区青年"社区文体活动开展与志愿服务"为主题。3月13日，以倾听逐鹿"三国杀"桌游俱乐部成员和朝阳青年创业者联谊会会员"青年就业创业、交友婚恋"为主题。4月10日，以倾听CBD白领青年兴趣组织"白领青年文化生活状况"为主题。5月7日，以倾听十八里店地区打工子弟学校——星河双语学校师生"关爱打工子弟，共建和谐朝阳"为主题。6月19日，倾听朝阳区文化馆"9剧场"话剧青年从业者、非职业戏剧艺术青年爱好者心声。7月13日，以倾听安利中国日用品有限公司北京分公司青年公益团体代表"公益志愿服务"为主题。8月13日，倾听朝阳区大学生村官心声。9月8日，倾听北京工业大学附属中学青年教育工作者心声。10月20日，在北京眉州酒店管理有限公司倾听外来务工人员心声。11月25日，在朝阳区小人国少年儿童职业生活体验城倾听"打工子弟学校建设情况"。12月22日，在朝阳区城市志愿者阳光之家倾听高校志愿者工作负责人对凝聚高校志愿力量的心声。

（孟媛媛）

【组织建设】　3月8日至9日，召开共青团十届七次全委（扩大）会议。会议总结上年度工作，部署本年工作；增选十届委员会委员7名、十届委员会常委4名。7月14日，召开共青团北京市朝阳区十届八次全委（扩大）会议。会议介绍了共青团北京市朝阳区第十一次团员代表大会的工作筹备情况，全体委员表决通过了《中国共产主义青年团北京市朝阳区第十届委员会第八次全体会议关于召开中国共产主义青年团朝阳区第十一次代表大会的决议（草案）》。

（孟媛媛）

【主题教育活动】　4月2日，举办第二十二届青少年科学文化节开幕式和第八届"爱我朝阳·传诵经典"朝阳区清明诗会。5月4日，举办"2010年青年文明行动暨北京市社区青少年文化体育节启动仪式"，开展"文明音符·跃动青春"等五项系列主题纪念活动。对2009年度朝阳区"达标创优"竞赛活动中涌现出的170家先进集体和356名先进个人予以表彰。同时，授予135家先进集体和348名先进个人"朝阳青年榜样"称号。5月7日，启动"青春加油站"青年学习论坛。11月8日，举办"朝阳大学生艺术节"。

（孟媛媛）

【青少年权益工作】　4月22日，召开朝阳区预防青少年违法犯罪暨未成年人保护工作会议，并为"北京市朝阳区综治委预防青少年违法犯罪工作协调委员会"揭牌。5月18日，召开"2010年朝阳区预防青少年违法犯罪和未成年人保护工作会"，并举行"青少年事务发展专题研讨论文评选活动"。6月26日，举办"远离毒品，放飞希望"禁毒宣传活动。9月3日，团市委副书记杨立宪、权益部副部长林宇一行到大屯街道青少年安全教育基地和青少年成长中心调研青少年权益工作。年内，帮扶各类困难青少年群体2803人，累计发放各类帮扶资金、物资28.84万元。

（孟媛媛）

【少先队工作】　5月28日，与区少工委、区教工委、区教委共同主办"朝阳区少先队'争做四好少年'主题教育成果展示暨'六一'国际儿童节庆祝活动"。会上对2009—2010学年度"朝阳区支持少先队工作者"、"朝阳区优秀少先队辅导员"、"朝阳区优秀少先队员"、"朝阳区优秀少先队大（中）队"进行了表彰。年内，广泛开展"争做四好少年"主题活动，创编出"阳光心语游戏"集，创作出以"争做四好少年"为主题的歌曲——《同在蓝天下》，编写"四好少年童谣"集，创作了以"少先队员真实事迹"为原型的FLASH动画，以及多部情景剧。同时推出了与校外实践相结合,从“健身、环保、科技、调查、时事”等方面给予引导的指导手册。推出了重在习惯养成的低碳生活践行手册。

(孟媛媛)

【“两新”团建工作】 6月11日,团市委副书记刘震一行调研商会团建工作。6月12日,召开“2010年街乡‘两新’组织团建推进会”,对团干部进行团建工作培训。21日,召开机关干部“两新”组织团建工作培训会。21日至27日,开展“基层‘两新’组织团建周”活动,落实联络员督导制度。28日,召开机关干部基层“两新”组织团建周活动总结会。7月14日,召开“两新”团建工作助理队伍培训会。23日,团中央书记处书记贺军科一行调研流动青年团建和社区团建工作。12月6日,团市委副书记刘震重点就党建带团建、基层组织活力建设等进行调研。年内,完成700家规模以上非公经济组织、430家规模以下非公经济组织和30家青年聚集的新社会组织的“两新”团建工作任务。

(孟媛媛)

【基层基础工作】 年内,开展“团建百强街乡”创建工程,推进“社区青年汇”、“农村青年社”试点单位建设工作。完成“三里屯 village·原创界青年汇”等15家“社区青年汇”,以及“十里河村青年学会·青年社”等8家“农村青年社”试点单位的创建工作,各试点工作初见成效。

(孟媛媛)

【文明城区创建工作】 年内,详细制定《朝阳团区委文明城区创建工作方案》、《领导小组办公室组织机构方案》,细化各部室职责分工,责任落实到人。制定《朝阳团区委创建全国文明城区任务分解指标》。在五四活动期间,向全区青年发出“投身文明建设,展现青春风采”的倡议,启动全区共青团系统文明创建工作。团区委积极组织青年参与区域重点活动,特别是创建文明城区活动的服务保障,其中包括:“‘爱北京·青年汇’2010青春嘉年华暨北京青少年社团文化节”、“首都各界青年保护世界环境.共建世界城市倡导日”、“亚洲足球冠军”联赛、“朝阳流行音乐周”、“学雷锋,做文明有礼的北京人”主题活动、“弘扬中医药文化,服务文明城区建设”活动、“绿色北京”青年行动节水宣传活动、“创建文明社区,提倡绿色出行”活动等。

(孟媛媛)

朝阳区妇女联合会

【概况】 朝阳区妇女联合会是中共朝阳区委领导下、北京市妇联指导下的群众组织,是党和政府联系妇女群众的桥梁和纽带。年内,朝阳区妇女联合会以“双学双比”、“巾帼建功”、“五好文明家庭”、“大众读书会”等活动为载体,围绕党政所急、妇女所需、妇联所能,团结带领全区广大妇女积极投身朝阳各项事业建设。设5个部室1个中心,即:办公室、组联部、事业发展部、维权部、妇女儿童工作委员会办公室、朝阳区妇女发展服务中心。

地址:日坛北街33号
电话:65099410
邮编:100020

(付剑梅)

【两节送温暖】 两节期间,开展单亲特困母亲和城市老年无业妇女专项救助工作。为1073户单亲特困母亲发放救助金214600元,为1992名城市老年无业妇女发放医疗救助卡796800元。

(付剑梅)

【领导调研视察】 2月1日,十届全国人大副委员长、九届全国妇联主席、中国关心下一代工作委员会主任顾秀莲,全国妇联副主席洪天慧,九届全国妇联副主席刘海荣等领导一行12人来到高碑店乡高碑店村考察家庭文化建设工作,市妇联主席赵津芳、区委副书记宋连娣、区妇联主席黄敏等领导参加考察活动。考察组一行在观看高碑店村宣传片后,听取了高碑店村党总支书记支芬就高碑店村建设社会主义新农村中的相关情况,特别是积极创建和谐家庭中所采取的新举措及成效的汇报。顾秀莲称赞高碑店党总支“创新意识精神强”,充分发挥了党支部的战斗堡垒和共产党员的先锋模范作用,积极带领村民依靠现有设施发展生产,创建自己的品牌,注重群众思想更新,注重农村环境治理,注重活跃人民文化生活,使千年古村展现出崭新的面貌,呈现了农村事业兴旺、村民生活幸福的良好局面。

(付剑梅)

【召开纪念“三八”妇女节大会】 3月6日,区委、区政府在北京欢乐谷华侨城大剧院召开纪念“三八”国际劳动妇女节100周年暨表彰大会。九届全国人大副委员长、十届全国妇联主席、中国关心下一代工作委员会主任顾秀莲,中国关心下一代工作委员会常务副主任刘长琨;市妇联副主席尹玲珍;区委书记陈刚、区人大常委会主任王力军、区政协主席辛燕琴、区委副书记宋连娣、区人大常委会副主任孔德琴、副区长张春秀、区政协副主席赵增华等领导出席大会。区各部委办局(处)主管妇女工作领导;各街道和地区工委主管妇女工作领导、妇联主席;社区、村妇联干部;“女能人”、“巧娘”代表;三八红旗集体、三八红旗奖章、“巾帼建功”代表;妇联系统先进集体和先进个人代表;“金玫瑰”巾帼志愿者、国庆女民兵方队、妇女之友代表等约1400人参加了大会。会上，播放了《推进妇女儿童事业发展 共谱平等和谐美好乐章》的专题片，区妇联主席黄敏做工作报告，领导们为获得妇联系统先进集体、“三八”红旗奖章和妇女之友荣誉的代表颁奖。管庄地区工委副书记李志胜、朝阳妇儿医院院长李虹、北京黑桥永顺华蔬菜种植专业合作社总经理郝常珍做典型发言。区妇联向全区广大妇女发起了《和谐家庭 低碳生活 建设文明新朝阳》的倡议，号召广大妇女积极参与创建全国文明城区活动。会上，成立了朝阳区关心下一代工作委员会，由中国关心下一代工作委员会主任顾秀莲揭牌并讲话，她希望朝阳区以全面提高青少年的思想道德素质、科学文化素质和健康素质为基本目标，加强未成年人思想道德建设，培养有理想、有道德、有文化、有纪律的德、智、体、美全面发展的中国特色社会主义事业建设者和接班人。

（付剑梅）

【“三八”100周年专题学习座谈会】 3月12日，召开学习贯彻胡锦涛总书记重要讲话精神学习座谈会，学习胡锦涛总书记在3月7日纪念“三八”国际劳动妇女节100周年大会上发表的重要讲话。来自政府机关和司法系统的女干部、女企业家、基层妇联干部和妇女创业带头人等各行各业的代表30余人参会。区妇联主席黄敏作为被胡锦涛总书记接见的先进集体代表谈了自己的学习体会，并号召全区妇女姐妹，把思想和认识统一到胡总书记重要讲话上来，振奋精神，再创新时代女性的辉煌。女企业家代表、五洲女子医院副总经理吴丽敏；司法系统代表、区人民法院王四营法庭女法官牛冬华；基层妇联干部、南磨房地区妇联主席姬维杰；妇女创业带头人、大屯街道的巧娘张凤荣等发言。

（付剑梅）

【捐赠活动】 5月8日上午，由区委区、政府与北京市妇女儿童基金会、重庆市妇联联合举办、区妇联协助的“北京秀水街市场有限公司捐资助学——圆梦行动·对口帮扶重庆地区贫困女学生”活动的捐赠仪式在秀水街举行。国务院三峡办经济技术合作司司长刘卡，民盟中央委员、全国妇联执委、重庆市政府副秘书长范芳，重庆市妇联主席兰运华，重庆市妇联副主席郭渝平，重庆市移民局副局长阮利民，原北京市委常委、常务副市长、北京妇女儿童发展基金会理事长翟鸿祥，市人大常委会副主任、中国侨联副主席、市侨联主席李昭玲，市委副秘书长王翔，市妇联主席赵津芳，市政协港澳台湾委员会副主任、市侨联副主席林少迈，区委书记陈刚，区委副书记宋连娣，区妇联主席黄敏以及秀水街集团董事长张永平出席仪式。捐赠仪式上，由秀水街集团向重庆1000名贫困女学生捐赠354.8万元善款，10名贫困女大学生代表现场领取了每人4000元的助学金。翟鸿祥和陈刚分别致辞。陈刚指出，此次捐资助学活动是朝阳区贯彻落实科学发展观、建设“新四区”和创建全国文明城区的重要举措，他倡导大家以活动为契机，切实做到“文明在外，文明在心”，并希望，希望同学们把暂时的困难当做人生的精神财富，自强不息，珍惜学习机会，积极参与社会实践，早日把自己培养成为国家的栋梁之才，回馈社会，报效国家。

（付剑梅）

【举办纪念“国际家庭日”启动仪式】 5月15日，在亚运村街道社区服务中心广场举办纪念“国际家庭日”暨“温馨港湾”家庭建设工程启动仪式。市妇联宣传部部长陈银亭，区妇联主席黄敏，亚运村街道工委书记杨树旗、办事处主任田峡等领导出席活动。启动仪式上，黄敏介绍了“温馨港湾”家庭建设工程活动方案。开展“温馨港湾”家庭建设活动，旨在通过“五好文明家庭”创建工程、“太阳花”家庭教育启蒙活动工程、“魅力女人”素质工程、“向日葵”关爱女性工程、和谐家庭教育指导服务工程等一系列项目的开展，大力弘扬家庭美德，培育健康文明的家风，营造和谐幸福的社区氛围，促进社会和谐发展。启动仪式上表彰了朝阳区52名“好婆婆”、“好儿媳”和“低碳家庭 文明朝阳”创意征文比赛的88名获奖人员。北京地球村环境教育中心的文衡风作为征文获奖者代表发言，分享低碳生活经验和小窍门。

（付剑梅）

【“庆六一 献爱心 争做文明小使者”活动】 5月25日，与机场街道、首都机场第三幼儿园联合举办“庆六一 献爱心 争做文明小使者”活动。机场三幼的小朋友代表、家长代表、摇篮朝阳示范园代表约70人参加活动。机场三幼的小朋友们募捐资金4347.46元、图书210册、衣服150件、玩具60件，另有书包、学习用具若干，统一捐赠给北京市妇儿基金会。区妇联主席黄敏为朝阳区四所摇篮朝阳示范园发放慰问金10000元，鼓励他们继续以高度的社会责任感，充分发挥园所优势，开放园区资源，为辖区0-3岁婴幼儿及家长服务。

（付剑梅）

【举办处级女领导干部培训班】 7月12日，朝阳区处级女领导干部培训班在区委党校正式开班。培训班由区委组织部、区妇联与区委党校联合举办。区委常委、组织部长陈宏志，区委组织部副部长、区委党校常务副校长蒋自伟，区妇联主席黄敏出席开班仪式。陈宏志在开班动员中指出，区委高度重视培养选拔女干部和加强妇女人才队伍建设，女领导干部要在成长过程中不断完善自我,全面提高自身修养和素质。培训班安排了“男女平等基本国策与马克思主义妇女观”、“女性领导干部的形象塑造”、“领导干部的语言艺术”、“女性领导干部的心理健康”、“摄影艺术”等课程。

(付剑梅)

【斐济妇女团来访】 9月13日,斐济总统夫人考埃拉·奈拉蒂考女士率代表团一行4人访问本区。全国妇联国际部副局级巡视员段国辉、全国妇联国际部美大处副处长顾宇、市妇联联络部副部长刘力、区妇联副主席贾冬云、南磨房地区工委副书记殷伟涛等领导会见了来宾。交流活动中,殷伟涛介绍了南磨房地区妇联组织在开展妇女就业培训等方面工作情况,代表团成员参观了地区成教中心的“巧娘”编织培训活动。

(付剑梅)

【市女企业家协会朝阳分会庆祝活动】 9月28日,市女企业家协会朝阳分会在朝阳规划艺术馆召开协会分会成立四周年庆祝活动。中国女企业家协会副会长王秀艳、市女企业家协会会长王正宜、市妇联联络部部长於丽萍、区妇联主席黄敏、区统战部副部长李金虎等领导出席活动。

(付剑梅)

【成立公益讲师团】 10月22日,召开公益讲师团成立大会。讲师团成员、各街乡妇联主席等100人参加。会上,区妇联主席黄敏为讲师们颁发聘书,王燕斌作为讲师代表发言。公益讲师团共有优秀讲师45名,授课内容包括就业技能培训、法律维权、家庭教育、女性健康、低碳环保等专业领域,义务为基层妇女干部群众提供专业讲座。

(付剑梅)

【启动“向日葵”单亲家庭教育项目】 10月21日,在三里屯街道召开朝阳区“向日葵”单亲家庭教育项目启动仪式。该项目是妇联系统“温馨港湾 家庭建设”工程的一个子项目,也是“朝阳区和谐家庭教育指导服务项目”的延伸和拓展。市妇联儿童部副部长陈延平、北京妇女儿童发展基金会秘书长朱龙兴亲临活动现场;单亲母亲代表、社区干部、家教志愿者50余人参加了活动。在启动仪式上,来自中国家长教育研究所的齐大辉教授以“单亲家长情绪管理”为主题,为单亲家长们带来了一堂体验式讲座,启发他们用积极的心态、全新的角度看待生活中面临的问题。

(付剑梅)

【联合国志愿者协会日本分会访问朝阳】 12月1日,联合国志愿者协会日本分会一行5人访问朝阳。访问团先后到新运弱智儿童养育院和将府花园敬老院参观座谈,交流志愿者工作经验。区妇联副主席贾冬云会见来宾。

(付剑梅)

【与重庆市北碚区妇联建立友好合作关系】 12月13日,区妇联与重庆市北碚区妇联签订结对协议书,缔结为友好区妇联。重庆市妇联副主席姜丽、北碚区委常委范履冰、区妇联主席黄敏,以及朝阳区和北碚区妇儿工委成员单位相关领导出席签约仪式。两地妇联在妇女儿童发展规划的制定和建设、妇女就业创业指导服务、和谐家庭建设、妇女维权以及女性人才培养等方面加强合作,建立长效交流机制;在妇女就业、女性人才等领域实行资讯共享,实现基层妇联组织之间、民间、妇女团体组织和女企业家之间的沟通,建立起沟通、互访、联谊平台。

(付剑梅)

【建立“妇女之家”】 年内,在全区507个社区、村实现“妇女之家”全覆盖,共同推进基层党群组织建设。“妇女之家”实现综合维权、创业就业、教育培训、家庭教育、社区文化、家政信息、婚姻家庭、帮扶救助八项服务功能。

(付剑梅)

【评选朝阳区五好文明家庭】 年内,评选出14万户朝阳区五好文明家庭。

(付剑梅)

【农村妇代会换届选举】 年内,全区共有61个村妇代会进行了换届选举,92个村由于土地储备、绿化隔离带建设、纳入社区化管理等原因不进行换届选举。换届后,新一届妇代会主任的年龄结构趋于合理,平均年龄44岁;文化程度较高,大学以上文化程度23人,占总数的37.7%;党员比例较高,占总数的91.8%;妇代会主任进“两委”比例较高,43人既是党委成员又是村委会成员,占总数的70.5%。

(付剑梅)

朝阳区青年联合会

【概况】 朝阳区青年联合会是朝阳区各族各界优秀青年的爱国统一战线组织。按委员代表性及职业划分为社团劳模组、科教卫组、文体组、公有制经济组、非公有制经济组、新社会阶层组、公共管理组、政法组、新闻传媒组、港澳台侨民族宗教组,有委员361名,其中主席团成员14人,常委39人。青年之友联谊会(区青联的外围组织,区青联的一部分,会员主要包括因为超龄、卸职的青联委员和拟发展为青联委员的后备人员)现有会员103名。

地址:日坛北街33号
电话:65099178 65094331
邮编:100020

(王新宝)

【社区公益论坛活动】 3月26日，区青联、区青年志愿者协会和万科北京企业有限公司联合开展“绿色的希望，我们的家园——万科社区志愿者启动仪式暨公益活动论坛”活动，团市委统战部部长、市青联秘书长胡九龙，区政协秘书长宿静美，团区委书记、区青联主席、区青年志愿者协会理事长孔磊等领导出席活动。活动倡导低碳、环保、公益，参会嘉宾和志愿者代表栽种了志愿服务希望之星纪念树。

（王新宝）

【常委会、全委会】 4月22日，四届五次常委(扩大)会议在朝阳宾馆召开，会上通报区青联前期工作情况及全年工作要点；增补区青联委员、区青联“青年之友”联谊会会员，调整区青联秘书长和“青年之友”联谊会秘书长；确定召开青联四届三次全委(扩大)会事宜。4月29日，四届三次全委(扩大)会议在焦庄国际酒店二层多功能厅召开。会上进行了首都建设世界城市和朝阳“新四区”建设主题讲座，区青联主席代表四届青联常委会向大会作报告，会议全面总结区青联上年的工作，分析研究新形势、新任务，安排部署本年区青联各项工作，启动朝阳区青年文明行动。9月7日，四届六次常委(扩大)会议在朝阳宾馆北六会议室召开，会上增补区青联委员。12月8日，四届七次常委(扩大)会议在朝阳宾馆北六会议室召开，会上增补区青联委员、区青联“青年之友”联谊会会员、区青联常委，调整区青联主席团，选举刘凯同志为区青联主席。年内，区青联增补委员40名、区青联“青年之友”联谊会会员5名。

（王新宝）

【“爱心献玉树，百元传真情”活动】

4月29日，区青联四届三次全体(扩大)会议进行了“爱心献玉树，百元传真情”向玉树灾区爱心捐款活动，共募集15000元。

（王新宝）

【友好交流】 5月19日，区青联在陈经纶中学嘉铭分校接待了韩国世宗学校来访学生及教师。7月26日至31日，区青少年访问交流团一行14人访问了韩国首尔江南区。8月9日至13日，区青联接待韩国首尔江南区青少年访问交流团，副区长阎军接见访问团全体成员，双方围绕友城发展、青少年教育等问题进行交流。8月12日至17日，区青少年访问交流团一行12人访问了日本东京大田区。12月22日至31日，由区政协副主席关三多担任团长的朝阳青联创新创业考察团一行14人前往台湾进行考察。

（王新宝）

【两岸青年创新创业高端论坛】 8月3日上午，由中华中山文化交流协会与台湾社团法人中华杰出青年交流促进会、市青年联合会、北京青年商会、市学生联合会共同举办，区青联等单位承办的“两岸青年创业创新高端论坛”在望京科技创业园举行。全国人大常委会副委员长、民革中央主席周铁农，全国政协常委、民革中央副主席修福金，中共中央统战部副部长楼志豪，中共北京市委常委、统战部部长牛有成以及民革中央、团市委、朝阳区、望京科技创业园等有关单位领导、两岸企业家代表、创业青年代表共200余人出席开幕式。8月3日下午举行了分组论坛讨论。8月4日，北京首个专门针对台湾青年的创业扶持基地“台湾青年创业基地”在望京科技创业园揭牌成立。本次论坛旨在两岸关系和平发展新形势下，进一步促进两岸青年交流。

（王新宝）

【健身温暖工程】 年内，“青春朝阳”羽毛球队、足球队坚持每周开展训练、比赛活动。8月，“青春朝阳”足球队参加了2010北京CBD足球联谊赛；9月，“青春朝阳”足球队与房山青联足球队进行了足球友谊赛。区青联温暖工程继续深入开展，每月定期通过各种活动为广大委员举办集体生日会。

（王新宝）

【界别组活动】 年内，政法组、社团劳模组参观王四营法庭、少年审判庭、区法院调解工作办公室，并进行学习座谈，听取少年庭工作介绍，讨论预防青少年违法犯罪、未成年人保护工作及中小学校园周边治安维护工作；新社会阶层组和非公经济组委员来到望京爱慕大厦，对爱慕品牌建设提出建议；新社会阶层组前往房山区，与房山区青联部分委员举行座谈，参观考察房山区长阳CSD(即中央休闲购物区)；青春朝阳足球队及原北京女足队员在房山区长阳镇加州水郡体育广场与房山区青联足球队举行了足球友谊赛，赛后，非公有制经济组和新社会阶层组委员与房山区青联委员举行了交流座谈会和联谊活动；非公有制经济组、新社会阶层组、科教文卫组委员参观了位于双全大厦的神玉艺术馆，就青联工作进行座谈。

（王新宝）

【服务青年就业创业】 年内，区青联积极配合团区委青年就业创业工作，委员主动加入青年就业创业讲师团，积极在所在企业设立青年就业创业见习基地，参与“朝阳创业青年联谊会”建设工作。

（王新宝）

朝阳区工商业联合会

【概况】 北京市朝阳区工商业联合会(简称区工商联)是中国共产党领导下的以统战性为主，兼有经济性、民间性的人民团体和民间商会。中共朝阳区委非公经济工作委员会(简称区委非公经济工委)与朝阳区工商联合署,工委书记由区工商联党组书记担任。

地址:团结湖北五条8号楼
电话:65094397
邮编:100026

(王　寅)

【非公企业党建】 春节前夕,区委非公经济工委、区工商联组织开展了走访慰问优秀党员、生活困难党员以及部分原工商业者活动。先后走访慰问了优秀党员、困难党员19人;原工商业者及原工商业者配偶、遗孀19人,发放慰问金78300余元;2月26日,组织50余名非公企业党员观看学习《复兴之路》文艺演出,回顾中华民族近代发展历程,回顾党领导全国人民共同奋斗的光辉历史,让广大党员接受一次爱国主义教育;4月26日-30日,组织参加市、区级"群众心目中的好党员"评选活动。非公经济工委系统60余家非公企业党组织,共8173名党员群众参加活动,叶青大厦党委书记秦剑锋、中复电讯设备有限责任公司党委书记蔡德江,被评选为朝阳区"群众心目中的好党员";叶青大厦党委书记秦剑锋被评选为北京市"群众心目中的好党员";5月21日,区委非公经济工委召开非公系统创先争优活动部署会,60余家非公企业党组织负责人参加会议;5月25日,区委非公经济工委在朝阳宾馆多功能厅举办入党积极分子培训班,150余名入党积极分子参加培训。6月25日,区委非公经济工委召开建党89周年总结表彰大会。市工商联副主席张卫江、会员处处长朱强、区委组织部常务副部长、非公经济工委书记王小毛、区委统战部副部长黄亮、李金虎、区委非公经济工委副书记姬文革出席会议。会议表彰了10名忠实履行党员责任义务的企业一线员工党员以及带动区域经济,积极承担社会责任中作出突出贡献的非公企业家党员;七一前夕,区委组织部常务副部长、区委非公经济工委书记王小毛等领导看望了改制企业北京交运通远公司的困难党员靳忠,送去慰问金和慰问品;6月15日-7月1日,开展"共产党员献爱心"捐献活动,2276名党员、221名群众参与,捐款金额总计116021元;7月21日,召开创先争优活动阶段工作汇报会,非公企业各基层党组织负责人逐一汇报了工作进展情况以及下阶段工作安排;7月30日,与本系统中兴恒和投资集团党委,携带价值3万余元的100套军营歌曲专辑,经区民政局和呼家楼街道办事处协调,以文化拥军的形式,到人民日报社看望慰问驻地的部队官兵;8月23日,组织系统内基层党组织,学习传达中共中央政治局常委、中央书记处书记、国家副主席习近平视察叶青大厦党委时的讲话精神,要求系统内各级党组织认真领会精神实质,紧紧围绕中心工作和创先争优活动主题,结合企业实际情况,进一步夯实党建工作基础,深化基层党组织建设;9月16日,在小关奥林匹克文化广场举办朝阳区广场文化博览暨非公经济工委系统专场文艺汇演。市委统战部副部长张洋,工商经济处处长贺淑晶,市工商联副主席李燕平,区委组织部常务副部长、区委非公经济工委书记、区工商联党组书记王小毛等领导、媒体代表和各界群众400余人观看了演出;9月29日,组织系统内70余家基层党组织党务工作者就进一步深入开展创先争优活动进行了再学习再动员。会议传达了朝阳区委常委、组织部长、区委创先争优活动指导小组副组长陈宏志对前一阶段创先争优活动情况小结和区委组织部常务副部长王小毛提出的具体工作要求,再次学习了《关于在非公有制经济组织党组织和党员中深入开展创先争优活动的实施意见》,部署了非公经济工委下一步创先争优活动的重要环节;11月24日至25日,组织召开创先争优活动研讨会、精神文明建设工作交流会和实地参观企业典型成果现场会。系统内各基层党务工作者和精神文明建设负责人共计90余人参加会议。会议通过典型示范、经验交流,及时汇编推广了12家非公经济党组织开展创先争优、争创全国文明城区的好经验好做法。市工商联副主席张卫江等市、区有关领导出席会议。

(王　寅)

【会员服务工作】 2月4日,与区新社会阶层人士联谊会联合举办迎新春团拜会。市委统战部副部长楚国清、张洋,市工商联副主席张卫江、王克林,区委常委、统战部长佟克克,区政协副主席、区委统战部常务副部长刘乃晨,区委组织部常务副部长、区工商联党组书记王小毛,以及市区相关部门领导出席活动;3月22日,参加由中华全国工商业联合会在东城区北河沿大街全国工商联大厦举行的格鲁吉亚投资洽谈会。北京蟹岛产业集团、爱慕内衣有限公司作为特邀企业参加交流;4月29日,组织北京中复电讯设备有限责任公司、眉州东坡餐饮集团、北京蟹岛产业集团、北京太熟悉餐饮有限责任公司等10家企业作为招聘单位,参加了由区职业介绍服务中心主办的区人力资源市场招聘会。5月19日,组织20余家会员企业参加了由全国工商联、中华工商时报社主办的中国民营企业竞争力论坛活动。全国工商联副主席孙晓华出席并致辞,北京大学民营经济研究院发布了《中国民营企业竞争力调查报告》,为民营企业在当前的经济社会中求得竞争与发展提供了有效依据;5月21日,组织部分会员企业参加了由昆明市委、市政府主办的招商引资推介会;5月29日,组织北京曲美家具有限公司等10余家企业参加了俄罗斯西伯利亚地区企业家联合会与北京市工商联在北京共同举办的俄罗斯经贸项目洽谈会。市工商联副主席张卫江、王克林出席会议；8月11日，组织西京文化传媒有限公司、北京英达利城建有限公司、北京蟹岛集团、北京博鼎诚工程设计有限公司等8家企业，参加了由市经济和信息化委员会主办的中小企业管理提升工程说明会暨精确管理培训班；3月24日－4月13日，组织北京慧远电线电缆有限公司、北京蟹岛种植养殖集团有限公司、北京必鹤鹏物业管理有限公司、北京眉州酒店管理有限公司、京奥港集团、慈铭健康体检管理集团等8家非公企业参加了第十二次全国工商联上规模民营企业调研活动；4月20日，组织10余家非公企业负责人参加北京市工商联在全国政协礼堂举办的“转变经济发展方式专题报告会”。10月29日，组织区工商联系统近30家非公企业档案管理人员，参加了在区档案局举办的非公企业档案管理培训班；5月20日－26日，与区人力资源和社会保障局、区总工会联合举办以“为民营企业招聘员工搭桥，为高校毕业生农民工就业铺路”为主题的“朝阳区2010年民营企业招聘周”活动。为民营企业招聘人员、大中专院校毕业生、农民工和其他劳动者提供政策咨询、职业指导、职业介绍等服务；4月－5月，组织用工50人以下的小型企业、民办非企业单位和个体经济组织劳资负责人，参加区人力资源和社会保障局劳动争议案件公开审理活动，促使企业完善劳动合同签订，降低劳动争议发案数量；4月－11月，组织150家企业的200余名劳资负责人，参加劳动合同法法律、法规讲座，就劳动合同的签订与管理、工资结构的细化及赔偿与经济补偿等问题进行专项培训。

（王　寅）

【自身建设】　2月24日，召开区委非公经济工委、区工商联党组领导班子和机关干部工作务虚会。各主管领导和科室负责人就本年工作进行研讨，特别对成立朝阳区商会工作提出建议；4月14日，召开区工商联系统学习贯彻“新四区”专题座谈会，中共朝阳区委常委、区委统战部长佟克克，区政协副主席、区委统战部常务副部长刘乃晨，区委统战部副部长黄亮、区工商联党组书记王小毛等领导出席会议，区工商联副主席、执常委等20余名企业家参加会议，会议由区工商联主席聂启明主持；7月12日－15日，举办区委非公经济工委、区工商联、区企联会和商会四位一体的“机关自身建设培训班”。10月19日，召开党组会议，学习贯彻中共中央、国务院《关于加强和改进新形势下工商联工作的意见》精神，并围绕《意见》交流了学习体会；11月24日，参加区委统战部组织召开的关于贯彻落实中共中央、国务院《关于加强和改进新形势下工商联工作的意见》座谈会，区工商联、区发改委、区财政局、区工商局参加会议。11月29日、12月20日，区工商联党组分别组织召开党组会、机关干部会，认真学习《意见》精神和全国政协主席贾庆林在《全国加强和改进工商联工作电视电话会议》上的讲话精神。年内，区工商联按照年初制定的高举旗帜，突出主题；强化服务，完善机制；着力人物，固本强基；努力开拓，再创佳绩的工作思路，进一步壮大会员队伍、调整会员结构，提升会员素质，认真开展会员队伍发展工作，截至年底，区工商联新吸纳会员企业20家，其中1家团体会员，19家企业会员。新入会企业包含现代服务业、制造业、金融业、医药业等多个行业；其中4家注册资金达1000万元以上。

（王　寅）

【人才队伍建设】　6月28日，召开人才推荐工作部署会，认真学习领会区委组织部和区人力资源社会保障局关于开展朝阳区第三届人才表彰工作通知精神，共同研究实施方案，成立以非公经济工委书记王小毛任组长的人才推荐工作领导小组，加强工作指导和落实；7月26日－29日，组织50余家来自不同行业的会员企业参加《朝阳区人才发展规划和人才政策体系研究》调查活动；8月26日，与区双高人才发展中心共同组织了以“低碳生活、绿色HR管理”为主题的考察活动。区委非公经济工委副书记姬文革、北京朝阳海外学人中心副主任张小文、叶氏企业集团副总裁、党委副书记于峰、京朝出租汽车有限公司董事长、党支部书记赵益民等一行22人前往上海市张江高新科技园区进行实地考察和交流学习；9月8日－9月10日，区委非公经济工委副书记姬文革、区双高人才中心副主任王福安等对区工商联系统申请“低碳明星企业”的28家会员单位进行实地考察、测评及企业间现场交流，内容包括企业开展的节水、节电、节能、无纸化办公等；10月19日，联合朝阳海外学人中心、北京双高朝阳人力资源开发中心，举办“低碳生活，绿色HR管理”主题论坛暨“争当低碳明星企业”颁奖典礼。市工商联代秘书长兼办公室主任王爱民、北京双高人才发展中心副主任刘金成、中华工商时报秘书长张宪春、区委组织部常务副部长、非公经济工委书记、工商联党组书记王小毛、区委统战部副部长兼侨办主任李金虎等领导出席活动，53家非公会员企业代表参加论坛。论坛评选出了十家低碳明星企业。年内，为进一步提高非公领域人才的经营管理水平，提升非公企业的核心竞争力，区工商联结合本区非公企业人才队伍建设工作实际，不断加大非公企业人才的挖掘和培养力度，努力为非公企业人才成长营造社会环境。截至年底,共推荐全国优秀社会主义建设者3名、全国"五一"劳动奖章1名,北京市劳动模范10名,北京市工人先锋号(集体)1个。

(王　寅)

【朝阳商会筹备工作】 年内,为加快推进朝阳区商会建设,积极搭建信息交流平台和法律服务平台,成立了以区工商联党组书记、常务副主席王小毛为组长的商会建设筹备工作组,起草了《北京市朝阳区商会章程》、《朝阳区商会理事会选举办法》、《朝阳区商会会员缴纳会费的办法》,完成了建会的基本条件;组织对223家商会会员企业,进行关于商会职能和服务内容的问卷调查,确定了服务方向和服务内容;在依托朝阳区商会为区域内各类非公企业提供政策和经济信息、对外经贸交流服务的基础上,建立商会法律服务中心,为会员企业开展以劳动合同法、仲裁法等为重点的法律培训活动,调解会员企业生产经营过程中遇到的各类纠纷,加强工商联的维权工作和法律服务工作,切实维护会员的合法权益;积极做好朝阳区商会的人物推荐工作,召开多次预备会、协商会议,征求会员及有关部门的意见,推荐具有代表性、热心商会工作、政治素质较高、守法诚信经营的企业家作为朝阳区商会候选人。

(王　寅)

【参政议政】 年内,发挥工商联整体的智力优势,抓好政协团体提案的选题和撰写,提出了《加大对中小企业金融支持相关政策建议》提案;发挥市、区人大代表、政协委员中工商联界别人士作用,不断提高参政议政水平,切实履行民主监督职能。副主席郎武淳、王蓓代表区工商联参加区政协议政会分别提出了《关于促进土储地区失地农民再就业的建议》及《打造国际商务中心要"软硬并举"——关于CBD建设的几点建议》;组织会员单位填写全国工商联、中国光彩会制订的《民营企业参与光彩事业统计调查表》,为分析本区民营经济发展趋势、发展规律提供依据;组织非公企业参与第十二次全国工商联上规模民营企业调研活动和2010年度全国第九次私营企业调研活动,进一步了解和掌握民营企业的发展情况,为区委、区政府分析本区民营经济发展水平,制定民营经济发展政策提供参考;围绕落实党的十七大提出的"以科学发展观为指导,加强'两新组织'党的建设,不断扩大党建工作覆盖面"的新要求,结合非公企业党建工作实际,撰写了《关于跨行政区域经营的大型新经济组织党建工作的思考》、《对非公经济组织党务工作者队伍建设的思考》等专项调研报告。其中,《关于跨行政区域经营的大型新经济组织党建工作的思考》被评为朝阳区宣传思想工作优秀调研报告;围绕刘淇书记在CBD调研时提出的建设"新四区"的讲话精神,根据非公企业的经营发展状况,积极建言献策,提出了涉及"提高公共设施的文化元素"、"统筹规划,缓解就业压力"等29条建议。

(王　寅)

【文明城区创建】 年内,成立本系统创建全国文明城区组织机构,制定《非公经济工委创建全国文明城区2010年工作计划》、《关于开展"创建全国文明城区、做文明有礼的北京人"主题活动的具体实施方案》,组织非公系统60余家非公企业3万余人参与创建全国文明城区活动。1月13日,召开2009年度精神文明建设工作总结交流会,区工商联系统28家创建单位负责人参加会议,会议宣读了上年度荣获"迎国庆、讲文明、树新风"活动先进单位及先进个人名单,其中,首都先进单位2家、先进个人5名;区级先进单位4家、先进个人10名;3月12日,区委非公经济工委创建全国文明城区动员大会在亚奥国际酒店召开,57名非公企业基层党组织、文明单位负责人参加动员大会,会议传达了区委书记陈刚在全区动员大会上的讲话精神、区委、区政府关于创建全国文明城区的工作意见和区精神文明创建工作培训会精神,部署了朝阳区委非公经济工委创建全国文明城区的各项工作;3月15日,区工商联联合易事达集团、洛娃集团等10余家单位,在易事达广场举办了以讲诚信、营造和谐社区消费新环境为主题的"3.15消费与服务现场咨询活动";3月16日,区工商联系统红十字工作委员会成立大会在亚奥国际酒店举行。市红十字会副会长孙硕鹏、市工商联副主席张卫江、市红十字会办公室主任张景华,副区长、区红十字会会长张春秀等领导出席成立大会。会议审议通过了《朝阳区工商联系统红十字工作委员会组织规程》和《关于建立朝阳区工商联系统红十字博爱救助金的管理办法》,选举产生了区工商联系统红十字会工作委员会会长、副会长等工作机构;3月29日,区委非公经济工委召开创建全国文明城区任务分解对接会,非公经济工委全体机关干部参加会议;4月23日,举办"争创文明城区 共建文明朝阳"闽龙读书演讲会活动,来自非公系统的20余家企业文明单位代表参加活动;4月20日,召开第一季度文明城区创建工作汇报会。5月20日,举办"朝阳区工商联第四届闽龙'和谐企业杯'乒乓球友谊赛"。市工商联副主席王克林、区委组织部常务副部长、工商联党组书记王小毛、区创建办第五督导组组长古鹏启等领导出席活动。32家会员单位,160名队员报名参赛。年内,区工商联非公企业在北京市工商联系统文明单位创建活动中,推荐各类文明单位27家，其中首都文明单位标兵2家、首都文明单位1家、市工商联系统文明单位标兵11家、市工商联系统文明单位13家；在朝阳区群众性精神文明创建活动中，已推荐各类文明单位共计25家，其中首都文明单位标兵1家、首都文明单位10家、朝阳区文明单位13家、朝阳区精神文明建设贡献奖1家。

（王 寅）

【参与光彩事业】 年内，开展了“西南抗旱 玉树抗震”捐款献爱心活动。区工商联系统通过市、区红十字会、慈善协会等渠道，共捐赠善款3354247.86元；开展“助学、助残、助贫”为主题的社会公益事业专项爱心捐助活动，20余名非公企业家募集捐款85万余元；7月18日，市工商联党组书记、第一副主席吴杰，区委组织部常务副部长、区工商联党组书记王小毛，市工商联光彩办主任顿继光，区委统战部副部长李金虎，区慈善协会会长李靓等，在江西省委统战部副部长、省工商联党组书记舒国华、省工商联秘书长叶国斌的陪同下，带着区工商联非公企业家的爱心援助款，出席了由江西省井冈山市教育局举行的井冈山市下七乡杨坑村北京朝阳光彩小学捐赠仪式和奠基仪式；组织参加《大爱无边从小善做起》活动，对系统内非公企有救助需求的人员及其家庭进行调查摸底，有针对性地发放抚恤物品，为企业减轻负担，促进社会和谐，共建共享文明成果；7月24日－8月11日，开展以支援毕节革命老区建设为主题的“回报社会，感恩行动”捐款活动，共收到包括北京中复电讯设备有限责任公司、北京东湖电气设备有限公司、北京华威家具制造有限公司、北京握奇数据系统有限公司等在的27家企业的40万余元捐款；参与北京市“光彩惠农行动”，叶氏集团等10家非公企业获得“参与首都社会主义新农村建设先进民营企业”称号。

（王 寅）

朝阳区
归国华侨联合会

【概况】 朝阳区归国华侨联合会（简称区侨联），是在中共朝阳区委领导下的，由朝阳区归国华侨、侨眷组成的人民团体，是党和政府联系广大归侨侨眷和海外侨胞的桥梁和纽带。年内，认真履行群众工作、参政议政、海外联谊、维护侨益职能，广泛开展各种活动。在市政协十一届四次全委会、区政协十一届五次全委会和区人大十四届五次会议期间，共提交个人议案、提案19件。获北京市“首都新侨乡创新发展先进集体”荣誉称号。

地 址：团结湖北五条8号楼
联系电话：65094372
邮政编码：100026
电子信箱：chyqlyx@163.com

（刘玉安）

【开展多种形式活动】 2月2日，在朝阳剧场举办2010年春节电影招待会，全区近千名归侨侨眷观看了电影《孔子》。即日，接待意大利市长访华团到CBD考察访问，区委书记陈刚会见了访华团成员。2月25日，分别召开区属老归侨、街道侨联主席、侨务干部春节茶话会。3月2日至3日，召开街道侨联工作会，区侨联委员、全区22个街道（乡）侨联的侨联主席、侨务干部参加会议。4月26日，召开街道、三间房乡侨联主席、侨务干部工作会，部署全年侨联工作。5月5日和6日，分别组织40余名区属老归侨和40余名街道、三间房乡侨联主席及侨务干部参观游览了位于门头沟区军庄镇东山村的台湾农场。6月24日，在朝阳剧场举办“纪念朝阳区街道侨联成立十周年文艺汇演”，全区22个街（乡）侨联的22支文艺团体演出了风格各异的文艺节目。9月15日，召开街道侨务干部、侨联主席中秋座谈会。11月17日，区侨联留联会举办工作座谈会。11月18日至19日，举办街道侨联工作会，22个街道（乡）主管侨联工作的副书记、侨务干部30余人参加会议。12月25日，举办归国留学人员圣诞联欢会。

（刘玉安）

【为归侨侨眷送温暖】 “两节”前夕，区财政下拨“助侨送温暖”专项慰问资金一万元，区侨联慰问孤寡病困归侨20户，慰问了侨界重点人士、特困归侨侨眷人士，并号召各街道侨联开展“两节”送温暖工作。5月12日，区侨联、区红十字会到黑庄户乡看望慰问印尼老归侨杨振汉，并送去“爱心”救助款5000元。中秋节前夕区侨联重新核查区属老归侨的基本情况，登记建档，并向他们下发慰问品80余份。据统计，全年全区各级侨联组织共计慰问归侨侨眷1000余人。

（刘玉安）

【人事变动】 4月16日，根据工作需要及区委组织部建议人选，按照《中国侨联章程》的有关规定，区侨联召开五届十次全体委员会议，增补黄亮同志为区侨联委员，并选举其为区侨联第五届主席。

（刘玉安）

【宣传落实《侨法》】 8月30日至31日，举办学习贯彻《中华人民共和国归侨侨眷权益保护法》培训班，纪念侨法颁布20周年。区侨联委员和全区22个街道的侨联主席、侨务干部50余人参加了培训。9月9日，在《朝阳报》上出版宣传《中华人民共和国归侨侨眷权益保护法》专刊并在朝阳有线电视台大力宣传侨法。年内，为归侨、侨眷提供法律咨询、为归侨侨眷排忧解难、帮助其子女解决入学、解决房产纠纷等问题，办理实事几十件。积极宣传党的各项侨务方针政策，下发宣传资料5000余份，编印下发《涉侨政策摘编》1000册。全年定期出版下发《朝阳侨讯》1500余册。

(刘玉安)

【总结表彰】 10月18日，召开“朝阳区纪念街道侨联成立十周年总结表彰大会”。中国侨联副主席、市人大常委会副主任、市侨联主席李昭玲，副区长张立新、区人大、区政协、区社会工委等领导参加大会。大会表彰了为朝阳区侨联工作创新发展做出贡献的先进集体11个、优秀集体11个、先进个人110名，评选出田景廉、周馥莲、吴杏荣、蔡克瑾、夔复兴、林哲枝6位同志为朝阳区“侨界之星”。大会还编印下发了《朝阳区街道侨联成立十周年经验资料汇编》1000本。

(刘玉安)

朝阳科学技术协会

【概况】 朝阳区科学技术协会(简称区科协)由区级学会、协会、研究会和街道、乡科协组成，同时对驻区中央、市属企事业单位科协进行联系和业务指导。

地址：日坛北街33号
电话：65099771
邮政编码：100020

(刘　伟)

【工作会议】 3月5日，举办全区科普工作会，43个街道、乡(地区)办事处参加会议，会议对上年科普工作较突出的街乡进行表彰，并布置本年的科普工作。

(刘　伟)

【竞技比赛】 3月20日，八十中学的王满强同学获得北京青少年科技创新领域的最高荣誉——第八届北京青少年科技创新市长奖；在第十届中国青少年机器人竞赛中，北京工业大学附中代表队夺得全国机器人基本技能高中组总决赛冠军。4月8日，开展北京2010百万家庭数字生活技能大赛，本区再次获区县优秀组织工作一等奖，连续多年保持全市总成绩第一。作为本年比赛的前三甲，朝阳区总分5719.8分。本次活动从4月到8月，历时4个月，由网上知识竞赛，数码摄影、数码摄像作品、区县特色活动、家庭队竞赛几个参赛单元组成。11月中旬，在垂杨柳教辅中心举办朝阳区第三届青少年微型机床现场加工设计作品大联赛，共有350余人，160个代表队参加比赛，参赛人数超过往届。在25届全国青少年科技创新大赛活动中，由本区选送的三名科技辅导员分别荣获科技辅导员创新项目科技教育方案类的一、二、三等奖。

(刘　伟)

【工作培训】 4月8日，由区科协牵头，区信息办、妇联、教委、体育局共同组织的朝阳百万家庭数字生活技能大赛网上答题培训会在朝阳社区学院召开。来自43个街、乡负责科普的50名同志参加了培训，对街、乡的业务骨干就网上注册、网上登录和网上答题做了现场指导。副区长阎军参加网上答题活动。

(刘　伟)

【科普活动】 5月19日，举办2010朝阳科技周。此次活动被列为本区创建全国文明区的重点活动，有23家科技企业、32家中科院所、大专院校、专业学协会、科技团体参加展览展示。活动以节能减排、低碳生活为主线，以营造创建文明区良好社会氛围为重点，突出了以人为本、贴近百姓、关注民生的特色，着力强调百姓参与的互动性，受到广大群众欢迎。历时两天半的科技周活动，吸引了近3万市民参观，区长程连元及四套班子领导群众一同参观了科技周展示活动。活动通过主题展览、科普宣传、文娱表演和科技产品体验等方式，为广大市民切身感受“科技提高生活品质、产品服务惠及民生”提供了一次机会。7月17日，在小关街道办事处承办市科协主题为“坚持科学发展，走进低碳生活”的第十二届北京市科普之夏启动仪式。本次科普活动继续以朝阳科普工作志愿联盟单位为基础，进一步扩大了资源整合的工作范围，由27家学协会、科普教育基地等科技团体，通过讲座咨询、展览展示、互动体验等形式，向社区居民普及科学理念、宣传科学知识、传授科技技能、展示科技魅力，进一步提升科普工作的覆盖面和工作水平，助力全国文明城区创建。截至年底，各街乡共组织开展此项活动近百场，参与专家50余人，受益群众达2万人次。8月3日，为了切实推进“科普惠农兴村计划”和“科普益民计划”，区科协从加强基层科普建设，统筹关注民生出发，在全区范围内开展了“朝阳区科普示范社区”创建工作，坚持“普遍号召，鼓励参与、公平竞争、公开透明”的基本原则，对于获得“科普示范社区”称号的单位采取了“以奖代补、重点扶持”政策，调动了各街乡参与创建、争先创优的积极性，本年共有23个街乡的46个社区上报材料参加评选，经过专家评议，实地考察，有16个社区被评为区级科普示范社区，经科协推荐，在全市的科普示范社区评选中，本区的11个社区被评为市级科普示范社区。9月19日，在南磨房地区心连心广场举办主题为“文明让生活更美好”朝阳区全国科普日启动仪式暨低碳环保大型宣传活动，由此拉开了朝阳科普宣传活动序幕。全区43个街道、地区办事处结合各自工作特点，围绕节能、低碳生活主题，开展科普宣传活动百余项，受益群众达数万人。

（刘 伟）

朝阳区残疾人联合会

【概况】 朝阳区残疾人联合会（简称区残联）归口区委政法委员会管理，业务上接受市残联指导。设有办公室、组联部、教就部、康复部、财务部、活动中心、审核中心7个科室。辖区43个街道办事处、地区办事处（乡政府）均设立残联，390个社区（村）成立了残疾人协会，形成三级组织工作网络。

地址：建国路29号高碑店兴隆家园5号楼102号
电话：84552317
邮政编码：100123
网址：http://www.cycl.org.cn

（沈 立）

【主要会议】 1月15日，召开残疾人工作研讨会，就重点业务工作进行部署，双井、望京街道和豆各庄地区分别汇报了居家助残工作、核桃皮手工艺项目进展情况和绿色农疗职业康复训练基地筹建情况。4月8日，召开区政府残疾人工作委员会会议，听取并审议通过上年朝阳区残疾人工作总结及本年工作计划的报告，听取部分残工委成员单位汇报上年本单位责任制落实情况，审议通过调整后的区政府残工委成员名单和本年残工委成员单位责任制。4月28日，召开区残联第五届主席团第三次会议，听取并审议通过了区残联理事长王毅代表执行理事会作的题为《群策群力完成“十一五”，顺时应势谋划“十二五”，加快实现朝阳区残疾人事业科学发展新跨越》的工作报告，审议通过了调整后的第五届主席团委员名单。5月14日，召开残疾人工作会议暨第二代残疾人证工作总结会和残疾人家庭无障碍改造工作动员会，区残联理事长王毅作工作报告，副理事长孙一平宣读《2009年换发第二代残疾人证工作优秀单位和达标单位的表扬通知》，双井街道、豆各庄地区、朝阳第三医院作为换发第二代残疾人证工作典型单位发言。王毅代表区政府与六里屯街道办事处副主任郭艳、管庄地区办事处副主任齐鸿飞签订了本年残疾人家庭无障碍改造工作责任书。

（沈 立）

【“全国助残日”活动】 5月16日，与法制晚报社、社源传媒、搜狐公益频道在798艺术区联合举办“艺无涯、德有邻”爱心艺术家助力朝阳区残疾人手工艺人结对签约仪式。北京奥运“金镶玉”金牌设计者、工艺美术大师杨根连，清华工艺美院团委副书记毛晨悦分别和核桃皮制作项目代表、区肢残人协会副主席李楠，软陶制作项目代表、南磨房街道残联理事长赵建民签订结对子协议书。杨根连、毛晨悦、赵永魁及清华工艺美术学院的大学生被聘为首批“艺术手杖爱心大使”，定期为在职业康复劳动基地从事手工艺制作的残疾人提供全方位的艺术指导。

（沈 立）

【残疾人“人人享有康复服务”】 年内，开展残疾人“人人享有康复服务”工作自查和检查，制发《朝阳区残疾人“人人享有康复服务”终期审评方案》、《朝阳区残疾人“人人享有康复服务”审评工作宣传方案》、《朝阳区开展社区（村）残疾人康复服务达标工作标准》，夯实康复服务工作基础。编制《北京市朝阳区残疾人“人人享有康复服务”文件选编》，印制《“康复花开映朝阳”北京市朝阳区残疾人“人人享有康复服务”工作集锦》宣传画册，拍摄《“万紫千红总是春”——北京市朝阳区残疾人“人人享有康复服务”工作回眸》电视专题片，印发4万份《致残疾人朋友的一封信》，4万个环保宣传袋和和15万份康复宣传折页、社区康复手册。

（沈 立）

【残疾人职业康复中心建设工作】 年内，区残疾人职业康复中心筹建领导小组成立，成员有区政府办、市规划委朝阳分局、区财政局、区发展改革委、区编办、区住房城乡建设委、区审计局、区卫生局、区残联。副区长张春秀任领导小组组长，王毅任副组长。领导小组下设办公室，办公室主任由王毅兼任，副主任由杨泰峰兼任。组织召开第一次工作会议，明确分工职责。领导小组成员赴外地参观考察康复、职业劳动、技能培训、辅助器具服务等工作，汲取先进经验和理念。召开四次论证会和多次征求意见座谈会，对中心的功能设置和楼层布局进行论证和完善，并完成可行性研究报告的制作。

（沈 立）

【残疾人综合活动中心改造升级】 年内，完成对区残疾人综合活动中心的改造升级。新增文化活动室、书画室和形体房等功能室，内、外部均为无障碍设计，设有坡道、盲道、无障碍通道和电梯、专用扶手、标牌标识和语音提示等无障碍设施。启用后的活动中心为本区4万名残疾人提供了固定的学习交流和开展文化、艺术、体育活动的场所，丰富了精神文化生活。

（沈 立）

【“十二五”残疾人事业发展规划编制】 年内，残工委会议议定将区级残疾人事业“十二五”规划纳入各相关政府职能部门规划指标体系。形成《北京市朝阳区“十二五”时期残疾人事业发展规划》（征求意见稿），提出新五年残疾人事业发展的指导思想、总体目标、主要任务和保障措施,并向残工委成员单位征求意见和建议。

(沈 立)

【残疾人康复协会成立】 年内,成立北京市朝阳区残疾人康复协会,接受区残联、区民政局的业务指导和监督管理。制定《北京市朝阳区残疾人康复协会章程》。杨泰峰任残疾人康复协会第一届理事会名誉会长,邓玉红任会长,龙建友、黄一萍任副会长,周迎春任秘书长。残疾人康复协会有个人会员145人,团体会员15个。

(沈 立)

【枢纽型社会组织建设】 年内,加强对民办残疾人服务机构的培育和扶持,举办三届自闭症及其它发展障碍儿童康复国际研讨会。邀请加拿大、美国、英国专家授课,培养专业康复人才,摸索适合中国国情的教育康复新模式。新审批成立1家民办康复机构,全区达到16家,为10家建设改造基础设施提供"阳光家园计划"专项扶持资金74万元,为4家安装、改造监控设备。新成立9家盲人保健按摩机构,为38家提供扶持资金53万元,为60家配发郎明按摩管理系统软件,为62家办理年检手续,为2家办理迁址手续。

(沈 立)

【温馨家园和职业康复劳动基地建设】 年内,温馨家园和职业康复服务向抓运转、抓长效、抓提升方向发展。新建2家市级温馨家园,全区54家示范残疾人温馨家园建设总面积达14839平方米,长期固定上站活动残疾人1777人,指导师资224人,服务志愿者1130人。创建6家市级残疾人职业康复劳动基地,全区总数达到52个,977名残疾人从事简单劳动。引进、开发和升级山核桃工艺品制作、玉石加工、软陶制作及"隐茶杯"生产等一批新型职康项目,建立望京温馨家园手工艺品生产基地,进一步提升残疾人劳动产品的工艺水平和文化内涵,扶助残疾人实现自身价值。

(沈 立)

【走访慰问工作】 年内,走访慰问和临时救助残疾人14113人、基层单位88家,送慰问款(物)665万元。

(沈 立)

【残疾人康复工作】 年内,完成白内障复明手术2131例,免费植入人工晶体113例;给予精神病人入住康复基地补贴355人次,1583人享受免费服药,154人享受住院补贴;为13名听力残疾儿童给予免费植入人工耳蜗及耳蜗升级补贴;给予204名不满16岁残疾儿童少年社区康复训练和康复机构训练补贴;为860名肢体残疾人提供社区康复训练服务;组织60余名农村贫困残疾人免费体检,对279人进行听力障碍筛查,对584名老年残疾人进行白内障筛查;启动残疾人辅助器具服务工作,组建残疾人辅助器具评估队伍,在个性化、差异化服务方面实现突破,通过适配评估,为641人配发了辅助器具。为残疾人提供辅助用品用具1296件。对880名残联理事长、康复专干、社区(村)福利主任、康复协调员进行了30学时的培训。组织1.6万余名残疾人及其亲友、民办残疾人康复机构、社区卫生服务中心、康复技术指导中心的工作人员参观了中国国际福祉博览会。

(沈 立)

【残疾人教育培训】 年内,向243名残疾人学生和生活困难残疾人子女学生提供助学补助70.24万元,向20名考入高中和大学的残疾学生提供中高招奖励1.8万元。为5名残疾儿童提供"送教上门"服务。"六一儿童节"期间为1158名残疾学生送去价值12万元的学习用品。举办装饰装潢、网页设计等职业技能培训班,完成残疾人职业技能培训161人,111人取得执业资格等级证书。组织18名盲人考生参加全国盲人医疗按摩人员考试,其中6人通过。举办残疾人职业技能竞赛,98人参加了插花、水彩画、摄影、手工编织、计算机组装5个项目的比赛。选拔27名选手参加第五届北京市残疾人职业技能竞赛,获团体总分第四名,取得2个第一名、1个第二名、4个第三名的个人奖项成绩。

(沈 立)

【残疾人就业】 年内,开展就业援助月活动。新安置残疾人就业268人。其中,按比例安置114人,社区就业74人,集中安置12人,个体就业30人,其他形式就业38人。召开9场残疾人专场招聘会,350人次应聘,举办1场职业指导讲座,成功推荐就业70人。14名应届残疾人大学生全部就业。完成聋人职业能力测评20人。新成立9家盲人保健按摩机构,安置盲人按摩师就业37人。为9名自主创业个体就业残疾人发放扶持资金17万元。对518家用人单位给予安排残疾人就业岗位补贴和超比例安排残疾人就业奖励1108.8万元,涉及残疾人职工2146人。

(沈 立)

【按比例安置残疾人就业】 年内,审核社会单位86822家(其中网上审核15846家),按比例安置残疾人就业6326人,核收残保金3.72亿元。对23713家未进行上年残保金审核的社会单位进行催审,1423家进行补审,金额536万余元。召开按比例安置残疾人就业暨残疾人就业保障金审核代征工作表彰会,197家按比例安置残疾人就业工作先进单位的人事主管及工作人员参加。区残联理事长王毅作按比例安置残疾人就业工作报告，区地税局副局长王京秋总结上年残疾人就业保障金征缴工作。会议宣读了《关于表彰朝阳区2009年度按比例安置残疾人就业暨残疾人就业保障金审核代征工作先进单位的决定》，向连续4年超比例安置残疾人就业的突出贡献单位赠送残疾人制作的软陶工艺品。先进单位代表北京市市政六建设工程有限公司人事部部长王家良作典型发言。197家用人单位被授予"朝阳区2009年度按比例安置残疾人就业暨残疾人就业保障金审核代征工作先进单位"称号。

（沈 立）

【残疾人社会保障】 截止年底，1547人享受城镇和农村残疾人生活困难补助，1386人享受特殊困难补助，148人享受待业补助，四项补助共计247.54万元。2754人享受无固定性收入重残无业人员生活困难补助总计1328.2万元。1361名个体就业残疾人享受社会保险补贴542万余元，4695名残疾人享受城乡养老保险补贴563.9万余元。为223名重度残疾人开具专项重残人证明用于优先购买保障性住房。

（沈 立）

【残疾人文化体育活动】 年内，举办"文明朝阳，精彩有我"朝阳区残疾人文艺汇演和"尊重生命、关注健康、平等参与、分享快乐——2010年朝阳区特奥运动项目竞赛"。残疾人艺术团在北京市残疾人文化活动周期间进行了专场演出。艺术团、体育队在市残联举办的第五届残疾人社区文艺汇演、第四次"全国特奥会"活动、第二十四届残疾人棋牌比赛、第八届残疾人运动会、第一届残疾人群众体育项目展示活动、回春操比赛、乒乓球比赛和朝阳区举办的"旋舞朝阳"第四届舞蹈比赛等10余项市区文艺体育赛事中取得优异成绩。残疾人书画家联谊会举办成立十周年春季书画笔会，公开出版《十年风雨铸辉煌——北京市朝阳区残疾人书画家精品集》，并举办首发式暨书画展。残疾人文学沙龙举办"和谐与美——残疾人文学爱好者中秋赏月吟诗会"。残疾人摄影沙龙组织开展4次摄影实践外拍活动。残疾人运动员在国内外赛事中共获得柔道、射箭、游泳、轮椅篮球等项目金牌34枚、银牌15枚、铜牌5枚。

（沈 立）

【居家养老助残服务】 年内，6607名残疾人享受居家养老助残服务，818名残疾人领到居家托养补助金，为2058名重度残疾人配备"小帮手"电子服务器，向100名重度老年残疾人赠送"小帮手"手机，为700户残疾人家庭进行无障碍改造。为25个街乡配发了养老助残无障碍服务车。

（沈 立）

【无障碍监督工作】 年内，举办"营造无障碍环境，创建全国文明城区"等四次无障碍推动日主题活动，发放8.4万张宣传单、1万张宣传折页和1万个环保袋，加大无障碍监督和宣传力度。推进全国无障碍建设城市创建工作，参加联合检查10余次，组织无障碍监督员对公共服务设施进行督查整改，发放无障碍标识牌3000个。

（沈 立）

【宣传工作】 年内，举办"爱耳日"、"爱眼日"、"全国助残日"、世界精神卫生日等主题宣传教育活动。编发《朝阳区残联工作信息》58期，《朝阳区残联工作简报》54期，被《朝阳信息》、《朝阳动态》采用21条。制发《〈朝阳区残联工作信息〉采用情况通报》6期。朝阳有线台制作播出《同在蓝天下》栏目24期。出版《春雨报》3期。各类媒体报道残疾人事业新闻300余条。在《朝阳报》上刊登"同在蓝天下——朝阳区残疾人工作回眸"、"全区动员，争创全国无障碍建设城市"、"十年风雨铸辉煌——朝阳区残疾人书画家精品集出版"、"庆祝第十九个国际残疾人日——2010年朝阳区残疾人工作回眸"4个专版。

（沈 立）

【调查研究】 年内，开展《如何在残疾人事业中发挥宣传思想工作作用的研究》、《朝阳区残疾人"人人享有康复服务"工作情况调研》、《朝阳区残疾人基层党组织调研报告》、《朝阳区盲人按摩行业发展与管理的思考》、《依托福利企业、安置艺术人才、发展特殊艺术——浅谈特殊艺术的特殊发展模式》、《残疾人家庭无障碍设施改造探讨》、《建设学习型机关党组织的对策研究》等七项重点调研，形成调研报告。完成残疾人状况监测工作，监测残疾人459名。开展劳动年龄段残疾人职业培训需求调查、残疾人心理状况调查。

（沈 立）

【维权信访工作】 年内，办理残疾人证3800件。法律援助工作站与北京大嘉律师事务所签订残疾人法律援助协议，律师每周义务为残疾人提供法律咨询、代书及其他涉法服务和法律救助，服务残疾人100余人次。妥善回复和调处残疾人来信、来访、来电、网上咨询650人次，残疾人合法诉求得到及时有效处理。配合开展治理"黑车"营运行动，加强对残疾人机动轮椅车车主的宣传、教育和管理。

（沈 立）

【交流与合作】 年内，接待外交部党校学员到残疾人温馨家园进行国情考察，与德国、法国、英国、古巴、墨西哥、台湾、香港、上海、广东、深圳、内蒙古、湖北、山东、天津等国内外的残疾人和残疾人组织加强交流与合作,学习借鉴先进做法和经验。

(沈 立)

【基层残疾人组织建设】 年内,东湖街道办事处筹备处残疾人联合会成立。截至年底,43个街道、地区成立了残疾人联合会,组建率达100%,配备43名正科级专职理事长,86名专职残疾人工作者和43名残疾人协管员。390个社区、村成立了残疾人协会,选聘残疾人专职委员380名,三级组织工作网络不断完善。举办10余次培训班,对基层残联主管领导、残疾人工作者进行系统培训。

(沈 立)

【残疾人专门协会工作】 年内,残疾人专门协会密切联系残疾人及其亲友,组织开展了42次适合本类别残疾人的活动,参与残疾人达5670余人次。肢残人协会举办"爱即无碍——无障碍改造进家庭有奖征文活动";聋人协会与天津市南开区聋人协会开展友谊互访活动;盲人协会开展"我读书、我受益、我快乐"读书征文活动;精神残疾人亲友会召开康复工作经验交流会;智力残疾人亲友会举办迎春联欢会。

(沈 立)

【残疾人党建工作】 3月11日,望京、六里屯、双井、小关4个街道同时成立首批街道残联党总支部。截止年底,在6个街道建立残联党总支部、33个社区残协建立党支部,在1家民办康复机构——朝阳区启蕊康复中心成立党支部,服务覆盖残疾人党员645人。发挥党组织的凝聚力,以温馨家园为平台,定期组织丰富多彩的党员活动,积极为残疾人排忧解困。年内发展残疾人党员2名。

(沈 立)

【队伍建设】 年内,深入开展创先争优活动,制定《关于在党员中深入开展创先争优活动的实施方案》。党支部为东方博爱儿童福利院送去20辆儿童推车、80套儿童蚊帐等生活用品,对退休老党员及六里屯街道社区残协党支部开展走访慰问活动,与曙光里社区、兴隆家园社区开展结对共建,与延庆县、内蒙古突泉县对口帮扶。积极创建学习型党组织,组织党员到李大钊纪念馆参观学习,组织观看了《第一书记》、《老百姓是天》等教育影片,配发了《科学发展观学习读本》、《沈浩日记》等学习书籍,印发并组织学习《朝阳区残联加快推进残疾人社会保障体系和服务体系建设学习资料汇编》、《朝阳区残联机关贯彻〈干部选拔任用条例〉和"四项监督制度"学习培训资料汇编》,促进全体党员提升履职水平。开展"听呼声、走百家、送服务"为民实践活动和"城乡统筹,文明先行"主题社会实践活动,推进"社会矛盾化解、社会管理创新、公正廉洁执法"三项重点工作。全体党员积极响应"共产党员献爱心"活动,捐款4500元。全面推进廉政风险防范管理工作,针对可能发生的因教育、制度、监督不到位和党员干部不能廉洁自律而产生的思想道德风险、岗位职责风险和制度机制风险,查找风险点33个,其中向3个拥有公共权力的科级单位进行了延伸,查找风险点15个,制定防控措施18条,完善了4项规章制度,制定了1个检查考核办法。

(沈 立)

【全国文明城区创建工作】 年内,成立了以理事长王毅为组长,副职领导为副组长,各部室主任、副主任为成员的朝阳区残联创建全国文明城区工作领导小组,制定了《朝阳区残联创建全国文明城区工作实施方案》。成立档案管理组、宣传信息组两个工作组,上报档案材料73件,13条信息被《朝阳区创建全国文明城区简报》采用。做到创建工作与队伍建设、业务工作、任务指标和工作责任落实"四个对接"。不断提高残疾人保障覆盖率,制定《朝阳区残疾人保障覆盖情况统计表》,完成38653名在册残疾人保障覆盖情况统计工作。结果显示,上年残疾人保障覆盖率为99.43%,本年残疾人保障覆盖率为99.41%。两年平均数为99.42%,高于全国文明城区指标要求。

(沈 立)

朝阳区红十字会

【概况】 朝阳区红十字会是区政府直接领导联系的社会救助团体。内设办公室和业务科,有工作人员9名。9月份正式成立朝阳区红十字应急救护教培训中心,编制3人,在编1人。年内,获中国红十字会总会报刊宣传贡献奖,募捐工作获北京市红十字会特殊贡献奖,"红十字与世界城市知识竞赛"获三等奖。年底,办公地点由区政府大院北楼三层搬至团结湖北5条8号楼一层。

地址:团结湖北5条8号楼一层
电话:65094673
邮编:100026

(孙宏娟)

【组织建设】 3月20日,成立全市第一家非公经济领域红十字工作委员会——工商联系统红十字工作委员会,为工商联系统红十字工作委员会的首批31家团体会员单位颁发了证书;建立了规范的《朝阳区工商联系统红十字工作委员会组织规程(试行)》和《朝阳区工商联系统红十字博爱救助基金的管理办法》。8月20日,召开朝阳区红十字会第八次会员代表大会,审议并通过了《坚持以人为本、凝聚人道力量,在新的起点上服务朝阳又好又快发展》的工作报告和《朝阳区红十字事业2010—2015年发展规划》。选举产生八届理事会理事、常务理事、会长、常务副会长、副会长、秘书长。

（孙宏娟）

【志愿服务】 5月4日，区红十字会应急救护教育宣讲团荣获“阳光先锋”专业志愿者团队称号。6月份，为13所高校2000名“阳光接力志愿者”开展应急救护培训，并为所有志愿者免费提供交通意外伤害保险。10月，在北京青年政治学院开展造血干细胞志愿者发动工作，有259名青年捐献了造血干细胞血样。此外，应急救护培训高级讲师、优秀红十字志愿者叶如陵代表北京市到上海世博会、广州亚运会开展志愿服务工作。年内，与团区委联合开展“阳光接力”志愿服务行动，通过结对帮扶、定期扶助的形式，为社区内患大病、生活贫困、生活不能自理的老年人，开展清扫、聊天、急救和健康知识宣传等志愿服务。

（孙宏娟）

【交流与合作】 9月17日与平谷区红十字会建立了友好合作关系；10月19日，接待韩国首尔红十字会代表团考察六里屯社区卫生服务中心敬老爱老志愿服务基地、司堃范爱心工作室志愿服务基地。与湖北省十堰市红十字会开展对口支援活动，捐赠价值60万元房车一部；向内蒙古克什克腾红十字会捐赠人道救助款5万元和价值万元的棉服等物品。年内，组织机关干部分别到重庆市红十字会、江苏省南通市红十字会考察学习；组织红十字系统干部到上海世博会参观国际红十字会馆。

（孙宏娟）

【募捐活动】 年内，接收和募集善款总额1267.15万元。其中，“博爱在京城、博爱在朝阳”捐款647.56万元；自然灾害性捐款619.59万元，其中：为玉树捐款483.57万元，为舟曲捐款71.73万元，为南方旱灾水灾捐款59.38万元，为海地捐款4.91万元。全年共接受社会各界爱心单位捐赠米、面各1900份，食用油450桶，物资4539件，折合人民币330.57万元。9月7日，与北京商务中心区管理委员会、北京春风智慧投资咨询有限公司联合举办“情系舟曲、贡献爱心”大型慈善义讲活动，近100人参加慈善义讲会，收到义卖和捐赠的善款折合人民币6万余元。

（孙宏娟）

【救助活动】 年内，博爱募捐救助款发放271.41万元，救助3179人。其中，区红会发放博爱救助款81.64万元。“两节”慰问发放24.87万元，支持助老基地发放9万元，助学发放5万元，应急救助发放33.58万元，定向对口支援9.19万元。少儿大病救助款发放61.5万元救助59人。通过街、乡（地区）红会对社区困难群体进行生活救助，发放救助款128.27万元，救助家庭653户。

（孙宏娟）

【救护培训】 年内，应急救护培训首次列入区政府为民办实事工程，以市民、在校师生、重点行业为对象，完成应急救护培训任务60506人、培训师资130余人。建立5个培训联络站。为40多名处级干部及125名军转干部、57名公务员、2662名公安干警进行了应急救护教育培训。

（孙宏娟）

【宣传活动】 年内，完成了区红会网站的交接更换及版块调整并率先开通在线交流功能。开展了以“红十字与文明朝阳同行”为主题的创建全国文明城区系列活动，在朝阳有线“和谐在线”开辟专题栏目，传播红十字“人道、博爱、奉献”精神，广泛动员群众参与应急救护培训、赈济救助、志愿服务等活动。积极参与“文明传递进社区”主题系列活动，发放红十字宣传折页5000余份、《家庭应急救护知识手册》2万册，编发《朝阳红十字简报》26期，网上刊发新闻信息80多篇。

（孙宏娟）

【红十字青少年】 年内，学校红十字工作委员会以争创健康促进校为契机，完成全区3万余师生的救护培训工作，17所学校通过健康促进校验收。“5.8”世界红十字日活动期间，劲松职高、劲松一中、垡头二小选派红十字青少年组成的高中生组、初中生组、小学生组，参加了北京市群众性应急救护演练，全部荣获最佳团体奖，区红十字会荣获优秀组织奖。5.12全国防灾减灾日期间，区红十字会与区应急办、区教委、区人防办在北京市忠德学校举行避险逃生疏散和应急救护演练活动。

（孙宏娟）

朝阳区慈善协会

【概况】 朝阳区慈善协会是非营利社会团体法人。内设办公室、宣传部、募捐部，有工作人员16名。

地址：朝阳公园南路19号
电话：65920669
邮编：100125

（王利华）

【调整机构设置】 1月28日，协会进行内部机构临时调整。设置综合部、财务部、宣传部、救助部、筹募部，共5个部门，确定部门临时负责人。11月9日，协会部门重新调整为：办公室，宣传部，募捐部，并对原5名部门临时负责人进行述职测评，确定3名同志正式担任部门负责人。

（王利华）

【主要会议】 1月26日,召开第二次会员代表大会。市慈善协会常务副会长朱蓉先、副区长张春秀及126名会员出席大会。大会先后表决通过第一届理事会工作报告、财务报告、监事会报告,并表决通过第二届理事会成员、监事会成员建议名单。第二届理事会新任会长李靓发言并宣布荣誉职务名单。8月6日,召开本年度上半年工作总结会。

（王利华）

【主要活动】 2月10日,开展第四届"朝阳慈善情—新春大联欢"活动。设1个主会场与36个分会场,各界代表共5300人参加,其中受助群众4400人,使用善款58.43万元。2月14日—19日春节期间,在朝阳公园、东岳庙开展"捐一元钱,献一份爱"活动,有2万人参与,募集善款8.6万元。5月1日—3日,在朝阳公园开展"捐一元钱,献一份爱"募捐活动,累计5563名群众参与,募集善款7868元。10月1日—3日,在朝阳公园开展"捐一元钱,献一份爱"募捐活动,有2512名群众参与,募集善款3002元。4月20日,在全区范围内号召开展"凝聚爱心 情暖玉树"抗震救灾活动,共计募集善款706.66万元。5月21日,区金融办向朝阳区慈善协会捐赠783个义工小时,为东方博爱儿童福利院、养老院提供志愿服务。5月22日,启动"携手夕阳情,爱生活失能老人"试点项目,向团结湖街道65－79岁之间的40名低保、低收入的生活失能老人发放救助券,使用善款3.87万元。6月,与区委组织部联合开展"共产党员帮扶"项目,对842名困难党员进行慰问,使用善款101.3万元。7月1日－9日,与区委组织部在全区范围内联合开展"共产党员献爱心"活动,约9万名党员群众参与,募集善款392.02万元。7月27日,与区民政局双拥办共同举办"心系子弟兵 关爱到军营"庆祝八一建军节活动,并在活动现场向87名受助官兵发放双拥慈善救助款21.7万元。8月,在全区范围号召开展"凝聚爱心 情暖舟曲"抗洪救灾活动,募集善款173.37万元。12月3日"首都慈善日",开展"携手慈善 情系夕阳"助老项目,向居住在朝阳区敬老院的3000名老人送去手摇式发电收音机,使用善款42.35万元。12月24日,向什邡市慈善会捐赠444.71万元,用于什邡市中小学心理咨询室建设。12月,与区委组织部联合开展"共产党员帮扶"项目,对859名困难党员进行慰问,使用善款117.9万元。

（王利华）

【支部工作】 3月8日,党支部开展"凝聚你我爱心 关爱空巢女性"活动,对东风、朝外、呼家楼100名70岁以上困难空巢女性进行慰问,使用善款5844元。6月1日,党支部开展"携手慈善情 关爱孤残儿童"活动,向区东方博爱儿童福利院80余名孤残儿童送去社会的关爱,使用善款2.53万元。6月30日,党支部与团结湖街道工委联合看望街道3名失能困难老党员,使用善款2438元。9月19日,与区政府办党总支一行30余人到东方博爱儿童福利院,开展"携手慈善情 关爱孤残儿童"活动,使用善款1.6万元。

（王利华）

【学习考察】 10月12日,由区人大常委会副主任孔德琴带队,区慈善协会及区相关部门赴台湾考察,与慈济慈善基金会进行交流。10月22日,常务副会长晏昭带队一行10人赴上海参观"世博会"。11月28日,会长李靓带队一行4人赴江苏省慈善总会、无锡市慈善总会学习考察。

（王利华）

政权　政协

北京市朝阳区人民代表大会常务委员会

【概况】　北京市朝阳区人民代表大会常务委员会是朝阳区人民代表大会常设机构。年内，召开常委会会议7次，主任会议10次，审议议题48项；听取审议"一府两院"专项工作报告14个、议案办理情况报告1个；围绕区委重要工作部署和事关人民群众切身利益的重大事项，作出决议、决定17项；依法任免国家机关工作人员94人次。组织召开区十四届人民代表大会第五次会议。

地址：安立路0号

电话：65094479

邮编：100107

（邢浩铭）

【主任会议】　1月6日，区十四届人大常委会召开第二十四次主任会议，决定区十四届人大五次会议有关事项。2月3日，召开第二十五次主任会议。决定区人大常委会第二十三次会议有关事项，讨论通过了《朝阳区人大常委会主任、副主任接待代表制度（修订草案）》。4月12日，召开第二十六次主任会议，听取第二十四次常委会有关议题的汇报。6月8日，召开第二十七次主任会议。听取电子城管委会常务副主任王文军关于电子城功能区发展情况的汇报、区城管监察大队大队长吴熙盛关于区城市管理监察工作情况的汇报、区绿指办副主任孟旭关于继续落实2009年人大议案中郊野公园建设任务的汇报，决定了区人大常委会第二十五次会议有关事项。8月17日，召开第二十八次主任会议。决定了区人大常委会第二十六次会议有关事项，听取区农委主任陈晓东关于加强城乡统筹，推进农村地区社区建设情况的汇报，区人大常委会农村工作委员会主任张建顺汇报了调研意见。10月11日，召开第二十九次主任会议。决定了区人大常委会第二十七次会议有关事项。听取区创建办常务副主任吕岚关于创建全国文明城区工作情况的汇报，区人大常委会教科文卫工作委员会主任张克成汇报了调研意见。11月1日，召开第三十次主任会议。通过了补选区人大代表工作事宜。12月8日，召开第三十一次主任会议。决定了区人大常委会第二十八次会议有关事项。12月16日，召开第三十二次主任会议。决定在区人大常委会第二十八次会议中增加补选市人大代表议题。12月29日，召开第三十三次主任会议。决定了区人大常委会第二十九次会议有关建议议程。决定了区十四届人大六次会议有关事项。

（邢浩铭）

【常委会会议】　1月21日，区十四届人大常委会召开第二十二次会议。会议根据主任会议的提请，决定许可河北省故城县人民检察院对朝阳区第十四届人民代表大会代表黄登科采取拘留、逮捕强制措施。并责成常委会办公室函告故城县人民检察院。2月10日，召开第二十三次会议。审议通过了《朝阳区人大常委会2010年工作要点（草案）》，区人大常委会办公室主任朱春霞对该草案作了说明。审议通过了《朝阳区人大常委会代表工作规则（修订草案）》和《朝阳区人大常委会代表联系选民办法（修订草案）》。区人大常委会代表联络室副主任王宁对两项制度的修订情况作了说明。决定了区人民法院副院长任职事项。任命白彦为北京市朝阳区人民法院副院长。4月22日，召开第二十四次会议。听取并审议了区政府副区长张春秀所作的关于加强公共卫生体系和基层卫生服务体系建设情况的报告；区人大常委会教科文卫工作委员会主任张克成汇报了对该项工作的调研意见。听取并审议了区检察院检察长王立所作的关于公诉工作情况的报告，区人大常委会内务司法工作委员会主任侯湘君汇报了对该项工作的调研意见。决定区政府人事任免事项。免去汪洋北京市朝阳区社会建设工作办公室主任职务。任命张永新为北京市朝阳区社会建设工作办公室主任。决定区法院人事任免事项。免去夏俭军、刘双玉北京市朝阳区人民法院副院长、审判委员会委员、审判员职务;姜春玲北京市朝阳区人民法院双桥人民法庭庭长、审判员职务;王继红北京市朝阳区人民法院审判委员会委员、立案庭庭长、审判员职务;侯军北京市朝阳区人民法院执行第一庭庭长、审判员职务;汪冬北京市朝阳区人民法院酒仙桥人民法庭副庭长职务;骞一欣北京市朝阳区人民法院奥运村人民法庭副庭长、审判员职务;李昊北京市朝阳区人民法院执行第二庭副庭长、审判员职务;孙京、杨彦军、李晓兵、郑淑会、范秀兰北京市朝阳区人民法院审判员职务。任命汪冬为北京市朝阳区人民法院执行第一庭庭长;夏劲松为北京市朝阳区人民法院立案庭庭长。决定区检察院人事任免事项。免去张凌北京市朝阳区人民检察院副检察长、检委会委员职务;温军北京市朝阳区人民检察院检察员职务。任命刘雪虹、宋春、孙可宏、晋合军为北京市朝阳区人民检察院检察员。6月25日,召开第二十五次会议。听取并审议了副区长刘希泉代表区政府所作的关于土地储备工作情况的报告;区人大常委会城建环保工作委员会主任李金山汇报了对该项报告的调研意见。听取并审议了区审计局局长刘野受区政府委托所作的关于2009年朝阳区预算执行和其他财政收支的审计工作报告;区人大常委会财政经济工作委员会主任董万立汇报了对该项报告的初审意见。听取并审议了区财政局局长邹立嵩受区政府委托所作的关于朝阳区2009年财政决算的报告;区人大常委会财政经济工作委员会主任董万立汇报了对该项报告的初审意见;会议表决通过了朝阳区第十四届人民代表大会常务委员会关于批准朝阳区2009年财政决算的决议。审议了区政府关于贯彻实施《中华人民共和国食品安全法》工作情况的书面报告;听取并审议了区人大常委会执法检查组副组长张克成所作的关于《中华人民共和国食品安全法》执法检查情况的报告。听取并审议了区法院院长李瑞翔所作的关于立案审判工作情况的报告;区人大常委会内务司法工作委员会主任侯湘君汇报了对该项报告的调研意见。决定区法院人事任免事项:免去郭莉蓉北京市朝阳区人民法院民事审判第二庭庭长职务,申红北京市朝阳区人民法院王四营人民法庭庭长职务,毛力北京市朝阳区人民法院行政审判庭庭长职务;任命滑争鸣、郭莉蓉为北京市朝阳区人民法院副院长,曹志刚为北京市朝阳区人民法院审判委员会委员,白彦为北京市朝阳区人民法院审判委员会委员、审判员,李宝贵为北京市朝阳区人民法院审判委员会委员,申红为北京市朝阳区人民法院双桥人民法庭庭长,孙京昆为北京市朝阳区人民法院望京人民法庭庭长,朱旭辉为北京市朝阳区人民法院刑事审判第二庭庭长,朱军巍为北京市朝阳区人民法院行政审判庭庭长,石岩为北京市朝阳区人民法院双桥人民法庭副庭长,贾丽英、徐清岱、公青、郭强、普翔、甄玉斌、童雪菲、冯慧、汪雪明、张海文、刘黎、卞京英、杨威、王兴华、刘曦、刘焰华为北京市朝阳区人民法院审判员。决定区检察院人事任免事项:免去王彬北京市朝阳区人民检察院检察员职务;任命肖中华为北京市朝阳区人民检察院副检察长、检察委员会委员、检察员。书面审议了区政府关于落实区人大常委会第十八次会议审议意见的办理报告。(一)区政府关于落实《中华人民共和国老年人权益保障法》、《北京市老年人权益保障条例》有关情况的报告;(二)区政府关于落实区人大常委会对《关于朝阳区2008年财政决算的报告》审议意见办理情况的报告。8月27日,召开第二十六次会议。决定人事任免事项。任命张立新为北京市朝阳区人民政府副区长。听取并审议了常务副区长吴桂英代表区政府所作的关于CBD东扩发展与规划工作情况的报告;区人大常委会财政经济工作委员会主任董万立汇报了对该项工作的调研意见。听取并审议了区发展和改革委员会主任王亚贵受区政府委托所作的关于朝阳区2010年国民经济和社会发展计划上半年执行情况的报告;区人大常委会财政经济工作委员会主任董万立汇报了对该项报告的初审意见。听取并审议了区财政局局长邹立嵩受区政府委托所作的关于朝阳区本年财政预算上半年执行情况的报告;区人大常委会财政经济工作委员会主任董万立汇报了对该项报告的初审意见。听取并审议了副区长赵全保代表区政府所作的关于全面推进依法行政加强法制政府建设情况的报告;区人大常委会内务司法工作委员会主任侯湘君汇报了对该项工作的调研意见。书面审议了区十四届人大常委会第二十五次会议任命人员就职报告。10月22日,召开第二十七次会议。听取并审议了副区长张春秀代表区政府所作的关于开展"五五"普法工作情况的报告;区人大常委会内务司法工作委员会副主任刘长利汇报了调研意见。听取并审议了副区长张春秀代表区政府所作的关于办理《进一步改善民生,加强朝阳区养老服务体系建设》议案情况的报告;区人大常委会内务司法工作委员会副主任刘长利汇报了调研意见。听取并审议了副区长刘希泉代表区政府所作的关于加快农村产业发展,加强农民培训,促进农民就业工作情况的报告;区人大常委会农村工作委员会主任张建顺汇报了调研意见。听取并审查了区财政局局长邹立嵩受区政府委托所作的朝阳区2010年预计超收收入使用方案，会议经过审议，决定批准朝阳区2010年预计超收收入使用方案。决定了区人大常委会人事任免事项。免去赵年生朝阳区人大常委会团结湖街道工作委员会主任职务；马龙朝阳区人大常委会六里屯街道工作委员会主任职务；于海波朝阳区人大常委会双井街道工作委员会主任职务；付义军朝阳区人大常委会和平街街道工作委员会主任职务；刘伯韬朝阳区人大常委会小关街道工作委员会主任职务；郑宇朝阳区人大常委会香河园街道工作委员会主任职务；闫宾朝阳区人大常委会望京街道工作委员会主任职务。任命付义军为朝阳区人大常委会六里屯街道工作委员会主任；赵年生为朝阳区人大常委会双井街道工作委员会主任；刘伯韬为朝阳区人大常委会望京街道工作委员会主任。决定了区人民法院人事任免事项。免去董更朝阳区人民法院刑事审判第一庭副庭长、审判员职务；谢甄珂朝阳区人民法院民事审判第三庭副庭长、审判员职务；任颂朝阳区人民法院民事审判第四庭副庭长、审判员职务；彭诚朝阳区人民法院执行第二庭副庭长职务；丁国祥朝阳区人民法院审判员职务。任命彭诚为朝阳区人民法院酒仙桥人民法庭副庭长；吴小军为朝阳区人民法院刑事审判第一庭副庭长、审判员；杜宗杰为朝阳区人民法院刑事审判第二庭副庭长、审判员；刘德恒为朝阳区人民法院民事审判第一庭副庭长、审判员；鲁曼为朝阳区人民法院民事审判第二庭副庭长、审判员；王玲为朝阳区人民法院民事审判第二庭副庭长、审判员；李戈为朝阳区人民法院南磨房人民法庭副庭长、审判员；牛冬华为朝阳区人民法院王四营人民法庭副庭长、审判员；吴岩为朝阳区人民法院双桥人民法庭副庭长、审判员；江诗伟为朝阳区人民法院奥运村人民法庭副庭长、审判员；尚莉莉为朝阳区人民法院亚运村人民法庭副庭长、审判员；赵彤为朝阳区人民法院温榆河人民法庭副庭长、审判员；张华为朝阳区人民法院立案庭副庭长、审判员；王巍为朝阳区人民法院审判监督庭副庭长、审判员；王振杰为朝阳区人民法院执行第二庭副庭长；胡显发、冯燕、付艳、王丽英、吴彬、王敏为朝阳区人民法院审判员。决定了区人民检察院人事免职事项。免去冉云梅、孙杨北京市朝阳区人民检察院检察员职务。12月21日，召开第二十八次会议。听取并初步审查了常务副区长吴桂英所作的《关于朝阳区国民经济和社会发展第十一个五年规划完成情况和第十二个五年规划纲要(草案)主要内容的报告》。听取并初步审查了区财政局副局长欧晓勋受区政府委托所作的《关于朝阳区2011年财政预算草案主要内容的报告》。听取并审议了常务副区长吴桂英代表区政府所作的关于办理朝阳区十四届人大五次会议代表建议、批评和意见的报告，书面审议了区人大常委会、区法院、区检察院的办理报告，区人大常委会代表联络室主任孙立作了关于朝阳区十四届人大五次会议代表建议、批评和意见督办情况的报告。会议要求，根据《中华人民共和国全国人民代表大会和地方各级人民代表大会代表法》的规定，建议办理报告印发全体代表。决定区十四届人大六次会议有关事项。会议表决通过了关于召开朝阳区第十四届人民代表大会第六次会议的决定，定于2011年1月5日—8日召开区十四届人大六次会议。表决通过了会议建议议程(草案)，各代表团召集人名单(草案)，主席团、秘书长建议名单(草案)，国民经济、社会发展计划和财政预算审查委员会主任委员、副主任委员、委员建议名单(草案)，议案审查委员会主任委员、副主任委员、委员建议名单(草案)。表决通过了会议列席人员的决定。区人大常委会办公室主任朱春霞作了相关说明。讨论通过了朝阳区人民代表大会常务委员会工作报告(讨论稿)。区人大常委会办公室主任朱春霞作了说明。会议原则通过该项报告，决定会后由起草小组根据常委会组成人员的意见和建议，结合各代表团分团活动时对报告提出的讨论意见进一步修改完善，经主任会议审定，提请区十四届人民代表大会第六次会议审议。决定了补选市人大代表事项。会议补选叶青纯为北京市第十三届人民代表大会代表，报北京市人民代表大会代表资格审查委员会确认其代表资格。书面审议区政府关于落实区人大常委会对《区政府关于2009年预算执行和其他财政收支审计工作报告》审议意见的报告。

(邢浩铭)

【召开十四届人大五次会议】 1月12日，朝阳区第十四届人民代表大会第五次会议在北京国际会议中心开幕，市人大常委会副主任刘晓晨，区委书记陈刚，区委副书记、区长程连元，区人大常委会主任王力军，区政协主席辛燕琴，区委副书记宋连娣和大会主席团其他成员出席开幕式。大会于1月15日闭幕。大会举行了四次全体会议，并进行了分团审议。听取、审议了《政府工作报告》、《关于朝阳区2009年国民经济和社会发展计划执行情况与2010年国民经济和社会发展计划草案的报告》、《关于朝阳区2009年财政预算执行情况和2010年财政预算草案的报告》、《朝阳区人民代表大会常务委员会工作报告》、《朝阳区人民法院工作报告》、《朝阳区人民检察院工作报告》，并通过了6个报告的决议。依法进行了选举。与会全体区人大代表表决通过了《北京市朝阳区第十四届人民代表大会第五次会议选举办法》,依法选举张建顺为朝阳区人民代表大会常务委员会委员,李瑞翔为朝阳区人民法院院长。确立了大会议案。大会主席团审议通过了议案审查委员会提交的议案审查报告,决定将张绍刚等15名代表提出的“关于朝阳区养老服务体系建设”;樊献勇等12名代表提出的“关于朝阳区建立和完善养老服务体系”;连玉明等19名代表提出的“应对人口老龄化,统筹推进朝阳养老事业发展”;雷红等10名代表提出的“人口老龄化问题日益凸显,养老问题亟待解决”;闫红霞等11名代表提出的“进一步改善民生,加强朝阳区养老服务体系建设”;何深思等11名代表提出的“朝阳区老龄化社会已经形成,并面临巨大挑战。建议政府在政策法规方面尽早出台措施,完善相应管理制度,以应对老龄化社会转型的需求,实现社会和谐”;范春莉等14名代表提出的“关于完善社会为老服务保障体系,积极应对老龄化社会各种问题”共7件议案合并为一项,确立为大会议案,交区人民政府办理,由区人大常委会审议。组织人大代表询问活动。区人大常委会、区政府、区法院、区检察院领导,部分市人大代表及区政府49个职能部门在活动现场接受了区人大代表的询问,解答了代表提出的问题。举办专题座谈会。区政府领导及39个政府职能部门负责人,围绕经济和社会事业发展两个专题,与部分区人大代表进行了座谈。

(邢浩铭)

【工作会议】 3月22日,区人大常委会召开区人大系统信息工作会,总结了上年度区人大系统信息工作,部署了本年区人大系统信息工作任务。市人大常委会巡视员、办公厅副主任张凤华,区人大常委会副主任闫学锋出席会议。8月12日—13日,区人大常委会召开乡人大工作会议。区人大常委会副主任闫学锋、孔德琴出席会议。各乡人大主席、副主席和工作人员参加会议,围绕区委人大工作会议精神贯彻落实情况和2011年乡人大换届选举面临的形势和问题进行了研讨。9月8日—11日,区人大常委会在北京国际会议中心举行全国十五城市市辖区人大工作研讨会第四十次会议。市人大常委会副主任刘晓晨,区领导陈刚、王力军、吴桂英、闫学锋、李国、于五一、孔德琴、杨文良出席会议。朝阳区与沈阳市铁西区、广州市越秀区、西安市碑林区、南京市建邺区等共15个城市市辖区人大常委会的100名代表出席会议,就“如何提高代表建议、批评和意见督办水平”进行了研讨和交流,并印发了研讨文章汇编。

(邢浩铭)

【代表活动】 4月29日,区人大常委会召开人大代表培训会,并举行了文明城区创建主题活动启动仪式。区领导王力军、吴桂英、谢莹、刘英男出席会议。区人大常委会副主任于五一主持会议。200余位市、区人大代表参加会议。区人大常委会主任王力军传达了区委十届十二次全会和区委人大工作会议精神,并就区人大常委会开展的“为文明倾心注情,为发展献策出力”主题活动进行了动员。6月22日、23日,区人大常委会举办代表培训系列专题报告会。邀请外交部政策规划司副司长戚振宏、北京WTO事务中心主任邓洪波,分别就“国际形势和外交工作”、“把握发展规律,探索北京建设世界城市模式”进行了专题报告。区人大常委会主任王力军,副主任闫学锋、李国、于五一、孔德琴出席报告会。

(邢浩铭)

【领导调研】 5月7日,市人大常委会主任杜德印到本区调研城乡一体化情况。先后到高碑店乡高碑店村、崔各庄乡大望京村和何各庄村调研。市人大常委会副主任赵凤山,秘书长唐龙及区领导程连元、王力军、刘希泉、闫学锋等陪同。

(邢浩铭)

北京市朝阳区人民政府

概　述

年内,区域经济平稳较快发展,继续保持全市领先地位。实现地区生产总值2804.2亿元,同比增长17.8%;区级财政收入234.3亿元,同比增长22.9%。全国文明城区创建不断深入,城乡一体化建设步伐加快,农村基础设施和农民安置房建设全面推进,全模式社会服务管理体系初步形成,城市建设和社会管理水平进一步提升。城市绿化覆盖率达到45%,农展馆、奥体中心子站二级以上天数分别达到78.3%和75.6%。人民生活水平明显提高。城镇登记失业率控制在1%以内。社会保障制度实现全覆盖,农村养老保险覆盖率达到98%。城乡居民收入同比分别增长9.1%和10.2%。

着力调整结构,提升经济发展质量。坚持规划引导,切实转变经济发展方式，经济结构更加优化，国际化特色更加明显，发展的持续性和协调性不断增强。抓政策落实，优化区域发展环境。加强商业配套设施建设，改造提升特色商业街区和农村有形市场，优化消费环境，扩大消费需求和规模，全年社会消费品零售额增长17.5%。加大融资协调服务力度，加快推进重大项目和重点区域建设，简化行政审批，优化办事流程，保持投资稳定增长，全社会固定资产投资额增长11.9%。完善联动机制，鼓励各部门、各街乡深入了解企业需求，主动帮助企业解决实际问题，在全区形成了服务企业发展的良好氛围。抓功能性项目，深化产业结构调整。规模以上现代服务业实现收入51275亿元，同比增长24.3%，对财政收入增长的贡献度达到56%。中国国际期货总部等45家金融机构入驻，金融机构总量占全市的25%。以文化传媒、旅游休闲、设计创意为主导的文化创意产业快速发展，新增企业3819家，企业总量约占全市的60%，预计实现收入1477亿元，同比增长15%。联合中央在京企业、民企、技术协会，成立移动通讯、生命科学和新能源产业联盟，培育战略性新兴产业，高技术产业稳步增长。出台促进和保护知识产权"1+8"政策措施，专利申请量增长18%，技术合同成交额增长20%，区域创新驱动能力明显增强。抓功能区建设，优化产业空间布局。积极探索土地入市与后期产业发展有机对接的新机制，CBD核心区规划、拆迁、土地入市和项目招商工作有序推进，东扩区重点地块取得一级开发授权批复。出台金盏、电子城等园区项目集约利用土地标准，电子城功能区建设稳步推进，ABB三期、望京科技园三期投入使用，驼房营路等8条园区道路完工，北扩区基本完成拆迁。奥运场馆改造和赛后利用成效明显，世界武搏会等国际大型活动成功举办，奥林匹克公园接待游客突破4500万人次，5A级景区创建工作进展顺利，成为北京旅游新地标。CBD—定福庄国际传媒产业走廊规模效应初步显现。大望京科技商务创新区大部分地块完成入市交易。金盏金融服务园区标准化写字楼一期主体工程竣工，园区道路加快建设，重点项目引进取得新进展。垡头商务总部基地、东坝国际商贸中心的产业定位和规划基本明确。温榆河功能区基础设施建设和拆迁腾退工作有序推进。抓高端要素聚集，提高区域国际化水平。成功举办CBD国际商务节、世界城市国际论坛等活动，搭建国际交流平台，实施朝阳"凤凰计划"，完善人才引进与服务机制，促进高端资源和人才聚集。新增沃尔沃等跨国公司地区总部12家、外资金融机构13家、国际组织6家。全区跨国公司地区总部达到59家，占全市的72%；世界500强企业累计投资项目达到266个，占全市的44.8%；外资金融机构达到252家，占全市的65%。实际利用外资24亿美元，同比增长10.1%，占全市的37.8%。进出口总额达到1248.7亿美元，同比增长48.7%，占全市的41.4%。

着力推进城乡统筹，提高区域发展综合承载能力。坚持区域协调发展，统筹城乡规划、建设、运行、管理、发展和服务，着力破解发展中的突出矛盾和主要问题，城乡一体化建设步伐明显加快，城乡建设管理水平进一步提高。统筹推进农村城市化。稳步实施土地储备，统筹41个村拆迁腾退工作，累计腾退住宅674万平方米、非住宅715万平方米，分别完成总量的95%和71%，启动300万平方米安置房建设，公共服务配套和周边市政基础设施建设同步推进。严格控制违法建设，共拆除违建179万平方米。9个市级重点村环境整治工作有序推进。基本完成绿隔地区"一乡一策"规划调整，启动农民新村建设139.5万平方米，2.5万人实现搬迁腾退。农村体制改革取得重要进展。切实加强城乡基础设施和环境建设。启动百条道路建设和微循环改造，温榆河大道等15条道路建成通车，打通断、堵头路15处，大中修道路50条，维修社区路30条。全力推进5条轨道交通的拆迁任务，保障了工程建设进度。加大环境整治力度，街面环境秩序乱点得到有效治理。新增、改造绿化面积200公顷，建成清河营公园、大望京公园等一批景观亮点，累计开放郊野公园25个。认真落实控制大气污染措施，推进节能减排，完成72.8万平方米建筑节能改造，淘汰黄标车4147辆，提前实现空气质量改善目标。实施萧太后河等水环境治理，建成3个污水达标排放试点小区，城市污水处理率达到92%。推进生活垃圾分类工作，182个社区、66万户居民实现垃圾分类收运，垃圾循环利用率达到55%。垃圾焚烧处理厂日处理垃圾达到1600吨，餐厨垃圾处理厂建成并开始调试运行。全力维护城市运行安全和社会稳定。初步构建全模式社会服务管理系统，城市管理运行机制更加完善。探索统筹解决人口问题长效机制，规范管理出租房屋，人口服务管理工作进一步加强。规范机动车停车秩序，开展路侧停车规范化管理试点，整合车位1.4万个，缓解停车压力。加强公共安全风险管理和隐患排查，规范应急预案体系，成立区应急综合救援支队，应急处置能力得到提升。加强街乡安全监管规范化建设，开展消防隐患、地下空间等专项整治，安全生产形势保持平稳。建立重大事项社会稳定风险评估机制，推广信访代理等成功经验，集中化解矛盾纠纷，信访积案化解率达到81.6%。整合基层力量和资源，建成43个街乡综治维稳中心，强化社会治安综合治理，可防性刑事案件同比下降13%，群众安全感不断上升。

着力创建全国文明城区,促进社会和谐建设。以创建全国文明城区为龙头,构建起具有朝阳特色的大民生工作格局,建立了“1+10+43”的文明城区创建工作体系,推动了各项社会事业发展,为民服务能力和水平进一步提升。教育卫生事业加快发展。实施名校合作战略,加快优质教育资源聚集,累计14所名校落户朝阳。深化“双名工程”,加大培养和引进力度,骨干教师队伍进一步扩大。大力发展学前教育,增加入园名额4700个。完成117个校址的安全工程建设,加强学校人防、物防、技防力量配备,努力建设平安和谐校园。加强公共卫生安全风险管理,甲乙类传染病发病率下降24.5%。拓展社区卫生服务功能,推行家庭医生服务模式,延长接诊服务时间,社区卫生服务水平不断提高,就诊人数同比提高14.9%。文化文明建设不断深入。建成区全民健身综合活动中心、5个街乡文化中心、83家益民书屋、32套全民健身工程,83所学校体育设施向社会开放。举办流行音乐周、全民健身日等各种活动1260场,受益群众429万人次。建立专项扶持资金,引导群众文化队伍发展,1993支文体队伍活跃在基层。推进六大文明引导行动,开展“做文明有礼的北京人”主题活动,深化精神文明建设,城市文明程度进一步提升。城乡就业和社会保障工作统筹推进。整合扶持政策,提高就业组织化程度,开发就业岗位11.8万个,2.9万名城镇登记失业人员、1.4万名困难人员实现再就业。制定并实施土地储备过渡期人员安置政策,1.2万人实现转移就业和安置就业。加强劳动市场监管,帮助劳动者追回工资3300万元。20.6万名“一老一小”人员、6948名无业居民参加大病医疗保险。提高新农合人均筹资标准,参合率达到99.2%。321家定点医疗机构实现就医即时结算,减轻个人垫付款负担12.7亿元。公费医疗制度改革稳步推进。完善社会救助体系,投入2.1亿元,帮扶救助困难群体。为民服务实效明显增强。完善社区便民服务,整合服务资源,建成121个“一刻钟社区服务圈”。推进居家养老助残服务,落实“九养”政策,养老服务体系更加完善,为5.8万人发放了居家养老(助残)券。加快政策性住房建设,超额完成市下达目标,5547户家庭得到配租配售。开展专项检查,加大对问题奶粉、伪劣药品的打击力度,营造安全的生活环境。

着力加强自身建设,提升政府工作效能。始终坚持依法行政。办复全国、市、区人大代表建议、政协委员提案655件。规范程序、加强监督,行政审批效率进一步提高。始终强调制度建设。新推出政府重大行政事项决策办法等11项工作制度,强化监督检查、责任追究等5项监督机制,政府工作的标准化、规范化水平不断提高。始终强化勤政廉政建设。深化廉政风险防范“两个延伸”,开展“小金库”、工程建设领域等专项治理,严格出国出境管理,控制会议、庆典等活动,加大对重点领域监管,完善廉政风险防范体系,从源头上防止行政机关及公务员违法违纪行为的发生。优化财政支出结构,在安全、产业促进、公共服务管理等方面实行财力下沉,提高工作实效。加强公务员队伍建设,推进政务公开和信息公开,完善行政效能监察机制,强化目标管理双百考核,折子工程和为民办实事工作有效落实,民主法制、妇女儿童、民族宗教、双拥、外事、侨务和对台等工作全面推进。

(周庆逸)

主要工作和重大活动

【决策专家咨询委员会研讨会】 1月7日,召开区政府决策专家咨询委员会研讨会,专家们就建设世界城市、发展低碳经济及战略性新兴产业进行研讨。

(周庆逸)

【世界城市建设国际论坛】 3月1日,2010年世界城市建设国际论坛在中国大饭店举行。全国人大副委员长周铁农,联合国开发计划署驻华代表处国别主任南书毕,法国驻华大使Herve Ladsous,联合国工业发展组织中国投资促进办事处首席代表胡援东,中国社会科学院常务副院长王伟光,博鳌亚洲论坛秘书长龙永图,中国国际贸易促进委员会副会长张伟,中国外商投资企业协会副会长胡国财,常务副市长吉林等出席论坛。

(周庆逸)

【法制宣传咨询周】 5月9日,市法制宣传教育领导小组办公室、市司法局在朝阳公园南门前广场举办以“崇尚法律共筑和谐”为主题、百名律师参加的北京市法制宣传咨询周活动启动仪式。市委副书记、政法委书记王安顺,市有关部门领导李万钧、周正宇、于泓源、吴庆宝、吴军,区领导程连元、佟克克、陶晶出席仪式。

(周庆逸)

【与北京银行签署战略合作协议】 6月24日,朝阳区与北京银行签署战略合作协议,区长程连元、常务副区长吴桂英出席。

(周庆逸)

【国家5A级旅游景区创建】 6月29日,北京奥林匹克公园国家5A级旅游景区创建工作动员大会在国家会议中心召开。副市长丁向阳,市有关部门领导,区领导程连元、阎军、王春参加。

(周庆逸)

【女民兵高炮营成立誓师大会】 7月17日，召开女民兵高炮营成立誓师大会，区领导程连元、佟克克出席。

(周庆逸)

【区领导调研】 8月5日，区委书记陈刚深入街道社区和居民家中，对垃圾分类工作进行调研。陈刚强调，全区上下要提高对垃圾分类工作的认识，加强领导，广泛宣传，让垃圾分类的重要性深入人心，促使垃圾分类工作在全区铺开。8月23日，区委书记陈刚、区长程连元深入农村部分乡，对全区土地储备工作进展情况进行调研。陈刚强调：土地储备这项工作是区委、区政府站在全局高度做出的重要决策，土地储备领导小组的各个部门，各乡，要协调配合、鼓起士气、全力以赴，继续坚定不移地落实好土地储备各项工作部署。

(周庆逸)

【启动低碳城区发展模式研究】 9月8日，与北京节能环保中心、西门子中国有限公司共同签署《朝阳区低碳城区发展模式研究》合作备忘录，合力研究低碳城区的发展模式，助力朝阳打造可持续城市发展典范，为建设“人文北京、科技北京、绿色北京”提供参考。

(周庆逸)

【2010年议政会】 9月15日，区政协、区委统战部召开2010年议政会，区领导陈刚、辛燕琴、吴桂英、佟克克、刘首泉、李建涌、闫军、王芳、张立新、刘习晨、关三多、赵增华、邢念增、高向宇出席。各民主党派、工商联和政协委员围绕“新四区”发展战略这一主题热烈研讨，并与区领导和相关委办局负责人进行了面对面交流。会上，大家广开言路，各抒己见，围绕此次议政会的主题，从多方面，多角度作了发言。

(周庆逸)

【与局职离退休干部共庆中秋】 9月20日，区领导陈刚、王力军、辛燕琴、吴挂英、陈宏志、王春、张立新与朝阳区局职离退休干部欢聚一堂，喜迎中秋、国庆佳节。区委书记陈刚代表区委、区政府，向老干部们致以节日的问候，并祝老同志们身体健康、晚年幸福。他还向老干部们介绍了全区上半年的经济建设和社会发展情况，特别对功能区建设、推进城乡一体化和社会建设管理工作进行具体说明。

(周庆逸)

【北京CBD国际商务节】 10月28日，2010北京CBD国际商务节在国贸三期开幕。全国人大常委会副委员长周铁农，全国政协副主席张梅颖，泰国副总理戴隆·素旺纳奇里，市领导郭金龙、李大祥、牛有成、刘晓晨、程红、傅惠民，区四套班子领导陈刚、程连元、王力军、辛燕琴等出席开幕式。

(周庆逸)

【首个廉租住房入住仪式】 11月10日，市住建委主任隋振江、区领导程连元出席朝阳区首个廉租住房入住仪式。

(周庆逸)

【“三新”产业项目签约仪式】 12月22日，区四套班子领导参加“三新”产业项目签约仪式。

(周庆逸)

【区政府常务会 区长办公会】 年内，召开34次区政府常务会，14次区长办公会。研究综合经济、城乡建设、安全生产、社会治安、民生发展、国庆保障、食品安全、防汛抗旱、劳动人事等方面的工作。

(周庆逸)

政府信息公开工作

【概述】 朝阳政府信息公开办公室是朝阳区政府办公室内设机构，负责推进、指导、协调、监督全区政府信息公开工作和区政府、区政府办公室的政府信息公开具体工作。

地址：日坛北街33号

电话：65099831

邮编：100020

(周庆逸)

【年度报告】 3月31日，按照《中华人民共和国政府信息公开条例》的规定，全区各政府信息公开工作机构统一向社会公布本单位2009年度的政府信息公开工作年度报告。报告包含概述，主动公开政府信息情况，依申请公开政府信息情况，因政府信息公开申请导致行政复议、提起行政诉讼的情况，政府信息公开工作存在的不足及改进措施等内容。

(周庆逸)

【国办领导调研】 4月28日，国务院办公厅秘书一局副局长李晓东、张建成，在市政府信息公开办主任王琛、副主任陈曦陪同下，来本区调研政府信息公开工作。副区长阎军和区政府办、区委宣传部、区信息办、朝阳区法院等单位的同志出席座谈会。在座谈中，区政府办汇报了朝阳区政府信息公开工作总体推进情况，朝阳法院和区信息办分别介绍了涉及政府信息公开的行政诉讼情况和政府信息公开系统及专栏建设情况。李晓东高度评价朝阳区政府信息公开工作。他认为，朝阳区做了大量卓有成效的工作，取得了明显的效果，为其他地区提供了很好的经验借鉴。希望今后继续努力深化各项工作，不断开拓创新，解决工作过程中可能出现的各种问题和矛盾，同时不断总结，创造经验。座谈会后，各位领导还参观了区政府信息公开综合服务窗口。

(周庆逸)

【提供政府公开信息收费工作】 9

月1日起,朝阳区开展行政机关依申请提供政府公开信息收费工作。前期,为严格落实《北京市行政机关依申请提供政府公开信息收费办法(试行)》,区政府信息公开办与区发展改革委、区财政局进行座谈,明确收费工作的前期准备工作及流程,并为全区各政府信息公开工作机构建立"绿色通道",帮助各单位便捷地完成各项准备工作。同时,为规范全区各单位的收费工作,加强对各单位收费工作的指导,区政府信息公开办在市级收费实施方案的基础上,制定《北京市朝阳区依申请提供政府信息收费实施方案(试行)》,从收费项目和标准、申请的办理流程、免收费用的条件等方面进行规范。

(周庆逸)

【启用依申请管理子系统】 11月5日,区政府信息公开办召开政府信息公开依申请管理子系统专题培训会,全面启动政府信息公开依申请管理子系统推广应用工作,这对实现依申请公开工作的动态化、网络化、规范化管理,为百姓提供便捷高效的服务具有重要意义。

(周庆逸)

【召开政府信息公开工作会议】 12月3日—4日,召开年度政府信息公开工作专题会议,全区所有政府信息公开工作机构的主管领导、办公室主任和具体工作人员参加会议。会议总结全区政府信息公开工作,明确明年政府信息公开工作重点,同时,就依法开展信息公开工作、防范法律风险,进行2场专题讲座。市政府信息公开办公室副主任陈曦出席会议并讲话,高度肯定朝阳区信息公开工作。区政府办公室主任刘军胜从信息公开在政府工作中发挥的重要作用、当前工作的形势与发展方向,以及如何做好明年信息公开工作做讲话。

(周庆逸)

【主动公开政府信息】 年内,全区各政府信息公开工作机构主动公开政府信息10118条,其中,机构职能类信息243条,占总数的比例为2.40%;法规文件类信息364条,占总数的比例为3.60%;规划计划类信息59条,占总数的比例为0.58%;行政职责类信息214条,占总数的比例为2.12%;业务动态类信息9238条,占总数的比例为91.30%。

(周庆逸)

【依申请公开】 年内,全区各政府信息公开工作机构受理申请总数为709件,其中区政府和区政府办公室59件,区级机关和区属机构546件,街道办事处和地区办事处104件。按期答复708件,其中同意公开220件,同意部分公开7件,不予公开23件,信息不存在的313件,非本机关掌握的111件,申请内容不明确的3件,非政府信息的18件,已移送档案馆的7件,其他6件。

(周庆逸)

【行政复议】 年内,涉及政府信息公开的行政复议申请20件,全部办结,办结率100%,其中,维持行政机关具体行政行为17件,不予受理1件,案前和解1件,驳回申请1件。

(周庆逸)

【行政诉讼】 年内,涉及政府信息公开的行政诉讼41件,全部结案,办结率100%。其中,诉至市第二中级人民法院3件,全部裁定驳回原告起诉,后上诉至高院,高院全部维持;诉至朝阳法院38件,裁定驳回原告起诉30件,判决驳回原告诉讼请求4件,原告撤诉2件,判决被告败诉,要求其履行信息公开职责的2件。

(周庆逸)

【业务培训】 年内,为强化各单位副职领导干部的信息公开意识,区信息公开办与区委组织部、区委党校联合,以业务知识进党校培训课堂的形式,把信息公开工作纳入了全区副处级干部的年度培训课程,全年开展4期培训。培训内容包括《中华人民共和国政府信息公开条例》(国务院令第492号)出台的背景及重要意义;《条例》规定的主要内容和制度;全国、全市政府信息公开制度推进情况;基层政府信息公开的主要内容及发展方向;推进政府信息公开与保密、维护稳定的关系五方面。同时,为强化区政府办公室各科室业务工作与信息公开工作的对接,提高全体工作人员直接服务群众的意识和本领,自5月5日起,开展区政府信息公开窗口轮值培训,区政府办公室全体工作人员轮流在窗口值守培训。培训内容包括区政府信息公开综合服务窗口和全区各宣传查阅场所职能,政府信息公开申请的接待、转办和处理,政府信息公开行政举报、复议和诉讼处理等。

(周庆逸)

【考核评比】 年内,为表彰先进,区政府信息公开办公室对年度全区各政府信息公开工作机构进行综合考评,评出政府信息主动公开工作先进单位30个、依申请公开工作先进单位10个,纸质文件移送工作先进单位13个。

(周庆逸)

人事管理

【概况】 区人力社保局是负责本区人力资源和社会保障工作的区政府工作部门。区机构编制委员会办公室与区人力社保局合署办公。3月,成立编制外人员管理科。

地址:日坛北街33号

电话:65099577

邮编：100020

（李智敏）

【表彰奖励】 1月－3月，完成公务员上年度考核奖励工作。全区参加考核6919人（处级1078人），其中1297人优秀（处级213人），基本称职2人，未定等次237人。全区受奖励人员2905人（处级478人），其中嘉奖2310人（处级365人），记三等功573人（处级104人），记二等功22人（处级9人）。

（李智敏）

【培训】 3月，举办2期参照公务员法管理单位初任培训班，3个单位87人参加；3月－5月，举办3期军转干部培训班，培训132人；3月－12月，与区科委、知识产权局举办"朝阳区高新技术企业知识产权管理"市级高级研修班，20家高新技术企业的20余名知识产权主管领导或业务主管参加；4月，举办1期朝阳区继续教育培训者培训班，24家专业技术人员继续教育专业主管部门与主管局的60余名主管领导与人事干部参加。5月－7月举办4期应届毕业生和社会招录人员初任培训班，培训345人；6月－7月、11月举办2期正科级任职培训班，培训92人，7月－月8、10月－11月，举办2期副科级任职培训班，培训122人。7月－12月，开展《建设低碳城市，实现可持续发展》的公共课教学活动，有163家单位8422人（其中公务员6443人、专业技术人员1979人）参加培训；9月，举办人事干部业务知识培训班，80余家委办局机关、街道、地区办事处、直属企业、事业单位的80余名人事干部参加；9月，组织赴加拿大"区域国际化进程中的社区建设与大学生就业培训团"，22名从事人事工作的领导参加；9月，在全市各区县中率先完成第二轮电子政务培训考试工作，全区6000余名公务员通过新一轮电子政务考试。

（李智敏）

【事业单位公开招聘工作】 4月－10月，开展事业单位面向社会公开招聘工作人员，招聘事业单位工作人员209人。

（李智敏）

【公务员录用】 4月－12月，开展公开招考公务员工作。全区110家单位录取365人。9月－10月，组织公务员遴选，5个单位录用7名基层干部。

（李智敏）

【组建循环经济产业园管理机构】 5月，以区垃圾无害化处理中心为基础，在全市率先组建循环经济产业园管理中心。

（李智敏）

【大学生"村官"选聘】 6月，完成大学生"村官"选聘工作，招聘大学生"村官"82人，其中本科以上学历90%。

（李智敏）

【优秀人才评选表彰】 6月，举行朝阳区第三届优秀人才评选表彰活动，110名优秀人才、10家单位和5个创新创业人才团队获表彰。

（李智敏）

【事业单位岗位设置人员聘任备案】 6月，全区655个事业单位已全部完成岗位设置方案核准，岗位设置总量33280个，其中，管理岗位5687个、专技岗位22080个、工勤岗位5513个；完成359个事业单位的岗位聘任备案工作。

（李智敏）

【评委会专家库换届调整】 8月，完成中学教师高级专业技术职务评委会专家库的调整换届。新增补171名优秀教师进入新一届评委会专家库，原评委会专家库中54名教师因退休、调动等原因不再担任评委工作。换届调整后的中学教师高级专业技术职务评委会专家库238人。

（李智敏）

【乡镇机构改革试点】 10月，开展乡镇机构改革试点工作，选择南磨房、管庄作为改革的试点乡，探索推进乡镇机构改革工作。

（李智敏）

【博士后创新实践基地建设】 11月，开展博士后实践基地建设工作，在中关村科技园区电子城科技园建立创新实践基地，并设立德信无线通讯科技（北京）有限公司、北京合众思壮导航技术有限公司、鼎桥通信技术有限公司3个创新实践基地工作站。

（李智敏）

【组建劳动人事争议仲裁办案机构】 12月，成立区劳动人事争议仲裁院，明确该院作为具有公共事务管理能力的实体性仲裁办案机构，承担本区劳动人事争议仲裁工作。

（李智敏）

【毕业生接收工作】 年内，接收毕业生4177人。北京生源毕业生1537人，非京生源办理进京落户997人。其中博士59人，硕士1262人，本科1317人，大专1131人，中专408人；机关事业单位1362人，非公有制企业2815人。

（李智敏）

【高校毕业生就业服务】 年内，举办各类现场招聘会20场，参会单位1120家，提供岗位6992个，参会个人23680人，收取简历42350份，9367人初步达成就业意向。开设"朝阳区未就业毕业生人才库"，在朝阳人才网上设置"朝阳区未就业高校毕业生服务专区”,累计访问量19094人次。

(李智敏)

【人才引进工作】 年内,采取多项措施吸引更多高层次人才为我区经济建设服务,全年引进高层次人才96人,其中硕士75人,高级职称30人。

(李智敏)

民族宗教工作

【概况】 朝阳区民族宗教办公室是主管全区民族宗教事务的政府职能部门。本区有汉、回、满、蒙、朝、藏等52个民族,少数民族人口约19.5万人(包括流动人口)。区内有民族工作重点街道、民族乡各1个,民族村11个;民族中、小学校7所;经批准的清真饮副食餐馆、专柜达180余家。区内有伊斯兰教、基督教、天主教、道教等4个传统宗教,爱国宗教团体3个、庙管会1个;有伊斯兰教清真寺9座,基督教、天主教教堂各1座,道教东岳庙1座;依法批准的基督教聚会点6个、涉外宗教临时活动场所2处;宗教教职人员47人,宗教信徒约6万余人;外国信徒约7000余人。

地址:团结湖北五条5号
电话:65094755
邮编:100026

(张婉月)

【民宗办工作会议】 1月6日,组织机关全体人员召开工作会议,传达贯彻区委十届十一次全体(扩大)会议精神,重点研讨新年度工作思路。会议要求,要结合我区民族宗教工作实际,突出抓好5方面的工作:一要巩固成果。巩固在奥运筹办和国庆60周年等重大活动中,积累的做法经验。二要转变观念。树立民族宗教工作要“有所作为,创新进取”的观念,引导和发挥民族宗教界的积极作用。三要形成机制。要根据人员变化和任务需要,及时调整补充区、街(乡)和社区(村)三级民族宗教工作的领导力量,健全机构、人员到位、制度落实、发挥作用。四要管服并举。在强化依法行政、不断加强对民族宗教事务依法管理的同时,切实增强服务意识,进一步加大对少数民族和信教群众的服务力度。五要突破难点。以落实宗教房产政策、化解宗教内部矛盾、抵御境外宗教渗透为重点,对民族宗教界呼声较高和积压多年的热点难点问题进行细致梳理,提出对策建议,努力办实事、解难题。

(张婉月)

【节前慰问】 春节来临之际,区民宗办代表市民委和区政府对辖区内15户少数民族贫困户和10名在京少数民族务工人员进行慰问。1月27、28日,区民宗办主任王爱录在常营地区办事处领导陪同下,看望常营乡民族家园生活困难的少数民族家庭,给他们送去慰问金。区民宗办副主任李艳霞到黑庄户地区和管庄地区慰问当地的少数民族困难家庭。在慰问活动中,区民宗办除了入户慰问少数民族困难家庭和外来务工少数民族人员,还对全区宗教教职人员、民族宗教界代表人士进行慰问。2月5日,市宗教局副局长马中璞在区民宗办陪同下,专门慰问区人大常委、原区伊斯兰教协会会长张玉昆阿訇。

(张婉月)

【民族宗教工作会议】 3月25日,召开2010年民族宗教工作会议,部署2010年民族宗教工作,重点对民族宗教系统开展全国文明城区创建进行动员。区基督教、天主教、伊斯兰教、道教四个宗教团体负责人参加了会议。区民宗办主任王爱录对去年以来各宗教团体创建“和谐寺观教堂”情况进行讲评,并就2010年全区民族宗教工作要点进行部署。会议要求:一、2010年是朝阳区创建全国文明城区的起始之年,亦是关键之年,全区民族宗教系统要坚持围绕中心、服务大局、以人为本、科学发展的基本要求,为朝阳区创建全国文明城区做出积极贡献。二、各宗教爱国团体要组织教职人员和信徒骨干,开动员会,及时传达精神、明确任务、提出要求。三、4月底前,各宗教团体要普遍完成好组织学习区委区政府关于创建全国文明城区的实施意见和行动方案,结合创建和谐寺观教堂活动的总体部署、制定方案、搞好对接,将创建文明城区与创建和谐寺观教堂活动有机统一起来。

(张婉月)

【考察奥运民族宗教工作】 4月7日,上海浦东新区统战部考察朝阳区奥运民族宗教工作座谈会在朝阳宾馆举行。浦东新区区委统战部副部长胡志国等一行4人前来座谈。区委常委、统战部长、政法委书记佟克克出席座谈会。座谈会上,区民宗办主任王爱录就本区宗教系统服务奥运工作和世博会期间涉外宗教管理、宗教场所活动的接待、少数民族流动人口管理及宗教场所接待涉外媒体采访等情况向客人介绍。佟克克应客人要求,就制定相关预案、措施,加强部门联动,搞好大培训、大动员等方面工作与客人进行交流。胡志国表示,朝阳的奥运民族宗教工作务实有效、很有特点,回去后要结合浦东实际,切实抓好世博会的民族宗教服务保障工作。

(张婉月)

【专题集中学习会】 4月17日,区委理论中心组在区教委礼堂举行民族团结专题集中学习(扩大)会,会议邀请中央社会主义学院党组书记、第一副院长叶小文(原国家宗教事务局局长)作题为“遏制三独、内稳边安”专题报告。区四套班子领导,区民族宗教领导小组成员、区二级班子党政正职领导、区政协委员及区政协、区委统战部、区民宗办机关全体工作人员近300人听取报告。报告站在全局的高度对“疆独、藏独、台独”进行剖析,并提出对策。

(张婉月)

【民族传统运动会】 8月21日—25日,市第八届民族传统体育运动会在丰台区举办。朝阳代表团参加十个竞赛项目和一个表演项目,分别获得珍珠球男子成年组第一、陀螺女子团体第一、踢毽成年男子组第一和空竹团体总分第一等多个项目第一的成绩;另外,朝阳代表团在中国象棋、铁环女子接力赛、空竹、踢毽等项目中获得多个单项冠军。

(张婉月)

【召开专题会议】 9月初,区民宗办召开本区设立外国人临时宗教活动场所专题会议,就做好临时活动场所年度续批工作,加强对涉外宗教活动依法管理抓好落实部署。一是严格遵守法律。以《中华人民共和国境内外国人宗教活动管理规定》和相关实施细则为依据加强对涉外宗教活动的依法管理和批准;二是加强对外宣传。对外籍人士进行宗教法律和政策宣传培训,有效配合政府部门工作。三是创新管理思路,对经批准的场所进行月度到场检查,季度听取汇报的形式,将服务和管理有机结合起来。四是完善管理体系,要求各涉外临时宗教活动场所做到组织清晰,分工明确,责任到人,使宗教活动管理工作更加规范有序,加强与政府主管部门和相关单位的沟通与联系。

(张婉月)

【召开代表大会】 12月9日,区基督教三自爱国运动委员会第二次代表大会在朝阳基督教堂举行。有关部门领导和宗教团体负责人及代表90余人出席。会议回顾总结朝阳区基督教三自爱国运动委员会第一次代表大会召开以来取得的成就和经验,审议通过《“三自”工作报告》和《区基督教三自爱国运动委员会章程》修正案草案,选举产生朝阳区基督教爱国会第二届领导班子。市宗教局副局长赵宏生对朝阳区基督教三自爱国会过去4年的工作给予肯定。副区长张立新在讲话中强调:要加强对相关法律法规的学习,提高依法开展宗教活动的意识;要积极引导基督教与社会主义社会相适应,切实发挥桥梁纽带作用;要抓好年轻后备力量培养工作,深化和谐寺观教堂创建成果,为促进朝阳区科学发展和社会和谐稳定,为新四区建设做出新贡献。

(张婉月)

【和谐寺观教堂获奖】 年内,4个宗教界代表人士,1个宗教团体,4个宗教活动场所被评为市级先进;其中朝阳基督教“三自”爱国团体、东岳庙道教活动场所和丁清光阿訇,受到国家宗教局的通报表彰。

(张婉月)

外事工作

【概况】 朝阳区人民政府外事办公室(简称区外办),是负责朝阳区对外国际交往和处理涉外及港澳事务的区政府工作部门,又是区委外事工作领导小组的办事机构。内设综合科、因公出入境管理科、国际交流科。

地址:日坛北街33号

电话:65099237

邮编:100020

(李 采)

【工作会议】 年初,召开区委外事工作领导小组(扩大)会议,专项部署2010年因公出访工作;及时调整区制止公款出国(境)旅游专项工作领导小组成员。10月,召开专项工作会,传达中央和北京市因公出国(境)有关文件精神,就本区进一步规范因公出国(境)工作提出要求。

(李 采)

【国际性活动】 3月,世界城市国际论坛举办前,协调美国纽约布鲁克林区、英国伦敦纽汉区、日本东京大田区、法国巴黎拉德方斯地区签署《世界城市建设交流合作特别备忘录》并发回电子文本,保证论坛开幕式上发布并展示签署成果。邀请外交学院前院长、欧洲科学院副院长、国际展览局名誉主席吴建民担当论坛演讲嘉宾;邀请部分国家驻华使馆官员出席论坛;协调外交部翻译室为论坛提供高质量的英文同声传译。协助邀请多位市级领导出席商务节开幕式及CBD金融论坛;协调安排郭金龙市长会见出席开幕式的外国贵宾;邀请23个国家驻华使馆商务参赞参加商务节开幕式;邀请日本东京大田区、瑞士卢加诺市等2个友城代表团参加商务节活动并访问本区,烘托商务节的国际化氛围,加强对本区的宣传。在得知日本东京大田区原计划派遣访问本区的区民代表团决定延期后,邀请大田区主要领导出席CBD商务节,坚持以积极的工作展示本区实力和发展前景,逐渐影响日方。大田区政府接受本区邀请,由副区长野田隆率领区政府代表团访问本区并出席CBD商务节开幕式、世界CBD联盟峰会暨CBD国际论坛。针对泰国副总理戴隆·素旺纳奇里参加商务节开幕式一事,向市外办报告,争取主动;果断应对,采取变通办法,在遵守外事纪律,符合外事规定前提下,解决副总理来华报批手续问题,确保商务节开幕式高规格、有亮点。10月,北京CBD在西班牙巴塞罗那BMP

地产展览会获2010年度最佳国际项目大奖,CBD管委会无法前往领奖。本办第一时间报告市外办,请本国驻西班牙巴塞罗那总领馆副总领事代领奖项。

(李 采)

【接待工作】 年内,完成外交部、中组部、中联部、文化部、全国人大常委会、全国政协、全国对外友协、中国人民外交学会、市外办、市港澳办、市友协交予的24批350人次接待任务,接待人数同比增长50%以上,高访团组显著增加。接待意大利总统访华团、斐济总统代表团、东南亚国家联盟代表团、香港常任秘书长内地研修及访问团、挪威部长代表团、日本大阪政府代表团、法国议会两院法中友好小组代表团等来访团组。

(李 采)

【因公出访团组】 年内,办理各类因公出访团组121批次、333人,其中局级20人,处级162人,科级及以下67人,学校和医院70人,企业14人。按组团单位划分,自组团37批次,223人次,其中党政干部173人次。双跨团组84批次,110人次,其中党政干部76人次。与2009年同期相比,自组团组减少了6批次、67人,双跨团增加18批次、27人。经区委书记碰头会研究,最终确定2010年因公出访自组团计划55个,实现在上年核定出访计划数的基础上总量零增长目标,并全部纳入全市因公出访计划。

(李 采)

【友好互访】 年内,程连元、王力军、辛燕琴、佟克克、阎军等区领导分别出访美国、墨西哥、瑞士、希腊、南非、埃及、瑞典、芬兰、巴西和秘鲁10国的友好城市(区)。程连元出访美国、墨西哥期间,与美国纽约市曼哈顿区恢复友城交往关系,与墨西哥墨西哥城库尔特墨区签署《友好交流备忘录》;王力军访问瑞士期间,与瑞士提契诺州卢加诺市就两地结好达成意向;辛燕琴与南非豪登省爱库鲁莱尼市市长就两地发展友好关系达成共识;阎军出访巴西期间,与巴西利亚联邦区签署《友好交流意向书》,正式缔结友好关系。年内,接待来自日本东京大田区区长、澳大利亚伍拉勒市市长、瑞士卢加诺市市长特别代表、匈牙利布达佩斯市1区和22区区长、法国市长访问团、俄罗斯圣彼德堡市国家友好城区的高层访问团,与区领导就开展区民交流、书画交流、青少年和文体交流、社会保障,应对老龄社会、提供优质社区服务等多个领域的话题进行沟通。

(李 采)

【文化交流】 年内,连续17年与日本东京都港区开展青少年、老年书画作品交流与展览活动。此外,新增加区委老干部局与韩国首尔松坡区的书画交流项目。在老干部局书画团赴韩交流过程中,选择恰当时机,向韩方表明我国民众对法轮功的立场,得到韩方的认同和积极回应。

(李 采)

【人才交流】 年内,免费外派3名公务员赴国外交流。其中,韩国高丽大学城市行政学硕士研究生课程免费学习名额1名,经区委组织部选拔,选派本区投资促进局副处级后备干部参加;短期进修人员2名,其中本办一名韩语干部赴韩参加首尔市国际友城公务员培训班交流项目,CBD管委会一名干部参加韩国友城松坡区举办的环境规划建设培训项目与日本、韩国开展暑期中学生交流互访活动;与美国阿拉巴马州伯明翰市、澳大利亚塔姆沃斯市商谈青少年、青年公务员交流项目,拟为本区青少年开辟更加广阔的交流、学习渠道。

(李 采)

【交流项目】 年内,区投资促进局赴境外友城招商,区文委赴欧洲考察学习萨尔斯堡音乐节,就欧洲文化创意产业发展与奥地利、匈牙利开展交流,区体育局、区教委分别与巴西利亚联邦区体育局、教育局进行交流,就开展青少年足球培训、比赛,体育场馆利用、社区体育开展、校际交流、教师培训等方面达成共识;区应急办赴日韩考察学习应急管理模式,观摩日本东京都消防厅举办的地震应急演练,获第一手资料。

(李 采)

【与涉外单位联系】 年内,与外交部翻译室、欧洲司和我国驻巴西使馆、驻美国纽约总领馆、驻澳大利亚悉尼总领馆等密切关系,争取工作指导与支持,为新春商务招待会等大型涉外活动提供便利。加强与宣传、公安、安全、民宗等部门的联系,配合本区公安分局建立反恐信息上报机制,及时通报信息,准确把握政策,交流管理经验,形成管理合力。与CBD管委会、投促局、商务委等涉外部门密切配合,统筹外事工作,提供外事指导与服务。与区教委建立紧密联系,为本区发展国际教育,开展国际教育交流与合作牵线搭桥,提供境外资源。

(李 采)

【属地保障服务】 年内,为多家外国驻华使馆举办大型活动提供协助。做好丹麦使馆"骑回自行车"和"泰国风情文化节"活动的前期协调沟通工作;为厄瓜多尔使馆和比利时使馆分别协调雕塑施工、安放问题和雕塑安放后纠纷问题,为使馆解决实际困难;协调朝阳公园金台艺术馆内道路修缮问题,为乌克兰外长赴金台艺术馆献花活动提供保障。为外资企业在本区发展提供服务,安排区领导会见日本松下彩管集团、燕京德国汽车集团等外资企业高层领导。协调多家单位,促成“大爱无国界”——外交部国际义卖活动在朝阳公园成功举行;协助市外办在国贸大酒店三期成功举办北京市政府驻华使节招待会,利用市级高端外事活动平台向外国驻华大使等高级官员介绍CBD的发展和规划。接待外交部机关党校第51期培训班到区参观;接待全国人大外事委员会到望京韩国人聚居区调研外籍人士服务管理工作,提供基层一线真实情况;接待市外办及市友协领导班子调研北京CBD建设等。

(李 采)

【对外宣传】 年内,创办《朝阳外事通讯》,不定期将具有借鉴意义的考察报告、重要外事及因公出国(境)管理信息等进行汇编,报送区主要领导,为领导决策提供参考,并向相关单位进行通报;创办两个多月,完成32期的编辑和报送工作。继续建设好朝阳国际网站和外办网页,信息更新,通过中、英、日、韩四种语言在网上公开、更新信息,成为对外宣传、推介朝阳的重要窗口。向市外办期刊《外事通讯》及《外事和港澳工作》投稿50余篇。

(李 采)

【对外交流工作调研】 年内,分批深入基层单位开展调查研究工作,摸清区域对外交流情况,了解各单位“走出去”和“请进来”的需求。至10月,赴望京新兴产业区综合开发公司、奥林匹克公园公共区管委会等多家单位调研,提供更优质、更高效、更有针对性的服务。

(李 采)

【编制规划】 年内,制定《世界城市试验区综合试验方案》和《关于加快朝阳区建设对外交往中心的实施意见》,为区外事工作发展提供依据。

(李 采)

【提升区域涉外语言环境】 年内,开展市民讲外语和双语标识规范工作,全面优化区域涉外语言环境,对社区居民自发性学习外语活动给予支持和指导。扶持团结湖街道外语协会、朝阳图书馆等一系列市民讲外语活动优秀品牌组织单位。推荐的5名外国志愿者被市外办评为“北京市国际语言环境建设典型人物”,居各区县首位。配合市外办“2010年北京外语游园会”活动,选送团结湖街道外语协会等市民讲外语品牌单位参加游园会主会场活动,同时在区文化馆、团结湖街道、麦子店街道等单位开设外语游园会朝阳区分会场。支持区内各窗口行业单位按照本行业系统的要求积极开展外语学习活动,加快提升重点领域的对外交流能力和对外服务水平。配合区社工委、区市政市容委、区文明办等单位,以《北京市地方标准<公共场所双语标识英文译法实施指南>》、《北京市地方标准<公共场所双语标识英文译法>》、《中文菜单英文译法》为依据,规范社区和公共服务场所的双语牌匾标识,提升区域的国际化服务管理水平。确立三里屯街道为双语标识规范工作示范区,向该辖区内的商户企业宣传推广北京市双语标识规范性文件,联合三里屯一中、二中、酒吧街管委会,对地区内所有公共场所标识检查3次,巡检15次,规范标识8块。完成朝阳区创建全国文明城区标语标识英文翻译28条,完成区域发展重点词汇的翻译、核定工作,协助区社工委、亚运村街道等完成部分设施、组织机构等的翻译校对工作。依据北京市标准,对本区机构改革后调整的组织机构、部门及处室通用名称、机关职务英文译法整理汇编成册,面向全区160多家机关、企事业单位发放,将电子版在朝阳政务内网公布并定期更新。下发《关于规范朝阳区组织机构、职务职称英文译法及相关公共场所双语标识英文译法的通知》,要求区内公共场所英语标识英文译法必须按照北京市地方标准规范执行。

(李 采)

【涉外参观单位建设】 年内,优化重点涉外场所,细化接待流程和工作标准,打造798艺术区、CBD商务区、奥运场馆、秀水市场、朝阳区规划艺术馆、高碑店村等外事品牌接待单位。参观内容涉及基层党组织建设、农村转型、CBD发展建设、文化等领域,真实展示本区各方面的工作情况和发展成果,折射出新中国发展建设成就,起到正面宣传作用。本区高碑店乡高碑店村党支部被中联部确定为“认知中国共产党”活动对外参观点,作为宣传党的基层民主建设的重要阵地,承担欧洲议会社会党党团代表团、第十期日本青年领导访华团等重要党宾国宾的接待任务。配合市外办安排境外记者采访高碑店漕运庙会及莱太花卉市场,参加宣传“北京春节民俗”等活动。

(李 采)

【涉外事件】 年内,完善涉外应急预案,加强涉外应急处突工作规范和制度,及时处理王四营乡韩籍公民自焚事件、金盏乡正阳艺术区强制拆迁中的日籍公民受伤事件、中日合资企业龙头房地产公司因人事任免引起的中日方管理层纠纷事件、境外媒体到区政府机关大院外采访聚集上访群众等涉外突发事件。协助区信访办、区农委妥善接待美国英派尔彩印公司有关拆迁上访问题。

(李 采)

【因公出国(境)管理】 年内,完善规章制度,优化出国请假、审批工作流程。起草《朝阳区关于进一步加强因公出国(境)管理的补充规定》,严明外事纪律。针对邀请函、公务行程、经费、超规定出访等问题,严格审核环节。对团组实行全程监督。制定《朝阳区因公出访行前教育会反馈表》,实行团长负责制。强化责任意识,加大查处力度。

(李　采)

【因公护照管理】　年内,完善因公护照管理机制,从因公护照的申请、颁发、收缴各个环节入手,加强对因公出访人员证照的境内外管理,实现100%收缴目标,并对团组逐一检查出国(境)记录,加大对团组境外活动的监管力度。

(李　采)

【外语人才培训】　年内,对136个委、办、局、街乡及区属企业公务员外语志愿者情况进行摸底调查,吸收及更新具有较高水平的英语(大学英语六级以上)及小语种专业人才441人。结合世界城市建设工作需要,面向重点涉外部门开办英语精英培训班和小语种提高班。英语精英培训班按级别分高、中级进行每班20人、为期12周、学时40课时的培训。聘请英国、美国的外籍教师,系统学习英语语言、外事知识及西方主流国家文化,为重点涉外部门培养口译及对外交流人才。继续组织日语及韩语提高班,每班20人,为期12周,学时30课时,提高本区公务员中小语种人才的语言水平和应用能力。召开基层外事专办员培训会,及时传达因公出国(境)工作最新政策,培训相关业务知识,全面提升外事专办员的政策水平及业务能力。

(李　采)

法制工作

【概况】　朝阳区人民政府法制办公室是区政府主管法制工作的办事机构和职能部门,对区政府法制工作负有指导、协调、组织和监督责任。内设综合调研科、行政复议应诉科、行政执法监督指导科、信访复查科、规范性文件审查科,编制20人。

地址:日坛北街33号
电话:65094421
邮编:100020

(丰　霜)

【依法行政】　4月29日,召开依法行政工作会,继续贯彻国务院《全面推进依法行政实施纲要》精神和区委十届十二次全会精神,对建设法治政府的各项工作进行部署。6月3日至4日,组织召开全区行政执法工作会,总结经验,查摆问题,明确全年行政执法工作任务。8月,区政府向区第十四届人民代表大会常务委员会第二十六次会议做依法行政专题报告,并根据区人大常委会审议意见,确定区政府今后一个时期加强法治政府建设的发展方向。10月,举办全区依法行政工作培训会,全区各委办局主管领导、法制干部及各街乡主管领导130余人到会并参加培训学习。市法制办和区法院领导分别就依法行政考核工作、行政应诉代理和政府信息公开等进行专题讲座。12月,以区政府名义下发《朝阳区人民政府重大行政事项决策办法(试行)》、《朝阳区政府决策责任追究办法(试行)》、《朝阳区政府依法行政考核办法(试行)》、《朝阳区行政案件应诉代理工作规定(试行)》、《朝阳区行政执法协调工作若干规定(试行)》等十个制度,为落实依法行政奠定制度基础。

(丰　霜)

【行政处罚执法资格】　6月,组织全区依法行政处罚执法资格考试,有15个单位198人参加考试,全部合格,制发行政执法证198件。同时,对处罚执法资格证实行动态管理,规范执法队伍。

(丰　霜)

【行政复议委员会成立】　12月20日,区行政复议委员会成立。区政府聘请专家、学者、法律专业人士作为复议委员会非常任委员,参与重大、疑难、复杂和社会影响较大的行政复议、行政应诉案件审议和代理工作,研究复议、应诉及政府法治工作中遇到的热点、难点问题,制定和完善相关工作制度,旨在提高复议案件办理质量,增强行政复议社会公信力,规范政府行为,提高行政机关依法行政能力和水平。

(丰　霜)

【规范性文件清理】　12月,启动规范性文件清理工作。全区规范性文件总数为49件,经审核清理保留30件,废止9件,拟修改10件;17个委办局以本单位名义下发的规范性文件总数为317件,保留231件,废止73件,拟修改13件;5个街乡以本单位名义下发的规范性文件总数为5件,全部保留。

(丰　霜)

【提供法律服务】　年内,在处理城乡结合部违法建设主体问题、蟹岛啤酒节项目违法占地问题、重大安全事故认定问题等事项中,为区政府及各部门提供有效法律意见10余件,审查政府重大合同10余份。配合地下空间治理工作,编制《地下空间管理工作手册》,为区政府各部门依法决策、合法行政提供了相应的制度和法律保障。

(丰　霜)

【行政执法监督】　年内,对行政执法案卷进行抽查和集中评查,将评查结果进行通报。同时,深入执法部门,对新形势下行政机关行政执法的理念、方式、手段进行针对性的调查研究,总结、交流执法经验,提升行政执法工作水平。12月,对抽取的83本行政处罚案卷和79本行政许可案卷进行集中评查,评查结果显示行政执法的整体质量与上年相比有所提高。

(丰 霜)

【行政复议】 年内,收到行政复议申请143件,审结129件(含去年结转的18件),其中维持59件,终止19件(申请人主动撤回申请17件,因行政机关行为改变、申请人撤回申请的2件),撤销2件,不予受理22件、驳回复议申请11件、中止2件、案前和解10件、确认违法2件、发告知书2件,纠错率为4.65%。案件类型包括:不服信息公开20件、不服取消保障性住房资格19件、不服乡政府绿化隔离带城乡一体化拆迁腾退行为18件,不服行政处罚24件、不作为5件,不服工伤认定8件、其他类型49件。被申请人主要涉及公安分局及派出所、住房保障和改革办、人力社保局、房管局、工商局及乡政府等单位。

(丰 霜)

【行政应诉和被复议】 年内,代理区政府行政应诉和被复议案件50件,其中不服宅基地发证14件,不服强制拆迁腾退11件,不服复议决定13件,不服信息公开决定3件,提起上诉8件,不服安全生产报告1件。

(丰 霜)

【行政复审办理】 年内,办理拆违复审案件20件,均为查处违法建设案件。

(丰 霜)

【行政强制拆迁】 年内,办理强制拆迁腾退申请198件,其中涉及地铁十号线、温榆河大道、CBD核心区、和平一二三村、IT产业园等重点工程及北花园土地一级开发、小红门绿化隔离带建设,三间房、金盏、孙河等土地储备项目。

(丰 霜)

【信访复查】 年内,接待信访复查来访群众350批(次)855人,审查信访复查案件159件,不予受理1件。办结复查案件150件:其中维持原办理机关答复意见99件,责令原办理机关重新答复38件,撤销原办理机关答复意见5件,纠错率28.6%,因信访人撤回复查申请而终止审理8件。收到市政府信访复核意见书61件,全部维持区政府复查意见。其中,乡政府涉案数量居首,内容以绿化隔离带腾退及土地储备过程中有关补偿、待遇、户口迁移、土地承包、村务管理等问题居多。

(丰 霜)

【规范性文件备案审查】 年内,先后对土地储备劳动力安置、教委合作办学协议、朝阳区银行分支行建设、朝阳区投资工作决策等多项行政决策进行审查把关。审查区政府及各部门规范性文件27件,对市政府16项法规、规章征求意见稿提出书面反馈意见。

(丰 霜)

信息化工作

【概述】 朝阳区信息化工作办公室(简称区信息办),是全区信息化主管部门,负责指导、组织和实施辖区内信息化建设。下设电子政务与社会信息化科、软件与信息服务业科、综合管理科和信息网络中心,编制21人。信息办以计算机、通信方面的专业技术人员为主,平均年龄35岁,学历均为大学本科以上,分别来自北大、清华、北航等重点院校,其中8人具有硕士学位。

地址:日坛北街33号

电话:65094288

邮编:100020

(刘润军)

【无线电管理】 6月,区无委会配合国家无线电监测中心协查解决朝鲜使馆周边通信干扰问题,8月协调解决太阳宫芍药居小区手机非法直放站干扰手机网络信号问题。

(刘润军)

【建立人口信息管理系统】 10月底,建成人口信息管理系统。该系统可对区户籍人口、人户分离人口、流动人口和境外人员四类实有人口,与市经信委、市社区服务中心、区民政局、区流管办、区人口计生委、各街乡等部门进行人口数据的实时和定时交换,形成人口数据动态更新机制,并为移动政务平台手机门户人口专题服务、为居家养老服务平台人口数据服务、为计生委提供0－10岁儿童基础信息服务、为区老龄办提供老年人口统计服务、为区民政局提供社区卫生全民健康档案核查服务、为全国第六次人口普查提供人口数据核查服务。

(刘润军)

【政务专网扩容】 年内,通过VPN接入方式接入政务专网的用户约800个。经过扩容和升级,全区统一互联网出口已达500兆,网络容量明显增大,全区接入政务网络计算机17000多台。至此,政务专网已覆盖全区所有委办局、43个街乡办事处、主要社会团体及企事业单位共229个节点。

(刘润军)

【提升信息化基础设施】 年内,累计完成双进入工程127项,完成市信息化基础设施建设三年计划总任务数的95.49%,完成总量居全市首位。另外,望京地区作为全市首批试点,年内启动“感知北京”示范工程物联网基础设施建设。

（刘润军）

【信息网络安全】 年内，实施政府网站、网络安全管理防护策略，加强核心数据安全管理，对核心网络和服务器部署多套安全管理措施，对重要数据进行定期备份；制定信息安全管理应急预案，开展全区信息安全检查和应急演练，保障全区网站群和信息系统的正常运行。

（刘润军）

【推进软件正版化工作】 年内，推进软件正版化工作，以优惠的价格打包购买公务员桌面软件套装、区重大电子政务项目服务器软件、区项目管理与开发软件等微软产品，实现公务员办公电脑操作系统100%正版化。

（刘润军）

【移动电子政务应用】 年内，推进无线通信技术在电子政务和城市管理的中的应用，建立并完善手机和ipad的全市首个统一移动电子政务平台，实现移动办公、移动执法、移动视频、移动监测、移动公众服务等五类移动电子政务应用。

（刘润军）

【完善全程代办系统】 年内，与区监察局共同对全程代办系统进行升级，梳理规范业务流程，引入身份证读卡器系统、触摸屏查询系统、评价考核系统，优化录入信息，建立电子台账，实现一点录入、多点使用，解决重复录入数据问题，简化业务流程，提高街乡工作人员效率，解决业务量分布不均衡、考核项目不公平等问题。

（刘润军）

【完善GIS共享交换平台】 年内，对朝阳区地理信息系统基础图层进行完善，更新百姓关心的衣食住行地理信息5000余条，包含餐馆、旅店、超市、公园、医疗机构、学校、政府机构等地址及属性信息；与区级实有人口库进行对接，对人口库中429万条人口信息进行地址匹配，实现人口空间化管理；对区级500多个应急资源进行地址匹配及标注。

（刘润军）

【提升区政府门户网站公共服务】 年内，对政府网站进行改版，梳理40个部门的1400余项行政办事和公共服务项目，建立区政府网站资源服务目录体系，开辟朝阳生活服务专栏，让群众方便快捷地查看教育、社保、就业、医疗、住房、交通等信息。

（刘润军）

【拓展政民互动功能】 年内，经过升级完善，政民互动系统实现区级行政办事事项100%网上受理、状态查询、结果反馈服务。该平台新增短信功能，公众可通过短信实时发送咨询投诉信息和接受反馈。

（刘润军）

【完善网上监察系统】 年内，网上监察系统已纳入全区各部门业务系统10余个，实现系统自动预警、过程监督控制以及数据交换和统计分析等功能。

（刘润军）

【高清交互式数字电视政务平台】 年内，为深化应用“三网融合”技术，区信息办建设区级数字电视电子政务平台，与区政府门户网站结合，通过数字电视网络为社区居民提供物业通知、基层党建、在线查询、居家养老等服务。高清交互式数字电视项目是2010年北京市和朝阳区在直接关系群众生活方面办的重要实事之一，已获得市信息化项目提升计划支持，作为全市首批高清交互数字电视试点区，完成35万户交互式高清机顶盒发放工作。

（刘润军）

【建设有毒有害气体防控系统】 年内，利用物联网技术提升城市安全运行管理水平，推进政府为民办实事项目有毒有害气体防控系统及其它城市安防项目的建设。本年采暖季在流动人口较密集的8个乡50000间出租房屋、部分城市楼房和城市平房安装一氧化碳等有毒有害气体预警防控系统。

（刘润军）

【建设“数字市政”管理平台】 年内，应用物联网技术，建设数字市政综合管理平台，包括停车场智能管理系统、户外广告牌匾智能管理系统和环卫车辆智能管理系统。

（刘润军）

【监测网络舆情】 年内，应用网络搜索引擎等技术，建立工作小组开展网络舆情监测工作，按照规定搜集、整理、报送舆情信息，突发事件发生时实行24小时值守制度，随时报送信息，严密监控敏感日期的网上舆情信息，实时采集网民意见和负面报道，涉及本区的维稳安保、非正常上访和群体性事件、个人极端行为的行动性信息，以及对朝阳区有借鉴意义的要闻事件，定期形成刊物上报区领导和相关单位。

（刘润军）

【全区信息服务业发展方向研究】 年内，结合信息新技术及相关产业的发展趋势，以及市、区实际情况，针对本区信息服务业未来发展方向进行研究，先后形成《朝阳区信息服务业发展研究报告》、《朝阳区基于互联网的应用与内容服务产业发展专题研究报告》等7份报告约30余万字，提出将物联网、移动互联网、电子商务、新媒体等产业作为发展重点，推动产业发展部门联动，信息服务业纳入全区“十二五”规划纲要的内容。在此基础上形成《促进朝阳区信息服务业发展的指导意见》,作为“十二五”期间制订全区信息服务业发展政策措施的重要依据。

（刘润军）

【推进信息服务业发展】 年内,与望京综开公司、北京移动就共建“移动谷研发试验服务基地”达成协议,启动基地建设工作。协调有关部门和功能区管委会,推动“智慧谷”物联网产业园的规划工作。市经信委认定望京科技园G座、德信大厦为全市首批“新潜力企业创新园”。与微软公司签署新一期战略合作协议,引进微软战略合作伙伴企业中软公司、上海互联网软件公司。通过与歌华公司的战略合作,引进台湾富邦电视购物入驻本区。参与戴尔公司、国家有线电视网络公司到本区选址准备工作。支持富基标商、廿一客、58同城等3家企业入选北京市新业态创新企业30强。协助超图、聚合智慧、建研科技等企业申报国家工信部信息产业重大技术发明项目;协助歌华有线、时代凌宇、长城金点、大宗商品交易所等企业申报北京市信息化基础设施提升计划资金支持。与区发改委、区商务委、区统计局、区投资促进局、区金融办、区文创办等部门及各功能区管委会就促进信息服务业发展建立沟通协调机制,通过部门联动对产业发展动态信息进行采集分析。举办朝阳区物联网应用及产业发展研讨会,邀请市有关部门、科研机构和龙头企业代表参加。承办2010北京信息创新年会。依托区信息化协会初步搭建起与本区信息服务业企业沟通的信息平台。

（刘润军）

【办理代表委员建议提案】 年内,办理人大代表、政协委员提出的5项建议议案,涉及信息化方面的主要有:建设“数字朝阳”网络互动平台、提高朝阳旅游业信息管理水平、开通政协委员直通车、向城乡结合部弱势群体提供网络服务等内容。

（刘润军）

【加强对外交流合作】 年内,促成市经信委与区政府关于共同推进区域信息服务业发展的战略合作、微软公司与区政府为期三年的战略合作,引导北京移动在电子城西区建立应用平台实验室,承办国家工信部全国电子政务培训班。组织区内重要部门信息化主管领导赴上海等地学习考察信息化先进技术和管理理念,接待广东番禺、市广电局来访,加强与社会各界的交流合作。

（刘润军）

信访工作

【概况】 中共北京市朝阳区委、朝阳区人民政府信访办公室,挂北京市朝阳区社会矛盾调处中心牌子。内设综合办公室、来信受理科(北京市朝阳区人民政府人民建议征集办公室)、来访接待科、排查科、矛盾调处室(重大矛盾研究室)、联席会议办公室和督查督办科。

地址:日坛北街33号

电话:65099121

邮编:100020

（刘福森）

【信访系统新春团拜会】 2月5日,信访系统举行2010年迎新春电影招待会及团拜会,市政府副秘书长、市信访办主任薄刚,区委常委、政法委书记佟克克,区信访办(区社会矛盾调处中心)全体人员,区属单位信访工作主管领导和信访办主任参加。佟克克在致辞中指出,全区广大信访干部勇担重任、不惧挑战、不辱使命,圆满完成新中国成立60周年大庆期间的信访工作任务,为区域和谐稳定和经济社会发展做出贡献。佟克克要求,在全区各项工作转入常态化发展的新时期,全区信访系统要更加精神饱满、攻坚克难,为朝阳的新一轮发展贡献力量。薄刚高度肯定朝阳区信访工作在过去一年取得的突出成绩,赞扬全区信访干部的工作热情和奉献精神,感谢朝阳区为首都和谐做出的贡献。

（刘福森）

【全区开展党政干部接访月活动】 2月24日,区委、区政府部署2010年全国“两会”期间党政干部接访月活动。2月24日至3月19日,区委、区政府领导班子正职、副职在区信访办每日轮流接待群众来访,相关部门工作人员陪同接待。各街乡、各部门领导班子正职、副职在本单位固定接待场所排班轮流接待,时间不少于半天。接访月首日,区委常委、政法委书记佟克克接待群众来访4批,其中,集体访2批。

（刘福森）

【全区开展信访宣传日活动】 4月19日,根据市信访办部署,组织开展信访宣传日活动。宣传日主题为“和谐有序·依法信访”。全区投入宣传工作专项资金20余万元,43个街乡在各矛盾调处分中心、社区和村设立234个宣传站(点),宣传依法信访观念,引导群众依法行使民主权利,理性有序信访,以合理合法方式表达诉求。各宣传点悬挂横幅420条,张贴宣传画430套,发放“和谐有序·依法信访”宣传折页13468套、《信访人须知》14384套,向群众提供《信访条例》和《北京市信访条例》16810册,发放其他宣传品16289份。280名街乡领导干部、2960名社区(村)干部参加宣传活动,近27000名群众参与宣传活动。

（刘福森）

【信访工作培训会】 5月21日,组织召开全区信访系统工作培训会,市政府副秘书长、市信访办主任薄刚,区委常委、政法委书记佟克克出席培训会并讲话。培训会总结上半年全区信访排查调处工作,部署下半年信访工作重点任务,邀请中国政法大学社会学教授对信访干部心理疏导及调适进行能力与素质培训,对学习推广"信访代理"和推进重大决策信访风险评估工作进行具体部署。薄刚充分肯定朝阳区信访工作取得的成绩,指出,朝阳区在面临前所未有的工作挑战、前所未有的问题及前所未有的困难的情况下,团结一致,攻坚克难,经受住考验,呈现出四个"从来没有",即各级党委对信访工作之重视从来没有,信访工作力度之大从来没有,信访职能作用发挥程度之好从来没有,信访干部队伍面貌之新从来没有。薄钢强调,下阶段工作中,朝阳区要在坚持预防为主、排查为主、调处为主的基础上,实现信访工作六个方面的转变:即从被动接访向主动预防转变,从单纯转办向职责联动转变,从集中接访向动态化解转变,从事后处理向事前排查转变,从单一职能向多元化转变,从秘书型向服务型转变,不断落实新理念、带动工作新提高,快速完成新转变、推动工作新发展。

(刘福森)

【开展矛盾纠纷集中化解专项行动】 6月至8月,区委、区政府部署开展矛盾纠纷集中化解专项行动,成立工作领导小组,下设城区工作组、农村工作组、稳控工作组和督查工作组四个专项工作组。全区共摸排矛盾纠纷1108件,其中,区级挂账154件,全部由各级领导实行包案化解。全区投入矛盾化解资金2390余万元,入户做工作4486人次,矛盾化解率90%以上。

(刘福森)

【开展信访工作效能联合检查】 11月20日,市信访办、市监察局到本区开展信访工作效能联合检查,市政府副秘书长、市信访办主任薄钢带队,市信访办副巡视员任才、市行政投诉中心副主任杨玉香等领导一同参加联合检查。区委常委、副区长刘希泉围绕全区贯彻落实市委办公厅、市政府办公厅关于加强信访纠纷排查化解工作的要求等情况进行汇报。薄刚要求,朝阳区要有效推进用群众工作统揽信访工作的试点工作;要继续加大化解力度,确保历史信访积案化解率达到100%;要重视矛盾排查预防化解体系建设,做好争先创优工作,推进典型,带动全区工作开展;要夯实基层信访基础,加强基层信访干部队伍建设,争创一流信访队伍,推动朝阳区信访工作走在北京市乃至全国前列。

(刘福森)

【信访情况】 年内,受理群众来信来访9159件(批)次,与上年同比上升8.67%。受理来信5481件,与上年同比下降3.0%。其中,联名信189件19688人次,与上年同比件次下降6.0%,人次下降38.7%;接待来访3678批14228人,与上年同比批次上升32.1%、人次上升74.3%。到市集体访23批,与上年同比上升76.9%。群众反映的问题主要集中在拆迁安置、社会保障和各类纠纷三类问题,分别占信访总量的26.2%、8.0%和7.3%。

(刘福森)

【人民内部矛盾排查情况】 年内,区排查办共组织开展4次排查工作,立案54件,全部实行区领导包案,年内结案46件,化解率85.2%。

(刘福森)

【督查督办工作情况】 年内,对复杂疑难信访问题,建立督查督办工作台账。分别召开协调会,商定责任单位和工作期限。挂账重点督查督办案件54件,通过各种方法化解48件,占88.9%。

(刘福森)

档案工作

【概况】 朝阳区档案局与朝阳区档案馆合署办公,为区政府直属事业单位,经费全额拨款。区档案局为区政府负责本区档案事业行政管理的主管部门,履行本区档案事业的行政管理职能;档案馆负责本区档案和有关资料的收集、保管和开发利用等工作。内设办公室、业务科、法规科、收集科、保管科、利用科、整理科、信息化科8个科室,编制46名。

地址:日坛北街33号
电话:65094976
邮编:100020

(杨馨珠)

【档案馆爱国主义教育基地】 3月26日,与区教委、北京佐特陶瓷艺术活动中心联合举办的朝阳区第八届"佐特杯""弘扬社会主义核心价值观,创建全国文明城区"主题教育活动启动,开展"画我身边的文明事"、"传递文明"、"放飞心愿"等项活动,北皋中心小学等近300名师生参加启动仪式和活动。制作的"知荣明耻树新风,争做文明朝阳人——弘扬社会主义荣辱观图片展"开展,累计接待北京市50余所学校2万余名师生参观。10月16日,举办朝阳区第二届"档案馆日"主题活动,以"追寻北京记忆 感受档案魅力"为主题,开展了展览宣传、馆舍开放、现场宣传、名人讲堂、"爱心记忆交流会"五项活动。活动当日,接待观众180余人,发放宣传材料12种2160余份。举办"感动朝阳 文明有我——'感动朝阳十大新闻人物'先进事迹图片展"正式对外展出。接待观众9000余人。

（杨馨珠）

【档案培训】 3月29日－31日，举办档案人员专业知识培训，培训主要内容：档案工作综述、档案法制工作、档案开发利用工作，文书、会计、基建、设备、照片、电子等门类档案的管理等。全区184名新上岗的专兼职档案人员参加培训。4月2日，举办社区档案专题培训，培训内容：社区居委会文书、照片、电子档案的管理等。全区400余名社区档案员参加培训。10月29日，与区工商联联合举办非公企业档案培训，培训内容：非公企业档案与档案工作概述、非公企业文件材料归档范围和保管期限、文书档案的收集及文书档案的整理等，并参观区档案馆库房。近20家企业30余名档案人员参加培训。11月16日－17日，举办档案人员继续教育培训，培训内容包括档案信息化建设面临的挑战与任务、依法治档与档案三个体系建设、数码照片档案的管理等，面授培训16学时。同月，组织全区档案人员参加北京市档案工作者教育培训网的继续教育培训，网上继续教育20学时。

（杨馨珠）

【执法检查】 7月6日至9月初，对全区77家单位的档案工作责任制落实情况、档案安全落实情况、档案资源开发利用情况、对农村体制改革、绿化隔离地区建设、社保所等涉及民生档案的依法管理落实情况等方面内容进行档案行政执法检查，同时，对其中13家单位进行一级复查，对部分文明城区创建试点单位创建档案和区政府重点工程档案进行重点检查。

（杨馨珠）

【档案目标管理】 年内，北京商务中心区管理委员会、区安全生产监督管理局分别晋升为区县级机关档案工作目标管理市级一级、二级单位。

（杨馨珠）

【档案管理】 年内，扫描案卷24604卷，录入档案条目490826条，扫描婚姻案卷2713595页，完成馆藏所有婚姻档案的扫描工作。对原有1225张馆藏归档光盘进行数字化备份光盘，完成照片档案52卷，1068张照片的著录、扫描、挂接、移动硬盘备份工作。

（杨馨珠）

【档案收集】 年内，接收51个单位纸质档案8078卷1284件；向社会征集图书资料42件，名人档案161卷（件）、征集照片640张，光盘4张，主动拍摄照片1819张。

（杨馨珠）

【档案鉴定开放】 年内，对馆藏85个全宗满30年66069件档案实施开放审查，经审查，向社会开放使用12068件，控制使用54001件。对馆藏1960年43个全宗949卷13470件原长期文书档案进行鉴定，变更为永久的有13470件。对馆藏1995年（包括少部分1990年）11个全宗305卷2485件原短期文书档案进行鉴定，变更为永久的有398件；延长保存至2025年（30年）保管期限的有148件；满保管期限应销毁，设置10年搁置期的有1933件；作为销毁处理，再搁置10年的有6件。对馆藏1995年11个全宗611卷原保管期限15年会计档案进行鉴定，提升为永久的有4卷；满保管期限设置10年搁置期的有607卷。

（杨馨珠）

【政府信息公开服务工作】 年内，接收100家单位移送的主动公开的政府信息目录565套，电子目录7226条，接收正式文本270份。发放政府公报2220份，政府信息公开指南460本。

（杨馨珠）

【档案利用】 年内，利用档案14096人次，日均接待57人次，其中公民个人利用档案占总人次的84.07%；调阅档案16479卷和481件；出具证明8509份；复制档案49527页；处理电话咨询、代查7269人次。

（杨馨珠）

【档案编研】 年内，完成《朝阳档案史料》（第一期）编写工作，内容包括建国初期摧垮保甲制、建立新政权、婚姻、社会救助、优抚等民政工作、文化文物普查及修缮、辅华事件处理等专题及部分馆藏珍贵照片档案。完成《朝阳区档案馆指南》（续二）的初稿编制工作。

（杨馨珠）

地方志工作

【概况】 朝阳区地方志编纂委员会办公室（简称区志办），是区政府主管本行政区域地方志工作的机构。主要职责是：组织、指导、督促和检查地方志工作；拟订本区地方志工作规划和编纂方案；组织编纂地方志书和地方综合年鉴；收集、整理、保存地方志文献和资料，组织整理旧志；组织开发利用地方志资源；推动方志理论研究和学术交流，组织开展业务培训。

地址：日坛北街33号

电话：65094147

邮编：100020

（党京华）

【年鉴出版与发行】 年初，2009年卷《北京朝阳年鉴》出版，全卷设21个一级栏目，90个二级栏目，2149个条目，全书116万字，197幅照片。本年朝阳年鉴全面、系统反映上年全区各单位在政治、经济、文化、社会各个领域、各项事业发展变化基本情况和发生的大事、要事、新事及影响的新建设、新成就、新进展。年鉴发放至区属各单位、部分金融单位、20个乡(地区办事处)、23个街道办事处、域内近500个社区,累计2200余册。

(党京华)

【年鉴工作会】 3月18日,召开全区《北京朝阳年鉴》工作会议。会议总结上年全区年鉴编纂工作,对编纂工作成绩和问题进行总结和分析,就本年全区年鉴编辑工作进行部署,提出工作要求。会议邀请市年鉴社副社长沈红岩对与会主笔人进行业务培训。会议下发本年《北京朝阳年鉴》编纂方案、《北京朝阳年鉴》编写规范以及《北京朝阳年鉴》编辑部人员调整分工及联系表等材料。

(党京华)

【完成《北京年鉴》供稿任务】 4月,按时保质保量对《朝阳概况》的相关资料进行收集整理,经区主管领导审阅后报送市年鉴社,刊于当年发行的《北京年鉴》。《朝阳概况》全文8000字,客观反映本区政治、经济、文化和社会各方面发展变化。

(党京华)

【全区修志业务培训会】 5月25日,举办全区二轮修志承编单位主笔人员业务培训班。158个单位近200名主笔人员参加培训。会上,对本区二轮修志工作提出"提高认识,明确责任,认真落实各项工作任务;存真求实,攻坚克难,确保资料收集质量;严格要求,抓好培训,提高主笔业务素质"的要求。部署2010年修志重点工作。邀请市志办副巡视员谭烈飞就志书编纂基本知识进行专题辅导,邀请市地方志协会秘书长罗保平就如何做好资料的收集与整理进行专题辅导。

(党京华)

【全区二轮修志工作推进会】 11月26日,举办全区二轮修志工作推进会暨承编单位主笔人员培训班。副区长张立新、市地方志办公室副主任张恒彬及区县处处长高文瑞出席会议。全区二轮修志各承编单位主管领导及主笔人员300余人参加会议。会上,区志办总结全区开展二轮修志工作情况,部署全区各修志承编单位下一年度主要任务。对各承编单位修志主笔人员进行了"志书资料搜集和资料长编编写"专题业务培训。张恒彬、张立新在会议上讲话,对全区修志工作提出具体要求。

(党京华)

机关后勤服务

【概况】 朝阳区机关后勤服务中心是区政府所属正处级全额拨款事业单位。内设党委办、行政办、财务科、生活科、管理科、接待科、经营科、车管科、安全保卫科和交换站。下属单位有:朝阳住房中心、朝阳区机关餐饮中心、朝政物业管理中心、区政府幼儿园、朝政汽车检测场、朝政汽车修理厂、欧陆风韵会议中心、京朝苑饭庄、京朝花园农业发展中心,其中幼儿园为差额拨款事业单位。编制103名,现有在岗人员70名,内退人员13名。

地址:日坛北街33号

电话:65094185

邮编:100020

(申巍然)

【完成党委换届选举工作】 6月9日,召开党员大会。党员听取和审议曹京伟同志代表第一届党委、纪委作的题为《创新求实、科学发展,为机关后勤服务中心又好又快发展而努力奋斗》工作报告,审查关于党费收缴、使用和管理情况报告,以差额选举、无记名投票方式选举产生第二届党委和纪委。会后,召开党委第一次全体会议和纪委第一次全体会议,分别选举产生党委书记、副书记和纪委书记。

(申巍然)

【后勤保障】 年内,接待中央、市级、兄弟区县及外省市代表团、学习考察团9批180余人次,完成国际商务节等接待服务工作。完成全区编号文件1.34万件、无编号文件67万余件的交换;转发国家、市机要文件3.5万件;转发市机要局档案550份、机要件5000份;发放组工通讯、北京工作等内部刊物5万余册;收发报纸260余种约190万份;收发各种刊物800种约3万册;收发挂号信、汇款单、特快专递等1万余件,平信14万余封。疏导群体及个别上访事件697起,5246人次,承担各类临时勤务服务278次,负责大型会议、车辆疏导132次。完成会务服务任务4731次,会议服务145926人次,其中市级以上领导会议接待任务46次,外宾接待28次,区级重大会议服务89次,外出餐饮服务134次,外出会务服务41次,大型礼仪活动32次。完成车辆安全检查和维修保养1800台次,全年安全行驶里程400万公里,无甲方重大责任事故。完成全区690家公共机构能源资源消耗统计工作,更换节能灯5万余只。完成垃圾分类工作,发放各型号垃圾分类容器2556个。

(申巍然)

中国人民政治协商会议北京市朝阳区委员会

【概况】 中国人民政治协商会议北京市朝阳区委员会(简称区政协)是朝阳区地方政协组织。主要职能是政治协商、民主监督、参政议政。区政协第十一届委员会设提案委员会、学习与文史委员会、经济科技委员会、教文卫体委员会、城建环保委员会、社会法制与民族宗教委员会、港澳台侨委员会等7个专门委员会。机关设办公室、研究室、专委会工作一室、专委会工作二室、专委会工作三室、专委会工作四室等6个处室。

地址:安立路0号
电话:65094484
邮编:100107

(许　治)

【全委会议】 1月11日至13日,在二十一世纪饭店召开第十一届委员会第五次会议。会议听取审议了主席辛燕琴代表第十一届委员会常务委员会所作的常委会工作报告,副主席关三多代表第十一届委员会常务委员会所作的提案工作情况报告,并对区政协2009年度优秀提案进行表彰;列席区人大第十四届五次会议,听取并讨论区长程连元所作的政府工作报告;选举宿静美为第十一届委员会秘书长;通过大会决议。市政协副主席傅惠民出席大会开幕式。区委、区人大、区政府领导出席会议开闭幕式。区委副书记、区长程连元代表区委在大会闭幕式上作重要讲话。各民主党派、工商联负责人、区委区政府有关部门、各街乡、部分社区领导列席大会开闭幕式。会议期间,围绕"提升城市管理水平,促进文明城区建设"、"关注民生改善,促进和谐统筹"、"优化经济结构,促进科学发展"等专题进行座谈;在讨论政府工作报告和进行专题座谈时,区委、区政府领导及有关部门负责人到会听取委员意见和建议。会后,将委员提出的意见和建议分类整理,送区委、区政府参阅。

(许　治)

【常委会议】 1月12日召开十一届22次会议。审议大会选举有关事宜:审议通过《政协北京市朝阳区委员会常务委员会关于同意王苏华同志辞去秘书长职务的决定》(草案);审议通过《政协北京市朝阳区委员会常务委员会关于补选秘书长的建议》(草案);审议通过选举办法(草案);审议通过总监票人、监票人建议名单(草案)。听取各组召集人汇报审议区政协常委会工作报告和提案工作报告情况。1月12日召开十一届23次会议。听取各组召集人汇报区政府工作报告讨论情况;听取各组酝酿选举事宜;审议通过《政协北京市朝阳区第十一届委员会第五次会议补选秘书长候选人建议名单》(草案)。1月13日召开十一届24次会议。审议十一届五次会议决议(草案);听取会议期间提案审查情况的报告及其他事项。同日,召开十一届25次会议。审议《政协北京市朝阳区第十一届委员会常务委员会2010年工作要点》(草案)及其他事宜。3月30日召开十一届26次会议。会议听取全国政协委员、区政协副主席茅玉麟关于全国政协十一届三次会议精神作的传达;书面汇报了各专委会2010年工作要点;审议通过《政协北京市朝阳区第十一届委员会常务委员会关于增补委员的决定》(草案)和《政协北京市朝阳区第十一届委员会常务委员会关于提案委员会、城建环保委员会主任、副主任任免的决定》(草案)。6月4日召开十一届27次会议。主席辛燕琴传达贯彻区委十届十二次全会精神,并就区政协下阶段工作做出部署。区委常委、副区长刘希泉,副区长张春秀到会通报区情。7月6日召开十一届28次会议。听取区长程连元专题区情通报。10月21日召开十一届29次会议。会议听取区委常委、区纪委书记尚延华关于党风廉政建设情况的通报;听取刘希泉代表区政府所作的关于落实区政协常委会2009年提交的《关于推进我区城乡一体化统筹解决农民社会保障问题》建议案办理情况通报;审议并通过《关于进一步发挥界别作用的意见》(草案);讨论了《中共朝阳区委、朝阳区各民主党派、无党派人士和各人民团体关于增补政协北京市朝阳区第十一届委员会委员的联合建议书》,决定同意增补曹颖惠为政协北京市朝阳区第十一届委员会委员。12月25日召开十一届30次会议。会议听取常务副区长吴桂英所作的区国民经济和社会发展第十二个五个规划编制情况通报,并提出意见建议;会议审议并通过《政协北京市朝阳区第十一届委员会常务委员会关于增补委员的决定》(草案),决定增补郑煌、连玉明为区政协十一届委员会委员;审议并通过政协北京市朝阳区第十一届委员会常务委员会《关于关于调整和完善我区劳动争议处理机制的建议案》、《关于大力发展我区博物馆事业的建议案》(草案)及相关调研报告;会议审议并通过政协北京市朝阳区第十一届委员会第六次会议议程(草案)、日程安排(草案)、决议起草委员会委员名单(草案);会议审议并通过《政协北京市朝阳区第十一届委员会常务委员会工作报告》、《政协北京市朝阳区第十一届委员会常务委员会关于十一届五次会议以来提案工作情况的报告》,同意两个报告修改后提交政协北京市朝阳区第十一届委员会第六次全体会议审议讨论。

(许　治)

【召开区各民主党派、工商联负责人联席会议】 2月4日,召开区各民主党派、工商联负责人联席会议。区委副书记、区长程连元到会通报区政府工作。辛燕琴主席主持会议并讲话。区委常委、政法委书记、统战部部长佟克克等领导出席会议。

(许　治)

【举办专题报告会】 4月17日,举办专题报告会,邀请中央社会主义学院党组书记、第一副院长叶小文作《反对民族分裂,维护祖国统一》的报告。会议邀请陈刚主持。程连元、王力军、辛燕琴等区领导出席。

(许　治)

【"创建文明城区、提倡绿色出行"宣传活动启动仪式】 5月8日,区政协、区文明办主办,团区委、区环保局、区园林绿化局、区科委、区交通支队、朝阳公园和麦子店街道联合举行"创建文明城区、提倡绿色出行"宣传活动启动仪式。市政协城建环保委员会主任张燕生,区政协主席辛燕琴等领导参加活动。

(许　治)

【常委赴内蒙等地学习考察】 7月5日至9日,组织常委赴内蒙突泉、海拉尔等地学习考察。考察团和内蒙兴安盟突泉县就对口协作,进行座谈交流,参加本区政府组织的捐赠仪式,参观了突泉县职业教育基地等。

(许　治)

【区政协理论与实践研究会成立】 7月21日,在朝阳宾馆召开朝阳区人民政协理论与实践研究会成立大会暨人民政协理论专题报告会。中国人民政协理论研究会秘书长原冬平,市政协理论与实践研究会副会长张平夫,区政协主席辛燕琴等领导出席。

(许　治)

【举办第二期委员读书班】 8月28日至29日,举办第二期委员读书班,邀请全国人大常委、财经委员会副主任、九三学社中央副主席、中央财经大学统计学院院长贺铿作《宏观经济形势与任务》专题辅导报告;邀请中国人民政协理论研究会秘书长原冬平作《认真研究并不断提高人民政协工作的科学化水平》专题讲座;组织委员参观亦庄经济开发区内的诺基亚(中国)投资有限公司、北京奔驰汽车有限公司、新媒体产业基地星光影视园、大兴生物工程与医药产业基地和大兴南海子郊野公园。

(许　治)

【举办建言献策议政会】 9月15日,区政协与区委统战部联合举办为"新四区"发展战略建言献策议政会,12位委员在会上就推进国际商务中心建设等问题作重点发言,提出意见和建议。会议由辛燕琴主持。陈刚出席会议并讲话。吴桂英、佟克克、刘希泉,李建海、阎军、王春、张立新以及区政协各位副主席出席会议,听取委员意见和建议。

(许　治)

【召开政协工作会议】 11月10日,中共朝阳区委在朝阳宾馆多功能厅召开政协工作会议。会议认真学习贯彻北京市第三次政协工作会议精神,出台对推进朝阳区政协事业发展作出部署。会议邀请中国人民政协理论研究会秘书长原冬平就"中国民主政治建设与人民政协"作专题报告。陈刚、辛燕琴出席会议并讲话。程连元主持会议。区四套班子领导,区域内部分市政协委员,区政协常委,各民主党派主委、驻会副主委,各专门委员会主任、副主任,各界别组组长,区委、区政府各部委办局党政正职,区政协机关处室负责人,各人民团体负责人,各街道、地区(乡)办事处党委书记、副书记参加会议。

(许　治)

【组织政协委员集中视察】 11月23日,在区政协十一届六次会议召开前,组织政协委员分两路对功能区建设、社会建设管理、社会事业发展等方面进行集中视察,了解经济和社会发展情况。区委常委、副区长刘希泉,副区长阎军、王春陪同视察。

(许　治)

【市政协主席阳安江调研】 12月9日,市政协主席阳安江来本区调研CBD功能区建设情况和政协工作开展情况。市政协副主席沈宝昌、秘书长阎仲秋一同调研。陈刚、程连元、辛燕琴陪同调研。

(许　治)

【举行新年茶话会】 12月29日,区政协在机关新址二楼举行新年茶话会。陈刚到会向各位委员、各民主党派、工商联、各族各界人士表示节日祝贺,并就本区"十二五"规划的特点作了通报。茶话会期间还演出了精彩的文艺节目。区领导程连元、宋连娣、吴桂英、张立新、刘乃晨、赵增华、茅玉麟、邢念增、高向宇、区政协秘书长宿静美,十届区政协主席李明和政协常委、各民主党派、工商联负责人欢聚一堂,辞旧迎新。

(许　治)

【提案委员会工作】 年内，提交提案349件，经审查，立案340件，其中：民主党派、工商联提案17件，界别提案7件，委员提案316件，涉及166位委员。未立案的9件提案，7件超出本区事权范围，已及时转交市有关部门，2件作为社情民意和信息向有关部门反映。提案办复率达到100%，从办复结果看，提案涉及的问题已经解决或基本解决的129件，占立案总数的37.9%；已列入政府工作规划，预计在两三年内解决的162件，占立案总数的47.6%；因政策规定等条件限制一时难以解决的49件，占立案总数的14.5%。

（许 治）

【学习与文史委员会工作】 年内，召开全体会议，听取区对口部门重点工作通报，使委员们对区情有了更进一步的了解；继续出版《学习文选》，力求为委员参政议政、履行职责提供帮助。继续办好《委员论坛》，为委员参政议政搭建平台。成立《提升朝阳文化 促进博物馆事业发展》课题调研组，针对朝阳区博物馆目前的状况，开展了一系列调研、论证与研讨活动，形成的调研报告经常委会通过，以建议案的形式送区委、区政府参考。组织专项视察参观活动：视察潘家园社区和王四营地区图书馆；视察我区民营体育产业即体之杰体育用品有限公司；参观北京人民广播电台。完成《朝阳文史》第十辑编辑出版工作；协助完成全国政协、市政协文史委员会工作。做好《坝河漕运》、《朝阳文史精选》编辑工作；与《朝阳报》联合出版的"朝阳风物"专栏工作，已经出版10辑，75篇稿件。

（许 治）

【经济科技委员会工作】 年内，以"转变发展方式、破解发展难题"为主题，开展"我为朝阳经济发展建言献策"主题月活动，征集建言献策稿24篇，意见和建议79条。围绕《朝阳区城乡基本公共服务均等化的研究和建议》专题，深入到王四营乡和来广营乡进行调研视察，召开研讨会5次，提出了四个方面的政策建议。围绕《关于垡头功能区产业发展的研究和建议》课题，参加垡头功能区管委会召开的关于垡头功能区规划会议，并与垡头功能区管委会进行座谈研讨，形成调研报告，提出了四方面政策建议。组织召开企业界、金融界委员，围绕"为经济发展建言献策"进行专题座谈交流；围绕本区科技创新和城乡统筹发展，组织开展专门视察活动。开展走访慰问活动，通过交流座谈，增加了双方的了解；组织委员赴黑龙江漠河、黑河等地政协和昌平区政协进行工作经验交流活动。

（许 治）

【教文卫体委员会工作】 年内，组织委员学习区政协和《关于加强政协委员队伍建设和管理的办法》等规章制度；组织对口部门情况通报会，增进委员对区情的了解；召开全体会议，听取区对口部门重点工作通报。组织委员视察潘家园街道社区图书馆和王四营地区图书馆；视察我区民营体育产业；参观北京广播电台；视察朝阳区土地储备档案工作情况。召开"职业教育发展座谈会"，邀请相关部委办局、各职业学校校长、政协委员、教育专家，重点围绕职业教育办学成果、存在的问题、未来发展规划等提出建议和意见。第26个教师节来临之际，在北京华声天桥文化有限公司举办教师节庆祝活动。成立专题调研组，对《履行承诺，遏制艾滋，强化全社会对艾滋病防控》开展调研。

（许 治）

【城建环保委员会工作】 年内，组织调研、视察等活动23次，委员参加活动242人次，撰写提案136篇，上报信息12份，反映社情民意10多篇，完成议政会材料4份，调研报告1份。认真学习贯彻胡锦涛总书记重要讲话、市第三次政协工作会议精神；结合城建环保委员会的工作特点，就城市管理、节能减排、环境保护、垃圾处理等专业知识进行学习。组织委员参加区情通报会，使委员们了解全区情况；围绕发展低碳经济主题，就《加强城市垃圾"三化"建设，推进世界城市发展》开展专题调研，完成调研报告；配合市政协《绿色出行》的调研课题，在全体委员中开展"五个一"活动，为推进"人文北京、科技北京、绿色北京"建设贡献智慧和力量。结合世界城市实验区建设，组织委员视察朝阳规划艺术馆，视察垃圾分类情况。结合调研课题，赴江西南昌、江苏无锡学习考察。

（许 治）

【社会法制与民族宗教委员会工作】 年内，组织视察、调研等活动29次，委员参加301人次，撰写提案26份，上报信息6篇，上报社情民意16份，形成调研报告1份。组织委员进行政治理论学习，提高参政议政水平。围绕民族经济发展开展调研，形成《关于进一步加强清真饮食网点建设，促进少数民族经济发展的建议》调研报告，并经主席会议通过，形成建议案。组织委员参加区委、区政府的区情通报会；督促和组织委员走进社区，体察社情民意，参加社会实践；专委会积极与区政府相关部门协调，对口通报情况。组织委员参加对全区43个街乡和区属系统行业重点单位"五五"法制宣传教育情况进行的全面总结验收。视察区检察院反渎职侵权局；视察万科西山庭苑物业服务中心生活垃圾"减量化、资源化、无害化"工作情况；参观西城区牛街清真食品网点设施；视察CBD管委会工作。与团区委共同举行了"互联网与青少年健康成长”座谈会。

（许　治）

【港澳台侨委员会工作】　年内，采取多形式、多层次、多渠道，宣传党的对台方针政策；以联谊为纽带，加强与港澳同胞、海外侨胞特别是台胞的联络沟通；利用元宵节、中秋节两个中国传统节日，举行联谊座谈、参观学习等活动；围绕促进区域城乡一体化进程和加快垡头功能区发展两个问题，组织专题调研，形成调研报告。会同经科委，组织委员视察本区社会主义新农村建设、区土地储备进展情况及科技创新等方面工作情况。会同经科委，到昌平区政协进行工作交流；组织委员赴黑龙江漠河、黑河、哈尔滨等地进行学习考察活动，进一步了解边境城市经济发展情况。

（许　治）

政法 军事

政 法

政法委员会工作

【概况】 中共北京市朝阳区委政法委员会(简称区委政法委),是领导政法工作的区委工作部门。年内,区委政法委认真贯彻全国和北京市政法工作会议精神,紧紧抓住影响社会和谐稳定的源头性、根本性、基础性问题,深入推进社会矛盾化解、社会管理创新、公正廉洁执法、政法队伍建设四项重点工作,抓实基层、打好基础,推动政法工作全面协调发展,为促进朝阳区在更高层次又好又快发展提供了坚实保障。

地址:日坛北街33号
电话:65099200
邮编:100020

(杨志学)

【中央领导视察】 2月8日,中共中央政治局常委、中央政法委书记周永康到朝阳法院双桥法庭和平房地区办事处综治维稳中心视察指导工作,慰问政法干警和基层治保工作者。中共中央政治局委员、市委书记刘淇,国务委员、公安部部长孟建柱,中央政法委秘书长周本顺,市委副书记、市长郭金龙,市委常委、秘书长李士祥,区委书记陈刚,区委副书记、区长程连元,区委常委、政法委书记佟克克陪同调研。8月18日,中共中央政治局委员、中央政法委副书记王乐泉在北京调研社会管理创新工作,期间实地查看了区华贸中心、亚运村街道办事处综治维稳中心、司法局阳光中途之家工作情况。市领导刘淇、郭金龙、王安顺、李士祥、梁伟、傅政华、刘敬民,区领导陈刚、程连元、佟克克陪同调研。

(杨志学)

【召开政法、维稳、信访工作会】 2月22日,在北京会议中心召开政法、维稳、信访工作会,区领导陈刚、王力军、辛燕琴、吴桂英、尚延华、佟克克、陈宏志、刘希泉、李彦田、谢莹、孔德琴、赵全保、李建海、阎军、张春秀、王春、刘乃晨出席,副区长赵全保主持会议。全区二级班子党政正职领导;政法系统各单位中层以上领导干部;各街乡主管综治、维稳、流管、610、信访工作的副职领导,综治办主任、流管办主任、610办主任、信访办主任、劳动科科长、社保所所长;社区居(村)委会书记、主任;治保积极分子、专职保安代表共约1500余人参加会议。会议全面总结上年区政法、维稳、信访工作,对本年各项工作进行部署。

(杨志学)

【百名优秀党员赴韶山】 “七一”前夕,开展区政法系统百名优秀青年党员赴韶山红色之旅。政法委在此次红色之旅中推出了“五个一”活动,即:开展一次入党宣誓活动,使党员受到精神洗礼与升华;听一次老红军讲党课,使干警接受革命传统教育;举办一次登山活动,培养干警奋发向上、拼搏进取的团队精神;游览一座古城,激发干警热爱祖国、建设祖国的激情;举办一台联欢晚会,展现干警蓬勃向上的精神面貌。

(杨志学)

【十七届五中全会精神报告会】 11月9日,组织政法系统举办学习贯彻党的十七届五中全会精神辅导报告会。中央党校原哲学部主任、博士生导师庞元正教授就党的十七届五中全会精神对政法系统干部进行专题辅导。政法委领导班子成员及全体干部,政法系统各单位领导班子成员、各基层单位干部、干警代表共计300人出席会议。通过辅导,参会人员对五中全会的精神实质有了更深刻的了解和体会,特别是结合年终总结工作,全面归纳梳理“十一五”工作,谋划“十二五”工作,为今后工作的顺利开展奠定基础。

(杨志学)

【开展"社区好民警"评选活动】 年内,为深入推进社会管理创新,夯实公安基层基础工作,加强社区民警队伍建设,密切同居民群众的联系,区委政法委、朝阳公安分局组织开展十佳"社区好民警"评选活动。评选通过朝阳政府网站、朝阳报、朝阳法治新闻等媒体进行公示并刊登了候选事件和人物的主要情况,由评审委员会综合评定,最终评选出张宏、李殿银、陈国卿、李玉宏、王小梅、张龙、张国卿、杨学亮、杜文宇、卢山为区十佳"社区好民警"。

(杨志学)

社会治安综合治理

【概况】 朝阳区社会治安综合治理委员会是协助区委、区政府领导协调全区行政区域内社会治安综合治理工作的常设议事机构。朝阳区社会治安综合治理办公室(简称区综治办),与区委政法委合署办公。其主要职责是贯彻中央和首都社会治安综合治理方针、政策,结合本区实际研究制定社会治安综合治理的措施,组织、协调、推动各街乡、区综治委成员单位开展社会治安综合治理工作;协助区委领导处理本区有关社会治安及社会秩序的重大问题;协调有关部门完成在本区进行的重大活动的安全保卫工作任务。年内,坚持以科学发展观为统领,紧紧抓住本区作为全国和北京市社会管理创新综合试点区的大好机遇,突出工作重点,努力破解难题,积极构建具有时代特征、首都特色、朝阳特点的综治工作新格局。本区被首都综治委铁路护路协调委员会评为"平安铁路示范区县"。

地址:日坛北街33号
电话:65099395
邮编:100020

(宛　煜)

【市部门领导检查】 1月6日,首都综治委对朝阳区预防青少年违法犯罪进行工作考核验收,区委政法委副书记、区综治办主任战玉贵陪同考察。3月3日,市委政法委副书记、首都综治办主任、市流管办主任李万钧带队到本区进行调研,并就全国"两会"安保工作落实情况进行实地检查,观看重点村整治工作专题片,听取重点地区整治、综治维稳中心建设、贯彻落实政法工作会议精神情况及全国"两会"安保情况的工作汇报,并实地查看了东风乡综治维稳中心建设、高碑店乡西店村整治、十八里店乡十里河警务工作站建设等相关工作情况。3月10日,市委政法委"两会"督查组由首都综治办联络处处长路海军带队,到本区检查"两会"安全保卫工作。5月4日,是全市中小学、幼儿园"五一"节后开学第一天,为督促指导本区落实中央、市领导关于"加强学校、幼儿园安全防范工作"指示精神,按照全市统一部署,由市委政法委组织处处长王志民带队的督查组对本区工作落实情况进行督查检查。5月13日,市委督查组胡建辉处长等人到本区督查检查社会治安重点地区排查整治工作情况。区委政法委、区农委、社建办、朝阳公安分局治安支队、人口处、城管大队、交通支队等单位参加了督查。

(宛　煜)

【两会安保】 1月23日至30日,市"两会"在北京会议中心、五洲大酒店举行。为做好"两会"期间社会面控制工作,全区各地区、各部门,成立由地区党政主要领导为组长的工作领导小组,制定安全稳定工作方案。区综治办启动督查工作机制,对涉及"两会"会场周边的社会面控制工作,群防群治力量到岗到位情况,"人、地、物、事、组织"摸排情况,进行深入细致督查,对存在的问题及时通知属地相关单位进行整改,努力做好市"两会"期间社会面控制工作。

(宛　煜)

【工作会议】 2月1日,召开防火安全委员会工作协调会,研究春节前防火工作。2月3日,召开区公共安全馆工作推进会,部署公共安全馆建设工作。2月4日,区综治委召开本年第一次全体(扩大)会议,区委政法委副书记、综治办主任战玉贵汇报上年社会治安综合治理工作情况,并就本年综治工作要点及责任书、任务书作说明。3月19日,召开本年社会治安重点地区排查整治工作会。区委常委、政法委书记佟克克,区委常委、朝阳公安分局局长陶晶,副区长赵全保,区委政法委常务副书记、区维稳办主任吴学文,区委政法委副书记、区综治办主任战玉贵出席会议。5月2日,区综治办组织召开中小学校、幼儿园及周边安保工作会。区维稳办、区流管办、区社会建设办、区农委、区教委、朝阳公安分局内保处主管领导参会。6月4日,为加强天安门广场地区安全稳定,根据全市统一部署,区委常委、政法委书记佟克克,区委政法委常务副书记、区维稳办主任吴学文,区委政法委副书记、区综治办主任战玉贵,区委社工委书记汪洋,区社会办主任张永新现场指挥,圆满完成工作任务,确保了广场地区安全稳定。7月8日,区综治委副主任、副区长赵全保和区相关部门领导到市级挂账重点地区大屯街道检查指导工作。赵全保主持召开会议听取街道工作汇报,实地检查大屯街道治安综合管理平台工作情况。12月10日,召开最高法接待室周边安全稳定工作例会。最高法接待室、市高法接待站、朝阳公安分局、区农委、区卫生局、区城管监察大队、朝阳工商分局、朝阳交通支队、小红门乡及小红门派出所相关领导参加会议。

（宛　煜）

【禁毒专项工作】　4月29日，朝阳区禁毒委在焦庄国际酒店召开朝阳区禁毒工作会议。区委常委、政法委书记、禁毒委主任佟克克，市禁毒办副主任、市局禁毒处政委师大尉，区政法委副书记、综治办主任、区禁毒委副主任战玉贵；区广播电视新闻中心主任、区禁毒委副主任奚传斌，公安分局副局长、禁毒委副主任、禁毒办主任杨建国出席会议。朝阳区禁毒委委员、各街乡主管禁毒工作的副主任，公安分局有关业务处主管领导及派出所主管所长约200人参加会议。在第23个国际禁毒日来临之际，朝阳公安分局、朝阳区禁毒办、综治办、团区委在朝阳公园联合举行以"远离毒品，放飞希望"为主题的"6·26"国际禁毒日宣传活动。市禁毒办常务副主任、禁毒处处长赵文忠，区禁毒委员会副主任、区委常委、公安分局局长陶晶，区禁毒委副主任、副区长赵全保，以及机关等单位主管禁毒工作的领导参加活动。

（宛　煜）

【综治维稳中心建设】　6月13日，区长办公会专题研究综治维稳中心建设的保障问题，决定给每个街乡下拨50万元启动经费，今后日常运行费用在街乡体制财力内统一予以列支；8月28日，区常委会审议通过《关于进一步整合基层维稳力量在全区街乡组建综治维稳工作中心的意见》，并以区委办名义下发文件，提出具体工作要求；9月17日，再次召开综治维稳中心建设推进大会，全面推广亚运村街道、建外街道和东风乡、平房乡4个试点单位的工作经验，周密部署全区综治维稳中心建设工作。依据市委办公厅、市政府办公厅印发《〈关于进一步整合基层维稳力量在全市街道乡镇组建综治维稳工作中心的意见〉的通知》和首都综治办《关于印发〈街道、乡镇综治维稳中心规范化建设工作标准〉的通知》等文件要求，结合本区实际，制定《朝阳区街乡综治维稳中心检查验收标准》，具体是"9个有"：有健全的组织领导、有严密的工作网络、有独立的办公场所、有明显的标牌标识、有统一的图示图板、有详细的基础档案、有固定的工作人员、有完善的工作制度、有较好的工作成效。根据首都综治办的抽查情况和工作要求，对全区各街乡维稳中心建设工作，分批进行验收，截至年底，全区43个街乡全部建成综治维稳中心。

（宛　煜）

【地下空间清理整治】　9月7日，全面开展对地下空间的清理整治和规范管理，对审批范围内未经许可擅自经营的无照旅店、典当、公章刻制等场所进行清理取缔工作。区综治办牵头，朝阳公安分局治安支队、人口处，区民防局、房管局、工商分局、流管办、消防支队、三间房地区等单位，对三间房地区地下空间开展联合整治行动。9月17日，针对晨光家园小区人防工程出租引发小区居民强烈不满并被媒体曝光问题，对六里屯街道晨光家园小区地下空间开展清理行动，对在该小区327、332号楼地下室以日租形式擅自经营旅馆业的2名嫌疑人依法行政拘留，无照旅店被依法取缔。

（宛　煜）

【易攀爬高空危险部位安全管理】　10月13日凌晨3时，在十八里店乡十里河桥南，京津城际铁路通信塔发生一起3名上访人员攀爬事件。10月14日，区委常委、政法委书记佟克克要求切实加强工作，举一反三，杜绝类似事件发生。区综治办会同区公安分局对全区易攀爬高空危险部位工作进行部署，要求各街乡、各部门根据易攀爬高空危险部位的具体情况和特点，配齐配强防进入、防攀爬等防范设施，增强物防的针对性和有效性。进一步完善门卫、巡逻值守、重点部位守护等各项工作制度，将安全防范责任明确落实到岗、到人，确保重点设施和部位有人盯、有人防。

（宛　煜）

【社会管理创新】　年内，中央和北京市将本区作为全国社会管理创新综合试点区之一。区委、区政府多次召开常委会研究试点工作，并召开全区社会服务管理创新推进大会，印发《朝阳区推进社会服务管理创新实施意见》等"1＋4"文件，区委、区政府与区属委办局、街乡代表签订责任书。按照中央和北京市开展社会管理创新工作的要求，立足本区实际，明确提出了以构建规范和谐的社区服务管理体系为基础、以全模式社会服务管理体系为手段、以广泛参与的社会动员体系为支撑、以统筹有力的综治维稳工作体系为保障和以全覆盖的社会领域党建工作体系为统领的社会服务管理"五大体系"，力争在国际化社区建设、城市老旧小区管理、两类人员矫正帮教、社会保障工作和非公有制经济组织、新社会组织党建工作五个方面实现新突破。一是构建组织体系。建立"1＋10＋43"的社会服务管理创新工作架构，成立区委书记和区长挂帅的区级领导小组，成立10个专项工作组，分别明确牵头部门。43个街乡成立相应的领导机构，党政主要领导担负起第一责任，亲自抓、带头管。二是加强工作对接。在市相关部门指导下，进一步明确各级领导、各个部门、属地街乡的职责，统筹协调全区有序开展工作。做好与原有社会服务管理工作体系的对接,最大限度地发挥现行体制的优势和作用,进一步理顺关系、理清职责,畅通衔接环节,构建联动机制。三是借助外脑提升。选聘13位社会服务管理专家,结合创新意见对17个课题进行系统研究,强化专家在理论提升、实践指导、对外宣传等方面的作用,借助外脑提升全区社会管理创新工作的水平和社会影响。四是狠抓责任落实。按照重点任务、阶段性工作目标要求,通过折子工程进行任务分解,明确责任,细化分工。同时,建立区级领导小组定期调度工作制度,围绕工作推进中的重点难点问题,每月一主题,区委区政府主要领导亲自调度,重点推进,有效解决。五是加强监督考核。围绕目标任务,将社会服务管理创新纳入各地区、各部门、各单位领导班子和领导干部年度考核。采取定期督查、跟踪检查、综合评估等办法,加强对社会管理创新的过程管理,及时发现、有效解决工作中存在的问题。

(宛　煜)

【城市综合管理指挥中心建设】 年内,区政府将城市综合管理指挥中心建设工作列入区政府折子工程,要求"发挥街乡综合管理指挥中心作用,科技创安覆盖率达到85%。"为进一步发挥指挥中心作用,建立运转维护长效机制,确保指挥中心能够全天候正常运转,按照保证基本运行的原则,区政府决定,按照每个街、乡(地区)每年60万元的标准,从街乡财政预算体制中下拨各街乡城市综合管理指挥中心运行保障经费2580万元。

(宛　煜)

【重点地区排查整治】 年内,根据《首都综治委实施社会治安重点地区三级挂账的通知》要求,确定市、区、街三级挂账治安重点地区51个,其中市级挂账治安重点地区25个,包括重点村9个(崔各庄乡北皋村、十八里店乡十八里店村、金盏乡长店村、东坝乡驹子房村、平房乡姚家园村、小红门乡龙爪树村、王四营乡官庄村、高碑店乡西店村、来广营乡北苑村),街面治安重点地区5个(第一批挂账:大屯街道漂亮广场、高碑店乡四惠桥周边、三里屯街道雅秀市场周边、建外街道建外大街;第二批1处三个街道:潘家园、双井、劲松),高发案地区11个(第一批七个:高碑店、十八里店、将台、八里庄、双井、三间房、东坝,第二批四个:太阳宫、黑庄户、东风、十八里店小武基);区级挂账治安重点地区11个,其中重点村3个(将台乡北石家村、管庄乡咸宁侯村、东风乡小辛庄村);治安重点地区5个(朝外街道百脑汇周边、三间房乡动力街区周边、南磨房乡欢乐谷周边、潘家园街道旧货市场周边、奥运村地区鸟巢与水立方之间);高发案地区3个(奥运村、黑庄户、酒仙桥);街乡级挂账治安重点地区15个,其中重点村5个,治安重点地区6个,高发案地区4个。排查整治工作取得了一定成效。本区分别在3月19日,5月14日,8月15日,11月11日,四次召开全区范围内的社会治安重点地区排查整治工作领导小组(扩大)会。会上,对前一阶段排查整治工作进行总结,对下一阶段工作进行了动员部署。为确保会议效果,会前对全区排查整治工作进行认真梳理,组织专人对前一阶段排查整治工作情况进行暗访实拍,及时准确发现各类问题,并在会上进行通报;同时,积极推广各地区在排查整治中的成功经验,推动整治工作深入开展。

(宛　煜)

【铁路护路联防】 年内,按照全市统一要求,将铁路护路领导小组调整为区综治委铁路护路协调委员会。为保障协调委员会发挥作用,在原来的基础上,对组成人员进行调整和充实,由副区长赵全保担任主任,区综治办、区政府办、朝阳公安分局相关领导任副主任,区15个职能部门和16个涉路街乡为成员,在区综治办设立办公室,统筹推进全区铁路护路工作。

(宛　煜)

【最高法接待室周边安全稳定工作】 年内,完成最高法接待室、市高法接待站(于2009年11月18日正式迁入小红门地区办公)信访接待的维护稳定工作,妥善处置了蚁力神、亿霖木业等群体性事件,化解了多次个人极端行为,有力配合最高法和市高法的信访接待工作。召开区联席会议12次,乡会商会48次;开展集中整治行动59次,日常清理整治158次;出动警力1500余人次,专职巡防队2500余人次;取缔无照经营88家;处置群体性事件16次,个人极端行为36次,救助25人次;检查出租房屋150间,确保最高法接待室周边安全稳定。年内,最高法接待室共接待来访87276人;其中集体访324批次,累计4859人。市高法接待站共接待来访12205人。

(宛　煜)

【防火安全委员会组织体系建设】 年内,全面加强和完善三级防火委员会组织体系建设,夯实农村和社区消防基础工作,区财政划拨1347万元为各街乡防火委安全委员会招聘消防专职人员,建立了朝阳区三级防火安全委员会组织体系,为构筑社会"防火墙"工程提供了保障。4月5日,全区609名街乡防火安全委员会办公室专职人员和各社区(村)综治消防协管员招聘完毕,5月份正式投入到工作岗位。10月21日,在欢乐谷公园广场举行综治消防协管员上岗仪式,市消防总队总队长赵子新少将、副总队长骆原、防火部部长谭林峰、副部长张正友,区委常委、公安分局局长陶晶、副区长阎军等领导出席了活动。各街乡主管领导、消防支队官兵、全体综治消防协管员、政府专职消防队员、企业专职队、城市管理监督员、消防志愿者、派出所民警等1200余人参加了活动。仪式上，市区领导视察了综治消防协管员方阵，参观了车辆装备方阵，为各街道、地区办事处和社区、村防火安全委员会进行授牌，为609名消防协管员颁发工作证和学习材料观看了朝阳区构筑消防安全“防火墙”多媒体汇报片。区防火安全委员会副主任、消防支队支队长于永林对全区开展“防火墙”工程以来主要工作进行了汇报。市消防总队总队长赵子新少将在高度评价朝阳区抓“防火墙”工程取得成绩的同时，要求继续细化工作，创新思路，进一步提高工作能力和安全水平。

（宛　煜）

【校园周边环境秩序专项整治】　年内，针对部分省市连续出现伤害校园幼儿事件，在公安等部门的协作下，区教委在新学期开学之际，投资为学校配备了1000名专业保安力量，并完善了学校技防设备设施，为每所学校安装了紧急报警联网装置，统一配发了警用催泪喷射器等防护器材。同时，进一步完善校园安全制度，规范校园专职保安人员的任务职责及使用防护器材的相关规定，对学校进行一次全面彻底的安全大检查，充分发挥法制副校长、法制安全宣传员的作用，加强校园安全的宣传教育和自我防护的安全技能教育，组织了安全疏散演练，提高学生的安全意识和自我保护能力，确保师生安全。

（宛　煜）

【预防青少年违法犯罪活动】　年内，区综治委预防青少年违法犯罪工作协调委员会，深入贯彻《中共中央国务院关于进一步加强和改进未成年人思想道德建设的若干意见》和《关于进一步净化社会文化环境促进未成年人健康成长的若干意见》精神，强化组织建设，加大工作力度，坚持统筹协调、突出重点，紧密围绕社会主义和谐社会建设，注重在预防青少年违法犯罪、未成年人思想道德教育、法制教育、权益维护、自护教育、禁毒防艾教育等方面开展工作，为广大青少年健康成长营造良好环境。

（宛　煜）

防范和处理邪教工作

【概况】　中共朝阳区委防范和处理邪教问题领导小组办公室又称区委610办公室。

地址：日坛北街33号
电话65094733
邮编：100020

（许智勇）

【教育转化攻坚工作】　年内，按照市委610办公室的工作部署和统一要求，成立朝阳区教育转化攻坚与巩固整体仗工作领导小组。以区委办京朝办发[2010]50号通知形式，向全区转发了《中共北京市朝阳区委防范和处理邪教问题领导小组关于朝阳区2010－2012年教育转化攻坚与巩固整体仗工作方案》。召开朝阳区教育转化攻坚与巩固整体仗工作动员部署大会，对整体仗进行全面部署。区委主管领导代表区委防范和处理邪教问题领导小组与市委领导签订了《北京市教育转化攻坚与巩固整体仗责任书》；代表区整体仗工作领导小组与全区43个街乡防范和处理邪教问题领导小组组长签订了责任书。采取多种形式开展教育转化攻坚，严把质量关，严格验收标准，完成年度转化攻坚任务。编发《巩固帮教工作培训提纲》，6月底前完成了对参与巩固帮教工作的基层干部和党员骨干的全员培训。探索实践了开展巩固帮教工作的有效方法，使全区需重点巩固人员的巩固率达到97.2%。11月4日至5日，区整体仗领导小组对全区43个街乡2010年开展教育转化攻坚与巩固整体仗工作情况进行了检查验收。

（许智勇）

【打击防控工作】　年内，坚持区委610办公室、公安、安全、社工委、农工委等五部门每月情况通报分析会商制度，开展风险评估，明确打、防、控、转的重点人员。充分发挥公安、安全机关主力军作用，主动进攻，实施精准打击。坚持转审结合，以转促挖，深挖幕后，扩大战果。依法严厉打击“法轮功”顽固分子的违法犯罪活动，有效遏制了“法轮功”邪教的违法犯罪活动，维护了全区反邪教斗争形势的总体平稳。实施精细化防控，以不放心“法轮功”人员、社会面重点部位和防“法轮功”邪教广播电视插播为重点，严格落实管控工作实名责任制；进一步完善“法轮功”等邪教组织突发事件处置预案，调整充实区和街乡两级应急处置工作小组；坚持每日晨巡制度，及时发现“法轮功”反宣品和可疑人员，全年实现了“0”指标。

（许智勇）

【反邪教警示教育】　年内，采取多种形式，大力开展反邪教宣传教育活动。开展党内反邪教宣传教育，区委防范和处理邪教问题领导小组28个成员单位和43个街乡，采取领导班子专题会或班子扩大会等形式，广泛组织机关干部和党员传达学习中央、市委领导关于同邪教斗争的重要批示、讲话精神。在春节前后、市“两会”、全国“两会”等重大活动期间，为全区43个街乡和510个社区、村提供《党内反邪教警示教育专题片》、《反邪教警示教育合集》

等宣传光盘650套，提供《提高警惕，识别邪教》、《学习法律，防范邪教》宣传挂图1100套，采取党支部学习活动、楼宇文化、大型宣传日活动、入户教育等多种方式，对全区广大党员、干部和居民、群众开展反邪教警示教育。为成功举办上海世博会和广州亚运会、亚残运会营造良好的社会环境，组织下发《防范"法轮功"邪教组织干扰破坏上海世博会宣讲提纲》和《防范"法轮功"邪教组织干扰破坏广州亚运会和亚残运会宣讲提纲》，在全区开展了反邪教宣讲活动，努力营造和谐稳定的社会环境。

（许智勇）

【基层基础工作】 年内，围绕深化"无邪教创建活动"目标，在增强实效、提高质量上下功夫，坚持"无邪教创建活动"在各级党委和防处邪教问题领导小组的领导下开展，确保了创建活动有序进行。将"无邪教创建活动"与流动人口管理服务工作相结合，与非公经济党组织建设相结合，与社会单位管理相结合，加大对流动人员、非公经济党组织从业人员、社会单位法人及工作人员的宣传动员力度，进一步扩大"无邪教创建活动"的覆盖面。以全国文明城区创建工作为契机，将"无邪教创建活动"纳入其中，使之成为全国文明城区创建工作的内容之一，借势开展工作，进一步丰富创建活动内涵。将"无邪教创建活动"纳入民政、司法、公安、综治、组宣、青工妇等部门职责之中，充分发挥社区党委的作用，借助开展帮困服务、文体活动、社区矫正、法律咨询、楼宇文化等形式多样的活动，扎实开展"无邪教创建活动"，形成了共创共建的工作态势。朝阳区防处邪教基层基础工作得到进一步加强，"无邪教创建活动"达标率达到95%以上。

（许智勇）

【防范处置其他邪教和有害气功组织】 年内，积极稳妥地开展防范和处置其他邪教和有害功法组织的工作。进一步健全朝阳区防处其它邪教和有害功法组织工作小组，建立定期联席会商机制，形成齐抓共管的工作格局。综合采取经济、行政、法律等手段成功取缔了有"血水圣灵"邪教背景的经营实体。成功阻止了涉"观音法门"邪教背景企业参加"2010年中国国际健康素食产品展览会"活动；成功阻止了"华藏功"成员赴广东参与串联活动；成功阻止了"统一教"企图在朝阳区的渗透活动。对涉及朝阳区的"呼喊派"、"华藏功"、"全范围教会"、"血水圣灵"邪教人员进行了认真的摸排分析，对受裹挟人员逐人进行了教育，使他们脱离了邪教控制。下发《关于识别和抵制"血水圣灵"邪教组织的宣讲提纲》，在全区广大干部、群众和青少年中大力开展了宣讲活动，有效遏制了其他邪教和有害气功组织在朝阳区的渗透蔓延。

（许智勇）

公安工作

【概况】 北京市公安局朝阳分局担负辖区刑侦、治安、预审、治安巡逻、户籍、消防、外事警卫等项工作。年内，共接报"110"警情43万余件，同比上年(39万余件)增加4万余件，上升11.2%。其中刑事警情6968件，同比上年(5532件)减少1436件，下降26%；破获各类刑事案件1万余起，破获经济案件392起，挽回经济损失2352.1万元，铲除犯罪团伙889个，抓获团伙成员3736人。命案侦破率达到92.1%。区现有常住人口72万余户186万余人，比上年70万余户182万余人，增加了2万余户4万余人；举行各类大型活动492项1758场次，组织安保力量17万余人次；为12万余只犬办理了登记、年检手续；查处各类治安案件7.6万余起，查处违法人员10.8万余人；截止年底，投入各类资金2436万元，其中装备资金831万元，黄标车更新908万元、办案费260万元、三室建设经费437万元；以"对外争做百姓贴心人、对内争做民警贴心人"为主线，通过"人人争上笑脸墙"、"危难时刻110就在您身边"、"关爱流动儿童，共创和谐平安"、"大手拉小手，共建平安校园"、"警民建和谐、安全进万家"、"警营一日"、"家属进警营"等亲民爱警行动，实现了群众安全感、群众满意度、警营和谐性大幅提升；先后选派20余名后备干部分5批，到10个中心警务工作站培养锻炼；选派65名后备干部到分局信访科轮岗学习，使警务站管辖重点村刑事发案和可防性案件发案同比分别下降59.2%和64.1%；推出了"全国公安机关爱民模范"张宏、"第十六届亚洲运动会火炬手"一等功臣张帆、市局人口系统"社区管理创新先进个人"王小梅等市局以上级别的先进典型。

地址：道家园1号

电话：85953429

邮编：100025

（王　晖）

【开展宣传活动】 1月18日，公安分局会同区烟花办、区教委等单位到团结湖第二小学，拉开了朝阳区"安全燃放烟花爆竹、防范电信网络诈骗宣传进校园活动"的序幕。活动包括法制教育和安全防范教育，旨在提高中小学生自我防范能力、安全防范意识和避险应急技能。

（王　晖）

【案件侦破】 1月26日，破获持刀抢劫单独驾车女司机案件。上年8月以来，本市相继发生多起在超市、商场的停车场持刀抢劫单独驾车女司机案件，市局对此挂牌督办。刑侦支队南部队从本区发案入手，通过串并研判，"116"、监控、公交卡查询以及便衣蹲守，最终在双桥国泰百货停车场内，将准备再次作案的何某某(男，1970年12月出生，黑龙江省鸡西市人)、李某某(男，1982年4月出生，河南省浚县人)等2名犯罪嫌疑人抓获并刑拘，审查深挖出全市案件5起，有效维护了"两节"期间的社会治安稳定。3月10日13时许，位于本区劲松地区的摩力圣汇温泉会馆发生一起持枪劫持人质案。公安分局会同相关单位进行现场处置，及时制服犯罪嫌疑人张某某(男，1989年9月出生，山东省泰安市东平县人)，成功解救人质，当场起获钢珠仿真枪一把、二氧化碳压缩管2根和钢珠112颗。经审，张某某交代为了见到公安局领导反映情况，持仿真枪劫持女服务员的犯罪动机。5月6日，接到区纪检委及监察局移交的梁某诈骗一案，犯罪嫌疑人借拆迁之机从中作祟，骗取补偿款上亿元人民币。刑侦支队经侦大队通过细致工作，积极与检察院、法院等单位进行案情会商，准确适用现有罪名，保障打击处理，最终于5月15日在朝阳区蟹岛度假村将犯罪嫌疑人梁某(男，40岁，回族，中共预备党员，孙河乡康营村村委委员)抓获并刑拘，为国家追回补偿款近2亿元。7月2日，破获系列拦路抢劫强奸案。在东风乡辛庄村将犯罪嫌疑人姜某某(男，1991年7月出生，安徽省利辛县人)抓获。经审，姜某某交代了自2009年以来，在本市拦路抢劫强奸，作案30余起的犯罪事实。7月23日，破获系列入户抢劫案，在三间房附近将犯罪嫌疑人欠某某(男，1982年12月出生，甘肃省康乐县人)抓获。经审，欠某某交代了于7月中下旬，在建外SOHO连续冒充物业维修人员入户抢劫并猥亵妇女及其它入户抢劫案件4起、盗窃作案1起的犯罪事实。9月2日，破获一起投毒案，抓获犯罪犯罪嫌疑人徐某某(男，1981年3月出生，福建省宁化县人)，经审，徐某某交代在案发前半个月，其因面馆老板的表弟拖欠100元货款发生冲突，萌生报复的想法。该案的成功告破及时消除了恶劣影响，有效地维护了首都社会治安稳定。10月30日，破获市局挂牌系列盗窃切诺基汽车案，在本市通州区宋庄镇等地将李某某(男，1978年11月出生，黑龙江省克山县人)等9名团伙成员抓获，破案24起，起获被盗机动车22辆，为人民群众挽回了重大经济损失。经审，李某某等对犯罪事实供认不讳。

(杨 宇)

【新建小武基派出所后勤保障】 1月29日，公安分局党委召开班子会，对新建的小武基派出所后勤保障工作进行部署。历时1周，小武基派出所所需8辆警用车辆、30余套防护装备、14种53件常用警用装备、24台电脑及50余件办公用品、22套床铺和100余件生活用品等装备物资，全部配备到位，配备标准全部达到市局规定要求。

(唐玉刚)

【进行应急处置演练】 2月2日，根据市局、分局关于加强春节期间监所安全的要求，公安分局看守所与999驻所医疗中心共同进行在押人员突发心脏病应急处置预案演练，7名民警参加了演练。

(王 晖)

【派出所揭牌仪式】 2月9日，举行小武基派出所成立揭牌仪式。市局党委委员、副局长高煜，区委常委、公安分局局长陶晶，区农委，区委政法委，十八里店乡党委及分局办公室、装财处、刑侦支队、治安支队、人口管理大队等相关领导及小武基派出所全体民警参加仪式。4月9日上午，公安分局举行常营派出所新址落成揭牌仪式。区委政法委副书记倪东新，公安局副分局长王卫及相关部门领导出席仪式。常营派出所新办公用房建筑面积3650平方米，整体建筑为四层楼。设有户籍接待大厅、治安接待大厅、档案室、装备室、临时拘押室、监控室、餐厅、弱电机房、枪库、警情会商室、警区办公室、有容纳110余人的大会议室、健身房、民警宿舍等。7月3日，在奥林匹克公园管委会北侧广场举行了奥林匹克公园派出所揭牌仪式。区委常委、政法委书记佟克克，区委常委、公安分局局长陶晶，及分局内设机构有关领导，奥林匹克公园派出所全体民警参加揭牌仪式。

(王 晖)

【除夕夜慰问民警】 2月13日除夕夜，区委副书记、区长程连元，区委常委、政法委书记佟克克在区委常委、公安分局长陶晶的陪同下，到分局看守所、治安拘留所慰问值班民警，领导一行首先来到了看守所总控室，向值班民警致以节日的问候，并赠送了慰问品。随后，又进入监区及羁押人员食堂进行了检查。最后，程连元区长、佟克克书记等领导来到民警食堂，亲自为除夕夜在监管一线工作的民警包饺子欢庆春节。

(王 晖)

【孟建柱检查指导巡控工作】 2月13日，国务委员、公安部部长孟建柱，到朝阳区建华路路口检查指导工作并慰问执勤民警。市局党委书记傅政华，区委书记陈刚，区委副书记、区长程连元，区委常委、公安分局长陶晶及分局办公室、勤务指挥处、巡警支队等部门领导参加了活动。

(王 晖)

【慰问"三八"妇女节执勤女民警】 3月8日，在"三八"国际劳动妇女节100周年到来之际，公安分局长陶晶、政委王益春代表分局党委，分别来到出入境办证大厅和东风派出所亲切慰问坚守岗位的女民警。感谢大家在自己的节日里放弃休息仍坚守岗位。同时向各位在场女民警并希望通过她们向分局全体女民警、女职工、女文员和警嫂们表示节日问候。

（王　晖）

【破获系列盗车案】　3月9日，公安分局会同市局刑侦总队、技术侦察处等相关部门，打掉一个专门在望京地区盗窃本田轿车的犯罪团伙，五名涉案团伙成员全部抓捕归案。3月18日，市局新闻办在公安分局召开新闻发布会，向广大媒体通报了案件侦破情况。北京电视台、北京广播电台，法制日报、新华社每日电讯、北京日报、北京晚报、北京青年报、北京晨报、法制晚报、京华时报、新京报、朝阳报、朝阳有线，朝阳法治新闻等十余家媒体进行了现场采访报道。

（王　晖）

【区看守所举办宣传周活动】　3月14日至20日，区看守所与区公共卫生管理委员会携手举办“3.24世界防治结核病日”宣传周活动。分别组织在押人员全员进行知识答卷，开展百人参加的大型综艺活动进行宣传，并通过电教系统滚动播放知识讲座，向在押人员讲解结核病的防治知识。

（王　晖）

【组建网安大队】　3月27日，按照市公安局党委关于加强网安工作总体要求和朝阳分局党委决定，成立网络安全保卫大队，副处级建制，设定编制警力为43人，其中现职领导5人。

（田雨　）

【宣传报道中小学校幼儿园内紧急报警系统】　5月10日，内部保卫大队民警来到东方德才小学部向记者展示中小学校和幼儿园内安装校园紧急报警系统。此系统是为进一步加强中小学校和幼儿园的安全防范作用，由公安分局会同区教委在全区中小学校共同安装的。北京电视台、北京广播电台、北京晚报、法制晚报、京华时报、新京报、朝阳有线、朝阳报、朝阳法治新闻等十余家媒体记者现场进行了采访报道。

（王　晖）

【市局领导慰问执勤民警】　6月11日晚，市局党委书记、局长傅政华轻车简从，骑自行车到三里屯酒吧街亲切慰问执勤民警，并对公安分局在世界杯足球赛期间重点地区社会面防控工作进行检查。傅政华局长对公安分局勤务组织部署、执勤民警工作状态和警容风纪、警犬参与巡逻等工作予以充分肯定，并要求全局民警再接再厉，严密社会面防控，确保足球世界杯期间社会治安秩序良好。

（王　晖）

【“6.26”国际禁毒日宣传活动】　6月26日，在第23个国际禁毒日来临之际，公安分局、区禁毒办、综治办、团区委在朝阳公园联合举行了以“远离毒品，放飞希望”为主题的“6·26”国际禁毒日宣传活动。区禁毒委员会副主任、区委常委、公安分局局长陶晶，区禁毒委副主任、副区长赵全保等领导及区检察院、法院、民政局、司法局、卫生局、团区委、总工会、妇联、麦子店街道办事处、团结湖街道办事处等单位主管禁毒工作的领导参加活动。朝阳区国际禁毒日宣传活动共发放禁毒宣传册10000余册、悬挂宣传标语500余条、禁毒展板1000余块、禁毒购物袋30000余个、禁毒风筝200余个。

（王　晖）

【举办“大手拉小手 共建平安校园”活动】　7月1日，在团结湖小学（丽水嘉园校区）举办“大手拉小手，共建平安校园”活动。分局党委副书记、政委王益春，学校副校长王红等有关领导和30余名学生参加了活动。六里屯派出所政委按照分局关于加强校园及其周边安全的工作要求，结合警、民、校联动机制运行情况及近期涉及校园案件，对学校师生进行了法制宣传教育并向校方送了600余份《致学生家长的一封信》。

（王　晖）

【开展共建和谐社区活动】　7月15日，公安分局联合北京第二外国语学院在望京华鼎世家社区举办“携手高校、服务社区、警民联合、共建和谐”社会实践活动启动仪式。分局出入境管理大队、南湖、东湖、花家地派出所领导及民警、北京第二外国语学院学生、望京地区各街道代表60余人参加了启动仪式。此次活动是公安分局推进“三项重点工作”、构建和谐警民关系、落实爱民实践活动宗旨的一项重要举措。

（王　晖）

【举行新警车配发仪式】　7月29日，在朝阳公园南门举行“保障对接实战服务贴心基层”警务车辆配发仪式。区委常委、政法委书记佟克克，区委常委、公安分局长陶晶及公安局部分职能部门、各派出所主要领导等150余人参加了新警车配发仪式。领导们将购置的54辆途胜、4辆别克公务车钥匙配发到49个派出所和勤务指挥处、巡警支队、轮值轮训队等部门。

（王　晖）

【看望因公负伤民警张帆】　8月20日，市委副书记、市委政法委书记王安顺，市委常委、市局党委书记、市局局长傅政华专程来到朝阳医院，亲切看望因公负伤的呼家楼派出所民警张帆及其家属，并送上慰问金。

（王　晖）

【爱民实践活动】　8月26日晚，为深入推进争做百姓“贴心人”活动，公安分局组织9个中心警务站开展“服务办证送温情，甘当百姓贴心人”爱民实践活动。活动中，民警在警务站门前摆放了桌椅，安装了电脑、打印机，并找来照相馆的工作人员为辖区流动人口照相、现场办理暂住证。同时，民警针对夏季治安特点，向群众讲解安全防范常识，答复群众提出的有关户籍、治安等问题。活动当晚，现场为流动人口办理暂住证共计1000余个，发放各种宣传材料近万份。9月1日，在十八里店乡小武基村弘善学校举办“关爱流动儿童、共创和谐平安”爱民实践活动。市委政法委副书记、市局党委副书记、副局长段桂青出席活动，区委常委、公安分局长陶晶，区教委，十八里店乡领导和弘善学校1000余名师生一同参加活动。与会领导向同学们赠送学习用品和印有小学生安全知识儿歌的课程表，同时向校园保安代表配发防护器材。

（王　晖）

【市局党校朝阳公安分局分校揭牌】

9月29日，公安分局在六层报告厅举行市局党校朝阳分局分校揭牌仪式。公安分局党委书记、分局长兼市局党校朝阳分局分校校长陶晶，区委组织部副部长、区委党校校长蒋自伟，区委党校副校长及分局党委其他成员出席了揭牌仪式。局属各单位党（总）支部书记、副书记及各单位优秀党员代表共200余人参加了揭牌仪式。

（王　晖）

【内设执法勤务机构实行队建制】

10月15日，公安分局在6层报告厅举行“公安分局内设执法勤务机构实行队建制暨大队揭牌仪式”。区委、区政府、市局政治部领导，分局班子成员和局属机关业务处以及部分派出所主要领导、民警代表共150余人参加了揭牌仪式。区委常委、政法委书记佟克克和区委常委、分局党委书记、分局长陶晶为警务督察大队、内部单位保卫大队、人口管理大队、预审大队、出入境管理大队揭牌。

（田雨　）

【检查北京工业大学消防安全】　11月16日晚，市委常委、市局局长傅政华到北京工业大学检查指导消防安全工作。检查中，当场指出学生宿舍楼疏散口电磁门无法正常使用，疏散指示标识、应急照明设施设置不规范，中控室操作人员未佩带上岗证件及未落实消防安全制度等问题，并当即责令校方限期整改。傅政华还与同学们围绕消防安全知识进行了亲切交流，并亲自教授同学们如何正确使用灭火器。同时，他要求校方注意强化全校师生，特别是新入校学生消防安全知识的培训教育，加强校园消防安全演练，配齐并定期检查消防安全设施，将各项消防安全措施落到实处。

（王　晖）

【举办办公设备发放仪式】　11月18日，举行以“精良装备促一流业绩，贴心基层保一方平安”为主题的办公设备发放仪式。政委王益春出席仪式，部分职能部门和各派出所主要领导等100余人参加发放仪式。此次增配的办公设备包括台式计算机、便携式计算机、打印机、传真机、碎纸机、数码照相机、数码摄像机等1200余件套，为一线实战单位提供了坚实的装备保障。

（王　晖）

【向生活困难信访群众送温暖】　12月3日，举行向生活困难信访群众送温暖主题活动。分局政委，市局信访处领导和6名生活困难信访群众参加了活动。分局向6名生活困难信访群众赠送了过冬棉衣、棉被。

（王　晖）

【调研社区民警驻区制警务模式】

12月28日，市委副书记、政法委书记王安顺，市委常委、市局局长傅政华在区委书记陈刚等领导陪同下，到建外街道办事处南郎家园社区文化教育活动中心调研指导社区民警驻区制警务模式试点工作。区委常委、政法委书记佟克克，公安分局长陶晶等领导参加调研。群众代表普遍认为社区民警24小时居住社区，依托警务室开展警务活动，及时化解矛盾纠纷、组织开展安全防范，使社区居民更加安全，找民警办事会更加方便，警民关系会越来越和谐。

（王　晖）

【接待友好单位参观交流】　年内，分别接待了上海徐汇分局、青海海东分局、广东省公安厅、湖北省公安厅等15个地区200余人次的警务参观交流代表团，分别就“110”接处警、反恐防暴处突及奥运、国庆60周年大型警务工作模式等进行交流和研讨。

（王　晖）

【治安专项警情持续平稳】　年内，强化治安警情监测分析，适时研判督导，认真落实打防管控措施，确保整体警情的持续平稳与良好。共打掉娼赌黄违法犯罪团伙、窝点980个，处拘留以上违法犯罪嫌疑人5037人，收缴赌资人民币285万余元，淫秽物品1万余件，非法盗版及侵权光盘11万余张，盗版及非法书刊4万余册。通过打击，使全区娼赌黄三类治安专项警情同比上年下降47.3%。

（杨春华）

【落实“4.11”专项行动】　年内,按照市局“4.11”专项行动总体部署,结合治安系统开展的“冬季行动”、“春季攻势”和社会治安整治等专项行动,共打掉卖淫嫖娼团伙158个,拘留以上处理1674人;打掉赌博团伙、窝点294个,抓获处理2065人,收缴赌资人民币209万余元、赌博机390台;抓获并拘留以上散发招嫖卡片人员251人,收缴招嫖卡片3.8万余张;查处涉黄问题发廊225家。

(杨春华)

【落实中小旅馆规范化管理机制】　年内,针对中小旅馆管控工作中的问题,严格按照工作规范推实规定动作,狠抓登记录入率,严格落实访客实名登记制度,严格执行“三查一核对”措施,突出凌晨2时至8时的实地检查,特别是加大了对一人登记多人住宿、住宿人非登记人、漏登住宿人员等问题的检查处罚力度。期间,共检查旅馆业4900家次,发现并整改各类问题275件,行政处罚118件。

(郭　琳)

【开展特种行业阵地控制】　年内,为实现“反侵财,压发案”的工作目标,立足辖区实际,充分发挥特种行业阵地控制的基础作用,采取动员培训、公开检查、便衣暗访、异地互查等多种有效形式,不断加强执法检查,促进特种行业各项管控措施的全面落实。共检查特种行业、企业2600家次,发现并整改各类问题180件,行政处罚35件,依法取缔无证照经营摊点和门店130余处,打击处理收销赃违法犯罪人员164人;同时召开派出所和经营人工作部署会30余次,参加人员1500余人,有效提高了特种行业阵地控制能力。

(郭　琳)

【确保大型群众性活动秩序良好】　年内,在本区共举办展览展销、文艺演出、体育比赛等大型活动492项1758场次,接待群众756万余人次。朝阳分局严把审批关,以反恐防爆为中心,充分运用风险评估机制,积极组织勤务工作,期间共组织安保力量17万余人次,确保中超及亚冠足球联赛、武搏运动会、奥运城市体育文化节系列活动等各项活动治安秩序良好。

(王海波)

【组织开展“护车爱民”专项行动】　年内,组织17个警情高发派出所成立打击小分队,积极开展打击盗贩自行车“护车爱民”专项行动。共打掉盗贩自行车团伙49个,查获窝点63个,抓获处理盗贩自行车嫌疑人382人,收缴自行车1310辆。

(陈　静)

【开展“脉冲行动”有效治理“黑车”扰序】　年内,组织开展了16次治理“黑车”脉冲行动,行政拘留黑车扰序人员1424人,查扣各类黑车8224辆,其中查扣摩的1438辆、人力三轮1834辆、电动三轮3983辆、其它车969辆。

(陈　静)

【开展社会面清理整治行动】　年内,组织各派出所开展了声势浩大的社会面清理整治专项行动。共抓获处理各类扰序人员4960人。其中制贩三假扰序289人、无照游商251人、黑车扰序3103人、散发小广告548人、代办验照116人、贩卖盗版光盘210人、倒卖有价票证909人、医院号贩子43人、强乞强讨48人、阻碍相关执法部门执行公务262人。

(陈　静)

【治爆缉枪专项行动】　年内,为建设“世界城市”创造良好的社会治安环境,按照市局部署,组织开展了治爆缉枪专项行动。张贴通告1.5万份,向辖区娱乐场所和重点单位发放各类宣传材料18.2万份。加大对重点地区、重点部位的检查控制及巡逻盘查力度,加强对携带、贩卖管制刀具的打击力度,并集中收缴流散在社会上的枪支弹药和爆炸物品,取得了明显成效。收缴各类枪支69支、仿真枪50支、弩7把、黑火药520克、各类子弹6001发、管制刀具650把。处理涉案人员133名

(姜海红)

【烟花爆竹安全管理】　年内,朝阳分局充分发挥烟花爆竹安全管理主管机关牵头作用,本着“严、深、细、实”的工作作风,坚持“超前准备、严密部署、科学指挥、精细操作”的原则,组织各执法部门加大执法检查力度,以执法促宣传,以执法促管理,认真做好元旦、春节的烟花爆竹安全管理工作。期间,查获非法烟花爆竹案件97起,行政拘留101人,罚款2人,查扣非法运输车辆3部,收缴非法烟花爆竹7631公斤。

(姜海红)

【“三室”改造工程建设完成】　年内,按照市局《关于进一步加强执法办案安全防范工作的通知》及《完善执法办案安全防范工作会议精神》有关要求,在实地调研的基础上,积极争取地方政府支持,从分局专项资金中安排156万元,用于派出所、刑侦、预审“三室”建设改造,通过近三个月工程建设,朝阳分局349个“三室”(其中讯问室150个、询问室132个、候问室67个)改造全部完成,为基层执法办案提供了安全保障。

(唐玉刚)

【强化中小学幼儿园安全防护】　年内,会同区教委、区综治办、各街乡党委政府和各学校,依托“专业巡控、校园网控、校园内控”三种工作

模式，全面加强校园内部及周边安全防范，建立了“教育部门防内部、公安机关保周边”的防范责任体系；全区公办中小学校幼儿园全部实现了监控图像上传和24小时实时监管功能，并全部安装开通了校园紧急报警按钮，专业校园保安进驻公办校园；调动“巡逻专业车组、社区看护民警、街乡群防协警力量、校园安防维护力量”全部到岗到位，定人、定岗、定责，早晚上下学高峰部署警力341人，形成“内外结合、共保平安”的社会防线，保障全区40万学生儿童人身安全。

（聂建平）

【建立中心警务站管理制度】 年内，结合社区中心警务站职能定位，制定工作站运行模式。明确警务工作站站长职责、警长职责、民警职责以及14种工作台帐标准，对9个警务站的经验做法进行总结推广。其中，东风派出所小辛庄警务工作站和高碑店派出所半壁店警务工作站的经验做法被市局采用转发。

（李　鹏）

【楼房群租房专项清理整治行动】 年内，制定《楼房群租房专项整治工作方案》和《进不去的门、见不着的人摸排整治工作方案》，组织派出所认真开展清理整治行动。期间，出动警力4300余人次，发放宣传材料10.7万份，检查流动人口11万余人，新登记办证14万余人，核录4万余人，新列管流动人口高危人员1648人，检查出租房屋4万余户、8万余间，新发现群租房334户、1195间，集中拆除群租房1674间，取缔黑开场所419个，排查发现各类安全隐患1595处，发放限期整改通知书774份，处罚违法出租房主555人，破获各类案件469起，抓获各类违法犯罪嫌疑人1122人，抓获网上在逃人员8人。

（李　鹏）

【民事调解进派出所】 年内，会同区司法局制定《“民调进所”工作实施方案》及《“民调进所”工作考核实施办法》、调解员工作职责等各项规章制度，确保工作顺利开展。争取地方党委政府投入“民调进所”建设资金30万元，局属47个户籍派出所建立联合调解室，配备专职民调员96人，通过联合调解室受理矛盾纠纷3040件，成功化解2888件，调解成功率95%。

（李　鹏）

【构建电信诈骗堵截防范体系】 年内，在开展打击防范电信诈骗专项行动中，发挥金融保卫职能，会同辖区金融营业网点，全力构建电信诈骗堵截防范体系。一是及时与驻区金融机构建立防范联通网络及支行级每月通报例会制度；二是安排专门警力监测发案情况，定期召开各银行保卫负责人案情通报及防控工作会；三是发放《防范电信诈骗》宣传页和《致居民的一封信》267万张；在ATM机上粘贴《朝阳警方提示》1万张；四是建立奖励机制。给予成功堵截电信诈骗的一线营业员、保安员物质奖励。五是在教育系统开展“小手拉大手”防范电信诈骗宣传工作。严防不法分子冒充学校老师诱骗操控家长进行转账、汇款等诈骗行为。六是建立防控电信诈骗工作联合倒查机制。成功堵截222起电信诈骗案件，及时挽回经济损失700余万元，有效保护了群众资金安全。

（聂建平）

检察工作

【概况】 朝阳区检察院是国家法律监督机关。年内，批准逮捕各类刑事犯罪2719件3469人，提起公诉3426件4396人。突出打击严重影响群众安全感的暴力犯罪和多发性侵财犯罪，依法办理了一批在社会上影响较大的刑事案件。依法对轻微犯罪从宽处理，对没有逮捕必要的不予批准逮捕49人，对情节轻微的决定不起诉27人。全年立案侦查贪污贿赂犯罪23件26人，其中立案侦查贪污贿赂百万元以上大案6件，县处级以上要案5人，其中局级以上干部4人。积极探索渎职侵权检察工作新机制。与朝阳区质监局签署《关于加强协调配合共同开展渎职等职务犯罪查办和预防工作的意见》，制定《渎职侵权案件线索移送、备案制度》，收到移送案件线索5件，立案2件2人，移送其他检察机关立案1件2人。刑事诉讼监督方面，受理立案监督案件48件，监督立案12件；追诉漏罪29起，追诉漏犯116人；提出刑事抗诉3件；加大对侦查违法行为的纠正力度，发出侦查监督情况通报2份，书面以及口头提出纠正违法17件。民事行政检察监督方面，受理申诉案件110件，提请和建议提请民事抗诉10件。在刑罚执行和监管活动监督方面，对11800余人次进行交付执行检察和收押释放检察，开展各类安全防范检查60余次。区检察院被评为“朝阳区重视人才先进单位”；公诉三处获得了北京市“人民满意的政法单位”荣誉称号和朝阳区“人民满意的政法单位”标兵称号。1名同志被评为“朝阳区专业技术、管理拔尖人才”，1名同志当选“首都十大杰出青年法学家”，1名高层次人才作为全市检察系统唯一代表赴四川什邡市政法系统培训班授课。

地址：道家园17号

邮编：100025

（李小倩）

【提起公诉】 1月18日，对涉嫌出售公民个人信息罪的犯罪嫌疑人周某某提起公诉，这是2009年《刑法修正案（七）》规定出售公民个人信息罪以来，北京市首例以该罪名提起公诉的案件。11月23日,对首例使用POS机虚构交易、刷卡套现的被告人祁某某以涉嫌非法经营罪向法院提起公诉。12月3日,以非法侵入计算机信息系统罪、非法控制计算机信息系统罪对非法侵入最高检等12个单位网站后台计算机信息系统的被告人范某某、文某依法提起公诉。

(李小倩　石　晶)

【创新工作制度】 2月9日,朝阳检察院制定实施《应对民行申诉案件突发事件工作制度(试行)》,在民事行政检察处成立处理突发事件应急小组,明确处置工作程序,对处置工作提出具体要求。

(李小倩)

【在全市率先签定审限流程管理规定】 3月5日,与朝阳法院签订《关于进一步加强案件审限流程管理的规定(试行)》,在全市检法机关率先实现了审限流程管理的规范化、制度化。

(李小倩)

【出台《扣押款物移送办法》】 3月19日,与朝阳公安分局、朝阳法院联合制定《北京市朝阳区公检法三机关扣押款物移送办法(试行)》,对扣押款物的移送原则、移送范围、移送标准、移送程序和期限、保管责任和联系人制度进行明确和规范。

(李小倩)

【捐款活动】 4月21日,朝阳检察院集体哀悼青海玉树地震中遇难的同胞,并向玉树灾区捐款22840元。12月9日,朝阳检察院工会参与区总工会和区慈善协会组织的捐款活动,筹得人民币6370元。

(李小倩)

【向区人大常委会做公诉工作报告】 4月22日,检察长王立向区十届人大常委会第二十四次会议作工作报告,汇报2007年至2009年公诉工作的基本情况,创新公诉工作机制的主要做法,当前公诉工作中存在的问题以及下一步工作思路。公诉部门全体负责人列席会议,听取人大常委的意见、建议。

(李小倩)

【开展共建活动】 4月22日,机关党委、团总支开展服务新农村建设普法共建活动,组织20余名优秀人才、团员青年赴小红门乡龙爪树村,就土地拆迁过程中的法律问题为该村村民提供咨询服务。

(李小倩)

【"五五"普法工作通过验收】 5月26日,向区委"五五"普法领导小组汇报"五五"普法期间开展普法工作的情况,获得验收组的肯定,并顺利通过检查验收。

(李小倩)

【邀请人大代表、政协委员视察】 6月24日,邀请区人大代表、政协委员22人来区检察院视察反渎职侵权工作,听取工作汇报。

(李小倩)

【检察长接受媒体访谈】 6月28日,区检察院检察长王立作客北京市政务门户网站"首都之窗",就"发挥检察职能,推进三项重点工作"接受访谈,并与广大网友开展在线交流。

(李小倩)

【创新岗前培训形式】 7月1日~5日,通过组织学习法律法规、与优秀检察官座谈、五分钟演讲等方式,对本年新招录的51名干警进行岗前培训。

(石晶)

【规范涉检违纪举报接待制度】 7月,以"执法规范化建设年"为契机,出台《朝阳检察院纪检监察部门信访接待工作规定》和《朝阳检察院纪检监察部门接待来访制度》。

(石晶)

【释法说理走进监区】 7月7日,参与在押人员管理创新活动,在区看守所开展以"释法说理"为主题的法律知识系列讲座,向在押人员普及法律知识,阐明检察机关受理在押人员投诉的渠道。

(石　晶)

【推出首期"检察文化长廊"】 7月29日,为推进"恪守检察职业道德、促进公正廉洁执法"主题实践活动的深入开展,建立具有本院特色的检察职业道德宣传教育阵地,设计制作了以"检察职业道德与检察文化"为主题的首期"检察文化长廊"。

(石晶)

【首例律师挪用诉讼代理费案获有罪判决】 8月20日,首例针对律师挪用诉讼代理费案一审获法院有罪判决。该案对规范律师代理行为、保障律师事务所的正当权益和律师行业的健康有序发展具有一定的示范意义。

(石　晶)

【举办专题论坛】 8月20日,举办"制度预防理论的检察实践"专题论坛。高检院职务犯罪预防厅副厅长宋寒松、市院党组副书记、副检察长高保京莅临论坛并参与讨论。

(石晶)

【应邀讲授法制宣传课】 9月13日,开展"听呼声、走百家、送服务"为民实践活动,区检察院应邀前往民航总医院进行职务犯罪预防专题讲座。

(石　晶)

【在《妇女权益保障法》竞赛中获奖】

10月11日，妇女犯罪审控组在区妇联举办的《中华人民共和国妇女权益保障法》知识竞赛中获得二等奖，公诉三处荣获组织奖。

（石　晶）

【创办"朝阳检察官夜校"】 10月12日，推出检察教育培训新举措，建立"朝阳检察官夜校"学习制度。"检察官夜校"是与常规学习培训并行、利用工作之余的固定时间，全员参与、集中培训的一种创新学习形式。

（石　晶）

【成立"未成年人刑事案件检察处"】 10月15日，整合未成年人刑事案件审查逮捕、审查起诉、诉讼监督以及犯罪预防等多项职能，成立"未成年人刑事检察处"。

（石　晶）

【参加"检校联席"座谈会】 10月28日，参加"检校联席"工程建设领域预防职务犯罪座谈会。市教委监察处、朝阳检察院职务犯罪预防处、朝阳区所属13所高校相关负责人出席会议。

（石　晶）

【在区第三届人才表彰会中获奖】 11月5日，在由区委、区政府主办的朝阳区第三届人才表彰大会中获得嘉奖，被授予"朝阳区重视人才先进单位"荣誉称号，副检察长张朝霞被评为"朝阳区专业技术、管理拔尖人才"。

（石　晶）

【成立派驻检察室】 11月9日，在亚运村街道及小红门乡成立派驻检察室。派驻检察室主要受理举报控告、进行法律宣传、提供法律咨询，配合派出所、派出法庭、司法所做好信访维稳工作，参与社会治安综合治理。

（石　晶）

【成立首支新闻评论员队伍】 11月11日，成立北京市检察系统首支新闻评论员队伍。建立新闻评论员队伍的目的在于结合实际办理的各类案件及其他法治事件，撰写、发表各类评论，积极开展传统媒体和网络涉检舆情引导。

（石　晶）

【首例传授犯罪方法案获法院判决支持】 11月28日，朝阳法院对朝阳检察院提起公诉的被告人冯某某涉嫌传授犯罪方法案依法作出判决，这是北京市首例获判的传授犯罪方法案件。

（石　晶）

【召开公检法司未成年刑事司法工作联席会】 12月7日，召开区公检法司未成年刑事司法工作联席会。副检察长张朝霞、区公安分局副局长王卫、区法院副院长滑争鸣、区司法局副局长刘勇出席会议。

（石　晶）

【廉洁准入管理建议】 12月10日，结合近3年查办的拆迁领域典型职务犯罪案件，向区纪委提出《关于在我区工程建设及政府采购领域开展行贿犯罪档案查询进行廉洁准入管理的建议》，获得区纪委书记批示采纳，并在全区推行，此举在北京市尚属首例。

（石　晶）

【加强执法规范化建设】 年内，出台《朝阳区人民检察院全面加强执法规范化建设的意见》，针对侦监、公诉、自侦等检察业务部门相关执法环节和执法行为加强执法规范化建设。分学习动员、自查整改、集中整改、检查落实、整章建制和总结验收六阶段，对执法规范化进行集中检查。

（李小倩）

【服务"新四区"发展】 年内，预防处着手五项措施，为落实"新四区"发展战略服务。一是充分利用朝阳区国家机关职务犯罪网络资源优势，制定长期可行的工作规划。二是围绕服务朝阳区农村城市化，加大土地储备过程中职务犯罪预防调研，强化监管，做好警示教育。三是大力推广"廉洁奥运"成功经验，围绕重点环节和领域，进一步推动国有企业廉政风险防范。四是以农村"两委"换届选举为契机，以共建平台为基点，积极走访农村基层组织，化解矛盾，服务新农村建设。五是进一步落实"朝阳区辖区内高等院校预防职务犯罪联席会议制度"，完善高校制度建设，推进社会管理创新。

（李小倩）

审判工作

【概况】 朝阳区人民法院是国家审批机关。年内，围绕深入推进"三项重点工作"的要求和"为大局服务，为人民司法"的工作主题，切实履行宪法和法律赋予的职责，创新加强审判管理，全面提升队伍素质，各项工作取得了新进展。全年共受理各类案件58060件，结案58093件，其中审结刑事案件3480件；审结民商事案件38945件；审结行政诉讼和行政非诉案件389件；执结案件14757件。年内，荣获"全国优秀法院"、"首都文明单位标兵"称号，被最高法院确定为全国首批"司法公开示范法院"，全年共获得112项区级以上荣誉，其中，民二庭荣立"集体一等功"，钟蔚莉被评为"全国先进工作者"。

地址：朝阳公园南路甲2号
电话：65021021
邮编：100026

（范米多）

【周永康慰问双桥法庭干警】 2月

8日,中共中央政治局常委、中央政法委书记周永康到双桥人民法庭慰问基层干警。中共中央政治局委员、市委书记刘淇,国务委员、中央政法委副书记、公安部部长孟建柱,最高人民法院院长王胜俊,中央政法委秘书长周本顺,市委副书记、市长郭金龙,市委副书记、市委政法委书记王安顺,市高级人民法院院长池强等领导参加了慰问。周永康视察了双桥法庭和解大厅、和解室和大法庭,听取了法庭工作汇报,并与法官、人民陪审员、书记员亲切握手交流,细致询问大家的日常工作情况。周永康指出,政法维稳工作中80%的任务在基层,基层法官工作任务重、压力大,多年来为维护基层平安做出了重要贡献,他代表党中央向大家表示感谢并致以节日的问候,同时鼓励大家在新的一年里再接再厉,扎实工作,争创新的、更好的成绩。双桥法庭全体干警表示将加倍努力做好法庭各项工作,不辜负领导的期望。

（范米多）

【杨昌君销售假冒注册商标的商品案】 2月8日,以销售假冒注册商标的商品罪,判处被告人杨昌君有期徒刑三年六个月,罚金人民币一万元;在案之包八千四百二十五个,予以没收。一审宣判后,被告人杨昌君提出上诉,北京市第二中级人民法院经审理维持原判。2007年5月起,被告人杨昌君在北京市朝阳区秀水市场地下三层一仓库内等地,存放带有LOUIS VUITTON、GUCCI、CHANEL注册商标标识的男女式包,用于销售牟利。2009年8月9日,公安人员从其仓库内起获各种型号带有LOUIS VUITTON、GUCCI、CHANEL注册商标标识的男女式包共计8425个,货值金额为人民币766 990元,被告人杨昌君被查获归案。经鉴定,上述物品均为假冒注册商标的商品。朝阳区法院经审理认为,被告人杨昌君法制观念淡薄,为牟私利,销售明知是假冒注册商标的商品,货值金额数额巨大,其行为已构成销售假冒注册商标的商品罪,依法应予惩处。在案之物品,应予没收。本案涉案物品尚未售出即被查获,系犯罪未遂,被告人杨昌君案发后具有认罪悔罪表现,故该院对其所犯罪行依法从轻处罚。该犯罪行为持续时间长、涉案数额巨大,暴露出作为市场管理方的秀水市场存在监督不力、疏于管理等问题。为了强化市场管理方的监管责任意识,严厉打击商标侵权行为,营造更好的市场秩序和经营环境,案件审结后,朝阳区法院特向秀水市场发出司法建议,建议其分析该案的深层次原因,查找管理的薄弱环节,加强监督管理,开展法律宣传教育。秀水市场高度重视本院司法建议,并积极回函,表示为避免此类事件再次发生,公司已采取了修订《市场管理规范》、加强商户法制教育、加大巡查力度、强化公司内部管理等举措。年内,最高人民法院发布了7起侵犯知识产权和制售假冒伪劣商品的典型案例,该案入选其中。

（范米多）

【探索工作机制】 4月,为实现"执行行为规范化、执行工作高效化、执行过程透明化、监督制约全程化"的工作目标,巩固和扩大清理执行积案活动取得的成果,区法院以"无执行积案先进法院"创建活动为契机,探索推行分段集约执行工作机制,加强对疑难、复杂案件的执行力度,形成了"一人主办"与"分段集约"相结合、各阶段相互配合和制约、执行事项统一集中办理的工作模式。同时配套建立了执行快速反应机制,规范了执行案件报结标准,与各商业银行搭建了财产查询平台,促进执行工作更加有力、有效。

（范米多）

【加强青年法官培养】 4月,将青年法官培养作为队伍建设重点,出台《关于加强青年法官培养的工作意见》,建立专家课堂、资深法官课堂、庭审课堂、窗口实践课堂"四个课堂"培养机制。年内,组织300余名青年法官轮流到立案、信访窗口实践,邀请11位专家和4名资深法官授课,举办15场"庭审课堂"。通过上述举措,青年法官的政治素养、群众观念和司法能力明显增强。

（范米多）

【开展"万件案件评查"活动】 4月,以落实市高院开展的"万件案件评查"活动为契机,深入开展案件评查工作。由高级法官和专门评查机构组成评查工作组,邀请人大代表、政协委员、律师和特邀监督员参与评查,对制度、思想甚至廉政方面的问题进行评查,增加评查深度。针对评查中发现的问题,积极采取整改措施,有针对性地开展培训,将评查过程转化为改进工作、完善制度、教育干警的过程。

（范米多）

【本市首例出售公民个人信息案】 6月12日,以出售公民个人信息罪判处被告人周广进有期徒刑1年,缓刑1年,罚金人民币5000元。同案李某、甘某因伪造有价票证罪被处相应刑罚。一审宣判后,被告人未提出上诉。被告人周广进在担任北京民航机场巴士联营办公室统计员期间,于2009年3月至2009年7月,先后分5次,将其单位办理机场大巴乘车证时获得的2060名办证人员的个人信息出售给被告人李某、甘某用于伪造有价票证,从中获利人民币22500元。2009年8月3日,被告人周广进被公安机关抓获归案。朝阳区法院经审理认为,被告人周广进为牟取私利,将本单位在提供服务过程中获得的二千余名公民个人信息出售给他人,并被用于犯罪活动，属情节严重，已构成出售公民个人信息罪，对被告人的犯罪所得依法应予以追缴。鉴于被告人周广进归案后如实供述所犯罪行，退缴全部赃款，确有悔罪表示，且此次犯罪系初犯，故对其所犯罪行酌予从轻处罚并适用缓刑。

（范米多）

【推进审判管理创新】　7月，针对审判管理中存在的制度不健全、落实不到位、缺乏统筹协调等问题，构建了“一体化审判管理体系”，对审判管理工作进行整合、完善和创新，努力实现制度建设与制度落实、管理审判与服务审判、接受管理与自我管理、事后管理与事中管理、严格考核与有效激励“五个一体化”，促进审判质量、效率和效果全面提升。一是通过设立审判委员会办公室，对审判管理进行统筹协调，形成行政化管理与专业化管理相结合的新模式。二是通过建立全程提示制度，服务审判，帮助法官降低工作风险、减轻办案压力。全年共发布各类提示2016项，有效预防和弥补了工作疏漏。三是通过召开多层级的法官会议，让法官参与管理、认同管理，增强法官的自我管理意识。四是通过严格案件流程的审批程序，强化对案件审理过程的事中监督。五是通过全面考核审判质量、效率和效果，引导法官努力做到案结事了人和。

（范米多）

【集中开展“朝法魂”大讨论活动】　7月，以法院文化建设为依托，启动“朝法魂”大讨论活动。期间，先后举行相关讨论会30余场，全院30多个部门、600多名干警全部参与，提出近百条不同表述的“院训”。全体干警受到了一次全面深刻的世界观、人生观、价值观教育，增强了集体归属感和职业尊荣感。

（范米多）

【率先设立“司法公开宣传日”】　10月，为进一步强化司法公开意识，提升司法公开效果，以被最高法院确定为全国首批“司法公开示范法院”为契机，按照《司法公开示范法院标准》的要求，率先在全市法院设立“司法公开宣传日”，将每年10月的最后一个周四确定为“司法公开宣传日”，并于当天组织全院各部门开展包括“人民法庭开放日”、法院开放、外出就审、新闻发布等多种形式的司法公开宣传活动。

（范米多）

【全面深化调解和解工作】　年内，确立“捋顺职能、规范标准、拓宽平台、充实力量”的工作思路，明确调解工作办公室的8项职能；对诉前调解工作量的统计和立卷标准进行规范，做到统计准确、材料齐全、保管完备；与中国国际商会调解中心、北京保险行业协会、区工商分局、区消协、区农村集体经济办公室等5家行业组织和部门搭建了类型化纠纷的联动调解平台，形成区域化、行业化、专业化相结合的纠纷化解机制；与区司法局通力合作，选聘新一届100名特邀调解员，同时赋予他们人民调解员资格，丰富人民调解组织的人员结构，形成以调解工作办公室牵头，立案庭、审判庭共同推进的调解工作新格局。全年，调解和解纠纷27225件，其中，诉前调解纠纷6962件。

（范米多）

【丰富完善便民利民举措】　年内，着力从细节上完善便民利民举措，让群众感受到便捷和尊重：立案阶段，通过评选“立案先进窗口”、设置意见箱，促进立案窗口规范化建设；通过设立值班法官、延长接待时间、安排经验丰富的老法官引导诉讼，提升立案窗口服务水平；通过加强人民法庭立案点接待工作，方便辖区群众就近起诉，全年接待115205人次。审判阶段，增设刑事诉讼服务窗口，开展诉讼引导、查询咨询等工作，减少刑事审判庭在外办公给当事人造成的不便；积极开展司法救助，全年当事人缓、减、免交诉讼费29.79万元；执行阶段，设置执行局长信箱，完善接待制度，畅通执行案件当事人的诉求渠道。

（范米多）

【本市首例不服取消限价商品住房购买资格的行政诉讼案】　12月10日，朝阳区法院依法判决维持被告北京市朝阳区人民政府住房保障和改革办公室作出的朝住取[2010]35号《关于取消限价商品住房购买资格的决定》。这是本市首例不服取消限价商品住房购买资格的行政诉讼案。2005年12月31日，原告刘颖之夫冯亚军购买位于朝阳区高碑店花园闸北里16号楼1604房屋，并于2007年10月24日取得《房屋所有权证》，房屋所有权人登记为冯亚军。2008年7月24日，原告刘颖向其居住地北京市朝阳区六里屯街道办事处申请限价商品住房购买资格。2008年7月29日，六里屯街道办事处进行了初审，认为符合限价商品住房申请条件。经公示后，朝阳区住保办于2008年11月5日进行复审认为该家庭符合限价商品住房购买条件，准予登记。2008年11月28日，北京市住房保障管理部门办理了备案。2008年12月27日，原告刘颖与保利（北京）房地产开发有限公司签订《北京市商品房预售合同（限价商品住房）》。2009年11月，被告朝阳区住保办对原告家庭购买限价商品房资格进行了复查。2009年11月19日，朝阳区六里屯街道住房保障工作人员对冯亚军进行了询问，询问中冯亚军本人承认购买并取得高碑店花园闸北里16号楼1604房屋产权，其家庭在申报限价房资格时未对此事实予以申报。本年3月30日，朝阳区住保办作出朝住取[2010]35号《关于取消限价商品住房购买资格的决定》。原告认为其家庭人口、家庭年收入、人均住房使用面积以及家庭总资产净值均符合限价房购买资格。原告家庭仅有原告爱人冯亚军名下有一套住房。但该房产在购买时冯亚军仅支付部分房款,大部分房款是由其他亲属出资,原告认为,原告的资产应当按原告家庭实际支付的钱款申报。原告在申请限价房资格时未填写冯亚军名下的房产并不是刻意隐瞒。被告的工作人员在原告申报时有一定的误导,对原告的申报瑕疵有一定的过错,其在申请限价房购买资格时没有填写已购房产信息,但该漏填行为并没有导致原告购买资格的变化,不属于"不具备申请资格"和"以欺骗手段取得行政许可"的情形。综上,原告认为被告作出的取消限价房购买资格的决定违反法律规定,请求法院撤销。朝阳区法院经审理认为,《北京市限价商品住房管理办法(试行)》规定区县住房保障管理部门对限价商品住房具有监督管理的职责。本案被告朝阳区住保办作为本辖区内的住房保障管理部门,对已经取得限价商品住房购买资格的申请家庭进行复核,并作出取消资格的决定,系其履行监管职责的体现。根据《北京市限价商品住房管理办法(试行)》、《北京市限价商品住房购买资格申请、审核及配售管理办法》的规定:家庭人均住房面积、家庭收入、家庭资产是审查限价商品住房购买资格的必要条件。限价商品住房资格申请人申请时需对上述事项进行如实申报。本案中,原告刘颖在其申报时未对其家庭成员冯亚军于2007年10月24日取得高碑店花园闸北里16号楼1604房屋所有权的事实进行申报,其行为属于隐瞒家庭住房及资产的行为。关于原告所持冯亚军购买房屋时大部分购房款由其亲属负担故该房产并非其实际家庭资产的主张,朝阳区法院认为,《房屋所有权证》是房屋权属合法有效的凭证。本案中,高碑店花园闸北里16号楼1604房屋登记的房屋所有权人为冯亚军,因而冯亚军为合法有效的房屋所有权人,冯亚军名下的房产即为刘颖申请家庭的家庭资产,其亲属与其是否存在借款关系并不具有否定其家庭资产的法律效力。一审宣判后,原、被告均未提出上诉。

(范米多)

司法行政工作

【概况】 朝阳区司法局机关有内设科室9个,即:办公室、政工科、基层工作科、法制宣传教育科、矫正帮教科、公证工作管理科、律师工作管理科、法律援助工作指导科和法制科。由区纪委派驻纪检组、监察科各1个,设纪检组长、监察科长各1人。司法局下设科级事业单位3个:即法律援助中心、阳光矫正管理培训中心和正阳公证处。其中,法律援助中心是全民所有制事业单位,工作人员参照公务员制度进行管理,经费为全额拨款,纳入区财政预算;阳光矫正管理培训中心是全额拨款事业单位,纳入区财政预算;北京市正阳公证处(原朝阳区公证处)为全民所有制自收自支事业单位。

地址:六里屯西里5号
电话:65025495
邮编:100026

(陈　昕)

【人民调解工作】 年内,编印《朝阳区人民调解员工作手册》,发放到所有调解委员手中;下发调解员胸牌、徽章、标识等,实行持证上岗。各司法所围绕《人民调解法》组织开展系列培训。围绕土地储备区建设和治安重点地区整治等工作,各司法所针对拆迁改造、分家析产、财产继承等具有群体性、多发性、易激化特点的矛盾纠纷开展专项化解行动。针对排查发现的纠纷及隐患,立足于三早,即:早发现、早预防、早化解,提升预警力和化解力。同时,充分发挥签约律师事务所的专业优势,协助相关地区党委、政府依法预防和化解土地储备工作中的各种矛盾和问题。全区各级各类调解组织全年调处各类纠纷62856件。

(陈　昕)

【组建律师协会】 年内,按照中央统一部署和市局的要求,局党组和律师党委一方面精心组织全区律师队伍开展警示教育活动和创先争优活动。另一方面,组织召开朝阳区第一届律师代表大会,完成了区律师协会的组建工作。全年,区政府法律顾问团律师们无偿为区政府及有关部门就6项重大涉法事件,提供了10余次法律论证和建议。参加区领导信访接待54次,参与接待来访群众320批4220人,其中集体访186批次3340人,其他访134批次880人。协助区政府及有关部门处理重大涉法事件。如元旦期间协助处置八里庄东里外来务工人员用火不慎引发的失火事件,"六四"前夕协助区水务局处置望京沟外地来京儿童意外溺亡事件,均依法、依情提出了法律意见,防止了群体性事件的发生。达到了政府满意、当事人满意的效果。

(陈　昕)

【开展法律援助工作】 年内,建立完善"接待办理、调解、专业服务、宣传、监督"等五项机制,充分发挥基层调解组织网络作用,参与涉及重点对象维权案件的非诉讼协调及调解活动,使一些案件能够做到当天受理、当天调解、当天结案。全年,区法律援助中心承办各类法律援助案件1482件。其中,承办民事法律援助案件662件,涉及金额1368.5

万元。承办刑事法律援助案件818件,承办行政法律援助案件2件。共解答群众电话、来访咨询27093人次。

（陈 昕）

【提高对两类人员的教育改造质量】 年内,分别针对即将解除矫正人员、新接收刑满释放人员、女性和青少年社区服刑人员举办法制教育培训班,扩大教育培训覆盖面。中途之家搭建矫正和帮教工作衔接平台,成为两类人员回归社会的缓冲带和加油站,实现监所内与监所外、社区矫正与安置帮教“两个衔接”;为两类人员提供教育矫正与技能培训,实现了刑罚执行资源与社会服务资源,特殊人群管理模式与服务方式的“两个整合”,实现降低两类人员重新犯罪率、提高其回归社会能力的目标。截至年底,举办各类培训班33期,在中途之家接受教育帮扶的973人无一重新犯罪。全年,各司法所和基层矫正帮教组织对两类人员排查走访1.46万人次,为22名两类人员协调办理落户,为17人协调办理就学,为207人协调办理低保,通过绿色通道为429人办理了59.43万元一次性救助,为57人协调办理廉租房及补贴,为329人推荐就业,为19人提供过渡性安置。全区所管两类人员无一发生特重大刑事案件或影响社会稳定的事件,在重大敏感时期,两类人员无一脱管失控和重新犯罪,实现了“六个坚决杜绝”的目标。在社区服刑人员重新犯罪率和脱管失控率为0.08%,刑释解教人员重新犯罪率和脱管失控率为0,大大低于上级要求的指标。

（陈 昕）

【开展“五五”普法验收】 年内,为全面评估“五五”法制宣传教育工作成效,在各街乡(地区)、行业系统自查的基础上,经过科学谋划,多方协调,完成对全区各重点行业系统和43个街乡(地区)的“五五”普法检查验收工作。全面、真实、客观检验了“五五”普法工作的成效,使社会各界进一步认识到法制宣传教育工作的重要性,为启动“六五”普法工作奠定了良好基础。深入开展“法律六进”活动,不断提高领导干部、公务员、青少年、企业经营管理人员、流动人口等重点对象的法律素质。继续开展“公开审判进社区(村)”、“民生法律大讲堂社区(村)行”活动,承办北京市“崇尚法律 共筑和谐”法制宣传咨询周活动启动仪式,开展“打击防范涉众型经济犯罪法制教育巡回展”、“小手拉大手北京市家庭法律知识大赛”等。在“12·4”全国法制宣传日确立10周年之际,在全区范围内开展《与法同行》栏目通讯员培训班、《生活与法》走千家入万户、大型广场咨询等系列法制宣传活动,努力提高法制宣传教育工作的普及率,为争创文明城区营造良好的法治氛围。

（陈 昕）

交通管理工作

【概况】 北京市公安局公安交通管理局朝阳交通支队对朝阳区道路交通依法实施管理。年内,接警726433起,回访295619起,群众满意率为98%;利用电视监控系统直接发现问题13950起,其中交通事故6253起,车辆故障2632起,交通拥堵1423起,其他3642起;各级指挥领导上路4639人次,发布指挥调度令20674余次,上报路况信息7236条。开展夜查“酒后”专项行动312余次,全年处罚酒后驾车违法行为9405起,较上年减少37.7%;行政拘留醉酒驾车司机573起,较上年减少32.7%;拘留非司机驾车850起,较上年减少29.1%;现场处罚闯红灯违法行为64296起,较上年减少36.8%;处罚“涉牌”违法17909起,较上年减少55.7%;扣留非法“摩的”、正三轮摩托车、人力三轮车共计11521起,较上年增加531%;处罚货车违法行为418194起,较上年增加0.1%。全年执法总量为1715787起,其中非现场执法处罚总量为1143570起,占全年执法总量的66.6%,本年现场执法处罚总量672217起,同比上年的732387起减少8.2%;非现场执法处罚总量比上年的1.06亿元减少73.6%。发生管界交通事故62次,伤377人,亡178人,与上年度比,次数上升27.8%,受伤人数上升9.7%,死亡人数上升6%,死亡人数比控制指标增加10人,在事故总数中,快速处理61881起,占99.4%;一般程序处理384起,占0.6%。全力破获交通事故逃逸案件,其中死亡事故16起破16起;伤人事故76起破70起;财损事故21起破19起。网上破获追逃案件15起。加强交通安全宣传教育,驻区交通参与者交通安全防范意识明显提升。组织开展交通安全各类主题宣传活动21次,发放各类宣传材料、宣传品25万余份,受教育人数达165万余人次;在广播、电视、报刊等媒体刊播稿件821余篇。强化交通疏堵交通设施完善取得新进展。制定设施改造和道路优化方案251个,安装路口信号灯17处;做路口工程改造5处;安装各类护栏19000米;安装各类交通标志681套,其中禁令标志56套,警告标志87套,指路标志148套,指示标志390套;施划、复化道路标线33200米;打桩1321根;增设公交港湾3处;安装黄闪灯8处;安装减速道牙35处;增设反光消能桶58个;调整信号灯配时132次;检查报修交通设施78次。审批占路施工项目379处,审批道路施工量在全局排名第一。共办理货运通行证4603张,较上年减少7%;办理剧毒运输证293张,较上年增加257%,办证车辆未发生一起重大交通事故和严重交通违法行为。办理外埠通行证3600张;办理驾驶证审验手续3万余件,换证7.2万余个,换临时号牌4万余个。

地址:百子湾西里303号
电话:68399501
邮编:100124

(吴晓萌)

【侦破“英菲尼迪”车肇事逃逸案】 5月9日,朝阳支队办案民警经缜密侦查、连续作战,历时11个小时成功侦破朝阳“5.9”交通肇事逃逸案,犯罪嫌疑人陈家落网。5月9日5时35分,一辆“英菲尼迪”牌小客车由北向南行驶至朝阳区祁家园路口时,先后与一辆“菲亚特”牌小客车和一辆公交车发生交通事故,造成四人死伤,三车损坏。事发后,“英菲尼迪”小客车司机逃离现场。案发后,朝阳支队当即成立了朝阳“5.9”专案组。为了更好地开展工作,尽快抓获犯罪嫌疑人,专案组细化分工,分成调查走访组、图像采集组、情报信息组。通过向目击者了解案情,询问乘车人,办案民警迅速锁定湖南人陈家具有重大肇事嫌疑。办案人员围绕嫌疑人陈家及关系人开展调查,兵分三路,第一路民警在陈家住所附近蹲守,第二路民警前往陈家工作单位进行蹲守,第三路民警前往首都机场对陈家妻子行踪进行摸排,寻找嫌疑人下落。当日15时17分许,蹲守在陈家住所的民警在发现陈家返回住所后,经周密部署,将其抓获。陈家因涉嫌危害公共安全罪被判决无期徒刑。

(吴晓萌)

【破获10.25交通肇事逃逸案】 10月25日0时10分,朝阳交通支队指挥中心接报案称:在朝阳区通惠河南岸惠河汽配城西侧,小客车与两名行人发生事故,两人受伤,小客车逃逸。接报警后,朝阳交通支队事故办案民警立即赶赴现场开展工作。现场勘查后,朝阳交通支队立即成立以副支队长蔡文雁为组长、以事故科长佟景春副组长及事故科全体民警为成员的专案组,展开侦破工作。经研究后确定分组开展工作:一组持现场散落的大灯玻璃碎片、边灯、塑料碎片等物到相关汽车修理场所进行车型认定。二组调取案发现场周边所有路口、单位、派出所等道路上的录像进行分析比对。三组对现场周边地区相关单位、小区和村庄进行走访摸排。四组到各修理厂及电视台等地公开发放协查通报征询破案线索。任务下达后,各组民警立即开展相关工作。办案民警根据道路状况推测肇事车辆应该是在附近居住的或者是对附近道路非常熟悉的人。清理完现场后,办案民警驾车按照肇事车辆逃跑的方向,对道路两旁的小区及村庄进行地毯式搜索。根据现场得到的散落物信息,重点对丰田“皇冠”牌轿车进行排查。办案民警在排查到双桥温泉东里小区时,事故组组长饶长满发现小区车辆停放混乱,该小区也不收费,保安登记制度形同虚设。民警兵分三路由北门进入,由北向南逐楼排查。当走到小区最南边的7号楼西南角时,发现一辆悬挂辽BGF480号的丰田标志牌黑色轿车头朝里扎在楼下角落里,饶长满近前一看,该车车标脱落,前风挡和前右大灯损坏,该车损坏的部位和程度正好和现场勘查得到的结果一致,随即将此车确定为嫌疑车辆,并立即将此车控制起来,通过与小区物业经理联系,逐步确定该车的所有人及经常驾驶人应该是福建省莆田市来京做木材生意的人,名叫林金锋(男、31岁、福建省莆田市秀屿区忠门镇人),民警围绕林金锋开展工作,发现其将暂住地8号楼一层的房门紧锁,办案民警假装物业人员将房门敲开,将在屋内的肇事嫌疑人林金锋抓获。经讯问,林金锋对10月25日0时10分驾驶辽BGF480号小型客车由东向西行驶与刘建民、杨玉林发生事故后逃逸的事实供认不讳。林金锋因涉嫌交通肇事被朝阳公安分局刑事拘留。

(吴晓萌)

【特勤警卫】 年内,完成交通警卫任务2770次,其中一级勤务241次,二级勤务835次,三级勤务1694次,出动警力76340余人次,警车38000余辆次。完成全国“两会”、俄罗斯总统访华、“武搏会”、“达沃斯年会”、“中国网球公开赛”、十七届五中全会、“文博会”等各项交通特勤警卫任务。

(吴晓萌)

【治理交通安全隐患】 年内,大力开展交通组织“系统化”和交通设施“人性化”建设,向市局秩序处、设施处上报完善设施、交通组织优化方案212个,已经落实120个。其中,安装信号灯4处、各类标志469面、隔离护栏8200米,施划交通标线13600米,优化路口路段11处,治理拥堵点段、秩序乱点事故隐患点段8处。如:东三环路机场高速入口处,通过施划彩色沥青路面、震荡减速标线、在入口处安装夜间反光消能筒等措施,有效消除了此处的事故隐患;又如在朝阳区政府门前,通过取消路侧车位、安装隔离护栏、设置禁停标志等措施,有效治理了区政府周边秩序混乱的问题。

(吴晓萌)

【开展各项培训工作】 年内,依托四级培训体系,采取“政工搭台、业务唱戏”的方式,加强队伍全员法制系统、事故系统培训,通过专家授课、集中办班、组织考试、模拟竞赛等形式,综合提高民警职业素质和专业水平。累计开展各种类型的培训105次，培训干部民警2614人次。

（吴晓萌）

【严格执法强化交通秩序管理】　年内，针对四类重点违法行为和“四种车”，分别制定专项整治方案，采取日常整顿和集中整治相结合的方式，始终保持了高压严管力度。开展“主题式”执法整顿。针对群众反映强烈的15处“摩的”、人力三轮车集中的秩序乱点地区，组织相关大队联合城管、治安、工商、交通执法等部门，开展“每日一个执法主题、每周治理一处乱点”的整治行动；进一步加强执法小分队建设，专门从6个执勤大队抽调48名精干警力组成专项执法队，通过调整上勤模式、完善执法装备、加强培训指导、定期分析研判等方式，全面提高路面管控能力。调整后，专项执法队处罚“酒后”驾车总量占全支队处罚酒后驾车总量的59%，管理效果显著；研究制定整治非机动车行人乱穿乱行、电动自行车载人闯灯、车行道内散发小广告、兜售物品、乞讨行为等具体工作方案，充分发挥干部党员的模范带头作用，带动全体民警对两级示范路口岗位实行“年龄捆绑、科队包岗”，共处罚非机动车、行人各类交通违法行为29598起，在全市排名第一；以CBD、燕莎、朝外等繁华商业场所为重点，专项整顿静态交通秩序。特别是结合CBD地区18条道路的特点，专门抽调2名警长和1名民警组建CBD地区警务工作站，抽调50名协管员维护交通秩序，三个月即纠正、处罚违法停车行为1600余起，清拖违法停放车辆350辆次，使该地区交通环境显著改善。

（吴晓萌）

【加强交通安全宣传】　年内，结合创建“全国文明城区”工作，深入开展“交通文明行动计划”，启动“交通安全宣传系列工程”。利用广播、刊物、电视、网络等媒介，在全社会大力倡导“六大文明交通行为”，自觉摒弃“六大交通陋习”，坚决抵制“六大危险驾驶行为”。借鉴麦子店交通安全教育基地的经验，在劲松街道等全区23个街道建立交通安全教室，每月开展以“关爱生命，文明出行”为主题的实践活动，引导群众从规范自身交通行为做起，自觉遵章守纪。利用各街乡数字放映车、交通安全宣传大篷车等形式，深入工地、出租房屋、火车站、长途汽车站以及小、散、新单位等外埠来京务工人员相对集中的地方，普及交通安全法律知识和安全常识，提高外来务工人员的交通安全意识。为加强中小学生交通安全教育，联合区教委，在光华路小学和红领巾公园建立交通安全教育基地，在基地内施划道路交通标线，设立交通标志，通过做游戏的方式使中小学生增长交通安全知识。安排60名警力担任学校的交通安全校外辅导员，深入学校开展交通安全知识培训，使学生受教育面达到100%。开展“路德日评比”、“驾驶员守法承诺”、“小手拉大手校园交通安全日”等各类大型交通安全宣传活动15场次，深入4680家社会单位、226家专业单位对驾驶员进行交通安全教育，利用260个社区、村的交通安全活动教室，对2万余名社区居民进行交通安全知识普及；悬挂横幅、标语3000余条，摆放事故展板5000余块，播放交通安全宣传光盘2000多场，受教育群众达28万人。

（吴晓萌）

【加强队伍建设】　年内，紧紧围绕“平安北京交通，微笑北京交警”总体目标，进一步强化队伍管理、强化民警培训、强化和谐警营建设，不断提高队伍整体素质，为全年各项工作打下坚实基础，努力开创队伍建设新局面。1个集体荣立二等功、3个集体荣立三等功；3名民警荣立个人二等功、72名民警荣立个人三等功、176名民警荣获局嘉奖，162名民警被评定为优秀公务员。为群众做好事2631件，收到感谢信115封、锦旗76面。

（吴晓萌）

军　　事

人民武装

【概况】　中国人民解放军北京市朝阳区人民武装部（简称区武装部），负责朝阳区的军事工作，受北京卫戍区和中共朝阳区委、朝阳区人民政府的双重领导，既是朝阳区委的军事部门，又是朝阳区政府的兵役机关，部内设军事、政工、后勤3个科。年内，全面落实军委首长重要指示和军区、卫戍区党委的部署要求，在中共朝阳区委、政府的领导下，认真抓以科学发展观和社会主义荣辱观、当代革命军人核心价值观为重点的理论学习和教育，开展“创先争优”活动，加强党委机关自身建设。狠抓军事工作落实。完善战备工作的各种方案，完成民兵整组、民兵军事训练和民兵应急分队建设任务,完成国防动员工作、年度征兵任务,高标准完成北京市民兵预备役部队正规化建设试点任务和全国“两会”期间民兵参与看桥护路任务。注重加强民兵思想政治建设,组织民兵参加“三个文明”建设、新农村建设和“全国文明城区”创建活动。发挥桥梁纽带作用,深入开展全民国防教育,组织形势报告会34场,协调驻区部队参加地方各项建设和防汛抢险及绿化美化环境整治工作,协调地方政府为部队排忧解难,在家属工作安置、子女入学上下功夫,取得了较好的成绩。年内,被市政府、北京卫戍区评为先进人武部。

地址:麦子店正街80号
邮编:100125
电话:65021043

(李玉国)

【民兵军事训练】 2月,针对全国“两会”安保要求,对执勤民兵进行看桥护路骨干培训,150人参加了训练,培训内容为看桥护路的职责任务、对可疑人员的盘查时机和地点选择、盘查方法和策略、现场情况的处置方法、疏导交通、对发生无理取闹情况的处理、对醉酒人员或精神病人的处置、发现易燃易爆危险品的处理、防寒中暑急救、遇有情况的请示报告等内容。4月28至29日,采取集中授课、专家辅导、专题研讨、参观见学等方法,组织全区43个街乡、25个企业、17所高校的武装部长在区国防后备力量基地进行业务培训,采取授课辅导与讨论发言相结合、室内科目与室外科目相结合的方法,请国防大学教授系统地进行了《我国国家安全的现状及周边环境形势》、《非战争军事行动》、《新时期我国后备力量建设使命及现状》的讲授。开展了《民兵反恐研究》、《兵员动员研究》、《城市防空袭的组织与指挥》、《民兵参与非战争行动》、《民兵三个作用的发挥》、《兵员动员的组织与实施》、《重要经济目标防护》、《国际安全环境与安全战略》、《恐怖主义威胁与国家安全》、《基层人武部建设》、《新时期民兵建设》《民兵参与平安建设》、《兵员动员研究》等方面内容的学习研讨,较好地达到了“提高认识、熟悉业务、开阔眼界、明确任务、增强信心”的预期目标。7月10日至20日,民兵高炮分队在区民兵训练基地进行集训。中华女子学院共有98名民兵参加集训。主要进行双37高炮专业基础知识、兵器理论、兵器操作、协同训练及战斗勤务保障等内容的学习训练。训练内容突出应用性、针对性、操作性,增加难点课目。采取集中授课、个人自学、分组训练、考核评比相结合的方法,增强集训效果。18日至19日,利用两天的时间对所训课目进行考核。9月6日至20日,按照每个街道选派4名、每个乡选派6名民兵应急骨干的要求,23个街道和20个乡共212名民兵参加集训,工作保障人员16名,教练员21名,总计249人。参加民兵应急分队集中训练,主要进行单个军人队列动作、警棍术、盾棍术及相关防暴知识理论与技能的学习;按照先单兵分步细训、后连贯练习、再到合练、汇报演练的步骤,对警棍术和盾棍术的20个技战术动作进行强化练习,并进行了考核验收,合格率达100%。

(李玉国)

【民兵整组】 3月至5月,在采取“属地编、单独编、行业(系统)编”三种编组方式的基础上,对全区民兵组织的编制、结构和布局进行了整组。由于部分国有大中型企业搬迁、改制、合并以及人员分流等原因,按照哪里有“兵”就在哪里编组的原则,调整民兵布局,在有党的组织、经营比较稳定、适龄人数比较多的新型企业和驻区大专院校建立民兵组织。4月下旬,北京卫戍区司令部、区武装部对民兵应急营组织检查验收,受到卫戍区的表扬。基干民兵点验以营(连)为单位进行,到点率要在90%以上。

(李玉国)

【首长视察】 6月30日,国务委员、国防部长梁光烈在北京军区司令员房峰辉、政委刘福连、副市长刘敬民、北京卫戍区司令员郑传福、政委高东璐的陪同下,到朝阳区国防后备力量教育训基地视察,区长、区国防动员委员会主任程连元汇报了朝阳区国防后备力量建设的情况,梁光烈实地察看了区国防后备力量教育训练基地建设情况,观看了民兵应急分队演练,对朝阳区国防后备力量建设给予了高度评价。

(李玉国)

【征兵工作】 9月开始,围绕征兵工作,先后进行兵役登记、街乡摸底会、征兵集中宣传、征兵领导小组会、征兵动员大会和欢送新兵入伍大会等工作,为征兵工作顺利展开打下了良好基础。10月23日至29日,区征兵办组织进行征兵宣传周活动,中央和北京市的新闻单位对朝阳区征兵宣传工作进行了宣传报道。11月2日,开始在朝阳第二医院进行为期5天的体检,适龄男青年上站935人。11月10日开始对身体合格的应征青年进行政审,完成了463名新兵(其中女兵63名)的征集任务。12月9日召开欢送新兵大会,会上表彰了6名朝阳籍现役军人及家庭,向每个受表彰的家庭给予5000元奖励。10日开始起运新兵,到20日将463名新兵全部送入服役部队。

(李玉国)

【军服管理专项整治】 11月至12月,根据公安部、文化部、国家工商行政管理总局、广播电影电视总局、总参谋部、总政治部、总后勤部联全下发的《2010 年全国军服管理专项整治方案》的通知精神，北京市赋予朝阳区为军服管理专项整治试点区。为完成军服管理专项整治试点任务，在区委、区政府的领导下，成立了以区委常委、区人武部部长李彦田、副区长张立新、区相关部门领导参加的领导小组，研究朝阳区开展军服专项整治工作方案，朝阳有线台、《朝阳报》报道了开展军服专项整治工作的动态，区武装部与区公安分局、工商分局、文化委联合对服装、劳保用品市场、企事业单位销售军服及防制品、利用军服做广告、促销及非法穿着军服行为进行了执法检查，对重点服装生产企业承制军服和专用材料特别是 07 式迷彩图案制作服装进行了专项检查，未发现制售军服和利用军服进行商业演出等行为。

（李玉国）

【战备工作】　年内，加强信息侦察，充分发挥民兵辐射面广的优势，加强信息采集，在“六四”、全国“两会”、企业军转干部上访的敏感期间，全区各信息点均加强了对敏感部位、热点地区的情报侦察，每天上报，完成了卫戍区赋予的情报侦察任务。修改完善作战、动员、维稳、抢险救灾等 15 种战备方案，加强了战备值班和民兵应急分队的战备演练。在元旦、春节、“两会”、“国庆”等节日和重要敏感期，组织进行了战备教育，每天安排 5 个单位，不少于 250 人的战备值班分队，随时应对突发事件，高标准地完成战备值班任务。

（李玉国）

【民兵应急分队建设】　年内，着眼未来军事斗争准备和维护首都安全稳定的需要，发挥民兵应急分队平时能应急、战时能应战的特点，在加强高碑店、八里庄、奥运村、亚运村、大屯民兵应急分队的基础上，狠抓民兵应急分队正规化建设。6 月，接受卫戍区赋予的民兵正规化建设试点任务，经过四个月的探索研究，10 月，召开民兵预备役正规化建设现场会，副市长刘敬民、北京军区司令员房峰辉、卫戍区司令员郑传福、政委高东璐等市领导和各区县主管武装工作的领导、各区县武装部领导、预备役高炮师、团领导参加会议，会上部长李彦田介绍了朝阳区抓好民兵分队正规化建设的经验，受到与会领导的好评。

（黄丙起　李玉国）

【防汛工作】　年内，调整民兵和驻区部队防汛指挥部领导成员，进一步完善防汛方案，召开驻区部队和民兵防汛工作任务部署会，组织进行防汛演练，区防汛抢险队由 7400 人组成。其中，驻区解放军部队 600 人，武警部队 1600 人，民兵 5200 人，编为 3 个梯队和 1 个预备队。6 月中旬，组织召开各任务单位领导参加的任务部署会，明确任务和担负的抢险地域，组织驻区部队和民兵在高碑店大闸进行防汛实地演练，提高了驻区部队和民兵应对洪灾的能力。

（李玉国）

【武器装备管理】　年内，加强基础设施建设，对训练基地的仓库电网、监控系统和铁丝网进行检修加固，对炮库存放的高炮、高机进行全面擦拭保养，更新仓库部分消防器材。加强对库管人员的教育管理，坚持每周政治学习和业务学习制度，提高库管人员的政治素质和业务素质，武器装备管理连续 44 年无事故。

（李玉国）

【国防动员】　年内，高质量完成 325 名军队转业干部和 415 名退伍士兵的预备役登记工作并按时上报了各种数据。4 月份与区教委对全区高级中学学生军训情况进行普查。开展军地专业对口登记工作，进一步夯实了兵员动员基础。

（李玉国）

【“两会”期间民兵看桥护路】　年内，根据北京市、北京卫戍区的统一部署，本区 330 名民兵担负 25 座立交桥、20 座过街天桥、7 处地下通道和 1 个铁路桥的安全守护任务。2 月 26 日，区武装部组织召开民兵执勤工作会，区委常委、区武装部部长李彦田、政委王海洋、副部长邵洪刚、区公安分局巡警支队副支队长牛明谦和各任务街、乡武装部长参加。会议传达北京市、北京卫戍区关于民兵看路护桥的指示精神，明确了各任务街、乡的看护任务、上岗执勤时间和具体责任。3 月 1 日全部按时上岗执勤，到 3 月 15 日结束，保证了守护目标的绝对安全。

（李玉国）

【规范办公秩序和安全保密】　年内，重新修订完善各项规章制度，管理工作得到进一步加强。按照军委〔2007〕5 号文件和总部、军区关于加强安全稳定工作的一系列指示精神，把抓好安全保密工作摆在重要位置，深入开展安全保密教育整顿和“两防”及专项治理整顿活动，安全稳定和保密工作取得明显成效。结合军区统一部署的《关于深入开展“十项治理”活动全面加强部队安全稳定工作》，对政治性问题、重点人员管控问题、手机网络使用管理问题、失泄密问题、官兵心理疾患问题、车辆运行管理问题、枪支弹药管控问题、官兵及家庭涉法涉诉问题、重要目标安全警卫问题进行了专项摸底，研究制定了整改计划和方案。用近两个月时间开展专项整治，强化优患意识、责任意识和落实意识，认真组织“三学”；突出落实各项安全保密制度这个重点，严格“五项管控”;扎实开展清理清查,整改“五个具体问题”;立足完善长效机制,制定“六个规定”。

(李玉国)

【开展国防教育】 年内,加强对各级领导和民兵骨干的国防教育,积极协调军事专家、教授开展形势讲座,组织形势报告会36场,各级领导到部队过军事日18次,组织文艺演出22场,有效增强了他们的国防观念。组织系列国防教育宣传活动,8次协调国防大学和军事科学专家教授到街乡、企业讲授国防形势;更新全区9000余块“国防教育神州行”公益广告牌上的爱国主义和国防教育宣传画,进一步在全区营造浓厚的爱国拥军氛围。继续推广八里庄、望京街道利用人防工事开展国防教育的经验,全区利用地下人防工事改建的国防教育基地已达9处。

(李玉国)

【民兵政治教育】 年内,下发民兵政治教育教材和民兵之歌,结合民兵组织调整和集中训练,安排落实政治教育内容。广泛开展学刊、用刊活动,进行职能任务、形势政策、爱国主义、遵纪守法以及相信科学、破除迷信等教育,全区订阅《中国民兵》、《华北民兵》、《国防》、《环球军事》、《中国国防报》等报刊1200份,订阅到所有民兵连,进一步提高民兵的政治素质,继续加大宣传报道力度,全年在各种报刊、杂志、电台、电视台刊稿51篇。

(李玉国)

【发挥桥梁纽带作用】 年内,组织各基层武装部积极与驻地部队协调,支援各街乡绿化植树和环境整治工作,驻区部队共出动官兵1200余人次,车辆310台次,植树12万株,整治道路及社区环境22万平方米。协调驻区部队领导与50多名特困残疾人家庭结成“一助一”帮扶对子,为残疾人解难题、做好事110件。认真落实北京卫戍区《关于由人武部协调北京市各区县做好协调安置工作的意见》,加大与组织、人事部门的协调力度,完成分配本区的卫戍区转业干部的工作安置任务。

(李玉国)

人民防空

【概况】 朝阳区民防局是区国防动员委员会常设机构,也是区政府主管人民防空工作的职能部门。年内,以文明城区创建和准军事化建设为牵引,以加强人防工程管理为重点,积极开展民防宣传教育、专项清理整治、硬件设施建设及应急救援等工作,取得较好成绩。被国家人力资源和社会保障部、总参谋部评为“十一五”期间“全国人民防空先进集体”。

地址:甜水园东街7号院

电话:65851275

邮编:100026

(邱云波)

【人防工程整治】 1月7日至8日,对违规使用的人防工程,集中力量进行专项治理整顿,确保春节、两会期间安全稳定。3月2日,组织涉及两会代表住地、行车路线所在的15个街道、地区办事处人防主管领导召开专题会议,部署两会安保工作。7月28日,联合平房乡武装部,对青年路29号院国美家园地下人防车库中近300间违建房屋予以拆除,消除安全隐患。7月30日,会同八里庄街道武装部、派出所对朝阳区甘露园中里2、6、8号楼3处擅用人防工程进行强制查封。7月30日,市民防局在区民防局召开人防工程规范使用现场研讨会,结合朝阳区民防局工作经验,制定了《北京市人防工程使用标准》。10月20日至22日,组织各街道(地区)办事处武装部长召开会议,部署“严厉打击非法、违法生产经营行为”、“百日整治行动”和“冬季火灾隐患排查整治”专项行动,要求做到情况清、措施清、责任清、整改时间清,彻底消除安全隐患。11月,以区“百日整治行动”为契机,出动10860人次,对全区人防工程开展拉网式检查,立案85起,下发责令限期改正通知书104份,处罚43起,关停工程15处;对翠成小区17处人防工程下发责令限期关停通知书,组织清理行动21次,拆除房间90余间,清出人员1200余人。12月,组织全区224处擅用工程使用单位(个人)召开会议,传达市、区指示精神,对使用单位(个人)下达责令限期改正通知书207份。年内,清空工程69处,清空房间3096人,完全封闭20处。

(邱云波)

【领导检查调研】 2月4日,市民防局副局长宗绪盛一行5人,到区民防局听取人防工程安全管理情况和春节、“两会”工作安排,要求积极发挥人防工程“三个效益”,为区域和谐、稳定、发展提供保障。4月13日,市纪委副书纪隋秀梅带队到区民防(地震)局就廉政风险防范管理工作进行调研。8月10日,国家民防咨询服务中心陈长德主任带领河南省漯河市人防办一行7人,到望京街道应急指挥宣传教育中心参观考察。9月29日,市民防局副巡视员庄长涛、市高院行政庭庭长程琥、区法院副院长郭莉蓉等领导到区民防局,围绕人防工程行政执法中的难点问题进行研讨。10月27日,市民防局副巡视员许金宝一行4人,到区民防局调研专项整治工作开展情况。11月10日,市民防局局长王永新、市法制办主任周继东等领导在区民防局局长闫宾陪同下,到望京街道应急指挥宣传教育中心检查指导工作,并围绕行政执法工作进行专项研讨。12月7日,市委书记刘淇、市长郭金龙等领导在区委书记陈刚、区长程连元陪同下,参观望京街道应急指挥宣教中心,听取朝阳区关于人防工程使用管理现状及整改措施汇报,对朝阳区地下空间政府主导、属地管理、部门联动的长效管理机制及网格化管理体系建设给予肯定。12月28日,区委常委、组织部长陈宏志到望京街道应急指挥宣传教育中心调研,参观中心的十二个功能室,亲身体验4D环幕影院、烟道逃生等互动培训项目。

(邱云波)

【宣传培训】 2月,组织部分民防特种救援队队员到中国人民解放军防化指挥工程学院参加特种救援培训,全面提升救援队伍综合施救能力。3月,以"国际民防日"为契机,联合麦子店街道办事处、六里屯街道办事处在朝阳公园南门开展"防灾减灾,共同行动"主题宣传咨询日活动,利用朝阳公园LED大屏播放《人民安全,重于泰山》公共安全教育片,发放宣传材料3000余份;联合将台地区办事处开展防灾减灾大型宣传活动,活动设立消防安全、交通安全、安全生产、防灾减灾、春季疾病预防及紧急救护现场辅导培训等6个展台,向居民普及推广防灾减灾知识和避灾自救技能,发放宣传材料2000余份;组织召开公共安全知识培训专家研讨会,北京市减灾协会、国防大学、防化指挥工程学院的7位专家出席会议,通过交流研讨,为推动公共安全知识进社区、进党校工作拓展新思路,提供新办法。4月23日,召开区首次民防志愿者培训会,90余名志愿者和特种救援队队员掌握了基本急救知识和技能,达到初级急救员水平。5月12日,组织召开防空袭警报器培训会,109个设点单位管理人员全部参加,参训人员操作技能得到进一步提高。6月10日,特邀北京卫戍区副参谋长沈鲁朝在豆各庄地区办事处举办国防民防知识讲座,机关干部、社区工作者及居民代表100余人参加培训。6月13日,参加区"安全生产月"宣传咨询活动,摆放宣传展板21块,向社会群众发放宣传资料2800份。7月27日至28日,邀请国防大学王宝付、黄祖海教授,分别为建外街道、东风地区办事处举办国防知识讲座,街道地区领导班子、机关干部、各社区(居)委会等260人参加培训。8月12日,聘请中国农业大学郑大玮教授,为区委党校处级领导培训班开办自然灾害应急管理知识讲座,详细介绍了北京地区的地震、水旱、大风、低温灾害、沙尘暴及冰雹等主要自然灾害的基本特征和避险知识。8月28日,联合南磨房地区办事处举办"国防和国家安全"教育讲座,有285人接受教育。9月10日,在南磨房地区举办面向农村地区的宣传活动,向群众介绍地震、火灾、煤气、大风、沙尘暴及冰雹等主要灾害事故的基本特征和避险知识,发放宣传材料3500份。10月31日,以"牢记人防历史、谱写民防新篇"为主题,在朝阳公园南门开展新中国人民防空创立60周年庆祝活动,展示应急通信指挥车、特种救援车15辆,摆放21块宣传展板,发放宣传资料4200份,激发了人民群众关注人防、了解人防的积极性。11月25日,组织人防工程管理人员开展自救互救知识培训,76人参加培训,进一步提高管理人员在突发事件中的自救互救能力。年内,在78所中学开展安全应急与人防知识教育,受教育学生达2.3万人;利用各类重大节日和纪念日,累计向群众发放宣传资料2.8万份,宣传袋3万余个。

(邱云波)

【防灾减灾演练】 2月8日,局防空防灾通信指挥中心组织工作人员、安保人员、司炉供暖人员,开展节前消防安全检查和消防演习。2月24日,组织民防特种应急救援队部分队员,参加北京市民防局组织的实地特种救援模拟演练活动,模拟实地灾害现场环境,开展生命探测及破拆科目演练。6月11日,组织全体工作人员进行防汛演练,帮助防汛小组熟悉重点目标、掌握防汛器材,进一步掌握和熟悉防汛预案。6月12日,与潘家园街道共同组织人防工程安全应急疏散演练,学习正确的应急疏散和逃生方法,提高应对突发事件能力。7月2日,与太阳宫地区办事处共同举行应急通信演习,以太阳宫街道芍药居小区207号楼人防工程内发生火情、20名群众被困、内有不明有毒可燃气体、火势可能引发爆炸为背景,演练背景介绍、报告灾情、灾情分析、确定方案、下达命令、现场抢险、抢险结束等几个环节,取得明显成效。7月7日,会同区水务局、社会办、市政市容委、住建委、八里庄街道,针对早期人防工事发生雨水倒灌灾情开展应急演练,检验抢险队伍的应急能力。12月21日,民防局指挥中心应急指挥车参加全市森林防火应急移动指挥通信系统演练,通过车载800兆电台和车载卫星通信装备与市应急办及区政府应急指挥中心进行音、视频信号互联互通,圆满完成演习任务。

(邱云波)

【处置早期人防工程】 年内,完成朝八干线红庙路口段476平方米早期人防工程报废回填工作;完成区教委自管的朝八干线芳草地小学段、东方德才学校段、南沙滩小学教学楼人防地下室报废回填行政审批工作;对三里屯新东路2号早期人防工程遗留口部、双井垂杨柳北区16号楼早期防空洞实施抢险回填。

(邱云波)

【民防体系建设】 年内,通过各种

渠道筹措资金,完成呼家楼、管庄、常营3处指挥宣教中心建设。在京广、鸟巢、机场、潘家园、望京、管庄人防应急部分重点目标集中区域安装8个高点监控。为公用人防工程安装完成安全管理监控系统。按市民防局要求,完成3台防空警报安装工作。在“128”指挥中心建设卫星地面站,实现了局应急指挥车与地面卫星图像、语音和数据通信。投资500余万元,在区级指挥中心建成1个近400平方米的应急物资库,购进战备物资、防汛物资、应急救援物资、生活物资等10类5000多件。完成街道(地区)分指挥所配套应急物资库建设4处,面积约100至300平方米。

(邱云波)

【行政执法】 年内,下发责令限期改正通知书607份,行政处罚决定书132份。立案330起,其中责令限期改正32起,暂停使用53起,责令停止使用113起,处罚132起。收缴罚金人民币53.602万元。

(邱云波)

【党风廉政建设】 年内,把党风廉政教育列入理论中心组和党员干部学习计划,邀请中国青年政治学院刘卫兵教授、区检察院预防职务犯罪处副处长喻红做“人生信仰与反腐败”、“预防国家机关工作人员职务犯罪”专题讲座。确定廉政风险防范重点,紧盯具有行政许可权、审批权、执法权、经营收费定价权等关键岗位,确定工程管理科、工程建设科、人防工程经营中心、人防工程管理所为重点部门,按照业务流程逐一查找风险点,提升依法行政和廉洁自律水平。规范业务流程和行政行为,围绕人防使用审批、接收(结建认可)审批、工程移交审批等8个方面工作,明确人防工程使用审批流程。按有关规定杜绝设立“小金库”行为,严格控制财政资金支出,从源头上加以防治。落实领导干部岗位转换,按规定完成2位副局长的分工调整和7个科、所负责人的岗位轮换,从制度上强化廉政建设效果。

(邱云波)

产业 商贸 旅游

工 业

【概况】 年内，本区实现地区生产总值(GDP)2804.20亿元，同比增长17.8%。其中，第一产业实现增加值1.36亿元，同比下降2.1%；第二产业实现增加值320.81亿元，同比增长20.78%；第三产业实现增加值2482.02亿元，同比增长17.44%。三次产业结构为0.05:11.44:88.51。随着经济形势的逐步好转，本区工业生产步入快速增长轨道，为区域经济发展提供了重要推力。工业总产值首次突破千亿大关，达到1040.37亿元，同比增长25.95%。实现增加值238.56亿元，同比增长22.15%，占第二产业增加值的74.36%。工业企业效益状况明显改善，规模以上工业企业实现主营业务收入1106.08亿元，同比增长25.79%；实现利润总额65.21亿元，同比增长193.16%。高技术制造业平稳发展，产业结构调整取得一定成效。全区规模以上高技术制造业企业158家，实现工业总产值214.56亿元，同比增长22.86%，占全区工业总产值的20.62%。其中：电子城功能区规模以上高技术制造企业实现工业总产值168.05亿元，占全区高技术制造业总产值的78.32%。

地址：百子湾西里303号
电话：65012644
邮编：100124

（傅誉贤）

【产业发展】 年内，工业涉及的32个行业普遍向好，28个行业实现不同程度增长，仅有4个行业产值同比下降。六大支柱行业煤炭开采业、通信设备、计算机及其他电子设备制造业、石油和天然气开采业、电力热力的生产和供应业、电气机械及器材制造业、化学原料及化学制品制造业，分别实现工业总产值242.4亿元、130.29亿元、124.73亿元、92.38亿元、78.59亿元和64.04亿元，其中增幅前三的行业依次为化学原料及化学制品制造业、煤炭开采业和计算机及其他电子设备制造业，同比分别增长117.09%、52.68%和32.84%。

（陈 珊）

【产业结构调整】 年内，围绕区域产业功能定位，落实高端高效发展思路，发挥政策效用，强化企业服务，着力引进符合区域发展功能定位的高端产业和企业，在保增长中促进结构优化与升级，区域国际商务功能特色进一步显现。现代服务业规模与功能同步提升，新增服务业企业近万家；投资与资产管理业等高端服务业快速发展，营业收入同比增长近50%。金融业持续稳定发展，全年新增金融机构45家，区域内金融机构1213家；中国国际期货、宝马汽车金融有限公司等创新金融机构大量聚集，多元金融业态同步发展格局逐步形成。高技术产业规模持续扩大，电子城园区高新技术产业完成技工贸总收入1230亿元，同比增长20.6%；高技术产业加快业务转型，公共软件服务业收入增速超过30%。文化创意产业加速聚集，北京音乐产业核心基地等2个聚集区正式授牌，市级文化创意产业聚集区8个；新增文化创意企业3819家。着力培育发展战略性新兴产业。与中国移动通信、中科院生物物理所等建立合作关系，握奇数据、华锐风电等新兴产业项目意向入驻。

（陈 珊）

【工业企业技术改造】 年内，核准、备案工业企业投资、技改项目46个，项目以电子信息、生物医药、通信设备等高技术产业及都市工业投资、技术改造为主，总投资额20.13亿元。

（陈 珊）

【节能减排】 年内,加强组织调度,有序开展节能降耗工作。对太阳宫热电厂、华能热电厂等区内主要能源供应企业进行专项调研,制定《关于完成2010年节能指标的工作方案》和“预警调控方案”,完成全年节能工作目标。

(陈　珊)

高新技术产业

【认定高新技术企业130家】 年内,认定并进行公示的高新技术企业130家,占北京市认定企业总数的10.7%,其中,园区外高新技术企业94家,电子城科技园区高新技术企业36家。截止年末,本区有高新技术企业562家。

(陈　珊)

【获市高新技术成果转化项目】 年内,经市高新技术成果转化项目认定小组审定,企业中科宇图天下科技有限公司的“城市环境安全保障综合业务系统V1.0”项目、北京唯绿建筑节能科技有限公司的“既有建筑节能诊断与改造技术”项目、北京有色金属与稀土应用研究所的“集成电路封装用AuSn20钎料”项目、北京七星华创电子股份有限公司的“CS200气体质量流量控制器”项目以及北京万东医疗装备股份有限公司的“HF51-2A型医用诊断X射线机”项目等9个项目认定为2010年北京市高新技术成果转化项目。

(陈　珊)

【列入国家重点新产品计划】 年内,12个项目被列入2010年国家重点新产品计划。分别是:北京超图软件股份有限公司的“超图真空间地理信息系统平台软件SuperMaP GIS 6R”项目、北京赛科药业有限公司的“缬沙坦胶囊”项目、北京中材人工晶体研究院有限公司的“太阳能多晶硅还原炉电极磁环”项目、北京希波尔科技发展有限公司的“新型CVD金刚石与PCD金刚石复合刀具”项目、北京敏特昭阳科技发展有限公司的“校校通校园网软件平台V1.0”项目、北京首信科技有限公司的“CDMA高速分组网接入认证(AN-AAA)系统”项目、天立环保工程股份有限公司的“大型节能环保密闭矿热炉”项目、北京新华都特种变压器有限公司的“变频调速用油浸式整流变压器ZTS”项目、北京斯伯乐科学技术研究院的“乙烯装置裂解炉结焦抑制剂BL-628J”项目、北京汉铭通信有限公司的“TD-SCDMA+GSM双卡的RAS室内覆盖系统”项目、北京国遥新天地信息技术有限公司的“三维含量空间信息平台软件EV-Globe”项目、中科宇图天下科技有限公司的“放射源监控与管理系统3.0”项目。

(陈　珊)

【成立“三新”产业联盟】 年内,电子城科技园为“三新”产业联盟举行揭牌仪式。这3个联盟分别是由中国移动北京公司、北京通信信息协会、大唐电信、鼎桥通信、世纪互联等25家单位倡议发起成立的“电子城新一代移动通信产业联盟”,由万东医疗、双鹤药业、中科院生物物理所等15家单位倡议发起成立的“电子城新生物医药产业联盟”,由西门子、ABB、恒基伟业、七星集团等13家企业倡议发起成立的“电子城新能源产业联盟”。联盟以“诚信联手、合作共赢”为宗旨,加速资源整合,实现优势互补,共同推动“三新”产业在电子城的聚集与发展。

(陈　珊)

【“三新”企业签约电子城】 年内,宇龙计算机通信科技(深圳)有限公司、汉能控股集团有限公司、辽宁科泰生物基因制药股份有限公司三家“三新”企业签约入驻电子城。宇龙计算机通信科技(深圳)有限公司是中国专业的智能手机终端、移动数据平台系统、增值业务运营一体化解决方案提供商,拟在电子城西区E5地块建立宇龙研发中心大厦项目。汉能控股集团有限公司是目前国内规模最大、专业化程度最高的民营清洁能源企业,已申请专利近200项。据预测,三年后将达到光伏太阳能约400亿元、水电约40亿元的营业收入规模。辽宁科泰生物基因制药股份有限公司是国内基因工程药物cGMP(美国FDA认证)生产示范基地,将建设以国际生物医药研究开发服务、战略运营等为主的多功能总部基地,建筑面积约6万平方米。预计将实现年收入50亿元,上缴税收约8亿元。

(陈　珊)

【创建市级服务业综合改革试点区域】 年内,形成《北京市朝阳区对外服务业综合改革试点方案》上报市发展改革委。以北京CBD为核心,深化对外开放体制创新,探索双向国际化发展模式,建设具有全球影响的商务服务体系。以奥林匹克公园为核心,开展文化体育产业改革试点,建立国际文化交流服务体系。以打造国家信息中心为核心，推进信息传播改革创新，提升中国经济信息发布地、全球经济信息中国节点区、国际企业综合信息服务地的功能。以中关村科技园电子城为核心，深化科技服务创新，建立自主创新科技服务体系。深化人才服务体系创新，强化智力支撑体系。年内，市发展改革委已选定朝阳区作为六个市级服务业综合改革试点区域之一。

（黄 旭）

【推进重大工业项目建设】 年内，汇总梳理区内20个重大工业项目向市重大工业项目落地协调推进小组进行申报。经审核，七星华创电子股份有限公司的集成电路装备研发及产业化基地、双鹤药业研发中心等9个项目已确定列入北京市落地协调推进重大工业项目库，总投资78.45亿元。

（黄 旭）

部分民营企业简介

北京百键开发建设有限公司

【概况】 北京百键开发建设有限公司前身为中国建筑公司北京住总集团第二住宅建筑工程公司，公司成立于上世纪50年代，曾经参与国家三线建设、援蒙建设，并承担首都多项重点工程的建设任务，如亚运会康乐宫、汇宾大厦、北京剧院、航华科贸中心、亚运村小区、德宝小区、西坝河小区等重点工程的建设项目，为国家及首都建设作出贡献。随着国家经济体制改革的深入，公司董事长总经理曹献芳，带领公司一班人积极稳妥推进各项改革措施，经过多年的不懈努力和奋力拼搏，公司走出了一条自我发展、自我完善的新路子。目前公司年施工规模150万平方米，年产值10亿元人民币。公司在长期的生产经营管理中积累丰富的实践经验，特别是在工程项目管理、工程质量管理、施工现场管理、财务管理、劳务管理、网络信息化管理等方面形成了自己独特的现代化管理模式。多年来，公司与多家有实力的房地产开发企业建立了长期的合作意向，先后在北京承接了大批公建、民用工程，其中具有代表性的有东方巴黎时代广场、和平门商务酒店、富丰商业大厦、加州水郡群体居住区、回龙观小区、顺义李桥商住区、东四华玺酒店式公寓等，公司不但立足于京内，也将业务拓展到京外海外，并先后承接了潮白河孔雀城别墅区、承德汇水湾、大连海岸东方居住区等工程项目，同时在阿联酋、阿尔及利亚承接过多项具有影响力的工程项目。公司注重企业文化建设，坚持“以人为本”，培育出了一支年轻化、高学历、高职称、有丰富实践经验的管理团队，“务实、创新、公平、共赢”是公司一贯坚持的经营理念。目前，公司列中国500家最大规模建筑业第355位，列第二届全国建筑业领先企业238位，公司顺利通过ISO9000质量/ISO14001环境/ISO28001职业健康安全体系和国际UKAS认证，并始终保持良好的运行状态。公司曾多次获得国际鲁班奖、北京市长城杯奖、建设部优质工程和市优工程等荣誉称号。现为北京市建筑业联合会、北京市工程建筑质量管理协会、朝阳区建筑业联合会等多家会员。

地址：红松园26号

电话：84955533

邮编：100018

北京慧远电线电缆有限公司

【概况】 北京慧远电线电缆有限公司位于金盏乡，成立于1994年6月，公司总部占地面积70000平方米。历经十几年的艰苦创业，如今的慧远已经从当初的十万元原始资本、十几个家族成员的作坊式企业转变成为一个注册资本8000万元，拥有员工300余名的专业性、规模性线缆生产企业，是农业部“全国诚信守法乡镇企业”，国家奥运工程建设线缆定点采购企业之一。2008年荣获区委、区政府“北京奥运会、残奥会集体功勋奖”；2009年被评为“北京市就业与社会保障先进民营企业”。2010年被授予“朝阳区和谐劳动关系”称号。2011年被授予“首都劳动奖状”称号。公司为适应现代企业发展的需要，通过整合资源，将慧远电线产品、慧远电缆产品、慧远网络产品有机结合，组建慧远科技（集团）公司，集团公司下辖有慧远通广科技发展有限公司、慧远恒昌线缆厂和北京森禾源农业发展有限公司（蓝调庄园），总注册资本1亿元。集团公司的组建进一步扩大企业规模，增强企业综合实力，以更严格的标准要求自己，全力推进文化建设，坚持以环境改造人，以文化塑造人，注重整体素质的提高。企业的经营理念是：资本是船，品牌是帆；企业是人,文化是魂。在企业的发展过程中,公司积极回报国家和社会:慧远公司和蓝调庄园解决了当地400多名农村劳动力就业,为本地区的经济发展和社会和谐稳定发挥了积极的推动作用;公司投身于社会公益和光彩慈善事业,数十年间累计爱心捐赠300余万元。

地址:金盏乡曹各庄
电话:84391107
邮编:100018

北京昊天昊城市环境管理有限公司

【概况】 北京昊天昊城市环境管理有限公司成立于1999年,在总经理刘文的带领下,以"服务于社会,服务于人民"为企业宗旨,以实力和信誉承揽道路清扫保洁服务项目,以优质的服务取信于市场,先后成立崇文分公司、海淀分公司、朝阳分公司、快速路分公司及新东城分公司。作为北京市环卫公共外包服务的首家中标企业,北京昊天昊城市环境管理有限公司开启了民营企业清扫城市主快速路的先河。公司秉承新环卫精神,推行机械化作业模式,以科学的态度、明确的目标、严谨的作风、饱满的热情和昂扬的斗志,锐意进取,现已发展成为北京市民营环卫企业的行业带头人。2004年通过GB/T19001—2000 idt ISO9001:2000质量管理体系认证;2008年荣获市市政市容管理委员会颁发的"北京奥运会、残奥会环境卫生保障先进集体奖";2010年成为市市容环境卫生协会常任理事单位;2011年成为北京市工商业联合会、北京市商会会员单位。公司承接的项目涵盖市属高快速路、区属主、辅路、以及街巷胡同、公共卫生间等,总作业面积200多万平方米,员工总数700多人。十多年间累计投入机械设备、人员管理资金5000多万元,聘用下岗失业人员300多人,陆续为近千名外来务工人员提供就业机会,上缴利税合计超过千万元。公司先后成立党支部、工会,构建督导机制、问责机制、实行半军事化管理,向管理要效益,以科技促发展,坚定地走出一条属于昊天昊的环卫创新之路。

地址:亮马桥路32号高斓大厦922
电话:67308673
邮编:100016

北京市东湖电气设备工程有限公司

【概况】 北京市东湖电气设备工程有限公司(原名:北京市东湖电气工程安装处),始建于1984年,主要承接架空线路工程、小区变、配电室工程,亮丽工程等。1987年5月,董继贵进入东湖电气公司,于2000年正式将公司改制为有限责任公司。从最初10多人,发展到100多人,将一个亏损企业发展到现在年营业额为7000多万元的朝阳区电力施工骨干队伍之一,连续三年年均纳税额达300多万元。东湖电气公司以高标准严格要求自己,在我国电网建设快速发展的重要时期,以服务朝阳地区经济发展为目标,勇于承担社会责任,在朝阳区政治、经济、文化建设中发挥积极作用。2009年7月29日中共北京市东湖电气设备工程有限公司党支部在公司正式成立。作为民营企业,公司发展的同时,十分热心公益事业,在曾多次主动向受灾地区慷慨解囊,捐款捐物。2003年,捐款3万元作为朝阳区抗击"非典"的经费。2008年,组织四次向区红十字会和区接受救灾捐赠事务管理中心捐款140300元"抗震救灾"。2010年4月,为玉树灾区捐款1万元,以实际行动帮助灾区人民抗震救灾、渡过难关、重建家园。

地址:来广营东路19号
电话:84560632
邮编:100102

体之杰产业集团

【概况】 体之杰产业集团成立于1997年。是国家全民健身户外健身器材标准制定单位之一,是国家全民健身工程十大服务商之一,是北京市著名商标、全国工人先锋号、首都文明单位、国家体育总局授予的爱心企业。集团下辖6家全资子公司,长期致力于大众体育与健康,产品和服务遍布全国各地,远销欧、亚、美市场。体之杰户外大众健身器械不仅为社区居民生活注入了体育健身的活力,其具有首都特色的系列健身器材也成了社区一道靓丽的风景线。公司董事长陆远大被评为北京市中国特色社会主义事业建设者。2003年,公司率先研发出世界第一台数字化VR健身车,率先引领大众健身迈入信息化时代,被媒体和专家誉为:大众传统健身器材的一次革命性飞跃。2004年,公司把网络技术应用到传统健身器材上,提出"掀起一场体育产业革命"的口号,被央视引为第十四届国际体育用品博览会谢幕词。2005年,在国家体育总局、团中央、北京市竞赛中心的支持下,成功举办首届北京大学生网络健身车大赛,开创跨地域、跨时空应用网络技术组织体育大赛的先河。2006年,应用网络传输存储技术与线下运动、心理、营养、生理、饮食、社会等八方面专家互动,实现大众体育健康管理服务新的社会管理职能。2007年、2008年分别完成青少年和成年人体育健身标准版的制定工作。2009年开始把体育健康管理服务植入社区,实现运动生活化、管理数据化的试验工作。2010年10月,公司经过数年研究实践的以合理饮食和科学运动为核心内容的"体育健康管理伺服系统",经市体育局组织专家论证,批准为"国家科技部十一五重点科技建设项目"和"北京市体育产业引导资金重点建设项目”，在全区43个街乡试点。

地址：三间房乡褡裢坡村电台路

电话：65712614

邮编：100024

北京叶氏企业集团有限公司

【概况】　北京叶氏企业集团有限公司成立于1992年，成立之初以服装设计、生产、销售为主，创立了享誉京城的“叶青时装”、“都市丽影”两个女装品牌，引领职业女装的发展潮流。在完成资本原始积累后，面对传统制造业愈来愈激烈的市场竞争，以及国家关于转变发展方式的号召，叶氏集团主动实施经营性战略的重大调整，迅速引导企业由劳动力密集型向资本密集型企业转变。1996年叶氏集团投资兴建了望京地区最早的写字楼之一——叶青大厦。经过多年发展，叶青大厦凭借严谨、专业、细致的物业服务品质，吸引鼎桥通信、韩泰轮胎、中航传媒等国内外知名企业相继入驻经营，连续多年保持着满租的优异成绩。2010年11月，叶青大厦顺利通过市物业管理示范项目评审，获得“五星级写字楼”称号，成为北京市为数不多的五星级写字楼之一。2009年8月，以叶氏集团为主要发起人、注册资本为5000万元人民币的北京恒源小额贷款有限公司正式成立，成为朝阳区首家小额贷款公司试点单位。2010年8月，天循典当行正式开业，并迅速走入正常运营轨道。2010年10月，叶氏集团在怀柔区渤海镇北沟村投资5000万元，启动建设长城系列精品酒店项目。该项目依托叶氏集团先进的物业管理体系和北沟村得天独厚的自然资源，将实现现代化物业管理与民俗旅游观光的完美结合，形成新型乡村社区管理新模式。至此，北京叶氏企业集团已经发展成为以生产性服务业、金融性服务业、文化性服务业为三大龙头的规模型企业集团。叶青大厦在追求企业经营发展的同时，注重营造和谐楼宇氛围，逐渐形成以党建为核心的先进楼宇文化，于2006年率先成立北京市第一家商务楼宇党委——叶青大厦党委。叶青大厦党委在工作中，将党建与统战工作有效结合，大胆创新，形成楼宇党建统战工作的叶氏模式，同时激发大厦内党员的先进性，团结凝聚一大批社会领域非中共优秀人士，促进了区域性基层党组织的建设，成为北京市商务楼宇党建统战领域的一面旗帜，得到了中央、市、区领导的高度评价。

地址：望京北路9号叶青大厦

电话：64392966

邮编：100102

中复电讯

【概况】　1991年，中复在改革开放的大潮中诞生，在一所学校的地下室创业，专注经营通信终端器材，走上了缔造电讯王国的征程。20年间，从“一条电话线，四处都方便”，到“电话随意挑，不打不成交”，再到“买手机，去中复”，中复创始人郃武淳所构思的三句简洁明了、琅琅上口的广告词，对京城百姓来说可谓家喻户晓、耳熟能详。无论是程控交换机、电话座机，还是BP机、移动电话，通信行业每向前迈进一步，中复始终走在行业前列。20年励精图治，坚持“为商必诚”，坚持创新服务、创新管理，中复实现了持续健康发展，成为北京规模最大的通信终端器材专营企业，在京店面160余家，员工3300人，2010年营业额达21.5亿元，纳税近2000万元，是朝阳区商业服务业的龙头民营企业之一，已连续6年荣膺“北京十大商业品牌”。中复在解决社会就业，开展党团建设，参与光彩事业等方面，也获得社会各界的广泛认可，先后荣获“全国就业与社会保障先进民营企业”、“北京先进民营企业”等称号，公司党委被评为“朝阳区先进基层党组织”。自2008年来，中复积极投身抗震救灾、爱心助学、光彩惠农等慈善公益活动，累计投入430万元。“中复”是北京工商行政管理局认定的“北京市著名商标”。企业LOGO为公司董事长郃武淳亲自设计，其形为“众”字变体的十边形，象征中复团队齐心协力，追求十全十美。“中复”有“中华复兴”之意，其英文译名“ZOOMFLIGHT”则意为“垂直向上飞行”，象征企业以稳健的姿态健康发展。

地址：工体东路甲18号

电话：65916591

邮编：100020

北京博鼎诚工程设计有限公司

【概况】　北京博鼎诚工程设计有限公司于2007年5月16日创建，是以大型石油化工建设项目工程勘察设计、工程管理服务、专业承包、企业管理咨询为主业的生产性服务业新经济组织。公司拥有化工石化医药行业（化工工程）专业乙级设计资质，现有职工1050人，其中：教授级高工2人，高级工程师55人，各类注册工程师80多人，专业工程技术人员762人，占员工总数的70%以上。公司坚持“诚信人本，为顾客辉煌”的企业价值观，秉承“博广精细，留美好回忆”的服务理念，先后参与大连江苏LNG项目、广西石化芳烃项目、青岛多晶硅、新疆独山子石化项目、越南化肥项目、土库曼斯坦天然气项目等国内外大型化工工程项目的建设，凭借自身雄厚的设计和施工管理优势，在不断满足客户需求、创造客户价值的同时，也铸造了博鼎诚公司的成功和卓越。2010年公司实现营业收入12377万元，比上年增长17%，为朝阳区经济发展做出了一定贡献。2010年6月18日公司党委正式成立,2011年6月15日公司工会正式成立。公司党委大力倡导“对社会负责、对客户负责、对员工负责”,努力让企业发展成果惠泽所有员工。热心参与社会光彩事业,2008年以来先后拿出31.75万元捐资助教,累计接收560名应届大学生到公司实习锻炼,已有305名大学生成为公司正式成员。2011年6月公司党委被区委以及区非公工委分别评为先进党组织。公司董事长、总经理陈良琨被评为优秀共产党员;副董事长、常务副总经理先后被评为朝阳区优秀青年人才、优秀共产党员;党委书记程兴顺被朝阳区评为朝阳区优秀党务工作者。

地址:樱花园东街5号新化信302室
电话:64457160
邮编:100029

商　务　现代服务业

【概况】 朝阳区商务委是负责本区内外贸易、对外经济合作和现代服务业发展的区政府工作部门,挂北京市朝阳区人民政府口岸办公室(简称区口岸办)牌子。年内,新批外商投资企业794家,同比增长35%;合同利用外资21.8亿美元,同比下降30.8%;实际利用外资24.03亿美元,同比增长10.3%。

地址:日坛北街33号
电话:65099185
邮政编码:100020

(范永军)

【引进企业】 1月,世界500强摩托罗拉集团下设摩托罗拉(北京)移动技术有限公司落户朝阳区。

(范永军)

【美国商会亚太理事会】 4月15日-16日,美国商会亚太理事会在朝阳区召开,这是自上年底中国美国商会正式迁入CBD办公后,举办的首次国际性高端会议。会议主题为:“中国—未来十年的经济增长引擎”,围绕企业未来十年在华运营发展状况展开相关议题讨论。

(范永军)

【朝阳国际美食文化节】 4月23日,第五届“朝阳国际美食文化节”在蓝色港湾国际商区开幕。文化节历时三天,由品牌餐饮企业展示、特色餐饮展示售卖活动和餐饮绝活表演三部分构成,集中了区内众多具有代表性的中餐和外餐企业,使国际美食风情、中华美食文化得到体现。

(范永军)

【第二届北京SOLANA消夏啤酒节】 6月9日,2010(第二届)北京SOLANA消夏啤酒节在蓝色港湾国际商区中心广场开幕。本届啤酒节为期53天,期间与南非世界杯赛事转播相结合,吸引了六十余家媒体联合报道。

(范永军)

【战略合作协议】 10月,在第十一届北京CBD国际商务节上,区政府与北市商务委签订以推动重点功能区现代服务业发展,共同打造国际商贸中心重点功能区为主要内容的战略合作框架协议。

(范永军)

【餐饮街】 12月,在由市饮食行业协会举办的重点特色美食街区推介评选活动中,蓝色港湾、金泉广场、好运街、吕家营等4条餐饮街区获奖并挂牌,占全市五分之一。

(范永军)

【总部经济】 年内,新增三菱重工、沃尔沃、新中建设等跨国公司地区总部12家,累计60家,占全市73%;美国ESI公司、摩托罗拉、LG、渣打银行等11家世界500强公司投资设立13家企业;引进凯丹水务、嘉里大通、旭硝子、丰田通商等4家投资性公司,投资性公司累计达135家,占全市70%。

(范永军)

【对外贸易恢复性增长】 年内,对外贸易实现进出口总额1249亿美元,同比增长49%,占全市41%。国内汽车销售增速有所回落,汽车产品进口趋于平稳增长;国际原油价格低位运行,带动原油进口大增;国际市场需求好转,加工贸易出口大幅回升;境外能源矿产开采工程激增,带动油田、矿山等钻探设备产品出口猛增。

(范永军)

【服务外包产业发展】 年内,摩托罗拉(中国)技术有限公司、奥博杰天软件(北京)有限公司等10家企业获评市首批技术先进型服务企业称号。指导企业开展国家和北京市专项扶持资金申报工作,申请各类扶持资金1500万元,同比增长近1.5倍。

(范永军)

【引进高端会展】 年内，引进国际高档酒品展览会、国际医疗仪器设备展、国际信息通信展览会、阿赫玛亚洲展－化学工程和生物技术展览暨会议等五项高端会展。与中博展览集团、博汇国际展览（澳门）有限公司、中粮集团三利广告展览有限公司等5家会展企业签订落户朝阳意向书，与中国会展经济研究会签订长期合作协议。

（范永军）

【现代服务业发展】 年内，商务服务业实现营业收入1961.7亿元，同比增长41.6%。受此带动，现代服务业实现收入5127.5亿元，同比增长24.3%。

（范永军）

【社会消费稳步增长】 年内，举办国际美食节、汽车消费节、消夏啤酒节、特色商业街消夏节、时尚消费节、中华老字号博览会等主题促销活动；朝北大悦城、百盛太阳宫店、三里屯Village北区等商业新项目落地。全年实现社会消费品零售额1737.5亿元，同比增长17.5%，总量稳居首位。其中，汽车、石油及其制品类商品实现零售额705.8亿元，同比分别增长37.4%、27.9%，全区零售额增长的贡献率85.6%。

（范永军）

【促进品牌商业发展】 年内，卡地亚、登喜路、江诗丹顿等著名一线品牌入驻朝阳，实现年社会消费品零售额增长3亿元。年内，以时尚品牌消费为主的新光天地实现销售额40亿元，同比增长20%，波希卡、普安倍尔等零售企业销售额，同比增长50%。

（范永军）

【提升国际化美食资源】 年内，推出《美食密码－国际美食达人品味朝阳宝鉴》，支持大董、眉州东坡、俏江南等餐饮集团做大做强，推出一批在国内外有影响力的餐饮品牌。

（范永军）

【早餐经营示范店】 年内，15家连锁企业的早餐经营示范店220家，所有示范店的营业时间均超过3个小时，早餐品种超过20种。12月30日，在北京市商务委举办的北京市早餐经营示范店授牌仪式上，朝阳区眉州东坡、嘉禾一品等223家店成为北京市首批早餐示范店并授牌，占全市22.3%。

（范永军）

【便利居民生活】 年内，先后在望京、劲松等街道新建、改造6家标准化社区菜市场。其中，利用望京文化广场开设的临时早市，解决该地区居民长期买菜难的问题。完成京客隆管庄店等5家企业无障碍系统升级；万达广场等4家单位停车场升级改造；新增刷卡消费特约商户600家。

（范永军）

【完善农村地区市场体系】 年内，协调解决高碑店中药港设立问题，指导王四营乡盛华宏林粮油市场进行软硬件升级改造，配合来广营乡规划来广营购物中心。对太阳宫乡百盛购物中心、南磨房乡惠通时代广场和酷车小镇、金盏乡金港汽车城、崔各庄乡赛特奥特莱斯等农村产业项目进行对接指导。

（范永军）

【再生资源回收体系】 年内，新建再生资源回收网点60个，分拣中心1座，规范回收网点累计达360个。开展每月一次的再生资源回收日活动，加强宣传，营造氛围，着力提高居民分类回收意识和再生资源利用意识。

（范永军）

【安全生产】 年内，推进商务行业安全生产制度落实，组织企业法人、安全生产负责人培训4批1300余人次，发放各类宣传材料28000余份，发送短信35000余条。动用执法检查车辆470余台次，出动执法人员1200余人次，检查商业零售单位180家、餐饮经营单位540余家，确保安全生产零事故。开通举报热线，开展网上申报，在提升消费氛围的同时确保了促销安全。扎实做好了“六四”、“七五”等敏感时期安全稳定工作，确保特殊时期商务行业的安全稳定。全年完成酒类备案登记1800余家。查处私盐30余吨。

（范永军）

朝阳副食品总公司

【概况】 北京市朝阳副食品总公司是朝阳区国资委直接监管的国有企业。主要承担国有资产保值增值、商业网点管理及离退休人员、企业内部退休人员、内部待岗人员的管理工作。年内，持有京客隆股份1.67亿股，占其总股本的40.61%。对下属北京市腾远兴业汽车服务有限公司投资3280万元，占其总资本的82%。年末，管理职工6468人，其中离退休职工5390人，在岗职工597人，内部退休职工323人，内部待岗职工158人。全年实现收入78570.14万元，同比增长14.47%；企业资产总额为116684.11万元，同比增长8.29%；净资产总额85577.39万元，同比增长4.62%；国有资产保值增值率实现105%；按时上缴国有资产收益300万元。

地址：红庙北里4号楼
电话：65867726
邮编：100025

（吴静轩）

【支持京客隆回国内A股上市】 年内，控股企业京客隆商业集团股份有限公司启动国内A股上市工作。为保证其在国内首次公开发行A股股票进展顺利,作为国有股权代表,履行出资人职责,协助京客隆办理各项手续。根据《关于规范国有企业职工持股、投资的意见》、《关于实施<关于规范国有企业职工持股、投资的意见>有关问题的通知》的规定,组织中层以上管理人员转让、减持所持股份;提供各种证明文件、律师尽职调查所需资料,协助办理租赁备案等各种手续,为京客隆实现上市目标创造条件。

(吴静轩)

【上市公司管理】 年内,履行国有资产出资人职能,依法参与京客隆重大事项决策,坚持国有控股上市公司运行情况的信息收集制度,支持控股企业开拓经营,取得2009年股权回报3013万元。

(吴静轩)

【房屋租赁管理】 年内,加强对租赁网点使用情况的监管和维修维护力度,收集整理国有房产动态数据,形成数据库,坚持不动产变动上报制度,合理确定房屋租赁价格,足额收取租金,全年收取外租租金3259.84万元,内租租金111.8万元,关联企业租金1120.82万元。

(吴静轩)

【网点拆迁】 年内,根据CBD东扩要求,进一步统计核实拆迁范围内网点情况。配合办理劲松一区、驼房营商店拆迁涉及的各项工作,协助解决拆迁特殊问题。

(吴静轩)

【资源开发】 年内,石佛营101号建设项目装修扩建项目全部完工,本年度为企业增收95万元;三丰南巷商业楼建设工程调整控制性规划申请取得市规委同意,姚家园[朝阳区平房西口甲130号(南院)(北院)]改扩建工程获区国资委批准。

(吴静轩)

【组建小额贷款公司】 年内,副食公司作为主发起人,联合市供销总社、东长安集团及6名自然人,按照"企业化、市场化、专业化"的原则,共同出资组建富安小额贷款公司,注册资本为1亿元人民币,副食公司持有股份29.8%,为第一大股东。富安小额贷款公司于12月9日正式营业。

(吴静轩)

【社会保障卡发放和养老金资格认证】 年内,副食公司承担6008名退休、内退、内待、在岗职工的社会保障卡发放和养老金资格认证工作。年底完成5936人的养老金资格认证和社保卡发放;根据医保政策和管理流程,为50名患特殊病职工和178名"在职转退休"人员办理重新读卡变更信息的工作;将51名已故职工社保卡封存;21张因各种原因未联系到退休职工而未能进行养老金资格认证的,暂时停发养老金。顺利通过北京市人力资源和社保局委托的会计师事务所对2009年度的社会保险审计工作。

(吴静轩)

【服务职工】 年内,一是接收和上报药费单据逾万份,总额达3578万元,企业负担74万余元。二是及时为职工办理退休、养老金调整、社会保险基数核定、社保信息变更等各种手续。按时完成2010年度养老金调整工作,涉及退休职工5308名,金额共计99.61万元;完成2010年社会保险基数核定工作,累计671人;为2006年1月至2009年9月的18名占地农转工进行了养老金重新核准工作;办理养老及医疗保险相关信息变更累计131人次,补办医疗保险手册16人,社保卡1人;工伤鉴定1名,劳动能力鉴定4名,为4名1-4级的工伤人员调整定期伤残补助950元,护理费279.67元。三是组织676名职工进行健康体检,为职工提供健康保障。

(吴静轩)

【"五险合一"实现网上申报】 年内,及时更新"五险合一"的相关使用程序,实现网上申报工作。

(吴静轩)

【助困帮扶工作】 年内,两次为不在岗职工增加基本生活费,平均每人上调100元。同时,建立健全困难职工数据库,进行分类分层动态管理。以"温情耀爱心"活动为载体,做好困难职工帮扶工作。通过助医、助学、助岗等方式帮助职工缓解困难。年内为1240余名困难职工发放各类补助、帮扶款约29万元,为职工争取住院保险理赔款3.95万元、特困基金7000元,为21名未在岗职工子女提供助学款3.94万元。此外还为职工及子女提供就业信息、推荐就业岗位。

(吴静轩)

【解决疑难问题】 年内,根据工作中出现的新情况,与有关部门协调沟通,千方百计解决各类问题,先后帮助30余名缺失档案资料的职工解决特殊工种审批、补缴养老保险、认定工龄等问题,维护职工队伍稳定。

(吴静轩)

【制定"十二五"规划】 年内,开展"十二五"规划的研究编制工作。成立领导小组和工作机构,加强对规划工作的领导。班子成员结合主管工作,开展课题调研,形成7篇调研报告。组织中层以上管理人员专题研讨,共同探讨企业发展的战略选择、主业聚焦、管理改进等,明确了企业的发展方向和思路,确定了企业的战略定位和未来发展目标,制定了实现规划目标的具体措施。引入社会智力资源，委托专业机构对公司规划进行指导论证。广泛征求干部职工的意见建议，使企业“十二五”规划得到全体职工的认同。

（吴静轩）

【完善财务核算】 年内，配合区审计局审计调查，完善各项内控制度、细化会计核算，严格资金管理。贯彻落实新的财务、税收政策，按规定重新进行纳税清算。财务核算工作再次获“标准无保留意见”的审计报告。

（吴静轩）

【法律工作】 年内，开展法制宣传。结合“五五普法”工作，通过多种方式，开展法律知识宣传、培训，增强职工法律意识。充分发挥法律工作在企业经营工作中的作用。在企业投资、房屋租赁等重大事项中，坚持法律审核环节，全年审查各类合同86份。运用法律手段维护企业利益。全年办理各类诉讼案件13件。

（吴静轩）

【安全工作】 年内，落实安全生产责任制，逐级签订《安全生产责任书》，明确安全生产责任。通过讲座、培训、消防演练、网络、展板等多种形式宣传相关政策法规和安全生产知识，增强职工的防范意识。坚持安全检查，消除安全隐患。年内进行全面安全大检查3次，巡店663店次，发放安全生产通知1700份。

（吴静轩）

【筹备粮食局托管接收工作】 年内，根据区政府与区国资委将粮食局托管工作转交副食公司的决定，加强与粮食局协调沟通，对其现状进行初步摸底，对托管交接涉及的工作事项和托管后的管理方式进行认真研讨，制定全面交接方案，做好交接的各项准备工作。

（吴静轩）

【为发行企业债券提供反担保】 年内，以公司32处网点房屋和2处土地作抵押，为区国有资本经营管理中心发行企业债券提供反担保。

（吴静轩）

【推动党建工作创新】 年内，完成党委和4个基层党支部换届选举工作。以“塑造形象工程”为载体，开展“四强四优”活动和创建全国文明城区建设工作，组织各支部开展党建创新活动成果评优。“塑造形象工程”获“第二十五届北京市企业管理现代化创新成果”二等奖。

（吴静轩）

【爱心捐助】 年内，鼓励党员奉献爱心，为困难职工和玉树灾区捐款23622元。

（吴静轩）

蓝岛大厦

【概况】 北京蓝岛大厦地处朝阳区朝外大街东大桥路口，毗邻CBD，分东、西区，总建筑面积4.5万平方米，营业面积2.5万平方米。大厦东、西两个经营区域由2、3、4层的连廊贯通，东区负1层至6层经营食品、滋补品、药品、日用品、化妆品、珠宝首饰、钟表、男女服装、运动服装、运动器材、家居用品、家用电器、儿童用品、办公用品和美食街；西区1层至4层经营鞋帽、箱包、休闲服装、内衣、针织服饰类商品。突出国内外“名品、新品、精品”的销售定位，突出现代都市百货的经营风格，突出可挑选性强的穿戴类商品的经营规模，企业的市场号召力和吸引力不断增强。9月29日，公司与通州区梨园镇签约，成立北京通州蓝岛大厦有限公司，成为继承德蓝岛大厦、蓝岛金隅百货之后的首家全资子公司。年末，企业经营20余个品类、2000余个品牌的商品。

地址：朝外大街8号
电话：85634422
邮编：100020

（龚立卓）

【举办迎新春消费者联谊会】 1月12日，举办“2010年迎新春消费者联谊会”。团结湖工商所副所长张书贵、消费者代表、芳草地社区代表30余人与副总经理刘彦娟就公司经营运转、服务接待、环境设施等各方面工作进行交流，并对营业员销售技能、文化消费、主题购物等方面提出建议。

（龚立卓）

【获得荣誉】 1月，被市统计局、国家统计局北京调查总队授予“北京市统计调查工作先进奖”荣誉称号；3月27日，被中国商业联合会、中华全国商业信息中心授予“2009年度百货店百强企业”荣誉称号；3月，获“全国‘三八’红旗集体”荣誉称号，成为朝阳区获此项荣誉的三家企业之一；4月20日，物业管理部主任王德仲被市政府授予“北京市劳动模范”荣誉称号。5月，党委书记王东海被评为“2009年首都‘迎国庆 讲文明 树新风’活动先进个人”；7月28日，女士服装卖场营业员技师张桂红被市委、市政府授予“北京市有突出贡献高技能人才”荣誉称号。9月25日，被中华全国商业信息中心评为“2010年度全国大型零售企业统计信息工作先进单位一等奖”。

（龚立卓）

【蓝岛亲和服务进社区】 2月3日，公司与芳草地社区共同举办“携手共建和谐 蓝岛亲和服务进社区”便民服务活动。由品牌服务明星、业务骨干和厂家技术人员组成的“蓝岛便民服务队”为社区居民提供珠宝鉴定、皮鞋保养、毛衣去球、球类打气、商品知识咨询以及现场书写春联、测量血压等便民服务项目。

社区居民、区老年书画研究会理事张明礼现场写下“蓝岛服务进社区 社区居民齐欢喜”的对联。

(龚立卓)

【召开第三届职工代表大会】 2月23日,工会召开第三届第十四次职工(第六次会员)代表大会。公司领导及11个分会107名职工代表出席大会,大会由工会主席孟庆和主持。会议讨论和审议通过《北京蓝岛大厦有限责任公司2010年工作报告》和《北京蓝岛大厦有限责任公司2009年度业务招待费使用情况的报告》。

(龚立卓)

【纪检监察工作会】 3月24日,纪委召开2010年纪检监察工作会。公司纪委委员、支部纪检委员、公司级党风监督员、信息员党风监督员代表、内审工作负责人等45人参加会议。会上,党委副书记、纪委书记、工会主席孟庆和就公司上年纪检监察工作进行总结,并部署本年工作。

(龚立卓)

【通过ISO9001质量管理体系年度监审】 4月14日、15日,顺利通过北京联合智业认证有限公司审核小组对公司ISO9001质量管理体系运行情况进行的年度监审,获得推荐保持认证注册资格。

(龚立卓)

【承办“福建名优商品大集”】 4月28日,公司门前广场举行“福建名优商品大集”启动仪式。市商务委副主任李薇薇、市商务委副巡视员刘行苍、福建省经济贸易委员会副主任吴秉城、福建省经济贸易委员会市场处处长黄典昌、公司总经理李伟等领导以及公司员工和媒体代表参加启动仪式。

(龚立卓)

【召开迎“五一”劳动模范座谈会】 4月30日,工会召开迎“五一”劳动模范座谈会。董事长黄豪、党委书记王东海、总经理李伟、工会主席孟庆和及劳动模范、先进职工代表28人参加座谈会。总经理李伟代表公司党政领导对在座的各位劳动模范、先进职工表示慰问。会议由工会主席孟庆和主持。

(龚立卓)

【承办“广东(潮州)商品大集”】 5月9日,公司门前广场举行“广东(潮州)商品大集”启动仪式。商务部商贸服务管理司副司长王选庆、广东省人民政府副秘书长林英、市商务委主任卢彦、广东省经济和信息化委员会主任、党组书记杨建初、中共广东省潮州市委副书记、市长汤锡坤、市商务委员会副主任陈泽星、副主任李薇薇、副区长吴桂英、潮州市人民政府副市长卢淳杰、广东省驻北京办事处副主任张建强、市商务委副巡视员刘行苍、公司董事长黄豪等领导,广东潮州供货商代表、公司员工和媒体代表近200人参加仪式。

(龚立卓)

【举行第十四届职工运动会】 5月29日,在第八十中学举行第十四届职工运动会。运动会由党委副书记、工会主席孟庆和主持,董事长黄豪宣布运动会开幕。公司领导以及各分会职工、信息员共11支代表队的近600余名运动员参加运动会。女士服装分会、鞋帽休闲分会、机关第二分会分别获得团体总分前三名。

(龚立卓)

【庆祝建党八十九周年表彰大会】 6月30日,在平台会议室举行庆祝建党八十九周年先进集体、先进个人表彰大会。中层以上管理人员、获表彰的先进集体、先进个人及部分党员代表120人参加大会。会上,16名新党员面对党旗进行宣誓,并对评选出的4个“四强”党支部、7名优秀思想政治工作者、32名“四优”党员进行表彰奖励。

(龚立卓)

【召开第四届会员(职工)代表大会】 7月6日,工会召开第四届会员(职工)代表大会。会议审议并通过第三届工会工作报告、工会财务工作报告和经费审查工作报告;选举产生第四届公司工会委员会委员和工会经费审查委员会委员;选举刘彦娟为第四届公司工会主席。

(龚立卓)

【第十六届职工游泳比赛】 8月20日,在陈经纶中学游泳馆举办第十六届职工游泳比赛。60余名员工和信息员参加了6个单项、2个集体项目的角逐。蓝岛超市分会和机关三分会分获集体项目第一名。

(龚立卓)

【开展“技能领先 服务创效”岗位知识竞赛】 8月24日,开展“技能领先 服务创效”岗位知识竞赛活动。区创建办督导组组长古朋启、区国资委副书记王忠、公司董事长黄豪、总经理李伟、党委副书记刘彦娟、副总经理刘克明以及员工代表100余人参加活动。经过角逐,鞋帽休闲卖场获竞赛一等奖;蓝岛超市、女士服装卖场分获竞赛二等奖;男士服装卖场、家居儿童卖场分获竞赛三等奖。

(龚立卓)

【落户通州区梨园镇签约仪式】 9月29日,蓝岛大厦落户通州区梨园镇签约仪式在月亮河温泉假日酒店举行。区委常委、常务副区长吴桂英、通州区委常委、常务副区长张勇、副区长崔志成等领导以及通州区发改委、财政局、住建委、规划分局、国土分局、工商分局、梨园镇的主要领导和蓝岛大厦有限责任公司党政领导班子、中层管理人员代表60余人出席仪式。

（龚立卓）

【开展安全生产工作大检查】 11月25日，由董事长黄豪、总经理李伟、副书记刘彦娟、副总经理刘克明、侯钜南带领相关部室负责人，分两组对东、西区营业现场、库房以及重点部位进行大检查。重点对各部门安全生产制度和安全措施的落实情况以及水、电、气的规范使用情况进行检查。11月29日，副区长阎军带领区有关部门领导对公司进行安全生产工作检查，重点检查消防安全设施和营业现场的消防安全管理工作。董事长黄豪及有关部门陪同检查。朝阳有线电视台对此次检查进行了跟踪采访。

（龚立卓）

【理论中心组扩大学习】 11月30日，党委围绕廉政建设、创先争优主题教育等组织理论中心组扩大学习活动。领导班子、中层以上管理人员参加学习。活动由党委书记王东海主持。与会人员观看廉政录像片《一个明星区长的堕落轨迹——周良洛受贿案警示录》。

（龚立卓）

【北京通州蓝岛大厦有限公司】 12月22日，北京通州蓝岛大厦有限公司企业法人营业执照正式获得北京市工商局通州分局批准，北京通州蓝岛大厦有限公司注册成立。

（龚立卓）

【经营促销活动】 年内，组织“新春杯”开门红和第八届“舞动金秋”购物节促销竞赛，推出“17周年庆 真情百分百”店庆促销活动；“虎年大吉”春节系列营销活动；“喜迎元宵佳节有奖猜谜”活动；“幸福女人花”为主题的“三八”节促销活动；“美好生活”为主题的“五一”节促销活动；“盛夏端午 激情共赏”为主题的端午节系列酬宾活动；“动情中秋月”为主题的系列营销活动；“心动国庆节”为主题的“十一”系列酬宾活动；“圣诞嘉年华”系列营销等主题促销活动。

（龚立卓）

京客隆商业集团股份有限公司

【概况】 北京京客隆商业集团股份有限公司是以经营日用消费品零售及批发业务为主的商业企业。京客隆下辖朝批商贸有限公司、欣阳通力商业设备有限公司、京客隆（廊坊）有限公司及京客隆超市连锁有限公司四个子公司。以经营日用消费品批发业务为主的朝批商贸有限公司已形成以北京市场为核心，以饮料、油脂、调味品、酒业、日化、餐饮六个子公司为基础，以天津、青岛、石家庄、太原、唐山五个外埠子公司为辐射基地，与零售业务互为依托，协同发展的格局。年内，京客隆商业集团销售总额109.1亿元。拥有会员近187万。京客隆名列中国连锁经营百强第43位，中国快速消费品连锁零售百强20位，中国服务业500强第163位。

地址：新源街45号楼
电话：64688233
邮编：100027

（邢茹玉）

【规模拓展】 年内，新开店铺20家，包括购物中心1家，综合超市6家，便利店13家；装修改造八角南里、亦庄、中关村东路、三里屯、京源5家店铺；朝批在密云、房山、顺义、昌平建立郊区市场经营部，挖掘京郊农村市场潜力。

（邢茹玉）

【市场并购】 年内，与首联集团签署产权交易合同，取得首联超市有限公司100%股权，完成对首联超市的收购。

（邢茹玉）

【市场营销】 年内，首次创立月度“会员日”活动，将每月第二个星期二确定为会员日，开展会员日双倍积分、会员日半价、会员品类打折等促销以及会员服务、会员讲座等主题活动。

（邢茹玉）

【物流配送】 年内，完成朝批物流中心五号库拆零配整自动化分拣流水线安装。

（邢茹玉）

【发展战略】 年内，完成京客隆2011—2015第四个五年发展规划制定工作，为今后五年发展确立了任务目标和行动纲领。

（邢茹玉）

【提升服务】 年内，推出“京客隆爱心服务卡”活动，建立起对社区空巢老人、残疾人等困难群众免费送货上门服务长效机制。年内发放爱心卡400张，涉及55个社区，送货上门254次。

（邢茹玉）

【和谐企业建设】 年内，创立《京客隆之歌》。建立企业宣传阵地，搭建企业与员工沟通平台，月均发行量4200份；弘扬劳模精神。5月14日，召开“劳动模范表彰大会”，回顾历届劳模岗位风采，宣传新评选劳模和模范集体事迹；关注员工健康。6—7月，首次进行全员体检，出资110万元为全体在岗、内待、内退的6770名员工进行健康体检；两节送温暖，慰问一线员工、劳动模范和优秀员工代表，累计拨款53.68万元；日常送帮扶，慰问困难员工45人，发放慰问款及慰问品6.1万元。启动“特困基金”10.9万元,资助20人。

(邢茹玉)

弘朝伟业公司

【概况】 弘朝伟业国有资产经营有限责任公司作为区政府授权的资产运营机构,对原社区办、工业局和物资局三家单位及所属企业的国有资产行使监督、运营和管理职责,并管理授权范围内的城镇集体资产。公司注册资本1000万元人民币。年末,公司在职职工1714人,离退休人员10511人。资产总额10.86亿元,净资产5.48亿元。

地址:芍药居北里208、209楼底商
电话:84645512
邮编:100029

(周一南)

【召开第二次党代会】 6月2日,中共弘朝伟业公司第二次代表大会在朝阳宾馆召开。来自公司系统38家单位的110名党员代表参加大会。大会听取并通过题为《解放思想 开拓创新 抢抓机遇 乘势而上努力开创弘朝伟业公司科学发展新局面》的工作报告,选举产生中共弘朝伟业公司第二届委员会和纪律检查委员会。

(周一南)

【“十二五”规划编制】 8月,完成北京弘朝伟业国有资产经营有限责任公司“十二五”发展规划编制工作。

(周一南)

【发展社区便民菜市场】 10月18日,被列入《朝阳区有形市场奥运后规范管理三年规划》的松榆里市场举行开业庆典。区发改委主任王亚贵、国资委书记刘福出席开业庆典并剪彩。新的松榆里市场建筑面积5000多平方米,是落实区政府提出的发展社区便民菜市场的指示精神,方便朝阳区人民的菜篮子、果盘子又一重要举措。至此,弘朝伟业公司已有菜市场15家,日客流量5.6万人,年销售额3亿元。

(周一南)

招商引资

【概况】 朝阳区投资促进局是区政府直属事业单位,负责推介区域投资环境和重点发展产业,开展有针对性招商引资活动,搭建多种形式投资促进服务平台;负责企业投资前的咨询,投资中心注册登记及投资后的跟踪服务;负责管理朝阳区“一站式”投资服务大厅,协调开展网上审批工作等。内设办公室、调研科、大厅管理办公室、资讯中心、投资服务科、投资推广科、投诉中心等7个科室。人员编制30人。

地址:霄云路霄云里1号三层
电话:86-10-84681251·8·9
邮编:100125

(赵　攀)

【投资促进活动】 2月,举办2010新春商务招待会,全国工商联、市商务委、贸促会、工商联等单位领导、区四套班子领导、相关委办局负责人和企业代表400余人出席,促进政府与企业沟通。5月,在上海世博会上参与“魅力首都经济推介会”,宣传区域发展新规划、新商机,推介北京商务中心区,向世界展现朝阳区发展活力及城市魅力。5月,组织参与“第十三届北京国际科技博览会”,重点宣传“新四区”建设、三大功能区、三大储备区、CBD核心区建设及电子城北扩区域,三家规模科技项目与朝阳区签署投资框架协议,总投资额44亿元人民币。9月,参与“第十四届中国国际投资贸易洽谈会”,从“一个影响世界的地方——北京CBD及核心区建设”、“高新技术创新的基地——电子城科技园及北扩区”、“现代体育文化中心——奥林匹克公园”、“金盏金融服务园区——金融资本腾飞的支柱”、“正在崛起的大望京商务区”5方面进行宣传,利用对接会,宣传朝阳区良好投资环境和政策环境,吸引更多外部优秀企业关注朝阳。11月,组织区代表团参加第十四届京港洽谈会并独立举办“朝阳区新商机说明会”,邀请金融、地产、商贸、文化创意等行业高管、香港工商界著名人士、企业家等出席。三里屯village、颐堤港、凯丹水务等7家企业签约落户朝阳,投资总额148亿元人民币。会上9家香港商协会与朝阳区签订战略合作协议,委托专业机构宣传朝阳区投资环境和政策,拓宽港资企业了解朝阳的渠道。

(赵　攀)

【招商引资】 8月,赴深圳进行项目对接洽谈活动,拜访多家有意向投资北京的优秀企业,包括神州电脑公司、奥特讯公司、华强集团、深圳华为公司、腾讯公司、比亚迪汽车公司,宣传朝阳区投资环境、介绍朝阳区在现代服务业、高新技术、文化创意及总部经济等领域的发展空间、优惠政策。9月,在厦门、泉州两地开展招商引资、投资推介活动,拜访多家有意向投资北京的总部型企业、高新技术企业以及优秀的上市公司,包括厦门华侨电子股份有限公司、厦新科技有限公司、福建先创电子有限公司、福建七匹狼事业股份有限公司、润丰集团等,学习企业先进的管理理念、经营方式和成功经验,介绍朝阳在现代服务业、高新技术、文化创意及总部经济等领域的发展空间、优惠政策以及政府公共服务措施,寻求合作空间。9月,随商务委代表团赴美国纽约、旧金山进行宣传推介活动。11月底,随市投促局代表团赴内蒙参加招商引资活动。

（赵 攀）

【媒体宣传】 年内，利用《商务朝阳》、“投资朝阳”网站、《朝阳报》、“朝阳有线”等区内媒体，以及香港《文汇报》、北京电视台、《第一财经日报》等国内外主要媒体，对全区重点投资区域、主要产业政策进行宣传、解读，为企业提供权威财经资讯。对已经入驻的企业进行“发展在朝阳”的专题报道，促进企业成长。

（赵 攀）

【中介招商】 年内，落实《关于促进朝阳区招商引资工作的意见》，与北京中原地产经纪有限公司、北京高文律师事务所、高纬环球等二十家中介机构签订委托招商协议，拓宽招商引资渠道。

（赵 攀）

【企业入驻】 年内，紧紧抓住推进“新四区”建设的战略机遇，成功引进中国石油化工股份有限公司投资设立的中国石化燃料油销售有限公司、河北钢铁集团有限公司投资设立的北京河北大厦有限公司、北京控股集团有限公司投资设立的北京北控置业有限责任公司、上海盛友网络科技有限公司投资设立的北京华影盛世文化传播有限公司等近百家注册资本超过亿元（含亿元）的重大规模企业。

（赵 攀）

【服务企业】 年内，先后协助摩托罗拉（中国）电子有限公司、尚巴（北京）文化有限公司、长城软件信息技术有限公司办理相关入驻手续；为神舟电脑公司北方总部、宜家家居新店、新华人寿、百佳连锁医院、麦德龙精品店项目、中航健身、世界马球俱乐部项目、非洲艺术中心、燕宝汽车4S店及汽车公园项目等提供选址服务；为中石化燃料油销售有限公司、京沈铁路客运专线（京冀）公司、车行天下房车便利店项目等重大企业协调解决入驻前的多种困难；帮助山推租赁有限公司解决外地应届毕业生进京户口问题；帮助和睦家医疗集团了解新扩建项目的规划审批手续问题；帮助中石油北京天然气管道有限公司解决消防检查问题；联系区教委，解决中石化子女就学问题；协调区交通支队、区市政市容委、联系市相关部门为中国中冶公司、戴姆勒（中国）投资公司解决门前道路交通和办公楼楼顶安装LOGO标志等问题。

（赵 攀）

【优化投资服务大厅环境】 年内，投资服务大厅各窗口推出“邮寄营业执照”短信提示、电话通知、网络申报等多项服务。新开辟“外资企业年检服务区”、“政府信息公开”窗口、“工商局食品流通许可”发证窗口和“丹顿会计师事务所”验资窗口。大厅组织驻厅部门联合办公为“朝北大悦城”近二百家企业领取了营业执照，为北京链家房地产经纪有限公司在区内的200多家分公司集中办理组织机构代码证书。全年，投资服务大厅接待投资者咨询129万人次；受理各类申请535767件，审批532857件，同比增长7%。大厅工商分局窗口新批内资主体24097家，同比减少2%；新批500－5000万元规模的企业1426家。大厅商务委窗口新批外资企业718家，比上年同期的593家增长21%。大厅内3家银行入资180亿元，同比增长68%。

（赵 攀）

国有资产监督管理

【概述】 朝阳区国有资产监督管理委员会代表国家履行国有资产出资人职责。年内，监管企业资产总额602.6亿元，同比增长34.5%；净资产167亿元，同比增长3.3%；监管企业累计实现主营业务收入122.8亿元，同比增长9.1%；利润4.5亿元，同比增长19.4%。

地址：日坛北街33号
电话：65099193
邮编：100020

（贾思渊）

【系统年度考核工作】 1月6日至15日，国资委集中对系统90余名领导人员实施综合考核，考核中推行经营指标、安全生产、廉政建设一票否决制，其中11名正职、18名副职考核为优秀等次。

（贾思渊）

【国有资本经营预算科成立】 1月，国有资本经营预算科成立，定编4人。主要职责是组织所监管企业上交国有资本收益；参与拟订本区国有资本经营预算管理有关制度工作；承办所监管企业国有资本经营预决算编制和执行有关工作；按照区政府授权和区财政局委托，承办行政事业经营性资产的国有资本经营预决算编制和执行有关工作；对本区国有资本收益的使用情况进行监督。

(贾思渊)

【完成2009年度国有资本收益任务】 2月1日,根据《国有资本收益收缴管理试行办法》,国资委向监管企业下发《关于上缴2009年度国有资本收益的通知》。企业根据通知要求,完成上年度国有资本收益上缴任务,做到了"应收尽收"。

(贾思渊)

【签订2010年度经营业绩责任书】 2月4日,区国资委对2010年度经营业绩考核指标及目标值进行核定,对不同类型企业确定利润总额、国有资产保值增值率、成本费用总额、收入总额和收益上缴率多项指标,与企业负责人签订《二〇一〇年度经营业绩责任书》。被考核单位2010年利润总额目标值为3.64亿元,比上年目标值上升22.5%。

(贾思渊)

【京客隆集团A股上市】 5月5日,区政府批准了京客隆集团首次公开发行A股股票并上市的请示,计划发行规模不超过1.2亿股。

(贾思渊)

【监事会管理工作】 5月31日,出台《朝阳区国有企业监事会管理暂行办法(试行)》,明确监事会的权利义务、管理权限和工作方法等内容,规范监事会履职行为。推行外派监事会制度,组建2个外派监事会负责5家改制企业的监督管理工作,截至12月底,监事会参加企业董事会、经理办公会等20余次,出具监督工作报告10份。

(贾思渊)

【产权登记年检完成】 5月底,本区上年度企业国有资产产权登记年检工作完成。158户国有企业、国有控股企业和国有参股企业参加年检,办理既有补登产权占有登记9户,办理产权变动登记22户,产权新增注销登记5户,涉及国家资本343300万元,国有法人资本245400万元,国有资本及权益总额1441958万元。

(贾思渊)

【成立能源科技公司】 6月28日,北京华阳公司正式注册成立子公司北京华阳安派能源科技有限公司。

(贾思渊)

【经济运行分析会】 6月22日、10月28日,分别召开1-5月及前三季度经济运行分析会,跟踪掌握企业重点项目进展情况和考核指标完成情况,发现潜在问题,确保考核指标按时完成。

(贾思渊)

【领导人员及后备干部培训】 10月15日、22日、29日,举办系统领导人员及后备干部培训班,23家单位130余名企事业领导人员及后备干部参加培训。培训内容涉及宏观经济形势、党建创新、财务管理以及战略规划等关系企业改革发展和领导能力水平提升等多项内容。11月3日至4日,组织系统26名领导人员及后备干部参加了职业经理人战略决策模拟演练培训,培训以沙盘模拟、角色扮演、实战演练等形式展开。系统100余名领导人员及50余名后备干部全部通过商战模拟培训。

(贾思渊)

【加强对监管单位拆迁补偿款管理】 10月22日,对全区各监管单位印发《关于加强对监管单位拆迁补偿款管理的通知》。该通知对拆迁项目报批、资金使用、入账等程序进行规范,确保做到专款专用。

(贾思渊)

【蓝岛大厦成立通州分公司】 11月15日,批准蓝岛大厦在通州区投资设立独资子公司。12月22日,北京通州蓝岛大厦有限公司正式注册成立,注册资本为1000万元人民币,性质为国有法人独资的有限责任公司。

(贾思渊)

【财务培训会】 11月26日,召开系统2010年财务培训会,培训内容是发票专业知识讲座,通报2009年北京市审计局查处假发票专项治理工作的成果和2010年区国资系统假发票专项治理工作概况,对下一步假发票专项治理工作的延伸和整改提出明确要求;有关专业人员从违规发票的表现形式、发票的鉴别方法和税务局发票管理最新规定等4个方面进行专业培训。

(贾思渊)

【试编国有资本经营预算培训】 12月1-2日,举办首次监管企业试编国有资本经营预算培训会,对系统内财务工作者进行预算知识培训;编制下发《朝阳区国资委监管企业试编国有资本经营预算培训材料》。12月17日,下发《关于试编2011年国有资本经营预算的通知》,规定预算编制重点、编制程序、编制内容、申报与核定、编制要求、预算报表的填报等方面内容。

(贾思渊)

【调处分中心挂牌成立】 12月17日,朝阳区人民内部矛盾调处中心国资委分中心正式挂牌成立。中心负责承担本部门职责范围内的群众来访接待和信访事件受理、办理工作;负责参与区调处中心组织的涉及本部门职能范围的重大矛盾纠纷的联合调处工作;负责指导本系统各单位开展相关的信访和矛盾纠纷调处工作。国资委将逐步建立适合国资国企特点的信访工作体系,指导监管单位有效开展信访和矛盾纠纷调处工作。

（贾思渊）

【国有资本收益会计档案归档】 12月，2005年至2009年度国有资本收益账户会计档案归档工作完成。收益账户设立以来首次整理归档，归档整理完成凭证、账簿、报表、其他类档案17卷共40件。

（贾思渊）

【落实区政府重点项目】 年内，区国资委对区属监管的23家企业进行摸底调查，掌握土储区和CBD东扩区内监管企业的土地、房屋及生产经营情况。

（贾思渊）

【资产评估核准备案】 年内，区国资委先后办理北京朝批商贸有限公司、北京首联商业集团有限公司5项核准项目；对北京滤清器厂、北京世奥森林公园进行2项备案项目。

（贾思渊）

【建立统一委托制度】 年内，区国资委初步建立会计师事务所统一委托制度，此举有利于提高企业会计信息质量，使审计报告客观公正地反映企业现状。

（贾思渊）

【职工工资水平调查报告】 年内，区国资委对企业职工工资发放情况进行调研，形成监管企业职工近3年工资水平调查报告。报告对企业现在的工资发放水平和分配结构进行详细分析，为引导企业应对政策变化，建立公平合理的内部分配制度打下基础。

（贾思渊）

【财务内审专题调研】 年内，在对9家企业开展财务、内审工作情况专项调查基础上，撰写《加大审计成果运用 全面提升国有企业监督管理水平》，获北京市内部审计协会2010年度内部审计专题研究论文优秀奖。

（贾思渊）

【落实“三重一大”决策制度】 年内，按照中办、国办《关于进一步推进国有企业贯彻落实“三重一大”决策制度的意见》有关要求，国资委成立指导审核小组，专门下发了指导性意见，督促各单位认真学习贯彻《意见》，对全系统落实“三重一大”决策制度情况进行了调研，采取会议培训、调研指导、单独交流等多种方式指导22家企业研究制定贯彻落实“三重一大”决策制度实施办法。

（贾思渊）

【开展“小金库”及假发票专项治理】 年内，会同区纪委、监察局等单位联合下发《关于印发<北京市朝阳区国有及国有控股企业“小金库”及假发票专项治理工作实施方案>的通知》，组织系统所属113家（含一级企业22家）企业按照专项治理的范围，对现金、银行存款、有价证券、固定资产、股权和债权投资、存货、无形资产等7个方面开展全面自查自纠工作，自查面100%。通过对23家企业的重点检查，检查出违规发票36张、涉及金额2.69万元，对涉及问题的3家企业进行督促整改。

（贾思渊）

【系统领导人员调整充实工作】 年内，调整充实7个领导班子，涉及人员32人次。

（贾思渊）

安全生产

【概况】 朝阳区安全生产监督管理局是负责本区安全生产综合监督管理工作的职能部门。区安全生产委员会办公室设在本局。7月底，全区150名街乡安全生产监察人员持证上岗，朝阳区成为全市首家获得街乡安全生产执法权的区县。年内，检查生产经营单位17130家次，查出事故隐患28247项，下达整改指令书11093份，立案1028起，收缴罚没款1166.3万元。

地址：百子湾西里303号楼
邮编：100122
电话：87312475

（余慧云）

【调研和督导】 1月6日，市安委会综合考核组一行10人在市安全监管局副巡视员刘岩带领下，对本区2009年度安全生产工作进行综合考核。1月31日，副市长苟仲文调研安全生产工作，并与驻朝阳区大型国资生产企业、建筑企业、商品零售企业进行座谈。3月11日，市安监局执法队长王保树会同市消防局、市旅游局等相关单位领导，对涉及朝阳区“两会”驻地周边的人员密集场所安全生产保障工作进行督查。7月27日，由市安全监管局副局长丁镇宽带队，市发改委、市水务局等七部门相关领导组成督查组到朝阳区就有限空间安全生产专项治理工作进行督导。9月15日，市安监局副局长陈清率第三督导组对朝阳区落实国务院23号文件，推进“打非”专项行动进行督导。

（余慧云）

【安委会季度例会】 1月18日、4月29日、8月26日、11月19日，分别召开全区第一至第四季度安全生产委员会（扩大）会议，总结通报上一季度（年度）全区安全生产情况，安排部署下一季度安全生产主要工作和重点任务。

（余慧云）

【“安全生产年”活动】 1月20日，

下发“安全生产年”工作方案，成立由区安委会主任、副区长阎军为组长的“安全生产年”工作领导小组。年内，分安排部署、整体推进、集中攻坚、巩固提高四个阶段，开展打击非法违法、治理违规违章、排查治理隐患等10项工作。

（冯春友）

【领导检查】 1月28日，区委常委、常务副区长吴桂英一行到蓝岛大厦进行节前安全生产大检查。1月28日下午，副区长张春秀带队，对建外街道万达电影城以及万达电子游戏厅进行“春节”前安全联合检查。2月8日，国务院安委会办公室副主任、国家安全监管总局副局长孙华山带队对朝阳区3家烟花爆竹零售网点进行检查。9月27日至30日，区委书记陈刚，区委常委、常务副区长吴桂英等区委、区政府11位领导带队，兵分八路，对国家游泳中心、秀水市场、陈经纶中学校舍加固等工程开展国庆前安全生产检查。11月24日，阎军带队到呼家楼地区指导安全生产监督监察工作，对呼家楼地区重点单位宫宵酒店进行检查。

（余慧云）

【区委区政府重视安全生产】 2月2日，区委常委会提出，按照“严查60天，保春节，保两会稳定”的工作要求，继续采取高压态势，深入开展安全生产专项整治，严厉打击非法违法经营行为，全力消除安全隐患，做到思想不松、力度不减。重点加强重点行业和领域的安全监管工作、安全生产宣传教育工作、安全生产检查督察工作和应急救援与值守工作。2月9日，第2次区政府常务会，提出加强对烟花爆竹、预防煤气中毒、大型活动、液化石油气、无证无照等十个重点行业和领域的安全监管。5月10日第5次区政府常务会，提出在全区范围内开展一次安全生产大检查；加强街乡安监队(科)建设，尽快完成安监人员持证上岗；同时以“安全生产月”活动为契机做好安全生产宣传教育。7月12日第8次区政府常务会，提出开展消防安全专项整治、建筑施工领域安全整治、有限空间作业专项整治以及易攀爬高空危险部位安全整治等重点工作。9月26日区委常委会提出，要进一步完善工作制度，健全工作体制，建立长效机制，具体抓好七个方面落实：编制“十二五”规划；加大安全生产投入；加大宣传教育力度；完善分类管理办法；整合应急救援资源；鼓励开展科技创安工作；提高街乡安监人员素质能力。

（余慧云）

【召开安监系统依法行政工作会】 2月4日，召开年度朝阳区安监系统依法行政工作会，总结2009年度全局依法行政工作，提出2010年工作设想，并对2009年度在安全生产执法工作中取得突出成绩的4个执法科室(队)及15名先进个人予以表彰。

（姚　遥）

【粉尘与高毒专项治理行动】 3月－10月，联合卫生、人保和工会等部门，组织街乡对涉及粉尘与高度物品危害的186家家具和印刷企业进行综合治理，并对涉及街乡逐个进行验收，实现治理单位职业危害申报率、告知率、培训率、检测率100%，检测合格率96%。

（蒋昌启）

【职业健康管理员岗位建设】 4月底，在全区建立起871人的职业健康管理员队伍。通过组织管理员进行培训，做到管理员持证上岗，同时人手一册《朝阳区中小企业职业卫生管理指导手册》，从制度、人员、设备、现场和档案等方面对企业的管理行为进行规范。

（蒋昌启）

【有限空间专项治理行动】 4月－8月，联合区发改委、水务局、建委、房管局、市政市容委开展专项整治，配备安全三角架、正压式空气呼吸器、复合检测仪、劳动防护用品、警示标识、安全帽等有限空间设备设施，向全区452个社区及行政村印发上万份宣传资料，对区域内的管井进行清点编号，并纳入到数字化城市管理系统。

（蒋昌启）

【事故应急救援物资储备库迁址】 4月，因原址拆迁，重新选定位三间房东路2号的北京外运三间房仓库25号库房作为危险化学品事故应急救援物资储备库新址。配备灭火、防爆、中和、围堵、吸附、警示、洗消等十七类救援物资，并按救援用途进行分类码放。配备两名专职仓库管理员分两班24小时轮流负责仓库值班。分别与北京东方气体公司、北京益利精细化工有限公司签定《应急救援运输协议》，以保证发生突发事件后能够第一时间运送物资，保证救援。

（罗　鹏）

【应急救援演练】 “5.12”防灾减灾日，组织危险化学品从业单位单位开展应急演练，督促危险化学品从业完成应急救援预案备案工作。12月10日，以液氨泄漏、油罐车侧翻事故所引发的应急处置为主题开展桌面演练，应急救援专家组的14位成员按照应急程序，讨论和模拟应急状态下应采取的行动及措施。年内，组织开展各类应急演练968次，1546个单位组织并参加演练，参加人数49700多人。其中督促、检查应急救援演练375次，涉及危险化学品生产、经营、储存、运输、使用、废弃处理等多个领域，参演单位418家；组织预备役防化连进行应急集结演练2次，累计调动人员120余人次。

（夏旭昀　罗　鹏）

【应急救援培训】 5月26日－28日，组织预备役防化连52名应急处置人员进驻北京预备役防化团训练基地进行为期3天的封闭式集中培训，对突发应对法、重大危险源辨识标准、应急救援防护技术相关知识、救援物资器材操作使用等专业知识和重点科目进行讲解及训练。

（罗　鹏）

【应急救援实施】 参与“5.27”东三环华威桥油罐车侧翻事故、“6.3”西直河某建材市场苯乙烯燃烧事故、“7.8”机场第二高速金盏桥出京方向油罐车侧翻事故等涉及危险化学品突发事件的现场应急处置工作。7月22日国贸桥挖断燃气、水管事故中，参与调查取证工作。

（夏旭昀　罗　鹏）

【OA系统研发】 6月，完成OA办公自动化系统建设，并投入全局使用。

（杨　毅）

【“安全生产月”活动】 6月，“安全生产月”期间，确立“坚持安全发展，落实安全责任，创建全国文明城区”的活动主题，开展了“建设世界城市、安全生产有我”、“服务城乡一体化，建设平安新社区”等19项系列活动。全区上下投入经费68万元；参加活动总人数达76万人；受教育人数128万人；参加安全月活动单位1264家；参加咨询日活动人数26775人；召开工作部署会、协调会、调度会1351次；区局领导、街乡领导动员讲话154次；制定方案1278份；发放宣传材料56种478735份；组织“安全在我身边”演讲比赛40余场；发放安全生产电视系列剧“殇”等光盘1970张；发放购物袋、围裙各类实物23种28736件；张贴宣传画39500张；悬挂横幅标语689条；设立咨询展台542个；制作展板、宣传栏6837块；媒体播放宣传片79次；刊发新闻报道128次，编写专题信息简报1253条；开展培训267次25697人；开展各类应急演练968次，参加人员49700人次；开展专项整治及联合检查45次，出动检查人员19680人次，检查生产经营单位27680家，发现隐患6576条，治理隐患6364条，下达行政执法文书1978份，停业企业46家，整改率97%，行政罚款278万元。

（冯春友）

【安全标准化活动】 8月7日，与财政局联合制定《关于将企业安全生产标准化等级情况作为朝阳区车辆维修政府采购优先采购条件的通知》。文件规定，确定车辆维修定点供应商时，在性能、技术、服务、价格等指标同等条件下，将优先选用已经完成创建安全生产标准化的企业。年内，完成181家工业企业安全生产标准化复评工作，其中1家完成国家一级企业创建，2家完成北京市级企业创建，2家完成行业创建，37家完成区级企业创建。

（陈　京）

【科技项目】 9月，《朝阳区安全生产综合监管调度系统的研究与应用》项目结题并通过验收。该项目是经市科委批准、由朝阳区自主研发的安全生产科技项目，总投资1800万元。该系统涉及朝阳区与安全生产相关的28个行业监管部门、43个街乡、4064余家重点企业、10万余家生产经营单位。

（杨　毅）

【大型活动重要会议安全保障】 年内，参加大型活动和重要会议安全生产保障136项，出动人员816人次，车辆408次。其中主要有：“两会”、朝阳公园国际风情节、第五届朝阳国际美食文化节、第五届朝阳流行音乐周、北京科技周、奥运城市体育文化节和朝阳公园“旅游文化节”等。

（王丽丽）

【事故隐患排查治理】 年内，协调安委会各成员单位开展地下空间、有限空间、危险化学品、烟花爆竹、工业企业、建筑施工、职业危害、消防、人员密集场所、特种设备、中小学校、“六小”单位、高空攀爬、打击非法违法建设等14项重点行业和领域的专项整治。

（冯春友）

【挂账隐患整改】 年内，上报挂账火灾隐患12处，其中4处市级安全隐患，8处区级安全隐患，已全部整改销账。

（冯春友）

【安全生产培训】 年内，培训各类人员29358人，其中处级领导和街乡执法人员207名，企业领导和管理人员12838名，特种作业人员16313名。特种作业六大工种培训合格发证15054人。

（陈宣英）

【职业病危害项目申报】 年内，852家生产经营单位进行职业病危害项目申报。

（蒋昌启）

【烟花爆竹监管监察】 年内，累计许可烟花爆竹零售网点200家，与上年网点数量持平，其中主渠道网点164家，补充渠道网点36家；五环内网点158家，五环外网点42家。具体分布为：二至三环网点25家；三至四环网点52家；四至五环网点81家；五环以外网点42家；固定网点5家，临建网点195家。所有网点累计销售烟花爆竹80411箱，销售金额约3859.6744万元（根据网点上报数字统计）。

（夏旭昀）

【危险化学品行政许可】 年内,累计完成危险化学品行政许可审核210家,其中甲证108家,乙证82家。年末,全区有危险化学品从业单位442家,按照行业分布如下:危险化学品生产企业5家;危险化学品经营企业434家,其中甲证(市发证)202家,含加油站159家、成品油批发21家、剧毒品经营22家;乙证(区发证)232家,含批发单位168家、零售单位15家、建材市场20家、气体经营29家;危险化学品储存单位3家。

(夏旭昀)

【安全生产举报投诉】 年内,受理举报投诉事项165件。其中,来自市安监局12350举报投诉中心转来区安监局投诉举报事项65件,通过区安监局接到投诉举报事项100件。全部举报办结完毕,结案率100%。

(蔡振寰)

【安全生产指标控制】 年内,全区发生生产安全、道路交通、火灾、铁路交通非正常死亡事故184起,死亡205人,占全年控制考核指标208人的98.6%。具体为:生产安全事故25起死亡26人,占全年控制指标29人的89.7%,与上年同期18起死亡18人相比分别上升38.9%和44.4%;交通死亡事故153起死亡171人,与全年控制指标171人持平,与上年同期159起死亡178人相比分别下降3.7%和3.9%;火灾死亡事故2起死亡4人,与全年控制指标4人持平,与上年同期4起死亡6人相比分别下降50%和33.3%;铁路交通死亡事故4起死亡4人,与全年控制指标4人持平。未发生淹溺事故、公共卫生安全和食品安全死亡事故。

(冯春友)

【铁路道口安全监护】 年内,区道口办负责监护铁路道口9处,涉及6个街乡,监护人员104人。出动检查人员270人次,检查铁路监护道口1053次,其中日查907次,夜查146次,监护过往火车257219列,其中客车15476列,货车241743列,未发生一起安全事故。

(丁卉明)

【获奖】 年内,获2010年全国"安全生产月"活动优秀单位奖和全国安全生产应急知识竞赛优胜单位奖,拍摄的安全生产题材宣传片《殇》获得首届中国安全生产电视作品大奖赛二等奖。

(冯春友)

旅　游

【概况】 朝阳区旅游局是主管本区旅游业管理工作的区政府直属机构。下设办公室、产业促进科、行业管理科、安全生产科和北京旅游咨询服务中心朝阳服务站。年内,累计实现旅游综合收入452.83亿元,比上年同期增长105.47亿元,同比增长30.4%,高于全市平均增速6.8个百分点,占全市总量的32.7%,继续稳居16区县之首。旅游接待总人数稳步增长,总量达到8619.9万人次,同比增速达到21.3%,高于全市平均增速7.9个百分点。朝阳区旅游综合收入中,住宿业实现收入113.8亿元,同比增长高达20.1%;旅行社实现收入163.5亿元,同比增长53.0%;旅游商业实现收入143.7亿元,同比增长17.5%。对全区旅游综合收入增长的贡献率分别达到18.1%、53.7%和20.3%,构成朝阳区旅游综合收入的主体,也是朝阳区旅游业规模增长的主要拉动力量。年末,区内纳入统计的旅游企业有1125,其中住宿业企业817家,旅行社245家,旅游景区点17家。旅游从业人员60000余人。

地址:日坛北街33号
电话:65099077
邮编:100020

(牛宇闳)

【旅馆业表彰大会】 2月9日,与区朝阳公安分局联合召开"2009年度朝阳区旅馆业表彰大会"。全区1000家住宿单位代表参加会议。100家住宿接待单位被评为"2009年度安全服务先进单位"。会上,部分获奖单位介绍了经验。

(牛宇闳)

【提升A级旅游景区服务质量】 3月27日,在朝阳公园举办"全国旅游服务质量提升年朝阳区宣传咨询日活动",组织区域内旅行社、旅游景区及相关委、办、局开展宣传咨询活动,通过与市民"零距离"沟通交流,大力宣传品质旅游、倡导理性消费,关注文明旅游与旅游安全,识别旅游低价陷阱,走出旅游消费误区。年内,区旅游局在A级旅游景区开展提升服务质量系列活动。

(牛宇闳)

【旅游文化节】 10月1日—7日,在朝阳公园举办以"文明时尚,欢乐朝阳”为主题的2010北京朝阳国际旅游文化节。活动秉承“国际化、品牌化、精品化”运作理念，坚持“内容国际化、安全责任化、经营市场化、组织系统化、宣传立体化、形式互动化、监测科学化、创意多元化”的原则，内容丰富多彩，主要包括国际旅游资源展、淘米嘉年华、世界城市音乐节、先锋体育园、北京金鱼锦鲤鱼大赛等。活动期间，朝阳公园入园总人数达到43.8万人次，同比增长16.8%；平均每天入园人数6.28万人次，同比增长33.4%；最高单日入园人数达到8.44万人次，同比增长36.1%，创造朝阳公园黄金周期间入园总人数、日平均入园人数、单日入园人数的历史新高。年内，还组织其它旅游节庆活动，主要有北京朝阳国际风情节、奥林匹克公园冰雪嘉年华、世界巧克力梦公园等。全区已经形成月月有活动，季季有高潮的旅游节庆活动市场，每个长短假都有特色新活动推出。

（牛宇阂）

【旅游促销】 年内，搭建旅游企业促销平台，先后组织区内旅游企业参加第15届世界旅游旅行大会(WTTC)、中国国内旅游交易会、国际旅游商品博览会、北京国际博览会暨北方旅游交易会等大型促销活动，通过活动展示资源，扩大影响，搭建企业之间交流合作平台，树立朝阳城市旅游新形象。

（牛宇阂）

【旅游推介】 年内，为拓宽旅游企业宣传促销和旅游服务民生的渠道，按照“政府扶持，市场经营，市场运作，服务百姓”的原则，向北京市民免费发放《2010北京朝阳旅游推介会优惠手册》10万册。优惠手册内容涵盖旅行社、景区景点、酒店度假村、旅游休闲、餐饮、旅游商业、旅游咨询服务等，满足不同人群的旅游消费需求。年内，以“朝阳旅游形象提升年”为旅游宣传重点，编写《京郊旅游手册》和《政府工作交流手册》朝阳旅游部分的内容，将朝阳区最有代表性的旅游景点和最精彩的旅游文化活动介绍给北京市民。手册既介绍了欢乐谷、朝阳公园等传统旅游景区，也介绍了顺景温泉等新旅游项目，还介绍了北京朝阳国际风情节等丰富多彩的旅游节庆活动。全年放各类宣传资料约200000份。

（牛宇阂）

【旅游黄金周】 年内，春节、十一两个旅游黄金周和元旦、清明、五一、端午和中秋五个小黄金周平稳度过，均无安全隐患和投诉现象发生，实现“安全、秩序、质量、效益”四统一目标。元旦期间16个景区(点)接待游客6.34万人次，实现综合收入599.32万元；春节黄金周接待游客72.54万人次，实现综合收入2556.39万元；清明期间接待游客36.94万人次，实现综合收入1438.12万元；五一接待游客51.22万人次，实现综合收入2510.61万元；端午期间接待游客38.15万人次，实现综合收入1429.32万元；十一黄金周期接待游客141.12万人次，实现综合收入5045.42万元。

（牛宇阂）

【旅游饭店服务技能大赛】 年内，组织开展旅游饭店服务技能大赛。此次活动与创建文明城区相结合。赛前，动员全区所有饭店和社会旅馆，实现宾馆饭店知晓率100%，有35家饭店的1639名服务员参加初赛，400余名服务员取得国家职业资格等级证书。

（牛宇阂）

【旅游培训】 年内，依据《国家职业标准——前厅服务员》，结合岗位技能要求，与朝阳公安分局治安支队联合，组织开展旅游饭店前厅服务技能培训。分15期，对全区692家饭店1500名前厅服务员进行专业培训。培训内容包括前厅接待理论、礼仪礼貌技巧、治安规范等三方面，由理论至案例，由设问到答疑，由浅入深地开展讲解，使每一位参加培训的前厅服务员对自身岗位职责和规范有了更深了解。通过培训、考试，对1451名成绩合格者颁发《朝阳区饭店前厅服务员培训合格证》。8月16日至27日，在朝阳区社区学院对辖区内住宿业安保经理或安全工作负责人进行十期安全生产工作培训。覆盖35个街乡，培训508人次。此次培训按街乡模块划分，由各街乡负责组织辖区内住宿业参加培训，同时邀请《朝阳有线》、《朝阳报》借“安全生产年”的大形势，大力宣传安全生产培训工作的进展情况。

（牛宇阂）

【旅游安全生产管理】 年内，为加强旅游业安全生产管理，成立安全生产管理科。全年安全生产管理工作始终以“平安北京”、“平安旅游”、“平安朝阳”为主线，加强源头预防和治理，压减事故、遏制重特大事故为工作目标，先后完成“元旦、春节”、“两会”、“五一”、“中秋”、“十一”期间安全生产等保障任务。全年检查住宿业1120家次，地下空间145家次，景区景点52家次，旅行社245家次，出动人员3820人次，出动车辆2132台次，排查一般隐患870处，当场责令整改873处，当场取缔非法“一日游”小广告921份，下发整改文书1427份，回收各企业各种专项行动自查报告(表)、安全生产试卷及自查总结5000余份，行政处罚1家，立案强制整改8家。落实“防火墙”工程向企业下发安全责任书815份，收回安全责任书815份，向安委会和市旅游局上报报告和情况35份，确保全区旅游环境安全稳定和有序运行。

（牛宇阂）

【旅游市场规范与综合整治】 年内,加大旅游市场规范与综合整治力度,对北京市三福丞文化有限责任公司,东岳庙、欢乐谷等投诉集中的企业进行查处。全年对我区旅游环境整治重点地区暗访3次,部门联合检查5次,结合一、二星级饭店和社会旅馆安全生产检查,取缔非法"一日游"广告37个。全年办理投诉21件,其中处理市长信箱1件,已回复12件,回复率100%,满意率100%。

(牛宇阂)

【旅游安全检查工作法】 年内,区旅游局总结规律,提出促进旅游企业安全生产检查规范化、流程化、标准化工作方法。这一工作方法在2月4日《中国安全生产报》上发表。

(牛宇阂)

【旅游咨询服务】 年内,北京旅游咨询服务中心朝阳服务站5个站点接待国内、外游客17万余人次,其中直接到访11万人次,电话咨询者6万人次,发放资料10万份。旅游咨询坚持公益服务原则,以"移动咨询服务站"建设和"朝阳旅游信息网站"即"一站一网"建设为契机,推动旅游咨询电子化服务。

(牛宇阂)

农业 水利 气象

农 村 经 济

【概况】 朝阳区农村工作委员会是负责指导本区农村经济发展、统筹协调农村工作的区政府综合职能部门。农村地区面积369.8平方公里,占全区总面积的78.5%,辖20个乡(地区办事处),154个村,153个社区,现有农村户籍人口127万人,其中农民14.6万人,另有流动人口56.8万人。年内,朝阳农村地区紧紧围绕新四区发展战略,深入落实科学发展观,大力推进"六大体系"建设,城乡一体化格局实现新突破。农村地区整体经济实力进一步提升,全年实现经济总收入890亿元,实现利润41亿元,农民人均纯收入1.8万元。产业结构进一步优化,三次产业比重调整为0.3:24.6:75.1。

地址:日坛北街33号
电话:65094265
邮编:100020

(鲁微微)

【领导调研】 3月23日,市政协主席阳安江、副主席马大龙到十八里店乡十八里店村和小红门乡龙爪树村实地调研资源环境承载力和人口规模、管理服务等情况,市政协秘书长闫仲秋、区领导陈刚、程连元、辛燕琴、赵全保、赵增华陪同调研。5月7日,市人大常委会主任杜德印、副主任赵凤山等领导到本区就农村城市化工作进行调研。区领导程连元、王力军、刘希泉、闫学锋以及区委农工委领导陪同。11月8日,财政部长谢旭人到本区调研,在平房乡了解乡财政预算执行、财政管理基础工作和基层财政建设等情况。副市长吉林、区长程连元等陪同。

(鲁微微)

【城乡一体化工作领导小组会】 3月29日,召开城乡一体化工作领导小组全体会。区领导陈刚、程连元、王力军、辛燕琴、宋连娣、吴桂英、尚延华、陈宏志、刘希泉、李彦田、闫学锋、赵全保、李建海、张春秀、赵增华出席,区委副书记、区长程连元主持。区委书记陈刚指出以土地储备加快推进农村城市化工作的战略不能动摇、必须坚持。明确乡党委、政府在土地储备工作中的主体责任作用,要求举全区之力,统筹做好全区土地储备工作。

(鲁微微)

【开展"四月行动"控制违法建设】 3月底,召开专题会部署"四月行动"控制违法建设。截止到4月底,农村地区共拆除违法建设964处、171万平方米。

(鲁微微)

【农村地区拆违工作专题会】 5月12日,召开农村地区拆违工作专题会。区领导陈刚、程连元、辛燕琴、尚延华、陈宏志、刘希泉出席,区委书记陈刚主持。陈刚提出三点要求:要进一步落实乡党委和乡政府齐抓共管责任,强化解决问题的措施。要对区农委、区纪委提出的意见进行归纳、汇总、提升,并抓好落实。要对存在的问题及时加以处理,切实巩固"四月行动"取得的成果,为下一阶段土储工作顺利推进提供保障。

(鲁微微)

【新闻书报总署捐赠图书】 6月1日,新闻出版总署向北京市进城务工人员子女捐赠百种优秀少儿图书活动在十八里店乡祁庄小学举行。中共中央政治局委员、国务委员刘延东出席捐赠活动。刘延东强调,要更加关爱进城务工人员子女、农村留守儿童,让孩子们平等接受义务教育。

(鲁微微)

【农村城市化工作会议】 7月22日,召开2010年上半年农村城市化工作会。上半年,农村地区实现经济总收入 421.2 亿元,同比增长 13.7%;利润总额 16.8 亿元,同比增长 9.3%;农民人均劳动所得 9078 元,同比增长 1.1%,形成区级财政收入 20.9 亿元,同比增长 36.7%。会议提出下半年要做好城市建设;优化产业结构,加快产业发展;加强就业培训,促进就业保障;加强城市管理,提升公共服务水平;坚持城乡一体,深化体制改革;维护安全稳定,提升社会和谐;加强基层党的建设等七个方面的工作。

(鲁微微)

【土地储备】 年内,统筹推进 8 个乡 41 个村土地储备拆迁腾退工作,累计腾退住宅 674 万平方米,非住宅 715 万平方米,分别完成总量的 95%和 71%,12 个村住宅腾退全部完成,15 个村完成 95%以上住宅腾退任务。启动 300 万平方米安置房建设,公共服务配套设施和周边市政基础建设同步推进。

(鲁微微)

【重点村改造】 年内,北京市确定 50 个市级挂账整治督办重点村,朝阳区 9 个:包括东坝乡驹子房村、高碑店乡西店村、金盏乡长店村、来广营乡北苑村、崔各庄乡北皋村、平房乡姚家园村、王四营乡官庄村、小红门乡龙爪树村、十八里店乡十八里店村。其中北苑、北皋、长店、驹子房等 4 个村基本完成腾退,姚家园、西店村的旧村改造稳步推进。官庄、十八里店、龙爪树 3 个村的规划、拆迁方案等前期准备工作基本就绪。

(鲁微微)

【城乡一体化建设示范村】 年内,高碑店村西区改造投资 7.1 亿元,178 户村民迁入新居,累计入住 379 户。主体完工正在装修 407 户;何各庄村投资 7250 万元,收租 198 户,完成改造投入运营 82 户,正在改造 116 户。

(鲁微微)

【观光农业】 年内,全区有郁金香花园、蟹岛生态农庄等农业观光园 16 个,全年接待旅游人数 116.6 万人次,观光园收入 3.7 亿元,比上年增长 16.2%。

(鲁微微)

【设施农业】 年内,大力推进蟹岛规模设施农业、黑庄户都市农汇等 9 个园区和 1 个特种养殖园区建设,累计投资 7.8 亿元。北部都市型现代农业示范区建成樱桃园二期、葡萄园二期、绿岛蓝莓等园区,有 4.4 万平方米联栋温室和 100 亩钢架大棚。

(鲁微微)

【花卉业】 年内,新建东风国际花卉市场,占地 3 万平方米,主营鲜切花、绿植盆花等业务,当年营业额 4000 万元。新建蓝调庄园薰衣草园,草园占地 300 亩,种植薰衣草、马鞭草、迷迭香、百里香、洋甘菊等百余种香草植物,年吸引游客 3 万人,营业额 560 万元。北京莱太花卉市场年收入 5000 万元,上缴税金 400 万元,利润总额 60 万元,同比增加利润 33 万元。

(鲁微微)

【民俗旅游】 年内,民俗旅游接待户 30 户,接待旅游人数 2588 人次,民俗旅游全年收入 17 万元。

(鲁微微)

【农村地区道路建设】 年内,温榆河大道、垡头南路等 13 条城市主次干路和黑桥中路等 10 条农村道路建成通车,东坝路等 16 条城市主次干路开工建设。实施亮点工程建设,十八里店景观公园、崔各庄泉辛路等 10 处亮点工程建成使用。

(鲁微微)

【新农村建设】 年内,农民新村建设 139.5 万平方米,1 万户、2.5 万人搬迁上楼。实施 64 项工程建设,投资 2.33 亿元。其中基础设施项目投入资金 16158 万元,完成街坊路硬化 35 万平方米,社区内绿化 29 万平方米,饮水管网 80 千米,一户一表 11830 户,污水管网 48 千米,雨排水 39 千米;垃圾分类项目完成源头分类户任务量 35300 户,清运车任务量 248 辆,公用垃圾桶 1137 只,公厕完成 13 座 650 平方米;公共服务设施投入资金 5558 万元。建成便民菜市场 9000 平方米,体育健身设施 6600 平方米,文化娱乐设施 5650 平方米,社区办公场所 800 平方米;"三起来"(让农村亮起来、让农民暖起来、让农业资源循环起来)工程投资 1588 万元,安装太阳能路灯 2156 盏,村内节能灯更换 2000 盏。

(鲁微微)

【村庄社区化管理】 年内,推进村庄社区化管理。试点推进 16 个村、5 个农民新村实施村庄社区化管理。加强"三站两室"建设,白家楼、郎各庄等 7 个村基本完成。

(鲁微微)

【农村社区建设】 年内,55 个农村社区规范化建设全部完成。朝丰家园等 12 个新建社区正式成立,朝阳农村社区累计达 153 个,新建社区完全按照城市社区标准管理和服务。

(鲁微微)

【环境治理】 年内,实施垃圾分类,将农村地区建成区(楼房区)生活垃圾分三类,农村地区(平房区)生活垃圾分为四类,按照垃圾种类分别投放、运输和处理。先期启动山水文园社区、石各庄村等社区(村)垃圾分类工作。开展治理黑车"脉冲行动",查处各类非法营运车辆 3107 辆,其中摩的 590 辆、人力三轮 623

辆,电动三轮车1642辆,其他黑车252辆。完成十八里店景观公园、将府庄园路、丽景苑小区等28处环境建设工程。继续推进广场公园、新修道路两侧、老旧小区等环境建设28处。实现绿化1640亩,清河营郊野公园等6个新建郊野公园建成开园。

(鲁微微)

【农村卫生和合作医疗】 年内,农村地区出动执法监督车辆5400余辆(次),出动执法人员万余人(次),累计取缔非法行医300户(次),没收药品162包(箱),计4.44万元。进一步调整和完善新农合政策,人均筹资标准由520元提高到720元,125212人参加新型农村合作医疗,参保率99.2%。筹集资金9503万元,其中大病统筹5259万元,基本医疗筹集资金4244万元,新农合筹资比例进一步提高。

(鲁微微)

【文化体育和教育】 年内,朝阳农村以争创全国文明城区为契机,对接316项创建指标,全力推进文化文明、体育健身发展。区域内业余文体队伍1025支。举办"社区一家亲"、书画摄影展等群众性文体活动1222次,参与人数72.5万人次。通过多年实践,形成"五月鲜花"、重大节日专场文艺演出、地区运动会等文体活动品牌。引进华中师大一附中等名校到农村地区办学。

(鲁微微)

【劳动就业和社会保障】 年内,实施劳动力培训与转移就业工程,开展素质教育和职业技能培训,全年培训劳动力1.6万人次,实现转移就业和安置就业1.2万人。3.3万农村劳动力参加城镇社会保险,5.1万农民参加城乡居民养老保险,城乡居民社会保障覆盖率达94%。

(鲁微微)

【安全稳定】 年内,坚持疏堵结合、把握政策、讲究方法,重点围绕土地储备和敏感时期维稳工作,引导农民理性表达合法诉求,矛盾纠纷排查调处工作扎实推进,重大敏感时期非正常访和群体访实现"双零指标"。以开展"矛盾纠纷集中化解三个月专项行动"为契机,解决拆迁腾退、搬迁安置等10个突出群体性问题。

【基层党组织】 年内,朝阳区农村有1198个基层党组织,其中乡党委(地区工委)20个,村党支部(总支)152个,社区党组织135个,非公经济党组织68个,34289名党员(流动党员782名)。

(鲁微微)

【基层干部队伍建设】 年内,按照"两提高、两降低、一扩大"的要求,完成154个村级党组织和61个村委会换届选举工作。引进大学生村官和社区工作者236名。

(鲁微微)

【民主政治建设】 年内,深化党内民主政治建设,党代表任期制试点工作稳步推进。各乡全部建成党员服务中心,村级(社区)党员服务站451个。成立11个地区社会工作党委、5个商务楼宇工作站和农村地区首家非公企业党委。

(鲁微微)

【党建创新】 年内,实施党建创新项目化管理,总结推广基层党建创新工作经验。基层上报57个项目,太阳宫乡"红芍社"、平房乡村级便民服务为代表的10个党建项目初具品牌效应,高碑店乡的六园一港湾、崔各庄乡四双工程为代表的15个党建项目积极推进,其余32个项目进入起步实施阶段。朝阳区下拨创建经费1000万元。

(鲁微微)

农村经济管理

【概况】 朝阳区农村集体经济办公室是区政府农村集体经济管理部门,正处级参照公务员管理事业单位。内设机关办公室、集体资产管理科、农经统计科、财务审计科、合同管理科、产业发展科、调研培训科、信息化管理科,编制37名。年内,农村地区按照加快推进"新四区"发展战略要求,围绕全面加快农村城市化进程的中心任务,不断破解农村经济结构、发展方式和集体经济管理发生变化带来的新生问题,扎实推进农村产权改革、三资管理、农经统计、政策研究等工作。全年实现经济收入890.0亿元、利润41亿元、上缴税金28.7亿元、农民人均劳动所得2.06万元,同比分别增长11.0%、10.5%、15.5%、8.3%。

地址:团结湖北里9号楼
电话:85983940
邮编:100026

(方学清)

【农村体制改革】 年内,以"资产变股权、农民当股东"为基本方向,按照建立乡级统筹经济管理体制与乡级统筹城市管理体制和乡村联动、资产资源联动、经济体制改革与社会体制改革联动要求,产权制度改革取得重要突破。金盏、孙河乡级资源资产股份合作联社正式成立;崔各庄乡10个村完成村级产权制度改革和新型集体经济组织登记注册工作,量化村级净资产3.89亿元,涉及社员13193人;金盏乡13个村完成社员代表选举工作,劳龄统计工作展开,12个村申请并通过入股乡资源资产股份合作联社的决议;孙河乡14个村申请并通过入股乡资源资产股份合作联社的决议,村集体经济组织劳龄统计工作展开。北苑、官庄等9个重点村产权制度改革全面启动,其中北苑、北皋、长店3个村完成村集体经济产权制度改革。

(方学清)

【集体资产监管】 年内,农村集体账面总额658.6亿元、净资产总额158.5亿元、同比增长18.2%和10.4%。全区19个乡和154个村集体经济组织集体资产产权登记证年检工作全部完成;1个乡级股份经济合作联社、11个村股份合作社和132个村经济合作社的登记证书通过年检;金盏乡东鹏加油服务中心、十八里店乡北京华林天然保健化妆品厂集体企业改制工作完成,明晰集体资产产权归属,确认资产175.4万元,负债33.1万元,净资产142.3万元。

(方学清)

【集体资金监管】 年内,全区14个乡131个村实行村账托管,占总村数的85.1%,形成"三资五监管"、乡级统筹监管和委托代理记账等三种村账托管模式;完成集体财务规范化建设,154个村实现新旧会计制度并轨和新旧会计科目衔接,崔各庄乡获北京市农村集体财务管理规范化示范乡镇称号;开展审计项目651个,审计资金331.7亿元;完成150个村、244名村干部的任期和离任经济责任审计,核实资产金额137.4亿元、收入365.7亿元、利润21.6亿元、合同6881份,提出审计建议354条;推进村级财务公开、政务公开信息化,40个村达到村务公开信息化标准;培训农村财务人员3252人,培训中高级农民会计师、经济师111人。

(方学清)

【集体资源监管】 年内,农村经济合同7548份,约定土地面积13.14万亩。其中,土地承包合同1049份,约定土地面积1万余亩;场地资产租赁合同6738份,约定土地面积11.76万亩;合作联营合同21份,约定土地面积0.37万亩。场地资产租赁合同为主体,占农村经济合同总数的89.2%,约定土地面积占合同面积总数的89%。农村单一出租土地合同2919份,占农村经济合同的38.7%;约定土地面积7.8万亩,占农村经济合同约定面积的59.4%。在合同签订和履行过程中,为完善土地的使用功能,乡村集体和租赁单位对基础设施等进行投资建设。其中乡村集体建设面积437.23万平方米,投入资产原值18.33亿元,现值16.82亿元;租赁单位建设面积1181.41万平方米,投入资产原值65.90亿元,现值57.32亿元。小红门、王四营、黑庄户等乡调整规范合同312份,土地资源收益提高5倍。

(方学清)

【土地确权确利】 年内,采取确权确利、确权确股两种形式,稳定和完善农民土地承包关系,实现农民土地使用权向集体流转,流转土地13万亩。13个乡121个村签订土地确权流转协议书53225份,涉及农民11.93万人。确权收益8411万元(其中:市区拨付绿化资金5728.8万元,村集体经济组织支付2682.4万元),人均704元。土地确权遗留的问题是:第一,农民承包土地的愿望提高,制约土地流转。由于农村城市化建设,农村土地大幅升值,部分农民认为利益失衡,向集体经济组织提出依据《农村土地承包法》承包土地的意见,给确权确利续签工作带来困难,也导致部分承包合同到期很难终止,制约了土地向集体流转;第二,农村建设用地未列入确权范围,确权收益低。本区实行的是农用地确权确利,农村建设用地未列入确权范围,但是建设用地的收益应属于集体经济组织成员所有,目前从确权收益看,农民没有获取建设用地的收益;第三,区域外迁入人口社员身份界定问题。区域外迁入人员主要包括:投亲靠友、购置宅基地、空挂户、依托关系等迁入人员,全区有500余人。本区的土地确权政策规定的确权对象不包括上述人员,同时对社员身份界定目前法律没有明确规定,各地主要根据政策推进社员身份界定。这些人员能否成为社员,本区主要采取通过集体经济组织成员代表会议举手表决确定,出现了情况相同而表决结果不同的现象,造成了矛盾纠纷。面对土地确权流转协议书2010年底全部期满需要续签的情况,区农经办采取座谈和深入乡村调查等方式,对续签工作可能出现的问题和困难进行研究分析,形成《朝阳区农村土地确权工作情况的调研报告》和《黑庄户乡落实土地承包经营权情况的调查报告》,制发《关于做好农村土地确权确利协议书续签工作的通知》。确定续签工作的基本原则,即农用地确权确利协议续签工作严格执行区政府《关于做好农村土地确权和流转工作的意见》(朝政发[2004]16号)文件精神和市区有关土地确权确利政策、农用地确权确利工作延续到农民全部转居转工城乡社会保障政策接轨为止、为促进农民增收乡村可结合经济发展实际适当提高确权确利收益标准。

（方学清）

【合同纠纷调解与仲裁】 年内，建立区、乡、村“三级调解，一级仲裁”工作机制，接待来信、来访、电话咨询71人次，其中来访34人，来信2件，电话咨询35人次。主要涉及农村土地承包、土地流转、确权确利等方面的问题，区、乡、村三级依据《农村土地承包法》、《合同法》等法规政策和《农村土地承包经营纠纷调解仲裁法》，调整完善朝阳区农村集体资产纠纷调解仲裁委员会机构和人员，建立朝阳区农村土地承包经营纠纷调解仲裁庭，规范调解仲裁文书和各项工作制度，培训区、乡、村调解仲裁员35人，并取得仲裁员证书。

（方学清）

【建立调解仲裁联动机制】 9月2日，朝阳区人民法院与朝阳区农村集体经济办公室建立农村经济合同纠纷调解联动机制。区委常委、副区长刘希泉、朝阳法院院长李瑞翔等有关领导参加签约仪式，区农经办主任秦涛、区法院副院长郭莉蓉在联动机制实施方案上签字。就诉前和庭前调解、审判及调解仲裁职能延伸、业务培训、宣传工作、重点项目研究等加强合作。朝阳区人民法院、朝阳区人民调解委员会聘请区农经办2名仲裁员为特邀调解员、人民调解员。特邀调解员参与2起法院受理的土地承包合同纠纷案件的庭前调解，有效化解矛盾纠纷，当事人撤诉达成和解。区农经办聘请朝阳法院法官授课，对乡村经济合同主管领导和管理人员进行培训，提高相关人员的法律意识，培训120余人。

（方学清）

【农民负担监督管理】 年内，按照《关于做好当前减轻农民负担工作的意见》（国办发[2006]48号）的要求，落实涉农税收、价格及收费公示制、农村义务教育收费一费制、公费订阅报刊额制和涉农负担案（事）件责任追究制等四项制度。建立健全一事一议村民民主议事机制，规范议事程序、范围和标准，建立集体经济组织重大事项、重大开支一事一议制度。加强支农惠农资金的监管，维护农民利益。区农民负担管理办公室建立日常监督管理制度，定期组织成员单位对支农惠农资金拨付、使用情况进行检查和审计监督，农民的直接负担基本消失。

（方学清）

【农村经济统计】 年内，建立农村总收入、净收入、税金、积累和人均劳动所得等5大指标为主的统计体系，完善原有农经统计制度，将农村人口、劳动力、集体土地利用与规划、农村合同等情况纳入统计范围，获得区统计局审核批准。全区154个村建立村级统计台帐，将村级人口、经济发展、集体资产、集体收支、农村企业、集体土地等情况纳入统计范畴，按年度更新。依托农经平台搭建朝阳区农村经济社会指标数据库，推进农村经济社会地理信息系统建设，初步建成村级台帐电子地图系统。

（方学清）

【农村政策研究】 年内，依据《北京市农村经济经营管理“十二五”时期发展工作规划》和《朝阳区“十二五”规划研究编制工作方案》，围绕工作职能定位，编制《朝阳区农村经济管理“十二五”时期发展规划》；开展农经管理综合调研，在绿隔地区建设、土地储备、城乡结合部重点村整治工作中，围绕经济发展、体制改革、社会保障、就业增收等内容，加强政策研究，形成调研成果；研究分析产权制度改革的不同推进方式，参与研究制定土地储备相关配套政策，协助小红门村研究制定重点村整治方案；研究探索农村“三资”管理新模式，调研分析农村集体资金、资产、资源管理的新生问题，总结崔各庄乡三资管理五监管模式，探讨解决新生问题的方法；围绕《朝阳区城乡结合部改革发展模式的实证研究》和《关于推进体制机制创新促进朝阳区城乡一体化进程的研究》两个立项课题，开展软科学立项课题研究，探索推进城乡一体化进程中体制机制创新的有效途径，研究适应本区农村城乡结合部实际，形成阶段性调研成果。

（方学清）

【农村企业发展】 年内，农村地区规模以上企业692家，其中，年收入超亿元企业160家，比上年增加12家。农村地区规模企业实现收入785.7亿元、利润37.4亿元，分别占农村地区总收入、利润的88.3%和91.0%，对农村经济增长贡献率达93.3%。

（方学清）

【重点产业项目建设】 年内，48个重点产业项目加快推进，完成投资33亿元，朝来购物中心等9个项目建成开业，中国寰球科研基地等2个项目主体完工，颐堤港等16个项目正在建设。

（方学清）

【出口创汇】 年内，农村出口企业7家，比上年减少2家。实现出口交货值1.39亿元，实现收入4.05亿元，利润3728万元，就业职工人数746人。其中豆各庄北京格林万德农业科技公司、孙河方圆平安有限公司、北京实宝来游乐设备有限公司等4家企业出口交货值超出1000万元。

（方学清）

【文化创意产业】 年内，农村地区文化创意产业998家，实现收入82

亿元,吸纳从业人员3.1万人,主要经济指标保持20%左右的增速。崔各庄文化创意产业核心区汇集500家文化艺术机构和2000名艺术家;高碑店718文化创意产业园形成规模,企业入住率超过90%;三间房动漫企业孵化器有20家企业入住,动漫商务中心、运河时尚项目建设完工;东亿国际传媒文化创意产业园与中央电视台、北京电视台、上海东方卫视等多家电视台合作,形成集文化传媒、影视制作为一体的高端传媒产业园区。

(方学清)

【现代服务业】 年内,现代服务业实现收入378.1亿元、利润14.0亿元。其中,汽车销售业收入223.2亿元、利润6.4亿元;现代商贸业收入137.2亿元、利润7.0亿元;现代物流业收入17.7亿元、利润0.6亿元。汽车销售业在来广营、高碑店、王四营、平房、金盏、小红门等农村地区形成较为成熟的汽车销售服务板块。现代商贸业形成特色商业街、大型综合商场、家居建材市场为主的现代商贸服务板块。现代物流业集群发展,十八里店、豆各庄、黑庄户等乡打造物流特色品牌,吸纳现代高端物流企业入住,形成电子商务物流、制造业物流、零售业物流和冷链物流等现代物流特色板块。

(方学清)

农村人才培训

【概况】 朝阳区农村人才培训中心(北京中华会计函授学校朝阳区分校,朝阳区农村劳动力教育培训服务中心)隶属于区农委,正科级全额拨款事业单位。配合区农委及各乡政府致力于朝阳区农村地区人员教育培训工作,为朝阳区农村地区发展提供智力支持和保障。拥有专、兼职教师23人,培训工种15个。年内,完成培训人数4308人次。

地址:东坝红松园13号
电话:65493070
邮编:100018
网址:http://ncpx.bjchy.gov.cn/sub/windex.jsp

(胡　亮)

【培训调研】 年内,根据农村工作重点,人才培训中心经过调研,结合土地储备地区人员情况,在继续开展转移引导性培训、职业技能培训基础上,完善农民素质教育课程,设计包括社会公德素质教育、法律常识、中国古典文化等9个方面21项培训内容。

(胡　亮)

【引导性培训】 年内,结合职业技能培训,开展以区情、乡情、就业观念、就业形势分析及指导、职业资格制度为主要内容的引导性培训。全年累计培训1707人次。

(胡　亮)

【职业技能培训】 年内,根据土储乡实际情况,参与相关乡长期培训方案制定工作,为豆各庄、东坝、孙河、金盏开展992人次的职业技能培训。在培训中突出小班教学、理论实际并重、以学员为本,开展多方面服务。

(胡　亮)

【农民素质培训】 年内,结合各乡实际需求与培训设计方案,在孙河、豆各庄、金盏、东坝等乡开设家庭理财、健康心态与快乐人生、家庭保健与护理、如何安全使用家庭轿车、情绪疏导及心理健康、低碳生活等课程。进行农民素质教育培训1243人次。

(胡　亮)

【社会工作协会】 年内,以朝阳区农村地区社会工作协会为平台,设立社区社会工作室,建立大学生社会工作实践基地,开展"第二届农村地区社会工作优秀案例"征集评选活动,开展社会工作者继续教育。设立社区社会工作室,开展社工理论应用研究,在南磨房、来广营、孙河、平房、常营等地区设立社区社会工作室6个,建立首席社工师制度。建立大学生社会工作实践基地,搭建优秀社工选择平台。协会联络北京工业大学、北京化工大学、北京青年政治学院、中华女子学院、中国传媒大学5所高校,建立大学生社会工作实践基地,签署教学实践协议。吸纳高校社会工作专业的学生到社区实践,为奥运村、太阳宫等地区10个社区,选派26名优秀社会工作大学生开展社会实践工作。结合地区社会工作发展特点和典型性,发掘优秀案例。完成案例辅导培训210人次。评选优秀案例18篇,出版案例集一册。建立朝阳区农村地区社会工作协会网站,开办协会会刊,结合朝阳区全国文明城区创建工作,开展"展示社工风采,文明城区创建我先行"主题活动。

(胡　亮)

种植养殖服务

【概况】 朝阳区种植业养殖业服务中心是负责本区畜牧兽医、农业、农机、水产管理服务工作的区政府直属部门，归口区农委管理，全额拨款正处级事业单位。有事业编制47名，内设行政办公室、党委办公室、财务科、动物卫生安全管理科、特种养殖发展管理科、农业机械化服务科、都市农业规划建设科、科教信息科、农产品质量安全科、生态能源开发科，下设朝阳区动物疫病预防控制中心、植物保护检疫站、鱼种场、农机驾校4个事业单位。年内，全区各种禽类存栏情况：牛3215头、羊1453只、马属动物462匹、注册犬85998条、特禽4034只、鸽子169342只、观赏鸟12217只。相关被管理单位：动物诊疗机构62家、兽药生产经营单位19家、商场超市152家、农贸市场100家、冷库半成品加工单位13家。全区渔业养殖水面326公顷，养殖面积306公顷，其中观赏鱼养殖面积227公顷，食用鱼养殖面积79公顷。

地址：东坝红松园14号

电话：65495193

邮编：100018

（曹惠鑫）

【工作机制建设】 年内，中心与区疾控中心联动，人畜共患病防控屏障更加巩固；与公安、属地联动，注册犬免疫一条龙服务更加到位；与市农业局质量安全处、市安全办、区农委、区食品办建立定期沟通协作机制，与中心专业科室及疫控中心、植保站建立联动机制，与工商、质监、执法大队互动建立定期执法机制，区域内食用农产品安全监管能力进一步增强；与外省市机构联防协作，召开联席会，开展实地调研，签订联防协作书，强化产销两地沟通、交流、协作，完善全程追溯制度。

（曹惠鑫）

【宣传培训】 年内，采取集中培训、参观学习、现场指导、巡回讲座、远程教育、田间学校等形式，对动植物防疫人员、农产品质量检测人员、科技信息员、专业技术人员、园区基地（养殖场户、市场）的从业人员以及广大农民开展实用技术、农产品质量安全、标准化生产和就业技能等培训，明确技术标准，规范操作流程，严格技术达标。通过搭展台、布展板、挂横幅、开讲堂、发材料等方式，向居民开展法制宣传，普及防控知识、崇尚低碳生活、倡导文明饲养、强化安全意识，保障人民群众的身体健康和生命安全。全年累计培训9550人次，发放宣传材料22万余册（份）。

（曹惠鑫）

【疫病防控】 年内，开展养殖监管、禽流感、狂犬病、口蹄疫等疫病防控行动，强化应急处置能力行动。实现禽流感、狂犬病、口蹄疫等动物疫病应免率100%，监测面100%，出栏动物产地检疫率100%，外埠进京动物检疫监管率100%。

（罗建华）

【风险预警】 年内，收集全球、国内、本市、本区的报告疫情，进行整理分析，结合本区实验室监测数据，作出风险预警，提出防控意见，制定《朝阳区重大动物疫病应急预案》、《朝阳区重大农产品质量安全突发事件应急预案》、《朝阳区禽流感应急预案》、《朝阳区水生动物疫病应急预案》、《朝阳区农业重大自然灾害应急预案》、《朝阳区农业转基因生物安全突发事件应急预案》七项应急预案，纳入区级应急管理。全年及时有效处理动物疫情3起，鱼疫情1起。

（罗建华）

【联防联动】 年内，召开区第二届防控重大动物疫病暨动物源性食品安全联席会，签订"重大动物疫病预防控制与动物源性食品安全联防协作书"。与进京动物产品生产企业所在地动物防疫机构及周边兄弟区县动物防疫部门建立联动网。河北省廊坊市、三河市、唐山市、香河县、大厂回族自治县以及天津市宝坻区、蓟县和本市相关区县等十二个市、县动物卫生监督机构参加联防组。与区疾病预防控制中心就人兽共患动物疫病预防控制工作进行沟通，建立应急机制。与区疾病预防控制中心召开人畜共患病联防会，建立人畜共患病防控屏障。建立周边动物防疫工作联动网，共同把好防疫关。

（罗建华）

【动物防疫调研】 年初，针对大规模土地储备现状，对20个乡开展动物防疫调研。结果只有黑庄户暂不在计划之列，其他养殖重点乡都在土地储备计划范围内。各类存栏都有所下降，特禽降幅大。马属动物户数降幅大，存栏数量降幅较小。存在问题有动物存栏激增、激减，不符合规律，动物调运不报检，拆迁腾退一定程度影响防疫工作，存在疫情隐患。

（罗建华）

【防疫免疫】 年内，全区存栏特禽4184只，禽流感免疫率100%。春、秋季动物防疫期间,存栏牛、羊的口蹄疫免疫率达应免的100%。狂犬病免疫工作,设立22个流动免疫点、46个固定免疫点全年结合免疫,养犬注册数量85282条,应免率100%。

(张柳青)

【动物及产品检疫】 年内,检疫外埠进京猪肉420万千克,猪胴体70.6万头,牛肉2778万千克,羊肉200.5万千克,鸡肉1196.4万千克,251.5万只鸡,其他肉品94.7万千克,屠宰检疫生猪9.6万头,检疫各类动物157367余头(只),无害化处理动物及产品1789千克。

(张柳青)

【动物源性食品安全检测】 年内,实验室开展并熟练掌握PCR诊断技术、水产品孔雀石绿药物残留检测、水产品氯霉素药物残留气相检测、水质中重金属砷、汞、铅的检测技术。实验室检测20479份样品,包括血清学共检测6328份样品,药物残留检测13650份样品,水质检测392份样品,鱼病检测105份样品。

(张柳青)

【疫病净化及监测】 年内,对全区存栏马属动物进行两次马鼻疽、马传染性贫血两种国家二类动物疫病的检疫净化,检疫马属动物1008匹,未发现阳性动物,对存栏奶牛进行两次牛布鲁氏杆菌病、结核病两种国家二类动物疫病的检疫净化,检疫牛7560头,未发现阳性动物。

(张柳青)

【医政药政】 年内,办理《动物诊疗许可证》47件,《兽药经营许可证》4件,《动物防疫合格证》8件,审批检疫标志使用单位20家,审批狂犬病定点防疫单位1家。

(张柳青)

【防疫体系建设】 年内,完成村级(社区)防疫员的培训、考核、聘任工作,在全区设立471名村级(社区)防疫员,巩固三级动物防疫网络建设。

(张柳青)

【亚运参赛马匹检疫】 年内,对孙河亚萨园、崔各庄天星调良两个马术俱乐部的5匹亚运会参赛马匹进行检疫监管。

(张柳青)

【建立官方兽医室】 年内,分别在本区荷美尔、东坝、团结湖建立三个官方兽医室。

(张柳青)

【科技成果与项目】 年内,开展鸽子及观赏鸟衣原体流行病学调查及防治技术的研究与推广,获得农业部渔业丰收二等奖。在科委申报动物源性食品安全监测预警体系的建立与应用项目。在全区设立5个监测点,包括北京大洋路农副产品市场、北京荷尔美食品有限公司、北京东方盛泽东郊农副产品批发市场、朝来万通农贸综合批发市场、北京京客隆商业集团股份有限公司生鲜食品配送中心,对上市的动物源性产品的莱克多巴胺、克伦特罗两个药物残留项目进行检测,检测样品4000份,未发现超标样品。

(张柳青)

【水域养殖与出口创汇】 年内,全区渔业养殖有水面326公顷,养殖面积306公顷,观赏鱼养殖面积227公顷,食用鱼养殖面积79公顷。食用鱼成鱼总产量393吨,观赏鱼总产量0.94亿尾。草鲤鱼产量197吨;花白鲢产量138吨;名优品种产量58吨;鱼种总产量7.4万千克。渔业总产值7669.6万元。其中观赏鱼产值5846万元;食用鱼产值317万元。观赏鱼直接出口2016万尾;出口创汇额374万美元;间接出口1807万尾;出口创汇额153万元人民币。

(简　洁)

【水产品质量安全工作】 年内,与区农委、农业综合执法大队合作,开展两次质量安全联合检查,对重点养殖单位和垂钓企业进行督导检查。参加北京市水产规范用药科普下乡活动,对养殖户宣传安全用药知识,发放宣传材料300份。

(简　洁)

【增殖放流】 年内,全区景观水域40处,面积2919亩。在朝阳公园、奥林匹克森林公园、红领巾公园等8个景观水域开展增殖放流活动,放流面积1624亩,放流3.9万千克鱼种,其中鲢鱼2.4万千克,鳙鱼0.6万公斤,草鱼0.4万公斤,锦鲤0.5万千克,约折合16万尾。

(简　洁)

【观赏鱼进校园】 年内,在白家庄小学一分校组织"热爱大自然,认知观赏鱼"观赏鱼进校园主题科普活动。展示三类22个品种210尾观赏鱼,开拓学生眼界。

(简　洁)

【观赏鱼创新团队建设项目】 年内,观赏鱼综合实验站和农民田间学校工作站开展技术推广、集中培训、外出考察、媒体宣传、参加观赏鱼大赛及田间学校教学等工作,推广金鱼小池精养技术、优质金鱼人工挑选技术操作规程、优质锦鲤人工初选技术操作规程、锦鲤扬色饲料等新技术和产品。

(简　洁)

【培训考察交流】 年内,对60位观赏鱼养殖户开展金鱼品种、饲养技术、养殖模式及市场动态进行培训,发放《观赏鱼品鉴》和《观赏鱼养殖操作规程》等资料160多份。对17名观赏鱼养殖户开展锦鲤分级挑选现场培训。组织黑庄户乡农服中心负责人、田间学校辅导员、观赏鱼养殖示范村负责人到天津津南区滨海观赏鱼科技园区和西青区精武镇观赏鱼养殖示范区考察交流。

（简　洁）

【多渠道宣传】 7月4日，北京电视台经济频道环渤海经济视野栏目，播放在小鲁店养殖户刘桂英家配合录制的专题宣传片。

（简　洁）

【观赏鱼大赛】 年内，协助市水产技术推广站组织北京金鱼锦鲤大赛，组织本区报名参赛、企业宣传，同时协助做好大赛展示鱼只的保障工作。种养中心获得最佳支持单位奖，黑庄户观赏鱼发展中心获得最佳合作伙伴奖。

（简　洁）

【田间学校工作站】 年内，两所田间学校工作站对养殖户和学员开展需求调研和BBT测试，将调研和测试结果分析汇总形成需求调研报告，根据需求情况各田间学校工作站制订教学计划，举行开学典礼和多次教学活动。

（简　洁）

【特种养殖园区】 年内，京朝花园有限公司鲟鱼孵化养殖基地，新建工厂化温室养殖车间9000平方米，建成3000多平方米投入使用，主要养殖热带鱼和观赏鱼。黑庄户乡小鲁店村自筹资金计划分三期建设占地180亩的观赏鱼养殖示范区，一期占地28亩，建成40栋高标准养殖大棚并投入使用。

（简　洁）

【亲鱼储备和孵化】 年内，鱼种场适龄鲤鱼亲鱼2000组，德国框式镜鲤亲鱼200组。催产各类亲鱼800多组，孵化鲤鱼水花鱼苗1.1亿尾，利用20亩水面培育各种夏花鱼苗200多万尾，利用30亩水面培育四大家鱼和鲤、鲫、罗非鱼种4万多千克。后备亲鱼2000尾，对后备亲鱼进行保种和提纯。

（刘　行）

【特供工作】 年内，为北京"两会"，全国"两会"、"全国劳动模范和先进工作者表彰大会"和"北京世界武术搏击运动会"特供草鱼、鲤鱼、花鲢、鲫鱼、蓝鲨、罗非鱼共5118.6千克。为中央各单位特供观赏鱼800多尾，并提供相应技术指导与服务。

（刘　行）

【农机补贴】 年内，落实市级补贴资金22.96万元，购置约翰迪尔1204大马力拖拉机2台，微循环增氧系统1套。

（王　东）

【三夏三秋及秸秆禁烧】 年内，三夏、三秋农机作业投入机具110台次，培训农机操作人员142人次。机播玉米95公顷，机播小麦49公顷，机收玉米186公顷，机收小麦79公顷。三夏三秋作业期间，技术人员深入田间作业现场督导、检查秸秆禁烧执行情况。

（王　东）

【政策性农业保险】 年内，宣传、落实市政策性农业保险统颁条款，签定保险合同2份，交纳保费50400元，农民自缴25200元，保额达到560000元。

（王　东）

【货车通行证办理】 年内，为6个农业企业21辆货运车辆办理72张货运车辆通行证。

（王　东）

【农业用地调研】 年内，农业用地面积35332亩，其中蔬菜6971.87亩，粮食5314亩，果树8487.6亩，苗木11444.43亩，花卉926亩，商业草坪2188.1亩。

（于洪伟）

【蔬菜优良品种】 年内，落实北京种业质量保障与良种更新示范工程项目，以蟹岛、永顺华等5个园区为窗口，向全区辐射推广，引进蔬菜优良品种80余个，推广应用面积2000余亩，增产20%左右。引进品种抗逆性强、品质佳、生长势强、高产稳产，适合多用途用种，深受市场欢迎。实施逆境蔬菜栽培技术研究与应用项目，在蟹岛、永顺华等基地引进抗逆性品种12个，配备温室娃娃8个，解决设施栽培中连作障碍等生产难题，并通过区科委项目验收。

（于洪伟）

【节水新技术】 年内，在永顺华、樱桃园二期、森禾源示范应用新型节水滴灌设备，实现水肥一体化管理，面积200亩。在永顺华、都市农汇等6个园区进行5亩保水剂育苗示范，节约用水达50%，解决穴盘育苗、盆栽蔬菜（花卉）浇水量大、管理不及时易导致植株缺水以致死亡的问题。

（于洪伟）

【有机农业】 年内，在蟹岛、永顺华、全美樱桃园等有机农业园区推广一特牌优质有机肥550吨，减少化肥使用量，提高农产品品质。结合北运河面源污染治理项目，引进金陵爽牌吊袋式二氧化碳发生剂1500袋，在蟹岛、森禾源等基地75亩温室进行试验示范，使作物生长健壮，果型均匀，座果率增加，增产15%以上，推动本区有机农业发展。

（于洪伟）

【蔬菜质量安全追溯体系建设】 年

内,组织北京森禾源农业发展有限公司进行追溯试点申报,并完成验收,成为区第九家追溯试点企业。加强对9家追溯企业的监督、检查与指导工作,确保蔬菜质量安全追溯系统正常运用。追溯贴标产品数量260余个,贴标上市产品销量168.8万千克,标签使用量425.6万枚。

(于洪伟)

【粮食直补】 年内,落实国家惠农政策,粮食直补工作实现全过程公开、透明,确保直补资金足额发放到农户手中。全区小麦直补发放补贴资金19.5525万元,玉米直补发放补贴资金22.7331万元。

(于洪伟)

【蔬菜普查】 年内,对涉及蔬菜生产的8个乡开展蔬菜普查工作,全区菜田总面积5183.2亩,其中设施蔬菜面积1682.2亩,露地蔬菜面积3501亩。全区蔬菜播种面积10959亩,其中春播面积3097亩,夏播面积3188亩,秋播面积3799亩,冬播面积875亩。

(于洪伟)

【农情上报】 年内,通过市农业局农情信息调度系统报送农情信息19条,农情报表187套;农业局蔬菜处平台报表16套;粮食种植档案5套;其它报表36套;报表共计244套。数据上报3万余个。全区小麦收获面积1185亩,秋季小麦播种面积726亩,集中在金盏乡、黑庄户乡。玉米播种、收获面积共2788亩,其中春玉米1057亩,夏玉米1731亩;大豆79亩。

(于洪伟)

【221信息平台】 年内,围绕发展都市型现代农业以及关系百姓民生的农产品质量安全、动植物疫病防控等工作,构建区都市型现代农业221信息平台。开发朝阳区都市型现代农业管理决策系统,全面整合全区涉农资源和生产状况数据13大类112项,完成13万余个基础信息数据录入,形成较详尽的涉农信息资源数据库,以此为依据进行分析决策,实行信息化管理;采用物联网技术开发"朝阳区农产品质量安全监控追溯系统",在生产基地、配送企业、农贸市场等14个单位,设立19个监控点,建立集监控、追溯、查询、预警等为一体的覆盖全区的农产品质量安全三级监管追溯网络,实现对生产、加工、流通等环节农产品质量全程监管,提升农产品质量安全监管工作信息化管理水平,本区成为全市221信息平台建设应用三个试点之一,受到奖励。

(黄业中)

【现代农业】 年内,结合果类蔬菜产业需求调研,制定区果类蔬菜产业创新团队五年任务规划(2009－2013年),按照任务规划要求,围绕都市型现代农业发展需求,开展新品种、新技术高产高效示范创建工作。引进示范抗线虫番茄等果类蔬菜新品种5个,应用推广无土育苗、温室调控等技术6项,示范应用新型节水滴灌设备、温室娃娃等新产品3个。

(黄业中)

【科技周科普宣传】 年内,以"农业走进城市,倡导绿色生活"为主题,联合北京市农业技术推广站、永顺华蔬菜种植基地、朝来农艺园等单位参加朝阳区科技周活动。活动内容包括创意农业展品展示、家庭无土栽培芽苗菜互动体验及新、稀、特蔬菜识别与营养功效知识问答等,现场近万人参与互动活动,发放宣传材料1.5万余份,北京晚报、北京科技报、人民网等新闻媒体进行相关报道。

(黄业中)

【科普进社区】 年内,举办以"农业走进城市,倡导低碳生活"主题科普进社区活动。通过对阳台农业科技成果展示、家庭无土栽培芽苗菜互动体验,特菜营养功效知识问答等形式,向广大市民宣传低碳环保知识和理念,100多位社区居民参加互动体验活动,现场发放宣传材料约500份。

(黄业中)

【植物检疫】 年内,进行黄瓜绿斑驳病毒病、果斑病、美国白蛾、扶桑绵粉蚧、红火蚁、刺萼龙葵、假高粱、豚草、黄顶菊等9种危险性有害生物普查,未发现疫情。

(靳　为)

【调运检疫】 年内,进行调运检疫,防止危险性有害生物扩散蔓延,调运检疫131批次(包括种子113批21.2万千克,种苗18批22.9万株),没有发现危险性有害生物。

(靳　为)

【执法宣传检查】 年内,加强农业植物检疫执法检查,重点检查调运植物产品有无植物检疫证书,督促建立植物检疫证书登记档案,发放植物检疫法律法规宣传展板5套、资料300余份。检查中,发出《责令改正通知书》2份,对无证调运的市场、企业责令限期改正并罚款。

(靳　为)

【毒饵站灭鼠】 年内,完成6666.7公顷春季农区灭鼠工作,灭鼠效果100%。新建金盏乡(266.7公顷)和崔各庄(200公顷)陶土毒饵站示范点,全区19个乡发放陶土毒饵站5000个。秋季农区灭鼠推广粘鼠板1000张,灭鼠效果100%。

(靳　为)

【农残检测】 年内,检测站通过市质量技术监督局专家评审组复评审,检测农贸市场、基地及配送企业、超市的11001个蔬菜水果样品,合格率99.63%(农贸市场合格率99.62%,农产品生产基地及配送企业合格率99.66%,超市合格率100%),定量检测70个蔬菜水果样品,合格率100%。

(新 为)

【有害生物阻截带建设】 年内,建立植物重大外来有害生物检疫检验室(包括病害检验室、昆虫检验室和标本室),建立4个重大外来有害生物阻截站(十八里店、黑庄户、金盏、崔各庄),分别配备20人防控预备队,定期进行培训。

(新 为)

【农产品质量安全自检】 年内,全区11家生产、加工配送、销售单位全年自检农产品样品169783个,合格率98.4%;其中蔬菜样品106754个,合格率97.9%;畜禽样品32343个,合格率98.5%;水果样品8169个,水产样品22517个,合格率均为100%。较上年,自检样品数量增加38126个,杜绝不合格农产品上市,实现全年无一例重大农产品质量安全事故发生。

(朱小疆)

【农产品质量安全监管追溯体系】 年内,投资358万元启动农产品安全监管追溯体系建设项目,制订出台《朝阳区农产品质量安全监管追溯体系建设立项报告》、《朝阳区农产品质量安全检测人员管理办法》、《监控点检测室管理制度》、《项目例会制度》、《检测人员工作手册》管理制度,实现制度统一上墙,选拔30名专职农产品检测员,项目运行纳入制度化、规范化管理轨道。

(朱小疆)

【三品认证备案管理】 年内,对朝来农艺园、蟹岛、永顺华、方圆平安、东坝果园5家复查换证企业14个品种进行网上申报、文书申报以及现场认定检查。5人参加水产品认证培训获得检查员和内检员资格。对京客隆、家乐福、华堂、物美等20余家商场超市经营无公害农产品标识使用情况进行调查摸底。推行"三品"备案规范管理制度,对12个园区基地72个无公害、194个有机食品、3个绿色认证品种进行备案;对全区从事三品管理与认证的6个检查员、14个内检员进行备案。

(朱小疆)

【农产品安全简报】 年内,创立《朝阳区农产品质量安全工作简报》刊物,全年制发12期,报道动态信息60余篇,科普知识25个,解读政策16个,汇总发布质量监测数据7.8万个。

(朱小疆)

【3·15普法宣传】 年内,会同区农委、区农业综合执法大队联合组织开展"维护消费者合法权益,保障农产品质量安全"主题3·15普法宣传活动,发放《农产品质量安全法》、《北京市实施〈中华人民共和国渔业法〉办法》等宣传材料2500余份。

(朱小疆)

【突发事件应急防范】 年内,积极应对国内海南豇豆事件,对本区4家蔬菜生产加工配送企业蔬菜基地生产加工配送情况进行全面质量安全排查。从排查结果看,全区总体情况良好,所有蔬菜生产加工配送企业尚无海南产地豇豆加工配送,其它蔬菜园区基地也无豇豆种植生产。

(朱小疆)

农业综合执法

【概况】 朝阳区农业综合执法大队是区农委直属行政执法机构,加挂区动物卫生监督所的牌子,机构规格副处级。负责辖区内动物卫生、兽药、饲料及饲料添加剂、农药、肥料、种子、转基因生物安全、农机、渔政等9项行政执法监督职能。年内,检查各类涉农生产经营单位和个人13897个次;查处各类违法案件660件,罚没款金额560311.78元;出动执法人员9587人次、执法车辆2842台次;签订责任书、承诺书和协议书共1150份,制作监督笔录及意见书3084份,检查农机具274台次;与有关单位联合执法17次,配合相关部门取缔私屠滥宰和注水窝点2个;白鹿和大羊坊两个公路动物卫生监督检查站共检查外埠进京动物及动物产品车辆29122车次,其中活体动物252.2万头(只)、动物产品22万吨,劝返不符合规定运输车辆251车次;取缔活禽交易点9处,处理活禽483只;处理动物收容举报44起,收容犬3只、猫52只。

地址:团结湖北三条甲8号
电话:85979219
邮编:100026
网址:http://nyzf.bjchy.gov.cn

(白国辉)

【动物产品安全可追溯系统】 1月19日,对京客隆、家乐福、卜蜂莲花、沃尔玛等34家试点超市进行北京市动物产品安全可追溯系统使用培训。该系统在市农业局指导下,由市动物卫生监督所牵头负责,目标是对北京市15家大中型屠宰加工企业、150家超市建立畜禽屠宰、加工储藏、分割包装和市场销售等环节的动物产品可追溯制度,提高北京市畜禽产品安全生产水平。实施可追溯系统后,超市销售的独立包装的动物产品统一粘贴由政府部门制定的畜禽产品追溯标签,给畜禽产品建立"身份证"。消费者可根据标签上的20位溯源码,通过超市查询机、登录市农业局食用农产品安全追溯查询系统或移动用户发送手机短信"S追溯码"到1258261等三种方式,实现对动物产品相关信息的查询、追溯及管理,加大对动物产品质量监控的力度,确保食品安全。

(白国辉)

【违法生产饲料查处】 3月11日,根据农业部上年饲料产品抽测公告和市饲料监察所二次检测结果:朝阳区内北京格蕾特生物技术有限公司生产的两种饲料砷超标,会同市动物卫生监督所对该厂进行联合执法检查,对该厂成品库中的4%育成猪复合饲料(5240)36千克、4%仔猪复合预混合饲料(5140)63千克进行查封扣押,并由北京市农业局立案查处。

(白国辉)

【动物收容】 4月8日、9日,农业综合执法大队动物收容站对本区494个社区和47个派出所近600名犬管工作人员进行动物收容工作专题培训,发放宣传材料1500余份;与涉及土地储备的各乡联系,就拆迁腾退涉及动物收容事项进行沟通,将2万份《动物收容宣传手册》发放到涉及拆迁的10个乡。通过有效宣传,使拆迁地区群众了解动物收容相关法律、法规、收容工作程序及流浪动物的危害,取得群众的理解和支持。联合区养犬办,强化对涉及拆迁地区的巡查工作,倡导文明饲养宠物,做好拆迁地区无主犬、猫的收容工作。

(白国辉)

【灭鼠工作】 年内,完成本区12个畜禽养殖场、43个水产养殖场的灭鼠鼠药发放工作,发放鼠药200千克,毒饵站160个,发放范围涉及黑庄户、金盏、孙河、东坝等地区,覆盖水产养殖场6200亩,畜禽养殖户137户,其中包括北京水产科技园、黑庄户养殖发展中心、京朝花园农业发展中心等规模较大具有行业代表性的养殖生产企业。为确保农业生产及人畜安全,执法人员对投放鼠药人员进行操作培训,并要求责任单位加强鼠药管理,设专人登记出入库,设立警告警示标志,确保灭鼠工作安全、文明开展。

(白国辉)

【批发市场质量安全抽检】 4月13日,配合市农业环境监测站、市兽药监察所、市水产技术推广站、农药检定所,对本区大洋路农副产品批发市场和东郊农副产品批发市场进行农产品质量安全监督抽查工作,抽取畜禽产品样本12个、水产品样本7个、蔬菜样本40个。

(白国辉)

【春季种子市场专项检查】 年内,市种子管理站将各区县种子行政主管部门分成四组,对全市开展种子市场春季督查活动,4月13日至14日,检查组对本区种子生产经营单位进行执法检查,检查种子生产经营单位10家,检查主要农作物玉米品种50多个,非主要农作物蔬菜品种60个,未发现违法行为。

(白国辉)

【宣传培训月】 4月,按照区农委的统一部署,开展"农业宣法上门送法下乡宣传培训月"活动。活动期间,在全区规模较大的集贸市场、商场超市开展集中宣传10次,发放农业法律法规、农资常识、食品安全常识、文明饲养宠物等各类宣传材料1.5万余份,现场接受群众咨询780余人;组织开展培训12次,其中组织开展管理相对人培训班10次,培训管理相对人526家800人次。

(白国辉)

【捐资赈灾】 4月,在发生舟曲泥石流、玉树地震事件后,大队党委向党员群众发出倡议,积极开展"党员献爱心"活动,先后组织三次捐资赈灾活动,募集善款26150元。

(白国辉)

【领导接待日】 4月28日,农业执法大队在白鹿和大羊坊两个公路站开展领导接待日活动。"领导接待日"活动定期在公路站开展,旨在广开言路,不断提升公路动物防疫监督工作质量和水平,构筑首都食品安全防线。

(白国辉)

【农机检验】 3月、4月份,按照《农业机械运行安全技术条件》的规定,对14个乡的44台拖拉机进行严格检验和尾气检测。结合年度检验工作,为机主代办强制保险;加强法律法规及业务常识培训,对60名农机监理员和驾驶操作人员进行农机法律法规、机械常识、操作规程的专业技术培训;对在册拖拉机、联合收割机等农业机械进行全面调查摸底。

(白国辉)

【农药交叉执法检查】 5月6日至7日,市农药检定所带领春季农药交叉执法检查组,对本区进行两天农药执法检查。检查组分别对朝来农艺园特菜生产示范基地、蟹岛种植养殖有限公司两家农产品生产基地及北京市富农达农资经营部等7家农药经营单位进行执法检查，检查农药标签33个，对部分农药监督抽样2个。检查中发现4个农药标签存在擅自修改标签内容等不规范行为，执法人员分别对上述违法行为依法进行当场处罚。9月14日，市秋季农药交叉执法检查组对本区进行农药执法检查，分别对2家农药经营单位检查农药标签20个，合格率100%，市农药检定所对部分农药进行监督抽样4个。两次检查过程中，均未在本区发现经营使用甲胺磷等国家明令禁止生产、销售和使用的剧毒、高毒和高残留农药以及其他违反国家相关法律法规的行为。

（白国辉）

【兽用生物制品专项整顿】 年内，按照市动物卫生监督所《关于对动物诊疗机构使用无批准文号兽用生物制品开展专项整顿的通知》精神，农业综合执法大队组织30名执法人员分五组，利用一周时间对全区44家动物诊疗机构进行拉网式检查，没收2家动物诊疗单位无批准文号的兽药10瓶，并对这两家动物医院进行立案调查；其它42家动物医院未发现违法行为。检查中未发现通知中提到的使用无批准文号兽用生物制品的违法行为。

（白国辉）

【农机业务培训】 5月13日，组织一线执法人员40余人进行农业机械法律法规及安全监管知识培训。由特邀专家马希河老师结合新型农业机械的特点，详细讲解农业机械安全驾驶、操作须知、安全作业要点等方面的知识；由市农机监理总站领导结合全市农业机械安全生产现状，讲解《农业机械安全监督管理条例》等农业机械法律法规、规章、规范性文件、国家标准、行业标准。

（白国辉）

【获市种子系统体操比赛第三名】 5月29日，由市种子管理站主办、丰台区种子管理站承办的“2010年北京市种子管理系统广播操比赛”在丰台体育中心举行，大队由10人组成广播体操表演队，代表本区参加比赛，获得团体第三名。

（白国辉）

【平安农机示范单位】 年内，根据市农业机械监理总站有关工作部署，结合《北京市“平安农机”示范单位创建考核标准》，本区报送的高碑店乡和高井村分别被定为本市第四期平安农机示范乡、示范村。大队农业机械监理站对两个新参评的示范乡、示范村进行业务指导，完善规章制度，协助示范单位对机手开展安全教育。

（白国辉）

【大羊坊公路站搬迁撤站】 7月10日起，大羊坊公路站停止检疫监督工作，搬迁至通州区京津塘高速应寺综合检查站。7月16日，大羊坊站搬迁撤站工作全部完成。

（白国辉）

【饲料产品标签大检查】 8月9日起，开展全区饲料产品标签大检查行动，出动执法人员26人次、执法车辆3车次，分别对北京扬翔饲料有限责任公司、北京立时达药业有限公司和北京好友巡天技术有限责任公司3个企业进行执法检查。其中检查配合饲料23个、浓缩饲料18个、饲料添加剂4个，三种类型产品标签合格率100%。

（白国辉）

【联合检查】 9月初至9月中旬，会同朝阳交通支队、区安监局、区种养中心以及各乡农服中心，对北京永顺华蔬菜种植有限公司、朝来农艺园等7家农产品生产基地投入作业的农机安全技术状况，以及上道路行驶的拖拉机及农用运输车无牌无证、脱离年检、无证驾驶等违法行为等进行联合执法检查。共检查大型拖拉机3台、中型拖拉机6台、手扶拖拉机1台、卷帘机170个、微耕机6台、旋耕机和牵引犁等固定式农业机械12台件，发放《农业机械安全监督管理条例》、《拖拉机安全操作规程》等宣传材料160余份。通过农机安全生产联合行动，切实加强了区内农机安全生产监管工作。

（白国辉）

【集体食堂监管】 9月，按照区食品办关于加强对集体用餐单位食品安全监管的要求，对朝阳医院、北京妇产医院、中日友好医院、首都儿科研究所附属儿童医院等30多家大中型医院的职工食堂和为患者供餐的营养食堂，以及中国传媒大学等12所高等院校和华侨城黄冈中学等17所中小学校及部分幼儿园的内部食堂进行集中执法检查。从检查情况看，各食堂都非常重视食品安全工作，均配有专人负责，且在购进动物产品时留存动物产品检疫合格证明。但大部分医院食堂和个别学校食堂未建立动物产品检疫证明登记记录，动物产品未与其他食品区分存放。执法人员针对存在的问题进行了现场指导，并向相关负责人讲解有关法律法规，发放告知书、宣传资料，要求各单位进一步加强食堂内部管理，严格履行职责，遵守法律规定，确保用餐安全。

（白国辉）

【查处假冒兽药】 9月16日至21日，根据市农业局转发《农业部办公厅关于查处假冒兽药工作文件的通知》精神，开展“查处假冒兽药周”执法行动。行动期间大队共出动执法人员175人次、执法车辆25车次，分成五组，对本辖区内的21家兽药经营单位和46家兽药使用单位进行执法检查。通过将假冒产品名录分发到所有兽药经营企业和兽药使用单位,经企业自查确认后再进行现场检查的方式,确保了工作按期完成。经自查和现场检查,未发现清单中所列兽药产品。执法人员对各经营单位提出要求:结合假冒兽药清单,严格进货查验制度,杜绝假冒兽药产品流入经营、使用环节。

(白国辉)

【农药专项治理】 9月3日至26日,为贯彻落实农业部农药市场监管年实施方案,对本区农药生产、经营和使用单位开展专项检查。检查农药生产企业、专业经营点、市场超市和农产品生产基地33家次,抽检杀虫剂、杀菌剂、除草剂等123个品种的农药标签131个,未发现生产、经营伪劣农药、禁限用高毒农药等违法行为。

(白国辉)

【三秋肥料检查】 9月20日至21日,为加强肥料质量监管,规范肥料市场秩序,根据市《关于开展三秋"绿剑护农"肥料集中检查活动的通知》,分别对辖区内的北京乐农种子店、北京锦丰绿农业技术服务部、北京农友丰种苗经营部、北京市富农达农贸经营部四个经营门店进行检查。检查13个产品、205袋肥料,未发现未经登记、一证多用、假冒伪造登记证、产品标称具有农药功能等违法行为。

(白国辉)

【生鲜乳品检查】 11月1日,由怀柔、大兴、丰台三个区动物卫生监督部门组成的检查组对本区北京三元食品股份有限公司乳品一厂以现场评分的方式进行检查。检查组分别对乳品一厂的两证一单、基础建设、机械设备等九大项49小项进行现场检查评分。从检查情况看,本区的乳制品加工厂硬件设施完善、各种制度健全,库房及检测室内均未发现违禁物质及掺杂使假工具。

(白国辉)

【不合格草鱼销毁】 10月8日,大队收到市渔政监督管理站转来的一份检测报告,显示本区孙河乡上辛堡村总装备部副食品基地6号池养殖的草鱼,经检测孔雀石绿不合格。执法人员对该基地6号池进行执法检查时,承包户未能提供水产养殖生产记录和水产养殖用药记录。经调查,承包户在养殖过程中从未使用过孔雀石绿。该批草鱼系上年5月9日从广西灵山市的劳月明养殖场购进的草鱼水花2万尾,购进时未实施检疫检测。9月8日经农业部渔业产品质量监督检验测试中心(北京)抽检孔雀石绿不合格。通过执法人员的耐心说服教育工作,10月14日,当事人递交无害化处理申请书。15日,大队执法人员对该池草鱼500千克进行监督销毁,25日依法对其未按规定建立水产养殖生产记录和水产养殖用药记录进行行政处罚。

(白国辉)

【增殖放流】 10月25至26日,为促进渔业生态可持续发展,改善地区水域环境,响应市农业局"增殖水生生物资源,促进生态文明建设"的号召,加强资源节约和环境友好型社会建设,对本区朝阳公园、团结湖公园、东坝郊野公园等11家大、中型公园、生态基地,投放鲢鱼、鳙鱼、草鱼、兴国红鲤等4种鱼7.49万尾。

(白国辉)

【开展村(社区)级防疫员培训】 11月中旬至12月中旬,按照区重大动物疫病指挥部办公室对村(社区)级防疫员培训部署,大队和区疫控中心,分8批对全区471名村(社区)级防疫员进行培训。

(白国辉)

【农机产销维修监管】 12月2日至3日,为加强本区农机生产、销售和维修环节监管力度,农业综合执法大队会同区质监局区工商分局、区种养中心,在全区范围内对农机生产、销售、维修企业联合开展执法检查行动。检查北京起重工具厂等4家涉及农机生产、销售、维修企业,重点检查企业对农机生产、销售、维修相关法律法规及技术标准的执行情况;农机生产、销售企业产品出厂记录、企业销售记录的建立情况;农机维修企业维修技术合格证的持有情况以及维修记录、维修技术人员持证上岗情况。

(白国辉)

【犬监督管理问题专项检查】 12月6日至13日,针对《京华时报》11月22日报道某区县"黑窝点屠宰宠物犬低价卖狗事件"和11月23日特约评论文"屠狗黑窝点可恶 监管疏漏该问责"中提出的问题,开展犬监督管理问题专项检查。此次检查出动执法人员381人次,执法车辆100余车次,检查各类管理相对人129个次,签发动物防疫监督笔录和意见书157份。检查中共发现涉及经营狗肉的管理相对人5家,其中市场内经营的狗肉摊位1家,狗肉来源为河北廊坊安次区;经营狗肉的餐饮企业4家,狗肉来源是河北省廊坊市安次区、香河县和本区南湖市场。5家单位都提供了出县境动物产品检疫证明。与此同时,大队加大与各乡及办事处之间的联合执法检查力度,稳步推进对较为隐蔽的私屠滥宰小作坊的查处,检查中未发现饲养屠宰肉狗的情况。

(白国辉)

水 务

【概况】 朝阳区水务局是负责本区水行政管理工作的区政府组成部门。年内,水务建设总投工约40万个,完成河道、排水沟整治10余千米,新建雨洪利用工程7处,河坡生态改造5万平方米,建设雨水管线、引水管线15千米,建设人工湖约10万平方米、生态湿地15万平方米,景观河道利用再生水800余万立方米,投撒水质净化药剂180余吨,新建小型污水处理站5座,改建小型污水处理站2座。区水务局全年受理行政许可事项127件,办理人大代表建议和政协委员提案21件,受理群众来信和热线325件,受理网格案件284件,开展执法检查500多次,处理违法案件80多起。“十一五”期间,朝阳区水务局大力推进“清水朝阳”建设进程,相继完成了清洋河、坝河等20余个水生态建设项目,累计治理河道86.5千米,建成20座小型污水处理站,新增日处理能力8.7万吨,完成96项防汛应急工程,城市和农村建成雨洪利用设施56处,年利用雨洪300万立方米;创建节水单位350个、节水小区和节水村120个,节水器具普及率达到90%,农村更新水源350处,改造供水管线970千米,使84万人喝上达标水。

地址:团结湖北路1号
电话:85970772
邮编:100026

(刘　洋)

【世界水日中国水周宣传】 3月19日,本年度朝阳区水务工作会暨水法宣传周启动仪式举行,市、区水务部门有关领导和街乡水务工作负责人100余人参加。3月22日是第十八届“世界水日”、3月22—28日是第二十三届“中国水周”。水法宣传周期间,区水务局联合街乡等有关单位,以贯彻《北京市排水和再生水管理办法》、《北京市节约用水办法》为重点,开展宣传活动。以街、乡为主,积极开展各项法律法规的宣传贯彻工作,发动农村管水员入户发放宣传材料。大屯街道育慧西里社区,组织召开楼门长节水工作座谈会。望京街道办事处设立街道集中宣传点和社区分散宣传点,向居民宣传节水知识、发放节水宣传资料,在社区开展节水金点子征文活动,同时利用望京网发布节水宣传知识。香河园街道在东里、南里等八个社区设置“节约用水、健康饮水、倡导健康文明生活方式”宣传点,同时与天年科技有限公司联手策划2010年“节水用水健康行”系列活动,地区8家社会单位踊跃参加此次活动,和地区居民一起学习节水知识,香河园街道免费发放自来水过滤水龙头600余个,《水法律法规汇编》、《节约用水小常识》等宣传材料1000余册,节水倡议书500余份,宣传海报100余张,现场接受群众咨询380余次。围绕纪念世界水日、中国水周活动主题,以查处餐饮企业排水案件为专项执法内容,由朝阳区水政监察大队联合相关部门开展水事案件专项执法工作。联合中国三星公司,组织160余名社会服务志愿者在亮马河开展河道水环境公益环保活动,清理亮马河沿线垃圾、水草等杂物,呼吁社会群众关注水环境保护工作。

(刘　洋)

【乡村供水安全检查】 5月至7月,为确保乡村供水安全,防患于未然,分三个阶段开展乡村供水安全检查工作。第一阶段由各地区办事处(乡政府)按照属地管理的原则,负责组织辖区内供水安全隐患的自查与整改工作,督促各供水单位落实责任。第二阶段由相关水务管理所进行复查。第三阶段由区农委、区水务局、区卫生局联合抽查。重点检查小红门乡大型供水站和十八里店乡集中供水站及单村自备井的运行管理、安全保障状况,总体检查状况良好。针对检查中发现的问题,指导责任单位限期整改。

(刘　洋)

【“保护生命之水,建设绿色北京”启动仪式】 7月3日,根据水利部《关于印发全国水土保持国策宣传教育行动实施方案的通知》、市委、市政府《关于印发“绿色北京”行动计划2010－2012年的通知》精神,结合《中华人民共和国水土保持法》颁布实施19周年,市政府在朝阳区常营公园举办“保护生命之水,建设绿色北京”行动启动仪式暨北京市纪念《中华人民共和国水土保持法》颁布实施19周年活动。水利部副部长刘宁、副市长夏占义、水利部水土保持司司长刘震、全国政协环境资源委员会办公室主任白煜章、水利部水土保持监测中心主任郭索彦、市政府副秘书长安钢、市水务局党组书记聂玉藻、市水务局局长程静、区委常委、副区长刘希泉等领导及近700名干部群众参加启动仪式。建院附中学生表演《话说三道防线保水源》集体诗朗诵,并向全市中小学生发出倡议书。刘希泉、程静做重要讲话,夏占义宣布“保护生命之水,建设绿色北京”行动正式启动,并在活动现场向社会群众发放水土保持宣传材料。

(刘　洋)

【水利部、市领导参观水务建设工程】 7月3日，水利部副部长刘宁、副市长夏占义带领市区有关领导，在市水务局局长程静、区委常委、副区长刘希泉等领导的陪同下，实地参观朝阳水务建设项目小场沟综合治理工程和马泉营污水资源化示范工程。刘宁、夏占义在参观过程中，对朝阳水务工作近年来取得的成绩表示肯定，夏占义指出水务工作要更加贴近和服务于百姓，各项水质、水环境监测指标在提高准确性和高标准的同时，要更加人性化、大众化，便于广大群众认知和理解。

（刘　洋）

【市人大代表视察】 7月14日，市人大常委会农村办公室主任雷德才、副主任徐再城带领市人大代表一行30余人，视察北运河流域综合治理工作。市水务局农水处处长齐京军、区人大常委会副主任李国等领导陪同。北运河流域综合治理工作是市、区人大双督项目，"推进北运河水系综合治理，实现污水防治资源化"工作得到市、区各级领导的高度重视。人大代表们视察小场沟综合治理工程和马泉营污水资源化示范工程，听取相关人员的汇报，并就污水处理工艺、设施管理维护等方面的问题进行交流和探讨。

（刘　洋）

【百日整治】 7月至10月，为贯彻落实《绿色北京行动计划》，服务首都建设"人文北京、科技北京、绿色北京"和世界城市战略目标，针对社会广泛关注的水务热点难点问题，市水务局在全市发起"盗采砂石、非指定区域游泳和钓鱼、非法洗车百日整治行动"。本区成立百日整治行动领导小组，研究制定《朝阳区"盗采砂石、非指定区域游泳和钓鱼、非法洗车百日整治行动"工作意见》，利用100天的时间开展集中整治。区管主要河道岸边增设警示牌近700个，整治非指定区域游泳、钓鱼累计出动人员600余人次，劝阻非法垂钓、游泳者2300余人，联合街乡对全区130个洗车站点进行全面检查，其中合格103个、限期整改10个、现场取缔17个，并由城管部门做出相应处罚。

（刘　洋）

【解决居民长期用水困难】 10月初，完成高碑店乡大黄庄地区新供水管线铺设工作，10个院居民用上水量充足、水压稳定、水质有保障的安全水、放心水。

（刘　洋）

【皮村水质改善工程】 年内，继续实施完成皮村水质改善工程，该工程是为改善金盏乡皮村地区供水问题的应急工程，工程建设内容为延伸楼梓庄水厂供水管网2500米至皮村，在楼梓庄水厂加装水处理系统1套，增建清水池1座。该工程管网及土建工程于上年完成，由于该工程的水处理工艺在国内无同等规模成型设备可借鉴，区水务局本着为百姓负责、确保安全的原则，组织人员对水处理工艺和设备进行了科学研究、论证及认真比选，8月完成水处理设备的安装工作，经过调试、试运行及水质检测，12月顺利通过单位工程验收。

（刘　洋）

【农村供水设施标准化建设】 年内，区水务局牵头对农村地区生活饮用水井存在的遗留问题进行全面标准化改造，工程涉及17个乡108个村：重建普通井房75处，井房内外装24处，新增变频设备55套，更换井泵及首部35套，新打机井11眼，新建分质供水站1处，敷设管道4650米；新装和更新二氧化氯消毒设备235套，新装智能式远传水表236套。

（刘　洋）

【小区污水处理及利用工程】 年内，实施小区污水处理及利用工程，分两期实施。一期工程在潘家园街道松榆里社区及孙河乡地铁15号线拆迁安置用房建设污水处理及利用工程2处，6月完工并投入试运行。二期工程于9月中旬开工建设，年内完成主体工程。该工程为区政府折子工程，建设内容为实施崔各庄乡南皋组团定向安置房污水处理工程、马泉营湿地扩建污水处理站工程、豆各庄乡绿丰家园污水处理工程。污水处理站建成后对小区自身污水进行收集处理，将处理后的再生水用于绿地灌溉和景观用水，既解决老旧小区雨污水分流及新建小区污水排水出路问题，又实现污水资源化，节约利用水资源，有效缓解水资源供需矛盾。

（刘　洋）

【雨洪利用工程】 年内，通过实施7处雨洪利用工程，建立都市农业雨洪利用、公园雨水利用和排水调蓄雨水利用三种模式，在区域雨洪利用和水资源高效利用上取得成效。工程分别位于黑庄户乡、小红门乡、平房乡、金盏乡、东坝乡、来广营乡和豆各庄乡，其中小红门、平房、东坝、来广营和豆各庄雨洪利用工程均位于现状森林公园内，黑庄户建设4处地下蓄水池，将雨水收集用于灌溉，金盏在现状坑塘基础上清淤、截污，实现其改善环境、提高排水能力的综合功能。工程涉及人工湖面积8.07万平方米，构建生态湿地1.20万平方米，建设雨水管线3232米，雨水蓄水池1600立方米。通过项目建设，可提高项目区雨水排水能力，蓄集综合利用雨水58.3万立方米，减少景观水渗漏797.5万立方米。

（刘　洋）

【污水处理站】 年内，实施污水处理站改建、新建工程。工程涉及金盏乡黎各庄村新建污水处理站2座、扩建孙河乡北甸污水处理站和金盏污水处理站，总污水处理能力16380m3/d。2月开工建设，6月工程完工投入试运行。工程实施后，不但减少村内及河流的污染，保护生活环境，同时有效利用水资源，减缓水资源紧张状况。

（刘 洋）

【小场沟综合治理工程】 年内，为落实市政府关于北运河流域综合治理的有关精神，改善温榆河水质，提升东坝郊野公园、常营郊野公园的环境，确保本区平房、常营部分地区及机场二通道和常营经济适用房建设的防洪排水，对小场沟综合治理。小场沟位于朝阳区东部地区，是温榆河的一级支流。主要承担四环路朝阳公园以东，东风乡部分、平房乡、常营乡和金盏乡雨水排放，同时承担上游地区生活污水排放任务。小场沟综合治理工程于上年11月开工，本年9月完工，治理标准为20年一遇洪水设计，50年一遇洪水校核，工程建设采用生态水工学理念，集河道水质改善、河道生态环境恢复、流域环境影响于一体，实现"水质改善、防洪达标、土地整合、改善环境"四大特点，为周边区域可持续发展创造良好条件。

（刘 洋）

【常营中心沟河道疏浚工程】 年内，实施常营中心沟朝阳段河道疏浚工程，该工程为2009年北京市保障性住房和限价商品住房配套工程，并被列为本年区政府折子工程。主要建设内容为治理河道总长度1326米，改建过路桥涵1座，巡河路工程及配套绿化工程。工程5月开工，11月初全部完工，保证了常营保障性住房和配套商品住房建成后城市防洪排水安全，使水环境和周围环境协调一致。

（刘 洋）

【地铁十五号线西干沟规划恢复工程】 年内，争取社会资金，实施地铁十五号线西干沟规划恢复工程。为配合地铁十五号线香江北路站开槽施工，确保地区防汛安全，上年西干沟配合地铁施工进行导流。本年地铁十五号线香江北路站施工完成后，区水务局同地铁十五号线建设管理单位多次协商、论证，确定了河道按规划恢复治理方案。该工程总投资2739.49万元，主要内容为治理河道1169.5米、改建现状过路涵和节制闸各1座。

（刘 洋）

【亮马河水环境改善工程】 年内，为配合电子城二期开发建设，改善区域内亮马河驼房营路至外环铁路段水环境，提高河道行洪能力，确保防汛安全，积极协调北京电子城有限责任公司投资对此段河道进行治理，包括治理河道281米，改建桥涵1座，以及同步绿化，总投资1333万元，年底主体工程基本完工。

（刘 洋）

【朝青版块住宅小区排污规范工作】 年内，对青年路地区8个住宅小区开展污水调查，向小区开发商、物业下发《关于朝阳区平房西路管线沿线排污单位排污口接入情况告知书》，现场检查督促，协调开发商与市政管线部门加强联系，将小区排污管线接入平房西路市政管线工作。对没有落实排污要求的单位，协调城管、环保、市政进行排污取证工作，对违法事实确凿、证据充分、处罚依据明确的案件，移交属地城管分队实施处罚。7月，依据《北京市城市河湖保护管理条例》，平房城管分队依法对天鹅湾小区开发商实施最高限处罚，成为我区生活污水排污首例处罚案件。

（刘 洋）

【土储地区水源保护】 年内，编制《朝阳区土地储备项目区域内水源保护工作报告》，研究土储工作中水源保护工作问题，制定水源保护措施，通过留用、封存和封填三种方式因地制宜地处置土储工作中涉及的水源井。明确水源保护工作流程，结合土储工作流程，有计划分步骤实施水源保护措施。对要封填的机井统一规划，分年度实施，因地制宜，科学处理即将废弃的水源井，完成92眼废弃机井封填工程。

（刘 洋）

【污水处理厂配套管网拆迁】 年内，配合实施市发改委立项工程，定福庄——高碑店污水处理厂流域污水调水管线工程。拆迁工作，涉及黑庄户、管庄、三间房及高碑店等4个乡。6月28日启动拆迁，7月17日完成施工作业面内房屋的腾退工作并具备管线工程进场施工条件，拆迁安置双桥农场自管公房居民47户，高碑店村居民2户，拆迁拆除建筑面积2423.28平方米，使用安置用房3025平方米，企事业单位15家，拆迁拆除建筑面积6598平方米。东坝、堡头污水处理厂配套污水管道工程是市重点工程，被列为区政府折子工程，5月6日第十二次区长办公会决定，将管线上方住宅和企业拆迁列入土地储备项目先行启动，拆迁配套资金由土地储备项目解决，其他地上物及林木、临时占地补偿由市发改委补助资金解决。年底，东坝污水处理厂配套污水管线工程拆迁完成评估、招投标等前期工作，树木调查标图工作。垡头污水处理厂配套污水管线工程拆迁结合豆各庄乡土地储备项目拆迁完成豆各庄村、孟家屯村、马家湾村居民拆迁，非住宅拆迁涉及豆各庄乡8家企业，完成5家，污水管线工程局部地段可进场施工。

（刘 洋）

【水库移民核定登记】 年内，朝阳区登记核定农业人口水库移民355

人,其中本市水库256人、外省市水库99人,登记核定农转非人口水库移民1030人,其中本市水库974人、外省市水库56人。区水务局协调市移民办和区财政局,落实本年度水库移民后期扶持资金,将资金全部按时发放到移民手中。

(刘 洋)

【水务普查】 年内,根据国务院和市政府相关文件精神,本区决定自2010年至2012年开展全区水务普查工作,旨在全面掌握全区水务基础现状,向全国水利普查办提供准确翔实资料,为更好地制定全区乃至全国水务发展长远战略目标,奠定坚实基础。本次水务普查涵盖水资源、水利工程、供排水等11个专项。11月16日召开区第一次全国水利普查工作会,本区水务普查工作正式启动,年末,各项前期准备工作基本完成,普查方案正式下发,普查经费落实,朝阳区水务普查进入实际执行和具体操作阶段。

(刘 洋)

【"十二五"水环境整治与建设规划】 2月,开始编制《朝阳区"十二五"期间水环境整治与建设规划》(以下简称《规划》),8月向区政府专项汇报;10月,召开专家评审会,市水务局总工陈铁、清华大学教授谢森传等6位专家为《规划》的提升提出建设性意见;11月底,区水务局再次修改相应内容,为《规划》的全面完成与完善奠定坚实的基础,体现规划的"前瞻性、科学性、合理性"。

(刘 洋)

【编纂朝阳区水务志】 年内,根据国务院颁布的《地方志工作条例》和北京市实施<地方志工作条例>办法》,按照市水务局《关于开展水务志编纂工作的通知》要求,正式启动第二轮地方水务志编修工作。本次编修的朝阳水利志书按照市地方志办公室规定书名定为《朝阳区(1991—2010年)水务志》,与第一轮志书内容衔接,内容包括朝阳区水利、城乡供水、排水等所有涉水事务,篇幅原则上控制在30万字左右,最多不超过50万字。志书编纂时间安排为:2010年完成资料收集工作,2011年完成长编形成初稿,2012年进入总体审稿,2013年完成终审,2015年出版刊印。

(刘 洋)

气象与服务

【概况】 朝阳区气象局实行上级主管机构市气象局和区政府双重领导,是以上级气象主管机构领导为主的管理机构。下设业务科和办公室,承担本区原始气象数据收集、整编和气象工作行政管理职能。年内,市气象局对防雷业务进行整合,原下设防雷业务归市气象局避雷装置安全检测中心管理。年内,平均气温为12.4℃,比历年平均值(12.0℃)偏高0.4℃,冬、春、夏、秋季平均气温分别为-2.8℃、12.3℃、26.6℃、13.0℃,与同期历年平均值相比,冬、春季分别偏低0.6℃(历年平均值-2.2℃)和0.9℃(历年平均值13.2℃),夏、秋季分别偏高1.7℃(历年平均值24.9℃)、0.7℃(历年平均值12.3℃)。极端最高气温为40.4℃(7月5日),为近30年(1979年~2009年)同期最高值,极端最低气温为-16.2℃(1月5日),四月份平均气温2.9℃为近30年同期最低值。降水量为442.3毫米,比历年平均值偏少24.0%(581.6毫米),与历年四季相比,冬、春、秋季分别偏多41.7%、43.4%、62.9%,夏季偏少50.7%,一日最大降水量为43.6毫米(7月10日)。最长连续降水日数为7天(7月9日~7月15日),降水量为59.3毫米。全年蒸发量为1305.1毫米,日照时数为2226.5小时,有82天降雨天气,14天有降雪,最大冻土深度为35厘米。

地址:酒仙桥东风南路
电话:64377870
邮编:100016

(李耀宁)

【气象灾害】 年内,有2日扬沙,2日浮尘,2日大雾,22日雷暴,8日大风天气,1次飑和4次暴雨天气过程,收到群众上报气象灾害事件27件。

(李耀宁)

【气象服务】 年内,提供常规气象服务2000余次,发布各类气象信息预警69件,提供重大天气过程及重大节日气象服务48件,并对全民健身日、第一届北京奥运城市体育文化节、武搏会、世界杯大型足球欢乐夜等大型活动提供气象保障4次。

(李耀宁)

【防雷减灾管理】 年内,避雷装置安全检测东区分中心对辖区内1160余家单位进行防雷检测,并提出重大整改意见350件。

(李耀宁)

【依法行政】 年内,审批施放升空气球事项572件,审批施放升空气球3926个。对施放升空气球行为检查51次,纠正违法行为1起。

(李耀宁)

功能区建设

北京商务中心区

【概况】 北京商务中心区(CBD)管委会为市政府在北京商务中心区设立的行政机构,代表市政府统一行使北京商务中心区的开发建设和管理职能,由朝阳区政府代管。年内,北京商务中心区(CBD)核心区规划调整、一级开发、土地入市等取得进展。7平方千米区域中,世界500强企业投资项目累计160个,吸纳从业人员27万人;实际利用外资8.6亿美元,同比增长28.3%,占全区38%;税收收入140亿元,占全区16.7%;税收过亿楼宇23座,累计纳税125.8亿元,占CBD总税收90%。完成CBD商务功能区"十二五"规划编制。

地址:东大桥路8号SOHO尚都北塔A座6层
电话:58780000
邮编:100020

(王连娣)

【入驻机构】 1月7日,中国国际期货有限公司落户CBD,注册资本6亿元,资产总额50亿元。5月21日,中国人民财产保险股份有限公司(PICC)落户银泰大厦,注册资本111.418亿元。5月,城市基础设施产业投资基金落户蓝堡国际中心,注册资金1亿元,基金规模100亿元。9月6日,东亚银行北京分行入住世纪财富中心并正式营业。11月1日,澳大利亚西太平洋银行北京分行入驻环球金融中心。年内,CBD新注册企业3050家,注册资本合计超过327亿元人民币,其中注册资本过亿企业60家。

(王连娣)

【交通优化】 1月20日,国贸桥下隶属金桥公司11个机动车停车场和自行车停放地完成腾退工作,腾退面积2.5万平方米。2月,协同交管局完成区域内18条道路的交通设施配套。3月,跨东三环地下通道(银泰航华地下通道)投入使用,通道与地铁10号线、1号线,以及银泰中心、招商局大厦连通。8月9日,成立CBD地区警务工作站,抽调4名民警、组建50名协管员队伍专职负责CBD地区的停车秩序管理。9月,CBD免费商务班车由8辆增至10辆。年内,在通惠河北路北侧、景恒街南侧、金桐西路西侧、建国路南侧、光华路5条路段加装违法停车自动抓拍系统;施划20余个出租车专用车位,并加装人行便道桩禁止车辆违法停放。

(王连娣)

【商务活动及平台建设】 3月1日,2010年世界城市建设国际论坛举行期间,CBD管委会组织"CBD发展圆桌论坛"活动,就发挥北京CBD战略区位优势,加快北京产业国际化发展进程,促进首都世界城市建设等议题深入研讨。4月,北京CBD国际传媒产业集聚区无线宽带网络工程公开招标确定建设单位。5月20日,进入建设阶段。该项目包括无线宽带网络基础设施和无线宽带网络管理平台建设,主要覆盖道路等公共区域,为CBD国际传媒产业集聚区的发展提供信息基础设施保障,提升区域商务环境。年内,参加世博会"魅力首都经济推介会"、2010投资中国投资未来房地产金融论坛暨第六届亚洲不动产投融资峰会、京港洽谈会等,推介CBD投资环境和重点项目。北京CBD传媒商会、金融商会、地产物业协会分别增加15家、8家、2家会员单位,商(协)会规模分别是86家、80家和37家。

(王连娣)

【CBD东扩区规划与综合方案公示】 3月23日,CBD东扩区规划综合方案在市规划委网站公示。方案以产业研究、市政交通专项研究为支撑,从空间布局、绿地系统、道路系统、轨道交通和空间形态等多方面进行公示。

(王连娣)

【CBD核心区建设】 3月30日,刘淇、郭金龙等市领导专题调研CBD有关情况,提出要以建设世界城市试验区的高度,加快CBD核心区建设,早日建成国际一流的高端商务区,并同步推进区域东扩。4月23日,刘淇、郭金龙等市领导批示“核心区建设进展情况及需请市政府协调解决的问题与建议”信息,将核心区建设列入重点工程调度范围。4月26日,向核心区内涉及拆迁企业送达《土地收购意向书》。4月30日,市国土局发布“北京商务中心区(CBD)核心区12宗土地规划方案及国有建设用地使用权出让招标公告”,建设用地面积116660.6平方米,招标分为设计方案征集和综合招标两个阶段,招标原则为“竞方案、竞实力、限价格”。5月20日,印发《朝阳区加快北京商务中心区核心区建设实施方案》,将CBD核心区列入区政府重点工程,创新审批机制;成立北京商务中心区核心区建设领导小组,统筹协调解决核心区建设中的重大问题。5月31日,北京市成立加快核心区建设工作组,负责协调解决核心区拆迁安置、规划编制、前期手续、政策体制等相关问题,做好市领导决策的执行工作。6月9日,张贴核心区居民拆迁公示。6月21日,完成居民拆迁入户调查工作,涉及居民569户。7月5日,区房管局召开核心区二期居民拆迁许可听证会。7月19日,张贴核心区居民《房屋拆迁许可证》,同步启动拆迁政策咨询工作。8月1日,核心区居民动迁正式启动。8月2日,设计方案评审(第一阶段)工作全面启动,参加投标单位61家。8月17日,市属企业北京工具厂率先签订拆迁补偿协议,占地面积为29348.08平方米。8月30日,核心区居民拆迁奖励期结束,61%居民签订拆迁补偿协议。9月20日,中国制浆造纸研究院签订拆迁补偿协议,总占地面积35958.7平方米。11月1日,CBD核心区规划方案上报市政府。规划确定核心区地上建筑规模不超过270万平方米;最高建筑的高度控制在510米左右,次高建筑的高度控制在300米左右,其余建筑控制在200米以内,形成比较丰富的城市天际线;各个地块建筑的底层空间要形成完整、连续的城市界面,并对社会开放。11月16日,市国土局发布核心区Z3等先期6宗地块的土地入市公告,建设用地面积合计68984平方米。12月7日,核心区6宗地块开始投标。12月22日,确定6宗地块的中标企业或联合体。中国中信集团公司等19家公司总部或地区总部入驻。总成交价款约223亿元,楼面地价为1.8万元至2.2万元/平方米。年内,核心区居民拆迁完成98%;16家企业中,14家签订拆迁补偿协议。

(王连娣)

【领导调研】 8月23日,国家副主席习近平到北京CBD调研。年内,接待领导视察、省级交流、国内外考察团130批次2000人次。

(王连娣)

【CBD国际商务节】 10月28日—11月7日举办第十一届北京CBD国际商务节。主题为“转变经济发展方式、建设国际商务中心”。中央及市领导、80个国内外城市代表团及400余家国内外知名企业代表出席开幕式活动。世界CBD联盟2010峰会暨北京CBD国际论坛、国际人才与区域发展高端论坛、北京CBD国际金融论坛举办;举办中国商务区圆桌会、国际城市论坛2010年年会、第四届中外跨国公司CBD圆桌会、第八届北京国际商务车展等商务活动。期间,“世界华商中心”举行揭牌仪式;北京CBD当选为世界商务区联盟第二届轮值主席单位;中国商务区联盟成立,北京CBD当选为首届轮值主席,代表讨论《中国商务区联盟章程》。

(王连娣)

【党工团组织建设】 年内,累计组建23个企业党委、14个企业党总支、246个党支部,纳入党建工作范围党员1997余名。累计组建35家企业工会,工会会员约18000名。

(王连娣)

北京奥林匹克公园

【概况】 北京奥林匹克公园管理委员会为市政府派出机构,委托朝阳区代管。4月16日,区编制委员会对《北京奥林匹克公园管理委员会主要职责内设机构和人员编制规定》进行了审核,并经区委、区政府批准,对管委会主要职责进行调整,内设机构增加安保交通处。管委会主要职责是:贯彻执行国家及本市有关法律、法规和政策。负责研究提出奥林匹克公园发展规划和相关政策,并组织协调市、区有关部门及区域内的企事业单位共同落实。参与拟订奥林匹克公园的建设规划工作。负责区域内大型活动的组织管理和服务保障工作。负责组织协调区属各单位开展区域内社会秩序、市政基础设施、城市绿化、市容和环境卫生等工作,统筹园区及周边景观管理工作,实施标准化的城市管理。按照功能区建设要求,组织、协调、统筹区域内的产业发展和促进工作。负责统筹区域应急管理工作。负责组织协调有关部门及区域内的企事业单位,开展食品卫生、防火安全、生产安全、交通管理、社会治安、旅游市场管理等工作。负责市、区政府交办的其他工作。年内,奥林匹克公园固定资产投资任务为2亿元。接待中外游客约4500万人次,其中,国家体育场350万人次,国家游泳中心160万人次,中国科技馆320万人次,森林公园510万人次。

地址:北辰东路15号

电话:84972647

邮编:100101

(赵振霞)

【奥运功能区发展联盟】 1月,成立奥运功能区发展联盟,首届会员由29家功能区重点企事业单位组成。

(金　虎)

【市级文化创意产业集聚区】 3月,经市创意产业领导小组批准,奥林匹克公园成为市级文化创意产业集聚区。

(金　虎)

【朝阳区青年就业创业见习基地】 5月,经团区委,区人力社保局、区财政局批准,奥林匹克公园成为朝阳区青年就业创业见习基地。

(张志丹)

【胡锦涛参加中国科技馆新馆活动】 5月31日,中共中央总书记、国家主席、中央军委主席胡锦涛到中国科技馆新馆,同出席中国少年先锋队第六次全国代表大会的全体小代表和部分中外少年儿童一起参加“体验科学、快乐成长”活动。

(赵振霞)

【创建国家5A级旅游景区】 6月29日,创建北京奥林匹克公园国家5A级旅游景区工作动员大会在国家会议中心召开,联合9家业主单位全面启动了公园整体创建5A景区工作,12月下旬正式向市旅游局和国家旅游局提交申报书,进入报批程序。

(丁　军)

【文化发展论坛】 8月9日,举办首届“北京奥林匹克公园2010年发展分论坛”。以“北京奥林匹克公园的传承与创新”为主题,设有两个分议题,一是“奥运遗产的传承与创新”,二是“品牌活动与世界城市”。

(丁　军)

【城市志愿者孵化基地】 8月,经朝阳城市志愿者协会批准,奥林匹克公园成为朝阳区城市志愿者孵化基地。

(张志丹)

【首届奥林匹克公园美食广场】 9月22日至10月7日,北京奥林匹克公园管理委员会和北京新奥集团共同举办首届奥林匹克公园美食广场。

(丁　军)

【中网赛事】 9月至10月,国家网球中心举办2010中国网球公开赛,网坛巨星德约科维奇、穆雷、沃兹尼亚奇、莎拉波娃、大小威廉姆斯姐妹、萨芬娜、扬克维奇、伊万诺维奇等世界顶尖选手出席。中网公开赛全面升级,ATP国际网球挑战赛进驻公园,沃兹尼亚奇还成为了首位中网公开赛产生的世界女子网球排名第一的选手。

(赵振霞)

【奥运功能区税收】 年内,奥运功能区形成财政收入38.6亿元,同比增长14.1%。奥林匹克公园实现区级财政收入1.87亿元,同比增长1.5倍。

(金　虎)

【北京青少年外事交流基地】 12月,经共青团北京市委员会、北京市青年联合会批准,奥林匹克公园成为北京青少年外事交流基地。

(张志丹)

【大型活动】 年内,共举办大型活动187次。国际品牌文化赛事进一步聚集,首届世界武博运动会、中国网球公开赛、世界杯短池游泳锦标赛、巴萨8.8国际足球邀请赛、北京国际马拉松、“2010集善中国行”国际足球邀请赛等重要赛事举办。国家体育场举办了“绿色环保、健康新时代”大型环保演唱会、青少年足球邀请赛、中国少年先锋队鼓乐团展示交流活动和庆祝建国六十一周年音乐会等活动。国家游泳中心推出了首届“水立方杯”大型华侨华人音乐会、“梦幻水立方”第三期大型全景芭蕾秀《天鹅湖》、水立方新年音乐会等精彩演出。国家体育馆举行宝马3系穿越时空演唱会、思兰德健康旋风一起为健康喝彩国际巨星演唱会。

(李　栋)

【宣传推介】 年内,组织园区业主单位参加文博会、CBD国际商务节等多个重要活动。设计印制《北京奥林匹克公园(商务版)》招商宣传折页,完成《奥运模式》丛书编写。在《人民日报海外版》就奥林匹克公园做了五期专题报道。启动奥林匹克公园主题宣传片的录制工作。

(张子琎)

【工程建设】 年内,森林公园启动奥运雕塑园建设。国庆60周年民族团结柱落户奥林匹克公园。国家网球中心新馆主体工程完工。

(赵振霞)

【场馆改造】 年内,“水立方”完成改造正式对社会开放,运营面积从4.9万平方米增加到7.7万平方米,建成亚洲先进的室内主题水上乐园和网球场、热身池、公益展馆等配套设施,成为以“运动培训、文化娱乐、健身休闲”为一体的多功能国际化时尚中心。“鸟巢”推出主题餐厅,新增“鸟巢钢结构探秘”等20多个景观项目,加快推进火炬广场建设。下沉花园新奥购物中心正式对外招商,韩国CGV星星国际影城和北京工美艺苑先期入驻。奥林匹克公园北部场馆群加快改造,拥有多个室内羽毛球场、小型足球场和露天篮球场的“体育园”建成,推动休闲体育产业发展。

(张子琎)

【会展展览】 年内,国家会议中心举办会议展览610个,其中,世界音乐教育大会、世界心脏病大会、绿色经济与应对气候变化国际合作高峰论坛、2010中国(北京)国际商务及会奖旅游展览会等会展项目,涉及科技、环保、医疗、艺术等多个领域,具有广泛的国际影响。

(李 栋)

【媒体接待】 年内,共接待包括新华社、中央电视台、日本NHK电视台、香港电台和法兰克福汇报等外宾、外国媒体90余批次。

(张子琎)

【要客接待】 年内,接待外国元首和政要、中央和市领导视察66次,400余人。

(钱 为)

【编制十二五规划】 年内,启动“十二五”规划编制工作,形成《奥运功能区“十二五”发展规划(初稿)》,形成奥运功能区“十二五”产业规划和人才规划初步方案。

(金 虎)

【安全检查】 年内,全面推动安全生产事故隐患三级管理工作,组织安全检查300余次,发现整改隐患200余处。加强入园游客安检,查获限带物品1.7万件。

(徐春奇)

【执法检查】 年内,全年取缔无照经营2.6万起,收缴违法物品134.39万件,罚款12.7万元。

(徐春奇)

【国家级文化设施落户】 年内,中国国学中心、国家美术馆和中国工艺美术馆·中国非物质文化遗产展示馆三个国家级文化设施项目选址奥林匹克公园,建筑总面积近28万平方米,已完成了全球概念性设计方案征集。

(金 虎)

电子城科技园

【概况】 中关村科技园电子城科技园管理委员会是负责电子城科技园规划、建设和管理等行政职能的区政府派出机构。年内,电子城科技园有高新技术企业1176家,电子信息、生物医药、新能源、装备制造是电子城主导产业,从业人员9.2万人。“十一五”时期,园区总收入年平均增速为24%。实现年总收入1245.1亿元,同比增长22.1%,过亿元企业127家,其中2家企业超百亿,16家过10亿企业;实缴税费58.3亿元,同比增长17.1%;利润总额155.4亿元,同比增长43.4%;工业总产值526.9亿元,同比增长35.1%。企业R&D经费投入强度5.4%,拥有有效专利2874件,注册商标1166个。

地址:酒仙桥路甲12号电子城科技大厦15层

电话 64311811 64317300(传真)

邮编:100015

(苏 姗)

【两家非公企业党支部成立】 1月5日,经电子城工委批准,两家非公企业——北京天瑞星际技术有限公司、北京阳光金力科技发展有限公司党支部成立。

(苏 姗)

【ISO14001环境管理体系审核通过】

1月8日,电子城管委会ISO14001环境管理体系通过中国质量认证中心北京评审中心审核组的审核,并于9日收到中国质量认证中心核发的ISO14001环境管理体系认证书,标志着电子城管委会环境管理体系取得专业部门认可,进入正式运行阶段。

(王 谦)

【举办完善绿色通道专题会】 1月20日,电子城管委会高新技术产业办公室、服务中心和国税六所的相关负责人,就完善绿色通道、减化企业办理税务减免程序，召开专题会议。会议商定：健翔地区高新技术企业在办理税务减免手续时，只需直接出具电子城科技园核发的中关村高新技术企业证书，即可办理税务减免备案手续。此举不仅为企业办理税务备案登记手续简化程序，缩短时间，提高效率，也进一步完善了企业服务绿色通道，营造电子城优质温馨的服务氛围。

（苏　姗）

【朝阳科技工作会召开】 1月21日，在本区年度科技工作会上，北京手中乾坤信息技术股份有限公司、北京天助畅运医疗技术股份有限公司、北京发研工程技术有限公司等11家电子城园区企业，获得区科委2009年度企业研发投入资助。另有中科宇图天下科技有限公司、北京瑞利分析仪器公司、北京华东电气股份有限公司等11家园区企业获得2008年度朝阳区科技发展进步奖。

（赵　剑）

【首批技术先进型服务企业】 1月，市科委公布了2009年度首批拟认定技术先进型服务企业名单，电子城园区的摩托罗拉（中国）技术有限公司、北京碧沁科技有限公司、北京富士通系统工程有限公司、安捷伦科技软件有限公司4家企业位列其中。

（赵　剑）

【自主创新产品试点工作获“组织奖”】 2月5日，2009年政府采购中关村自主创新产品总结表彰暨2010年第一次签约大会在清华科技园科技大厦召开，本区政府荣获2009年试点工作“组织奖”。政府采购自主创新产品是增强企业自主创新能力的重要举措，也是发挥政府采购调控功能和公共财政职能的重要措施。为推进中关村自主创新产品在首都发展建设中的广泛应用，提升企业自主创新能力，帮助企业应对国际金融危机，2009年，全市开展政府采购中关村自主创新产品试点工作。为更好发挥政府采购对企业自主创新的促进作用，区委、区政府将政府采购中关村自主创新产品列为本区帮扶企业应对国际金融危机24项工作措施的重要内容，并多次组织开展中关村自主创新产品的认定和签约工作。为提升园区企业的自主创新能力，电子城管委会采取多种措施，大力宣传企业技术创新政策，鼓励、组织拥有自主创新产品的企业申报自主创新产品政府采购目录，为园区科技创新发展提供环境保障。

（赵　剑）

【2009年度总结表彰会】 2月3日，中关村管委会与电子城科技园管委会共同举办2009年度总结表彰会。ABB、爱立信、安东石油等100家在2009年度为园区总收入突破千亿、超额完成区级财政收入做出突出贡献的高新技术企业获得表彰。受表彰企业代表和市区领导陈刚、程连元、郭洪、吴桂英以及相关部门负责人汇聚一堂，共谋发展。

（苏　姗）

【首信股份有限公司捐助“北京太阳村”】 2月9日，北京首信股份有限公司将员工自发捐助的物品和现金送到“北京太阳村”孩子们的手中。“北京太阳村”是首信股份的爱心教育基地，每年都会组织员工进行捐助。

（张　红）

【功能区水务工作座谈会】 2月11日，区水务局一行三人来电子城管委会，就电子城功能区水污染情况、河道现状，“十二五”期间供水需求、中水管线铺设需求等方面进行座谈，电子城管委会提供相关材料，提出合理建议，确保专项规划的编制符合园区实际情况，体现园区发展诉求。

（王　谦）

【安全运行超万小时】 2月24日，电子城网站安全运行超万小时。

（苏　姗）

【技术合同登记质量优秀奖】 2月，电子城技术合同登记处获得北京技术市场技术合同认定质量优秀奖，在全市36家登记处中排名第五，在中关村科技园区的登记处中排名第三。

（苏　姗）

【第二次全国经济普查成果发布】 3月4日，电子城科技园第二次全国经济普查成果发布。数据公报显示，2008年末，在电子城科技园注册的第二、第三产业高新技术法人单位共计1090个，其中从事第二产业的高新技术法人单位254个，从事第三产业的高新技术法人单位836个。总收入739.4亿元，其中第二产业总收入280.9亿元，第三产业总收入458.5亿元。从业人员84508人，其中第二产业从业人员41621人，第三产业从业人员42887人。

（苏　姗）

【百家突出贡献先进企业工作会】 3月22日，电子城管委会召开“百家突出贡献先进企业”工作会，ABB中国、安东石油、安捷伦科技、爱慕等百家企业参加会议，会议由电子城管委会副主任刘克文主持，电子城管委会工委书记、常务副主任王文军出席会议并讲话。会上，管委会各科室负责人就专项资金申报、高层次人才需求、服务外包、企业信息征集及搭建宣传推介平台等园区开展的各项服务工作进行专项部署。

（苏　姗）

【国际电子总部3号地项目破土动工】 3月25日,由北京电子城有限责任公司投资建设的中关村电子城国际电子总部3号地项目破土动工,该项目是北京市“2010年度重点工程”,建筑面积为135330平方米,总投资约5亿元。

(王　谦)

【电子城专场人才招聘会】 3月30日,电子城科技园服务中心在朝阳人才交流中心举办本年首场电子城专场人才招聘会。免费为园区内高新技术企业提供招聘宣传与招聘展位,助力企业招揽人才。同时也通过现场咨询,及时了解企业发展情况、用工动态,帮助企业稳定发展,确保就业安全。

(赵　严)

【IT产业园B1厂房项目竣工】 3月31日,由北京电子城有限责任公司投资建设的IT产业园56651平方米B1厂房项目完成竣工备案,ABB电气传动系统有限公司、超图软件、宝力马传感技术有限公司等企业将陆续入住并形成投产。

(王　谦)

【免费集中年检】 3月,电子城科技园服务中心与工商行政管理局朝阳分局携手,免费为园区高新企业集中办理报备式工商年检,为期三天的年检共为310家高新企业办理工商年检手续。

(赵　严)

【与延庆相关部门座谈协作发展】 4月9日,电子城管委会常务副主任王文军带领电子城管委会副主任及各科室负责人、区发改委相关负责人,与延庆经济开发区管委会、八达岭开发区管委会领导就产业领域合作共建等事宜进行座谈。座谈会上,双方领导就2010年合作重点进行了交流,并达成两点共识:一是加强产业共建基地建设,合作搭建八达岭开发区与电子城园区招商引资平台;二是利用两地“中小企业网”,搭建产业合作信息平台。双方将按照政府引导、部门联动、企业联姻、多方协作、市场运作的方式,遵循“资源共享、互动双赢、务求实效、市场运作”的原则,充分利用两地现有的科技资源、产业资源、信息资源等,实现资源整合、优势互补,深入对接,密切合作,做好朝阳区-延庆县帮扶合作工作。

(赵　剑)

【人大代表调研】 4月14日,市人大代表、市人大教科文卫体办公室一行10人,到电子城管委会调研指导工作。常务副主任王文军、副主任黄文伟及电子城有限责任公司、兆维集团、兴大豪、双鹤、七星华创、毕捷电机的负责同志,参加调研及座谈。会议主要围绕审议《中关村国家自主创新示范区条例(草案)》,听取建设中关村国家自主创新示范区工作情况,特别是就更好地发挥两级管委会积极性、加强服务和管理、营造良好创新创业环境、激发国有企业科技人员积极性、国有企业在创新成果转化方面的情况及遇到的问题,进行深入探讨。5月12日,市人大常委会副主任吴世雄就中关村条例到电子城调研,中关村管委会领导一同调研,在王文军的陪同下到鼎桥通信技术有限公司参观调研。此次调研是对电子城所属有代表性的高新技术企业进行深入了解和考察。鼎桥首席财务官张硕首先做了鼎桥发展历程和未来发展规划的介绍,之后在鼎桥管理团队的陪同下参观了鼎桥刚刚扩建并正式投入使用的“TD创新技术实验室”和研发办公区。在调研和交流中,吴世雄特别关注鼎桥在自主创新方面的情况和人才吸纳培养的问题,鼓励鼎桥更快更好地发展壮大。新扩建的“鼎桥TD创新技术实验室”和研发办公区是在各级政府的支持和关怀下落成并正式投入使用的。5月20日,区人大常委会副主任闫学锋及人大代表一行十余人到电子城功能区调研,王文军及班子成员参加调研。人大代表实地视察了鼎桥通讯和合众思壮两家园区企业,听取企业发展情况的汇报,参观企业研发及办公区域,对园区企业的快速发展给予高度评价。

(苏　姗　赵　剑)

【功能区一体化调研座谈会】 4月20日,为全面开展朝阳区土地储备区域规划研究工作,朝阳区城乡一体化工作领导小组指挥部前期策划办公室主任莫飞率工作小组一行8人与电子城管委会,就功能区土地利用规划、土地功能定位、土地出让形式、劳动力安置、项目审批流程、如何统筹规划建设用地,集约利用土地资源,增加园区发展空间等问题进行深入交流,为研究朝阳区储备土地总体规划方案,统筹集约利用土地资源提供重要参考。

(王　谦)

【深圳企业代表到团电子城参观考察】 4月21日,由深圳市总商会牵头组织的深圳市企业代表团一行20人到电子城科技园参观考察。代表团听取了对科技园的相关介绍,详细了解了电子城的发展历程、园区定位、投资环境及重点企业项目的落户和政策支持情况,并就园区土地规划建设情况、企业办公用地供应情况等问题与电子城相关人员进行交流沟通。最后,代表团一行到东西区实地参观,对IT产业园及北扩规划区域表示出浓厚的兴趣。

(苏　姗)

【电子城专场招聘会】 4月22日,电子城专场招聘会在北京高校毕业生就业指导中心举行。招聘会的举办旨在为园区高新技术企业引进高级人才，满足企业对创新型人才的需求。共有65家园区高新技术企业参加，特别是以京东方科技集团股份有限公司、北京捷通机房设备工程有限公司等为代表的18家国家高新技术企业更是吸引了前来应聘学生的极大关注。此次招聘会提供了包括机械设计工程师、软件开发工程师在内的近400个就业岗位。

（赵　严）

【重大项目落地工作正式启动】 4月27日，电子城科技园项目协调推进工作领导小组首次工作会召开，两大开发建设公司相关负责同志参会。会上，王文军强调要按照市、区政府及中关村管委会的相关要求，举全园之力推动此项工作全面开展，为朝阳区经济发展多做贡献。此次会议的召开，标志着电子城管委会促进重大项目落地工作正式启动。

（王　谦）

【ABB三期厂房落成】 5月22日，北京ABB电气传动系统有限公司三期厂房落成庆典在电子城科技园举行，副区长阎军、管委会副主任黄文伟出席庆典。

（苏　姗）

【望京创业人才班车】 5月28日，“望京创业人才班车”开通仪式在望京科技创业园中心广场举行，37家企业的292名员工报名领取了乘车卡，凭卡可免费乘坐班车。

（王　谦）

【电子城东区道路交通专题会】 6月4日，为落实区委书记陈刚关于解决电子城东区交通拥堵问题的指示精神，在北小河公园管理处会议室，由副区长赵全保组织召开电子城东区道路交通专题调度会。区市政市容委、区发改委、电子城管委会、区规划局、区财政局、区绿化局、区交通支队、将台乡政府、酒仙桥街道部分领导及负责同志参会，就电子城东区道路拥堵现状、道路建设重点、改善措施交换了意见。会议为电子城管委会全面打响“十二五”期间基础设施建设攻坚战打下了基础。

（王　谦）

【IT产业园B2厂房项目竣工】 6月11日，由北京电子城有限责任公司投资建设的IT产业园36976平方米B2厂房项目完成竣工备案。该项目为电子部第十一研究所光电新区项目，总投资约5亿元，项目落地后将用作红外光电产品的研发、生产。

（王　谦）

【握奇数据公司服务世博会】 6月28日，全球领先的数据安全解决方案提供商——握奇数据充分发挥自身在安全支付领域的优势，利用先进的非接触卡技术，为世博会提供超过100万张非接触世博商业卡，用于改善世博园区的消费支付环境。该卡是由上海世博会事务协调局规划并组织发行的一张适用于商品（服务）的小额支付智能卡。2009年12月30日，上海世博局授权上海市商业投资（集团）有限公司正式成为2010年上海世博会商业卡项目赞助商。由商投集团特别推出“服务世博，便利游客”的世博商业卡。世博商业卡采用目前国际最先进、安全的非接触智能卡技术，能与传统的智能卡在软件与应用层面完全兼容，实现世博园区“便利、快速、安全”的消费支付。世博商业卡成为世博园区重要的支付手段之一，其倡导的无现金消费方式，真正彰显世博会“城市，让生活更美好”的主题。

（赵　剑）

【深圳宝安区考察组调研】 6月，由深圳宝安区政协、贸工局、发改局、科技局、人事局等单位组成的“宝安区建设电子信息高端制造业基地”考察团一行15人到电子城科技园考察学习。副主任黄文伟及综合科、高新办等相关负责人接待，就电子城科技园发展概况、发展优势、空间布局及发展目标，向调研小组做详细介绍。双方就共同关心的开发建设模式、产业结构调整、企业自主创新鼓励政策等问题展开交流讨论。宝安区调研小组表示，电子城在老基地改造、产业结构调整和鼓励自主创新方面的做法，对加快宝安区信息高端制造业发展提供了宝贵经验，并希望在今后的工作中进一步加强沟通、交流。

（苏　姗）

【电子城五家企业深交所上市】 截止6月底，电子城五家企业在深交所成功上市。北京东方园林股份有限公司和北京七星华创电子股份有限公司两家企业在深交所中小板上市，北京超图软件股份有限公司、北京万邦达环保技术股份有限公司和北京蓝色光标品牌管理顾问股份有限公司三家企业在深交所创业板上市。

（苏　姗）

【刘淇、郭金龙考察世纪互联集团】 7月8日，中共中央政治局委员、中共北京市委书记刘淇，市委副书记、市长郭金龙一行莅临世纪互联集团，参观其位于电子城科技园的大型数据中心。世纪互联集团董事长陈升陪同视察，并详细介绍了世纪互联集团发展十余年努力打造国内领先的第三方数据中心服务。

（张　红）

【以色列城市联合会代表团调研】 7月9日，以色列城市联合会代表团及中国人民对外友好协会来管委会调研,双方就两国高新技术产业发展情况进行深入交流和探讨,管委会负责人介绍了电子城科技园情况。

(苏　姗)

【基础设施建设工作会】 8月17日、8月20日,为落实副区长赵全保关于缓解电子城地区道路拥堵的指示精神,电子城管委会与区市政市容委共同组织召开专题对接会,区市政市容委、区规划分局、朝阳交通支队、宝嘉恒基础设施投资公司、电子城有限责任公司、电子城建设有限公司相关负责同志参会。通过对接,明确了以电子城东区道路交通改善为首要任务,内外结合、各司其职、形成对接、实现贯通的电子城地区道路交通改善工作思路。

(王　谦)

【驼房营路景观规划协调会】 8月18日,为进一步提升园区道路整体景观形象,改善驼房营路两侧建筑物犬牙交错的现状,电子城管委会组织将台地区办事处、酒仙桥街道办事处、电子城有限责任公司主要领导召开协调会,研究园区道路及周边整体景观规划。就驼房营路及周边整体环境改善思路、违法建设监管治理、道路两侧商铺规范管理等问题进行深入沟通,明确要坚持统筹协调、统一规划、统一建设、属地管理的工作原则,从提升环境形象的大局出发,实现电子城东区道路景观环境的整体改善。

(王　谦)

【入选"瞪羚计划"首批重点培育企业】 8月20日,2010年中关村国家自主创新示范区"瞪羚计划"首批重点培育企业工作大会在北京会议中心举行,电子城科技园区的世纪互联、海域天华、兴大豪等30家企业入选"瞪羚计划"首批重点培育企业。

(赵　剑)

【杰华生物项目专题协调会】 8月25日,为加强园区重点项目推进力度,解决项目建设过程中出现的问题,电子城管委会组织召开协调会,专题研究杰华生物蛋白质工程产业化项目环评问题。区环保局、电子城管委会、来广营地区办事处、电子城建设有限公司、北京朝来天陆置业有限公司、杰华生物技术有限公司负责同志参会。通过此次会议,为企业提供了政企沟通渠道,明确了下一步工作思路,对项目落地起到推动作用。

(王　谦)

【与企业座谈共话园区环境建设】 8月26日、8月30日,为深入开展东区环境影响评价工作,真实反映电子城科技园区环境现状,电子城管委会分两次召开企业座谈会,共邀请京东方、七星、兆维等12家重点企业沟通电子城东区环境问题。通过座谈,掌握园区环境现状、了解企业相关需求,为园区开展生态园建设,提升园区环境品质提供重要参考依据。

(王　谦)

【9个项目列入市重大工业项目库】 8月,电子城科技园的集成电路装备研发及产业化基地、双鹤药业研发中心、京东方中央大厦、欧洲汽车节能技术研发中心、德国汽车零配件研发中心5个项目被列入市落地协调推进重大工业项目库,加上原有的大唐无线移动通讯产业园、杰华生物乐复能生产基地、正东设计师大楼、燕东微电子有限公司的半导体器件产品线4个项目,电子城科技园已有9个重点项目进入市重点协调推进项目名单。

(王　谦)

【生态工业园区建设申请申报】 9月19日,经过一年多的筹备,电子城管委会完成生态工业园区建设申报的前期准备工作,向国家生态工业示范园区建设领导小组办公室正式提交《关于中关村科技园区电子城科技园申请创建国家生态工业示范园区的报告》。

(王　谦)

【第四届"锐动金秋"政企联谊会】 9月16日,第四届"锐动金秋"政企联谊会在电子城科技园召开。活动旨在扩大朝阳区高新技术产业品牌影响力,交流企业经验,听取企业建议,探讨战略合作问题,共谋电子城发展大计。来自园区百家企业的董事长、总经理及中关村管委会、北京电子控股有限责任公司、区四套班子、相关委办局街乡以及电子城责任公司、中关村电子城建设负责人等百余参会人员畅所欲言,为电子城加快发展出谋划策。

(苏　姗)

【电子城信用工作平台挂牌】 9月27日,电子城信用工作平台挂牌并正式受理业务。为加快中关村国家自主创新示范区信用体系建设,以信用促融资、以融资促发展,进一步做好面向企业的信用服务和投融资服务工作,北京中关村企业信用促进会在电子城科技园区设立了电子城信用工作平台,方便地处朝阳区的示范区企业就近办理入会、年审、中介服务支持资金、信保融资补贴申请等相关业务。高企协会承担了电子城信用工作平台的日常业务。截止12月底,受理中关村信促会年审企业13家,入会企业7家,组织政策宣讲活动三场。

(杨亚平)

【"嫦娥二号"应用 EV - Globe 三维空间平台】 10月1日,嫦娥二号卫星应用了北京国遥新天地信息技术有限公司的基于 EV - Globe 大型三维空间信息平台的三维可视化测控指挥系统。该系统实现多目标多任务下航天器及运载工具运行状态以及运行环境的虚拟现实表现，通过动态信息的传输转化，实时监控和模拟嫦娥二号在太空中的飞行态势，为指挥监控提供精确的依据。

（张　红）

【酒仙桥东辅路道路工程改造】 10月5日，酒仙桥东辅路道路工程改造完工。该工程北起酒仙桥万红路，南至酒仙桥厂中路，全长411.79米。该道路的改造完工标志着电子城东区道路交通改善工作全面启动。

（王　谦）

【北扩范围内空地日常管理及资金拨付小组工作会】 10月9日，根据北扩空地日常管理工作相关要求，电子城管委会组织区财政局、区农委、市国土朝阳分局、崔各庄乡政府召开北扩范围内（崔各庄）空地日常管理及资金拨付小组工作会，对北扩空地日常管理情况进行了检查，并完成2010年度北扩空地管理资金的拨付工作。

（王　谦）

【罗马尼亚科技考察团访问】 10月18日，在市科委副主任伍建民、中国驻罗马尼亚大使馆科技参赞王建族以及科技部科技交流中心领导的陪同下，罗马尼亚共和国科技考察团访问考察国遥新天地公司。会谈中，国遥新天地公司着重介绍自主研发的大型开放式三维空间信息平台EV－Globe软件及其行业应用情况。罗马尼亚方面表示，这次来访使得双方相互认识，希望保持联系，将来有机会建立起双边的科技合作，有机会将EV－Globe这样的软件技术引入到罗马尼亚市场。

（赵　剑）

【驼房营路道路改建完工】 10月20日，驼房营路道路改建及酒仙桥南街道路扩宽工程完工；驼房营路为城市主干道，路宽40米，机动车道4条。新建道路投入使用后，极大方便了附近居民通行，缓解了交通拥堵。

（王　谦）

【表彰奖励】 10月，经区委、区政府批准，区人才评选表彰工作办公室在全区范围内开展第三届"朝阳区突出贡献人才奖"、"朝阳区高层次创新创业人才团队"等8个奖项的评选工作。电子城科技园区有27名先进个人、2家单位和4个团队受到表彰。奇智软件（北京）有限公司董事长、首席执行官周鸿祎荣获朝阳区突出贡献人才奖；北京握奇数据系统有限公司严光文、精进电动科技（北京）有限公司首席执行官余平等4人荣获朝阳区突出贡献人才提名奖；北京中电华大电子设计有限责任公司产品经理、高级工程师许珊琳、北京国遥新天地信息技术有限公司总裁吴秋华等4人荣获朝阳区专业技术、管理拔尖人才；北京松下控制装置有限公司化学加工部部长、高级技师王福来、施耐德电气（中国）投资有限公司高级工程师史燕琨等8人荣获朝阳区学术技术带头人；北京手中乾坤信息技术股份有限公司董事长、总经理王冲、北京握奇数据系统有限公司软件开发中心技术总监、高级工程师计进波等10人荣获朝阳区优秀青年人才；北京中电华大电子设计有限责任公司、慈铭健康体检管理集团荣获朝阳区重视人才先进单位；杰华生物技术（北京）有限公司、北京青青树动漫科技有限公司、精进电动科技（北京）有限公司、奇智软件（北京）有限公司荣获朝阳区高层次创新创业人才团队。

（赵　剑）

【恒基伟业研发中心项目动工】 10月，恒基伟业研发中心项目正式破土动工。恒基伟业是国内知名的移动信息终端产品及服务的供应商，并开始进入光能电池研发生产等新能源行业。恒基伟业入驻，将进一步形成电子城新移动通信产业聚集氛围，并促进新能源产业发展，为打造"中国移动谷"注入新的力量。

（王　谦）

【紫竹药业入选规模企业】 10月，经过市科委认定，北京紫竹药业获得北京市生殖避孕药物工程技术研究中心授牌，标志着紫竹药业向着生殖健康药品的进一步工程化、产业化迈出了关键一步。10月25日，"北京生物医药产业跨越发展工程（G20工程）企业发布会及授牌仪式"在北京国际饭店举行，北京紫竹药业有限公司入选17家规模企业。

（赵　剑）

【调研人才公共租赁住房建设】 11月4日，为推进中关村自主创新示范区人才公共租赁住房建设工作，中关村管委会李翔委员到电子城管委会调研电子城科技园人才公共租赁住房建设进展情况，听取电子城有限责任公司、电子城建设有限公司相关负责同志关于电子城科技园人才公共租赁住房建设计划的汇报。

（王　谦）

【建设项目联合执法机制专题会】 11月8日，为落实区长程连元关于建立园区建设项目联合执法机制的指示精神，进一步加强园区内研发、工业建设项目监管，电子城管委会组织发改委、建委、国土、规划、房管、电子城有限责任公司、电子城建设有限公司，召开建立"建设项目联合执法机制"专题会，共同研讨项目建设联合管理意见的制定。通过专题对接，确保了即将出台的管理意见更加贴近园区实际、符合项目监管审批相关要求。

（王　谦）

【园区建设项目管理意见获通过】 12月23日,电子城管委会完成《关于加强电子城科技园区建设项目管理的意见》编制,经区长办公会审议通过。

(王　谦)

【区政协委员调研ABB】 11月23日,区政协60多位委员,在区政府有关领导陪同下到电子城IT产业园的ABB电气传动系统有限公司进行调研。ABB公司总裁陶诺·海诺拉陪同并就企业发展进行讲解。北京ABB电气传动系统有限公司成立于1994年,是ABB集团在中国的交直流传动产品供应商。ABB的传动产品用于从0.12KW至100,000KW的电机调速,广泛应用于冶金、造纸、石油天然气、风力发电、纺织、橡胶塑料等众多行业。在金属轧机、起重机、石油钻机、压缩机、挤出机、拉丝机、风机、泵类等应用中,传动设备都起着提高精度、实现高效节能的重要作用。在中国,ABB传动公司旨在为客户提供最优的传动产品与服务。通过始终如一的不断努力,ABB传动公司不仅拥有认真敬业、充满活力、不断创新的员工团队,而且建立起由系统集成商与分销商组成的遍及全国有效运转的渠道销售网络,以及专业的传动服务中心网络。

(赵　剑)

【酒仙桥厂中路改造工程竣工】 11月30日酒仙桥厂中路改造工程竣工。该工程西起万红北巷,南至将台东路,道路全长1141.25米。解决了铁路岔口处的交通拥堵问题,获得IT产业园入驻企业的好评。

(王　谦)

【北扩征地全面启动】 年内,电子城公司积极配合崔各庄乡实施拆迁工作,实现北扩地上物拆除进展平稳、快速。在北扩区域401公顷范围内(北扩一期和二期同步拆迁),住宅拆迁完成97%,约69万平方米;非住宅拆迁完成96%,约164万平方米,基本完成拆迁工作。

(王　谦)

【爱立信大厦二期项目奠基仪式】 12月2日,爱立信大厦二期项目奠基仪式在电子城西区举行,副市长苟仲文、区委书记陈刚等领导以及瑞典驻中国大使罗瑞德先生、爱立信集团总裁和CEO魏思瀚先生等出席奠基仪式,出席奠基仪式的还有国家发改委、外交部、工信部以及市区相关部门的领导。爱立信大厦二期项目规划总建筑面积约7.8万平方米,预计于2012年竣工并投入使用。

(王　谦)

【电子城新能源产业联盟成立】 12月24日,电子城管委会召开新能源产业联盟成员大会,15家联盟发起单位到会,对各项事项进行审议。通过联盟章程,选举产生联盟第一届理事会及执行机构负责人。成员大会的召开,标志着联盟工作正式启动。

(杨亚平)

【新一代移动通信产业联盟成员大会】 12月29日,电子城新一代移动通信产业联盟第一次成员大会在望京科技创业园召开。北京移动朝阳分公司、北京通信信息协会、大唐电信、鼎桥通信、世纪互联等与移动通信产业相关的运营商、研发商、制造商,以及协会等共23家企业、单位的相关负责人参加会议。与会代表表决通过联盟章程、理事单位名单,选举产生联盟第一届执行机构、理事长和副理事长,并就联盟今后的运作、活动进行充分讨论。常务副主任王文军代表管委会对联盟成员大会的召开表示祝贺。

(赵　剑)

【获市优秀人才培养资助】 12月,经电子城管委会推荐,市委组织部初审、专家评审委员会评审和园区对拟资助人员的公示,电子城科技园区2名优秀人才获得市优秀人才培养资助。分别是:安东石油技术(集团)有限公司漆万辉高级工程师,申报项目是深井复杂井开窗侧钻技术;北京超图软件股份有限公司石伟伟高级工程师,申报项目是国家统计遥感业务系统关键技术研究与应用。共获得资助金额12万元。

(赵　剑)

【西区重点市政设施项目竣工】 年内,西区五环外重点基础设施项目崔各庄110KV变电站完成建设并投入使用,有效缓解电子城西区供电紧张的局面,也确保五环外新项目落地的电力供应。重点市政设施项目、连接电子城西区五环内外的来广营中街段全线竣工,同时电子城西区六号路建设也已竣工,具备通车条件。这两条道路的市政管线,将为杰华生物、寰球工程等项目投入使用,以及望京研发创新基地和中材集团项目建设,提供良好的市政条件,有效推进电子城西区的开发建设。

(王　谦)

温榆河生态走廊

【概况】 温榆河管委会是负责温榆河地区开发建设管理和协调服务工作的区政府派出机构。负责研究编制温榆河地区总体规划、控制性详细规划和各专项规划，制定地区发展规划、相关政策和开发建设计划，并组织实施；负责统筹温榆河地区市政基础设施建设、产业发展和生态环境建设，制定地区土地开发建设计划，并组织实施；负责协调建设用地的征地、拆迁、转工、转居工作，制定征地拆迁安置计划和政策；负责温榆河地区开发建设项目的初审和报批工作，并协助相关部门开展对工程项目的财务管理和审计监督工作；负责研究温榆河地区的财政、金融运行态势，组织对外宣传和招商引资工作。内设办公室、规划建设科、资源利用科。温榆河生态走廊服务中心为所属事业单位，机构规格相当正科级，差额拨款事业编制10名，核定科级领导职数1正2副。负责区域相关信息化建设和服务工作；负责政策咨询和信息发布、追踪及反馈工作；负责管委会的后勤保障服务工作。

地址：金盏乡金盏大街9号
邮编：100018
电话：84334239

（王　磊）

【领导调研】 4月13日，陈刚、尚延华、陈宏志、刘希泉、阎军、赵国荣等领导及区委办、区相关部门一同调研东三乡规划建设情况，温榆河管委会杨永随行汇报。

（王　磊）

【区有关会议】 5月18日，区长程连元主持召开会议，研究温榆河大道拆迁资金缺口问题解决方案。9月28日，程连元主持召开第26次区长办公会议，听取温榆河管委会关于温榆河华侨城项目有关情况的汇报。10月26日，程连元主持召开会议，研究华侨城项目规划建设工作。刘希泉、李建海、赵增华出席会议。

（王　磊）

【区域市政基础设施】 温榆河大道：5月20日，由张和平主持召开会议，就温榆河大道拆迁建设事宜与市公联公司朝阳地区工程指挥部进行对接。5月25日，由张和平主持召开会议，就温榆河大道景观绿化设计方案进行初步会商。6月22日、7月9日、8月6日、8月31日、10月21日，由杨永主持召开会议，就温榆河大道拆迁建设相关工作进行协调部署，张和平出席会议。7月8日，张和平在温榆河管委会及市公联公司朝阳分指陪同下，对温榆河大道的建设者进行防暑降温慰问，并检查沿线各施工标段防暑降温工作措施落实情况。9月16日，由杨永主持召开会议，就温榆河大道建设施工安全、施工秩序及周边环境等事宜进行协调调度，张和平出席会议。11月24日，由杨永主持召开会议，就温榆河大道景观设计和环境整治工作进行专题协调调度，张和平、尹秀峰出席会议。12月30日，市重点建设工程项目温榆河大道建成通车，道路北起机场南线、南至朝阳北路，全长16.9公里，雨水、污水、自来水、电力、燃气、电信六条市政管线随路建设。年内，组织协调市政需求方和市政供给方，对接市政管线预留接口和道路开口事项，完善温榆河大道绿化设计方案。长店北路：5月，编制完成长店北路道路规划设计条件。7月，经市规划委主任办公会同意道路等级由城市次干路提级为城市主干路，编制完成雨污水排除规划。8月，编制完成长店北路道路工程项目建议书。10月，市规划委批复长店北路道路工程项目规划意见。12月，项目通过北京市发改委立项审批。机场南线辅路：8月16日，以区政府名义致函市首都公路发展集团有限公司加快启动建设。皮村路：年内，项目前期阶段。配套市政场站：年内，金盏小店110KV变电站、北皋变电站、康营变电站、金盏燃气高压调压站处在前期选址筹备过程中。孙河再生水厂、苇沟再生水厂、高安屯再生水厂处在前期选址筹备过程中。

（王　磊）

【区域重点项目】 华侨城项目：年内，与华侨城公司共同成立了项目小组，陆续组织规划、国土、绿化、水务等相关部门，就规划条件、土地储备、土地供应、水环境建设等问题进行专题研究，完善深化项目设计方案。孙河商贸中心项目：年内，项目研究方案通过北京市规划委项目审查会研究，已上报市政府审议。大环文化集聚区项目：年内，摸清项目范围的土地利用现状情况、历史规划情况、产业发展沿革、产业发展意向、对外对内交通条件、市政条件等基础情况，并结合正在进行的地区产业规划以及现状产业情况，研究项目业态、功能定位及规划。初步测算大环集聚区范围涉及国有土地和集体土地面积。赛特奥特莱斯二期项目：年内，完成项目地上物拆迁腾退，土地利用规划调整方案上报市国土局。城乡一体化技术交流中心项目：年内，处于项目前期选址阶段。金盏公共保税区建设：年内，项目处于可行性论证阶段。

（王　磊）

【深化优化控制性规划】 年内，深化优化控制性规划涉及到温榆河地区整体规划和未来发展方向，特别是伴随目前的土储工作和城乡一体化建设，规划处于动态调整过程中。结合土储工作的开展和城乡一体化建设，温榆河管委会重新调整工作思路，确定工作重点：一是控规的深化优化调整工作要在农民回迁安置组团建设基础上总体协调和动态调整。二是坚持以项目带动规划，结合区域重点项目的建设，在项目设计方案优化完善的同时进行控规用地布局调整。三是对金盏乡、孙河乡、崔各庄乡现状建设情况进行摸底和核算，加强政策导向，使此次控规深化和优化调整工作符合东三乡经济社会发展实际，满足居民需求，切实指导温榆河地区发展和未来建设。

（王　磊）

【“十二五”规划编制与课题研究】 年内，成立温榆河管委会“十二五”规划编制工作领导小组，明确“与‘十一五’规划”实施内容相结合、与空间规划布局相结合、与土地利用规划相结合、与城乡一体化建设相结合、与生态环境相结合”的五项原则，从市政设施、土地储备、产业规划、生态水系、政策研究等方面开展专项研究。组织开展《温榆河地区发展定位与重点产业研究》、《温榆河地区发展关键措施与政策保障研究》课题研究，进行产业发展的研究论证，提出温榆河地区发展的关键措施以及政策保障。

（王　磊）

金盏金融服务园

【概况】 金盏金融服务园区管委会是负责金盏金融服务园区规划、发展、建设、管理和综合协调工作的区政府派出机构。行政编制12名，下设办公室、综合科。负责研究制定园区中长期发展规划、年度计划和相关政策，并组织实施；参与编制园区市政基础设施、配套服务设施等各类专项规划，并组织实施与管理；负责园区对外宣传、产业促进、招商引资、项目建设和综合协调等工作，协助区政府做好园区重大项目引进的研究和决策工作；负责园区开发建设项目的管理工作，并对园区规划落实、土地利用、项目建设情况进行监督管理；负责市、区相关专项资金的使用和监督管理工作；负责园区内投诉的受理工作；负责园区社会化服务管理、信息化建设和统计分析等工作。金盏金融服务园区位于金盏地区，东至温榆河大道，南至坝河北滨河路，西临机场第二高速路，北至规划东坝路，占地面积约595公顷。

地址：东苇路51号

电话：84317533

邮编：100018

（郝丽丹）

【中组部组干院项目】 1月19日，副区长李建海主持召开中组部组干院项目配套市政协调会，研究园区范围内中组部项目变电站建设及电力和燃气路由相关问题。2月26日，副区长李建海主持召开中组部组干院项目配套市政协调会，研究中组部组干院项目配套、周边道路与绿化等建设问题。5月，中组部组干院项目主体结构完工；12月，中组部组干院南侧东坝北路道路施工完成，满足正常出行。

（郝丽丹）

【区有关会议】 3月11日，区长程连元主持召开会议，研究年内金盏金融服务园区开发建设工作，常务副区长吴桂英、副区长李建海出席会议。4月20日，区长程连元主持召开第10次区长办公会议，批准同意中国民用航空局清算中心项目入驻金盏金融服务园区。5月15日，区委书记陈刚主持召开十届区委常委会第92次会议，听取园区管委会主任王健关于金盏金融服务园区建设发展情况的汇报。5月17日，区长程连元主持召开第13次区长办公会议，原则同意园区管委会关于由市土地整理储备中心朝阳分中心拨付园区范围内八条道路建设资金的请示。9月28日，区长程连元主持召开第26次区长办公会议，听取园区管委会关于加快推进园区建设工作情况的汇报。11月22日，区委书记陈刚听取园区管委会主任王健关于园区道路整体建设情况的汇报。

（郝丽丹）

【机构设置】 4月16日，《北京市朝阳金盏金融服务园区管理委员会主要职责、内设机构和人员编制规定》经区机构编制委员会审核，区委、区政府批准。9月7日，园区管委会取得区编委会《关于成立金盏金融服务园区服务中心的批复》，园区管委会下属事业单位－－金盏金融服务园区服务中心成立。12月，恒信达通劳务派遣有限公司划归金盏金融服务园区服务中心。

（郝丽丹）

【项目建设】 4月20日，第10次区长办公会原则同意中国民用航空局清算中心项目入驻金盏金融服务园区。9月28日，第26次区长办公会议决定，区政府原则同意园区管委会汇报的安邦保险二期、中信集团、人保集团、哈尔滨银行四个项目入驻，但入驻项目的土地使用面积，地价另行议定。10月12日，园区管委会正式向市金融局提出申请，对中国民用航空局清算中心项目进行金融后台项目性质认定。12月7日，市金融局对中国民用航空局清算中心项目认定为金融后台项目。

（郝丽丹）

【领导调研】 5月10日，市发改委委员韩晓芳一行调研园区建设，常务副区长吴桂英参加调研。12月20日，区长程连元调研园区建设发展情况，常务副区长吴桂英、区政府顾问戴继楼参加调研。

（郝丽丹）

【转非劳动力安置】 5月28日，常务副区长吴桂英主持召开会议，专题研究金盏金融服务园区转非劳动力安置工作。9月28日，第26次区长办公会议决定，将恒信达通劳务派遣有限公司划归金盏金融服务园区服务中心，园区转非劳动力安置工作仍由恒信达通劳务派遣有限公司继续负责。

（郝丽丹）

【园区获奖】 9月，市经信委授予园区"北京市电子商务产业园"荣誉称号。

（郝丽丹）

【基础设施建设】 10月，园区范围内东高路、东坝路、坝河北滨河路、东坝北路、金盏纵五路"二主三次"五条道路开工建设。12月，金盏纵十二路主体建设完工。12月，东坝东22万伏变电站完工，具备发电条件。

（郝丽丹）

垡头环渤海总部商务基地

【概况】 垡头文化休闲产业区管委会是负责垡头产业区规划、发展、建设、管理和综合协调工作的区政府派出机构，机构级别为正处级，行政编制10名。负责垡头产业区整体规划的统筹协调和组织推进工作；负责研究提出产业区发展规划和相关配套政策；负责协调推进产业区重大项目落实，优化项目布局，促进产业升级；负责组织协调产业区市政基础设施、配套服务设施建设以及环境治理、景观提升工作；负责产业区内重点企业和社会单位的信息联系和综合协调工作。结合区位优势，垡头功能区定位为环渤海总部商务基地，也是朝阳区"十二五"时期重点建设的十大发展基地之一。

地址：南磨房金蝉西路欢乐谷社区西侧楼

电话：65094700

邮编：100023

（白景元）

【领导调研】 3月9日，市规划委主任黄艳等一行就垡头功能区的规划建设情况进行专题调研，听取管委会关于垡头功能区规划建设情况的工作汇报。黄艳高度评价垡头功能区的发展，并提出要进一步梳理资源，理清发展思路，加大统筹力度的工作要求。6月3日，区委书记陈刚调研垡头功能区发展建设工作，区委副书记宋连娣、副区长刘希泉一同调研。10月29日，副区长阎军就垡头功能区信息技术产业发展情况进行调研，听取垡头管委会关于园区产业规划发展的汇报。11月3日，市规划委副主任周楠森来园区调研，听取管委会副主任刘大庆关于垡头功能区核心区市政交通专项规划情况的汇报。周楠森对垡头地区的市政交通规划工作给予肯定，并就本地区的轨道线路建设情况及当前工作中遇到的困难和问题进行深入讨论。

（白景元）

【区有关会议】 5月4日，区长程连元主持召开垡头功能区规划建设工作专题会，区领导刘希泉、赵增华等领导参加会议。垡头管委会主任荣学强做关于环渤海总部商务区规划建设情况的汇报。12月30日，区委书记陈刚主持召开会议，专题研究垡头功能区规划建设情况，区长程连元、副区长李建海、区政协副主席赵增华出席，会议听取市规划院关于垡头功能区核心区控制性详细规划编制成果的汇报和管委会副主任刘大庆关于垡头功能区规划建设情况的汇报。

（白景元）

【垡头核心区规划方案征集】 6月

23日,垡头功能区核心区暨环渤海总部商务基地规划方案国际征集说明会及新闻发布会召开。美国帕金斯伊士曼建筑设计事务所(PerkinsEastman)、澳大利亚铿晓咨询有限公司(HASSELL)、德国SBA公司、英国BDP设计公司、美国霍克公司(HOK)、清华城市规划设计研究院、上海市城市规划设计研究院等7家设计公司联合体参与方案征集。10月13日,由来自规划、建筑、交通、景观、地产等领域的9位专家组成评审组,对参选方案逐个进行评审,清华城市规划设计研究院、上海市城市规划设计研究院和德国SBA公司三家设计方案获得优胜奖。

(白景元)

【宣传推介】 10月28日至11月7日,垡头管委会参加2010北京CBD国际商务节,展示了垡头功能区的最新规划情况,并作为朝阳区本次商务节的推介重点向各参展商推介。11月24日至25日,垡头管委会参加由区政府主办的第十四届京港洽谈会,管委会副主任刘大庆介绍垡头功能区的基本概况、发展优势、未来规划和产业定位等。

(白景元)

定福庄国际传媒走廊

【概况】 定福庄国际传媒走廊管委会是区政府临时派出机构,代表区政府承担定福庄产业区的开发建设管理、产业促进和协调服务工作。定福庄产业区是北京市"两轴-两带-多中心"空间布局中区域联通的重要节点,位于CBD功能区东部,东邻通州新城,南邻亦庄开发区,北邻顺义现代制造业基地,是本区规划重点建设的六大功能区之一。定福庄传媒文化产业区涵盖三间房、管庄、常营三个乡全域和高碑店乡部分地区(高井村),行政区划面积32.15平方公里。居住人口28万。据不完全统计,定福庄传媒文化产业区汇集了以影视制作、动漫、传媒信息服务为重点的文化创意类企业约4000家,初步形成以中国传媒大学为核心区域的产业集群,传媒产业已经成为支撑定福庄农村地区加快城市化进程和实现产业升级的重要支撑。年内,产业区经济总量达80亿元。定福庄传媒文化产业区可用建筑规模约700万平米。在做好土地储备的基础上,启动三间房北区土储用地的搬迁工作,集中发展走廊东部传媒总部聚集区,为定福庄传媒文化产业区东区门户提供支撑。

地址:三间房乡东柳巷
电话:65420550 65420802
邮编:100024

(王建军)

【工作会议】 3月2日,第五次区长办公会听取定福庄国际传媒走廊管委会关于《定福庄传媒文化产业发展实施方案》汇报,会议原则同意管委会提出的以传媒文化产业为主导、生物医药产业和商务服务产业为辅助配套的"一主、二辅"的产业格局,以朝阳北路、朝阳路和通惠河沿岸三条路线为主轴的特色产业带,并重点规划建设影视产业园、传媒产业研发园、新媒体产业园、动漫产业园、传媒商务信息园,形成"三带、五园"的产业发展空间布局。

(王建军)

【明确定位统筹规划】 年内,在摸清功能区集体产业用地的基础上,走访区内生物研究所等占地面积较大的国有企业,听取国有企业的用地现状和今后发展思路介绍。就功能区的发展进行了相关调研,与传媒大学文化产业研究院、动画学院、第二外国语大学经贸学院、北京城市发展研究院、均衡博弈研究院等单位,就定福庄功能区的功能布局和产业定位进行了研讨和交流。广泛征求各方意见,通过专家论证,确定"一主、两副、三带、五园"的发展格局和空间布局。科学编制"十二五"产业发展规划,对发展基础、机遇与挑战、发展思路、发展任务、保障措施等方面进行深入分析和阐述。

(王建军)

【宣传推介】 年内,充分利用各种平台加强宣传推介,扩大定福庄功能区影响力,吸引国内外传媒机构入驻。参加北京CBD国际商务节主题展览,介绍CBD—定福庄国际传媒走廊的建设情况和入驻项目。参加第五届中国北京国际文化创意产业博览会,重点宣传国际传媒走廊的建设和规划情况。首次在文博会定福庄功能区内设立两个分会场,即在北京工艺懋隆有限公司设立中国工艺品精品展,在巨海传媒公司设立电影与小剧场话剧融合发展的主题论坛。参加第十四届北京香港经济合作研讨洽谈会,重点向香港政府和企业宣传功能区的产业定位、功能布局以及招商项目和地块情况,力争引入传媒龙头企业。

(王建军)

【重点项目建设进展顺利】 年内，组织召开重点企业联席会，跟踪项目进展情况，加快重点项目建设进度。东亿国际传媒基地项目一期工程建设完工，国内最先进的两个演播大厅正式运营，成功录制央视一台、二套、六套及北京电视台、上海东方卫视、安徽卫视等部门节目；二期规划方案设计上报市规委。中国传媒岛北岸1292独立和自由创作区封顶，约300家中小传媒文化公司签约入驻。华文国际传媒大厦主体结构完工，并开始招商。天籁轩商务办公项目一期完成招商，30余家企业签约入驻；二、三期已完成框架建设、开始招商。万豪梦幻动漫中心作为北京市规模最大、占全国动画制作量1/20的卡通动画公司运营良好。三间房动漫企业孵化器入驻率连续达到100%。传媒影视服务中心完成工程验收，开始设备安装。朝阳1919影视传媒创意项目启动建设，一期小剧场竣工并正式启用，改善了定福庄区域内文化演出场所缺乏的状况。非中心商务区一期14万平方米实现运营，入驻企业30余家，二期建设有序推进。

（王建军）

【公共服务设施项目相继启动】 年内，加快构建定福庄区域纵横交错的交通体系。三间房东路、定福庄西路加紧续建，广渠路、双桥东路、塔营北街相继启动拆迁，双桥路、定福庄路列入前期准备。商业服务协同发展，7.5万平方米的汇通时尚购物中心和3万平方米的北岸商业广场两大商业设施项目竣工，并开始招商，弥补了定福庄地区缺乏大型综合商业体的空白。位于功能区内的北京市第十水厂，7月22日正式启动征地拆迁，该水厂的建设将有利于缓解定福庄功能区内的供水状况，尤其可以加快改善通惠河以南地区依靠自备井取水的现状，同时也将对功能区内的项目建设发展产生巨大的促进作用。

（王建军）

东坝国际商贸中心

【概况】 北京市朝阳区东坝航空商务区管理委员会，为区政府临时性派出机构，代表区政府承担东坝航空商务区的开发建设管理和协调服务工作。管委会下设办公室，承担管委会的日常工作，核定行政编制6名，其中主任1名，副主任1名。管委会办公室主要职责是：负责东坝航空商务区各项规划的研究制定和报批工作；负责协调推进商务区内的建设用地拆迁、农民安置和劳动力就业等工作；负责市政基础设施、配套服务设施规划建设的组织协调工作；负责商务区内的社会化服务工作。东坝航空商务区，即：东坝国际商贸中心，地处东坝边缘集团的东坝北区，规划范围约6.21平方公里，总建筑规模（地上）约800万平方米，建筑高度控制在200米。涉及东坝乡、金盏乡用地。规划四至范围：西至东五环，东邻机场二通道（距首都机场约8公里），南侧以坝河为界与南区相邻，北至东坝路、北马坊中街。

地址：东三环北路辛2号迪阳大厦18层

电话：84537821

邮编：100027

（孙　晔）

【东坝北区规划方案国际征集】 4月，区政府会同市规划委员会、北京市国土资源局，历时三个半月开展东坝北区规划方案国际征集，经过对全球49家报名设计联合体的遴选，邀请了7家联合体进入实质性规划和方案比选，于7月29日完成方案提交和专家评审，评出优胜方案三名。

（孙　晔）

【领导调研】 7月28日，区委书记陈刚、区委副书记、区长程连元、区人大常委会主任王力军、区政协主席辛燕琴、区委副书记宋连娣、区委常委、常务副区长吴桂英等领导，到朝阳规划艺术馆视察东坝北区规划设计方案征集评审工作，对东坝北区规划方案征集前期筹备工作给予充分肯定，同时对下一步东坝国际商贸中心规划建设工作做重要指示。

（孙　晔）

【东坝国际商贸中心规划设计方案综合深化】 根据东坝国际商贸中心规划设计方案综合评选结果，围绕“建设一个集中的高端的商品交易中心；建设一个北京最高水准的Shoppingmall；建设一条时尚文化街区；建设一个重要的消费品会展中心”的功能定位，由上海规划研究院牵头，艾义康、金典集团及星河湾集团配合，进行规划设计方案综合深化。

（孙　晔）

【方案推介和宣传】 10月28日，在CBD国际商务节上正式推出东坝国际商贸中心规划设计方案综合沙盘。中央、北京市相关领导及国内外嘉宾参观东坝国际商贸中心专题展区。期间,各大媒体、报纸和网络进行即时报道,社会各界对东坝国际商贸中心项目表示出浓厚的兴趣。11月22日至26日,管委会参加第十四届京港经济贸易洽谈会。会上,管委会向港方和社会各界宣传推介东坝国际贸易中心整体规划方案、业态分布及指标和空间布局等,扩大东坝北区的知名度和社会影响力。

(孙　晔)

【签署战略合作协议】 10月,为推进产业经济尽快落地,经多方努力,在区政府与中国国际贸易学会及其下属执行机构京沪(北京)国际品牌管理中心签订《战略合作协议》的基础上,管委会与京沪(北京)国际品牌管理中心签订了《战略合作实施协议》,负责具体实施《战略合作协议》涉及的相关工作内容,通过利用中国国际贸易学会在国际贸易方面的资源优势,争取国际高端品牌落户东坝国际商贸中心,以及利用其在商务部、海关、商检等相关司局方面的政府优势,争取商务部、北京市对东坝国际商贸中心规划建设的政策支持。

(孙　晔)

综合经济管理

发展和改革

【概况】 朝阳区发展和改革委员会是负责本区国民经济和社会发展统筹协调、经济体制改革综合协调的区政府工作部门。年内,围绕"新四区"发展总体要求,坚持再创"三个新优势"的工作目标,加快转变发展方式,增强经济增长动力;加快重点区域发展,促进城乡一体化进程;加大基础环境建设力度,提升城乡运行管理水平;推进社会事业发展,确保成果惠及民生。实现地区生产总值2804.20亿元,同比增长17.8%;实现财政收入234.3亿元,同比增长22.9%;社会消费品零售额完成1737.5亿元,同比增长17.5%;城市居民人均可支配收入同比增长9.1%,达到30134元;农民人均纯收入同比增长10.2%,达到18331元。

地址:百子湾西里303号
电话:65012644
邮编:100124

(傅誉贤)

【举办2010年世界城市建设国际论坛】 3月1日,由区发改委与市发改委、市委研究室、市委宣传部等9家单位共同主办的"2010年世界城市建设国际论坛"在中国大饭店大都会议厅举办。

(魏　乐)

【起草形成《朝阳区区域功能定位落实情况汇报》】 4月30日,按照市发改委要求,起草形成《朝阳区区域功能定位落实情况汇报》,全面总结2005年以来朝阳区落实《市委市政府关于区县功能定位及评价指标的指导意见》的落实情况及主要经济指标完成情况,提出本区"十二五"期间围绕"新四区"发展战略,转变发展方式、探索建设世界城市模式、推进城乡一体化发展、促进和谐社会建设的发展思路。

(魏　乐)

【市发改委稽查组项目稽查】 5月10日—12日,市发改委稽查组对本区2009年未开工项目进行专项稽查。此次稽查15个项目中,除区绿指办负责的6个郊野公园项目已基本竣工外,宝嘉恒基础设施投资公司、区文化委、区社会办、金盏金融服务园区等4个单位分别负责的9个项目仍处于项目前期阶段,在区财政共滞留市政府投资10965.33万元。7月7日－14日,市发改委对金盏金融服务园区8条市政道路基础设施建设项目开展专项稽查。受前期手续影响,东高路等5条道路建设相对滞后;项目单位在财务管理上未对不同性质资金进行分类管理。

(唐彗寅)

【国家发改委稽查产业化项目】 6月10日,由国家发改委稽查特派员袁锡卿司长带队,市发展改革委稽查处、高技术处相关领导组成的稽查组,对本区实施的北京经纬恒润科技有限公司的汽车电子控制器(车身电子控制器、车灯随动转向控制器)产业化项目(国家2009年产业振兴和技术改造项目)进行专项稽查。稽查组认为,该项目开发手续和项目资金使用均符合国家有关规定。

(唐彗寅)

【形成《朝阳区建设世界城市试验区综合试验方案(初稿)》】 7月8日,按照区委区政府的统一部署,起草形成《朝阳区建设世界城市试验区综合试验方案(初稿)》,提出本区建设世界城市试验区的基本构想和主要举措。

(魏　乐)

【编制完成"十二五"规划纲要】 7月11日,起草形成《朝阳区国民经济和社会发展"十二五"规划纲要(初稿)》,明确提出"十二五"期间我区经济社会发展的战略目标、战略任务和政策取向。7月22日,召开区"十二五"规划研究编制专家顾问委员会第一次会议,聘请8个领域的27名专家参与指导,区农委、区社会办、区教委等18个区相关部门参加。8月26日,区委召开四套班子务虚会,专题审议纲要,会议充分肯定纲要的框架结构和总体思路,认为"双十工程"是聚焦"十二五"发展的主要抓手,并对下一步"十二五"规划编制工作提出完善意见和建议,由此本区"十二五"规划编制工作进入深化修改阶段。11月23日至26日,分别召开民主党派、工商联和无党派人士征求意见座谈会,人大代表、政协委员及专家学者征求意见会、人大领导和财经委委员座谈会,以及纲要编制专家顾问委员会第二次会议,广泛征求社会各界对纲要草案(征求意见稿)的建议和意见,在此基础上进一步修改和完善。12月21日,区人大常委会审议通过本区"十一五"规划完成情况和"十二五"规划纲要草案主要内容的报告。12月22日经过多次提交区领导审阅并修改完善,本区"十二五"规划纲要(草案)完成并付印。

(魏　乐)

【对申请信息公开的单位和个人实行收费】 9月1日起,朝阳区发展改革委根据《北京市朝阳区依申请提供政府信息收费实施方案(试行)》的工作要求,对申请信息公开的单位和个人实行收费。

(唐彗寅)

【形成《关于加快推进朝阳区建设国际商务中心的实施意见》】 9月11日,起草形成《关于加快推进朝阳区建设国际商务中心的实施意见》。重点提出示范窗口建设、高端资源聚集、国际商务核心功能强化、国际交往环境优化、国际高端人才聚集等任务。

(魏　乐)

【中央检查组检查工程建设治理工作】 10月29日,中纪委驻国家住房城乡建设部纪检组长杜鹃带队,由国家发展改革委、住房城乡建设部、财政部、审计署相关领导、专家组成的中央检查组来本区检查工程建设领域突出问题专项治理工作。检查组听取区专项治理总体工作情况汇报,并对垡头南路地区城中村和南武圣庙地区城中村环境整治2个项目进行现场检查。区发改委牵头,会同区政府办制定落实迎检工作实施方案,完成迎检组织工作。

(唐彗寅)

【"12.4"大型法制宣传咨询活动】 12月4日,区发改委参与朝阳区"12.4"大型法制宣传咨询活动,以法制宣传日确立十周年为契机,紧紧围绕"弘扬法治精神,促进社会和谐"主题,结合自身实际,突出重点,向前来咨询的群众强化宣传与百姓生产生活密切相关的法律法规,发放法制宣传材料一千余册,并就群众关心的价格监督方面的法律法规等问题进行耐心详细的讲解。

(唐彗寅)

【70个项目列入市重点项目】 年初,区域内温榆河大道、电子城西区北扩土地储备一级开发等29个项目被列为2010年北京市重点建设工程,项目总投资约1759.8亿元;高安屯生活垃圾综合处理厂等41个项目被列为市重点前期项目,总投资约1433.3亿元。

(郭丽红)

【税源建设】 年内,按照全区全年区级财政收入实现9%的增长目标,充分发挥税源建设领导小组办公室的统筹协调职能,加强税源建设工作力度,继续完善税源建设工作机制,建立朝阳区税源建设工作半月刊。

(张晓楠)

【融资服务】 年内,为进一步加强全区政府融资的监督管理,确保政府融资行为规范,规避政府债务风险,提高资金使用效率,根据相关法律法规,在现有政府融资管理制度的基础上进一步完善相关工作机制,形成《朝阳区政府融资工作管理办法(试行)》,及时筹措市政基础设施建设、环境整治与功能区开发等项目的建设资金;继续完善中小企业融资担保贷款服务工作,正式启动"朝阳区中小企业一体化融资平台",努力为驻区中小企业提供更多优质服务。

(张晓楠)

【医药卫生体制改革】 年内,按照市医疗卫生体制改革方案要求,加快推进本区深化医药卫生体制改革工作,成立朝阳区深化医药卫生体制改革领导小组,领导小组下设办公室,办公室设在区发展改革委,负责组织协调本区医药卫生体制改革相关工作。

(张晓楠)

【62个项目列为区重点项目】 年内,经区政府批准,国家网球中心新馆等38个项目列为区2010年重点建设项目,总投资775.4亿元,小庄医院迁址新建等24个项目列为区级重点前期项目,总投资312.9亿元。

(郭丽红)

【分解落实固定资产投资任务】 年内,根据项目行业主管、区域分布,结合2009年投资项目促进情况,将2010年全区全社会固定资产投资促进任务分配至全区18个职能部门,明确责任目标,确保投资目标任务落实,促进项目投资尽快落地。全年累计完成全社会固定资产投资1230.7亿元,同比增长11.4%,完成年初确定的任务目标。

(郭丽红)

【重大项目绿色审批通道】 】 年内，区域内急需建设的东三乡土地储备项目、9个市级挂账村安置房等114项重大项目列入市级绿色审批通道。截止年底，区域内共261个项目纳入市级绿色审批通道，总投资约5951亿元。其中：产业发展项目36个，房地产项目38个，交通基础设施项目16个，民生改善项目83个，生态环境项目9个，资源能源保障项目12个，土地储备项目67个。

（郭丽红）

【工程建设领域突出问题专项治理】 年内，开展项目审批手续清查。涉及项目381个，重点从项目审批、核准和执行，节能，责任追究三个方面进行排查，针对15个排查有问题的项目，及时下发整改通知书，督促项目单位加快整改，尽快补办前期手续，确保项目决策、审批依法合规。

（郭丽红）

【执行政府投资项目委托评审制度】 年内，对政府投资项目，严格执行决策评估制度，在立项审批之前，委托咨询公司对项目建设规模、标准、投资估算进行评估论证，并报委主任办公会、区长办公会审查，科学合理地控制项目规模和建设标准，提高项目决策的民主性、科学性。全年完成58个政府投资项目的立项审批，总投资58亿元。

（郭丽红）

【9个市级挂账督办重点村整治】 年内，结合9个重点村整治方案，梳理汇总重点村相关土地储备、产业、安置房项目35个，全部纳入市级绿色审批通道，其中农民安置房项目18个，产业项目11个，土地储备项目6个；梳理汇总安置房周边市政道路项目，东坝南二街、龙爪树路等7条道路列入市级道路建设计划。

（郭丽红）

【重大项目储备】 年内，结合"新四区"建设，梳理汇总2010－2015年计划实施的重点项目100个，包括市政交通项目26个，民生保障项目15个，生态环境项目7个，产业项目34个，城建类项目18个，总投资估算约2635亿元。

（郭丽红）

【深化审批制度改革】 年内，梳理行政审批及许可事项，完善审批及许可事项办理流程，简化程序、缩短时限。区域内新批固定资产投资项目268个，总投资939亿元，其中审批项目63个，核准项目122个，备案项目83个。

（郭丽红）

【编制朝阳区"十二五"时期公共服务设施建设规划】 年内，研究编制教育、医疗卫生、文化、体育、社会福利和社区公共服务等公共服务设施"十二五"建设规划，统筹安排公共服务设施空间布局，优化公共服务设施资源配置，及早谋划储备公共服务设施重大项目。

（郭丽红）

【政府基本建设专项投资计划执行情况】 年内，坚持项目例会制度，了解计划内项目进展情况。采取实时跟踪服务等方式，对已完成审批程序具备实施条件的项目，及时下达资金使用计划。积极与区财政、审计、监察等部门沟通，及时了解项目资金使用情况，提高资金使用效率。2010年共组织召开九次项目调度会，下达三批资金安排计划，涉及建设项目60个，下达计划金额11.07亿元。

（王之静）

【争取资金支持】 年内，按照多渠道筹资、缓解区政府建设资金压力的工作思路，充分发挥协调组带作用，牵头组织并主动对接市发改委，积极争取市政府资金支持，每月定期向市发改委汇报项目实施进度及资金使用情况。年内共获得三批市政府投资安排计划，各类支持资金补助金额达9.2亿元。

（王之静）

【推进政府投资"代建制"项目实施】 年内，采取不定期召开代建例会等措施，稳步推进已实施代建制项目的工程进度及已完工项目的结算审计工作。全年共组织召开五次"代建制"项目专题会，及时了解项目进展情况，协调相关问题。2011年度采取代建制组织实施的项目为和平医院扩建工程，年底前已完成代建人招标工作。

（王之静）

【建设项目招投标活动监督管理】 年内，依据国家、市招标投标法律法规，结合本市工程建设领域专项治理工作要求，在招标核准、招标指导协调、招投标组织实施等重要环节中，加强对招标投标活动的监督管理，促进项目单位招标活动规范有序。

（王之静）

【政府投资基本建设项目征集】 年内，为做好2011年区政府基本建设专项投资计划的编制及争取市政府资金支持工作，坚持以"十二五"规划及各专项规划统领项目的指导思想，10月21日至28日组织了2011年区政府投资基本建设项目申报工作，同时明确专项计划安排的原则及具体工作要求。征集项目240个，总投资290亿元，其中申请区政府投资248亿元。

（王之静）

【区政府被评为市节能减排先进集体】 年内，朝阳区在"十一五"期间节能减排成效显著，被评为市节能减排先进集体。

（薛　蕾）

【制定 CBD 东扩热力平衡方案】 年内,与市发改委能源处、京能集团、热力集团、国华电厂(一热)沟通,并与 CBD 管委会多次交换意见,借鉴上海、天津等城市商务区的发展模式,撰写"我区 CBD 热力平衡方案",并报送区政府。与市发改委能源处、高安屯无害化管理中心沟通协作,协助做好"北京东北热电中心"选址工作,为 CBD 东扩的一热搬迁做好铺垫工作。与热力集团、燃气集团等单位沟通,研究 CBD 东扩的具体供热方式,以期打造一个低碳、节能的 CBD。

(薛 蕾)

【节能新技术推广】 年内,在高耗能的混凝土行业选取 3 家作为节能新技术试点单位,实施搅拌机电力变频改造工程,据市节能中心专家测试,节能效果达到 20%左右,得到市发改委及市节能协会相关领导的肯定。

(薛 蕾)

【撰写能源发展和节能潜力规划】 年内,与北京节能环保中心合作,经前期调研,撰写形成《朝阳区"十二五"节能潜力与节能规划研究》、《朝阳区"十二五"能源发展规划研究》、《朝阳区"十二五"公共机构建筑节能发展规划研究》。

(薛 蕾)

【确保迎峰度夏工作顺利进行】 年内,根据夏季电力供需形势和特点,面对新的电力供需形势,按照"属地管理区域调控、重点单位保障优先、促进节约强化宣传"的工作原则,采取六项措施,统筹协调区电力供需平衡,合理安排负荷调控,确保夏季电网安全运行。一是提前布置,明确任务;二是加强调度,确保供需平衡;三是编制预案,强化多级调控;四是加强节能节电管理,开展节能检查工作;五是加强电力设施保护,消除电网安全隐患;六是完善电力突发事件应急预案,提高应急处置能力。通过对 289 个用电客户采取调控措施,调控负荷达 25 万千瓦,确保了迎峰度夏工作任务的圆满完成。

(余合喜)

【老旧小区电力改造】 年内,为解决本区部分危旧小区供电设施老化和临时电问题,规范地区用电秩序,维护地区稳定,按照市政府确定的市、区政府和市电力公司"三家抬"的原则,确定9个问题较为突出的小区进行电力改造。计划投入资金6189万元。

(余合喜)

统 计

【概况】 北京市朝阳区统计局是朝阳区政府负责综合统计工作的职能部门,国家统计局朝阳调查队、北京市朝阳区经济社会调查队为国家统计局北京调查总队和北京市经济社会调查总队的派出机构(简称局队)。年内,局队围绕区政府折子工程和综合经济工作会明确的主要经济指标目标任务,立足职能,强化措施,完善制度,狠抓管理,全力服务"保增长"工作大局,提升统计服务水平,组织开展朝阳区第六次全国人口普查,完成全年各项工作任务。

地址:日坛北街 33 号区政府北院南楼4层
电话:65094423
邮编:100020

(王林兰)

【第六次全国人口普查】 3 月 23 日,召开第六次全国人口普查动员大会,对第六次全国人口普查工作进行动员。市统计局副局长、市人普办常务副主任顾究州,常务副区长、区人口普查领导小组组长吴桂英在会上作重要讲话。8 月 15 日,朝阳区举行第六次全国人口普查户口整顿和摸底工作启动仪式暨主题宣传日活动。吴桂英、市统计局副巡视员潘建民,市公安局人口管理处副处长张晓月出席活动并讲话。10 月 22 日,组织召开第六次全国人口普查领导小组扩大会议,吴桂英、顾究州到会并讲话。期间,区人口普查办公室认真组织做好人员选调和普查宣传,先后完成普查试点、区域划分和建筑物核查、户口整顿与清查摸底、普查登记、数据处理工作,圆满完成各项工作。在代表北京市接受国家质量抽查工作中,得到了国家普查办和兄弟省市同行的认可,达到了国家质量标准。

(王林兰)

【完善相关管理制度】 年内,固化"保增长"工作机制,继续发挥各部门、各街乡的工作职能,进一步细化统计系统内部的工作任务,完善具体措施。一是将 GDP 目标和任务在部门、街乡、科室及统计所等不同层次进行分解,制定《朝阳区 2010 年促 GDP 增长工作方案》和《实施细则》,明确责任主体、工作内容、任务标准和完成时限。二是为确保"保增长"任务按时完成,下发《关于进一步加强统计工作的意见》,在重视统计工作、加强部门联动、提高数据质量、抓好大型普查、深化体制改革等方面进行进一步明确,为建立高效协调的统计管理体系奠定了基础。在内部督查方面,制定《2010年重点工作督查督办方案》,对区政府折子工程和综合经济会所列的有关事项明确牵头领导和责任科室,同时规定完成时限。由办公室按月对重点事项逐项进行督办考核,并将考核情况在机关范围内进行通报。

（王林兰）

【拓展统计服务领域】　年内,制定《2010 年朝阳区统计宣传工作计划》,统筹规划统计宣传工作,整合宣传资源和力量,创新宣传形式和理念。为区委区政府提供优质统计分析报告。出台《局队信息、分析、报告考核管理办法》,明确责任,加强考核,规范动态、信息、分析报送流程。全年撰写经济信息 227 条、统计分析 243 篇、统计报告 44 篇,其中被区委、区政府采用 203 条,区人大采用 9 篇,《朝阳报》刊载 120 篇。继续办好《统计经纬》杂志,紧扣发展主题,提高了深度和实效性,使之真正成为宣传朝阳区域经济发展新成就、展示统计工作和统计人风采、普及统计知识、提升统计公信力的重要平台。为配合人口普查工作,发行《统计经纬》——人口普查特刊,通过刊物媒介,进一步扩大人口普查的宣传力度。

（王林兰）

【统计专项调查】　年内,组织开展798 艺术区专项调查、会展活动统计调查、体育产业调查、动漫网游调查、金融业调查和国际组织调查。围绕创建文明城区,开展对 1300 户居民的民意调查;完成组织工作调查、政府机关行政效能和廉洁自律情况调查;开展对街乡领导班子和领导干部考核测评群众满意度民意调查。

（王林兰）

【统计信息化建设】　年内,局队印发《关于成立计算机网络与信息安全工作领导小组组成人员及工作职责的通知》;利用《朝阳区数据信息资源管理系统》,建立“统计所数据反馈系统”;加强复合型人才培养,继续开展计算机能手评比工作;对办公自动化 OA 系统开始进行升级改造工作;在局队首次举办的 2010 年度朝阳统计系统新春团拜会上,特别节目“连线芝加哥”获得成功;召开信息网络安全检查工作会,部署信息网络安全检查工作;加强统计所业务人员计算机应用培训,为‘保增长’提供技术支撑。

（王林兰）

【统计执法检查】　年内,制定《2010年执法工作计划》等规章制度。在落实推进全员执法过程中,全局上下统一思想,认识明确,措施到位,强力推进执法检查。全年共检查单位 428 家,作出行政处罚 34 起,处罚金额 11.88 万元。

（王林兰）

【统计“五五”普法】　年内,制定实施《2010 年普法工作计划》,完善朝阳统计信息网“五五普法”专栏,及时维护“五五”普法电子档案;组织开展普法宣传教育活动,其中普法专题讲座 18 期 1448 人次;开展会前讲法 420 期 37170 人次;随着新修订的《统计法》、《处分规定》、《全国人口普查条例》的颁布实施,多种形式进行宣传,全年组织 225 次社会宣传活动;开展 60 次“法律六进活动”,走访企业“点对点”宣传、进入社区进行宣传,发放普法宣传教材 2173 册,宣传材料 218789 份。

（王林兰）

【统计队伍建设】　年内,通过公开招考新录用 28 名公务员及 1 名事业编制人员。提拔任命 15 名科级领导和 13 名科级非领导职务。选派 4 名干部在科室与统计所之间互换使用,推进科室、统计所跨部门交流。制定《2010 年干部教育培训计划》,组织业务培训和青年干部培训班。制定《朝阳区统计系统行政效能考核办法(试行)》和《朝阳区统计系统考勤及请销假管理制度》。制定《落实北京市政府统计系统第四届文化艺术节工作实施方案》,积极筹备参加统计系统艺术节书画、摄影、业务能手等各项活动,其中,以“下基层,转作风”为主题的演讲比赛荣获一等奖。

（王林兰）

劳动和社会保障

【概况】　朝阳区人力资源和社会保障局是负责本区人力资源和社会保障工作的区政府工作部门。

地址:大柳树甲 100 号
电话:84512071
邮编:100023

（吴　杰）

【劳动保障监察推行网格化管理】
3 月初,出台《北京市朝阳区劳动保障监察工作推行网格化管理实施方案》,进行专题工作部署的同时,对全区协管员进行劳动法律、法规等相关业务知识培训，全区劳动保障监察工作划分185个网格，依托区、街乡和劳动监察协管员三级队伍，实现对网格内的所有用人单位进行依法监管，促进43个街乡全部落实劳动监察“两网化”建设。

（吴　杰）

【启动朝阳区人力资源市场】　4月28日，在朝阳区酒仙桥路甲12号电子城科技大厦5层举行“朝阳区人力资源市场”启动仪式。

（吴　杰）

【城镇登记失业】　年内，区城镇登记失业率为0.99%，开发各类就业岗位12万个，城镇登记失业人员实现就业2.9万人，就业率达到67.99%。依托街乡征集创业项目100个，实现创业2489人，完成指标的248%，带动就业7357人。

（吴　杰）

【农村劳动力就业】　年内，出台《土地腾退区域农村劳动力就业安置工作指导意见》及《实施细则》，建立土地储备地区农村劳动力动态监测机制进行实时监控；出台《农村劳动力就业服务工作方案》。有3982名劳动力进行了培训，为7个土地储备地区开发适合农村劳动力的岗位6085个，举办农村劳动力专场招聘会80场；贯彻落实《朝阳区鼓励农村劳动力转移就业奖励办法》，促进农村71.7%的劳动力签订2年期及以上的劳动合同，享受政策的劳动力全部纳入城镇社会保障体系，工资收入均提升至1300元以上。

（吴　杰）

【困难群体就业服务】　年内，组织“再就业援助月”和“春风行动”等公共就业服务系列活动。走访就业困难人员和零就业家庭1530户，就业帮扶8000余人，帮助1129名就业困难人员实现就业；举办招聘会19场，提供就业岗位1.7万个。与区工会、区工商联联合开展民营企业招聘周活动，深化手拉手招聘活动，组织区级与街乡以及街乡间招聘会，搭建用工与求职交流平台，为高校毕业生打造集“政策咨询、求职登记、职业指导和岗位推荐服务为一体”的绿色求职通道，促进各类人员就业。3月26日，在区东南部劳动力市场举办了以“服务进城务工，帮助就近就业，扶持自主创业”为主题的“春风行动”政策宣传主题日活动和专场招聘洽谈会。全年开展113次手拉手招聘活动，提供岗位4.45万个；开展就业困难人员日常援助3.6万人次，投入资金1.27亿元，促进1.45万名就业困难人员实现就业；认定24户城镇零就业家庭，全部实现至少一人就业，确保零就业家庭动态归零。

（吴　杰）

【高科技人才队伍建设】　年内，建立健全高技能人才岗位使用和表彰激励机制，印发《关于在辖区企业推行首席技师制度和首席员工制度的通知》(朝人社就发【2010】124号)文件，依托43个街乡全面推广首席技师制度和首席员工制度。45家企业已聘和拟聘首席技师或首席员工108名。开展第三届“朝阳区学术技术带头人”、“朝阳区优秀青年人才”评选工作，促进高技能人才培养，企业和培训机构推荐300余名符合条件的高技能人才参加职业技能培训，200余人取得高级工以上职业资格证书，涉及培训工种25类，其中150名优秀高技能人才获得政府资助。

（吴　杰）

【社会保险】　年内，城镇养老保险、失业保险、基本医疗保险、工伤保险、生育保险的缴费人数分别为119.5万人、122.9万人、213万人、120.0万人、63.4万人，与上年同比分别增长17.0%、11.4%、6.2%、6.6%、5.5%；五项社会保险基金累计收缴231.5亿元，同比增收23.5%；累计支出155.8亿元，同比增支16.9%；各项社会保险基金累计收缴率达97%以上。“一老一小”参保人数达到20.6万人，无业居民参保6948人。

（吴　杰）

【基本医疗】　年内，完成公费医疗与职工基本医疗保险制度并轨的各项准备工作，出台《朝阳区区属机关事业单位医疗保障制度改革暂行办法》，对公费医疗享受人员纳入基本医疗保险的范围、基金收缴、待遇享受等方面进行了明确。享受单位及人员共涉及机关事业单位565家，享受人员5.84万人。该办法自2011年1月1日起实施。医保部门审核各类医疗费用117.78万人次，同比增长7.18%，支付费用32.97亿元。同时，对区内定点医疗机构的费用构成、诊疗项目、医疗行为进行数据分析，并对存疑定点医疗机构实地核查300余家(次)，拒付门诊及住院费用141万元。

（吴　杰）

【城乡居民养老保险】　年内，根据市级相关政策，下发《关于对朝阳区参加城乡居民养老保险的人员给予缴费补贴的通知》。城乡居民养老保险累计参保人数达8.45万人。其中，农村居民7.59万人，比上年同期增长4%，农村社会保险覆盖率达到98%；城镇居民0.86万人。城镇居民续缴保费人数4406人，4045以上人员续保率达到100%。全年共有56303人享受了财政补贴，共计3169.4万元。其中特别加大对残疾人参保的补贴力度，对重残人员参保缴费给予全额补贴，其他残疾人给予50%的缴费补贴。参保残疾人4695人，享受区财政补贴563.9万元。

（吴　杰）

【社保卡建设】 年内，针对二级以上定点医疗机构少、一级及以下定点医疗机构多、医院HIS系统改造量大的特点，对全区三百余家定点医疗机构进行分组，由专人负责督促指导“持卡就医、实时结算”系统认证工作，并对全区321家定点医疗机构进行认证；针对参保单位多、参保人数多、单位位置分散的特点，在社保卡的发放方式上，采取以邮寄为主和现场发放为辅的形式进行。发放社保卡137万张，发放率为98.8%。

（吴 杰）

【劳动监察执法】 年内，劳动监察立案5780件，结案5050件（其中投诉举报立案3067件，结案2956件；巡查立案3713件，结案2094件）；检查用人单位1.97万家，为8307名劳动者追讨被拖欠的工资3358万元，为2215名劳动者追缴各项保险费604万元，责令用人单位为1210名劳动者补签劳动合同。重点对辖区内的建筑施工企业、餐饮企业和加工制造企业等劳动密集型企业开展“春节”、“五一”工资支付和两会“严查60天”专项检查行动，检查用人单位1073家，涉及农民工4.3万人，为2033名农民工追回被拖欠的工资264.6万元；联合公安、工商等部门，开展清理整顿人力资源市场秩序专项检查行动，检查职业介绍机构323家。联合公安、安监、国土、工商等部门开展整治非法用工打击违法犯罪专项行动，检查用人单位5699家，查处各类违法案件626件。多部门联合圆满解决“春平购物广场人员聚集讨薪事件”、“央视新台址A标建设工程包工头讨薪”等56件突发事件。加强对施工项目劳务作业人员的动态监管，加强对省驻京建管处、建筑集团公司领导及施工企业法人的针对性培训，联合各省（直辖市）驻京建管处，对外省进京施工企业开展劳务规范管理联合检查，涉及11个省（直辖市）、274家企业。4月至8月各街乡劳动监察小组组织实施“劳动用工规范一条街工程”工作，并将此与日常巡查、企业信息采集和书面审查相结合，规范重点区域重点行业企业用工。

（吴 杰）

【劳动合同管理】 年内，开展“劳动法规宣传月”、“劳动法规千人大讲堂”，在“建筑工地提示牌上墙”宣传培训工作的基础上推陈出新，以“问卷调查—宣传培训—专项指导”的工作模式，加大劳动法规宣传培训力度，开办“仲裁案例公开审理”和“模拟案例分析会”，依托区、街乡、社区三个平台，联合企联、工商联等多个部门，借助工商局年检及各部门业务窗口，多渠道、全方位发放“劳动法规宣传折页”、“劳动政策一点通”等宣传材料并进行现场培训，向辖区内的企业及劳动者宣传劳动法律法规。共发放调查问卷5000余份；制作并发放《劳动政策一点通》等宣传材料18万余份；开展现场培训活动覆盖企业超过千户。劳动合同签订率为100%，劳动合同续订率为86.8%。

（吴 杰）

【劳动争议仲裁】 年内，接受劳动争议案件12272件，其中，立案受理10504件，比上年同期降低24.97%，不予受理1768件，比上年同期增长18.34%；集体争议案件513件，涉及劳动者2881人，分别比上年同期降低27.44%、33.66%；调解率为40.2%，裁决率46.75%。

（吴 杰）

工商行政管理

【概况】 北京市工商行政管理局朝阳分局（简称工商朝阳分局），主要负责辖区内市场经济主体登记注册、商标广告监管、经济合同监管、市场竞争监管、打假维权以及规范市场经济秩序等工作。全局下设38个部门，其中17个职能科室、15个工商所、1个执法检查队、5个事业单位，干部职工620人。年内，在市工商局和区委、区政府的领导下，牢固树立大局、发展、法制、创新“四个意识”，“为朝阳区‘新四区’建设努力营造良好的市场生态环境”，围绕“服务发展再上新台阶、依法监管再出新成果、消保维权再创新机制、队伍建设再上新水平”的“四新”目标，解放思想、坚定信念，扎实调查研究，不断创新思路、方法、举措，解决实践中遇到的各种新问题，在多方面工作中取得新突破，促进分局各项工作健康协调发展。

地址：霄云路霄云里1号

邮编：100125

电话：51069009

（曹发来）

【企业年检和个体验照】 7月15日，企业年检工作结束，对上年度企业实检113513户，未检19908户，年检率85.08 %。外资应检8667户，已检8109户，年检率为93.56%。个人独资或合伙企业和内资企业共应检124747户，已检102460户，年检率为82.13%，其中，(1)个人独资或合伙企业应检 14829 户,实际参加年检 7036 户,年检率为 47.45%;(2)内资企业应检 109925 户,已检 98368 户,年检率为 89.49%。年内,应验照个体工商户 89923 户,实际办理个体验照 69925 户,验照率为 77.76%。年内,运用信息屏、公告栏、网站、博客、楼宇电视、手机短信、96105 热线、《一封信》等多个"路标"进行年检验照提示和咨询;设立外资企业、电子商务企业、有形市场等多条"绿色通道",方便 1526 户企业办理手续;采取报备式年检、上门集中年检等方式提高服务效率,中关村园区、各大商务楼宇内的 3598 户企业享受到相关服务。

(汤翠燕)

【合同监督管理】 9 月 16 日,朝阳区企业合同纠纷调解中心及调解分中心同时挂牌成立,正式启动朝阳区范围内企业合同纠纷调解工作。启动仪式中,市局廉建设处长、区政府主管区长以及区政法委专职书记出席,十二家新闻媒体进行现场采访。同时制定联动调解机制实施细则,内容包括:调解的受理范围先从房地产经纪纠纷、动产抵押登记纠纷、拍卖合同纠纷三类案件做起,对接关系上强调法院转来案件以及工作报表统一由合同科一个口进一个口出,并指定工作程序、操作文书等。年内,办理动产抵押 59 份,同比提高 37%;帮助企业吸纳银行贷款 56 亿元,同比提高 175%;盘活企业资产 64 亿元,同比提高 119%。

(曹发来)

【违法经营查处】 年内,北京辉盛阁房地产经营管理有限公司(以下简称"辉盛阁公司")当事人在未取得《特种行业许可证》及《卫生许可证》的情况下,于 2008 年 6 月开始在金桐西路 12 号以"北京辉盛阁国际公寓"名义从事酒店式公寓经营活动,为客户提供住宿休息服务。经征询公安、卫生部门意见,认定违法所得为 8360004.86 元。依据相关规定,对辉盛阁公司处以没收违法所得8,360,004.86元,并处 200,000 元的罚款。

(曹发来)

【不正当竞争案件查处】 年内,北京道林房地产经纪有限公司销售名为"中弘北京像素"一楼盘。事先,开发商接受购房者排号,购房者交纳两万元定金。楼盘均价为每平方米两万元及两万四千元,同时开发商还宣布两项优惠政策,一是交纳的两万元押金,可以抵房款 4 万元;如果一次性付清全款,可以享受九七折房价优惠。但开盘当天,开发商却突然宣布房价上涨、优惠取消,每平方米两万元的楼盘价格调整为每平方米两万四千元,两万四千元的变为两万八千元。消息宣布后,引起购房者对楼盘销售的极度不满。依据 2010 年 1 月"国 11 条"规定,依法查处房地产开发、销售和中介服务中的价格欺诈、哄抬物价,以及违反明码标价规定等行为。该公司在销售商品房过程中,对所售商品房的价格引人误解的宣传,违反《中国人民共和国反不正当竞争法》的规定,依法予以 20 万元的罚款。

(曹发来)

【"悟本堂"销售非安全食品案】 年内,查处北京悟本堂健康科技有限公司、本草食医(北京)健康科技开发有限公司案。5 月 27 日对悟本堂公司立案调查。先后 3 次赴河南省调查取证,经多角度分析案件,确定产品外包装引人误解、保健养生无视食品安全的经营行为,取得具有结论性的检测结果,属于销售不符合食品安全标准的食品,依据食品安全标准的相关法规,处以罚没 150 万元的行政处罚。

(曹发来)

【广告监督管理】 年内,辖区现有专业广告公司 2000 余户、媒介单位 295 户,包含各类媒介 534 种,媒体数占全市的近五分之一。广告科和 15 个工商所对监管的 534 种媒介,应用广告监管系统做好实时监测、数据采集录入等基础工作,对发现的违法广告及时查处。全年监测媒体广告 1040374 条次,发现并及时制止涉嫌违法广告 5278 条次;查处各类违法广告案件 129 件,罚没款总额 205.2 万余元。

(曹发来)

【食品安全监督管理】 年内,接待食品流通许可申请 25940 户次,受理 6485 件,发放食品流通许可证 5380 件,其中,受理企业食品流通许可申请 2366 户,个体食品流通许可申请 4119 户。抽样检测食品样本 5188 件,合格样本 4964 件,检出不合格样本 224 件,合格率为 95.7%。在全区百家农副产品市场和大型商场、超市建立检测机构。抽样检测食品样本 5,188 件,检出不合格样本 224 件,合格率 95.7%,对不合格食品全部采取下架处理等措施。大洋路批发市场理化中心与中国农业大学食品质量与安全专业对接,对季节性、高风险食品安全风险评估 20 次。先后开展元宵、端午、夏季、中秋期间食品市场以及酒类、乳粉和乳制品市场、食品添加剂等进行专项整治;累计检查食品经营主体 11,248 户次,捣毁制假售假窝点 14 个,取缔无证照食品经营户 161 户;办结食品类案件 214 件,罚没款共计 247.70 万元,

(曹发来)

【信息化建设】 年内,信息档案中心落实数据分析系统数据下载、统计及分析工作,为区有关部门提供统计报表、统计数据及数据字段。累计提供数据 43 次、124802 户数据。完成开业档案 18629 户、变更档

案32068户、注销1952户的接收、扫描、归档工作；完成档案迁入迁出3631户；完成11万户朝阳登记年检报告书扫描、装订、归档工作，以及近1万户市局登记年检报告书的扫描和移交工作；完成外资档案5301户加工整理和上交工作；完成近5000件文书、案件、会计等综合档案的接收、归档、录入工作；查询窗口累计接待36632人次。

（曹发来）

【专项清理】 年内，组织实施烟花爆竹安全管理、社会治安重点地区排查整治、“五一”安全生产大检查、“7.5”文化衫专项检查、酒店式公寓专项检查、代表机构专项检查等各类专项整治十余项，出动7223人次、3463车次，制发行政指导852件。取缔无照经营3258户，罚没款316.96万元。办理内资案件263件，外资案件39件，罚没款总额186.55万元。

（曹发来）

【工商登记注册】 年内，朝阳区登记注册的市场主体26.48万户，占全市总量的18.2%，居全市各区县之首，其中：内资（含私营）企业144,965户，占全市22.4%；外资企业（含代表机构）20,142户，占全市47.2%；个体工商户99,693户，占全市13.0%。全年本区新增市场主体44,663户，占全市总量的18.3%，居全市各区县之首，其中：新设立内资企业（含私营）24,735户，占全市25.9%；外资企业1,853户，占全市48.2%；个体工商户18,075户，占全市12.2%。注册资本（金）方面，内资注册资本总额6,079亿元，其中：注册资本在1亿元以上的企业859户，外资注册资本总额219亿美元。9月上线使用的登记注册网上服务系统，依靠电子扫描成像、网络数据交换等现代化信息技术，形成登记数据提交、受理、核准的系统化作业模式，结合网银电子支付、证照EMS快递邮寄等手段，在全市系统范围内率先实现了市场主体设立、变更、备案、注销等登记注册全业务、全过程的一体化、零接触服务，使“安坐家中，执照办成”的理想模式成为现实。截至年底，该系统处理申请数据1.8万户次，9,587户企业通过“零接触”服务模式完成登记审批，80%以上的外资企业使用该系统办理业务。

（汤翠燕）

【商标监督管理】 年内，朝阳区新注册商标24,808件，是历年注册总和的69.4%（2009年底为35,726件）；17件商标被新推荐为市著名商标，另有17件进入复审程序。查处商标侵权案件218件，罚没款253.1万元。9月，在华侨城查获销售侵权“GUCCI”和“LV”的售假窝点，查扣“GUCCI”和“LV”品牌包约200余个，涉案金额约50余万元。根据建设“世界城市”、“营造良好市场生态环境”的目标，以“提升商标文化，加速品牌聚集”为主题，11月1日，在北京银泰中心柏悦酒店举办“实施商标战略 促进品牌发展”高峰论坛。

（汤翠燕）

【有形市场监督管理】 年内，全区批发市场的商品准入、零售市场的规范化管理工作按《朝阳区有形市场奥运后（2009－2011）规范管理三年规划》要求比例完成，辖区有各类市场230个，在业经营的200个，设置摊位47000余个，经营商户35000余户，新建社区菜市场、便民菜店14个，年成交额257亿元，实现就业77000余人。3月，启动十里河家居建材一条街“创建首都良好消费环境示范街活动”，推动制定出台《十里河家居建材一条街创建首都良好消费环境示范街活动方案》。9月，中国农业大学食品质量与安全专业实习基地在大洋路市场挂牌成立，提高本区食品安全监管效能。

（汤翠燕）

【消费者权益保护】 年内，确定6大类、15小类可能对人体健康和人身、财产安全构成较大风险的商品列为A类重点监控商品；3类为B类重点监控商品。按信誉度确立一、二级重点经营户1677户。上级规定抽检任务310个样本和本单位抽检任务280个样本全部完成，落实了珠宝（80个）、细木工板的抽检任务。制定《预付费经营行为监管工作规范（试行）》，并进行试点工作，建立美容美发、洗车、康体健身、洗浴等行业台帐410户，从监管角度防范消费风险和监管风险。

（汤翠燕）

【朝阳商品质量监控分中心】 年内，完成检测样品271种，其中内墙涂料80种、溶剂型木器漆80种、建筑用和箱包及鞋用胶黏剂100种、油性笔7种、涂改液4种。被监测的胶黏剂样品不合格项目主要为甲醛、卤代烃和苯系物，不合格率分别为1.25%、5%和27%；木器涂料样品不合格项目主要为重金属铅、铬和苯系物，不合格率分别为10%、5%和13%。分中心对上述数据进行复核，复核结果将形成监测及风险评估报告。

（宋润明）

【私营个体协会活动】 年内，制定私营个体《年检验照服务平台接待制度》和服务接待流程，简化验照程序。与中国邮政储蓄银行合作，出台《融资服务平台服务接待制度》，确定每周五中国邮储银行信贷员到分会坐班，接待有融资需求的会员；与相关部门联手举办“首都非公经济金融服务周启动仪式”及银企对接活动，先后为本区30多家商户解决1600万余元的贷款融资问题。年内，区协会增加信息化建设投入，升级改造协会网站,对“走进朝阳”网站再次改版,在二级页面中设置会员供求信息、会员综合服务信息等专栏,与其他区县及本区各委办局网站实现链接,增强了互动性,突出了协会为会员服务的职能。同时通过网络平台,方便了会员与银行之间的相互了解,为会员提供及时有效的信息服务。

(宋润明)

【工商工作站建设】 年内,新建立18个固定工作站、20个网上工作站、1个流动工作站,工商工作站已延伸到社区、商区、景区等社会的多个层面和领域。芳草地社区工作站将履行工商职能与服务社区、服务群众、服务经营者发展相结合,将网格巡查工作与小门店经营者自律相结合,形成典型经验。“3·15”消费者权益日、工商工作站平台接待居民千人咨询。

(宋润明)

物价管理

【概况】 朝阳区发展和改革委员会价格管理科负责全区物价管理工作,物价检查所依法进行物价监督检查、接待并处理群众来信来访等。
地址:百子湾西里303号
电话:65012644
邮编:100124

(李永宇)

【价格专项检查】 1月下旬至4月底,有重点地对本辖区内14家行业协会开展利用代行行政职能、垄断地位或指定服务地位强制收费或搭车收费的乱收费行为进行检查;2月20日到4月底,开展涉农收费专项检查,重点检查“家电下乡”惠农政策的落实情况、动物检疫收费、农民工培训就业收费、农村中小学收费情况,切实维护农民利益;5月5日至11月5日,开展治理和规范涉企收费检查工作,重点清理规范涉企行政事业性收费和经营服务性收费,坚决取消不合法、不合理的收费项目、降低过高的收费标准。严格社会团体入会与收费管理,纠正强制入会行为。加大对涉企收费的监督检查力度,积极开展减轻企业负担专项治理,建立健全治理和规范涉企收费的长效机制,切实减轻企业负担;7月14日至9月15日,开展部分药品出厂价格调查检查,成立区发展和改革委员会药品出厂价格调查工作领导小组,针对本区涉及的12家药品生产企业、29个药品品种,开展药品出厂价格调查检查。调查以一个年度为期限,主要对企业财务报表、出库登记帐、购销合同、税务票据、审计报告、价格目录等进行全面认真审核。汇总撰写了朝阳区药品价格调查专项报告,制作《朝阳区药品出厂价格调查汇总表》,并上报市发展和改革委员会。10月至11月,开展教育收费专项检查,检查了我区艺术类大学、电大学校,高、中等职业教育收费情况,采取自查和检查相结合的办法,确保教育收费检查顺利进行,有效规范了教育收费行为。

(李永宇)

【开展行政事业性收费年审换证和办证工作】 3月23日至5月15日,开展行政性事业性收费年审和《收费许可证》换发工作,对222个行政事业法人单位审验并换发《收费许可证》,办理《收费许可证》661个,注销收费许可证118个。根据市发改委、市财政局《关于印发〈北京市行政机关依申请提供政府公开信息收费办法(试行)的通知》,对101个相关单位新办理《收费许可证》或项目增加业务。

(刘素霞)

【制定稳定市场保障供应方案】 年内,针对生活必需品价格走势呈现较快上涨态势,为做好稳定市场物价保障市场供应各项工作,重点突出加强市场供应、加大价格执法、维护市场秩序、关心群众生活、促进企业发展五个内容,制定《朝阳区稳定市场物价保障市场供应工作方案》,经区政府审议通过并以区政府名义下发执行。

(王蕴生)

【市场价格监测工作】 年内,对45家监测单位、320个监测品种、168种日用百货价格及76个品种的农副产品开展价格监测工作。完成甲型H1N1流感相关商品体温计、口罩、消毒液等医疗防护用品价格监测,如实反映市场供销情况,为政府相关部门提供真实、准确的市场价格信息。

(宋庆华)

【开展机动车停放收费规范管理】 年内,依据市发改委《关于调整本市重点区域非居住区停车场收费标准的通知》(京发改[2010]144号)文件精神,开展本区机动车停放收费的规范管理工作。调整重点地区机动车停车场收费标准,对相关收费标准进行重新审核，在区发改委网站公示区重点地区机动车停车场经营企业名单，方便群众查阅和监督，对区内所有停车收费企业价格公示牌的公示内容进行统一规范，按照新的要求进行统一编号，完善包括经营企业名称、车位数量、负责人、举报电话在内的公示内容。

（宋庆华）

【开展保障性住房价格测算】 年内，高碑店北花园定向安置房项目是本区首个“三定三限三结合”保障房项目，按照区政府指示精神，依据《朝阳区定向安置住房价格审核工作方案》相关规定，组建区建委、区市政管委、区房管局、区财政局等单位参加的联合定价审核小组，遵照“企业申请、中介评估、部门联审、集中决策”的工作模式，完成高碑店北花园定向安置房项目价格测算工作。

（王蕴生）

【对口支援工作】 年内，完成《朝阳区与内蒙古兴安盟突泉县对口支援工作情况汇报》撰写工作，完成区政府120万元帮扶资金拨付工作，完成援助突泉县新建村级组织活动场所建设资金420万元的研究和拨付工作。完成紧急支援江西省吉安市公路灾后恢复重建工作，依据区政府对2010年吉安市《关于请求援助吉安市公路灾后恢复的报告》的批示精神，上报建议对吉安市人民政府支援100万元的请示，经区政府同意，完成资金的拨付工作。

（王蕴生）

【朝阳－延庆区县合作】 年内，制定《2010年度合作发展任务书》。征集合作项目9个，其中产业发展项目5个，涉及补助资金920万元，社会事业项目4个涉及补助资金80万元，朝阳区首批700万资金拨付到位。在2010年全市山区工作会上，本区发改委和京客隆商业集团股份有限公司被授予“北京市区县合作先进集体”荣誉称号，区旅游局、区发改委、区职介中心和区卫生局的4名同志被授予“北京市区县合作先进工作者”荣誉称号。

（王蕴生）

【查处价格违法案件】 年内，加大市场监督检查力度，对朝阳区873个单位的价格执行情况进行检查，查处价格违法案件73件，经济制裁11.926万元，其中没收0.247万元、退款4.476万元、罚款7.203万元。

（李永宇）

【受理价格举报案件】 年内，受理群众咨询、投诉1587件，其中接受群众举报254件，咨询1333件。检查人员做到及时准确处理，办结举报273件，举报人满意率100%。

（李永宇）

【机动车停车场收费调整】 年内，根据市发改委《关于调整本市重点区域非居住区停车场标准的通知》（京发改〔2010〕144号）精神，北京商务中心区、朝外商务区和燕莎地区3个一类重点区域非居住区机动车停车场及个别原5元区停车场收费标准4月1日进行调整。针对本区发展快、繁华地区多的实际情况，书面建议市发改委适当调整非一类地区繁华街区的停车收费标准，在尽量满足停车需求的同时，充分利用价格杠杆缓解繁华地区静态交通管理的压力。

（李永宇）

【节日价格巡查】 年内，组织实施节日、会议期间的价格监管工作，做到制定方案、严密计划，提前准备，任务明确，责任到人，措施有效。较好地维护了“五节”、两会期间的价格秩序。重点检查商业企业、停车场、公园、烟花爆竹销售点的价格情况，跟踪监测价格异常波动农产品价格动态。根据绿豆、黑豆、大蒜、辣椒等农副产品市场的价格出现异常波动情况，适时开展对农产品市场价格检查与监测，对我区大洋路等农产品批发市场进行检查，规范企业价格行为，帮助企业严格落实明码标价规定，积极倡导价格诚信。

（李永宇）

【深化价格诚信创建文明城区】 年内，根据区关于建设全国文明城区的工作部署，研究制定工作方案，深化建外大街价格诚信一条街工作，强化监督检查，进一步治理违反价格法律法规、背弃价格诚信原则的不正当价格行为。发动社会各界广泛参与，征求经营者和消费者的意见和建议，提高价格诚信工作的透明度和实效性。宣传价格法规、政策，深入企业开展价格政策法规宣传培训，动员企业主动参与到创建文明城区的各项工作中来，积极营造良好的创建氛围。

（李永宇）

质量技术监督

【概况】 朝阳区质量技术监督局是北京市质量技术监督局设在朝阳区负责本行政区域内质量技术监督管理工作的派出机构。局机关设7个职能科室，1个稽查队，直属事业单位4个。全局职工173人，其中行政编制39人。全年开展执法活动2431起，查处案件108起，罚没款合计727649元；检验特种设备31347台，管道1484.5米，安全阀6020个；完成强检计量器具64780台(件)，非强检计量器具44050台(件)；检验产品质量样品6968个；办理组织机构代码59379份，其中制作证书53432套，制作IC卡42848张。

地址：平房乡姚家园村8号
电话：85576988
邮编：100025

（陈　波）

【设立行政许可窗口】 1月1日，在区政府行政服务大厅设立北京市质量技术监督行政许可窗口，受理申请人提出的行政许可申请，全年受理行政许可和服务类申请3525件。

（陈　波）

【机构调整】 3月17日，根据《关于印发北京市区(县)质量技术监督局主要职责内设机构和人员编制规定的通知》(京编办函〔2009〕16号)精神和市质量技术监督人事教育工作会关于区县局"三定"规定有关要求，增设食品生产监督管理科。调整后7个内设机构为：办公室、法制科、产品质量监督管理科、食品生产监督管理科、标准化科、计量监督科和特种设备安全监察科。

（陈　波）

【机动车检测场安全检查】 3月20日至4月20日，根据市质量技术监督局、市公安局交通管理局关于进一步加强机动车安全技术检验机构监督管理工作的通知》精神，组织9家机动车安全检测机构开展专项整治行动，对发现的执行标准不严格、漏检、少检等问题，责令限期整改。

（陈　波）

【5·20世界计量日】 5月20日，根据市质量技术监督局《关于开展"5·20世界计量日"宣传活动的通知》要求，协同区计量所、区医疗器械修理所技术人员在管庄地区办事处建东苑社区组织活动，为社区居民免费提供血压计、家用人体秤的检定和维修，免费检定和修理血压计57台、检定家用人体秤50余台(件)，现场发放计量宣传材料100余份。

（陈　波）

【起重机械专项整治】 7月至8月，联合区安全生产监督管理局、十八里店乡政府开展起重机械违法行为专项整治工作，印发《十八里店乡起重机专项整治工作实施方案》，召开十八里店乡起重机专项整治工作部署会，启动专项整治工作，并对70余家起重机使用单位的工作人员进行相关知识和法律法规培训，引导石材协会开展相应工作，对110余名起重作业人员进行培训。

（陈　波）

【标准化示范区通过验收】 8月31日，市质量技术监督局受国家标准化管理委员会的委托，按照《全国农业标准化示范区管理办法》的要求，组织有关专家对朝来农艺园有限公司承担的示范区项目进行考核验收。国家级农业标准化示范区——朝阳区蔬菜种植标准化示范区，经过3年的建设，顺利通过考核验收。

（陈　波）

【组织机构代码联席会议】 8月31日，组织召开朝阳区组织机构代码管理联席会议，市代码中心、区工商分局、区机构编制委员会、区民政局等成员单位负责人出席会议。会上区组织机构代码管理中心对实现代码证书当日办结、代码管理信息系统共享法人库数据、规范代码码段管理等促进代码提高办事效率、降低工作成本、保证数据质量、方便相对人工作进行汇报。

（陈　波）

【质量月活动】 9月11日，在朝阳区眼镜城市场、名镜苑眼镜市场、兆佳名品眼镜市场举办主题为"质量提升，促进发展，惠及民生"的宣传咨询活动。向购配眼镜的消费者宣传眼镜制配常识，提示选购、制配眼镜中的安全注意事项，发放宣传手册，同时提供免费眼镜检测服务。活动期间接待咨询37人次，发放宣传资料千余份，为消费者免费检测眼镜13副。

（陈　波）

【食品检查】 年内，出动执法人员1204人次，对辖区内153家食品生产加工企业、18家食品加工小作坊、19家食品相关产品生产企业、4家化妆品生产企业开展全覆盖巡回检查，检查企业590家次，产品抽样合格率95.56%；对10类高风险食品生产企业进行重点检查。

（陈　波）

【涉乳制品专项整治】 年内，按照市质量技术监督局、区食品办工作部署，根据全国食品安全整顿工作办公室工作要求，对辖区内含乳食品生产企业开展三次专项清查工作，出动执法人员584人次对21家企业进行检查，检查292家次，检查乳制品及原料乳粉309批次。抽检样品经国家食品质量安全监督检验中心检验，未检出三聚氰胺。

（陈　波）

【食品企业认证援助】　9月，组织专家对辖区内5家食品生产企业开展认证援助工作。专家们深入一线，仔细查看企业产品生产加工工艺流程、生产加工环境、厂房布局、检测实验室和设备配置等情况，查阅企业标准文本、管理制度、管理台帐和质量生产记录等相关材料。认真查找、分析生产过程中的缺陷，提出解决的建议，指导、帮扶企业制定和采取措施予以纠正，进一步完善生产管理过程。

（陈　波）

【工业产品质量】　年内，完成工业产品生产许可证获证企业年度自查报告年审工作，受理工业产品生产许可证获证企业年审184家。获得工业产品生产许可证和3C认证的337家企业中，已建立质量档案249家。

（陈　波）

【“双打”专项行动】　11月，贯彻落实市局关于“打击侵犯知识产权和制售假冒伪劣商品专项行动方案”的要求，对汽车配件、实施强制性产品认证制度的手机产品、纳入生产许可证管理的防伪标识产品等重点产品开展检查，对12家汽车配件中的安全玻璃生产企业进行专项检查。

（陈　波）

【标准化工作】　年初，受理市级技术标准补助申请21家单位43个技术标准，经评审，20个单位的26个标准获得市财政162万元补助。6月底，经区政府常务会批准，建立区政府鼓励企事业单位积极参与标准创新的激励机制，会同区知识产权局发布《朝阳区技术标准制（修）订资助暂行办法》。全年办理企业标准备案791个，办理企业执行标准登记111个。

（陈　波）

【计量监督检查】　年内，对超市、集贸市场、餐饮店等行业176家单位进行计量监督，检查贸易结算用计量器具5730台（件）、抽查定量包装商品172批次、预包装470件。

（陈　波）

【统配统管计价秤】　年内，完成3家2009年升级改造的和6家2010年同步升级改造的社区菜市场电子计价秤的统配统管工作，统配电子计价秤841台。

（陈　波）

【特种设备保障检验】　年内，在春节、“两会”、武博会、国庆等重大活动和节日期间，共出动检查人员763人次，检查单位501家次的特种设备5085台，对发现的安全隐患，提出整改措施。

（陈　波）

【查处黑窝点】　年内，查处取缔假冒伪劣及无证生产等违法黑窝点24个，其中涉及食品的21个（桶装水13个、白酒1个、烧饼1个、豆制品2个、糕点1个、糖葫芦1个、地沟油2个），涉及建材产品的3个（轻钢龙骨2个、石膏粉1个）。

（陈　波）

6170万元（含以前年度欠缴），核减工程款18571万元。

地址：北三环东路甲26号

电话：84272266

邮编：100013

（贾晓博）

审　计

【概况】　北京市朝阳区审计局是负责朝阳区审计监督工作的政府职能部门，实行双重领导，对区政府和市审计局负责并报告工作，审计业务受市审计局指导。人员编制62人，在编55人。内设办公室、综合法制科、信息调研科、财政金融审计科、行政事业审计科、经济责任审计科、固定资产投资审计一科、经贸审计科，新增固定资产投资审计二科。下设审计指导中心，全额拨款事业单位，人员编制16人，在编14人。年内，完成审计（调查）项目82个，查出各类问题金额42916万元，其中：违规金额1348万元，管理不规范金额41568万元；促进增收节支

【预算执行审计】　年内，充分发挥审计监督在促进深化预算管理改革、严肃预算执行、提高财政资金使用效益、保障区域经济社会平稳较快发展中的作用，加大监督力度。审计44个项目，延伸10个一级预算单位、10个街乡、9所学校和幼儿园开展预算执行专题调查（包含2009

年同级审项目)。针对预算执行中存在的问题,注重从体制和机制层面分析问题,促进完善政策、规范管理,提高资金效益。6月25日,朝阳区第十四届人民代表大会常务委员会第二十五次会议审议通过《关于朝阳区2009年预算执行和其他财政收支的审计工作报告》,得到区人大高度评价,委员们认为审计报告写的好、工作做的好、问题揭示和分析的好。对反映的问题,常务副区长吴挂英主持召开整改会,落实整改责任。

(贾晓博)

【固定资产投资审计】 年内,根据全区统一部署,完成土地储备第三阶段审计,前三阶段审核资金280.68亿元,占已拆迁补偿金额的52.5%,对住宅补偿资料抽审在30%以上,对非住宅资料审核率为100%。实施中,建立旬报制度,坚持领导小组月例会制度,实施阶段整改机制,发出阶段性整改通知7份。根据审计意见和建议,区农委下发《关于规范土地储备管理费使用范围的通知》,加强管理费支出管理。7月23日,区委书记陈刚、区长程连元等主要领导在区审计局召开土地储备现场调研会,对进一步加强审计工作提出要求。此外,对城市轨道交通、中小学校舍安全、奥运森林公园等26个项目进行审计,查出有问题金额18935万元,其中核减工程款18571万元。

(贾晓博)

【专项资金审计】 年内,对保增长、扩内需政策及资金、土地储备拆迁农民就业安置政策及资金、居家养老政策和资金、疫病防控资金、玉树赈灾资金、市拨下划资金、政府债务资金、高技术产业和现代制造业发展专项资金、农业产业结构调整资金、社区卫生建设资金等开展专项审计或效益调查,查出问题金额6279万元。通过审计,促成相关部门出台加强养老服务体系建设、调整残疾人困难补助标准、加强政府融资和企业信贷资金管理、加强政策扶持项目评审等多项制度,为保障政策落实和提高资金管理水平发挥重要作用。

(贾晓博)

【经济责任审计】 年内,坚持"凡离必审",审计27个单位34名领导,查出问题金额14489万元。建立健全经济责任审计联席会议制度,出台经济责任审计结果运用办法,"审计知识进党校"制度化、经常化。制定经济责任审计工作规范,审计工作质量和效率不断提高。

(贾晓博)

【企业审计】 年内,在对全区国有企业经营状况进行调查基础上,对区副食品总公司和潘家园文化发展有限公司及所属企业资产、负债、损益情况开展审计或绩效调查,查出问题金额1497万元。促成相关单位出台加强拆迁补偿款管理、企业预算管理、发票管理等制度,收到较好效果。

(贾晓博)

【内部审计】 年内,截至2010年底,全区17个单位建立内审专职机构,内审专、兼职人员810人。加强内审指导,开展21个乡的土地储备工作内部审计联席会,将30个未设立内审机构的委办局和21个乡纳入内审管理范围,扩大内审工作覆盖面。

(贾晓博)

【基础管理】 年内,围绕制度建设,修订和出台"财务管理内控制度"、"政府信息公开办法"、"审计委员会议事规则"等17项内部管理制度;围绕项目管理,严格质量,实行"统计报表制度",通过指标设定,促进项目查深查透,出台固定资产投资审计和经济责任审计操作规范,规范审计行为;围绕审计效率,出台"审计项目时长和时限管理办法",明确不同类型审计项目的总体时长和各环节用时标准;围绕队伍建设,修订"审计组长管理办法"并重新任命22名审计组长,市审计局长李颖津、区长程连元为22名审计组长颁发证书,制定年轻干部"一对一"培养计划,开展财务基础和固定资产投资审计业务测试,取得较好的成绩。

(贾晓博)

【党建工作】 年内,加强领导班子建设,开展班子成员承担审计组长、讲党课、班子成员之间及与干部之间谈心等活动;坚持理论中心组学习和民主生活会制度,加强对党员干部民主监督和测评,强化廉政意识和风险防范管理;7月完成党总支换届工作。同时,注重培养新生力量,2名预备党员如期转正、1名积极分子吸收为中共预备党员,党员队伍不断壮大。

(贾晓博)

【机关文化建设】 年内,在区总工会组织的"朝阳区第二届职工广播操比赛"中,荣获三等奖;围绕"创先争优"活动,开展征文、演讲、登山、乒乓球和拔河比赛等文体活动;美化机关办公环境,进行室内、外绿化,增加健身设施,丰富文娱生活,提升机关文化品味。

(贾晓博)

【信息公开与审计成果利用】 年内,制定本局"政府信息公开实施办法(试行)";加强审计宣传,与区人大财经委通过朝阳有线宣传新修订的《审计法实施条例》,提交审计报告、信息342篇,被批示和采用227篇次;完成调研7篇,论文17篇,获市审计局科研论文优秀8篇,《北京审计》刊登10篇。

(贾晓博)

烟草专卖

【概况】 北京市朝阳区烟草专卖局(北京市朝阳烟草公司)设六个科室，包括办公室(安保科)、专卖监督管理科(内部专卖监督管理科)、访销信息科、财务科、政工科(人事劳资科)、法制科，专卖监督管理科下设4个市场检查大队、3个稽查中队和1个货运场站监管队，年末职工人数179人。全年出动执法检查13068人次，查处违法卷烟2344.35万支，总案值1907.15万元。办理一般程序案件256起，其中大要案150起。市场净化率达到98%以上。破获达到国家局标准的制售假冒卷烟网络案件3起。年内，销售卷烟131239箱，比上年的124306箱增加6933箱，增长6%。单箱销售额由上年的20314元上升为23250元，增长14%。实现税利6.18亿元，比上年的4.8亿元增加1.38亿元，增长28.85%。

地址：和平街十三区甲17号
电话：64206977
邮编：100013

(丁　鑫)

【"12313"举报电话使用有成效】 年内，接到"12313"举报电话896起，其中举报假冒卷烟的174起，咨询其他事宜的722起，有价值深度经营的线索13条。

(丁　鑫)

【治理取缔无证户】 年内，协调街道办事处、工商所、城管分队、派出所开展联合执法，通过对辖区无证户进行细致调研，摸清辖区无证经营户的分布情况，并以此次为基础开展有计划、有步骤的无证户治理工作。经过近一年的努力，截止年末，清理整顿288户，无证户总量降低了54%。

(丁　鑫)

【破获多起销售假烟网络】 1月31日，在市局打网办、稽查总队的统一指挥协调下，破获一个以浙江籍陈某、戴某为首的特大地下销售假烟网络案。查获各类假烟40余个品牌288.28万支，案值543万元。抓获涉案嫌疑人6人，刑事拘留5人，查扣涉案车辆4辆，捣毁囤假窝点7个。5月31日，在市局打网办的指导和朝阳公安分局南磨房派出所民警的配合下，摧毁了以福建人赖某为首的售假网络。查获违法卷烟288.3万支，案值202.31万元，捣毁囤假窝点9个，查扣涉案车辆6台，抓获涉案嫌疑人10人，刑事拘留3人，网上通缉1人。11月20日，在市局专卖处、市公安局治安总队统一协调指挥下，摧毁了以王某为主供货商、活动于朝阳区大洋路市场周边，辐射朝阳、大兴、通州、顺义等地的一个地下销售网络，查获假冒伪劣卷烟168.22万支，案值147.7万元，现场查扣车辆2台，起获囤假窝点9处，抓获涉案人员7名，其中5人因涉嫌构成犯罪被公安机关刑事拘留。

(丁　鑫)

【市场检查机构建设】 年内，落实"片区责任制"，将管理责任落实到各个检查队和每一名执法人员，做到责任到队、责任到人。注重日常监管结果与销售、内部监管部门之间的信息传递、沟通与反馈，与销售系统零售户数据随时比对，对零售客户经营等级变动情况进行信息传递、变更。在日常监管工作中加强绩效考核，将卷烟市场净化率、假私非卷烟公开摆卖率、日常监管率等测评指标作为工作重点，整体纳入到绩效考核体系。建立违法零售户黑名单，在客户档案基础上将违法零售户的基础信息摘录，建立信息库，为网络侦缉、案件查办提供了重要参考信息。建立货运场站信息库，从源头上控制违法卷烟的流入。

(丁　鑫)

【坚持品牌培育】 年内，除重点加强对全国30个骨干品牌的培育力度外，还对长白山(神韵)、黄鹤楼(软论道)、芙蓉王(软蓝)、玉溪(软和谐)、红塔山(硬经典150)等25个规格的卷烟重点推广和培育，并形成每日执行率上报制度。对上市的新品牌，按照工业企业的宣传促销方案，及时将促销物品发放给零售户，对宣传促销活动效果进行评估并形成《促销活动分析报告》，反馈到上级部门。

(丁　鑫)

【加强服务客户能力】 年内，一方面加强货源供应的有效性和公平性，实现总量浮动管理，做好畅销品牌基本满足，紧俏品牌合理限量，另一方面积极引导和优化客户业态结构、不断深化明码标价工作，加强对客户经营技巧、销售策略和真假烟识别培训，不断提高零售户满意度。开展"客户盈利增值"活动，针对中小客户推出"小空间，大舞台"活动，通过指导卷烟陈设、提升店面形象，有效吸引客源，帮助中小客户增强盈利能力。

(丁　鑫)

【做好网上订货试点工作】 年内，市局周瑞增局长对区局(公司)调研时，对网上订货试点工作给予肯定，要求进行总结推广和完善。朝阳烟草局克服困难，组织营销人员学习培训网上订货平台的操作,制作《朝阳烟草信息——网订专刊》并向零售户发放。

(丁　鑫)

【采集零售户销存信息】　年内,认真开展零售户信息点、消费者信息员的日常维护与信息采集工作,每周认真进行周信息采集,每月按照要求完成社会库存信息报告,完成四次大规模季度市场抽样调查,12次专项调研,并认真撰写调研报告四份。经过对市场情况、卷烟营销情况、零售户对货源的满意度等进行调查了解,汇总的数据为卷烟营销工作提供真实、可靠的数据支持。通过对调研数据进行归纳整理和系统分析,为区局(公司)进一步打好市场基础、做好品牌培育、搞好工商协同营销、服务客户等工作提供了有效的数据支持。

(丁　鑫)

【修订《朝阳烟草综合制度汇编》】　年内,再度编审《朝阳烟草管理制度汇编》等一系列规章制度共60个章节、769条,坚决用制度管人、管事、管权,要求所有干部职工按照制度办事,制度面前人人平等,并着手开展全员考核的试点工作。

(丁　鑫)

【强化内部专卖管理监督】　年内,内管人员核查上月销售数据,检查是否存在与正常平稳销售差异较大的异常情况。对存在异常销售情况的零售户,通过质询客户经理、经营人员,提取监听电话录音,核实相关票据,实地核查零售户等措施进行核查。全年处理内管信息系统预警2499个,零售户信息监管预警343个,未发现大违规经营问题。

(丁　鑫)

【组织丰富多样的职工文体活动】　年内,根据职工兴趣爱好组织了丰富多彩的文化体育活动,组建足球队、篮球队、羽毛球队、乒乓球队、游泳队等,每周开展活动。10月份,朝阳烟草足球队夺得北京烟草第六届"骄子杯"足球赛冠军。

(丁　鑫)

【继续编制《朝阳烟草信息》报】　年内,发行《朝阳烟草信息》报13期6万余份,刊载为零售户和工业企业服务的相关文章100余篇。

(丁　鑫)

【奉献爱心回报社会】　年内,玉树灾后救援和"七一"期间先后两次组织党员及职工向灾区和朝阳区慈善协会进行"共产党员献爱心"捐款,共计捐款22960元。

(丁　鑫)

【获奖情况】　年内,及时足额上缴2009年度所得税,被市税务局评定为"A级纳税诚信企业"。被和平街街道办事处评为"和平街街道弘扬博爱、奉献爱心先进集体";被市烟草专卖局授予2010年度卷烟打假先进单位"特殊贡献"称号;王进文被区政法委授予朝阳区行政执法先进个人称号;张小舵和吕长山被市局和市公安局表彰为"2010年度卷烟打假先进个人"。

(丁　鑫)

财政　税收　金融

财 政 管 理

【概况】 朝阳区财政局（简称区财政局）是朝阳区政府领导下的主管本区财政收支和财政监督工作的职能部门。设办公室、综合科、预算科、资产管理科、国库科、街乡科、行政事业科、政府采购办公室、经济建设科、社会保障科、农业科、产业资金科、会计科、财政监督科、人事科。下属监督检查所、国库集中收付中心、预算编审中心、绩效考评中心4个事业单位，全局行政编制95人，事业单位人员编制71人。年内，区级财政收入完成2342627万元，为全年预算的112.8%，同比增加436060万元，增长22.9%，财政支出2280287万元（一般预算支出1680041万元），为全年预算的154.7%，同比增加593692万元，增长35.2%。

地址：日坛北路3号
邮编：100020
电话：65090308

（霍宗达）

【支持经济可持续发展】 年内，支持功能区整体统筹发展，支持CBD建设，加快商务中心区现代化、国际化、高端化发展步伐；推进电子城北扩，全面启动国际电子总部聚集区建设；开展奥运功能区场馆改造工程，发挥文体产业聚集优势，提升品牌效应；支持储备区规划建设，形成三大功能区和三大储备区协同发展格局。强化区域优势产业对全区经济的支撑作用，大力扶持现代服务业发展，重点支持电子信息、软件、生物医药等高新技术产业的技术研发和成果转化，促进金融产业协调发展，推进文化创意产业拓展市场；支持招商引资工作，引导商业流通及中小企业发展，涵养挖潜楼宇经济；倡导节能减排工作。发挥财政政策对税源涵养、产业布局的引导作用，充分调动街乡涵养税源的积极性，规范企业纳税行为，落实并完善帮扶企业工作。

（霍宗达）

【统筹优化财政支出】 年内，做好法定支出及当年重点工作的资金保障。进一步加强预算执行力度，夯实各项财政基础工作，坚持严格控制政府运行成本，财政资金重点向民生领域倾斜，完成教育总支出436266万元，社会保障和就业支出307760万元，医疗卫生支出139213万元，农林水事务支出127087万元，科学技术支出34409万元，文化支出24812万元，人口和计划生育事务支出5042万元。

（霍宗达）

【大民生资金保障】 年内，全面推进各级各类教育发展，坚持扩大优质教育资源聚集，促进教育均衡发展。推进“双名工程”，高标准建设规模院校；完成117个校址的安全工程建设，支持中小学校舍抗震加固工作；发展学前教育，新增幼儿园10所，初步缓解入园难问题；进一步改善农村地区薄弱校办学条件。推进就业和社会保障工作，构建城乡统筹的社会保障体系。落实就业扶持政策，支持土地储备过渡期人员安置政策，加大农村劳动力就业支持力度，强化劳动市场监管，统筹推进城乡就业；继续扩大城镇社会保险覆盖面，落实“一老一小”、无业居民参加大病医疗保险政策；推进社会救助体系建设，努力帮扶困难群体；落实“九养”政策（一、建立万名“孝星”评选表彰制度。二、建立居家养老（助残）券服务制度和百岁老人补助医疗制度。三、建立城乡社区（村）养老（助残）餐桌。四、建立城乡社区（村）托老（残）所。五、招聘居家服务养老（助残）员。六、配备养老（助残）无障碍服务车。七、开展养老（助残）精神关怀服务。八、实施家庭无障碍设施改造。九、为老年人（残疾人）配备“小帮手”电子服务器。),加快养老机构建设,养老服务工作全面推进;支持残疾人事业发展,高度关注残疾人康复和就业等方面的困难;政策性住房建设加快推进。支持公共卫生事业健康发展,不断提升医疗服务能力。整合医疗卫生资源,筹备市医药卫生体制改革前期准备工作;推行社区卫生24小时应急服务,推广中医药服务,坚持药品零差率销售,支持疾病预防控制。

(霍宗达)

【推进城市建设资金保障】 年内,广泛收集百姓建议,推进"六大文明秩序引导"工作(六大文明秩序:礼仪、环境、秩序、服务、观赏、网络),开展城市、社会、国际三大志愿服务行动,支持城管大队改善执法装备条件;推进文化体育建设。支持城市路网建设,改善区域交通环境;推进绿化美化和广场公园建设,新增、改造绿化面积200公顷;支持定福庄污水处理厂管线拆迁及水环境治理工程,新建3个社区生活污水达标排放试点,加强对重点耗能企业监管,改善区域空气及水环境质量;支持垃圾处理基础设施建设,推进垃圾分类工作,提升垃圾无害化处理能力;实现数字化城市管理城乡全覆盖。强化社会服务管理,加大流动人口服务力度,支持全国人口普查工作顺利推进,开展安全生产隐患排查和食品药品、动物疫情等专项检查,确保全区安全稳定。加快推进农村城市化进程,统筹推进城乡建设发展。稳步推进土地储备工作,确保资金安全,完善土地储备资金管理及入户调查评审等相关制度,做好拆迁面积复核工作,降低资金支出风险;继续支持农村道路、公厕等关系农民生产生活的基础设施建设;支持环境整治工作,9个市级重点村环境整治有序推进,6个郊野公园建成开放;强化财政政策对农村产业发展的引导作用,继续落实家电下乡、汽车以旧换新政策,推进农产品质量安全追溯体系建设,开展新农村建设城乡一体化试点工作,提高农民生活水平。

(霍宗达)

【推进财政改革】 年内,推进部门预算改革,结合审计意见,完善支出标准体系;进一步严格控制"人、车、会"等一般行政性开支;强化政府债务分析,控制债务规模和债务风险;细化预算编制,将预算编制与信息公开工作相结合。统筹推进国库集中支付改革,改革试点单位182家,其中一级单位纳入改革比例达99%;落实筹备基本建设资金纳入改革准备工作。继续开展政府采购专业化管理,启用北京市评标专家库,将街乡纳入政府采购范围,全年执行采购预算218862万元,节资率为13%。加强行政事业单位资产动态管理,完善会计委托代理记账工作,强化对重大项目的投资评审力度。

(霍宗达)

【加强作风建设】 年内,开展廉政风险防范"回头看",开展"小金库"、工程建设领域等专项治理,强化勤政廉政建设。研究部门预算政府信息公开,转变工作作风,促进工作高效、透明。以折子工程形式,推进当年重点工作督办落实,增强工作落实的执行力。认真梳理各项工作制度和内部管理规程,健全和优化财政管理工作机制,提升工作规范性、标准化水平。

(霍宗达)

国 家 税 务

【概况】 朝阳区国家税务局隶属于市国家税务局。全局内设机构13个、直属机构2个(其中稽查局内设机构8个)、事业单位3个、派出机构11个(其中5个征收所、5个管理所、1个CBD综合税务所),干部职工642人。截至12月31日,有税务登记开业纳税户126400户,其中内资企业92643户,外商投资企业5930户,港澳台商投资企业2638户,个体工商户24840户,其他(非企业单位)349户。年内,本局组织各项税收收入3752902万元,同比增收379111万元,增长11.2%。其中增值税入库1414080万元,同比增收201279万元,增长16.6%;企业所得税入库2175629万元,同比增收114814万元,增长5.6%;消费税入库19759万元,同比增收9063万元,增长84.7%;存款利息个人所得税入库3287万元,同比减收10463万元,下降76.1%;车辆购置税入库140147万元,同比增收64418万元,增长85.1%①。组织区级收入708517万元,同比增收180820万元,增长34.3%,完成区级年度计划的122.1%,提前65天完成区级收入目标②。(注:①以上数据按照市国税局下达计划统计口径计算。税收收入和企业所得税收入均不含中央固定所得税收入。同比指与上年同期同口径相比。②以上数据按照区财政统计口径计算。同比指与上年同期同口径相比。)

地址:左家庄东里甲3号

电话:64653418
邮编:100028

(郭 倩)

【涉外企业迁入】 年初,成立调整接收工作领导小组,部署市国税局直属分局793户涉外企业迁入接收工作。第六税务所抽调业务骨干成立大户组,针对涉外企业经营规模庞大、业务类型繁杂、税收及财务问题涉及面广等特点,将迁入企业按行业进行分类,指派专人管理,并设立专门的邮箱和博客,开展涉税宣传及解答纳税人问题。6月12、13日,召开四场迁入企业见面会,迁入企业负责人、财务人员参加见面会。6月21日,召开17户重点税源企业汇算分析报表填报辅导会。7月1日,企业正式迁入。7月1日至12月31日,累计入库税款108.5亿元。其中,增值税入库52.8亿元,企业所得税入库55.7亿元。

(郭 倩)

【发票管理】 3月1日起,全局所有普通发票均实行验旧售新。9月底,所辖集贸市场全部取消手写版发票。年内,所属184个市场中,173个市场安装税款开票机216台,统一开具机打发票。10月,根据市国税局统一部署,启动简并票种工作。11月12日,完成全部新版普通发票替换工作。

(郭 倩)

【优化纳税服务】 3月,开通纳税服务投诉电话、纳税服务邮箱。6月,制定《北京市朝阳区国家税务局纳税服务投诉处理工作暂行办法》、《北京市朝阳区国家税务局2010－2012年纳税服务工作规划》、《北京市朝阳区国家税务局纳税服务投诉目标考核办法(试行)》。9月,整理纳税人关心的热点问题,编写《税收热点问题解答》手册,包括货物和劳务税类、所得税类、国际税收类、税收征管类4类办税业务60个问题,印发10000册免费向纳税人发放。

(郭 倩)

【开通纳税服务邮箱和投诉电话】 3月,开通纳税服务邮箱 chaoyangnf@bjsat.gov.cn 和纳税服务投诉电话84552366,以办税服务场所设置宣传海报、张贴通知等形式宣传推广,为纳税人提供多元化服务,畅通诉求渠道。

(郭 倩)

【为纳税人开通博客】 3月,第十一税务所(CBD税务所)在网络上开通博客,博客网址为 http://blog.sina.com.cn/cygsj。内容包括上年度汇算清缴、导航通知、办税须知、网上申报和认证等。该博客中还链接了播客、相册等多媒体信息,使纳税人查找信息更加直观。该所成立博客维护小组,定期更新内容,答复纳税人提问。

(郭 倩)

【企业所得税管理】 3月,研发完成所得税管理系统(一期),实现年度汇算清缴申报查询、统计、监控、预警等功能。4月,在全局十一个税务所试运行。12月全局正式运行。做好税收政策宣传及汇算清缴辅导,先后召开重点税源企业、房地产企业、境外所得企业、非营利组织、民办教育机构等专题辅导会,820户企业参加辅导。截至8月31日,受理上年企业所得税汇算清缴申报66031户,申报率为98.83%,汇算清缴入库企业所得税45.54亿元,同比增加4.96亿元。所得税汇算申报盈利企业54018户,盈利面达81.81%;零申报企业827户,零申报率1.25%;亏损企业11183户,亏损面达16.94%。逐户核实上年入库超过1000万元的企业,确定新增39户实行按月预缴。年内,186户企业纳入按月预缴管理。加强企业所得税核定征收管理,逐月清理核定征收企业,共2218户企业取消核定征收恢复查账征收,200户企业调整所属行业及应税所得率,补缴税款82万元,清理自行享受小型微利税收优惠企业56户,补缴税款10万元。充分依托企业所得税管理系统和征前审核程序,开展年纳税评估,涉及评估对象40419户,累计调增应纳税所得额61389万元,累计调减亏损额1917万元,补税7744.1万元,加收滞纳金185.2万元。

(郭 倩)

【税收宣传月活动】 4月1日,在左家庄办税服务厅举行宣传咨询活动,拉开税收宣传月序幕,宣传月活动主题为税收、发展、民生。与涉税中介机构召开纳税服务座谈会,听取五家税务师事务所的服务需求、意见和建议。4月2日,在东方基业国际汽车市场内举办宣传活动,向纳税人详细讲解车辆购置税法律、法规及征收情况,重点介绍税款计算、最低计税价格的适用等问题。4月13日,联合团区委、十八里店乡、十里河商会在高力国际灯具城开展宣传,纳税人参与“履行法律义务,依法诚信纳税”签名活动。4月14日,与区民政局到北京芳草工艺品厂联合开展调研,参观企业生产车间,了解企业发展及安置残疾职工等方面的困难。4月27日,与朝阳公安分局、区地税局在家乐福超市联合开展“严厉打击发票违法犯罪,维护首都经济平稳发展”主题宣传咨询活动。宣传月期间,法制晚报、北京青年报、京华时报,朝阳有限电视台报道税收宣传活动7篇(次),北广传媒城市电视滚动播出税收公益广告15次。

(郭 倩)

【短信通知服务平台上线】 4月,面向纳税人的短信通知服务平台研发完成正式上线使用。主要功能包括:提醒服务,为纳税人发送涉税提醒信息;信息发布,向纳税人发布税收宣传、税收政策、会议通知等信息;催报催缴,向纳税人提供逾期未申报催报信息和逾期未缴税催缴信息。年内,完成通知任务500余个,发送信息190多万条。

（郭　倩）

【发票宣传月活动】　7月,开展依法使用发票,维护合法权益发票宣传月活动。通过短信平台,向20000多位纳税人发送发票宣传短信。7月9日,在居然之家家居市场开展发票知识宣传活动,普及发票基本知识,引导纳税人和社会公众按照有关规定正确索取和使用发票。7月14日,在十里河古玩市场开展宣传活动,将发票管理、发票知识等有关法律法规为主要内容的宣传手册送到商户手中。

（郭　倩）

【抓获假发票嫌疑人】　7月21日,局发票打假小组成员与区香河园派出所干警联手当场抓获正在兜售假发票的嫌疑人,缴获假冒《北京市定额专用发票》3本,合计150份,涉及金额15000元。

（郭　倩）

【个体集贸税收首破亿元】　9月底,个体集贸税收首次突破亿元大关,达到1.02亿元。截至12月底,累计登记个体工商户24840户,累计入库税款14575万元,比上年同期的9625万元增长4950万元。

（郭　倩）

【流转税管理】　年内,强化小规模纳税人管理,制订《增值税小规模纳税人管理实施方案》。研发完成小规模纳税人超标认定系统,及时提醒税收管理人员对达标小规模纳税人进行清理,实现对达标小规模纳税人有效监控。建立事前分析、事中宣传、事后反馈的链条式政策跟踪机制,开展增值税固定资产抵扣政策、自产农业产品免税政策、纳税人销售自产货物并同时提供建筑业劳务政策、凭农产品收购发票或者销售发票申报抵扣增值税进项税额政策、营利性医疗机构税收政策、对出版物广告收入划分比例审核政策等政策跟踪。依托征前审核系统,对制造业及批发零售业400余个行业中低于全局上年平均税负的企业,开展案头审计、约谈及实地纳税评估。年内,评估低于同行业税负企业720户,存在问题企业184户,有问题率25.56%,补缴增值税1345.25万元,调减留抵税额165.65万元。开展消费税清理。清理后,消费税税种登记户数为332户,补税20.93万元。

（郭　倩）

【纳税人满意度调查】　年内,在国家税务总局开展的2010年纳税人满意度调查中,局两个办税服务厅在暗访中表现突出,取得满分,全国排名第一。

（郭　倩）

地　方　税　务

【概况】　朝阳区地方税务局受北京市地方税务局和朝阳区人民政府双重领导。在朝阳区行政区域内行使地方税收管辖权。设有,15个科室(含后勤服务中心),15个税务所(三定方案数),1个稽查局(下设检查科4个,立案科、审理科各1个)、1个税务学会。合计人数605人,其中干部575人,工人24人。事业编6人。男304人,女301人;大专以上文化程度575人,大专以下文化程度30人;中层干部67+3(处调兼任)人。截止12月31日,本局共有税务登记户数163167户,其中内资企业123799户(包括国有企业1992户,集体企业2311户,股份制企业3294户,联营企业80户,有限责任公司34485户,股份有限公司734户,私营企业78198户,其他企业2705户);港澳台商投资企业3078户;外商投资企业6480户;个体工商户29810户。

地址:安苑东里3区1号;

电话:010-64919340;

邮编:100029;

网址:http://www.bjltb.gov.cn。

（徐　毓）

【税法宣传】　4月1日,与北京交通广播联合制作“税收伴您同行”特别节目。与首都经济贸易大学财政税务学院联合举办第二届“朝阳地税杯”专业知识展示大赛。开展“普税法 倡诚信 促和谐”税法宣传系列活动、爱岗敬业文明服务和“3.15”法制宣传等活动。与朝阳有线电视台合办《地税你我他》栏目。向各大报刊、电视、广播、杂志等媒体积极投稿近500余篇。

（徐　毓）

【组织收入】　年内,组织各项税费收入4677800万元,同比增收799100万元,同比增长20.6%。其中,地方一般预算收入3652300万元,同比增收607000万元,同比增长19.93%,完成市局最新年度计划3509000万元的104.1%。其中,区级收入完成1572000万元,同比增收242000万元,增长18.24%。围绕“保增长”工作目标，突出任务分解落实、强化组收机制和税收分析预测三个重点，建立全局、科所及税收管理员三级收入分析制度，实施组收考核评价机制，强化税源分析、税收预测预警分析、税收管理风险分析和政策效应分析，组收工作协调、高效、规范运转。

（徐 铳）

【纳税服务】 年内，落实总局（2010年－2012年）纳税工作服务规划，完善“五大纳税服务体系”（信息服务体系、咨询服务体系、办税服务体系、环境服务体系、援助服务体系），巩固和拓展全区通办制的“一窗式”服务管理模式。编写《朝阳地税纳税咨询热点问题汇编》和《纳税人须知》。拓展网站功能，整合税收咨询平台，咨询受理中心受理咨询12.2万个。

（徐 铳）

【依法行政】 年内，加强规范性文件管理，落实税收执法责任制，深化执法风险管理。加大破产清算企业的税款追偿工作力度，依法追偿破产清算企业税款491.5万元。

（徐 铳）

【稽查检查】 年内，重点开展对房地产行业与建筑安装行业、交通运输行业、教育、培训机构、限售股减持税收专项检查。开展打击发票违法犯罪专项整治工作，维护正常的市场经济秩序。开展清理积案工作，完善基础工作。开展稽查新业务流程培训，稽查工作标准化。全年立案223件，检查109件，自查补税18件，入库税款2627.18万元。

（徐 铳）

【税政工作】 年内，严格落实遏制房价过快上涨的系列政策措施，强化房地产税收监管。加强土地增值税清算，审核完毕清算报告35个项目，补缴税款62200万元，清算退税2414万元。落实对限售股转让所得征税工作，对42家证券营业部的247名纳税人，预扣税款14600万元。完成个人所得税自行纳税申报11.4万份，完成市局规定任务的102.97%。做好残疾人就业保障金征缴工作，审核社会单位8.4万户，入库金额3.35亿元。开展对个人独资和合伙企业核定征收政策调整工作、对国家电影事业发展专项资金缴纳营业税情况进行清理等工作。加大企业帮扶力度，落实好公共租赁住房、非营利组织、就业和再就业、残疾人等税收优惠政策。

（徐 铳）

【征管工作】 年内，召开征管新业务流程落实工作会，制定优化业务流程推广实施方案，对全局干部进行培训，组织开展“新业务流程知识竞赛”活动。规范委托代征管理，与全区43个街乡签订个人出租房屋委托代征协议书，征收税款27410万元；提高欠税管理质量，加大清欠力度，入库税款1463万元；落实税收管理员定期汇报制度，举办专题汇报会2次，加强专管员交流互动，解决基层问题28项；进一步加强与区建委、国土、房管、国税、工商等部门的配合，定期完成数据交换，实现信息互通；完成税务档案扫描归档，逐步实现局内图像资源共享，提高档案利用率。

（徐 铳）

【纳税评估】 年内，完善“五项制度”（即评估指标体系、建立行业评估模型、规范预警参数，推行事前评估分析会、事中汇报交流会、事后总结报告会制度），形成“五个环节”（即税政培训、数据比对分析、确定疑点、约谈核实和反馈结果），规范评估模式。日常评估10607户，有问题4000户，评估补税9155万元。专项评估51户，有问题17户，税款2428万元。

（徐 铳）

【信息化建设】 年内，完善信息化建设和管理各环节的标准、规范和制度，强化系统安全管理，强化数据分析、比对，加强基础数据管理与应用；落实系统用户权限、密码的管理，增强风险防范意识；加强网络监控，建立信息预警系统。

（徐 铳）

【行政管理】 年内，建立《朝阳地税督查》网刊，采取不定期方式对督查事项办理情况进行通报督促落实。确定全年折子工程39件，按季度督促责任科室，对折子工程完成情况进行统计说明，通报全局。研究办理人大代表建议和政协委员提案2件，妥善处理市局转办信访件7件、区信访件6件。召开征管系列工作会、税政联席会。落实“三定”规定，调整内设机构。做好本局“十二五”规划和2011年务虚工作，各单位分别上报“十二五”期间工作设想26条、2011年工作安排96条。启动税收管理员财会基础知识中长期培训工作。严格财务管理，组织开展2010年预算执行情况自查，规范财务收支。做好固定资产清查工作，并按照财政相关制度严格执行固定资产报废程序。

（徐 铳）

【廉政建设】 年内，落实党风廉政建设责任制，分三级逐级签订党风廉政建设责任书，做好各部门科级领导班子管理、考核，强化责任追究。开展“做国家利益的忠诚卫士”反腐倡廉专题教育活动，组织召开特约监察员座谈会，发现问题，解决问题。分局级班子成员、科所级班子成员和一般干部三个层次，对照检查在思想、作风、组织、制度、反腐倡廉等方面存在的薄弱环节和不足之处，结合业务工作，做好整改提高。

（徐 铳）

金　　融

【概况】 朝阳区金融服务办公室(简称区金融办)是负责促进本区金融发展、金融服务工作的区政府工作部门。设3个内设机构:综合科、金融发展科、金融服务科。行政编制15名。年内,区内各类金融机构已增至1213家,占全市的四分之一,其中银行类752家、证券类138家、保险类264家、其他金融机构59家。法人金融机构225家,占全市三分之一。国际金融机构聚集态势明显,外资金融机构252家,占全市65%以上。其中外资银行法人行4家,占全市的57%,外资银行分行25家,占全市的64%;合资证券公司2家,占全市40%;外资法人保险公司13家,占全市的81%;外资汽车金融公司6家,占全市100%。不计涉外分局管辖企业,金融业实现税收88.32亿元,同比增收12.91亿元,同比增长17.1%,;实现区级收入18.78亿元,同比增收2.24亿元,同比增长13.6%。税收和区级收入分别占全区同口径的12.1%和9.5%。金融业实现增加值249.5亿元,同比增长13%。截至11月底,金融业累计营业收入1169.7亿元,同比增长14.3%;实现利润总额769.2亿元,同比增长12.5%;资产规模达到14907.2亿元,同比增长19.8%;从业人员近3.3万人。

地址:京广中心商务楼10009室

电话:65978750

邮编:100020

(潘朝峰)

【CBD出入境证件受理站揭牌】 1月6日,市公安局CBD出入境证件受理站正式成立。为驻区金融企业为主的外籍工作人员及其家属提供F签证延期、居留许可申请、延期及中国员工赴香港、澳门商务多次签注等多项服务。

(潘朝峰)

【国际金融中心建设圆桌论坛】 3月1日,北京"2010年世界城市建设论坛"重要组成部分——国际金融中心建设圆桌论坛在中国大饭店举行。

(潘朝峰)

【美国大都会杯网球联谊赛】 3月6日,美国大都会人寿保险公司中国代表处、北京CBD金融商会联合举办的"美国大都会杯"网球联赛在郡王府网球中心举办。

(潘朝峰)

【金融企业HR经理俱乐部人才政策说明会】 3月16日,由"金融企业HR经理俱乐部"主办的金融人才政策说明会在郡王府北京CBD国际会议中心举办。

(潘朝峰)

【金融企业HR经理俱乐部植树】 3月27日,由北京海外学人中心CBD分中心、北京双高朝阳人才中心、区金融办联合组织的"2010年朝阳区金融企业HR经理俱乐部植树活动"在何各庄村举行。

(潘朝峰)

【北京CBD金融商会第六次理事和会员大会】 4月1日,北京CBD金融商会第六次理事和会员代表大会在北京CBD国际论坛会议中心成功举办,商会理事及会员单位代表80余人参会。

(潘朝峰)

【金融企业HR经理俱乐部"金融与法"政策解读会】 4月28日和11月30日,区金融办联合区法院、区人才服务中心在朝阳人才服务中心举办金融企业HR经理俱乐部"金融与法"解读会。分别就银行、证券、保险和汽车金融等不同行业的典型案例以及劳资纠纷案例进行解读。

(潘朝峰)

【友利银行参与公益事业助力】 4月,友利银行代表来到北京光爱学校,与那里的孩子们亲切交流并带去了学习生活物资。5月,友利银行向青海玉树地震灾区捐赠30万元人民币。

(潘朝峰)

【环球金融—北京CBD金融杯高尔夫邀请赛】 5月21日,北京CBD金融商会在北京叠泉高尔夫俱乐部举办"环球金融—北京CBD金融杯高尔夫邀请赛暨北京CBD金融商会五周年庆典"。

(潘朝峰)

【农行与渣打建立战略合作伙伴关系签约】 6月17日,中国农业银行与渣打银行签署《战略合作备忘录》,建立战略合作伙伴关系,共同开拓业务发展机会。

(潘朝峰)

【关爱残障儿童六.一儿童节献爱心】 6月1日,北京CBD金融商会联合区慈善协会,为朝阳区东方博爱儿童福利院的80多名残障儿童送去了"六.一"儿童节的祝福与关爱。

(潘朝峰)

**【中粮信托——北京CBD金融杯羽

毛球赛】 7月1日、2日，由北京CBD金融商会，中粮信托有限责任公司和北京市银行业协会外资银行协调委员会联合主办的“中粮信托—北京CBD金融杯羽毛球赛”预赛在朝阳区体育馆举办。50家金融企业的200余名选手参加本次比赛。9月，羽毛球精英赛、团体赛成功举办。

（潘朝峰）

【中航三星人寿五周年庆典】 7月5日，中航三星人寿在朝阳区国航万丽酒店举办5周年庆典活动。

（潘朝峰）

【文化创意产业银企对接会】 7月20日，区金融办联合区文创办举办文化创意产业银企对接会。驻区金融和文创机构共100余人参会并进行业务对接。北京银行、中国银行、北京恒源小额贷款有限公司等机构与驻区文创企业成功签约，贷款支持额度2.8亿元。

（潘朝峰）

【首都金融安全宣传日】 7月22日，由市金融工作局、市公安局、人民银行营业管理部、北京银监局、北京证监局、北京保监局等部门主办、区金融办承办的“首都金融安全宣传日”活动启动仪式，在朝阳公园南门广场举行。

（潘朝峰）

【2010北京CBD国际金融论坛】 10月31日上午，北京CBD国际金融论坛在国贸大酒店宴会厅举办。论坛首次发布了中国城市金融生态报告。

（潘朝峰）

【国际金融机构入驻北京CBD签约仪式】 10月31日，北京CBD国际金融论坛举办之际，召开国际金融机构入驻北京CBD签约仪式。5家新入驻金融企业与所在楼宇签署入驻协议。

（潘朝峰）

【全球PE北京论坛】 11月14日，第三届“全球PE北京论坛”—PE·聚焦中国在北京国贸大酒店举行。北京CBD金融商会及全球20个国家的股权基金行业协会参与支持和协办。

（潘朝峰）

【中期国际论坛】 11月18日，由中期研究院、中国国际期货有限公司主办，北京CBD金融商会协办的中期国际论坛在中期大厦举办。

（潘朝峰）

【银行业公众教育服务日】 11月28日，中国银监会正式启动“2010年中国银行业公众教育服务日活动”。当日，在朝阳区的11个宣教点，9家银行通过多种形式，面向公众普及金融基础知识，进行风险提示。

（潘朝峰）

【环球金融之夜—北京CBD金融商会新年专场演出】 12月14日，为答谢监管机构、北京市、区政府和相关部门领导对朝阳区金融业发展长期以来的关注、指导，以及首都金融企业家对北京CBD金融商会工作的参与和支持，区金融商会联合环球金融中心共同举办“环球金融之夜—北京CBD金融商会新年专场演出”。

（潘朝峰）

【外汇管理政策培训】 12月23日，区金融办联合国家外汇管理局北京外汇管理部，在郡王府北京CBD国际论坛会议中心举办“北京CBD金融商会外汇管理政策培训会”。

（潘朝峰）

【机构入驻】 年内，区政府抓住北京CBD核心区、东扩区加速开发建设的机遇，吸引国际、国内标志性金融机构加速向北京CBD聚集，共吸引45家金融机构入驻或新设，注册资金总规模高达百亿元，其中法人机构19家，分行、分公司7家，支行、代表处19家；外资金融机构13家。中冶集团财务公司、英大期货有限公司、安邦人寿保险股份有限公司等一批标志性金融机构总部落户。宝马汽车金融（中国）有限公司正式开业，使得在京的6家汽车金融公司齐聚朝阳；加拿大在华首家法人银行—蒙特利尔银行（中国）有限公司正式开业；中国人民财产保险有限公司、中国国际期货有限公司完成迁址开业；国内首支农业专业投资基金—北京农业产业投资基金和大唐基金、KKR等一批新型金融机构入驻；美国北美信托银行北京分行、香港永亨银行北京分行、申银万国证券北京分公司、德邦证券北京分公司、日本三井住友海上火灾保险北京分公司、百年人寿北京分公司等一批分行、分公司相继落户；中金、富安2家小额贷款有限公司获准设立。

（潘朝峰）

中国银行朝阳支行

【概况】 中国银行北京朝阳支行下设9个部室，1个营业部和22家经营性网点支行。截至年底，支行实现考核利润5.72亿元，同比增长3900万元，资产汇总折人民币总额为420.30亿元，同比增长80.63亿元。

地址：东三环北路霞光里18号
电话：59207155
邮编：100027

（赵凌波）

【存贷款】 年内，人民币存款日均余额为317.75亿元，较年初增长73.21亿元，增幅为29.94%；外币存款日均余额为7.10亿美元,较年初增长2.44亿美元,增幅为52.36%;人民币贷款日均余额为86.47亿元,较年初增长19.29亿元,增幅为28.72%。

(赵凌波)

【中间业务】 年内,实现中间业务收益2.33亿元,较上年增长8562万元,其中个金板块中间业务收入人民币1.07亿元,同比增幅15.1%,列北京分行辖内各支行之首。

(赵凌波)

中国银行北京商务区支行

【概况】 中国银行北京商务区支行位于CBD中心商圈,下设18个经营性网点和6个部室。年末,实现汇总人民币利润4.02亿元,中间业务收入1.45亿元。

地址:北三环东路8号静安中心
电话:64667249
邮编:100028

(葛莹莹)

【存贷款】 年内,支行本外币存款总额折合人民币为318.34亿元,较年初增加87.61亿元。其中,人民币公司存款时点余额达161.74亿元,较年初增加64.80亿元。人民币储蓄存款时点余额95.10亿元,较年初增加8.54亿元。本外币各项贷款余额为66.93亿元,较年初增加21.03亿元。其中,人民币公司贷款余额21.96亿元,较年初增加5.04亿元。人民币零售贷款余额达25.39亿元,较年初下降1.89亿元。

(葛莹莹)

【网点建设】 年内,新开业网点一家乐成中心支行(东三环中路24号)、新建网点两家(姚家园路支行、西大望路支行);开立"比如世界"离行式自助银行。

(葛莹莹)

【公益活动】 年内,参与社会公益活动,开展抗旱救灾捐款活动、为青海玉树地震灾区捐款、为护国寺打工子弟小学捐献图书等,践行企业的社会责任,树立良好的对外形象。

(葛莹莹)

中国工商银行朝阳支行

【概况】 中国工商银行股份有限公司北京朝阳支行内设13个部室、1个现金营运中心、1个营业部;下设29家物理网点、2家独立自助银行;拥有财富中心1家,已经建成并投入使用贵宾理财中心16家。年内,实现拨备前利润14.39亿元,比上年增长2.3亿元。

地址:朝外大街1号金麒大厦
邮编:100020
电话:65991155

(杨　健)

【存贷款】 年内,本外币各项存款余额862.41亿元,比上年增加60.62亿元。其中,人民币对公存款余额452.11亿元,比上年增加55.57亿元;人民币储蓄存款余额370.74亿元,比上年增加32.83亿元。本外币各项贷款余额157.32亿元,比上年增加41.14亿元。其中,人民币公司贷款余额122.53亿元,比上年增加31.5亿元;个人贷款余额30.25亿元,比上年增加8.2亿元。

(杨　健)

【中间业务】 年内,实现中间业务收入3.23亿元,比上年增加6523万元。其中,代理类及个人理财业务实现收入1.14亿元,比上年增加2042万元;银行卡类业务实现收入6059万元,比上年增加1103万元;结算类业务实现收入3832万元,比上年增加602万元。

(杨　健)

【网点建设】 年内,迁址升格为网点支行,同时改造成贵宾理财中心1家:柳芳网点支行;新建成并投入使用独立自助银行1家:左家庄自助银行,网点布局进一步优化,渠道综合服务能力显著提升。

(杨　健)

中国工商银行九龙山支行

【概况】 中国工商银行股份有限公司北京九龙山支行内设7个部室、1个营业室;下设11个网点支行、2个分理处、1个储蓄所、1家独立自助银行。年内实现拨备前利润3.37亿元,同比增长1.29亿。

地址:广渠路甲40号
电话:87783294
邮编:100021

(高　洋)

【存贷款】 年内,本外币各项存款余额205.53亿元,较年初增长21.29亿元。其中,对公存款(含保证金)余额54.63亿元,增长4.33亿元;储蓄存款余额150.91亿元,增长16.96亿元。本外币各项贷款余额48.48亿元,较年初增长16.01亿元。其中法人贷款余额35.27亿元,较年初增长13.48亿元;个人贷款余额13.21亿元,较年初增长2.71亿元。

(杨　健)

【中间业务】 年内,实现中间业务收入10992万元,较上年增长2878.23万元。其中投资银行类收入1644.64万元,较上年增长927.48万元;人民币结算类收入1683.95万元,较上年增长577.69万元;代理及个人理财类收入3470.63万元,较上年增长

352.16万元；银行卡类收入2090.29万元，较上年增长459.13万元。

（杨　健）

【服务宣传】　年内，切合分行庆祝储蓄存款突破5000亿元宣传日“进校园、进社区、进职场”的工作导向，筹划、落实，于4月同时在北京工业大学、风度柏林社区、富力城VIVA广场、武圣里贵宾理财中心举办“庆祝分行储蓄存款突破5000亿元”系列宣传活动，对辖区内的居民有针对性地进行个人金融产品营销推广，取得良好的宣传效果。

（杨　健）

中国工商银行亚运村支行

【概况】　中国工商银行股份有限公司北京亚运村支行内设7个部室，1个营业部，下设14个支行、1个储蓄所。年内，实现拨备前利润4.16亿元，同比增加1.13亿元。

地址：慧忠北里407号楼
邮编：100012
电话：64872228

（刘　彬）

【存贷款】　年内，本外币各项存款余额256.6亿元，较年初增加21.15亿元。其中，本外币对公存款（含同业）63.2亿元，较年初增加0.18亿元；本外币储蓄存款余额193.41亿元，较年初增加20.96亿元。本外币各项贷款余额36.36亿元，较年初增加1.24亿元。其中，人民币个人贷款余额36.29亿元，较年初增加6.26亿元。

（刘　彬）

【中间业务】　年内，实现中间业务收入15995万元，其中，对公理财、国际结算、代理及个人理财、人民币结算类、银行卡类中间业务收入分别实现814.66万元、1483.56万元、6560.76万元、1829.52万元和3407.87万元，分别较上年增长21.14%、885.62%、25.28%、53.2%和34.71%。新增信用卡29022张。

（刘　彬）

【营业网点】　年内，惠新支行顺利完成工商银行北京市分行首批服务流程改革试点工作。

（刘　彬）

中国工商银行望京支行

【概况】　中国工商银行股份有限公司北京望京支行内设11个部室、1个营业部，下设23个网点支行、1个分理处、3个储蓄所、1个独立自助银行及1个附属机构。年内，实现拨备前利润6.79亿元，同比增加2.12亿元。

地址：酒仙桥路甲10号星城国际大厦C座
邮编：100015
电话：64368822

（张　琪）

【存贷款】　年内，本外币各项存款余额378.67亿元，较年初增加55.33亿元。其中，人民币对公存款余额113.32亿元，较年初增加26.76亿元；人民币储蓄存款余额257.68亿元，较年初增加26.96亿元。本外币各项贷款余额139.38亿元，较年初增加61.10亿元。其中，人民币公司贷款余额104.30亿元，较年初增加45.42亿元；人民币个人贷款余额8.01亿元，较年初增加0.99亿元。

（张　琪）

【中间业务】　年末，实现中间业务收入2.43亿元，较上年增加5741万元。其中，私人银行收入420.30万元，同比增加367.59万元；代理个人基金收入实现1810.32万元，同比减少1060.31万元；信用卡收入3799.05万元，同比增加1121.13万元；存量新增信用卡38256张。

（张　琪）

【营业网点】　年内，升格东坝分理处为东坝支行。

（张　琪）

中国工商银北京商务中心区支行

【概况】　中国工商银行股份有限公司北京商务中心区支行内设8个部室，1个营业部，下设4个网点支行、2个分理处、2个储蓄所。年内，实现分行口径本外币拨备前利润5.64亿元。

地址：建国路108号
邮编：100022
电话：65669958

（王　东）

【存贷款】　年内，本外币各项存款时点余额273.12亿元，较年初增加31亿元。其中对公存款增加27.83亿元；储蓄存款增加12.33亿元。人民币对公存款的日均余额187.51亿元，较年初增加43.39亿元。本外币贷款余额71.85亿元，较年初增加28.79亿元。人民币贷款余额63.86亿元，其中公司贷款（不含贴现）余额49亿元，较年初增加24.78亿元；个人贷款余额14.86亿元，较年初增长4.35亿元。外币贷款余额1.21亿美元，较年初增加52万美元。

（王　东）

【中间业务】　年内，实现中间业务收入15，225万元，同比增幅26.91%。其中，实现人均中间业务收入46万元，网均中间业务收入1，691.6万元。

（王　东）

【营业网点】 年内,迁址升格网点支行1家:东方梅地亚支行(地址:北京市朝阳区光华路4号东方梅地亚中心C座一层,邮编:100025)。

(王　东)

中国建设银行股份有限公司北京朝阳支行

【概况】 中国建设银行股份有限公司北京朝阳支行设3个部室。年内,机构调整后有中长期劳动合同人员92人,其中本科及以上学历人员46人;劳务人员1人。本年实现本外币账面利润4.1081亿元。

地址:朝阳门外大街乙10号
电话:65994806
邮编:100020

(李　稳)

【存贷款】 年内,本外币全口径存款时点余额319.06亿元,比年初增长50.06亿元,分行系统排名6;本外币各项贷款时点余额110.97亿元,比年初增长4.32亿元,分行系统排名19;五级分类不良贷款余额0.049亿元,比年初减少0.049亿元。

(李　稳)

【中间业务】 年内,实现中间业务收入1.05亿元,分行系统排名3。其中:公司类中间业务收入为0.816亿元,个人类中间业务为0.238亿元。

(李　稳)

中国农业银行股份有限公司北京朝阳支行

【概况】 中国农业银行股份有限公司北京朝阳支行,内设7个部室,下设18个网点支行、9个分理处和2个储蓄所。全年实现拨备前利润80693万元。

地址:工体路东2号
电话:65522914
邮编:100020

(王彬彬)

【存贷款】 年末,支行本外币各项存款余额为435.58亿元,较年初增加110.13亿元。其中,本外币储蓄存款余额为164.95亿元,较年初增加33.57亿元;各项贷款余额为198.08亿元,较年初增加51.96亿元。

(王彬彬)

【网点建设】 年内,银泰支行完成迁址开业;支行营业部、定福庄分理处、三元支行完成装修改造。松榆西里储蓄所、道家园储蓄所、青年路储蓄所升格为分理处。

(王彬彬)

【网点转型】 年内,完成了全行精品网点的复制推广工作。光华路支行被评为2010年度北京市银行业文明规范服务百佳示范单位。

(王彬彬)

北京国际信托有限公司

【概况】 北京国际信托有限公司(简称"北京信托"或"公司")注册资本金14亿元,为中国信托业协会会员、常务理事单位,北京市银行业协会会员。截至年末,净资产达到24.21亿元,不良资产率为零;实现收入总额6.37亿元,实现净利润3.63亿元;受托管理的信托财产余额为742.74亿元,年内新增信托财产规模743亿元,自2002年以来,受托管理的信托财产累计超过3300亿元。

地址:安立路30号院1、2号楼
电话:59680681 59680888
传真:59680999
客服专线:400-610-8899
　　　　　59680800
邮编:100012
网址:www.bjitic.com

(朱佳音)

【荣誉称号】 4月,北京信托获区"北京市朝阳区2009年度突出贡献企业"奖。获中国人民银行营业管理部评定的"2009年金融统计数据报送工作"、"2010年金融统计数据报送工作"一等奖。6月在上海证券报社主办的第四届"诚信托"评选中荣获2009年度"诚信托.卓越公司奖"。11月参展北京第六届金融博览会,并获组委会颁发的优秀信托公司奖、最佳信托理财机构奖、信托公司最受信任奖、最佳服务信托公司奖。

(朱佳音)

【成功案例】 年内,开发的信托产品涉及基础设施、能源、房地产、环境保护等诸多行业及产业。开发产品有,低碳财富系列信托产品、稳健系列房地产信托基金、联盛能源产业投资集合信托计划、阳光私募系列信托产品、上市公司股权质押融资系列信托产品、成长之星等系列中小企业融资集合信托产品、无锡太湖新城、北京京东方等大型项目投资产品。

(朱佳音)

【玉树捐款】 当青海玉树发生特大地震后,第一时间通过民政部门捐款100万元。

(朱佳音)

保　　险

中国人寿保险股份有限公司北京市分公司

【概况】　年内，中国人寿保险股份有限公司北京市分公司（以下简称中国人寿北京市分公司）实现寿险保费收入100.05亿元，同比增长24.83%，年金业务新增中标客户28家，基金总规模47.05亿元（含集团业务），总规模占北京年金市场的90%。已为151万北京市民提供了个人寿险保障，为11000家大中型企业提供员工人身意外、企业养老、医疗保障等团体寿险服务。处理各种赔付、给付近54万件次，金额超过17亿元。

地址：朝外大街16号

电话：85615759

邮编：100020

（徐福军）

【内部管控】　年内，中国人寿北京市分公司深入开展县支公司内控自查自纠整改，切实提升县支公司防范化解风险能力，为业务持续稳定健康发展提供保证。对关键岗位的检查步入制度化、规范化轨道，全面开展对经营管理异常情况的监测和评估。配合人民银行开展反洗钱工作检查，完成反洗钱可疑交易新系统的上线，开展反洗钱自查自纠活动。贯彻落实党风廉政建设责任制度，成立巡视工作组，制定《党委巡视工作暂行办法》及《2010年巡视工作实施方案》，完成对33个经营单位的巡视检查，对被巡视单位的45名领导干部进行了民主评议。开展了以“制度学习、案例警示”为主题的反腐倡廉教育活动，推进效能监察工作。组建兼职销售督察员队伍，加强专业化技能培训，进一步夯实基层单位销售风险管控基础。强化风险预警系统的运用、全面启动营销员信用品质管理。组织开展销售督察专项检查、治理销售误导行为，防控销售领域关键风险点。

（徐福军）

【队伍建设】　年内，中国人寿北京市分公司对助理以上干部152人进行重新竞聘，最终，86人通过竞聘上岗，对66名干部进行了分流。实行与考核结果相挂钩的任期聘任制，探索“能上能下”、“能出能进”的人力资源管理机制。建立员工“双向选择”上岗制度，共有1540名员工参与双选选择，其中有21名员工进入公司内部人力资源市场，优化了员工队伍结构，实现了人岗相宜。共组织培训班267期，实际参训人数15704人。

（徐福军）

【品牌建设】　年内，中国人寿北京市分公司独家承保军人保险，与俄罗斯保险公司签署协议建立中俄旅游安全保险合作机制，承保北京国际铁人三项赛事。被全国金融工委授予“全国模范职工之家”称号，蝉联《新京报》“年度综合实力十强保险企业”。

（徐福军）

中国太平洋财产保险股份有限公司北京市朝阳支公司

【概况】　中国太平洋财产保险股份有限公司北京市朝阳支公司内设经理室、办公室、业务一至八科、综合科、车险理赔科、车险核损科、业务管理科、非车险业管科、财务科、客服科；截至年底有员工近百人。

地址：霄云路霄云里6号楼城宝饭店配楼

总机：64652884

传真：84482495

邮编：100125

客服电话：95500

（杨　静）

【业务】　年内，完成保费收入3.7亿元，其中车险保费收入2.99亿元，非车险保费0.70亿元，完成任务率为137.21%；考核利润达到3119万元，比上年同期增加27.51%，综合成本率86%；其中，商业车险综合成本率96%，交强险综合成本率65%，非车险综合成本率68%。主要考核指标均达到分公司考核要求，创造支公司历史上的最好经营成果，提前、超额地完成了分公司下达的2010年各项考核目标；非车险业务规模在分公司各家支公司中继续保持领先地位。

（杨　静）

【管理】　年内，加大对固定资产以及资金集中管理的力度，为优化资源配置和提高赢利水平提供依据；通过建立分险种核算制度和定期分析业务经营状况，密切跟踪业务发展情况，反映赢利水平；进一步调整费用政策，压缩经营成本，发掘效益潜力，支持有质量的业务发展。

（杨　静）

【风险管控】　年内，不断完善核保、

核赔工作规则、流程和考核管理制度,严格“双核”工作纪律和业务技能培训,提升核保核赔的工作质量和效率;严把“双核”进、出口关。强化目标责任制管理。定期召开业务经营分析会和不定期召开科务会,对各科室业务经营等情况进行检查指导;经理室成员长期深入业务第一线,对内部制度、财务管理、业务经营以及理赔权限的执行情况等进行实地检查,发现问题限期整改,有效地杜绝违规违纪案件的发生。加大非车险应收保费的清收力度。

(杨　静)

【重点项目攻关】 年内,集中人才、技术、信息等优势力量,协同作战。细分车险及非车险的大客户市场,制定出满足不同客户需求的服务目标和策略。

(杨　静)

【市场营销能力逐步增强】 年内,不断完善以渠道销售为主,直销、营销等相结合的多层面销售网络。整合销售资源,拓展业务渠道,强化任务指标,压缩团队编制,捕捉市场信息,加强跟踪服务,提前近4个月完成全年的计划任务。

(杨　静)

【培训】 年内,公司采取“走出去”的方式,组织全体定损员、理赔员、核损员等内勤和部分业务外勤,赴北京四惠汽车修理有限公司,参加实地参观和专业培训,为全体内勤员工提高专业技能、增强品牌意识起到促进作用。同时,结合分公司开展各种技能竞赛机会,对内勤员工进行常规技能训练,通过一系列听讲座、参与互动训练、相互讲评等活动,全面提高内勤员工的整体服务素质。

(杨　静)

【职场】 年内,完成一层营业大厅的修缮装修工程,改善职场环境,新增排队叫号系统,为客户提供有序、优质服务。对地下室机房和档案库房做增容改造和修缮改造,提高机房的运行能力和档案室的利用空间。

(杨静)

美国友邦保险有限公司北京分公司

【概况】 美国友邦保险有限公司北京分公司(简称友邦北分)截至年底,设朝阳亚运村营销服务部、朝阳建国路营销服务部、东城长安营销服务部、海淀营销服务部、朝阳三元桥营销服务部、朝阳和平西桥营销服务部、通州营销服务部及昌平营销服务部。年末,公司总资产约为人民币84..3亿元,全年实现保费收入约为人民币15.7亿元。

地址:建国路乙118号京汇大厦三层

电话:65683338/8008203588/4008823588

邮编:100022

(王昌夏)

【制度】 1月,公司制定《2010年友邦中国保险营销员活动量管理制度》,以期帮助保险营销员通过制订合理的目标及行动计划,发现技能缺失,锁定培训需求,建立良好的销售、增员和辅导,提升产能及收入,为“成功吸引成功”增员打下基础。

(王昌夏)

【表彰活动】 3月3日,公司举办2009年度荣誉会晚宴,对在2009年达成荣誉会各级奖项的优秀业务同仁予以表彰,进一步推动公司业务的发展。6月2日,公司领导及近千名优秀同仁出席公司在梅兰芳大剧院举行的友邦北京第八届“高峰竞赛”颁奖盛典暨“巨龙竞赛”启动仪式。表彰在“高峰竞赛”中获得奖励的业务同仁,并现场启动“巨龙竞赛”,鼓舞士气,鼓励全体同仁在事业上取得更高的成绩。11月5日,朝阳区人才工作会议暨第三届人才表彰大会隆重召开。友邦保险北京分公司赖祥麟总经理获得“朝阳区突出贡献人才提名奖”。

(王昌夏)

【业务】 4月,为扩大“百万圆桌会议(MDRT)”在业务同仁中的影响力,公司成立“友邦北京MDRT精英俱乐部”,以帮助业务同仁进一步提升专业技能和服务品质,共同向国际寿险业的至高荣誉努力。7月1日起推出《友邦全佑一生“五合一”疾病保险》,该产品是专为成年客户设计的终身健康保险产品,包含身故保险金、疾病终末期阶段保险金、重大疾病保险金、全残保险金和老年长期护理保险金等五项保险利益,可为客户提供全面终身保障。为进一步拓展增员渠道,提高增员数量,吸引更多优秀人才加盟友邦,公司全面实施友邦中国“金”彩计划,按统一标准对报名参加的营销员的考勤、考核及晋升等进行严格管理。7月正式启动“将才之星”快速发展计划,通过提供专门的培训及一系列的支持,进一步发展壮大营销队伍,帮助基层业务同仁提高业务技能,拓展组织基础。8月,在公司业务发展总监的提议和率领下,公司启动“G - Star项目”,以通过探索新的留存训练模式,建立崭新的团队发展经营理念,帮助公司“零”业绩的业务同仁增加拜访量,提升销售产能,进一步巩固营销员留存率。10月29日,友邦保险在香港联交所成功上市,成为一家独立营运的上市公司。12月21日至22日,公司2011年年度策划会议在“瑞麟湾温泉度假酒店”隆重举行。本次策划会上,赖祥麟总经理为公司2011年度的发展指明了方向,即“以质为本 重塑标杆”,鼓舞全体内外勤同仁上下一心，携手共进，全力以赴达成2011年的年度目标。

（王昌夏）

【公益活动】 4月，西南地区旱灾发生以后，公司积极行动，开展“每人捐出一箱水，友邦甘露送旱区”募捐活动，友邦北京全体内外勤同仁齐心系旱区，一同伸出援手，为灾区的孩子捐水送关怀。5月8日，公司近百名员工及子女来到长城脚下，参加由卓越服务俱乐部携手企业传播部推出的“绿色好心情”友邦北京公益植树日活动。9月17日至19日，友邦保险“深耕中国十八载，感恩和谐世博行”慈善活动举行。友邦保险邀请包括来自朝阳区小红门小学等五所打工子弟小学共50名师生赴上海世博会。几天里，孩子们参观了气势宏伟的中国馆、充满人文关怀的台湾馆、以新奇特著称的韩国馆、国家电网馆，并参观了上海科技馆以及友邦中国区所在地—友邦大厦。10月27日，友邦北京助学金颁发仪式在丰树大厦举行。2010年是友邦北京助学金连续举办的第六年，共有来自北京大学、中央财经大学和中国人民大学的30名贫困保险学子获得资助。除助学金颁发环节之外，颁发仪式还特别增加现场募捐环节，帮助受助学生将自己的爱心传递给更多需要关爱的人。12月3日，公司12名员工作为爱心志愿者前往东方博爱儿童福利院，为那里的90名孤残儿童带去公司全体内外勤同仁的爱心捐赠。12月29日，公司数名员工志愿者回访朝阳区小红门中心小学和通州区“关爱儿童之家”，为两所学校捐献一批电脑作为新年礼物，还与学校部分同学开展新年台历DIY的互动活动，让孩子们感受到了自己动手享受劳动成果的快乐。

（王昌夏）

【宣传】 5月17日，友邦全新的品牌形象广告“聚你我，为力量”闪亮登场。此次广告投放通过电视、地铁、楼宇电视、车身、候车亭和网络等各类目标媒体，将友邦人的信心与力量传递到每一位客户心中。12月22日，公司获得由《北京娱乐信报》和《中国保险报》联合举办的第二届保险业服务创新大赛“2010年度保险行业最佳品牌”及“客户服务最满意公司”两项大奖。12月27日，获得由《新京报》举办的2010北京保险行业年度评选颁奖“北京保险行业综合实力十强”称号。此外，友邦保险年内新推出的“全佑一生五合一疾病保险”计划亦荣获“2010年度最佳健康保险产品”奖和“北京保险行业十佳保险产品”奖。

（王昌夏）

【活动】 7月7日，友邦北京八周年庆典专场音乐会在国家大剧院音乐厅奏响。9月11日，友邦保险高端财富论坛迎来第二季。公司特邀著名财经评论人、华夏时报总编辑水皮先生，为公司的高端客户及渠道合作伙伴进行主题为“通胀预期下的中国式家庭理财”的讲座，向友邦贵宾客户介绍如何进行个人资产的合理配置，以达到财富保值、投资增值的目的。8月14日，公司特邀台湾萧建华先生为贵宾客户、业务伙伴和来自光爱儿童之家收留的流浪学生进行生命教育演讲。萧先生的生命故事，让孩子们更加相信爱与坚持的力量。9月1日起，友邦保险集团《2010 Voice of We 员工意见调查》正式开始，就公司企业文化及组织绩效等方面内容充分听取员工意见和建议。在友邦中国各分支机构中，北京分公司得分位列全国首位。12月14日，北京地区“营销员渠道Agency 2.0启动典礼”在北京丽晶酒店举行。通过本次启动大会，公司领导和广大内外勤了解了Agency 2.0的核心内容，进一步明晰公司未来的发展目标。

（王昌夏）

城市建设

规 划 管 理

【概况】 北京市规划委员会朝阳分局隶属于市规划委(原首都规划建设委员会办公室),设有六科、一室、一队、一中心。年内,受理朝阳区建设项目规划申报2222件,同比下降13.2%。

地址:农业展览馆南路5号
电话:010－58670333(24小时)
传真:010－58670345(自动)
邮编:100125

(孙文伟)

【规划审批】 年内,受理朝阳区建设项目规划申报2222件,同比下降13.2%。受理的建设项目申报中,总体呈现"两减两增一新"趋势,即:建设工程类428件,同比下降47.2%;市政工程类591件,同比下降23.5%;规划监督类575件,同比增长1.1%;公共服务类613件,同比增长50.6%;同时,按照新实施的《北京城乡规划条例》内容,新增受理乡村工程类案卷15件。近三年来,本区建设项目规划申报总量呈现逐年下降趋势,2010年申报总量仅为2007年的58.4%。建设项目规划许可情况,共办结朝阳区建设项目2191件,同比下降15.7%。其中,核发选址及规划条件203件,用地规模6081.67公顷,增长129.2%;核发建设用地规划许可证(建筑工程)56件,许可用地规模575.94公顷,同比下降51%;核发建设工程规划许可证(建筑工程)281件,许可建筑面积840.97万平方米,同比下降22.8%;核发建设工程规划许可证(市政工程)346件,许可道路及各类管线总长度74.21万延米,同比增长近两倍。在许可的建筑面积中:许可住宅类建筑面积529.94万平方米(其中,政策性住房面积132.27万平方米,同比增长33.2%;商品房面积333.13万平方米,同比下降22%),同比基本持平;许可商业、科研及办公类建筑面积199.04万平方米,同比下降42.8%;许可配套公建面积类建筑55.04万平方米,同比下降51.5%;许可其它建筑工程56.95万平方米,同比下降43.7%。

(孙文伟)

【民生工程】 年内,落实朝阳区26.2平方公里土储农民拆迁安置,优先安排选址,支援城区人口迁移、定向安置重点工程拆迁等近30处项目选址意见,拟建总量近1000万平方米,居全市首位;通过开展专家评审、部门联动、方案评优的三级管理机制,超前谋划,精细管理,进一步提升项目设计品质,提高居住舒适度,切实为提升城市整体品质把好规划设计关。共计16项政策性住房项目列入全市建设计划,总规模约700万平方米,总套数约7.6万套,其中,公开配售及城区对接定向安置用房项目10项,定向安置中央单位和部队、市区重点工程项目6项。16个项目均已开展规划方案设计,东坝驹子房项目已全部完成规划审批,星海乐器厂、定南猪场项目已完成设计方案审查。

农民定向安置房主要涉及的孙河、崔各庄、金盏、东坝等11个乡,总拆迁人口约19万人,项目总用地面积约520公顷,地上总建筑规模约1050万平方米,其中住宅建筑规模约944万平方米。截止年底,各乡安置房用地均已落实,其中,孙河、崔各庄、金盏、东坝、豆各庄、三间房、管庄等7个乡已完成用地选址及技术审查;豆各庄、三间房、小红门、十八里店等4个乡正在加紧编制设计方案;三间房北区、豆各庄等定向安置房规划实施方案得到市政府批复。开展储备用地内养老、医疗、消防、文化等民生及公共服务设施的规划研究,分别召开民政、卫生、文化等9个部门需求对接会,统筹规划安排,共涉及中小学29所,建筑规模约8万平方米,敬老院12所,建筑规模约19万平方米,床位5

千张;重点加强对教育事业的支持,对接教委需求,落实学前教育设施规划选址,协调推进人大附中、八十中国际部、九十四中机场分校等重点院校规划建设。

(孙文伟)

【功能区规划方案征集】 年内,组织完成"东坝边缘集团北区"、"垡头功能区"的规划设计方案征集,吸引近百家单位投标参与,通过规划条件研究、联合体遴选、成果设计等流程,有12家方案入围最终评审,其中包含艾奕康、伍兹贝格、德国五合等国际著名设计公司,切实加快区规划工作与国际接轨步伐。活动充分总结和推广大望京村试点成功经验,创新规划编制流程和方式,促使规划设计团队、地产开发企业和市场咨询公司组成联合体,通过综合研究区域功能定位,城市空间布局和土地开发策略,统筹考虑产业发展、城市形象和生态环境等重要问题,重点推动产业规划与城市规划双线并行,为经济结构性调整做好规划服务。东坝北区位于北京中心城东部东坝边缘集团,第一、二道绿化隔离带之间,北临温榆河生态走廊、西临酒仙桥边缘集团、东邻金盏金融后台服务区、南侧以坝河为界与东坝南区相邻,规划范围约6.2平方公里,已全部纳入土地储备。东坝北区拟规划为国际商贸中心,建立国际名品及国内特色商品交易进出口平台、大型国际会议、商务办公、建设国际设计中心和百老汇大街、旅游度假、特色餐饮、国际文化交流、外事服务、国际医疗、国际教育和高品质居住为主的综合功能发展区。总建筑规模约800万平方米。3月15日,主办单位发布了资格预审公告,共有49家联合体递交了报名申请。4月8日,由资深规划专家、学者组成的资格预审评委会优选7家设计联合体参加征集活动。征集任务主要包括三个方面:(1)功能定位、产业发展及开发策略研究、商务区命名。(2)控制性详细规划的优化完善。(3)核心区概念性城市设计。4月20日,主办单位组织应征联合体现场踏勘,召开项目情况介绍会、正式下发征集文件。5月18日和6月18日,主办单位分别召开了两次阶段性汇报会。方案征集过程中,东坝商务区管委会与朝阳规划分局一起对7家联合体进行了逐一走访,及时沟通信息、把握工作进度和方向。7月27日,应征联合体递交应征方案。征集方案整体思路开阔、体系完整、理念创新、制作精良,既具国际化视野,又充分考虑本区域特点,具有良好的可操作性。7月29日主办单位举办"汇聚全球财智,建设世界城市"为主题的东坝北区规划方案征集专家评审会。专家评委对应征的七家设计联合体的方案进行认真研究论证与评审,其中三套方案在功能定位、业态分布、节能环保、生态等方面表现突出,分获一、二、三等奖。垡头边缘集团是北京市10个边缘集团之一,位于朝阳区东南部第一、第二道绿化隔离带之间,交通便捷,土地资源相对丰富,总用地面积15.6平方公里。规划方案征集范围为垡头边缘集团中心区,占地面积9平方公里。规划方案征集工作由市规划委、区政府共同组织,清华城市规划设计研究院、上海同济城市规划设计研究院、德国SBA等13家中外地产设计咨询机构及联合体参与应征。将综合比选应征单位区域规划及市场策划的经验和实力、人员配备等情况,确定入围单位,并要求入围单位以优化产业结构、推进城乡统筹、梳理道路交通、修复生态环境、传承文化脉络为目标,深入开展产业功能定位、城市形象研究,提出规划实施策略。

(孙文伟)

【规划调研】 年内,深入开展《朝阳区住房规划情况及其对北京市住房市场影响》、《农民安置房规划建设问题研究》、《储备用地范围内民生及服务设施规划研究》、《朝阳区学前教育设施规划研究》、《对建设工程规划检查标准的探讨》、《对农民地区违法建设实地联动机制的探讨》、《朝阳区供电设施规划研究》、《朝阳区供热设施规划研究》、《轨道站点周边用地规划研究》、《朝阳区雨污水排除设施规划研究》、《规划政务公开组织研究》等一系列市、区政府关注课题的规划研究工作。

(孙文伟)

【环境整治】 年内,根据市委市政府关于加快推进50个市级重点村的整治工作部署,为确保本区9个市级挂账村的改造建设,在规划方案研究方面:联系相关街乡政府,提供技术支持,对9个村庄分别提出实施建议和解决对策,并邀请专家逐一帮助审查安置房设计方案。已协助小红门乡龙爪树村、平房乡姚家园村、来广营乡北苑村、金盏乡长店村、十八里店乡十八里店村、崔各庄乡北皋村等八个挂账村项目安置房方案拟定,同时继续深化村庄产业用地建设问题。在基础设施研究方面:逐一召开挂账村市政基础设施专题研究会;对规划和建设中可能存在的问题提前梳理,研究对策;主动听取各功能区管委会和相关街乡的意见和建议,帮助协调市属各大市政专业公司,对上水、排水、供电、供热等专项基础设施提出规划要求;对现行基础设施投资、建设及管理体制深入探讨,全面推动城乡结合部市政基础设施规划研究。按照市领导关于加强城市主要道路沿线环境整治工作的紧急部署,快速反应,核查情况,3日内完成三、四环沿线13处尚未拆迁城中村、边角地项目的摸底调查和方案研究,并牵头拟定坝北村等8处135.8公顷拆迁遗留和边角地项目分两批逐步推动的实施方案。

(孙文伟)

【规划监督】 年内,办理规划验线118件,371.3万平方米;完成新建建筑规划验收317件,818.4万平方米,其中,保障性住房71件,174.1万平方米。规划验线、验收房屋面积同比增长约18%。规划监督中,督促建设单位自行拆除施工暂设24处,面积3.7万平方米;整理逾期临建账目并核实拆除28处,面积4.2万平方米。试点开展"过程监督"管理新模式,选取高安屯垃圾厂、翠成经适房等60余个项目,通过定期沟通、现场指导、提前审图等形式,详细记录监督过程,预防或及早发现问题,努力促使提前解决。通过加强过程监督,有效推动近180万平方米保障房项目按期交付使用。

(孙文伟)

【规划执法】 年内,按照市区《建立制止和查处违法用地违法建设联动工作机制的意见》要求,严格履行执法职责,开展6次卫星遥感图斑核查工作,核实图斑637处,同比增长5倍。发现违法建设186处,违法建筑面积268.1万平方米。对85处在施违法建设下发停工通知,并根据职责分工向城管部门移送41处;接收城管部门的协查函并认定违法建设67处,面积5.9万平方米。

(孙文伟)

【阳光规划】 年内,实施风险评估主动化解矛盾,推动"阳光规划",加强规划许可前的公众参与,做到事先沟通,事前化解,组织完成翠成配套公建等项目的16项公示,2次座谈,1次听证会;预判矛盾,将翠成方案调整、眼镜城二期等列入风险目标,主动沟通,事前化解;同时,对于常营民族家园更名、维多利亚花园违建、月福潘汽车店加层等群众反映强烈问题,积极应对、严格执法、高效处理。信访总量同比减少一半,实现非正常、重大重复上访"双零"指标。

(孙文伟)

【轨道交通】 年内,组织市规划委、地铁建设公司及相关设计单位,对《北京市城市轨道交通建设规划(2015年增强版)》、《北京市轨道交通建设规划线网初步方案(2011—2020)》中涉及本区的地铁M3号线、M12号线、天通苑线、南部U型线、边缘集团联络线等轨道线路进行深入研究,并结合重点功能区规划及发展现状,就轨道交通线网规划和实施时序提出多项优化建议,编写完成《北京市朝阳区人民政府关于调整朝阳区重点功能区涉及的轨道交通线网规划和实施时序的意见》。组织功能区管委会、地铁建设公司及相关设计单位,对东坝边缘集团涉及的M3号线、M12号线等线路统筹研究,从近远期建设、促进地区发展的角度,对规划线网、车辆段等方面提出工作建议。在线路方案确定后,根据确定后的车站方案及出入口位置,结合不同车站的客流需求和周边用地条件配合落实交通接驳方案。按照"以人为本、合理配置、方便换乘"的接驳原则,努力构建以公交换乘为主体,以出租车和自驾车为补充,充分考虑使用自行车及步行的"四位一体"接驳方案,确保地铁车站全部满足公交换乘、出租车停靠、自行车停放、人行过街的需求。

(孙文伟)

【路网建设】 年内,推进中心城路网建设,构建现代绿色交通体系。完成规划道路实现率调查、停车设施情况调查、公交场站设施调查、轨道交通接驳情况调查共计4项调查,及时形成系统的调研报告和建议措施,为下一步推动交通拥堵问题治理积累详实资料。结合本区提出的105条道路、270亿元投资计划,与宝嘉恒公司及区属单位保持沟通,协调市区,加快道路方案审定,以绿通审批速度,全面推进东高路、幺家店路、温榆河大道等百余条规划道路建设实施。

(孙文伟)

建设管理

【概况】 朝阳区住房和城乡建设委员会(简称区住房城乡建设委)是负责本区住房和城乡建设行政管理的区政府工作部门。年内,完成全社会固定资产投资1230.7亿元,比上年增长11.4%。房地产业实现增加值280.7亿元,比上年下降19.8%,占第三产业增加值的11.9%。完成房地产开发投资799.6亿元,比上年增长5.6%,其中住宅投资328.3亿元,比上年增长39.8%;政策性住房投资95.5亿元,比上年增长15.2%,其中经济适用房投资30.0亿元。商品房施工面积2844.4万平方米,比上年下降11.3%,其中政策性住房750.8万平方米。商品房竣工面积805.1万平方米,比上年下降6.5%,其中政策性住房252.3万平方米。商品房销售面积483.4万平方米,比上年下降34.7%,其中住宅销售面积312.2万平方米,比上年下降44.5%。商品房销售额1021.9亿元,比上年下降19.6%,其中住宅销售额701.2亿元,比上年下降25.7%。完成基础设施投资

261.2 亿元，比上年增长 34.8%，占全社会固定资产投资 21.2%。建筑业实现增加值 82.3 亿元，比上年增长 17.0%（15.4%）。具有资质等级的总承包和专业承包建筑业企业完成总产值 703.7 亿元，比上年增长 26.5%；累计签订合同额 1458.2 亿元，比上年增长 31.7%；房屋建筑施工面积 3693.9 万平方米，比上年增长 28.6%。

地址：呼家楼向军北里 23 号
电话：65001728
邮编：100020

（李津华）

【有形建设市场】 2月1日，朝阳区建设工程发包承包交易中心新址正式对外办公。中心对外门户网站、内部 OA 办公系统、业务综合审批平台系统、电子档案集成化管理系统正式上线运行。搭建了内部办公、审批流转、网上交流、公文传送、档案查询等电子化内部办公平台。施工许可、招投标服务等业务信息实现数据连接、信息传送。实现电子屏蔽，音、视频、图文在线采集监控、在线刻录、信息发布等功能，可满足扩展电子评标需求，实现隔夜评标，为建设市场搭建有序平台，保证评标活动的公开、公平、公正。

（李津华）

【施工许可与合同履约监管】 年初，制定《朝阳区房屋建筑和市政基础设施工程施工合同动态监督管理措施》、《朝阳区施工合同履约纠纷应急处理机制》，重点对 40 个施工工地合同履约情况进行联合执法检查；对 358 项次（90 个工程项目）风险点进行网上合同履约风险排查，及时处理存在履约纠纷的项目。全年核发建设项目施工许可证 425 项，建筑面积 861.93 万平方米、比上年减少 1.27%，市政道路管线 96.4 千米、比上年减少 34.82%，投资 173.02 亿元、比上年增长 5.57%。其中：新建 166 项，建筑面积 598.11 万平方米，合同金额 123.65 亿元；绿隔 16 项，建筑面积 63.14 万平方米，合同金额 10.87 亿元；装饰装修 208 项，建筑面积 200.68 万平方米，合同金额 31.92 亿元；市政工程 35 项，道路管线 96.4 千米，合同金额 6.58 亿元。查处违法建设、违章施工工程 18 项，罚款 87.48 万元。

（李津华）

【建设施工安全监管】 年初，修订《朝阳区建设工程施工安全监督管理工作规定》，加强对工程参建各方安全主体行为的监管，以保障性住房、校舍加固工程和轨道交通工程为重点，实施建设工程施工安全监督管理工作。年内，开展全区施工项目全员安全教育培训、安全生产月活动和安全知识竞赛，加大安全生产检查执法和抽查力度，开展防汛、防火等各类应急演练，消除安全隐患，处置违法行为。配合市、区相关部门开展预防煤气中毒、食品安全、消防安全、合同履约等专项检查，加强"两会"、"春节"等重点时期和重大节日安全保障工作。办理建筑起重机械设备登记编号备案 274 台、使用登记备案 701 台；检查施工工地 13036 个次，对存在违法行为和安全隐患的责令限期整改 2416 个次、停工整改 612 个次，处罚 860 起、罚款 371.82 万元；发生建筑施工亡人事故 5 起、死亡 6 人；各施工工地利用横幅、展板、标语等多种形式开展安全生产教育宣传，发放"创建全国文明城区，营造安全和谐环境"系列教育光盘 1935 张、安全生产月宣传贴图 250 套，共悬挂宣传横幅 1666 条，张贴各种宣传画 6907 张，发放宣传材料 22494 份，设置宣传专栏、板报 645 个。

（李津华）

【质量安全工作大会】 3月30日，区住房城乡建设委在北京会议中心召开本年朝阳区建设系统质量安全工作大会，贯彻落实 1 月 18 日全国安全生产电视电话会议精神和市政府领导关于开展"安全生产年行动"的工作要求，总结上年建筑质量安全生产工作，部署本年城市建设工作任务。表彰获上年度"朝阳杯"工程和"市文明安全工地"、"市文明安全样板工地"称号的单位。印发《朝阳区 2010 年建设工程施工安全和绿色施工管理工作要点》、《朝阳区 2010 年建设工程施工管理工作要点》和《朝阳区 2010 年建设工程质量管理工作要点》。市住房城乡建设委副主任郑志勇、副区长李建海出席会议并讲话，区人大常委会副主任李国、区人大、区有关单位、各街道（地区）办事处有关领导，各省驻京建管处、各建筑集团、房地产开发企业和行业协会会员单位、区属建筑企业主管领导，以及区域内各在施工程建设、监理、施工单位负责人等 1600 余人参加会议。

（李津华）

【开展行业教育培训】 4月，举办 5 期建设工程施工安全暨绿色施工全员教育培训班，全区 531 个在建工程建设单位、监理单位、施工单位主要负责人和专职安全员 1681 人参加培训，取得《朝阳区建设工程安全生产继续教育结业证书》，并被聘为教员，负责组织各施工项目部全体管理人员和施工人员安全教育培训，5.2 万人参加教育培训并取得上岗证书，参培率 95% 以上。8 月至 9 月，举办 3 期建设工程监理人员专业培训班，全区在建工程监理单位 959 人参加培训。9 月，举办劳动力管理员取证培训班，97 人参加，其中 75 人考试合格取得证书。11 月至 12 月，举办 3 期建设工程节能保温培训班，全区在建工程建设单位、监理单位、施工单位 864 人参加培训。

（李津华）

【文明施工管理及文明工地评选】 4月底,举办"朝阳区住房城乡建设系统绿色文明安全施工知识竞赛活动",全区43个街道(地区)办事处的557项在施工程项目施工人员全员参与,增强建筑从业者绿色、文明、安全施工意识。年内,本区有85项建设工程达到文明安全工地评定标准,北京住总集团有限责任公司施工的翠成馨园E区7号、11号~14号楼及地下车库等85项工程获2010年度"北京市住房城乡建设系统文明安全工地"称号,其中田华建筑集团公司第五分公司施工的常营居住区一期三区商业303号、304号楼等11项工程获2010年度"北京市住房城乡建设系统文明安全样板工地"称号。

(李津华)

【房屋私自拆改执法检查】 5月,成立房屋私自拆改执法办公室。对全区房屋私自拆改情况现状进行调研,制定工作方案,完善工作机制,开展普法宣传活动,联合各街道(地区)办事处对房屋私自拆改情况摸底排查,涉及39个办事处,732个案件。坚持"两级住建委,三级管理"(市、区两级住建委,市、区、办事处三级管理)的工作模式,按照"属地管理、行业监督、业主负责"的工作原则,加强与市住房城乡建设管理部门沟通协调,依靠社区居委会和房屋管理单位,发挥群众监督作用,加大对擅自变动房屋建筑主体和承重结构违法行为的处置力度。年内,调查处置房屋私自拆改信访事项177项;调解拆改事项引发的矛盾95件,其中群体性矛盾19件;召开专题协调会26次;当面答复群众质询191次;下达行政执法文书24件。涉及房屋私自拆改的部分房主已对拆改部位进行恢复或加固。

(李津华)

【创建全国文明城区】 8月19日召开"朝阳区建设系统创建全国文明城区工作大会",8月20日召开全区43个街道(地区)办事处参加的"朝阳区建设系统创建全国文明城区工作部署会",对全区建设系统创建全国文明城区工作及开展联合大检查工作进行部署。本委与各办事处及下属单位层级签订责任书,将各项工作细化,责任落实到人。在加强日常检查的同时,本委会同区相关部门实行工作联动,督促各施工单位加强对生活设施、卫生防疫、食品安全、保卫消防、环境保护等方面的管理,提高施工人员的自我防护和应急意识,减少各类安全事故的发生。截至年底,会同区相关部门及43个街道(地区)办事处,对全区建筑工地开展绿色施工管理和创建文明城区工作大检查,督促各施工工地将创建全国文明城区工作落实到位。专项检查工地1181个次,责令停工整改300个次,限期整改165个次,暂扣项目经理证书118个,暂扣总监职业资格证书88个,立案处罚29起、罚款37.1万元,对46个不按要求整改、生活区卫生环境不达标的施工工地进行了全区通报,并在20个施工现场召开现场会和观摩会。为做好创建全国文明城区宣传和环境布置工作,全区施工工地共悬挂宣传标语、横幅1405条,制作永久性宣传板379块。

(李津华)

【轨道交通建设】 年内,本区承担6条轨道交通建设拆迁工作。截至年底,地铁8号线完成全部拆迁工作,施工单位进场施工;地铁10号线二期农光里扩拆部分、15号线一期西段、地铁6号线与14号线换乘站甜水园站启动拆迁工作,部分站点进场施工;地铁7号线启动全线非住宅拆迁工作;地铁14号线完成将台乡集体企业拆迁,启动十里河、平乐园、松榆等站点拆迁工作,共涉及车站38座、车辆段(停车场)4个。全年拆迁居民118户、拆除建筑面积5800平方米,拆迁集体企业1家、拆除建筑面积7597平方米,拆迁国有企业4家、拆除建筑面积5485平方米,占地补偿企业3家、面积3300平方米。

(李津华)

【政策性住房建设】 年内,加大在建项目施工安全、房屋质量监管和协调力度,督促政策性保障住房项目建设进度,加快推进政策性保障住房项目及周边大市政和配套设施建设。截至年底,本区政策性保障住房38项,其中在建37项,竣工1项。全年开复工面积914.5万平方米,占全市的22%,其中廉租住房35.98万平方米、经济适用住房(含定向安置房)459.82万平方米、限价商品住房402.17万平方米、公共租赁住房16.53万平方米,完成投资90亿元。其中:新开工257.21万平方米,占全市的12.4%;竣工223.46万平方米,占全市的49.4%。各项目相关配套设施和市政基础设施也同步交用或按既定建设计划实施。

(李津华)

【危旧房屋改造】 年内,重点推进9个危改项目进程。截止年底,京棉危改一期、二期已建成50万平方米回迁房屋、回迁居民5161户,还有176户滞留户未搬迁,在施回迁房7.5万平方米,3条小区市政道路正在建设之中;北内农光里1~4号楼解危排险项目,已有154户居民搬家,占总量的86%;用于垂杨柳等危改项目和重点工程的拆迁周转房建设用地完成选址、招投标及施工合同签订等工作;甜水园二期危改于12月20日启动居民拆迁工作;方诚苑、酒仙桥、定福西街、中纺里、茶家坟等危改项目正在办理相关手续。

(李津华)

【房地产开发配套管理】 年内,通过召开专题会、现场会,加强对房地产开发项目的协调及跟踪服务力度,实施存在问题开发项目和正在办理手续开发项目的专项协调跟踪制度,促使这些开发建设项目尽早落地开工建设,促进经济平稳较快增长和房地产市场健康发展。加强住宅小区配套设施建设管理,实行教育配套设施预警机制,做好配套设施审核、整合和收缴工作。全年审核居住小区项目25个,总建筑面积833.30万平方米(含住宅建筑面积558.40万平方米,配套面积34.88万平方米),其中新建小区20个,总建筑面积572.59万平方米(含配套面积27.73万平方米),全部在市住房城乡建设主管部门网上公示。审核开发项目手册90项,现场实地检查项目79个。收缴各类配套设施66项、总面积15.25万平方米,其中教育配套设施18项、11.49万平方米,公共服务配套设施48项、3.76万平方米。完成新建小区配套设施公示16个,涉及住宅面积329.4万平方米、居民2.35万户、6.57万人,配套设施212项、46.9万平方米,公示率95%以上。

(李津华)

【房地产开发企业资质管理】 年内,审批新注册房地产开发企业50家,资质升级和重新核定127家、延期42家、变更57家,办理网上激活169家。截至年底,本区共有房地产开发企业458家,其中一级19家、二级47家、三级55家、四级201家、暂定136家,企业有级别率70.3%。

(李津华)

【招标投标管理】 年内,办理招投标及直接发包工程607项,建筑面积2029.38万平方米,投资合同金额174.83亿元。其中:办理施工招投标及直接发包工程390项,建筑面积861.93万平方米,投资合同金额166.43亿元;监理招投标及直接发包工程217项,建筑面积1167.45万平方米,投资合同金额8.4亿元。

(李津华)

【健全劳务用工管理体系】 年内,按照《朝阳区施工项目劳务管理及劳动用工规范工作方案》,与区人力社保部门建立"月度会商机制",会同区人力社保部门及43个街道(地区)办事处实行劳务联动监管模式,加强建设工程劳务及用工规范管理。召开各省驻京建管处、各建筑集团公司专项工作部署会和施工现场劳务规范管理宣贯会,开展街道(地区)办事处有关人员、施工企业法人代表和施工项目管理人员劳务规范管理培训和劳动力管理员上岗取证培训,为落实施工项目劳务及用工规范管理奠定基础。截至年底,全区施工项目建立"施工项目劳务自管体系"的占86%,实现"总包专职劳动力管理员持证上岗"的占95%;完成"区建设管理部门劳务二次备案"的占89%;"标准化劳务内业资料"基本完备的占93%。规范企业劳务管理行为,逐步形成项目劳务自管意识,经综合考核,参评项目中绿色劳务达标项目475个,占68%;黄色轻微隐患项目195个,占28%;红色重点隐患项目28个,占4%。

(李津华)

【劳务用工监管】 年内,会同区相关部门和各省(市)驻京建管处、各建筑集团总公司,开展针对不同层级参建企业的劳务规范管理工作联合检查,涉及11个省(市)的61家总包企业、274家分包企业。开展劳务执法检查1681个次,对违法行为进行行政处罚40起,罚款5.4万元。在全市率先实施"劳务用工区县级二次备案管理机制",实施班组管理、制式化内业资料、五级备案制度、项目交底等规范化管理措施,加强与区相关部门、属地办事处及各省驻京建管处、各大集团总公司工作联动,加大劳务纠纷排查处置力度。全年协调工程款、劳务费纠纷63起,涉及金额7364万元;配合区人力社保部门协调工资纠纷96起,涉及金额931万元,比上年纠纷发案率减少4.89%。处理解决8起夜间施工扰民纠纷。重大节日和特殊时期,未发生因工程款、劳务费、农民工工资纠纷引发的群体性事件。

(李津华)

【建设工程质量管理】 年内,实施工程质量监督管理"一书两公示"(即在办理监督注册时工程参建各方签订《项目法人责任书》,工程开工时建设单位要在施工现场主要出入口的明显位置设置"参建各方质量责任公示栏",住宅工程竣工验收前建设单位要在工程楼体明显位置安装"责任主体公示牌")和住宅工程分户验收制度,以工程结构安全为重点加强质量监督管理工作,重点加大对政策性住房、农民定向安置房和校舍加固工程监督及执法巡查,加强对参建各方质量主体行为的监管,加大对实体质量和材料抽样检测,严禁使用不合格建筑材料;增加检查频率,严肃查处违法违规行为。深化落实"分户验收",开展以政策性住房工程为主的结构工程大检查,重点检查工程建设各方主体质量行为、分户验收及节能保温的落实情况,经检查,大部分工程质量处于受控状态,未发现重大质量安全隐患。全年监督工程2287项,建筑面积2905万平方米,市政工程230千米。其中:房建工程1957项、2905万平方米,市政工程330项、230千米。办理房建工程竣工验收备案284项、854.13万平方米,市政工程2项、1千米。办理质量监督注册房建工程905项、935万平方米。对质量违法行为进行行政处罚43起,罚款355.52万元;对安全违法行为实施简易行政处罚152项,罚款

15.2万元。治理质量通病,不断提高工程质量整体水平,在施工程未出现重大质量事故。

(李津华)

【优质工程评选】 年内,区建筑业联合会开展"朝阳杯"优质工程评选活动,评审检查工程63项,建筑面积361.1万平方米。评出2010年度"朝阳杯"工程55项,其中建筑结构"朝阳杯"工程51项,建筑竣工"朝阳杯"工程4项(详见2010年度"朝阳杯"工程获奖名录表)。本区监督的工程中有72项工程获2009年度北京市建筑"长城杯"工程奖(金奖17项、银奖55项),其中北京建工博海建设有限公司施工的常营二期经济适用住房项目B标段3号楼,北京住总第三开发建设有限公司施工的翠成馨园E-1住宅及配套工程,北京住总第六开发建设有限公司施工的首城国际中心C区16号~18号住宅楼及K2地下车库工程等63项工程,获2009年度市建筑结构"长城杯"工程奖;中国新兴建设开发总公司施工的雅宝路二期危改A区A1办公楼工程(中粮福临门大厦),中建三局建设工程股份有限公司(北京)施工的中海大厦,田华建筑集团公司第五分公司施工的朝阳区东风乡绿隔地区第四宗地J-7地块7-1号~5号楼及地下车库等9项工程,获2009年度市建筑竣工"长城杯"工程奖。

(李津华)

2010年度"朝阳杯"工程获奖名录表

结构"朝阳杯"金奖工程(28项)

序号	工程名称	建筑面积(平方米)	建设单位	施工单位	监理单位
1	1号楼(文化创业工作室)等7项	151207	合生望景房地产开发有限公司	北京市朝阳田华建筑集团第四分公司	广东珠江建设工程监理有限公司
2	京旺家园一期工程B3-1~3号、B3-5~12号、B4-1~3号、B4-5~11号、B4-18号楼	256116	北京六合天地置业有限责任公司	北京市朝阳田华建筑集团第十六分公司	北京康迪建设监理咨询公司、北京光华建设监理有限公司
3	京旺家园一期工程B4-12、15、16、17号楼	39797	北京六合天地置业有限责任公司	北京市朝阳田华建筑集团正建盛隆分公司	北京光华建设监理有限公司
4	豆各庄经济适用房(定向安置)住宅小区24号~28号楼	70355	北京市朝阳城市建设综合开发公司	北京市日盛达建筑企业集团	北京市百事百达工程建设监理有限责任公司
5	新固体制剂车间	18403	北京双鹤药业股份有限公司	北京建工集团有限责任公司	北京华清技科工程管理有限公司
6	芍药居东区住宅及配套公建2组团2号-B地块3号住宅楼	45089	北京信远筑诚房地产开发有限公司	江苏省苏中建设集团股份有限公司	北京建院金厦工程管理有限公司
7	航空工业信息中心科研办公楼	53039	航空工业信息中心	中国新兴建设开发总公司	中航勘查设计研究院
8	1号科研楼等6项工程	57019	北京制浆造纸试验厂	北京天盛建筑工程有限公司	中国水利水电建设工程咨询北京公司
9	北苑南区8号楼	32162	北京城建兴华地产有限公司	北京城建亚泰建设工程有限公司	北京方程建设监理有限公司
10	昆泰望京酒店	158723	北京昆泰嘉诚房地产开发有限公司	中建一局集团第三建筑有限公司	北京帕克国际工程咨询有限公司
11	芳草地小学改扩建教学楼	10200	北京市朝阳区教育国有资产管理中心	北京中关村开发建设股份有限公司	北京中外建工程管理有限公司
12	孙河乡康营组团定向安置房三期项目(H1~H12楼及HD号车库)	124076	北京市孙河乡农工商联合公司	北京市朝阳田华建筑集团第十五分公司	北京市银建建设工程管理有限公司

序号	工程名称	建筑面积(平方米)	建设单位	施工单位	监理单位
13	豆各庄经济适用房(定向安置)住宅小区22、23号楼	47850	北京市朝阳城市建设综合开发公司	北京鼎华建筑工程有限公司	北京市百事百达工程建设监理有限责任公司
14	管庄乡小寺村住宅及居住公共服务设施项目	51245	北京中联置地房地产开发有限公司	北京市朝阳田华建筑集团第十五分公司	北京银建建设工程管理有限公司
15	北京世纪华侨城旅游主题社区A1－6号楼	27710	北京世纪华侨城实业有限公司	江苏中兴建设有限公司	北京旭日明建设工程监理有限公司
16	国瑞嘉华农副产品交易中心	51835	北京科力源工贸公司	江苏广宇建设集团有限公司	北京云湖工程监理站
17	嘉铭中心酒店	55237	北京康拉德房地产开发有限公司	中建一局集团第五建筑有限公司	北京帕克国际工程咨询有限公司
18	1号办公、商业楼等3项	41696	北京亚宝世纪置业有限公司	中国新兴保信建设总公司	欧华建业国际工程咨询(北京)有限公司
19	太阳宫新区(太阳星城)B区13号、14号楼	38300	北京冠城正业房地产开发有限公司	北京市朝阳田华建筑集团第五分公司	北京华建项目管理公司
20	北苑南区6号住宅楼	28545	北京城建兴华地产有限公司	北京城建七建设工程有限公司	万宇国际工程(北京)咨询有限公司
21	酒仙桥4号科研生产楼等3项	22876	北京东光兴业科技发展有限公司	北京市朝阳田华建筑集团第九分公司	北京银建建设工程管理有限公司
22	东镇欣园5号楼等7项工程	93705	北京将台房地产开发有限公司	永同昌建设集团有限公司	北京旭日明建设工程监理公司
23	福建产品市场工程(1号商业办公楼等8项)	176165	北京福建产品市场有限公司	北京城乡建设集团工程承包总部	北京中外建工程管理有限公司
24	招商上苑2号住宅楼等5项工程	61832	招商地产(北京)有限公司	中铁建工集团有限公司	北京帕克国际工程咨询有限公司
25	1号～3号住宅楼及地下车库	33500	北京城建兴华地产有限公司	北京城建道桥工程有限公司	北京中建工程顾问有限公司
26	来广营乡清河营村住宅及配套商业金融(一号地)项目15号楼	15752	北京第六大洲房地产开发有限公司	北京城建亚泰建设工程有限公司	北京菲尔建设监理有限公司
27	5号住宅楼等5项	31620	北京城建兴华地产有限公司	北京城建五建设工程有限公司	万宇国际工程咨询(北京)有限公司
28	润景茗苑	110399	北京春光置地房地产开发有限公司	中铁建设集团有限公司	建通工程建设监理有限公司

结构“朝阳杯”银奖工程(23项)

序号	工程名称	建筑面积(平方米)	建设单位	施工单位	监理单位
1	豆各庄经济适用房(定向安置)住宅小区19号配套公建及住宅	26585	北京市朝阳城市建设综合开发公司	北京鼎华建筑工程有限公司	北京市百事百达工程建设监理有限责任公司

序号	工程名称	建筑面积(平方米)	建设单位	施工单位	监理单位
2	驹子房经济适用房住宅小区5~7、9、10楼及D2车库	110131	北京市朝阳城市建设综合开发公司	北京市朝阳田华建筑集团第七分公司	北京大正建设监理有限公司
3	东坝经济适用房住宅小区金泰丽富佳苑1号楼	10140	北京丽富房地产开发有限公司	北京市朝阳田华建筑集团第七分公司	北京东方华太建设监理有限公司
4	来广营乡清河营村住宅5号楼	16892	北京第六大洲房地产开发有限公司	中铁建设集团有限公司	北京菲尔建设监理有限公司
5	芍药居东区住宅及配套、公建项目用地1组团	126776	北京东方信远房地产开发有限公司	北京天润建设工程有限公司	北京双圆工程咨询监理有限公司 北京建院金厦工程管理有限公司
6	青年政治学院附属中学改造工程(综合艺术教学楼)	8300	北京朝阳区教育国有资产管理中心	中建一局华江建设有限公司	北京中外建工程管理有限公司
7	14号住宅楼	4096	北京世纪鸿城置业有限公司	北京城建八建设发展有限公司	北京华城建设监理有限公司
8	芍药居东区住宅及配套公建2组团2号-B地块3号住宅楼	45089	北京信远筑诚房地产开发有限公司	江苏省苏中建设集团股份有限公司	北京建院金厦工程管理有限公司
9	对外经济贸易大学科研楼	22470	对外经济贸易大学	中城建第五工程局有限公司	中咨工程建设监理公司
10	华贸城一期工程	100040	北京华贸奥苑房地产开发有限公司	中建二局第三建筑工程有限公司	北京赛瑞斯国际工程资讯有限公司
11	芍药居东区住宅及配套公建用地工程2组团项目1、3~6、8、10号楼	101833	北京懋源置业有限公司	保利建设开发总公司	北京方恒基业工程咨询有限责任公司
12	豆各庄经济适用房二期9~15号楼及地下车库	145141	北京市朝阳城市建设综合开发公司	北京鼎华建筑工程有限公司	北京百事百达工程建设监理有限公司
13	南沙滩东路3号地块廉租房工程	15000	北京亚奥绿城房地产开发有限公司	中建一局(集团)有限公司	北京中外建工程管理有限公司
14	A座住宅楼等7项	49770	中国水电建设集团房地产有限公司	中国水利水电第二工程局有限公司	北京中城建建设监理有限公司
15	东方德才学校主楼等3项	26525	北京市朝阳区教育国有资产管理中心	北京英达利城建有限公司	北京旭日明建设工程监理有限公司
16	官庄乡小寺村1、2、4、6、7号楼	48267	北京中联置地房地产开发有限公司	远洋国际建设有限公司	北京银建建设工程管理有限公司
17	北花园居住小区一期工程C2、C7楼	53538	北京国隆置业有限公司	北京建工路桥工程建设有限责任公司	北京国建工程监理公司
18	北苑路大羊坊6号院A座	23188	中国水电建设集团房地产有限公司	北京城建七建设工程有限公司	北京中城建建设监理有限公司
19	2号-B地块1号、2号住宅楼	58606	北京信远筑诚房地产开发有限公司	江苏南通三建集团有限公司	北京建院金厦工程管理有限公司

序号	工程名称	建筑面积（平方米）	建设单位	施工单位	监理单位
20	C区1号楼（办公及商业）工程	209186	北京冠城新泰房地产开发有限公司	北京天润建设工程有限公司	北京华清技科工程管理有限公司
21	商业办公楼（金　大厦）	24254	北京中商联房地产开发有限公司	正太集团有限公司	北京菲尔建设监理有限公司
22	电气工程学校改扩建一期工程（1号教学楼、2号教学办公实训楼）	26213	北京市朝阳区教育国有资产管理中心	中国航空港建设总公司	北京中景恒基工程管理有限公司
23	王四营乡地块住宅及公共服务配套工程廉租房B1、B2	40964	北京建工集团有限责任公司	北京第三建筑工程有限公司	北京日日豪工程建设监理有限责任公司

竣工“朝阳杯”金奖工程（2项）

序号	工程名称	建筑面积（平方米）	建设单位	施工单位	监理单位
1	姚家园新村2G组团2号～5号楼	99165	北京聚鑫城房地产开发有限责任公司	北京市朝阳田华建筑集团第六工程部	北京光华建设监理有限公司
2	世纪东方嘉园住宅一区1号楼C座/地下车库	30143	华翰投资集团有限公司	北京市朝阳田华建筑集团公司	北京旭日明建设工程监理有限公司

竣工“朝阳杯”银奖工程（2项）

序号	工程名称	建筑面积（平方米）	建设单位	施工单位	监理单位
1	万象新天家园三区301号住宅楼等2项工程	44238	北京天鸿置业有限公司	北京市朝阳田华建筑集团公司第五分公司	中咨工程建设监理公司
2	北京世纪华侨城旅游主题社区A1－4号楼	12675	北京世纪华侨城实业有限公司	北京市朝阳田华建筑集团第四分公司	北京旭日明建设工程监理有限公司

【既有建筑节能改造】　年内，召开区相关部门专题协调会，落实改造资金及改造项目，将区直管公房、南沙滩居民住宅楼、区机关后勤服务中心管理的住宅楼、校舍加固共61.7万平方米居住建筑纳入本年既有建筑节能改造任务。借鉴上年呼家楼北街4栋直管公房改造试点的成功做法和经验，与区财政等有关部门和单位加强配合和工作联动，协调区房管等部门和单位在最短时间内办理完前期手续，全力推进既有建筑节能改造工作。截至年底，完成76.33万平方米居住建筑节能改造任务（其中2009年超额完成14.63万平方米，冲抵本年改造任务量），超额完成4.9%，占全市的11.3%。

（李津华）

【建筑节能与建材管理】　年内，在上年试点基础上实施“三房”（经济适用房、限价房、廉租房）项目建设工程材料采购备案，全年办理2806条采购备案信息网上确认、842条网上备案信息变更确认。做好建筑节能、建材使用日常管理和预拌商品混凝土搅拌站治理整合工作。全年收缴205个建设项目缴纳新型墙体材料专项基金6841.75万元、散装水泥专项基金466.33万元，返退80个建设项目新型墙体材料专项基金2587.45万元、散装水泥专项基金180.28万元；办理建筑节能设计审查备案224项，建筑节能竣工验收备案179项，建材供应资格备案13家、产品19项。

（李津华）

【办理信访事项】　年内，成立矛盾纠纷专项治理领导小组，制定专项治理工作方案和突发群体性事件应急预案，明确“排查先行、预防为主、处置及时、依法行政”工作原则，加大对建设系统矛盾纠纷排查处置力度,确保实现“三个维护”(维护居民的合法权益、企业的合法权利和区域社会稳定)。年内,区信访建设分中心接待处理群众来信、来访973件次。其中:市住房城乡建设委转件251件,区转件117件(含交办件19件、领导办案件7件);依托网上办公系统接受群众来信390件(市长信箱262件,区转件128件);直投信215件。办复956件,办复率98.3%,正在办理17件。受理政民互动428件,办结410件,办结率95.8%,正在办理18件。全年信访工作总体形势平稳,未发生越级访和大规模集体上访等突发性事件。

(李津华)

【诚信企业评定】　年内,经企业自愿申报,市、区建筑业联合会(集团公司)两级考核推荐、北京市建筑企业信用评定专家委员会评定、网上公示、北京市建筑业信用评定小组审定,本区朝阳田华建筑集团公司、朝阳水利工程公司、润安市政工程有限公司、迪迈建筑装饰工程有限公司、奥杰装饰装修有限公司、中建华腾装饰工程有限公司、中建华威机电设备安装工程有限公司、中航弱电系统工程有限公司、日盛达建筑企业集团、鸿屹丰彩装饰公司10家企业被评定为2009年度“北京市建设行业诚信企业”。

(李津华)

【建筑业企业资质及人员管理】　年内,受理新设立建筑业企业资质申请39家、升级4家、增项14家、变更174家、转出13家、转入21家。截至年底,纳入本区管理的建筑业企业741家,涵盖房屋建筑工程等49个施工专业(详见2010年朝阳区建筑业企业一览表)。同时,完成二级建造师执业资格初始注册255人、变更注册388人,对166家区属建筑业企业732名一级建造师开展一级注册建造师执业情况检查,办理项目负责人和专职安全员《安全生产考核证书》续期3263人。

(李津华)

2010年朝阳区建筑业企业施工专业一览表

单位:家

序列	专业类别	一级	二级	三级	不分	合计
施工总承包	房屋建筑工程	12	23	29		64
	公路工程	1				1
	市政公用工程	4	11	14		29
	机电安装工程	1	3	–		4
	矿山工程	1				1
	电力工程	1	1	2		4
	化工石油工程		1	–		1
	水利水电工程		1			1
小计	涵盖8个专业	20	40	45		105
专业承包	地基与基础工程	2	5	2		9
	土石方工程			6		6
	建筑装修装饰工程	28	64	170		262
	建筑幕墙工程	1	2	1		4
	预拌商品混凝土	–	24	11		35
	混凝土预制构件	–	3	3		6
	园林古建筑工程		1			1
	钢结构工程	1	2	12		15
	消防设施工程	5	7	10		22
	附着升降脚手架		1	–		1
	金属门窗工程	1	3	5		9
	建筑防水工程	–	2	8		10
	预应力工程	–	1	–		1

序列	专业类别	一级	二级	三级	不分	合计
专业承包	机电设备安装工程	6	4	39		49
	爆破与拆除工程		4	21		25
	建筑智能化工程	7	3	18		28
	电子工程	1	1	5		7
	电信工程	1	1	2		4
	隧道工程		1	–		1
	防腐保温工程			3		3
	环保工程		1	8		9
	机场空管工程	1	3	–		4
	公路交通安全设施分项	–	–	–	2	2
	铁路电务工程	1				1
	送变电工程		1	21		22
	石化管道设备安装工程			1		1
	城市及道路照明工程		5	18		23
	起重设备安装工程	2		2		4
	体育场地设施工程	1	2	4		7
	特种专业工程	–	–	–	34	34
小计	涵盖30个专业	58	141	370	36	605
劳务分包	混凝土作业分包				4	4
	钣金作业分包				1	1
	水暖电安装作业分包				9	9
	焊接作业分包				2	2
	钢筋作业分包				4	4
	抹灰作业分包				2	2
	砌筑作业分包				3	3
	油漆作业分包				2	2
	木工作业分包				2	2
	石制作分包				1	1
	模板作业分包				1	1
小计	涵盖11个专业				31	31
合计	涵盖49个专业	78	181	415	67	741

【建设领域突出问题排查】 年内，根据市、区工程建设领域专项治理工作部署，结合专项治理工作实际，在规定时限内，对969项工程进行排查，发现存在问题58项，已完成整改55项，占94.83%；正在进行整改3项，占5.17%。对涉及本区的336项工程建设项目进行情况梳理和网上填报，加快推进工程建设领域信息公开和诚信体系建设。

（李津华）

【政风行风建设】 年内，把加强党的建设与本区创建全国文明城区和"新四区"发展战略相结合，深入开展"党员作风建设年"和"创先争优"活动，推进党建创新和党风廉政建设。开展廉政风险防范管理"回头看"活动，结合工程建设领域突出问题专项治理，对本委各项工作流程和岗位进行重新梳理、排查，完善廉政台帐。对查找出的问题,制定切实可行的整改措施。扎实推进民主评议基层科队站所活动,分别召开人大代表、政协委员及街道(地区)办事处、建设单位、施工企业代表参加的座谈会,对本委工作进行民主评议。截至年底,向服务对象发放调查问卷137份,满意率98.5%;征求合理化意见和建议18条,正在逐步落实;发放廉政勤政监督卡680余份,无工作人员违法违纪问题反馈。加大政府信息公开和宣传力度,主动公开105条,依申请公开18件,接受公众和社会监督。

(李津华)

【工程建设概况】 年内,全区开复工施工工程1124项,比上年增加15.05%,建筑面积3834.26万平方米,道路管线361.49千米。其中:房建工程926项,3648.29万平方米;拆除工程36项,72.67万平方米;市政工程131项,道路管线314.2千米、51.86万平方米;地铁工程31项,施工线路47.29千米、61.44万平方米。截止年底,施工人员66065人。累计竣工工程426项,建筑面积1072.92万平方米、道路管线41.2千米。全年,累计竣工工程426项,建筑面积1072.92万平方米、道路管线41.2千米,其中公建、住宅、廉租住房、经济适用住房、限价商品住房、危旧住房改造、新农村建设、装饰装修及市政各类工程详见附表(朝阳区建设工程竣工一览表)。

(李津华)

2010年朝阳区建设工程竣工一览表

(一)公建工程　　　　单位:万平方米、万元

序号	工程名称	工程地址	建筑面积	工程总投资	开工日期	竣工日期	建设单位	设计单位	施工单位	监理单位
1	A座生产加工车间等3项工程	崔各庄乡南皋路北	5.78	14706	2008.6.7	2010.1.5	北京市东郊农工商联合公司	中冶京城工程技术有限公司	中国航空港建设总公司	北京吉地四方建设工程顾问有限公司
2	晨谷苑配套公建、配套设备用房	将台乡驼房营村	2.07	2557	2007.5.1	2010.1.8	北京晨谷苑房地产开发有限公司	山西省第二建筑设计院	永同昌建设集团有限公司	北京旭日明建设工程监理有限公司
3	北苑家园八区8项工程	立水桥	5.8	11896	2007.3.15	2010.1.19	北京永旭置业有限公司	华通设计顾问工程有限公司	上海新置建筑工程有限公司、北京城建集团有限责任公司	北京远东工程项目管理有限公司
4	富力广场商业综合楼工程	白家庄北侧	0.97	1263	2008.3.1	2010.1.21	富力(北京)地产开发有限公司	广州市住宅建筑设计院有限公司	江苏中兴建设有限公司	广州广骏工程监理有限公司
5	电子城驼房营住宅小区E4号楼	驼房营路	0.25	605	2004.12.15	2010.1.22	北京电子城有限责任公司	北京环洋世纪国际建筑顾问有限公司	北京城建一建设工程有限公司	北京京龙工程建设监理公司
6	东风乡绿隔地区第四宗地3项工程	东风乡豆各庄村	4.01	6023	2008.5.1	2010.1.27	北京泛海信华置业有限公司	北京国电水利电力工程有限公司	北京市朝阳田华建筑集团公司	北京双圆工程咨询监理有限公司
7	平乐园小区西一、二区C1配套公建	南磨房	0.45	586	2008.12.21	2010.2.2	北京首驰昱达房地产开发有限公司	九源建筑设计有限公司	中国新兴保信建设总公司	建研凯勃建设工程咨询有限公司

序号	工程名称	工程地址	建筑面积	工程总投资	开工日期	竣工日期	建设单位	设计单位	施工单位	监理单位
8	管庄乡企业用地商业中心工程	双桥东路	1.14	2036	2007.5.11	2010.2.4	北京东方零点商贸有限公司	北京中建恒基工程设计有限公司	北京市朝阳田华建筑集团公司	北京天筑诚工程建设监理有限公司
9	管庄乡4项工程	管庄乡	2.01	2798	2007.3.23	2010.2.4	北京市朝阳区管庄农工商联合总公司	北京中厦建筑设计研究院	北京市朝阳田华建筑集团公司、中国航空港建设总公司	北京首建工程咨询监理有限公司
10	798艺术区停车楼工程	酒仙桥	2.24	5218	2008.4.30	2010.2.24	北京七星华电科技集团有限责任公司	北京市工业设计研究院	北京建工集团有限责任公司	北京华厦工程项目管理有限责任公司
11	新天国际城配套幼儿园工程	来广营乡来广营村	0.28	280	2009.1.19	2010.3.1	北京新天朝来房地产开发有限公司	北京维拓时代建筑设计有限公司	河北华都建筑有限公司	北京五环建设监理公司
12	北苑家园一区2项工程	立水桥	3.39	7690	2007.3.8	2010.3.11	北京城建兴华地产有限公司	北京市建筑设计研究院	北京城建亚泰建设工程有限公司	北京方程建设监理有限公司
13	蟹岛农庄4项工程	金盏乡蟹岛路1号	3.75	6184	2002.4.20	2010.3.16	北京蟹岛种植养殖集团有限公司	北京宝鸿建设项目管理有限公司	河北相浜建设工程有限公司	北京大正建设监理有限公司
14	E7地块科研研发中心主楼工程	中关村电子城西区E7地块（望京北路东口望京科技园内）	5.72	12872	2007.5.1	2010.3.24	北京华航恒业科技有限公司	中外建工程设计与顾问有限公司	北京怀建集团有限公司	北京建工京精大房工程建设监理公司
15	酒仙桥医院病房楼工程	酒仙桥一街坊六号	2.73	10800	2004.6.20	2010.3.29	北京华信医院	北京建筑设计研究院	北京城建四建设工程有限责任公司	北京光华建设监理有限公司
16	朝来天陆置业综合服务楼工程	香宾路66-1号	7.68	9120	2006.2.10	2011.4.9	北京朝来天陆置业有限责任公司	中信建筑设计（北京）研究院	北京百键开发建设有限公司	北京精正兴工程建设监理有限公司
17	航空制造工程研究所厂房工程	东军庄1号	0.36	1041	2008.12.9	2010.4.30	中国航空工业集团公司北京航空制造工程研究所	中国京冶工程技术有限公司	高碑店中铁建筑工程有限责任公司	北京开普中盛工程管理有限公司
18	常赢绿洲假日运动中心91项工程	常营乡	5.71	12975	2007.3.15	2010.6.4	北京常赢绿洲假日运动中心有限公司	马建国际建筑设计顾问有限公司	中国新兴建设开发总公司	北京东方天利建设工程监理有限公司

序号	工程名称	工程地址	建筑面积	工程总投资	开工日期	竣工日期	建设单位	设计单位	施工单位	监理单位
19	宝马汽车电子产品生产中心工程	来广营望京中关村电子城西区	1.57	1700	2005.6.15	2010.6.9	北京华商投资有限公司	北京滕远设计事务所	中集建设集团有限公司	北京市工程咨询有限公司
20	电子城IT产业园2项工程	酒仙桥北路	9.37	16680	2007.11.10	2010.6.13	北京电子城有限责任公司	北京市工业设计研究院	北京城建建设工程有限公司	北京京龙工程项目管理公司
21	劲松办公用房	劲松七区	0.4	1585	2008.11.28	2010.7.12	北京市朝阳区房屋管理局	北京维拓时代建筑设计有限公司	北京万兴建筑集团有限公司	北京方圆工程监理有限公司
22	北苑污水处理厂一期14项工程	北苑东路以东、清河南侧	0.27	3270	2007.8.1	2010.7.12	北京威立雅污水处理有限责任公司	天津市市政工程设计研究院	中建二局第二建筑工程有限公司	北京磐石建设监理有限责任公司
23	太平洋城2项公建工程	将台乡酒仙桥	0.49	2124	2006.12.30	2010.7.15	北京太平洋城房地产开发有限公司	北京三磊建筑设计有限公司	中铁建设集团有限公司	北京建工京精大房工程建设监理公司
24	公交站房工程	来广营乡来广营村	0.2	239	2008.2.15	2010.7.29	北京新天朝来房地产开发有限公司	北京维拓时代建筑设计有限公司	北京市朝阳三建第五建筑工程公司	北京五环建设监理公司
25	东方旺盛综合商业楼工程	管庄朝阳路杨闸环岛西南侧	4.98	9156	2008.4.1	2010.7.30	北京东方旺盛商贸中心	圣帝国际建筑工程有限公司	江苏省华建建设股份有限公司	北京日日豪工程建设监理有限责任公司
26	望都东湖小区9项工程	来广营乡望京北小河以北	3.51	6157	2005.3.10	2010.8.2	北京住公房地产开发有限公司	中国建筑设计研究院	中建一局华江建设有限公司、河北华都建筑有限公司、北京苏坛建筑安装工程有限责任公司	中国建筑技术集团有限公司、北京方达建设监理公司
27	望京新城B区1项工程	望京阜通东大街	7.45	62974	2006.7.18	2010.8.3	北京方恒置业股份有限公司	华通设计顾问工程有限公司	中国新兴保信建设总公司	北京燕京工程管理有限公司
28	管庄综合服务楼工程	管庄乡	1.31	2861	2007.4.15	2010.8.11	北京市朝阳区管庄农工商联合公司	北京中厦建筑设计研究院	北京市朝阳田华建筑集团公司	北京天筑诚工程建设监理有限公司

序号	工程名称	工程地址	建筑面积	工程总投资	开工日期	竣工日期	建设单位	设计单位	施工单位	监理单位
29	青年路住宅小区非配套公建工程	甘露园中里2号	4.78	12325	2008.9.30	2010.8.20	北京新松房地产开发有限公司	北京中建恒基工程设计有限公司	江苏中兴建设有限公司	中外建工程设计与顾问有限公司
30	信息工程学院附中美术教学楼	安翔北里8号	0.23	560	2008.9.30	2010.8.30	北京市朝阳区教育国有资产管理中心	北京市建筑设计研究院	中国航空港建设总公司	北京华清技科工程管理有限公司
31	银帆西雅图2项工程	朝阳北路	40.55	177159	2008.6.26	2010.8.31	北京弘泰基业房地产有限公司	北京俞龚琪元机电设计事务所、中国京冶工程技术有限公司	北京天润建设工程有限公司、中建三局建设工程股份有限公司	北京新恒元工程监理咨询公司
32	望京四元桥超市	望京四元桥	2.83	5051	2007.4.1	2010.9.13	北京亚之杰置业房地产开发有限公司	北京金田建筑设计有限公司	北京城建集团有限责任公司	建研凯勃建设工程咨询有限公司
33	晨光家园5项公建工程	十里堡	4.37	7719	2008.4.15	2010.9.25	北京润丰宏业房地产开发有限责任公司	北京市建筑设计研究院	北京城建五建设工程有限公司	北京中外建工程管理有限公司
34	东方华府西区幼儿园工程	广渠路31号	0.3	450	2005.4.10	2010.9.25	北京达义北方置业有限公司	中外建工程设计与顾问有限公司	南通四建集团有限公司	北京鸿厦基建工程监理有限公司
35	汽修车间工程	东坝乡后街村	0.48	478	2009.8.6	2010.9.29	北京交运通华运输有限责任公司	中国建筑北京设计研究院有限公司	国都建设(集团)有限公司	北京旭日明建设工程监理有限公司
36	京朝车管分所办公业务用房工程	王四营乡	0.65	1566	2006.11.20	2010.10.11	北京市公安局公安交通管理局	北京世纪豪森建筑设计有限公司	中国新兴建设开发总公司	北京双诚建设监理公司
37	小寺村32－1号配套公建楼	小寺村	0.35	669	2009.6.19	2010.10.14	北京中联置地房地产开发有限公司	中国建筑设计研究院	北京建工集团有限责任公司	北京银建建设工程管理有限公司
38	望京新城A3区非配套公建工程	阜安西路	5.69	17700	2007.3.22	2010.10.18	北京宝星置业有限公司	北京东海富京国际建筑设计有限公司	中国建筑第二工程局有限公司	北京方正建设工程管理有限公司
39	朝阳区气象站工程	东四环北路7号	0.16	466	2005.8.14	2010.10.19	北京市朝阳区气象局	北京中环世纪工程设计有限责任公司	江苏省苏中建设集团股份有限公司	北京建工京精大房工程建设监理公司

序号	工程名称	工程地址	建筑面积	工程总投资	开工日期	竣工日期	建设单位	设计单位	施工单位	监理单位
40	望京新城外国专家大厦工程	望京新兴产业区2号地	7.17	10888	2007.6.1	2010.10.28	北京华丰世纪置业有限公司	中国联合工程公司	中建保华建筑有限责任公司	北京帕克国际工程咨询有限公司
41	公交首末站工程	姚家园114号	0.22	190	2010.4.23	2010.10.30	华纺房地产开发公司、北京市物资总公司	北京世纪安泰建筑工程设计有限公司	北京城建九建设工程有限公司	北京市驰跃翔工程监理有限责任公司
42	京客隆酒仙桥商场工程	酒仙桥	7.8	35000	2005.3.8	2010.11.10	北京京客隆商业集团股份有限公司	北京华咨工程设计公司	中建一局集团第二建筑有限公司	中国建筑设计咨询公司
43	金泰置业大厦北栋工程	广渠东路唐家村	0.25	500	2007.7.3	2010.11.17	北京金泰恒业有限责任公司	北京市建筑设计研究院	中国航空港建设总公司	北京新恒元工程监理咨询有限公司
44	公交场站工程	双井	0.47	983	2009.8.12	2010.11.19	北京富力城房地产开发有限公司	广州市住宅建筑设计院有限公司	中国四海控股有限公司	广州广骏工程监理有限公司
45	京东方电子配套厂房工程	酒仙桥10号	5.74	9284	2009.4.28	2010.11.29	京东方科技集团股份有限公司	凯里森建筑设计(北京)有限公司	中建一局集团第五建筑有限公司	北京吉地四方建设工程顾问有限公司
46	科技展示厅及综合实验楼工程	德外北沙滩1号	8.89	20301	2007.6.26	2010.12.2	中国农业机械化科学研究院	中机十院国际工程有限公司、深圳深港建设工程发展有限公司	江苏省建筑工程集团有限公司	北京市曙晨工程建设监理有限责任公司
47	北京国轩国际研发中心26项工程	东郊农场	10.25	76715	2007.7.4	2010.12.6	北京国轩房地产开发有限公司	北京市建筑工程设计公司	北京市第二建筑工程有限责任公司	北京双圆工程咨询监理有限公司
48	朝来配套商业服务中心工程	来广营乡村西	9.81	15993	2006.11.1	2010.12.6	北京市朝阳来广营农工商实业总公司、北京朝来购物中心有限公司	北京立人建筑设计有限公司	北京建工四建工程建设有限公司	北京建工京精大房工程建设监理公司
49	幸福三村北区工程3号楼	新东路幸福三村	3.72	8417	2007.4.15	2010.12.9	北京美迪亚置业有限公司	北京市建筑设计研究院	北京基泰建筑安装工程有限公司	北京中环工程建设监理有限责任公司

序号	工程名称	工程地址	建筑面积	工程总投资	开工日期	竣工日期	建设单位	设计单位	施工单位	监理单位
50	玻璃技术中心工程	南豆各庄	0.61	857	2003.12.8	2010.12.13	北京玻璃仪器厂	北京中外建建筑设计有限公司	北京京玻建筑有限公司	北京高屋工程咨询监理有限公司
51	北京市福建产品市场工程	十八里店乡小武基村	12.31	21709	2008.6.30	2010.12.23	北京市福建产品市场有限公司	汗嘉设计集团股份有限公司	北京城乡建设集团有限责任公司	北京中外建工程管理有限公司
52	小红门居住区A地块4项工程	小红门	8.77	11453	2009.6.1	2010.12.24	北京嘉益德房地产开发有限公司	联安国际建筑设计有限公司	中建一局集团第五建筑有限公司	北京思创建设监理有限责任公司
53	嘉铭中心办公及商业楼工程	白家庄	9.05	15053	2008.3.31	2010.12.24	北京恒世华融房地产开发有限公司	中国建筑科学研究院	中建一局集团第五建筑有限公司	北京双圆工程咨询监理有限公司
54	合生望京文化娱乐项目2项工程	望京	2.70	6505	2009.1.12	2010.12.29	北京合生望景房地产开发有限公司	天津美新建筑设计有限公司	北京市朝阳田华建筑集团公司	广州珠江建设工程监理有限公司

(二)住宅工程　　单位:万平方米、万元

序号	工程名称	工程地址	建筑面积	工程总投资	开工日期	竣工日期	建设单位	设计单位	施工单位	监理单位
1	观音堂居住区2项工程	王四营乡	1.38	1453	2006.5.10	2010.1.20	北京民乐住宅合作社、北京东方石油化工有限公司化工二厂	北京新纪元建筑工程设计有限公司	中国新兴保信建设总公司	北京英诺威建设工程管理公司
2	金地四惠项目6项工程	高碑店乡	7.36	14533	2008.1.15	2010.1.25	北京金地伟盛房地产开发有限公司	北京东海富京国际建筑设计有限公司	中建一局集团第五建筑有限公司	北京中建恒基建设投资有限公司
3	双建花园7项工程	呼家楼向军北里二巷至六巷	14.04	32028	2006.4.26	2010.2.12	北京市双建房地产开发有限公司	北京中天建中工程设计有限责任公司	北京市第三建筑工程有限公司	北京建院金厦工程管理有限公司
4	辛店小区5项工程	大屯辛店北街(北苑路78号)	7.92	10268	2001.7.10	2010.3.19	北京和祥恒房地产开发有限公司	北京国电水利电力工程有限公司	北京中交建筑安装工程公司	北京鸿龙兴工程建设监理有限责任公司

序号	工程名称	工程地址	建筑面积	工程总投资	开工日期	竣工日期	建设单位	设计单位	施工单位	监理单位
5	华纺朝阳家园三期2项工程	姚家园114号	2.79	5113	2006.4.12	2010.4.13	华纺房地产开发公司	北京世纪安泰建筑工程设计有限公司	河南省建筑安装有限公司、锦宸集团有限公司	北京京朋工程监理有限责任公司、中国纺织化纤工程总公司
6	大西洋新城5项工程	南湖渠	6.43	12488	2008.2.28	2010.5.25	北京西华房地产开发有限公司	北京中外建建筑设计有限公司	北京六建集团公司	中国建筑设计咨询公司
7	三里屯搜候中心3项工程	工体北路南侧	22.35	67058	2008.7.15	2010.5.28	北京搜候房地产有限公司	中国电子工程设计院、北京中联环建文建筑设计有限公司	中建一局集团第五建筑有限公司	北京时创工程项目管理有限责任公司
8	金泰枫景园2项工程	石门村路1号	1.36	2807	2007.1.15	2010.6.8	北京金泰恒业有限责任公司	北京市建筑设计研究院	北京建工一建工程建设有限公司	北京日日豪工程建设监理有限责任公司
9	宝星园三期7项工程	望京	12	26804	2006.9.29	2010.6.28	北京宝兴置业有限公司	北京东海富京国际建筑设计有限公司	中地长泰建设有限公司	北京方正建设工程管理有限公司
10	银河湾嘉园一期6项工程	东直门外西八间房1号	6.4	8736	2006.10.10	2010.6.29	北京天瑞嘉园房地产开发有限公司	北京五豪世纪建筑设计有限公司	中国新兴保信建设总公司	北京英诺威建设工程管理有限公司
11	单店住宅二期C区25项工程	东坝乡	11.58	21886	2008.10.8	2010.7.9	北京首开天成房地产开发有限公司	北京环洋世纪国际建筑顾问有限公司	北京金港机场建设有限责任公司、北京市朝阳田华建筑集团公司	北京金海城工程建设监理公司
12	太阳宫新区A区1号~6号楼	太阳宫	19.79	35552	2008.2.28	2010.7.9	北京冠城新纪房地产开发有限公司	北京中京惠建筑设计有限责任公司	北京市朝阳田华建筑集团公司、中建一局集团第五建筑有限公司	北京海建工程建设监理公司

序号	工程名称	工程地址	建筑面积	工程总投资	开工日期	竣工日期	建设单位	设计单位	施工单位	监理单位
13	康城花园二期79项工程	双桥东路	3.34	5768	2005.10.25	2010.8.26	北京银信兴业房地产开发有限公司	北京维拓时代建筑设计有限公司	承德华宇建筑安装工程有限责任公司、保定兴华建筑有限公司	北京方恒基业工程咨询有限公司
14	晨谷苑5项工程	将台乡驼房营村	0.22	605	2009.10.4	2010.9.20	北京晨谷苑房地产开发有限公司	山西省第二建筑设计研究院	永同昌建设集团有限公司	北京旭日明建设工程监理有限公司
15	世纪东方嘉园2项工程	南磨房楼梓庄	3.01	5445	2007.1.15	2010.9.26	华瀚投资集团有限公司	北京市建筑设计研究院	北京市朝阳田华建筑集团公司	北京旭日明建设工程监理有限公司
16	美景东方家园11号住宅楼	松榆南路38号院	2.18	3995	2006.8.11	2010.9.28	北京达义兴业房地产开发有限公司	汗嘉设计集团有限公司	浙江横店建筑工程有限公司	北京东方华太建设监理有限公司
17	雅宝路二期4项工程	雅宝路	7.96	10603	2006.8.14	2010.9.30	北京兆泰置地（集团）股份有限公司	北京冠亚伟业民用建筑设计有限公司	中铁建设集团有限公司	北京帕克国际工程咨询有限公司
18	北京新天地东区2项工程	杨闸环岛东北侧	4.98	8301	2007.2.9	2010.10.14	北京硕和房地产开发有限公司	北京世纪安泰建筑工程设计有限公司	中国航空港建设总公司	北京中协成建设监理有限责任公司
19	珠江帝景2项工程	西大望路	0.59	1872	2007.11.2	2010.10.20	北京合生北方房地产开发有限公司	广东珠江建设工程设计公司	广东珠江工程总承包有限公司	广东珠江建设工程监理有限公司
20	北沙滩住宅小区1号楼	大屯路36号	2.43	3495	2008.5.1	2010.11.9	北京博宏房地产开发有限公司	北京中机一院工程设计有限公司	北京城建九建设工程有限公司	北京银建建设工程管理有限公司
21	平乐园小区R7号住宅楼	南磨房平乐园小区西一、西二区	2.25	3699	2008.12.22	2010.11.9	北京首驰昱达房地产开发有限公司	九源建筑设计有限公司	中国新兴保信建设总公司	建研凯勃建设工程咨询有限公司
22	万象新天家园三区2项工程	常营乡	4.42	12736	2008.9.26	2010.11.23	北京天鸿置业有限公司	马建国际建筑设计顾问有限公司	北京市朝阳田华建筑集团公司	中咨工程建设监理公司
23	远洋万和嘉园A区11项工程	北四环东路	11.24	27863	2007.11.16	2010.11.25	远洋地产有限公司	北京市建筑设计研究院	北京建工四建工程建设有限公司	北京银建建设工程管理有限公司

序号	工程名称	工程地址	建筑面积	工程总投资	开工日期	竣工日期	建设单位	设计单位	施工单位	监理单位
24	望京A1区C组团10项工程	南湖渠	14.01	27680	2007.2.20	2010.11.26	北京城市开发集团有限责任公司望京新城分公司	北京市建筑设计研究院、北京城市开发设计研究院、北京中环世纪工程设计有限责任公司	河北省建材建设有限公司、北京金港机场建设有限责任公司、北京矿建建筑安装有限责任公司、北京怀建集团有限公司、北京北辰正方建筑安装工程有限责任公司、北京天恒建设工程有限公司、北京望京城开建筑有限责任公司、北京城乡一建设工程有限责任公司	北京金海城工程建设监理公司、北京市康实工程建设监理有限责任公司、大展实业有限公司
25	东恒时代二期2项工程	十里堡	2.08	4824	2006.6.30	2010.11.30	北京方恒置业股份有限公司	华通设计顾问工程有限公司	北京韩建集团有限公司	北京方诚宏基工程监理有限公司、北京康迪建设监理咨询公司
26	北京华贸城5项工程	来广营	8.52	26256	2009.7.1	2010.11.30	北京华贸奥苑房地产开发有限公司	北京市建筑设计研究院	中建二局第三建筑工程有限公司	北京赛瑞斯国际工程咨询有限公司
27	远洋一方润园2项工程	小寺村	1.93	2938	2009.6.19	2010.12.3	北京中联置地房地产开发有限公司	中国建筑设计研究院	北京建工集团有限责任公司	北京银建建设工程管理有限公司

序号	工程名称	工程地址	建筑面积	工程总投资	开工日期	竣工日期	建设单位	设计单位	施工单位	监理单位
28	东湖湾名苑7项工程	望京北小河以北	12.29	18042	2006.2.15	2010.12.3	北京市东湖房地产有限公司	马建国际建筑设计顾问有限公司、北京市住宅建筑设计研究院有限公司、北京维拓时代建筑设计有限公司	北京城建二建设工程有限公司、北京城建四建设工程有限责任公司、北京城建亚泰建设工程有限公司	北京太平洋建筑工程监理有限公司、北京银建建设工程管理有限公司、北京五环建设监理公司
29	柏阳景园8项工程	王四营乡	6.58	16170	2003.9.10	2010.12.6	北京柏基置业有限公司、北京市朝阳区王四营农工商总公司	北京凯帝克建筑设计有限公司、太平洋建筑工程设计有限公司	中国航空港建设总公司、北京市朝阳三建第八建筑工程公司	北京建工京精大房工程建设监理公司、中国建筑设计咨询公司
30	首城国际中心19项工程	广渠路36号	29.71	47734	2008.4.15	2010.12.8	北京首城置业有限公司	北京环洋世纪国际建筑顾问有限公司、中房集团建筑设计有限公司	龙信建设集团有限公司、北京城建五建设工程有限公司、北京城建亚泰建设工程有限公司、北京城建九建设工程有限公司、北京东兴建设有限责任公司	大展实业有限公司、北京方正建设工程管理有限公司、中房集团建筑设计有限公司、北京华城建设监理有限责任公司、北京方城建设监理有限公司
31	世纪华侨城8项工程	南磨房乡小武基北路	12.36	19662	2007.5.30	2010.12.8	北京世纪华侨城实业有限公司	北京市建筑设计院	北京市朝阳田华建筑集团公司、江苏中兴建设有限公司	北京五环建设监理公司、京兴国际工程管理公司、北京旭日明建设工程监理有限公司

序号	工程名称	工程地址	建筑面积	工程总投资	开工日期	竣工日期	建设单位	设计单位	施工单位	监理单位
32	水岸庄园33项工程	来广营乡清河营村	38.11	40983	2008.9.20	2010.12.10	北京润泽庄苑房地产开发有限公司	华通设计顾问工程有限公司	北京京华嘉典建筑工程有限公司、北京金通远建筑工程公司	北京中联环建设工程管理有限公司
33	小红门住宅小区C地块4项工程	小红门成寿寺路	3.97	5529	2009.11.8	2010.12.10	北京嘉益德房地产开发有限公司	北京市住宅建筑设计研究院有限公司	中国航空港建设总公司	北京五环建设监理公司
34	甜水园二期8项工程	六里屯	9.83	17147	2008.3.29	2010.12.13	北京市朝阳万科房地产开发有限公司	北京市建筑设计研究院	北京市朝阳田华建筑集团公司	中国建筑设计咨询公司
35	豆各庄住宅小区6项工程	大鲁店北侧	11.04	20883	2007.12.29	2010.12.15	北京华恩房地产开发有限公司	广州市住宅建筑设计院有限公司	广州天力建筑工程有限公司	北京广骏监理有限公司
36	呼家楼商务居住综合区3项工程	呼家楼朝阳路北侧	7.94	10135	2008.3.13	2010.12.20	首创朝阳房地产发展有限公司	北京市建筑设计研究院	中天建设集团有限公司	北京建工京精大房工程建设监理公司
37	芍药居东区住宅小区4项工程	太阳宫	13.38	31045	2008.9.29	2010.12.20	北京东方信远房地产开发有限公司	北京中天元工程设计有限责任公司	北京天润建设工程有限公司	北京双圆工程咨询监理有限公司、北京建院金厦工程管理有限公司
38	富力城四期3项住宅楼	广渠门外	0.51	877	2008.8.15	2010.12.20	北京富力城房地产开发有限公司	广州市住宅建筑设计院有限公司	广州天力建筑工程有限公司	北京广骏监理有限公司
39	奥林匹克花园A地块7项工程	东坝乡	5.30	8040	2007.10.1	2010.12.23	北京奥林匹克置业投资有限公司	凯里森建筑设计(北京)有限公司	江苏省苏中建设集团股份有限公司	北京金海城工程建设监理公司

序号	工程名称	工程地址	建筑面积	工程总投资	开工日期	竣工日期	建设单位	设计单位	施工单位	监理单位
40	招商上苑7项工程	东八里庄	15.25	21492	2007.2.8	2010.12.23	招商局地产(北京)有限公司	北京市建筑设计研究院	中建三局建设工程股份有限公司、中铁建工集团有限公司	北京帕克国际工程咨询有限公司
41	赛洛家园11项工程	广渠路	7.94	24429	2009.3.4	2010.12.27	北京高盛房地产开发有限公司	中国建筑设计研究院	经典建设有限公司	深圳市中海建设监理有限公司
42	美立方5项工程	大羊坊6号院	7.21	11894	2009.8.10	2010.12.27	中国水电建设集团房地产有限公司	北京中联环建文建筑设计有限公司	北京城建七建设工程有限公司	北京中城建建设监理有限公司
43	太阳宫新区A、B、F区23项工程	太阳宫	24.45	36516	2008.1.30	2010.12.28	北京冠城正业房地产开发有限公司、北京太阳宫房地产开发有限公司	北京中建建筑设计院有限公司、华东建筑设计研究院有限公司、北京中京惠建筑设计有限责任公司	北京城建二建设工程有限公司、中国对外建设总公司、中建一局集团第五建筑有限公司	北京华建项目管理有限公司、北京海建工程建设监理公司

(三)廉租住房工程　　单位:万平方米、万元

序号	工程名称	工程地址	建筑面积	工程总投资	开工日期	竣工日期	建设单位	设计单位	施工单位	监理单位
1	常营居住区B2组团1号廉租房	常营乡	1.27	1336	2008.3.1	2010.5.18	北京极富房地产开发有限公司	广州市住宅建筑设计院有限公司	江苏中兴建设有限公司	广州广骏工程监理有限公司
2	福临家园2项廉租房工程	平房	0.60	900	2008.2.12	2010.8.17	北京城建房地产开发有限公司	华通设计顾问工程有限公司	北京城建五建设工程有限公司	北京鸿祥工程建设监理有限责任公司
3	保利嘉园28号廉租房	常营乡	1.87	2800	2008.3.1	2010.8.29	保利(北京)房地产开发有限公司	北京龙安华诚建筑设计有限公司	保利建设开发总公司	北京地厚工程管理有限公司
4	康惠园廉租房3项工程	三间房乡	1.72	3106	2008.4.28	2010.10.26	北京金隅嘉业房地产开发有限公司	北京中天建中工程设计有限责任公司	北京百键开发建设有限公司	北京建拓工程管理有限公司

序号	工程名称	工程地址	建筑面积	工程总投资	开工日期	竣工日期	建设单位	设计单位	施工单位	监理单位
5	常营廉租房2项工程	常营乡	2.48	3815	2008.4.10	2010.10.28	北京住总房地产开发有限责任公司	北京市住宅建筑设计研究院有限公司	中建保华建筑有限责任公司	北京太平洋建筑工程监理有限公司
6	常营城开C7号廉租房	常营乡	1.72	2450	2008.3.28	2010.12.23	北京城市开发集团有限责任公司	联安国际建筑设计有限公司	北京城建七建设工程有限公司	北京市康实工程建设监理有限责任公司
7	朝阳新城F组团2项廉租房	东坝	2.71	4211	2007.12.20	2010.12.30	北京金隅嘉业房地产开发有限公司	凯里森建筑设计(北京)有限公司	北京市顺兴达建筑工程有限责任公司、北京住总第二开发建设有限公司	北京新森智业工程咨询有限公司

(四)经济适用住房工程　　　　单位:万平方米、万元

序号	工程名称	工程地址	建筑面积	工程总投资	开工日期	竣工日期	建设单位	设计单位	施工单位	监理单位
1	常营丽景园8项工程	常营	9.69	13670	2008.2.15	2010.9.26	北京金隅嘉业房地产开发有限公司	华通设计顾问工程有限公司、北京建都设计研究院有限责任公司	北京城建五建设工程有限公司、北京建工集团有限责任公司、北京韩建集团有限公司、保定建业集团有限公司	北京建拓工程管理有限公司、北京赛瑞斯国际工程咨询有限公司
2	豆各庄经济适用房6项工程	豆各庄	3.52	4801	2008.11.28	2010.10.13	北京市朝阳城市建设综合开发公司	北京中京惠建筑设计有限责任公司	北京市日盛达建筑企业集团、北京鼎华建筑工程有限公司	北京百事百达工程建设监理有限责任公司
3	常营二期经适房C标段14项工程	常营乡东十里堡村	21.95	31264	2008.3.2	2010.10.28	北京住总房地产开发有限责任公司	北京市住宅建筑设计研究院有限公司	北京住总集团有限责任公司、中建保华建筑有限责任公司、北京住总第六开发建设有限公司	北京光华建设监理有限公司、北京太平洋建筑工程监理有限公司

序号	工程名称	工程地址	建筑面积	工程总投资	开工日期	竣工日期	建设单位	设计单位	施工单位	监理单位
4	常营经济适用房A标7项工程	常营乡	15.37	18124	2008.3.28	2010.11.1	北京城市开发集团有限责任公司、北京城市开发集团有限责任公司望京新城分公司	北京城市开发设计研究院有限公司	北京怀建集团有限公司、浙江宝业建设集团有限公司、北京住总集团有限责任公司、北京北辰正方建设发展有限公司	北京金海城工程建设监理公司、大展实业有限公司、北京市康实工程建设监理有限责任公司
5	翠成馨园7项工程	垡头	12.7	22295	2006.4.20	2010.11.29	北京住总房地产开发有限责任公司	华通设计顾问工程有限公司、北京市住宅建筑设计研究院有限公司	北京住总集团有限责任公司	北京光华建设监理有限公司、北京旭日明建设工程监理有限公司
6	定福家园9项工程	平房乡黄渠村	7.90	10191	2007.9.20	2010.12.7	北京城建房地产开发有限公司	华通设计顾问工程有限公司、北京广联惠供用电工程设计有限公司	北京城建建设工程有限公司	北京方程建设监理有限公司

(五)限价商品住房工程

单位:万平方米、万元

序号	工程名称	工程地址	建筑面积	工程总投资	开工日期	竣工日期	建设单位	设计单位	施工单位	监理单位
1	福临家园8项工程	平房	10.8	15194	2008.2.12	2010.8.17	北京城建房地产开发有限公司	华通设计顾问工程有限公司	北京城建五建设工程有限公司	北京鸿祥工程建设监理有限责任公司
2	常营两限房A组团18项工程	常营	30.63	39607	2008.4.10	2010.9.14	北京北辰实业股份有限公司	中国电子工程设计院	中国建筑第二工程局有限公司、北京六建集团公司	北京帕克国际工程咨询有限公司、北京国建工程监理公司
3	常营居住区B2组团19项工程	常营乡	24.3	22107	2008.31	2010.11.24	北京极富房地产开发有限公司	广州市住宅建筑设计院有限公司	江苏中兴建设有限公司	

序号	工程名称	工程地址	建筑面积	工程总投资	开工日期	竣工日期	建设单位	设计单位	施工单位	监理单位
4	康惠园14项工程	三间房乡	21.79	24971	2008.3.18	2010.12.28	北京金隅嘉业房地产开发有限公司	华优建筑设计院、联安国际建筑设计有限公司、北京中天建中工程设计有限责任公司	北京陶然建筑有限公司、北京韩建集团有限公司、北京朝林建设集团有限公司、北京双桥建筑工程有限公司、北京住总第六开发建设有限公司、新兴福田建筑工程有限公司	北京日日豪工程建设监理有限责任公司、北京建拓工程管理有限公司
5	保利嘉园34项工程	常营乡	37.56	52633	2008.3.1	2010.12.30	保利(北京)房地产开发有限公司	北京龙安华诚建筑设计有限公司	保利建设开发总公司、江苏南通二建集团有限公司、北京市朝阳田华建筑集团公司、江苏省华建建设股份有限公司	北京地厚工程管理有限公司、北京东方华太建设监理有限公司

(六)危旧住房改造工程

单位:万平方米、万元

序号	工程名称	工程地址	建筑面积	工程总投资	开工日期	竣工日期	建设单位	设计单位	施工单位	监理单位
1	京棉新城3项工程	八里庄	7.85	13539	2006.12.29	2010.5.23	北京方晟房地产开发有限责任公司	北京维拓时代建筑设计有限公司	北京新兴保信建设总公司、北京城乡建设集团有限公司	北京光华建设监理有限公司、北京市工程咨询公司

(七)新农村建设工程　　单位:万平方米、万元

序号	工程名称	工程地址	建筑面积	工程总投资	开工日期	竣工日期	建设单位	设计单位	施工单位	监理单位
1	三间房新村4项工程	三间房乡	2.62	4704	2008.1.22	2010.2.1	北京京通天泰房地产开发有限公司	北京中外建建筑设计有限公司	北京市通州区建筑集团公司、北京万兴建筑集团有限公司	北京旭日明建设工程监理有限公司

(八)装饰装修工程　　单位:万平方米、万元

序号	工程名称	工程地址	建筑面积	工程总投资	开工日期	竣工日期	建设单位	设计单位	施工单位	监理单位
1	外运仓储中心装修工程	三间房东路4号	3.11	3726	2009.10.29	2010.4.19	北京伯鸿投资有限公司		中国建筑一局(集团)有限公司	北京建扶工程建设监理有限责任公司
2	华腾美居酒店3项精装修工程	西大望路甲16号院	2.5	2584	2009.12.4	2010.5.26	北京北化房地产开发有限公司		中国新兴保信建设总公司、北京高辉利豪装饰设计工程有限公司、北京住总装饰有限责任公司	北京中协成建设监理有限责任公司
3	直管公房节能改造工程	呼家楼北街	3.49	892	2009.10.15	2010.7.28	北京市朝阳区房屋管理局	北京蓝图工程设计有限公司	北京六建集团公司、北京城乡建设集团有限公司	北京中建工程顾问有限公司
4	诺和诺德办公室装修工程	东三环中路1号环球金融中心东楼17～18层	0.8	319	2010.4.15	2010.8.19	诺和诺德(中国)制药有限公司	北京金碧合力建筑设计工程有限公司	北京金碧合力建筑设计工程有限公司	
5	宜必思酒店东大桥店装修工程	中纺街30号	0.42	360	2010.2.20	2010.9.3	天津佳朋酒店管理有限公司	北京市京旅建筑设计研究院有限责任公司	北京朴优建筑工程有限公司	
6	惠新西街3项节能改造工程	惠新西街	3.12	157	2010.4.10	2010.9.15	北京市北宇物业服务公司	北京市住宅建筑设计研究院有限公司	河南省建安防水防腐工程有限公司	北京光华建设监理有限公司

序号	工程名称	工程地址	建筑面积	工程总投资	开工日期	竣工日期	建设单位	设计单位	施工单位	监理单位
7	金杜律师事务所装修工程	东三环东路1号环球金融中心东楼20~21层	0.93	309	2010.8.15	2010.11.29	北京市金杜律师事务所	北京金碧合力建筑设计工程有限公司	北京金碧合力建筑设计工程有限公司	

(九)市政工程　　单位:万平方米、千米、万元

序号	工程名称	工程地址	建筑面积	工程总投资	开工日期	竣工日期	建设单位	设计单位	施工单位	监理单位
1	长城饭店热力管线工程	农展馆北路(东三环~现况麦子店街东侧)	全长730.61米,规格2×DN500毫米	1083	2007.8.1	2010.1.5	北京市长城饭店公司	城市建设研究院	北京住总市政工程有限责任公司	北京鸿祥工程建设监理有限责任公司

宝嘉恒基础设施投资有限公司

【概况】 北京宝嘉恒基础设施投资有限公司隶属于朝阳区国资委,公司注册资金119966万元。宝嘉恒公司作为朝阳区基础设施建设核心企业,承担区内市政道路建设、投资与管理和为区政府搭建基础设施建设融资平台的任务。
地址:小亮马桥东方东路6号
电话:84551546
邮编:100027

(刘　虹)

【企业改制工作】 6月,根据区国资委朝国资文【2010】 65号"关于对北京宝嘉恒基础设施投资公司进行改制的决定",同意公司改制为由北京市朝阳区国有资本经营管理中心单独出资的国有一人有限责任公司,企业名称变更为北京宝嘉恒基础设施投资有限公司。

(刘　虹)

【基础设施建设】 年内,公司计划实施道路58条,其中包括上年续拆主干路8条;续拆、建次干路道路12条;配合公联公司实施主干路拆迁3条道路;区新开道路17条;断头路、堵头路建设18条。今年计划外16条断堵头路也正加紧办理前期手续,同时,对23条次支干道路开展前期研究工作。拆迁完成情况:20条续建主次干路中,居民拆迁完成74%,完成拆迁面积约11.8万平方米;集体企业拆迁完成90%,完成拆迁面积约27万平方米;国有企业拆迁完成40%,完成拆迁面积约5万平方米。道路建设完成情况:在续建道路中,北苑东路、太阳宫西路(北三环——太阳宫大街)、二道沟跨河桥工程以及热电厂北路南段(朝阳路至朝阳北路)、泉新路已通车,星火路南段(姚家园路——东风南路)9月15日建成通车。东高路等7条道路中标施工单位、监理单位已经进驻现场。

(刘　虹)

昆泰房地产开发集团

【概况】 昆泰房地产开发集团是隶属于区政府的国有企业,注册资金10080万元,集团现有13个下属公司或参股公司,负责昆泰嘉华酒店、昆泰嘉禾酒店、三里屯雅秀服装市场、昆泰科技商厦、静安庄综合市场等项目管理,资产总额超过50亿元人民币。
地址:朝外大街10号昆泰大厦
电话:65995801
邮编:100020

(孙　洋)

【昆泰嘉诚中心主体结构封顶】 9月28日,由昆泰集团投资兴建的花园式五星级酒店综合体——昆泰嘉诚中心项目实现主体结构封顶,通过市安全文明样板工地及市"结构长城杯"验收。

(孙　洋)

【赞助国粹艺术】 11月5日,昆泰集团作为朝阳区企业代表,赞助首都京剧艺术家联谊会200万元,以资助其不断推动京剧艺术的升华,培养新生力量。赞助仪式在昆泰嘉华酒店举行。

(孙　洋)

【防火培训及实战演练】 12月8

日,昆泰集团邀请物业公司消防主管对全体员工进行防火知识培训,讲授最新的防火法规和自救技能。12月9日上午八点十分,进入实战演练,全体工作人员井然有序地撤到安全区,并实际演练了灭火器的使用方法。

（孙　洋）

华阳经济开发公司

【概述】 华阳经济开发公司是区政府投资的国有企业,有四家下属企业,分别是华阳安派能源科技(北京)有限公司、北京市朝阳华阳饭店服务公司、北京精工汽车修理部、北京华阳电子通讯技术公司。此外,还有两家参股企业,即北京京广中心有限公司及北京华阳房地产发展有限责任公司。

地址:呼家楼向军南里甲3号
电话:65978762
邮编:100020

（杨　静）

【成立新部门】 年初,成立经营部、财务部和办公室三个职能部门。

（杨　静）

【成立能源公司】 6月28日经工商局批准,华阳安派能源科技(北京)有限公司成立,由北京华阳经济开发公司全额出资1000万元。

（杨　静）

【构建能监网络平台】 年内,华阳公司在京广中心商务开始两级网络平台在线监测实验研发工作,以建立企业在线监测能源管理平台和政府在线监测能源管理平台。将把京广中心商务楼作为两级能源在线检测网络的试验基地和样板工程。

（杨　静）

【对下属公司进行清理】 年内,清理注销可大商贸公司和薪水居物业公司。

（杨　静）

【多元化经营】 年内,抓住北京新世界酒店因停业装修、对酒店物品进行处理这一契机,通过竞标拿到了废旧物品的处理权。由于商机抓得准,采取的销售策略和措施得力,获得56万元的营业收入。华阳公司累计实现收入总额419万元,较上年增长11.44%。

（杨　静）

朝阳城市建设综合开发公司

【概况】 朝阳城市建设综合开发公司是朝阳区属国有房地产企业。现有在职员工89人。年内,公司资产总额58.5亿元,净资产4.3亿元,完成营业收入7.6亿元,利润总额1174万元,上缴税金3416万元。有东坝基础设施开发建设有限公司、深圳北京酒店、北京迪阳房地产有限公司、北京绿岛白帆俱乐部有限责任公司等权属或参股公司。

地址:东三环北路辛二号迪阳大厦15层
电话:84536699
传真:84537751
邮编:100027

（包立荣）

【项目建设】 4月,收购东坝基础设施开发建设有限公司及所属七棵树定向安置房项目。至此,公司承担的开发建设项目包括豆各庄、东坝驹子房、七棵树三个定向安置房项目及金盏土地一级开发项目,年内,实现开复工面积60万平方米。其中豆各庄(定向安置)经济适用房项目一期东区19.7万平方米工程顺利完工,共建成定向安置用房2124套。一期西区及二期南区共26.1万平方米工程陆续实现结构封顶。二期北区六栋住宅楼及公建共12.7万平方米全面开工;东坝驹子房(定向安置)经济适用房项目A区22.7万平方米工程住宅结构封顶,计划于2011年底交付使用,可提供定向安置用房2004套及廉租房108套;七棵树(定向安置)经济适用房项目规划建筑面积40万平方米,项目规划设计方案被全国住宅工作指导委员会授予“全国优秀示范小区创建项目”称号,该项目一期22万平方米工程实现开工建设;金盏土地一级开发项目1、2号地基本具备“三通一平”条件,3至5号地因规划调整尚未启动,6至12号地授权已正式取得。配合区土地储备分中心完成了总长为1.2公里的金盏纵二路道路建设任务。

（包立荣）

【安全生产工作】 年内,举办安全生产培训班两期,培训人员63人,其中7人通过考试取得区安全生产管理人员资格证书。组织集中安全检查6次,每月到施工现场进行巡查两次,共发现各类隐患156件,并及时进行督促整改。

（包立荣）

【物业管理】 年内,完成图书批发市场、物美大卖场、六里屯部分楼幢及31处人防工程等处设备设施的维护升级改造,提高资产利用率。投入83万余元,实施迪阳大厦停车场和地下车库的改扩建工程,解决停车难问题。

（包立荣）

【房改售房】 年内,办理完成178户城镇居民的房改售房工作,共收房款922万元。

（包立荣）

【租赁经营】 年内,实现房屋租赁经营收入5247.2万元。其中:迪阳大厦及华商酒店 1972 万元,深圳北京大厦 508.6 万元,绿岛白帆俱乐部576.6 万元,丰苑物业管理有限公司 1370 万元,北京图书批发市场 820 万元。

(包立荣)

朝阳区建筑工程公司

【概况】 朝阳区建筑工程公司是区属国有建筑企业。至年底,在职职工 447 人,其中在岗职工 242 人;专业技术人员 112 人,其中高级职称 6 人,国家一级建造师 3 人,二级建造师 13 人。年内,产值 1.95 亿元,开复工面积 11.45 万平方米,竣工面积约 2.8 万平方米,企业资产总值 2.5 亿元,其中固定资产净值 1.3 亿元,企业净资产 3818 万元,实现利润 20 万元,上缴税金 343.8 万元,国有资本收益上缴 50 万元。

地址:花家地金兴路 6 号楼
电话:64744601
邮编:100102
网址:www.bjcj.com.cn

(王凤兰)

【建设工程】 1 月 1 日,第五项目部承接望京街道办事处 A1 区 C 组团 C13 号楼装修工程开工,地上三层地下二层,框架结构,工程造价 1382.18 万元,5 月 30 日竣工验收。

(王凤兰)

【综合治理】 年初,与 9 个基层单位负责人签订《社会治安综合治理责任书》。年内,对所属施工现场、幼儿园和出租单位进行消防安全检查 26 次,查出治安消防隐患 3 项,整改 3 项。更换灭火器 82 具,新购置灭火器 20 具,合计金额 2240 余元。

(王凤兰)

【建筑工程索赔培训班】 4 月 13 日,人力资源部和科技质量部联合举办建筑工程施工索赔与索赔管理培训班,基层各项目部经理、生产经理、技术负责人、预算员及相关人员近 30 人参加。培训内容:工程索赔管理的现状、原因及实现工程索赔的方法等。通过讲解,使工程管理人员了解索赔管理的相关知识。

(王凤兰)

【办公设备实现资源共享】 4 月 25 日,投入资金 2 万元购置服务器设备,该设备实现机关与基层单位上下互动,为机关各部门存储、上传下载各类资料、启用办公管理软件等提供便利条件。6 月 12 日,为配合服务器的推广使用,公司举办"网络安全知识专题培训"。

(王凤兰)

【管理体系年度监督审核】 6 月 29 至 6 月 30 日,北京华夏认证中心对公司 GB/T19001－2000 质量管理体系、GB/T24001－2004 环境管理、GB/T28001－2001 职业健康安全管理体系的运行情况进行年度管理体系监督审核,确认三个体系认证保持有效,并同意将公司三个体系认证向中心技术委员会推荐注册。

(王凤兰)

【安全教育与专项检查】 6 月,开展"安全月"活动,以"预防为主、加强监管、落实责任"为重点,采取安全生产宣传咨询日、应急预案演练周等形式开展安全生产教育活动。其间对在施工地进行特种作业人员持证上岗情况、安全防护、机械设备、临时用电和环境卫生等方面安全生产大检查,发现问题立即整改,排除隐患。

(王凤兰)

【经营核算】 年内,投标工程 29 项,中标 1 项。签订建设工程施工合同(含协议书、意向书)45 份,合同草案评审率 100%。编制审核工程预决算 56 项。

(王凤兰)

【培训】 年内,完成培训项目 31 项。培训内容为:质量管理体系 ISO9001:2008 标准、建筑工程资料管理规程、建筑工程索赔管理、网络安全知识、建筑工程和房屋修缮工程工期定额、安全证验证、建筑外墙外保温防火构造措施培训、新员工入职培训、建造师培训、电工、焊工、电梯维修复审等。参加培训人数 904 人次,其中在职培训 314 人次,劳务队伍入场安全教育 590 人次。

(王凤兰)

【劳务分包管理】 年内,劳务分包队伍管理坚持月检制度。检查工地 38 次,发出违章通知书 2 份,检查整改情况 2 次。与外地劳务队伍签订劳务合同 14 份,备案劳务人员 474 人。全年支付劳务费 963.5 万元。

(王凤兰)

【法律维权】 年内,利用法律手段维护企业合法权益,处理平谷开发、供暖费、白领家园工程等各类法律诉讼。处理执行案件 37 起,各类诉讼案件 55 件,涉案金额 3500 万元,避免经济损失 312 万元。审核各类经济合同 26 份,书写法律文书 120 份。

(王凤兰)

【开发公司经营情况】 年内,平谷迎宾花园小区开复工面积约 3.1 万平方米,实现销售收入约 823 万元,纳税额约 77 万元。海拉尔分公司开复工面积 1.2 万平方米,销售住房 132 套,车库 223 个,实现销售收入 2196 万元,纳税额 145 万元,调回资金 560 万元。

(王凤兰)

【物业管理工作】 年内,房屋租赁收入 190 万元,完成全年计划的 63.3%;物业管理费收入 50.5 万元,完成年计划的 63%;水电费收缴

56.8万元。

（王凤兰）

田华建筑集团公司

【概况】 田华建筑集团公司是具有国家壹级资质、AAA信用等级的区属建筑施工企业。通过ISO9001国际质量管理体系标准认证、ISO14001国际环境管理体系标准认证以及OHSAS18001职业健康安全管理体系标准三项国际认证。集团下设16个分公司，员工19000人。能承担各类型的工业与民用建设项目的建筑施工及城市道路、桥梁、市政管道、燃气、热力管道、仿古建筑和古建筑修缮施工。年内，实现开复工面积403万平方米，同比增长48%；完成产值32亿元，同比增长42%。竣工62万平方米；签订施工合同132项；上缴利税10324万元。

地址：金台里乙25号楼
电话：85994451
邮编：100026

（吴　国）

【强化保障房监督检查】 年内，落实各级政府部门和住建委对于保障房建设质量安全的相关指示精神，针对“安全生产、绿色施工及民生工程质量”中存在的问题，开展自查自纠和质量安全联检。组织各分公司质检科对集团在施工程进行联合检查，检查工程面积累计192万平方米。对集团承揽的宏善家园危改工程、太阳宫新区、东坝驹子房经适房、远洋一方、南皋组团等五个保障性住房工程项目58万平方米保障性住房的主体工程结构安全性进行重点检查。组织各分公司安全科，对28个施工现场、超过200万平米进行安全联合检查。

（吴　国）

【人才储备与培训】 年内，与城建学校协作，培养适应企业需求的对口毕业生，并长期合作；集团从多家院校中筛选、招聘20名建筑专业大学应届毕业生作为试点，并安排到一线项目部进行实习，为人才储备战略奠定基础。贯彻“内培外引”的人才战略，继续加强内部培训力度。及时学习新规范、新标准，举办专业技术培训班十几次，参加培训人员近二千人次。组织各分公司科室主要负责人，外出培训考察，搭建起集团与分公司之间的双向沟通平台。

（吴　国）

【企业获奖】 年内，被评为“2009年度全国优秀施工企业”、“中国建筑业百强企业”、“全国建筑业AAA级信用企业”、2009－2010年度“中国建筑业最具竞争力企业”、“2009年度北京市建设行业诚信企业”和“质量信得过单位”、通过了“AAA资信等级”复审。

（吴　国）

【获奖工程】 年内，荣获“长城杯”12项，其中，建筑（结构）长城杯金质奖住宅工程2项：朝阳万科甜水园危改小区二期；北京大学首钢医院泌尿中心科研楼一号楼。建筑（结构）长城杯银质奖住宅工程7项：玉泉新城军队退休干部住房建设工程B区Ⅳ标段B1、B4楼；北京世纪华侨城旅游主题社区四期住宅A2－1#楼；北京世纪华侨城旅游主题社区四期住宅A2－2#楼；姚家园新村2G组团1#－5#楼；万象新天家园（三期）三区301#住宅楼等2项工程；太阳宫新区A区3#住宅楼、8#办公楼；北京世纪华侨城旅游主题社区二期住宅A1－3、4#楼及C2车库。建筑（竣工）长城杯银质奖住宅工程3项：朝阳区东风乡绿隔地区第四宗地J－7地块7－1#～5#楼及地下车库；三间房新村二期B4区11#楼；姚家园新村2G组团2#～5#楼。1项QC小组成果全国获奖：田华十五分公司的“窦小茜QC小组”荣获全国三等奖；荣获市级绿色文明工地7项：单店住宅小区二期工程C05#－14#住宅楼及地下车库；1#楼（文化创业工作室）等7项；北京世纪华侨城旅游主题社区Ⅱ期A1－3.4#楼及车库；北京世纪华侨城旅游主题社区A2－1#楼；北京世纪华侨城旅游主题社区A2－2#楼；北京大学首钢医院泌尿中心科研楼1#楼；国防大学玉泉新城军队退休干部住房建设工程B区B1、B4楼。1项获得市级绿色文明样板工地：万象新天家园（三期）三区301#住宅楼等2项工程。

（吴　国）

国土资源管理

【概况】 北京市国土资源局朝阳分局作为北京市国土资源局派出机构，负责组织实施本行政区域内土地、矿产资源行政管理工作，内设9个职能科室、8个事业单位。

地址：奥林匹克森林公园北园
电话：88982879
邮编：100107

（罗　宇）

【土地利用总体规划修编】 年内,围绕“超前规划、摸清家底、打牢基础”目标,综合梳理各方意见,逐步完善规划方案,确定了《朝阳区土地利用总体规划(2006—2020年)方案》,完成区级土地利用总体规划修编工作并通过市政府批准。在此基础上,市、区重点项目启动,促进了乡级土地利用规划方案编制工作。

(罗 宇)

【政府土地储备开发】 年内,推进土地储备开发工作,加快朝阳区城市化进程。按照区委、区政府提出的总量控制、量入为出的基本原则,启动了CBD核心区二期和东扩区B、C街区启动区域、朝阳港土地储备项目、法院东侧地及来广营乡、常营乡、孙河乡、小红门乡、王四营乡剩余建设用地等土地储备项目。截止年底,区土地储备开发总规模约39平方公里,涉及13个街乡、90个村。同时,加强审计工作,确保资金使用科学合理。经区政府批准,自2009年至2010年底,向银行融资共计796.4亿元,其中,2010年到账资金223亿元。在土地储备项目平稳推进的同时,做到审计工作同步跟进,完成大望京村环境整治土地储备项目成本审计、土地储备项目第一阶段和第二阶段过程跟踪审计、政府债务审计及其它专项审计等;结合全区土地储备项目专项审计工作情况,进行专题研究,逐步完善土地储备资金使用及监管办法。

(罗 宇)

【土地一级开发项目】 年内,按照市政府的有关精神,以豆各庄乡土地储备项目为试点,在系统梳理该乡历史遗留问题的基础上,结合实际情况,会同相关部门,共同起草了《豆各庄乡城乡一体化工作方案》。目前已取得市政府批复意见。针对本区城乡结合部9个市级挂账整治督办重点村的情况,本局通过土地储备结合绿隔腾退的方式解决村域的环境、治安等相关问题。同时,对东三乡的土地储备开发工作进行系统梳理,制定东三乡土地储备实施方案,按照以乡为单位、乡域内整体统筹的思路实施土地一级开发,实现土地储备资金的高效、合理利用。拆迁工作结合本区土地储备项目征地、拆迁的实际情况,在保障农民利益的前提下,完成金盏金融服务园区1-11号地、豆各庄乡土地储备项目1、2、5号地征地结案工作;正在申报豆各庄乡土地储备项目6号地、金盏金融服务园区12号地、新天国际的项目征地批复;签订来广营乡剩余建设用地的征地补偿安置协议;推进电子城西区北扩项目2-6号地、东坝边缘集团27号地和国管局用地、孙河组团等征地前期准备工作。推进崔各庄、将台、金盏、东坝、三间房、孙河、豆各庄、来广营八个乡土地储备项目的拆迁工作。坚持“倒排工期、重点研究、逐个突破”原则,推进土地储备项目范围内的国有土地收储工作,确保保障性住房、安置房、经营性用地供应。全年累计完成住宅拆迁15,215个院落,建筑面积618万平方米;非住宅拆迁1,827家,建筑面积613万平方米。和平村土地一级开发工程推进。按照区委、区政府的工作要求,截至年底,企事业单位已全部完成拆迁;已有4,046户居民搬迁,占总数的77.75%。在已搬迁居民中,有2,400余户居民认购了翠成经济适用房,其中第一批已入住608户,其余正在建设之中。

(罗 宇)

【建设项目用地预审】 年内,完成建设项目用地预审160件,面积2,817.02公顷。其中,国有土地266.17公顷,集体土地2,550.85公顷。配合市局完成跨区县、隶属中央单位及在京部队建设项目地类审核39件。

(罗 宇)

【征用及农转用项目用地管理】 年内,完成金盏金融服务园区、豆各庄乡土地储备项目、新天国际等项目申报征地前期手续27件,办理征地结案17件。

(罗 宇)

【土地供应】 年内,本区供应保障性住房用地87公顷,供应其他经营性用地126公顷,总建设用地60公顷,总建筑规模321万平方米。

(罗 宇)

【地籍管理和土地登记】 年内,完成土地登记7,383宗,涉及土地面积2,240.06公顷;完成抵押登记设定和变更4,282宗,注销登记2,149宗。完成政府储备用地证65宗,涉及面积407.11公顷;政府储备抵押登记107宗,涉及面积609.82公顷,评估金额2,080.47亿元,贷款金额751.39亿元。办理城镇成套住宅分摊土地使用权土地登记6,716宗,涉及面积25.93公顷;抵押登记设定3,804宗,注销登记1,800宗。农村土地确权登记进入具体实施阶段,对黑庄户乡逐村进行摸底调查和登记造册工作。

(罗 宇)

【国土资源执法】 年内,以确保本区基本农田和耕地不减少为根本目标,按照“保增长、保民生、保稳定、保红线”工作思路,本着强化监管、从严执法、科学执法的方针,开展各项国土资源服务和执法监察工作。开展土地动态巡查361次、1,276人次,下发《责令限期改正国土资源违法行为通知书》29份,下发《行政处罚决定书》49份,收缴罚款733.12万元。完善、创新执法监察工作制度。强化乡镇为违法用地责任主体的工作机制。按照本区对国土部第十次卫片违法用地处理的工作思路,将各类新增违法用地集中纳入区政府综合治理,国土、规划等部门对土地违法进行认定，农委牵头督促各地区办事处进行自行整改，组织、监察、人事等部门配合督促落实整改不力、不按期、不按要求整改的违法用地行动。措施对新增违法用地处理方面效果显著，违法用地拆除工作落实迅速，后续工作处置妥当，耕地恢复耕种工作及时到位，有效地遏制了违法用地现象。以“数字化城市管理系统”为平台，健全快速反应机制，与区城管监督中心做好对接，对发现的违法苗头及时通报，各部门快速查处。强化自身监管职能，加大巡查力度，及时发现土地违法行为，采取有效措施予以制止。建立违法用地重点地区、重点查办机制。对违法用地问题突出的地区，实行重点查办，及时向区政府和属地政府通报情况，提高土地执法的威慑力。开展“构建保障和促进科学发展土地管理共同责任机制”试点工作。全区各部门结合自身职责，建立健全联席会议工作制度、案件调查协助配合制度、案件移送制度、土地违法行为部门联动遏制机制等，逐步形成了土地管理共同责任长效机制，有效防范和遏制各类土地违法违规行为。按照国土部、市国土局依法加快涉嫌闲置和违约项目用地查处的指示精神，局领导亲自与所有单位进行工作座谈，督促房地产开发企业加快推进施工进度。全区共排查土地165宗，其中，在建项目108宗，闲置项目57宗。对排查出的闲置项目，已要求企业做出说明，并承诺开工日期。通过闲置土地的清查，有效地防止了部分企业盲目圈地、浪费土地的行为。在日常的行政执法工作中，坚持树立管理与服务相结合的意识，将法制宣传教育与严格执法相结合，利用各种机会开展多种宣传活动，深入到违法用地行为重点乡村进行国土资源政策宣讲、国土资源形势教育，提高基层土地管理人员依法用地、依法管地意识，力争得到基层政府的理解和支持，为土地执法工作创造良好的社会氛围。

（罗　宇）

【地质矿产管理】　年内，完成探矿权项目年检和矿泉水开发利用年度检查工作，实地检查39家地热井开发利用情况，对5家管理不力的单位做出限期改进通知；制止非法采砂12起；完成建设项目用地地质灾害危险性评估报告备案18件、地源热泵系统备案11件。

（罗　宇）

房　屋　管　理

【概况】　朝阳区房屋管理局是区政府主管本区房屋行政管理、住房制度改革和住房保障工作的行政机构，挂北京市朝阳区人民政府住房保障和改革办公室牌子。朝阳区房屋管理局内设13个行政科室，15个机关事业单位，9个基层企事业单位。年内，围绕朝阳建设“新四区”和争创“全国文明城区”的奋斗目标，以房屋管理为平台，以工作创新为突破，不断探索与区情、局情相适应的房屋管理新体制、新机制、新理念，加强行政管理、做好服务工作、确保安全稳定，完成各项工作任务。对辖区132万余平方米的公房进行管理、修缮、服务；负责辖区内近500万平方米房屋的供暖工作；依据国务院颁布的《物业管理条例》，负责对本区466家物业管理企业进行业务指导。

地址：三里屯南56号

电话：64186161

邮编：100027

（赵　越）

【房屋权属交易管理】　1月1日起，率先在全市实行必须持二代身份证才能办理各类房屋登记的规定。6月1日起，对个人存量房转移等18种房屋登记业务实行“即时办理”。年内完成各类房屋登记26.28万件，平均每月2.19万件，同比增长16%。网签71473套，其中，经纪成交版48696套，自行成交版9691套，注销13086套。

（赵　越）

【成立公共租赁住房发展运营中心】　9月7日，成立公共租赁住房发展运营中心，负责制定本区公共租赁住房年度建设、收购计划，本区公共租赁住房的融资、建设、储备房源的收购及后期管理工作。

（赵　越）

【保障性住房审核与配租配售】　11月10日，朝阳首批廉租房入住仪式在“常营丽景园”小区举行，市住建委主任隋振江，区委副书记、区长程连元参加廉租房钥匙发放仪式。全年，复审保障性住房申请家庭32569户，1581户市备案通过家庭被取消了资格；12358户新申请家庭获得住房保障资格，其中廉租住房701户，经济适用住房4023户，限价商品住房7634户；组织4996户限价商品住房申请家庭参与登记摇号，完成3267户家庭的配售工作。

（赵　越）

【房屋拆迁管理】　年内，核准房屋拆迁公示 14 项,经建设单位申请,发放《房屋拆迁许可证》5 项,涉及拆迁居民 2134 户,拆除房屋建筑面积 165802.51 平方米。经本局发证正在拆迁的项目有 89 个,涉及被拆迁居民 11854 户,被拆迁房屋建筑面积 681543 平方米。全年受理拆迁裁决申请 310 件,经调解不成核实情况后依法出具书面裁决书 185 份。报送强制执行听证 49 件,向法院申请强制搬迁 42 件。

(赵　越)

【物业服务企业资质审批】 年内,完成物业服务企业资质审批 24 家,其中,二级资质 2 家,三级资质 12 家,三级暂定资质 10 家。要求新建住宅小区依法通过招投标方式选聘前期物业服务企业。完成前期物业招投标备案 43 件。

(赵　越)

【房地产市场监管】 年内,加大对房地产市场的监管力度,对投诉率较高的企业约谈告诫或到现场检查,利用预售许可初审的现场勘查,提前做好相关政策宣传,指导企业规范经营行为,避免和减少开盘后的纠纷。推行预售许可证延期征求属地街乡意见的工作方法,强化房屋市场秩序社会监管。受理房地产经纪公司备案业务 1450 件,其中,经纪机构初始备案的 188 家,变更(重新)备案 373 家,注销备案 8 家;分支机构中新成立分支机构 498 家,变更(重新)备案分支机构 315 家,注销备案 68 家。共受理商品房预售许可初审项目 77 个,已报送市住建委市场处 74 个;受理商品房预售许可证延期申请 25 个,涉及 23 家开发企业,其中未完成竣工的 21 个,已取得竣工备案的 4 个;完成非居住房屋租赁备案 171 件。受理开发企业投诉 260 件,处理当面及信访投诉 26 件,涉及 95 个开发项目。

(赵　越)

【在全区街乡成立房屋管理科】 年内,经区委区政府研究同意,在全区 43 个街道和地区办事处成立房屋管理科,机构设置为正科级。全区 43 个街乡涉及房屋管理职能的工作内容与管理人员进行整合汇编,专业负责辖区内房屋管理的有关事务。与此同时,建立中介机构管理办公室和街乡房屋管理工作办公室,房屋执法检查和房屋管理服务工作形成有领导、有组织、有责任、有落实的区域全覆盖的工作趋势。

(赵　越)

【基层零维修服务】 年内,零维修投资 728.51 万元,完成养护维修 90506 户次,电梯运行实行 24 小时运转制并坚持实行周、月预检制度。7 部直管高层楼房电梯更新工程前期工作已经完成。直管公房电梯视频监控工程正在进行技术方案论证及工程价格谈判。各房管所依据实际情况,开展便民、利民、惠民服务措施,帮助解决住户的难点问题。在团结湖小区启动直管公房电梯 24 小时昼夜运行,采用监控系统工作人员 24 小时值班形式,方便社区群众。

(赵　越)

【房屋行政执法】 年内,编制《朝阳区房屋管理局执法大队行政执法工作手册》、《朝阳区房屋管理局行政执法量化考核管理办法》,调整执法分队辖区范围,采取日常检查与专项检查、部门执法与联合整治、行政处罚与纠正违法相结合的工作模式,有效遏制涉房的违法违规现象,逐步净化内外工作环境。完成各类房屋行政执法检查 2441 次,出动 6483 人次;下发责令改正通知书 322 份,立案 97 件,作出行政处罚 80 件,罚款 112.2 万元(其中 75 起已缴齐罚款,共计 102.2 万元);结案 56 件。有效打击了捂盘惜售、中介违规、装修拆改、地下室违规使用等严重影响和危害群众利益的房屋违规行为。区域涉房信访投诉量明显下降,企业诚信经营意识明显增强,为区域房地产市场的健康平稳发展营造良好环境。

(赵　越)

【信访工作】 年内,坚持实行局长接待日和专项接待日制度,针对保障性住房复核引发的上访问题,抽调住保中心专职人员进行接待。针对敏感问题、重访问题主动变上访为约访和下访,依靠积极态度和真情实意感化信访人。共接待群众上访 1994 批次,办理信件 591 件次,维控化解率达 100%。此外,成立矛盾纠纷集中化解专项行动领导小组,开展为期 3 个月的集中化解行动,成功维控东八里庄部分已搬迁居民闹访的案件,有效推进央视新址二期的拆迁工作,被区委区政府授予"摸排建账工作表现突出单位、矛盾化解工作表现突出单位、统筹协调工作表现突出单位"等称号。

(赵　越)

【专项维修资金审核】 年内,商品住宅专项维修资金累计审核金额计 2422.8 万元,其中包括电梯维修 188 部、二次供水设备改造 25 套、屋面防水改造 30 栋、公共区域门窗改造 5 栋、外墙维修 4 栋、公共区域维修 4 栋、1 个住宅小区中控系统改造,涉及业主 24966 户。加强已售公房专项维修资金管理,20 家单位申请提取专项维修资金,合计支取专项维修资金 539.13 万元。受理申请售房款 3 家单位,合计支取售房款 78.96 万元。

(赵　越)

【房改售房工作】 年内,核准受理房改单位 437 个,办理房改售房 8739 套,约 80.93 万平方米。其中,以 2001 年房改价售房 5448 套,378242 平方米;以经济适用住房价格及市场价出售住房 2184 套,

232463平方米；以农转居价格出售住房872套，94308平方米；单位调整住房1144套，93588平方米；安居住房备案235套，10699平方米。

（赵　越）

【冬季供暖工作】　2009年至2010年度供暖工作自2009年11月6日点火至2010年3月22日供暖结束，历时137天。在按时点火率、用户室温合格率、安全运行率上全部实现100%，进一步促进"四个效益"的提高。

（赵　越）

【房屋测绘工作】　全年签订实测绘项目合同36个，项目面积273.67万平方米；签订预测绘项目合同10个，项目面积82.8万平方米。

（赵　越）

【房屋安全鉴定工作】　年内，完成本区自办学校、幼儿园等"校安工程"鉴定近400所、40多万平方米；完成鉴定700多项、70多万平方米。

（赵　越）

【城镇房屋与设备普查】　年内，查房面积6760.29万平方米，普查电梯设备8273部，二次供水设备5711台，避雷设备14830个。

（赵　越）

公　共　事　业

燃气供应与管理

【概况】　北京市燃气集团有限责任公司第二分公司（简称第二分公司）机关设综合办公室、规划发展部、用户服务部、安全运营部、技术设备部、企业管理部、人力资源部、财务部、党群工作部、工会、纪检监察室、保卫部12个职能部室；下设运行维护一所（甜水园北里17号）、运行维护二所（酒仙桥路电子部十二号院内）、营业收费所（水碓子东路1号）、客户服务所（高家园小区409楼对面煤气站）、工程所（三间房南里3号）5个专业所。截至年底，有职工624人。第二分公司管辖范围以二环线为界，南边从二环沿京通线向东至东关环岛，向北沿温榆河至京平线为界；西边沿北二环东土城路向北至和平里西街，右转至城铁13号线柳芳站，从柳芳站沿城铁13号线向北至北三环，沿京承高速向北延伸。经营范围为燃气供应与销售；销售燃气设备用具、燃气专用设备和施工材料；检测、检修、安装燃气设备；燃气、热力技术开发、技术转让、技术咨询、技术服务。第二分公司担负着市场开发管理，用户发展管理，用户服务管理，燃气销售管理，区域内管网的运行、维护、带气作业及急抢修作业、外线拆改移工程、部分外线技改工程（包括阴极保护的运行维护）、日常业务管理等职能。

地址：西坝河七圣路6号院南楼；
电话：52321782
邮编：100028。

（李国应）

【用户发展】　年内，共有家庭用户669397户，公服用户5702户，采暖制冷用户898户，生产用户35户，发电用户1户。

（李国应）

热力供热与管理

【概况】　北京市热力集团有限责任公司是由市政府批准成立的国有独资公司，承担着北京集中供热的生产、输配和供应任务。截至年底，负责管理的供热管线共计1096公里，热力站2645座。固定资产原值224.52亿元，市区供热面积达到1.76亿平方米。

地址：西大望路1号
电话：65339500
邮编：100026

（宋晓楠）

【限气保供和延期供热任务】　3月22日，2009年至2010年供暖季正式结束。本供热季时出现的低温极端天气和限气保供使集团面临极大考验。在市政府紧急启动"燃气供暖突发事件应急预案"后，集团落实市政府部署，采取应对措施，及时启动应急预案，在总供热能量缺口1000－1380百万大卡/小时供热能力的紧急状态下，节气总量达到6100万立方米，在多个热电厂相继出现故障停运、对供热大网工况造成巨大影响、且局部地区出现大面积不热情况下，及时对联网热源进行调整，保证重点用户供暖和居民用户的基本用热，体现了集中供热大网的优势。

（宋晓楠）

【开通统一客服热线】　10月23日，开通客户服务热线96069，设定40位客服坐席、190个服务维修网点，制订《北京市热力集团客户服务管理办法》建立客户信息数据库,输入近53万基础数据,截止年底,96069热线电话从开通以来共接通电话18876个,通过“北京热力”统一的服务管理体系和管理模式,形成供热管理与服务的联动机制,加快集团从生产型企业向服务型企业的过度。

(宋晓楠)

【区内输配】 年内,热力集团在朝阳区内直径500毫米以上供热管网总计263公里。由热力集团输配分公司管网管理一所和四所负责管理。热力集团销售分公司所负责朝阳区内统、代、自管热力站总数为885座(含蒸汽热力站65座)。供热面积5885.87万平方米(含蒸汽供热面积190.62万平方米)。分别由销售分公司(二所、四所、三所)、创源、创合、黄龙、开诚、特力昆、天禹、包尔乐公司负责。

(宋晓楠)

【热网建设】 年内,投资34257万元,建设2项热网工程,建成热力主干线7公里,热力一次支户线13.8公里,热力二次支户线85.8公里,完成37座热力站的建设。

(宋晓楠)

【非居民智能卡安装使用】 年内,市市政市容委、市发改委等五部门联合下发《关于印发北京市公共建筑供热计量管理暂行办法的通知》,在全市范围内全力推进热计量的改造,集团在上年开始非居民热力站智能卡安装试验推广工作,至年底完成非居民智能卡安装使用工作。

(宋晓楠)

【整合供热资源 促进节能减排】 年内,在通州和门头沟区,对当地的供热资源进行整合,兴建通州玉桥锅炉厂、门头沟黑山供热厂和石门营供热厂,替代通州老城区31座锅炉房、门头沟22座锅炉房,改善当地的大气环境。

(宋晓楠)

供 电

【概况】 朝阳供电公司是北京市电力公司的直属供电企业,担负着朝阳地区工农业生产、政府部门、各大商户及居民生活供用电任务,供电区域470.8平方公里。2010年售电量达到133.11亿千瓦时。负责辖区内110千伏及以下电网建设、调度、运行、10千伏及以下电网检修维护、应急抢修和营销服务工作,担负着辖区内约占全市三分之二的星级饭店、外交驻华使馆区、奥运中心区、中央商务区、大型商业区、工业、农业、涉外企业及居民生活等的电力供应,保证地区安全可靠供电和政治供电任务。截至年底,公司共管辖110千伏变电站39座,35千伏变电站3座,安装主变108台,主变容量共计5335.8兆伏安。10千伏开闭站206座,小区配电室1309座、箱式变压器640座,共计2155座。配电变压器5204台,变压器总容量1211288千伏安。10千伏架空线路259路,线路总长度1571公里;低压架空线路1521公里。10千伏电缆8780条,总长4012公里,低压电缆22260条,长度38466公里。

地址:关东店24号

电话:63661123

邮编:100020

(赵 岩)

【电网规划与建设】 年内,朝阳供电公司结合地区供电需求,完成《朝阳地区十一五电网规划》的后评估调研工作,修编《地区十二五电网规划》,确定电网差异化发展结构和电网建设规模;配合区政府启动“朝阳地区电力市政规划站线空间布局”落实工作,配合轨道交通等政府重点建设项目,落实相关电力规划。修订《基建工程管理办法》等规章制度,执行现场过程造价控制和投运典型批准书等工作模式,确保施工安全、质量和进度,确保各项基建工程项目的顺利实施。按计划投产通盈等6项新改建项目;完成呼家楼、大屯2个充电站建设,推进北土城、慧新西等5个充电站的实施;完成朝阳生产调度楼用地规划调整工作。

(赵 岩)

【电力生产】 年内,制订《朝阳供电公司设备标准化巡视手册》等27项规章制度;统筹安排工程计划,完成红星路等8项重载线路分倒路工程、东坝河路等18路线路清扫工作及115台重载变压器分换装等综合整治工作。开展“施工反外力”专项活动;坚持电缆接头制作实名制;开展状态监测和带电作业工作,全年带电作业化率达94.6%;完成全国“两会”等77项重大政治供电保障任务。通过电网设备健康运行水平的不断改善,公司在经历两轮大负荷冲击的考验中(最大瞬时负荷达到337万千瓦,突破历史峰值,同比增长了17%),保证电网安全稳定运行。

(赵 岩)

【营销服务】 年内,朝阳供电公司积极开展“电力服务进使馆”特色用电服务,对125个大使馆及外交机构的电源可靠性、运行管理能力等方面进行全方位评估,并实施用电隐患改造工程;完成朝阳地区179户二级以上重要客户用电安全隐患的梳理,督促客户及时整改。此外,继续开展窗口明察暗访和客户抢修工作的现场检查,提高客户满意度,树立良好的社会形象。

(赵 岩)

邮 政 通 信

【概况】 北京市东区邮电局(以下简称东区局)是北京市邮政公司(以下简称市公司)直属二级通信企业。全局全部从业人员2679人,全局固定资产总额2.63亿元,资产净值1.3亿元。年内,实现业务收入8.44亿元,完成预算指标的102.57%,同比增长11.91%;高效收入累计完成6.44亿元,完成年预算的100.59%,同比增长9.03%;收支差额完成3.1亿元,完成年预算的100%,同比增长5.37%;人均劳动生产率达到32.04万元,完成年度计划的105.8%,同比增长14.37%。

地址:金台北街6号
电话:65006003
邮编:100026
(徐珊珊)

【个性化服务】 1月,三源里邮局得知,朝阳职介中心将为灵活参保人员发放社保卡4.2万张,但朝阳职介缺乏有效的发放渠道。三源里邮局由此为客户提供综合解决方案,使朝阳职介中心在3月底前就完成发放社保卡42%的工作量。并且客户通过数据清理程序,保证今后邮寄数据的准确性。此项业务成功实现银企对帐平台与为流动建档人员发放社保卡的完美"嫁接",此运作模式获得客户好评,项目创收40万元。少林功夫邮资书签项目。6月12日,在中国第五个文化遗产日之际,东四邮电支局主动与少林寺联系,成功开发邮资明信片60万枚,邮折8000套,创收66万元。《少林功夫易筋经十二式》邮资书签是中国第一套邮资书签,经少林寺正式授权,并由少林功夫遗产的传承人、少林寺方丈释永信亲笔题词,并尊授佛教例规,择佛教吉日为其开光,限量发行五万套。北京偶得企业形象设计有限公司(北京华丰集团)项目。为纪念中华人民共和国成立六十周年和2010年的到来,该公司需要特别制作集纪念意义和收藏价值于一体的邮品,建内大街邮局向用户推介了个性化邮册业务,创收102万元。亚运村局在中国科学技术馆建成后上门营销,向客户多方位推介各类集邮品,定制多种集邮产品用于企业宣传及礼品赠送客户,制作企业年册3千本,制作邮政贺卡6.5万枚,共计收入85万余元。建内大街邮局以数据库为载体,与好利来企业投资管理有限公司共同创意开发数据库商函业务。该局针对客户的需求,在一个月时间内为好利来企业投资管理有限公司挑选数据45万条,创造收入21.87万元。中国人寿保险公司定制"幸运邮天下"明信片项目。东区商函分局营销此项目成功制作幸运邮天下邮资明信片28.5万枚,实现收入57万元。北京爱克斯伦文化发展有限公司数据库项目。双井邮局把握客户的需求,把向客户推销转为帮客户发展,真正实现了邮政企业与客户之间的互利共赢。客户每月固定使用数据库60万余条,每月收入24万余元,仅一个季度已为双井邮局创收60余万元。北京东都工贸有限公司金融对公项目。邮储银行网点对公业务。三源里邮电局6月通过全员培训发现客户,开发北京东都工贸有限公司客户,实现对公余额增长2500万元。西门子(中国)有限公司销售世博会门票项目。该公司组织员工参观世博园,亚运村邮局销售世博会门票,一次性销售世博会门票53万元。北辰实业集团公司的纪念银币项目。2010年是北辰集团成立二十周年,为回馈企业员工和老客户,进一步扩大企业知名度,北辰集团需特别制作一批有纪念意义的邮品。建内大街邮局为客户量身定做银币样本,在制作第一批银币后,客户非常满意,又追加一批产品,此项目实现收入128万元。中国劳动与社会保障出版社成立三十周年纪念邮册项目。2010年12月,中国劳动出版社与人事出版社正式合并成立中国人力资源和社会保障出版集团,又恰逢中国劳动与社会保障出版社成立30周年纪念。慈云寺邮局为客户量身制定将出版社30年与生肖邮票发行30年相结合的纪念邮册产品策划,选用二轮生肖票为此邮册亮点,寓意30年里生肖票和出版社从默默无闻到历经辉煌。此策划得到该社全部社领导认可,将制作数量从最初的600册增加到2000册,创收近90万元。首都航天机械有限公司个性化纪念邮册项目。望京邮电局得知首都航天机械有限公司正在组织建厂100周年的大型庆典活动后,请专人为该公司设计了名为《百年荣光,辉煌航天》纪念珍藏邮册的个性化产品。与该公司协商洽谈后最终签订了包含个性化邮册、个性化纪念封、个性化明信片、个性化纯银纪念章等多项制作协议。业务收入约136万元。北京易金卡网络技术有限公司制作邮政贺卡的项目。和平里邮局得知北京易金卡网络技术有限公司正在代理中国石化寻找年底赠送用户的礼品,向客户推荐中国邮政贺卡的业务,并设计出几个不同方案供用户选择,共制作24万枚,产生函件收入约44万元。外交部中国形象及中国礼物邮册项目。7月,东区邮票公司营销人员与中国外交部取得了联系,制作《中国形象册》

3000册,实现收入570万元。CBD管委会十周年纪念邮册项目。正值CBD管委会成立十周年之际,邮票公司营销部为客户制作1500本纪念邮册,实现收入975万元。一汽丰田汽车销售有限公司制作的致歉贺卡项目。对丰田公司来说是一个艰难之年,“召回门”事件再一次升级使得丰田公司愁云密布。工体北路邮电局结合丰田汽车召回事件,创新思维模式,巧妙地把贺卡变身致歉信,祝福与道歉合二为一,在给客户拜年的同时用这种颇具人情味的方式表达丰田公司的道歉诚意。这一想法得到对方认可。丰田公司共制作4种车型图案的贺卡20万枚,创收36万元。中川国际航空服务(北京)有限公司航空客票项目。呼家楼邮电局结合邮政机票业务将客户进行分类整理,开发中川国际航空服务有限公司航空客票项目。截止12月5日,该客户成功订出机票14931张,金额1700余万元。美中文化协会精装卡书邮册项目。美中文化协会与东区邮票公司合作,制作精装卡书邮册3000册,每册售价1300元。什刹海精装卡书邮册项目。什刹海风景区位于北京市西城区西北部,由于什刹海历史文化底蕴深厚,老北京风貌保存最为完好,选用题材多以老北京文化特色的图片,以及什刹海独一无二的风景。项目创收318万元。市公安局朝阳分局企业年册项目。CBD邮局为市公安局朝阳分局制作企业年册6000本。同时购买集邮册500本。此项目开发创收近155万元。比如世界青少年邮局整体营销项目。北京市东区少年邮局设立在京城最大儿童体验式娱乐场所——比如世界。这是北京市东区邮电局与北京比如教育科技有限公司共同推出的,专门为少年儿童设计的邮政文化体验式邮局,其目的是为推动“书信文化、集邮文化”等传统文化在少年儿童中的普及和发展。项目收入104.1937万元,促进邮政事业在青少年间的宣传和发展。环宇博泰广告公司手机挂饰贺卡项目。北京环宇博泰广告有限责任公司是中国电信的代理广告公司。建内大街邮电局为北京环宇博泰广告有限责任公司共制作普卡3万枚、贺卡2万枚,实现销售收入约17万元。

(徐珊珊)

【打造国邮经典】 年初,在北京泰合网视信息技术公司支撑下开始建设天安门邮局网站,6个月的时间,完成网站的建设工作。天安门邮局网站将为消费者提供两大服务和三大产品线。即:天安门地区旅游信息服务(包括天安门文化产品创新),网络客户可以每天从天安门网站上得到包括升降旗时间、广场气候资讯,通过天安门邮局网络平台整合更多社会资源,开发更多以天安门文化为主要特点的各种纪念品,形成一个独具特色的有销售力的商业专区;推广优秀祖国文化遗产和推介中国各界名家名作,联合国内外优秀企业和品牌举办各种公益活动,推广和谐社会理念和爱国主义精神。三大产品线包括为企业与客户提供名优产品B2B的“名品邮”业务,为广大消费者提供个性化定制服务的“个性邮”业务和将传统DM与网络技术相结合而创新的聚焦营销新媒体“直客邮”(I-DM)业务。

(徐珊珊)

【北京邮政第一封“寄往未来的信”从东区局寄出】 2月10日,北京邮政正式开通“寄往未来的信”服务,市民可以通过19个邮政网点寄出信件并规定未来几年、几十年内送达收信人的时间。业务开办当日,东区呼家楼邮电局就受理了北京邮政第一笔“寄往未来的信”业务,市民徐先生幸运地成为了第一位来邮政办理这项业务的用户。在邮政柜台前,他为孩子寄出了这封“特殊的信”,在寄达时间一栏,徐先生填写的是2022年。

(徐珊珊)

【朝阳国际风情节“爱的明信片”】 春节期间,朝阳公园举办的第八届国际风情节活动,东区局作为合作方在风情节设立4个邮政销售亭,销售以朝阳区国际风情节个性化纪念邮品为主,并兼具中国邮政文化特色的集邮纪念品。为配合本届风情节“爱的明信片”主题活动,东区局特别在朝阳公园南门位置安放以主宾国希腊特色的个性化信筒各一个。游客填写好祝福语的明信片,可现场由来自希腊的朋友加盖爱琴海主题纪念戳后,投入个性化信筒中,为亲朋好友祈祷祝福。

(徐珊珊)

【全国“两会”邮政服务】 3月3日,全国“两会”胜利开幕。东区局直接为北京饭店等11处代表、委员驻地提供邮政服务。东区局所有驻会服务网点提前两天进驻,让代表、委员第一时间感受到邮政的亲情服务。东区局以高品质的服务效率满足代表的用邮需求,及时满足代表对邮政各项业务的需求。东区邮票公司为“两会”服务,保证充足的邮品供应,东区局所属的10个“两会”服务驻地,每天设专人值班,分兵把守不同的渠道,确保“两会”邮品供应畅通无阻。3月19日,东区局召开2010年全国两会邮政服务总结表彰大会,对两会服务工作进行全面总结,对表现突出的集体和个人进行表彰。两会期间,东区局出动服务人员381人次,服务车辆51车次,行驶里程4628公里;收寄各类邮件 件销售集邮品(封、册、折等)29万件,制作个性化邮票4410版,累计创收1293.64万元,在比上年减少一个驻会服务网点的情况下,依然增长199.39万元,同比增幅18.22%,圆满完成两会邮政服务任务。

（徐珊珊）

【日本邮政同行参观访问】 3月11日，日本近畿支社邮政代表团在市公司王小东副总经理的陪同下赴建内大街邮电局参观访问。在宽敞明亮的营业大厅，日本代表团一行察看了建内大街邮电局服务设施建设，详细了解相关业务办理情况并对该局整洁良好的卫生环境、细致周道的服务举措给予高度评价。

（徐珊珊）

【东区邮票公司迁新址】 3月16日，北京市东区邮票公司从东城区灯市口大街57—乙号迁至东城区和平里中街3号院。东区邮票公司落户新址后营业面积扩大到168平方米，营业大厅专门开辟出邮品自选区用于陈列、展示各种集邮用品及精美邮政集邮产品供广大邮迷观赏选购。

（徐珊珊）

【启动营销百千万工程】 3月26日，东区邮电局召开2010年营销“百千万”工程启动暨2009年营销工作总结表彰大会。“百千万工程”是东区局本年在全局范围开展的营销劳动竞赛，该工程从项目入手，实现客户和营销业绩的双增长。该工程旨在使东区局的营销工作在重点项目开发、营销体系建设和客户体系维护方面有重大突破，实现全年新增营销业绩1.5亿元的目标。

（徐珊珊）

【优先办理灾区捐助】 4月14日，青海玉树县发生7.1级强烈地震，地震灾区的情况一直牵动全国人民的心。到邮局向灾区汇款寄物捐助的人们络绎不绝。各支局前台自发为向灾区捐助的人们提供优先服务，优先办理业务，优先做好后台封发出口，确保向灾区捐助的物资第一时间发往指定地点。

（徐珊珊）

【与中广传播集团建立战略合作伙伴关系】 4月19日，北京中广传播手持电视运营启动仪式暨战略合作发布会在北京歌华开元大酒店国际会议厅隆重举行。东区邮电局创新业务发展和行业合作模式，本着互利互惠、共同发展的原则，与中广传播达成合作协议，共同开拓移动多媒体广播市场。东区局代表北京邮政，依靠自身的行业优势全面参与北京中广传播发展，为其提供包括合作营业厅、商业信函、账单、企业形象期刊、仓储服务、物流配送、集邮品、邮政金融对公业务、联名卡、代销手持电视终端、代收营业款等全方位邮政服务。北京中广传播依靠其在移动多媒体广播领域的各种优势，为北京邮政提供全方位多门类的移动多媒体终端产品和服务。

（徐珊珊）

【举办保护知识产权宣传活动】 4月26日，北京海关驻邮局办事处和东区邮电局共同举办知识产权保护宣传日活动，东区局、市公司市场经营部、北京海关驻邮局办事处等领导出席活动。在宣传活动现场，海关驻邮局办事处将近年来通过各种渠道查获、罚没的假冒名牌服装、电器、IT产品等十余种商品进行展示，吸引了大量市民前来咨询。来自东区各邮电支局的通关员向市民们发放宣传手册和宣传单，对相关邮政法规政策进行讲解，宣传知识产权保护的重要意义。

（徐珊珊）

【牵手上海世博 独家在京销售“盛世虎印”】 5月13日，倍受关注的重量级世博产品——盛世虎印在北京天安门邮局上市。为满足北京地区广大收藏者对世博产品的渴望，天安门邮局携手上海世博独家销售“盛世虎印”。东区局借此次机会，从销售所得中捐出部分善款，捐购“爱心包裹”，参与“全国贫困地区及灾区学生六一关爱行动”，为灾区和全国贫困地区的儿童送上一份节日礼物。

（徐珊珊）

【青少年邮驿站成为小学生社会实践基地】 5月19日，由东城区教委、北京报刊发行局和东区邮电局联合组织的蓝天工程“青少年邮驿站”活动在东区建内大街邮局营业厅正式启动。作为东城区小学生的又一个社会教育实践基地，活动采取多样的内容和形式为学生们搭建学校教育与社会教育、学生校园生活与社会生活相连接的平台，锻炼每一个孩子的实际动手能力，培养服务社会的良好意识。

（徐珊珊）

【节能减排 保护环境系列纪念邮品】 6月5日，邮政部门结合今年中国世界环境日“低碳减排？绿色生活”的主题，发行《节能减排 保护环境》系列特种邮票及纪念邮品，在北京奥林匹克森林公园园内南门广场首发。配合此次环保宣传活动，东区邮局特别设计制作的两款主题邮品：《生态家园 绿色北京》纪念邮折和《北京奥林匹克公园》明信片。市环境保护局副局长杜少中与市邮政公司副总经理郭荣寰，市环境保护局宣传教育中心主任张宝森与市邮票公司经理张进宇分别为两套邮品揭幕。

（徐珊珊）

【多项服务举措惠及用户】 7月8日，天安门邮局成立一周年。东区局举行大型庆典，并推出多项服务举措及品牌产品，丰富服务内容。天安门邮局网站正式上线运行，用户点击便可第一时间获取资讯，足不出户选购天安门邮局集邮产品、享受个性化邮政服务。市公司总经理章干泉与泰合网视总裁韩怡冰共同开通网站。为庆祝天安门邮局成立一周年,天安门邮局首次推出以天安门为主图的个性化邮票《祖国更美好》,游客只需提供符合要求的个人肖像照片,就可以制作专属自己的天安门个性化邮票。天安门邮局与韶山、上海、南昌、井冈山、瑞金、遵义、延安、西柏坡等革命圣地的集邮公司联手举办的迎接建党90周年"辉煌颂"大型集邮系列活动同期启动。由天安门邮局和北京天安旅游服务集团公司共同推出、天安门仿膳生产,集民族饮食文化与集邮文化于一身的《天安全顺》邮品精装月饼上市。

(徐珊珊)

【奥运邮品亮相文化节】 8月8日,是2008年北京奥运会开幕两周年纪念日,是首届体育文化节开幕的日子。作为奥运邮政服务主力军和奥林匹克园区内的唯一邮政服务局,东区局在8月6日至31日期间,在鸟巢邮局、奥林匹克公园四个邮政服务亭及亚运村邮电局6个服务网点开展"回忆奥运 珍藏纪念"活动。当天,恰逢西班牙巴塞队与北京国安队友谊赛,东区邮电局在位于奥林匹克公园景观大道邮政服务亭限时发售《牵手鸟巢 巴萨中国行》纪念邮折,加盖比赛纪念邮戳,北京前国安队队员南方、韩旭到现场为球迷和集邮爱好者签名留念。

(徐珊珊)

【东四邮电局网站】 9月1日,东四邮电局网站正式上线运行。全新上线的东四邮电局网站网址为www.dongsipost.com.cn,网站的门户页将东四邮电局的logo、局名、外观及"首都银街上的亲情驿站"完美融合,网站首页以红色为主基调,配合宫廷琉璃廊檐设计,彰显出东四邮电局百年历史积淀的古朴与庄重。首页共分为支局概况、企业文化、支部建设、员工风采、服务之窗和图说东四六大版块18个栏目,并配以相关特色专题的视频资料形式,全面再现了东四邮电局从成立至今的光荣历史和以党支部建设为龙头,通过党员模范作表率一代代传承下来的以数十载亲情服务为特色的企业文化。

(徐珊珊)

【首都文明办领导参观建内大街局】 9月8日,首都精神文明建设委员会办公室副主任陈建文一行在市公司党委书记丁前亮的陪同下参观建内大街局。陈建文首先来到建内大街局营业厅,对于邮政的相关业务进行仔细询问,在听取相关介绍后,他对建内大街局的邮政服务工作予以肯定。陈建文一行还参观了位于建内大街局内的北京邮政首家贺卡旗舰店,并体验个性化明信片的制作过程。

(徐珊珊)

【京城首家少年邮局开业】 10月1日,北京首家少年儿童体验式邮局——北京市东区少年邮局正式开门营业。东区少年邮局设立在京城最大儿童体验式娱乐场所——比如世界,是东区邮电局与北京比如教育科技有限公司共同推出的专门为少年儿童设计的邮政文化体验式邮局,其目的是为推动"书信文化、集邮文化"等传统文化在少年儿童中的普及和发展。

(徐珊珊)

【第十六届世界奥林匹克收藏博览会】 10月15日,"第16届世界奥林匹克收藏博览会"在国家体育场(鸟巢)举行,东四局与承办方北京北奥有限责任公司,开发活动首日纪念封5000枚。在博览会现场,东四局工作人员现场为购买首日封的游客加盖鸟巢风景日戳,同时推出部分奥运、世博珍藏邮品和2011年的贺卡。

(徐珊珊)

【寄语世博纪念封】 10月26日,天安门邮局与上海世博邮政支局共同发行的《寄语世博》纪念封在京首发。《寄语世博》纪念封由上海市集邮总公司、北京市天安门邮局以及上海世博邮政支局共同发行,全套41枚。该套纪念封采取实寄方式,寄出日期选取世博会开幕第100天,加盖"北京 2010.08.08 天安门邮局"字样的时点日戳和抵达上海的"上海世博邮政支局"的落地戳,纪念封具有特别的纪念价值和收藏意义。

(徐珊珊)

【2010北京国际邮票钱币博览会】 11月7日,"2010北京国际邮票钱币博览会"在中国国际贸易展览中心(国贸展厅)举行,工体局在现场设立临时邮局为此次博览会提供邮政服务。服务期间,工体局展出世博会、天安门系列、生肖、奥运会亚运会、金银制品、传统文化等六个专题邮品。

(徐珊珊)

【CBD邮政局开业】 12月5日,北京商务中心区邮政局(以下简称CBD局)正式开业。该局坐落在朝阳区建国路15号金地国际花园会所首层,是一个为高端客户提供个性化、全方位邮政服务的特殊支局。CBD局以全营销模式运营,采取区域经理负责制和经理派驻制的方式直接为客户提供邮政服务,在满足CBD区域商厦、写字楼日常用邮需求的同时,根据高端客户需求提供一对一的管家式邮政服务。

(徐珊珊)

【东区局第二届"邮"礼文化节开幕】 12月10日,天安门邮局再度推出

《中国生肖瑰宝》系列邮册，以此拉开第二届“邮”礼文化节帷幕。第二届“邮”礼文化节历时两个月，以生肖文化、集邮文化为主题，并举办生肖贺岁藏品展，为广大市民提供一个欣赏、交流各种生肖藏品的文化平台。天安门邮局此次推出的《中国生肖瑰宝》纪念邮册 D、E 册是继上年成功推出 A、B、C 三款后的“姊妹篇”，两款邮品皆以第一轮传世典藏生肖邮票为引领，涵盖新中国发行的全部生肖邮票。

（徐珊珊）

【专项资金补贴邮政企业】 年内，市文化创意产业促进中心向东区邮电局发函确认，该局申报的“北京市邮政文化产品创意研发平台”项目获得 2010 年北京市文化创意产业发展专项资金补贴 252.75 万元。该局是中国邮政首家获得市级政府文化创意产业发展专项资金补贴的单位。

（徐珊珊）

【邮务类业务】 年内，邮务类业务总收入 6.29 亿元，完成预算指标的 106.34%，同比增长 14.08%，占总收入的比重达到 74.56%。其中函件业务实现收入 3.2 亿元，同比增长 16.14%。包裹业务完成收入 1964 万元，同比增长 11.19%。电子商务业务完成收入 1224 万元，同比增长 76.44%。集邮业务完成收入 2.2 亿元，同比增长 9.22%。报刊业务实现收入 5708 万元，同比增长 14.68%。

（徐珊珊）

【代理速递物流业务】 年内，代理速递物流业务完成收入 2471 万元，完成全年预算指标的 71.9%。“思乡月”实现收入 1732 万元，超额完成了市公司下达的经营指标。

（徐珊珊）

【代理金融类业务】 代理金融类业务完成收入 1.83 亿元，同比增长 9.35%。

（徐珊珊）

【营销】 年内，组建“网格化”营销管理团队，研究地域经济，深挖客户资源，营销工作产生营销收入 2.32 亿元，占业务总收入的 27.49%，其中新增营销收入 1.61 亿元，占业务总收入的 19.08%，同比增长 35.18%。按照老带新、强带弱、综合带专项的原则，组建了 76 个网格化营销团队，努力做到了专业全触及、客户全覆盖。编制了《支局营销管理手册》，推行了 KPI 绩效管理，开展了营销沙龙培训，提升了团队的管理水平。推出团队竞赛机制、奖励考核机制、营销员退出机制以及培训互助机制，激发了团队工作热情，提升团队营销业绩。全局有 10 个支局营销收入超过 1000 万元，8 个支局营销收入达到 500 - 1000 万元。完善区局、支局两级项目管理体制，理顺项目管理业务流程，实施重点营销项目监控制度，取得优异成绩。全局 30 万元以上营销立项共计 281 个，成功项目 119 个，成功率达到 42%，共计创收 1.02 亿元。完善协议客户经理制，制定客户分析模板，实现对客户的精准营销。全局协议客户共计产生收入达到 1.65 亿元，占全局业务收入的 30%，同比增长 39.3%。另一方面大力推进 BIU 团队建设，搭建自有精品数据库，并实施标准化管理，为业务发展提供全方位支撑。全年累计查询调阅集团公司名址库、北京局精品库、自有精品库数据总量为 1.6 亿条，下载使用 3374 万条，实现业务收入 1.36 亿元，同比增长 16.96%。有 24 个项目获得了市公司市场开发成果奖及营销创新奖。

（徐珊珊）

【中国生肖瑰宝纪念册】 年内，《中国生肖瑰宝》大型纪念册集丰富的文化内涵和极具潜力的升值空间于一身，分三款产品，每款产品除典藏的从 1980 年至 2009 年三个轮次的全部生肖票共 29 套外，配以中国金币总公司定制的不同类型的金牌、银盘和明信片等各类纪念品。产品推出在春节期间形成销售高潮。

（徐珊珊）

【能挂起来的明信片】 年内，在王府井“金街”服务点推出一款具有特色的旅游纪念品——能挂起来的木制异型旅游明信片。这款能挂起来的旅游明信片集观赏、收藏、纪念于一体，极具纪念意义，是独具金街特色的旅游纪念品，图案分别为王府井牌匾、王府井天主教堂和大清邮筒三种。这款木制异型明信片仅在“金街”邮政服务点和王府井邮电局销售，游人购买明信片后，可免费加盖纪念戳，可在王府井邮电局进行邮寄，半天销售 16 枚。

（徐珊珊）

【通过 ISO9000 质量管理认证】 年内，环通认证公司对东区邮局 ISO9001:2008 质量管理认证资格进行审核。经过认证员的认真评议，东区局顺利通过现场审核，获准延续 ISO9001:2008 认证资格。

（徐珊珊）

【管理工作】 年内，引导各单位建立区局到支局、支局到邮电所、营销团队到营销小组的分级、分类激励体系，提高企业营销能力、经营效果。以“下管一级、重奖增量、提高标准、加大考核”为核心原则，对原有的升位晋级奖励考核办法进行了补充，加大了奖励考核力度，增加了履职考核，充分考虑了效益贡献与奖励的挂钩，有效促进了业务均衡发展。按照“速度、规模与质量、效益并重”的发展要求，增加业务结构、百元运营成本等效益指标，全面引导各单位在业务发展中加强对直接业务成本的管控,从收入源头提升质量。完善工效挂钩办法。按照“效益优先,兼顾公平”原则,加大了对“收支差额”和“劳动生产率”两项指标的考核比重,有效促进了企业经营效益的提高。出台《东区邮电局统管人员考核评价办法(试行)》,本着“谁主管,谁负责”原则对管理人员进行考核,提高了经营管理者效益意识、责任意识和大局观念。制定《东区邮电局奖励资金管控办法》,对经营单位各项奖励资金的发放渠道、发放时段和发放比例提出要求并进行及时督导,确保了员工得利水平的提高。出台了《东区邮电局营业厅管理实施细则》、《营业厅规范》等制度,对局所网点进行标准化管理,对局容局貌、仪容仪表、邮政设施、定置码放、值班局长工作等进行统一规范,网点营业厅实现了整齐划一。制定《大宗邮件处理管理办法》,优化管理流程,提高大宗邮件的处理能力和服务质量。重新修订《东区邮电局用户欠费管理办法》,明确用户欠费管理的责任段落、监控办法、处理手续,用户欠费得到有效控制,保证了企业上缴资金的落实。印制《东区邮电局基层单位基础管理工作指导手册》。认真开展员工职业技能鉴定、岗位练功和各项培训工作,组织员工职鉴申报880人次,考前培训3156人次、业务知识抽测1750人次。员工持证上岗率达到93.3%,比上年增长3.3个百分点。进一步深化了“首席员工”制度,评聘范围从邮政、储蓄两个工种扩展到全部六个工种,为更多员工搭建成长、成才通道。

(徐珊珊)

【企业安全运营】 年内,按照“安全第一,预防为主、综合治理”的工作方针,加强对员工安全生产的教育培训,培训员工650人次;加大对安全生产、金融安全、治安保卫以及消防安全的检查力度;进行安全预案演练,有效提高员工的安全意识和防范技能,未发生安全生产事故。东区邮局连续五年荣获北京市交通安全先进单位称号。

(徐珊珊)

城市管理

市政管理

【概况】 朝阳区市政市容管理委员会(简称区市政市容委),挂北京市朝阳区城乡环境建设委员会办公室(简称区城乡环境建设办)和北京市朝阳区交通委员会(简称区交通委)的牌子。区市政市容委(区城乡环境建设办、区交通委)是负责本区城乡环境建设统筹协调、城市综合管理协调和交通基础设施、环卫基础设施、公用事业、市容环境卫生监督管理和统筹协调本区交通秩序管理的区政府工作部门。设12个内部机构:办公室(区社会矛盾调处中心市政市容委分中心)、交通管理科(区国防动员委员会交通战备办公室)、市政基础设施科、公用事业管理科(朝阳区住宅锅炉供暖管理办公室)、环境整治科、环境管理科、行政审批科、爱国卫生科、环卫设施科、综合协调科、财务审计科、组宣科。下属个体出租汽车管理站、市政基础设施协调中心、道路养护中心、城市景观规划发展中心、区垃圾渣土粪便消纳站5个事业单位。现有职工241名,其中行政编制65名,事业编制171名,工勤5名。

地址:松榆东里甲38号楼
邮编:100021
电话:67325578
传真:67327299

(马海敏)

【道路建设启动仪式】 2月26日,在广渠路东五环西侧举办朝阳区2010年市政道路建设启动仪式,年内,本区续建及新启动主、次干路建设项目105个,总长约156公里。副市长黄卫、区委书记陈刚、区长程连元、区市政市容委主任尹秀峰出席启动仪式。委办局、各街乡、城管大队、宝嘉恒公司、市公联公司近400人参加。

(马海敏)

【城市清洁日活动】 3月27日,区爱卫办组织开展以"根除生活陋习、提高文明素质"为主题的第三个城市清洁日活动。参加活动35000人次,动员社会单位1265家、设立宣传点19处,悬挂横幅70条,黑板报68块,发放宣传材料1.8万份;整治社区272个,清除小广告1260余张,清理绿地83万平方米、楼道堆积物108处、白色污染88公斤、卫生死角150处、树挂45处,清运渣土、暴露垃圾3.5吨,规范"门前三包"单位340家。

(马海敏)

【互联网舆情监控系统】 4月7日,区市政市容委安装一套互联网舆情监控系统。该系统可以在互联网的海量信息中有针对性地搜索涉及城市管理相关新闻报道和论坛留言,并通过关键词提取进行敏感信息的研判分析。

(马海敏)

【世界卫生日活动】 4月10日,在奥运景观大道举办由卫生部、全国爱卫办联合主办,中国健康教育中心、市爱卫会与区政府联合承办的主题为"城市化与健康"世界卫生日纪念活动。卫生部副部长黄洁夫和世界卫生组织驻华代表等领导嘉宾出席活动并讲话,区市政市容委员会主任、区爱卫办主任尹秀峰出席主题活动。

(马海敏)

【全市垃圾分类活动启动仪式】 4月11日,首都精神文明办、市市政市容委和区委区政府,在麦子店街道枣营北里社区活动中心,联合举办全市"做文明有礼的北京人—垃圾减量、垃圾分类、从我做起"主题宣传实践活动启动仪式。市委常委、宣传部长、副市长蔡赴朝,副市长黄卫,市政府副秘书长周正宇,首都文明办主任陈冬,副主任陈建文,市市政市容委副书记孟令华、副主任陈玲，区委常委、宣传部长谢莹，副区长张春秀，区总工会主席、市政市容委主任尹秀峰参加仪式。仪式由市政府副秘书长周正宇主持。市市政市容委副主任陈玲介绍全市垃圾减量垃圾分类的工作情况，市委宣传部副部长、首都文明办主任陈冬代表首都文明委向全体市民发出“争做文明有礼的北京人、为世界城市建设做贡献”的号召，麦子店街道枣营北里社区居委会宣读了《垃圾减量垃圾分类从我做起倡议书》。与会市、区及相关单位领导，参观了麦北改造后的密闭式清洁站。

（马海敏）

【全市渣土管理集中整治月】 4月12日，“全市渣土管理集中整治月活动”启动仪式在太阳宫乡举行。市市政市容委部署开展渣土管理集中整治月活动方案，市住房城乡建设委、市公安局交管局、朝阳区政府领导分别讲话，市政府副秘书长周正宇宣布仪式启动。

（马海敏）

【组建朝阳循环经济产业园管理中心】 5月11日，组建北京市朝阳循环经济产业园管理中心，此中心为区政府直属事业单位，机构规格相当正处级，经费形式全额拨款，归口区市政市容委（区城乡环境建设委员会办公室）管理。

（马海敏）

【领导视察垃圾分类处理】 5月13日，市委书记刘淇、市长郭金龙、市委常委、市委秘书长李士祥、副市长黄卫调研朝阳区垃圾分类工作。刘淇等一行人视察麦子店枣营北里社区的密闭式清洁站，入户了解居民参与垃圾分类的情况，视察高安屯垃圾处理中心垃圾填埋场、焚烧厂和餐厨垃圾处理厂，听取了汇报。刘淇认为：城市清洁日安排的这次主题活动很有意义，生活垃圾分类工作从源头居民家中，到密闭式清洁站的分类清运，到末端的分类处理都很成功，让人很受鼓舞，朝阳区的试点很成功。区委书记陈刚、区长程连元、区市政市容委主任尹秀峰陪同参观。5月28日，中央巡视组到朝阳区调研垃圾分类工作，陈刚、程连元、尹秀峰陪同调研。7月21日上午，澳门特区环保局长张绍基率澳门特区环保局官员，就北京市垃圾分类处理工作到市环卫集团及朝阳循环经济产业园进行考察。11月11日，财政部原副部长迟海滨在市财政局左军、王玉和两位副处长的陪同下，到区循环经济产业园视察，市市政市容委委员吴占鹰、处长孟献军、副处长卫潘明、冯昆、区市政市容委副主任皮猛、循环经济产业园主任吴选辉陪同视察。11月12日，国务院参事室副主任方宁一行6人，到小武基转运站、麦子店街道枣营北里社区，调研朝阳区垃圾分类工作。到朝阳循环经济产业园，考察高安屯垃圾填埋场、无害化处理中心渗沥液和沼气发电项目、餐厨垃圾处理厂、垃圾焚烧发电厂的运行情况。市政府副秘书长周正宇、市市政市容委副主任陈玲，区市政市容委书记梅诗曙、副主任皮猛及相关单位主要领导陪同调研。12月1日，上海市浦东新区副区长陆月星带队，相关部门负责人一行15人，在本区区长助理项敏的陪同下，到麦子店街道枣营北里社区和朝阳循环经济产业园，学习考察垃圾分类工作。

（马海敏）

【朝阳区城乡环境建设委成立】 6月22日，朝阳区城乡环境建设委成立大会暨第一次全体会议在朝阳宾馆举行，区城乡环境建设委员会全体成员参加。区政府办主任刘军胜宣读朝阳区城乡环境建设委员会及办公室职责和组织机构方案。区城乡环境建设委副主任委员、副区长赵全保做工作部署。委员会成员单位代表发言。区城乡环境建设委主任委员、区长程连元讲话。

（马海敏）

【公共场所禁烟】 9月底，全区开展禁烟检查24980起。年内，下达禁烟意见书504份。建立全区214家各类医疗机构台帐，对重点医院禁烟工作进行现场检查督导，对存在的问题提出整改意见。12月15日，市人大与市爱卫会联合组织有关人大代表、市卫生局、市疾病控制中心、市烟协等单位专家组成检查组，对本区卫生局、市妇产医院等16家医政单位、二、三级医院及社区卫生服务中心进行无烟环境建设年终评估验收，区15家被检单位控烟组织机构健全、制度完善、宣传培训广泛有效，无烟环境构建良好。

（马海敏）

【启动社会单位垃圾分类】 10月11日，在国展中心举行主题为“践行垃圾分类、履行社会责任、争做文明单位——百座大厦千家单位万名员工‘2010’工程启动仪式。中国工程院院士徐寿波、市市政市容委副主任陈玲、副区长赵全保、区委副巡视员（区创建办执行主任）刘英男等领导出席会议，区市政市容委、社会办、环卫中心、各街道主要领导及社会单位负责人代表350人参加会议。

（马海敏）

【病媒生物防控】 10月底，已监测28个街乡、5600户家庭，完成2009-2010年度供暖季灭蟑工作。年内，发动各街乡开展2次春季、冬季灭鼠工作。对以奥林匹克公园、朝阳公园、长安街沿线为核心的区内重点大街、重点活动场所及沿线周边2公里范围内的公共区域实施以灭蚊蝇为重点的夏、秋季病媒生物专业防制工作，有效控制了摇蚊大规模暴发。针对朝外、东风等地突然出现的跳蚤扰民问题，组织消杀、治理。病媒生物检查1090起，提出病媒生物限改110件，通过有效措施严格控制病媒生物密度达到国家规定标准。

（马海敏）

【领导视察供暖准备工作】 11月5日，市长郭金龙带领市政府相关部门领导视察本区供暖准备工作情况，分别视察北京市热力集团有限公司供暖指挥中心和北京金房暖通节能技术有限公司纺织小区锅炉房。

（马海敏）

【供暖管理】 11月14日23:00，全区808个区域锅炉房全部按时点火供暖，再次实现了全区点火率100%的目标。年内，完成2009－2010供暖季的“限气”和供暖保障任务，宣传和落实新的供暖《办法》，实现平稳过渡。排查供暖管线隐患并一一解决。50家供热单位、230个锅炉房通过备案。完成15个供暖单位29个老旧小区供暖管网改造工作，涉及改造面积385万平方米，投入改造资金5608万。9个供暖单位21个锅炉房供热系统节能技术改造工作通过市节能中心批准，供热面积218万平方米，投入资金1355万。组织各街道（地区）办事处对供暖单位的供暖设施设备检修、煤炭储备等供暖准备情况进行检查督促。全区供暖单位投入设施设备检修资金1.1971亿元。做好煤炭储备工作。为全区624个居民供暖锅炉房发放了4亿元的供暖燃料补贴资金。争取市应急救助折合资金约1114万元，对31家供暖困难单位进行应急救助。建立组织机构，督促供暖单位做好抄表工作并实行按用热计量收费。为启动区域锅炉供热范围内公建供热计量改造做好准备。

（马海敏）

【绿袖标志愿服务】 12月2日，在区文明办召开朝阳区志愿者推进会上，垃圾减量垃圾分类“绿袖标”志愿服务被区精神文明建设委员会列为朝阳区2011年志愿服务品牌项目。

（马海敏）

【扫雪铲冰】 12月31日前，区政府投入资金9494万元，购置多功能除雪车46台，融雪洒水车50台（其中20吨水车35台，10吨水车15台），人行步道扫雪设备500台（其中步道扫雪机368台，步道抛雪机132台）。

（马海敏）

【道路建设】 年内，温榆河大道、垡头南路、北苑东路、星火路等15条主、次干路相继建成通车，广渠路二期、幺家店路等重点道路全面启动拆迁和建设，区域路网结构进一步完善。启动34处断堵头路项目，并打通了百子湾南路等15条断堵头路，有效缓解了局部交通拥堵。本区率先在全市大规模启动道路微循环系统改造工程，得到市交通委领导的肯定。完成50条区属道路大修和30条社区路维修工程，对168条道路的坑槽实施修补，累计面积达6.5万平方米，提高区域道路完好率。

（马海敏）

【道路防汛工作】 年内，针对上汛较早、预测极端天气较多、降雨量较大的情况，提前做好道路防汛的各项准备工作，及时对筛查出的道路防汛重点部位研究制定应对措施，落实防汛物资和机械设备，做到人员、物资和应急措施到位，保障道路防汛工作顺利完成。

（马海敏）

【环卫设施建设】 年内，按期完成5座农村分类垃圾转运站、30座公厕建设任务。改造46座密闭式清洁站，完成计划的153%。投入2亿元更新增配环卫专业作业车辆，并为环卫中心及43个环卫绿化工作站添置扫雪铲冰专用车辆，有效提高道路机械化清扫率，提升雪天处突能力，强化城市常态化管理能力。

（马海敏）

【全面启动垃圾分类】 年内，在“三街两乡”（麦子店、团结湖、劲松三个街道及平房、黑庄户两个乡）试点成功的基础上，确定技术路线，以终端分类处理设施建设为龙头，以中转设施实现分类收集为突破口，建立起从分类投放、收集、运输和处理的全系统管理链条，创新“桶换桶，桶车对接，垃圾不落地”的新型环卫作业模式，为全市垃圾分类工作起到示范作用。分三批启动街道系统垃圾分类工作，组织发动55.3万户居民深入开展垃圾分类工作，各街道垃圾分类工作全面推开。通过垃圾减量日、垃圾文明一日游等活动，提高市民对垃圾分类工作的知晓率和参与率。启动150家社会单位垃圾分类，初步探索枣南、呼北源头分类模式，通过二次分拣，提高垃圾分类的正确投放率。制定各种奖励、补助政策，细化研究监督考核管理办法，建立长效工作机制。

（马海敏）

【城市景观建设】 年内，实施朝外大街和市场街亮丽工程。组织实施17条道路户外广告特许经营，进行牌匾标识整治，清理拆除违规户外广告和牌匾标识829块，拆除面积5400多平方米。组织实施13条道路架空线整治入地工程，清除废弃电线杆2324根，有效清除安全隐患，净化视觉环境。为迎接国庆61周年，完成东四环和老迎宾线夜景照明工程，东三环等七条城市主干道以及重点道路、重要商业街区景观布置，展示新朝阳的城市形象。

组织长安街延长线等4条道路的景观工程,营造喜庆的节日气氛。

(马海敏)

【拆除违法建设】 年内,区内拆除违法建设1210处,178.9万平方米,没有过激事件发生,农村地区违法建设得到控制。

(马海敏)

【环境整治】 年内,加快“城中村”、城乡结合部等环境脏乱点的整治工作,推进大黄庄前街等15个续建在施的城中村边角地项目。完成12处城乡结合部地区在市里挂帐的环境整治任务,完成清理堆物堆料、绿化硬化、整修沟渠等环境建设工程。全年计划新改建绿化面积100公顷,实际完成200公顷,超额完成绿化美化任务。改造49个老旧小区、24条街巷胡同,整治5处平房区,满足群众对周边环境的需求。

(马海敏)

【健康社区】 年内,筛选11个健康社区、2个健康示范村参与创建工作,聘请专家开展608场知识大课堂讲座系列活动。组织参加北京市社区健康风采大赛,获得第三名。

(马海敏)

【老楼通天然气工作】 年内,完成8个街道(地区)办事处、10个项目、1171户居民老楼通天然气工作。

(马海敏)

【交通战备】 年内,结合《国防动员法》的颁布执行,启动国防动员潜力调查工作,组织开展民用运力、汽修厂和加油站的普查登记工作,完善交通战备组织体系。

(马海敏)

【路灯安装】 年内,为农村地区15条道路安装路灯,完成城乡结合部35个行政村130条道路路灯安装工程,改善群众出行条件。

(马海敏)

【停车设施审批】 年内,受理停车场备案、年检1027件,批复1007件。

(马海敏)

【规范路侧停车】 年内,本着事权下放的原则,通过由属地办事处公开招标选聘停车企业进行管理、经营企业所交占道费返还属地办事处用于停车管理的方法,调动办事处停车管理的积极性,形成管理的良性循环。完成望京、东湖、CBD、朝外和亚奥地区路侧停车规范化管理工作,设置路侧停车泊位7000余个,对影响道路通行的车辆道路中间停放、纵向停放和乱停车现象进行治理,缓解了上述区域的停车压力,道路交通状况有明显好转。

(马海敏)

【重点区域停车差别化收费】 年内,落实市13个重点区域停车差别化收费工作。完成3个重点区域(朝外、CBD、燕莎)108个停车场、80个停车企业共计36369个停车位的差别化收费。

(马海敏)

【提高地下停车资源利用率】 年内,协调产权单位资源共享,提高地下停车资源利用率。完成双井地区试点工作,经过协调,17个居住小区的23家停车场产权和管理单位自觉降低地下车库的收费价格,下降幅度为30%—50%。地下车库利用率基本达到或接近饱和状态,路侧停车减少70%,缓解了此区域交通拥堵状况。

(马海敏)

【利用闲置土地开辟临时路外公共停车场】 年内,对辖区内的边角空地、院落空地、临时建设空地等闲置资源进行普查及现场勘察,在可行性基础上由本委进行临时停车场备案。利用北辰西路社科院闲置用地、北京电视台东侧空地、庆丰闸公园西南空地和城外城周边等开辟临时停车场,北小河南岸绿地改造树阵停车场,共增加停车泊位3500余个,解决上述地区停车难的问题。

(马海敏)

【白色污染、小广告整治】 年内,采取梳堵结合形式治理小广告、树挂等白色污染。在23个街道209个社区建设了247个信息岛;组织各部门、街乡对五环路沿线可视范围内暴露垃圾、白色污染进行拉练检查,对20处脏乱点进行集中整治,各街乡组织全民性环境卫生大扫除活动;加强立体保洁力量,区环卫中心成立清除小广告专业队伍,推行道路作业新工艺,开展系统化、常态化、精细化环卫作业,各街乡环卫绿化工作站建立巡回检查制。建立长效作业考核机制,建立环卫管理“片、块、线”三级网络责任制。以CBD地区为核心,打造“最清洁示范区域”品牌。

(马海敏)

【渣土管理】 年内,区市政市容委、住建委、公安、城管等多部门组建联动办公室,制定《朝阳区施工工地环境及渣土管理联动工作机制》,区市政市容委与区住建委联合下发《关于加强建设工程绿色施工管理的通知》,与区城管监察大队联合下发《关于加强建筑垃圾渣土管理工作的通告》,明确“两证一盖”车辆资格审查标准,规定具备运输证、消纳证和苫盖工具的车辆才能在本辖区内从事土方运输,未苫盖的遗撒车辆将被处以5000元至50000元的罚款,依法严惩渣土乱倒行为,对施工工地、渣土运输车辆进行拉网式检查。对遗撒严重的20条主要道路,加大监控和处罚力度。全年共联合检查工地1181个(次),其中:停工整改 300 个(次),限期整改 165 个(次),暂扣经理证书 118 个,暂扣总监职业资格证书 88 个,立案处罚 29 起、罚款 37 万元,对不按期整改的工地分别给予通报批评。

(马海敏)

【整顿规范市场】 年内,制定《2010 年全区街面环境秩序专项整治工作方案》,对 A、B 类大街、重点地区、违法行为易发点位,落实"六定责任制",实名制上岗,24 小时不间断监控。组织早餐点、夏季排档、露天烧烤、散摊群等 12 个专项执法活动,出动执法人员 43 万人次,查处无照经营 3.2 万起,取缔露天烧烤和大排档 3500 起,清除和没收非法小广告 57 万张,救助流浪乞讨人员 410 人,查处黑车 2100 辆、暂扣三轮车等经营工具 2394 辆。

(马海敏)

【信息化城市管理】 年内,构建环卫作业管理信息平台,并为作业车辆安装 GPS 系统;整合市、区市政热线、供暖热线等资源,配备坐席员,集合各业务调度、视频监控、运行监测、应急处置为一体,城市管理运行指挥调度中心初具规模。建立健全集城市部件管理 GIS 应用平台、行政审批管理系统、停车场监管系统、广告牌匾监管系统、城市管理业务案件上报系统、城市管理业务督查督办系统、城市管理业务统计分析系统为一体的朝阳区"数字市政"综合管理平台。

(马海敏)

【个体出租车行业管理】 年内,个体出租车管理站隶属区市政市容管理委员会,为全额拨款事业单位。人员编制 4 人,在职 4 人。全站共有在册车辆 101 部,其中富康车型 13 部,桑塔纳及其以上车型 88 部。全站个体司机 169 人,其中从业人员 12 人,小帮手 56 人。全年出租汽车累计运营里程 900 余万公里,累计运送乘客 120 万人次,未发生大的服务质量事故,为乘客出行提供了方便。累计完成经济效益增加值 1350 余万元,完成代征代缴税 22 万余元。

(马海敏)

朝阳区道路养护中心

【概况】 朝阳区道路养护中心,隶属于区市政市容委,为差额拨款事业单位。人员编制 118 人,在职 112 人。现有 5 个施工队、1 个维护队,管理区属 1324 条市政道路、27 座桥梁改扩建、养护任务。固定资产 1.36 亿元,其中机械设备 75 台(20 万元以上),交通运输设备 91 台。

地址:大北窑厂坡村甲 2 号
电话:87783623
邮编:100022

(马海敏)

【道路改扩建维护】 年内,完成大中修道路 50 条,道路总长 36719 米,总面积 355485 平方米,步道面积 64081 平方米。断堵头路 8 条,道路总长 3 公里,总面积 53225.9 平方米,步道面积 22297 平方米,完成雨水管线 3 公里。街办道路 31 条,总面积 65758 平方米,步道面积 23976 平方米,完成雨水管线 284 米。自筹及临时任务道路共计完成 7 条,道路总长 2234 米,总面积 26310 平方米,步道面积 13225 平方米。办理经区市容委审批掘路 97 件;维护区属及六位一体道路 442 条,沥青 63752 平方米,步道 15106 平方米。共更换井盖雨篦 2809 套,填埋废井 31 座,安装防盗拉链 1188 条。

(马海敏)

节　　水

【概况】 朝阳区节约用水办公室负责全区节约用水工作。另设朝阳区节约用水管理中心,为区水务局属全民所有制事业单位。

地址:团结湖北路 1 号
电话:85978122
邮编:100026

(刘　洋)

【城市节约用水宣传周】 5 月 15 日,"全国城市节约用水宣传周"启动仪式在崔各庄乡马泉营村举行,区水务局主要领导、各街乡节水工作负责人及有关工作人员共 80 余人参加。朝阳区节水管理中心对节水示范村创建工作进行培训,马泉营村节水工作负责人作为节水示范村代表做典型汇报。启动仪式结束后,全体人员参观马泉营村用水协会及人工湿地水资源综合利用系统,并在广场开展节水宣传活动,向村民及过往行人发放节水宣传材料及宣传品。在节水宣传周期间,本区陆续开展节水器具换装工作、节水志愿者进社区活动和中小学校节水专项活动等,本次宣传周活动以"节水全民行动,共建生态家园为主题",从 15 日至 21 日,本区陆续开展一系列内容丰富,形式多样的节水宣传活动。

(刘　洋)

【计划用水管理】 年内，完成计划用水单位2765户，总计划下达量19500907立方米/年，年用水指标总量未超过下达的用水计划指标总量19510000立方米/年，坚持预警制，全年发出预警通知1536户次。对上年度超计划用水单位下达收缴超定额水费通知书并详细解释收缴依据，取得社会单位的理解与支持，全年收缴超计划用水水费3.3万元。

（刘　洋）

【节水创建工作】 年内，完成创建节水型小区3个、节水型单位182个、节水行政村20个，全面完成与市水务局签订的节水目标管理责任书内容。此外，为老旧居民楼更换节水器具7944套，更换后，年节水量约18万立方米。

（刘　洋）

【节水器具安装改造】 年内，采取居民自购节水型器具、开展惠民换装宣传、免费换装马桶内芯配件等三种形式完成节水器具安装、改造任务。投资118万余元，免费为老旧小区7944户居民将每次冲洗周期用水量大于9升的便器水箱改造为节水型6升双按钮设计水箱。如按每户三口人、每人每天如厕5次计算，仅免费换装马桶内芯配件一项，7944户家庭每年最少可节水23.8万吨。

（刘　洋）

【节水先进评选和奖励活动】 12月，区水务局开展2010年度朝阳区节水先进评选和奖励活动。根据评选要求，经过各单位和各级节水管理部门的推荐和认真选拔，评选出节水先进单位10个、节水先进家庭50个、节水先进个人50名。

（刘　洋）

防　　汛

【概况】 朝阳区防汛抗旱指挥部办公室负责制定全区防汛抗旱规划、年度工作计划、责任制和防汛抢险预案，并督促检查落实情况；负责协调解决排水矛盾；负责雨洪利用技术研究、应用和推广工作；负责防汛工程和雨洪利用工程实施工作。本年，本区累计平均降水量480.4毫米，汛期(6月1日至9月15日)全区累计平均降水量253.7毫米，同比减少45%。

地址：团结湖北路1号
邮编：100026
电话：85975066

（刘　洋）

【雨量遥测站点遥测系统调试】 4月初，开始对全区23个雨量遥测站进行系统安装、调试和维护，5月6日检测工作全部完成，各遥测系统运行正常，为汛期提供可靠的信息数据保障。（刘　洋）

【防汛隐患专项检查】 4月26日，开始对全区防汛隐患进行为期一周的专项检查。检查内容包括：1、防汛安全隐患重点排查；2、防汛责任制落实情况；3、防汛应急预案编制情况。检查要求进一步落实重点部位岗位责任制，对查出的防汛隐患，明确工程改造计划，确保汛前按期完工，未列入工程计划的，要立即采取措施，确保度汛安全，新出现的安全隐患，列入台帐，发现一处，挂帐一处，解决一处，主责单位要及时采取措施，确保度汛安全。

（刘　洋）

【配发汽油机抽水泵】 汛前，区防汛办购置了46台汽油机抽水泵，分发给23个街乡，并对街乡防汛人员进行了抽水泵使用培训，便于发生汛情时在第一时间进行抢险排涝，降低内涝对居民财产造成的损失。

（刘　洋）

【雨情】 6月1日17时，本区普降阵雨，截止到2日8时，平均降雨量为10.6毫米，最大降雨量在小红门地区为55.5毫米。本次降雨分布不均，其中南部较大，区域内无道路及小区积水情况发生。7月9日至12日，本区连续降雨，7月9日下午16时，普降中到大雨，局地暴雨，为入汛以来最大一次降雨。降雨持续近14个小时，直至10日凌晨3时，降雨过程结束，截至7月10日早8时，平均降雨量为53.1毫米、最大雨量点为亚运村，雨量98.5毫米。此次降雨，全区各级防汛分指挥部主要领导带班，全体防汛工作人员坚守岗位，加强对危旧平房、重点地区道路积滞水巡查，发生问题及时处理，确保危旧平房安全，重点地区道路积水及时排除。其中机场高速辅路大山子路口西南角、东三环三元东桥南向北方向、顾家庄桥北侧南向北辅路、东四环四元桥下等地出现不同程度积水，区防汛办公室及时与市排水集团等单位沟通配合，降雨未造成大的影响。7月10日至12日，全区普降阵雨，10日早8时到11日早8时，平均降雨3.4毫米，最大雨量点为亮马桥，雨量为15.5毫米；11日早8时至12日早8时，平均降雨4.3毫米，最大雨量点为高碑店，雨量为16毫米。由于雨量较小，均未有险情发生。

（刘 洋）

【防汛工作会议】 6月3日，召开2010年本区防汛工作会，区防汛工作主管领导，各街乡有关负责人和区水务局部分工作人员80余人参加会议。会议传达了区政府防汛工作会议精神，部署年度防汛工作主要任务，并邀请区气象局局长陈秀杰就本年汛期的天气形势进行介绍和分析。市防汛办副主任刘和平出席会议。

（刘 洋）

【防汛演习及防汛检查】 7月7日，副区长刘希泉、赵全保分别参加防汛演习并带队进行防汛安全工作检查。区农委、区社会办、区市政市容委、区住建委、区民防局、区水务局、区武装部，相关街道、地区办事处，驻区66322部队，市排水集团，市河湖三所等单位领导和抢险人员参加了防汛演习和防汛安全检查。刘希泉参加防汛应急指挥系统演习及高碑店闸提闸演习，检查了金盏地区防汛安全；赵全保参加红领巾立交桥积水排除演习，检查了八里庄红北社区早期人防工事和地铁六号线青年路站施工现场防汛安全。

（刘 洋）

【安全迎汛工作总结表彰】 11月25日，召开安全迎汛工作总结表彰会，总结本区在迎汛安全保障工作中取得的成绩和经验，并对迎汛工作中做出突出贡献的潘家园街道办事处、小关街道办事处、崔各庄地区办事处、区气象局等10个先进集体和58名先进个人进行表彰。

（刘 洋）

防 火

【概况】 朝阳区公安消防支队隶属于北京市公安消防总队，为现役部队副师职编制。支队机关设司令部、政治处、后勤处和防火监督处。下辖红庙、酒仙桥、垡头、亚运村、百子湾、楼梓庄、建国门、四惠、华威、奥运村、奥林匹克公园、望京、左家庄、搜救犬、朝阳门15个消防中队，有水罐车、举高车、摩托车、救助车、照明车、高喷车、破拆车、排烟车、防化洗消车等各类执勤备防消防车辆100辆。红庙中队被评为"北京市人民满意的政法单位"。

地址：十八里店乡吕家营村
电话：87649559
邮编：100023

（闫 振）

【区综合应急救援支队成立】 11月8日，区综合应急救援支队正式成立，并举行揭牌仪式。区综合应急救援支队在区应急委统一领导下，依托朝阳消防支队成立，按照"资源整合、协调联动，专业处置、综合救援，一队多用、平战结合"的原则，承担综合性应急救援、灾害事故防范宣传等工作任务。

（张德刚）

【各类重大消防保卫】 年内，加大活动场所和周边地区消防监督检查力度，并及时制定相应的灭火救援和反恐处突工作方案，对各中队灭火救援力量进行合理调配。组织各中队对所属车辆、器材装备进行检查保养，更新消防应急预案，对相关重点单位进行实战演练，加强执勤备战工作力度，完成元旦、春节、全国"两会"、"五一"、"十一"、2010中国网球公开赛、十七届五中全会等重大节日、赛事、会议场所以及各种大型活动场所的消防安全保卫任务。

（张德刚）

【火灾】 年内，全区发生火灾1578起，直接财产损失1127067元，亡4人，伤1人。从发生火灾原因分析，电气、用火不慎、吸烟是引起火灾主要原因。电气引起火灾543起，用火不慎引起火灾376起，吸烟引起火灾363起，其余依次为玩火、违章操作、放火。从起火场所分析，居民火灾、交通工具火灾居多。其中，居民火灾发生723起，交通工具火灾发生217起。从火灾发生时间分析，18时至20时、14时至16时、20时至22时时间段发生火灾最多。18时至20时发生火灾201起，14时至16时发生火灾186起，20时至22时发生火灾163起。

（马冀昆）

【消防行政审批】 年内，受理建设工程消防设计审核2901件，受理建设工程消防验收2215件，受理公众聚集场所投入使用、营业前消防安全检查249件。

（张 燕）

【消防专项治理】 年内，进行各种消防专项治理18次，召开会议260余次，领导带队检查126次，共出动警力12000余人次，检查单位8388家次，消除各类消防安全隐患10955处，处罚757起，罚款金额593.31万元，责令三停（停产停业、停止施工、停止使用）26起。

（辛劭波）

【消防宣传】 年内,围绕构筑社会消防安全"防火墙"、打造公安消防铁军等中心工作,进一步加大消防宣传力度,全面提高社会单位"四个能力"(检查消除火灾隐患能力、组织扑救初起火灾能力、组织人员疏散逃生能力、消防宣传教育培训能力)建设,先后组织开展消防安全"大宣传、大培训、大练兵"活动、"消防宣传进社区"活动、防灾减灾日宣传活动等多种形式的宣传活动。组织社会单位开展消防演习780余次,消防培训970余次,发放消防宣传材料140余万份。

(王林东)

防　震

【概况】 朝阳区地震局是本区防震减灾工作职能部门。年内,起草《朝阳区政府贯彻落实北京市防震减灾工作会议精神的意见》,并以区政府名义下发至相关单位,要求各单位按照责任分工开展工作。

地址:亮马桥路34号
电话:64617795
邮编:100125

(成少英)

【震情会商及跟踪】 年初,制定年度震情跟踪措施和方案,严格24小时震情值班、震情跟踪制度。严格执行周、月、年中、年度、加密和紧急会商制度。严格按时间节点执行震情会商要求,落实每日零报告制度,加强观测数据异常落实与跟踪,确保观测资料的连续、准确、可靠。按照市地震局会商要求,完成2010年度北京地区、首都圈地区地震趋势会商报告。

(成少英)

【地震观测台站管理】 年初,对本区压磁地应力地震前兆观测人员进行业务知识培训,并签订责任书,要求观测人员加强观测仪器设备的日常维护管理,做好观测数据记录上报。3月至6月,为本区30处地震强震动观测台安装警示标牌和技术说明。年内,对地震监测台网进行全面检查及维护,保障仪器设备处于良好状态,监测系统运转正常,为震情会商提供连续准确的观测数据。

(成少英)

【防震减灾宣传】 4月初,制作地震应急疏散避难场所知识一卡通套及防灾避险宣传折页10万余份下发给各街乡。配合北京电视台制作公共安全宣传教育片,并在北京电视台《安全北京》栏目中播出。4月23日,与区绿化局共同主办元大都城垣遗址公园第十三届海棠花节,制作地震应急避难场所和元大都城垣遗址公园应急避难场所宣传展板,活动以"观海棠、赏春色、品生活"为主题,宣传绿色北京、和谐环保、平安生活,向游人宣传应急避难场所和地震应急常识及日常安全知识。5月,会同区麦子店、六里屯街道在朝阳公园南门开展宣传活动,现场播放防灾减灾教育片、悬挂宣传横幅、布置宣传展板、发放宣传资料;指导本区潘家园、呼家楼等十个街道办事处开展防灾减灾日宣传活动;安排本区四处防震减灾科普教育基地向群众开放宣传。组织区民防特种救援队、地震局、民防局机关干部及部分街道、社区干部近百人到凤凰岭国家地震紧急救援训练基地参观学习。7月28日,在朝阳公园南门开展唐山地震纪念日宣传活动,现场悬挂宣传横幅、布置宣传展板、发放3400多份宣传资料。

(成少英)

【青海玉树震情应急】 4月14日,青海玉树7.1级地震发生后,区地震局高度重视震情,及时了解群众反映,加强应急值守,加强本区震情监测跟踪工作。区内,群众情绪稳定,未发现地震谣言,只有少数群众致电询问北京地区是否会发生破坏性地震,区地震局根据市地震局公告,耐心向来电群众做好解释辟谣工作,确保广大市民不信谣、传谣,保持正常的生产、生活秩序。

(成少英)

【应急避难场所维护维修】 4月至6月,对元大都城垣遗址公园、太阳宫公园、安贞涌溪公园、坝河绿化带四个建成较早的应急避难场所内各种应急避险设备设施进行维修更新,更新标志牌219块,制作3块大型的应急避难场所疏散示意图,在避难场所周边区属道路上设置标志牌34块。

(成少英)

【地震应急演练】 5月12日防灾减灾日,在辖区内中福百货、小关街道、北京市忠德学校、西坝河三小分别进行地震应急疏散模拟演练。区地震应急救援分队参加由区武装部组织的区应急分队规范化建设汇报演练,出动应急救援设备车辆,现场展示地震应急搜救、破拆救援等科目,市政府领导、北京军区、卫戍区领导及朝阳区领导进行了现场观摩。

(成少英)

【完善地震应急指挥中心】 6月,绘制首都圈地区活动断裂与地震震中分布图、朝阳区地震应急疏散图及应急避难场所分布图、朝阳区地震断裂带图以及朝阳区地震宏、微观观测点分布图;12月底,制作完成朝阳区应急避难场所管理沙盘,进一步完善地震应急指挥中心功能。

(成少英)

【修订地震应急预案】 8月,对《朝阳区地震应急预案》、《朝阳区应急避难场所疏散保障预案》和《朝阳区地震局地震应急预案》进行修订完善、简化实化。征求各相关单位意见,修订完成后上报区政府。指导有关单位及各街道(地区)办事处修订完善各单位的地震应急预案。

(成少英)

【建设地震安全示范社区】 8月底,赴沈阳、山东进行地震安全示范社区建设考察学习,对本区多处社区进行调研,确定在小关街道惠新北里社区建设地震安全示范社区试点,9月召开地震安全示范社区建设研讨会,制定建设方案。

(成少英)

【建设地震宏观观测点】 10月至12月,经考察选址,在高碑店、平房、太阳宫、东坝、十八里店、黑庄户共建设8处宏观观测点,设置兼职观测人员16名,制定工作制度、明确工作职责,做好地震宏观观测工作。

(成少英)

【应急物资库建设】 年内,加强应急物资库的管理,建立应急物资管理台帐,确保应急物资的安全规范管理。补充购买仓库货架和雨衣等应急物资,调整应急物资分区、分类存放,制作分类标志牌。多次接待各级领导和其他省、市兄弟单位参观考察,在市民防局召开的物资库建设现场会上介绍经验。

(成少英)

【应急避难场所建设】 年内,在上年调研、规划、立项、招标、展开建设的基础上,抓好红领巾公园、兴隆公园、北小河公园、京城梨园应急避难场所的建设施工收尾工作,完成四处应急避难场所建设任务。

(成少英)

【配合做好校安工程】 年内,本局作为区校安工程领导小组成员单位,参加区校安工程领导小组联席会,多次参与研究校舍抗震加固方案,并提供朝阳区断裂带分布图,结合本单位工作职责,配合做好校舍抗震加固工作。

(成少英)

城　管　监　察

【概况】 朝阳区城市管理监察大队(简称区城管监察大队)是负责本区城市管理监察工作的区政府行政执法机构。设办公室、督察科、法制科、宣传科、财务科、政工科(监察科)等6个内设机构,行政执法编制43名。年内,在全区城管系统开展“百日作风纪律教育整顿”活动,推进“城管队伍建设一体化、城管执法工作规范化、城管社会形象和谐化”建设。全年组织夏季环境秩序、打击非法运营脉冲行动、非法小广告、校园周边秩序、扫黄打非、食品安全、治理大气污染、无照经营、非法洗车、收售药品、养犬等专项整治行动35次,完成十七届五中全会、中央领导视察、市主要领导调研、“两节”、“两会”、中高考和“2010北京马拉松”、中网、中超等大型赛事活动的环境秩序保障80余次,累计出动执法人员466857人次、执法车辆142358台次,取缔无照经营、露天烧烤、大排档46495起,规范门前三包、店外经营185168起,清除、没收非法小广告852916张。

地址:西大望路36号(平乐园市场北侧)
电话:87718506－301
邮编:100022

(李晋豫)

【定福庄地区环境专项整治】 3月2日至11月30日,针对定福庄中街56间违法建设的简易房,以及在定福庄西街、中街、东街大量的无照游商、店外经营、占道经营、黑车等违法行为,对违法相对人进行宣传告知,告知其权利义务,宣讲法律法规,听取陈述申辩,并与违法建设的五名组织者进行多次谈话,动员其自行拆除。12月1日起,向定福庄中街56户商铺当事人送达了《强制拆除决定书》。12月21日至24日,城管、公安、工商、交通、三间房乡政府、高碑店乡政府等部门出动300余人,采取张贴、送达等方式发布通告,对违法行为当事人进行宣传告知,同期完成调查取证等前期准备工作。25日至26日,区城管监察大队牵头,公安、城管、工商、交通、综治、信访、街乡等20个部门出动600余人,发放告知书1200余份,张贴通告200余张,劝离占道经营摊点83个,无照游商自行拆除活动房屋和经营棚子39处,强制拆除棚亭阁41处面积约560平方米,强制拆除铁棚架30个,广告牌匾88块,清理小广告1000余张,清理建筑垃圾废料220余吨,取缔无照游商230起,规范门前三包149户,定福庄西街、中街、东街环境秩序得到改观。

(孟利君)

【全员封闭轮训】 3月19日至4月20日,分四期对全区城管系统972名城管执法人员,首次进行封闭式全员轮训,参训率达到97.6%。在轮训中,通过准军事化管理和军事队列训练,强化执行纪律的严肃性,塑造朝阳城管良好形象;加强"六单制"行政指导和自由裁量权运用的培训,保障行政处罚行为的合法和适当,增强行政执法的社会公认度,推进城管系统廉政风险防范管理;邀请区纪委领导、专家教授进行廉洁自律教育、职业道德教育、执法心理辅导,切实加强思想政治工作,不断提升城管队伍整体素质。6月至7月份,以"弘扬法治精神,普及法律知识,共建文明城市"为主题,在全系统开展全员法制业务知识竞赛,共52个代表队参加预赛,达到法制培训、考核评比、全员练兵的目标。

(唐云梅)

【执法宣传】 3月19日至4月20日,组织北京晨报、京华时报、朝阳有线电视台等新闻媒体,实地采访全员封闭式轮训。年内,向市城管执法局报送外宣选题63次,接受媒体采访11次,3家以上新闻媒体报道重要新闻29条,96310播发朝阳城管新闻49条,各类媒体涉及城管报道计735条。如安贞分队配发执法现场记录仪、双井分队的"小广告变废为宝"、小关分队的"装摄像头监控接待过程"等新闻被多家媒体报道。全年上报信息1200余条,市政府《昨日市情》采用1条、市城管执法局采用94条、区委办采用20条、区政府办采用28条、区创建办采用34条。全年接待市政协、市级监督员和区人大、区级监督员视察120余人次,接受市级政风行风评议组相关人员明查暗访、考核调研4次。设立"城市文明加油站"10个,策划燃气安全、绿化条例、节水日、高考静心、河湖保护、校园周边整治、供暖等宣传活动,发放9大类宣传材料84000份。

(王　其)

【探索城市管理长效机制】 4月至5月,制发《朝阳区城市管理监察大队环境管控长效运行机制》、《A、B、C三类地区环境秩序管控标准(试行)》,《关于规范街面秩序及专项执法执法行动的指导意见》等规范性措施,主要内容是实施区域三级科学分类管理,A类为重点地区、主要道路,标准是严格禁止;B类为一般地区、次要道路,标准是严格控制;C类为其它地区、背街胡同,要求是适时巡察。每年4月15日至10月15日,从早6点至晚12点,实行三班制,18小时不间断管控。10月15日至次年4月14日,从早7点至晚9点,实行二班制,14小时不间断管控。修订《朝阳区城管监察大队千分制考核办法》和《朝阳区城管监察大队千分制考核办法实施细则(试行)》,在内容上与市执法局的考核办法对接、与三级分类管理对接、与创建全国文明城区行动对接,强化考核的针对性。积极探索适合城管执法工作的奖惩激励机制,最大化运用现有政策、规定、制度和相关经费保障,为运行机制和考核机制提供强有力的支持。

(李晋豫)

【区人大视察】 4月19日、5月21日,区人大城建环保工委委员与区人大代表,分两次到城管大队、亚运村城管分队、东风等街乡城管分队进行视察调研,在听取城管大队工作汇报的基础上,分别召开居民代表、居委会成员座谈会,征求群众对城管监察工作的意见和建议。6月8日,在区人大第二十七主任会议上,区城管监察大队受区政府的委托,向主任会议汇报朝阳区城市管理监察工作情况。会议在肯定城管工作成绩的同时,也指出了城管监察工作中存在的问题。一是管理体制有待理顺。二是长效管理有待提高。三是执法环境有待改善。要关注城管监察队伍建设,特别是执法装备的改善、人员编制的落实、办公场所的固定等项目应列入"十二五规划",为其依法履职提供保障。

(李晋豫)

【创刊朝阳城管报】 5月17日,《朝阳城管报》创刊发行,对开4版,每月一期,中旬出刊。第一版主要刊登城管工作要闻、创建全国文明城区等主题性稿件;第二版为动态新闻,主要刊登城管执法的新闻事件、分队工作动态和典型经验。第三版是身边点滴,用真实的故事,向读者讲述发生在城管队伍中的先进典型事迹及好人好事;刊登社会来稿、居民来信、队员日记等,用观察思考、议事言论等形式,述说城管内涵,搭建公众城管平台,拓宽参与城市管理的渠道。第四版为文化生活,刊登城管队员故事作品、摄影作品、专题征文,展示城管执法队伍的精神世界。以问答形式解读城市管理方面的法律、法规和规章,为群众答疑解惑。《朝阳城管报》有地址发行4800多份,免费发至区四套班子领导、所有部委办局、全体人大代表和政协委员、街道(地区)办事处主要领导、城管分队、社区、村委会,构建"文明城市人民建"的公众化城管平台,完善公众参与、部门联动、信息共享的城管宣传体系,全方位、多渠道展示朝阳城管工作动态,推进文明城区创建，服务“新四区”发展。

（金永刚）

【推广电子法律文书系统】　5月25日，组织电子法律文书试点培训会，在大队机关4个督察队、8个街乡城管分队正式启动电子法律文书试点工作，力求通过信息化手段，管理控制廉政风险，实现执法流程的数字化和规范化。10月28日，针对电子法律文书系统试点运行中出现的问题，为做好电子法律文书与传统纸质法律文书的衔接，市局技术支持处工程师深入试点分队进行调研，现场指导、解答问题、收集建议，在实践中不断完善城管执法电子法律文书系统。

（李晋豫）

【开展三个崇尚主题教育】　6月初，分两批召开全区城管系统“创先争优”及党员作风年活动座谈会，探讨新时期政治思想工作与城管执法工作相结合的有效途径。在重点点位、重点岗位设立“党员示范岗”，充分发挥党员的先锋模范作用，“七一”前夕，大队党委通报表彰全系统53名“群众心目中的好党员”。12月20日至25日，组织以“转变作风、服务百姓、树城管良好形象”主题的演讲活动。全年邀请中央党校、区委党校教授和区纪委领导6人次，对全体监察干部进行廉政教育，筑牢拒腐防变的思想道德防线。层层签订廉政建设责任书，城管执法人员签订廉洁自律承诺书，落实“一岗双责”，强化廉洁自律意识。向全区城管队员推荐《责任胜于能力》一书，继续开展“一年读一本好书”活动，提高城管队员的思想认识、责任意识、能力水平。

（李晋豫）

【百日整顿活动】　9月至12月，在城管系统开展作风纪律“百日教育整顿”活动。扎实搞好宗旨教育、规范教育、纪律教育、形象教育“四大教育”，精心组织“千名城管访万家”爱民实践活动，比照《党章》、《公务员法》，找准与党员标准、与公务员标准、与为人民服务这一根本要求的差距；比照大走访活动中群众提出的意见建议，找准与人民群众新期盼、新诉求的差距；比照市局新一届领导班子的工作思路、工作原则、工作目标、工作要求，找准在执法理念、执法规范、执法纪律、执法形象方面的差距；比照市局通报的问题特别是自己身边发生的问题，找准在维护城管形象、维护城管荣誉方面的差距。严格整肃政令不畅、管理和执法不规范、自身形象不好“三类问题”，逐步实现队伍建设一体化、城管执法工作规范化、城管社会形象和谐化。据统计，开展作风纪律教育整百日整顿活动以来，城管大队第四季度受理执法风纪热线13件，环比下降66%。

（刘东燕）

【百日整治行动】　9月至12月底，区城管监察大队牵头，公安、综治、交通、商委、卫生等30个职能部门、43个街乡及奥林匹克公园管委参与，在全区开展城市街面环境秩序百日整治行动。针对本区市、区、街乡三级挂账乱点情况，各部门相互协调、紧密配合、联勤联动，5次组织专项整治行动，6次组织集中整治，同时设置6个标准化社区菜市场、16个便民服务市场、30个便民服务亭，“五类重点地区（政治敏感地区，如国贸、长安街沿线等；人流密集重点地区，如主要交通枢纽、繁华商业区等；重点旅游景区景点，如奥林匹克公园等；校园周边地区；街乡确定的重点整治地区）”的“五类违法行为（无照摊群和机动车、马车售货等无照游商街面扰序问题；未经准许、占道经营的夜市大排档、露天烧烤问题；非法散发、张贴小广告问题；非法销售盗版光盘和非法出版物问题；制贩假文凭、假证件、假公章问题）”得到有效治理，市、区两级挂账乱点12处、街乡挂账乱点273处，共计285处挂账乱点全部销账，群众投诉量环比下降37.1%，热线回访满意率达到77%。百日整治期间，全区公安、城管、工商、卫生等执法部门出动执法人员112664人次，出动车辆37397车次，查处无照游商9437起、占道经营1006起、露天烧烤和大排档624起，查处非法散发张贴小广告6020起，没收非法小广告256625张，审核上报停机小广告电话号码2997个，暂扣非法书籍和盗版光盘3271张，查扣各类黑车3331辆，救助各类求助人员413人次。期间，共拘留处理扰序人员1342人，其中刑事拘留4人、治安拘留1338人。

（李晋豫）

【办好议案提案信访热线件】　年内，受理人大建议、政协提案37件，全部按期办结；受理市、区人民来信来访件1208件，办理率达到100%；受理热线62775件，办结率96%，回访满意度为73%。通过抓好接收、办理、回复、反馈“四个环节”，落实专人负责制度，办件质量不断提高。如：针对9路公交总站占用非机动车道停车的热线举报，团结湖分队按照大队的要求，协调地铁施工单位和公交总站，规划非机动车道、安装隔离护栏、涂划交通标志，既消除安全隐患，又兼顾各方利益，北京人民广播电台进行了连续正面跟踪报道，做到了城管执法与社会效果统一。

（李晋豫）

评价排名。开发区、街、社区三层大屏公示系统，定期公示文明城区建设各项评价结果。

（张茂平）

数字化城市管理

【概况】 朝阳区城市管理监督指挥中心是负责城市服务管理监督与评价工作的区政府正处级行政机构，城市管理监督体系是用科学手段和科学机制(独立的监督体系)实施城市管理，通过多部门信息共享、协同工作，实现对城市市政工程设施、市政公用设施、市容环境与环境秩序的网格化监督和管理。年内，数字化城市管理平台有效立案2400772件，结案2315006件，结案率为96.43%。

地址：日坛北街33号
电话：65094697
邮编：100020

（张茂平）

【雪天应急工作】 1月初，针对大雪过后路面积雪不能及时清扫的状况，在三里屯、朝外两个街道试点安装推雪铲，做好雪天应急工作。1月7日，会同区环境办、环卫中心在三里屯街道召开各街道主管领导参加的扫雪设备推广现场会。此后，多个街道购买了推雪铲。

（张茂平）

【地下空间管理】 1月，在香河园、团结湖、建外、双井、三里屯、安贞六个街道开展地下空间纳入监督试点工作。制定地下空间立结案标准，按照地下空间产权人或管理单位、使用人、使用单位3个方面，分别从治安维稳、安全生产、市容环境、证照资质、使用人(单位)信息准确性等方面进行监督。11月，为贯彻“以房管人”理念，实时掌握翔实的实有居住人口信息，开发数字化地下空间管理系统，并安装到全区所有地下空间管理单位。通过该系统，地下空间管理单位可以实时录入居住人员，系统可以自动实现社区、街道、全区的信息共享，可以方便地进行各种查询、统计、分析，并实现与全区人口信息的实时比对功能。年内，完成2133处地下空间、6538人员的基本信息录入。为实现以房管人，从居住场所加强对游商、无业等重点人员的监督打下基础。

（张茂平）

【开发文明城区建设监测评价系统】 2月，开发数字化文明城区建设监测评价系统，深入推进文明城区建设监测评价工作。按照《朝阳区创建全国文明城区责任单位指标分解》中各部门的责任内容进行监督监测。为各责任单位主要领导、主管领导以及材料上传的责任科室设置个性化的登陆界面，实现责任科室相关档案材料的电子化上传与文明创建材料审核组在线审核。6月，数字化文明城区建设监测评价系统(一期)开发完成，进入试运行阶段。9月1日开始进行正式监测评价，并将评价结果定期公布。制定文明街道、文明乡、文明社区、文明行政村、文明单位、文明物业小区、文明家庭、文明个人八个方面的标准，共245大类、751小类、2165细类，明确各责任主体在全国文明城区创建工作过程中的各类工作任务标准、考核评价指标和权重、工作流程。完成文明城区相关GIS图层的制作并与文明城区监测评价系统对接，在系统中实现地址精确查找、各项属性直观展示等具体功能。制定实地考察工作手册，完成十大行动中35大类、55小类的实地考察工作，形成评价排名。开发区、街、社区三层大屏公示系统，定期公示文明城区建设各项评价结果。

（张茂平）

【监督政府储备用地上新增建筑】 4月9日，农村分队抽调2辆机动车，安排分队长带领副队长和班长轮流值班，对7个土地储备乡和违建排名前十位的乡每天进行巡查，加强政府储备土地上新增建筑案件的监督工作。

（张茂平）

【监督不文明交通行为】 4月开始，在每个街道和交通中队分别选择三个点，利用探头监控行人乱穿马路、非机动车闯红灯等不文明行为，形成对街道、交通中队等比例的监督评价。

（张茂平）

【网吧管理监督】 7月，为进一步规范网吧上网人员登记，为全区青少年营造一个良好的成长环境，监督中心在把网吧证照情况纳入数字化管理系统进行监督的基础上，开发《上网人员登录管理系统》，安装到每一个网吧，通过与数字化管理平台的对接，实时监控各网吧上网人员情况。该系统于7月13日上线，开始在部分街乡试运行，监督员可根据系统录入的人员与实际上网人员的现场比对，对登记情况进行监督检查。

（张茂平）

【领导调研】 10月10日，国家发改委副主任徐宪平率队来朝阳调研社会服务管理工作。徐宪平一行听取了监督中心朝阳区全模式社会服务管理系统情况汇报，并观看了《全模式社会服务管理系统下的“一网两库三关”模块化维稳体系建设情况汇报》专题片，就如何进一步做好社会服务管理工作进行了座谈。区委书记陈刚陪同调研。

（张茂平）

【煤炉隐患管理】 自11月25日起，将违章使用煤炉情况纳入监督，并实现案件的两级自动派发，即对于新发现的煤炉隐患问题，立案以后系统先自动派遣到所属街乡进行督促整改，街乡督促整改无效的案件自动流转到公安部门进行执法处置，形成闭环的处置流程。截止12月25日，系统共上报各类隐患案件1442件。

（张茂平）

【房产中介管理】 年内，通过深入社区进行调研，制定房产中介组织的监督评价标准及派遣流程，在劲松、太阳宫、小关、将台开展试点工作基础上，在全区全面推进，通过摸清中介组织底数、查找对其管理中存在的漏洞，实现对出租房屋的源头管理。

（张茂平）

【城市管理社会化】 年内，通过建立规范的案件处理流程，实行"六个天天"的管理方式，对单位的门前三包、安全生产、食品卫生状况开展综合监督工作，正在探索建立对社会单位的综合评价体系。初步实现由对部件、事件的监督为主向以对人口、单位的管理状况监督为主的转变，实现由对现象的监督到源头监督的转变。截至11月，已将41531家市容环境维护主体（其中，"门前三包"责任单位33594家、物业小区1109个、征而未建、征而未拆和正在拆迁区域开发建设单位205个、在施工地施工单位508家、保洁责任单位905个、其它市容环境维护责任单位5026个、集贸市场184个）、8544家安全生产责任主体、5525家食品卫生责任主体、751处地下空间问题处置责任主体、1834家二次供水问题处置责任主体以及340个社区、136个行政村等自治主体纳入了数字化管理系统。

（张茂平）

【城市管理数量化】 年内，建立并完善无遗漏的房屋管理数据库、无遗漏的人口数据库、无遗漏社区单位信息数据库。目前，全区基础信息数据库共有信息14074119条，其中房产数据库有信息909116条，居民人口数据库2767623条，社会单位数据库52064条，绿化数据库9455799条，部件数据库889517个以及577个GIS图层。在数字化管理过程中，形成朝阳区运行动态数据库，现有信息9018667条，其中，问题和隐患数据库8329047条，投诉举报数据库109814条，工作记录数据库20574条，材料数据库28002条，咨询问题数据库531230条，大量的基础数据为社会服务管理的科学分析与评价奠定了很好的基础。通过数据资源的共建共享，推进了条条之间、条块之间业务流程的互联互通。

（张茂平）

【房屋管理】 年内，为使监督分队、街乡、社区实时掌握辖区房屋数据，在原有房屋建筑图层基础上进行系统开发，建立房屋管理数据库，将建筑信息及照片信息整合纳入系统，实现各类统计、分析、查询功能，并将全区房屋、违建、广告、牌匾及全景照片纳入数据库，建立GIS影像资源信息数据库，形成闭合更新流程，并建立考核评价机制。

（张茂平）

【社会信用体系】 年内，开发朝阳信用指数（二期），将文明城区建设、安全生产、食品安全等数字化城市管理内容整体纳入信用体系，完成朝阳信用体系与文明城区建设监测、全模式社会服务管理系统对接工作。

（张茂平）

【全模式社会服务管理】 年内，通过与人民大学、北京大学几年紧密合作，逐步形成全模式社会服务管理的理论框架，在已形成的数字化城市管理理论的基础上，形成《构建全模式系统，推进无缝化管理》研究成果。全模式社会服务管理系统概括起来又叫"3+6模式"，即由三个基本模式（传统的专业化管理模式、空间管理网格化模式、建立在这两个模式基础上的体现朝阳特点的合作型社会服务管理模式）和六个工作模试（合作型模式由责任确定无缝化、运行机制常态化、运行方式精细化、运行过程智能化、结构设计系统化、约束机制信用化）组成。全模式的核心内容包括两个方面，一是在政府内部建立监督、管理、执法三类主体相互联系、相互制约的工作格局，逐步形成"大管理小执法"的工作格局；二是在政府和社会的关系上，在政府主导下，充分发挥各类社会责任主体的作用和社区的基础性管理作用，逐步实现"小政府大社会"的目标。全模式理论受到中国行政管理学会、国家行政学院、清华大学等各方面专家学者的认可，受到了国务院发展研究中心、住房和城乡建设部、市委、市政府相关领导和部门的认可。

（张茂平）

园 林 绿 化

【概述】 朝阳区园林绿化局是对全区城乡绿化美化施行统一建设管理的职能部门,隶属于区政府,职能业务归市园林绿化局和市公园管理中心领导及监督指导。截止年底,全局在职人数1029人;机关设置正式科室9个,下设基层单位18个。年内,全区新增绿化面积120公顷,完成改造绿化面积80公顷。完成垡头翠城大绿地建设及麦子店富丽花园等8处小绿地建设,对呼家楼金台北街等20处老旧小区实施绿化改造,完成大屯远洋万和城等22处居住区的绿化新工建设,以及金盏地区的长店家园、崔各庄地区的何各庄村两处农村居住区绿化改造。完成中华女子学院等9处、3万平方米的屋顶绿化建设。国庆期间,全区栽摆花卉400万株。完成春节、两会等重点时期的环境保障工作。新建6家郊野公园,大望京公园一期建成并免费开放。通过专业公园与郊野公园手拉手活动,全区25个郊野公园均建立管理制度。审核征占用林地26.5公顷,与26家社会单位签署《代征绿地移交协议》,收回代征绿地81公顷。绿化资源普查工作全面完成,为朝阳区绿化资源动态管理打造详实可靠的数据基础平台。在全区范围内开展严厉打击破坏森林资源违法犯罪专项行动。完善森林防火预警监测、应急通讯和指挥扑救体系,提升森林火灾应急控制能力,清除林地可燃物近10万亩,清明节期间制止野外违章用火220起,全区未发生森林火警、火情。加强园林废弃物再利用和生物防治技术的研究、应用及推广,提升林木有害生物防控能力,全区未发生林木有害生物灾情。通过认建认养、碳汇造林、见缝插绿、共建捐建等多种形式,广泛开展植树造林活动。重点启动以"植树减碳,播种生机"为主题的朝阳绿色希望行动,全年有25万人参加义务植树,种植树木17万株,新造林73.33公顷。加强各项创建工作,崔各庄乡何各庄村被评为首都绿色村庄,成功创建三里屯幸福二村社区等5个首都绿化美化花园式社区,以及北京电视台等15个首都绿化美化花园式单位。

地址:道家园路甲16号
邮编:100025
电话:65042115

(刘双贵)

【《北京市绿化条例》系列宣传活动】 3月1日,由区政府、市园林绿化局联合主办,区园林绿化局承办,以"坚持科学发展,建设绿色北京"为主题的《北京市绿化条例》系列宣传活动启动仪式在奥林匹克公园中心区举行。市人大常委会副主任赵凤山、副市长夏占义等领导参加启动仪式,市园林绿化局局长董瑞龙及副区长赵全保发表讲话。活动中,绿化宣传志愿者代表向广大市民发出遵守《条例》、维护城市环境的倡议。赵凤山、夏占义共同启动水晶球。此次宣传活动吸引众多市民参与,接受群众咨询近百人次,同时,各街乡及相关部门管理人员组成的宣传队伍开展了广泛宣传,设置宣传点65个,发放各类宣传资料30万册。

(办公室)

【绿色希望行动启动仪式】 4月3日,由麦子店街道办事处和区绿化委员会办公室主办的《植树减碳 播种生机》——朝阳区绿色希望行动启动仪式在麦子店地区举行。市园林绿化局、首都绿化委员会办公室和区有关部门的领导与麦子店地区百名市民出席仪式。在活动现场,参会领导为北京市首批以"购买碳汇"形式参与义务植树的国家农业部机关服务局、全国农业展览馆、凤凰东方(北京)置业有限公司、蓝色港湾有限公司、北京城建远东建设投资集团有限公司、中国建筑第二工程局有限公司、中建一局集团第二建筑有限公司等7家社会单位颁发荣誉证书,对他们一直以来对地区绿化美化事业做出的贡献和对实施《北京市绿化条例》的支持给予肯定。通过活动,提升地区居民、社会单位对新《条例》的知晓率。

(办公室)

【市园林绿化局检查征占用林地】 4月26至27日,市园林绿化局林政稽查大队到本区检查征占用林地项目的执行和管理情况。检查范围是2009年1月1日至12月31日审核审批征占用林地项目的执行和恢复林地情况,以及违法占用林地的查处情况。检查组听取全区征占用林地管理工作情况汇报,查看档案材料,对2009年度审核审批项目逐件进行实地检查。2009年朝阳区征占用林地16件,面积61.9240公顷,其中临时占用林地4.43公顷,全区无非法侵占林地现象发生。检查结果是朝阳区征占林地审核手续齐全,档案管理规范、完备。

(王桂花)

【国庆绿化环境保障工作】 9月19至21日、9月27至28日,区园林绿化局分别对专业养护绿地及街道自管绿地进行节前养护检查,在确保绿地日常管护到位的基础上,重点检查绿地环境是否干净整洁。并针对检查中发现的问题，及时安排相关单位进行整改，确保节日期间的优美环境。通过各养护单位的合理安排和积极落实，朝阳区国庆期间整体绿地环境干净整洁，为全区国庆活动营造了良好的环境景观效果。

（王　惠）

【森林防火宣传日活动】　11月19日，区森防办在将台地区将府公园组织开展以“加强生态文明建设，严防森林火灾发生”为主题的大型宣传日活动。宣传活动现场采取悬挂横幅、摆放展板、发放材料、展示装备等多种形式，全方位、多渠道、广角度地宣传森林防火法律、法规、知识，进一步增强广大居民群众的森林防火意识，活动日累计悬挂横幅12条、摆放展板30块、发放各类宣传材料等物品1余万份（件），展示防火装备4项、消防车辆1台，出动宣传车辆6辆，全区有100余名干部职工参加宣传活动，受教育居民群众达1万余人次。

（英　岫）

【冬季绿地养护管理】　年内，加强冬季养护管理及绿地景观维护，做好冬季树木修剪整形工作，确保树木正常生长、提高园林景观效果，去除枯死枝，避免干枝死杈掉落砸伤行人或损坏车辆，减少安全隐患。针对上年冬季融雪剂危害的问题，本年在搭防寒风障的过程中，采用风障立面倾斜的方式，减少融雪剂喷洒至绿地内，对植物起到一定保护作用。做好冬季绿地保洁，开展干枝落叶清运和处理工作，以免引起火灾。遇有大风天气，安排应急人员清理树挂及白色污染。同时，加强日常巡查，确保冬季绿地干净整洁。

（王　惠）

【四家公园成为首批市级重点公园】　年内，根据《北京市重点公园标准》的相关要求，北京市开展首批市级重点公园评比活动。市级重点公园的评选标准有五项，分别是历史价值、文化价值、研究价值、保护价值和艺术价值。公园只要符合其中一项标准，即可进行申报。朝阳公园、奥林匹克森林公园、日坛公园、元大都城垣遗址公园四家公园成为首批市级重点公园。

（郝海英）

【超额完成全年绿化任务】　年内，区计划新增绿化面积50公顷，改造绿化面积50公顷。截至年底，全区新增绿化面积120公顷，完成计划的240%；完成改造绿化面积80公顷，完成计划的160%。在超额完成全年任务的基础上，形成大望京公园、垡头南路、金盏金融服务中心景观绿化工程等一批亮点。完成垡头街道的翠成大绿地建设及麦子店富丽花园等8处小绿地建设，实现绿化面积5万平方米。完成大屯远洋万和城等11处居住区的绿化工程建设，对呼家楼金台北街等20处老旧小区实施绿化改造，完成中华女子学院、北京第二外国语学院等9处3万平方米的屋顶绿化建设。花卉工作推进常态化管理，充分利用2008年“奥运”和2009年“国庆”建成的花钵、花架等设施，做好三环路、四环路、朝外大街、建国路等的容器摆花、地栽花卉及重点地区花树摆花。“国庆”期间，全区栽摆花卉400万株。

（许闰子）

【农村绿化美化重点工作】　年内，继续推进绿化隔离地区“郊野公园环”建设，实施金田郊野公园等6个公园建设工程。4月30日，6个郊野公园实现对社会开放，完成311公顷的建设任务，郊野公园总数达到25个。完成重点绿色通道即机场二通道、机场南线、京津高速第二通道和京津城际铁路的扫尾工程及完善提高工作，重点绿色通道完成111.33公顷。完成豆各庄黄厂村西路、崔各庄泉幸路等农村道路绿化“折子工程”道路11条。完成东风泛海国际居住区、小红门鸿博小区一期等农村居住区绿化新建和改造11处的绿化任务。完成播草盖沙100公顷。继续抓好农村绿化养护管理工作。

（张振香）

【绿地土壤抽样调查】　年内，组织20名专业技术人员在土壤取样过程中，利用先进的全球GPS定位系统进行定位、抽样、取点调查，在规定的面积范围内随机挖掘具有代表性的土壤进行取样，并记录下所采集地块的基本生产数据，画出取样草图。GPS定位系统克服以往调查取样中定位抽样点经纬度精度不高的缺憾，同时也进一步补充与完善朝阳区现有的林木资源信息及绿化养护信息数据库数据系统，为绿化植物、土壤性质、及病虫害防治等提供更直观、可靠的数据资料。

（张　丽）

【获奖情况】　年内，区绿化委员会获第二届中国绿化博览会室外展组织奖，朝阳园获第二届中国绿化博览会室外展金奖和最佳设计奖；区绿化局获2010年度首都国家安全工作先进集体；三环、四环路分车带朝阳段藤本月季景观，在第二届北京月季文化节评比中获北京最美月季景点。

（刘双贵）

朝园弘园林绿化有限责任公司

【概况】　隶属区园林绿化局，是全民所有制企业单位，国家城市园林绿化一级资质企业。先后通过ISO9001质量管理体系、ISO14001环境管理体系和OMS18000职业健康安全管理体系认证；2010年度AAAA级守信企业；2010年度信用等级AAA级；取得北京市林业工程建设施工、林业勘查规划设计甲级资质。公司承揽园林绿化、园林机械、花卉苗木、环保技术开发等项业务。设市场合预部、工程部、设计部、财务部和综合办公室。截至年底，有职工44人，内退人员1人。年内，被评为2010年度首都绿化美化先进单位。全国城市园林绿化企业50强。

地址：朝阳北路147号
邮编：100025
电话：85841343

（赵梦梦）

【绿化工程】 年内，完成常规设计任务19项，规划设计面积95公顷，施工图绘制面积53.6公顷；完成投标任务110余项，中标金额3亿元；承揽朝阳区2010年城市绿化美化环境整治项目、通州新城滨河森林公园南区九标段园林绿化工程、房山新城万亩滨水森林公园绿化工程第四标段等多项绿化工程。工程合格率100%，收入2.07亿元。其中通惠河景观建设工程荣获建设部“中国风景园林学会”颁发的2010年度“优秀园林绿化工程”金奖；通惠河景观建设工程、科荟路绿化景观工程分别荣获北京市园林绿化企业协会颁发的2010年度精品工程奖；2009年长安街及其延长线(管庄段)环境整治项目荣获北京市园林绿化企业颁发的节约型园林建设奖(单项奖)。麦子店富丽花园小绿地荣获2010年朝阳区小绿地建设一等奖。

（赵梦梦）

日坛公园

【概况】 隶属区园林绿化局，是全民所有制差额拨款事业单位。截止年底，在职人员105人，其中男职工55人、女职工50人。年内，完成古建修缮立项、审批、招标等主体工作外，进行古建修缮工作，预计2011年7月完工。配合古建宰牲亭围墙修缮，调整宰牲亭东侧外环路，收回小高尔夫内场地，重新规划休憩广场，确定新的主干道路和步行道，恢复日坛景观，伐除毛白杨、洋槐等杂乱树种，移植大规格国槐和银杏；南门主路改造共种植8株大规格玉兰；坛(圆坛)东门及核桃地改造工程，在扩宽道路的基础上将原有老化树木伐除后种植栾树10株、元宝枫6株、种植大规格银杏17株。完成麦子店富丽华园小区门前绿化改造，东大桥地铁6号线临时占地移伐树木工程及北五环东湖、麦子店小区绿化养护等外部工程。为日坛建坛480年，公园设置专人进行文物保护、史料收集与研究工作，并对形成的公园文物保护资料妥善保管。进一步完善日坛史料，《日坛史略》书籍正式出版发行。并与天坛、地坛、月坛联动开展主题为“日坛公园太阳文化节”活动；配合朝外街道办事处举办“第四届春分朝阳民俗节”活动；承办北京皇家园林文化节暨第五届北京公园节太极球比赛决赛。邀请北京电视台、北京青年报、法制晚报、朝阳报等二十家市、区级主流媒体对公园古建修缮及各项文化活动进行宣传报道。获北京市三八红旗集体、朝阳区绿化美化先进单位等荣誉称号。全年接待游客300万人次。

地址：日坛北路6号
邮编：100020
电话：85613249

（张艳清）

【太阳文化节活动】 2月15日，日坛公园举办“新旧寅丑展宏图，千古日月今朝阳——日坛公园太阳文化节暨朝日坛480周年纪念活动”。活动有，舞蹈《向着太阳》、《祁日》和大合唱《草原上升起不落的太阳》，著名表演艺术家石维坚老先生朗诵了《太阳赋》。同时，拼太阳、猜灯谜活动也吸引了广大游客的积极参与。北京电视台、北京晚报、京华时报等媒体进行了报道。

（孙　莹）

【第四届春分朝阳民俗文化节】 3月21日，由朝外地区社会管理中心、朝外地区文化协会主办，日坛公园协办的“春分朝阳”第四届民俗文化节在日坛公园圆坛内举行。除了往届文化节的经典片段《太阳赋》诗歌朗诵、地区居民共享太阳糕、放飞希望的风筝外，本年的节目增加了京剧、小品、音乐剧等，让演出具有更强的观赏性，受到全场观众的热烈欢迎。活动期间，南门橱窗内纪念朝日坛480周年宣传展览，吸引众多游客观看。

（孙　莹）

【北京皇家园林文化节】 8月10日，北京皇家园林文化节暨第五届北京公园节群众文化活动太极球决赛在公园南门壁画前举行。7支太极柔力球参赛队伍在比赛中各展风采，一决高下，最终颐和园公园代表队荣获一等奖，日坛、陶然亭代表队荣获二等奖、玉渊潭、北海、景山代表队荣获三等奖。

（孙　莹）

团结湖公园

【概况】 隶属区园林绿化局，是全民所有制差额拨款事业单位。设部门7个，下设班(组)7个。截止年底，在职职工71人，其中干部21人，专业技术人员10人，工勤人员40人。年内，进行湖水治理，向湖内投放锦鲤3.5万尾。营造以桃花为主、海棠花为辅的“一园一品”绿色景观,湖北岸外环园路两侧新栽植海棠10余株;公园中心岛新栽植桃树70余株。公园碧桃品种增至13种,300株。新增5-6座位电船15条。改造园内变电箱28个,重建公园南面围墙200米。“国庆”期间,公园东门摆放的“菊韵”花坛被北京第二届菊花文化节组委会评为“北京最美菊花景点”。全年接待游客460万人次。

地址:团结湖南里16号
邮编:100026
电话:85973603

(李洪静)

【活动】 5月28日至31日,园内举办“情系职工,共筑和谐”为主题的12351职工服务热线咨询图片展。年内,举办新《北京市绿化条例》的宣传活动、“文明传递社区行—文明你我他.和谐团结湖”活动、创建文明城区”暨团结湖公园第四届赏菊观鱼游园会、九九重阳“展示社区风采 开创文明朝阳”文艺汇演等活动。

(李洪静)

【绿化工程】 年内,完成中央美院环境改造工程,中国建筑材料研究院总院E地块住宅项目绿化工程,大望京公园5号地景观工程,大屯文化广场、鼎城路道路养护工程以及京顺路绿化工程的养护工作。完成大屯文化广场、朝阳剧场国庆节日布置任务。

(韩晓楠)

红领巾公园

【概况】 隶属区园林绿化局,是全民所有制差额拨款事业单位。公园管理处设办公室、财务室、工会、生产组、工程组、活动办等部门,下设综合服务组、门卫班、南游乐班、北游乐班、舞场班、司机班、后勤班、绿化卫生班、小卖部(商贸中心)、实业公司。截止年底,公园有职工86人,其中管理人员29人、专业技术人员9人、工勤人员48人。公园总面积41.99公顷,其中水面积16.09公顷,绿化面积14.07公顷,铺装面积6.86公顷,建筑面积1.43公顷,外单位占地面积3.54公顷。实有树种104种,各类树木5.69万株,乔木5911株,灌木3.87万株,其它植物1.23万株,绿化覆盖率94%。年内,转变班组经营方式,将船班和交通教育班作为试点,进行外包式经营,降低公园支出成本;加强创收班组票务管理,研制公园电子票务管理方案,在北游乐班使用电子售票系统。将红领巾湖内年久失修的喷泉设施拆除,恢复原有湖面景观;引入合作方资金近百万元,对公园西部公厕进行拆除重建;将管理处东侧原有库房改建成职工食堂,改善职工就餐环境;对北门票房进行装修,在北游乐场新建职工休息室两间;全年改造和新建房屋660平方米;对海之梦、食堂周边和西湖道路进行铺装、修补360平方米;投入资金5万元,新增电瓶车、小型玩具等游乐设施;更新维修导览图、安全提示牌等30余块,为游客提供良好的游园环境。因地制宜改造园内景观,对园内过密紫叶李、西府海棠等324株植物进行调整,栽植四季海棠、红宝石海棠73株;补植小檗、女贞等植物1750株;全园节日栽摆盆花近10万盆;举办第十届红领巾公园科普游园会暨2010年“六一”科普玩具总动员活动、第七届北京双胞胎文化节等活动。承接绿化工程3.8万平方米,工程收入1545.5万元,完成顾家庄桥区、来广营桥区、北苑桥区等绿地养护14万平方米。全年接待游客163万人次。

地址:后八里庄5号
邮编:100025
电话:85810901

(王　玲)

【植树日宣传活动】 4月3日,区园林绿化局在红领巾公园南门开展首都第26个全民义务植树日宣传活动。来自区园林绿化局、红领巾公园、大黄庄苗圃、园林服务中心的25名工作人员,以展板、发放宣传材料等形式向游人宣传绿地认建认养程序、新颁布执行的《北京市绿化条例》等知识,并向游人发放环保购物袋,活动吸引3000余名游客参与。

(王　玲)

【健步走活动】 4月8日,六里屯地区社会化退休人员健步走以及创建全国文明城区志愿者系列活动启动仪式在公园举行。活动以创建全国文明城区为契机,体现“我参与、我奉献、我快乐”的特点,同时营造和谐文明的人文环境和社会环境,使退休的老年人也行动起来加入到创建全国文明城区的年轻志愿者队伍中。市劳服管理中心书记张健参与活动,区人力资源和社会保障局局长吕明杰在仪式上致词,社会化退休人员代表宣读倡议书,举行志愿者授旗仪式。健康教育专家赵之心老师到现场讲授养生健康知识。随后,赵老师与300余名社会化退休人员参加了以“走进春天、走出健康”为主题的环湖健步走活动。

(王　玲)

【窗口行业文明风采展示活动】 5月13日,由六里屯街道办事处主办,红领巾公园协办的“六里屯地区窗口行业文明风采展示活动”在公园南门广场举行。来自六里屯地区商业、医疗、餐饮、金融、物业、保安公司、社区服务站等窗口行业的近500名佩戴“大拇指”标识的志愿者参与到“创文明我行”的活动中。此次活动是六里屯街道“大拇指”文明行动系列活动之一。

(王　玲)

【非紧急救助服务工作宣传周活动】

5月20日,市园林绿化局、区园林绿化局相关部门在红领巾公园南门举行非紧急救助服务工作宣传周活动。工作人员向游客发放“如需帮助 请拨12345”宣传册及环保袋、冰箱贴、海报等,并向游客进行宣传介绍,如果游客在公园风景区游览的过程中有任何疑问、建议,或对全市园林绿化建设的意见、建议,都可以直接拨打“12345”进行反映,市非紧急救助中心会把问题分类整理交办给相关部门,保证游客诉求及时得到处理。

(王　玲)

【第十届红领巾公园科普游园会】 5月29日至30日,由区教委、区科协、区园林绿化局主办,区青少年活动中心和红领巾公园承办的第十届红领巾公园科普游园会暨2010年“六一”科普玩具总动员活动在红领巾公园举行。活动分为玩具知识介绍区、玩具现场互动区、玩具交换区、玩具现场制作区、传统玩具区、婴幼儿玩具互动区等多个区域。环环相扣的九连环,充满智慧的鲁班锁,展示拓扑学相关概念的拴马桩,可从中了解二进制格雷形的梵天塔等120余种新老科普玩具在游园会上纷纷亮相,受到孩子和家长的欢迎,吸引了近万人参与活动。

(王　玲)

【全民健身日宣传活动】 8月5日,六里屯街道办事处在公园举办“六里屯街道争创全国文明城区健身风采展示暨2010年‘全民健身日’宣传活动”。区体育局、六里屯街道办事处领导与六里屯街道辖区内十余个社区居民共同参与活动。现场武警战士表演擒敌拳,居民们表演武功扇、太极拳、健身舞蹈、抖空竹等精彩健身节目。

(王　玲)

【园林绿化工程】 9月1日,辛店路东延、湖光中街立交桥西侧绿化工程开工,工程属于2010年城市绿化美化三期改造项目内容,施工面积3.4余万平方米,审定金额556万元,包括绿化种植和喷灌两部分,9月30日竣工。栽植油松、西安桧、白皮松等常绿乔木117株,千头椿、银杏、紫叶李、白蜡、玉兰、法桐等落叶乔木1086株,丁香、紫薇、榆叶梅等落叶灌木1097株,大叶黄杨、金叶女贞、红瑞木等色带11.97万株,串红、万寿菊、百日草、金娃娃等花卉7.03万株,铺草2.96万平方米。

(孙　莉)

【第七届北京双胞胎文化节】 10月2日至3日,由区园林绿化局主办,红领巾公园承办的第七届北京双胞胎文化节在公园举行。本届文化节的主要特点是由双胞胎亲身参与到活动策划、组织当中,充分发挥双胞胎群体的积极性,体现双胞胎在文化节中“我参与、我快乐,我融入,我成长”的理念。活动内容分为双胞胎才艺表演、才艺比赛、彩装巡游、书法绘画、巧手编织、法律咨询、育儿教育、体育双打比赛等多种项目,来自美国、土耳其、新疆、河南、河北及北京等地的500余对双胞胎参与文化节活动。

(王　玲)

元大都城垣遗址公园

【概况】 隶属区园林绿化局,是全民所有制差额拨款事业单位。公园内设办公室、财务室 、劳资、工会、档案室、生产组、三产办公室、物业管理办公室。下设养护班(5个)、司机班、打药班、维修班、电工班、巡查班、安保组、后勤班、工程养护班13个班组。截止年底,职工人数127人、管理人员19人、专业技术人员8人、工勤人员100人。固定资产总值1.71亿元。实有树木20.15万株,其中乔木1.43万株、灌木15.41万株、月季与攀缘植物3.3万株;竹子1.07万株;绿篱色块35.65万株;宿根花卉7.55万株;草坪36.44万平方米。年内,完成大望京公园第四工区绿化收尾工程、通州新城滨河森林公园九标段第三工区绿化工程、京承公园景观绿化工程等10.5万平方米,工程养护面积90万平方米。栽植乔木3119株、灌木3.05万株、竹子3.1万株、绿篱色块1.32万株、月季1.75万株、宿根花卉4.83万株、应时花卉3.9万株,播种草花5.04万平方米,铺设草坪3.04万平方米。重大节日在八达岭高速辅路、大望京公园及公园内栽摆花卉20万株。在四海宾朋景区东侧和海棠花溪景区西侧的城台上,布置“祈福祖国·祝福世界”主题立体花坛,共用海棠9514盆、彩叶草2692盆、金叶反曲景天1.26万盆、非洲凤仙4417盆、小菊1351盆。举办第十三届海棠花节,游人达30万人次,市、区近20家媒体相继报道。贯彻执行ISO9001质量管理体系和ISO14001环境管理体系,并通过北京兴源认证中心复审。2010年登记为北京市注册公园,并被市园林绿化局评为北京市重点公园,年接待游人443.8万人。

地址:惠新东街
邮编:100029
电话;84648252

(程桂清)

【绿化工程】 3月19日,通州新城滨河森林公园九标段第三工区工程进场施工,施工面积3.93万平方米,9月5日完工。栽植常绿乔木108株、落叶乔木681株、落叶灌木3982株、宿根花卉922平方米、丹麦草3825平方米、苔草1.29万平方米、野牛草866平方米,播种1.3万平方米。5月8日,大望京公园第四工区绿化工程竣工(上年10月开工),工程投资额553万元,栽植常绿乔木404株、落叶乔木604株、落叶灌木1.37万株、竹子2.01万株、色带810平方米、宿根花卉788平方米、应时花卉633平方米，播种1.12万平方米，铺设草坪1.31万平方米。8月底，望承公园一期绿化工程开工，绿化面积2万平方米，投资385万元，11月16日竣工，11月20日举行开园仪式。栽植常绿乔木136株、落叶乔木206株、落叶灌木1330株、竹子7735株、色带625平方米、宿根花卉335平方米、应时花卉404平方米、观赏草160墩，铺设草坪1.36万平方米。

（刘 辉）

【第十三届海棠花节】 4月23日，区园林绿化局主办的元大都城垣遗址公园第十三届海棠花节开幕。市、区有关部门领导和嘉宾出席开幕仪式。本届海棠花节以“赏海棠，品春色，爱生活”为主题，倡导“低碳环保”、“绿色北京”。公园与社会公益对接，向北京育英学校打工子弟的孩子们捐赠学习用品。设有周边社区朋友业余生活的书画展，应急避难知识、海棠新品种介绍等；沿路设有关于元朝历史文化、北京绿色环保成果、低碳环保知识以及公园简介的宣传展板。另有精彩的专业演出及社区节目吸引众多的游客驻目观看，改造后的四号景区海棠花新品种成为公园一道新的风景。

（佟力霞）

四得公园

【概况】 隶属区园林绿化局，是全民所有制差额拨款事业单位。占地面积16.13万平方米，其中绿地面积11.9万平方米，水面面积5700平方米，道路及设施面积3.66万平方米，绿地率73.78%。截止年底，公园在岗职工28人，其中女工17人。年内，公园景观改造面积1.5万平方米，新增乔灌木和宿根花卉17种5663株；移植乔灌木23种4041株；草坪改造1.5万平方米，其中冷季型草3000平方米、丹麦草1.2万平方米。年接待游客170万人次。

地址：将台西路

邮编：100016

电话：64384057

（关春明）

【绿地养护】 年内，公园按照一级养护质量标准，养护面积11.9万平方米，未发生大面积病虫害。“五一”和“国庆”期间，栽植草花2200平方米，摆放花钵10个、花堆13个，设置主题花坛1处，累计使用花卉21种6.55万株。园外专业绿化养护工作，包括五环路东湖段、奥园北区和大望京公园三处，其中负责养护的五环路东湖段绿化全长1350米，面积8万平方米，属特级养护；负责养护的奥园北区绿化面积6.8万平方米，年内补植乔木401株，灌木8035株；大望京公园6标绿化养护面积3.5万平方米，新植乔木30株、灌木1370株，宿根花卉6950株。

（关春明）

北小河公园

【概况】 隶属区园林绿化局，系全民所有制差额拨款事业单位。实有植物55种，树木1.55万株，其中乔木4094株、灌木1.14万株。竹子2005平方米，绿篱色块260平方米，宿根花卉2245平方米，草坪6.7万平方米。截止年底，在职职工27人，其中女职工17人。年内，对全园花卉进行调整，适当增加宿根花卉。编制年度北小河公园绿地调查表，详细记录公园绿地基本情况。加大科技力量的投入，尝试植物节水抗旱实验，完成城市绿地综合节水示范区建设。完成应急避难场所建设工作，在园内设立太阳能发电系统，最大发电量20KW。在公园内开展“物联网”试点工程，安装基础设施网关和中继设备，建设门区视频计数系统，并通过网络将园内原有的四水联调数据、太阳能节电数据进行无线传输，实现公园管理的科学化、数字化。公园承担社会绿化养护面积78.7公顷。代养望京、东湖地区的部分路段面积10.4公顷。完成新建和改造绿地工程15项，总面积7.8公顷，工程投资2535.45万元，新植乔灌木3724株、色带9.67万株、花卉34.74万盆，冷季型草坪2.2万平方米，丹麦草1.5万平方米。年接待游客20万人次。

地址：望京东湖路1号

邮编：100102

电话：64708518

（高 炜 王继芳）

【绿化工程】 5月11日，利泽中一街、利泽中二街、溪阳中街、南湖北路、河荫路、京承高速、京顺路进京方向工程2008年4月7日开工，绿化面积41.56万平方米，工程投资697.74万元。安装喷灌管线3.48万米（其中过路顶管3582.5米）、快速取水阀394个、喷头1356个，砌筑阀箱井106座、阀门井43座、泄水井60座、圆井48个、自打机井3座、水表井3座、新报装自来水水源井10座、新报装深水井4座，破碎方砖210米。5月12日，焚烧电厂绿化工程竣工，绿化面积1.56万平方米，投资98.27万元。种植常绿乔木8株、落叶乔木88株、常绿灌木15株、落叶灌木90株、色带3.44万株、花卉1.2万株、冷季型草坪9000平方米、清运渣土4680立方米，移植落叶乔木38株，移除常绿乔木7株、落叶乔木3株、落叶灌木39株。8月3日，京密路（北五环～大山子车站）工程开工，绿化面积2万平方米，全线1.4公里，投资166.51万元，9月1日竣工。种植常绿乔木210株、落叶乔木123株、常绿灌木

17株、落叶灌木166株、色带1500株、花卉1.38万株、冷季型草坪5400平方米、丹麦草1.53万平方米。安装喷灌管线695米、快速取水阀15个、阀门井1座、泄水井4座,人工挖土方回填246立方米。8月3日,京承高速(北四环~北五环)工程开工,绿化面积0.34万平方米,全线0.3公里,投资150.6万元,9月1日竣工,种植各类花卉16.78万株。8月3日,广顺北大街(湖光北街~广顺桥)工程开工,绿化面积0.12万平方米,全线0.15公里,投资42.82万元,9月1日竣工,种植各类花卉4.91万株。9月30日,太阳宫西路道路绿化工程竣工(2008年4月30日开工),绿化面积0.65万平方米,全线2.2公里,投资130.77万元。种植常绿乔木170株、落叶乔木668株、常绿灌木149株、落叶灌木510株、色带9000株、花卉7929株,草坪4147平方米。安装喷灌管线3287米、阀门井16座、快速取水阀60个、球阀62个、泄水井6座、水源井4座,人工挖土方回填1382.62立方米、路面切缝20立方米。11月6日,望京西路(溪阳西路~利泽西二路)工程开工,绿化面积0.83万平方米,全线1.07公里,投资310.05万元,11月12日竣工。种植落叶乔木362株、常绿灌木740株、落叶灌木213株、色带5.18万株、花卉9.69万株、冷季型草坪3230平方米,移植乔木11株,安装喷灌管线8681米、快速取水器及阀箱120套、喷头228个、球阀闸阀173个、水表1块、阀门井15座、阀箱井33座、泄水井25座、水表井1座、水源井1座,破碎地下基础109.05立方米,树池围牙830米,粉刷围墙1572.3平方米。11月12日,北小河河南岸停车场工程开工,绿化面积1.59万平方米,投资520.19万元,11月30日竣工。种植落叶乔木195株,设置车位564个、出入口2个、管理岗亭2座,铺设管线1235.5米,安装庭院灯42个、配电箱1个、挡车杆609套。

（田　菲）

【欣河少先队活动基地】　5月31日,北小河公园、东湖街道办事处筹备处与望馨园小学联手共建“欣河少先队活动基地”活动在公园举行,500多名师生参与“欣河少先队活动基地”揭幕仪式。游园活动以“低碳环保 快乐成长”为口号,用矿泉水瓶做成保龄球、易拉罐做成小鱼、纸板做成靶子等,将生活中的废弃物再利用作为游园道具,体现了孩子们低碳环保的意识。少先队员用自己制作的宣传小牌示倡导游客爱护植物,保护环境,文明游园。

（王继芳）

【开展除四害活动】　年内,北小河公园在园内开展春、冬两季灭鼠、灭蟑等除四害活动,在管理处及园内设置鼠站、鼠旗各50个,投放鼠药3桶,发放灭蟑药,邀请专业人员定期开展鼠密度监察,动员游人自行开展除四害工作。

（王　新）

大望京公园

【概况】　位于崔各庄乡,北靠北小河、东南临京顺路、东北至五环路、西接望京规划路。占地面积33.03万平方米,其中陆地面积31.95万平方米、水面面积1.08万平方米。全园实有乔木30余种9000余株,灌木40余种4万余株,各类花卉50万株。公园管理处成立于2009年9月29日,隶属朝阳区园林绿化局,全民所有制差额拨款事业单位。编制人员30人,其中管理人员19人,专业技术人员7人,工勤人员4人。公园内设综合办公室、工程养护组、开发经营部、安全保卫组、财务部等5个部门。

地址:崔各庄乡大望京路甲6路
邮编:100102
电话:64717656

（樊　芳）

【公园建设工程】　4月30日公园竣工(2009年6月14日开工),5月8日对游客开放。公园设置望京台、如意湖、戏水溪流、林荫广场、亲水广场、叠水瀑布等7个主要景点。北京园林古建设计研究院设计,北京朝园弘园林绿化有限责任公司施工。

（樊　芳）

庆丰公园

【概况】　隶属区园林绿化局,全民所有制差额拨款事业单位。2009年5月17日开工建设,2009年9月28日正式向游人免费开放,2010年5月组建公园管理处,内设养护组、工程组、安全保障组、综合办公室、财务组等管理部门5个。职工定编30人,其中管理人员15人,专业技术人员10人,工勤人员5人,实到岗职工7人。固定资产总值13.05万元。公园位于通惠河西部、CBD南侧,西起灵通观桥、东至庆丰桥、北起通惠河北路、南至京秦铁路线。全长1700米,宽度70—250米之间,被东三环路分为东、西两园。总面积20.21万平方米,其中陆地面积20.01万平方米,水面积2000平方米。绿地面积16.60万平方米,铺装面积3.03万平方米。公园实有树木34.99万株,其中乔木3.23万株,灌木29.63万株,竹子2.13万株;花卉14.23万株,冷季型草坪11.28万平方米。绿化覆盖率84%。两大景区有滨水景观区和生态文化区,八大景点是庆丰古闸、沁芳梦萦、惠水春意、新城绮望、古渡春华、芳草春辉、大通帆涌、都市蜃楼。现有古闸遗址、古槐树及二闸村民俗文化历史遗存。年内,公园绿化养护由区绿化一队、红领巾公园和大黄庄苗圃等施工单位负责。年接待游客约30万人次。

地址:厂坡村甲2号

邮编:100022

电话:67780738

(房桂娟)

【环境秩序百日整治行动】 9月18日至年底,公园开展环境秩序百日整治行动。期间,在西门等重点路段张贴《告知书》,印发《致广大市民的一封信》200份,主要出入口安装"之"型门和"弓"型栏杆。国庆节前,公园突出整治重点,加强值班巡逻,主管人员带队每隔一小时对园区及周边巡查一次,现场纠正违规行为,保证整治一处,巩固一处,确保国庆游园和周边秩序。

(房桂娟)

区绿化一队

【概况】 隶属区园林绿化局,全民所有制差额拨款事业单位。内设管理部门10个,下设班(组)21个、苗木基地1个,下属三产企业1个。截止年底,在职职工154人(男职工99人,女职工55人),其中管理人员28人,专业技术人员24人,工勤人员102人。全年经济创收1.55亿元,固定资产总值5287.01万元。年内,在养护主业方面推行数字化、精细化管理。严格按照监理要求,记录每一条道路养护日志,为成本核算提供准确数字依据。加强网格管理,每月以班组为单位,对网格件进行分析、对比。创新管理方法,利用相机对养护死角拍照取证,把效果好的与做的不到位的路段做成幻灯片进行对比,查找存在的不足。病虫害防治坚持"以防为主,综合防治",防治效果显著。在年度全局养护综合评比中获得第一名。"五一"布置各类花卉51.76万盆,"十一"布置大型花坛、花塔、花柱、灯杆挂花等各类花卉100.37万株。年内,获"2010年度北京市行业环境卫生工作先进单位"荣誉称号。

地址:团结湖路15号。

邮编:100026

电话:85967276

(张 静)

【绿化工程】 3月10日,外交部新闻领事中心综合办公楼园林绿化和庭院工程开工,绿化面积1600平方米,投资434万元,5月10日竣工。种植常绿乔木4株、落叶乔木11株、灌木33株、宿根花卉1200株、竹子3900株、绿篱色块5900株、铺设草坪1130平方米。3月10日,朝阳路二期绿化工程开工,绿化面积1.15万平方米,投资319.5万元,4月30日完工。种植落叶乔木1060株、落叶灌木949株、绿篱色带9.86万株、藤本植物1.15万株、宿根花卉2.15万株,铺设草坪4500平方米。4月1日,三里屯SOHO北广场景观工程开工,绿化面积4900平米,投资700万元,4月31日竣工。种植常绿乔木12株、落叶乔木40株、灌木40株、绿篱色块2万株,铺设草坪2000平方米。6月22日,太阳宫南街绿化工程开工,工程面积1.1万平方米,投资598.66万元,8月3日竣工。栽植乔灌木1207株、色块11.26万株、草坪3750平方米、花卉7.59万株。8月3日,星火路绿化工程开工,绿化面积5732平方米,投资292万元,9月1日竣工。种植常绿乔木81株、落叶乔木183株、灌木986株、绿篱色带1.33万株、宿根花卉3万株、丹麦草1059平方米、冷季型草坪2500平方米。8月3日,老迎宾线绿化工程开工,绿化面积1.92万平方米,投资1219万元,9月1日竣工。种植常绿乔木49株、落叶灌木331株、绿篱色带12.52万株、栽植花卉46.07万株,铺设草坪6444平方米,回填种植土3000立方米,安装栏杆7000余米,节水覆盖2万平方米,砌筑挡墙2000米。8月3日,外交部门前隔离带绿化工程开工,绿化面积3046平方米,投资90.4万元,9月1日竣工。种植常绿乔木1881株、灌木364株、绿篱色带3024株、宿根花卉3932株,铺设草坪1547平方米。8月3日,园星路绿化工程开工,绿化面积7325平方米,投资307万元,9月1日竣工。种植常绿乔木78株、落叶乔木85株、灌木626株、绿篱色带6500株、宿根花卉1.2万株、丹麦草1000平方米、冷季型草坪2500平方米。10月20日,九龙花园北路绿化工程开工,绿化面积1495平方米,投资29.6万元,10月31日竣工。种植常绿乔木10株、落叶乔木116株、灌木21株、铺设草坪700平方米。

(李 洋 冯 刚)

【绿地养护】 年内,绿化养护面积290万平方米,养护道路绿地177条,其中特级路24条,一级路95条,二级路58条。养护道路实有树木53.93万株,其中乔木6.64万株、灌木16.94万株、月季26.14万株/2.91万平方米、攀缘4.21万株/4400平方米;竹子18.3万株/7210平方米;绿篱色块330.14万株/14.82万平方米;草坪95.7万平方米。

(张 静)

区绿化二队

【概况】 隶属区园林绿化局,全民所有制差额拨款事业单位。内设管理部门11个,下设养护班组16个。截止年底,在册职工150人(男职工74人,女职工76人),其中管理人员17人、专业技术人员17人、工勤人员105人、编外合同工11人。固定资产总值1746.46万元。年内,新植树木4.74万株、宿根花卉20.83万株、草坪1.91万平方米,节日摆花162.25万株/盆。在东三环、北三环、民族大道等路段安装挡雪板3.34万米。完成区2010年城市绿化美化环境整治项目、通州万亩滨河森林公园绿地、郑州绿博会景观工程等13个绿化工程,绿化面积39.18万平方米。完成各种预算80项,签订各类合同14份,各类投标3个。承担国庆花卉布置的道路有三环路、新东路、北辰东路等5条,灯杆上挂花架260组、大型骨架结构4组、花塔116组,使用各种花卉及绿植66.53万株。组织工程技术骨干9人参加市质检员学习培训。

地址:柳芳北里3号楼西侧

邮编:100028

电话:64632115 84515379

(林淑文　张立荣)

【绿化工程】　3月18日,金盏金融服务中心西北侧绿带景观工程开工,投资2309.26万元,5月25日竣工。3月18日,一期(机场二通道东侧)工程开工,面积3.55万平方米,其中绿化面积3.25万平方米、铺装面积3042平方米,4月30日竣工。移植苗木2644株,破除原有路面5787立方米,清运渣土7960立方米,堆筑地形及回填好土2.88万立方米,栽植常绿乔木465株、落叶乔木888株、常绿灌木102株、落叶灌木1633株、竹子6000株、色带色块3.06万株、花卉18.03万株、草坪地被2.01万平方米。5月2日,二期(机场二通道西侧)工程开工,5月25日竣工。绿化面积2.3万平方米,清运渣土5111立方米,回填好土7358立方米,移除苗木844株,栽植常绿乔木257株、落叶乔木553株、常绿灌木18株、落叶灌木1752株、竹子1.26万株、色带色块8.37万株、藤本植物1464株、花卉10.18万株、草坪地被9842平方米。8月3日,北土城西路绿化工程开工,属于区2010年城市绿化美化环境整治项目,绿化面积1632平方米,投资63.79万元,9月1日竣工。种植常绿乔木17株、落叶乔木36株、常绿灌木74株、落叶灌木300株、色带色块2680株、竹子600株、藤本植物7株、宿根花卉3350株、时令花卉3750株,铺设草坪802平方米。8月3日,京密路绿化工程开工,属于区2010年城市绿化美化环境整治项目,绿化面积8.66万平方米,投资197.67万元,9月1日竣工。移植常绿乔木3株,种植落叶乔木331株、落叶灌木700株、竹子1904株,铺种草坪2774平方米,混播花籽8.03万平方米。8月3日,郑州绿博会绿化工程开工,绿化面积1037平方米,投资76.34万元,9月1日竣工。种植常绿乔木8株、落叶乔木11株、常绿灌木384株、落叶灌木291株、水生植物1657株、竹子1505株、绿植20株、花卉1.44万株,铺设草坪370.2平方米。11月6日,区2010年城市绿化美化(四期)工程开工,包括广顺南北大街地栽花卉、北辰东路和北辰西路花卉布置,投资25.62万元,11月12日竣工。在广顺南北大街地栽粉牵牛、夏堇、凤仙、黄孔雀草等花卉1.82万株。在北辰西路和北辰东路采用榕树丛林、大铁树、龙血树、小蒲葵、天竺葵、波斯菊、变叶木、棕榈、大茉莉、串红等花卉及绿植9.51万株进行摆花。

(周婷婷　蔡杍平　李卓　林淑文)

【花卉常态化管理】　8月3日至9月1日,对部分养护道路的花卉进行常态化管理,工程投资321.36万元。项目属于区2010年绿化美化城市环境整治项目(花卉常态化管理),包括安立路、安定路、中轴路、惠新西街花钵;北四环路、东四环路、三环路(长虹桥、农展桥)花池;三环路花箱;民族大道、安立路、北四环路地栽。区园林绿化局建设,区绿化二队施工,北京市城美绿化设计工程公司设计,北京博建工程监理有限公司监理,北京博信诺工程造价咨询有限责任公司审计。使用比格大花海棠、滨菊、大花吊钟柳、火把莲、美丽飞蓬等花卉品种44个81.79余万盆,使用大海藻、茉莉、榕树等绿植295盆进行栽摆。其中,采用粉牵牛、粉凤仙、红海棠、黄三色堇等花卉在安立路、安定路、中轴路、惠新西街的花钵内进行栽植。采用红海棠、粉牵牛、万寿菊、榕树、茉莉、大海藻在北四环路、东四环路、三环路(长虹桥、农展桥)花池、花箱内进行段落式栽植。采用芨芨草、荆芥、大花吊钟柳、滨菊、松塔景天、毛蕊花等花卉在民族大道、安立路、北四环路等道路地栽。

(周婷婷　林淑文)

【绿地养护】　年内,养护道路绿地212条(块),实有园林绿地444公顷,其中公共绿地22处150公顷。养护绿地范围东至驼房营,西至八达岭高速路,南至四惠桥,北至昌平交界。实有树木160.4万株,宿根花卉250.04万株,草坪126.25万平方米。

(林淑文　张立荣)

区绿化三队

【概况】　隶属朝阳区园林绿化局,全民所有制全额拨款事业单位。主要负责区域内农村道路绿化、路树养护,城市园林系统规划、绿地建设与养护工作。内设生产组、工程组、后勤组。下设班点5个。截至年底,在职人数46人(男职工34人、女职工12人),其中管理人员11人、专业技术人员8人、工勤人员27人。退休人员6人。全年经济创收3497万元,积累固定资产总值494.4万元。年内,加强六位一体道路绿地的改造升级,1/3路树达到特级和一级养护质量标准;提高修剪质量;因冬季盐害，补植乔灌木0.07万株，花卉、月季2万株，色带10万株，草坪0.4万平方米；平房西路、休闲广场及红军营南路等被区园林绿化局评为精品绿地。青年路北段获区园林绿化局2010年度专业绿篱、色块修剪比赛二等奖。

地址：东风乡将台洼甲1号
邮编：100016
电话：84301830

（彭桂英）

【绿地养护】 年内，养护绿地面积278万平方米，其中专业道路绿地124条198万平方米（道路绿地长度210公里）、东风乡郊野公园80万平方米（其中乔灌木10万余株、竹子0.02万平方米、绿篱色块2.48万株、地被植物23万平方米、宿根花卉38.64万株，水生植物0.76万株）。

（彭桂英）

【绿化工程】 年内，完成酒仙桥南路节水工程；自筹资金安装东坝东路、驼房营口北路、万红路等专业道路的喷灌设施；完成北苑东路绿化工程，全长0.34万米，绿化面积3万平方米，种植乔灌木0.6万株，色块、草坪1.5万平方米，花卉3万株，全线安装喷灌设施；完成通州新城滨河森林公园南区十一标段园林绿化工程，面积22万平方米，整地13.6万平方米，运土4万立方米，种植落叶、常绿乔木1.2万株，花卉、地被、水生植物0.6万平方米，安装给排水设施0.25万平方米；完成姚家园小区2G组团代办工程，清运渣土0.34万立方米，栽植苗木0.42万株、草坪1万平方米。完成新建苗圃苗木的移植储备，面积4万平方米。

（彭桂英）

大黄庄苗圃

【概况】 隶属区园林绿化局，全民所有制自收自支事业单位。主要负责道路养护管理，园林绿化设计及施工，绿化苗木及花卉生产与销售。内设管理部门4个，下设班（组）10个和苗木基地2个。截至年底，在职职工131人，其中管理人员15人、专业技术人员18人、工勤人员98人；女职工58人；退休职工120人。对东南四环进行节水改造，新增节水面积18.5万平方米。中耕除草300万平方米。处理各类网格举报2200余件，在人流密集地区安装1.2米栏杆1000米。全年栽植时令花卉76万株。完成朝阳路二期环境整治项目、四环路2010年绿化节水改造、垡头社区文化健身园改造、山水文园住宅小区景观工程等绿化工程10个，绿化总面积23.2万平方米。在北京市园林绿化优质工程评选中，大黄庄苗圃负责施工的管庄地区办事处2009年长安街及其延长线环境整治项目荣获北京市节约型园林单项奖。全年围绕绿化工程及绿地养护引进优质苗木17.3万株，培育时令花卉25万盆，严把苗木检疫关，连续获北京市无检疫对象苗圃及北京市特色苗圃荣誉称号。

地址：大黄庄35号
邮编：100024
电话：65711286

（李　颖）

【绿化工程】 3月8日，新天地四期绿化景观工程开工，绿化面积3.3万平方米，属代办工程，工程投资828.65万元，7月2日竣工。栽植乔木1213株、灌木439株、色带苗木15.85万株、宿根花卉5.5万株、草坪地被7935平方米，建景观水系2000平方米，铺装3000平方米。3月15日，朝阳路二期工程开工，属于重点大街环境整治项目改造工程二期，绿化面积2.6万平方米，工程投资692.92万元，4月30日竣工。栽植乔木1939株、灌木1.47万株、月季4440株、色块植物14.28万株、宿根花卉9015株，铺设草坪1.02万平方米。4月底，完成庆丰公园彩叶树工程，引进红栌、黄栌等彩叶树种植，栽植乔木11株、灌木3370株、色带1500平方米。6月4日，垡头翠城林荫公园绿化改造工程开工，绿化面积3.5万平方米，8月17日竣工。栽植乔木106株、灌木818株、色带8.88万株、丛生竹类1472株、花卉12.50株，铺种草坪1.17万平方米，铺装透水砖5800平方米，碎拼青石板1650平方米、花岗岩2600平方米，砌方形树池坐凳17座、圆形树池坐凳6座，安装景观廊架1座、弧形廊架及廊下座椅1座，建设篮球场510平方米、景观墙580米，安设石桌凳8套，完成现状亭廊的翻新工作，挖坑铺埋电缆2523米，安装庭院灯48套，配套设施装灯25套，安装控制器、配电箱等配套设施，喷灌工程完成水井1座、阀门箱41座，铺设钢管185米、pvc水管1372米。11月6日，垡头翠城土山绿化工程开工，施工面积6.4万平方米，绿化面积5.7万平方米，投资1136.73万元，11月12日竣工，栽植乔木2983株、灌木4443株、月季2339株、宿根花卉3297株、色块2.83万株。

（李　颖）

【绿地养护】 年内，养护面积469.07万平方米，其中特级道路绿地5条208.8万平方米、一级道路绿地11条（新增3条）59.16万平方米、二级道路绿地21条（新增3条）29.57万平方米及新增高安屯垃圾处理中心绿地养护面积171.56万平方米。年内，补植乔木97株、灌木4158株、月季2.56万株、宿根花卉10.17万株、草坪1.07万平方米、竹子600株、沙地柏2.8万株、绿篱色块1.36万株。

（李　颖）

北花园苗圃

【概况】 隶属区园林绿化局,全民所有制自收自支事业单位。主要负责区域内农村道路养护管理,园林绿化设计,承揽绿化工程,苗木培育与生产。苗圃内设办公室、财务部、行政部、苗木生产部、工程部、巡查部、养护部(附设水班、修剪班、司机班、药班)。截止年底,在职职工 37 人,其中管理人员 10 人、专业技术人员 7 人、工勤人员 20 人。年内,完成垡头南路,阜安东路,通州区滨河森林公园八、九标段工区绿化工程项目 3 个,工程面积 9.7 万平方米,栽植乔木 4974 株、灌木 6562 株、色块 1.09 万平方米、花卉 23.04 万株、竹类 2686 株、草坪 1.23 万平方米。苗圃内调整苗木 785 株,灌溉面积 500 亩,沙藏美人蕉 2000 公斤,窖藏独干紫薇 330 株;搭七米高风障 100 延长米;修排水沟 2800 延长米;修剪元宝枫、白蜡、龙爪槐、栾树等苗木 1500 株;培育美人蕉 2.5 万墩。出圃工程自用苗木 1.32 万株。入圃苗木有雪松、国槐、独杆紫薇等乔灌木 2442 株。年内获"北京市朝阳区绿化美化先进单位"称号。

地址:高碑店乡北花园村南

邮编:100024

电话:87739429

(伏乃红)

【绿化工程】 3 月 1 日,垡头南路绿化工程开工,绿化面积 3.6 万平方米,投资 900 万元,7 月 31 日竣工。栽植常绿乔木 488 株、落叶乔木 1351 株、常绿灌木 1740 株、花灌木 4296 株、绿篱色块 28 万余株、花卉 20 万盆,铺草坪 1.12 万平方米。3 月 1 日,通州滨河森林公园八、九标段绿化工程开工,属于北京市重点绿化工程项目,北花园苗圃承揽八、九标段一工区绿化任务,绿化面积 5.8 万平方米,投资 400 万,10 月 1 日竣工。栽植落乔 2519 株、常绿乔木 304 株、灌木 1872 株、沙地柏 1.2 万株。7 月 1 日,阜安东路绿化工程开工,属于朝阳区 2010 年城市绿化美化整治工程,绿化面积 3000 余平方米,全长 1000 米,投资 180 万元,8 月 31 日竣工,种植乔木 433 株、灌木 590 株、绿篱色块 8 万余株、花卉 3.4 万余株。

(王晓维)

【绿地养护】 年内,养护道路绿地 41 条 103 余万平方米,其中特级道路绿地 8 条面积 46 万平方米,一级道路绿地 18 条面积 48 万平方米,二级道路绿地 15 条面积 6.3 万平方米,六位一体道路绿地 3 条面积 3.2 万平方米。补植乔木 779 株、灌木 5452 株、色块 5440 平方米、花卉 13.81 万墩、草坪 1.31 万平方米、绿篱 3.65 万株、地被 967 平方米。在全局绿地养护检查评比中获第三名,冬季树木修剪技能比赛中获第三名。

(伏乃红)

林业工作站

【概况】 朝阳区林业工作站隶属区园林绿化局,是林业站、果树站、林保站、种苗管理站四站合一全额拨款事业单位。位于平房乡姚家园村,占地面积 0.733 公顷(11 亩)。固定资产总值 130 万元。截止年底,单位职工 17 人,聘用高级工程师 3 人,工程师 3 人,助理工程师 4 人,管理人员 7 人。主要职能为果树新品种推广、苗木繁育和管护技术推广;果树行政管理包括基础数字统计、相关政策制定;技术培训、信息服务;果树项目实施监督与管理;乡镇林业站建设管理与工作人员技术培训,上岗证书核发;林业科学技术示范与推广;林木种苗调剂与管理;林业调查与规划设计、林木有害生物防治、预测预报、检疫及相关培训等。年内,普遍防治 6 次,防治面积 14 万亩,产地检疫 0.82 万亩,发放植物检疫证花卉 2.11 万盆,包装箱、展台及展架 0.44 万件,木材运输证 3844 批次 9.19 万立方米,全区果树面积 8050.8 亩,总产量 284.61 万公斤。

地址:平房乡姚家园村 84 号

邮编:100025

电话:51193981

(陈淑峰)

园林绿化综合服务中心

【概况】 隶属区园林绿化局,差额拨款行政支持类事业单位。主要职责:协助局有关科室做好伐移树木审批前后的相关服务工作;协助有关科室做好绿地控制线范围内建设情况的监督检查工作;负责协助做好绿化经费的收缴工作;负责有关统计工作。内设部门 9 个,主任室、办公室、财务室、档案室、工会、绿化监察组(3 个)及后勤组。截至年底,编制 18 人,在职人员 17 人。

地址:朝阳北路 147 号院 1 号楼

邮编:100025

电话:85974268

(王　君)

【代征绿地】 年内,与北京世安住房股份有限公司等 26 家社会单位签署《代征绿地移交协议》,面积 80.99 万平方米,加强对望京 K6 区等项目的代征绿地的清理,共计 24.6 公顷。在清理、移交代征绿地过程中,与北京懋源置业有限公司等 7 家社会单位签署《认养绿地协议书》,交纳绿化经费 1000 余万元。

(王　君)

朝阳公园

【概况】 朝阳公园为国家 AAAA 级

旅游景区。年内，继续贯彻执行ISO9000国际质量管理体系/ISO14000国际环境管理体系和OHSAS18001职业安全健康管理体系标准，并通过认证复审。所属基层单位有朝阳公园开发经营公司景区管理分公司、朝阳公园开发经营公司物业管理分公司、朝阳公园开发经营公司园林工程分公司、朝阳公园开发经营公司勇敢者游乐园、朝阳公园开发经营公司网球中心、朝阳公园开发经营公司沙滩主题乐园。全园职工总数1940人。其中在岗职工924人，退休职工854人，内退职工162人。全年共接待游客637万人次。年内，获北京市重点公园、北京市残疾人自强模范暨扶残助残残疾人就业工作先进集体、首都窗口行业迎奥运微笑服务行动示范岗、安全生产管理先进单位称号。

地址：朝阳公园南路1号
邮编：100125
电话：65940972

（孔　雁）

【安全检查】　1月27日，副区长赵全保在区安监局、区质检局、区消防局、市公安局朝阳分局、区卫生局、区工会等相关部门领导的陪同下，对朝阳公园安全生产工作进行检查，并到滑雪场进行了视察。4月29日，区长程连元在副区长赵全保、阎军、张春秀、王春及区政府办、宣传部、文化委、安监局、绿化局、朝阳公安分局和朝阳公园等相关部门领导陪同下对朝阳公园“流行音乐周”活动安全工作进行检查。总经理田锦和汇报了“第五届朝阳流行音乐周”活动筹备情况。9月27日，市委副书记、政法委书记王安顺在市公安局、市商务委、市安监局等有关部门领导的陪同下，对朝阳公园“2010北京朝阳国际旅游文化节”安全保卫工作进行检查。检查中，听取了总经理田锦和关于“2010北京朝阳国际旅游文化节”活动情况的汇报，并依次对朝阳公园万人草坪广场舞台、沙排主场馆、公园监控指挥中心等场地进行了实地检查。王安顺对朝阳公园迎国庆各项准备工作及安保措施给予了肯定。区委常委、政法委书记佟克克、区综治办、区信访办、区商务委、区安监局、区旅游局及朝阳公园有关领导陪同检查。

（孔　雁）

【游园活动】　2月14日至19日，在朝阳公园举办第八届“北京朝阳国际风情节”活动，接待游客391000人，春节期间综合收入659万元。本届朝阳国际风情节的主题为“风情世界，相约爱琴海”。风情节期间，来自希腊、英国、俄罗斯、捷克以及斯洛文尼亚等国家的艺术家轮番登场。作为第八届朝阳国际风情节的主宾国，希腊派出了4个城市的80名演员组成演出队伍，推介该国的歌舞、美食、旅游以及文化。4月30日至5月6日“第五届朝阳流行音乐周”活动在朝阳公园举行。此次活动由北京音乐台—北京中歌嘹亮音乐文化传播有限公司、中国对外文化集团公司、朝阳流行音乐周组委会主办，北京凤朝阳文化发展公司、朝阳公园和北京第四弦文化传媒公司承办。本次活动以“五月朝流”为主题，围绕“中歌榜红五月音乐节”、“相约北京”联欢活动、“音乐让城市更美好”BTV百姓互动节目、卡车音乐会四大板块，有来自港台、内地的众多当红歌星和美国、加拿大、墨西哥、瑞典、日本等国的演出团体在礼花广场、伞塔广场、万人草坪广场和中心岛剧场，共演出40场。5月1日至3日接待游客2.05万人。10月1日至7日，举办“2010北京朝阳国际旅游文化节”。10月1日，活动开幕式在南门广场举行，市旅游局局长张慧光，区委书记陈刚，区长程连元，副区长阎军、区政协副主席关三多等领导及俄罗斯、马来西亚等国家使节出席开幕式。本次活动，由北京朝阳国际旅游文化节组委会主办，以“文明时尚 欢乐朝阳”为主题。活动由国旗广场、国际旅游资源展、北京金鱼锦鲤大赛、世界城市音乐节和淘米嘉年华等十一项内容组成。有德国、意大利、俄罗斯、马来西亚、日本等国家展示本国旅游资源，并携带本国歌舞表演、旅游纪念品、美食全程参与；北京金鱼锦鲤大赛以评比、观赏、展示等形式，集合了国内难得一见的锦鲤品种；世界城市的众多音乐人士参与演出，突出了国际文化特征；淘米嘉年华将国内最大儿童虚拟社区的“摩尔庄园”和“赛尔号”网上虚拟乐园落地实景化，以其时尚现代的特征吸引了全国各地的小朋友热情参与。节日期间，接待游客43.9万人次，综合收入达631万元。

（孔　雁）

【主题活动】　3月12日，一年一度的“日本人会”网球赛在网球中心举办。此项赛事吸引了日本在京多家企业的网球爱好者100余人及30名儿童参赛。此项赛事已连续8年在网球中心举办。3月14日，爱尔兰国庆日北京庆祝活动如期在体育园举办。3月17日是爱尔兰的国庆日，每年爱尔兰国庆日前后，全世界各地的爱尔兰人会举行隆重而盛大的庆祝活动，活动现场，多名爱尔兰艺术家表演了具有民族特色的爱尔兰传统音乐和舞蹈，来自爱尔兰在华机构及与爱尔兰合作的部分中国机构、团体400余人组成文化巡游队伍，大家身着爱尔兰绿色节日盛装，载歌载舞，庆祝即将到来的爱尔兰国庆日，也让来此踏雪赏景的游人了解到爱尔兰文化。爱尔兰驻华大使戴克澜先生参加了此次庆祝活动。3月18日，第八届“温馨家庭”朝阳公园购物游园会在公园礼花广场开幕。此次购物游园会从3月18日至30日为期13天，来自全国二十几个省市的知名企业、销售商、批发商参加。展区设有品牌服装采购区、外贸商品尾货采购区、土特产品采购区、名优花卉水果采购区，荟萃了吃、穿、用等各种日用百货的名优产品。4月8日，中国健康知识传播激励计划(健康体重·2009)颁奖仪式在滨水之舟广场举行。4月7日至11日是“世界健康日”，为响应世界卫生组织2010年以“城市化与健康”为主题的“世界健康日”相关号召，卫生部、中国记协、可口可乐中国公司共同举行了活动。卫生部原副部长孙隆椿，卫生部新闻宣传中心主任、中国健康教育中心主任毛群安出席此次活动。4月17日，第三届“移动杯”消费知识有奖竞答活动在1号码头前喷泉小广场举行。活动由中国移动、中国消费者协会共同主办，北京伊曼飞凡国际广告有限公司承办。活动采取知识竞答、互动游戏和幸运抽奖等多种形式，向参加者宣传消费知识。4月18日，2010“李宁”王子杯(北京)国际青少年网球排位赛(第一站)在网球中心圆满落幕。“李宁”王子杯(北京)国际青少年网球排位赛已连续举办七届，竞赛组别分为短网A组、短网B组、10岁、12岁、14岁、16岁组，第一站赛程分三个周末共6天，是2010年网球中心的五大赛事之一。“李宁网球嘉年华”活动在网球中心同时结束，本次活动是配合正在网球中心举办的“2010李宁王子杯(北京)青少年网球排位赛”而组织的，活动设置了丰富多彩的趣味游戏。5月8日，由区政协城建环保委员会、区文明办联合主办的“创建文明城区、提倡绿色出行”活动在南门广场举行。活动仪式中，主持人宣读了绿色出行“倡议书”及“致广大青年车主的一封信”。活动现场设立了宣传展板向路人进行相关知识展示，并在公园内组织了健步走等活动。5月8日、9日晚，“李宁FunRun超级晚”活动在朝阳公园李宁体育园上演，点燃了新一季李宁FunRun超级晚之夜。本次活动吸引了京城2000余名跑步爱好者参与，活动内容丰富，重头戏6Km夜跑、互动游戏、产品展示，还有专属FunRun大礼包赠送。晚八点半的超级晚演唱会开始，著名歌手朴树、曾轶可、至上励合组合、王啸坤、林宥嘉等到现场助兴，与现场跑步爱好者共同体验“轻快跑，痛快玩”的新一季跑步理念。5月8日至16日，伊利金领冠世博探索乐园活动在1号码头前喷泉小广场举办。活动由内蒙古伊利集团主办。活动现场，一座由3600个伊利金领冠奶粉罐搭建而成的世博“中国馆”格外醒目，吸引了不少过往游客。另外，活动中抽出的“金领冠世博总动员”幸运家庭，在盛夏六月游览世博会。5月9日，“北京市法制宣传咨询周”活动启动仪式在南门外广场举行。活动由区司法局主办，以“崇尚法律 共筑和谐”为主题。启动仪式上，“北京市律师普法志愿团”宣布成立；北京市律师协会发出倡议，号召首都律师积极投身于公益普法事业，服务社会矛盾化解工作。5月15日，北京高校手语联盟开幕式在公园举行。活动由北京第二外国语大学、华北电力大学、北京科技大学等10所高校联合主办，旨在通过建立一个广阔平台增进高校手语社团间的交流互动，扩大高校手语社团的社会影响力，从而进一步帮助建设手语助残事业。活动汇集了手语表演展示，与游人互动等内容，吸引了众多的游客前来观看和参与。5月15日，北京人民广播电台第四届“听众喜爱的主持人”大型评选宣传日活动在礼花广场隆重举行。活动当日，受主办方邀请，参评候选主持人带着自己的嘉宾团一一亮相，进行了才艺表演，并与现场游人进行互动。活动期间，投票的热心听众还参加了抽奖。5月16日，由中国轻工业联合会和中国自行车协会联合主办的“低碳行动骑行中国2010北京——深圳自行车骑行活动”启动仪式在公园举行，志愿者代表以及社会各界环保人士共计1000余人参加。全国政协副主席阿不来提阿不都热西为骑行队员代表授旗，中国轻工业联合会领导为活动致辞。主办方首次向社会各界宣讲并现场演唱《骑行中国我们动起来》活动主题曲。骑行队员及骑行爱好者在鸣枪后有序出发。骑行队员5月16日从北京出发后，经过河北、天津、山东、江苏、上海、浙江、福建、广东，深圳共9个省、市，全程约4366公里，历时50天。5月28日至30日，宝马MINI品牌试驾—“中国任务”活动在东3门内停车场举行。活动由北京东宝金龙经贸发展有限公司主办，通过车辆展示、试乘试驾、趣味比赛、精品销售等方式，向客户推广宣传宝马MINI品牌。6月5日，“第二届海洋沙滩狂欢节”在沙滩主题乐园正式运营。本届狂欢节是由北京电视台和北京市体育局联手打造，相比上年，时间跨度更长、活动内容更丰富、现场亮点更新颖。在占地25000平方米的沙滩区和独特的湖景泳池中，划分了主题区、沙滩区、嬉水区和展售区等多个功能区域。其中，设置了2000平方米的足球公园，有真人欢乐球、九宫格射门、桌上足球、沙滩足球和笼式足球等多项互动足球游戏项目，此外，表演区极具异域风情的巴西桑巴舞、南非鼓舞、草裙舞等国际特色表演，也为沙滩节增添了更多的异国风情和动感激情。本届狂欢节，8月31日结束。6月5日，区慈善协会携手朝阳公园，组织14名玉树来京的藏族孤儿在朝阳公园开展了“快乐一日游”活动，活动中，孩子们兴奋地登上观览塔观赏了北京的美景，在豪华转马上尽情欢笑，在交通城堡里专心地驾驶着小汽车、摩托车，当小朋友们来到沙滩主题乐园参加“北京海洋沙滩狂欢节”联欢活动时，与来自巴西的舞蹈家同台表演，并演唱了“天堂阿妈”歌曲，随后，正在“狂欢节”搞活动的北京电视台也向玉树孩子们捐赠了学习用品，表达了他们的爱心。6月11日晚，“知足狂乐”世界杯之夜活动在08广场隆重举行。活动由北京HOFO公关、HOFO展览公司主办，旨在结合世界杯的背景对Kappa品牌进行宣传，并转播世界杯开幕式比赛。蔡健雅、尚雯婕、吴大维以及前北京国安球员高峰等应邀参加现场活动，并为世界杯倾情献演。当晚，千名球迷一起在巨型屏幕前分享世界杯第一战的激情，狂欢活动一直延续到午夜12点。6月20日，第二届阿拉伯艺术节在中心岛剧场拉开帷幕。此次活动由文化部和外交部共同主办，以“大联欢”为主题。来自巴勒斯坦、阿曼、叙利亚、约旦、摩洛哥、阿联酋、伊拉克、沙特、埃及等国的艺术家们用欢快的歌舞艺术为中外观众演绎了阿拉伯地区的风土人情，强劲节奏的手鼓、悠扬的旋律、优美的舞姿，显现了阿拉伯人民的深情厚谊。此后艺术家还在世纪剧院和上海世博园世博大会堂精彩献艺。6月26日，在第23个国际禁毒日来临之际，以“远离毒品，放飞希望”为主题的“6.26”国际禁毒日宣传活动在礼花广场隆重举行。活动由区禁毒办、区综治办、团区委与朝阳公安分局共同主办。市禁毒办常务副主任、禁毒处处长赵文忠，区禁毒委员会副主任、区委常委、公安分局局长陶晶，区禁毒委副主任、副区长赵全保等领导参加活动。活动中，领导们在八个分别写有“远”、“离”、“毒”、“品”、“构”、“建”、“和”、“谐”的风筝上题字。伴随着微风，八个风筝一起被放飞上天空。随后由群众自发制作的200个风筝也相继放飞，同时，大学生代表、娱乐场所从业人员代表和禁毒志愿者们放飞了手中挂有禁毒标语的气球，共同寄托“远离毒品，放飞希望”的美好祝愿。此外，麦子店街道和团结湖街道禁毒文艺宣传小分队以及区禁毒志愿者宣传队在现场进行了文艺表演。此次活动发放禁毒宣传册10000余册、悬挂宣传标语500余条、制作禁毒展板1000余块、禁毒购物袋30000余个、禁毒风筝200余个。6月29日，由朝阳规划艺术馆主办的首届“社区红歌会”邀请赛于3D大剧场隆重举行。红庙北里社区、枣营南里社区、枣营北里社区、农展南里社区四个社区参加了比赛。此外，北京金歌合唱团作为嘉宾应邀参加演出活动。枣营南里社区代表队获得比赛一等奖。7月22日，首都金融安全知识宣传活动在南门外广场举行。此次活动由市金融工作局、市公安局、人民银行营业管理部、北京银监局、北京证监局和北京保监局共同举办，旨在有效防范和化解金融风险、维护首都金融安全稳定，帮助首都群众掌握金融知识、培育健康理财观念，不断优化首都金融业发展环境，更好地发挥金融业在北京建设城市进程中的作用。市政府副秘书长刘志出席活动，并宣布“2010年北京市金融安全知识宣传活动”开幕。7月25日，第二届北京市体育大会启动仪式在沙滩主题乐园举行。大会由市体育局局长助理许广树致开幕词，市体育局副局长李丽莉宣布启动仪式开始。副区长张春秀和3000余名运动员、教练员参加开幕式及九个体育项目的表演赛活动。8月8日是全国第二个“全民健身日”。由国家体育总局、中华全国体育总会和北京市人民政府共同主办的2010年“全民健身日”全民健身志愿服务大行动活动在朝阳公园举行。中共中央政治局委员、国务委员刘延东，国家体育总局局长刘鹏，市长郭金龙，副市长刘敬民，市政府秘书长孙康林，区领导陈刚、张春秀等领导出席活动。本次活动以“我运动、我快乐、我健康、我幸福”为主题，突出了全民健身志愿服务者与群众的互动交流。朝阳公园以体育园为中心区域，设置了参与互动区、健身指导区、成就展示区、奥运电影放映区4个活动区，乒乓球、篮球、网球、棋类模型等33个活动项目，使前来参与活动的爱好者们进行不同内容的健身活动。刘延东兴致勃勃地观看了成就展，饶有兴趣地参与了活动，同时对活动给予了高度评价。活动当日，共有3万余人入园，1万余人参与了各项免费的体育活动。众多奥运冠军也应邀来到公园参与活动，乒乓球奥运冠军孔令辉、闫森在公园内的露天乒乓球场，与爱好者对阵；跆拳道奥运冠军罗微指导少年选手；围棋世界冠军常昊、孔杰，国际象棋世界冠军谢军分别与爱好者们对弈。8月28日至29日，“体验于行 安全于心”丰田交通安全体验活动在礼花广场隆重举行。活动由北京电通广告有限公司承办，共设置安全驾驶试验、翻倒逃生试验、儿童视野体验、老人行动体验、死角确认和酒后驾驶模拟体验六个帐篷区域，同时对公众开放。活动旨在倡导市民提高安全驾驶意识。9月4日，“大爱无国界”国际义卖活动在礼花广场和下沉广场举行，活动由国务院外交部和中国残疾人福利基金会联合主办，共有69家外国驻华使馆和国际组织驻华代表机构参与。外交部长杨洁篪及夫人、外交部原部长长李肇星及夫人、各国大使携夫人共同出席了义卖活动。活动现场，非洲木雕、欧洲红酒、埃及饰品、斯里兰卡茶叶、俄罗斯套娃等种类繁多各具异域风情的食品和工艺品参加义卖，活动共募集善款140余万元，将用于为遭受泥石流灾害的甘肃舟曲和河北省西柏坡镇各建一所残疾人康复站。9月4日，“爱走爱生活”光大永明路走公益活动在万人广场举行。此次活动旨在推广“爱走爱生活”的公益理念，活动现场设立了“歌舞表演区”、“路走区”、游戏区和展示区,主办方为游客准备了免费参与的投篮机、桌上足球、网球、高尔夫推杆、桌上曲棍球、打老鼠机等游戏,还有垃圾分类整理等相关环保知识及健康知识介绍,奥运会举重冠军张湘祥和上万名游园市民一起现场参加了此次路走嘉年华活动。9月5日,“找回天使翅膀,让爱飞翔”——关爱残障儿童慈善体验日在喷泉广场隆重举行,由中华少年儿童慈善救助基金会主办。活动现场通过筹集善款、捐助物资和艺术品拍卖等多种形式,为22个孩子筹集医疗救助和寄养费用。陈明、王筝、安琥、周云蓬、刘嘉亮、张瑶、阳蕾等参加演出并捐赠了拍品,多名艺术家还与残障儿童现场作画并拍卖,以筹集善款。举办方希望通过此次活动,为残障孤儿这一弱势群体引来更多关注。9月11日,“教育服务社会,八十走进社区”宣传活动在南门举办。活动由八十中主办,区长程连元等领导应邀参加开幕仪。活动利用展板、宣传卡等多种形式宣传了朝阳教育新发展和八十中学办学成果,现场组织八十中学名师及家长代表面向社区居民提供教育咨询服务。9月18日,第十二届北京希望马拉松—为癌症防治研究募捐义跑活动在万人广场隆重举行。活动由中国医学科学院肿瘤医院主办,中国癌症基金会、加拿大驻华大使馆、市红十字会、区卫生局等多家单位协办,旨在呼吁全社会对肿瘤防治事业给予更多关注和支持,给予癌症患者更多关爱和帮助,鼓舞他们抗击病魔的决心和勇气。活动内容包括:义跑、捐款仪式、爱心义演、爱心捐赠、健康主题公园等。9月19日至24日,中医中药中国行·文化科普宣传周大型展览活动在南部园区举行。活动由国家中医药管理局联合中宣部、卫生部、科技部等23个部委主办,是中医中药中国行活动承前启后的一次全国性活动。活动共设置了中医药发展成就展、特色中医专科医疗展、中药产业展、中医药文化展、中医药科研成果展、中医药教育展、中医药养生保健体验展、民族医药展、中医药文化体育表演活动区等多个展区,通过集中展示中医药悠久的历史、深厚的文化、良好的疗效,引领大众走近中医药、认识中医药、了解中医药、支持中医药,为人民群众提供正确安全的中医药知识。在宣传周期间,有针对性地开展主题日系列活动,主要包括9月19日的“媒体日”和“教师日”、20日的“农民工日”、21日的“残疾人日”、22日的“的哥的姐日”、23日的“离退休老人日”、24日的“中小学生日”等。分别针对不同人群常见病、多发病和养生保健的需要,由专科专病中医专家提供诊疗服务和健康指导,现场体验中医特色疗法,并赠送中医图书和药品。9月22日至24日,北京德奥达·2010中秋圆梦车展在公园东2号、3号门区内隆重举行。此次活动由北京梦琪森广告有限公司主办,汽车中国网、新浪汽车、车天下等20余家媒体支持。此次车展,以户外“车展 + 房展”为特色,以现场试驾为亮点,节日期间吸引了众多的游客关注。10月20日至24日,第八届北京国际商务车展在公园举行。活动由中国汽车工业协会、北京市场协会汽车流通分会、北京人民广播电台交通广播与北京CBD国际商务节组委会联合主办。车展包括品牌汽车展示、汽车文化论坛、主题活动,以及互动演出四项内容。10月19日,电影《完美嫁衣》全国首映式在朝阳公园婚礼堂举行。国内30余家媒体及导演黄真真女士、监制郑丹瑞先生、主演杨千嬅、林峰及徐子珊等出席了发布会。10月28日第二届朝阳公园“李宁杯草根英雄乒乓球赛”圆满结束。本次活动历时15天。赛事吸引了100余名乒乓球爱好者报名参赛,通过激烈比赛,决出了男单、女单及双打一、二、三名。朝阳公园“李宁杯草根英雄乒乓球赛”作为朝阳公园网球中心五大赛事之一,已连续举办二届,面向周边社区乒乓爱好者,从报名到比赛全部免费参与。乒乓爱好者甄老先生为本次活动赠送书法一幅:“朝阳公园乒乓赛,男女老少齐参战,你攻我守白光闪,全民健身写新篇”。11月8日,区综合应急救援支队成立仪式暨119消防宣传周活动在东五停车场举行,现场开展多种消防抢险演练,200余名公安、武警消防官兵,100余人群众参加活动。11月8日,2010年度“温馨家庭”朝阳公园购物游园会在公园礼花广场开幕。购物游园会由北京华龙飞跃商贸有限公司主办,从11月8日至21日为期14天。来自全国20余个省市的知名企业、销售商、批发商参展,荟萃了吃、穿、用等各种日用百货的名优产品。展区分别设有品牌服装采购区、外贸商品尾货采购区、土特产品采购区、名优花卉水果采购区及2010秋冬季新款时装等万余种商品。

(孔　雁)

【领导参观考察规划艺术馆】 5月13日,区委书记陈刚、市委组织部副部长刘宇辉及各区县领导一同参观朝阳规划艺术馆。领导们观看了“艺术馆”全国首创的数字沙盘,参观反映朝阳区历史发展和建设成就的3D、4D影片及历史展区和主展区。参观过程中,馆长杨军对近期规划艺术馆的情况进行汇报,陈刚对朝阳规划艺术馆的工作给予肯定,要求规划艺术馆要组织和邀请群众到馆内举办文化艺术活动,把规划艺术馆建成人民群众喜闻乐见的文化艺术活动场所。6月23日,由市政协八届主席王大明率队的政协老委员一行十余人到朝阳规划艺术馆参观,一同前来的还有区政协原主席李明、副主席谢郁。参观前,馆长杨军向各位老委员介绍规划艺术馆的建设和运营情况以及规划艺术馆将要举办的各种文化活动。随后，各位老委员先后观看了朝阳区历史、成就和未来规划的三部短片及数字沙盘。7月28日，区委书记陈刚、区长程连元、区人大常委会主任王力军、区政协主席辛燕琴、区委副书记宋连娣、区委常委、常务副区长吴桂英等领导到朝阳规划艺术馆视察东坝北区规划设计方案的征集评审工作。一同前来的领导还有尚延华、佟克克、陈宏志、刘希泉、李彦田、陶晶、李建海、阎军、张春秀、王春，各位领导认真听取了关于东坝北区规划设计方案的介绍和评审工作汇报。

（孔 雁）

中华民族园

【概况】 行业管理隶属于区园林绿化局。属自收自支、独立核算、自负盈亏的民办事业单位。内设13个部门。截止年底，全园在职职工394人（男职工158人，女职工236人），干部50人，专业技术人员20人，高级职称2人，中级职称10人，初级职称8人。全年经营收入631万元。占地面积28.2万平方米，其中绿地面积17.26万平方米，绿化覆盖率90.6%。道路面积3万平方米、水面面积4.3万平方米、建筑面积3.64万平方米。全年，接待游人13.65万人次，其中购票13.15万人次、免票5000人次。

地址：民族园路1号
邮编：100029
电话：62063646

（汪 昆）

【少数民族迎新年】 1月1日上午10:00，中华民族园的少数民族同胞身穿民族盛装，欢聚在门口的民族团结广场，敲锣打鼓、舞起秧歌，喜迎新年到来。少数民族队伍带领游客到藏族坛城祁福，到羌族、土族贴春联，游客到游客中心参加新年联欢活动，观看少数民族歌舞表演和民族文化遗产展示。参加活动200人。

（汪 昆）

【藏历土虎年活动】 2月14日农历春节，正好是藏历土虎年的新年。藏历年是藏族人民一年中最为隆重的传统节日，是一个娱神和娱人、庆祝和祈祷兼具的节日。春节期间，中华民族园推出游客可以亲身参与的系列活动，包括煨桑；接受喇嘛诵经、切玛祈福；欣赏藏族原生态歌曲，藏族舞蹈《扎西雪巴》、《藏族法舞》、《藏族热巴鼓舞》和学跳藏族锅庄舞。春节期间，中华民族园接待游客一千余人。累计歌舞联欢14场，藏历新年特别活动7场。

（汪 昆）

【韩国大使及夫人参观接待】 3月6日，韩国新任驻华大使 柳佑益 及夫人和随行人员总计13人参观游览中华民族园，受到少数民族演员的热情接待。

（汪 昆）

【为玉树地震灾区捐款】 4月23日，中华民族园全体员工举行"心系玉树、抗震救灾——中华民族园少数民族员工、党、工、团捐款仪式"，为玉树地震灾区的死难、受灾同胞默哀、祈福和捐款。默哀和祈福仪式在藏族博物馆大昭寺前进行，捐款活动在公园北门外民族团结广场举行。本次活动捐善款3.86万元，当场交付给中华慈善总会宝马慈善基金会。

（汪 昆）

【工程建设】 4月中旬，蒙古族景区翻建工程开工，9月上旬竣工，施工面积784平方米。工程将南园原有蒙古族景区建筑全部拆除新建。新建景区由大蒙古包、牧民毡包、敖包、苏鲁定及勒勒车、大草原组成。大蒙古包砖混结构，建筑面积113.04平方米；牧民毡包按蒙古族传统民居1:1复原，建筑面积13.8平方米。室内外陈列均按蒙古族传统生产、生活方式原状陈列，陈列文物54件套，均征集自内蒙古赤峰地区。由内蒙古自治区赤峰克什克腾旗政府设计施工，投资60万元人民币。4月中旬，土族餐厅新建工程开工，11月中旬竣工。工程位于北园土族景区，由民族园古建施工队施工。建筑面积600平米，投资50万元人民币。7月中旬至8月中旬，冬季室内表演场进行室内装修。工程位于北园门区内东侧，建筑面积500平方米。工程包括：搭建面积85平方米、高40公分木质舞台，制作舞台背景，安装照明设施，安装音响设备，铺设地毯，购买座椅，喷绘装饰图版等。由民族园工程队、环境部设计施工。投资18万元人民币。年内，粉刷藏族景区坛城、大转经廊等建筑外墙面，喷涂门区塑石；傣族广场排水系统重新铺设；白族三坊一照壁院落地面重新做防水，施工面积500平方米；为部分草木结构民居更换屋顶茅草，包括傣族、苗族、布朗族、佤族等。由民族园工程队施工。投资13万元。更新园内导览图、展览说明牌，增加警示牌等。新制作中英文全园导览图3块，更新展览说明牌75块，新制作警示牌30块，指路牌2块。投资2400元。

（汪 昆）

【节日摆花】 4月，五一节日摆花6000盆，品种主要有：串红、矮牵牛、金盏花、天冬草；铁树、棕榈、榕树、棕竹、柑橘等。门区广场和园内主要景区摆放花坛3个。10月，十一节日摆花7000盆，品种主要有：串红、小菊、孔雀草、小丽花、矮牵牛、天冬草、彩叶草、美人蕉、铁树、棕椆、小叶榕等。门区广场和园内主要景区摆放花坛4个。

(汪 昆)

【鄂温克族博物馆落成典礼】 5月2日,在南园鄂温克景区举办“鄂温克族博物馆落成典礼”。鄂温克族景区是鄂温克海拉尔区政府与中华民族园合作完成项目。景区占地面积300平方米,建筑面积64平方米。由鄂温克通古斯部、使鹿部、索伦部三大部落代表性建筑——牧民毡包、撮罗子、木楞房及草原、图腾柱等组成。室内外陈列有鄂温克族的各种生活、生产用品,交通、运输工具,狩猎、劳动工具,文体娱乐、艺术品,服装、服饰、宗教用品、服饰等展品166件套。

(汪 昆)

【少数民族插秧比赛】 5月26日,在朝鲜族水稻田举办少数民族插秧比赛,向游客推广中国传统农耕文化知识。傣、苗、佤、纳西、白、土家六个少数民族的姑娘、小伙儿,通过起秧——运秧——插秧三个环节展开竞赛。比赛过程中,有各民族的声援队伍呐喊助威、歌舞助兴,约有100多名游客观看比赛。

(汪 昆)

【土家风情过端午活动】 6月14日至16日端午节期间,在南园土家族山寨举办“土家风情过端午”活动,来自湖南湘西的土家族同胞为游客展示土家族的端午节文化。内容有:祭祀土家先祖仪式;土家族传统歌舞表演;包粽子比赛和放河船祈福活动。其中,土家“猴儿鼓”和非物质文化遗产项目“茅古斯”舞受到观众喜爱。各民族亲手制作的一艘艘小河船各具民族特色。

(汪 昆)

【中波文化交流活动】 7月16日,在小关奥林匹克文化广场举办“朝阳区社区一家亲国际文化交流活动——波兰ISTEBNA民俗歌舞团访华演出”活动,活动由波兰共和国大使馆、区文化委、小关街道办事处和区社区一家亲办公室主办。中华民族园民族艺术团的50名少数民族演员与波兰艺术团同台献艺,展示中华多民族风采。

(汪 昆)

【接待少数民族地区学生参观】 7月27日,参加在北京市举办的“全国第四届向阳花少年民族歌舞展演活动”的来自新疆、内蒙、河南、云南、安徽等五省市的少数民族地区青少年学生近200人,到中华民族园参观学习。

(汪 昆)

【参加第29界世界音乐教育大会活动】 8月4日晚,第29届世界音乐教育大会组委会在国家会议中心举办“中国民俗音乐狂欢”专场演出。中华民族园少数民族演员60人应邀,进行民族歌舞表演、民族文化展示。

(汪 昆)

【关爱各族少年儿童夏令营闭营】 8月11日晚,由中国关心下一代工委会、联合国儿童基金会联合主办的“中华大家庭2010年全国关爱各族少年儿童夏令营闭营仪式暨闭营式文艺联欢晚会”在傣族曼飞龙广场举行。来自全国各地的240名各民族困难儿童及带队老师参加活动。为感谢中华民族园对活动的支持,中国关心下一代工委会常务副主任闵振环向中华民族园赠送锦旗。文艺联欢会上中华民族园少数民族演员与参加活动的少年儿童同台表演。

(汪 昆)

【参加第一届北京奥运城市体育文化节】 8月19日,“2010年第一届北京奥运城市体育文化节”之“奥林匹克城市体育文化节北京之夜 祥云百戏——朝阳非物质文化遗产成果展演”在国家体育场鸟巢“奥运城市夏日广场——奥城露天剧场”举行,中华民族园民族艺术团的少数民族演员33人在展演中表演了佤族舞蹈《阿佤人民唱新歌》和白族舞蹈《欢庆》。

(汪 昆)

【市残疾人文化活动周】 8月23至26日,“2010年北京市残疾人文化活动周”在南园大理三塔广场举办。活动由市残联、市文化局共同主办,市残疾人活动中心承办。综合展示区由图片展、技能展、文艺演出、影视艺术展四部分组成。每日有200左右残疾人参加活动,4天总计800人。吸引游客5000人次。

(汪 昆)

【蒙古族博物馆新馆落成】 9月16日,中华民族园蒙古族博物馆新馆举行落成典礼。市民委、市民族联谊会、市文物局、克什克腾旗政府相关领导出席落成典礼。活动由剪彩仪式、祭敖包、蒙古族歌舞表演等环节组成。蒙古族博物馆新馆由内蒙古自治区赤峰克什克腾旗与中华民族园共同建设完成。由大蒙古包、牧民毡包、敖包、苏鲁定及勒勒车、大草原组成。大蒙古包砖混结构,建筑面积113.04平方米;牧民毡包按蒙古族传统民居1:1复原,建筑面积13.8平方米。室内外陈列均按蒙古族传统生产、生活方式原状陈列,陈列文物54件套,均征集自内蒙古赤峰地区。

(汪 昆)

【白族“金秋乐”中秋节活动】 9月22至26日,每天下午13:40—14:30,中华民族园在白族景区举办“金秋乐”中秋节活动。来自云南大理的白族同胞与游客共度中秋佳节。

活动有：白族本主庙敬香祈福、贴“太阳膏”、挂“平安符”；手工制作并品尝“团圆饼”；学跳白族舞蹈。欣赏白族农乐舞、白族手工艺展示（刺绣、扎染、印“甲马”）、白族婚俗表演。

（汪 昆）

【国庆节活动】 10月1至7日，在南北园主广场——曼飞龙广场和三塔广场举办国庆活动。主要有“少数民族歌舞联欢及傣族泼水狂欢”、“少数民族服饰展演”、“民族集体舞大家跳”等。国庆期间接待游客人1.55万人次。

（汪 昆）

【珠康活佛来访】 10月25日，全国政协委员、中国佛教协会藏传佛教分会副会长珠康活佛参观访问民族园。在王平院长陪同下，珠康活佛参观了藏族、蒙古族博物馆和主展厅展览，并且观看了少数民族歌舞表演，最后留下签名题词。

（汪 昆）

【中国伊斯兰教协会会长陈广元来访】 10月27日，中国伊斯兰教协会会长陈广元大阿訇到民族园参观访问。在王平院长陪同下，陈阿訇参观了回族、撒拉族博物馆和主展厅展览，留下签名题词。

（汪 昆）

【少数民族秋收活动】 10月28日，在侗族水稻田和羌族梯田，举行少数民族秋收活动。民族园的少数民族姑娘、小伙儿身背背篓，手握镰刀，来到田间地头——割稻子，摘柿子，进行稻米加工——摔稻穗（脱粒）、舂米（脱壳）、筛糠（去壳），为游客展示中华传统农业文化。

（汪 昆）

【养护】 年内，主要病虫害有：蚜虫、红蜘蛛、介壳虫、天幕毛虫、美国白蛾。主要使用农药有百草1号、石硫合剂、氯氰菊酯、氧化乐果等，全园打药6次，局部打药9次。主要针对乔灌木进行大规模修剪2次，包括夏季花后修剪和冬季整形修剪，其中对生长10年以上大垂柳27株进行疏枝、抹头强修剪。

（汪 昆）

环 境 管 理

【概况】 朝阳区环境保护局是区政府领导下的环境保护专职机构，负责辖区内环境管理工作。年内，完成第十六阶段控制大气污染各项工作；提前完成市政府下达的“十一五”大气污染物总量削减指标，朝阳区被评为北京市污染减排工作先进集体；针对市里下放的污染源监管事权，全方位加强国控、市控、区属重点污染源和CBD、垃圾填埋场、污水处理厂、粪便处理站等重点敏感区域的监管；全面开展整治违法排污企业环保专项行动；参加第一届北京市环境监测专业技术人员大比武活动，获得团体总分第一名；强化核与辐射安全监管，全年未发生环境污染事故。

地址：农展南路5号
电话：65085178
邮编：100125

（胡朝颖）

【环保宣传】 1月，在香河园、大屯街道两社区开展社区环境圆桌对话项目，探索妥善解决社区环境污染扰民问题的新途径。6月，与区教委联合组织开展小学生“我爱地球妈妈”演讲比赛，本区选派选手在北京市演讲比赛中荣获一等奖。“六五”世界环境日纪念活动：以“参与节能减排，享受低碳生活”为主题，在街乡、学校以及企事业单位开展环保知识巡回展；朝阳报编辑出版“环保专刊”；向全区居民发表一封公开信，倡导大众积极投身“绿色北京”和朝阳区“新四区”建设工作等活动。5月至11月，举办“自然与生命的瞬间”环保摄影比赛，收到参赛作品426幅，评选出33幅优秀获奖作品。

（胡朝颖）

【辐射安全监管】 2月，完成辖区内辐射安全年度评估工作，编制朝阳区辐射工作年度评估报告。承担辖区内Ⅲ类射线装置生产、销售、使用活动环评审批和验收，以及放射性同位素备案工作。8月，正式启动部分辐射安全许可证审批试点工作。朝阳区成为北京市仅有的两个具备辐射许可证审批权限的区县。年内，坚持环保、公安、卫生三部门辐射监管联席会制度，共出动1101人次，对496家次进行了监督检查。

（胡朝颖）

【污染源动态更新调查】 3月，组织完成辖区污染源普查动态更新调查。主要任务是更新工业、农业、生活和集中式污染治理设施等污染源情况，掌握2009年二氧化硫（SO2）、氮氧化物（NOx）、化学需氧量（COD）、氨氮等污染物的产生和排放情况，建立动态污染源信息数据库。共调查工业源119个，生活源1

个,农业源18个,集中式污染治理设施7个,填报调查表145份,获得数据3万余个。

(胡朝颖)

【重点行业专项检查】 4月至5月,开展开启式干洗机行业专项治理,对581家干洗行业经营单位进行核实检查,对28家存在问题的单位下达限期治理通知书,12家单位完成了封闭式干洗机设备更换。年内,还开展了1200余家餐饮企业、92家家俱企业、228家汽修企业、132家印刷企业、63家搅拌站的专项执法检查工作。对存在问题企业责令限期整改并依法处罚。

(胡朝颖)

【环境信访和建议提案】 5月,区环保局被国家环保部评为全国环境信访工作优秀集体。年内,创新信访处理手段,邀请投诉人参与信访处理过程,加强公众参与监督;节假日期间开展“解民忧送温暖”活动;对北小河污水处理厂、朝阳区循环经济产业园等重点污染源加强监管、监测,为区域发展创造和谐社会环境。累计处理环境信访2694件。承办3件建议、提案全部办理完毕,满意率达100%。

(胡朝颖)

【环境突发事件应急处置】 5月27日早5:30,东三环潘家园桥南侧一辆油罐车侧翻,发生汽油泄漏,区环保局启动突发环境污染事故应急预案,监察、监测人员携带专用器材及防护设备进行事故调查与污染物初步定性分析。协助事故临时应急指挥部消除环境安全隐患,9:50事故处理完毕,环境安全隐患被排除。6月3日19时30分,西直河五环停车场西侧北京楚源石材有限公司发生化学品泄漏,区环保局启动突发环境污染事故应急预案,进行事故调查处置,指导该公司封堵泄漏桶,进行无害化处理,未对周围环境造成影响,未造成人员伤亡。

(胡朝颖)

【污染减排】 6月,区政府被评为北京市污染减排工作先进集体。年内,按照朝阳区与市政府签订的《朝阳区“十一五”大气和水污染物总量削减目标责任书》,开展污染减排工作。大气污染物控制指标方面,提前完成市政府下达的“十一五”大气污染物总量削减指标。水污染物控制指标方面,联合区水务局、区城管大队,做好水污染防治工作;加强对市属、区属重点水污染源监管;对水源防护区内46家工业企业、22家加油站进行检查;对市政府考核的温榆河、肖太后河、通惠北干渠三条河流域有生产污水排放的12家企业进行现场检查;每月对5家城市集中污水处理厂污水处理设施运转情况进行检查,保障出水水质达标排放;升级改造医院污水处理设施监控系统,实现24家二级以上医院污水排放24小时自动在线监控。

(胡朝颖)

【环保专项行动】 6月至12月,区环保局、区发改委、区市政市容委、等12个部门成立领导小组,开展整治违法排污企业保障群众健康环保专项行动。共出动7312人次,检查企业2918家次,对15家存在环境违法行为的企业进行了立案查处,罚款16.9万元,对3家存在环境污染问题的企业进行挂牌督办。

(胡朝颖)

【环境监测】 7月,区环保局参加市环保局、市人力资源和社会保障局、市总工会联合举办的第一届北京市环境监测专业技术人员大比武活动,总分列全市十八区县之首,取得团体第一名。年内,承担了辖区内环境质量监测、污染源监督监测、建设项目竣工验收监测及应急事故监测任务,取得监测数据20000余个。

(胡朝颖)

【廉政告知书制度】 7月起,区环保局实行廉政告知书制度。规定工作人员在外出办理审批验收、信访处理、环境监测以及日常监督检查等工作时,要向服务对象和监督检查对象出示廉政告知书,说明工作事由及应遵守的廉政规定,并请服务对象和监督检查对象进行监督。在完成工作事项后,由服务对象和监督检查对象填写反馈意见并由工作人员带回交所在部门负责人。监察科每月对廉政告知书制度执行情况进行检查。发放廉政告知书4223份,收回4223份,满意率为100%。

(胡朝颖)

【危险废物处置】 9月,联合区卫生局检查一级及以上医疗机构的医疗废物收集、储存、处置工作,共210家次,要求存在问题的40家单位进行整改,对1家单位进行行政处罚。对29家大专院校、科研院所进行危险废物专项检查,对1家单位进行行政处罚。10月,开展机动车维修、拆解行业检查,共检查一类汽修和拆解厂238家次,包括158家一类汽修和2家拆解企业,对5家单位进行行政处罚。年内,还重点对废化学试剂的库存量以及电镀污泥的贮存处置情况进行检查,检查重点危险废物产生单位65家次。全过程监督北京东光兴业科技发展有限公司氰化物废液中和池的处置,确保剧毒危险废物的安全处置。对朝阳区循环经济产业园区中固废及危废处置单位进行调研,加强监管。

(胡朝颖)

【声环境质量监管】 10月,投资70余万元,对区内噪声监测系统进行全面升级改造。改造后的噪声监测系统可实时监测、分析环境噪声特征,判断噪声来源,通过网络传输,实现远程数据遥测、噪声事件监测、系统自动校准等功能，并可在发生噪声超标事件时进行自动录音，显著提升原有系统的监测水平。

（胡朝颖）

【燃煤锅炉改造】 年内，改造燃煤锅炉3家15台566蒸吨，完成北京市1000蒸吨燃煤锅炉改造任务中下达朝阳区的500蒸吨改造任务指标。加强对各类锅炉的监管。对列入国控、市控的重点污染源单位的电厂锅炉和运行的燃煤设施进行24小时连续在线监控。对华能北京热电有限责任公司、神华国华国际电力股份有限公司北京热电分公司每月进行监察。开展采暖季锅炉污染物排放监察监测专项行动及常年运行燃煤锅炉专项检查，检查监测各类锅炉800余台次，对4家超标排放单位依法进行处罚。

（胡朝颖）

【油气回收专项检查】 年内，开展6次加油站油气回收系统专项执法检查，共检查加油站1440家次，对114家存在问题的加油站责令整改，对10家存在违法行为的单位依法进行处罚，确保挥发性有机污染物达标排放。

（胡朝颖）

【行政审批和建设项目验收】 年内，实施环保审批验收“零差错”工程，做好工程建设领域突出问题专项整治工作，共做出行政许可决定2301件，其中建设项目环保审批1829件，验收472件，环评审批“绿色通道”工作，做出行政许可决定1880件，未发生行政复议和诉讼。

（胡朝颖）

【污染源排污申报和征收排污费】 年内，完成本区1845余家污染源审查报表、核定排污量、数据录入、数据汇总、上报等工作。征收排污费88.39万元。

（胡朝颖）

【文明城区创建】 年内，拓宽环保投资渠道，争取多方资金支持，确保环境保护投资指数不断增加。强化工业污染源监管，加大执法检查力度，促进重点工业企业污染物排放稳定达标率逐年提高。深入探索长效监管机制，加强各类噪声源监管和治理，有效控制区域环境噪声平均值和交通干线噪声平均值。提升辖区环境质量，改善人居生活环境，提高公众对城区环保的满意率。开展污染综合治理，推进产业能源结构调整，完成上级下达主要污染物减排任务。各项环境指标达到创建要求，区环保局在朝阳区全国文明城区建设监测评价（二期）中获满分。

（胡朝颖）

【二级天指标】 年内，通过开展防控煤烟型污染、控制机动车污染、管理扬尘污染、防治工业污染等重点工作，保持辖区内空气质量持续改善。截至12月31日，农展馆子站二级天数286天，二级天比例78.4%，位居城六区第一。奥体中心子站二级天数276天，二级天比例75.6%。完成市政府下达的全年空气质量二级和好于二级的天数达到73%（266天）的目标。

（胡朝颖）

【尾气污染监管】 年内，继续开展黄标车淘汰及机动车以旧换新活动，黄标车淘汰和汽车以旧换新资金申领联合服务窗口完成1406辆黄标车的提前淘汰补助资金审核、发放工作，发放补助资金总计1289.22万元。通过路检路查、遥测监查、入户抽查、举报核查以及夜间专项检查等手段检测机动车尾气，共检测机动车29万辆，处罚超标车辆200辆次。

（胡朝颖）

【扬尘污染防治】 年内，强化“朝阳区扬尘污染防治检查监督组”机制，加大CBD、奥运功能区、政府储备用地等重点地区的检查频次和执法力度；突出重点，加强国控子站空气质量保障，确保国控子站正常运转。共检查工地800余个次，出动1600余人次，启动联动机制22次，工地“5个100%”目标有效落实，扬尘污染防治工作成效显著。

（胡朝颖）

环 境 卫 生

【概况】 朝阳区环境卫生服务中心是朝阳区的环境卫生专业作业服务队伍。年内，完成干路清扫1028条、面积2843万平方米，保洁过街天桥143座，保洁清掏果皮箱11000余个，干路机扫和喷雾降尘各1716万平方米、道路冲刷1115万平方米，垃圾清运125万吨，粪便清运33万吨，管理保洁公厕970座、垃圾楼271座。完成春季扫雪铲冰工作，确保雪天干路交通畅通，充分发挥专业服务职能。承担“两节”、“两会”、“五一”、“十一”黄金周、中央和市领导到我区考察等重大节日和活动的环境卫生保障工作。

地址:香河园中里
电话:64628653
邮编:100028

（邢　伟）

【扫雪铲冰工作】　1月2日凌晨2点至1月3日夜间21点,全市普降大到暴雪,降雪量创下了59年来同期最大记录。环卫中心及时启动扫雪铲冰应急预案,采取多项措施,确保扫雪铲冰工作顺利进行。经过7天7夜的连续奋战,区重点道路现全部恢复通行,其它道路陆续作业中。截至1月8日上午10时,环卫中心共出动多功能除雪车与融雪车1793车次,出动人员58381人次,使用干撒融雪剂680吨,水溶融雪液12062吨。

（邢　伟）

【成立非法宣传品清除队】　1月21日,正式成立非法宣传品清除队。中心按照市市政市容委的相关标准,制定朝阳环卫中心《清除非法粘贴宣传品广告作业质量标准》,同时组建了一支拥有80名专业工作人员、30辆机械化作业设备的清除队伍,对中心所属重点街道、车站、过街天桥及学校、医院、商场门前等区域进行非法宣传品的专业化清除,确保重点地区的非法宣传品得到有效遏制,维护城市环境秩序。

（邢　伟）

【春节期间环境保障】　2月,春节期间,环卫中心加班加点及时清理烟花爆竹残屑,为区境内东岳庙庙会、朝阳公园国际风情节及街乡各种群众性文化娱乐活动提供优质的环卫服务保障。节日期间全中心共清运生活垃圾27838吨(其中烟花爆竹屑2662吨)、粪便6000吨,出动车辆6100余车次,清除非法小广告56913张、白色污染及树挂138310处,加班加点职工33955人次。

（邢　伟）

【五一期间环境保障】　“五一”期间,出动环卫职工19000余人次,各类作业车辆7700车次,清运垃圾12000余吨,抽运处理粪便2400吨,清除小广告19万余张,清理白色污染和树挂12万余处。

（邢　伟）

【黄港西路木材厂火灾作业支援】　5月13日凌晨1点25分,接到区总值班室紧急通知,要求对黄港木材厂火灾现场周边地区开展环卫应急处置作业。中心立即启动应急预案,出动15部环卫作业车辆赶赴火灾现场。截止凌晨4:00,清扫作业基本完毕,出动专业作业人员35人,水车15部,指挥车2部,使用自来水40余吨。

（邢　伟）

【姚家园旧货市场火灾作业支援】　5月20日深夜22点30分,接到区总值班室紧急通知,要求对姚家园旧货市场火灾现场周边地区开展环卫应急处置作业。中心立即启动应急预案,出动专业作业人员15人,水车8部共36车次,使用中水360吨,完成紧急支援的作业任务。

（邢　伟）

【武博会环境保障】　8月28日至9月4日,2010年首届世界武搏运动会于北京举行,其中本区涉及2个体育场馆(国家体育馆、国家奥体中心体育馆)和2个酒店(北辰洲际酒店、五洲皇冠假日酒店)。环卫中心采取强化组织领导,统一指挥管理;强化工作预案,完善各项措施;强化作业标准,严控作业质量;强化检查机制,确保落实到位;强化领导带班制度,保证政令畅通五项措施,完成武博会环境保障工作。

（邢　伟）

【驻京使节参观国贸三期环境保障】　9月28日晚,驻京使节参观国贸三期并举行活动。环卫中心提前部署安排活动期间环境卫生保障工作,以干净整洁的市容环境迎接各国使节。此次活动环卫中心共出动人员166人,延长作业时间4小时,出动降尘车16车次,扫尘车25车次,多功能清洗车25车次,小广告车10车次,使用中水330吨,清理垃圾8吨,白色污染3300余处,非法小广告2800余处。

（邢　伟）

【国庆节环境保障】　“十一”长假期间,出动56000余人次,各类作业车辆9200余车次,清运垃圾26600余吨,清掏抽运粪便5600余吨,清除小广告64000余张、白色污染及树挂61000余处,为广大市民创造了一个干净整洁的城市环境,完成黄金周各项环境保障任务。

（邢　伟）

【为国家领导人视察做好环境保障】　12月29日,国家主席胡锦涛到朝阳区丽景家园和方庄供热厂视察。为做好沿线的环境保障工作,环卫中心从27日起就加强作业力度,确保区环境的干净整洁。三天内共计出动人员464人,各种车辆82部148车次,使用中水216吨,融雪液612吨,清理白色污染13000余处,小广告10000余张,树挂80余处,垃圾17吨,完成环境保障任务。

（邢　伟）

朝阳循环经济产业园管理中心

【概况】　朝阳循环经济产业园位于金盏乡南部,占地面积244万平方米,管理中心主要承担着朝阳区固体废弃物无害化处理和综合利用项目的规划、建设和管理工作。年初,产业园成为北京市“垃圾文明一日游”重要“景点”,成为集科研、环保、教育多功能于一身,北京市唯一初具规模的生活垃圾综合利用循环经济产业园区。5月,经市、区编委批准,北京市朝阳循环经济产业园管理中心正式组建。年内,园区生活垃圾年消纳112万吨,高安屯卫生填埋场填埋年处理40万吨(含焚烧厂残渣18.8万吨);高安屯垃圾焚烧发电厂年处理72万吨。高安屯医疗废物处理厂医疗废物年处理0.63万吨。高安屯卫生填埋场渗沥液年处理15.06万吨。高安屯卫生填埋场填埋气收集利用年发电366.6万度。高安屯生活垃圾焚烧发电厂年发电19842万度。从市文明委将循环经济产业园作为开展市“垃圾文明一日游”的“景点”后(2009年7月8日),共接待175批次,4546人次。截止年底,英国卫报、法国路透社、美国美联社、巴西半岛电视台等涉外媒体先后报道园区情况,周边群众满意度明显提高。

地址:金盏乡高安屯村
电话:65417429
邮编:100024

(顾来茹)

【高安屯循环经济产业园建设】 4月1日,区政府将“全面推进高安屯循环经济产业园建设”列入2010年区政府折子工程,中心作为主要责任单位。年内,园区规划获得市规委原则通过,进入最后审批程序;餐厨垃圾处理厂完成建设,具备试运行条件;园区基础设施进一步完善。规范园区内部道路行驶路线,完成内部道路修筑23500平方米;完善填埋场雨污分流、污水管线和渗沥液导排池建设,完成上山道路整修和防飞散网上移与围墙建设,边坡修筑整齐;增加环保监测井,填埋气收集利用能力明显增强,填埋场抽气管网进一步规范;园区各设施均安装电子显示屏,运行数据、排放指标对外公开;环境景观得到提升,环保示范园、景观雕塑、绿化喷灌等环境工程高质量完成。

(顾来茹)

【朝阳循环经济产业园管理中心正式组建】 5月11日,经市编委及区编委研究决定,在北京市朝阳区垃圾无害化处理中心的基础上组建北京市朝阳循环经济产业园管理中心,为区政府直属事业单位,机构规格相当于正处级,经费形式全额拨款,归口区市政市容委。核定全额拨款事业编制36人,设办公室、业务管理科、规划建设科、科技办公室、安全监督管理科、组织宣教科、财务审计科7个内设机构。管理中心主要职责为:受区市政市容委委托,负责拟定本区垃圾处理循环利用及相关产业的发展规划和年度计划,并组织实施;依据国家或行业标准,对园区固体废弃物处理运行设施、再生资源循环利用产业化运行情况进行监督检查、协调管理和指标考核;负责垃圾处理量调配和垃圾处理财政经费核算确认工作;负责园区内垃圾处理及资源循环利用项目的规划起草、立项、招标以及基础设施、配套项目的建设管理和服务保障工作;负责园区公共设施的物业管理维护及服务保障工作;负责园区安全保卫、生产秩序、环境卫生、公共卫生和绿化美化等工作;负责本中心固定资产管理和设备设施维护工作;负责指导、监督驻园区单位的组织建设工作;负责园区内各驻区单位的综合协调工作;承办区政府交办的其他事项。

(顾来茹)

【领导调研】 5月13日,市委书记刘淇、市长郭金龙带队就“落实‘绿色北京’行动计划,推进垃圾分类处理和再生利用”到朝阳循环经济产业园专题调研。市委常委、市委秘书长李士祥,市委常委梁伟,副市长黄卫及市相关部门领导,区委书记陈刚、区长程连元、副区长赵全保及区有关部门领导陪同调研。市领导一行观察了高安屯垃圾焚烧发电厂、高安屯卫生填埋场、高安屯餐厨垃圾处理厂,并在餐厨垃圾处理厂召开了座谈会。会议由刘淇主持,市市政市容委主任陈永汇报北京市生活垃圾分类处理工作情况,市相关部门领导发言。最后,郭金龙、刘淇先后做重要指示。郭金龙指出:垃圾分类、减量化、资源化是文明城市的重要体现,要加大垃圾处理工作力度,加快建设循环产业园,要以朝阳循环经济产业园为代表,建设以垃圾处理为主题的示范产业园。垃圾处理工作作为城市建设的重要环节,新闻媒体要加大宣传力度。同时,市区各部门要相互协调配合,加大政策保障,加快推进一流循环经济产业园的建设。刘淇指出:要把垃圾处理工作作为大事来抓,在全社会倡导争做文明北京人,我参与我奉献的精神,邀请市民齐参与,积极参加到每周四的垃圾减量日活动中,依靠全社会力量推进北京市实现垃圾减量化。刘淇对朝阳循环经济产业园对社会公众开展的参观活动给予充分肯定,认为园区对外开放是很好的载体及形式,能够促进全社会提高环保意识,实现宣传教育功能。5月20日、29日,程连元先后带队就生活垃圾分选中心建设、生活垃圾堆肥技术,分别到市环卫集团所属阿苏卫综合处理厂、小武基分选站、南宫生活垃圾堆肥厂调研。在阿苏卫综合处理厂,程连元听取了技术人员对综合处理厂工艺的介绍,并详细询问了综合处理工艺的建设投资、技术特点、设备选型、运行难点等问题。在小武基转运站,程连元在参观分选系统后,与技术人员就分选技术的研发、分选设备的设计、分选系统的运行管理以及分选产品的处理进行了认真细致交流。在南宫生活垃圾堆肥厂,程连元一行在监控室听取技术人员对垃圾堆肥工艺及堆肥厂运行情况的总体介绍，详细询问垃圾堆肥产生的异味控制、肥料销路等问题。随后，带领调研人员深入垃圾堆肥发酵车间、熟化车间进行现场察看，并参观了肥料成品库。程连元指出：基于朝阳区处于城市发展阶段，垃圾分选势在必行；基于朝阳区目前已经成功运行焚烧发电厂，焚烧厂二期工程建设必须抓紧推进；基于市环卫集团已经有了许多成功的经验和工艺，要把朝阳区的优势和环卫集团的优势进行整合，使焚烧效率更高、填埋减量效果更好，推进资源循环利用。程连元强调：当前的生活垃圾处理设施建设要最大限度减少直接填埋量，节约土地资源。市环卫集团的设施很全面、很先进，符合北京市垃圾分类处理的目标要求，希望市环卫集团能够参与到朝阳区垃圾处理工作中来，共同推进北京市垃圾处理工作。年内，中央巡视组、国家财政部、国家环保部等机关先后到园区调研；澳门环保局和外省市同仁多批次到园区交流；接待了丹麦环境部、以色列特拉为夫市政府代表团访问。

(顾来茹)

【绿色旅游专线】　6月9日至11日，在市节能宣传周活动期间，开辟两条“绿色北京”线路，通过一日游形式组织市民体验节能减排之旅，展示“绿色北京”建设成就。两条线路分别为：北京节能环保中心－盈创再生资源有限公司(废塑料再生)－北京燕京啤酒集团(清洁生产)－高安屯垃圾焚烧发电厂；北京节能环保中心－大兴留民营村(沼气利用)－小红门污水处理厂－高安屯餐厨垃圾处理厂。活动期间，园区内高安屯生活垃圾焚烧发电厂及餐厨垃圾处理厂共接待80名市民参观，为市民了解垃圾处理和资源循环利用提供了平台。

(顾来茹)

【荣誉称号】　7月6日，中华全国总工会、国家安监局召开总结表彰会，朝阳循环经济产业园被授予全国“安康杯”竞赛优胜企业荣誉称号。

(顾来茹)

【高安屯垃圾焚烧发电厂通过国家验收】　7月23日，经过国家环保部5个工作日网上公示后，国家环保部印发《关于北京高安屯垃圾焚烧厂竣工环境保护验收意见的函》，认为高安屯垃圾焚烧发电厂工程环境保护手续齐全，落实了环评及批复提出的各项环保措施和要求，主要污染物达标排放，工程竣工环境保护验收合格，高安屯垃圾焚烧发电厂正式通过国家环保部环保验收。

(顾来茹)

【垃圾文明一日游景点】　8月26日，由首都文明办、市市政市容委等部门组织的“做文明有礼的北京人——垃圾文明一日游”活动正式启动，朝阳循环经济产业园成为活动的重要景点。本次活动持续到11月底，共组织600个垃圾分类试点小区的居民代表和垃圾分类指导员，分11批次，先后共855人到园区参观垃圾分类收集、分类运输、分类处理的全过程，李增瑞、李金斗、笑林、李菁、贾伦等曲艺界名人随同参观。通过“垃圾文明一日游”，增强了市民参与垃圾减量垃圾分类的自觉性。

(顾来茹)

【列入市政府扩大内需重大项目】　10月12日，朝阳循环经济产业园生活垃圾综合处理厂、科研环保教育中心被列为市政府扩大内需重大项目绿色审批通道。

(顾来茹)

【垃圾处理项目建设】　11月10日，区长程连元在朝阳循环经济产业园管理中心召开区政府专题会，研究调度加快推进生活垃圾综合处理厂焚烧中心建设等具体问题，副区长赵全保、区政府办、区发改委、区住建委、区市政市容委、区国资委等委办局主要领导参加会议。会议听取了园区管理中心主任吴选辉“关于北京市朝阳生活垃圾综合处理厂生物质能源中心有关情况的汇报”，并就项目规模、投资运行模式等具体问题进行了研究讨论。程连元强调，垃圾无害化处理项目不仅要算投入产出的经济帐，更要体现政府责任，充分考虑环境安全。会议责成循环经济产业园管理中心，就项目运行模式、环境影响、社会效益等方面进一步做好深入细致的分析，确定项目方案，并听取和征求人大、政协的意见，要组织专家团队论证；同时要求区相关部门配合，为科学决策提供依据。

(顾来茹)

【市环保专项行动会议】　11月23日，由市市政市容委、市环保局、市司法局、市安监局等14个部门单位组成的市环保专项行动领导小组在园区召开环保专项行动会议，与会人员对园区进行环保专项检查。园区管理中心党总支书记郭团会就园区发展概况、近年来的发展情况及规划建设情况等进行了详细汇报。领导小组成员随后察看了高安屯卫生填埋场及配套渗沥液处理系统、填埋气收集利用系统，高安屯垃圾焚烧发电厂等设施建设及运行情况。

(顾来茹)

科技教育

科 技

【概况】 朝阳区科学技术委员会(简称区科委)是区政府主管全区科技工作的综合职能部门。区知识产权局与区科委合署办公,负责本区知识产权保护组织协调和专利工作。下设区生产力促进中心和区知识产权服务中心两个事业单位。年内,全区技术市场交易额124.65亿元;专利申请12115件,授权6605件。

地址:日坛北街33号
邮编:100020
电话:65099678 65099677(fax)
电子邮件:kewei0001@yahoo.com.cn

(刘伟凡)

【科技工作会议】 1月21日,区科技工作会举行。来自区内高新技术企业、专利试点示范企业、有关委办局、各街乡主管科技工作的负责同志以及企业创新型青年科技人才等200余人参加会议。区科委主任王先勇作科技工作报告,回顾2009年全区科技工作,部署2010年重点工作。会议对中科宇图天下科技有限公司的城市环境应急监控指挥系统平台等共20个项目颁发2008年度朝阳区科技进步奖证书;兑现19家企业2009年度研发投入资助金400万元,这19家企业2008年实现总收入14.8亿元,纳税总额1亿元,研发投入总额为1.3亿元,研发投入占总收入的平均比例为8.82%。小关街道办事处、北京国遥新天地信息技术有限公司和北京绿茵天地体育产业股份有限公司等单位代表作典型发言;正式启动2010年度朝阳区科技(知识产权)项目申报工作,并现场组织政策咨询活动。

(刘伟凡)

【开展"3.15"知识产权宣传咨询】 3月15日,以"消费与服务"为主题的朝阳区"3.15"消费者权益日法制宣传咨询活动在普法广场举行。区知识产权局组织相关专家开展现场咨询和投诉受理服务,重点宣传知识产权法律法规和知识产权保护等知识;对企业和群众提出的如何申请专利、怎样保护专利权、专利的举报投诉等问题进行耐心解答;发放《北京市保护知识产权手册》、《朝阳科技》等各类知识产权宣传书籍及资料千余份。

(刘伟凡)

【知识产权宣传周】 4月20日,由区知识产权局和区委社会工委、区社会办等单位联合主办的"2010年'4.26'知识产权宣传周暨首都保护知识产权志愿者社区行"活动启动仪式在望京乐园举行。市知识产权局副局长潘新胜、副区长阎军出席活动并讲话;启动仪式上,区委副巡视员刘英男为志愿者代表授予"朝阳区保护知识产权志愿者服务队"旗帜,标志着朝阳区"426"知识产权宣传周活动正式启动,朝阳区保护知识产权志愿者服务队正式成立。启动仪式结束后,各级领导和近300名观众一起观看辖区内9个北京市创新型科普社区编排的"知识产权专题文艺演出"。2010年朝阳区知识产权宣传周活动以"保护知识产权志愿者社区行"活动为重点,通过讲坛、知识产权案件旁听等形式,依托社区,搭建平台,招募保护知识产权志愿者,使老百姓成为活动的主角,通过知识产权专题节目的创作、编排和巡演,让社区百姓学习到更多的知识产权知识,从而做到学法、知法、宣传法,带动全区掀起保护知识产权宣传高潮,在基层营造良好的知识产权保护环境,为建设全国文明城区创造条件。

(刘伟凡)

【全国科普统计工作培训】 5月11日,区科委、科协在区卫生局报告厅举办朝阳区全国科普统计工作培训会,辖区内市级科普基地、区有关委办局和街乡负责科普统计工作人员近百人参加培训。培训会上，中国科学技术信息研究所和北京市科普联席会的有关专家进行授课，培训从科普统计的内容、范围、操作步骤和数据上报等方面全面讲解全国科普统计的工作流程，并对重点部分进行解释和答疑。自本年起全国科普统计工作将每年开展一次。

(刘伟凡)

【科技人才俱乐部】 7月22日，朝阳科技人才俱乐部成立仪式在郡王府举行。该俱乐部是由区生产力促进中心、区知识产权服务中心联合区内11家企业发起的以朝阳区科技界人士为主体的非正式联谊组织，俱乐部接受区科学技术委员会(知识产权局)的工作指导，坚持以“以人为本，共同发展”的宗旨，通过思想交流、信息交流、经验交流，实现“资源共享，优势互补，相互合作，共同发展”的目标。在成立仪式上，主任王先勇介绍朝阳科技人才俱乐部成立背景及筹备情况，副区长阎军向俱乐部发起人颁发纪念证书，区人大常委会副主任于五一和区政协副主席赵增华共同为朝阳区科技人才俱乐部揭牌。

(刘伟凡)

【成立知识产权联席会议】 7月22日，区知识产权联席会议成立暨第一次全体会召开，副区长阎军、市知识产权局协调处处长张伯友出席并讲话，联席会议20个成员单位的主管领导及责任科室负责人30余人参会。会上，区知识产权联席会议办公室通报朝阳区知识产权强区工程进展情况及近年本区知识产权举报投诉的情况，并对新出台的知识产权促进与保护系列政策进行介绍。

(刘伟凡)

【促进保护知识产权签约仪式】 7月29日，由区知识产权联席会议办公室主办的“朝阳区促进保护知识产权签约仪式暨政策发布会”在望京科技创业园举行。市知识产权局副局长王淑贤、副区长阎军出席并讲话，联席会议成员单位、企业、银行、中介服务机构等120人参加会议。会上，区知识产权联席会议办公室发布朝阳区知识产权促进与保护“1+8”系列政策，并介绍政策出台背景及主要内容；区知识产权局与交通银行北京市分行、北京银行商务中心区管理部分别签署《推动知识产权质押贷款工作合作框架协议书》。此举标志政银合作平台成功搭建，有效促进科技资源和金融资源结合，帮助中小型科技企业缓解融资难问题。市保护知识产权举报投诉服务中心、区知识产权局和北京望京科技孵化服务有限公司在会上共签北京市朝阳区保护知识产权举报投诉服务望京科技创业园工作站共建协议，王淑贤、阎军共同为工作站揭牌。该站的建立将缩短信息距离，畅通举报投诉渠道，为企业提供深入、细化的服务，完善咨询、投诉、举报、维权等服务运行体系，优化园区知识产权环境，形成市、区、园区三级保护知识产权举报投诉与维权援助工作平台。

(刘伟凡)

【为科技发展建言献策】 8月6日，区科委召开科技兴区委员会工作会，研讨朝阳区“十二五”时期科技发展规划。副区长阎军参加会议。会上，各位委员围绕“十一五”期间朝阳区科技发展回顾与总结、“十二五”科技发展面临的形势与环境、指导思想、发展目标、主要任务、重点工作和保障措施，进行研讨。委员们为朝阳区“十二五”科技发展建言献策，提出建设性的意见和建议。

(刘伟凡)

【奥运森林公园科普导览标志物】 8月12日，“奥运森林公园户外科普导览标志物建设项目”通过市科委组织的专家验收。“奥运森林公园户外科普导览标志物建设项目”是由北京市科普专项资金支持，由区科委、世奥森林公园经营公司共同承担的科普项目，由北京天鸿圆方建筑设计有限公司进行方案设计和施工建设。项目筛选出奥林匹克森林公园中集成应用的适合展示的生物速分、人工湿地、太阳能光伏发电、地源热泵、生物降解、光导照明等十余项绿色低碳技术，凝练科普宣传文字内容，以石材、钢化玻璃等材料为主，设计建成14处户外科普导览标志物，为游客提供科普体验的同时加强生态、低碳等科技知识的宣传。验收专家组对项目设计及建设成果给予高度评价，认为项目创意策划新颖，系统宣传了奥运森林公园中应用示范的环保科技成果，且户外标识系统设计独特，与公园游览系统融为一体，具有“科普与旅游相结合”的示范意义。

(刘伟凡)

【安全生产综合监管调度系统】 9月29日，由市科委立项支持实施的“朝阳区安全生产综合监管调度系统的研究与应用”项目顺利通过市科委组织的专家验收。与会专家对项目及四个课题的研发实施关键技术、组织管理等细节进行了详细质询，专家一致认为，项目通过四个课题的研究，建立起了一套多任务、多功能的综合性安监业务处理、联合执法检查、突发事件救援、应急指挥调度的综合政务应用系统，在安全生产执法检查项梳理、实现多行业多部门的安全生产综合监管执法检查隐患移送技术等方面具有创新性，达到了国内领先水平，项目完成了各项考核指标，同意项目通过验收。项目致力于解决朝阳区安全生产综合监管工作开展中存在的工作任务日益加重和监管人员专业检查能力不足、政府与企业间沟通渠道不畅、应急救援资源缺乏有效整合等问题。在市科技经费和区级财政资金的共同支持下，投资1800万元，历时两年，经过区科委、区安监局等政府部门及首科集团、移远通公司等近十家直接实施单位的共同努力，在梳理1200余部安全生产法规与标准的基础上，建设了朝阳区安全生产综合监管调度指挥中心。为安监局、安全生产相关管理部门、街乡执法检查小组配备执法宝PDA400台，完成了4000余家重点监管企业的“四至”信息采集及GIS地图标注。在与市、区9个现有系统整合或对接的基础上，开发完成朝阳区安全生产综合监管调度系统并在街乡试用，系统实现了执法人员便携式终端执法词典智能查询、执法检查及上报移送、企业端信息上报、包括区内10万余家生产经营单位的应急预案、应急队伍、救援物资等基础数据整合、对200余家重大危险源及铁路道口的现场监控、重大安全生产事件应急指挥集群调度、公众监督等功能，搭建了安监局、28个行业安全管理部门、43个街乡、10万余家生产经营单位以及公众间互动的平台。提高了政府安全生产综合监管能力和效率，通过科技手段推进安全生产综合监管新体系建设。

（刘伟凡）

【知识产权联合执法检查】 12月9日，由副区长阎军、张立新领队，区委宣传部、商务委、朝阳工商分局、知识产权局、发改委、文化委、国资委等多部门主管领导组成的联合执法队伍开展打击侵犯知识产权和制售假冒伪劣商品专项行动。在检查过程中，执法人员在秀水、雅秀市场的零售商店内检查了服装、皮具等商品，尤其对标有商标的商品进行了巡查。随后，执法人员在贵友大厦重点检查了其销售的“鄂尔多斯”、“珍贝”等羊绒制品，“海螺”衬衫等标有专利标识的商品，并检查了《知识产权保护合同示范文本》运用情况。执法人员在检查的同时还向各商家进行知识产权宣传教育。

（刘伟凡）

【朝阳区—摩托罗拉科技发展合作】 12月9日，召开2009年度朝阳区—摩托罗拉科技发展合作项目——POC移动终端客户端系统的项目验收会，与会专家对项目研发成果给予充分肯定，一致认为该项目完成了任务书规定的开发内容和考核指标，取得了良好的经济及社会效益。顺利通过专家验收。

（刘伟凡）

【小关街道社区服务科技应用示范区建设】 12月28日，市科委组织专家对“朝阳区小关街道社区服务科技应用示范区建设”项目进行验收。经讨论，专家组一致认为，课题承担单位管理规范，引入了招投标、监理机制，经费使用合理，做到专款专用，完成了任务书规定的各项内容和考核指标，同意课题通过验收。小关街道作为全市首批六个“社区服务科技应用示范区”之一，2009年——2010年，在市、区科委的支持下，在科技便利百姓生活的项目推进过程中，突出“科技福利社区”的行动理念，完成数字化社区、互动教室、户外多媒体发布系统、“社区科技频道”有线电视网络、电子便民卡及便民服务手册、社区紧急救助系统、太阳能照明系统建设，使居民生活更加便利，为社会管理创新提供科技支撑。在项目实施过程中组织北京松博科技有限公司等11家单位近70人参与项目研发建设，重点打造惠新北里社区，并逐步将成果辐射到其他4个社区，受益居民达8万人。

（刘伟凡）

【市专利试点单位】 年内，根据《北京市企事业专利试点管理办法(修订稿)》的要求和2010年北京市专利试点工作安排，区知识产权局积极组织区内企业申报“北京市专利试点单位”，共有北京中冶设备研究设计总院有限公司、北京奥尔环境艺术有限公司在内的19家企业被认定为“2010年北京市专利试点单位”，试点期为1年。在这期间，市、区知识产权局组织开展对试点单位的相关培训工作，加强企业知识产权创造、运用、保护和管理能力，指导、帮助企业建立和完善知识产权制度、制定知识产权战略，形成有效的专利工作机制，提高企业技术创新能力与核心竞争力。试点期满后，经市、区知识产权局验收合格，将正式成为北京市专利试点合格企业。

（刘伟凡）

【2009年度专利资助及奖励】 年内，根据《北京市朝阳区专利资助及奖励暂行办法》，区知识产权局于一季度开始接受区域内企事业单位和个人2009年度专利资助和奖励申请，并完成审核工作。据统计，有符合条件的申请4030件，同比增长15.9%，总资助及奖励金额321万元，同比增长28.4%，涉及82家单位和16名个人。

（刘伟凡）

【知识产权促进与保护】 年内，从知识产权创造、运用、保护和管理四个运行环节出发，出台《朝阳区知识产权促进与保护的若干措施》(以下简称《措施》)，包含加强领导、加大投入、支持创造、注重应用、鼓励维权、完善管理、引导中介服务等方面内容，同时发布《朝阳区知识产权联席会议制度》、《朝阳区专利资助及奖励办法》、《朝阳区知识产权维权援助暂行办法》等8个配套办法，保证《措施》的贯彻落实，形成区域知识产权促进与保护的“1+8”政策体系。

（刘伟凡）

【12个项目列入国家重点新产品计划】 年内，本区12个项目被列入2010年国家重点新产品计划，占本市（120个）的比例为10%。分别是：北京超图软件股份有限公司的“超图真空间地理信息系统平台软件SuperMaP GIS 6R”项目、北京赛科药业有限公司的“缬沙坦胶囊”项目、北京中材人工晶体研究院有限公司的“太阳能多晶硅还原炉电极磁环”项目、北京希波尔科技发展有限公司的“新型CVD金刚石与PCD金刚石复合刀具”项目、北京敏特昭阳科技发展有限公司的“校校通校园网软件平台V1.0”项目、北京首信科技有限公司的“CDMA高速分组网接入认证（AN-AAA）系统”项目、天立环保工程股份有限公司的“大型节能环保密闭矿热炉”项目、北京新华都特种变压器有限公司的“变频调速用油浸式整流变压器ZTS”项目、北京斯伯乐科学技术研究院的“乙烯装置裂解炉结焦抑制剂BL-628J”项目、北京汉铭通信有限公司的“TD-SCDMA+GSM双卡的RAS室内覆盖系统”项目、北京国遥新天地信息技术有限公司的“三维含量空间信息平台软件EV-Globe”项目、中科宇图天下科技有限公司的“放射源监控与管理系统3.0”项目。上述项目的共同特点是创新性好、技术含量高，拥有自主知识产权，其中大部分项目单位都得到过本区科技政策扶持，经济效益好、具有较好的市场前景。

（刘伟凡）

【第三届朝阳人才表彰奖励】 年内，区科委采取“项目+人才”双轮驱动的工作手段推动科技工作开展。通过系列企业创新型青年科技人才培养计划，企业高级研修班、科技人才俱乐部等活动，为各类科技人才搭建学习沟通交流、开拓视野的平台。在第三届朝阳区人才表彰奖励中，区科委推荐的严光文等10位人才获得了突出贡献提名、学术带头人、专业技术、管理拔尖人才、优秀青年人才等奖励。

（刘伟凡）

【科普基地与社区共建】 年内，在市科委举办的“百家基地对接百家社区”（简称“双百对接”）活动中，本区的北京市科普基地——中国电影博物馆、北京排水科普展览馆、松下电器（中国）展厅等九家基地与市创新型科普社区成功对接，并签署了《共建意向书》。各科普基地将在与社区充分洽谈、沟通的基础上，利用自身资源，设计出多种符合社区居民需求的科普教育活动，每月为周边社区提供2次服务，全年累计不低于24次。签约仪式上，还举办“科技北京 科学生活”社区科普创意大赛的颁奖仪式，本区望京街道花家地北里社区的刘淑珍获得了科普演讲一等奖，望京街道花家地西里的翟连学等人分别获得科普征文二、三等奖。

（刘伟凡）

【企业研发投入资助计划】 年内，区科委组织开展2010年企业研发投入资助计划项目征集、评审立项工作。2010年企业研发投入资助计划重点支持符合区域产业发展方向的“三新”产业项目，同时支持具有一定规模，区域经济贡献大的企业，兼顾发展潜力大、创新能力较强的小企业。经过专家评审和实地考察等程序，最终确定由北京利德曼生化股份有限公司承担的“生化诊断原料用酶研发项目”等17个项目列入计划，项目涉及移动通信、生物医药、新能源、电子信息、先进制造等技术领域，涉及“三新”产业领域项目达到了9个。

（刘伟凡）

【专利申请和授权情况】 年内，本区专利申请量累计12115件，同比增长25.96%，其中发明、实用新型和外观设计分别为7341、3548和1226件；专利授权量累计6605件，同比增长47.96%，其中发明、实用新型和外观设计分别为2019、3229和1357件。

（刘伟凡）

【科普工作】 年内，开展对全区200多家机关、企事业单位的科普统计，建立起与各单位科普负责人的常态工作联系。加强科技项目成果的科普化展示，实施奥运森林公园科普导览标志物建设项目，成功打造国内首个展现低碳技术的大型户外科普标志物群。注重重要节点与日常工作相结合，深入开展科技下乡活动，为辖区9家创新型科普社区配置科普书架，订阅《科学北京人》等科普杂志。顺利完成2009年4个北京市创新型科普社区绩效考核工作，来广营乡绣菊园等2个社区成为第四批市创新型科普社区。

（刘伟凡）

【科技发展进步奖表彰】 年内，评选出“2009年度朝阳区科技发展进步奖”获奖项目20个，其中一等奖4项，二等奖6项，三等奖10项，鼓励奖10项。

（刘伟凡）

【高新技术企业认定】 年内，依据科技部、财政部、国家税务总局联合印发的《高新技术企业认定管理办法》和《高新技术企业认定管理工作指引》，市科委、市财政局、市国税局、市地税局经组织专家评审，本区认定高新技术企业共计130家，其中，园区外高新技术企业94家，电子城科技园区高新技术企业36家。北京市认定并公示高新技术企业共计1291家，本区企业占总数的10.7%。截止年底，共有高新技术企业 562 家。

（刘伟凡）

【区级科技计划】　年内，根据《朝阳区国家科技进步示范区建设总体规划》和《朝阳区"十一五"时期科技发展规划》任务目标，组织实施朝阳区 2010 年科技（知识产权）计划。朝阳区科技（知识产权）计划共计 74 项，其中可持续发展计划 13 项，新农村建设计划 6 项，高新技术产业发展计划 17 项，社会发展计划 25 项，软科学研究计划 8 项，朝阳区专利实施项目 4 项。

（刘伟凡）

【市级以上科技计划】　年内，全区有 19 个项目被列入国家级重点新产品计划和火炬计划，15 个项目列入市火炬计划，13 个项目获得国家和市中小企业创新基金支持，8 家企业入选市首批技术先进型服务企业，14 家企业获"市制造业信息化优秀示范企业"和"市制造业信息化示范企业"称号。

（刘伟凡）

教　育

【概况】　朝阳区教育委员会是区政府主管教育工作的职能机构。年内，教育事业费总投入 441899 万元，教育财政拨款 395483 万元，比上年增长 19.28%，高于财政经常性收入增长比例 4.28%，生均教育事业费支出 21433 元，同比增加 3576 元；生均公用经费 12752 元，同比增加 1216 元。2010 年预算内教育经费支出（含城市附加）436646 万元，占财政支出 1680041 万元的 25.99%，比 2009 年提高了 0.01 个百分点。改扩建学校设施及修缮投入 126676 万元，设备购置投入 30382 万元。固定资产总额 598433 万元，校舍占地面积 4804379 平方米，建筑面积为 2713273 平方米，学校图书馆藏书 826 万册。宣传教育中心正式成立。中心下设三个部门：对外宣传室、对内宣传室和编辑制作室。主要负责组织朝阳教育系统中心工作的宣传报道、重大活动的录制采编和优质课程设置等工作。截止年底，全区有小学 131 所，其中，教育部门办城市小学 85，农村小学 41 所，社会力量办学 5 所。班级数 3053 个，在校生正式生 39470 人，借读生 46429 人；教职工 7275 人，其中，教师 6589 人。全区小学招生 6279 人，毕业 6632 人。入学率 100%，巩固率 100%，毕业率 100%。有区级示范校 49 所，占 31%。特殊教育学校 1 所，附设特教班学校 6 所，开设班级 37 个，在校生 278 人，教职工 95 人，其中，专任教师 92 人；残疾儿童入学率 99.6%，巩固率 100% 。中学 74 所。教育部门办高级中学 1 所，完全中学 17 所，初级中学 29 所，一贯制 19 所。办学体制改革试点校及社会力量办学高级中学 1 所，完全中学 2 所。教职工 6218 人，其中，教师 4842 人。现有市区级示范校 19 所，其中市级 7 所。2010 年全区招生人数 10425 人，高中招生 4475 人。初中教师 3150 人。毕业生 12221 人，高中毕业生 4803 人。年底，全区公立学校共有专任教师 12384 人，在职特级教师 51 人，市级骨干教师 249 人（含学科带头人 39 人，骨干教师 210 人），区级骨干教师（含学科带头人、骨干教师和优秀青年教师）1769 人，校级骨干教师 2757 人（含学科带头人人，骨干教师人）。分别占专任教师的 0.41%，2.1%，14.28%，22.26%。中小学教师学历合格率 100%，其中，小学教师学历合格率 100% 、初中教师学历合格率 100% 、高中教师学历合格率 100% 。中小学市级特级教师 49 人，其中，小学特级教师 3 人、中学特级教师 46 人。中小学教师具有高级专业技术职务 1728 人，其中，幼儿园 8 人、小学 48 人、中学 1544 人、直属单位 128 人。

地址：石佛营西里 2 号
电话：85851086
邮编：100025

（赵　光）

【教学成果、年度人物表彰会】　1 月 7 日，2009 年度朝阳区教育系统教育教学成果、年度人物、优秀校级正职干部表彰会在八十中学召开。三里屯一中的《新课程背景下提高中学课堂教学有效性的实践研究》等 10 个项目获 2009 年第五届朝阳区教育教学成果年度奖，十八里店学区的《小学学科育德策略的实践研究》等 9 项成果获 2009 年第五届朝阳区教育教学成果提名奖，首师大附属实验学校校长兼党总支书记刘彦弟等十位师生被评为 2009 年度教育年度人物，陈经纶中学校长张德庆等 85 名校长、书记获得优秀校级正职干部表彰奖励。

（黄阳艳）

【幼儿早期阅读培训会】　1 月 8 日，学前办组织召开"播撒幸福的种子《幼儿早期阅读理念与设计》培训会"。全区各类型幼儿园园长、保教主任、骨干教师等300余人参加。

(叶 蕾)

【对口支援工作】 1月13日,区教育系统对口支援工作总结会召开,36个对口支援单位参加总结会。年内,教委对口支援工作涉及内蒙、四川什邡等9个地区,受益达3090人次。

(黄阳艳)

【学国学】 3月2日,高家园中学组织全体教师开展国学《弟子规》的学习。吴学飞老师详细讲解《弟子规》释义,拉开了学校国学学习活动的序幕。

(赵 光)

【2010FLL机器人世锦赛】 3月6日,主题为"智能交通"的2010FLL机器人世锦赛中国公开赛北京区选拔赛开赛。各区县的中小学、活动中心、少年宫、青少年科技馆等66支队伍参加了比赛。八十中学代表队获得一等奖;区青少年活动中心初中代表队获得一等奖,小学组获得二等奖。

(李 颖)

【一分钟精彩片段】 3月11日,团结湖三中在优秀课大奖赛中推出"一分钟精彩片段"环节。教学处把精彩的教学片段录像汇集成集锦,在总结会上展示给全体教师,让教师看到自己和其他教师的授课亮点,认识到自己的优点和不足,对下一步的教学进行新的思考和改进。

(赵 光)

【企业化实习实训基地开业】 3月15日,"北京领袖风尚形象设计有限公司"作为劲松职高美容美发与形象设计专业的企业化实习实训基地,举行了开业庆典仪式。国家总督学陶西平以及教育部、市教委、区教委、全国美容美发协会的领导和专家出席仪式。

(赵 光)

【网络第四届兼职督学聘任】 3月17日,召开"朝阳区教育督导网络第四届兼职督学聘任大会"。新聘任的兼职督学110余人参会。区政府教育督导室请原国家督学、市教育督导室原副主任高玉琛等专家,对新聘任督学进行教育督导制度、法律法规及相关业务的培训。

(张 明)

【攀登英语项目组研讨会】 3月18日,本区22所攀登英语实验园的园长及项目负责人参加研讨会。北师大攀登英语项目负责人与幼儿园各片组组长就攀登英语的课堂教学方式、幼儿课堂常规的建立与培养、教师英语素质的提升等主题进行交流。

(叶 蕾)

【为西南旱灾区捐款】 3月18日,启动"做团结友爱的好少年——为灾区小朋友捐献一瓶饮用水"献爱心主题队日活动。活动由区团教工委、少工委组织,以三里屯小学和安慧北里小学为主会场,以体验式爱心捐助为主要形式。截止到3月30日12时,全区中小学教师、共青团员、少先队员共捐款104.86万元,并通过北京青少年基金及时送往灾区。

(赵常付)

【瞭望杯时事知识竞赛】 3月19日,在北京市中学生"瞭望杯"时事知识竞赛表彰会上,本区荣获"第29届北京中学生瞭望杯"时事知识竞赛"城区组第二名。

(赵 光)

【交流合作】 3月19日,南非民主教师联合会代表团到本区参观访问,代表团考察了芳草地国际学校和日坛中学的手工课、京剧舞台步训练课和钢鼓表演等具有中国特色的选修课程,表示要加强双方在国际化特色教育方面的交流与合作。

(吴丹萍)

【参观修学访日研修团】 3月20日,民族文化艺术职业学校日语专业10名学生参观访问日本冈山市加计学园所属的冈山理科大学、仓敷艺术科学大学、千叶科学大学。自2007年与日本加计学园签订友好合作协议以来,民族文化艺术职业学校先后有15名毕业生就读于日本加计学园所属的三所大学。

(赵 光)

【校舍安全工程】 3月29日,2010年校舍安全工程启动会召开。会议下发《朝阳区中小学校舍安全工程期间国有资产管理办法》,并就专用教室及教学设备拆除、恢复、运输、存储等方面工作做具体部署。2010年校舍安全工程第一批29所学校参会。

(赵 光)

【首批校外教育名师工作室】 3月29日,"朝阳区青少年活动中心名师工作室"成立大会在区青少年活动中心召开,标志着朝阳区首批校外教育名师工作室成立。首批3个名师工作室的主持人由市特级教师周放、王德明和市劳模、获得德艺双馨书法家称号的沈莉担任。周放老师主持的工作室属于校外教育综合性工作室,侧重校外活动的策划和实施;王德明老师主持的工作室是体育特色工作室,侧重体育项目;沈莉老师主持的工作室是书法特色工作室,侧重书法教育。3个工作室的成员来自青少年活动中心、3家教辅中心和十八里店小学等5所学校的21名年龄在45岁以下的优秀教师。"带项目"是进名师工作室的先决条件。工作室将利用青少年活动中心优秀的校外教育资源优势，以研究带项目，培育优秀校外教育教师，打造校外教育品牌。

（李　颖）

【科技教育】 3月30日，由区青少年活动中心联合朝阳分院、教研中心开展的朝阳区中学生生物实验技能展示活动被市教委、市科协评为“北京市十佳科技实践活动”。同时，该活动获得第30届北京市青少年科技创新大赛“先导科技创新奖”，活动指导教师苗秀杰、陈凯敏获科技辅导员科教创新竞赛项目一等奖。

（李　颖）

【文化与育人环境建设研讨会】 4月20日，由区教委承办的“全国学校文化与育人环境建设研讨会”在本区召开。会上，区教委主任孙其军作题为《统筹谋划，整体推动，以学校文化建设促进朝阳教育内涵式发展》的大会主报告。

（黄阳艳）

【领导调研】 4月30日，市委副秘书长秦刚一行到和平街第一中学调研内地新疆高中班工作。在巡视校园并参观了内地新疆高中班文化展览后，秦刚仔细询问了内地新疆高中班的办班情况及存在的困难，听取了内地新疆高中班各方面管理工作的汇报。秦刚对学校所做的工作和取得的成绩给予了充分肯定。他指出：要高度认识援疆工作的重要性，援疆工作不仅是改善民生和普惠百姓的措施，更是维护边疆安宁和国家稳定的重要举措。最后，秦刚等领导还走进预科学生教室，鼓励同学们努力读书，成为出色的双语人才，学有所成后回到新疆建设家乡。5月18日，市教委委员郑登文一行到本区调研涉外学校安全工作。首先对北京法国国际学校、伊顿新城国际幼儿园、芳草地国际学校三所涉外学校的校园安全进行巡检，听取三所学校关于安全保障措施的汇报。郑登文充分肯定各学校的安全保卫工作，同时指出：做好外籍学生安全工作责任重大。一要进一步增强学校各层面的安全意识，高度关注，严格办学，提高警惕，发现异常及时通报。二要广泛动员社会力量，加强与属地相关部门的联系与沟通，形成安保合力，切实保障学生安全。三要建立和完善安全工作的有效管理办法，从严管理。5月19日，市中小学校安工程领导小组组长、副市长黄卫一行到本区调研校舍安全工程实施情况。黄卫实地察看了陈经纶中学、团结湖小学的校舍抗震施工现场，听取了朝阳区中小学校安领导小组的工作汇报，询问了市、区相关部门对校安工程的意见和建议。黄卫充分肯定了朝阳区的校舍安全工程，并就下一步全市校舍安全工程建设提出要求：一是由市建委、市教委、市规委等相关成员单位组织专家，对全市校安工程相关工作人员进行建设程序、加固工艺等方面的培训；二是由市政府牵头，组织专家组到各区县了解校安工程的进展情况及相关问题；三是要重视质量，对校安工程的设计单位、施工单位、施工队伍进行严格管理；四是要组织巡视队伍，对施工安全质量进行指导；五是校安工程要严格执行基本工程建设程序；六是校安工程要做到廉洁节俭；七是要简化申报程序、压缩申报时间，确保工程进度。市校安办主任、市教委副主任罗洁，区校安领导小组组长、副区长张春秀，市建委、市规委、市发改委、市财政局、市国土局、市审计局、市监察局、区教委、区建委、区规划分局等部门领导陪同考察。6月17日，市人大常委会主任杜德印、副主任柳纪纲等市人大领导及部分市人大代表，就“加快发展北京学前教育，加强幼儿园管理”建议到本区调研学前教育发展情况。市人大领导及代表一行首先来到北京市一级一类幼儿园、朝阳区示范园枣营幼儿园，听取幼儿园办园情况的汇报，视察特色环保文化景观、CPM（玩具图书馆）活动、攀登英语及幼儿户外体能安全游戏。随后，在调研座谈会上，市教委副主任罗洁受市政府委托，向市人大领导及代表汇报本市学前教育总体情况及建议办理情况，副区长张春秀做了关于朝阳区学前教育情况的汇报。与会同志就发展学前教育事业、加强幼儿园管理发表了意见。最后，市人大常委会主任杜德印发表重要讲话。杜德印指出，近年来，学前教育事业得到了高度重视，取得了一定的成就，但在发展过程中也出现一些问题。针对群众呼声比较高的“入园难、收费贵”问题，首先，要判断问题的性质，并进行深入分析。在计划经济体制下由单位办园为主转为多元化办园体制，以及伴随着城市建设的人口转移、人户分离、外来人口导入等因素，目前的学前教育状况还不能满足广大人民群众对学前教育的基本需要。第二，学前教育应该是政府主导的社会公益事业，要注意调动社会力量的积极性，促进民办公益事业的持续发展。第三，结合城市发展规划和“十二五”规划，要对下一步学前教育工作做出统筹规划，积极推进。第四，要注意提升学前教育质量，注重价值观和方法的培养，避免现有的教育体制弊病提前进入学前阶段。市人大常委会秘书长唐龙、市政府副秘书长马林及相关部门领导，区长程连元，区人大常委会主任王力军，区委常委、组织部部长陈宏志，区人大常委会副主任于五一，副区长张春秀，区教委主任孙其军等领导陪同调研。12月2日，以国家总督学顾问陶西平为组长的国家教育咨询委员会“义务教育均衡发展”组首次到本区调研。国家教育咨询委员会一行视察石佛营小学、博雅小学和星河双语学校金盏分校,与三所学校的校长进行深入交流,详细了解朝阳区城乡教育一体化发展途径、农民工子女入学问题、择校问题三方面内容。在随后的座谈会上,国家教育咨询委员会的委员们充分肯定朝阳区作为全国推进义务教育均衡发展工作先进地区,在探索城乡一体化发展方面的有效途径,以及以政府主导下的委托民办定向接收来京务工人员随迁子女的有效模式。九三学社中央副主席,中国致公党中央委员会副主席、全国人大常委严以新等参加了调研。

(吴 蕊 赵 光 黄阳艳)

【科技活动周】 5月,第三周是第十届全国科技活动周。为促进朝阳区科技教育发展,繁荣校园科技活动,培养青少年科学素养,教育系统积极开展科技活动周,推进科普教育日常化,开展节水、低碳宣传活动,开展防灾减灾活动,积极开展各类科技竞赛活动等系列活动。

(黄阳艳)

【高考各项准备工作】 5月27日,区高校招生委员第一次全体会议在招生考试中心召开。会上,副区长张春秀就朝阳区2010年高考工作进行了全面部署,要求各部门配合到位,确保2010年高考安全顺利。会议明确多措并举做好高考各项准备工作:一是净化考试环境,确保考试安全。区教委协同公安、保密部门,做好保密室监控系统建设,做到试卷运送过程中24小时全程有公安人员参与,确保高校招生考试试卷绝对安全;增派警力,做好考点、考生住地安保工作。二是高考期间"禁噪"。区教委协同建设、城管部门加强对考点、考生食宿点周围建筑工地、商业摊点的管理。考场周边100米范围内,白天禁止进行产生噪声污染的施工以及商业、娱乐活动。三是强化高考期间卫生防控工作。区教委协同卫生部门对所有考生食宿点饮食、饮水进行全面监督。随时关注诸如甲型H1N1流感疫情等,落实考点、考生卫生保障及应急处置预案。四是加强考务管理。加强对学生诚信考试的教育和管理,抓好考风考纪。强化对考务工作人员的培训,进一步增强服务意识,为考生提供优质服务。五是为考生保驾护航。协同交通部门全面加大路面巡查力度,重点检查接送考生的车辆,确保道路畅通;对考试工作尤其是对听力测试正常进行有影响的路段,必要时实行交通管制;加强车辆安全检测,确保参与高考服务的车辆车况良好。六是做好考试安全突发事件应急处置预案。做好应急值守,加强过程的管理与监督,确保各级高考小组和考点校通讯畅通。

(黄阳艳)

【刘延东与务工人员子女共庆六一】 6月1日,中共中央政治局委员、国务委员刘延东,到祁庄小学,参加由国家新闻出版总署主办的"关爱儿童,读书成长"向北京市十所小学进城务工人员子弟捐赠百种优秀少儿图书的活动。刘延东首先向朝阳区以进城务工人员子女为主的8所学校捐赠了价值16万元的图书,并向祁庄小学捐赠价值2万元的文具和体育用品,表达中央领导对朝阳区儿童的关怀。她强调,要更加关爱包括进城务工人员子女在内的广大少年儿童,让孩子们平等接受义务教育,在书籍和知识的海洋中勤奋学习、快乐生活、全面发展、健康成长。随后,刘延东参观祁庄小学掇绣坊,与学生亲切交谈,了解孩子的学习和生活情况,并提出殷切希望:要认识到读书的重要性,热爱读书,希望孩子们从小读书,长大建设祖国,最后祝贺孩子们节日快乐。新闻出版总署署长柳斌杰,全国妇联副主席、书记处书记甄砚,教育部副部长郝平,市教委主任刘利民及其他新闻出版总署相关领导,区委书记陈刚,区委常委、组织部部长陈宏志等区领导参加了活动。

(李烨楠)

【优质教育资源项目合作】 6月3日,三里屯一中和东方德才学校,与引进的华中师大一附中、东北师范大学附属中学签署协议,在教师专业化发展工程、教育科研工程、学生特长建设和培养工程等方面进行全面合作。这是实现引进名校、扩大朝阳优质教育资源供给目标的一次有益尝试。此次合作将有利于双方共享优质教育资源,进一步提升朝阳区有发展潜力的区级示范学校的办学质量,促进与引入的优质名校联动发展。

(张艳荣)

【全球化教育领导者项目】 6月9日,通过网真会议形式,区教委主任孙其军与思科副总裁Michael Stevenson共同签署合作意向书,朝阳区正式加入"全球化教育领导者"项目计划。"全球化教育领导者"为非营利性项目,是世界500强企业——思科公司为有志于全球教育事业的校长所搭建的,集教育教学研讨、交流、展示、分享为一体的全球化教育平台。长期参与该项目研究的还有美国、英国、澳大利亚、加拿大等国家。区教育系统成立了以北京教育学院朝阳分院、朝阳社区学院、东方德才学校等单位组成的项目课题组,启动了《基于社区的教育国际化发展模式创新实践行动研究》的课题研究,下设《区域教育国际化背景下的中小学校长领导力建设行动研究》等多个子课题。签约后,总项目组将提供专家为朝阳区进行课题培训指导,同时每年组织3次不同形式的会晤,参与项目的各成员就本地区教育发展的挑战、教育特色、优势、改进措施等情况进行及时交流和分享。

（吴丹萍）

【幼教专业中高职衔接班】 6月9日，北京市民族文化艺术职业学校与北京汇佳职业学院建立全市首个幼教专业中高职衔接班，9月正式开课。双方将实现中、高职专业及学历层次的衔接：一是进行课程一体化教学，使学生从理论基础到专业技能都得到有效提高。二是汇佳大专班实行“3+2”的“五年一贯制”教学，即学生要在民族文化艺术职业学校完成三年学业，然后直接升入汇佳职业学院再读两年大专，该班招生人数不少于30人。三是在北京市民族文化艺术职业学校成立幼教专业实习实训基地，进一步整合教育教学、实习实训的优势资源，向挂牌幼儿园开放教育教学资源，与挂牌园共同开展学前教育改革研究，在教育科研、师资培训等方面给予支持，真正实现优质幼教资源的共享和互补，从而整体提高朝阳区幼儿教师的执教水平。

（赵　光）

【友好城市教育合作国际论坛】 6月17日，本区承办北京友好城市教育合作国际论坛，第七届北京国际教育博览会举行专题论坛在八十中学召开。论坛以“教育公平背景下学校特色建设”为主题开展交流。朝阳区、宣武区、清华附中和丁香胡同小学，以及另外四个国家的教育官员等境内外嘉宾进行演讲。朝阳区在主题发言中指出，特色学校建设一是要以满足师生的个性化需求为出发点，激发干部、教师、学生参与特色学校创建的积极性，突出教育功能。二是要把特色渗透在学校管理的全过程，不管是教育行政管理者、还是学校管理者，都要对建设形成系统规划、系统设计，形成建设合力。三是要以基础建设为依托，突出学校内涵提升。要着力在软件建设上下功夫，注重挖掘学校文化特色、课程特色，注重培养特色教师和特色学生。四是要形成长效机制，突出特色学校的持久建设。本次论坛由市外办和市教委主办，市国际教育交流中心和朝阳区教委承办，八十中学协办。市外办副主任田雁、市教委副主任郑萼、区教工委书记吴金龙在会上致辞。市教委基教处、国际合作与交流处等部门领导，来自印度尼西亚、德国、日本等5个北京友好城市的代表，及十八区县教委、部分学校校长代表参加活动。

（吴丹萍）

【市区领导与师生共迎新学年】 9月1日，本区370余所中小学及幼儿园、18万余名学生正式开学，各学校隆重举行2010—2011学年开学典礼。市委副书记、市教工委书记王安顺，区领导陈刚、王力军、辛燕琴等16位市区领导分别参加开学典礼，为师生们送上寄语和祝福。

（黄阳艳）

【校安工程调研】 9月6日至15日，区政府教育督导室对第一批26所校安工程学校进行专项督导，专、兼职督学共73人参加。本次专项督导的工作方式采取学校自查和督导检查两步进行，主要检查四个方面：一是学校开学后教育教学秩序是否已经恢复正常；二是学校在施工后是否存在安全问题和隐患；三是在施工过程中学校设施、设备是否存在毁坏和丢失现象以及现在是否正常使用；四是学校抗震加固工程进度是否按合同准时完工。区政府教育督导室于9月16日专门召开各站站长汇报会，及时了解各校校安工程进展以及各校恢复教育教学秩序情况。区政府教育督导室主任滕国清和副主任李燕梅出席会议。滕国清对第一批校安工程所有学校教育教学秩序恢复正常给予充分肯定，认为本次校安工程时间紧，任务重，学校能在9月1日按时开学是各级领导高度重视的结果。各校在这次校安工程中做了大量的组织工作，学校环境比较整洁，日常工作正常有序。针对在校安工程中影响学生安全以及影响教育教学的一些问题，滕国清要求建立台账并尽快逐一解决。9月20日，区政府教育督导室召开校安工程推进情况专项督导调研工作汇报会。会议由区政府教育督导室副主任盛国辉主持。区人大常委会副主任于五一、区政协副主席关三多等11名督政兼职督学听取校安工程主要责任部门主管领导的汇报。区教委、区住建委、区财政局、区审计局、区监察局、区安监局、区发改委的领导针对本部门职责做详细汇报。督政兼职督学对各职能部门工作给予充分肯定，同时也针对工程质量、工程安全、资金效益等重要问题与参会领导进行了交流。在全面了解朝阳区校安工程的招投标、资金来源、工程监管等情况后，督学们指出：校安工程虽然任务重、时间紧，但是校安工程所涉及的资金、安全、质量等问题社会十分关注。相关职能部门要进一步创新工作机制，发挥学校及社会的监督作用，最大限度地把校安工程做好。特别是针对工程中查处三起工程材料不合格的事件，督学们提出了区校安工程领导小组要从源头上把控材料质量的建议。会后，督政兼职督学深入八十中学管庄分校、管庄中心小学施工现场进行实地考察，并与施工方、监理单位及学校领导进行了沟通交流。

（黄阳艳）

【推进区域国际教育合作】 10月15日，区教委与加拿大玛格丽特·布尔如瓦教育局正式签订合作协议，双方将在教育规划对比研究、建设姊妹校、师生交流、校长及教师互派培养、对外汉语及双语教学、职业教育等方面进行广泛合作。在本次两个教育行政部门签约的同时,十七中、呼家楼中心小学、工大附中、求实职业学校、劲松职业学校5所学校与玛格丽特.布尔如瓦教育下辖的7所不同类型学校建立交流合作的友好姊妹校关系,双方将在交换学生、教师互派、课程改革等方面联合开展实践研究。本年,区教委系统谋划区域教育国际化发展,全方位推进区域国际教育合作:一是科学规划教育国际化发展。适应区域需求,深入调研,系统谋划,将教育国际化发展纳入朝阳区"十二五"教育发展规划。加强教育外事制度建设,构建合作与交流机制,形成区委区政府统一领导,区教委牵头抓总,有关部门各司其职的工作格局。二是充分整合区域内外教育资源,建设姊妹校。一方面将区域内的国际学校与公办学校结对,达到不出国门就能共享优质教育资源。如东方德才学校与加拿大国际学校结对。另一方面促成区域内的学校与美国波士顿、加拿大多伦多等国外地区学校开展交流合作,实现"校校都有姊妹校,交往都有好项目"的目标。三是在规范教育出访和来访活动的同时,鼓励师生加强国际交流。每年,本区有5000余人次的师生参与教育外事活动。一些优秀师生代表在国际舞台上展示了朝阳区教育育人成果,如日坛中学参加的"中日小大使"活动、工大附中等六校师生参加的"京港澳夏令营"活动、八十中学参加的"北京长城夏令营"活动、首师大附属实验学校参加德国音乐节、芳草地国际学校开展"小留学生"活动等。四是加强校长及教师的互派培养。年内,区教委组织33名干部赴加拿大、新加坡接受学历培训,年底有两批教师赴澳大利亚开展培训。本区已新增29名获得国际教育硕士文凭的干部,教育外事骨干教师队伍进一步壮大。五是推动对外汉语及双语教学工作。以北京市中小学对外汉语推广基地建设为契机,着重发展八十中学、东方德才学校、日坛中学、望京实验学校等9所候选单位,加强对外汉语推广工作。加强对外汉语教师和双语教师队伍培养,在开展区域合作的时候作为重点项目开展。此外,在推广对外汉语的同时扩大孔子课堂建设和教育外事基地建设,宣传和弘扬中国传统文化的精髓。

(吴丹萍)

【全国首届责任教育论坛】 10月26日,由区教委、中国伦理学会德育专业委员会等单位承办的全国首届责任教育论坛暨教育部重点课题《增强学生社会责任感的公民教育实践模式研究》研讨会在本区开幕。开幕式上,区政府教育督导室主任滕国清代表区政府致欢迎辞。研讨会上,区教委代表东道主,与与会代表交流朝阳区开展责任教育的成果和经验。吉林、上海、重庆、河北等六省市的教育一线代表也在会上作经验介绍。来自中央文明办、教育部以及市、区相关部门的领导和全国20多个省市的500多名代表参加开幕式。

(李烨楠)

【全球教育领导者项目北京会议】 10月30日至11月2日,由区教委主办的"全球教育领导者"项目北京会议暨"教育国际化与领导力建设"国际论坛召开。来自美国、英国、加拿大、澳大利亚、芬兰、新西兰、韩国等八个国家、九个地区的60余位教育行政部门及教育专家齐聚朝阳,共同分享面向21世界教育变革的目标、挑战、策略。市教委、市外办、区政府等相关部门领导出席会议,本区200余所中小学校长聆听了各国教育专家的精彩发言。本次国际教育论坛活动首先由市教委委员郑登文、副区长张春秀及思科(中国)副总裁祁瑞峰先生致辞。随后,国家总督学顾问、中国教育学会副会长陶西平,区教委主任孙其军,思科全球教育部副总裁 Michael Stevenson 等人先后围绕主题作主旨演讲。在为期四天的会议中,参会者除了召开一系列项目组分组会议外,还分别前往日坛中学、八十中学、芳草地国际学校、白家庄小学、劲松职高五所学校,围绕信息技术与国际化课程改革、国际化领导力建设与学校发展等课题开展交流活动。

(吴丹萍)

【参加可持续发展教育培训】 11月23日,联合国教科文组织的中国可持续发展教育项目第十次国家讲习班在上海举办。本区在大会分论坛上以"节能减排校园建设与育人模式"为主题做典型发言,并在大会闭幕式上作"两融合两发展,四个育人"的主题汇报。本区27所实验校的领导和教师共42人参加讲习班培训。

(吴丹萍)

【职业教育综合实习实训基地】 11月23日,区职业教育综合实习实训基地揭牌仪式在阳光丽城温泉度假酒店举行。区教委第一次在国有企业建立职业教育综合实习实训基地,将统筹全区职业高中服务类专业学生,通过安排学生短期社会实践和定期顶岗实习两种方式在阳光丽城温泉度假酒店完成学习和实习任务。同时,专业教师也将在基地获得实践锻炼机会。

(李连启)

【加强社区教育】 年内,采取四项措施加强社区教育,形成具有朝阳特色的社区教育工作体系:一是制定加强街(乡)社区教育中心建设的实施意见,就管理机制、经费投入、人员配置、师资队伍、场地设施、业务功能等方面做出明确要求。二是以朝阳社区学院为依托,为每个街

(乡)配备1名社区教育指导教师，创新社区教育工作模式，深入开展社区教育活动。三是以朝阳社区教育网和社区教育专刊为平台，对各街乡开展社区教育活动、队伍建设等情况进行宣传，推动社区品牌建设。四是以2010年社区教育实验项目的申报和实施为抓手，促进各街乡探索创新社区教育管理的新机制、新方法和新途径。

(黄阳艳)

【来京务工人员子女教育】 年内，在本区公办和民办学校就读的来京务工人员随迁子女近65000人，约占全区来京务工人员随迁子女总量的80%。为妥善解决来京务工人员随迁子女教育问题，采取四项措施：一是坚持公办学校接收为主渠道的工作原则。充分发挥公办学校主渠道作用，通过按实际在校学生数核定公立学校教职工编制、核拨办学经费、投入专项经费进行校舍改造扩大班容量等措施和途径，不断扩大公立学校接收规模。2010年加大整合初中校资源，全力确保区内所有来京务工人员随迁子女初一新生全部进入公办学校就读。二是探索政府委托民办学校实行定向接收的新模式。腾退多所公办学校校舍用于举办民办学校，就近定向接收周边来京务工人员随迁子女，进一步改善来京务工人员随迁子女的学习环境。截至秋季新学期开始，已有6所委托民办学校顺利开学，为2千多名来京务工人员随迁子女提供了良好的受教育环境，确保不让一名适龄儿童失学的工作底线。三是设立财政专项经费，鼓励社会力量办学等多种教育模式协同推进。发动多方社会力量参与，一方面无偿提供腾退的公办学校校舍，一方面设立解决来京务工人员随迁子女入学问题专项经费，为学校教师保险、生均经费、教学设备设施等进行专项投入，以政府购买教育服务的方式进行统筹解决。四是探索政府主导下的"委托办学"模式，破解来京务工人员随迁子女教育难题。委托具有丰富教育教学经验的退休老师为校长，建立政府委托、定向接收来京务工人员随迁子女的民办学校。降低学费标准。委托办学的学校每学期收费每人350元，远低于普通打工子弟民办校850元到1500元的标准。给予专项经费支持。区教委对委托办学的举办者不仅免费提供校舍，而且给予专项经费支持，提供公用经费定额补助、负担校舍的采暖费、负担教师保险费用的50%、为学校提供必要的教育教学设备等。配备软硬件教育资源。在硬件资源上，委托民办校与公办校享有同样的校舍以及硬件设施。在软件资源上，举办者办学经验丰富，教职员工选聘严格参照北京市小学教师师资标准。教委还为新聘任教师进行普通话培训、上岗通识培训，提升教师教育教学水平。区教委分阶段在来京务工人员聚集地区整合公办校舍，腾退了西坝小学、驹子房小学、金盏中心小学等8所公办校，建成了安民学校、星河双语学校、博雅小学3所委托办学民办校，共8个教学点。截至9月，已解决3500余名来京务工人员随迁子女的入学问题。

(周 滢)

【化解入园难题】 年内，制定《朝阳区公办幼儿园委托管理暂行办法》，率先在全市建立公办园委托管理方式，丰富朝阳区幼儿园举办工作的管理模式。一是各类办园单位(包括公办、民办)承办朝阳区行政区域内、属于区教委权属的住宅小区配套学前教育设施，适用此暂行办法。二是承办单位需满足以下条件：具备办园资格和经验，获得北京市一级二类及以上标准认定的园所，具有良好的办学质量和声誉。同等条件下社区推荐的办园机构优先。三是办园模式为公办园委托管理。委托管理期限为6年。四是在申办批准、配套幼儿园建成移交后，由教委委托相关部门与承办者签订《公办园委托管理协议》。承办者自主管理配套幼儿园，学前办等相关部门按照相关要求对该幼儿园进行监管、考核、验收。五是承办者按照区教委规定的指导收费标准进行收费，明确一级一类幼儿园和一级二类及以下幼儿园的收费价格。在部分小区试点制定幼儿园指导价，限定园所收费，引导园所降低收费价格，满足百姓入托需求。

(叶 蕾)

【来京务工人员子女学校安保】 年内，区定向接收来京务工人员随迁子女的民办学校有9所13址。其中，3校(7址)为委托举办民办学校，大部分校址位于土地腾退范围，周边安保任务重，学校校园安全工作压力大。根据全区现行中小学及幼儿园安全防范工作要求，采取三项措施做好来京务工人员随迁子女民办学校安保工作。一是全面开展2010年秋季来京务工人员自办学校(幼儿园)安全检查。自9月27日至国庆前夕，协同12个委办局组成联合检查组，深入20个街乡对6所定向接收随迁子女民办学校、34所自办学校和263所自办幼儿园进行安全拉网式检查。二是按照公办学校安全防范标准，为9所(13址)定向接收随迁子女民办校配齐安保人员及设备。三是将3所(7址)委托定向接收随迁子女民办校纳入公办学校管理范畴，由相关部门统一监管，确保委托举办民办校的校园安全。

(黄阳艳)

【强化职业教育】 年内，采取四项措施进一步强化职业教育：一是确立"十二五"期间"3+1+1"的职业教育发展格局，即：按照国家级示范性职业学校标准建好3所国家级重点职业高中，办好1所弘扬民族文化与艺术的民族特色学校，重点打造1个符合区域产业发展和人才需求、与国际职业教育接轨、汇集国际行业资格证书培训项目及高等职业教育课程培养中高级技能型人才的朝阳职教中心。二是加快布局结构调整，加强资源整合，促进职业教育资源向优势学校集中，提高办学效益。在顺利完成求实职业学校与市金融商贸职业学校合并后，6月，将劲松职高和新源里职高合并。三是以创建北京市现代化标志学校、国家级示范校工作为契机，加强专业建设，提高职业教育水平。结合区域经济社会发展要求，重点加强与体育休闲、商务服务、信息服务等现代服务业和高新技术产业密切相关的专业建设。四是加强职教队伍建设。制定《朝阳区中等职业学校教师队伍建设工作方案》，完善教师到企业或生产一线实践的管理，提高“双师型”教师比例。与北京理工大学、北京邮电大学联合举办朝阳区职业高中硕士高研班。首届高研班招生75人，开设了教育技术学、计算机应用技术，电子与通信工程三个专业。

（李连启）

【职业教育和成人教育】 年内，全区有职业教育学校6所，其中，国家级重点学校3所，分别是北京市劲松职业高中、北京市求实职业学校、北京市电气工程学校，省部级重点学校1所，是北京市民族文化艺术职业学校。设置47个专业，开设371个教学班，招生人数3394人，毕业人数3319人，在校学生11007人，教职工1179人，其中，专任教师845人，全部职业学校占地面积262128平方米，建筑面积192196平方米；全年职业教育专项经费8100万元。现在地区成人教育20所，校舍总面积30382平方米；村级成人学校260所，校舍总面积5300平方米。街道社区学校23所，校舍面积61472平方米。

（赵　光）

教育督导

【概况】 朝阳区人民政府教育督导室(简称区教育督导室)。年内，对区内街道系统素质教育目标责任的督导进行考核。启动市督导室《普通高中教育多样化发展与现代督导制度的建设》研究课题。

地址：石佛营西里2号

电话：85851122

邮编：100025

（赵玉芳）

【街道系统素质教育督导考核】 1月7日，考核评价组分别在望京街道、八里庄街道和劲松街道召开“2009年街道系统落实素质教育目标责任工作汇报会”。区政府聘任的督政兼职督学于五一、高玉琛、徐宝强、刘中、任劲东、向学功、杨轩荣、邓献云、潘竞、郭增容等；区政府教育督导室副主任盛国辉，督导室的专职督学及区社会建设办的领导等参加会议。会上，各位督学及相关领导听取了全区23个街道主管领导就如何“落实全面实施素质教育目标责任，开展区域教育工作”汇报，并就相关问题与各街道主管领导进行面对面的沟通与交流。

（赵玉芳）

【教育督导网络督学聘任大会】 3月17日，召开朝阳区教育督导网络第四届兼职督学聘任大会，市政府教育督导室副主任李壑、副区长张春秀、区政协副主任关三多等市区领导到会向新一届兼职督学表示热烈祝贺。朝阳区新聘任的兼职督学110余人参加会议。会议宣布朝阳区教育督导网络第四届兼职督学名单，张春秀为督学代表颁发聘书，新一届督学代表做发言。张春秀在讲话中指出：朝阳近几年实现了由教育大区向教育强区的转变，教育督导在促进、提升、推动教育发展中发挥了重要的作用，特别是朝阳区的督导网络建设对朝阳区教育发展起到了积极的推动作用。

（赵玉芳）

【教育督导网络年度工作大会】 3月17日至19日，督导室在平谷教工休养院召开朝阳区教育督导网络第十一届年度工作大会。区督导室主任滕国清、副主任盛国辉、副处级调研员张福家及相关领导等参加会议。大会对新任督学进行督导业务培训。原国家督学、市教育督导室原副主任高玉琛作“教育督导制度的建设与工作创新”专题报告。滕国清结合国家及北京市中长期教育改革发展纲要，提出朝阳区教育督导工作意见和建议，要求进一步完善教育督导工作体制，增强督导工作的权威性和影响力。对新一年的教育督导工作进行了部署，重点强调对中小学专用教室专项督导和初中校教学管理规范化建设工程督导评价的工作要求，要求各督导站要提高认识，认真组织，细致筹划督导检查的过程；按照要求，高水平地落实好各项工作，撰写出以事实为依据，同时能为学校工作的再提高提供有效支持与帮助的专项督导报告。

（赵玉芳）

【课题调研】 4月，启动市督导室《普通高中教育多样化发展与现代督导制度的建设》研究课题，成立以督导室主任滕国清任组长的课题组，研究制订调研实施方案，将调研工作细化为5个调研组。10月份各调研组分别深入朝阳区15所普通高中校进行调研。10月9日，《高中教育多样化办学与现代督导制度的建设》课题组召开课题推进研讨会。会上各专项小组根据职责汇报前期调研方案、访谈提纲、调研问卷等各项研究工作进展情况;学习新颁《国家中长期教育改革和发展规划纲要》,在课题研究背景、研究意义、研究内容的基础上,确定访谈提纲和调研问卷;讨论确定15所不同层次学校为调研对象以及学校调研具体安排。11月4日,《普通高中教育多样化发展与现代督导制度的建设》课题组召开课题调研总结会。

(赵玉芳)

【督政兼职督学工作会】 5月6日,召开2010年第一次督政兼职督学工作会。区政协副主席关三多等10名督政兼职督学参加会议。会议由副主任盛国辉主持。主任滕国清简要总结2009年督政兼职督学开展工作情况,通报2010年督政工作的主要任务。会上督学们就督导室起草的《关于2010年对朝阳区部分街乡落实素质教育目标责任情况开展随访调研的通知》进行研讨,提出具体明确的修改意见。同时督学们结合今年的督政工作任务,在检查内容、工作方法等问题上提出很多建设性的意见和建议。

(赵玉芳)

【落实素质教育目标责任情况】 5月19日至20日,区督政兼职督学深入南磨房乡和左家庄街道进行随访调研。区政协副主席关三多等10余位区督政督学参加。滕国清、盛国辉及督导室专职督学参加会议。南磨房乡和左家庄街道及其周边的十八里店乡、小红门乡、王四营乡、豆各庄乡及香河园街道、小关街道、亚运村街、道麦子店街道10个街乡主管领导就2010年建立完善组织领导机构情况、落实素质教育目标责任及确保校园安全的工作设想及具体措施等内容进行汇报。6月2日、9日,组织督政兼职督学深入呼家楼街道和高碑店乡进行随访调研。区人大常委会副主任于五一、区政协副主席关三多等10余位区督政兼职督学参加了随访。9月9日,召开督政兼职督学街乡调研工作总结会。于五一、关三多等14名督政兼职督学参加会议。会议由盛国辉主持。会上,讨论《关于对朝阳区部分街乡落实素质教育目标责任情况随访调研的报告》;简要通报朝阳区2010年全面实施素质教育目标责任自评及考核工作安排;就即将开展的校安工程专项调研工作进行研讨。

(赵玉芳)

【教育督导科研工作会】 7月2日至3日,召开2010年教育督导科研工作会。全体兼职督学80余人参加会议。会上,明确提出年内督导科研工作以案例征集的形式进行,重点通过实例来研究解决督导的实际问题,下发《朝阳区人民政府教育督导室关于开展2010年教育督导工作优秀案例征集活动的通知》,乔玉红督学就本项工作进行具体布置,说明组织本次会议两个目的:通过培训,进一步使督学树立科研意识,提升督学队伍的整体研究水平;通过研究,发挥教育督导在推进学校全面实施素质教育中的作用,为提高教育督导的质量和效益服务。

(赵玉芳)

【实施素质教育自评工作】 7月,制定《关于做好朝阳区2010年全面实施素质教育目标责任自评及考核评价工作的通知》,分别对各委办局、街道、地区办事处(乡)自评及考核工作进行具体部署。各相关单位依据相关安排,对照本单位素质教育目标责任进行自评并于10底前报送自评报告。年底,组织督政兼职督学开展考核评价工作。考核结果报送区委组织部门和区监察局。10月25日至26日,召开"朝阳区全面实施素质教育自评工作培训会",全区各相关委办局、街乡的自评主管共80余人参加培训。会议邀请原市教育督导室常务副主任、区督政兼职督学高玉琛围绕全面实施素质教育问题进行专题报告并对新颁《国家中长期教育改革和发展规划纲要》进行全面、深入的阐述;区政协副主席、区督政兼职督学关三多结合朝阳区实际,就如何进一步推进朝阳区素质教育工作做报告,对各委办局和街乡的全面落实教育职责、深化实施素质教育工作提出前瞻性意见和建议。

(赵玉芳)

【素质教育督导考核评价】 11月18日,召开督政兼职督学工作会,就开展2010年街乡及相关委办局落实素质教育目标责任考核评价工作进行专题研讨。滕国清参加会议。盛国辉主持会议并介绍今年对朝阳区各街乡和相关委办局进行考核评价的原则、主要形式及考核工作的程序与方法、人员分工等具体安排。区督政兼职督学们针对考核评价方案分别阐述自己的意见和建议,依据考核标准,认真审阅各单位的自查报告,为客观、准确评价各单位的工作做好准备。

(赵玉芳)

【市督导义务教育工作执法检查】 11月22日至23日,市教育督导室主任线联平率领市2010年义务教育工作执行法律法规情况督导检查团20名专家和领导,对本区新建、改建居民区配套学校建设情况进行检查。查阅了新建、改建居民区配套学校建设的相关档案材料;听取了区长助理巴图的专题汇报,并与区住建委、区教委、区发改委、国土朝阳分局、规划朝阳分局、区财政局的主管领导进行座谈;检查团还实地考察泛海国际居住区华中师大一附中朝阳学校和常营居住区在建配套学校的情况。区政府教育督导室、区政府办及区教委相关部门的领导和负责人参加迎检工作。

(赵玉芳)

【第二批小学规范化建设验收】 11月25至26日,召开2010年朝阳区小学规范化建设督导验收学校工作汇报会。北师大奥林匹克花园实验小学等19所学校校长对小学规范化建设中的学校办学目标、办学条件及学校文化特色建设等进行汇报。专家和督学针对各校实际情况提出质疑和问询。教委相关科室领导和近60名小学专兼职督学参加会议。11月25日至12月13日,对第二批小学规范化建设工程中的19所学校进行督导验收。验收工作在学校自评、校长集中汇报答辩的基础上,深入每个学校进行现场评价。全区共有70所小学接受规范化建设的督导验收。小学规范化建设工程督导验收工作是依据北京市《关于实施小学规范化建设工程的意见》和《朝阳区小学规范化建设工程规划》的文件精神进行。督导验收工作严格把握督评程序和方法,针对容易出现问题的环节进行重点把控。督评人员在完成学校的评价工作后,现场对每个学校的评价结果进行口头回复意见,在肯定学校主要成绩的同时,针对性提出学校在规范化建设工程中出现的问题。

(赵玉芳)

【专题研讨会】 12月1日,由教育督导室承办的北京市加强首都普通高中教育督导工作指导意见专题研讨会召开。会议由市教育督导室副主任关国珍主持,首师大教授王海燕及北京市《普通高中教育多样化发展与现代督导制度的建设》课题组成员参加会议。区督导室作为课题试点区,汇报朝阳区根据对普通高中教育多样化发展情况调研结果拟定的《朝阳区人民政府教育督导室关于加强普通高中教育多样化发展督导评价的实施意见》。实施意见阐述了对朝阳区普通高中教育督导的定位与指导思想、要求与工作思路、内容与督导任务、途径与督导方式。西城区、顺义区督导室的领导交流了各自调研情况及对普通高中教育督导的思考。

(赵玉芳)

朝阳社区学院

【概况】 朝阳社区学院属于国民教育系列,地区性成人高校,为区属全额拨款正处级事业单位。有和平里、和平西街、双龙南里和首都机场4个教学区。学院占地面积34707平方米,建筑面积27723平方米。体育场馆1581平方米。图书室藏书总数7.7万册。固定资产总值4338.67万元。毕业生895人,其中,职大333人,电大562人。招生1224人,其中,职大365人,电大859人。在校生3293人,其中,职大593人,电大2700人。开设专业36个,其中职大开设11个,电大开设25个。非学历教育培训年均22939人次。学院教职工120人,专任教师59人,具有高级专业技术职务21人,具有中级职务48人,市级学科带头人1人。普通教室64间,专用教室70间。

地址:和平里南口转角楼5号

电话:64211719

传真:64210193

邮编:10013

网址 http://www.bjccc.com

(韩雨倩)

【组织培训】 1月20日,举行社区教育指导者专题培训会。培训会首先由社区教育处的老师介绍如何利用朝阳社区教育网上的课程进行学习,随后老师们结合相关文件从为什么开展社区教育和怎样开展社区教育两方面进行了学习。3月23日,邀请北京青年政治学院副教授冯跃为教职工进行社区教育调查方法专题培训。冯老师以《社区调查研究与方法—以社区教育需求调查为例》为题,从何为社区调查、课题选择与研究设计、定性及定量方案设计、资料的整理与分析和调查报告的撰写五个方面做报告。3月30日,由学院党委书记、院长马金东带队,学院教师七十余人来到南磨房地区办事处成人教育中心参观学习和调研。南磨房乡领导对该地区的发展概况和社区教育工作的开展情况做详细介绍。座谈后,老师们参观了教育中心活动教室,详细了解社区教育设施、课程安排以及师资队伍等具体情况。3月15日、22日,由区人力资源和社会保障局主办、本院培训中心承办的2010年朝阳区参照公务员法管理单位公务员初任培训班开班。该培训班共两期,每期两周。3月21日,举办第七期小学教师英语口语能力培训开班,培训为期半年,参加培训学员281人。4月6日,区人力资源和社会保障局主办、学院承办的2009年度朝阳区军队转业干部培训班正式开班。培训历时7周,来自区人力社保局、区卫生局、区民政局等13个委办局的43名学员通过多种形式完成30多门课程的脱产学习。3月29日至4月2日,蓝星公司在学院进行持续改进内部培训师培训。此次培训为期5天,来自蓝星总部及下属16家企业的24名学员参加了此次培训学习。5月5日,2010年社会工作者职业水平考试考前辅导班在学院开班。5月31日,由区人力资源和社会保障局主办、学院承办的朝阳区2010年度公务员初任第一期培训开班典礼在报告厅举行。此次公务员初任培训分为两期,为期四周,共210名学员。6月8日至11日,2010年朝阳区大学生社区工作者培训班在院开班。来自全区各街乡214名大学生社区工作者分两个班次参加了培训。6月9日，来自各街乡的90名学员参加“2010年北京百万家庭数字生活技能大赛”网上知识竞赛辅导员培训。技能大赛以“绿色网络 低碳生活”为主题，致力于为普通百姓家庭提供一个展示家庭数字生活能力的平台，向公众倡导积极健康的数字生活方式，帮助市民运用信息技术、数字技术创建和谐家庭。11月20日，学院2010年“家政服务工程”首期培训班开班。学院家政服务工程培训班是北京市“家政服务工程”指定的专业培训机构。此次培训班历时7天，来自白手套家政公司等8家单位的100余名学员参加培训。学员们通过理论与实际操作相结合的方式完成家政服务员职业操守、相关法律、安全与卫生等基础理论知识和礼仪习俗、家庭清洁卫生、烹饪、宠物植物养护等专业技能的学习。

（韩雨倩　蔡汶羲）

【举办活动】 4月2日，在双井街道流管站会议室为流动人口女子读书社成员进行读书辅导。聘请有多年中文教学经验的温陆路老师对社员进行诗歌欣赏与朗诵的辅导。辅导中，温老师对诗歌的背景、朗诵诗歌时的感情和节奏进行讲解，并引导社员们对诗歌进行反复朗诵，使社员们能充分感受到作者当时的心情与诗的意境，进而在心灵上产生共鸣。4月23日，学院策划组织区九个流动人口女子读书社开展主题活动共度世界读书日。在三里屯街道流动人口女子读书社的赠书仪式上，街道妇联赠给读书社200多份图书报刊，读书社成员也通过表演精彩的节目表达自己的喜悦和感谢；双井街道流动人口女子读书社社员通过朗诵诗歌的方式来庆祝节日；其他的读书社也分别通过讲座、参观等不同形式来欢度读书日。4月18日“小小科学家”训练营系列科普活动在学院和平西街教学区拉开帷幕。40位小营员分两批参加活动。活动当天，在专业老师的带领和家长的陪同下，小朋友们分两批亲自动手参与“声音由震动产生”等科学实验。5月9日，学院筹办的“我爱大自然妈妈”科普训练营推广活动在西街教学区举行。此次活动分为两场，共有27名小朋友在家长的陪同下参加活动。在老师的带领下，小朋友们通过自己动手做简单的实验，目睹神奇的化学反应现象，认识环保标志，知道日常生活中的垃圾如何合理分类等环保知识。5月29日和30日，在和平西街教学区科普教室举办“欢乐科普迎六一”活动。活动邀请学区周边社区的30名小朋友参加。活动中，指导老师以环保为主线，通过火山喷发、酸碱中和反应等科学小试验，让孩子们明白日常生活中垃圾分类的必要性和重要性，激发孩子们学科学、用科学的兴趣。9月15日，在和平里本部会议室召开青年教师沙龙成立大会。会议通过《朝阳社区学院青年教师沙龙章程》，投票选举产生了沙龙秘书处秘书长和执行秘书。作为学院建设学习型学院的一项新举措，青年教师沙龙力争成为学院青年教职工自我管理、自我服务、自我教育的成长平台，从而实现个人、学院的共同发展。11月12日，在高碑店地区办事处成立新一批的朝阳区流动人口女子读书社。设立一个总社（高碑店地区办事处）2个分社（兴隆家园、高碑店村）。

（韩雨倩　张连民　苏丹）

【交流研讨】 4月23日，广州市萝岗区社区教育考察团一行12人到学院进行考察调研。座谈会上，学院党委书记、院长马金东介绍了区情和社区教育发展现状，对学院如何积极参与推进社区教育和建设学习型城区的工作以及学院的运行模式与管理机制等问题与客人进行了交流。区教委职成科、学院社区教育处、项目管理处等部门的有关同志一同参加了交流活动。6月2日，组织部分教职工到石景山社区学院进行学习调研。石景山社区学院主管招生、培训的副院长和三个教学区培训部主任就招生、培训工作的管理体制、运行模式、培训项目的现状及前景等问题与大家进行了交流。6月19日，城八区社区学院科研工作交流会在学院召开。城八区社区学院主管科研工作的领导参加了交流会。会议交流了各院科研机构的设置、职能以及科研工作的开展情况。与会者都表示今后要就科研管理、课题研究等方面开展经常性交流，就重大课题开展院校合作。6月8日至26日，分批组织教职工到南方进行社区教育考察。教职工着重从地区情况特点与社区教育管理思路、社区学院服务社区教育工作模式、教师下街乡指导社区教育管理模式、社区教育品牌建设情况、网上课程学习中心建设和管理情况等几方面进行考察学习。

（韩雨倩　蔡汶羲）

【学习型朝阳讲坛】 5月26日，由区教委主办，学院承办的学习型朝阳讲坛在学院艺术楼301室开讲。来自区43个街乡的社区干部、社区居民和学院全体教职工参加讲座。主讲人国际关系学院张平教授以“构建和谐——解读人际交往模式与沟通技能”为题为大家讲述心理健康的基本知识。从提升心理调适能力、克服自我的不良情绪、应对挫折策略、解决交际困惑几方面讲解人际交往中的技巧和实际运用，以及心理调适的基本方法。9月28日，由区教委和学院组织的“提升干部执行能力，服务文明城区建设”学习型朝阳讲坛在学院报告厅举行。讲坛邀请多年从事社区工作者培训的管理学专家王燕斌教授为全区43个街乡的社区干部就加强执行能力、提升行政效能做讲解。10月25

日,由区教委主办,学院承办的学习型朝阳讲坛“世界城市与新四区发展战略解读”讲座在艺术楼301室开讲。来自区43个街乡主管社区教育的科长、社区教育中心主任、社区干部近200人参加讲座。北京国际城市发展研究院院长连玉明主讲,深入剖析世界城市的含义、建设世界城市的意义,解读新四区建设的重要内涵,传授促进新四区建设方法。11月11日,学习型朝阳讲坛走进社区,为东湖街道的社区干部、居民近200人举办“转变服务方式、提升管理文明”讲座。讲坛邀请管理学专家、多年从事社区工作者培训的王燕斌教授主讲。王教授从执行力管理理论与流程、管理技巧与执行提升方法、领导与执行要素等方面,深入剖析了在执行工作中运作和管理的核心内涵。

(伊丽娜)

文化 体育 卫生

文 化

【概况】 朝阳区文化委员会(以下简称区文化委)是主管本区文化、文物、新闻出版和广播电影电视工作的政府组成部门。直属单位有文化馆、图书馆、北京民俗博物馆、朝阳剧场、紫光影城、香河园文化娱乐中心、劲松影院、曙光影剧院、区电影发行放映公司、北京朝阳京剧艺术中心、区文物管理所。年内,围绕区委、区政府加快推进"新四区"发展战略要求,紧紧抓住创建全国文明城区契机,以"夯实基础,提升品牌,健全机制,促进繁荣"为工作目标,完成"十二五"规划编制工作,加快推进公共文化服务体系建设,加强文物和非物质文化遗产的保护,打造繁荣、健康、安全的文化市场环境,坚持文化事业和文化产业齐头并进、协调发展,不断满足全区广大人民群众的精神文化需求。

地址:东三环北路36号
电话:65014855
邮编:100026

(武 乐)

【重要会议】 1月20日至21日,区文化委召开2009年度工作总结会。会议从加强和完善公共文化服务体系建设,加强文物及非物质文化遗产的保护、开发和利用,加强对全区文化市场的管理和服务,开拓文化创意产业新的增长点,直属经营性事业单位努力实现"保增长"工作目标,完成国庆庆典的各项工作任务,加强党的建设和机关建设等六个方面,全面总结文化委2009年工作,深入分析当前文化工作面临的形势和存在的主要问题,并对2010年工作进行全面部署。2月25日,2010年区文化市场管理(扫黄打非)工作会议在区政府南楼906会议室召开。副区长张春秀,区文化市场管理(扫黄打非)工作领导小组28个成员单位及43个街乡的相关领导参会。会议总结2009年全区文化市场管理(扫黄打非)的工作情况,部署2010年文化市场管理(扫黄打非)工作,下发《2010年朝阳区文化市场管理(扫黄打非)工作考核标准及评分细则(征求意见稿)》,将考核与评优相结合,探索建立文化市场的激励机制。3月18日,朝阳区2010年文化工作会召开。区人大常委会副主任于五一、副区长张春秀、区政协副主席关三多出席,区基层文化工作联席会成员单位,各街乡主管文化、文物、文化市场管理工作领导及文化干部等参会。会议总结2009年全区文化工作,部署2010年文化工作主要任务。10月14日,区委召开常委(扩大)会,专题研究朝阳区文化事业发展工作。会议听取区文化委关于文化事业发展情况汇报,区领导就如何推进文化发展做相关指示。10月21日,区文化市场管理(扫黄打非)工作领导小组办公室组织召开农村文化市场监管工作调研会。市文化局巡视员叶重辉等领导参会。区文化委汇报农村文化市场的监管情况,城乡结合部街乡汇报执法检查中存在的问题,市文化局领导有针对性地提出工作意见。11月9日,区委召开专题会,研究公共文化设施建设工作。区委书记陈刚,区委副书记、区长程连元,区委常委、常务副区长吴桂英,区委常委、宣传部长谢莹,区人大常委会副主任于五一,副区长李建海、张春秀,区政协副主席关三多等领导出席。会议听取区文化委等部门关于朝阳区公共文化四级服务网络建设情况汇报,区领导就下一步工作提出了指导性意见。11月16日,区委召开专题会,研究朝阳区文化体制改革有关工作。区领导陈刚、陈宏志、谢莹、于五一、张春秀、关三多出席。区领导充分肯定朝阳区在文化体制改革方面所做的探索和取得的成绩,并就做好文化工作提出指导意见。

(武 乐)

【第九届北京民俗文化节】 2月14日至20日,第九届北京民俗文化节暨第十二届北京东岳庙春节文化庙会在东岳庙举行。庙会以“博物馆里过大年”、弘扬中华优秀传统文化为主旨,把民俗文化与道教文化相融合,围绕“祈福迎祥”主题开展一系列祈福活动,东岳庙道团恢复了昔日种类繁多的道场科仪。庙会历时7天,游客达15万人次。

(武 乐)

【百姓之家 新春大集活动】 2月14日至19日,区文化馆举办第十四届“百姓之家,新春大集”春节室内庙会。庙会除祈福猜谜、年画展等保留活动外,还增设花车彩灯、花鸟字展、非遗特展、老物件展、相声专场、“乔装戏”演出等丰富多彩的活动项目。春节期间共计接待游客5000余人次。

(武 乐)

【春节百姓大戏节】 2月14日至19日,区春节“百姓大戏节”活动在朝阳公园礼花广场举办,活动邀请北京歌舞剧院前来演出,共计演出12场,接待观众近50000人次。

(武 乐)

【兵马俑灯笼景观展示】 2月26日至28日,区文化馆联合三里屯街道在VILLAGE时尚街区举办了2010三里屯国际街区“漂亮的兵马俑灯笼”景观展示活动。现场展示100盏兵马俑灯笼、4辆花车彩灯、60盏外国居民自制彩灯、141盏国家非遗项目彩灯和三里屯自制的120盏文明礼仪灯。

(武 乐)

【领导调研】 3月2日,国家新闻出版总署印刷发行管理司副司长曹宏遂带领由总署相关部门及安徽、江西、山西等省出版局领导组成的督查组,到北京市图书批发市场检查指导。督查组检查批发市场的经营情况、经营图书的种类以及经营者违法违规等情况,并就市场的经营管理、出版发行方式等内容进行研究探讨。5月7日,市文物局局长孔繁峙对东岳庙东、西路古建修缮工程进行视察。6月3日,市委宣传部常务副部长陈启刚一行就信息资讯类公司发展情况到本区调研,区委常委、宣传部长谢莹等领导陪同调研。11家本区内在信息咨询行业比较有影响力的企业,就该行业目前发展的规律、存在的问题及面临的瓶颈等内容进行汇报。6月23日,区长程连元、副区长张春秀、区长助理巴图率领区政府办、区社会建设办、区农委、区发改委等部门调研本区文化工作情况。程区长一行先后来到八里庄文化中心和区文化馆,实地考察公共文化设施建设、功能及使用的情况,并听取区文化委的工作汇报。程区长围绕文化事业发展应引领城市发展方向,铸造社会发展灵魂,增强区域凝聚力,增强经济发展推动力,提升区域影响力五个方面,对文化委工作提出希望。7月6日,副区长张春秀前往北京民俗博物馆调研,听取区文化委关于东岳庙历史、宗教,民俗博物馆、东岳庙管理处发展,文物保护、开发、利用以及博物馆体系建设等工作情况汇报。7月27日,区委常委、宣传部长谢莹,区委书记助理白瑞瑾等领导到区文化委进行调研。8月27日,由市新闻出版局原局长、专家薛宝书,市新闻出版局发行处处长王亦君及海淀、通州、房山、昌平文委、图书馆相关领导等组成的验收小组,对崔各庄乡、金盏乡、王四营乡的5家益民书屋进行了检查验收。经过验收,5家益民书屋全部合格,其中,王四营乡孛罗营村益民书屋被推荐为四星级书屋。9月8日,市文化局巡视员叶重辉带领市安监局、市公安消防局、市文化执法总队等单位相关负责人组成的文化娱乐场所安全生产检查工作领导小组,来本区检查指导文娱场所安全生产工作。9月13日,市文化执法总队督查处队长俞庭毅一行,对本区农村文化市场监管工作进行调研。区文化委行政执法队队长吴刚汇报农村文化市场的基本情况和监管工作概况,地区办事处文化专干汇报农村文化市场监管工作的方法和措施,存在的问题及困难,以及编制体制等具体工作情况。10月29日,区委常委、组织部长陈宏志到区文化委调研。

(武 乐)

【文化设施建设】 3月23日,区图书馆CBD文化创意图书馆,在试开馆一年后正式开馆,该馆总面积465平方米,馆藏图书分为创意资料图书、中文普通图书两部分,以创意资料为特色,总量已达到10000册;4月2日,东湖街道图书馆正式开馆,标志着达标图书馆已覆盖至全区各个街乡。年内,完成双井、管庄、将台、奥运村、常营5个文化中心建设。

(武 乐)

【清明琴诗雅集活动】 4月4日,“清明琴诗雅集”活动在区文化馆“行动剧场”举办。清华大学、北京大学、中国传媒大学等20余所高校的传统文化艺术社团展示了自己编排的具有浓郁中华民族传统风味的节目。

(武 乐)

【全民阅读活动】 4月23日,由区委宣传部、区文明办、区文化委主办,区图书馆承办的“品味书香朝阳、建设文明城区暨2010年朝阳区全民阅读活动”启动仪式,在图书馆广场举办。活动以送图书进社区、进学校、进军营、进企业、进机关为载体,通过主题征文演讲、图文展览、特色品牌系列读书活动、学习型家庭及藏书状元评选、图书流动车百次送书下基层等读书活动，引导广大市民多读书、读好书。

（武　乐）

【法国戏剧荟萃】 4月23日，第三届北京法国戏剧荟萃在北京9剧场拉开序幕。活动由七部戏、三个工作坊、一个展览和一个研讨会组成，其中5月28日起在“798玫瑰之名艺术中心”上演的《迷巷》是整个戏剧荟萃的最大亮点。

（武　乐）

【百姓周末大舞台】 5月至7月，区文化委组织北京歌舞剧院、北京儿童艺术剧院、中国杂技团、中国评剧院、北京管乐交响乐团等10家国有和民营专业文艺团体，前往和平街城铁公园露天剧场和安贞社区公园露天剧场，为社区群众举办14场文艺演出活动。

（武　乐）

【第五届朝阳流行音乐周】 5月6日晚，第五届朝阳流行音乐周活动在朝阳公园落下帷幕。为期7天的朝阳流行音乐周，以“5月朝流”为主题，国内外110个演艺团体、乐队组合、歌手在朝阳公园四个舞台上竞展各国、各民族的流行音乐、民族传统艺术和民间文化风采，共计举办演出38场，接待观众近30万人次。

（武　乐）

【居民大碗茶故事会】 6月11日晚，“我的朝阳·我的家”大碗茶广场故事会在亚运村安慧里小区健身园举办。现场摆放100张八仙桌，500位社区居民欢聚于此，与著名评书表演艺术家刘兰芳、快板书表演艺术家梁厚民、民俗学家高巍、“孔伯华中医世家”非遗传承人孔令谦等名人名家，一起品茗说故事。市文化局副巡视员阮兰玉，区委常委、宣传部长谢莹等领导出席活动。

（武　乐）

【波中男孩女孩民间歌舞大联欢】 7月16日晚，纪念肖邦诞辰200年波中男孩女孩民间歌舞大联欢活动在小关地区文化广场举办。来自波兰的伊斯特布娜（ISTEBNA）民俗歌舞团表演了高地民族歌舞，并向当地少数民族青年学跳竹竿舞。

（武　乐）

【大学生戏剧节】 8月6日晚，第九届“金刺猬”大学生戏剧节在“798玫瑰之名艺术中心”开幕，活动历时10天。来自全国多所高校的14个剧目在北京9剧场、西城区文化馆、方家胡同46号剧场和文联剧场等多地进行展演。经专家评审，由中国传媒大学形体表演工作室选送的话剧《最后只好停下来》获得本届大戏节最高奖——金刺猬奖。

（武　乐）

【奥林匹克城市体育文化节】 8月17日，奥林匹克城市体育文化节之“璀璨朝阳”文艺晚会在奥林匹克公园举行。活动邀请中国铁路文工团、风朝阳合唱团等演出团队，表演歌舞、武术、花式篮球、啦啦操等内容。9月19日，奥林匹克城市体育文化节之“祥云百戏”朝阳区非物质文化遗产成果展演在鸟巢文化广场举行。现场展示九嶷派古琴、傅氏幻术、昆曲等非物质文化遗产项目。

（武　乐）

【社区共舞活动】 8月27日晚，“朝阳大地舞翩跹，百姓同颂和谐曲”社区共舞活动在望京文体广场举办。区人大常委会原主任、区诗书画研究会会长安训生，区委常委、宣传部长谢莹，区人大常委会副主任于五一，区政协副主席关三多等出席活动。活动为社区百姓搭建舞台，让他们与曾参加过国庆集体舞演出的舞蹈队员们一同舞蹈，共有4000余人参加活动。

（武　乐）

【第四届舞蹈大赛】 8月28日，2010年朝阳区广场文化博览系列展演暨“旋舞朝阳”第四届舞蹈大赛在管庄地区文化广场举行，来自安贞、三里屯等街乡的32支舞蹈队表演风格各异的舞蹈作品。本届活动增加了藏族、蒙古族、维吾尔族、朝鲜族4个民族组合舞蹈的展示环节。

（武　乐）

【第三次文物普查实地验收】 9月2日，国家文物局第三次全国文物普查办公室副主任刘小和带领验收组的专家、领导一行8人，对本区的文物普查工作进行验收。专家组认为，本区普查工作组织机构职责明确，落实保障机制健全，文物保护措施到位，业务培训工作专业，在规定时间内较好地完成了各项工作。

（武　乐）

【中秋联欢活动】 9月21日，区文化委、呼家楼街道在文化馆门前广场举办2010年区“社区一家亲 全家福”中秋联欢活动。共邀属地100个家庭，拍全家福，吃月饼，欣赏了乔装戏《赛活驴》、傅氏幻术《心灵感应》及小红门地秧歌等民俗节目，共同度过一个和谐团圆的中秋。

（武　乐）

【理想国年度文化沙龙】 9月21日晚，“理想国年度文化沙龙2010”开幕式在北京民俗博物馆隆重举行，陈丹青、梁文道、易中天、贾樟柯、张大春、舒国治、骆以军、欧阳应霁等中国文化界的著名人士百余人出席了活动。开幕式由香港文化名人梁文道主持，区政协副主席关三多代表区委、区政府出席并讲话，著名历史学家资中筠教授做了精彩发言。

（武　乐）

【中外歌剧选段合唱比赛】 10月13日，区“社区一家亲”中外歌剧选段合唱比赛在文化馆举办。这是

“社区一家亲”首次举办中外歌剧选段合唱比赛活动,经过11日下午初赛的角逐,共有13个单位的14支参赛队参加了决赛。

(武　乐)

【另一个安徒生音乐会】 10月17日,为庆祝中国·丹麦建交六十周年,中丹民间艺术交流音乐会在区文化馆“玫瑰之名艺术中心”举办。音乐会上,中国青年演员们重新演绎了丹麦著名诗人、作词作曲家和钢琴家本尼·安徒生创作的14首作品,共有300余名中外观众观看演出。

(武　乐)

【五城区文化发展论坛】 10月28日,“京津沪渝深五城区文化发展论坛”在本区举行。市文化局巡视员叶重辉,区委常委、宣传部长谢莹,区人大常委会副主任于五一,副区长张春秀,区政协副主席关三多,北京朝阳区、上海徐汇区、重庆沙坪坝区、深圳福田区、天津南开区文化部门领导,以及应邀参会的成都青羊区、北京各兄弟区县文化委的领导、专家近50人参加论坛。论坛的主题为“公共文化服务体系建设”,旨在通过不同城市地区关于公共文化建设的深度对话,为日后各城区公共文化服务体系建设提供重要的启示和示范作用。

(武　乐)

【区网吧行业协会成立】 11月11日,区网吧行业协会正式成立。建立行业协会有利于构建政府部门与经营者之间,经营者与经营者之间提供专业信息、组织培训、制定标准、协调纠纷的桥梁,做到“上情下达,下情上达”,着力打造有效而长期的沟通机制。

(武　乐)

【区图书馆新馆建设】 12月30日,区图书馆新馆签约仪式在朝阳规划艺术馆举行,副区长张春秀、首都图书馆副馆长邓菊英等领导参加仪式,此举标志着区图书馆新馆改建工程正式启动实施。区图书馆新馆由区委、区政府投资3.62亿元兴建,位于东三环双井街道百环家园社区,占地面积5180平方米,建筑面积1.46万平方米,是原图书馆的3倍,楼体分为地上3层,地下2层。

(武　乐)

【区图书配送服务中心成立】 12月30日,北京市首家中小型公共图书馆配送中心——区图书配送服务中心成立,旨在依托区图书馆新馆的优势资源,通过图书资源流动,实现有限图书资源效能的最大化。

(武　乐)

【新年音乐会】 12月30日晚,由区委宣传部主办,区文化委、区文联承办的2011年新年音乐会,在世贸天阶大隐剧院举办。区委常委、组织部长陈宏志,区委常委、宣传部长谢莹,区人大常委会副主任于五一,副区长阎军等领导出席活动。活动以“大屏幕视听”中外电影音乐为主题,邀请中国歌剧舞剧院交响乐团演奏《乱世佳人》、《泰坦尼克号》等多部经典影片的主题音乐。

(武　乐)

【图书馆业务】 年内,办理借书证6012个;图书外借总量440193册次,报刊外借总量15891册次,流通279830人次;送书下基层114次、47147册次;新购文献102544册件、报刊919种、电子视听文献330件;交送图书90242册;组织外语大课堂321场,参与人数达30556余人次;朝阳文化讲堂组织讲座101场,15000余人次参加;建立拥军图书馆(室)5个,流通图书8700余册次;开办法律咨询、讲座及广场活动共97场,近4380人次参与。

(武　乐)

【文化市场管理】 年内,区文化市场管理(扫黄打非)工作领导小组各成员单位及各街乡共出动执法检查人员78162人次,检查各类场所28350家次。其中,检查图书、报刊、电子出版物经营单位12498家次,印刷复制企业211家次,音像制品经营单位2705家次,歌舞娱乐场所1769家次,电子游艺经营单位413家次,互联网上网服务营业场所4065家次,798等艺术园区工作室3175家次,电影放映、大型演出等其他文化场所2509家次。组织安全生产例会12次。

(武　乐)

【获奖情况】 年内,区文化委获2008—2009年度全国优秀文化市场综合执法案卷三等奖;获市“扫黄打非”暨文化市场管理工作先进集体称号;获纪念北京奥运会残奥会成功举办两周年2010年第一届北京奥运城市体育文化节优秀组织奖;获市地下文物保护先进集体称号。区文化馆“社区一家亲”获全国群众文化品牌称号;获第二届北京市京、评、梆现代戏票友大赛组织工作奖;获市社区京剧票友大赛优秀组织工作奖;非遗办公室获市非物质文化遗产先进集体称号。区图书馆获文化部颁发的一级图书馆称号;获2009年度全民阅读活动优秀组织奖;获2009年度“首都文明单位”称号。北京民俗博物馆被团市委、市青联授予“北京青少年外事交流基地”称号;获首届北京博物馆优秀志愿者服务队称号。朝阳剧场获新影联院线2009年度国产影片特色运作奖;被市工商行政管理局评为“守信企业”;获2009年度“首都文明单位”和“首都文明单位标兵”称号;场务部获“北京市模范集体”称号。第五届北京春节庙会·灯会·文化活动评选中,北京欢乐谷新春百艺欢乐节、朝阳国际风情节、东岳庙春节文化庙会、三里屯时尚街区灯会和朝阳区文化馆“百姓之家·新春大集”分别荣膺非遗展示奖、十大庙会灯会奖/创意奖、十大庙会灯会奖/非遗展示奖、创意奖和社区庙会·灯会奖。

（武 乐）

潘家园国际民间文化发展有限公司

【概况】 潘家园国际民间文化发展有限公司是由区国有资产监督管理委员会监管的区国有资本经营管理中心下属的国有独资企业。截至年底，公司资产总额41,900万元，负债总额9,697万元，所有者权益32,203万元，利润总额2,317万元，上交税费1576万元。

地址：华威里18号
电话：67741869
邮编：100021
潘家园官方网店：http://www.panjiayuan.com/潘家园旗舰店

（王丽梅）

【领导视察】 1月26日，区委常委、宣传部长谢莹到市场检查春节期间的安全稳定工作，区社建办、潘家园街道工委、办事处领导陪同。3月10日，市综治办主任李万钧到市场检查“两会”期间工作。3月31日，市政府研究室副主任史利国协同市商委、发改委、金融工作局、旅游局、文创办、工商局和财政局等单位组成的课题组到市场调研。6月7日，副区长张春秀到市场检查工作。6月22日，沈阳市副市长齐鸣带领考察团到市场进行考察。8月21日，西安市文物局党委书记、局长郑育林，博物馆与社会文物管理处处长郭治华等8人在市文物局文物市场管理处处长范军的陪同下到市场考察工作。9月7日，市委保密委副主任、市保密局局长陈静带领市公安局、商务委、工商局、通信管理局及区保密局、公安分局、工商分局、商务委、信息办联合组成的保密检查组到市场检查指导保密工作。11月24日，国际安全社区检查小组一行6人到市场进行现场认证考察，潘家园街道工委书记董跃美、主任刘炳起陪同。

（王丽梅）

【主题活动】 2月12日至20日举办《第二届春节交易会（庙会）》；3月3日至22日举办《第二届“三八”妇女节主题展—香水瓶》；3月27日至4月4日举办《潘家园第三届精品字画展》；4月8日至11日举办《潘家园第八届全国连环画交易会》；4月24日至25日、5月1日至2日举办《民间旧货交易会》；5月1日至9日举办《第二届翡翠A货精品展》；5月29日至6月6日举办《垂杨柳学区师生收藏展》；6月12日至21日举办《首届雕刻艺术精品展》；7月10日至18日举办《第四届潘家园中外艺术扑克精品展》；7月31日至8月8日举办《奥林匹克收藏品展交会》；8月12日至15日举办《第九届全国连环画交易会》；8月28日至9月5日举办《首届文房四宝精品展》；9月17日至19日举办《第七届全国红色收藏展览交易会》；10月1日至3日举办《民间旧货交易会》；10月1日至10日举办《第五届中国民间藏玉精品展》；10月16日至24日举办《第三届茶文化节—茶具精品展览》；11月20日至28日举办《第三届非物质文化遗产手工艺品交易博览会》等主题展会15场、文化大讲堂8场、拍卖会4场。

（王丽梅）

【成立文化传媒公司】 5月31日，注册成立潘家园古玩艺术品文化传媒有限公司，组建网站升级改版建设团队和商业顾问团队，对现有官网运营的总体规划进行再设计，选定专业网络技术公司定制网站运营系统，为更好地利用虚拟平台宣传和推广“潘家园”品牌奠定基础。

（王丽梅）

【完成用地确权手续】 年内，潘家园古玩艺术品交易中心项目建设完成2.4万平方米项目用地的确权手续，取得了市国土局颁发的《国有土地地籍调查成果确认单》。

（王丽梅）

【红色收藏展交会】 9月17日至19日，举办第七届全国红色收藏展览交易会。展会期间，与中国收藏家协会徽委会联合组织对毛泽东像章瓷制套章和单枚章的评比并为获奖藏品和藏家进行颁奖；深入研讨《毛泽东像章选集》系列丛书的编纂事宜，系统全面地介绍毛泽东像章相关知识和信息；为首批14个“家庭红色收藏馆”授牌；提供红色收藏免费鉴定服务，为广大红藏爱好者搭建交流展示平台，进一步活跃红藏市场，对红藏事业的发展、红藏理论的探究和红色文化的普及起到积极的推动作用。

（王丽梅）

【手工艺品交易博览会】 11月20日至28日，潘家园旧货市场作为北京第五届文化创意博览会的分会场，举办第三届非物质文化遗产手工艺品交易博览会。本届博览会以“非物质文化遗产手工艺品交易”为主题，以“在流通中保护，在弘扬中光大”为宗旨，以“展示民俗精品，彰显非遗风采，回归百姓生活”为理念，汇集中华民族传统文化，展现民间非遗工艺精华，体现民俗风情底蕴，将潘家园打造为“可触摸的民俗博物馆”。会间，授予620家“非遗”商户“潘家园非物质文化遗产手工艺品经营商家”牌匾，增强了“非遗”商户的责任感和保护意识，方便顾客了解、甄别“非遗”商品，推动非遗手工艺品的开发与保护，促进非遗的传承、发展和繁荣。中国收藏家协会会长、中国市场学会会长、区国资委、区商务委员会、市商务委员会交易服务处、市文化创意产业促进中心、区委宣传部等领导和嘉宾出席开幕式。

(王丽梅)

【编制十二五发展规划】 年内,在考察调研北京及周边地区十几家古玩艺术品市场、广泛听取政府有关部门和相关行业专家、学者意见的基础上,综合研判宏观经济形势、区域发展态势以及行业发展趋势,紧密联系企业发展实际,经过前期准备、研究编制、完善修改三个阶段,历时六个月,完成"十二五"发展战略规划《五年发展战略规划(2011年至2015年)》的编制工作,并提交区国资委。"十二五"时期,公司确立"六个以"的指导思想(即以科学发展观为指导,以提高效益为中心,以强化管理为基础,以发展品牌为重点,以实现跨越式发展为目标,以承担国有资产保值增值为责任),坚持"四个中心"的发展定位,通过潘家园古玩艺术品交易中心项目建设,打造网络、会展、拍卖等多元业务板块,拓展实体市场,实现"潘家园"品牌从地域名称向企业名称转化,推进商业模式再造,全面提高公司的综合实力和市场竞争力,力争成为国内古玩艺术品行业首家上市公司。公司定位是"四个中心":全国最具规模的民间工艺品交易中心、全国最具权威性的古玩艺术品信息发布中心、全国最具特色的中华民族传统文化体验中心、全国最具影响力的国际民间文化交流中心。公司的发展目标是通过实施"三步四心五板块"战略,力争五年内把公司打造成在古玩艺术品市场影响力强的上市公司。"十二五"末(即2015年底),力争实现资产总额比"十一五"末(即2010年底)时翻三番,利润总额比"十一五"末翻二番。三步:即业态经营、资本运营、品牌经营的"三步走"战略。四心:即全面提升潘家园"四个中心"的功能。五板块:即着力打造特色市场经营、艺术品拍卖、文化会展、电子商贸、文化商贸五大产业板块。

(王丽梅)

【跳蚤市场】 年内,为使上年创办的"跳蚤市场"的经营模式更具"潘家园"特色,为广大收藏爱好者、玩家搭建"以藏养藏、藏品流通"的交易平台,在市场东区开办"收藏爱好者跳蚤市场",商品定位于古玩杂项和收藏品;配套推出的"大家来晒宝"特色活动,组织专家对收藏品进行免费鉴定和评比,普及收藏知识,促进收藏爱好者之间的交流,活跃市场氛围,提高公司的经济效益。

(王丽梅)

新闻传播

【概况】 朝阳区广播电视新闻中心是区委宣传部直接领导的单位,负责本区新闻宣传工作和新闻宣传队伍建设,由朝阳报社、朝阳有线电视、朝阳新闻网、朝阳区对外新闻宣传办公室、三方网络公司以及北京朝阳传媒影视技术服务中心等主要部门组成。朝阳区广播电视新闻中心有办公室、总编室、人事科、财务科、新闻科、朝阳报采访科、朝阳报编辑科、要闻内参科、有线电视社会新闻科、有线电视专题科、有线电视技术部、有线电视播音编辑科、资料室等13个科室。中心所属的朝阳有线电视拥有两个电视播出频道:在北京电视台公共频道以每天三个时段,共4.5小时播出(7:30——9:00;12:30——14:30;19:30——21:00);通过歌华电视网络,以"801朝阳社区频道"6点——24点播出。中心所属的《朝阳报》周一、周三、周五出报,每期发行数量为5万份。朝阳报副刊《社区生活》每周四出刊,发行量5万——6万份。中心所属的朝阳新闻网每年点击量数百万次。年内,中心承办的北京朝阳传媒影视技术服务中心已经建成,进入运营完善阶段。

地址:六里屯西里3号

电话:65025172

邮编:100026

(张 礼)

【朝阳报出刊】 年内,朝阳报以落实"新四区"发展战略、朝阳区争创全国文明城区、加快农村城市化建设为宣传中心,陆续在每个版面开辟专栏。在头版设置"文明朝阳"专栏,每期一篇重头文章报道创建工作,重大活动配发评论。社会新闻版设置"文明就在你身边"专栏,反映百姓身边故事。文化生活版每期有街乡委办局和各单位文明创建工作动态新闻。在头版开设《辉煌"十一五"》专栏,四版设"回眸十一五"专版,对"十一五"成就进行总结。头版常年开设"实事连民心"专栏,对全区和各街乡民生重点工作进行报道。朝阳报出版正刊145期、专刊14期、专页14期、专版58期,约310万字,刊登图片近2000幅。

(张 礼)

【社区生活出刊】 年内,《社区生活》出版49期,刊登文字约170万字,刊登图片700余幅。《社区生活》的栏目有"文明朝阳"、"感悟生活"、"健康生活"、"学海泛舟"、"朝阳风物"、"法制天地"、"休闲时空"、"诗书画苑"、"综合信息"、"信息咨询"、"社区人物"、"我的社区"、"身边的商场"、"品牌故事"、"生活资讯"、"演艺信息"、"收藏趣话"等等。《社区生活》有公开发行刊号,是可以刊登广告的正式出版物。《社区生活》立足社区,深入百姓生活,以"服务社区大众,关心百姓生活,提供信息咨询,塑造文明和谐"为宗旨,受到干部群众的喜爱。目前朝阳广电新闻中心在不断改进栏目，力争增加适合百姓的内容，让报纸更好地为读者服务。《社区生活》每周发行5万份，有重大活动时发行6万份。

（张　礼）

【合作办报】　年内，朝阳报社与14个单位合作办报，与和平街街道合办《和平家园》，与团区委合办《志愿朝阳》，与团结湖街道合办《团结社区》，与孙河乡合办《孙河家园》，与酒仙桥街道合办《酒仙桥》，与区老干部局合办《朝阳老干部》，与来广营乡合办《来广营报》，与朝阳区第二医院合办《朝阳二院报》，与区慈善协会合办《慈善朝阳》，与区城管大队合办《朝阳城管报》，与区教委合办《朝阳教委报》，与区房管局合办《朝阳房管报》，与三里屯街道合办《三里屯》，与左家庄街道合办《左讯》。合作办报既锻炼记者队伍，又拓展社区报道新模式。

（张　礼）

【朝阳有线电视传播】　年内，朝阳有线电视在《朝阳新闻》开辟专栏《创建全国文明城区》，推出由区委宣传部和区文明办主办的新栏目《文明朝阳》。对一些电视节目进行改版，改版后的《朝阳新闻》共发新闻4233条。改版后的《一周新闻综述》加入主持人对热点新闻的评论，并加入图片报纸等新闻信息，让新闻形式更加活泼、生动。与朝阳工商分局合办《工商视窗》，与朝阳区人力资源和社会保障局合办《聚焦人力社保》，与朝阳区总工会合办《朝阳工会》。开办新栏目《儿童乐园》，引进多部动画片。首次成功策划组织“国资杯”小主持人赛，近200名中小学生参加了比赛。朝阳有线电视共完成14606分钟的自制节目，其中《朝阳新闻》完成7360分钟，《和谐在线》、《迈向城市化》等十四个栏目共完成6620分钟，制作各种临时专题片626分钟。朝阳有线电视播出的自制栏目共有16个，分别是《朝阳新闻》、《一周新闻综述》、《与法同行》、《迈向城市化》、《文明朝阳》、《陪你逛街》、《同在蓝天下》、《走进朝阳教育》、《名师讲堂》、《和谐在线》、《人口视窗》、《聚焦电子城》、《地税你我他》、《朝阳工会》、《聚焦人力社保》、《幸福2+1》；引进栏目9个，分别是《家庭赛乐赛》、《郎咸平说》、《儿童乐园》、《前沿讲座》、《跟我走》、《文明的魅力》、《法治中国》、《收藏》、《国际时尚汇》。

（张　礼）

【外宣工作】　年内，外宣主要针对朝阳区“两会”、创建全国文明区、“新四区”建设、世界城市发展、城乡一体化改造和转变发展方式等重点宣传任务，每月确定一个主题，全方位、多角度、多层次，以点带面地精心进行新闻策划和组织报道。北京日报头版共报道朝阳区各类新闻稿件60篇，报道数量与频率均居十八区县之首。其中“朝阳区今年修百条道路”这一消息一周内被北京日报头版连续报道两次，并配备评论员文章，创下北京日报区县报道之最。人民日报刊登《北京洋庙会》、《中外专家把脉北京世界城市建设》、《零距离感受党报》等文章，对朝阳区的文化、经济、生活等方面进行报道。经济日报等媒体也对朝阳区各方面工作进行报道。中央电视台新闻频道《东方时空》栏目在“转变发展方式”系列报道中对大望京村城乡一体化试点进行详细采访。中央电视台《朝闻天下》等新闻栏目还对朝阳国际风情节、世界城市论坛等活动进行及时跟踪报道。北京电视台《北京新闻》“记者走一线”栏目的系列报道，为朝阳区“新四区”建设进行重点宣传。中央以及市属媒体发表朝阳区的稿件超过2万篇，其中中央媒体发表2000多篇，市属媒体发表15000多篇，外埠媒体报道3000多篇。对朝阳区的报道中，成就和经验性报道达18000多篇次，占全年报道的90%；揭露性和监督性报道2000篇次，占全年报道的10%。

（张　礼）

【朝阳新闻网点击率】　年内，朝阳新闻网已成为日均更新文字新闻15000余字、视频新闻60多分钟的专业新闻网站，年点击量达410万次。

（张　礼）

【朝阳传媒影视技术服务中心】　年内，由区政府投资、区广播电视新闻中心承办的北京朝阳传媒影视技术服务中心建成，此中心座落在定福庄，已进入运营完善阶段。此中心的职能是：以先进的传媒技术服务和良好的产业孵化功能，吸引各类文化传媒企业和影视动漫企业入驻定福庄传媒产业走廊；为各类文化传媒企业和影视动漫企业提供广播、影视、音乐的摄录、制作、包装、出版发行等市场化、经营性服务，以及技术培训、生活保障和人才交流等公共服务；进军高端培训市场，以培养高水平复合型的文化传媒和影视动漫专业人才为目标，为各类文化传媒企业和影视动漫企业的高管和业务骨干提供全方位的人才培训；与知名企业合作构建影视动漫产品研发、制作、播出、节目交易、衍生产品开发和人才培训的大产业平台，形成文化传媒与动漫产业化的大商业运作模式。此中心的经营范围：集影视节目录制、演出、会议等多用途于一身，能够完成大中型节目、室内情景剧和虚拟场景的拍摄、录制；完成新闻、专题类节目、电视剧的剪辑，以及专业培训；完成母版剪辑、合成、多级调色等核心功能；完成复杂的故事片、快节奏商业广告片的视觉特效制作；完成二维、三维动画、特效制作；完成专业人声、效果声的录音，编辑和混录；完成多格式视音频信号的上下载、集中审片审听。

（张　礼）

体 育

【概况】 朝阳区体育局是主管全区体育工作的区政府工作部门。本年是《全民健身条例》颁布实施的第一年,区体育局围绕"再创核心竞争力、承载环境、文化文明三个新优势"的工作要求,以保障和改善民生为着力点,以群众体育、体育休闲产业发展再上新台阶为目标,以推进体育市场化建设为载体,以加强行政执法规范化建设为重点,以构建全区和谐健身环境为支撑,改革创新,充分挖掘奥运遗产,促进群众体育、坚持以人为本,科学发展,完成全年工作任务。年内,向市体育局输送运动员 52 名,新注册运动员 675 人。羽毛球运动协会和网球运动交流协会成立。承办全国羽毛球锦标赛和全国击剑锦标赛。

地址:姚家园路 10 号
电话:85971365
邮编:100026

(刘金娟)

【首届欢乐足球夜】 6 月 11 日至 7 月 11 日,在区体育健身休闲公园举办首届"欢乐足球夜"。以"精彩世界杯、和谐朝阳区"为口号,以享受足球文化、体验足球乐趣为主题,为广大群众提供自娱自乐的活动平台。本次活动打破政府主导的传统模式,吸纳中国移动公司、每日传媒集团、法制晚报等社会单位参与,为企业参与赛事活动搭建平台的同时,为活动本身争取到资金支持,利用于百姓健身,是一次体育产业开发的探索。

(刘金娟)

【参加北京市第十三届运动会】 7 月 18 日至 8 月 15 日,朝阳代表团 586 名运动员参加北京市第十三届运动会,完成 22 个大项的比赛任务,获得金牌 129 枚,银牌 97 枚,铜牌 84 枚,团体总分 3906.5 分的总成绩,取得金牌总数第二名,团体总分第二名的好成绩,打破两项北京市青少年纪录,同时获得精神文明代表团、优秀承办单位、输送奖第三名、奥、亚、全、城奖第五名等荣誉。

(刘金娟)

【承办 2010 年全民健身日活动】 8 月 8 日,在朝阳公园举行 2010 年"全民健身日"—全民健身志愿服务大行动活动。为迎接和庆祝"全民健身日",深入贯彻落实《全民健身条例》,倡导健康文明的生活方式,以"我运动、我快乐、我健康、我幸福"为主题的活动,由国家体育总局、中华全国体育总会和北京市政府共同主办,市体育局、区政府承办,区体育局和朝阳公园协办。中共中央政治局委员刘延东,国家体育总局局长刘鹏、市长郭金龙,国家体育总局副局长冯建中,副市长刘敬民,副区长张春秀以及 10 余名奥运冠军出席活动开幕仪式,并走进健身群众队伍中,一同庆祝全民健身日。本次活动,淡化展示和表演,充分体现活动的志愿性、示范性、参与性和互动性。组织京城健身爱好者 2000 余名及公园游客约 2 万名共同参与,活动互动项目共有 30 项,包括"参与互动区、健身指导区、成就展示区、奥运电影放映区"四个活动板块。

(刘金娟)

【群体活动】 8 月 8 日,全民健身日——全民健身志愿服务大行动、8 月 17 日鸟巢"万人"健身气功展示、第二届群众体育大会。年内,举办体育体育明星进社区、健身设施进社区、体质测试进社区、体育组织进社区、体育活动进社区、体育宣传教育进社区(六进社区)活动和 100 余讲百姓健身大讲堂、世界卫生日纪念活动群众健身展示、创建文明城区双拥杯篮球赛、体育乡村行活动、第二故乡运动会、国际友人保龄球道,承接市纪检监察系统第二届运动会等大型活动等,共举办全区性活动 8 次,基层举办活动 3000 余次,160 万余人直接参与。

(刘金娟)

【区第二届群众体育大会】 10 月 17 日,区第二届群众体育大会在朝阳体育中心开幕。大会展示朝阳人积极向上的精神风貌,进一步推进全民健身、休闲健身、科学健身,提升广大人民群众参与健康生活方式的积极性。大会持续至 12 月底,期间,举行群众广播操比赛、优秀健身项目推广展示、长走比赛等 8 个比赛项目。

(刘金娟)

【开展国民体质监测】 年内,落实全国第三次国民体质监测任务,贯彻执行《国民体质测定标准》,同时在 43 个街乡测试站全面开展了国民体质测试和宣传工作,以社区居民、公务员为主要受测人群,开展区内群众体质监测工作,受测人员 1800 人。本区作为国家级测试点,完成 1919 个测试样本量任务。

(刘金娟)

【体育设施建设和管理】 年内,新建全民健身工程 16 处、球类健身广场 3 个、社区体育健身俱乐部 2 个、体育生活化社区 2 个。推进学校体育设施向社会开放工作,出台《朝阳区学校体育设施向社会开放的实施意见》，在先期进行试点的基础上，总结经验，挖掘典型，12月初实现83所符合条件的学校体育设施向社会开放。

（刘金娟）

【完善朝阳体育中心体育设施】　年内，建成2块多功能标准足球场、2块5人制足球场、3块篮球场；利用市体育产业引导资金，建成6片气膜网球馆和28片气膜羽毛球馆，进一步满足东部地区居民健身需求。

（刘金娟）

【培训基地】　年内，北京郡王府游泳馆被国家人力和社会保障部、国家体育总局批准授予为体育行业特有职业技能培训基地，成为北京市东部地区最大的游泳救生员、教练员培训基地。组织初级救生员培训班3期，培训学员154名，及格率达80%；组织北京市救生员复核培训班及考核3期，复核学员170名。

（刘金娟）

【健身市场监管】　年内，抓好各场馆安全工作。明确体育市场监管重点检查：夏季及重大节假日为重点检查时期；滑雪、游泳为冬、夏两季重点检查项目；奥运场馆、大型公共场馆作为联合检查的重点；上一年度被处罚、被下达责令限期整改的单位为第一季度检查的重点；新开场馆必须在申报后一周之内进行现场检查；地下空间健身场所为全年重点检查的对象，12项重点检查内容全年检查166次，复查25次，限期责令整改28起，行政处罚8例。完成“两会”期间与会代表接待任务驻地的体育场所安全检查、冬季滑雪场所安全检查、游泳场所安全检查、安全生产月专项检查等工作，获市安全生产月优秀组织奖、区安全生产月优秀组织奖。

（刘金娟）

医　疗　卫　生

【概况】　朝阳区卫生局是区政府负责全区卫生事业管理的职能部门。辖区内卫生机构1185个，其中科研、教学、防疫机构19个，区属卫生机构55个。卫生技术人员32502人，其中执业（助理）医师12723人（西医10782人、中医1941人）、注册护士13351人，药剂人员1791人、检验人员1224人、影像人员741人、其他卫技人员2672人。床位15709张。每千常住人口平均拥有卫生技术人员9.72人、执业（助理）医生3.87人、注册护士3.87人、床位4.77张。全年收入222242.41万元，其中财政拨款57672.74万元、行政单位预算外资金收入5万元、事业收入156093.03万元、经营收入37.21万元、其他收入8434.42万元。支出216593.18万元，其中基本支出和项目支出216555.97万元、经营支出37.21万元。生命统计：出生14251人，出生率7.62‰；死亡11419人，死亡率6.11‰；自然增长率1.51‰。因病死亡11092人，占死亡总数的97.14%。死因前十位依次为：恶性肿瘤，心脏病，脑血管病，呼吸系统疾病，内分泌、营养和代谢性疾病，损伤和中毒，消化系统疾病，神经系统疾病、传染病，泌尿、生殖系统疾病。平均期望寿命80.01岁，其中男性78.25岁、女性81.88岁。

地址：甜水园东里甲1号
电话：65859680（总机）
邮编：100026
网址：http://wsj.bjchy.gov.cn

（周彦华）

【卫生改革】　年内，区财政对全区社区卫生机构投入逐年增加。一次性核定人员编制3756人，新增的1260名正式编制和640名外聘编制全部到位。建立全区公共卫生共管机制。“政府领导，卫生主管、部门配合、街乡统筹、网底运行”的工作模式基本形成。建立公共卫生职能与社区卫生网底相结合的工作机制，将公共卫生职能全部下沉到社区，形成“五网合一”（朝阳区疾病预防、妇幼保健、精神卫生、紧急救援、卫生监督五家公共卫生单位职能全部下沉到社区卫生服务中心网底）的工作模式。实施社区卫生服务机构收支两条线管理和政府购买服务两种管理模式。急救站点19个、预防接种点64个、狂犬疫苗接种点12个、结核病监化站11个、公共卫生应急工作站5个，基本形成出行15分钟的社区卫生服务圈。在全面实施居民健康档案、健康教育、免疫规划、传染病防治、儿童保健、孕产妇保健、老年人保健、慢性病管理、重性精神疾病患者管理等9类国家基本公共卫生服务项目的基础上，做好新增基本公共卫生服务项目。为新生儿免费进行先天性疾病筛查、0～6岁儿童免费体检、在社区卫生服务机构为本市老年人提供优先就诊和出诊服务。对15岁以下的人群补种乙肝疫苗，完成96例贫困白内障复明手术，人工晶状体植入率达到100%，无手术并发症发生，全部通过市卫生局质量评估。完成孕妇艾滋病筛查 53164 例,实施艾滋病母婴传播阻断 10 例。完成适龄妇女乳腺癌检查,农村孕产妇住院分娩补助 100 人。加强传染病监测能力,形成肠道、发热、艾滋病、肺结核疫情监测网络全覆盖,成为“十一五”国家艾滋病、病毒性肝炎综合防治示范区。实施“镶上牙齿,摘下眼镜,稳定血压,减轻体重”4 项健康促进措施。

(周彦华)

【社区卫生】 年内,全区运行 237 个社区卫生服务机构(其中社区卫生服务中心 42 个,社区卫生服务站 195 个)。社区卫生门(急)诊量 616.9万人次,同比增长 27%,高于全市 12.8%增长幅度。全区居民健康档案建档 249.3 万余人,其中城市居民健康档案建档 237.8 万余人,计算机管理人数为 155.1 万余人;农村居民健康档案建档 11.4 万余人,城乡居民电子健康档案建档率 65.23%。家庭健康档案电子化率 76.64%;居民个人健康档案电子化率 65.61%;高血压管理人数约 136674 人,其中规范管理 31505 人;糖尿病管理人数 56179 人,规范管理 16004;冠心病管理人数 47150 人,脑卒中 19863 万人。已开展慢病知已工作站点 207 个,全区新增建档人数 1375 人。新入选 1000 余名家庭保健员。建立社区卫生服务团队 450 个,覆盖 481 个居(村)委、1137620 户、3386356 人。社区卫生服务团队保证“社区健康通”手机 24 小时畅通。劲松、亚运村、东坝、崔各庄 4 家中心开展 24 小时应急服务,全区 42 家社区卫生服务中心在周一到周五延长门诊服务时间至晚 20 时。39 家社区卫生服务中心参与冬病夏治三伏贴工作,46625 人次享受服务。42 家社区卫生服务中心为社区居民提供防暑降温清热饮,共提供 56000 余人次。启动社区卫生服务“3+1”(每年进行 3 次季度考核和 1 次年终考核)绩效考核,对全区 42 家社区卫生服务中心、13 家独立运行的社区站、6 家承担预防保健工作的单位进行考核。亚运村社区卫生服务中心代表北京市参加“全国第一届社区健康杯社区医生高血压防治知识大赛”,获得一等奖。

(周彦华)

【农村卫生】 年内,运行 4 个村卫生室,推进农村医疗机构城市化,实行乡村医疗机构管理一体化。乡村医生考核合格人数 85 人,享受财政补贴的人数 17 人,补助标准为每人每年 800 元。新型农村合作医疗,人均筹资标准为 720 元,居北京市首位,共筹集资金 9503 万元,其中大病统筹筹集资金 5259 万元,基本医疗筹集资金 4244 万元。参加新农合总人数 125209 人,参合率 99.2%。新增朝阳医院京西院区、英智眼科医院为新农合定点医疗机构。孙河医院、小红门医院率先开展新农合即时结报。全年有 7086 人次享受到大病统筹的报销,报销范围内住院报付率 60.47%,人均住院报销 7200 元。报销人次、报销金额比上年分别增长 19%和 40%;共有 146 万人次享受到基本医疗报销,支付资金 5386 万元,支付金额占筹资总金额的 126%。报销人次和报销金额比上年分别增长 56%和 9%。

(周彦华)

【疾病控制】 年内,报告甲乙类传染病 8422 例,报告发病率 288.76/10 万。病毒性肝炎 919 例,发病率 31.51/10 万;痢疾 3992 例,发病率 136.87/10 万;麻疹 433 例,发病率 14.85/10 万;无流行性出血热病例;无急性肠道感染病例;无野毒株引起的麻痹病例。结核病防治。属地肺结核网报 1396 例(涂阳 415 例)。登记管理 443 例,其中肺结核 442 例、结核性胸膜炎 1 例。442 例肺结核病人(涂阳 204 人)中,本市 114 人(涂阳 43 人)、外地 328 人(涂阳 161 人);初治 429 人(涂阳 192 人)、复治 13 人(涂阳 12 人)。上年本市新发涂阳肺结核 77 例中治愈 63 例,治愈率 81.82%。新生儿卡介苗接种 22381 人,接种率 90.88%。监测 5050 人,成功接种 4973 人,成功率为 98.48%。大学生 PPD 监测 18709 例,其中强阳性 1607 例。性病防治。报告性病 2930 例,其中淋病 430 例,尖锐湿疣 643 例,梅毒 1566 例,生殖道沙眼衣原体感染 166 例,生殖器疱疹 125 例。艾滋病毒感染者 410 例,其中艾滋病 64 例。精神卫生。在册管理精神疾病患者 11019 人,检出率 5.95‰,其中有效管理 9073 人,管理率 82.34%;显好 7692 人,显好率 84.78%;参与社会 6861 人,参与率 75.62%;精神分裂症病人 5647 人,精神分裂症治疗率 71.8%。社区新发现并建册管理精神疾病患者 910 人;全区享受门诊精神科治疗费用补助 1583 人,享受精神科住院费用补助 163 人;社区精神卫生防治网络为社区精神障碍患者提供服务 32985 人次。区第三医院设病床 418 张,收治精神病人 911 人次。学校卫生。学生发育评价分析:身高受检学生 120226 人,其中身高上等 30754 人,占 25.58%,中等 85374 人,占 71.01%,下等 4098 人,占 3.41%;体重受检学生 120193 人,其中体重上等 41779 人,占 34.76%,中等 75744 人,占 63.02%,下等 2670 人,占 2.22%。学生营养评价分析:受检学生 115623 人,轻度营养不良 17104 人,占 14.97%,中度营养不良 2256 人,占 1.95%,重度营养不良 105 人,占 0.09%,极重度营养不良 42 人,占 0.04%;超重 15766 人,占 13.64%,肥胖 15631 人,占 13.52%。学生疾病监测情况:视力受检人数 121280 人,视力不良患病人数 71123 人,占 58.64%,贫血受检人数121214人，贫血患病人数2654人，占2.19%，龋齿受检人数120802人，龋齿患者30062人，龋齿患病率占24.89%。计划免疫。0～6岁常住儿童129156人，抽样调查210人，五苗全程合格接种率97.62%，四苗全程及时接种率96.67%。完成75353名外来儿童强化免疫，12个重点地区一次性通过市级评估。对734所学校、托幼园所进行儿童预防接种证查验和疫苗补种，查验56613人。外来务工人员接种麻疹疫苗34938人次，流脑疫苗34586人次。慢性非传染性疾病防治与管理。建立三级慢性病防治工作网络。开展健康管理师培养，培训社区医生100名。举办慢性病防治培训班6期，共450余人次参加培训。规范管理肥胖、高血压、糖尿病病人及高危人群2670人。开展中央补助地方慢病综合干预控制项目暨卫生部"维持健康体重和血压管理关键技术"社区试行及应用项目。建立"社区脑卒中预防与适宜技术研究"工作试点和朝阳区健康管理中心及分中心试点。在小学生中开展慢性病防治教育活动。开展慢性病及危险因素监测、新发高血压病人监测等。制定《朝阳区慢性病防治工作考核标准》，对社区卫生服务中心(站)进行考核评估。共有178家单位的3249人进行了职业健康检查，受检企业数达到14.1%，职业健康监护率达12.1%。职业病危害因素检测单位123家，检测样品3560件，其中不合格样品28件。建设项目职业病危害评价共完成评价报告4份。开展《职业病防治法》实施8周年宣传活动。开展朝阳区粉尘与高毒物品危害治理专项行动。职业病危害因素检测与评价(放射防护)现场检测单位数143家，总检测仪器196台，出具现场检测报告196份，其中状态检测156台，验收检测27台，复测13台；建设项目职业病危害评价(放射防护)共完成预评价报告15份，控制效果评价16份。更换个人剂量计共188家单位，2787人次。健康教育与健康促进。发放宣传品20类98种236.4万份，其中市级宣传材料44.1万份、区级自制宣传材料192.3万份。健康科普讲师团发展至396人，完成健康教育知识讲座1691场。完成11家创建中的北京市健康促进医院的中期评估及督导。自2006年起，共创建北京市健康社区30个、北京市健康促进示范村19个。继续创建健康促进学校，完成132所学校的朝阳区验收，115所学校通过北京市健康促进学校的验收。

（周彦华）

【卫生监督】 年内，有餐饮服务单位12725户，监督检查32631户次，合格率99.74%。处罚239户，处罚金额735934元。区内有餐饮经营单位9252户，其中A级单位507户，B级单位2779户，C级单位4074户，D级单位2户。开展餐饮具、生食水产品、凉拌菜、沙拉、酸奶、乳酸菌饮料、淡水海水鱼虾、碘盐、小麦粉、大米、蘑菇罐头11类共584件的监督抽检。开展朝阳区建筑工地食堂食品安全专项整治及轨道交通工地食品安全专项整治工作，出动监督人员251人次，监督检查建筑工地食堂459户次，开展培训119次。对46家工地食堂进行行政处罚，罚款10.7万元。开展中小学校园周边餐饮服务食品安全专项整治工作，出动监督员420人次、162车次、检查528个餐饮单位。对9家餐饮具集中消毒单位的消毒餐饮具进行监督抽样。传染病与消毒。传染病防治监督检查5461户次，其中医疗机构666户次，区疾病预防控制中心4户次，病原微生物实验室31户次，采供血机构31户次。其它4729户次。处罚13家医疗机构，罚款27000元，没收违法所得1132元。消毒产品生产经营单位监督检查43户次，其中消毒产品生产企业25户次，消毒产品经营单位17户次。公共场所监督检查13777户次，其中旅店业2574户次，文化娱乐场所395户次，公共浴池526户次，理发店、美容店8844户次，游泳场(馆)492户次，体育场(馆)11户次，展览馆、博物馆、美术馆、图书馆15户次，商场(店)、书店206户次，其他714户次。处罚445户，罚款金额209774元。生活饮用水卫生。监督检查4045户次，其中自备水源供水150户次，二次供水3895户次。处罚148户274950元。监督学校卫生1706户次。职业卫生监管单位508个，监督339户次，合格率92%。有职业卫生技术服务机构5家，检查5户次，合格率100%。实施行政处罚3起，其中罚款2起22000元。开展以石材加工、印刷、家具等行业为重点的专项监督执法，检查石材企业20家，家具、印刷企业150家。放射卫生监管单位326个，监督348户次，合格率89%。实施行政处罚30起。其中罚款7起9000元。医疗机构卫生监督检查1529户次，其中一级医院550户次，二级医院63户次，三级医院28户次，其它888户次。处罚各级各类医疗卫生机构38家(46户次)，罚款73000元，没收违法所得1736元。开展打击非法行医联合执法行动94次，出动执法人员972人次，执法车辆210辆次，取缔非法行医黑诊所417户次，没收药品器械290包，价值人民币共计6.9万元，罚没人民币共计53101元。对区内开展临床用血的28家医疗机构和5辆流动采血车进行血液安全专项检查。全年受理包括卫生监督平台、投诉电话、信访以及政民互动系统举报案件共3545件，同比上升14.6%。其中食品卫生2491件，医政701件，公共场所205件，生活饮用水140件，传染病与消毒8件。大型活动卫生保障。完成节日及全国两会、2010年世界城市建设国际论坛、2010年第十届世界旅游旅行大会、世界音乐教育大会、武博会、2010北京国际商务节等33项国内外重大活动卫生保障任务，对全区的游园公园、餐饮单位、饮用水供水单位和公共场所经营单位进行监督检查。卫生监督人员培训。参加市卫生局、市卫生监督所等上级单位组织的各类培训23次，其中食品卫生类1次、医政卫生类6次、生活饮用水卫生类6次，综合类培训5次。举行内部培训9次，其中全员培训4次。

（周彦华）

【妇幼保健】 年内，孕产妇14105人，建册13999人，建册率99.25%。孕产妇系统管理13994人，系统管理率99.21%，围产儿死亡68人，死亡率4.76‰，孕产妇死亡2人，孕产妇死亡率14.03/10万。0－6个月母乳喂养率91.72%，24家医院开展出生缺陷监测，监测围产儿37268例，出生缺陷发生675例，发生率18.11‰。建立女工保健三级网，妇女病普查率81.79‰。活产儿14251人，新生儿访视13800人，访视率96.83%，0～6岁在册儿童140222人，儿童保健覆盖率98.38%。系统管理130208人，系统管理率92.86%。大体检132531人，体检率94.53%。管理托幼园所417个，入托儿童67278人。有290个园所发生传染病，发病1881例，以手足口病、水痘为主，传染病暴发215例，全部为手足口病。11545名保教人员体检，体检率99.04%。开展计划生育技术服务单位97个，专业人员476人。计划生育手术57173例，无并发症。婚前医学检查2953人，婚前检查率7.12%。检出疾病164人，疾病检出率5.55%。

（周彦华）

【医疗工作】 年内，诊疗25988064人次，其中门诊23625316人次、急诊1984368人次、家庭卫生服务102529人次。急诊观察379609人次。区级医院诊疗7455423人次，其中门诊6644146人次，急诊532283人次，家庭卫生服务60327人次。急诊观察1308人次。住院危重症抢救841人次，急诊抢救成功率98.12%，病房抢救成功率72.18%。住院29365人次，出院29062人次，区级医院病床使用率72.17%，病床周转15.73次，治愈率47.18%，好转率29.74%，病死率2.35%。出入院诊断符合率99.80%，临床与病理诊断符合率94.90%，手术前后诊断符合率99.84%，无菌手术化脓率0，院内感染发生率1.27%，住院病人手术15678人次。成立质量控制与改进中心11个，重点开展对手术室、血液透析室、重症监护室、新生儿病房、消毒供应室的管理和监督检查。组建由62人组成的专家督查组，对辖区113家除中医类别的一、二级医院和综合门诊部进行实地督导检查。自12月1日起，在二级以上非营利性医院就诊药品实行同城同价，药品集中采购由政府统一组织，统一采购平台，统一药品价格。对辖区1081个医疗卫生机构中的7728名执业医师进行定期考核。7728名参考人员中，区内考核6532人，合格6531人，合格率99.98%；委托考核1196人，合格1191人，不合格的5人为口腔专业，合格率99.58%。开展医疗废物规范化管理、医院消毒供应中心管理规范等6项行业标准、产房、母婴室、新生儿病房规范管理、手足口病医疗救治和院感防控、朝阳区医院感染管理基础理论系列课等培训，3600余人次参加。督导检查：8家开设儿科门急诊、儿科病房、新生儿病房的二级及以下医疗卫生机构，15家设有血透室的医疗机构、14家医疗卫生机构的重点科室、4家医院及16个社区卫生服务中心的肠道门诊，160余家一级以上医院、社区卫生服务中心的医疗废物管理；63家医疗美容机构。病历质控。对辖区一、二级23家医院推荐的63份病历进行评比，评出综合医院优秀病历9份，专科医院优秀病历3份。组织专家对中医医院及区第二医院开展针对性病历培训，对区内一、二级医院和有病床的社区卫生服务中心及美容医疗机构108家共计163人进行《病历书写基本规范》的解读及《侵权责任法》相关知识的培训。开展朝阳区中医现状调查，启动朝阳中西医结合医院裴玉环、李书义基层老中医传承工作室的建设。加强垂杨柳医院和朝阳区二院中医科建设，达到公立综合医院中医科建设标准。开展“优质护理服务示范工程”活动，373人次参加培训；辖区二级医疗机构的护理管理人员分别到6家卫生部和市试点医院进行经验交流和观摩学习，有12家医院的23个病区开展优质护理示范工作。举办各类护理培训班5次，1300余人次参加。开展护理教学查房，举办护理感动服务演讲比赛和护理志愿者进社区活动。对11家二级医院、33家一级医院、10个社区卫生服务中心开展护理质量管理督查。对9家二级医院、16家一级医院开展《护士条例》落实情况的专项检查。向外省区派遣医疗监督、公共卫生和医疗专家23人，其中西藏3人、新疆3人、内蒙古17人。协调驻区三级医院免费接收内蒙古、山西省、青海省和本市延庆县受援单位医务人员进修51人，免除进修费22.95万元、房租费47万元。为内蒙古乌海市大型活动提供卫生应急卫生保障预案和4名专家支援，外派急救专家3人，为内蒙古突泉县免费培训200人次。派出急诊专家4人驻内蒙古兴安盟突泉县中医院3个月，开展新手术6例，培训800余人次。捐赠物品折合人民币173万元，其中向内蒙兴安盟古突泉县中医医院捐助医疗设备和物品价值114.96万元，向西藏堆龙德庆县医院捐赠医疗设备价值58万元。区内持有麻醉和精神药品印鉴卡医疗机构95家，其中新办2家，21家医疗机构进行了印鉴卡的变更。对10家三级医院，10家二级医疗机构，47家一级医院，13个社区中心，4家有麻醉科的医疗机构，共84家涉及毒麻药品的医疗机构进行实地督导检查。专用设备（含医疗设备）总资产：517096万元。对辖区医疗机构大型医用设备进行摸底调查，共调查133家，其中三级7家、二级12家、社区38家、厂矿一级医院27家、民营一级49家。受理申请医疗事故鉴定51例。鉴定为非医疗事故48例，医疗事故3例（一级甲等医疗事故、医院负次要责任1例；一级甲等医疗事故、医院负主要责任1例；一级乙等医疗事故、医院负完全责任1例）。

（周彦华）

【血液管理】　年内，自愿无偿献血93772个单位，比上年提高11.28%。其中街头自愿无偿献血86253个单位，比上年提高11.86%；单位团体无偿献血7519单位，比上年提高14.36%。驻区36家医疗机构用血137045单位，同比下降1.66%。成分输血136984单位，成分输血率99.99%，比上年持平；自体输血64417单位，自体输血率46.69%，比上年提高69.63%；全血61单位，比上年下降22.78%；输血浆136446单位，比上年提高3.04%。市公安医院、朝阳区和平医院、北京天伦不孕不育医院、北京美华医院、北京美联臣医疗美容医院通过血库验收。完善无偿献血应急志愿者队伍建设，招募志愿者7千余人。设街头献血点6个。

（周彦华）

【科研与教育】　年内，开展科研课题33项，其中地方科技项目20项、其他科技项目13项。二级及以下医疗单位承担科研项目17项，其中国家级5项、部级8项、市级4项，批准经费1397.191万元。科研成果获奖4项。发表论文85篇，被SCI收集3篇，CSPTCD收集83篇。出版著作12部。参加继续医学教育25808人，达标25139人，其中区属继续医学教育4921人，达标4885人；年度继续医学教育学分达标率94.42%。30个继续教育基地承担区级项目500项，培训63541人次。举办各种类型培训班54期，培训4125人次。区中医医院承担3个国家21名外国留学生的实习。区医学会组织学术讲座94场，9960人次参加。

（周彦华）

【十一五回顾】　年底，在"十一五"期间，"政府主导，属地负责，行业司职，社会参与"的"四位一体"公共卫生工作机制持续强化。财政投入持续增长。五年间，全区卫生总支出49.9亿元，是"十五"时期的3.85倍；财政用于卫生事业投入22.9亿元，是"十五"时期的3.81倍。

（周彦华）

北京朝阳医院

【概况】　首都医科大学附属北京朝阳医院是三级甲等医院。全院职工3729人，院本部职工2824人，其中卫生技术人员2340人，包括正高级职称人员105人，副高级职称人员208人，中级职称人员555人，初级师919人，初级士553人。京西院区职工905人，其中卫生技术人员599人，包括正高级职称人员31人，副高级职称人员69人，中级职称人员188人，初级师152人，初级士159人。全院医疗设备总价值69768.33万元。本部：医疗设备总价值69768.3万元。本部医疗设备价值59576.59万元，本年度购置医疗设备总值9865.40万元，其中10万元以上设备680台、100万元以上设备30台。京西医疗设备总价值10191.74万元，本年度购置医疗设备总值195.76万元，其中10万元以上2台、100万元以上1台。获市教委颁发北京市优秀教学团队；市公安局颁发集体嘉奖；市防火安全委员颁发市消防工作先进单位。

地址：本部：工体南路8号
电话：85231000（总机）
邮编：100020
网址：www.bjcyh.com.cn
京西院区：石景山区京原路5号
电话：51821114（总机）
邮编：100043

（黄维佳）

【改革与管理】　年内，启动目标责任管理，进一步深化医院综合目标管理工作。购买朝阳区中纺街3号楼（东门外南小楼），预期改造为"国家呼吸病学重点学科实验室暨朝阳医院实验研究中心"。多处设立意见箱、举报电话，接受群众反映问题。发放住院病人满意度调查问卷95份，满意率为97.95%。制定《建立健全惩治和预防腐败体系2008——2012年工作规划》实施方案，成立领导小组，进行责任分工；出台《器械采购程序进行规范化管理实施方案及细则》，对器械采购程序规范化管理；主管副院长与全体物资器械职工签订"廉政风险防范承诺书"；对高值耗材及10万元以上大型仪器设备实行采购审计。

（黄维佳）

【医疗工作】　年内，门诊2575371人次，急诊240051人次，急诊危重症抢救10149人次，抢救成功率97.53%。病床1847张。住院55626人次，出院55344人次，病床周转30.24次，病床使用率92.65%，平均住院日11.04天，七日确诊率97.06%，出入院诊断符合率99.29%，治愈率43.65%，好转率49.96%，死亡率

2.33%。住院手术 20942 例。孕产妇死亡率(本部:0、京西:0.12%),新生儿死亡率(本部:9‰、京西:1.15‰),围产儿死亡率(本部:17.5‰、京西:0)。开展多渠道预约挂号;推进临床路径试点,实施临床路径的专业 8 个,病种 17 个;加强医疗质量监督与控制,加强医患纠纷协调与处理,全院发生医疗纠纷 96 起,比上年下降 4.95%。甲级病历率 98.38%。连任市卫生局批准北京市病案质量控制和改进中心主任委员单位。京西院区对近一万份住院病历进行医疗、护理病历书写质量控制工作,及时有效地降低风险,明显提高病案甲级率。在各临床科主任及医护人员的共同努力下,病案甲级率达到 98%以上,杜绝丙级病案。对年轻医师进行病历书写指导。市卫生局组织的病案质量评比,西区投送的病案质量得到一致好评,全部为甲级病案。医院感染率为 3.6%。按要求录入市医院感染监控系统并上报市医院感染管理质控中心,数据上报合格率为 100%。参与国际医院感染控制协会(INICC)开展的 ICU 介入性操作相关感染监测合作项目。对全部 1305 名住院病人进行医院感染现患率调查,所有数据按要求录入市医院感染监控系统并进行统计分析。成立抗菌药物合理使用核心专家组,专家组实行例会制度,对医院感染管理科筛选出的使用特殊抗菌药物的病例进行讨论并提出奖惩意见。修订《多重耐药菌医院感染防控措施》。制作不同传播疾病的各种隔离标志并细化各项隔离措施。制定隔离标志的使用说明规范临床使用。

(黄维佳)

【医保工作】　年内,医保出院 24002 人次,出院医保病人总费用 44724.64 万元,人均住院费用 18634 元。京西院区医保出院 6333 人次;出院医保病人总费用 1.928 亿元,人均住院费用 16200 元。建立和完善三个管理体系:建立医保病人费用控制监测分析体系,合理控制医保费用,共同维护病人、医院及医保管理部门的三方利益;建立临床科室考评评价体系;建立医保管理员考评评价体系。完成四项基本工作:将医保审核工作前移到科室;制定科室医保工作指标;建立和完善激励与惩戒并重的有效约束机制;建立医保信息上传下达制度。京西院区积极宣传、实施门诊医保持卡实时结算工程,确保成功开通,及时稳定门诊参保人员的就诊量;进行手术治疗疾病单病种费用管理 18 种,召开相关院级、科室费用分析会,分解政策标准、推进费用成本核算。

(黄维佳)

【社区支援】　年内,探索对口支援模式,建立三级医院—二级医院—社区区域性医疗资源一体化急诊转诊模式,涵盖 2 个二级医院和 6 个社区。建立重症孕产妇对口会诊转诊机制。派出 12 批具有中、高级职称的医务人员到对口支援社区卫生服务中心以门诊、会诊、健康咨询、健康课堂等形式进行支援;组织 35 名医师到潞河医院下乡支援;分 2 批到满洲里市第一人民医院,新巴尔虎左旗人民医院、新巴尔虎右旗人民医院开展对口支援。接收山西吕梁 6 人、内蒙古突泉 10 日人进修;接待包头医学院第二附属医院二批 20 位科主任来院短期参观;接待新疆巴州人员医院 5 位院科级领导来院短期参观。完成"北京首届世界武博会"、"市政府驻华使节国庆招待会"、"全国医学院校校长讨论会"等活动的医疗保障任务;派遣医疗小分队赴青海玉树抗震医疗队、怀柔山吧中毒医疗队、甘肃舟曲抗泥石流医疗队执行医疗任务。

(黄维佳)

【护理工作】　年内,完善护理规章制度、岗位职责、质量标准 51 项。护理文件合格率 97.4%,基础护理合格率 98.7%,特级护理合格率 99.5%,一级护理合格率 99.13%,技术操作合格率 95.6%,急救用品完好率 98.7%。在各类杂志发表护理论文 65 篇,其中统计源期刊发表论文 40 篇。接收实习护生 135 人;完成首医护理学院第三临床护理学部内、外、妇儿、人文护理教研室的组建,及第三学部首届护理高职班课堂授课。全年参加护理继续教育学习 1021 人,参与率 99.90%。按照护理继续教育计划,全年举办国家级项目 1 项,市级项目 3 项,区级项目 15 项,院级项目 10 项。完成对新毕业护士的规范化培训及考核。加强护理人员抢救技能、操作能力、专科专业的培训。

(黄维佳)

【科研工作】　年内,作为牵头单位申报各类科研项目 214 项,合作申报 27 项。作为牵头单位获得各类政府科研基金项目 93 项,其中国家级课题 21 项,省部级 23 项,局级 45 项,其他 4 项。中标经费 5974 万元。作为参加单位申报各类基金 27 项。推荐曹彬医师申报第十三届茅以升北京青年科技奖;组织"一种常压低氧染毒系统"申报第二届北京市发明专利奖;向北市科委申报北京市科学技术奖 3 项;获批专利 1 项、协助各科室申报专利 4 项。王辰教授等申报的项目《中国吸烟危害健康的流行病学、致病机理及临床研究》获"教育部高等学校科学研究优秀成果一等奖;王辰教授获何梁何利基金"科学与技术进步奖";获得外观设计发明专利 1 项。发表 SCI 文章 72 篇。主编、副主编、主译、副主译作者以上专著 16 部。

(黄维佳)

【教学工作】　年内,承担首都医科

大学授课与临床实习情况：五年制2006级66人，2007级52人、七年制2004级34人，2005级34人，2006级35人，2007级34人；卫生法学四年制22人；(生化、药学、检验、卫管)实习32人。住院医师培训241人(本院104人，基地137人)。获批国家级和市级继续教育项目22项。参加继续教育人数765人，达标709人，达标率92.7%。新招生博士17人，硕士(含七年制)84人。举办大内科讲座20次，传染病培训11次，国家级继续医学教育项目21项，市级项目9项，参加人员计16000人次。教学培训7次，409人参加。脱产学习人数29人次，到外院进修6人。

（黄维佳）

【国际交流与合作】 年内，出国参加学术会议、学术交流、考察和研修32人次，邀请外国专家100余人次来院进行学术、手术交流及访问。接待美国德州大学休斯敦医学健康中心来访、厄立特里亚卫生部部长友好访问等外事活动。

（黄维佳）

【信息化建设】 年内，加强医院信息系统建设与规划，完成《医院信息化建设五年规划》。完善PACS、LIS、薪资管理系统。完成医保卡实时结算改造系统、按照市卫生局要求进行预约挂号体系的建设与改造工作，建立诊后约、114电话实时预约、复诊预约标记等多种渠道。

（黄维佳）

【后勤与基建】 年内，完成市消防安全"四个能力"建设第一年工作。印发《朝阳医院安全知识手册》和《消防安全宣传卡》。对医院消防报警系统、排烟系统、气体灭火系统、消防水系统等进行全面检修。完成四家物业公司合同的签署并加强对其的监督管理。国天物业朝阳项目获得北京卫生系统首个"三位一体"ISO900、14000和18000的质量认证，并获得"北京市物业管理四星级示范管理"称号。本部病理实验楼改造工程动工，包括病理科、心脏中心导管室、血液科骨髓移植病房及营养科等，装修改造规模约2600平方米。完成医院1.5T核磁机房的装修工程。京西院区二期工程立项获批，工程总建筑面积6千余平米。已经完成功能布局调整设计、土地预审、环境评估及可行性研究编报工作。

（黄维佳）

【宣传工作】 年内，新闻媒体对医院报道2468次，其中报纸881次、电视828次，网络719次，医院网站更新文章1534篇、图片287幅。出版《朝阳医院院报》24期。医院拍摄的电视片《妙手仁心大医魂——国医大师方和谦》获市卫生局第19届"杏林杯"合作类二等奖，《首都十大健康卫士——梅雪》获短片类一等奖。承办北京市呼吸和肺循环疾病重点实验室启动仪式；国医大师方和谦铜像揭幕仪式；京西院区成立5周年庆典。

（黄维佳）

北京安贞医院

【概况】 北京安贞医院又称北京市心肺血管疾病研究所，是三级甲等医院。职工2519人，其中专业技术人员2352人，包括正高级职称130人、副高级职称261人、中级职称934人、初级职称953人、未定人员74人；行政人员137人，其中含专业技术人员111人；工勤人员141人。医疗设备总价值87995.76万元。购置医疗设备总值1560.55万元，其中10万元以上设备305台、100万元以上设备25台。年内，成立信息公开领导小组及信息公开办公室。被确定为卫生部首批"卫生部脑卒中筛查及干预基地"。首届"脑卒中学术论坛"在本院召开。"院士专家工作站"正式启动，使本院成为北京市医疗系统第一家成立院士专家工作站的医院。马长生教授研究成果获国家科技进步二等奖；吕树铮教授研究成果荣获2010年高等学校科学研究成果一等奖；孟旭教授的HLA不相容骨髓干细胞移植诱导心脏移植后的免疫耐受临床研究取得重大突破。获首都文明单位称号；市人口与计划生育红旗单位；市卫生局人口与计划生育先进集体；市卫生统计工作先进单位一等奖；医院保卫处荣获集体嘉奖；区卫生局突发公共卫生事件应急处置"突出贡献奖"；"北京科普教育基地导游词和讲解词评选活动"一等奖；第二届"全国健康教育处方评比"活动二等奖；"北京市优秀科普教育基地"称号；首都医科大学先进工作集体三等奖；《火山口的乐趣》获"第十四届中国行业电视节目展评"专题类二等奖；《明天是中秋》获市卫生系统第19届"杏林杯"电视片汇映暨"聚焦医患情"异地采访活动三等奖；市卫生局营养治疗技能比赛优秀表演奖。

地址：安定门外安贞里安贞路2号
电话：64412431(总机)
邮编：100029
网址：bjazyy.hos.999120.net

（许 峰）

【国际交流与合作】 1月15日，由市卫生局、法国驻华大使馆、法国道达尔集团合作建立的北京中法急救医学培训中心，在本院召开2010年度管理委员会会议。全年，接待外宾143人次。办理出国手续439人次，其中访问、考察、交流16人次，参加国际会议271人次，长期进修9人次。

（许 峰）

【护理工作】 年初，正式启动以夯实基础护理，提供满意服务为主题的“优质护理服务示范工程”活动。11月,正式启动护理志愿服务项目,截至年末已有63人完成3次以上的护理志愿服务。继续做好护理质量控制工作,加强护理流程管理,提高临床护理质量,规范安全用药,完善护理信息化。全院护理质量检查平均分:急救物品药品:99.30分;病历书写:99.21分;病房消毒隔离:99.31分;治疗室无菌技术:98.54分;病房管理:97.63分;基础护理:99.01分;危重病人管理97.36分。全年,新增和修订护理文件33个,其中新制订操作考核标准2个、新制订质控检查标准4个、新增护理文件6个、修订文件12个、修订质控检查标准9个。新入职护士102名,培训合格率100%。接受护士岗位培训人数共409名,学分达标率100%。获批申报市级继续教育项目4项,区级继续教育项目3项,完成率100%。院内各级各类培训达1169人次,培训10057人,参加培训率99.92%。论文投稿45篇,公开发表31篇,其中65%发表在核心期刊。

(许　峰)

【医疗支援】 3月,与内蒙古巴彦淖尔市临河区医院建立对口支援工作关系,全年,组建七批医疗队赴内蒙古临河区医院开展对口支援工作,共12个科室23人次,涉及心内科、神经内科、呼吸科、妇产科、普外科、超声科6个专业。11月,医院先后派员赴青海省心脑血管病专科医院和海东地区民和县医院考察,建立对口支援工作关系。对受援医院派医务人员来院进修的需求,给予优先、免费的特殊照顾,免费接收对口支援医院来院进修人员22人次。组织安排82名医师到大兴区医院、怀柔区妇幼保健院和怀柔区第一医院开展“三下乡”对口支援活动。组织专家到怀柔区妇幼保健院开展专项讲座3次,听众100人次。玉树地震,副院长陈方作为卫生部专家第一时间奔赴灾区,指导当地医疗救援;心外科杨禁非、李京倖先后在医院的大力支持下,帮扶新疆和田开展心脏手术70余例,弥补了当地心脏外科领域的空白;挂职什邡市人民医院副院长的赵昶将什邡看作第二故乡,树立“安贞人”的良好形象;心外科许尚栋参加中组部“博士服务团”,扎根宁夏。张兆北院长、伍冀湘书记先后带领高规格专家组赴和田、银川开展手术帮扶。

(许　峰)

【吴英恺院士诞辰100周年纪念大会】 4月28日,召开吴英恺院士诞辰100周年纪念大会。北京各大医院专家教授近300人到会。全国人大副委员长韩启德发来贺信,全国人大原副委员长何鲁丽和张兆光院长共同为吴英恺院士铜像揭幕。与会人员共同缅怀吴院士伟大的一生,并对他在医学领域所做出的突出贡献给予高度评价。

(许　峰)

【科研工作】 年内,申报科研项目210项,获得立项资助99项,中标率47.1%。获科研经费4185.2万元,其中国家级32项,1740.10万元;省部级28项,2093.30万元;人才基金11项,99万元;其它28项,252.80万元。以院为第一完成单位,心内科主任马长生申报的“心房颤动导管消融的临床研究与推广应用”获2010年度国家科技进步二等奖。其他科技奖项还包括:教育部科技进步一等奖1项、北京发明专利奖1项、北京优秀青年工程师2项。SCI期刊收录论文68篇,在全国医疗机构排名中列第五十二名。经过严格遴选,本院成为“首都十大危险疾病科技支撑体系心血管病领域成员单位”。

(许　峰)

【改革与管理】 年内,成立卫生部脑卒中筛查与防控基地。修订《医疗工作制度》、《临时医疗工作职责》、《主要院级工作委员会工作职责》。继续开展医院管理年和创建人民满意医院活动,强化对医疗质量的控制和医疗安全的管理。12月,医务处对部分重点科室住院患者进行满意度调查,发放300份问卷,调查结果如下:(1)各病房满意度平均分比较:(满分11分):10病房,10.88分;5病房,10.80分;1病房,10.75分;12病房,10.66分;7病房,10.59分;3病房,10.57分;6病房,10.57分;8病房,10.54分;9病房,10.53分;5病房,10.51分;21病房,10.34分;2病房,10.32分。(2)患者对各项医疗过程满意度情况(满分11分):告知疾病的诊断、病情明确、清楚,10.63分;医生仪表形象良好,10.63分;检查操作前充分知情告知,10.63分;入院时医生询问病史耐心、细致,10.60分;医生每日查房及时、耐心、认真,10.57分;尊重并保护患者个人隐私,10.57分;医患沟通热情主动,责任心强,10.55分;使用自费药物充分知情告知,10.52分;医嘱实施或变更能征求患者意见,10.50分。坚持对党政领导干部进行培训及考评。继续推行院务公开,坚持边学习、边整改、边落实,建立治理商业贿赂长效机制。

(许　峰)

【医疗工作】 年内,门诊1014828人次,比上年上升10.4%,其中普通门诊61280人次、专科、专台门诊699678人次、专家门诊217220人次、其他36650人次;急诊86846人次,门急诊抢救6904人次,抢救成功率96.52%。开放床位954张,入院37125人次,出院37035人次,床位周转38.82次,平均住院日10.68天,七日确诊率97.25%,出入院诊断符合率99.50%,治愈率38.32%,

好转率 56.47%，死亡率 1.24%，孕产妇死亡率 1.9‰，新生儿死亡率 0，围产儿死亡率 7.87‰。住院手术 13263 例，比上年增加 981 例，其中心脏手术 6998 例（不包括心外科覆膜支架术），比上年增加 1217 例，心脏手术中冠状动脉搭桥 2903 例。心血管内科完成冠状动脉造影 15833 例、PCI7716 例、永久起搏器 742 例、房颤射频消融 685 例。开展的新技术、新项目有：HLA 不相容骨髓干细胞移植诱导心脏移植后的免疫耐受临床研究取得重大突破；扩展脓毒症及脓毒症性休克的治疗；开展胰岛素泵治疗；开展 72 小时血糖监测；引入尿红细胞形态显微镜检查；独立实施妇科恶性肿瘤的腹腔镜下淋巴清扫术；开展单孔腹腔镜手术；开展保留生育功能的宫颈癌根治术；开展子宫内膜癌腹腔镜下全子宫＋双附件切除＋盆腔淋巴清扫术；开展人乳头瘤病毒（HPV）HC2 法检测；引入藻酸盐自动搅拌机；改进阻塞性呼吸暂停综合症的治疗；应用软膜矫治器；引进国内首台 Nd：YAG 水激光牙周治疗仪；引进 Leica 公司的全自动免疫组化染色机；引进新型蜡块及切片打号机；应用心脏远程实时移动监护系统；开展冠脉内旋磨术、OCT 等；实施冠脉血流储备分数测定；实施粪便转铁蛋白测定。

（许 峰）

【病案管理】 年内，结合卫生部 2010 年新颁布的《病历书写基本规范》，对全院医师进行讲解和培训，完善修订病历书写基本规范。重新调整病案管理委员会委员名单，制定病案管理委员会工作章程。将数字化病案网上调阅系统进行升级，实现网上调阅 143863 份次。进修医师、新入职医师、轮转医师病案书写培训 5 期，442 人次。全年再住院病案、死亡讨论、教学等借阅 1327 份；医疗保险、物价、药理基地、教学、输血科、其他上级检查等各种查阅 934 份。特殊病历保管 290 份，封存病案 29 份，解封病案 57 份。出院病案常规复印 21800 人次。继续进行重点环节重点监测，及时反馈重要信息。积极配合医院小儿心脏科扩建，提供医院感染管理意见和建议，在检验科细菌室的配合下，对新扩建病房和监护室进行本底监测。参加卫生部防控“超级细菌”的电视电话会议，转发卫生部超级细菌诊疗指南，密切关注本院“超级细菌”动向，发现疑似病例，及时通报相关科室采取有效控制措施。完成与北京医院感染质量控制与改进中心监控系统的数据接口工作，继续研发感染实时监控系统。

（许 峰）

【医保工作】 全年诊疗 36605 人次，医保患者出院 11664 人次，总费用 3.93 亿元。接待市、区医保中心来院来电检查大额费用病历 80 次，审核大额病历 544 份。

（许 峰）

【医学教育】 年内，招收研究生 138 人，其中博士后 6 人，博士生 41 人，硕士生 84 人，七年制 7 人。毕业研究生 132 人，组织答辩会近 40 场，其中，22 人获博士学位，108 人获硕士学位。作为市卫生局执业医师、助理执业医师考试点之一，全年接收考生 430 人。完成专科医师规范化培训工作，培训 71 名专科医师，接收市卫生局拨款共计 16.2 万元。

（许 峰）

【信息化建设】 年内，重视网络安全工作，严格执行内网安全管理策略。定期更新病毒定义库，未发生影响全局的网络瘫痪事故；完成针式摆药机安装所需的网络环境构建；规划新门诊综合楼内网络，拟定技术指标；完成门诊检验报告单自助打印机试用工作，为新门诊楼投入使用后门诊检验报告单打印流程的优化做好准备。加快信息系统的构建，提高信息系统工作效率。完成医保病人门诊及住院刷卡实时结算的 HIS 改造和实施工作；完成医联码相关的 HIS 改造和实施工作；完成收费项目分类的审核及数据导入导出工作；继超声心动图后，完成普通 B 超图文报告系统的实施工作；完成 HIS 系统与医院感染上报系统的导入导出功能；完成传染病报告系统的改进工作 4 项；完成财务处相关功能的改进工作 12 项；完成药房药库相关功能的改进工作 15 项；完成病案流通软件的改进工作 6 项；完成检验科质控系统与 LIS 系统的接口工作；完成升级后的微生物系统、试剂管理系统和血库系统的实施工作；完成医生护士信息系统培训 10 次。扩大内部、外部网站功能，丰富网站内容。对官方网站进行改版，提高网站的互动性，实现电子审核功能；在外部网站增加医院专家查询模块和安贞院报栏目，对体检中心模块进行三次项目及价格更新；建立“医院信息公开”栏目；建立“创先争优”党建专栏；建立搜集该院知名专家资料信息。内部网站发布消息 209 篇、外部网站 112 篇。在核心期刊发表论文 1 篇；培养研究生 1 名；获市科协授予的“北京市优秀青年工程师”称号 1 人；1 人作为专家参与国家指导性文件和标准《健康信息学》的相关制定工作；1 人作为北京市代表参加卫生部《电子病历基本架构与数据标准》及《基于电子病历的医院信息平台建设技术解决方案》的制定工作。

（许 峰）

【基本建设】 年内，进行新门诊楼相关物资的招标、配备工作。完成老病房楼、集体宿舍楼、洗衣房东楼 15254 平方米的房屋安全鉴定工作。争取市、区发改委支持，无偿聘请专业公司对医院建筑进行节能审计。

进行地下管网勘查,绘制地下管网图,明确管线走向。组织人员参观"2010中国北京国际节能环保展览会"。根据后勤协会征文要求,组织撰写论文21篇。做好两项工程的各项管理工作,并逐步完善基建程序。1号宿舍楼工程完工;新门诊楼工程进入收尾阶段。启动门诊楼改造及医院三期医技病房楼的前期批复工作,向主管局提交医院三期医技病房楼的立项申请。扩建小儿心脏中心病房。

(许 峰)

【科普工作】 年内,组织健康大讲堂9次,约960人次参加,发放科普材料1100份。组织本院专家参加北京人民广播电台《健康在线》节目12次。43名医生报名参加朝阳区健康教育科普讲师团。组织院内外义诊咨询活动14次,咨询5240人次,发放科普材料60余种5万余份,组织科普讲座5次。门诊及病房发放健康教育处方约4万份。更换门诊及病房宣传板共66块。病房举办科普讲座260次。

(许 峰)

【人才工程】 年内,著名小儿心脏外科专家刘迎龙教授带领的团队加盟该院,进一步提高小儿心脏科的综合实力。谌贻璞教授带领的团队加盟,使该院肾脏内科跨入国内最高学术水平。马长生教授和赵冬教授当选北京市卫生系统首批高层次领军人才。

(许 峰)

中国医学科学院肿瘤医院

【概况】 中国医学科学院肿瘤医院为三级甲等医院。职工1797人(含合同制),其中卫生技术人员1246人,包括正高级职称101人、副高级职称114人、中级职称482人、初级职称621人。医疗设备总价值50693.7万元。本年度购置医疗设备总值6702万元,其中10万元以上设备95台,价值5432万元;百万元以上设备12台,价值2836.7万元。年内,获院校精神文明建设先进单位、市社会保障卡工程建设医院信息系统对接成果奖。

地址:潘家园南里17号

电话:67781331

邮编:10021

网址:www.cicams.ac.cn

(高 菲)

【公益活动】 4月17日,举办"科学防治癌症 引领健康生活"——2010年肿瘤防治宣传周暨无烟医院启动仪式。组织百名专家义诊、防癌健康体检、健康大讲堂、专家访谈、抗癌明星经验交流等互动活动。1500余人现场咨询,223人参加防癌健康查体,340余人参加2场健康科普讲座,150余人进行肿瘤高危人群高危因素的登记和咨询。9月18日,举办"希望征程 与爱同行"第十二届北京希望马拉松—为癌症防治研究募捐义跑活动。多位体育健儿及演艺嘉宾鼎力相助,约有6000名社会各界爱心人士参与其中。本届活动募捐善款200余万元,首次设立"癌症早诊早治患者扶助专项基金",用于扶助癌症筛查发现的早期癌症的贫困患者。年内,创建无烟医院。制定《肿瘤医院建筑内严禁吸烟条例》,通过张贴控烟海报和禁烟标识、进行签名仪式和调查问卷、设立控烟监督员等多种形式进行创建无烟医院的宣传和教育;每月进行控烟效果监测,研究控烟相关问题。年底,接受并通过北京市无烟医疗卫生机构的初步评估。组织4名专家参加中央电视台经济频道科普节目、12名专家参加北京人民广播电台《爱家广播》科普讲座节目;与搜狐健康、39健康网开展专家访谈、在线答疑等,接待媒体来访20余次;报纸、杂志报道91篇、电视台节目报道21期、广播节目报道19期、网络报道报道29次(原创),出版《院所报》12期、《纪检之窗》4期。开展志愿服务在医院活动。举办送温暖送知识进病房大型公益活动、子宫颈癌和乳腺癌筛查等大型公益活动;召开志愿者工作两周年总结会;北京抗癌乐园癌症康复者为就诊患者和家属提供康复交流和心理咨询服务;截止年底已有782人报名志愿者,277人经培训合格后上岗,志愿服务满意度达100%。

(高 菲)

【领导视察】 6月29日,卫生部党组书记张茅视察指导工作,提出四点希望:一是继续坚持以患者为中心,为患者提供优质的医疗服务,进一步缓解病人看病难、看病贵的问题;二是发挥优势,进一步服务好基层;三是不断探索和研究癌症的早期发现和诊疗方法;四是不断加强医院管理,实行激励机制,调动医务人员的积极性,强化总会计师制度等。

(高 菲)

【改革与管理】 9月1日增设淋巴瘤普通门诊;10月20日启用新放射治疗中心和旋转调强(VMAT)放疗系统;门诊设立自助挂号机、化验单自助打印系统。担任临床路径全国肿瘤组组长单位,参与制定卫生部医政司首批常见肿瘤临床路径;担任地市级医院肿瘤规范化诊治指南专家委员会主任委员兼秘书长,承担卫生部医管司全国市、县级医院常见8种肿瘤规范化诊治指南的制定工作,此标准已经卫生部正式下发至14个医改试点省市的23所医院实施,其中,宫颈癌、乳腺癌、食管癌、肺癌及结直肠癌5个病种的试点调研工作已启动;参与制定卫生部医政司肺癌诊断标准,承担制定卫生部政法司肿瘤外科手术分级标准的制定工作;担任肿瘤专科医院等级评审组组长单位,完成三级肿瘤医院评审标准的制定工作,已进入试评及调研阶段;担任淮河流域肝癌、胃癌、食管癌早诊早治领导组组长单位。完善人才战略计划。本年度,招聘正式人员43人、合同制职工53人,其中引进归国留学人员6人。1人获得协和特聘教授称号,1人获得协和新星称号。加强干部管理,所有中层干部和新任干部进行满意度测评;公开选拔放射治疗科、中华肿瘤编辑部副主任;严格按照相关政策贯彻执行津贴福利待遇管理、社保管理和考勤管理等工作,确保职工基本利益。加强民主管理。按期完成工会、职代会换届。召开4次行政事务管理委员会,1次轮值主席会议,审议54项议题,其中申报类21项、通报类30项、评议类3项,4人担任轮值主席;重新修订《行政事务管理委员会工作条例》,建立委员轮换制度,完成第二届委员的轮换工作。加强医德医风建设。召开党风廉政建设暨纠风工作会议;开展副高以上和各级干部的大范围拉网式廉政谈话活动;全体在职职工填写《岗位廉政风险表》;接受卫生部、医科院对"小金库"专项治理和财务的重点检查;推进廉政文化教育,设计《廉政文化宣传教育调查问卷》。坚持党风廉政建设及纠风专项治理考核制度:本年度,满意度调查4087人,整体满意度96.35%,临床工作满意度99.17%;收到表扬信、锦旗以及退款950件,表扬2413人次,其中293人次退款,计592700元人民币、500美元。年内,优化就诊流程,方便患者就医。加强预约诊疗,与114电话台合作,全部普通号和部分专家号均可电话预约;增加专家出诊,普通门诊、特需门诊专家共增加744人次;节假日门诊接诊1000余人次。

(高 菲)

【医疗工作】 年内,门诊531958人次,急诊6232人次,急诊危重症抢救110人次,抢救成功率80%。入院39725人次(含合作医院),出院39730人次,病床周转29.85次,病床使用率94.68%,平均住院日11.29天。出入院诊断符合率99.95%,临床与病理诊断符合率99.4%,手术前后诊断符合率99.93%,治愈率61.28%,好转率29.83%,死亡率1.39%。住院手术13062例。

(高 菲)

【病案管理】 年内,召开门诊病案管理工作协调会,通过建立纸质病案、电子影像病案相结合的全新病案供应模式的方案;以现有病案信息管理平台为基础,引入病案数字化拍照单机工作站系统;建立快速查阅复印病案流程。本年度,共有质控病案35685份,甲级病案34794份,甲级病案率97.5%。

(高 菲)

【感染管理】 年初,开始对重点部门的环境进行动态和静态双重监测,年内,监测例数29652人次,报告感染例数357例。无菌手术感染率的监测,总例数约5000余例。完善医疗器械不良反应监测体系,成立医疗器械不良反应监测领导小组和专家库。医院总感染率为1.06%。

(高 菲)

【医保工作】 年内,医保出院病人10804人次,比上年同期增长25.16%;住院总费用约20142万元。本年度召开2次医疗保险管理委员会会议;实现北京医保患者门诊特殊病和普通门诊的全门诊划卡实时结算;顺利通过市医保中心的医保联审互查;举办医保知识政策培训会议;通过加强门诊处方、门诊特殊病和住院病例的审核,有效降低医保拒付。

(高 菲)

【医疗支援工作】 年内,派出7个专业组、18名医生,支援青海第五人民医院、西藏自治区人民医院等7家医院,接受卫生部医管司帮扶徐州肿瘤医院、青海肿瘤医院达到三级肿瘤医院的任务;接收西部之光访问学者4名,为访问学者开办管理课程培训;宣立学医师、高树庚医师支援新疆医疗工作,受到当地的表扬和嘉奖。

(高 菲)

【护理工作】 年内,护理文件书写合格率99.3%,基础护理合格率97.5%,特级、一级护理合格率99.8%,技术操作合格率97.7%,急救物品完好率99.8%,护士行为合格率99.4%,药物管理合格率98.7%,重症护理合格率99.8%,消毒隔离合格率98.3%。贯彻"创建优质护理服务示范工程"活动,获准成为北京市"示范工程"重点联系医院,内科1病房、妇科3病房、腹部外科1病房成为试点病房。市卫生局对试点病房进行调查评价:护理服务满意度99.3%,基础护理服务实施满意度100%,25项基础护理指标均合格。本年度完成继续教育学分合格率99.26%。同时还举办"全国肿瘤内科大会首届护理专家研讨会"、首届"乳腺肿瘤专业护理培训班"等全国性活动。护理在研项目10项,其中新立项课题4项。护理杂志刊登10篇、全国护理学术大会交流4篇、获朝阳医学会第九届护理学术年会论文三等奖1篇。

(高 菲)

【科研工作】 年内,申报重大科学研究计划、973课题、国家自然科学基金、市自然科学基金等项目(课题)170项,中标60项;在研项目132项。全年到位经费9383.26万元,其中外拨经费2950.94万元;基本科研业务费共获得资助165万元,全部用于资助预探索课题;院内临床研究课题资助经费共计179.5万元;签订科技开发协议10项,合同金额211.8万元,开发收入301.36万元。年底,召开第一届国家癌症中心学术年会,来自10个单位的300名专家学者出席。征集到2010年发表的研究论文83篇,并按照临床组、基础组和预防组的划分进行现场评分,评选出特等奖1篇、一等奖7篇、二等奖12篇、三等奖16篇。全年发表论文423篇,其中SCI论文61篇,总影响因子235.845。科学著作7部,其中主编6部。分子肿瘤学国家重点实验室研究员詹启敏等人共同完成的"基因组稳定性在恶性肿瘤发生发展中的作用机制研究"项目获得2009年度教育部高等学校科学研究优秀成果奖自然科学奖一等奖。免疫学研究室研究员张叔人等人共同完成的"肿瘤趋化抗原核酸疫苗平台技术的研究"项目获得2009年度中华医学科技奖三等奖。放射治疗科教授谷铣之荣获北京医学会授予的北京医学会医学成就奖。内科主治医师马飞的论文"EGFR酪氨酸激酶抑制剂治疗非小细胞肺癌的药物遗传学研究"和内科研究员韩晓红的论文"应用FISH和IHC技术检测中国乳腺癌患者HER-2基因状态及蛋白表达的前瞻性多中心研究"分别获得卫生部"第十届医药卫生青年科技论坛"临床领域二等奖和三等奖;分子肿瘤学国家重点实验室副研究员宋咏梅的论文"Migfilin介导cyclin B1促进食管癌侵袭转移中EMT的作用机制研究"获得基础领域三等奖。

(高　菲)

【医学教育】 年内,申报21个国家级继续医学教育项目,完成19项,参加学习人员超过25600人次;开办院级继续教育34场讲座,授课108学时,听课人数达2870人次。编制完成肿瘤学-"211工程"三期重点学科建设项目申报书。招收研究生102名,毕业53人,均获得学位;在校生225人;毕业班发表第一作者论著73篇,SCI文章22篇;本年度,获北京市优秀博士学位论文奖1篇、北京协和医学院优秀博士学位论文2篇、"北京地区高等学校毕业生支援西部地区荣誉证书"1人。接收进修生246人,224人结业,外派医师进修6人,短期学习89人次。

(高　菲)

【国际交流与合作】 年内,接待美国、加拿大、德国等16批外宾来访,包括美国卫生部副部长、加拿大国际高级医疗服务机构专家、美国JCI医院管理体系认证国际联合会委员、格鲁吉亚、亚美尼亚等东欧国家癌症中心代表团、IAEA总干事等;办理205人次出国手续。举办中德医院管理高峰论坛会,与韩国NCC签署合作协议,邀请日本国家癌症专家参加学术会议。承担亚洲癌症中心联盟(ANCCA)总部的秘书处工作,编写并出版第三届亚洲癌症中心联盟会议的宣传册。

(高　菲)

【信息化建设】 年内,完成整体住院信息系统、病理科信息系统、核医学信息系统、办公自动化系统、系统集成等软件建设与上线工作;完成电子病历系统、手术麻醉系统、合理用药系统、科研教育系统应用软件的调研工作;院所网站增加控烟、伦理委员会、淋巴瘤诊疗中心、卫生信息公开栏目,以及预约挂号、在线调查功能等。

(高　菲)

【后勤与基建】 年内,完成放射治疗Ⅰ期改造工程的施工并交付使用、Ⅱ期开工建设;完成临床实验中心改造工程主要施工内容;完成综合楼施工内容的90%;完成2间手术室改造工程的施工并交付使用;完成回旋加速器机房建设工程;完成连接廊工程规划要点审批,并将其可行性研究报告上报卫生部,待审批;完成内科、放射治疗科综合病房楼工程环境评估,进入规划要点审批程序;完成旧病房楼、科研楼集中空调、消防改造工程外线施工及旧病房楼Ⅰ段集中空调消防改造施工等。

(高　菲)

首都儿科研究所

【概况】 年内,经市机构编制委员会办公室及市卫生局批准,加挂"北京市儿童成人慢性病防治中心"牌子。所院职工1236人,研究所151人,医院1085人,在编职工968人,合同制员工268人。在编职工中科研、卫生技术人员765人,包括正高职称51人,副高职称69人,中级职称245人,初级职称376人,24人未定级;其他技术人员33人,行政管理人员93人,工勤人员77人。医院医疗设备价值13451.64万元,研究所医疗设备价值2137.89万元。新购置医疗设备总值3678.29万元,其中10万元以上设备55台1664.88万元,100万元以上设备4台1751.8万元。获全国医药卫生系统创先争优"金点子"评选活动二等奖,获首都卫生系统文明单位、北京市无偿献血先进单位、首都卫生青年原创博文大赛优秀组织奖、北京市卫生系统优秀网站奖、北京市卫生系统优秀政务信息单位。范茂槐参与课题作为主要完成人获教育部自然科学二等奖。

地址:雅宝路2号
电话:(010)85695555
邮编:100020
网址:www.shouer.com.cn

E - mail:postmaster@shouer.com.cn

（高　洋）

【改革与管理】 年内,完成所院“十二五”规划初稿。组织党委、班子成员、人大代表、政协委员等考察、论证未来发展。首儿所本部扩大建设获得市卫生局及朝阳区同意,进入选址阶段。论证月坛专家门诊部拆迁新址的基本建设规划。新增规章制度 67 项、修订 258 项,废除 5 项。制定《首都儿科研究所工作规则》。推进“五五”普法宣传教育活动,组织《法律在我身边》征文并编辑成书,通过市卫生局“五五”普法验收。7 月份,病区按专业分为单独核算单位。开展双休日门诊,完善免费电话预约挂号。进行了首次学科带头人的遴选工作,选出两名学科带头人:米杰、李龙。推荐李龙参加北京市领军人才评选。第二次组织学科骨干和新星的遴选。进入学会、协会及杂志任职 16 人,新增《高级职称晋升量化评价标准及实施方法》,修订《公开招聘工作人员实施办法》和《派遣人员纳入编制内管理的规定》等制度。选拔出 5 名拟转正的编外人员。首次将心理测试方法纳入招聘编制内新员工的参考标准,招收编制内管理的 28 名应届毕业生,接收派遣制职工 37 人。所院财务总收入 54922 万元,同比增长 26%;总支出 52654 万元,同比增长 10%。修订完善多项财务管理制度,建立查验“假发票”制度。完善修订《基建维修工程管理办法》、《中层干部离任审计制度》等制度;审减金额 40.6 万元,审减比例为 15.2%。

（高　洋）

【反商业贿赂】 年内,启动廉政风险防范管理,开展“小金库”治理,组织参观警示教育基地和全员大课教育,利用 OA 系统播放反腐倡廉教育专题片,在所报、网站开设警钟长鸣教育专栏。全所职工拒收“红包”179066 元,同比增加 85.95%,收到锦旗 171 面、表扬信 53 封。出院患者满意度调查 98.24%、门诊患者满意度调查 92.76%。

（高　洋）

【医疗工作】 年内,通过“医疗质量万里行”及“平安示范医院”复审等检查;5 个专业(急救、呼吸、血液、风湿、消化)经过北京市的初评,急救专业被评为卫生部重点学科;检验科获得国家级“实验室 ISO15189 标准”认可;医院取得药品临床试验质量管理规范(GCP)的资格。年门急诊量达到 176.3 万余人次,最高日门急诊量为 5869 人次,按工作日计算为 7200 人次,急诊危重症抢救 1992 人次,抢救成功率 85.55%。医院实有床位数 414 张,出院病人数 14366 人次,病床周转率 37.81 次/床,病床使用率 101.95%,平均住院日 9.8 天,七日确诊率 98.63%,诊断符合率 98.65%,治愈好转率 96.8%,死亡率 0.32%。住院手术 3807 人次。新业务、新项目、新技术。内科消化专业开展肝活检;外科开展巨大肝肿瘤切除术、腹腔镜治疗新生儿胆总管囊肿、短空肠 - 肝管吻合术、胆囊 - 结肠胆汁分流术治疗家族性胆汁淤积症;保健科开展新生儿经皮测胆红素;皮科开展半导体激光照射技术;眼科开展显微手术及 AB 超检查、泪道探通联合留置探针治疗复杂性先天性泪道阻塞、上眼睑下垂及多种复杂性斜视矫正术、眼睑整形手术、眼球及眼睑肿物摘除术;口腔科新增牙片拍片检查;检验科开展血清特异性抗体检测,新增外检项目(白血病基因);病理科开展儿童肾脏疾病肾穿组织免疫组化病理诊断、淋巴造血系统免疫组化耐药基因的检测。病案管理。定期组织抽查、集中检查病历质量,开展病历质控员培训,组织优秀病历评比,增设优秀病历书写集体奖,甲级病历率 99.6%。

（高　洋）

【感染管理】 年内,修订原有 55 个院感管理制度,升级《北京市医院感染报告系统》,组织院感控制培训 2 次。开展以“感染控制 从我做起”为主题的首届“医院感染控制宣传周”,举办“医院感染宣传展板巡展”。医院感染率 3.68%。加强传染病防治管理与重点监测疾病的主动监测,严格疫情上报,组织传染病防治知识集中培训 4 次。

（高　洋）

【医保工作】 年内,办理医保住院患儿 3163 人次,总费用 520 万元,审核医保病历达 100%。组织落实北京市启动的“学生儿童大病医疗保险实时刷卡结算”工作。

（高　洋）

【医疗支援工作】 年内,选派外科马强奔赴新疆开展为期一年的对口支援工作。继续开展“人才京郊行”活动,完成第二批支援服务和第三批人员选派工作。第三次组织“情系青海西部行活动”,在西宁市妇幼保健中心、西宁市第一人民医院及湟中县第一人民医院开展疑难病例会诊、病房查房、义诊等活动,并开展 8 场学术讲座。启动“山区儿童健康行动”,与密云县卫生局签订医疗、科研长期合作协议,组织医疗队赴密云县冯家峪镇卫生院及平谷区妇幼保健院开展体检、义诊咨询活动。与内蒙古乌拉特前旗医院、五原县医院开展对口支援活动。

（高　洋）

【护理工作】 年内,开展“优质护理服务示范工程”,开展 7 个试点专业病区;试行护理工作移动站;落实护士长管理培训及护理人员分层培训计划;组织护理缺陷分析会。护理质量服务满意度98.3%。护理质量管理。护理质量控制检查共84次。护理文件书写合格率94.4%,基础护理合格率93.5%,特级、一级护理合格率93.9%,技术操作合格率91.5%,急救物品完好率100%。开展2项所级课题,在统计源期刊发表护理论文8篇。临床实习带教227人次,接受进修护士26人。组织护士继续教育63次,5336人次参加;专项培训18次,120人次参加;在职教育396人;规范化培训46次,154人次参加。

(高 洋)

【科研工作】 年内,申请各类课题33项,为历年最多。其中国家自然基金4项,市自然基金4项,国际合作课题2项,部级课题7项,留学回国基金1项,首发基金6项,市科技计划1项,首都临床特色项目2项,市委组织部优秀人才1项,卫生局青年基金2项,横向课题3项。在研课题有115项,经费达5388万元。结题数17项。三项成果获奖。外科主任医师李龙的《微创治疗先天畸形的基础和临床研究》获得科技部恩德斯医学科学技术一等奖;撰写的《先天性胆道畸形的病因和治疗方法改进的研究》获得北京市科学技术奖;本人获得恩德斯中国杰出内镜领袖奖。作为第二完成单位申报的《中国人口重大出生缺陷干预的可控性及其干预应用》获得教育部国家科学技术奖一等奖。助理研究员李会莉入选北京市"科技新星"。重新修订和完善《科研奖励基金管理规定》,奖励临床和科研人员113人次,发放金额60万元。组织2011－2012年度所级科研基金项目的遴选工作。开展科研诚信系列宣教活动。正式启用研究所中心仪器室。本年度第四次修订《生物安全管理条例》。首次成立"青年读书沙龙",全年举办15期。组织参加第十五届全国儿科学术大会,投稿92篇,甘小庄和李辉的大会交流论文获得本专业组一等奖。承办第五届宋庆龄儿科医学奖颁奖仪式暨2010宋庆龄儿科医学论坛,由北京大学人口研究所和本所共同完成的《中国高发区胎儿至婴幼儿期出生缺陷流行病学特征研究》等5个项目获得第五届宋庆龄儿科医学奖。病毒研究室继续进行甲型H1N1流感病毒的监测工作病毒研究室继续进行甲型H1N1流感病毒的监测及上报工作,并开展临床疑似麻疹病例及风疹病毒的检测。儿童早期综合发展研究室承担的"儿童疾病综合管理项目"向全国推广,已经重新修订并出版新版教材,并开展IMCI全国省级师资培训。儿童卫生和发展研究室承担的十一五科技攻关课题重点开展适合我国社区卫生服务机构使用的社区卫生服务技术规范研究,已经进入结题阶段;陈博文被聘为卫生部深化医药卫生体制改革专家咨询组专家。受卫生部妇社司委托,戴耀华、朱宗涵、宋国维为核心的专家组承担了四川重灾市州灾害儿科师资培训班的培训任务。国内核心期刊发表学术论文134篇,发表SCI论文35篇。最高影响因子8.505,张霆作为第二作者的论文被发表在影响因子为50.017的《新英格兰医学杂志》上。作为主编或副主编出版专著5部。

(高 洋)

【医学教育】 年内,投入教育经费48万余元,加强对科研、临床、管理、后勤骨干人才的培养。参加继续教育人数682人。承担医学院校教育情况。完成北京大学医学部、首都医科大学、北京卫校等医学院校985名在校生的儿科教学任务,接收全国各地进修医护人员37人。本年度在读研究生100人,在职26人、统招74人;攻读硕士学位77人,攻读博士学位23人,有24人通过研究生毕业答辩,博士毕业生4人,硕士毕业生20人。承办国家级继续教育项目4个,市级继续教育项目1个,组织学术活动(讲座)45次,坚持每月2次的系列学术讲座,参加人数6513人次,将医疗安全教育纳入职工继续教育范畴,组织相关培训讲座。举办所庆52周年优秀论文评选和优秀论文报告会。修订继续医学教育学分授予办法补充规定,进行年度中期检查。卫技人员继续教育学分达标率99.3%。选派22名中青年医师参加中法急救医学培训,2人参加市灾害医疗救援培训。组织2期临床医师医学英语口语班。代培外院住院医师23人,送出培训住院医师7人。脱产学习329人次,到院外进行专业进修培训146人次。

(高 洋)

【国际交流与合作】 年内,接待外宾9批18人次,科技合作项目8项,公派出国、考察、进修36批59人次,派出3人赴国外长期进修,学成归国10人。

(高 洋)

【信息化建设】 年内,医院完成信息系统基础设施改造、床旁移动护理系统、信息运维管理系统等工作,并完成医保门诊持卡实时结算、住院医保持卡结算、医联码接口系统、统计上报系统及其与HIS系统接口、院感上报及传染病监测系统。进一步推广门诊LIS系统及住院机打医嘱实施。

(高 洋)

【后勤与基建】 年内,组织安全生产检查50余次。配电室开展门诊楼配电室增容工作。进行发电机带负荷试验。完成大院道路、绿化专项工程,宿舍楼消防改造工程,新生儿病房改造前期准备及门诊楼更换地砖施工准备工作。重新审核无房老职工的住房补贴,解决部分职工遗留10余年的房产证问题。继续完善基建电子档案库。明确各层各级领导的一岗双责责任制，层层签订安全责任书，落实《建筑消防设施值班、巡视、检查制度》。在医院内建立警务工作站，属地朝外派出所派驻民警1人。分别在本部及月坛专家门诊部组织防暴演练，并配合市公安局、市卫生局举办“晨锋”行动。组织4起消防应急演练。

（高　洋）

【首儿药厂】　年内，坚持科技创新，以增收节支为中心，实行GMP动态标准化管理，不断完善经营与管理模式。经营总收入1.32亿元，上缴各种税金380万元。儿童流行性感冒药清热散瘟口服液入选北京市“十病十药”研发项目并获得政府奖励；制剂“肤乐霜”和“双金利咽颗粒”入选市中医局主办的“小膏药重现工程”。

（高　洋）

【控烟工作】　年内，制订首儿所建立无烟医院工作方案，成立首儿所控烟领导小组，在“世界无烟日”和“六一”儿童节进行科普宣传；组织控烟小创意作品征集活动。获得世界卫生组织的控烟项目认定，通过北京市和朝阳区组织的验收。

（高　洋）

【文化建设】　年内，在北京各大媒体刊出宣传稿件184篇，出版所报23期，180版面，刊出文章479篇，上报卫生信息164篇，卫生信息网刊登111篇，在北京卫生信息刊稿16篇。完善中、英文网站，全年回复留言板2008条，共有91国家/地区39万人次点击。关心职工身心健康，办理女职工特殊疾病互助保险；组织职工健步走、广播体操比赛、羽毛球乒乓球比赛、歌咏大赛等文体活动，组织女性健康知识讲座，邀请赵之心、于丹、姜淑清等教授做专题报告。

（高　洋）

中日友好医院

【概况】　中日友好医院截至年底，有职工（含合同制）3160人，其中卫生技术人员2354人，包括正高级职称209人、副高级职称225人、中级职称744人、初级师695人、初级士281人、无职级200人。医疗设备总价值63361万元。本年度购置设备总值15325万元，其中10万元以上设备244台（件）、100万元以上设备29台（件）。医院被评为中央国家机关文明单位、全国百姓放心示范医院、医院改革创新百家获奖医院、北京市医疗卫生行业优秀网站、首都文明单位、首都卫生系统文明单位、促进中医药事业发展贡献奖、卫生部直属机关巾帼建功先进集体、全国青年文明号、中国青年志愿者优秀组织奖、北京青年健康使者火炬行动组织贡献奖、北京市病历质量评比医院团体奖，4个中医药薪火传承“3+3”工程室站获北京中医药薪火传承贡献奖。

地址：樱花园东街
电话：84205566（总机）
邮编：100029
网址：www.zryhyy.com.cn

（李　宁）

【机构设置】　3月，整合医疗保险办公室与医疗发展办公室有关职责，组建医疗保险与发展办公室。成立疾病预防控制办公室。4月，成立普通外科，下设肝胆外科、胃肠外科、乳腺甲状腺外科，不再保留普外一科和普外二科。成立肿瘤内科（西医）。将放射肿瘤科更名为放射治疗科。全国中西医结合心血管病中心下设心脏内科、中西医结合心脏内科、心脏血管外科·电化疗科。原全国中西医结合心血管中心一、二病区划归心脏内科，原全国中西医结合心血管中心三、四病区划归中西医结合心脏内科，原全国中西医结合心血管病中心五病区和电化疗科合并成立心脏血管外科·电化疗科。骨科下设骨关节外科（骨坏死与关节重建中心）、脊柱外科、创伤骨科。中医肿瘤科更名为中西医结合肿瘤内科。重症监护室更名为重症医学科。成立口腔医学中心，下设口腔内科、口腔外科、口腔修复科、口腔正畸科、口腔综合科，不再保留口腔科设置。

（李　宁）

【医保工作】　4月1日，实施医保门诊持卡就医、实时结算。医保出院13306人次，总费用21892.13万元，次均费用16453元。强化服务意识，优化流程，加大医保目录库维护监管，实现医保A类定点医疗机构的指标管理。

（李　宁）

【感染管理】　8月，医务处与团委合作，举办院感知识竞赛，50余人参加。协助儿科加强防治手足口病的宣教工作，协助预防保健科完成朝阳区社区卫生服务绩效考核（突发公共事件卫生应急管理部分）。多次组织医院感染管理的专项检查，对重点部门、重点环节进行联合检查，对检查中发现的问题限期整改。修订《突发重大医院感染事件应急处置预案》。

（李　宁）

【改革与管理】　9月26至27日，召开发展规划研讨会，对医院未来5年事业发展规划和10年基建发展规划进行研讨，并从10个方面部署：全力以赴迎接国家新一轮三级综合医院评审；做坚持公立医院公益性的表率；继续夯实基础，狠抓质量安全，持续改进医疗服务；明确方向，点面结合，努力打造国家重点专科及品牌学科;不断提高人员素质,优化人员结构,大力加强人才队伍建设;调整机制,不断提升医院精细化、科学化管理水平;提高装备水平,合理扩大空间规模,提升医院硬件实力;加快干部保健工作步伐;进一步加强党的建设、行风及医德医风建设、医院文化建设;充分调动职工积极性。进一步完善医院质量管理体系,构建以个人(岗位)为基础的医院质量管理体系,完善行政后勤部门综合目标考核体系。做好对口支援工作。筹建国家应急队伍。继续优化服务流程,提高服务质量,加强诚信服务体系建设。8月1日至7日,开展为期7天的患者问卷调查,共调查出院患者634人。开展面向全院行政后勤部门上半年和下半年的满意度测评。年内,通过多种调查方式完成全院62个科室的满意度调查,包括临床有病房科室43个、医技科室及护理单元15个、门诊科室及门诊护士(站)4个,共约7200个样本。

(李　宁)

【医疗工作】 年内,门诊1648086人次,急诊232452人次,急诊危重症抢救6420人次,抢救成功率96.54%。实有床位1291张,住院38444人次,出院38429人次,床位周转30次,床位使用率98.34%,平均住院日11.9天,七日确诊率99.92%,出入院诊断符合率98.99%,治愈率45.99%,好转率50.66%,死亡率1.50%。住院手术20034例。无孕产妇死亡,新生儿死亡率3.8‰,围产儿死亡率4.43‰。上报市卫生局备案新项目14项,涉及放射肿瘤科、胸外科、心脏血管外科、病理科、泌尿外科等9个科室。

(李　宁)

【病案管理】 年内,三级临床医师共同参与病历质量监控,重点监控运行病历的内涵质量,考评结果作为医院医疗质量考核的重要内容之一。印制《中日友好医院病历书写基本规范手册》,开展多种形式的培训。医院病案甲级率99.97%,2名医师在市病历质量评比活动中获优秀奖。

(李　宁)

【医疗支援】 年内,组织8人医疗队到青海卫生厅支援1个月,麻醉科和妇产科医师2名到内蒙海拉尔医院支援1个月,9人赴内蒙呼伦贝尔市海拉尔区人民医院和鄂温克旗人民医院对口支援。完成对顺义区人民医院、中医院及妇幼保健院的对口支援任务,为朝阳区3个社区(亚运村医院、安华社区和东坝社区)提供技术支持并协助工作。为顺义区开通"顺、孕、绿色通道号"及"顺朝、孕、绿色急备床",简化顺义区高危孕产妇绿色通道。接收内蒙海拉尔区医院和鄂温克旗医院进修55人、内蒙突泉医院进修5人,青海卫生厅进修5人,亚运村医院进修4人。

(李　宁)

【护理工作】 年内,编制《试点病房护理工作手册》、《危重病护理常规》等,明确岗位职责,规范临床执业行为,保障护理安全。护理文件书写合格率99.7%,护理病历书写合格率99.7%,基础护理合格率100%,特级护理合格率100%,一级护理合格率100%,急救物品完好率99.4%。申报并实施与中华护理学会、世界卫生组织、国际护士会及卫生部合作课题4项、院级课题10项。实施国家级继续教育项目1项、市级继续教育项目7项、区级继续教育项目15项、院级继续教育项目14项,组织各类讲课37次,听课13464人次。血液净化中心通过中华护理学会专家组专科护士培训基地的评审。招收华中科技大学附属同济学院、中南大学、北京中医药大学、北京大学护理学院、中国医科大学护理学院、吉林大学护理学院等6所院校的实习生197人、见习生30人,接收37家医院的进修护士74人,完成顺义区医院、顺义区中医医院、内蒙古呼伦贝尔海拉尔区人民医院、呼伦贝尔市鄂温克旗人民医院共29名护理管理人员的培训。完成卫生部组织编写的《临床护理实践指南》,全年在统计源期刊上发表文章34篇。

(李　宁)

【科研工作】 年内,获国家级、省部级以上科研课题48项,其中国家自然科学基金11项,获院外科研经费5470.6万元。获中华中医药学会科学技术奖一等奖1项、二等奖1项,中华中医药学会学术著作奖一等奖1项、三等奖1项。全年发表论文811篇,其中SCI18篇,总影响因子86.739。

(李　宁)

【医学教育】 年内,在培住院医师281人,其中本院144人、基地代培137人。新招本院住院医师43人,接收北京市基地代培住院医师70人,完成基地代培住院医师培训28人。药学部培养临床药师4人。物理康复科、药学部、疼痛科共完成443人的培训,接收基层医院短期进修45人。内分泌科举办培训5期,来自全国各地的12名糖尿病教育师资接受培训。完成国家级继续医学教育项目15项、国家十年百项重点推荐项目1项、国际级中医药继续医学教育项目3项、市级继教项目9项;承担市中医局继教项目4项、中华医学会继教项目3项、中华口腔医学会继教项目1项、院级继教项目93项。完成甲型H1N1流感防治等传染病及相关法律法规培训20余场次,全院8000余人次参加培训并考核。加大对行政工勤人员的培训力度,组织培训10余场次,涉及处(科)室8个。中医肿瘤学科、中医风湿病学科获准成为国家中医药管理局中医药优势学科继续医学教育基地。全年举办大科学术讲座20次、大科临床病例讨论13次,护理专业培训23场次。派出32人参加专业上岗证书培训,涉及10个专业。接收北京大学医学部、北京中医药大学等院校的663名本科生(含长学制学生)实习见习,完成338人次的临床实习和324人次的临床见习,以及4649学时的授课任务。统招研究生49人,其中博士生13人、硕士生36人。新增硕士生导师9人。

(李　宁)

【国际交流与合作】　年内,举办各类国际学术会议22次,1700余人次参加。接待各类国际访问团组52个316人,聘请名誉教授11人,邀请7个国家14所大学19家医院的36名专家来院讲学。派出328人次前往28个国家的医院或医学院交流学习,其中中医医技247人次、护士46人次、行政人员35人次。与日本国际协力机构(JICA)签约,举办中日合作卫生技术人员培训的第三个五年计划项目。利用日本国际协力机构(JICA)资金,赴地震灾区和内蒙举办中日合作卫生技术人员培训班2期,培训全国省、市、自治区感染专业技术人员100名,培训中西部地区30名院长参加项目循环管理(PCM),派专家赴地震灾区、内蒙等地义诊。

(李　宁)

【信息化建设】　年内,完成全院HIS整体上线,完成PACS系统建设、手术楼信息系统建设及中央保健基地信息系统规划,在信息系统不断完善的基础上试点推广电子病历。更新安装计算机580余台、打印机500余台,新建万兆光缆链接8条、信息接口1500余个,完成住院大楼、新手术楼、门诊挂号大厅等15项网络布线任务;开发上线HIS、PACS、电子病历等各类系统45个,完成医保、检验、病理、放射、HIS等各类接口开发10余个,处理各类系统问题9600余件;累计培训4000余人次,编写操作培训材料15种。完成对门诊非医保患者实行北京市统一的医联码工程。完成新版上报数据(XML)程序的开发。完成图书馆服务器和存储两套的更换和调试,完成规财处服务器一套的安装,完成各种测试服务器等的安装6套。图书馆实现IP通远程访问,完成电子阅览室和书刊阅览室服务器的更换与数据库的转移分配,采取新旧服务器并行的方式。

(李　宁)

【基本建设】　年内,新手术楼竣工并投入使用,面积10846平方米,包括24间手术室、病理科及中心供应室。完成讲学厅改造工程的国拨资金申报,并由设计单位根据医院功能需求完成设计工作,面积658平方米。完成门诊楼改造的立项、方案论证、图纸设计、施工监理招标,面积6527.3平方米。完成10千伏2#分配电室土建改造工程,安装相应配电设备及发电机组。

(李　宁)

煤炭总医院

【概况】　煤炭总医院截至年底,职工总数854人,其中卫生技术人员455人,正高级职称57人,副高级职称135人,中级职称224人,初级师132人,初级士7人。医疗设备总价值13142.6万元。本年度新购置医疗设备总值604万元,其中10万元以上设备10套,100万元以上设备1套。年内,被评为2010年度国家安全生产监督管理总局社会治安综合治理先进集体;2010年度中央国家机关平安单位;安全生产监督管理总局2010年及十一五期间财务工作先进单位;中医科医生晋志高被授予中国针灸协会科学技术奖。进一步完善落实医患沟通制度、投诉处理制度和病人满意度问卷调查制度,落实院内、外监督机制,在院内设意见箱、投诉电话,每月进行门诊患者和住院患者随机满意度调查,在院外聘请社会监督员,广泛征求群众意见和建议,使患者满意度持续提高,全年平均满意度达95.52%,收到表扬信225封、锦旗114面。

地址:西坝河南里29号
电话:64667755
邮编:100028
网址:http//www.mtzyy.com

(李　鹏)

【救援】　3月底,在"3.28"山西华晋焦煤公司王家岭矿透水事故的救援工作中,成立由王明晓院长任组长的医疗专家组奔赴现场,同时协调晋城分中心、汾西企业分中心第一时间到达井口待命,经过参战人员八昼夜的连续奋战,以及被困矿工的积极配合,成功救治被困矿工115名。在内蒙古乌海、河南洛阳、贵州安顺、河南平顶山、黑龙江鸡西等矿难的救援工作中,医院均在第一时间启动矿山救援与医疗救护联动机制,派出专家前往事故现场指导救治工作。

(李　鹏)

【医疗工作】　年内,门急诊总量为563962人次,和2009年相比增幅达9.02%;入院病人量8937人次,和2009年相比增幅为9.05%;出院病人量8977人次,与2009年相比增幅为10.15%;手术量4291例次,和2009年相比增幅达11.92 %;床位使用率94.10%,和2009年相比增幅达16.59%;床位周转率20.93次/床。开展支气管镜下放射性粒子置入术、食管气管支架置入术、前列腺穿刺术、前列腺癌粒子植入术、人工颈椎间盘非融合术、全膝、全髋关节置换术、动力髋手术、Ⅰ型主动脉夹层手术、换瓣联合房颤治疗手术、完全电视胸腔镜下射频消融术、脊髓前联合毁损除痛手术、三叉神经半月节射频毁损术、CIK 治疗、基因治疗、吸附干扰电治疗、中频热电同步治疗、OCT 眼前后节检查、人工泪管手术、二氧化碳点阵激光治疗等具有特色的新技术。每月开展医疗质量与合理用药讲评,编制印发《医师病案书写手册》,对 6 名出现单项否决病历的医生进行诫勉谈话,对 1 名在医疗工作中发生严重差错的医生给予离岗培训 3 个月的处理。返聘 3 名退休专家增强病历质量检查力量,重点加强门诊病历质量、终末病历质量和门诊处方医生漏签字项目的管理,针对检查结果下发反馈单限期整改,并在质量考评会上进行讲评通报。根据市卫生局、朝阳区 CDC 统一部署,按时、保质保量地完成肠道门诊开诊、肠道感染病原检测取样、艾滋病检测、结核病防治、网络直报、医疗废弃物三级医院互查、手卫生宣传周等工作。编写相关院内感染预防与控制标准操作规程,并以此为教材开展院感知识培训;做好各项院内感染指标的监测与控制,加强对一次性使用物品及消毒药械的管理,降低院内感染率,防控院内感染暴发流行。作为区医保信息系统改造试点单位,顺利完成改造任务,被评为市医保信息系统优秀单位。深入科室积极宣传医保、物价管理政策,分析解决医保、物价问题。顺利通过市人力资源和社会保障局专家组对院门诊持卡就医实时结算工作进行的现场验收,荣获市社会保障民心工程建设门诊持卡结算医保服务保障奖。按照北京市医保住院病人实时结算工作的统一部署,加强医保管理和政策、技术培训,做到执行政策到位、操作运行到位、利用政策到位,确保医保住院病人实时结算工作在本院顺利实施。

(李　鹏)

【医疗支援】 年内,支援社区卫生、农村卫生工作,派出普通外科、整形外科、眼科、口腔科、护理部、院感办的专家 51 人次,赴怀柔区妇幼保健院开展对口支援;派出外科专家团队赴山西省阳高县、广灵县各家医院帮扶指导,开展腹腔镜手术 22 台次;深入朝阳区东风社区卫生服务中心、常营社区卫生服务中心调研社区居民的医疗需求,派出内分泌科、心内科、中医科、针灸科、妇产科专家支援社区卫生服务工作,使社区居民不出社区即享受到三级医院专家的医疗服务。注重培养基层卫生服务人才,组织专家为社区卫生服务中心医务人员授课,免费接受其来院进修,指导其开展岗位练兵活动;减免费用,为河北省宁晋县康华医院培训医务人员 40 名。承担全国和北京市"两会"医疗保健任务,受到卫生部的表扬。完成总局等单位举办各种会议的医疗保障工作 9 次。组织全员职工为舟曲灾区人民奉献爱心,捐款 10 万元;继续开展金秋助学爱心活动,将 25000 元助学款送到四川省安监、煤监系统地震遇难职工子女手中。

(李　鹏)

【护理工作】 年内,为防范本院实施病床统一调配、弹性管理所引发的护理风险,从四方面加强护理管理:明确管理责任,理顺病床安排流程;从护理对象的特点出发,不断改进服务措施,严格落实护理核心制度;充分发挥专科护士的专业优势,对疑难和复杂护理问题实行护理会诊;建立护理安全管理预警制度,对高危患者、高危操作实行专项管理和控制,有效防范重大护理差错的发生。在 5.12 国际护士节纪念活动中,对在护理工作岗位上做出突出贡献的先进集体和个人进行表彰奖励,开展青年护士基础护理技能竞赛。按照卫生部及市卫生局的要求,配合护理收费改革,适时启动优质护理示范工程试点工作,提高护理质量和服务水平。严格执行分级护理制度和护理质量检查、考评、反馈制度,落实三级护理岗位管理责任制,开展简化护理记录的革新,把护士从繁琐的护理记录工作中解放出来,将工作重心转移到整体化护理各项工作上去,实现整体化护理目标。重视专科护士的培养,选送优秀护士到院外、院内进修学习,进行护士长轮训,开展专科护理技术培训,提高护理人员的技术水平和实力。严格落实护理不良事件分级管理制度,定期对护理缺陷、护理投诉进行归因分析,吸取教训,提出防范和整改措施,持续改进和提高护理质量。护理文件书写合格率 100%,护理病历书写合格率 95%,基础护理合格率 95%,特级、一级护理合格率 90%,技术操作合格率 98%,急救物品完好率 100%。

(李　鹏)

【科研工作】 年内,投入科研经费 187 万余元,扶持以临床研究为主、具有明显开发潜力的科研项目。召开临床科研奖励大会,对 2008－2009 年度表现突出的科研团队及个人予以表彰,奖励金额 42 万元,为历年之最。科研课题《开通玄府法治疗老年性痴呆的作用机制研究》获国家自然科学基金资助,《梅毒螺旋体 DNA 在不同病程中载量变化的研究》、《穴位感受器量化检测及临床应用研究》获首发基金资助,《煤工尘肺合并慢性阻塞性肺疾病的流行病学调查》被总局批准立项为 2010 年度安全生产重大事故防治关键技术重点科技项目,《矿山医疗救护体系建设系列研究》作为上报科技部储备计划课题通过总局规划科技司审核，完成首发基金资助课题中期审核2项、结题1项，20项科研课题在医院获得立项及经费资助。全年发表论文195篇，其中SCI引用源期刊论文3篇、科技部核心期刊论文157篇，全国排序连年排在中央工业部委医院第一位；出版专著、译著4部；7项科研课题通过部级成果鉴定，获中国煤炭工业协会科学技术奖4项，其中二等奖1项，三等奖3项。《中国心血管病研究》杂志的学术影响力日渐提高，已经被美国、乌克兰等国家的情报机构收录，申报科技部核心期刊的工作取得实质性进展。

（李　鹏）

【医学教育】　年内，举办国家级继教项目1项、市级项目10项，其中国家级继教项目——2010年尘肺病影像诊断新进展学习班暨医学影像新技术在尘肺病中的应用研究班受到学员一致好评；获批2011年国家级继教项目1项、市级继教项目30项；组织继续教育培训，安排全院性讲课79次，以日历形式下发院内继续教育项目课程表，方便医护人员选择课程，继教覆盖率达100%，学分合格率达100%，传染病培训合格率达100%。加大研究生教育培养力度，新接收河北联合大学研究生7名，在院就读研究生达29人。引进高学历专业技术人员，全院拥有博士64人，硕士94人。坚持报销在职学历和学位教育费用的优惠政策，鼓励职工接受在职教育，已有1人获得博士学位，3人获得硕士学位，12人获得护理本科文凭，60余人进行博士、硕士和本科学习。

（李　鹏）

【国际交流与合作】　年内，坚持“送出去、请进来”的人才培养模式，选送业务骨干赴国内、外高水平医院进修学习或参加专业培训及学术交流，多方位、多途径不断提高专业水平和能力，对于表现优异、成绩突出者，大胆使用，为医院可持续发展打下坚实基础。

（李　鹏）

【信息化建设】　年内，加强信息化建设，优化工作流程，提高服务水平。加强网络安全管理，制定和实施信息化应急预案，开展应急演练，提高应急能力，减少网络故障造成的混乱和损失。开通物流管理系统，控制物品流转，降低运营成本。推行电子病历系统，规范病历书写，提高工作效率，并实现运行病历实时监控管理，减少差错率，提高病历质量。实施LIS条形码系统，实现检验标本全流程管理，并且通过触摸屏、短信平台等多种形式，为患者提供更加便捷的检验结果查询服务。探索预付金制就诊流程，减少患者交费排队次数，缩短就医时间。在内科门诊试点建立叫号系统，逐渐推广到门诊各科室，将候诊由无序变为有序，缓解病人候诊的焦虑情绪，优化就医秩序，改善就医环境。实施信息系统改造，强化医保物价管理。试点运行电子病历系统，为全院推广打下基础；开发药品使用检测系统，及时提示重复用药、不合理用药和超时间限制用药，防范处方差错；建立医院网络及核心设备监控系统，将信息管理工作点前移，保证网络安全。作为区医保信息系统改造试点单位，完成改造任务，被评为市医保信息系统优秀单位。

（李　鹏）

【基本建设】　年内，针对医疗用房面积不足的状况，通过科学布局调整，加强学科群的集约化程度，实现资源共享，最大限度地有效利用医院资源。重新规划布局，搬迁行政楼，缩小办公用房面积，增加医疗用房面积；拟扩建血液透析中心，扩大业务领域；增加实验室服务内容，创造良好科研条件；经积极论证，制定体检中心外迁扩建方案；按照稳定规模、提高品质的思路，通过新建、改建和扩建，不断改善硬件环境，提升服务品质。

（李　鹏）

【管理工作】　年内，加强综合治理，创建平安医院，重视综合治理和安全保卫工作，调整充实消防、治安安全领导小组，与各科室签订《防火、安全、保卫综合治理责任书》，完善消防、治安应急预案、医护人员安全职责、疏散应急预案等相关制度。在安全生产月和重大节日期间开展以防火、防盗、防爆、防抢、防责任事故为主要内容的安全大检查，发现问题及时整改。强化成本核算，搞好增收节支，积极开发新技术，开展新项目，开拓医疗市场，扩大收治病人量，增加经营收入。强化节约意识，制订有力措施，减少煤、水、电、气、油以及办公用品的消耗。树立成本效益观念，加强贵重耗材采购使用的管理，实行大型设备和工程招标采购，努力节约资金，降低运营成本。突出行业优势，为安全发展提供保障，召开2010年度全国矿山医疗救护工作会，总结“十一·五”期间的工作，提出今后的发展思路。完善体制、机制建设，完成《国家矿山医疗救护“十二·五”建设项目建议书》和《矿山医疗救护建设项目专题研究报告》，编写《矿山救护队员医学技能培训教材》和《矿山工人自救互救培训教材》，起草《关于加强国家级培训基地培训方向建设的指导意见》、《关于省级分中心建立省级培训基地的意见》等5个指导性文件，印发《关于国家矿山医疗救护中心培训基地对省级培训人员师资认证的管理意见》和《矿山医疗救护培训组织管理及考核办法》的征求意见稿，举办第四期煤矿创伤现场急救培训班和紧急救援技术现场培训班。执行国家安全生产应急指挥中心《应急值守工作制度》的要求，完善落实总值班管理制度，制定安全生产事故应急响应预案。

（李 鹏）

北京华信医院

【概况】 北京华信医院为清华大学第一附属医院。年内，职工1278人。其中卫生技术人员1076人，执业医师352人，执业助理医师2人，注册护士509人，药剂42人，检验33人，放射影像35人，其他卫生技术人员103人。其他专业技术人员31人，管理、工勤人员171人。正高级职称21人，副高级职称114人，中级职称337人，初级职称572人。急诊科增设病房，设置床位10张。重点完成64排CT、新导管室血管造影系统、核医学科ECT等大型设备的安装调试工作，全院在用医疗设备6422台，价值约23200万元。本年度新购置医疗设备总值2628万元，其中10万元以上设备32台，100万元以上设备3台。获首都公共卫生文明单位；市社会保障卡工程建设定点医疗机构服务保障奖；市医保管理工作二等奖；“政府为百姓办实事”先进集体；市无偿献血工作先进；市残疾人就业保障金征缴诚信单位。

地址：酒仙桥一街坊6号
电话：64361322
邮编：100016
网址：www.tufh.com.cn

（蒋立红）

【国际交流与合作】 2月26日至3月1日，院长吴清玉、心脏中心副主任王廉一应邀参加第18届年会亚洲心血管外科学会(ASCVS)暨第56届印度心胸血管外科年会，是唯一应邀参会的中国代表。吴清玉教授在大会上做题为《冠状动脉肌桥的外科治疗》、《完全性心内膜垫缺损合并其他心内畸形的外科治疗》、《应用自体瓣膜组织解剖矫治Ebstein畸形》的报告，得到了国外学者的认可和赞誉。年内，接待美国、日本、蒙古、以色列、泰国等国家来访者65人。参加各类国际国内学术交流会44次，与蒙古国第二总医院签署合作协议，在医疗转诊、培训教育、科研、信息交流和医院管理等方面进行全面协作。接收两名该院医生来院进行短期学习。接收加拿大13名医生来院学习中医针灸。

（蒋立红）

【医疗支援工作】 7月13日和9月3日，作为清华大学百年校庆系列公益活动之一，本院与中华民族团结进步协会携手开展以“共同努力让心脏健康起来”为主题的“关爱健康边疆行中西部地区先天性心脏病义诊筛查”活动。党委书记关兆东、副院长张宗明带队，心脏中心、消化中心专家分别前往贵州省贵阳市息烽县青山苗族乡和内蒙古巴彦淖尔市医院，为当地的儿童进行健康普查、义诊、讲座等对口帮扶工作。对60余名先天性心脏病和瓣膜病患者进行筛查和确诊。9月16日，来自西藏阿里的7位先心病患儿及家属抵达本院接受治疗。此次活动由北京麦特文化有限公司牵头促成，由演员范冰冰资助西藏阿里地区的先天性心脏病患儿来北京接受手术治疗。经多方考察比较之后，西藏阿里红十字会选定本院作为先心病患儿治疗定点医院，并签订合作协议。院长吴清玉组织心脏中心医护人员进行病例讨论，根据患者的实际病情确定手术治疗方案，7名患儿于10月3日顺利康复出院。年内，完成2批20名阿里地区先心病患儿的救治。选派20名中级职称以上医技人员到平谷区东高村镇和峪口镇社区卫生服务中心开展对口支援工作，免费接收受援单位医务人员来院进修学习13人。按照与内蒙古科左后旗人民医院签订的对口支援协议书和责任书，分三批派出13名医生进行支援服务和义诊，诊治患病人475人次。与内蒙古巴彦淖尔市医院和贵州省息烽县人民医院建立对口帮扶关系，签订支援协议。心外科血管病房王阳作为中央国家机关第六批援藏干部赴拉萨西藏大学进行为期三年的援藏工作。

（蒋立红）

【科研工作】 8月18日，国家自然科学基金委员会公布2010年度国家自然科学基金申请项目评审结果，本院张宗明教授作为项目负责人申请的面上项目和郭振兴、张改改两位博士申请的青年科学基金项目获得资助，资助总金额为75万元人民币，创造本院国家自然科学基金年中标项目数和经费总额新的记录。年内，首都医学发展科研基金5项获准资助，资助金额60万元。组织申请“清华—裕元医学科学研究基金”立项1项，组织“清华—裕元医学科学研究基金”资助项目结题10项，完成1项国家自然科学基金项目结题报告。全年学术论文发表111篇，其中中文105篇，外文6篇。SCI收录论文4篇，最高影响因子3.877，平均影响因子2.02。出版两部科技著作。

（蒋立红）

【改革与管理】 年内，量化临床科室考核标准，从医疗指标、效益指标、患者服务、医患关系等方面对临床科室进行考核。依据“医疗质量万里行”活动标准，采取自查与检查相结合，院长查房与重点科室质控检查相结合的方式，对各科室工作进行检查督导。开展全院“三基三严”培训考核，组织医务人员进行医患沟通培训。重点改善医院环境。对急诊科进行重新规划，规范流程，确保安全。完成感染科整体改造，平时满足门诊、留观、病房功能，应急状态时可封闭管理。旧病房楼改造完成,消化内分泌科、神经内科、呼吸内科、血液肿瘤科、妇科、产科病房调整到位,各病区面积扩大,增加储物柜,住院环境得到改善。对检验科、门诊注射室、干部门诊进行装修和改造。体检中心搬入新址。对应急小分队进行基础灾害救援培训及演练,组织突发墙体倒塌事件急救演练及危重孕产妇抢救的演练。配合朝阳区三级急救网络建设,开通危重新生儿、高危孕产妇抢救工作、心血管、脑血管、创伤、中毒类等六条绿色通道。重新修订死亡证明书办理流程、门诊预约挂号流程、出院流程。完成全院381名医师的定期考核工作,为每位医师建立个人档案。完成产前咨询、产前健康教育、产前超声筛查和产前血清学筛查的资质备案工作。为新调入的41位人员及时变更执业地点,为11名医师办理婚前医学检查资格证书。门诊新增咨询台,配备导医人员提供就医导诊服务。延长门诊挂号时间至晚5点,诊疗时间至晚6点。挂号至二级科室,减少二次分诊。门诊大厅二楼设立专门退费窗口,挂号收费各窗口加设语音对讲器。住院处取消住院、出院窗口划分,实行通柜服务及无假日结算。启动"医联卡"建卡工作。贯彻落实《医疗卫生服务单位信息公开管理办法(试行)》,制定《北京华信医院信息公开制度》和《北京华信医院信息公开指南》,编制《北京华信医院信息公开目录》。拓宽信访渠道,公示信访及投诉流程,及时化解矛盾。发放住院患者满意度调查表1200余份,满意率99.5%。门诊调查400人次,满意度97.96%。改进定岗定编工作。临床科室根据床位数及工作量,职能科室依据岗位说明书,重新核定岗位编制。坚持人才引进,引进正、副高专家各1名,招收新员工(含合同制职工)87人,有8名工作表现好的合同制临床业务骨干转为事业编制。完成2010年职务聘任工作,有62名同志聘任高一职级的专业技术职务和职员系列职务。在后勤内部推行"一站式"维修服务,全年安排维修任务5009项。

(蒋立红)

【医疗工作】 年内,门诊人次679950,急诊人次83027,急诊危重症抢救人次1164,抢救成功率92.70%。医院实有床位数638个。年入院人次15704,出院人次15650,床位周转次数25.47,床位使用率87.68%,平均住院日12.39,七日确诊率99.07%,出入院诊断符合率99.88%,治愈率44.54%、好转率49.84%、死亡率3.19%,住院手术例数5631。产科成为市级"宫内转运救治中心",主要承担通州、怀柔等区、县医疗机构的高危孕产妇及高危围产儿的宫内转诊工作,完成宫内转运59例。孕产妇死亡率6.7/万,新生儿死亡率1.35‰,围产儿死亡率9.5‰。心脏中心实行内、外科联合管理,病区主管负责制,联合三级查房、交班和质量控制。与日本大阪国立循环器病中心、美国明尼苏达大学医学院、美国斯坦福儿童医院进行临床交流,提高国际影响力。全年门诊患者43336例,病房收治患者2987例,完成心外科手术560例,心导管室共完成介入检查治疗3082人次,其中小儿心脏介入检查、治疗345人次,血管介入404人次。泌尿医学中心外科完成前列腺癌根治术、膀胱癌根治术和肾部分切除(特别是肾实质内小肿瘤)的微创治疗,应邀在首都国际癌症论坛上进行经验介绍。肾内科透析室全年完成血液透析18351人次,较去年增长8%。消化医学中心普外科开展腹腔镜近端胃癌根治术、肝癌切除术、胃间质瘤切除术,甲状旁腺功能亢进合并长期肾功不全病人的"甲状旁腺切除、自体移植术",填补医院空白。消化内科全年收治患者1275人次,床位使用率达112.39%,全年胃肠镜检查3920例,镜下治疗1500例,与超声室合作开展了肝穿刺活检技术,与病理科合作开展甲状腺囊腺瘤的针吸治疗技术,成功抢救消化道大出血50余例。骨科新开展外伤性颈椎骨折脱位合并脊髓损伤的急诊切开复位内固定术及腰椎后路椎间植骨融合固定术。儿科作为朝阳区高危围产儿救治转运中心,全年收治患儿897人,其中430名为周边各医院转运至儿科救治的患儿,早产儿占30%。妇科开展四级宫、腹腔镜手术及宫、腹腔镜联合的微创手术。皮肤科医学美容室引进了超脉冲二氧化碳激光治疗仪,解决病人各种皮肤缺损及深部皱纹的修复问题。检验科开展纤维蛋白降解产物(FDP)、有核红红细胞、幼稚粒细胞等报告项目。病案管理。新增电子病案评分系统。检查出院病历15434份,甲级病案率99.90%,完成健康体检60041人次。开展4次全院院感知识培训,进行职业防护考试。对一类手术预防使用抗生素的相关科室运行病例进行检查。开展血流导管的相关感染、一类手术切口的目标性监测工作。医院感染率2.03%。

(蒋立红)

【医保工作】 年内,医保患者出院6069人次,审核医保病例6408份,金额约1.12亿元。出院医保病人次均费用为18511元。3月实现医保患者门诊持卡实时结算。全年审核医保病接待医保咨询患者8000余人次,基金拒付占申报金额的0.01%,拒付人次占申报人次的0.26%。

(蒋立红)

【健康教育】 年内,开展院内健康大讲堂30次,高家园开展站内健康知识课堂32次,深入社区开展卫生知识讲座和健康咨询14次,妇幼保健专题讲座124期,各种卫生宣传日宣教义诊活动15次,开展院外义诊活动7次。

(蒋立红)

【预防保健】 年内,完成儿童健康体检9157人次;管理孕产妇340人,完成围产访视829人次;收到各类传染病报卡1439张,访视传染病人162例;处理学校集体发热疫情4起;完成各类疫苗接种34693人次。管理辖区精残、智残病人482人。

(蒋立红)

【护理工作】 年内,开展优质护理服务示范工程,设立骨科病房、神经内科病房、儿科病房、综合ICU、CCU5个试点病房。取消"一般护理记录",制定《关于规范护士交接班报告书写的规定(试行版)》,规避由此产生的风险。制定了《关于临床取送血的通知》、《护理文件检查标准》、《优质护理服务示范病房检查标准》。修改《心肺复苏流程》《陪护制度》。护理文件书写合格率为97.00%;护理病历书写合格率为96.8%;基础护理合格率为96.10%;特级护理合格率为96.51%;一级护理合格率为96.58%;技术操作合格率为97.00%;急救物品完好率为100%。发表护理论文12篇,均为统计源期刊发表。接收79名大中专学生实习,接收进修护士11名,进行岗前培训4次及临床讲课5次。护理部主办区县级继续教育项目9项,1084人次参加。外送进修和参加培训班20余人次。全年组织护士业务学习15次,理论考试7次,有650余人次参加。操作考试580人次参加。护士继续教育达标444人,达标率为95.69%。全体护士参加法律法规和传染病知识培训及护士礼仪培训;80余名护士参加护患沟通培训。

(蒋立红)

【医学教育】 年内,组织全院1000多名医务人员参加突发事件应对法与实施办法的培训和考试。举办甲型H1N1重症、手足口病、艾滋病、麻疹和流感等防治的培训和考试。全年培训、讲课约50次,全年继续教育达标率98%以上。制定《清华大学第一附属医院教学科研促进办法(试行)》,选举确定科教总干事4人,科教干事33人。接收医疗、医技专业实习、进修人员70人,组织教学查房28次。进行住院医师规范化培训基地申报。

(蒋立红)

【信息化建设】 年内,对全院网络进行整合,院区网络主干和旧楼网络线路进行改造。门诊HIS系统通过北京市医保中心现场认证,实现医保患者门诊持卡实时结算。新增电子病案评分系统。物资和卫生材料管理系统运行,实现办公用品和卫生耗材实时库存管理。进行住院医生工作站上线前培训和试点运行工作。完成人事管理信息系统开发,计划调配、招聘、考勤、综合查询等模块上线运行。

(蒋立红)

【基本建设】 年内,旧病房楼分段改造及加固工程全面完工。改造面积达10000余平米,加装全套消防报警及自动灭火系统,更换医用电梯两部。完成手术室空调水系统改造工程。导管室、CCU、供应室通过验收并投入使用。完成急诊科、感染科、检验科、超声科、预防保健科、体检中心、原供应室等处的装修改造工程,改造面积3000余平方米。安装一台500KW应急发电机,新病房楼各病房安装智能卡热水控制系统。启动污水处理站改造工程。整饬绿化面积2252平米。新装监控摄像头130多个,新建旧病房楼中央监控室,扩充新病房楼中央监控室监控台位。

(蒋立红)

【医疗救助】 年内,与28家慈善机构保持合作关系,全年救助孤、贫先心病患儿150名,成功率达98%。与中华民族团结进步协会开展《关爱健康边疆行中西部地区先天性心脏病义诊筛查》活动,深入到贵州、内蒙古等贫困地区进行健康义诊普查。参与"爱里的心"救助西藏阿里先天性心脏病患儿的活动,完成2批20名先心病患儿的救治。与市慈善协会、顺义区慈善协会、顺义区京顺医院联合举办"为生命续航——儿童先心病慈善义诊"活动。参与朝阳区残联扶贫助残工作,为6位贫困白内障患者进行免费手术。1名医师参与清华大学对青海大学的地震灾后支援工作,全院职工向玉树灾区捐款119970元。

(蒋立红)

民航总医院

【概况】 2月21日,原民用航空医学卫生中心与原民航总医院合并运行,实行一个机构两块牌子。合并后机构名称为中国民用航空局民用航空医学中心(简称民航总医院)。机构规格相当正司局级,下设临床医学部、民用航空人员体检鉴定所、民用航空医学研究室、教学培训部。8月2日,医院内镜室划归消化内科。截至年底,职工1001人(含合同制职工),其中卫生技术人员815人,包括正高职称22人,副高职称59人,主治医师(含相应职称,以下同)186人;医师(含相应职称)238人,护士310人,行政后勤人员148人,其他专业人员38人。万元以上设备800台(件),总价值17441.39万元。新购置设备116台(件),价值3969.10万元。其中10万元以上36台(件),50万元10台(件),包括牙科X线机、泌尿科腹腔镜、中央监护系统、智能型CO2激光系统、肺功能测试系统、三层光学断层扫描仪、全自动尿中有型成分分析仪、数字高清摄像系统；百万元以上5台(件)，包括彩色多普勒超声诊断仪、16排CT、数字胃肠机、超声气压弹道碎石机、全自动血液分析工作站；千万元以上1台(件)，单光子发射型计算机断层显像装置(ECT)。年内，开展预约挂号和夏季提前开诊服务，妇产科、皮肤科、眼科、耳鼻喉科开设夜间门诊，空干科实行VIP交接班制度和预约辅助检查交班制度，妇产科门诊启用电子叫号系统，感染疾病科坚持为呼吸道疾病患者发放口罩，药剂科、挂号收费科增加开放窗口。全年收到表扬信167面、锦旗200面、退红包128600元。获得市级以上荣誉12项，其中有中央国家机关"平安单位"、北京市社会保障卡工程建设医院信息系统对接成果奖、首都精神文明创建工作先进单位、首都文明单位、为百姓办实事先进单位；受到区级表彰2项，朝阳区卫生应急工作突出贡献奖和自愿无偿献血成绩突出单位。

地址：朝外高井甲1号
电话：85762244
邮编：100123

（茅砚云）

【医疗工作】　3月8日，临床路径工作正式启动，全院13个专业科室、21个病种进行临床路径试点工作，规范医疗行为。3月15日，通过市疾控中心和市卫生局对PCR流感实验室的现场验收，即日起正式批准启用。7月20日，通过市卫生局和北京心血管介质控中心评估，正式获得该项目的诊疗资质。8月16日，完成唐氏筛查注册登记通过朝阳区卫生局验收，即日起正式启动。9月10日，完成国际航空大会的医疗安全保障工作，受到民航总局的书面表彰。9月1日，通过北京市三级助产机构资质验收。年内，门诊661266人次；急诊167285人次，急诊重症抢救3312例，抢救成功率92.10%。编制床位500张，开放床位448张。住院病人11899人次，出院病人11661人次，床位周转26.1次，床位使用率86.01%，平均住院日为11.30天，七日确诊率为98.30%，出院诊断符合率为98.32%，治愈好转率94.10%，死亡率3.03%。住院手术4088例，ASA(美国麻醉医师协会)四级及以上危急重症病人全身麻醉412例，成功率100%，麻醉死亡率0。围产儿死亡率0.87%，孕产妇死亡率为0。健康体检49736人次，其中空勤人员体检3041人次。医院始终把医疗安全放在首位，强调科室承担安全主体责任，科主任是安全第一责任人。加强医疗工作的精细化管理，推行以加强医疗质量为核心、以控制医疗单元质量为重点、以终末质量信息反馈为导向的全程医疗质量管理；落实处方点评制度，加强临床药师对临床用药的指导、监督、评价；扩大实施临床路径的专业和病种；完善门诊－－病房以专业为基础的一体化管理。医务处组织开展微生物感染的诊断与治疗、骨密度检测仪临床应用、临床合理用血、核磁技术临床应用等7个专题的培训，涵盖全院各临床及医技科室。派出3名高级职称医务人员赴内蒙古土默特右旗医院指导工作，完成开颅手术10台，协助完成其它手术2台，开展学科培训教学2次，培养医生2名。协助民政局救助站为患病救助人员提供医疗服务，救治120送来的危重症"三无"患者近百人次；完成适龄妇女两癌筛查工作292人次。

（茅砚云）

【护理工作】　3月，启动"规范护理服务，争创优质护理服务示范标兵"示范工程活动。确定心内科、骨科、神理，把22名护士长分成6个专项管理组，经内科为试点，加强基础护理工作，提高护理质量，得到病人的认可和好评。建立护理不良事件主动上报制度，启用腕带识别系统，减少和避免护理差错的发生。年内，新修订制度11项，包括《民航总医院分级护理指导原则》和《夜间标本送检相关规定》等。心内科编写《CCU护士工作手册》，涵盖CCU院感控制规范，医疗设备临床应用规程及心血管常见疾病的观察与护理，已成为临床护理指导用书。全年，参加院长查房14次，各专项检查和抽查52次，安全检查4次，加大检查力度，提高临床护理质量。对各级护理人员进行三基培训2310人次，对全院268名护士进行理论考核，一次合格率为81%；新护士岗前培训462人次；操作考核2734人次，考试合格率96.7%；一级护理合格率94.8%，一级护理文书书写合格率94.3%，皮肤压伤发生率0.47%(全部是来院前发生的)；护理质控检查52次；完成专业实习教学任务31人；首次注册30人，变更8人；外出培训27人次，接外院进修16人次，专科护士取证培训14人次，其中9名护士完成ICU专科取证；选派进修人员10人次。参加护士长管理培训11人次，专科护理管理培训3人次。护理信息4期；外派支援社区和突发应急事件24人次；完成护理论文14篇，其中《渐进性肌肉放松训练结合健康教育对维持性血液透析患者的影响》护理论文获朝阳区医学会第九届护理学术年会二等奖。14篇文章参加朝阳区护理论文年会交流。

（茅砚云）

【国际交流】　5月，心血管内科医师樊泽元赴法国巴黎参加2010年PCI(经皮冠状动脉介入治疗)国际学术会议；7月，神经内科主任王辰龙赴尼泊尔参加由中华医学会中华医学继续教育视听杂志编辑部组织的靶向药物临床应用学术研讨会；9月，皮肤科医师王婷琳应东亚皮肤科会议组邀请,赴日本福冈参加第一届东亚皮肤科会议;10月10日,院长李松林率中国民航代表团赴新加坡参加第58届国际航空航天医学会议暨第7届亚太航空航天医学会议;10月,放射科副主任吴卫平赴西班牙参加2010年欧洲放射学年会;10月,药剂科副主任孙瑞芳应日本病院药剂师会邀请赴日本千叶参加2010年日中药师国际论坛。11月,放射科副主任朱海峰应邀赴美国芝加哥参加2010年RSNA(北美放射学年会)年会;11月30日,院长李松林率团参加第九次全国航空航天医学学术会议,作题为《民用航空医学发展方向》的大会主题演讲;本次大会经投票选举,李松林连任中华医学会航空航天医学分会副主任委员。年内,医院派1人赴美国参加航空医学培训,1人参加防止传染病经航空运输传播(CAPSCA)第一次全球航空医学专家组会议等国际会议。

(茅砚云)

【改革与管理】 年内,坚持"医院发展以员工为中心,医疗服务以病人为中心"的发展理念,坚持"服务民航、面向社会"的发展方向,坚持理论创新,推进精细化管理,医疗质量达到北京地区三级医院医疗质控标准,患者满意度不断提高,业务收入继续快速增长,科研能力逐渐增强,优势互补、资源共享,顺利实现原航医中心与医院的合并运行,实现连续九年的高速增长。强化持续安全理论,完善各项制度,加强安全培训和安全监管。组织《侵权责任法》、《护理条例》等法律法规的学习,按照卫生部《医疗质量万里行活动实施方案》的要求,落实各项核心制度,坚持每月院长行政查房不少于两次。完善对临床科室的考核制度,量化考核指标,制定《手术安全核查制度》,规范手术安全核查工作,做到早期介入,提前更正,超前防范,将医疗隐患消灭在萌芽中。加强与政府部门的协调,健全与飞标司的协商机制与联席会议制度,完成民航局飞标司航卫处布置的各项工作,为保证飞行安全做好民航医学的技术支持和技术服务工作。加强航空医学体系建设,以航空医学发展为先导,以普通医学发展为基础,研究航空医学发展的规律,把航空医学与普通医学紧密结合,把科研与临床紧密结合,体检鉴定与临床科研紧密结合,走出有中国特色的航空医学发展之路。

(茅砚云)

【公益活动】 年内,为西南干旱地区捐款31167元,为玉树地震捐款41157元。为甘肃舟曲泥石流灾区捐款59007元,参加首都医务工作者"善行天下关爱患儿"捐款19870元。

(茅砚云)

【廉政建设】 年内,加强党风廉政建设,规范药品、设备、基建工程的招投标和采购程序,对医用耗材和物资进行分类招标和价格谈判,进一步规范进货渠道。增设专业审计人员,对即将开工的航空医学综合大楼进行跟踪审计;对原医学中心的财务流程进行规范;对原医学中心三产公司进行资产账目清查,按照民航局财务司要求进行公司注销,对重点岗位的重点人员进行诫勉谈话。邀请朝阳检察院反贪局局长进行预防职务犯罪专题讲座,倡导"攻利勿忘守道",对干部进行廉洁自律教育。

(茅砚云)

【航空医学】 年内,航空医学体检鉴定所完成体检13758人次、招飞体检1023人、招乘体检1247人、军转民体检112人、招收外籍及台湾飞行员体检452人、招飞复查1201人、延飞体检鉴定147人次、专项监督检查2284人、特许鉴定119人。航研所航空毒理药理实验室完成毒品确认检测17例;心理实验室完成60岁以上飞行人员延长飞行年限认知功能检测225人次,完成特许飞行员心理鉴定5人。航卫办组织民用航空人员专家委员会进行各种鉴定49人次,其中疑难鉴定2例,飞行不安全事件医学调查1例,特许鉴定46例。受民航局飞标司委托,参与《中国民用航空人员医学标准和体检合格证管理规则》(CCAR－67－R1)、《公共航空运输承运人运行合格审定规则》(CCAR－121)、《大型飞机公共航空运输承运人航空卫生保障工作》(AC－121－101)、《大型飞机公共航空运输承运人机载应急医疗设备配备和训练》(AC－121－102)等法规和咨询通告的修订工作以及《航空器事故/事故征候调查人员安全防护规范》行业标准的审订。编写完成《机上食物中毒应急处置办法》、《民用航空器运行阶段机上突发传染病应急处置规范》、《民航飞机应急转运伤病员卫生规范》、《民用航空器消毒及病媒生物控制技术规范》手册初稿、《民用航空器消毒及病媒生物控制技术规范》行业标准初稿、《民用运输机场突发公共卫生事件应急人员配备与物资储备规范》、《突发公共卫生事件中机组人员个体防护指南》等技术文件。编撰完成《航空人员体检指南》获得专家审定会通过。参与编撰《中国大百科全书》航空医学分卷的民航医学部分。

(茅砚云)

【开展新技术】 年内,心内科开展"血栓弹力图"检查,主动脉球囊反搏泵在心脏介入中的应用;消化内科开展无痛胃镜检查;骨科开展胸腰椎椎体成型－球囊扩张技术、椎弓根螺丝钉漏斗技术和椎间盘镜手术;普外科、胸外科、泌尿外科扩大腹腔镜、胆道镜、胸腔镜、输尿管镜等微创手术的应用范围；神经外科开展面神经抽动、三叉神经痛的显微血管减压术、神经内窥镜技术；妇产科开展妇科癌症腹腔镜辅助下阴式子宫全切术；耳鼻咽喉头颈外科完成首例鼓室成形＋人工听骨植入听骨链重建术和上颌骨侧颅底鼻咽口咽肿瘤联合切除、胸大肌肌皮瓣修复术，开展耳显微外科手术、CO_2激光手术、颅底和侧颅底肿瘤手术；眼科开展眼底激光治疗技术；麻醉科开展喉罩及下肢手术神经穿刺针临床应用，康复理疗科开展颈腰椎和关节急慢性损伤、粘连的中频药物导入治疗；中医科和草药房引进中药饮片配方颗粒等。

（茅砚云）

【病案管理】 年内，明确三级医师的管理责任，加强对住院医师病历规范书写的岗前培训，强调病案书写零缺陷管理理念和工作标准，下发《最新病历书写基本规范解读》。设立运行病历质控员，每周监察病区运行病历，对不符合要求的病历，开据现场整改通知书，要求在限定时间内整改，对未及时整改的进行处罚。甲级病案率99.8%。调整病案库的布局，将10余万病历重新划分，重新编号排序，使病案的存放和提取更加方便快捷。

（茅砚云）

【感染管理】 年内，修订完善医院感染控制制度，制定新制度17个，新规范7个，修订原有制度及流程10个。参加市区卫生局院内感染控制培训25次37人次；组织院内各类培训、考核12次3787人次；接受市、区卫生局大型检查18次；采集物体表面标本399份，无菌物品合格率100%；坚持每月对透析中心45台透析机进出水样监测，达标率100%；开展传染病自查12次，上报法定传染病1394例，报告率100%，全年无漏报、迟报、误报病例。主动参加艾滋病现场干预12次，干预总人数199人次，同伴性教育18人，发放宣传品556份，发放安全套2154个，发放礼品100份。接受卫生行政部门行政奖励拨款43465元。法定传染病报告率100%，一类切口甲级愈合率98.24%，医疗器械消毒灭菌合格率100%，医院感染现患率2.93%，清洁手术切口感染率0.07%，医院感染现患调查实查率100%。

（茅砚云）

【医保工作】 年内，完成市医保刷卡实时结算试点工作，获得社保卡工程建设先进集体、信息系统对接成果奖。3人获得“北京市社会保障卡工程建设定点医疗机构优秀个人奖”。医保出院病人4388人次，次均费用14786.77元，平均住院日13.35天。门、急诊人次151367人次，次均费用284.8元。平均处方费用181.95元。

（茅砚云）

【医学教育】 年内，完善《试讲规定》、《教学查房规范》。制定教师量化考核表，对每一名教师的授课学时、学生评分、发表教学论文等方面进行量化评分。实行实习阶段一对一导师制，坚持标准化病人应用于见习、根据留学生多的特点，加强双语教学，增加英文病例讨论。完成医学教育平台的建设，选派2名医师参加北大医学部医学课程中心平台培训。加大教学投入，北京大学医学部下拨15万元进行临床技能实验室建设，医院给予1:1匹配，购置解剖教具、操作模拟人教具、及考试系统等。完成05级35名学生带教工作，其中考取研究生15人，就业2人、回国1人、进修17人。评选北京大学医学部优秀教师5人，北京大学医学部优秀管理教师2人。民航总医院院优秀教师8人。1人获得“北京大学第十届青年教师讲课比赛”二等奖。1人获得2010年度北京大学医学部优秀班主任二等奖。在2009－2010年度北京大学医学部奖学金评比中，在本院实习的医学生中获国家级奖学金1人、关衍挥奖学金1人、一等奖学金1人、北京大学三好生和优秀学生干部各1人。

（茅砚云）

【继续教育】 年内，组织全院学术讲座6次，180人次参加；外出进修21人。参加院外学术活动66人次。继续教育学分达标率96.6%。举办航空医师培班2期，对来自南方航空公司、民航上海医院、民航西北管理局等22个民航单位的45名航空医师和体检医师进行培训。与民航管理干部学院共同举办第二期民用航空医学基础知识培训班，对142名来自各地区管理局、各机场及民航院校的航医进行培训。41人通过北京市住院医师规范化培训第一阶段考试，3人通过北京大学医学部住院医师规范化培训第二阶段考试。全年，接收本科以上毕业生43人，其中博士生3人、硕士生24人、本科生16人；招聘合同制技术人员42人；参加毕业后再教育27人，其中本科16人，大专11人；取得高级专业技术资格10人、中级专业技术资格15人、初级专业技术资格17人；聘任专业技术人员154人，其中高级职称9人，中级职称32人，初级专业技术人员113人；聘任高级技术等级工人资格6人。

（茅砚云）

【科研工作】 年内，北京大学医学部教学课题1项即：“PBL教学在妇产科的应用”；民航局立项课题3个，有妇产科和中医科联合申报的《民航飞行人员飞行疲劳与生殖健康临床研究》、航研所《飞行人员安全用药监管措施的研究》及《大龄飞行员健康风险评估研究》。行业标准项目5个，院级科研课题14个。

共发表学术论文96篇,其中国家级刊物发表9篇、地方级刊物发表37篇、民航医学杂志发表45篇;国外期刊(SCI)收录5篇。机载防疫包项目申请国家专利。

(茅砚云)

【信息化建设】 年内,门诊分诊系统建设正式投入使用,达到系统建设的目标;按市医保的要求,完成住院实时结算改造工作;电子病历二期软件改造工作已经完成。

(茅砚云)

【基本建设】 年内,完成临建工程约1656平方米,完成改造工程约1591平方米,完成强弱电改造约4630米。其中,临建办公楼1164平方米;临建发热门诊492平方米;门诊A楼新增电梯改造工程220平方米;急诊改造工程1046平方米;门诊放射科改造325平方米;弱电管线改造约3330余米,新增电缆管线约1300余米,新增动力柜1台,壁柜箱3台。共计完成总投资1300余万元。

(茅砚云)

北京地坛医院

【概况】 北京地坛医院同时加挂北京市病毒传染病防治研究中心、北京市艾滋病临床研究中心牌子。职工952人,其中卫生技术人员792人,包括正高级职称42人、副高级职称66人、中级职称186人、初级职称587人。医疗设备总价值3.57亿元。年内,购入医疗设备总值0.248亿元,其中10万元以上设备547台、百万元以上设备49台。医院获首都文明单位标兵五连冠。

地址:京顺东街8号

电话:84322000

邮编:100015

网址:www.bjdth.com

(王　蕾)

【医疗工作】 3月份,手足口和麻疹病人陡然增加,医院紧急开放一个病房收治杂病,增设急诊留观病床15张,年内接诊患儿5423人,取得较好的诊疗效果。医院牵头制订北京市中医药防治手足口临床技术方案。不断完善各项应急预案,组织突发事件应对法的培训、危重孕产妇救治演练、急性心肌梗死绿色通道救治演练,提高医务人员的应急反应意识和能力,获得朝阳区卫生应急工作特殊贡献奖。门急诊225415人次,其中急诊22059人次,危重症抢救533人次,抢救成功率79.74%。开放床位597张,出院12842人次,床位周转23.65次,床位使用率89.1%,平均住院日13.66天,七日确诊率99.46%,出入院诊断符合率99.75%,治愈好转率87.42%,病死率2.75%。手术2365例。未发生高危孕产妇、新生儿、围产儿不良事件。评审准入新技术39项,其中Ⅰ类技术26项,Ⅱ类技术4项,尚有4项在审批中,Ⅲ类技术达芬奇手术机器人系统审核通过。新开设神经内科、心脏监护病房(CCU)、骨科。从开科以来,妇产科、儿科母婴阻断超过10000例。开通心脏监护病房(CCU)、急诊“急性心肌梗塞病人”绿色通道。实施危重症救治中心(ICU)、急诊相关医生紧急替代制度、借床管理制度、危重病人评分。开通急诊病历书写门诊一本通。整合简易门诊和专科门诊。实施诊间预约、电话预约、窗口预约,预约挂号工作达标。建设120分站。成立处方点评专家小组。加强侵权责任法的学习和培训。组织全院死亡讨论、疑难病例讨论、危重病例讨论、院内外专家会诊,组织病历书写规范竞赛、基本技能操作比赛。重视医疗流程安全管理,坚持每月对重点环节质量实施绩效考核。坚持做好病案管理和疫情管理工作,被评为2010年度传染病疫情报告市级先进单位,荣获朝阳区死因报告生命统计工作二等奖。甲级病案率99.70%。完善院感管理三级网络体系,定期召开医院感染质量控制会。成立抗生素管理小组,指导临床合理用药。补充感染控制制度和标准操作程序7项。完善目标性监测,规范医疗器械集中供应室清洗消毒灭菌。坚持出版《感染管理通讯》,分层进行技能培训。医院感染率为2%。

(王　蕾)

【红丝带之家会员代表大会】 5月6日,北京红丝带之家会员代表大会暨第二届理事改选大会召开。会员代表听取了北京红丝带之家第一届理事会、监理会工作报告,审议通过《北京红丝带之家章程》修改内容,选举产生了北京红丝带之家第二届理事和监事。滕秀琴当选第二届会长,张文康、金大鹏被聘为名誉会长。

(王　蕾)

【国际交流与合作】 7月15日至18日,召开北京地坛医院主办、中华医学会协办的第四届地坛国际感染病会议。国际感染病学会、欧洲感染病学会、欧洲肝病学会、亚太肝病学会以及其他学术团体的感染病、肝病学界著名专家共同主持并参与讲座,来自世界各地的千余名学者参会。欧洲临床微生物学和传染病学会主席评价本次会议达到了国际较高水准。年内,组织亚太肝病年会先锋项目,35位欧洲肝病专家来院交流。组织菲律宾儿科专家团与医院专家的双边交流三轮。组织首届京港澳台艾滋病交流论坛、艾滋病治疗与关怀综合管理国际学术交流研讨会。北京红丝带之家按期举行换届选举。全年接待来自40个国家的60名卫生官员和艾滋病防治工作人员,以及欧洲、美洲等其他国际机构友人16批次、173人次。

(王　蕾)

【经血传播母婴阻断逾万例】 9月4日,医院举行经血传播疾病母婴阻断逾万例系列庆祝活动。50余名接受乙肝等经血传播疾病母婴阻断成功的健康孩子,与医护人员共同回顾妇产科走过的历程。来自全国从事母婴阻断工作的专家进行学术研讨。同期举行“乙肝妈妈也能生健康宝宝”健康大课堂。

(王 蕾)

【新科开诊】 10月18日,心内科、神内科专家接诊患者,两科正式开科。11月15日,骨科开科。不但满足原有肝病等感染性疾病患者多方面医疗需求,也满足周边百姓的综合就诊需求。标志着医院“专科特色、综合发展”又跨上新台阶。

(王 蕾)

【日门诊量突破千人次】 12月8日,本院门诊量创历史新高,达1016人次,其中肝炎患者536人次,这是医院迁入新址后门诊首次突破千人。在全院职工的共同努力下,截止11月30日,医院门诊量221602人次,比上年同期179854人次增长23.2%,出院人数12411人次,比上年增长17%。医院门诊量的增长从就诊人员分析,70%－80%为肝炎和传染病人。

(王蕾)

【改革与管理】 年内,医院成立人才工作领导机构,制订《医院人才队伍建设发展规划》,修订《引进人才管理、考核、激励、实施办法》、《学科带头人、学科骨干和学科新星遴选办法》、《高级专家延长退休年龄管理办法》、《人员返聘暂行办法》、《青年科研基金管理办法》、《院内科研基金管理办法》和《科技奖励办法》。

(王 蕾)

【医保工作】 年内,收治医保患者2991人次,大病医疗保险385人次,生育保险266人次,金额6613.98万元。医保患者人均费用18160.3元。

(王 蕾)

【医疗支援】 年内,医院主动与农村和社区建立对口支援关系,多次赴密云县石城镇、朝阳区崔各庄乡等地开展义诊、免费体检及下乡支援活动。同时,与多家社区卫生服务中心建立支援关系,对朝阳区和平社区医院开展支援活动,为社区送技术、送服务、送管理。

(王 蕾)

【护理工作】 年内,坚持每季度护理安全检查,定期召开护理质量安全讨论。编写并落实护士应知应会、56项护理技术操作考核标准,制定20余种护理表格。开展护理岗位练兵,组织操作技术比赛,提高护理技能。开展优质护理服务试点工作,基础护理落实到位,陪护率由75%降低到25%。不断加强护理队伍人才培养,选送30人次护士长及护理骨干外出培训。组织全国传染病护理专业学术交流和讲座,承担全国传染科护士长新进展管理培训班。成为中华护理学会传染病护理专业主委单位,朝阳区护理质量控制与改进中心主委单位。

(王 蕾)

【科研工作】 年内,获批科研立项20项。医院在研基金项目达121项,科研经费总计7143.56万元。发表核心期刊论文132篇,其中SCI论文12篇,论著5本。医院成立重大项目办公室,正式启动重大专项和各分组长、各分中心交流的通讯平台,建立检测样本标本库,为课题顺利开展提供组织协调服务。医院承办的《中华实验和临床感染病杂志(电子版)》被“中国科技论文统计源期刊(中国科技核心期刊)”收录。

(王 蕾)

【医学教育】 年内,经人力资源和社会保障部及全国博士后管委会批准成立博士后科研工作站。北京市社区医师传染病培训基地在医院挂牌。医院承担首都医科大学、北京大学医学部、北京中医药大学及大连医科大学的研究生培养工作,设博士点1个,硕士点3个,博士生导师5人、硕士生导师13人。年内,招收博士研究生3人、硕士研究生21人。完成国家级继续教育认可项目3项,带教实习生280人,接收进修医生62人。2人获得北医优秀教师奖,2人获得北医传染病系的赵树馨奖励基金,2人获得北医教学管理优秀奖。

(王 蕾)

【信息化建设】 年内,完成对网站、医院业务系统、办公系统、通讯及音视频系统的进一步集成。完成门诊医保实时结算、诊间预约、医联码实施和临床路径试点的信息建设。完成科研信息系统上线,北京重大疾病临床数据和样本资源库建设管理信息化准备。完成医疗协同与应急指挥平台系统的审批并进入实施阶段。改版医院网站。完成10家合作医院远程会诊的安装、实施与培训。完成新开科室的系统软、硬件准备和人员培训。

(王 蕾)

【后勤与基建】 年内,完成院内流程再造工程的平面流程设计及可行性研究。完成锅炉房部分设备的改造。对库房供应实施网上申请和下送服务。组织全院范围内的停电应急演练。全面推行保洁标准化服务。完成空调机组、净化系统、锅炉系统、气动物流传输系统、垃圾处理的安全运行以及水、电、气、热、被服、餐饮、住宿、车辆的供应保障。加强防火墙工程、消防四个能力建设,组织全员安全技能培训,自然灾害应急预案演练和消防应急演练,编辑并下发安全常识手册。

(王　蕾)

【文化建设】 年内,编写《北京地坛医院管理文集》。定期评选服务之星和优质服务班组。对301名30岁以下青年职工进行阳光心态主题培训。制作完成院史展览,制作《王姐的故事》、《足迹》、《排雷专家》、《美丽天使》专题片4部,其中《王姐的故事》获市卫生局自拍类专题片2等奖。全年媒体报道五百余次。

(王　蕾)

中国中医科学院望京医院

【概况】 中国中医科学院望京医院截至年底有职工843人,其中卫生技术人员754人,包括主任医师(含相应职称,下同)53人、副主任医师94人、主治医师187人、医师137人、护士284人;行政人员69人;工勤人员20人。医疗设备总值11889万元,本年度新增医疗设备总值1271万元,其中10万元以上设备24台,百万元以上设备1台。4月,开设营养科,配备专职人员一名,为患者提供及时有效的营养指导和营养治疗。年内,获得2010年度首都文明单位、中央国家机关文明单位、首都公共卫生文明单位、朝阳区社会领域和谐建设先进单位称号,获市卫生局国庆最佳服务保障奖。在卫生部、全国妇联、总后卫生部组织的全国卫生系统护理专业巾帼文明岗评选活动中,急诊护理组被评为全国巾帼文明岗。神经外科、妇科护理组荣获中国中医科学院优秀护理集体称号,5名护士被评为优秀护士。朱立国荣获中共中央、国务院、中央军委颁发的"全国抗震救灾模范"称号。

地址:花家地街
电话:84739114
邮编:100102
网址:www.wjhospital.com.cn

(姜福霞)

【抗震救灾】 4月14日,青海玉树地震发生后,根据国家中医药管理局、中国中医科学院和北京市中医管理局的要求,本院选派骨科、外科、手术麻醉科、急诊科的技术骨干11名组成国家中医药管理局首批抗震救灾医疗专家组,调配了所需药品、医疗器械,于4月17日紧急奔赴青海地震灾区。医疗队到达灾区后,平均每天工作13小时,接诊110余人次,做各种疑难手术8台,运用小夹板为30人余名患者进行治疗,为危重病人会诊16人次。

(姜福霞)

【改革与管理】 年内,调整临时工勤人员工资标准,普通工勤人员由每日42元调整至55元,技术工勤人员由每日44元调整至57元。完善"三重一大"、采购管理、内部控制等十余项管理制度和办法。加强对重点部门(设备处、药剂科、物资科、基建办)、重点岗位(物资采购、财务处、物价办、房管科等)、重点环节(工程招标、材料设备供应、项目洽商、工程承包等)的监督管理,针对重点岗位检查2次,发现问题并提出整改意见,纪检监察部门参加院内各项招标会5次,并与科主任、护士长签订廉洁行医承诺书。向院领导、各职能部门、各支部书记、重点岗位、重点部门的58人发放《廉政准则》、党风廉政建设知识答卷等学习资料。

(姜福霞)

【医疗工作】 年内,门急诊979353人次,日均门急诊3791人次;急诊抢救1441人次;门诊手术3090例,住院手术5737例。编制床位700张,平均开放床位610张,入院12901人次,出院12870人次,床位周转21.1次,床位使用率96.7%,平均住院日16.8天,治愈好转率96%,七日确诊率99.4%,死亡率2.0%,院内感染率0.5%。医务部门建立定期召开医疗质量评价工作会议制度,对各科室有关医疗质量指标的检查方案、评价方法、量化体系提出明确要求,细化、规范评价制度。8月30日新华人寿保险公司员工在某度假村用餐后突发群发性腹泻事件,本院急诊与肠道门诊紧急抢救、妥善处置60余名患者。

(姜福霞)

【病案管理】 年内,组织"病历书写基本规范"培训,邀请知名律师为医务人员进行法律讲座。

(姜福霞)

【医疗支援】 年内,组织部分第二、三批优势病种课题负责人赴密云县中医院检查督导课题进展情况。依照《北京市与内蒙古自治区蒙医中医医院对口支援工作方案》,为提高受援医院专科医疗水平,发挥本院骨伤、肾病重点专科、颈椎病、风湿病重点专病的医疗特色,制定以进修培养为主,以疑难病例会诊、义诊、临床指导、讲座等方式为辅的对口支援计划。8月份与对口支援单位赤峰市克什克腾旗中蒙医院就对口支援的具体方案进行协商并签订协议书。根据协议,本院派出一名急诊科副主任医师到该院进行为期10天的专家门诊、讲座、带教查房等工作。院领导及骨科、急诊科、心血管科、妇科等科室主任、专家赴鄂尔多斯中医院举行对口支援挂牌仪式,进行为期三天的义诊、会诊、带教等工作,诊治病人150人次。

(姜福霞)

【医学教育】 年内,招收硕士研究生10人、博士研究生5人;在院研究生共57人,其中硕士生41人、博士生6人;在站博士后7人。医院共有科学学位博士生导师10人、硕士生导师18人，临床学位博士生导师3人、硕士生导师12人。中标9项国家级继续教育项目；参加北京市中医药管理局组织的《首都中医药实训与综合评估》第二阶段项目申报工作，本院4人申报中医急诊(内科)共5项病证的课件制作工作；根据《望京医院临床中青年骨干培养办法》，做好培养过程管理督导工作，15名骨干于12月进行了第一年度考核；做好第四批师承人员的培养工作，完成开题及阶段考核；参加北京市中医管理局主办的第二届“上工杯”中医药学术演讲比赛，本院张清获得第三名；肿瘤科自成立中华中医药学会肿瘤专业“健康俱乐部”以来，开展肿瘤健康宣教活动30余次，肿瘤科冯利主任获“全国中医药科学普及金话筒奖”；选派3人到西苑医院参加西学中研究生班学习。承担中医药大学七年制学生共235人的教学及实习任务。与北京市中医管理局共同举行中医药薪火传承“3+3”工程孙树椿名老中医工作室暨名医传承工作站揭牌仪式，孙树椿名老中医工作室正式投入使用。全年接收进修生72人，免费5人。其中河北省卫生厅“农村医疗机构中医、民族医特色专科(病)建设项目”进修医师25人。承担北京市中医管理局住院医师(包括三年和五年住院医师)规范化培训的临床考核任务，组织内科、骨科、外科专家30余名对全市111名中医住院医师进行了考核。根据《北京市社区中医药人才培养“回归扎根”工程实施方案》，本院成为中医类别全科医师岗位培训基地，接收昌平、朝阳等区的48名社区医务人员在本院进行为期80天的全科医师岗位培训，全部顺利通过考核。

（姜韫霞）

【护理工作】　年内，重视加强护理人力资源管理，保证临床护士基本配置，招聘新护士29人，全院护士人数达到362人。加强和完善护理不良事件报告与管理制度。针对隐患、缺陷、差错等不良事件，及时进行分析与改进，有效地保证护理质量的提高。制定危急值报告制度及流程、口服给药流程(包括：临时给药、常规给药、毒麻给药等)；修改并完善护士长手册内容八项；落实手术患者安全交接工作，制定《手术患者交接制度》。进行医院供应室改造，投入经费540万元，实现清洗、消毒、灭菌一体化，制定完善消毒隔离质量标准，使临床工作有章可循，符合院感要求。组建门诊输液室，建立健全各项规章制度，制定应急预案。加强护理领域专业技能培训，派出急诊、ICU、CCU、手术室护士各1名进行护理专科认证培训工作。选派护理骨干外出进修和考察学习，全年组织中级以上护士外出学习培训67人次。完成西医院校毕业护士100学时的中医理论培训工作。举办“5·12护士节读书报告会”，“第四届护理论文交流会”及“朝阳区医学会第九届护理学术年会”。

（姜韫霞）

【科研工作】　年内，年度申报院级以上课题58项，其中国家自然科学基金24项、北京市自然科学基金26项，中医药行业科研专项3项，北京市科委首都特色临床医学应用发展基金2项，北京市“十病十方”科技攻关项目3项，获科研资助课题6项，获得资助经费144.9万元。完成4项国家自然科学基金课题——“利用引经药促进骨髓干细胞定向归巢治疗股骨头坏死的研究”、“旋转手法治疗神经根型颈椎病的作用机理研究”、“肾性骨病中医证候学特征与血PTH水平及血淋巴细胞PTH受体基因表达相关性的研究”、“益气活血药促进恒河猴损伤脊髓修复再生的研究”的结题、验收工作。申报中华中医药学会科学技术奖2项、2010年度中国中医科学院科技进步奖1项。获中国中医科学院科技进步三等奖1项，中国中西医结合学会科学技术奖三等奖1项。在各类学术期刊发表论文147篇，出版学术专著5部。加强、规范对临床课题伦理论证过程的管理，完成11项科研课题的伦理论证。制定院级科研课题结题验收工作计划及结题规范，完成19项院级科研课题的结题验收工作，评选出6项优秀课题。根据国家中医药管理局新一轮重点学科建设的要求，组织中医骨伤科学学科人员从科研课题和科研成果申报、基础条件建设、管理制度完善等方面开展重点学科建设工作，并组织重点学科建设人员完成中医骨伤科学科十二五规划工作。加强中药药理(骨伤)和生物力学2个国家中医药管理局三级实验室的基础建设，计划更新实验室仪器设备、改善实验场所、完善人才梯队建设。成立药品临床药理基地办公室，配备专职人员1名。成立临床药理基地筹备工作组，并组织相关人员参加培训，已具备申报药物临床试验机构的各项条件，经北京市卫生局、北京市药品监督管理局审批，同意本院申请国家药物临床试验机构资格，并计划向国家食品药品监督管理局申报。召开2009年度望京医院学术年会，29人进行汇报交流。经专家评议，评出2009年度望京医院科研学术一等奖2名、二等奖6名、三等奖10名、优秀奖11名。在北京、郑州、广州举办北京中医药学会骨伤专业委员会、中华中医药学会骨伤专业委员会、世界中医药联合会骨伤专业委员会学术交流大会。

（姜韫霞）

【国际交流与合作】　年内，申报中国－东盟合作基金项目3项：旋提手法治疗神经根型颈椎病的疗效评价及应用推广研究、中医药预防激素性股骨头坏死的规范和推广、中泰传统医学中手法共性技术研究。根据国务院侨办的要求,组织专家赴马来西亚义诊。完成外交部下达的为文莱外交和贸易部第二部长诊疗的任务。全年办理因公出国(境)7人次。接收14个国家的学员116人,共计635人次。

(姜韫霞)

【信息化建设】 年内,门诊医生工作站开通;His服务器的更新数据库升级至oracle 10g;服务器实现双机热备;数据库实现自动备份与数据归档;内网实施symantec杀毒软件住院医保持卡实时计算、医保门诊留观维护。

(姜韫霞)

【后勤与基建】 年内,投资220万元在庭院的绿地中进行中医药杏林园和文化长廊的建设。年底,园林工程主体工程完工。完成急诊部、住院处的改造工程,完成供应室整体改造工程。

(姜韫霞)

北京中医药大学第三附属医院

【概况】 年内,北京中医药大学第三附属医院由"三级中西医结合医院建设单位"变更为"三级中西医结合医院"。肾病血液科变更为肾病科,肿瘤科变更为肿瘤血液科。成立大内科、大外科、医院制剂中心;增设临床技能训练中心。职工565人(含合同制141人),其中卫生技术人员484人,包括正高级职称19人、副高级职称56人、中级职称177人、初级师104人、初级士128人;其他人员81人。医疗设备总价值5477.6万元。本年度购置医疗设备总值686万元,其中10万元以上设备10台,100万元以上设备2台。获北京市社会保障卡工程建设定点医疗机构集体贡献奖,获北京市卫生统计工作先进单位一等奖,护理部获中华中医药学会颁发的"全国中医护理先进集体"。

地址:安外小关51号
电话:52075369
邮编:100029
网址:www.zydsy.com

(张进宏)

【护理工作】 年初,组织"护理论文交流会",有7篇护理论文在会上进行交流。年内,依据中医药管理局《三级中西医结合医院评审标准》中护理质量评价标准,逐项落实。强化"以病人为中心"的服务理念,建立手足外科为优质护理示范病区,突出中医特色,开展中医护理,在全院6个中医科室开展9项中医护理操作项目,修改校对各项护理工作规章制度78项,职责42项。其中新增加7项。整理编辑《中西医疾病护理常规》215个病种,其中西医疾病护理常规120种,中医疾病护理常规95种,整理编辑《中医护理技术操作规范》29项,修订各护理单元的护理工作各班流程26项。护理文件书写合格率98.74%,基础护理合格率98.85%,特级护理合格率100%,一级护理合格率98.85%,护理技术操作合格率96.66%,急救物品完好率100%,责任制护理合格率99.12%,消毒隔离合格率99.64%。申报北京中医药大学护理科研课题3项,1人中标。发表学术论文10篇,其中核心刊物发表7篇。接收北京中医药大学研究生、本科、专科实习生、见习生共86人次,组织1次带教老师资格考试,2次护理教学工作会议。各科室设立教学组长,印制《护理实习带教记录手册》,有4名护士被评为"优秀带教老师"。急诊科主管护师1人,参加北京市ICU专科护士认证培训班的学习考核,37名护士参加北京市急诊急救专项培训(其中急诊科护士全部参加),选派护士参加朝阳区应急小分队的急诊急救培训考核。组织各类考试19次,参加人员940人次。组织2次护理技能的比赛及展示。进行"静脉输液及输液泵使用技术"的比赛,有6名护士进入决赛,分别获得一、二、三等奖。完成中医护理基础理论教学40学时。护理人员Ⅰ类继续教育学分达标率100%。

(张进宏)

【其他工作】 5月12日,举办"迎三级医院复审,庆5.12国际护士节—中医护理技能比赛",项目是"拔火罐"和"耳穴埋籽"。5月15日,举办"健康北京人,动感八段锦"健身活动暨中华骨科学会成立30周年专家义诊活动。义诊咨询420人,测血压350人,测血糖227人。埋耳豆110人。健康答题与问卷调查99人,下发科普宣传材料3500份。有5名护士分获一、二、三等奖。8月18日,新门诊教学楼主体结构封顶仪式。门诊教学楼总建筑面积11113.66平方米,可承担3000人次门诊量和500名学生教学任务。9月2日,医院与内蒙古鄂尔多斯市蒙医医院举行医疗卫生对口支援挂牌仪式。互相合作、互相学习,共同做好医药研发工作。12月3日,举办档案员业务培训班。邀请国家档案局教育中心方鸣教授为全院的专兼职档案员做关于"把好文件收集关,规范档案整理"的讲座。全年出版院刊6期。院内外开展多次学术交流。医院第4次作为学术节的分会场,开展中西医结合为主题的专题讲座,分别是《创新能力培养是研究生教育的主要目的》、《中医学"调气疗法"与"基因"关系初探》、《晚期非小细胞肺癌的维持治疗和个体化治疗》、《音乐之都的医学印象》、《漫谈中西医结合人才培养》、《北京中医药服务现状与十二五期间的科研管理导向》等报告,还组织中医外治特色疗法和外治技术展演。举办第三届博士沙龙,获北京中医药大学第十二届学术节大会组织二等奖。

(张进宏)

【医疗工作】 5月16日,参加北京联合大学学生运动会医疗保障,派出3人次,出动救护车1次。9月15日,参加北京联合大学领导会议医疗保障,派出3人次,出动救护车1次。11月18日,参加奥体网球赛医疗保障,派出12人次,出动救护车4次。年内,门诊282024人次,急诊7821人次,急诊危重症抢救175人次,急诊抢救成功率99.43%。实有床位315张。住院4085人次,出院4067人次,床位周转12.97次,床位使用率82.38%,平均住院日23.21天,七日确诊率97.25%,出入院诊断符合率99.78%,治愈好转率88.85%,死亡率8.89%,住院手术1059例。定期召开医疗质量管理委员会及医疗专题会议。实行大内科、大外科制管理。加强社区、医院双向转诊工作。全面开展药事管理工作,突出中医药特色,满足临床上不同病人对中药饮片的需求,购进13台常压煎药机(共24台),3台包装机(共6台),引进中药配方颗粒。有33个院内制剂,其中8个品种在临床应用。做好北京市医保品种药品目录重新招标采购工作。开展中医药服务"进社区、进学校、进农村"三进活动,"杏林飘香"党员专家社区义诊,健康大讲堂讲座、支部健康彩虹桥下乡活动。先后开展颅内血肿清除术、硬膜外血肿引流术、经皮椎体成形术、经皮胆道镜保胆取石术、乳腺旋切、膀胱输尿管微创手术、肌骨超声检查等新技术。每月一次到胜古北社区举办健康讲座,全年听课421人次。举办卫生宣传日活动12场,义诊咨询3215人次、测血压1278人次、测血糖271人次、红外线乳透73人次、按摩62人次、耳穴埋豆174人次、宣传展板86块,发放宣传资料7742份。有8名硕士研究生成为胜古北社区健康教育义务宣传员。落实三级医师查房制,首诊负责制,疑难病例讨论制度。狠抓病案管理、药事管理、院内感染管理、输血管理等工作。定期召开医院病案管理委员会会议,加强病案环节质控和病案终末质控,医疗处不定期下科室检查病历质量,聘请1名副主任医师负责病历终末质控控制,提高了病历书写质量。实施了新的病案书写格式。有1人获北京市卫生局病历抽检评比个人优秀奖。甲级病历率99%。

(张进宏)

【改革与管理】 年内,紧密围绕"三级中西医结合医院"达标验收和"医院管理年"工作,医院领导班子进行了调整 。重新修订医院《职责与制度汇编》、《综合质量目标管理考核奖惩办法》、《应急预案汇编》等。重新修订制度60余项,新增10余项。采取党政联席会、党支部书记会、党员职工座谈会、院外监督员会及院周会等形式畅通沟通的渠道,设立党委书记、院长每月接待日。制定并执行《北京中医药大学第三附属医院经济合同管理办法》,物资采购流程进一步规范,制定各种招标方式的规范和流程。为加强医院编制外聘用人员的管理工作,建立以规范劳动关系、合法用工为目的新型的用工制度,医院实行劳务派遣和医院签订劳动合同两种形式并存的模式。制定《医院编制外聘用人员管理的暂行规定》,明确适用的范围、岗位分类设置管理、招聘基本原则和程序、劳动合同形式及签订范围等内容,医院在用工形式和制度上进行了一次改革。通过反复自查、互查和抽查、检查,逐条逐项抓落实,医院于6月26日顺利通过三级中西医结合医院的达标验收,7月6日北京市中医管理局批准医院为三级中西医结合医院,同时批准医院床位编制520张。全年收到病人表扬信56封,锦旗33面。

(张进宏)

【感染管理】 年内,院内感染率3.71%。加强医院感染监测与控制工作,对手术切口进行目标性监测,调查31例。高压灭菌设备生物监测每周1次。开展医院感染现患率调查工作,全院调查302例。使用《医院感染管理监控系统》软件进行录入和上报数据。开展"医源性感染管理及再生医疗器械灭菌现状调查",重点检查手术室、供应室、胃镜室、妇科、口腔科。开展"医源性感染管理防控模式研究-职业暴露回顾性调查"工作。调查医务人员124人次。出简报4次。查病历3996份,医院感染培训5次,738人次。

(张进宏)

【医保工作】 年内,医保出院2492人次,总费用4227万元,次均费用16962元。完成医保门诊、3个社区卫生站持卡实时结算工作,加快医保患者审核、结算周期。在HIS信息系统改造、门诊收费流程再造,从平均住院日、住院次均费用、临床诊疗规范化、单病种诊疗路径等入手,加强院内三级管理,充分运用"协议管理"手段,促进科室提高控制医疗费用的管理意识。网络审核在院医保病历2000余份。

(张进宏)

【医疗支援】 年内,每周四到怀柔渤海镇卫生院支农,参与其承担的体检任务2次;派出医护人员300人次,诊治患者1600人次。增加怀柔区雁栖医院对口支援工作,承担对口支援内蒙古呼伦贝尔、鄂尔多斯、扎赉特旗蒙3家医院新任务。创伤矫形科有1名副主任医师奔赴新疆医科大学附属哈萨克自治区人民医院执行一年的援疆任务。接受对口支援单位的人员到医院学习,内蒙古自治区4人,西藏自治区1人。

(张进宏)

【科研工作】 全年,申报国家自然科学基金14项,中标1项;北京市自然科学基金7项,未中标;申报博士点基金4项,未中标;申报首都发展基金6项,;中标4项;中标国际科技合作项目1项。中标北京中医药大学教学重大课题1项;申报北京中医药大学教学普通课题6项;中标2项。北京中医药大学科研课题15项,中标3项;北京中医药大学自主选题(中青年教师资助项目)12项,中标6项;北京中医药大学自主选题(在读研究生项目)21项,中标12项;申报北京中医药大学研究生综合素质拓展项目4项,中标3项。申报北京中医药大学党建课题20项,中标一级项目1项、二级项目3项、三级项目16项;申报北京中医药大学特色自编教材1项;组织完成北京中医药大学《中医正骨学》、《中医筋伤学》两门课程的题库建设。申报中医药科技发展项目1项(未出结果),申报教育部新世纪优秀人才支撑计划1项(未出结果)。本年度获得国家科技进步二等奖1项,教育部科技进步一等奖1项,中华中医药学会科技之星1人。发表学术论文36篇,其中核心刊物发表30篇。

(张进宏)

【医学教育】 年内,组织西学中中级班毕业的人员参加中药、方剂的考试,32人考核合格,授予合格人员一年期中药饮片处方权。完成区级继教课程19次,传染病培训10次,医院自管项目12次。举办研究生学习沙龙4次,参加听课78人,登台讲课15人。本院继续教育达标率100%。短期进修和参加学习班2人,到外院进修半年以上3人,接受进修人员3人。共派出21人次外出参加学术会议。医院应急小分队参加区急诊急救的培训、考核4次,医院派出医疗应急小分队及公共卫生应急小分队参加区卫生局举办的急诊急救培训、演练、考核,获得区卫生局卫生应急工作突出贡献奖。成立北京中医药大学第三临床医学院学位委员会。有博士生导师6名,硕士生导师31名,具备教师资格证教师128名。设立教研室教学秘书、各科室教学秘书,研究生兼职班主任,每学期召开3次教学准备和总结会,承担成大学各项教学任务,突破2000学时。完成大学的中医、针推、骨伤专业本科、专科、七年制等学生22门临床课程,共计2620学时理论课教学任务,完成295名本科生及研究生的临床实习和见习带教任务。本年招收博士研究生5人、硕士研究生25人。组织教师参加各种培训学习包括BlackBoard教学平台(简称BB平台)建设方法培训。在北京中医药大学教学比赛中,医院教师分获二、三等奖各1名。

(张进宏)

【信息化建设】 年内,制定计算机中心8个岗位职责,切换杭创HIS软件的第一年,收集归纳各使用部门工作中提出的各种问题、程序修改意见和新的功能需求,反复测试,讨论设计修改方案,更新应用程序32余次。完成中药配方颗粒制剂的计价收费流程,增加医技、药库的查询功能和医院制剂、中药配方颗粒制剂的查询统计。配合医保中心做医保升级12次,定期做好HIS数据、医保数据和超声PACS数据备份,同时对应用程序和应用文档也做定期备份,完成相关科室提出的各种数据报表统计265余次,制作滚动屏91屏。医院网站发表医院新闻动态660页,形式包括文字、图片及表格等。在线答复患者提问计373人次,定期上传保健常识7条。

(张进宏)

【后勤与基建】 年内,对病房楼室外电缆进行全面更新改造,更新电缆460余米,塑铜电线23000余米,安装钢质导线管1440余米。完成雨污分流和雨水回收工程,埋设雨水管线520余米,建300立方米雨水池一座,各类雨水井38个。装修改造中药房和中药煎药室120余平方米。粉饰病房和公共楼道2300余平方米,屋面防水维修面积820余平方米。改善教学环境,将原库房改造为临床技能训练中心,面积160余平方米。提高医院职工和患者膳食供应质量,完成膳食供应社会化改革。加强消防安全,增配32具干粉灭火器、8只灭火器箱、17只消防应急灯。全院237具灭火器进行年度换粉、试压维修。对消防器材和消防设施每月进行1次检查。

(张进宏)

垂杨柳医院

【概况】 垂杨柳医院是北京东南部的区域性医疗中心。年内,全院有职工1012人,其中硕士以上学历人员189名;获北京市2010年度药品不良反应监测工作先进单位、2010年朝阳区临床用血先进单位;中医科被评为"北京市综合医院示范中医科"。

地址:垂杨柳南街2号
电话:67718822(总机)
邮编:100022
网址:www.cylh.com
E-mail:cylhospital@163.com

(王海燕)

【医保工作】 3月16日,通过市医保等多部门检查组来院进行现场验收。5月10日,开始正式接诊持卡患者就医。8月17日,被评为北京市社会保障卡工程建设医院信息系统对接成果奖，2人获优秀个人奖。年内，门诊医保上传512629人次，次均门诊费用437.00元，医保住院患者4844人次，结算费用7391.54万元，住院人数和结算费用比上年分别增加5.97%和18.29%，其中，结算单病种248例。病案信息上传达4727例，上传率达100%。制定并完成医院持卡就医管理实施方案、就医流程及应急预案，制定与持卡就医相关20余个管理制度，院办牵头先后召开10余次多部门协调会，研究系统改造、业务流程调整、人员配备等问题解决方案。先后培训挂号、咨询、收费等操作人员7批次100余人；医务人员培训6批次360余人。

（王海燕）

【医疗工作】 年内，起草、完善和修订医疗安全管理制度、规定及工作流程17个。为落实患者安全目标，切实保障患者安全、加强手术管理，重新修订《围手术期安全管理制度》，加大对术前、术中、术后的安全管理力度，未出现医疗事故。通过朝阳区紧急医疗救援中心成功开通心血管、脑血管、创伤、综合绿色通道24次，抢救36人。开展微创技术诊疗服务7077例，比上年增长3.46%，微创技术品牌特色日趋显著。急性消化道出血微创技术救治绿色通道工作模式得到完善，救治患者100多例。急诊总量77.47万人次，比上年增长0.46%；出院人数12471人次，比上年增长4.04%；全年手术量（含微创手术）为5414例。床位使用率为83.72%，比上年增加2.59%；床位周转次数为29.23，比上年增加1.6。

（王海燕）

【护理工作】 年内，护理队伍408人。组织"三基"理论考试，参加753人次，参考率100%，合格率84.18%。举办护理技能竞赛4次，护理操作考核合格率100%。2009年12月至2010年10月护理部外请专家授课3人次、本院专业主任及专科医生讲座2人次、本院主管护师讲座22人次，其中，区级继续教育项目22项，院级项目6项，参加听课人员累计5339人次。通过理论、操作考核及多种形式培训，提高医院护理人员基础理论及技术操作水平。护理部修订完善跌倒、坠床、管路安全、压疮、手术安全核查等护理工作制度及流程33项，提高护理工作检查标准，通过每月随机抽查、季度抽查、夜查房、自查等形式督导各科室查找并排除安全隐患，不断提高护理人员安全意识，将护理安全贯穿于日常工作中，保证患者安全，提高护理工作质量。"5·12"护士节启动优质护理服务，以科室自荐、院长办公会研究决定骨科、外科、脑一病房为北京市第一批试点病房。在人力资源上给予支持，床护比1:0.5，为三个试点病房配备12名护理员。为加强护理管理力度，医院增加4名总护士长，为开展优质护理加强力量。护理服务项目上墙公示。筹备护理支持系统，阶段总结汇报3次。全面落实优质护理服务项目、完善责任制护理岗位职责、实行弹性排班、护士分层管理等方式结合，调动护士积极性，注重实效实施责任制整体护理，为患者提供个性化的护理指导，通过提升主动服务、感动服务，规范护理行为，为患者提供全面、全程的优质护理服务。患者家属陪住及自聘护工的比例比原来下降了50%，患者满意度达98%。优质护理服务试点病房出院患者在爱心卡上点名表扬护士172名，表扬护士1855人次，满意率99.3%。在市卫生局优质护理督导检查及医疗质量万里行检查中，专家对医院护理工作及开展优质护理服务给予高度评价。

（王海燕）

【信息化建设】 年内，为加强医院信息系统建设，经过考察、测评、演示、实测、商务洽谈等程序选定了HIS及电子病历系统的服务商。完成门诊、住院全部科室的系统更换任务，住院实现电子病历管理。顺利通过医保中心关于持卡实时结算的认证工作；从服务器运行稳定性、机房设施安全性、工作站配备合理性、网络防护软件可靠性等几个方面进行改造，加强信息系统安全建设；通过对医院信息系统安全工作自查，增加网络管理软件控制的范围、加强宣传、规范制度等措施提高对外网计算机的安全管理；加强科室建设，修订完善科内相关管理制度。

（王海燕）

【科研教学工作】 年内，继续承担北京市全科医师培训任务。接受3名四川省什邡市对口支援医生培训任务。SCI收入专业文章2篇，参编学术专著4部；获得区卫生局科研立项资助资金10万元；获得区科委科研立项资助资金39万元；获得朝区委组织部人才项目资助资金7万元；获得首都医学发展研究基金资助32万元；获得首都临床特色应用研究资助资金17.07万元。医院为硕博人才搭建科研平台首次在院设立硕博基金，提供资助资金40万元。医院新接收4名研究生来院进行临床实践及课题研究，接收本科实习生8名。毕业统招硕士研究生4名，同等学历在职人员获硕士学位7名。首次召开医院医学教育工作会议，总结过去，表彰先进，谋划未来。1名医师在北京市二级医院全科医师培训师资教学比赛（授课）中获得二等奖。2010年举办国家级继续医学教育项目2项、北京市继续医学教育项目8项、区级继续医学教育项目（医师类）33项。

（王海燕）

朝阳区第二医院

【概况】 朝阳区第二医院为区卫生局所属的综合性二级甲等医院。截止年底,在职职工总数为575人,其中:在编职工419人,聘用人员156人。专业技术人员480人;高级职称43人,中级职称人134人;硕士以上学历66人。定编床位200张。医院固定资产总值8798万元。拥有16排螺旋CT,可视化乳腺检查系统,数字化X线摄影系统,数字化X线透视摄影系统,移动式数字化X线摄影系统,多功能心血管超声系统,便携式彩色多普勒,全自动生化分析仪,化学发光仪。血透机,内窥镜系统,重症监护系统,眼底照相机,眼底激光治疗仪等先进的医疗设备。年内,医院恢复和新增重症监护病房,神经内科病房,干部病房,康复理疗门诊,儿科门诊,离退休干部门诊等几个科室。开设专病门诊:糖尿病会诊中心、痛风门诊、肥胖门诊、甲状腺门诊。开展CT冠状动脉造影、全身血管造影,宫颈细胞学筛查,免散瞳眼底照相,现代根管治疗技术,动态血糖监测等新技术新项目。

地址:区金台路13号内2号
电话:85993431(总机)
邮编:100026
E-mail:erybangongshi@126.com

(李玉娟)

【护理工作】 年初,医院11名护士获"满30年护龄表彰"。在5.12护士节举办第二届护士大会。年内,开展优质护理服务示范病区工作,ICU病房为试点病房,1名护士获得朝阳区"优秀护理服务示范标兵"称号。开展"医疗质量万里行"活动,重新梳理、补充、完善15项相关制度,提高护理服务质量和水平,组织4次理论考核,13次操作考核,无重大护理差错发生。发放满意度调查问卷670份,收回670份 ,平均分98.03分,比上年提高1.45%。每季度出一期护理季刊,及时发布护理部工作内容并反馈每季度全院满意度、表扬信、锦旗,对优秀护士进行表扬。年底,迎接质量万里行检查工作,顺利完成。

(李玉娟)

【医保工作】 5月10日,正式对外开始"持卡就医、实时结算"业务。全年审核医疗救助人员257人次;审核新农合住院49人;异地医保审批382人次。

(李玉娟)

【医疗工作】 年内,门诊375169人次,急诊总量28343人次,住院人数3676人次,出院人数3609人次,床位周转率23.55%。出入院诊断符合率99.25%,危重病人抢救,门诊80人次,抢救成功率为75%,病房44人次,抢救成功率为18.18%,患者人均住院天数9.88天,手术1666例,手术前后符合率98.64%,其中大手术主要有胆囊切除术、乳腺癌根治术、剖腹探查术、肾盂摘除术、人工股骨头置换术、全子宫切除术等。体检中心共完成体检量124864人次,较上年增加85154人次,完成高招体检、老干部体检、征兵体检、劳模体检、区级政府性优抚对象体检、见义勇为体检等专项体检任务。顺利通过北京市医疗机构健康体检现场审核工作。建立区域医疗协作服务体系,为联盟社区提供检验、B超、CT等服务项目,近1000人次,举办社区医生沙龙6次,约200人次参加。举办不同类型的健康教育讲座40余场次。与急救中心协作,开辟老年危重症患者综合救治绿色通道。在呼家楼地区为老年人开展"一键通"居家养老医疗服务的试点工作,为区域老人提供集慢病管理、医疗救治、康复保健等为一体的连续性服务。

(李玉娟)

【科教工作】 年内,完成区科委项目《基于信息网络技术的社区-医院一体化糖尿病管理新模式》课题,《胰升糖素对非糖尿病者糖负荷后血糖的影响》及《健康人群危险因素现状调查及特殊职业人群干预模式研究》项目立为区科委项目。全院医技人员发表论文19篇,参与书籍撰写1部。完成区级医技继续医学教育认可项目29项;区级护理继续医学教育认可项目9项;举办院级继续医学教育项目11项。外派11医生到三甲医院进行为期半年至一年的进修学习,参加各种学习班169人次。举办Ⅰ类学分学习班一次,即"国际(中国区)心电图识别技术培训项目"。成立朝阳区代谢病协会。医技人员参加在职学历教育人员9人,其中取得研究生毕业证书1人。参加在职学历教育护理人员中毕业5人,取得本科学历5人,在读人员46人,其中本科32人,大专14人。参加国家级继续教育88人次、市级继续教育218人次,所有中级以上职称均参加国家级和/或市级继续教育,全院医技220名、护理200名在岗职工均按要求达标(25学分),达标率100%。组织理论考核9次,技术操作培训1次。社区医护培训率达100%,持市卫生局统一考试合格证上岗率100%。

(李玉娟)

【医疗援助工作】 年内,派出2名外科大夫,1名放射科大夫参加援藏、援内蒙古和援疆工作。

(李玉娟)

朝阳区中医医院

【概况】 朝阳区中医医院为区卫生局直属二级甲等医院。占地882平方米,建筑面积15500平方米,开放病床170张。截至年底,在职职工265人,其中卫生技术人员238人,包括主任医师4人、副主任医师18人、主治医师64人、医师61人、护士91人,行政及工勤人员27人。年内,灵通观社区卫生服务站获北京市模范集体单位;医院获中华中医药学会医院护理部“第二届全国护理先进集体”称号,市人力资源和社会保障局、市财政局医院2009年度医疗保险管理工作三等奖,市中医管理局、市中医协会医院2009年度北京地区中医医院医疗质量监测工作二等奖,市人力资源和社会保障局医院北京市社会保障卡工程建设定点医疗机构优秀奖,市中医管理局授予医院第二届“上工杯”学术演讲比赛单位组织奖。获2009年度朝阳区文明单位;团区委、区委宣传部、区文明办授予针灸科2009年度朝阳区‘青年文明号’”称号。

地址:工体南路6号
电话:65534914
邮编:100020
网站: www.cyqzyyy.com
E-mail:cyqzyyy@163.com

（董鸿蓉）

【医保工作】 3月1日,医院顺利通过北京市人力资源和劳动社会保障局“持卡就医、实时结算”工作的现场验收。4月8日,区医保中心进行“持卡就医、实时结算”真人真卡真交易测试,测试工作顺利完成。5月10日,市人力资源和社会保障局公布本院在内第八批380家持卡就医定点医疗机构名单。参保人可持卡在门诊就医。

（董鸿蓉）

【离休干部就医绿色通道】 5月14日,朝阳区离休干部就医绿色通道启动仪式在医院举行。离休干部绿色通道为医院赢得极大的社会效益,先后有中央办公厅、全国人大、全国政协、总工会、财政部、国土资源部、机械工业部、纺织工业部、北京市老干部局、唐山、大兴、顺义、石景山、西城老干部局以及朝阳区各相关单位的领导到本院参观指导。6月,接待中央组织部、市老干部局、区老干部局、区卫生局的联合考察。完成市人大、市卫生局、市残联、市社保、市法制办参观和指导接待任务。在医护人员的使用上,医院选派富有临床经验、具有中医特长的副主任医师为主诊医师,选派护理技术全面、服务热情周到、具有良好沟通能力的护理人员为患者提供优质的就医服务。

（董鸿蓉）

【中医文化建设】 年内,医院通过多种形式让职工充分认识到“医乃仁术,天人合一”的精神及“大医精诚”的深刻内涵,用“仁、和、精、诚”这四个字指导日常行为。制定各种政策,保证中医适宜技术开展,鼓励医务人员充分利用中医手段为病人解除痛苦。中医特色诊区成立,诊区的装饰突出中医文化元素,其一桌一凳、一字一画,每个角落都能感受到中医文化的氛围。从牵引按摩到针灸火罐,从足疗熏蒸到刮痧理疗,诊区的医务人员以其热情的服务、娴熟的技术赢得患者好评。在医院环境建设与改造中注重增加中医文化元素,把医院环境看成是中医药文化的有效载体和展示、传播中医药文化的平台,让病人来院就诊能够感到中医的氛围。医院外墙的宣传栏、医院的走廊,以及两楼通道墙壁宣传栏、宣传画和橱窗……处处体现中医文化元素。组织职工作词、作曲,完成《朝阳区中医医院院歌》的创作工作。

（董鸿蓉）

【社区卫生服务】 年内,雅宝里社区卫生服务站成立。8个社区卫生服务站全部建成。社区服务聘请既有专业领域内的专家或熟悉社区卫生服务工作的中青年任站长,配备工作认真、创新意识强、协作精神好的医务人员组成社区卫生服务团队,为社区卫生服务建设打下坚实基础。加强与居委会、居民的密切联系,通过积极服务、无偿服务、主动服务、优质服务赢得患者信赖。充分利用社区卫生服务站即有设备,为辖区内的居民提供血常规、尿常规、快速血糖监测、心电图等便捷检查。充分发挥中医药的优势,开展贴耳穴、中频电理疗、拔罐、刮痧、按摩等治疗,开展动态血压监测检查,为辖区内的患者、特别是行动不便的患者提供方便,满足患者就近医疗的需求。规范自律新效率:从登记(计划)—记录(书写)—实施—汇总—统计—归档—上报等流程的落实,到各种医疗规范的执行,形成工作常规,并严加自律,使各种调查表(满意度、社区卫生服务建设、基线调查、社区诊断等)的发放、回收、上交及时、有效;使慢性病的管理率、控制率、达标率整体处于高水平;举办各种宣传活动、健康教育讲座、专题日活动。

（董鸿蓉）

【医疗工作】 年内,门诊就诊人次244377人,急诊就诊人次26538人,病房住院人数1743人次,出院人数1532人次,床位使用率89.31%,治愈好转率82.3%,死亡率7.32%。组织院长查房8次,质控各部门通报临床各科存在问题;汇报已解决问题;汇集各部门意见、建议。加大力度检查值班交班制度,查房制度,会诊制度,病例讨论制度,告知制度(包括入院告知、病情告知、首问告知),危急值登记处理制度,检查方式是每月下病房查看各种记录本、查病历、询问病人。发现问题督促当事人改正。组织全院病历讨论6次,参加人数208人,组织病房主治医师精典查房讲课18次。利用周二中午休息时间,各科主治医师精心准备内容,以贴近临床的运行病历为主,讲解思维过程,循证依据,指南解读,参加人数累计468人次。加强病历检查力度。检查运行病历500余份,终末病历800余份,按检查结果每月向临床反馈,并按医院奖惩实施细则进行处罚。问题较集中的责成主任负责限期整改。组织临床三基考试7次,参加人数累计202人。规范临床三级查房,特别是落实一线医师汇报病历制度,医务科不定期参加;进一步规范死亡病例讨论,改变过去记录者为各级别医师编发言的情况。组织全院心肺复苏比赛1次,共12组参加比赛。组织急救演练1次,锻炼应急小分队的应急能力。规范各科诊疗常规,统一下发公共诊疗常规4个,诊疗操作规范5个,下发临床指南10个。规范统一全院知情同意书17种。为解决病房床位紧张的情况,迁移中心药房、图书室、病案室,开辟出14张床位,加上原有13张床位,成为独立肿瘤科病区。扩大针灸科病房,在30张病床基础上扩展到59张床。

(董鸿蓉)

【人才培养】 年内,认真做好李书义基层老中医传承工作室的建设工作,两位继承人按工作计划完成学习中医经典12部;查房记录24篇;医案20篇;继承人论文2篇;工作室年门诊量2064人次。8月,医院第二批师带徒传承工作顺利开展。聘请多名教授、主任医师为指导老师,选出优秀青年医师为徒。送进修1人,医务人员外出学习41次。

(董鸿蓉)

【公费医疗工作】 年内,代管12家单位的公费医疗审核工作,审核住院费用255人次,门诊累计29609人次。门诊支出9507910.75元,住院支出3525444.05元。

(董鸿蓉)

【护理工作】 年内,建立健全护理质量检查与考核制度,每月定期检查,并由护理部组织召开质控会议进行汇总反馈。对急诊科急诊急救技术进行培训考核,下发操作技术培训光盘,组织急诊护士于11月参加首都卫生技术人员急诊急救培训考试并均获证书。医院被中华中医药学会评为全国中医护理先进集体。在区卫生局"护理感动服务演讲比赛"中骨伤科护士获三等奖。

(董鸿蓉)

【药事工作】 年内,对医院药事管理委员会进行调整,重新制定药事管理委员会职责。药事管理委员会制定一系列政策,治理跨科开药和规范饮片大处方。为控制药品比例过快增长,药事管理委员会决定暂时停用内科排名前3位药品和骨伤科排名第1位药品,经过几个月调整,药品比例得到有效控制。饮片占药品中的收入结构明显提高,体现中医医院发展的特色与优势。11月底,北京市实行同城同价的药品集中招标采购,医院平稳实现药品的交替与过渡工作。

(董鸿蓉)

【医疗支援】 年内,本院与怀柔区琉璃庙镇社区卫生服务中心结为对口支援单位,在人员、技术、资金等方面给予对方支持。同时,开展社区对口支援工作,制定政策引导医院中高职称医务人员到社区卫生服务站定期出诊、巡诊、开展健康讲座、义诊咨询和指导等工作。选派1名医疗专家参加区卫生局对口支援内蒙古突泉县中医医院工作,为突泉县中医医院捐赠汽车两辆,被服一批。

(董鸿蓉)

【信息化建设】 年内,顺利完成门诊医保持卡实时结算工作。对计算机系统进行升级改造,安装备特佳双机热备软件,更新备用服务器。每日对计算机系统进行检查。为各个社区卫生服务站安装医保服务器,安装医保首信软件,并讲解医保实时结算的操作流程;按照区卫生局信息办的要求,为各个社区卫生服务站安装VPN。建立朝阳区中医医院网站。电子病历正式启动,以肿瘤科为例开始试运行。

(董鸿蓉)

【后勤保障】 年内,完成医院上下水改造工程,重新装修卫生间,改善如厕环境。完成电增容工程,两台变压器由原来的250千伏安增加到630千伏安。为改善病人就医环境,配合各个病区完成搬迁改造工作,粉刷病房房间和楼道,增加电开水器3台。对职工之家的地面进行装修,铺设地板革;对库房进行搬迁装修改造,安装暖气片;搬迁改造中心药房;开展芳草地社区站标准化建设,保健科的搬迁改造;改善煎药室环境,安装排风扇,更换防滑垫;装修新成立的中医特色诊疗区。保障科对医院各部门的资产重新进行盘点,对固定资产实行动态管理,完成资产清查工作。新购置口腔科的牙椅、种植系统;检验科的生化仪、血球分析仪;功能科胃镜止血夹发射器装置、体检科的彩色B超等大批检查和治疗设备,完善医院的检查项目,增加治疗项目,为病人提供良好的检查治疗手段,医疗安全得到保障。

(董鸿蓉)

药品监督管理

【概况】　北京市药品监督管理局朝阳分局(简称药品监督朝阳分局)下设6科2室1所。截止年底，全区有药品生产企业19家，药品批发企业58，药品零售企业860家，医疗机构1048家，器械生产企业116家，保健食品生产企业38家，化妆品生产企业5家，保健食品经营单位1700余家，化妆品经营企业1万余家，辖区“三品一械”企业总数约占全市的1/5。

地址：管庄乡1号
电话：65776114 65776115 65776866
邮编：100024
朝阳区药品检验所地址：左家庄前街3号
电话：84651170
邮编：100101

(邓洪涛)

【廉政建设】　年初，层层签订党风廉政责任书，行政审批责任书和行政执法责任书，不断巩固和深化廉政建设各项成果。组织《廉政准则》、新《行政监察法》专题学习，开展党风廉政教育月活动，建立健全督察、考评、纠错等运行和制约机制，组织召开管理相对人座谈会，听取各方意见，对分局行政人员进行实地效能检查56次，收集意见反馈表2490份。

(邓洪涛)

【监管】　年内，在药品生产企业监管中，突出14家基本药物生产企业、10家高风险生产企业和1家麻醉药生产企业的监督管理，严格驻厂检查制度，坚持日常监督、GMP跟踪和注册核查等多种手段并举，完成药品生产企业日常监督47家次。在医疗器械生产企业监管中，确定8家生产企业为年度重点监控单位，监督检查率达200%；按照国家局专项整治工作要求，对辖区内60家Ⅱ类生产企业和24家Ⅲ类生产企业，现场检查覆盖率达到100%，完成器械生产企业日常监督84家。在保化生产企业监管中，加强生产源头违法添加非申报物质的监管，完成化妆品生产企业监督15家次，监督覆盖率300%。

(邓洪涛)

【监督】　年内，完成监督检查547余家次，移交稽查案件10件，涉及经营企业24家，对违法情节严重的37个产品品种采取暂停销售的行政强制措施。在器械经营企业的日常监督中，对器械经营企业日常监督1662家，对73家经营企业工商营业执照未通过年检的依据规定按程序予以注销药械使用环节。完成化妆品经营企业监督300家次，组织学习并实施“保健食品电子监管系统”，对保健食品生产、经营企业施行网上动态实时监督。

(邓洪涛)

【医疗机构监管】　年内，加强药品不良反应事件监测，加强特殊药品和制剂室的整顿与规范，将辖区内89家具有《麻醉药品、第一类精神药品购用印鉴卡》的单位列为监督重点，对其进行100%现场监督检查；对3家使用美沙酮维持治疗门诊部进行6次检查。在医疗机构用械的监管环节中，对19家二级以上医疗机构实行100%的日常监督检查，对25家一级及一级以下的医疗机构进行监督，对1家二级医疗机构6家一级医疗机构11家诊所提出整改要求。组织针对医用制氧设备的分子筛专项检查，在医疗器械临床注册核查中，发现2家企业存在临床资料造假行为并移交稽查处理。全年共监督医疗机构161家次，限期整改11家。

(邓洪涛)

【三品一械抽验与检验】　年内，完成药品针对性抽验100件，监督性抽验361件，评价性抽验49件，基础测试80件，发现不合格药品15件，不合格率为3.3%；医疗器械抽验40件，不合格6件，不合格率为15%；化妆品抽检45件，未发现不合格产品；保健食品抽检45件，5件不合格，不合格率达11.1%。

(邓洪涛)

【专项打击】　年内，开展医疗机构周边非法收售药品、药品包装等制假售假行为专项整治，与有关部门在全市范围内联合开展专项整治，有效打击私自收售药品及药品包装、盗用医保卡骗保等变相制假售假的违法行为。开展整治非药品冒充药品违法行为专项治理，制定打击非药品冒充药品工作方案，对涉嫌冒充药品进行销售的违法行为依法进行查处。开展打击非法买卖含麻黄碱复方制剂行为专项整治，建立麻醉药品和精神药品生产经营标准化检查体系，与公安部门实施特殊管理药品行政审批联动，全面防止含麻黄碱类复方制剂的恶性流失。开展打击利用网络等虚假广告及邮售假药专项行动，对存在通过虚假机构宣传销售假劣药的违法行为的网址，按程序上报，并转相关部门对违法网站予以关闭。开展保健食品安全专项整治。在保健食品生产企业继续开展打击违法添加非申报成分、擅自改变审批配方和工艺为重点的专项检查工作。接到涉及三品一械举报投诉636件。立案62件,下达行政处罚决定51件,没收物品价值61.77万元,没收违法所得12.64万元,罚没款总计37.67万元,办理移送涉药刑事犯罪案件4件,刑事拘留7人。

(邓洪涛)

【三级监管体系建设】 年内,组织企业召开3个专题工作会,组织企业人员传达学习朝阳区创建全国文明城区工作精神,发放创建全国文明城区宣传材料,开展诚信兴商教育,签订企业承诺书。组织辖区药店开展“知己健康行动”,并充分借助“药品安全三级监管网络”,加强对属地涉药单位的管理与规范,督促各药店张贴监督电话,清除隐藏于社区的不法宣传。

(邓洪涛)

【深化服务意识】 年内,在行政许可工作中,坚持集中受理模式,不断加强全程受理服务大厅“窗口”建设,形成人员固定、制度健全、程序合法、服务周到的规范化管理模式,受理各类行政许可事项4290余件,无1例超时限。在业务科室组织的验收、认证、检查等环节中,分局内部坚持“三通气”。即:外出检查相互通气,能联合检查的就联合检查,减少对企业的干扰;组织会议相互通气,能合并会议解决多个事项的就精简会议;外出办事相互通气,能一次为多家办理不同业务的就顺带办理,让企业少跑路,把帮助指导送到企业身边。本着服务辖区经济,促进企业健康发展,分局在主管区长的带领下,联合发改委等部门,多次深入太阳、嘉林、燕京中药饮片等企业进行调研,帮助企业解决发展困难。针对土地储备部分企业涉及拆迁,分局及时组织相关企业进行座谈,协助企业选址重建。

(邓洪涛)

【制度建设】 年内,按照分局9000质量管理体系的要求,对9000质量体系文件进行全面梳理并对相关制度进行修改,坚持执行行政许可合议制度和“6+X案卷审查制度”,加强行政行为的过程控制,进一步增强行政行为的透明度。加强对有争议的行政行为的深入调查,了解矛盾焦点,尊重客观事实;加强质量体系文件的梳理,顺利通过ISO-9001体系年度换证工作。

(邓洪涛)

【部门联动】 年内,在打五黑(黑诊所、黑药店、医务人员私自收药、成人保健店销售药品、无证经营保健食品店)工作中继续坚持行之有效的联合执法模式,加强与公安、卫生、工商、城管等各部门的联动,发挥药品安全社会监管网络作用,密切与各街乡配合,实现“打黑”工作常态化。先后召开执法联席会议18次,开展联合执法48次,出动执法人员1560人次,巡查可疑场所560余家,联合取缔无证经营保健食品店、黑药店、黑诊所95家,有效净化辖区药品市场环境。在外来人口密集、非法诊所易滋生的地区加大执法宣传力度,增强执法检查频次,向周边居民发放“打五黑”宣传画册3000余册。开展48次联合执法活动,参加人数1560余人次;对560余家保健品店、黑药店、黑诊所开展巡查,与卫生、公安、街乡联合执法,取缔无证保健食品店、黑药店、黑诊所共32家,有效净化辖区药品市场环境。

(邓洪涛)

社会生活

民　政　工　作

【概况】　朝阳区民政局是依法对社会事务进行管理的区政府职能部门，设10个行政科室、29个事业单位。年内，以“讲大局、惠民生、促改革、重管理、强服务”为基本思路，贯彻落实全国和市民政工作会议精神，全力保障和改善民生，全面推进大民政建设，为北京建设中国特色世界城市和朝阳“新四区”建设做出贡献。朝阳区被授予“全国养老服务示范单位”荣誉称号，被市民政局评为工作绩效管理先进单位，10个单位荣获第一批首都民政系统行风建设示范单位，14个街乡被评为“北京市双拥模范街乡”。福彩中心被评为北京市福利彩票发行工作先进单位，获北京市福彩发行单项工作先进单位一等奖、市福彩销售超过7亿元特别贡献奖、销售增长奖一等奖等。

地址：磨房南里甲19号
电话：67315835
邮编：100021

（朱弋征）

【温暖行动在朝阳】　1月至2月，举办第五届“温暖行动在朝阳”暨两节送温暖系列活动，开展“民政为民，寒冬送暖”等19个送温暖项目，慰问对象覆盖全区43个街道（地区）办事处，慰问人数22.17万人，慰问金额3767.31万元。

（朱弋征）

【殡葬管理】　4月，完成清明节群众扫墓接待服务工作，累计接待扫墓群众15.72万人，机动车2.6万辆。落实无丧葬补贴居民的丧葬补贴政策，审核发放补贴1869人，补贴金额934.5万元。

（朱弋征）

【大民政建设】　4月，成立区民生工作领导小组，办公室设在民政局，下设就业社保、福利救助、卫生、教育、文化体育等8个专项工作组，统筹推进民生和社会事业建设。出台《关于统筹改善民生构建大民生格局的实施意见》，召开区民生工作领导小组办公室工作推进会。领导小组办公室对各专项工作组计划、重点民生工作和重点研究课题综合整理，编制《朝阳区民生工作领导小组工作材料汇编》，经区长办公会和区委常委会研究后正式印发，7方面133项折子工程得到落实。“大民政”理念在全区各级、各部门形成共识，城乡统筹、部门统筹、区域统筹的力度不断加大，民生政策研究进一步深入，民生工作整体水平不断提高。

（朱弋征）

【第八届村委会选举】　4月，由区委组织部、区农委、区民政局组成领导小组，抽调23人组成区村委会选举办公室，确定参加换届选举行政村61个。开展4次工作培训，在重点环节把关指导。做好选举宣传和舆论引导工作，通过标语、板报、广播等多种形式，引导群众依法、有序参加选举。结合各乡实际，分类推进选举工作，61个村顺利完成选举任务。

（朱弋征）

【婚姻收养登记】　年内，办理结婚登记18942对，离婚登记5355对，补办结婚登记19对，补领婚姻登记证6366件，出具无婚姻登记记录证明4326件，办理收养登记75件。

（朱弋征）

【社会救助】　年内，城乡低保、临时救助、医疗救助、教育救助等政策得到全面落实，困难群体实现动态管理下的应保尽保。通过开展“两节”送温暖、社会救助规范化管理等工作，完善以基本生活保障为基础、专项救助相配套、应急救助和社会互助为补充的综合性、多层次社会救助体系。全区享受城乡低保待遇

9034户、1.76万人,累计发放城乡低保金及粮油帮困金8107.34万元;完成特困人员医疗救助1.64万人次,医疗救助资金685.86万元;2.8万人次享受医疗费用减免,支出资金12.34万元;资助1663名农村低保对象参加新农合,农村低保对象参保率100%。

(朱弋征)

【社会捐赠】 年内,进一步规范社会捐赠工作,完善6项相关社会捐赠制度规定,开展整合全区捐赠资源的调查研究。全年累计接收捐赠款1054.22万元,接受捐赠物品33.65万件。为42家爱心家园配送生活物品1.4万箱,价值168万元。

(朱弋征)

【养老服务体系建设】 年内,通过牵头办理区十四届人大五次会议议案,提升养老服务体系建设水平。"进一步改善民生,加强朝阳区养老服务体系建设"的人大议案,是年内区政府承办的唯一人大议案。民政局接受牵头办理的任务后,对议案涉及的内容进行梳理,确定议案办理方案基本框架,起草《关于办理区十四届人大五次会议议案的实施方案》。按照议案办理方案,各成员单位抓工作落实,议案办理的各项任务取得阶段性成果,45项具体工作逐一落实。着力推进朝阳区第二福利中心建设,完成规划指标调整和立项,办理项目规划意见书和规划许可证,报市规划委等部门审批。全区新增养老床位3745张,总数10949张。

(朱弋征)

【征地超转人员管理】 年内,接收征地超转人员523人,支付超转人员、政策性转居人员生活补助、医疗补助、抚恤金、补助金等各项费用1.99亿元。

(朱弋征)

【福利彩票销售】 年内,销售电脑福利彩票6.247亿元,全年福利彩票总销量在全市区县首个突破7亿元,销售总额居全市第一。

(朱弋征)

【福利企业管理】 年内,加强福利企业管理,维护残疾职工合法权益,完成全区35家福利企业年审换证工作,为超比例安置残疾人的35家企业发放奖励补贴212.3万元。

(朱弋征)

【福利机构管理】 年内,完成辖区内30所社会福利机构年检,开展福利机构隐患排查和安全生产月活动,拨付福利机构建设补贴、床位资助款336.19万元。

(朱弋征)

【社区建设】 年内,贯彻村务公开和民主管理工作规程,开展村务公开民主管理示范单位创建活动,推进和谐社区、和谐村镇建设。做好96156服务系统、公共服务信息网维护和监管。社区公共服务平台信息网采集信息总量1.5万条,96156服务系统呼叫服务1.6万人次。开始农村社区服务站建设,第一批建设的10个村委会完成实地测量、标识安装。

(朱弋征)

【社会组织管理】 年内,依法做好社会组织登记管理,审批行政许可事项139项,成立登记民办非企业单位40个,注销登记5个,变更登记69项;成立社团6个,成立分支机构7个,注销3个,变更9个。现有社会团体178个,分支机构216个,民办非企业单位479个。做好社会组织年检工作,对313个民办非企业单位、123个社会团体进行年检,参检率80%。开展社会组织服务民生行动,全区62个社会组织申报服务民生项目99个,审核通过项目93个,落地项目44个,落实资金264.2万元,预计受益人群35万。开展社会组织备案工作,399个社区社会组织完成备案。

(朱弋征)

【双拥共建】 年内,围绕争创全国双拥模范城"五连冠"目标,完成迎接市双拥办组织的双拥模范城检查考评,取得良好成绩。按照《全国双拥模范城考评标准》,组织全区各街乡、各部门、各单位和驻区部队扎实开展争创全国双拥模范城"五连冠"活动,提高全区双拥工作的整体水平,有14个街乡被市双拥工作领导小组命名为"双拥模范街乡"。

(朱弋征)

【优抚工作】 年内,落实优抚政策,两次对全区优抚对象的抚恤、补助金按政策进行调整,补发伤残抚恤金193.4万元、定期补助和定期抚恤金75.58万元,报销医疗费用256.79万元;拨付残疾抚恤金1031.22万元,拨护理费、定期补助和定期抚恤金687.79万元,为256人次办理一次性抚恤、丧葬费、临时困难补助等,支出经费1089.43万元。

(朱弋征)

【复员退伍军人安置】 年内,接收复员退伍军人480人,其中城镇应安置402人,回乡安置78人。为退役士兵发放自谋职业补助金716万元,发放待安置期生活补助70.95万元。开展复退军人技能培训,210人参加电工、计算机、驾驶等专业培训,支出培训费62万元。

(朱弋征)

【军休管理】 年内,落实军休干部两个待遇,确保军休干部队伍的稳定。举办摄影展、画展、歌咏比赛等活动6次,对3100余名军休干部及遗属进行走访慰问,完成部分干休所路灯、暖气等设施改造。

（朱弋征）

【行政区划管理】 年内，开展区域边界联检工作，完成行政区划信息库数据更新，配合区有关部门对街乡界线进行勘定。

（朱弋征）

【见义勇为】 年内，在全区组织大规模见义勇为宣传活动，采取多种形式加大见义勇为宣传力度。受理见义勇为申请3例，为107名见义勇为人员发放慰问金19.26万元，帮扶救助病故、伤残和生活困难见义勇为人员21人次，对见义勇为人员进行入户调查，全面掌握他们的生活和工作情况。

（朱弋征）

【争创全国文明城区】 年内，朝阳区民政系统通过争创全国文明城区，不断加强社会建设、促进社会和谐。按照朝阳争创全国文明城区"1＋10＋43"组织架构，民政局承担了10个指挥部之一"社会事业建设指挥部"办公室职能。争创活动以来，依托社会事业建设指挥部平台，把创建全国文明城区与加强社会建设、统筹改善民生、提升社会和谐结合起来，把创建过程作为提高民政能力建设、提升民生保障水平、打造民政公益品牌的过程。

（朱弋征）

【社会福利】 年内，全面落实"九养"办法，提升老年人、残疾人的社会福利水平。出台朝阳区贯彻"九养"办法的实施意见，明确指导思想和工作原则，根据部门职责进行任务分工。制定、修订《居家养老服务补贴申请、审批办法》等15项制度规定，确保"九养"政策全面落实。新建居家养老日间照料托老所458个，老年餐桌和居家托老所实现有需求老人全覆盖。全区居家养老助残服务券使用人数5万人，发放服务补贴资金2060.94万元，培育、认定签约服务商876家，服务项目拓展到家政服务、餐桌、洗衣等70余项，全区形成"15分钟"养老（助残）服务圈。全区城乡社区（村）养老（助残）餐桌、日间照料托老（托残）所，实现有需求老人全覆盖。

（朱弋征）

【流浪乞讨人员救助】 年内，加强流浪乞讨人员救助管理，针对全国"两会"、节假日和恶劣天气等开展集中救助15次，救助各类人员1049人次。

（朱弋征）

【志愿者和社工人才队伍】 年内，整合区域社区志愿者资源，完善志愿者注册工作机制，全区累计注册志愿者30.15万人。积极服务社会工作人才队伍建设，对全区369名社会工作师、助理社会工作师进行登记造册。

（朱弋征）

【民政事业发展规划】 年内，完成《朝阳区"十二五"时期民政事业发展规划》的编制任务。规划编制中，坚持遵循民政事业发展规律，增强规划的战略性、宏观性、前瞻性。将民政事业发展的重要指标、重大项目和重点工程纳入全区经济社会发展总体规划，做到既坚持实事求是、切实可行，又适度超前、鼓舞人心。

（朱弋征）

【宣传工作】 年内，在《中国社会报》、《北京日报》、《朝阳报》、《北京社区报》等报刊刊登民政专版29个，出版《朝阳民政信息》48期，在各级媒体刊发民政信息100余篇。

（朱弋征）

社　区　建　设

【概况】 中共朝阳区委社会工作委员会、朝阳区社会建设工作办公室，是负责本区社会建设管理及街道工作的主管部门。下设办公室、政工科、党建工作科、社区建设科、社会工作科、城市管理科和纪工委、监察科。全区下设22个街道办事处和东湖街道筹备处，有214个社区。

地址：日坛北街33号
电话：65099333
邮编：100020

（李　莹）

【领导调研】 1月19日，市委常委梁伟、市委社会工委领导宋贵伦、赵小卫、周开让、刘轩调研亚运村街道社会工作师协会、社会组织培育及社会领域党建工作情况。1月20日，市人大常委会副主任吴世雄等领导一行30余人到望京街道调研外国人入出境、居留、就业管理等情况。5月13日，市委书记刘淇、市长郭金龙到麦子店街道枣营北里社区视察垃圾分类工作。6月7日，中央调研组领导吴新力、任珑、蔡昉、马慧调研呼家楼街道SOHO尚都楼宇党建服务站、麦子店街道枣营北里社区党委、社区居委会和社区服务站。6月24日,中组部组织二局二处副处长牟芳廷等一行调研商务楼宇党建工作。8月18日,中共中央政治局委员、中央政法委副书记王乐泉到八里庄、亚运村街道调研,中共中央政治局委员、市委书记刘淇,中央政法委有关领导陈冀平、鲍绍坤,市领导郭金龙、王安顺、李士祥、傅政华、刘敬民一同调研。9月15日,市委常委梁伟及市有关部门领导调研社会服务管理创新工作。10月10日,国家发改委副主任徐宪平带队一行7人,调研社会服务管理创新工作。11月25日,市委常委梁伟调研社会服务管理创新工作。

(李　莹)

【社会志愿者公益储蓄中心启动】 8月11日,举行朝阳区社会志愿者公益储蓄中心启动仪式,市社会工委副巡视员王智玲、副区长赵全保、区委副巡视员、区创建办执行主任刘英男,区文明办、民政局等单位及各街道领导、志愿者代表、武警官兵800余人参加。朝阳社会志愿者公益储蓄中心采取政府购买服务、三级管理的模式。中心设在区社会办,负责制定总体规划、活动规则等;分中心设在各街道办事处;社区服务站设在社会工作站,承办终端服务和管理。建设朝阳公益银行官方网站,建立志愿者数据库,实现供求实时对接。设置"公益时间卡",记录志愿服务时间、服务项目等。

(李　莹)

【社会服务管理】 9月3日,召开朝阳区社会服务管理创新推进大会,市有关部门领导王翔、宋贵伦、闫满成、吴世民、赵小卫、王智玲,区四套班子领导出席,区社会服务管理创新专家顾问,各委办局、街乡相关领导、社区代表,全区各派出所500余人参加了会议。9月28日,正式下发朝阳区社会服务管理创新"1+4"文件,包括《朝阳区推进社会服务管理创新实施意见》,以及《朝阳区关于成立社会服务管理创新工作领导机构的方案》、《朝阳区社会服务管理创新阶段性工作目标》、《朝阳区社会服务管理创新工作折子工程》、《朝阳区社会服务管理创新监督考核实施方案》四个配套文件。建立"1+10+43"的社会服务管理创新工作架构,成立区委书记和区长挂帅的区级领导小组,围绕"五大体系、五大突破"重点任务成立10个专项工作组,分别明确牵头部门。43个街乡分别成立相应的领导机构,党政一把手担负起第一责任,亲自抓、带头管。聘请社会建设及相关领域的知名专家郑杭生、王思斌、王名等13人,组成朝阳区社会服务管理创新专家顾问组。

(李　莹)

【成立区青年社工协会】 10月15日,朝阳区青年社工协会在民政部门正式登记注册为社团法人。协会以上年统一招录的大学生社区工作者为主体,吸纳其他青年社区工作者、大学生村官和社会工作机构中的青年工作者,会员1100余人。协会宗旨是以青年社工各自特长为基础,从事人才培养、志愿服务及青年社工凝聚力的提升,以满足社会不同需求,为居民服务。协会业务范围包括:组织会员针对社会建设工作进行课题调研及项目开发;组织会员学习前沿理论研究成果及先进工作方法,加强青年社会工作者之间的经验交流;筹划与会员工作生活相关的文化体育活动,增强本协会凝聚力;开展同其他民间组织和社会团体的交流与合作,扩大本协会的社会影响力,增强本协会会员社会责任感;组织开展社会工作师资格考试辅导以及相关业务培训,推动社会工作职业化、专业化。

(李　莹)

【安全社区创建】 11月22日-26日,世界卫生组织安全社区香港认证中心对香河园、潘家园、大屯、三里屯、左家庄5个街道进行"国际安全社区"现场考察,5个街道均通过认证。本区有国际安全社区12家,占全市的75%,全国的33.3%。区社会办主任张永新当选全国安全社区工作委员会委员。团结湖、和平街街道获"全国安全社区"称号。区社会建设工作办公室、麦子店街道办事处获"全国安全社区建设先进单位"称号,潘家园街道楼书记董跃美、香河园街道楼书记葛强获"全国安全社区建设先进个人"称号。

(李　莹)

【干部队伍建设】 年内,坚持街道党政正职例会制度,注重考促并用,评选出9个优秀街道班子。完成38名处级领导转正和5名副调研员提拔的考核工作、7名街道工委书记离任履行干部选任工作离任检查。规范科级干部选拔任用工作,对23个街道2006年5月以来693人次科级干部的选拔任用情况进行检查。利用信访挂职、上挂下派、中青班及青年干部读书班等机会,将各街道优秀的科级干部批选出来接受锻炼,大力培养后备干部。

(李　莹)

【社区建设与管理】 年内,按照"示范社区重提升、达标社区重管理、一般社区重基础"的原则,加强对209个社区的分类指导,有序推进社区规范化建设。在硬件建设上,积极协调发改、规划、国土、环保等部门加强对社区规范化建设工程的政策支持,完成160个社区用房立项申报工作。在软件建设上,全面落实"一分三定两目标"的要求,提升社区党组织的核心力、居委会的自治力、服务站的服务力和社区的凝聚力,街道系统有50个社区被命名为市社区规范化建设示范社区,85个社区被命名为达标社区。

(李　莹)

【一刻钟社区服务圈建设】 年内，出台实施意见，按照“缺什么补什么”的原则，以香河园、团结湖、亚运村等6个街道为试点，开展需求与资源调查、完善工作制度、规范服务站点等方面工作。建成121个“一刻钟社区服务圈”，制定《朝阳区社区公共服务指导目录》，将全市1060公共服务项目拓展为10类、174项。统筹社区社会单位的资源，丰富社区服务内容。加大学校、部队等社会单位公共服务设施对居民开放的力度。完成服务站点认证1100多家，完成挂牌790家。按照“基本+特色”原则，坚持“一社区一品牌、一街道一名牌”的标准，针对居民的个性化需求，做到每个街道至少提供10项特色服务项目。

（李　莹）

【社区工作者队伍建设】 年内，面向社会公开招聘188名社区工作者和社会领域党建工作者，选聘应届大学毕业生210人、村官10人。提高社区工作者待遇，平均每人每月增长约900元。成立朝阳区青年社工协会，组织开展“我来了”系列活动，激发青年社工队伍活力。采取政府购买服务的办法，引入专业机构开展培训教学，探索建立社区工作者学分制管理体系。建立大学生社工“QQ”群，畅通交流沟通渠道。以丰富的培训内容和形式为载体，以分层培训和按需培训为基础，采取政府购买服务的办法引入朝阳社区学院和其他社会培训机构或专家开展培训教学，增强培训实效，开展本区社区工作者培训学分制管理体系的建设工作。

（李　莹）

【安全稳定】 年内，加强排查整治工作，开展4次大规模拉网式排查，查出重点矛盾纠纷101个、重点人14名、缠访8名。化解重点矛盾纠纷86个，其中，区级挂帐15个重点矛盾纠纷结案13个。接待人民来访867人（批）次，下访1398批次，解决问题1573件。办理“政民互动”、“市长信箱”、“96105”、电话访等4682次，上访人满意度97%以上。建立联动、会商、联合检查三项工作机制。在全区范围内开展为期三个月的楼房群租房及地下空间清理整治专项工作，在23个街道开展相邻街道单双月交叉执法和分片联合执法工作。加强安全生产工作，制定《关于加强街道系统安全生产和防火安全工作意见》，建立地区信息情报网以及区社会办、街道和社区三级组织管理体系，开展社区消防安全“六个一”建设。

（李　莹）

【社会组织管理】 年内，坚持城乡统筹，联合专业机构、大专院校，成立惠心、在行动、近邻3个社会工作事务所，通过购买服务、项目运作的方式，为事务所提供资金和项目等支持。制定枢纽型社会组织认定、联席会议、信息沟通和工作联系等制度，加强枢纽型社会组织建设。23个街道全部成立和谐促进员协会，提高3.3万名和谐促进员的组织化程度，发挥信息员、宣传员、调解员、联络员和监督员作用，参与社会建设工作。

（李　莹）

【城市建设管理】 年内，改造老旧小区31个，增加居民停车车位176个，便民菜点286个，绿化补建17.8万平方米，甬路修复21.1万平方米，楼体粉刷17.9万平方米。推进居民小区与楼宇错时互换停车工作，整合车位7530个。在城区209个社区建成247个信息岛，缓解乱贴小广告现象。完善城市管理长效机制，出台《街道系统城市环境管理长效机制》，完善会商、联动、动员等8项机制。协调城管、公安、工商等部门定期会商，研究解决突出问题；组织相邻街道对辖区边界按单双月轮流执法，解决街道边界执法难问题；实行街道环境自我评价机制，组建12人环境秩序检查队，促使街道能够有序自转；从21个街道城管分队抽调21名城管队员，增强机动执法力量，开展市容环境集中治理行动；完善和规范街道环卫、绿化管理站建设工作，建立逐级负责的环境综合管理机制。23个街道分三批启动垃圾分类工作，以蓝色港湾、陕西大厦等100余家单位为试点，启动“百座大厦、千家单位、万名员工‘2010’工程”，提升居民和社会单位的环保意识，提高垃圾减量化、资源化、无害化水平。按照“有治安防范、有绿化保洁、有维护维修、有停车管理”的四有标准，在潘家园磨二小区、三里屯东三里等9个街道13个小区进行试点，成立老旧小区管理委员会，引导居民开展自治管理。探索出互助式、自管+外聘、互助+外包、非盈利性机构提供物业服务四种模式。

（李　莹）

【社会公共服务体系建设】 年内，整合扶持政策，提高就业组织化程度，开发就业岗位11.8万个，2.9万名城镇登记失业人员、1.4万名困难人员实现再就业。制定并实施土地储备过渡期人员安置政策，1.2万人实现转移就业和安置就业。加强劳动市场监管，帮助劳动者追回工资3300万元。20.6万名一老一小人员、6948名无业居民参加大病医疗保险。提高新型农村合作医疗人均筹资标准，参合率99.2%。321家定点医疗机构实现就医即时结算，减轻个人垫付款负担12.7亿元。完善社会救助体系，投入2.1亿元，帮扶救助困难群体。推进居家养老助残服务，落实九养政策，为5.8万人发放居家养老（助残）券。加快政策性住房建设，5547户家庭得到配租配售。建成区全民健身综合活动中心、5个街乡文化中心、83家益民书屋、32套全民健身工程，83所学校体育设施向社会开放。举办流行音乐周、全民健身日等各种活动1260场，受益群众429万人次。实施名校合作战略，加快优质教育资源聚集，累计14所名校落户朝阳。发展学前教育，增加入园名额4700个。完成117个校址的安全工程建设，加强学校人防、物防、技防力量配备，建设平安和谐校园。加强公共卫生安全风险管理，甲乙类传染病发病率下降24.5%。拓展社区卫生服务功能，推行家庭医生服务模式，延长接诊服务时间，就诊人数同比提高14.9%。

（李　莹）

【成立社会建设协调委员会】 年内，为进一步提高本区社会建设水平，推进朝阳区社会服务管理创新，建立健全社会建设协调机制，动员社会参与、整合社会资源、创建文明城区，构建"党委领导、政府负责、社会协同、公众参与"的新型社会管理格局，区委社会工委提出，在街道层面成立社会建设协调委员会，主要负责为各方主体反映诉求、规范行为、提供服务，对地区社会建设事业具有建议权和监督权，同时承接公共服务项目，与社区服务中心形成互补。6月2日，朝外街道建立朝外地区社会建设协调委员会后，有22个街道、1个地区建立社会建设协调委员会。

（李　莹）

【社会领域党建】 年内，制定下发《中共北京市朝阳区委关于社会工作党委的若干规定(试行)》，制定和试行《社会工作党委1358工作规范》，实现人员、场地、经费、活动、制度等方面规范化。制定下发《朝阳区社区党组织工作职责和任务规范》，完善社区治理模式，加强社区党建规范化建设，通过开展社区"特色党支部"创建活动，实现模范作用和服务效果的最大化。全区15个商务楼宇党建服务站被验收评定为市级一类示范点。在建外SOHO西区和八里庄华贸中心商务楼宇服务站探索建立融党务、政务、社务为一体的"三位一体"工作新模式，通过"服务进楼宇"活动形式集中开展工作。非公企业新建党组织41个。选聘59名社会领域专职党务工作者，实现平均每2.6栋楼宇配备1人的计划。

（李　莹）

【全国文明城区创建】 年内，建立以两位区主管领导挂帅的街道系统创建指挥部，街道党政正职为主要责任人、工委副书记为直接责任人。出台工作方案，确定四个阶段十项行动和评选文明形象大使等十项规定性动作。以知晓率、参与率、满意率为重点，坚持项目化运作、品牌化引领、一体化推进，深入开展创建工作，提高百姓的认同感、责任感和光荣感。各街道选拔326名社区文明形象大使和1007名文明小天使，开展2500余项活动。收集51.4832万户居民的建议和意见23.5516万条。机关干部走访居民68.3260万户，占总户数的98.51%。处级领导走访社会单位64887家，走访率98.36%。有893家物业公司参加由居民对物业公司服务质量的评选活动，物业公司为127.5185万人居民服务。各街道累计注册志愿者19.8672万人，占常住人口比例的11.37%。有243227户居民被评为文明家庭，4048个楼院达到文明楼院标准。

（李　莹）

居民生活状况

【概况】 年内，据城市住户抽样调查资料和农村住户调查资料显示，全区城乡家庭人均可支配收入有所增加，城市居民家庭人均可支配收入30134元，同比增长9.1%，农村居民家庭人均纯收入18331元，同比增长10.2%；城市居民人均总支出比上年有所增加，人均家庭总支出30359元，同比增长10.4%，人均消费性支出22406元，同比增长10.2%，农村居民支出比上年有所增加，人均期内现金支出16651元，同比增长12.4%。城市居民人均储蓄总额较上年有所增加，人均提取储蓄存款23389元，同比增长9.4%，人均存入储蓄款27069元，同比下降0.7%；农村居民人均储蓄总额较上年有所增加，农村居民人均期末手存现金3716元，同比增长17.6%，人均期末存款余额59624元，同比增长139.1%。

（王林兰）

【居民收入】 年内，全区城市居民家庭人均可支配收入30134元，比上年增加2526元，同比增长9.1%。在收入的四项构成中，人均工资性收入25032元，比上年增加1776元，同比增长7.6%；人均经营净收入846元，比上年增加244元，同比增长40.5%；人均财产性收入505元，比上年增加149元，同比增长41.9%；人均转移性收入8480元，比上年增加817元，同比增长10.7%。

农村居民家庭人均纯收入 18331 元,比上年增加 1698 元,同比增长 10.2%。在收入的四项构成中,其中人均工资性收入 10561 元,比上年增加 625 元,同比增长 6.3%;人均家庭经营性收入 64 元(统计口径较 09 年有所变化);人均财产性收入 4347 元,比上年增加 9 元,同比增长 0.2%;人均转移性收入 3359 元,比上年增加 266 元,增长 8.6%。

(王林兰)

【居民储蓄】 年内,城市居民人均提取储蓄存款 23389 元,比上年增加 2006 元,同比增长 9.4%;人均存入储蓄款 27069 元,比上年减少 195 元,同比下降 0.7%;人均储蓄性保险支出 76 元,比上年减少 87 元,同比下降 53.4%。农村居民人均期末手存现金 3716 元,同比增长 17.6%;人均期末存款余额 59624 元,同比增长 139.1%。

(王林兰)

【居民消费支出】 年内,城市居民人均家庭总支出 30359 元,比上年增加 2858 元,同比增长 10.4%。人均消费性支出 22406 元,比上年增加 2076 元,同比增长 10.2%,其中服务性消费支出 6209 元,比上年增加 870 元,同比增长 16.3%。在人均消费性支出中,食品类支出 7023 元,占人均消费性支出的 31.3%;衣着类支出 2446 元,占 10.9%;家庭设备用品及服务类支出 1498 元,占 6.7%;医疗保健支出 1196 元,占 5.3%;交通和通讯支出 4162 元,占 18.6%;教育文化娱乐服务支出 3402 元,占 15.2%;居住类支出 1625 元,占 7.3%;其他商品和服务类支出 1054 元,占 4.7%。农村居民人均期内现金支出 16651 元,比上年增加 1839 元,同比增长 12.4%。其中:人均消费性支出 15224 元,比上年增加 1927 元,同比增长 14.5%;服务性消费支出 5435 元。在人均消费性支出中,食品类支出 4281 元,占人均消费性支出的 28.1%;衣着类支出 1392 元,占 9.1%;家庭设备用品及服务类支出 548 元,占 3.6%;医疗保健支出 1094 元,占 7.2%;交通和通讯支出 1749 元,占 11.5%;教育文化娱乐服务支出 1599 元,占 10.5%;居住类支出 4095 元,占 26.9%;其他商品和服务类支出 465 元,占 3.1%。

(王林兰)

【食品支出】 年内,城市居民家庭人均购买食品支出 7023 元,比上年增加 398 元,同比增长 6.0%。恩格尔系数为 31.3%,比上年下降 1.3 个百分点。在食品消费支出中,粮油类支出 681 元,下降 1.0%;肉禽蛋水产品类 1380 元,下降 4.4%;糕点、奶及奶制品支出 654 元,增长 3.2%;在外饮食支出 1947 元,增长 9.4%。农村居民家庭人均购买衣着支出 4281 元,比上年增加 183 元,同比增长 4.5%。恩格尔系数为 28.1%。在食品消费支出中,粮油类支出 386 元,增长 5.8%;肉禽蛋奶水产品类 1171 元,负增长 4.6%;在外用餐支出 747 元,增长 13.9%。

(王林兰)

【衣着支出】 年内,城市居民人均购买衣着支出 2446 元,比上年增加 327 元,同比增长 15.4%。其中,购买服装类支出 1669 元,比上年增加 232 元,同比增长 16.1%;购买鞋类支出 665 元,比上年增加 72 元,同比增长 12.1%。农村居民人均购买衣着支出人均购买衣着支出 1392 元,比上年增加 248 元,同比增长 21.7%。其中,购买服装类支出 898 元,比上年增加 187 元,同比增长 26.3%;购买鞋类支出 404 元,比上年增加 45 元,同比增长 12.5%。

(王林兰)

【耐用消费品支出】 年内,城市居民人均购买大件耐用消费品支出 739 元,比上年减少 144 元,同比下降 16.3%。每百户居民家庭耐用消费品拥有量:摩托车 3 辆,助力车 11 辆,家用汽车 35 辆,洗衣机 103 台,电冰箱 103 台,彩色电视机 150 台,家用电脑 119 台,组合音响 34 套,摄像机 28 台,照相机 110 架,钢琴 6 架,其它中高档乐器 9 件,微波炉 95 台,空调器 174 台,淋浴热水器 100 台,消毒碗柜 10 台,洗碗机 2 台,健身器材 7 套,固定电话 103 部,移动电话 236 部。每百户农村居民家庭耐用消费品拥有家用汽车 20 辆,洗衣机 104 台,电冰箱 112 台,抽油烟机 99 台,彩色电视机 149 台,家用电脑 92 台,照相机 58 架,微波炉 87 台,空调器 175 台,淋浴热水器 101 台,普通电话 113 部,移动电话 220 部。

(王林兰)

【医疗保健支出】 年内,城市居民人均用于医疗保健方面的支出 1196 元,比上年减少 30 元,同比下降 2.4%。其中:药品费支出 438 元,比上年减少 119 元,同比下降 24.1%;滋补保健品支出 229 元,比上年增加 6 元,同比增长 2.7%;医疗费支出 390 元,比上年增加 92 元,同比增长 30.9%。农村居民人均用于医疗保健方面的支出 1094 元,比上年增加 55 元,同比增长 5.3%;其中:医疗保健用品支出 415 元,比上年减少 8 元,同比下降 1.9%;医疗保健服务支出 680 元,比上年增加 64 元,同比增长 10.4%。

(王林兰)

【交通和通讯支出】 年内,城市居民人均用于交通和通讯方面的支出 4162 元,比上年增加 687 元,同比增长 19.8%。人均交通方面支出(包括购置交通工具、支付燃料及零配件、交通费和维修服务费)3035 元,比上年增加 628 元,同比增长 26.1%。人均通信方面支出(包括购置通信工具、通信服务)1127元,比上年增加59元,同比增长5.5%。农村居民人均用于交通和通讯方面的支出1749元,比上年增加280元,同比增长19.1%。人均交通方面支出(包括购置交通工具、支付燃料及零配件、交通费和维修服务费)1052元,比上年增加265元,同比增长33.7%。人均通讯方面支出(包括购置通信工具、通信服务)697元,同比增长2.2%。

(王林兰)

【教育和文化娱乐支出】 年内,城市居民人均用于教育和文化娱乐方面的支出3402元,比上年增加395元,同比增长13.1%。其中,人均文化娱乐用品支出989元,比上年增加34元,同比增长3.6%;人均教育支出1027元,比上年增加30元,同比增长3.0%;人均文化娱乐服务支出1385元,比上年增加331元,同比增长31.4%。农村居民人均用于教育和文化娱乐方面的支出1599元,比上年增加305元,同比增长23.6%。其中,人均文化教育娱乐用品支出404元,比上年增加52元,同比增长14.8%;人均教育服务支出631元,同比增长6.4%;用于文化体育娱乐服务支出564元,比上年增加215元,同比增长61.6%。

(王林兰)

【居住支出】 年内,城市居民人均用于居住方面的支出1625元,比上年增加228元,同比增长16.3%。其中:住房支出809元,比上年增加123元,同比增长17.9%;水电燃料及其他支出694元,比上年增加79元,同比增长12.8%;居住服务费支出121元,比上年增加25元,同比增长26.0%。农村居民人均用于居住方面的支出4095元,比上年增加902元,同比增长28.2%。其中:购买居住消费品支出2150元,比上年增加128元,同比增长6.3%,居住服务费支出1945元,比上年增加774元,同比增长66.1%。

(王林兰)

【其它商品及服务支出】 年内,城市居民人均用于购买其它商品和服务方面的支出1054元,比上年增加116元,同比增长12.4%。农村居民人均用于购买杂项商品和服务方面的支出465元,比上年增加209元,同比增长81.6%。

(王林兰)

消 费 保 护

【概况】 朝阳区消费者协会(简称区消协),是依法保护消费者权益的社会团体。年内,消费者协会以消费与服务年主题为主线,进社区宣传活动15次,参加活动人数9750余人,发放宣传材料8180余份,发放宣传品7790余份,现场受理投诉176起。受理消费者投诉4767件,办结4763件,办结率99.12 %;为消费者挽回经济损失441.8万元;接待来访、咨询9385人次;因欺诈行为得到加倍赔偿133件;赔偿额86464元;收到消费者表扬信19封;锦旗8面。

地址:霄云路霄云里1号

电话:51069404

邮编:100125

(宋润明)

【消费保护】 年内,惠普笔记本因质量问题被媒体曝光后,60余名消费者投诉,区消协按照消法的相关规定,采取逐一登记办法,逐一耐心依法调解,在执法部门的配合下,惠普为30余名消费者解决消费争议。

(宋润明)

【12315消费者投诉热线】 年内,受理投诉举报9377件,其中市政府政风行风热线32件、区政府政民互动581件、城市网格化管理432件、申诉举报8332件。受理申诉4825件,调解成功率97.2%,为消费者挽回经济损失286.7万元;举报属实立案率87.9%。同时对投诉举报消费者电话回访1899件。

(宋润明)

人口和计划生育

【概况】 朝阳区人口和计划生育委员会(简称区人口计生委)是负责本区人口和计划生育工作的政府组成部门。年内,全区常住人口354.5万人,比上年年末增加36.6万人,同比增长11.5%。其中户籍人口188.6万人,全年出生15906人,出生率8.51‰,死亡人口9812人,死亡率5.25‰,人口自然增长6094人,自然增长率3.26‰,符合政策生育率97.01%,出生性别比为105,育龄妇女48.13万人。

地址:日坛北街33号
电话:65094604
邮编:100020

(王卫昕)

【人口和计划生育领导小组会议】 3月16日,召开区人口和计划生育领导小组会议。区人口和计划生育领导小组副组长、副区长张春秀主持,24家人口计生领导小组成员单位主要领导参加会议。会上,区人口计生委主任史素珍做"关于2009年工作情况及2010年工作安排"的汇报,随后会议分别对2009年全区人口计生工作考核评估结果、2010年街乡及综合治理部门人口和计划生育责任书、《关于加强土地储备地区人户分离人员计划生育工作的意见(审议稿)》、《2010年朝阳区人口和计划生育工作目标管理考核评估方案(征求意见稿)》和关于召开2010年人口和计划生育工作会议的建议等五项内容进行审议。

(王卫昕)

【人口和计划生育工作会议】 3月19日,召开区人口和计划生育工作会议,市人口计生委党组书记杨林,区长程连元,区委常委、纪委书记宋连娣等区领导出席会议,区人口和计划生育领导小组成员,各街道、地区办事处正职领导、计划生育主管领导和全体计划生育干部300余人参加会议。会议总结上年人口计生工作,部署本年工作任务,对上年度街、乡及计划生育综合治理部门考核评估结果进行通报。

(王卫昕)

【与顺义区签订区域协作责任书】 3月25日,与顺义区签定区域协作责任书。明确两区对户籍地和现居住地流动人口和人户分离人员管理与服务的工作职责,并以此为契机,加强协作,推动流动人口和人户分离人员计划生育工作再上新水平,加快形成计划生育工作一盘棋格局。

(王卫昕)

【人口发展及服务管理协调会】 4月15日,组织召开"十二五"时期人口发展及服务管理规划编制工作协调会。区发改委、流管办、国土分局、规划分局、公安分局、统计局、老龄办、北京国际城市发展研究院8家相关部门代表参加会议。会议讨论通过《朝阳区"十二五"时期人口发展及服务管理规划编制工作方案》,研究《朝阳区"十二五"人口发展规划前期研究报告》,各部门达成加强沟通与联系;相互共享,统一口径;抓住机遇,加强统筹三方面共识。

(王卫昕)

【儿童早期教育基地】 5月27日,区人口计生委按照"注重品质、热心公益"的原则,挑选出亚运村中心幼儿园等4家早教机构,作为朝阳区首批0-3岁儿童早期教育基地。

(王卫昕)

【生育后期关爱行动】 5月底,"生育后期关爱行动"项目正式进入具体实施阶段。区人口计生系统在完成关爱人群宣传、登记等各项组织工作后,由朝阳区妇儿医院利用其先进医疗资源优势,对关爱人群进行细致检查、建档,检查项目涉及一般检查、乳腺检查、妇科检查等。健康检查结束后,由朝阳区妇儿医院对每个人的健康情况进行分析并提出指导性意见,由街、乡计生办指导社区(村)对更年期取环、更年期保健培训、避孕节育知识等进行跟踪服务,通过计卫联手形成完整的项目服务体系。

(王卫昕)

【京鲁协作】 6月1日,与山东省菏泽市人口计生委联手,对在本区居住的菏泽籍违法生育人员进行联合执法。所涉及的街乡计生办、派出所、流动人口管理办公室等部门参加联合执法。两地计生部门分组入户对执法对象进行调查取证、下达《社会抚养费征收决定书》,对当事人进行宣传教育。

(王卫昕)

【主题纪念活动】 7月9日晚,以"文明城区共创建,婚育文明晟朝阳"为主题的纪念"7.11"世界人口日文艺汇演在二十一世纪剧院举行。区人口计生委为推进本区全国文明城区创建工作,结合纪念《公开信》发表30周年和中国计生协成立30周年,与区委宣传部、文明办、文化委、流管办等部门联合,通过文艺汇演,以传播人口文化来助推"新四区"建设、以建设婚育文明为文明城区创建工作营造良好的人口文化氛围。国家人口计生委领导,市人口计生委、区领导及相关部、委、办、局主要领导与各街乡人口计生工作者、全区近千名群众共同欣赏演出。9月20日,以"心系国策、共建文明"为主题的"纪念"9.25"《公开信》发表30周年暨"生育文明、幸福生活"书画、摄影展在朝阳规划艺术馆举行。展览收到创作书画作品150幅,摄影作品500多幅。活动展出作品300余件,通过大量图片、书画作品,集中反映朝阳人口计生工作的发展、群众生活发生的变化以及各界人士参与人口文化建设的情况。

(王卫昕)

【阳光计生行动】 7月22日,召开"创建文明城区暨深入开展阳光计生行动工作会"。区创建办、区人口计生委及各街乡主管领导出席会议,各街乡计生办主任、工作人员及社区(村)计生干部等200人参加会议。会上为区人口计生系统行风监督员颁发聘书,部署《朝阳区阳光计生行动实施办法》,通报朝阳区开展阳光计生行动情况。

(王卫昕)

【半年人口工作情况会】 7月23日,召开上半年人口工作情况调度会,副区长张春秀,区人口计生委、信息办、发改委、流管办、社会办、农委、公安分局、教委、老龄办、统计局、民政局等部门有关领导和同志参加会议。会上,对"十二五"人口规划编制情况、全区人口统计分析工作、实有人口库建设三方面进行汇报。围绕上述题目,各单位主管领导积极发言,提出修改意见和建议。

(王卫昕)

【区领导听取工作汇报】 10月11日,区委书记陈刚,区长程连元等9位区领导听取人口、交通、创新驱动工作情况汇报,并进行专题研究。区人口计生委主任史素珍作《关于对人口总量实施有序管理的工作汇报》,区农委、区流管办、区城市管理监督中心的领导进行补充发言,各位区领导进一步明确人口工作任务和重点,并提出具体要求。

(王卫昕)

【计生专干培训班】 10月17日至23日,组织为期一周的村居干部培训班。全区43个街乡的293名村居计生专干参加培训。通过3天的培训,计生干部进一步认清工作形势、明确努力方向,同时通过讨论有效了解基层工作难点和先进做法,为各部门及时掌握基层动态、调整工作重心奠定基础。

(王卫昕)

【流动人口调度会】 10月29日,副区长张春秀专题调度本区流动人口与出租房屋结构、产业与流动人口结构的对比分析工作,以促进该项工作深入开展。区长助理巴图以及区人口计生委、流管办、统计局、公安分局、农委、社建办、综治办、民防局、房管局等部门的有关领导和同志参加会议。会上,区人口计生委汇报相关工作情况。各部门领导就汇报中涉及的数据及相关事项进行解释说明、提出意见和建议。

(王卫昕)

【孟加拉国考察团来本区考察】 11月27日,孟加拉国生殖健康和妇幼保健代表团来本区考察、交流流动人口计划生育工作。双方就流动人口免费服务项目、条件、生育政策、宣传方法等问题进行交流,并前往八里庄社区流动人口服务站,考察本区流动人口管理服务一体化窗口工作。

(王卫昕)

【领导调研】 12月13日,市人口计生委主任邓行舟、书记杨林等领导到本区就工作中的新情况、新进展、"十二五"期间做好人口工作的设想和做法等内容开展调研。副区长张春秀、区人口计生委主任史素珍等参加调研。调研中,市、区领导围绕朝阳区功能定位与人口总量的关系、朝阳区人口资源环境方面突出的困难和问题、区委、区政府在统筹大人口方面采取的措施和下一步工作设想等方面,进行沟通与交流,对本区实有人口库开发、建设、利用情况进行操作演示。市人口计生委领导就"小人口"稳中创新、"大人口"加大统筹、人口计生部门如何融入大局、发挥在统筹解决人口问题中的作用等方面提出指导性意见。

(王卫昕)

【印发《人口管理意见》】 年内,第22次区长办公会审议通过区人口计生委《关于加强人口管理基础工作统筹解决人口问题的意见》(以下简称《人口管理意见》),由区政府向全区印发。作为本市首个区级人民政府发布的关于人口综合管理的文件,《人口管理意见》从加强区域人口管理基础工作入手,提出区域人口管理工作目标。明确完善人口预报预警机制、健全人口工作协调机制、强化人口服务管理机制、提升人口管理信息化水平等四方面的工作任务,并以政府文件的形式,明确区人口计生委作为全区人口工作的综合协调部门,在人口问题上的综合协调职能。强调在人口管理中要加强统筹协调、强化责任分工、实现信息共享、创新工作机制等工作要求。成立由区长任组长的朝阳区人口管理工作领导小组,切实加强对人口工作的领导,为朝阳区进一步统筹解决人口问题,促进人口、资源、环境的协调、可持续发展,提供制度和组织保证。

(王卫昕)

老龄工作

【概况】 朝阳区人民政府老龄工作办公室(简称区老龄办)又称朝阳区老龄工作委员会办公室,是朝阳区政府老龄工作职能部门,在区老龄工作委员领导下负责全区老龄工作。年内,以实现“六个老有”为目标,落实“九养”政策,创新工作思路,突出特色创品牌,不断改善、满足老年人的物质文化需求。

地址:日坛北街33号
电话:65094460
邮编:100020

(周长勇)

【托老所建设推进会】 3月11日,区老龄办和民政局共同召开朝阳区养老(助残)餐桌暨托老所建设工作推进会,部署全区建立养老(助残)餐桌及建设日间照料托老(残)所工作。街道(地区)办事处、餐饮企业代表介绍开办养老(助残)餐桌的典型经验及做法。市老龄办常务副主任李建国及区相关部门主要领导,街道(地区)办事处主管领导、民政科长、残联理事长、老龄干部及社区工作者200余人参加会议。

(周长勇)

【一法一条例宣传活动】 6月23日,在团结湖公园东门举办“一法一条例”宣传活动。活动中开展法律咨询、“一法一条例”知识竞答等活动,向老年人及群众发放各类宣传材料近万份。区人大、区老龄办相关领导及青年志愿者参加活动。

(周长勇)

【为老服务工作】 8月11日,在区政府召开全区为老服务工作部署会,部署“小帮手”电子服务器发放、“孝星”评选和重阳节系列活动等内容。市老龄办相关领导及各街道(地区)办事处主管主任、民政科长90余人参加会议。8月19日,区政府召开为老服务工作座谈会,区域内部分为老服务商及相关部门参加,副区长张春秀主持会议。与会人员就朝阳区为老服务工作现状、存在主要问题及在为老服务中政府、企业、个人应承担职责等方面进行探讨,对如何推进为老服务工作社会化运作方式进行研究。

(周长勇)

【电子服务器发放仪式】 8月18日,在高碑店地区社区服务中心举办“小帮手”电子服务器发放仪式。市老龄办常务副主任李建国、区老龄办有关领导以及申请“小帮手”电子服务器的老年人、残疾人代表近100人参加发放仪式。

(周长勇)

【九九重阳杯门球赛】 10月11日至12日,在朝阳公园举办朝阳区“九九重阳杯”老年门球邀请赛,全区22支老年代表队参加角逐。

(周长勇)

【孝亲敬老主题活动】 10月13日,区老龄办、文明办、广电中心在北京国际会议中心联合举办“最美不过夕阳红——朝阳区庆重阳孝亲敬老主题活动”。活动中播放朝阳区老龄事业发展专题片,对2010年评选出的区级百名“孝星”进行表彰,并举行爱心祈福仪式。全国老龄办党组书记、常务副主任陈传书,中央文明办志愿服务工作组副巡视员王朝彬,市委宣传部副部长、首都文明办主任陈冬,市民政局党组书记、局长吴世民,市老龄办党委委员杨云凤,区有关领导及各委办局、街道(地区)领导、武警官兵、老年人代表、志愿者代表、中小学生1000余人参加活动。

(周长勇)

【舞蹈大赛】 10月19日,在红领巾公园举办“第六届久久俏夕阳舞蹈大赛”,来自各街道(地区)的155对老年人参加比赛。

(周长勇)

【十二五时期发展规划】 年内,为科学编制朝阳区“十二五”时期老龄事业发展规划,区老龄办组织召开一系列专家学者研讨会,广泛征求人大代表、政协委员、基层领导及老年群体意见建议,同时加强与市“十二五”时期老龄事业发展思路对接,经过反复修改完善,基本完成本区规划编制工作。

(周长勇)

【落实九养政策】 年内,将落实市“九养”政策作为全年为老服务重点工作之一。开展“孝星”评选活动,评选出1819名市级“孝星”,同时遴选出100名区级“孝星”,重阳节期间宣传表彰;建立居家养老(助残)券服务制度和百岁老人补贴医疗制度,财政补贴2701万元,为全区5.6万名符合条件的老人发放居家养老(助残)券,为4名百岁老人发放医疗补助金近2万元,为5名未加入医疗保险百岁老人免费补办医保手续,为百岁老人办理2011年免费参保手续;建立养老(助残)餐桌,结合本区实际探索出养老(助残)餐桌“1065”型运营、服务、管理新模式,建立餐桌315个,5月1日前实现社区(村)全覆盖;通过整合社区服务中心、社区“星光老年之家”等服务场所和租用部分社区居民空闲房屋,新增日间照料托老(残)所435家,实现有需求老年人服务全覆盖;配发居家养老(助残)车,全区43个街道(地区)配发42辆(因东湖街道为筹备处,正在协商办理过程中);依托96156服务热线,为老年人提供信息服务、生活服务及精神关怀服务;投入280万元,对全区700户有需求老年残疾人家庭实施无障碍设施改造;发放"小帮手"电子服务器,在完成试点任务基础上,加强宣传、服务,累计发放"小帮手"电子服务器1.4万余部。

(周长勇)

【落实老年优待政策】 年内,认真贯彻落实市政府办公厅《关于加强老年人优待工作的办法》,每月按时发放90岁及百岁以上高龄老人津贴,投入400余万元,全年为65岁以上老年人办理老年优待卡2.2万余个,为年龄在60至64周岁之间老年人办理老年证近1.1万个。

(周长勇)

【为老年人办实事】 年内,为全区8489户80岁以上生活不便的老年人家庭安装厕所扶手,为605名老年人家庭安装"一按灵"。

(周长勇)

【温暖行动在朝阳】 年内,开展第五届"温暖行动在朝阳"活动,在对生活困难的老年群体调查摸底基础上,春节前夕,以每户500元标准对2000户符合救助条件的困难老人家庭实施救助,投入资金100万元。

(周长勇)

【调研工作】 年内,加强老龄基础调查工作,完成《北京市朝阳区2009年老年人口信息和老龄事业发展状况报告》、《2010年朝阳区老年人口状况调查报告》,涉老系统论文近100篇,经专家审定,40篇优秀论文编印成书。

(周长勇)

地 域

街 道

朝外街道

【概况】 朝外街道成立于1954年，位于朝阳区朝阳门外。辖区东起东大桥路，南到光华路，西至东二环路，北邻工人体育场，面积2.2平方公里，是朝阳区委、区政府所在地。设有天福园、芳草地、吉祥里、三丰里、雅宝里、体东、吉庆里7个社区。常住人口4.9万人，流动人口2.1万人，有回、满、蒙、藏等21个少数民族。截止到年底，辖区驻有社会单位1438个，其中，中央单位10个、市属单位22个、区属单位54个、非公经济体1352个，是外交部、司法部、民建中央等国家机关驻地。此外，域内驻有英国、朝鲜、罗马尼亚、印度、希腊等13个外国使馆。

地址：朝外大街芳草地北巷5号院

电话：85618714

邮编：100020

（李　维）

【第四届“春分朝阳”民俗文化节】 3月21日，第四届“春分朝阳”民俗文化节在日坛公园拉开帷幕，本届文化节以弘扬中国传统民俗文化为核心，着力于打造北京地区品牌文化活动，以丰富群众文化生活，展现首都人民精神风貌，提高社区凝聚力为目标，充分发挥区域民俗文化内涵，借助媒体的作用，推动社区文化建设向更深层次开展，为群众送上一次丰富的精神盛宴。在文化节活动现场开展了“文明朝阳花正开，有我参与更鲜艳”签名活动，千余名社会各界人士积极参与，为创建工作助威造势。活动受到各大主流媒体及社会的广泛关注。

（李　维）

【社会建设协调委员会成立】 6月，地区社会建设协调委员会在日坛国际酒店揭牌成立，标志着由朝外地区社会单位、居民和社会学者、专家自愿联合发起，本市第一家社会建设协调委员会正式成立。社会建设协调委员会为非营利性社会组织，主要是反映诉求、规范行为、提供服务，对地区社会建设事业具有建议和监督权。同时可以承接办事处委托的公共服务项目，与社区服务中心形成互补。大到地区某个行业的发展，小到社区养犬和治安环境等共性问题，都可以通过协调委员会进行商议解决。协会的成立体现了社会自治能力的加强。地区社会建设协调委员会不受所有制、组织隶属、规模等方面的限制，把地区社会单位、居民和专家学者集合到协会里来，集中社会力量共同支持地区的建设和发展，突破过去“体制内统不到、体制外进不来”的局限，让社区居民、社会单位在地区社会建设中都有发言权，打破过去政府“一言堂”的局限，是社会服务管理的一次创新。

（李　维）

【党建工作】 年内，以楼宇党建为突破口，加强社会领域党建工作。进一步探索“1689”商务楼宇服务站建设，完成7个楼宇工作站的规范化建站工作。在实现商务楼宇社会工作站和党建工作站全覆盖任务的基础上，开展“公共服务进楼宇”工作，将党务、政务、社务工作向商务楼宇有效渗透，实现党和政府对“立体社区”和“垂直街区”的有效治理。继续做好社会领域党建的扩面工作，全年新建“两新”组织党支部4个，“六小门店”临时党支部3个，使全覆盖工作进一步深化。

（李　维）

【班子建设】 年内，继续抓好教育、制度、监督并重的惩防腐败体系建设，坚持“关口前移、重在预防、全程介入、依法监督”的方针，重点抓好两个延伸，即向处级领导班子和领导干部延伸、向基层拥有公共权力的部门和岗位延伸。强化服务意识,在推进文明城区工作中,不断深化以人文本、为民谋利的工作理念,全面加强改善民生各项工作,着力解决群众关心的停车管理、就医服务等问题,有效维护群众的利益。与此同时,注重加强对典型的培育,树立和表彰一批"五个好"先进基层党组织和"五带头"优秀共产党员,推选出10名地区"群众心目中的好党员",这10名党员的事迹得到了市、区主要领导的高度认可,北京电视台、北京日报、朝阳报等主要媒体集中进行了报道。

(李　维)

【干部队伍建设】 年内,以优化干部队伍为目标,有针对性地实施干部培训教育计划,加强后备干部的培养,开展干部岗位交流,实行干部内部轮岗29人次,通过竞争上岗提拔5名正科级干部,4名主任科员、2名副主任科员,机关科级干部结构进一步优化。

(李　维)

【文明城区创建】 年内,以落实"十项规定动作"为抓手,深入开展文明城区创建工作。在推进"我为文明创建提建议"和"千名干部进万家,了解民意暖民心"两项规定动作中,通过采取合并推进的方式,启动入户走访工作,征集意见和建议3738条(次),并进行了分类整理,本着能办即办、快办的原则加快为民办实事步伐。在停车服务方面,通过积极协调大厦夜间停车场空位,解决居民"停车难"的问题,开发夜间停车位100余个,22位居民办理夜间停车手续,率先享受到此项服务。在健身服务方面,挖掘辖区资源,与陈经纶中学协调,开放游泳馆、篮球场、健身房、足球场等健身场地,满足居民的健身需求。在就医服务方面,与朝阳中医院合作开辟老干部绿色就医通道,实现挂号、问诊、检查、缴费、取药"一站式"便捷服务。此项工作得到老干部及家属较高的认可,同时也受到各级领导的高度关注。在区召开的老干部"四就近"服务推进会上,街道作为唯一示范单位做经验汇报。6月,中组部老干部局一行20余人对地区"四就近"服务工作进行调研,并对街道落实老干部"四就近"服务工作的做法给予高度评价。

(李　维)

【"一刻钟社区服务圈"建设】 年内,地区"一刻钟社区服务圈"建设得到了国家、市、区各级领导的广泛关注。2月,市委书记刘淇、市长郭金龙等市领导到芳草地社区调研"一刻钟社区服务圈"建设情况。区委书记陈刚,区长程连元,区委常委、宣传部长谢莹等陪同调研。刘淇对街道"一刻钟社区服务圈"建设所取得的成效给予充分肯定,他表示,街道通过完善社区公共服务设施、整合地区社会资源,创新服务模式,不断提高社区综合服务功能,给老百姓带来了实惠,是切实的便民举措,其做法和经验对其他地区相关工作具有重要的参考价值和示范借鉴意义。10月11日,国家发改委一行在陈刚陪同下对街道"一刻钟社区服务圈"进行全面考察,并给予充分认可;中央电视台《焦点访谈》栏目进行专题报道,同月北京日报头版以《不出社区能享百项服务》为题,对街道"一刻钟社区服务圈"进行专题报道。街道按照"7－10－N"工作模式,推进"服务圈"建设。在街道层面,强调"功能社区"建设,加大服务资源统筹协调力度,开放社管中心和社区活动室、图书馆、健身设施等公共资源;协调建立便民网点,优化商业网点布局,加强临街便民网点监督,实现服务资源跨社区共享。社区层面,现有"地域社区"划分7个"一刻钟社区服务圈",各社区从改善社区服务站窗口服务入手,开展便民服务活动,打造品牌服务项目,动员社会单位、志愿者广泛参与社区公益、便民服务。街道社区两级联动,形成"街道统筹协调,社区重点落实,社区各方协同参与"的工作格局。在工作中"突出以人为本,实现三个成本节省"和"突出需求导向,实现三个工作对接"的理念,节省居民在购买社区服务过程中的路程、时间、消费成本,做到与政府重点工作、辖区服务资源以及社区特色服务三个对接。进一步优化商业网点布局,建立动态管理机制,实现服务资源跨社区共享;编制《一刻钟社区服务圈服务手册》,将首批4000册向辖区老人、残疾人、困难家庭发放;创新"集中服务、预约服务、上门服务、直通信息服务、应急服务"五大服务方式;积极培育"六小门店"协作组、地区餐饮协会、志愿者组织参与社区服务,并建立良性的准入机制和动态管理机制,形成多方式开展、多渠道参与、多方面配合的新型服务格局。"一刻钟社区服务圈"正逐渐成为汇集各方资源的"蓄水池",以公共服务为基础,搭载各类商业、公益、便民服务,内容囊括5大类、86项服务的社区综合服务体系正在形成。

(李　维)

【推广"六小门店"协作组】 年内,按照"1245"工作模式,即"搭建一个平台,搞好两项建设,明确四项职责,做好五项服务",在所辖的七个社区全面推开"六小门店"协作组建设,成立7个"六小门店"协作组,吸纳534家"六小门店"加入社区所在协作组,挖掘49家"六小门店"为社区居民提供优惠服务,吸纳12家六小门店成为居家养老服务供应商。在此基础上,吸纳辖区120余加餐饮单位成立地区经济协会餐饮分会,进一步规范、提升服务,发挥协会在本行业的业务引领和资源凝聚作用。

（李 维）

【社区居民事务协调委员会成立】 年内,各社区先后成立居民事务协调委员会,围绕社区重大事务、政府交办的中心任务、居民关心的难点热点问题进行协调、协商,建立社区居民、社会单位和社区沟通交流的平台,提升社区管理和服务水平,预防和化解社区矛盾,共同推进和谐社区建设。

（李 维）

【社区规范化建设】 年内,进一步完善居委会、服务站工作制度,规范社区管理。制定《朝外街道社区居委会、服务站工作制度》,并对照市区要求、结合自身情况,梳理出社区居委会98项、社区服务站127项职责。编制《两委一站工作职责》,分发到机关各职能部室和各社区,引导机关科室根据居站职能合理分配工作任务,实现机关部室与社区工作的有效衔 接和良性互动,有效促进居委会和服务站职能分开,加强沟通协作。制定《夜间值班制度》,加强社区日常管理,避免工作盲区。全年投入社区办公经费29.5万元,居民活动经费19.1万元,社区党建经费16.6万元,增设社会组织建设专项经费4.5万元,为社区各项事业的顺利开展提供了资金保障。进一步加强社区工作者队伍建设,加强社区工作者教育培养,全年对社区工作者进行8次培训。不断创新考核机制,设立"和谐社区建设奖"、"社区文化建设奖"、"社会组织培育奖"等8个特色奖项,通过开展特色测评,各社区直观、深入地了解了彼此的特色工作,促进相互间的交流和学习。不断加大对青年社区工作者培养力度,对新录用的大学生社区工作者进行培训,并召开座谈会,了解大学生社工思想动态和工作情况,为大学生社工发挥优势、开拓工作局面搭建平台。建立站长助理选拔制度,通过竞职演讲,民主评议,选拔6名35岁以下社区工作者作为社区服务站站长助理。选聘7名应届高校毕业生到社区工作。开展"我为社区献一策"课题调研活动,锻炼和培养青年社工在工作中发现问题、思考问题和解决问题的能力。

（李 维）

【平安社区建设】 年内,以促进安全生产、公共安全、校园安全、社区群众安全的预防和持续改进为主要内容,积极开展安全社区创建工作。进一步完善治安人防体系,加强专业保安队伍建设,配强配齐专业保安队伍,做到辖区点上有人守、线上有人巡、面上有人管、块上有人统。加大科技创安投入力度,辖区的治安监控探头达145个,实现区域全覆盖,同时进一步强化城市管理综合指挥平台功能,推动治安防范体系由粗放式管理向精细化、数字化转变。加强治安物防建设,更换百脑汇和华普大厦前治安岗亭,对411个居民小区单元门的破损门禁系统进行维护保养,门禁系统完好率达到90%以上,确保物防到位。实施"红袖标"巡逻工程,发动积极分子及各类安保力量2350人,确保"两节、两会"、"六四"敏感期以及国庆期间的安全稳定。开展校园周边安全值守工作,与4所中小学和3个幼儿园建立警情会商制度,出动公安、机关干部、社区居干、专业保安等各方力量2690余人次,维护校园内部的治安和消防安全、校园外部的道路交通秩序。强化公共安全建设,开展建筑工地、食品安全、消防安全等专项检查,完善安全生产长效管理机制,突出夯实基础和构筑网络这两个关键环节,开展各类专项安全检查活动13次,日常执法检查97次,签订责任书598份,检查经营单位475家次,检查发现安全生产隐患和问题的单位42家、182处,下发整改通知59份,并全部进行了复查。同时本着"意识到位、学习到位、应用到位"和"整个社区是一体"的"三位一体"理念,向居民发放《居家安全小常识》宣传册15000册,指导居民安全用电、用水、用(燃)气及如何进行应急防护,提高居民安全防范意识。

（李 维）

【税源建设】 年内,以保增长为目标,全力以赴加强税源建设。在对上年税源建设工作进行认真总结、查找薄弱环节基础上,对本年的工作模式进行调整,定期召开税源建设工作推进会,确定工作方向,摸清辖区各大厦内的个人产权房屋出租情况,为小房产税的稳步增收奠定基础;加强各项数据的对比、分析工作,时时掌握辖区内区级收入的增减变动情况,确定走访目标,了解企业的经营情况,提升为企业服务的能力;优化辖区的投资环境,筑巢引凤,吸引优质企业到地区注册、经营、发展;遵守承诺,以诚为本,对上年引入的企业进行相应的奖励,树立良好的政府形象,拉近政府、社会单位之间的距离。截止到10月末,形成区级收入5.63亿元,同比减少0.18亿元,下降3.1%。(由于中石化企业受国际原油环境的影响,造成生产成本上涨,利润空间下降,上缴税收下降,进而导致辖区内的区级收入比上年同期减少7630.49万元,如果剔除中石化企业影响,区级收入同比增加5830万元,增长10%)。

（李 维）

【社会保障】 年内,以深化为民服务为着眼点,加快完善就业和社会保障工作。组织开展4次、200余人次参加招聘会,为90名失业人员进行了职业技能培训,开发就业岗位2464个,推荐385名失业人员实现再就业;开发社区就业岗位319个,社区就业岗位安置失业215人,发放社保卡2300份,接受廉租房申请13户、经济适用房申请85户、限价房申请404户、公租房预约登记13户,年底仍在社区公示和街道初审的家庭92户;发放低保金112万元,发放低保人员医疗救助金9.5万元,为805人次的高龄老人发放津贴8.4万元,发放丧葬补贴28人14万元。为15人次优抚人员报销药费6.7万元,为40人次发放优抚经费13.5万元。为177名60岁以上的老人办理了老年证,为316名65岁以上的老人办理老年优待证,发放慈善救助金12人次,共计1.05万元。为8人办理临时救助,救助金为4.97万元;为2人办理助学金8000元;实现了"应保尽保"的目标。

(李　维)

【"6620"关爱行动】　年内,以"6620"关爱行动为突破,深化为老服务。将关爱空巢老人作为文明城区创建的一项重要特色工作,积极探索建立"6620"关爱空巢老人志愿服务体系,以60岁以上老人为服务对象,从精神、健康、生活、应急救助、文化、法律6个方面为空巢老人做20件实事。建立空巢老人需求和服务资源网络,以志愿服务、低偿服务和社区监测服务为支撑,搭建4个链接平台,即银色链接、社区链接、家庭链接、视频链接,实现志愿服务资源与一般性需求、个性化需求的对接,通过开展配发"小帮手"、"庆重阳、送吉祥"第三届老年趣味运动会等系列活动,为81户137名老人提供服务。同时采用"社会化"参与和"项目化"运作的服务模式,进一步推进居家养老工程,在7个社区分别建立日间托老所,新开辟"宏状元"、"大粥锅"两个老年餐桌,为地区18户70岁以上重病老年人安装"一按灵",发放低保老年人慈善医疗卡12人,逐步构建街道—社管中心—社区—包楼居干—志愿者"五位一体"的为老服务体系。

(李　维)

【维稳工作】　年内,按照区委的统一部署,开展"矛盾纠纷集中化解专项行动",通过建立完善领导包社区制度以及疑难问题专题调度会制度,细致排查、妥善解决辖区存在的矛盾问题。充分发挥辖区司法、信访、社会单位维稳协作机制功能,动态把握社情民意,定期研究、分析、消除不稳定因素。进一步落实领导干部定期接访、下访制度,及时化解各类矛盾,维护地区稳定。全年累计调解纠纷102件,化解各类矛盾纠纷63件,排查重大矛盾纠纷3件,预防集体访2件。接待群众来电来访116人次,接待集体访3批次。受理市区信访件20件,其中市长信箱8件,区转信访件12件。

(李　维)

【城市管理】　年内,围绕创建文明城区总体要求,以"百日整治行动"为契机,重点地区动态排查整治和联合执法相结合,强化"1+7"工作模式,即以街道为主体,协调城管队、派出所、交通队、工商所和卫监所5个职能部门,对无照游商、夜市拍档、非法小广告等5类违法行为进行专项整治。截止到10底,共查缴"黑三轮"100余辆,规范"门前三包"单位1690家(次),取缔非法游商702起次,暂扣各类非法经营工具及商品600余件,劝阻教育300余人次,没收盗版光盘5000余张,依法没收客、货运三轮车135辆次,清理乱倒、偷倒建筑垃圾、生活垃圾和废弃物120余处,拆除违法建设6处、155平方米,清除非法张贴、喷涂广告280余处,没收非法小广告10000余张,救助流浪乞讨人员28人次,接受处理网格案件5673件、各类举报投诉、督办案件400余件。为确保整治效果,还针对性地开展系列专项整治行动。一是雅宝路综合整治成效显著。联合公安、交通等职能部门依法取缔客、货运三轮车非法营运42起,规范停车秩序50余起,对雅宝路盒饭摊点进行规范整治,将13户经营盒饭、小吃的经营商户统一划定区域规范经营;二是集中开展"脉冲"行动,查缴雅宝路、老番街等重点点位的"黑三轮"100余辆,净化了地区的交通环境秩序;三是加大控违拆违力度,拆除雅宝里小区、三丰里小区违章搭建简易房屋4处、共计95平方米;四是规范治理机动车售货行为。在多次告知无效的基础上,联合公安依法对芳西街2号楼前利用机动车销售食品的无照经营违法行为进行集中整治,没收非法经营工具、商品10余件,拆除违章搭建简易棚3平方米,净化了居民区周边环境秩序。

(李　维)

【停车管理】　年内,多管齐下,着力解决地区"停车难"问题。编制致广大居民一封信,积极引导居民绿色出行、文明出行、规范停车,争取广大市民的理解和支持,营造共同参与缓解交通拥堵、维护道路秩序的良好氛围。投资10万余元在辖区新建停车场地3处,增加泊位557个;协调商厦、驻区单位开展错时停车,累计向辖区居民提供夜间及周末停车位1100个;采取封闭小区、调整部分绿地、重新规划道路等措施,增加小区停车带4处,新增泊位90个。通过招投标确定路侧停车管理企业,并制定相应的考核办法和行业退出机制,定期开展联合检查。加大查处占道经营、占道堆物等各类影响道路通行问题的力度,进一步强化社会单位履行"门前三包"管理中对停车秩序管理的责任。取缔非法停车场,净化路侧停车环境。加强违法停车行为治理,配备10名交通协管员协助交通民警维护辖区路侧停车秩序。严厉打击黑车运营行为,街道综治办联合交通队、派出所、城管等部门每日不定时开展联合执法。

（李 维）

【环境建设】 年内，全面启动老旧小区、街巷胡同改造工程。完成甬道铺装2647平方米、绿化改造240平方米、牌匾改造220平方米，围挡墙修复280延米，护栏粉刷300平方米，外立面整治1000平方米。对约8000平方米的自管绿地开展补种补植工作，美化辖区环境。推进垃圾分类工作，成立垃圾分类组织机构，及时做好生活垃圾分类投放环节宣传动员准备工作，发放垃圾分类宣传折页17000份、垃圾减量垃圾分类《绿娃在行动》宣传书17000份，发挥社区志愿者、楼门长和垃圾分类志愿者作用，对居民开展宣传、指导工作；加强对辖区社会单位的指导，督促其在规定时限内，实现垃圾分类投放、收集。广泛开展"践行垃圾分类、履行社会责任、争做文明单位"活动，为逐步实现垃圾减量化、再利用、再循环奠定基础。

（李 维）

【第六次人口普查】 年内，成立以办事处主任担任组长，主管副主任任副组长，各职能科室负责人和派出所所长、房管所所长为成员的人口普查领导小组，严格做到人员、后勤保障到位，确保普查工作顺利开展。以"三三制"形式确立街道普查办公室人员和社区普查队伍选聘方案，即机关干部、社区居干、外聘人员组成办公室工作人员，社区居干、楼门组长和外聘人员组建指导员和普查员队伍。为普查办公室专门协调一处80余平米办公场所，并出资10万余元进行装修，配备10万余元的办公设备。对社区普查骨干进行为期3天的封闭业务培训，为随后各社区迅速展开入户清查工作奠定了工作基础，使朝外人口普查任务完成情况在全区排名第一，区人普办两次到街道检查工作，对街道给予高度评价。9月，提前完成地区户口整顿摸底清查工作的组织实施、复查验收、资料的汇总上报和户口整顿资料的移交等工作。

（李 维）

【街道总工会成立】 年内，街道总工会成立，选举工会"三委"委员。为不断扩大工会组织覆盖面，进一步提高工会组建率和职工入会率及巩固率，全年建会4家，发展会员768人。至年底会员已达5887人，涵盖企业141家，独立建会33家、联合工会7家。新签订集体合同4家，累计独立完成签订集体合同已有26家，覆盖职工人数4541人，签订集体合同人数占会员总人数的87.37%，超额完成区工会下达的指标任务。

（李维）

【归侨侨眷建档工作】 年内，街道对辖区归侨、侨眷情况进行摸底，建立归侨、侨眷档案。辖区有归侨23人，其中印尼归侨18人，马来西亚归侨2人，美国、日本、越南归侨各1人。有侨眷197户，共有国外亲属232人（含留学人员），分布在全球21个国家。有7名侨联委员，27个侨联小组。成立有侨联临时党支部。有侨友书画社、爱侨艺术团、爱侨民乐队、保健养生协会，爱侨外语学校等群众组织。

（李 维）

双井街道

【概况】 双井街道位于朝阳区中西部，东起东四环，南至劲松大街和广渠路，西至东二环，北至通惠河。辖区面积5.08平方公里。东二、三、四环路，西大望路、广渠路等7条市级道路贯穿其中，还有区级道路15条。河道面积5.1万平方米，绿化总面积1.036平方千米，绿化覆盖率20.4%。辖区商业网点、群众性健身、娱乐场所分布均匀。街道基层群众自治组织健全，社区服务窗口完善，共有12个社区居委会和社区服务站。地区人口总数126483人，户籍人口69016人、外来人口31183人；育龄妇女22289人（户籍16906人），全年出生628人（男311人、女317人），人口增长率为4‰。辖区内有幼儿园6所、小学5所、中学2所、老年大学1所，医院2所、社区卫生站4个。

地址：百子湾南二路88号

电话：67782507

邮政编码：100022

网址：http//sjjd.bjchy.gov.cn

（姜龙祥）

【危改拆迁】 年内，按照区委区政府的具体部署，合理安排力量，积极做好通惠河南岸拆迁后续、垂杨柳危改区保持、和平村拆迁推进等工作。妥善处理通惠河拆迁后续问题。针对通惠河南岸拆迁居民经常出现周末聚集的情况，街道高度重视，领导班子成员、信访办的同志主动放弃周末休息时间，深入一线做好解释宣传、约谈重点人等工作，并积极协调上级落实保障性安置房。9月中旬正式实现入住，通惠河南岸的矛盾得到妥善解决；努力保障垂杨柳危改区居民正常生活。认真履行属地责任，想方设法解决厕所跑水、路面损坏、污水井堵塞、井盖丢失等问题。完成垂北里3、4号楼楼顶防水工程，化解部分已搬迁户与拆迁公司的纠纷，确保危改区的稳定；积极推进和平村拆迁进程。7月，上级明确街道为拆迁牵头单位后，街道工委提出"筹划准备、循序渐进、拓展推进、全面攻坚"的拆迁工作基本步骤，主要领导靠前指挥，发动机关、社区、拆迁指挥部各拆迁公司等各路人员，分8个组捆绑入户，加强工作，克服种种困难，及时解决该地的环境、基础设施等问题,保障居民正常生活,取得阶段性成果。从7月底到12月初,有121户居民签协议搬家。年底,5204户居民搬迁4005户,占76.96%;还有1199户居民未搬迁,占23%。

(姜龙祥)

【基层党建】 年内,完善“两新”组织联系会制度,加强社会工作党委“1358”规范化和社区党建规范化建设,按照“三位一体”、“五站合一”的要求,建成京粮大厦等商务楼宇一类服务站8个;以广外南社区为试点单位,开展党代表任期制尝试,建立党代表接待、巡视、调研等工作制度,为深化党内基层民主迈出了坚实步伐。9月22日《北京日报》头版头条报道了试点情况;推出五个好党组织创建活动新形式,以百子园、广外南、京粮大厦等基层单位党组织为先期示范,取得了经验;成立区首家残疾人党支部和“司法所与律师事务所联系机制”,推动基层党建创新发展。扎实开展创先争优活动。根据区委统一部署,围绕“党员公开承诺”、“亮承诺、比奉献、促和谐”、“亮身份、比业绩、促发展”等主题开展了特色活动,七一前夕,组织开展“群众心目中的好党员”“和谐社区带头人”、“五个好党组织”、“优秀共产党员”、“优秀党务工作者”评选表彰活动;推出王燕霞、李秀贞、刘子项为第三批和谐社区带头人。

(姜龙祥)

【城市建设与管理】 年内,抓住全区“百日环境整治活动”、“四月行动”和“脉冲行动”等专项整治的时机,扎实开展环境整治,累计开展城市环境集中整治53次,投入2500多人,出动执法车辆300多次,暂扣物品5000余件、纠正违法行为1万多起,取缔各类违规广告牌匾300多块,没收非法小广告百万余张,暂扣各类违法经营机动车2000多辆、自行车100多辆,取缔无照经营4000多起,规范店外经营500余起,教育整改无照摊贩1000多人,环境整治收到了实效;继续加强城市建设。完成城管分队、绿化保洁队办公用房建设工程,落实北菜园平房区1500平方米道路硬化;配合区有关部门完成九龙山路北段8户居民的拆迁、各类管线入地的相关工作及该规划道路的建设任务,打通东柏街至三环路连线进出口,完成百子湾南二路西段道路扩宽工程,新建庆丰公园南侧绿荫停车场,地区的城市功能更加完善;稳步推进垃圾减量、分类工作,成立领导小组,制定具体方案,建立数据台帐,广泛开展入户宣传,在九龙花园小区进行试点,合理布设公用垃圾桶,改造两座垃圾楼,推动垃圾减量、分类工作落实。

(姜龙祥)

【税源建设】 年内,以创建全国文明城区工作为抓手,深化创建与税源建设的结合,利用处级领导大走访活动,组成12个税源建设促进组,深入地区2300多家经营企业,做好促税工作,通过努力,有6家异地回迁企业完成工商注册和税务登记变更手续,有7家回迁企业成立了分公司并完成税务登记变更手续。

(姜龙祥)

【“最后一公里”绿色出行服务】 年内,为改善地区交通环境,切实解决群众出行不便的问题,组织专门力量,利用文明城区创建的时机,通过走访、问卷调查等方式,广泛了解群众对交通出行问题的意见建议,通过调查,了解到60%的居民希望政府能够解决最后一公里的出行困难。针对群众的呼声,街道对市场、道路、交通工具和运营模式等情况进行了反复研究和探讨,形成了“政府主导,企业参与,市场运作,公众受益”的思路,选择双花园、光环、富力三个群众反映最强烈的社区作试点,详细规划线路、设定站点、票价1元,并协调电瓶摆渡车生产企业提供车辆,大胆尝试,有效解决了居民在无公交区域出行、购物不便的问题,为全区解决最后一公里出行难问题提供了借鉴。

(姜龙祥)

【扶残助残行动】 年内,针对地区残疾人多、重残人家庭多、困难残疾人家庭多及老残一体家庭多的特点,进一步完善康复站、温馨家园、职康劳动基地等一系列适宜残疾人康复训练、娱乐休闲的服务项目,投入80万元加强居家助残服务、职业康复劳动、残疾人康复训练、辅助器具配发等工作,其中,居家助残工作得到了区残联的大力支持,并在区促进残疾人事业发展研讨会上作典型经验发言,《北京日报》、《北京社会报》、《朝阳报》、《朝阳有线》等媒体对此进行了报道。4月,街道根据残疾人的自身情况,把具有劳动能力和特长的轻度肢体残疾人组织起来,组建双井街道“残帮残”特助服务队伍,以社区为依托、以温馨家园为基地、以轻度残疾人为主要力量,对重度残疾、一户多残、老残一体和家庭困难的残疾人开展理发、按摩、家政服务等有偿服务,政府给予扶持,既解决了轻度残疾人的就业困难,又推动了民生工作的新发展。继续落实为民办实事工程,根据区无障碍监督办公室的要求,完成地区27户有需求的肢体、多重残疾人家庭的无障碍改造工作,方便了残疾人生活。研究成立了街道残联党总支,下设3个残疾人党支部,方便残疾人党员就近参加党组织活动,增强残疾人党员的归属感。

(姜龙祥)

【静态停车整治】 年内,随着全市机动车保有量的不断增加,车辆运行与道路承载力、静态停车支撑、文明用车等方面的矛盾日益突出,成为政府、居民和全社会共同关注的难点问题。针对这一情况，区委区政府把“畅通工程”作为重大民生工作摆上议事日程，区长程连元和区人大、区政协的领导先后10多次来到双井街道召开道路交通整治工作会，并将双井街道三环以东地区作为区停车秩序整治的试点区域，从5月开始，利用5个月时间开展集中整治。整治期间，街道成立了停车文明宣传、基础工作调查、车库降价协调、联合检查规范、道路建设规范、道路设施施工、媒体宣传引导、秩序整治实施、技术保障、矛盾调处10个工作组，按照职责分工，同步开展工作，使整治工作环环相扣，齐头并进；整治过程中，注意加强组织领导、广泛开展宣传，积极化解矛盾，深入挖掘停车资源，加强道路建设规范和执法巩固，保证整治工作有效推进。通过近5个月的集中整治，地区静态停车秩序得到规范，交通环境明显优化，交通拥堵有效缓解，得到上级机关和广大居民群众的普遍好评。

（姜龙祥）

八里庄街道

【概况】 八里庄街道位于朝阳区中西部。辖域面积4.4平方公里。东起青年路，与平房乡接壤；西到金台路、西大望路，与呼家楼、建外街道相接；北以二道河为界，与六里屯街道相望；南以国华热电厂循环水渠至京棉集团的围墙为界，与高碑店地区相邻。辖有13个社区，其中老社区8个，新社区5个；另有2个社区筹备处。据第六次人口普查，地区总人口112499人。其中户籍人口32406户、82636人；常住外来人口32206人。驻地单位3469个，其中中央单位28个，市属单位58个，区属单位41个，私营、个体及其它单位3342个。中国纺织科学院、中国国华电力股份有限公司北京热电分公司、华糖洋华堂商业有限公司、京棉集团有限责任公司、航空大厦、华商大厦等单位坐落在本辖区。

地址：柴家湾12号

电话：65001062

邮编：100025

（邱维伟）

【完善社会动员机制】 年内，协调地区重点单位负责人和知名人士，组建地区“社会建设协调委员会”，通过定期会商、共享资源、优势互补，协调解决地区重点难点问题；建立地区“和谐促进员协会”，规范了和谐促进员队伍，使地区和谐建设志愿者的管理更加规范；在社区层面，整合有威望、有热心的居民建立“言和吧”等14个“社区居民事务协调委员会”，培养居民的矛盾自我化解能力。

（邱维伟）

【社区工作者开展“五优”服务】 年内，在各社区全面开展“转变作风创优服务”活动，推广“五优”标准，倡导争当遵守规章制度优、群众满意度优、服务技能优、工作作风优、团结协作优的“五优”社区工作者。

（邱维伟）

【民生工作】 年内，为地区29户、70人办理最低生活保障手续，为5户困难家庭和6户大病家庭办理临时救助；投入资金2万余元，为地区122户困难家庭发放慰问品；办理残疾人政策性补助359人、42.5万元；帮助9名精神病人入住康复机构，9名残疾儿童接受机构训练，21名残疾人持康复卡治疗；审核报送保障性住房申请材料406份，完成31户家庭的廉租房配租；积极为农民工维权，检查单位121家，处理案件纠纷56件，其中巡查立案37件，受理投诉案件19件，解决拖欠工资16件、涉及1112人、涉及金额1369.9万元。开展了“就业困难人员就业援助月”及“春风行动”就业援助活动，为每个登记失业人员指定就业指导员，协调组织职业指导、各类技能培训和招聘会27场，培训失业人员661人，挖掘岗位3852个，265人达成就业意向。挂牌成立“老人餐桌”7家，日间照料室5个，组建居家养老志愿者服务队伍5支。根据居民需求和资源分布特点，分红庙、十里堡、青年路三个“分圈”推进“一刻钟服务圈”建设，为393家合格服务商认证、挂牌，实现地区居民15分钟内“基本服务有保障、个性服务有选择”。

（邱维伟）

【环境建设】 年内，实现辖区“门前三包”责任书普查、年审100%；规范“门前三包”单位843家次，规范广告牌匾105块。按照定人、定车、定责的原则，对重点地区全天候盯守，有效减少了黑车、游商等现象。取缔无照经营457起，查处不符合规定的运输车辆48辆。顺利拆除存在安全隐患的违法建设20处1500平方米。共处理网格件近2000件，规范施工现场38次；协调清除垃圾渣土80吨。改革保洁机制，完成辖区保洁面积的第三方测绘，建立了比较准确的地区保洁基础数据；在红北、延静里两个社区引入专业化保洁公司，与社区服务中心保洁队竞争互促，有效提高了保洁质量。投入100余万元对甘露西园老旧小区进行改造，翻修行车道路5000平方米、人行步道2000平方米，更换照明5套，增设路椅10张。对远洋南侧路、城市华庭东侧路、京棉新城西侧路、百工坊南侧路等4条道路进行翻修拓宽，对新八里庄中心小学西侧道路进行重新修缮。在东里53号楼东侧建立便民市场，改造小区道路，配合对游商的持续整治，“疏堵结合”消除了这一挂账乱点。

（邱维伟）

【安全维稳】 年内,组织3500多人次,对30余家物业、200余家经营单位、107处地下空间进行检查督促,发放宣传材料近2000份,签定防火安全责任书582份,全力消除火灾隐患。签订预防煤气中毒责任书1366份,整改各类隐患400余处,销毁不合格炉具89个,有效防止了煤气中毒事件。针对主要街道和学校周边等重点地区的交通秩序和车辆乱停乱放等问题进行了整治,组织交通安全宣传教育课15场次,保证了交通安全。制定《八里庄街道2010年应急演练计划》,在十里堡社区、华贸公寓等社区和社会单位进行应急演练。梳理地区可能发生的群体性事件,将京棉危改项目回迁居民滞留问题、酷赛体育健身中心纠纷等问题列为维稳重点,多方协调疏导缓解,避免了群体性事件的发生。对地区476名重点人进行分析、梳理和分级调整,并对涉及信访的43名重点人进行重点走访和调解,有效化解了社会矛盾。建立信息报送机制和应急机制,做到问题早发现、处置有准备,变被动处理为主动预防。

(邱维伟)

【文明城区创建】 年内,根据区委的总体部署,围绕"知晓率"、"参与率"、"满意率"开展文明城区创建工作。广泛进行宣传。悬挂宣传横幅260余条、张贴主题宣传画1000余张、竖立宣传展板200块、发放"创建全国文明城区"《一封信》5万份、制作发放宣传服务手册3万册。党政领导、机关干部、社区居干开展"千家万户大走访"活动,并发放文明创建"心愿卡"2万张,宣传创建理念,征集意见建议,走访入户覆盖率达到100%,搜集意见和建议30715条。积极开展活动。邀请地区各类人群召开大型动员会、研讨会、座谈会135次,问计于群众、问计于社会。对照区文明城区创建"十大行动"及区社工委十二项"规定动作",拟定了八里庄"创文"的十四项群众性创建活动。以"文明使者在身边、文明活动我参与、我是文明志愿者"为品牌活动吸引广大群众参与创建。评选了14名创建形象大使,64名文明小天使,并积极开展巡讲、巡演活动。发挥"李高峰"志愿者服务队、"十姐妹"扶老助残服务队等品牌队伍的带动作用,倡导志愿服务精神。积极组织居民、学生与驻地军队开展双拥共建活动,培养地区群众爱国主义情怀。搭建"东隅阳光"社区文化大舞台,利用传统节日、社区文体队伍来活跃文明创建氛围。推进惠民工程。针对地区特点和突出问题积极创新机制,通过创建让群众得实惠。在平安建设方面,实施隐患挂账分级机制;在环境卫生方面,改革环境保洁机制;在民生工作方面,实施多元服务对接机制;在解决难点问题方面,建立重点难点问题定期会商和挂账销账机制,将50多项问题建档挂账、定期会商、动态销账,一些历史遗留的"老大难"问题得到有效解决。

(邱维伟)

酒仙桥街道

【概况】 酒仙桥街道位于朝阳区东北部,东、东南,西、西北与将台地区办事处相邻,南与东风地区办事处毗连,西北与东湖街道筹备处、望京街道相邻,北与崔各庄地区办事处接壤,辖区面积5.3平方公里。辖区内有9个社区,分南北两片,北片有大山子社区、高家园社区、中北路社区;南片有红霞路社区、南路社区、怡思园社区、电子球场路社区、东路社区、驼房营西里社区。辖区居民以汉族居多,另有回、满、蒙、鲜等13个少数民族。

地址:酒仙桥六街坊6号

电话:64371012

邮编:100016

(韩惠清)

【"消费与服务"法制宣传】 3月15日,地区司法所工作人员及金栋律师事务所律师在久隆百货广场进行主题为"消费与服务"的法制宣传。

(韩惠清)

【创建全国文明城区】 4月,本区创建全国文明城区工作启动。街道成立创建全国文明城区工作指挥部,下设办公室、9个专项工作组和9个社区分指挥部。建立健全"领导包片,科室包路段,居干包楼"、月例会、联席会、培训等工作机制。以LED显示屏、大型围栏、《酒仙桥报》、酒仙桥为民服务信息网为宣传阵地,拓宽静态宣传渠道;以"小红帽志愿者行动月"、"做文明有礼的北京人"、"垃圾减量垃圾分类从我做起"等为主题,发挥文明形象大使和文明小天使引领作用,发掘创建亮点和特色。截至年底,累计开展主题活动200次,参与活动总人数超过3万人次,参与活动社会单位600个。

(韩惠清)

【向阳院改造协调会】 4月7日,街道召开向阳院平房小区改造协调会,办事处副主任,城建科科长,施工单位经理及向阳院居民代表9人参加会议。会议向居民代表介绍了改造项目及工艺,听取了居民代表对改造的意见建议。

(韩惠清)

【环境整治协调会】 4月13日,召开十二街坊小区环境整治协调会,城建科科长,司法所所长,绿化队队长、施工单位经理,十二街坊居民代表,南路社区主任及居干15人参加会议。

(韩惠清)

【举办"就业大集"】 4月13日，社保所在街道中心广场举办"和谐、绿色、文化"社区就业大集。久隆百货、珀丽酒店、大西洋物业等40家大型知名企业参加招聘会，推出306个工种，1020个岗位，满足不同求职人群需求。现场求职者达2000人，时值西南同胞遭受旱灾最艰难的时刻，街道在广场中心设立募捐箱，号召过往群众为西南人民献爱心，与受灾群众一起共度难关，并且为家乡在西南灾区的求职人员设置招聘专区，享受优先、重点推荐。本次活动有505人与招聘单位达成用工意向。招聘会还组织有关科室和部门就社会保险、残疾人就业、劳动仲裁、技能培训等方面为求职群众开展政策咨询服务。

（韩惠清）

【街道与北京青年政治学院签约】 4月22日，街道司法所与北京青年政治学院法律系在高家园社区小公园举办签约仪式，明确双方今后的合作形式及各自的权利和义务。参加活动的领导有北京青年政治学院院长及法律系师生、区司法局副局长、办事处副主任和部分小红帽志愿者代表。签字结束以后，法律系学生代表带领全体同学对志愿服务做出承诺。

（韩惠清）

【地区春季运动会】 4月28日——6月5日，举行地区春季运动会。举办3场综合项目、3场单项比赛，进行十几个运动项目的预决赛，有近400人直接参加了田径、趣味运动、拔河、集体跳绳等各项比赛活动，参与居民中，最小年龄4岁，最大年龄78岁。

（韩惠清）

【"一刻钟社区服务圈"】 6月10日，制定"一刻钟社区服务圈"建设实施方案；8月19日，召开"一刻钟社区服务圈"社区服务商座谈会；9月，"一刻钟社区服务圈"网络主页正式开通试运行。

（韩惠清）

【办事处资产清查】 7月1日至13日，街道办事处接受了财政局委托的北京敬业瑞之会计师事务所有限责任公司的资产清查。

（韩惠清）

【召开安全生产管理协会地区工作站筹备大会】 9月10日，召开区安全生产管理协会酒仙桥工作站筹备大会，辖区危险化学品单位、规模以上工业企业、大型餐饮、星级饭店、超市、商场等近百家单位参加大会。

（韩惠清）

【召开和谐促进员协会代表大会】 9月27日，召开"酒仙桥街道和谐促进员协会成立暨第一次会员代表大会"。街道工委副书记、办事处副主任、武装部部长出席大会。来自社区和社会单位的106名和谐促进员代表参加，共同审议通过《酒仙桥街道和谐促进员协会章程》，选举产生街道和谐促进员协会第一届理事，并召开第一次理事会议，会上选举出协会名誉会长和会长。

（韩惠清）

【酒仙桥党建网启动】 年内，街道党建网正式开通，网站共分17大板块，囊括社会领域党建、宣传文化建设、党风廉政建设、群团组织建设、人才队伍建设、老干部工作、侨联统战工作等主要工作内容，设网上党校、信息上报、政民互动、友情链接、用户管理等附加功能，是一个集信息发布、在线学习、资源共享、倾听民声、把握舆情、展示风采于一体的综合性党建门户。网站本着广泛集中民智，打造创先争优平台；引导党员在线学习，增强争创意识；展示党员风貌，营造争创氛围；建立网络互动，开拓党建工作新模式"的原则和目标，发布党员活动信息400余篇，照片120余张，组织在线学习十余次，累计访问量达17000余次。网站拉近了党员之间、党员与党组织之间的距离，丰富了党员与地区居民的生活。

（韩惠清）

【举办夏日文化广场】 年内，根据区文化委员会《"文明创建新四区，璀璨群星在朝阳"，2010年朝阳区文化博览暨系列展演活动方案》的要求，酒仙桥街道在9个社区举办夏日文化广场活动。

（韩惠清）

垡头街道

【概况】 垡头街道位于朝阳区东南侧，东与豆各庄地区办事处接壤，南与十八里店乡接壤，西与南磨房地区办事处接壤，北与王四营地区办事处接壤。区域面积5.32平方公里，常住人口近8万人，其中登记人口6.6万人，流动人口9726人。社区12个（含5个新建、1个待建，名称依次为：翠城馨园、翠城雅园、翠城趣园、翠城盛园、翠城熙园、翠城福园）。辖区有大中小院校5所、幼儿园2所、区属一级医院1个、社区卫生服务站2个、社区文化活动中心1个、500平方米以上文化广场3个、社区文化活动室11个、健身园14个、社区公园3个、社区托老所1个、社区图书馆1个、500平方米为民服务大厅1处。

地址：金蝉北里20号

电话：67370828

邮编：100023

（石立华）

【东里自来水改造工程】 年初，由区水务局牵头具体实施，街道配合协调，进行东里自来水工程筹划工作。工程于上年5月23日正式施工,本年5月全面完工,共计完成主线管网管线17036.1米,修砌闸井、表井等138座,新增消防井20口,恢复路面10859.96米;新钻自备井1座,井深400米,出水量50吨/小时。向东里社区发放水卡1019张。

(王晓琳)

【门禁系统维护】 年初,对地区由政府补贴安装的451套门禁系统的使用情况进行摸底,逐一登记门禁系统的损坏情况,建立门禁系统使用情况统计台帐,选择符合资质要求的维修公司,对地区损坏的门禁进行维修维护。截至年底,已完成187个楼门的门禁系统维护工作,门禁系统完好率达99%。

(刘　威)

【生育关怀】 两节期间和“9.25”期间,投入资金15000元,走访慰问50户独生子女困难家庭和10户空巢老人,送去慰问金和慰问品。母亲节期间与联大志愿者一同购买鲜花慰问10户空巢母亲。与社区卫生中心、北焦医院联合开展订单式医疗服务项目,为地区计生困难家庭育龄妇女、丧子家庭、流动人口已婚育龄妇女等7种人群提供不同形式的医疗服务套餐。

(仇　博)

【第六次全国人口普查】 4月,第六次全国人口普查工作启动,组建一支309人的普查队伍,此次普查分为户口整顿和入户登记两个阶段。截止11月10日,垡头地区登记人口66088人,常住人口54872人,常住外来人口11584人。涉及内容包括:登记人口、现住人口、常住人口、常住出生人口、死亡人口等;以及文化程度、年龄、民族等人口结构。共投入普查经费75万元左右,用于办公、宣传及普查员的工作补助。

(陈荣升)

【组织人事工作】 4月底至6月中旬,按照结构化面试、民主测评、组织考察、任前公示等程序,稳妥组织了科级干部选拔任用工作,最终有16位同志走上新的领导岗位。健全年轻干部的培养机制。建立优秀年轻干部人才库,制定新录用公务员到信访部门挂职锻炼制度,实行梯次培养和提高,为街道长远发展储备人才力量。妥善安排10位科长轮岗交流工作,使科级干部到多岗位锻炼,提高干部综合能力。

(石立华)

【翠城林荫公园改造】 5月,全面改造翠城林荫公园,公园的设计理念突出“自然生态、人文生态”,是集居民休闲娱乐、体育健身、法律服务等为一体的主题文化公园,8月完工。工程由北京朝园弘园林绿化有限责任公司负责施工,投资金额1303万元,主要工程量包括绿地建设2.1万平方米,硬化铺装1.45万平方米,排水管线1585延长米,以及休闲桌凳、花池、景观廊架、景墙、庭院灯等。公园改造完成后其70年的管理权、使用权及收益归街道所有。

(王晓琳)

【计生协会“五个一”活动】 “5.29”期间,地区计生协发动协会会员和群众积极参与,开展“五个一”活动即:过一个有意义的母亲节;一场内容丰富的宣传活动;一次外出参观学习;讲授一堂健康知识讲座;举办一台精彩的文艺演出。开展慈善献爱一元捐活动,收到善款13348元。开展“和谐标兵家庭”评选活动,2户家庭被评为区级和谐家庭。社区自编舞台剧“红色计生宣传员”被区计生委评为三等奖。

(仇　博)

【法制宣传】 5月31日,在垡头科普公园举办以“提升法律素质、创建文明城区”为主题的创建全国文明城区法律宣传活动。邀请市检察院公诉二处20余名检察官和专业律师设置法律宣传咨询台,对群众咨询的涉及婚姻、继承、相邻关系、住房、社保、劳动保障、城市管理、环境建设等多个领域问题予以解释,解答法律咨询500人次。同时现场发放便民服务手册、法制宣传光盘、普法书籍等各类宣传资料近千余份。

(梁　茜)

【“五五”普法验收】 5月31日,通过听取汇报、试卷测评、问卷调查、召开座谈会等多种形式开展自查工作。经过考核,街道“五五”普法工作顺利通过了区依法治区领导小组办公室的检查验收。

(梁　茜)

【垡头南路环境整治】 6月,垡头南路垡头段建成通车,长为2000余米。投资78万余元,对该路段进行全面整治,整治牌匾450平方米、新建围挡墙280平方米、清运渣土553立方米,为地区居民提供了便利的出行环境。

(王晓琳)

【举办文化体育节】 6月19日,以“建设和谐新垡头　同心共创文明区”为主题,在地区文化休闲广场举办文化体育节开幕式。区及街道领导、地区文明创建形象大使、文明小天使、社会单位文明形象代言人、人大及政协代表、部队官兵、外来务工人员、社区居民代表等400余人参加文化体育节开幕式活动。体育节期间,举办“和谐杯”乒乓球比赛、象棋比赛、书画展等丰富多彩的活动。结合文明城区创建,举办人口文化节,组织交际舞大赛、摄影展、羽毛球比赛等喜闻乐见的活动。

(李　瑾)

【培训人民调解员队伍】 6月24日至25日,举办为期两天的人民调解员培训班，邀请区司法局领导、朝阳法院法官、汉威律师事务所律师，就人民调解知识及调解技巧做专题培训讲座。培训期间，110名参训人民调解员均顺利通过考试并获得垡头司法所颁发的结业证书。

（李瑾）

【开展狱内帮教】 7月8日，机关科级干部、司法干警一行50余人，走进北京市监狱管理局清河分局清园监狱，对垡头籍的服刑人员进行狱内帮教。参观服刑人员的生活、劳动、惩教三个活动区域，为服刑人员送去法律书籍和生活日用品。同时与清园监狱签订《共建狱内帮教协议书》。

（李 瑾）

【垃圾减量分类工作】 8月份，正式启动垃圾分类工作。从“摸底调研、强化宣传、试点推行、全面推广”入手，协调区市政市容委对垡头北里和垡头东里两个垃圾楼进行改造，覆盖率为59%。垡头一区、垡头三区、垡头东里3个社区作为试点，先期推行垃圾减量垃圾分类工作，选定50名垃圾分类志愿者，培训后作为指导员和分拣员上岗。投入20余万元，为试点社区配发了垃圾桶和垃圾袋。从9月起，垃圾减量垃圾分类工作在垡头生活区6个社区内全面推广，形成一支100人的志愿者队伍，垃圾减量垃圾分类覆盖率达到80%。

（王晓琳）

【城市街面环境秩序整治】 9月至12月，启动针对地区城市街面环境秩序的“百日整治行动”，在违法行为高发时间段，对五类重点违法行为进行整治，包括无照游商街面扰序行为；未经准许、占道经营的夜市大排档、露天烧烤违法行为；非法散发、张贴小广告；非法销售盗版光盘和非法出版物；制贩假文凭、假证件、假公章。出动城管队员、城管协管、保安员950余人次、执法车辆320余车次；整治辖区内环境秩序乱点3处；清除各类小广告、门贴、窗贴6000余张；清除喷涂广告32处；清除一些暴露垃圾和无主渣土；整治查处黑车、黑摩的等各类违法运营车辆15辆。

（王晓琳）

【和谐促进员协会成立】 9月27日，召开街道和谐促进员协会成立大会，街道领导、机关和社区干部、和谐促进员协会社区各分会会员代表参加。垡头街道和谐促进员协会是社区内自发组织产生的社区服务福利类社会组织，旨在加强地区民主自治建设，激发和谐促进员参与地区发展和志愿服务的积极性和主动性，更好地服务百姓。协会下设11个分会，现有会员1136名，11个分会分别与垡头街道六个居委会和五个翠城社区筹备组对接。

（李 瑾）

【第二届人口文化节】 9月，以纪念9.25《公开信》发表30周年为契机，举办为期一个月的以“弘扬人口文化、构建和谐垡头”为主题的垡头街道第二届人口文化节，包括风采垡头交谊舞大赛、与时代共奋进摄影展等系列活动，营造良好的人口文化宣传氛围。

（仇 博）

【无障碍设施改造进家庭】 9月，在前期摸底调查和改造家庭推荐基础上，为地区11个社区共12户有改造需求的肢体残疾人进行了家庭无障碍改造，标志着“家庭无障碍”工程全部结束。

（高玉娟）

【成立街道社会服务管理协会】 11月，街道成立社会服务管理协会及其7个分会，构建起“1+7”服务协会大体系。七个协会分别为门店自律分会、物业管理分会、和谐促进员分会、诗书画分会、文体分会、青年社工分会和老年分会。这一体系的建立，有益于发动社会力量实行自我管理、自我服务、自我监督，有益于街道开展社会服务管理。

（李 瑾）

【流动人口及出租房屋情况】 截至12月，地区总人口数58255人，其中流动人口总数为10105人，地区有出租房屋2915户。及时发现掌握新增流动人口和出租房屋信息，切实做到“底数清、情况明”，全面提升对流动人口和出租房屋的管控能力。

（刘 威）

【劳动监察】 年内，完成日常巡查325家；立案18起，创历年来之最；开展对建筑业劳务公司工资支付情况及最低工资支付标准执行情况检查7次，为职工追回工资54万余元；进行上岗职业证书专项检查2次，使用童工情况专项检查5次，劳动合同情况专项检查6次。地区未发生较大的劳动纠纷。

（王 腾）

【垡头南路环境整治】 年内，对垡头南路南侧80余家商户的广告牌匾标识进行了统一规范整治，整治面积450平方米。对垡头南路南侧翠成馨园105楼西侧及101楼西侧两处共计264.64平方米的违法建设进行拆除，并完成绿化。

（陈晓琳）

【慢性病知识宣传讲座】 年内，开展一系列健康知识宣传活动，进行现场宣传咨询活动5次，举办健康讲座5次，组织有奖知识竞赛1次，联合社区卫生服务中心对学校、托幼园所、外来务工人员进行培训2次，组织辖区35位高血压患者进行免费体检,并对患者进行高血压问卷调查、慢病知识宣传并发放健康教育处方100余份。

(仇　博)

【劳动就业】　年内,完成就业人数571人,开发就业岗位2125个,失业人员再就业培训81人,创业培训共4人。(王腾　)

【一刻钟社区服务圈】　年内,分别在老生活区和翠城小区建立了2个“一刻钟社区服务圈”,实现“小需求不出社区,大需求不离社区”的便民目标,印制21000册《便民服务手册》,将老社区75家和翠城地区近40家餐饮、美发、便购行业等服务性门店纳入“一刻钟服务圈”服务体系。使社区居民步行一刻钟内即可享受公共服务、公益服务和商业服务。(李　瑾)

【安全生产】　年内,与辖区工业企业签订安全生产责任书,明确生产经营单位安全生产责任主体,落实各职能科室安全稳定责任。定期在辖区开展安全大检查,开展春节期间、“五一”期间安全检查、严厉打击非法违法生产经营建设行为专项行动、辖区内危险化学品单位专项检查、易攀爬高空危险部位安全检查。全年检查出动人员1300人次,检查生产经营单位600家次。结合文明城区创建工作,在社区开展“安全生产月”,组织企业开展安全生产知识竞赛活动,开展《关爱生命,安全发展》百题问答活动,全年进行安全培训1200余人。

(张　聪)

【红十字工作】　年内,开展应急救护培训,培训居民400余人。募捐“博爱”救助捐款46637.5元,申请救助地区因病致困居民3人,救助额达32000余元。参加“无偿献血 关爱生命”献血活动,总献血量达6000毫升,圆满完成本年献血工作。

(仇　博)

【完善消防安全防范机制】　年内,公开招聘12名消防安全协管员,组织开展消防知识技能培训。7月,在11个社区设立消防工作室,建立消防档案,配备消防器材,设置固定消防宣传栏,组建志愿消防队伍。开展消防安全检查,加强对地下空间、群租房、学校及幼儿园、商市场、歌厅、网吧等人员密集场所的消防安全检查,全年共进行安全大检查9次,签订消防安全责任书300余份,整治消防安全隐患54处,有力确保地区的安全稳定。

(刘　威)

【职业技能培训基地建设】　年内,整合辖区北京工业技师学院培训资源,建立地区职业技能培训基地,机关及社区工作者共80人参加了首期培训班。

(王　腾)

【税源建设】　年内,以“感情引资、服务留资、扶持壮资”为宗旨,成功引进北京益商优势网络科技有限公司等10余家公司,努力实现责任、执行、服务、宣传“四个到位”,全年完成区级收入2633.55万元,比上年同期增长12%。完成区政府下达的经济指标。

(周道才)

【成立地区门店自律协会】　年内,组织地区100余家社会单位及门店,成立“垡头地区门店自律协会”,倡导社会单位及门店履行社会责任,引导门店落实“门前三包”、“计划生育”、“劳动用工”、“流动人口管理”、“安全生产”等规定,实现门店自律协作、自我管理。

(陈晓琳)

【居家养老助残服务】　年内,为122名残疾人办理居家养老助残券,有14家服务商提供服务,消费71221元,为辖区24名符合条件的残疾人发放小帮手电子服务器。与北京惠东塑料厂合作,在温馨家园职业劳动康复站开展半成品塑料扣加工,安排精残人员5名,智残人员5名,完成合作单位提供的半成品加工11198件,每件支付0.18元的劳动报酬,促进了精残、智残人员的身心康复。

(李　瑾)

【网格管理】　年内,街道数字化城市管理平台共受理有效案件17482件,结案率为99.98%。城管队完成12277件,占70%,城建科绿化保洁完成4451件,占26%,社区、综治办等单位完成754件,占4%。

(郝德如)

【老旧小区准物业管理】　年内,根据区委、区政府“探索推行老旧小区准物业化管理”的工作要求,结合地区实际,在垡头三区南院、北院试行准物业管理工作。前期通过各种形式宣传,提高了居民的认可度。10月起,投资80余万元对试点楼院进行基础改造,包括绿化改造4722平方米,甬路改造1110.6平方米,停车位改造施划253个,新建治安岗亭2个、监控系统2套等,实现了“有绿化保洁、有停车管理、有治安防范、有维护维修”的四有标准。10月27日,两个试点楼院通过居民民主选举的方式产生了小区管理委员会。11月19日,区领导为三区南院小区管委会揭牌,标志老旧小区准物业管理工作全面启动。

(王晓琳　刘　威)

【社区矫正工作】　年内,在世博会、国庆节等重大敏感时期排查走访两类人员105人次,化解稳控帮教重点人1人,开展缓刑宣判前社会调查1人,假释前核查2人,组织两类人员参加中途之家集中教育培训5

人,组织新接收的社区服刑人员参加法制培训班8人,参训率80%。帮助4名生活困难的矫正对象办理低保,为8名生活困难的社区服刑人员和帮教人员申请办理一次性困难救助,解决了他们实际生活中的困难,稳定了他们的思想。全年,街道司法所接收社区服刑人员10人,解除矫正7人。

（梁 茜）

【矛盾纠纷调处】 年内,调处各类纠纷108件,其中联合接待室成功调处各类民间纠纷69件、治安纠纷3件。此外,安排汉威律师事务所律师每周二、四在各社区法律服务室接受居民的法律咨询,接受个性化法律宣传服务,为社区干部依法调解矛盾纠纷提供个性化法律培训,全年律师共解答居民法律咨询99人次。

（梁 茜）

【综治维稳中心建设】 年内,深入推进社会维稳风险治理体系建设,将地区维稳工作体系纳入以网格为基础的数字化社会服务管理系统中,使其成为地区维护稳定工作的有力平台。在此基础上,探索并初步建立了地区城市联合执法体制机制,全面整合城管、派出所、安监、劳动、交通、消防、城建、巡防队、协管员等相关执法和治安防控力量,统筹协调、明确分工,对辖区内各种违法行为和秩序类问题实施联合执法,形成常态化的联合执法工作模式,确保城市管理标准化、精细化、常态化,全面提升地区城市综合管理水平。

（刘 威）

和平街街道

【概况】 和平街街道位于朝阳区西北部,东以城铁13号线为界,西至安外大街,南起北二环路,北至元大都公园,辖区面积4.54平方公里。户籍人口98868人,25080户。年内新出生人口510人,死亡人口427人。流动人口41605人。辖区内有10余家科研院所,近10家文化艺术团体,3所大专院校,1所成人教育学院,1所中专,3所中学和3所小学,有9个社区居委会。

地址:和平西街和平西苑10号楼
电话:84280465
邮编:100013

（王爱君）

【爱心救助】 1月,在九龙豆花庄为地区孤老、残疾、外来务工人员、困难职工、低保户、低保边缘家庭共121人举行亲情团圆饺子宴。重阳节,慰问家庭困难、孤老无收入、特殊低保困难家庭等群体99户,发放物品每户100元,合计9900元。全年因大病引起的家庭困难、孤老无收入、特殊低保困难家庭230人,发放救助款合计:69000元(每人300元)。爱心家园发放货物4257件,其中节日慰问53人,发放192件物品。为辖区新增老人办理老年证799人、老年优待卡1096人、办理90－99岁老人津贴195人、百岁老人津贴4人。全年发放救助金260万元。低保救助6612人,医疗救助220人(发放救助金33.63万元)。贫困孕产妇救助1人(发放救助金0.33万元)。冬季燃煤取暖救助51户(发放救助金2.04万元)。临时救助30户(发放救助金10.03万元)。"两节"期间走访慰问551低保人员,发放慰问金16.53万元。

（蔡占英）

【信访风险评估工作】 年初,把老旧小区改造列为为民办实事的"惠民"工程,纳入目标管理双百考核项目及效能监察内容。成立领导小组,工委书记、办事处主任任组长,主管信访工作的副处级领导为副组长,信访办、城建科、监察科、司法所为领导小组成员单位。确立砖角楼东小区、胜古庄南小区改造计划,两个小区均属于50、60年代建成的老小区,道路破损严重,地面坑洼不平,缺少绿化。办事处坚持把信访风险评估工作融入其中,注重超前意识和以人为本的理念,做好每一工作环节,直至完成信访风险评估工作。

（王爱君）

【五好家庭评选】 年初,各社区妇联组织开展以"五好文明家庭"为主要内容的评选活动,社区居民自荐、社区居委会推荐自觉遵守社区公德、实践职业道德、恪守家庭美德的社会好公民,单位好职工,家庭好成员等拥有这些特色的家庭参与到文明家庭的评选中,最终选出4956户家庭为"五好文明家庭"。街道妇联以构建"和谐健康社区"为主线,深入走访各种妇女家庭,组织各社区单亲母亲参加多种公益活动。在纪念"三八"国际劳动妇女节"100周年的活动中,社区妇联慰问36名单亲母亲。为辖区内因病致困的40名老年妇女免费体检并接受医疗救治。

（王爱君）

【公共卫生 食品安全】 2月,与九个社区签订动物防疫责任书,开展安全执法检查,并接受区综合执法大队的执法检查,出动59人次,检查社会单位48家。3月,部署大中小学托幼园所春季传染病防控工作。与中日医院保健科相互配合对地区建筑工地、大专院校、集贸市场等外来人员相对集中的单位开展免费接种流脑、麻疹疫苗等工作。推进地区艾滋病综合防治工作,针对重点人群和重点场所开展重点宣传。于3月、8月开展春季、夏季食品安全检查,联合职能部门对辖区食品经营单位进行联合检查,对违规行为进行行政处罚,对违法食品经营单位进行取缔。4月,开展以预防动物疫病为主题的宣传月活动,制定《和平街街道动物疫病防控“宣讲四月风”活动工作方案》,组织社区充分利用橱窗、板报、展板等宣传阵地营造宣传氛围,期间共展出各类展板36块,发放各种宣传材料200余册,悬挂横幅20幅,发放《致和平街社区居民的一封信》2500余张。5月,建立地区200余家食品安全单位台帐;对地区餐饮服务行业以迎接文明城区创建验收为主题进行食品安全的全面培训,从专业角度梳理相关知识,辖区220余家餐饮服务单位到会参加培训。倡导地区文明养犬行为,开展宣传、年检、免疫一条龙服务。年内,进行2次犬免疫,免疫1273只,免疫率达100%。

(周　洁)

【人口普查】 4月,第六次全国人口普查办公室正式成立,街道9个社区成立第六次全国人口普查工作小组。累计招聘普查指导员90人次,普查员784人次。入户核对登记户数46551户。据统计,地区登记总户数47459户,总人数143313人。现有居住人口109666人,常住人口108406人(含常住外来人口20962人),户在人不在33647人;上年11月1日-本年10月31日常住出生人口数443人;死亡人口数523人;港澳台和外籍人口1161人,归侨数51人;侨眷数100人。

(徐海波)

【统计执法检查】 4月,街道统计所对辖区4家单位开展了统计执法检查工作,严查数据质量,协助企业建立健全统计台帐,从源头上保证统计数据的正确性。6月,在市开展统计执法大检查活动中,统计所督促辖区322家单位,完成关于统计基础工作和数据质量的自查工作。

(徐海波)

【第四届“和谐杯”乒乓球比赛】 4月,承办区“体育六进社区”系列活动—快乐健身行暨朝第四届“和谐杯”乒乓球比赛启动仪式。相继开展街道春季乒乓球单双打比赛、乒乓球5人团体对抗赛、象棋友谊对抗赛等系列比赛。日本乒乓球明星福原爱和国内已经退役的乒坛高手王茵、黄建疆老师等先后来到健身园参加活动,受到社区乒乓球爱好者的热烈欢迎。《乒乓世界》杂志与日本电视台等众多国内外媒体进行报道。

(周正仪)

【关爱流动育龄妇女】 5月,以“共创文明城区,共享健康生活”为主题开展系列活动。地区计生协会启动奉献爱心行动,号召地区居民参与“一元捐”捐助活动,当场募集9465元爱心款。6月,开展“同在京城行动”,与北京玛丽妇婴医院共同成立关爱流动人口育龄妇女基金,为100名外来女性提供免费体检,面向流动人口妇女开展健康课堂、孕妇课堂及健康咨询热线的“两堂一线”公益活动,提供涵盖女性健康、预防出生缺陷及婴幼儿免疫保健等知识的咨询服务。同时邀请来京务工的外来人员参与区流动人口知识竞赛,普及宣传《流动人口计划生育工作条例》。

(周　洁)

【老楼通气终成现实】 5月,小黄庄四条1号楼、2号楼居民到街道信访办及市长信箱反映:从上年8月开始施工的“老楼通气改造”工程到本年5月都没完工,楼内燃气管道连接工程早已竣工,居民仍然用液化气罐烧水做饭,给生活造成很大麻烦,提出“要求尽快解决他们两栋楼通气”问题。工委、办事处一方面责成城建科迅速与区相关部门联系协调沟通解决,另一方面由信访办、社区调处工作站做好居民的安抚疏导工作。10月,“老楼通气改造”彻底竣工。解决了145户居民扛煤气罐上下楼的生活问题。

(王爱君)

【办理群众来信】 5月,街道工委研究决定,将原属樱花园社区居委会管理的胜古南里化工大学宿舍1号、18号、19号楼的211户居民重新划归胜古庄社区居委会管理,满足群众“享受就近服务”的需求。此前胜古南里1号、18号、19号楼部分居民通过市长信箱的建议类信访件,“希望朝阳区和平街街道能调整社区划分”。他们建议把这三栋楼从樱花园社区居委会划归到胜古庄社区居委会管理范围,以便“就近享受社区服务”。办事处领导责成社区建设办妥善处理居民反映的问题。经过入户走访、征询意愿,街道工委做出了对这三栋楼进行重新划分社区的决定。

(王爱君)

【倡导低碳生活】 5月,举办以“倡导低碳生活,普及碳排放知识”为主题的科技周活动启动仪式。活动采用幻灯片讲解碳排放知识、低碳生活演讲、知识问答、展板宣传等形式进行。7月-9月,组织“科普之夏”、“科教进社区”、“科普日”等系列活动,活动内容贴近社区、贴近居民、贴近百姓生活。

(周正仪)

【人防工程消防演练】 6月,街道武装部在建达大厦地下空间组织消防安全演练活动。按照演习方案,消防演练选择在地下空间易发生火灾的区域,从发现火情、及时报警、指挥员发出命令、组织灭火、逃生、人员抢救、案情分析等整个过程进行实战演练。物业保安、安全员等数十名工作人员各司其职,按照扑救、疏散、救护等工作需要,分成5个应急小组,从发现、报告、处置到外围保障都有条不紊进行。

（佟　红）

【矛盾纠纷集中化解专项行动】　6月至8月，开展为期三个月的矛盾纠纷集中化解专项行动。成立专项行动领导小组及专项行动办公室，负责制定工作方案和具体工作落实；9个社区矛盾纠纷化解工作组强化基层组织保障，地区稳控工作组统筹化解矛盾纠纷，督察工作组，负责对专项行动的督察落实，切实化解地区居民反映的突出问题和历史遗留问题。

（王爱君）

【地震科普国防教育进社区】　7月，对地区居民进行防震减灾知识培训，组织居民观看地震科普知识宣传片，发放“防灾避险”和“地震灾害的自救与互救”手册。街道机关干部及地区居民共150多人参加了培训。8月，街道武装部在小黄庄社区开展国防教育小课堂活动，特别邀请总装备第三干休所的离休老干部讲课，地区中小学生和家长近百人参加讲座。

（佟　红）

【迎国庆景观布置】　9月，制定城市景观环境布置工作方案，召开单位景观环境布置工作会，明确地区景观环境布置范围、内容和原则。北京化工大学、中国建研院、中国计量院、中日医院等42个单位根据各自地理位置、功能特点，进行门前庭院花卉布置和景观环境布置及保洁；街道以和平东街、和平西街、北三环东路等主干道为重点地段，组织街道绿化队进行景观环境布置，摆放三角梅、一品红、串红、菊花等花卉6万盆。

（麻慧溶）

【区人大常委会领导调研】　11月，区人大常委会副主任李国率区人大城建环保委一行到和平街调研，听取和平街社会服务管理创新工作推进情况，就数字化社会服务管理体系（全模式）与和平街主要领导和主管领导进行深入探讨，征求全模式工作开展过程中的意见建议，一致认为，全模式的建立对于推进整个社会服务管理创新工作具有重要作用。李国表示将把调研情况向有关部门反映，为数字化社会服务管理体系推进工作提供基础保障。

（耿为华）

【地区总工会成立】　11月，地区召开总工会成立大会暨第一次代表大会。来自街道各非公企业的工会代表117人参加会议。地区总工会筹备组组长邱万平做《筹备工作报告》。工会副主席冯刚宣读参会建议候选代表的名单。经与会代表无记名投票，选举薄述来、冯刚等11人为地区总工会第一届委员会委员；选举万彩霞、李亚为等3人为地区总工会第一届经费审查委员会委员；选举王琳琳、刘淼等3人为地区总工会第一届女职工委员会。

（冯　刚）

【“12.4”法制宣传活动】　12月，在天丰利市场举行“12.4”法制宣传活动。以“弘扬法制精神，促进社会和谐”为主题，重点面向外来务工经商人员和过往群众进行宣传。此次活动发放法制宣传资料3000余份，受教育群众达3700余人次。

（潘丽红）

【区级收入】　年内，区级收入指标为3.63亿元，因经济危机影响，调整为3.03亿元，实际完成3.17亿元，同指标相比增加0.14亿元，增长4.6%。完成代征代缴个人出租房屋房产税866万元，同比增加614万元。

（万彩霞）

【异地纳税企业回迁】　年内，加强规范企业纳税行为，以下5家异地纳税企业回迁：中国林木种子公司、中建（北京）国际设计顾问有限公司、中建（深圳）国际设计顾问有限公司、北京百通加成技术有限公司、蓝海联盟（北京）医学研究院。加强招商引资，北京金隅商贸有限公司在街道注册成立新公司。

（万彩霞）

【干部离任审计】　年内，配合审计局对原办事处主任王玉华自2007年7月至2009年7月任职期间的经济责任履行情况进行审计，并就有关事项延伸审计自收自支事业单位社区服务中心，街道及时提供会计资料及其他与审计相关证明材料。

（万彩霞）

【小金库及假发票专项治理自查】　年内，采取自查自纠和检查相结合的方式，在办事处机关和所属事业单位、社会团体中开展“小金库”及“假发票”专项治理自查工作。在自查阶段没有发现违规发放、挤占、挪用、私自改变用途等违法违纪现象，没有私设“小金库”和“假发票”的现象存在。

（万彩霞）

【城市管理】　年内，受理各类案件3979件，出动执法人员10000余人次，执法车辆4900车次，规范门前三包3500家，查处无照经营1520起，取缔露天烧烤120起，规范施工工地夜间施工21起，查处小广告窝点15个，报送小广告停机380个，全年总罚款74360元。拆除违法建设13处659平方米。办理网格督办15000余件，办理各种城管热线1800件。全年对内宣传信息报送150篇，对外宣传信息刊登50篇，规范牌匾标识150块，拆除违规户外广告30块。

（王爱君）

【建设“健康工作室”】 年内，整合地区医疗单位和志愿者，组建“和平街街道健康工作室”，启动健康促进行动，以健康讲座、义诊、上街宣传等形式相结合，开展健康知识进社区、进单位、进家庭、进学校、进工地的“五进”活动，在各社区做到月月有讲座、季季有义诊，宣传优生优育、出生缺陷干预、老年慢病预防等健康知识。全年开展6次地区老年高血压的预防、出生缺陷干预、居家健康、安全防范等内容的健康知识讲座和义诊服务。各社区共开展健康讲座113次、开展健康义诊咨询32次、开展各种上街宣传活动44次。

（周　洁）

【计划生育】 年内，在玛丽妇婴医院成立区0至3岁儿童早期教育基地，为地区儿童早期教育提供服务；朝阳社区学院承担区人口文化学校分校的任务，为计生干部提供培训、学习、交流阵地；北京中医药大学承担“朝阳区青春健康进校园”活动，推进计生健康知识在大学生中传播。全年依法办理一胎生育服务证340件，独生子女证214件，随父入户证明、生育服务证125件；经济帮助3件，一次性独生子女父母奖励费79件。依法办理二胎生育服务证16件，伤残特别扶助新增、年审共计79件；死亡特别扶助新增、年审共计57件。发放独生子女奖励费65315元。发放避孕工具、药具3963人次。开展红十字应急救护培训3批400人次。

（周　洁）

【社区党建】 年内，对胜古庄和十四区两个社区党委班子进行党委书记调整，将2名原社区主任选调到社区党委书记岗位。对3个社区支部进行调整，招聘社区党建专职工作者，对社区党建经费、党费的使用进行调整，制定党建经费使用和管理办法。开展社会领域党建工作：一是商务楼宇党建工作逐步规范。在地区14座商务楼宇建站服务的基础上，重点在提高软硬件和服务水平上下功夫，完成了怡和阳光大厦党建服务站一级达标。招聘了3名商务楼宇党建专职工作者，对地区6家非公党组织和14家楼宇工作站进行全面摸底。二是多方拓展服务企业途径。采取“主动融合，深入服务”的工作方法，举办“和平街地区商务楼宇青年交友联谊会”。与三里屯办事处联合，组织非公企业党团员，参观市级爱国主义教育基地服装学院服装博物馆、中医药大学中药博物馆、三里屯 Village 时尚街区。三是加大非公党组织建设。加大非公企业积极分子的培养力度，发展8名非公企业骨干入党，成立2家非公党团支部。9月，成立和平街地区社会建设协调委员会。

（王琳琳）

【规范法律服务室建设】 年内，规范社区九个法律服务室建设，将法律服务与法律宣传相结合，推进矛盾纠纷化解。与辖区内外7家律师事务所签署合作服务协议，人员、职能、制度上墙公示，以法律服务室为平台，坚持开展社区公益法律服务活动，每周安排律师进社区，参与宣传、咨询、调解，每月举行一次法律知识讲座。全年受理法律案件156件，接待咨询人数1221人，受教育人数达1340人。

（潘丽红）

【矫正帮教 人民调解】 年内，司法所受理调解矛盾纠纷1196件，比上年增加283件，其中邻里纠纷437件，物业纠纷118件，婚姻家庭纠纷76件，其他纠纷565件，调解成功1105件，成功率为92.4%。地区共有社区矫正人员22人，刑释解教人员104人，全年新接收社区矫正人员11人，解除社区矫正人员11人。共入户走访209人次、电话回访494人次、社区走访500余人次，个别谈话285人次。

（潘丽红）

【残疾人康复站提升改造工程】 年内，投入28万元对和平家园、和平东街、砖角楼、小黄庄四个社区残疾人康复站存在的线路老化、房屋返潮漏雨、门窗破损、残疾人无障碍设施等问题进行改造。改造后的残疾人社区康复站整洁、明亮，康复设施齐备。

（王爱君）

【居家养老便民服务】 年内，街道居家养老分中心审核签订指定服务商21家，其中老年餐桌7家，美发厅4家，健康咨询修脚店2家，家政服务2家，维修服务2家，专业老年看护服务1家，服装加工1家，咨询服务1家，主食厨房1家。地区有80岁以上老年人2903人，其中2572名老年人在街道享受居家养老服务。

（周正仪）

【招聘社区工作者】 年内，公开招聘两批18名社区工作者。第1批从57名报名者中招聘9名社区工作者，其中社区居委会4名，社区服务站2名，党务工作者3名。第二批从24名应届大学生报名者中招录9名社区工作者，其中北京生源大学生2名，非北京生源大学生7名。

（周正仪）

【党风廉政建设】 年内，街道工委、社区党委明确党风廉政建设责任制和目标管理职责，在办事处机关以及社区党委、居委会中签订“党风廉政建设责任书”，从主要责任、责任考核、责任追究三个方面提出责任和要求，形成街道工委书记、办事处主任为第一责任人，有关领导各负其责，层层抓落实的工作局面。组织科级以上干部学习《廉政准则》有关条例，开展处级领导干部《廉政准则》知识测试，举办廉政文化建设征文活动。收到参赛作品包括书法、绘画、诗歌、故事、布贴画等31幅作品。开展廉政风险防范管理工作“回头看”活动。依据“六个环节”进行对照检查，补漏拾遗。调整风险等级，规范重点工作流程、完善制度措施。廉政风险防范管理“回头看”活动，共确定廉政风险点57个，制定防控措施91个。同时抓好廉政风险防范管理“向下延伸”，着力抓好社区、基层站所范围内重点岗位和重点环节的监控。

（廖玉珍）

【社会保障】　年内，开发就业岗位3460个；实现登记失业人员就业率60%以上。举办招聘会4场，重点为就业困难人员和4050人员提供就业平台。先后组织25家企业参会，失业人员460多人到场应聘。13名大龄失业人员进入社区公益性就业岗位，25名失业人员进入各类社区协管员岗位。5－6月，社区劳动协管员开展“走访企业，开发就业岗位”活动，9个社区19名协管员走访企业120家，开发有效就业空岗1300个。全年审查无养老保险档案1169份，入户调查失业人员25户，80人，了解了失业人员的现状，落实就业帮扶政策。全年发放社保卡3400多张，58户无业死亡人员家庭享受丧葬补助金，185人登记参加城乡居民养老保险，2100人登记享受“一老一小”医保政策。社会化退休人员达2070人，企业退休人员9200人。为2700多名退休人员开展生存认证工作，为企业退休人员开展医疗报销服务3500人次。

（麻慧溶）

【老旧小区改造】　年内，对照社区登记底册，按照时间安排，联系专业部门义务上门为和平家园、十四区、和平东街3个老旧小区385户居民家庭免费安装节水器具，改善居民户节水需求。经过深入小区现场勘查调研、征求民意、调整老旧小区改造方案、立项、招标，确定实施砖角楼东小区、胜古庄南小区环境改造工程。实施绿化补建2868平方米、甬路修复9250平方米、排水管道铺设144延米、花池挡墙砌筑212.8米、晾衣钢架制建35根、自行车棚修建360.2平方米、防腐木四角亭1座、防腐木花架1座、休闲桌凳9套，种植胜古庄南小区中心绿地花园绿植花卉达40余种、59300余株（棵），新建亭阁、藤萝花架，新增小区停车泊位56个。胜古庄南小区绿化补建、甬路修复、沥青路铺装被评为街道系统三项优质工程。

（麻慧溶）

【协调解决平房区厕所修缮】　年内，以电话、走访、书面报告形式与区委、区市政管理委员会、区社会建设工作办公室、区环卫局及胜古庄开发单位沟通协调，反映胜古南里11号院、8号院、111号、112号三个旱厕脏、乱、臭及存在房屋破损、线路老化、生活配套设施严重滞后等安全隐患问题，副区长赵全保经过调研，责成区管委协调区环卫中心落实修建3座80平方米水冲式厕所，解决居民如厕难问题。

（麻慧溶）

【垃圾分类推进工作】　年内，开展垃圾分类推进工作：以社区为单位，开展单位垃圾分类、餐厨垃圾排放情况调查，垃圾分类工作居住区调查，建立台账，成立生活垃圾分类工作组织机构，制定开展生活垃圾分类工作实施方案，组织召开社会单位、社区、物业参与的垃圾减量、垃圾分类部署会、推进会、培训会8次，参加人数464人次，向地区居民和社会单位发放“致居民和社会单位进行生活垃圾分类的一封信”50000余份，发放垃圾分类宣传指导手册50000余份，开展垃圾分类征文活动，征文稿件33份。招收由党员、居干、楼门组长、积极分子、和谐促进员构成的桶站点服务志愿者36人，分类志愿者420人。向4200户居民发放家庭垃圾桶8400个，改造完成垃圾楼1座。

（麻慧溶）

小关街道

【概况】　小关街道位于朝阳区西北部，地处奥运功能区，东起育慧南路，与太阳宫地区接壤；南至北土城公园，与和平街街道交界；西临北苑路，与亚运村街道毗邻；北至北四环东路，与大屯街道隔路相望。辖区面积2.58平方公里，人口约9万人，其中常住人口约6.9万人，流动人口约1.8万人。有小关、惠新里、惠新北里、惠新苑、高原街5个社区居委会，包括53个居民工作组、63个居民小区、5家业主委员会。辖区内共有单位2017家，其中机关事业团体等单位147家，企业1870家。

地址：小关东街甲2号
电话：64923881
邮编：100029

（吴俊华）

【社会服务管理创新】　年内，为贯彻落实《朝阳区推进社会服务管理创新实施意见》，小关街道工委办事处实行创新机制：加强领导，建立统筹协调机制。成立小关街道社会服务管理创新工作领导小组，采取“1＋10＋5”组织体系，在1个领导小组下，设社会服务管理、综治维稳、社区服务管理、社会动员、社会领域党建等5个体系，创新工作组和国际化社区建设、城市老旧小区管理、“两类人员”矫正帮教、社会保障、商务楼宇服务站建设等5个专项突破工作组等10个工作组,各工作组按照责任分工,抓好各项工作落实。整合资源,建立服务保障机制。聘请对外经贸大学、中国艺术研究院、中国文化遗产研究院等教育、科教领域的知名专家和学者,组成社会服务管理创新专家顾问组,为社会服务管理创新工作提供理论支持及实践指导。设立地区社会服务管理创新专项资金,用于日常的建设、管理、检查和考核奖惩。涉及社会服务管理创新的各项工作,根据需要实行项目化经费投入。强化监督,建立考评奖惩机制。结合构建"五大体系",实现"五大突破"的任务,逐条细化,明确主要领导、各科室、各社区的工作职责和任务分工,切实做好社会服务管理创新工作的过程监督,做好折子工程完成情况和阶段性目标落实情况的考核工作。

(吴俊华)

【创建全国文明城区】 年内,成立"1+1+7"的组织机构,即一个分指挥部、一个创建工作办公室、七个专项工作组。在整理工作思路,明确责任分工的前提下,开展系列活动:扩大宣传覆盖面。制作4块大型标语牌,插挂彩旗千余面,悬挂宣传横幅50余条,对社区宣传橱窗进行更新改选,新增橱窗面积100平方米。开展"精神文明宣传进楼宇"和"小手拉大手、文明一起走"活动,制作卡通拼图1000份、"拉纸笔"5000支和1万件围裙,发放到社区居民手中。提高《今日小关》报纸发行质量、新增"争做文明小关人,创建全国文明区"、"我们的节日"、"讲文明、践文明"等创建专栏。充分发挥街道"和谐艺苑"文体中心阵地作用,开展丰富多彩的文化体育艺术活动。发挥街道"诗书画"协会作用,配合文明创新工作积极开展艺术创作演示活动。编印《小关街道文明创建宣传手册》,发放到机关和社区干部手中。开展"万人签名"活动。3月27日,在奥林匹克文化广场举办"同创文明城区"万人签名活动。区有关领导、地区人大代表、政协委员出席签名活动,街道全体机关干部、社区居干、社会单位代表、地区文明乘车监督员、巡防队员、残疾人代表、党员志愿者、社区居民代表、青少年学生代表等500余人参加。活动现场还安排了为五个社区志愿先锋队授旗仪式,创建全国文明城区宣传材料发放、居民意见建议征集、志愿者招募、社区居民文体表演等活动。开展"千名干部进万家"活动。从年初开始,截至9月份,围绕"了解民意暖民心""为群众排忧解难"等主题,机关及社区干部走访居民23429户,发放《文明行动手册》2万份,征集居民意见、建议3101条,答复或解决居民提出的问题1255个。开展"处级领导社会单位走访"活动。年内,处级领导走访社会单位1941家,走访率达到100%。通过走访,采纳社会单位意见建议45条,解决污水堵塞、非公党建多方面问题16个,加强与社会单位的联系,沟通感情,加强相互支持与配合,推动地区文明创建和服务工作开展。

(吴俊华)

【民生工作】 年内,开展"送温暖"慰问活动:在各个节日期间,对地区生活困难群体开展走访慰问,送去慰问金和慰问品合人民币32.94万元。其中,慰问困难党员187人,发放慰问金、慰问品计3.3万元。加强低保家庭救助:向153户288人发放低保金124万元;办理5户临时救助,发放救助金3.9万元;为6人办理医疗救助报销,发放医疗救助金1.7万元。开展对困难群体送春风活动:为350余户困难家庭发放总价值7万元的生活必需品;对低保家庭子女上学困难实施救助1.25万元。加大慈善救助力度:对地区17户因患重疾致困的家庭,共发放慰问金3.6万元,对4名玉树灾区藏族同胞救助0.8万元,对5户因病致困进行慈善救助1.1万元。开展助老活动:向38户困难老人发放救助金1.9万元;开办养老(助残)饭桌8家,解决1080名老年人和残疾人的吃饭问题。开展"双拥优抚"工作:慰问武警交通指挥部、亚运村消防中队2万元,组织辖区62名优抚对象在北京航空工业中心医院进行了免费身体检查。关爱残疾人事业:发放残疾人困难补助金1000余人次,计16万余元;对辖区36名残疾人经复核提高补助标准,对97名重度无业残疾人和老年重度残疾人发放养老助残券价值10万余元,为地区68户残疾人安装无障碍设施100余件,投入资金9.6万元。保障性住房工作:受理申请保障性住房459户,街道及五个社区开通了服务热线。

(吴俊华)

【劳动就业保障】 年内,街道继续采取"政府主导、社会参与、项目运作"的方式,组织困难群体在社区创业、就业,强化动态管理与服务,多渠道、多角度、多形式开展创业就业活动。社保所全年接收失业人员档案296份,完成全年指标的96.27%;开发空岗2008个,完成全年指标的120.4%;自主创业、带动就业59人,完成全年指标的109.2%。接收残疾人个体就业保险补助审批20人,补助金额7.8万元。对地区17名残疾人进行职业培训并取得资格证书。管理社会化退休人员1200人,发放便民联系卡4570张。办理172人城乡居民养老保障,办理1559名"一老一小"人员及126名无业人员的大病医疗保险。

(吴俊华)

【社区建设与管理】 年内,新录用16名社区工作者,健全社会动员网络。成立街道和谐促进员协会,5个社区成立居民事务协调委员会，吸纳动员社会力量参与社区建设。整合社会资源，开展“一刻钟社区服务圈”建设。

（吴俊华）

【错时停车】 年内，小关社区党委为解决老旧小区停车难问题推出新举措，小关北里45号院与世纪兴源大厦实行错时停车，社区与写字楼资源共享。夜间，居民的车停在大厦车位，白天，大厦的车停入居民小区，得到辖区居民和社会单位的一致好评，引起社会各界的广泛关注，《北京日报》、《新京报》、《北京青年报》、《首都经济报道》等多家媒体进行跟踪报道。

（吴俊华）

【社区文体活动】 年内，在原有社区文体工作基础上，重新成立地区诗书画协会，组建街道合唱队、舞蹈队、健身队。相继开展“和谐杯”乒乓球赛、“创建文明城区、奉献第二故乡”外来务工人员卡拉OK演唱比赛、“争创文明城区、品味书香朝阳”全民阅读活动启动仪式、迎“五一”、“迎中秋、庆国庆”和“迎春节”书画笔会和书画展、举行体育六进社区启动仪式、创建文明城区征文、端午节传统文化手工艺编织展、健身大讲堂等群众性文体活动。组织地区3支文体队伍参加区“旋舞朝阳”舞蹈比赛。其中诗书画协会主办的“望中秋、曲谱和谐抒雅韵，迎国庆、诗吟浩气颂心声”，诗歌朗诵会近400人参加，产生良好的效果。

（吴俊华）

【社区科技便民服务】 年内，突出“科技福利社区”的行动理念，运用多媒体网络信息技术、无线互动多媒体技术、节能环保技术、数字安防技术等多项科学技术，开展便民服务。建设惠新北里数字化社区网站和小关街道具有互动功能的多媒体教室。建成覆盖社区内每个楼宇的户外多媒体发布系统“社区科技频道”有线电视网络，播放各种教育节目。开发制作2万张电子便民卡及便民手册，加盟商户经达108家，有超过80%的居民在社区消费使用。为社区65岁以上的患病老人、空巢老人、高龄老人和残疾人配备“999急救通”紧急救助设备700套。

（吴俊华）

【环境建设与城市管理】 年内，配合区绿化局完成北土城东路西口绿化改造工程，新增一处绿化面积1100平方米的街心公园，完成小关4号院二期老旧小区和小关城管分队办公用房改造。检查暴露垃圾、卫生死角、绿地脏乱、白色污染等1276起，处理1132起，清理地区黑雪残冰上百吨，清理大量无主垃圾，处理路面跑水、井盖丢失5起，及时圆满处理小关东里电线杆倾斜事故，积极协调解决电信机站噪音、工地施工等扰民问题。全年检查施工工地180余次。加强执法队伍建设，全面落实城管进社区，拓展城管长效机制，形成“全天候、全覆盖、常态化、精细化”的管控，基本实现了“十个没有”。全年取缔无照经营1834起，加强对新增违法建设和新增户外广告的监控和治理，及时清理违法建设7处，取缔露天排档14处、露天烧烤30余次，取缔无照摊群2处，规范店外经营43起，完成行政执法一般案件95件、重大案件5件、简易执法案件45件，无一起行政诉讼和行政复议。

（吴俊华）

【网格化管理】 年内，大力提升“网格”管理工作力度，采取建立完善科室职责和岗位责任制、调整工作流程完善“长效管理”机制、推行城管进社区加强“社区自管”能力、发挥网格化管理落实“门前三包”管理四项措施。全年接收案件5291个，同比下降16.31%，亮红灯总数0个。及时结案率100%。

（吴俊华）

【安全稳定】 年内，深化基层平安六大体系和“一网两库三关”维稳体系建设，成立小关街道综治维稳中心。坚持领导干部大接访，接待14批次、22人次，解决14件问题，领导干部包社区现场解决问题30件。建立街道、社区两级工作台账，重点问题领导包案，解决城建小区宿舍私占公共绿地、小关东街3号楼通天然气等6件群众关心的难点、热点问题和突出矛盾纠纷。全年，调处分中心开展人民内部排查3次，排查重大矛盾纠纷隐患6件，接待来人来电来访144人次，处理信件14件，接待集体访12批次、53人次，调解矛盾纠纷110件，预防群体访、越级访6件。妥善处置“中石化办公楼装修施工扰民”、“北京城建五公司外地民工讨薪”等群体聚集情况。在安全生产工作中做到“五清”，即“底数清、位置清、情况清、责任清、处理措施清”。实施处级领导包社区工作机制，建立工作台帐，实行重点防控。对辖区内人员密集场所，开展安全生产检查。全力做好涉藏、涉疆维稳工作，抓住两个重点：一是以涉藏、涉疆维稳工作体制新模式为重点，坚持“属地牵头、条块结合、专群联动”，牢固筑成三道稳控防线，第一道重点单位内部维稳工作防线，发挥党、团组织和学生会的作用，及时掌握内部人员动态情报信息；第二道重点单位周边监控保卫防线，及时发现问题及时报告并迅速予以处置；第三道由区各相关部门组成联动快速反应防线，论证分析情报信息，及时向区委领导汇报，快速处置突发情况。二是以基层情报信息网络建设为重点，扩大维稳情报信息的搜集渠道。通过基层党组织，坚持走群众路线，以527人组成的安全稳定信息员队伍为基础,做到"人未动我先知",牢牢把握维稳工作主动权,使地区社会面控制得到有效保证。

(吴俊华)

【党建工作】 年内,推进"135X"党建新格局。构筑一个平台,建立街道党建协调委员会,各社区党委成立党建协调分会;突出三个载体,即社区服务品牌、特色党支部、党员志愿服务队;开展五大特色活动,即开展系列创建、"民族一家亲"、党员"五个一"、"金点子进家中"、"科技服务社区"活动。加强"两新"组织党建,以"抓非公党建,促企业发展"为主线,新成立北京天水怡阁餐饮有限公司党支部,建立13个党建服务站,培育推出千鹤家园、泰德商务花园、天建大厦、世纪嘉园四个党建服务站。残联在全区率先成立街道残联党支部和社区残协党支部,使辖区128名残疾人党员有了自己的"家"。

(吴俊华)

【人口普查】 年内,完成地区第六次全国人口普查工作,组建约350人的普查队伍,按5个社区分5个普查区,经过户口整顿、清查摸底和正式普查两个阶段。街道辖区总户数29547户,常住总人数69423人(另有17443人为户在人不在),户籍人口47063人,港澳台1224人。

(吴俊华)

【司法工作】 年内,街道、社区共调解民间纠纷1024件,成功999件,成功率97.6%,共制作民调卷宗126卷。开展大型法律宣传咨询活动23次,现场接受咨询1800余人次,发放各种法律法规书籍、材料5000余份。为60岁以上老年人提供法律服务26次,为残疾人服务12次,为妇女儿童服务37次。参与司法行政3件,避免经济损失68万元。

(吴俊华)

【工会工作】 年内,完成非公企业建会6家,新增会员420人,收缴会费7万元。完成街道工会第一次职工代表大会的筹备和召开任务,选举产生街道第一届总工会、第一届总工会经审会和女职工委员会。

(吴俊华)

【妇联工作】 街道妇联下设五个社区妇联,53个妇女小组,五个社区分别设有妇女之家。5月15日国际家庭日,街道妇联联合藏医院为辖区流动人口妇女免费健康检查,开展妇女健康知识问答;11月24日国际反家庭暴力日来临之际,举办"反家庭暴力,共建和谐家庭"讲座;12月4日法制宣传日,街道妇联与司法所等部门,开展全国法制宣传日活动,发放《妇女人身权益》、《婚姻家庭》等法律小册子100余本,为群众免费解答法律问题。开展困难救助,为地区居民杨金香争取到市贫困妇女创业援助资金5000元。继续困难无业单身老年妇女医疗帮扶工作,为地区80位老人办理医疗救助卡,每年报销450元药费。

(吴俊华)

三里屯街道

【概况】 三里屯街道地处朝阳区中西部,东起东三环北路,西至春秀路与东城区相接,南临工体南路,北濒亮马河。区域总面积2.9平方公里。设有7个社区居委会,常住人口5.8万余人。其中外来人口11.1万余人,外籍人口2100余人。辖区内有企业1800余家,驻华使(领)馆72家及联合国开发署、联合国难民署、联合国儿童基金会和一大批涉外宾馆饭店,中央市属单位103家。医疗机构有武警总队医院、三里屯医院和北京同仁长虹医院。大专院校有北京联合大学机械工程学院,另有中学3所、小学3所。三里屯地处CBD功能区,是区"时尚文化版块"的重要组成部分,是对外交往的重要窗口。年内,街道紧扣"传承、提升、创新、发展"的工作思路,按照"新四区"建设的要求,构建"八项工作体系"规范街道管理,积极推动社会服务管理创新,深入开展创建"全国文明城区"、"全国双拥模范城"和"国际安全社区"等工作,国际时尚文化街区建设又上一个新台阶,为街道"十二五"开局奠定了坚实基础。

地址:幸福村1号
电话:6416.5276
邮政编码:100027

(宋晓红)

【"漂亮的兵马俑"灯笼景观展示】 2月26日至28日,街道联合区文化馆、三里屯Village,在三里屯Village文化广场举办"三里屯国际街区漂亮的兵马俑灯笼景观展示"活动。作为本市春节系列重点文化活动之一,为期三天的灯会活动吸引11万群众观看,被市委宣传部、市文化局、市旅游局等五部门评选为第五届北京春节庙会、灯会文化活动创意奖,获得中外友人的一致好评和欢迎。

(宋晓红)

【首都绿化美化花园式社区】 3月起,街道指导幸福二村社区制定创建方案,策划绿色行动。成立"幸福爱犬之家"和"绿色环保志愿者"协会;设计并安装"小狗便便箱"、绿地标识牌;道路两侧实施立体绿化,种植各类花草近万株;发放《致居民一封信》,举办知识竞赛、植树种花、绿地认养、评选文明爱犬户等活动,最终幸福二村社区成功创建成为"首都绿化美化花园式社区"。

(宋晓红)

【成立地区社会建设协调委员会】 7月13日,在兆龙饭店召开三里屯地区社会建设协调委员会成立大会，区委副书记宋连娣、区人大常委会副主任李国、区委副巡视员刘英男以及在地区居住的老领导、辖区内驻军领导、地区社会各界知名人士、委员会成员等近200人参加会议。街道工委书记李振玲作筹备情况报告，通过《北京市朝阳区三里屯地区社会建设协调委员会章程》和委员会理事、会长、秘书长、监事长、名誉会长和顾问团等人选名单。区领导为"北京市朝阳区三里屯地区社会建设协调委员会"揭牌。

（宋晓红）

【创建全国文明城区】 年内，提出创建工作把握"四个重点"（即知晓率、参与率，档案工作，静态宣传，满意度测评）、抓住"四个难点"（即外来人口管理、社会单位的宣传、公共场所的监督、百姓得实惠），发动号召地区居民积极参与创建。通过扎实做好"四个转变"（即由突击迎检向长效建设转变、由局部文明向全域文明转变、由文明要素建设向文明体系建设转变、由行政组织向社会动员转变），统筹整合志愿者队伍，充分发挥机关科室、社区、社会单位及社会组织协会的骨干作用，高标准完成区社会工委提出的"十项行动、十个规定动作"的要求，努力促进管理文明、公共文明、文化文明和生态文明四项文明齐头并进。

（宋晓红）

【改善民生】 年内，通过网络化、动态化管理，依法扩大社会保障覆盖面，基本做到"困难群众救助全覆盖"。全地区313户低保家庭实现应保尽保；救助各类困难家庭130余户，救助资金共计22.4万元；为青海玉树地震灾区募集资金31.1万元；加大对民政对象的关怀力度，全年走访慰问920人，慰问金额46.94万元；协调解决处理群讨事件13起，为农民工讨薪300余万元；举办失业人员招聘会14次，开发就业岗位3559个，安置失业人员326人，地区失业人员就业率达67%以上；初步建立"一刻钟社区便民服务圈"，以满足居民需求为导向，在调查摸底、广泛动员的基础上，选择确定130家便民服务商；在街道网站开辟便民服务专栏；编印15000册《三里屯服务指南》，发放到居民户。

（宋晓红）

【创建国际安全社区】 年内，以安全生产、公共安全、校园安全、社区群众安全预防和持续改进等项目为主要内容，开展"国际安全社区"创建工作。根据12项指标要求，设立安全社区展墙、安全学校（朝阳实验小学）、安全幼儿园（幸福天使幼儿园）、安全社区教育基地、娱乐行业消防禁毒一条街和酒吧街交通安全管理等6个安全社区创建验收项目，于12月顺利通过专家组验收。

（宋晓红）

【垃圾减量垃圾分类】 年内，制定《三里屯街道推进垃圾减量垃圾分类工作实施方案》和《三里屯地区生活垃圾分类宣传指导员和二次分拣员的工作意见》等指导性文件，召开社区及社会单位垃圾减量垃圾分类工作动员培训会，明确工作目标、任务标准和进度要求；加大宣传力度，采取悬挂宣传标语、发放宣传品、组织居民代表参观高安屯垃圾处理厂等方式，提高居民对垃圾减量垃圾分类方法和意义的认识。结合地区两个垃圾楼的改造，率先在幸福一村、幸福二村、中纺里三个社区进行垃圾分类试点工作，招募垃圾分类指导员和二次分拣员51人，布设桶站195处，发放家庭用桶10468组，配备分类垃圾运输车15辆。

（宋晓红）

【老旧小区改造和准物业化管理试点】 年内，投资160余万元，完成东三里北小区、北三里42号楼院2个老旧小区和三里屯一中（初中部）校园周边环境整治任务，改造总面积6972平方米。其中，绿化改造392平方米，铺装硬化3680平方米，楼体粉饰3160平方米，新建自行车棚300平方米。校园周边立体绿化工程得到区绿化局好评，并在全区进行经验推广。从9月底开始，在东三里东小区开展准物业化管理试点工作。成立楼院管理委员会，制定楼院管理居民自治章程等工作制度；设立管委会办公场所，实施治安岗亭封闭管理；制作、规范各类标识，施划停车位，核发车证，实施车辆出入管理，彻底改变以往小区内乱停车的局面，居民反响良好。

（宋晓红）

【城市综合管理】 年内，将部分协管员队伍进行整合，创新管理机制，降低管理成本，调动协管员工作积极性，充分发挥各自职能，统筹做好地区流动人口和出租房屋管理、安全生产、防火、环境卫生检查等工作。全年分流指派网格案件1300余件，为公安刑侦、群众取证提供线索265次。

（宋晓红）

【环境秩序整治】 年内，按照"属地管理、条块结合、突出重点、全面整治"的原则，以"三大执法机制"为依托，以"百日专项整治行动"为抓手，坚持职能部门会商制度，协调联合交通、公安、安监、城管、综治、工商等专业力量，开展对工体周边、雅秀市场等重点地区的联勤联动综合治理。配强专业保安和协管员队伍，指派专人全天候盯守巡视重点部位，加大对整个辖区的巡视密度，基本形成"执法责任区常态管；重点位置重点看；巡查路线三班转"的巡查工作模式，有效遏制影响环境秩序的各类违法行为。在市开展的街面环境秩序"百日整治行动"中，被授予市级“先进集体”称号。处理网格案件13922件,实现10个月红灯零指标,及时结案率达99.98%,其中8月、9月在全区街道系统数字化城市管理综合考评中名列第一。完成工体35场次大型活动期间的外围保障任务。

(宋晓红)

【第六次全国人口普查】 年内,选调181名普查指导员和普查员,在前期户口整顿、调查摸底的基础上,细致开展入户登记。经汇总,地区总户数19921户,总人口58484人。

(宋晓红)

【社会领域党建】 年内,在三里屯SOHO建设覆盖全地区的商务楼宇服务中心,完成盈科中心等6座商务楼宇党务、政务、社会事务“三位一体”服务站建设,综合工会、妇联、共青团等群团服务职能,增强街道工委、办事处在辖区内的凝聚力和影响力。以社会建设协调委员会为参照模式,建立地区党建协调委员会。

(宋晓红)

【干部人才队伍建设】 年内,认真贯彻落实《干部选拔任用条例》,通过公开招聘、竞争上岗等方式,逐步改善干部人才队伍结构。全年提拔任用2名正科级干部,3名副科级干部,1名副主任科员;完成8名公务员、2名事业编干部、2名社区专职党务工作者及6名大学生社区工作者的招录工作;进行9人次的科室人员调整。

(宋晓红)

【八项工作体系】 年内,街道领导班子把学习贯彻科学发展观和新三里屯建设的实践结合起来,针对制约发展的突出问题,明确整改思路,提出在今后一个时期重点构建安全稳定、城市建设与管理、社会保障、文化建设、社区公共服务、公共卫生、双拥共建、党建等八项工作体系,建立科学、高效的综合协调工作机制。

(宋晓红)

建外街道

【概况】 建外街道位于朝阳区西南部,东起西大望路,西至建国门立交桥,南临通惠河,北到光华路,辖区长3、7公里,南北宽1.3公里,面积4.4平方公里。分别与八里庄、高碑店、呼家楼、朝外、双井、东城区的建国门内街道办事处接壤。辖区划分为8个社区,常住人口6.70万,户籍人口4.1万。有31家外国驻华使馆,两个外交公寓群,其中13栋别墅、19栋公寓楼,建筑面积22万多平方米。驻地法人单位8917个,规模以上单位1239个,市属单位181个,外资企业731个。全年完成区级财政收入28亿元。同比增长29%。街道机关在编职能科室23个,自设科室4个,公务员88人。年内建外街道获首都劳动奖光荣称号。

地址:东三环中路39号建外SOHO西区18号楼
电话:58789617
邮编:100022

(王京敏)

【SOHO商务楼宇服务站】 4月,以深化服务为切入点,在商务楼宇密集区建外soho筹备建立党务、政务、社会事务“三位一体”的商务楼宇服务站。设党建、社会、工会、团建和妇女工作五个部,围绕党务、政务、社务三个方面的服务内容,为楼宇企业及员工提供全方位的服务。在商务楼宇中通过单独建、联合建、依托建等形式强化两新组织党的建设,有1012名两新组织党员亮明身份,建立党组织12个,团组织12个,工会组织10个。建站以来,受到各界广泛关注,中央电视台等30余家媒体进行宣传报道,国家发改委副主任徐宪平、市委常委梁伟等领导先后进行实地调研。

(吕晓莉)

【社会建设协调委员会】 8月,成立地区社会建设协调委员会。该组织以“大事共商、资源共享、风险共担、实事共做、品牌共创、共驻共建”为理念,以促进地区社会动员机制形成为目标,吸纳78家驻地大型社会单位、世界500强企业、传媒龙头、涉外媒体等机构以及部分地区名人和社区居民参与。以定期会议形式,搭建共享资源、优势互补平台,同时为促进地区社会发展重大问题提出参考性意见,重点解决地区重点难点问题。市委社会工委副书记、市社会办副主任赵小卫、区委书记陈刚等领导出席成立大会,并为地区社会建设协调委员会揭牌。

(吕晓莉)

【党组织建设】 年内,完成党建模块编制工作,牵头组织全模式社会管理服务系统党建模块编制工作,制定考核评价的流程、标准等。完成党员党组织关系转入、转出190人;组织开展优秀党支部、特色党支部、五好党组织创建活动和“群众心中的好党员”评选表彰活动。党员数2720人,能够正常参加活动的党员2590人,参与率95.22%,两新组织党员168人,参与率100%;在永安里东社区成立商务楼宇党建服务工作站。成立7个非公经济联合党支部,5个非公经济党支部、5个临时党支部;完成1978年至2010年街道组织史撰写初稿。

(任春荣)

【创建文明城区】 年内,紧紧围绕“创建”工作,以“十大规定动作”为工作重点,召开工作推进会、专题讨论会50余次,参加1500人次。设立街道文明城区创建工作领导小组，建立“1+7+8”创建工作体系。即：一个指挥部，7个专项工作组，8个社区，形成统一行动、分项突破运行机制。结合建外CBD核心区功能定位，将文明城区创建工作与解决社区问题、改善民生相结合，与国际化管理和社会服务管理水平相结合，与推进建外地区全面可持续发展相结合，科学统筹，全面动员，积极整改。在主要大街、路口、门店、社区悬挂700条横幅，设1.5万平方米宣传围档，张贴8000余张宣传画，发放5万册“文明建外行动手册”。组织开展“学习雷锋志愿活动在身边”、“创建文明我参与，天天都是3·15”、“清明文明祭扫”、“端午粽飘香”等活动。全年街道层面融入文明城区创建内容的各类活动41次，受众人员达5万人次。

（廖　然）

【政风行风建设】 年内，对机关科、队、站、所提出“加强政风行风建设，整体提升服务水平”工作目标；尤其是对窗口科室及社区，提出“一二三四五”工作要求。即：一次性告知；“两个不准”：不准说不知道，不准使用不文明语言；“三心”：对老百姓要有爱心、对服务对象要有耐心、对从事的工作要细心；“四少”：让服务对象少跑一趟路、少等一分钟、少发一些牢骚、少做一次无用功；“五零”工作目标：服务受理“零推托”、服务方式“零距离”、服务事项“零积压”、服务工作“零差错”、服务目标“零投诉”。

（郑长宏）

【工会工作】 年内，根据区关于用人单位调查的有关通知，以社区为依托，以工会为主体，开展为期3个月普查工作，共完成4500余家调查表；成立商务楼宇服务站工会工作站，深入重点社区开展工会服务及维权活动，进一步推动建外地区工会工作；成立建外街道总工会服务站，54家建会单位主席参与揭牌仪式。选举产生街道总工会委员会委员17名、总工会经费审查委员会委员5名和总工会女职工委员会委员5名。

（郝　悦）

【税源建设】 年内，制定保增长奖励政策，走访重点单位，摸底调查，建立会商机制，加强与税源单位联系，落实各项经济任务指标，走访企业单位345家，为企业开辟“绿色通道”引进纳税大户20余家，全年实现区级财政收入28亿元，完成全年指标任务的108.65%，同比增长29%。促成“北京市集佳律师事务所”、“清水(北京)舞台设计有限公司”、杜比实验室国际技术服务(北京)有限公司等14家异地纳税企业回迁。制定“个人出租房屋房产税代征点管理制度”，发放小房产税缴纳须知10000张，宣传单5000张，宣传海报100张，完成小房产税2000万。超额完成GDP 9%的增长率，完成区、街道两级保增长任务。

（平　萍）

【人口与计生】 年内，成立地区“非公经济组织计划生育工作指导员”队伍，针对辖区写字楼内非公经济组织多，流动人口集中的特点，整合计生资源，在非公经济组织中拓展人口计生宣传教育和服务新领域；在北郎东社区、南郎社区组织以“创建全国文明城区，关注流动妇女健康”为主题的流动妇女免费健康体检。为300余名流动育龄妇女提供血压、身高、体重、妇科B超、乳腺、尿检等免费检查。针对流动育龄妇女专门制作10000张《建外街道计划生育优质服务联系卡》；组织“人口文化电影放映周”，10部有关婚育、计生、家庭方面的电影，走进军营、走进社区、走进商务楼宇，宣传计划生育政策和健康知识，推动地区人口文化发展；发动驻区单位和地区居民为“幸福工程”捐款39078.1元，“一元捐”捐款5728元。

（徐　岚）

【一刻钟服务圈】 年内，对区域及周边资源普遍摸查，按照9大类240项进行分类登记造册，采集地区单位信息515家，签约服务商77家。合理布局，划分服务圈，适时召开“一刻钟服务圈”服务商签约工作介绍说明会。按照60项基本公共服务项目一一落实对接。完成服务站点认证制度。制定《建外街道“一刻钟服务圈”服务商申报及认定标准》，对有意进入社区服务圈的商业服务站点、社区社会组织(项目)实行资格认证制度，建立申报、认证、退出等机制。以开展居家养老、家政服务、买菜购物、理发、餐饮、健身、娱乐、金融、邮政、理财等为主要内容的服务项目；编写《建外地区“一刻钟服务圈”服务商管理制度汇编》。

（陈雪英）

【综合治理】 年内，针对地区八类风险源，对接全模式社会服务管理系统建设目标，依托“一网、两库、三关”，打造地区综治维稳中心，建立“14563”运转模式，化解各类重点矛盾30起，调处纠纷400起，实施律师法律援助15起，建立高层楼宇“五员联动”单位79家，有效提升地区维稳工作整体水平。组织开展联合执法、脉冲行动、查处黑酒吧、整治市级挂账治安重点地区等行动。对地区132栋高层建筑、152处地下空间、900余家六小单位、6000余户出租房屋消防、流动人口等方面进行入户检查，建立地区消防安全“五联防”工作体系。对地区285户使用煤火取暖户进行清查，签订安全责任书285份。完成对违法超标单位追查13家，实现交通环境安全有序。结合《禁毒法》和“6.26”国际禁毒日，组织禁毒宣传8次，出动人员

68人次,发放宣传材料5000余份,社区戒毒及社区康复平稳有序。

(罗婵娟)

【人民调解】 年内,完成街道和8个社区人民调解委员会登记备案。建立健全组织机构,结合社区划片包楼,明确各调解小组人员和信息员。街道设9个调委会,委员84名,调解小组54个,信息员605名。全年,调解各类矛盾纠纷1140余件,调解成功1118件,成功率达到98%,参与调解重点矛盾纠纷7件。

(那宏艳)

【劳动监察】 年内,对辖区6200家企业进行企业基础信息采集,为网格化管理平台提供详细基础信息。对175个劳动用工单位《劳动法》执行情况和社会保险缴纳情况进行检查,劳动合同签订率达到95%,双百达标率118.51%,创建和谐劳动关系6家,新增集体合同6家。立案44件,向20家违法单位下达责令限期改正通知书,对4家严重侵害劳动者合法权益单位进行行政处罚,处罚金额0.4万元。为68人追回拖欠工资68万元。在全年创建工作评估中被评为三星单位。

(王文婷)

【信访工作】 年内,受理群众来信40件,接待来访560人次,领导接待20批、160人次,化解各类矛盾纠纷190件次,区级领导包案3件。全年190件各类纠纷中,涉及拆迁纠纷80件次,占42%;涉及物业纠纷50件次,占26%;涉及民生40件,占22%。其它20件,占10%;得到有效化解188件次,化解率达98%,初访初信化解率达95%,重信重访化解率达90%,信访积案化解率达80%。街道集中开展矛盾纠纷排查2次,排查各类问题47件,得到化解45件。

(周雪娇)

【再就业与社会保障】 年内,开发就业岗位3240个,924名失业人员实现再就业;对2197名新增失业人员开展职业指导,组织120名失业人员参加免费技能培训,为416名灵活就业人员审批保险补贴;发放失业保险金、低保金、民政地退人员工资等410万元;为126名失业人员办理退休手续;组织26名往届及外地回京考生在街道参加高考;为退休人员报销药费11700人次,3258万元;一老一小医疗保险、城镇无医疗保障老年人参保、城镇无业居民大病医疗保险参保工作办理1580人。地区社保所被评为市五星级社保所。

(王军进)

【社会救助】 年内,发放城市最低生活保障金169.6万元;受理低保申请20户,39人,完成复审家庭400户,核查低保家庭经济情况194户,363人。全年新办医疗救助本46人,完成141人医疗救助事后报销,救助金额21.89万元;临时救助11人,救助金额12.06万元;慈善救助5人,救助金额1.74万元;爱心卡救助3.76万元。走访慰问低保、困难家庭、残疾人、优抚对象307户,共计11.91万元。为低收入家庭发放爱心卡94张,共计3.76万元,为低保家庭发放米面油187户,办理低收入家庭认定6户13人。为无业人员31人办理殡葬补贴15.5万元,发放伤残抚恤金、军烈属慰问金53.5万元。走访慰问驻区武警部队14次,送慰问品和慰问金4万元。

(程　眉)

【系列文化活动】 年内,以建外地区第四届CBD文化节为龙头,大力开展文明城区创建活动。组织文化节开幕式全民健身展示活动、“品味书香建外”世界读书日活动、“放歌和谐建外 创建文明城区”主题歌会、“声舞飞扬 文明建外”百姓大舞台8场演出、地区“文明小天使”选拔、“文明有我”征文、“建外之歌”歌词征集活动等等,引导社会单位和居民积极参与地区文明城区创建,提升知晓率。体育工作继续依托地区大单位优势,不断打造品牌队伍,成立街道健身气功站点、向各社区推广八段锦等健身项目。开展地区第四届“人口和谐杯”乒乓球比赛社区初赛和街道复赛,参与人数达1500人,在区决赛中获得团体一等奖。组织教师节“文明小天使 风采谢师恩”作品展示活动。红十字工作组织两节送温暖活动,救助地区贫困群众。玉树地震灾害发生后,积极组织社区、单位开展募捐,募集善款35万元;完成地区红十字应急救护400人培训任务,中国红十字会会长华建敏来街道专项调研并给予充分肯定。

(董惠玲)

【环境建设】 年内,围绕挂帐任务和折子工程,整修北京电视台西侧路、老办事处门前路、光华里机电路、豫王坟主路、永安里119中学门前路5条道路和光华路小学东区周边环境的整治。协助北京电视台开展创建市级花园式单位,新增绿化面积14200平方米;协助国贸三期增加屋顶绿化面积2000平方米和庭院绿化面积9000平方米,地区新增绿化面积2.5万平方米;完成永安东里小区环境改造任务;发动社区居民和社会单位员工积极参与大扫除活动和环境卫生集中整治,清理卫生死角69处,清理堆物堆料210车,清理暴露垃圾2208处,清除小广告2.8万张,发动城市志愿者参与环境整治活动达1.6万人次,为创建全国文明城区营造良好的城市环境。制定《推进垃圾减量垃圾分类工作实施方案》,组织社区对辖区内社会单位和居民小区进行摸底统计,建立垃圾分类工作台账,共计39个居住小区、涉及24106户、89234

人,社会单位1039家,其中党政机关9家、学校9家、餐饮单位756家、大厦写字楼42家、大型宾馆饭店26家、商场9家、"六小单位"188家。广泛宣传,张贴宣传画400张,悬挂横幅260条,发放宣传手册2万份,组织社区主任、卫生主任及垃圾分类志愿者780人次进行专业培训。

(徐娟娟)

【残联工作】 年内,根据市、区残联统一部署,新办残疾人证91件,对9户符合条件的残疾人家庭,进行无障碍改造。为5名重度残疾人办理重残无业人员生活补助,全年发放重残补助金33.95万元,为4名遇有特殊困难的残疾人家庭申请临时困难补助2万元,为33人发放特困补助2.7万元,为10人发放临时生活困难补助金6960元,上报奖励残疾人子女及残疾人学生6人,发放扶残助学金2.2万元,走访慰问困难残疾人家庭65户、165人,发放慰问金22.01万元。为52名精残人员报销药费18万元、4人办理住院费用补助4500元。为地区23名通过社区灵活就业和个体就业残疾人办理社会保险补贴8.6万元。开展以精残人为重点的康复活动,组织230余人次精残人员和其他残疾人到郊区观光游览。为3名困难残疾人配备轮椅、浴椅等辅助器具。为3名残疾儿童、残疾少年报销机构康复训练费1.2万元。为22人办理重残人居家养老券。有2000余人次参加残联组织的趣味运动会、座谈会、唱歌、知识竞赛、郊游等文化体育活动。

(耳今言)

【居家养老】 年内发放服务券85.24万元,涉及老年人8543人。在老年服务中心,设有老人日间照料、老年餐桌、心理慰籍、康复服务、手工编织、书法绘画、棋牌娱乐、文体健身、图书阅览、老年浴室、网络培训等服务内容,现有服务商10家,其中:家政服务1家、洗衣店1家、老年餐桌8家。光华里社区的小王府餐厅,永安里社区的秀兰小馆,南郎社区的北京柚木花善餐厅,被评为市级敬老爱老为老服务先进单位。

(陈雪英)

【城市管理】 年内,先后开展4次百日整治行动。1月至3月份,对各街面、社区环境乱点进行逐个整治,重点治理藏民摊群,取得显著成效。4月至6月份,对长安街沿线秀水、国贸、大望桥等环境乱点开展连续打击和紧密盯守,巩固治理成果。7月至8月份,开展三个月的夏季环境集中整治,在加大街面乱点紧密盯守的基础上,对北平房、京客隆、永安东里小区店外经营、大排档进行连续整治。9月初至12月开展街面环境百日整治行动,对各环境乱点重新梳理上帐,开展连续整治,逐一销帐。对永安东里小区、大望桥京客隆、蓝堡北平房、秀水59号楼、东大桥刘大碗等环境乱点开展集中整治85次,规范店外经营150家,没收桌、椅、炉、灶等经营工具320件;拆除机电路、北郎拆迁区、光华里社区、秀水社区12处违法建设160平方米;规范建外sohu商户牌匾标识365块;拆除南方航空等大型户外广告21块、电子显示屏95块;组织500余家社会单位、六小门店召开8次"门前三包"整治会。共取缔无照经营1600余起,暂扣小商品5000余件,盗版光盘1100张,三轮车150辆,汽车2辆;组织城管、公安、交通连续开展26波80余次脉冲行动,暂扣黑摩的150余辆,训诫120人,治拘115人;查处非法散发小广告940起,没收小广告8000余张,警告570人,办理小广告停机128起;处理各类案件15390件,包括网格案件14050件、大队督办件1302件、来信来访38件;罚款11万元。

(李 楠)

【安全生产】 年内,实施重大危险源普查和监测监控,抓好特种设备、危险化学品、烟花爆竹、建筑施工和人员密集场所消防安全等专项整治,确保节日及重大活动期间安全稳定,加强安全生产宣传教育培训。检查生产经营单位4100余家,下达隐患整改通知书270余份,发现隐患440余处,行政处罚违法单位3家,隐患整改率100%。地区被区安全生产委员会评为"2010年朝阳区安全在我身边演讲比赛优秀组织奖"。全年安全生产死亡指标为零。

(高 威)

【人口普查】 年内,组织开展第六次全国人口普查,以辖区8个社区居委会为基础划分为8大普查区,79个普查小区。整个普查工作经历了建筑物核查、普查小区划分和小区图绘制、户口整顿和入户清查、正式入户登记、快速汇总、长表专项编码等阶段。第六次全国人口普查标准时间点为本年11月1日零时,普查对象包括10月31日晚居住在本普查小区和户口在本普查区的所有居民(含港澳台及外籍人员)。截止到11月10日,建外街道普查登记总户数22971户,总人口数67076人,其中户籍人口数41491人,暂住人口数17041人,出生人口数282人,死亡人口数207人,外籍及港澳台人数3711人。

(王慧杰)

左家庄街道

【概况】 左家庄街道辖区面积4.17平方公里,下辖9个社区,户籍人口64823人,常住人口数80186人。辖域东起东三环北路,西与东城区接壤,南临亮马河,北临国际展览中心,机场迎宾大道穿境而过,三元桥畔绿树成荫、花团锦簇,是集旅游、商贸、休闲为一体的经济特色地区。地址:新源里西11楼旁

电话:64643210
邮编:100027
电子邮箱:cyzjzjd313@sina.com

(常文煜)

【热水器漏燃气发生爆炸殃及邻居】 3月18日5点钟左右,位于新源里东六楼4门56号居民家中发生燃气爆燃意外事故。爆炸事故造成5户居民房屋严重受损,形成危房无法居住,9户居民燃气断气,殃及本楼28户及附近楼23户居民房间门窗玻璃破碎,造成经济损失80多万元。事故发生后,街道办事处立即启动应急预案,联系产权单位修缮房屋,安顿居民吃住,保障受灾居民的正常生活,维护社会稳定。

(常文煜)

【老干部大学分校成立】 4月1日,区委老干部大学左家庄分校正式挂牌成立,与此同时,绘画、手工两个培训班于当日正式开班,居民观看了培训班成员的成果展示。

(常文煜)

【开办农民工夜校 】 4月,在凤凰苑工地启动"农民工夜校",对务工人员开展普法维权培训。培训采取"实案授法"的方式,由专门从事建筑业务工人员维权的公益律师面向务工人员讲授务工常用的法律知识和维权技能;结合工地发生的案例,邀请区劳动保障专职监察员组织开展法律分析和交流探讨,提升务工人员依法正确分析和解决法律问题的能力;针对常见的欠薪、工伤等法律问题,向参训人员发放专用教材——《朝阳区建筑业民工普法维权知识手册》口袋书,做到人手一册,方便务工人员携带翻阅,引导务工人员依法处理法律纠纷;对务工人员的最直接管理层,劳动力管理员、施工队队长及班组长集中进行普法培训。

(常文煜)

【区领导调研指导工作】 6月10日,区长程连元到街道调研指导工作。街道工委书记王玉华就街道基本情况、工作开展情况、干部队伍情况以及社区管理、社会单位组织动员等方面情况进行了全面汇报。并就凤凰城业主上访、街道社区办公用房紧张等难点问题向区长进行了重点汇报。街道相关领导就老年券的发放使用、居家养老服务商的政策扶持等问题进行了汇报。程区长在听取汇报后,对街道工作予以肯定。同时,帮助街道研究分析地区形势及优劣势,对街道在新形势下开展工作提出了明确要求。12月14日,副区长张立新,区委社工委书记汪洋、区城管监督指挥中心主任皮定均、区信息办主任王臻等到街道调研全模式社会服务管理工作。工委书记王玉华、办事处主任郑金路等领导分别就全模式数据库、综治维稳中心建设,老旧小区准物业管理推进情况和一刻钟社区服务圈取得的初步成效向区领导进行汇报。

(常文煜)

【普法宣传】 7月23日,举办《流动人口计划生育条例》计划生育药具知识竞赛抽奖仪式,街道主管计生的领导参加了活动,社会单位代表、社区计生专干、社区居民代表共30多人参加了抽奖活动。9月17日举办企业法律法规知识培训,来自辖区各企业的法定代表人、各社区主管劳动保障工作的副主任110人参加培训。劳动监察大队和就业科在培训中,从保障企业和劳动者双方的合法权益、保证劳动关系和谐稳定发展的角度出发,将企业用工过程中各种问题、盲点和误区进行了认真详细的讲解,并结合企业用工实例,为企业答疑解惑。

(常文煜)

【成立地区社会建设协调委员会】 7月27日,在渔阳饭店召开地区社会建设协调委员会成立大会,地区知名人士、辖区社会单位、社区和谐促进员等12大类别115家单位和个人参加并成为首批成员。社会建设协调委员会的职能是集地区社会建设与管理、社会组织建设,社区建设、社会领域党建等方面各类协会组织于一体,推进地区各类非公有制度经济组织、新社会组织党的建设,不断扩大社会领域党组织建设的覆盖面,促进党建服务功能延伸,搭建社会单位、社会组织、各界人士、社区居民与街道工委、办事处之间沟通交流的平台;组织成员围绕地区社会建设热点、难点问题定期开展研讨,为街道、社区开展社会建设工作提出建议和意见。

(常文煜)

【成立和谐促进员协会】 8月17日,召开和谐促进员协会成立大会。地区和谐促进员代表、街道领导班子成员、地区人大代表、辖区社会单位、驻地部队、社区党委书记等200余人参加会议。街道和谐促进员协会下设9个分会,有会员1806人,协会秉承"服务他人、奉献社会、传播文明、促进和谐"的理念,积极引导和带领广大和谐促进员积极发挥"民意采集信息员、政策法规宣传员、民事纠纷调解员、社区事务联络员、社区工作监督员"的"五大员"作用。

(常文煜)

【创建劳动关系三方管理新模式 】 9月17日,政府方、企业组织和职工组织三方代表共计20人,在凤凰城成功召开协调劳动关系三方工作会议,与会代表对当前劳动关系中存在的难点、焦点话题进行了热烈讨论,就存在的问题提出了各自的想法和工作措施,并对今后如何进一步加强三方机制工作、提高三方协商机制工作的影响力提出建议。

(常文煜)

【社区首届文化节】 9月20日至10

月20日，举办首届社区文化节。活动内容有："红歌大家唱"卡拉OK比赛、"放飞心情、拥抱阳光"残疾人趣味运动会、"聚焦新朝阳、魅力左家庄"摄影作品展、"树品德 讲公德 扬美德"廉政书画展、"品味国粹、享受经典"——"渔阳杯"京剧票友大赛、"金色童年、幸福生活"暑期青少年实践活动成果展示、"舞动青春活力、展示夕阳风采"—"天虹杯"交谊舞大赛、"全民健身、超越自我"健身操展示、"巧手编织美好生活"编织作品展等十大文化活动及体育赛事。吸引万余名老年、中年、少儿、残疾人等不同群体，文艺、体育、书画、摄影等不同兴趣爱好者参与。

（常文煜）

【建立地区律师事务所联席会】 10月26日，区首家地区律师事务所联席会在街道成立。辖区内律师党支部成员、十八家律师事务所及五家签约律师事务所律师代表参加联席会。会议通过《左家庄街道地区律师事务所联席会工作制度》草案，其宗旨是：引导广大律师和律师事务所参与社会建设，实现自身的社会价值，帮助街道转变观念，提升公共管理和社会服务水平，将社会资源充分整合并有效组织起来，形成政府、市场、社会互联互动的公共服务新格局。联席会推举鑫泰洋律师事务所的孙晓洋担任联席会会长，王旭律师担任副会长，李俊明所长担任秘书长，布置了近一阶段的工作。

（常文煜）

【街道总工会第一次代表大会】 11月23日，在区委党校举行左家庄街道工会第一次代表大会。大会按照法定程序最终选举出17名工会委员会委员、3名经费审查委员会委员、7名女职工委员会委员。选举产生工会主席、副主席、经审委主任以及女工委主任。

（常文煜）

【科普社区】 12月，三源里社区被评定为市级科普示范社区和区级优秀科普社区。

（常文煜）

【社区建设】 年内，积极推进社区公共服务平台建设，建立起以社区居家养老为重点，以社区家政服务、快速购物、定餐服务、医疗、残疾人康复、文化活动为主要内容的便民服务项目，让居民在15分钟内享受到快捷、便利的基本生活服务。抓社区政务服务。编印《辖区便民生活手册》，制作辖区公共、公益、便民服务站点和便民网点分布示意图，运用社区网站、信息栏和电子信息屏等通报日常服务、居民需求信息。加强社区规范管理，规范岗位责任和服务标准，落实入户走访制度；依托社区服务站、社区中介组织和社区各类志愿者队伍，为地区居民服务。抓社区公共服务。摸清辖区居民需求底数和辖区服务资源底数，采取上门走访、问卷调查、集体座谈等形式，开展服务需求和服务资源调查，分类细化建立工作台帐。依托六小门店自律协会，进一步挖掘244家六小门店服务资源，并将六小门店纳入地区服务资源信息库。整合地区食品行业协会、小区物业管理协会，深化地区居家养老和便民利民服务。优化网点结构和布局。根据居民生活需求，合理规划便民网点分布，避免重复和浪费。在便民网点的设置上广泛征求居民意见，取得工商部门的支持；加大宣传力度，争得周边群众的理解和支持。加强对加盟服务商的管理，严格执行服务商管理条例。通过市场调查，根据居民需要，调整服务项目，拓展服务范围，增强服务功能，切实提高综合服务能力。抓社区互助服务。鼓励并支持社区居委会组织动员社会单位和社区居民开展"心连心、手牵手、邻帮邻"共建和谐社区活动，对困难群体实行救助服务等群众性自我服务活动。建立健全社区志愿者协会、街道志愿服务工作指导中心、社区志愿服务站、社区志愿服务队四个层次的社区志愿服务组织，积极开发培育特色服务项目。根据地区困难群体的不同需求，多项救助落实到位。以地区慈善分会为依托，在全地区广泛开展经济助困、文化智力助困、法律助困、社会助困"四助活动"，广泛动员社会力量捐款捐物，扩大慈善救助面；发动地区党员、志愿者与地区困难家庭结对帮扶；依托社区文化活动中心、党员活动中心和社区活动站，为居民读书看报、书法绘画、健身娱乐提供良好的活动平台。

（常文煜）

【构建公共服务体系】 年内，完成社区服务中心、社区服务站、便民服务网点三级组织网络和各类服务资源信息网络平台建设。整合政务服务、便民服务、公益服务"三类服务资源"，完善一刻钟社区服务圈服务功能，确定3个一刻钟社区服务圈的划分和整体布局，重点打造左家庄南区为老服务圈。加强公共服务规范化建设，建立健全服务商准入退出、监督管理、评价奖励三项服务保障制度，启动3—4条便民服务商街的打造工程，完善"四个一"（一卡、一册、一线、一网）等社区服务手段，为居民提供方便、快捷、优质的公共服务。划分出三个"一刻钟社区服务圈"区域，即覆盖新源里、三源里、新源西里、顺源里四个社区的左家庄南区服务圈、覆盖曙光里社区的左家庄东区服务圈和覆盖左南里、左东里、左北里、静安里四个社区的左家庄北区服务圈。

（常文煜）

【环境整治行动】 年内，以五类地区为重点，以"三步走"治理模式开展多部门联合执法。强化"门前三包"单位的静态管理，从一店一铺的整洁,逐步向一街一巷的整洁过渡。强化部门联动,简化处置程序,加大查处依托门店店外经营、依托门店经营非法大排挡、各类非法印刷门店的工作力度。突出治早、治小、治了。对重点区域实行专人看守,杜绝类似问题重复出现。强化管区执法,结合本辖区实际情况,对主要大街和重点位置,划分为3个执法责任区和3个重要点位,各区域城管队员全部实行实名制上岗,严厉打击无照经营、黑车运营;结合地域特点,规定步巡和机动巡查路线。实行车巡、步巡、定点看守,上岗、在岗、离岗交接报告,及时发现工作中的"死角"问题和管理盲区;将每天划分为3个不同时段。即:正常执法、加勤执法和备勤执法。早8:30—17:00为正常执法时段,管区队员要按照巡查路线进行正常执法,上、下午巡查至少各1次;中午12:00—13:30由值班队员带保安队员按机动巡查路线至少巡查1次,重点对辖区主要大街重要点位进行管控。晚17:00—22:00为加勤执法时段。值班队员带保安队员按机动巡查路线至少巡查2次,重点对辖区主要大街重要点位和路段进行管控。晚22:00—8:30为备勤执法时段。由值班队员负责巡查,主要对领导交办、群众举报、突发环境事件等问题进行及时有效的处置与管控;按照环境整治工作要求和标准,在规定的巡控时间内有执法车辆巡查,巡控时间间隔不超过20分钟,确保辖区环境良好。7月14日,开展黑车整治"脉冲行动"。街道成立工作领导小组。制定工作方案,组建了街道和派出所主管领导带队,综治办牵头,派出所、交通队、城管分队、残联、宣传部参加的联合整治队伍,各成员单位分工明确,紧密配合,确定了三元桥地铁站为重点部位,设置卡点。在明显路段悬挂横幅提示市民自觉抵制黑车。并将重点整治同日常巡查相结合,形成工作长效机制。

(常文煜)

【交通秩序综合整治】 年内,组织全体机关干部和部分社区专职工作者146人按早、晚两个批次执勤,配备专业交通背心、帽子、口哨、小红旗等设备,严明执勤纪律,确保行动落到实处。党政一把手带领处级领导深入五个重点灯控路口,与机关干部、社区专职工作者一道执勤,确保每个路口有一名处级领导带岗。加大检查督导力度,实行早班书记巡查,晚班主任巡查制度,发现问题,及时纠正。建立排查记录制度,对执勤期间出现的闯红灯等不文明行为的次数进行监测登记,建立数据周汇总分析机制,并根据监测结果采取有针对性的措施,切实减少重点路口不文明交通行为的发生。探索社会单位参与公共秩序维护的工作机制,强化社会动员能力,全面提升社会单位的参与率。

(常文煜)

【经济建设保税收】 年内,定期召开相关部门沟通联系会,及时掌握市区税源建设工作动态信息,及时反映、汇报街道税源建设工作情况及遇到的困难。加强与工商、税务、派出所、城管等部门的沟通,全力服务辖区企业,帮助企业解决发展中遇到的困难和问题。充分发挥税源分析系统的作用,及时掌握与分析辖区重点税源企业经营运转情况,强化对辖区企业的动态管理和服务。加强和辖区商务楼宇的联系,对拟入驻辖区的税源企业,积极协调工商、税务等部门加快企业相关手续的办理,形成税收增量。完成区级收入14.65亿元,6家异地纳税企业回迁,新引进企业16家。

(常文煜)

【流动人口管理】 年内,强化流动人口和出租房屋"1258"管理机制,构建"一个网络",即流动人口和出租房屋精细化、网格式管理网。建立"两个台帐",即流动人口台帐、出租房屋台帐。规范"五项职责",即流管委工作职责、流管办工作职责、服务站工作职责、服务站站长工作职责、管理员工作职责。健全"八项规定",包括流动人口和出租房屋管理员工作标准及考核、流动人口和出租房屋档案管理、流动人口和出租房屋预防煤气中毒工作等八项规定。地区出租房屋进行图示管理,全面提升对出租房屋的管控能力。加强对地区出租房屋中介公司(32个)的管理,特别是在群租房治理、出租房屋税征缴、出租房安全检查等工作中加强配合,务求实效。

(常文煜)

【有限空间安全监管】 年内,借助中小型企业状况,仔细查看和了解中小企业员工工作状况和内部存在的安全隐患,有针对性地制定安全管理措施。借助入户走访和数据统计,对辖区物业、重点企事业单位进行摸底调查,建立安全台帐,随时准确掌握安全信息。借助安全生产月和安全咨询日活动,对物业、重点企事业单位相关负责人进行有限空间作业相关知识培训,让他们掌握基本防护方法和事故应急措施,提高自救互救技能。借助悬挂横幅标语、橱窗、张贴安全标实、媒体网络等形式加大宣传力度,提高中小企业安全知识普及率。

(常文煜)

【3335工作法化解矛盾纠纷】 年内,以333机制建设为着力点,探索信访矛盾排查"五诊"式工作模式,提升信访矛盾排查工作能力和水平,切实打造信访矛盾排查第一道防线。实现三个转变。在工作职能上,从分诊台向搭平台转变;在工作效率上,从只重过程向更重结果转变;在工作方法上,从依法行政向依

法行政基础上的换位思考转变。突出三个着力。着力推进对涉及群众利益的重大决策进行信访风险评估工作；着力创新，以新理念、新思路破解信访难题。着力破解“事要解决”。处理好三个关系。处理好保增长与保稳定的关系；处理好畅通渠道与规范信访秩序的关系；处理好属地责任与职能部门责任的关系。推行“五诊”工作法。以“门诊”方式接待群众来访；以“出诊”方式进行信访矛盾调查；以“会诊”方式进行关系群众利益的矛盾解决；以“确诊”的方式制定矛盾的解决办法；以“复诊”方式对信访矛盾的解决进行回访。并在在九个社区成立区首家居民事务调解委员会和建立社区居民事务调解工作室。

（常文煜）

【垃圾分类】 年内，创新模式，实现“分类运输、垃圾不落地”，按照收运责任主体不变的原则，原来由街道保洁队和物业公司等负责清运的小区和社会单位的生活垃圾，仍由原清运主体负责，按照“桶换桶，垃圾不落地”的模式进行清运。重点加强对餐饮企业、机关食堂、农贸市场、大型商场和“六小”门店的监管，督促其在规定时限内，依照《北京市市容环境卫生条例》等相关法律、法规要求，及时配备垃圾分类设施、设备，实现生活垃圾的分类投放和收集。引导群众自觉分类投放，以“做文明有礼的北京人”主题宣传实践活动为载体，组织社区垃圾分类志愿者、楼门长、和谐促进员投身垃圾减量垃圾分类社会公益活动。利用地区报纸《左讯》、社区宣传栏、垃圾桶站宣传板等多种形式，将宣传覆盖到每个社区、楼院、家庭。向居民、社会单位、党政机关、学校师生发放一封信和指导手册等宣传品，集中开展面向社会单位、党政机关、学校、企业的培训宣传活动，深入发动社区居民参与垃圾分类，营造良好的社会氛围。建立一支过硬的垃圾分类志愿者队伍。在社区居民中招募生活垃圾分类志愿者并进行相关知识培训，安排志愿者每天早7:00—9:00、晚18:00—20:30，在小区分类垃圾桶站上岗开展工作，对居民进行宣传、指导、监督、服务。落实责任，将垃圾减量垃圾分类工作落到实处，对垃圾减量垃圾分类工作进行检查评比并纳入绩效考核。街道垃圾分类办公室定期组织召开由社区、物业公司、社会单位参加的联席会，研究解决工作推进中存在的问题，以工作简报形式向区垃圾分类办公室和街道领导报告工作进展情况。

（常文煜）

【构建和谐劳动关系】 年内，通过建立五个机制构建和谐劳动关系：建立合理的利益协调机制。以街道科室为主导，加强劳资双方沟通协商，切实保护用人单位和职工双方的利益，协调解决调整劳动关系矛盾和问题，使劳资双方获得双赢互利，促进劳动关系长期和谐、稳定发展。建立健全权益保障机制。在工作推进方式上，由等待投诉举报案件转变到积极主动围绕劳动监察中心工作和重点任务的完成；加大工作力度，由最初的侧重滞后查办案件，转变到点、面结合，把查办案件、巡视检查、专项监察、书面审查工作形成相互衔接互为条件的运作整体，在更大范围内营造有声势、有气势的劳动保障监察工作局面。建立有效的管理控制机制。探索劳动监察执法新模式，实行劳动监察网络化管理，扩大劳动监察覆盖面，将辖区内企业的劳动用工情况纳入网格动态监控之中，形成“全覆盖、全方位、全动态、全过程”的管理控制机制和“信息准确、数据齐全、资源共享、实时监控”的网络体系，构建和谐稳定的劳动关系，营造地区的和谐氛围。建立敏感的预警排查机制。健全科学的劳资纠纷预警机制，能够及时预防和发现重大纠纷和社会冲突的事件发生，有效防止影响社会和谐稳定的事件蔓延扩大。加大宣传培训力度活动，广泛宣传劳动保障法律法规，定期组织企业法定代表人、劳资负责人以及农民工进行专题培训，不断提高法律意识。采取劳动合同季报、企业用工情况月报以及设立咨询投诉专线等多种预警措施，形成科学的劳资关系预警信息体系。坚持预防为主，重在化解。对苗头性问题，及早主动防范，争取把问题和矛盾化解在萌芽状态。建立高效的应急处理机制。定期与相关科室、公安、工商等部门进行沟通，加强部门联动执法，处理由裁员、拖欠工资等原因引发的群体性劳资纠纷事件时，做到快速反应、及时报告、迅速到场、协调配合、控制局面、妥善处理、防止激化。通过及时果断处置劳动纠纷，努力将矛盾化解在辖区内。

（常文煜）

【社会保障促就业】 年内，针对地区失业人员较多的现状，通过失业人员管理系统，对辖区内的失业人员进行实时监控、定期分析、分类指导，及时掌握最新动态和就业需求。努力做到“三清”、“四到位”，最终实现“六个确保”。“三清”即：底数清、培训需求清、就业愿望清。“四到位”：即：政策宣传到位、职业指导到位、岗位推荐到位、跟踪服务到位”。“六个确保”即：确保为每一名有就业愿望的就业困难人员指定就业助理员；确保就业优惠政策覆盖到每一名就业困难人员；确保为每一名就业困难人员提供有针对性的职业指导；确保为每一名有求职愿望的困难人员进行岗位匹配推荐服务；确保为每一名有求职愿望的就业困难人员建立就业援助台帐；确保符合托底安置条件的就业困难人员100%进行托底安置。

（常文煜）

【创建国际安全社区】 年内,组建负责安全促进的跨部门合作的组织机构,即:安全小区创建工作推进委员会,下设办公室和有关管理工作组及8个专业工作组,负责具体工作,分别制定工作目标和责任。针对不同性别、年龄的人员和各种环境状况,分别实施工作场所安全促进项目、校园安全促进项目、交通安全促进项目、小区防盗项目、老年人安全促进项目、消防安全促进项目、残疾人安全促进项目等7个伤害预防和安全促进工作。针对高风险人员、高风险环境以及脆弱群体的安全预防,分别实施新源西里小学特教项目、幼儿园肥胖儿童干预项目、丁字路口交通安全管理项目、打工妹安全关爱项目、七色花残疾人心理疏导项目等5项预防和提高安全水平的工作。对教师和学生家长进行安全培训,宣传普及率达到100%;小区交通安全事故整体呈下降趋势;地区盗窃案件逐年持续下降,老年人的安全知晓率和满意度得到较大提高。经世界卫生组织安全社区香港认证中心现场考察,街道顺利通过"国际安全社区"认证。

(常文煜)

【双拥共建活动】 年内,组织社区母亲进军营,为武警战士缝补衣物;聘请10名武警战士为社区校外辅导员;地区青少年300余人到军营为部队官兵演出文艺节目,武警官兵为青少年讲授消防知识。总装备部设计研究院专家为辖区群众作"精彩世博,魅力共享"专题报告。街道领导与部队代表进行座谈,并看望地区复员老战士和部队官兵,向困难官兵赠送慰问品和慰问金。在街道天虹广场开展"文明共建,鱼水情浓"大型军民联欢会。以为驻地部队解决实际困难和突出军地互动为特色,开展了以"六送拥军"和"两个共建"为主要内容的"6+2"双拥共建系列活动。送关爱。向左家庄消防中队赠送慰问金1万元,为消防战士送去消暑纳凉的茶叶和饮料。送亲情。组织社区母亲进军营,慰问武警九支队官兵,为战士们缝补衣物,为官兵送上浓浓母爱。送帮扶。为7名困难战士发放扶助金3500元,帮助解决生活困难。送设施。为武警三支队四中队联系社区图书馆,解决官兵阅览室图书老旧问题;出资一万元购买3台电脑,帮助中队改善网络学习室硬件条件。送服务。为驻地部队官兵购置急需的电推子等日常生活用品。送文化。街道联合区国声艺术团,在总装备部工程设计研究总院大礼堂举办地区"双拥共建、共享和谐"戏曲专场演出;9个社区联袂举办"军民鱼水情深,颂歌献给子弟兵"夏日广场文艺晚会,慰问部队官兵。共建"社区大讲堂"。组织总装备部工程设计研究总院专家走进社区,为居民群众开展科技前沿知识系列讲座,开阔群众视野,增强自豪感。共建老年餐桌。联合北京卫戍区新源里干休所共建全区首家军地老年主题健康餐厅,每天定时为老年人提供物美价廉的中、晚自助餐服务,深受社区老年群体的赞誉。有效拓宽了双拥共建的服务领域,进一步健全社区为老服务体系。

(常文煜)

【"五福敬老"重阳系列活动】 年内,开展"人间重晚晴,重阳祝寿福"高龄老人慰问活动。由街道主要领导带队慰问地区4名百岁老人,为他们送去鲜花、寿桃和美好祝愿;对158名90岁以上高龄老人进行走访慰问,为每人送去暖手宝和200元的专业护理服务卡。举办"科学养身心,康宁享清福"秋季养生和心理健康讲座。邀请专家引导老年人用科学的方法调理身心,呵护健康。举行"家和万事兴,和谐筑幸福"老年维权法律知识讲座和巡展活动。通过向老年朋友宣传相关法律知识,引导他们用法律武器为晚年生活保驾护航。开展"共享盛世果,服务祈鸿福"为老服务项目推介会。将新源里老年健康主题餐厅服务项目拓展到8个,正式启动军民共建"老年养生中心"服务项目,组织20余家签约服务商为老年人提供优质便捷的养老服务,切实提高为老服务水平。举办"爱心映晚霞,孝星颂德福"敬老主题活动。在9个社区组织开展"左家庄十大孝敬之星"事迹演讲会、为老志愿服务活动、重阳敬老主题宣传教育三项活动,弘扬传统美德,营造尊老敬老、助老为老的浓厚氛围。

(常文煜)

【社区公益日】 年内,每月5日开展"社区公益日"活动,先后以"筑和谐、送温暖","与雷锋精神同行、树地区文明新风","全民参与、共建共享","爱心助残、携手同行、共创文明"等主题开展创建实践活动,共吸引10000余名群众、100余家社会单位参加。

(常文煜)

【文明城区创建工作】 年内,成立街道创建全国文明城区领导小组(分指挥部),下设9个专项工作组,成立9个社区创建领导小组和指导员队伍,完善地区精神文明建设委员会,组建专家顾问组。选聘14名地区知名人士和女民兵担任社区创建形象大使;选聘11名"五老"志愿者组成创建宣讲团;选聘14名知名人士、人大代表、政协委员组成创建巡访团;发动地区17个两新组织党支部,组建非公经济组织志愿者服务队;与北京联合大学师范学院合作组建"志愿朝阳 阳光接力"大学生志愿者服务队;成立大学生社区专职工作者志愿服务队。发放致居民的一封信10000余份,致社会单位的一封信1000余份,张贴创建宣传画364张,悬挂大型户外广告2

处，制作创建购物袋39562个、宣传小折扇10000余个、宣传横幅283条、绶带100条、袖标100个、宣传彩页和小折页1000张，有效提升了居民群众、社会单位对创建工作的知晓率。构筑学校、家庭、社会“三位一体”的未成年人思想道德教育体系，完善辖区中小学生服务“五老”、与空巢老人家庭结对子、参与社区敬老助老活动的工作机制。

（常文煜）

呼家楼街道

【概况】 呼家楼街道办事处辖区户籍人口21250户、63217人；新出生459人，死亡386人；外来人口24855人。地区法人单位2952个，其中中央单位61家，市属单位77家，区属单位76家。有医院3所，社区卫生服务站5个，社区服务中心1个。有科研院所4个，大学1所，中学1所，小学2所，幼儿园5所。8月，关北街社区居委会搬至向军北里28号院D座1层办公。年内，街道被评为首都见义勇为权益保护工作先进单位，并作为代表在全市大会上发言；反邪教教育转化攻坚与巩固整体仗工作经验在全市大会上受到表彰。

地址：呼家楼北街甲6号
电话：65012264
邮编：100026

（孙　汉）

【经济建设】 年内，坚持优化环境，实现经济平稳较快发展。组建商务楼宇物业公司联席会，及时发布招商信息，吸引企业入驻，协调推动楼宇经济发展。新引进雷诺汽车（北京）有限公司、中国旅行社总社（北京）有限公司、海航旅业控股（集团）有限公司等大型企业。加大出租房税收征缴力度，在东大桥富尔大厦增设税收点，在复兴国际大厦等处增设流动税收点，提高服务效率和服务质量，征缴出租房房产税近3000万元。实现区级财政收入10.62亿元，同比增长22.73%。

（孙　汉）

【第六次全国人口普查】 年内，完成第六次全国人口普查区域划分和建筑物核查、户口整顿和清查摸底、普查登记等各阶段工作。组建街道、社区两级普查机构，制定《呼家楼街道第六次全国人口普查工作方案》，在全区率先实现人员、设备、场地“三到位”。实行“321”工作模式，即“三个方法两项制度一个结合”。三个方法：一是分区包片法，即每个普查指导员负责4—5个普查小区，逐层落实责任；二是统筹协调法，即根据各社区人口构成情况，积极发挥流动人口管理员、外语水平高的新任社区干部、社区家委会等力量的作用；三是协议规范法，即以向物业单位发公函和与其签订保密协议的方式建立良好的合作关系，掌握涉外公寓情况。两项制度：一是周例会制度，即每周召开人口普查工作例会，及时掌握各普查区工作进展；二是周联系制度，即街道人普办成员每人包2个社区，每周定期到包片社区指导工作、及时解决问题。一个结合，即将人口普查工作与街道流动人口管理、城市管理等工作结合起来，一数多用，充分发挥普查数据的作用。启动社区普查小组组长—普查指导员—普查员三级业务培训体系，将大量业务知识进行分解、细化，共进行了三层二十批培训，培训1800人次。5月—7月，在人口普查区域划分和建筑物普查阶段，明确街道—社区两级普查区域范围，妥善处理第一商城管辖等问题，实地踏查地区3281个建筑物，绘制675张正式普查小区图，对所有普查小区统一进行地址编码。8月15日至9月15日，街道86名普查指导员、302名普查员和22名志愿者分成2－3人不等的普查入户小组，采取预约通知、错时工作的办法，每天加班加点入户调查，完成入户摸底32733户，输机录入90704人。根据入户了解的情况，编制《户主姓名底册》，全面掌握辖区户籍人口、流动人口和外籍人口数据，做到房不漏户、户不漏人、人不漏项，登记项目无差错。11月1日开始普查登记，当天，街道接待央视英语频道、新华社、人民日报社、美联社、法新社等30多家新闻媒体采访，普查员和指导员规范的仪容仪表和熟练的业务操作，得到市、区有关领导及媒体的充分肯定。10天里，410名普查指导员、普查员、陪调员和志愿者利用电话预约、蹲点守候、熟人联系等方法，再一次深入到每家每户，通过实地询问的方式填写普查登记表，登记任务圆满完成。此次普查，街道共登记3.3万户，9.5万人。地区共有户籍人口2.1万户，6.2万人，其中，户在人不在人员2.9万人。现有总人口3.3万户、6.6万人，其中，暂住人口2万余人，外籍和港澳台人士超过3千人。

（孙　汉）

【创建全国文明城区】 年内，坚持统筹推进，建立全国文明城区创建工作体系，提出“四个十大”推进创建工作，即建设环境、安全、文化等十大文明体系，成立志愿服务队、文明引导队等十大文明队伍，创建百姓宣讲团、金台书画社等十大文明品牌，开展微笑呼家楼、绿色呼家楼等十大系列活动。突出文化传媒服务区和商务中心区特色，在《呼声》网络和报纸上开辟专栏，开展“一社区一品牌”建设和“双十百千”评优活动，推出微笑形象大使、盲人作家张骥良，举办其个人书法展，组织了大型时尚表演赛，在白领女性中广泛传播文明创建理念，发动社会各界参与创建工作，营造浓厚氛围。评选区级文明家庭5千户，街道文明家庭1.1万户。一些长期困扰居民的难题,在创建工作中逐步得到解决,使创建工作利民惠民的核心理念落到实处,广大群众真真切切地感受到创建带来的新变化。

(孙　汉)

【平安建设】 年内,改建信访接待大厅,在城市综合管理指挥中心基础上,建成街道综治维稳中心,设立信访、公安、城管、综治、矛盾调处、情报信息、帮教、安监、视频监控、网格、总值班员、监督检查等工作席位,制订了各部门工作职责及首问负责制、会商议事、联席会议、值班管理、信息报送、应急处置、奖惩激励、督查督办、责任追究等九项制度,各相关部门安排人员进入中心办公,并配备监控、检查督导等专职工作人员,实现24小时全天候运转。城市综合管理指挥中心共接110报警11420件,为派出所、交通队等有关部门提供录像28起,接待群众查看录像65起,直接发现社会治安、城市环境、聚集上访等各类问题564件,均及时与相关部门联系,妥善解决。全面开展中小学校及幼儿园安全检查,加大对校园周边的环境整治力度,加强"高峰勤务"巡逻值守,每个学校的上下学高峰时段,校门前安排至少4名社区治安志愿者、2名巡防队员、1名社区保安,并在校园周边设固定巡逻路线,全力维护校园安全。扎实开展流动人口和出租房屋管理工作,落实"四登记"、"六服务"制度,完善基础台帐。做好"群租房"安全隐患排查整治,协助社区民警做好"警情通报"和防盗、防骗警示工作。做好外籍人员协管员的选聘工作,提高对外籍人员的服务管理水平。

(孙　汉)

【矛盾纠纷调处】 年内,建立矛盾排查向社会单位延伸机制,在480名社区安全稳定信息员基础上,吸纳30名商务楼宇物业管理公司、建筑施工企业等安保负责人作为信息员,形成覆盖更加全面的预警网络。2月,协调解决中央电视台新台址装修工程决算等拖欠工程款问题,避免多起农民工集体讨薪事件。全力做好春平购物商场投资经营纠纷维稳工作,积极搭建矛盾双方对话平台,做好商场内部和周边安保工作。做好中央电视台新台址二期拆迁、呼家楼西里拆迁、关东店南街6号楼拆迁等协调工作。开展了为期三个月的矛盾纠纷集中化解专项行动,集中化解一批可能影响安全稳定的矛盾纠纷,取得显著成果。中央电视台新台址二期拆迁、春平购物广场经营纠纷、京广中心新世界酒店劳资纠纷、光华路soho2工程建设项目纠纷等4个重点矛盾和12个其他一般矛盾纠纷均得到有效化解,没有出现影响安全稳定的问题,营造了和谐共建的良好社会氛围。开展人民内部矛盾集中排查4次,接待群众来信来访160余件,接待集体访47批次、1240人次,预防越级访、集体访24次。

(孙　汉)

【安全生产】 年内,开展消防安全、交通安全、食品卫生等专项治理,对安全隐患定期进行追踪复查,严格落实整改措施。街道指导世贸天阶物业管理公司组织公司员工和广大商租户在世贸天阶东广场举办以消防安全"四个能力"建设为主题的"11.9消防运动会",设水带连接、消防器材识别、五十米灭油火三个比赛项目,义务消防队还给现场观众演示了快速穿戴防火器具和消防器材综合演练,提高了公司员工和商租户防火减灾能力。落实预防煤气中毒防范措施,顺利完成2494户直排式燃气热水器更换工作。稳妥开展地下空间综合整治,对96处人防工程、119处普通地下室进行清理整治和规范管理,消除安全隐患,保障了安全稳定。共签订安全生产责任书2500份,检查生产经营单位544家,开具隐患整改单539份,行政处罚1.8万元。

(孙　汉)

【应急工作】 年内,在CBD高层楼开展以"强化实战演练,推进应急建设"为主题的火灾事故应急演练,组织生产经营单位安全责任人和从业人员现场参加,取得预期效果,《北京日报》、《法制晚报》等多家媒体进行报道。组建民防志愿者分队,重新调整民兵应急分队,应急处置力量进一步增强。妥善处理京广桥西南角东三环西侧辅路地下自来水管冒水事件。

(孙　汉)

【减灾防灾】 年内,建立健全两级防灾应急机制,形成以应急预案、防灾减灾机构、居民避险图为内容的基层防灾减灾体系。健全救灾减灾社会动员机制,结合地区防灾减灾实际情况,5月12日,在呼家楼北社区社区公园开展以"减灾从社区做起"为主题的大型宣传活动,发放《地震小常识》、《消防小常识》、《首都市民防灾应急手册》等宣传材料800余册。

(孙　汉)

【房屋拆迁】 年内,进一步落实拆迁协调长效机制,积极化解拆迁中的矛盾。做好群众来访接待,对群众反映和举报的问题认真听、详细记、耐心解答,积极主动协调,及时化解矛盾,共接待居民来访316人次,召开单位协调会及居民会14次。妥善处置了新苑3号楼11户居民因中央电视台新台址北配楼火灾滞留宾馆问题,全部平稳顺利返家。多次召开协调会,解决了关东店南街北延长线动迁区域公共设施维修维护问题。正在进行拆迁的3个项目1572户居民较为平稳顺利,其中1402户已签订补偿协议，签约率达89%。

（孙　汉）

【环境建设】 年内，投入资金113万元，完成金台北街老旧小区环境改造，整治10282平方米，其中摊铺沥青路1040平方米，铺装2642平方米，绿化6600平方米，种植各色花卉90630株，新种植74个花卉品种。安装路灯30个、座椅20个。投入资金115万元，实施呼北社区环境整治工程，摊铺沥青路2800平方米，铺装5000平方米，补植各色花卉1万株。完成了呼北社区花园式社区绿化美化、东大桥小区绿化改造和关北街社区旧车棚改造等环境建设工作。绿化改造工程使居民小区面貌进一步改观。

（孙　汉）

【城市管理】 年内，组建全区首家环卫绿化管理工作站，环境维护管理水平不断提高。开展了街面环境秩序专项整治，环境乱点109车站、红庙路口和化石营城中村秩序有了不同程度的改观。对群众反映强烈的金台里"鸟市"连续开展大规模整治行动，出动执法人员200余人次，采取有效措施，彻底杜绝"鸟市"的存在，受到居民好评。社区环境卫生管理工作得到加强，网格综合排名保持街道系统前列。认真开展城市运行保障工作，及时协调处理新街大院和小庄八户供暖站地下热力主管线漏水等问题，保障居民区正常供暖。处理城市管理类网格案件15741件，取缔无照经营6713起，规范门前三包单位1769家。

（孙　汉）

【垃圾分类减量】 年内，在呼家楼北社区、关北街社区、金台里社区和人民日报社社区开展垃圾分类减量试点。从建立2支带头落实队伍、转变1个旧的思想观念、培育2个新的生活习惯"212"长效工作机制入手，实行分区域管理、分阶段实施、分层次推进"三分"工作法，做好垃圾减量分类工作。广泛动员社区居民力量，设立垃圾分类宣传员、指导员、劝导员、分拣员、巡查员等不同层面的志愿者和工作人员队伍，确保垃圾分类工作有效开展，人人参与的目标初步实现，生活垃圾分类达标率达到70%以上。垃圾分类试点工作取得阶段性成果，北京电视台做专题报道，在全区大会上做经验介绍。

（孙　汉）

【文化建设】 年内，结合地区居民实际需求，进一步丰富文体活动的组织形式，每月两次为地区居民免费讲授书法、绘画、楹联、舞蹈、气功、摄影等知识，定期举办各类体育技能培训讲座，先后组织居民参加"和谐杯乒乓球比赛"、"室内趣味运动会"等一系列文体活动，丰富居民的社区生活。9月21日，与区文化委、区文化馆在金台文化广场联合举办"全家福——2010朝阳区社区一家亲中秋联欢活动"，地区军人家庭、残疾人家庭、外国人家庭、民工家庭、空巢老人家庭和孤寡老人家庭等九大类近百户家庭代表参加活动。同时，举行街道社区文化服务中心揭牌仪式，依托区文化馆建成地区具有社区文体服务功能的综合服务中心。11月，街道书画协会在区文化馆举办"2010金秋书画联展"活动，50余人参加，展出书画作品近百幅。地区居民、盲人作家张骥良入选北京市"百姓爱心故事"、朝阳区十大新闻人物。

（孙　汉）

【社会保障】 年内，街道养老、助残、救孤、济困和慈善、双拥等民政事业得到更大发展，困难家庭基本生活水平逐步提高。向低保家庭发放低保金183.9万元。办理医疗救助112人次，救助12.8万元。办理临时救助61人次，约11万元。为36户大病致困人员发放救助金7.3万元。为持证烈属举办集体生日。自筹资金2万元为贫困重残人员购买辅助用具，圆满完成残疾人"人人享有康复服务"验收任务。开展"扶贫助困"志愿者服务活动，组织贫困家庭开展"慈善母子一日游"活动。积极动员社会力量关心弱势群体，联合朝阳第二医院免费为120名低保人员体检，困难家庭享受到更多民生实惠。

（孙　汉）

【劳动就业】 年内，处理投诉举报案件109件，追讨工资25.5万元，追缴社会保险费19.3万元，保障了劳动者合法权益。举办两期《构建和谐劳动关系公益论坛》，协调处理飞利浦北京分公司销售人员集体讨要社会保险费等事件。举办地区首届人才专场招聘会。组织"迎春风、送岗位"活动，为失业人员、进城务工人员及高校毕业生举办专场招聘会3场，见面会6次，提供岗位1270个。开发就业岗位3745个，实现失业人员再就业964人，超额完成主要任务指标。就业困难人员实现就业537人。做好零就业家庭托底安置工作，8户零就业家庭全部实现至少1人就业。做好医疗保险工作，938名无医疗保障老年人和337名无业居民参加大病医疗保险。积极搞好社会化管理，集中办理了北汽摩等5家企业1100名退休人员养老、医疗、档案等接收工作。

（孙　汉）

【人口与计划生育】 年内，广泛宣传普及人口计生科学知识，倡导婚育新风，依法落实奖励扶助政策。完成社会单位和社区计生协会评估认定工作。以出生缺陷干预为核心，做好优生优育全程服务。开展"生育关怀行动"，帮扶特困独生子女家庭27户，慰问空巢家庭21户,发放独生子女父母一次性奖励87人次、8700元,一次性经济帮助7人次、7万元。开展流动人口计划生育执法检查,完成出生监测24人。组织外来务工人员麻疹、流脑疫苗接种补漏和学龄前流动儿童查漏补种工作。做好甲型H1N1流感、手足口病等传染病防控工作,顺利完成防控任务。

(孙 汉)

【为老服务】 年内,建成老年乐园,建筑面积300余平方米,内设老年活动室、康复室、老年课堂等,为老年人提供日间照料、洗衣服、理发、康复按摩、休闲娱乐等服务。深入贯彻“九养”政策,向104位困难老年人发放慈善医疗卡,为15名大病老年人安装“一按铃”,为204名符合条件的老年人配备“小帮手”。协调开办养老(助残)餐桌179家,解决3083名老人和残疾人的用餐问题。为98名老年无业特困妇女发放每人400元医疗救助卡,免费进行体检和医疗诊治。为538名65岁以上老人办理优待证,将17048名老人纳入居家养老优惠政策范围。开展“五个一”爱老服务周等活动,养老服务体系更加完善。

(孙 汉)

【慈善助学】 年内,利用中复电讯公司定向捐赠的20万元爱心善款,为地区104名低保家庭和低收入家庭的大、中、小学生提供笔记本电脑26台、电子词典61台、工具书40套,以及眼镜、自行车、书包、文具等助学用品。根据困难学生实际情况,以入户走访形式,为57名低保家庭学生、21名低保边缘家庭学生发放助学款19万元,包括临时救助款12.6万元、慈善救助款6.4万元。救助内容包括小学生、中学生的校服费和餐费,高中生、大学生的学费。街道已经形成义务教育阶段适当补助、高中以上低保家庭学生救助学费100%、低收入家庭学生救助学费70%的全覆盖助学体系。

(孙 汉)

【为民服务】 年内,街道16项为民办实事工程全面完成。完成关北街社区办公用房迁址装修、金台里社区办公及居民活动用房改造。服务大厅接待咨询服务3568人次,办理各项居民事务16217人次,全部办结。社区居民事务代办站办理各类居民服务项目52300件。9月30日,房管科挂牌成立,保障性住房受理申请659件,审核申报工作按期完成。

(孙 汉)

【一刻钟社区服务圈】 年内,通过完善社区便民服务,整合资源建成2个“一刻钟社区服务圈”。建立“一刻钟社区服务圈”电子平台,绘制服务站点361处。创立“4+4+1+1+n”模式,即纳入4大类服务,纳入名称、图片、简介和联系电话4部分内容,设立1个网上居民互动专栏。设立1个信息发布专栏,标注了n个站点。按照一圈两人的比例配备“一刻钟社区服务圈”网络管理员,负责更新商户数据、发布最新服务信息、答复居民互动专栏等工作。设立月报制度,每月各社区设专人负责收集商户信息,上报信息,为网络管理员工作提供数据基础,形成制度化的、可控性强的一刻钟社区服务网,随时为地区居民提供最新、最准确的服务信息。

(孙 汉)

【社区建设】 年内,加强社区服务站建设,进一步建立健全一口受理、事项公开、首问负责、分办落实等工作制度,规范工作流程,提高服务效率和服务质量。9月,街道成立和谐促进员协会,各社区建立和谐促进员分会。和谐促进员协会的成立,使和谐促进员能够有组织地开展社情民意收集、政策法规宣传、居民矛盾调处、社区事务服务和社区工作监督等工作,履行“五员”职责,成为维护地区稳定、建设“和谐呼家楼”的主力军。地区共有和谐促进员1209名。

(孙 汉)

【社会建设】 年内,在党建协调委员会的基础上,打破所有制、隶属关系、单位级别、规模等限制,广泛吸纳社会单位共同参与地区社会建设,成立了呼家楼地区社会建设协调委员会,成员由人民日报社等98个单位的相关负责人组成,共同协商推进呼家楼地区社会建设事业。同时,10个社区也相继成立社区居民事务协调委员会分会,开拓居民自治工作的新思路,搭建居民与政府沟通的新平台,为加强基层民主建设提供有力保障。

(孙 汉)

【社会服务管理创新】 年内,成立社会服务管理创新工作领导小组,制订工作方案,明确了122项折子工程。以建立与经济社会协调发展相适应的社会服务管理体系为目标,以解决街道社会服务管理的薄弱环节和突出问题为突破口,以体制机制创新为动力,努力构建规范和谐的社区管理工作体系、高效有序的城市管理工作体系、统筹有力的安全稳定工作体系、疏导得力的矛盾化解工作体系、惠民广泛的民生保障工作体系、覆盖全面的社会领域党建工作体系,依托社会建设协调委员会健全社会服务管理创新的社会动员机制,建立具有呼家楼特色的社会服务管理“六大体系”和“一个机制”,在商务楼宇党建服务全覆盖、贫困助学全覆盖、殷金凤社区工作法、“一刻钟”应急处突圈、“门前三包”城市管理长效机制和矛盾排查向社会单位延伸机制六个方面实现了新突破。

(孙 汉)

【法制宣传】 年内,以"法律六进"为切入点,逐步完善地区法制宣传教育网络,参与组织了"朝阳普法广场3·15大型法律宣传活动",发放《生活与法》、《五五普法汇编》等书籍,组织"法律进军营"等一系列法制宣传活动。针对拆迁、劳动用工、物业管理等热点难点问题,将法制宣传与法律服务相结合,与矛盾纠纷排查调处相结合,与重点人员管理等工作相结合,充分发挥法制宣传教育工作基础性、引导性的作用,寓法制宣传于法律服务、法律保障之中,切实提高了居民的法律素养、维权意识和地区和谐度。开展"六进"宣传活动110场,涉及地区常住居民5.2万人次。在十个社区法制宣传橱窗及街道法制宣传园地张贴普法挂图、法制教育展板、海报等材料,向居民发放宣传图书、资料3.5万余册。

(孙　汉)

【宣传报道】 年内,在新闻媒体上发稿203篇,包括《人民日报》等中央级媒体9条,北京电视台、《北京日报》、《京华时报》、《北京青年报》等市级媒体60条。围绕街道重点工作,在《呼声》报开辟"亮点聚焦"等专栏,追踪报道工作进展情况,注重主题活动的推进和文明细节的变化,挖掘好的工作做法和先进人物事迹。为盲人作家张骥良开设"骥语良言"专栏,选编出版《张骥良作品集》,宣传其自强不息、笑对人生的生活态度,倡导文明风尚。编发《呼声》报53期。

(孙　汉)

【党的建设】 年内,组织党风廉政建设培训班,设立"1+1+8"宣传园地,开展廉政风险防范管理,建立反腐倡廉防范机制,从源头上做好预防工作。4月,新建复星国际社会工作站,使商务楼宇党建服务站工作步入规范化。SOHO尚都党建服务站组织建设、党员服务、社会服务等特色突出,创新点多,得到上级充分肯定,多次接待中组部和市、区有关单位参观、调研。10月26日,地区律师党员联合党支部成立,22家律师事务所的49名律师党员分别组成第一、第二联合党支部。11月18日,召开工会第一次代表大会,选举产生了街道总工会第一届委员会。11月26日,"妇女之家"在十个社区揭牌成立,实现了全覆盖。12月,完成区人大代表补选任务。开展创先争优活动,组织参与市、区和街道三个层面的"群众心目中的好党员"评选活动,召开纪念建党89周年暨创先争优表彰大会,进一步促进党的建设,增强凝聚力。

(孙　汉)

【干部队伍建设】 年内,以机关党总支为依托,以学习月、文化月等阶段主题活动为载体,抓作风提升能力,抓教育强化素质,抓活动凝聚力量,提高干部的理论修养、整体素质和工作效率。制定办公秩序若干规定等规章制度,坚持每月升旗点评、季度例会,评价干部工作效果,解决突出问题,强化责任意识。通过竞争上岗,选拔6名机关干部走上科级干部岗位,选拔9名社区干部担任服务站站长。新招录11名社区工作者、8名社会领域党务工作者。围绕树立"五心"和增强"四种能力"开展教育培训,社区干部服务发展、服务群众的能力进一步提高。

(孙　汉)

劲松街道

【概况】 劲松街道位于朝阳区西南部。东以东四环路中心线为界与南磨房地区相邻;南以劲松724楼南侧小马路中心线及东南郊灌渠中心线为界与潘家园街道相邻,以北京化工机械厂南墙为界与南磨房地区相邻;西以东护城河中心线为界与崇文区龙潭街道相邻,以劲松派出所门前小马路北侧至双井路口三环路中心线为界与双井街道相邻;北以东护城河中心线至电力电容器厂西墙劲松大街中心线及广渠路中心线为界与双井街道相邻。辖区面积5.2平方公里,居民户数5.1万余户。住宅楼400余座。区域内有人口18万,其中常住人口13.6万,外来人口4.4万。辖下10个社区居委会。直属事业单位4个。辖区内驻有中央、市、区属单位、机关、学校等2200余个。

地址:东三环南路华腾园甲6号
电话:87735209 87735210
邮编:100022

(张艳萍　徐文峰)

【成立地区安全生产委员会】 1月26日,成立安全生产委员会,负责统筹、协调、组织、指导街道生产经营单位安全生产工作,实行两种工作模式,一是对辖区生产经营性单位的安全生产监督管理,按餐饮、商场、物业、危化、工地、医疗、地下空间等行业进行分工,安监、城建、城管、综治、社区办、劳动科、计生办、武装部等安委会成员单位按分工直接或协助宣传、监管,街道安监科综合监管的工作模式。二是安监科通过物业公司直接监督管理,将安全生产监督管理延伸到辖区1700多家生产经营单位,地区大安全生产监管格局初步形成。

(沈丽娟)

【网格化建设】 3月,完成辖区10个社区房屋中介机构的普查登记和在网格图层的标注工作,为在街道实施政府194号令的试点监督提供基础数据统计和图层标注基础。4月,完成停车场备案工作。5月,配合区监督中心完成了社区人口管理的检查。6月,完成地区6处岗亭处理网格件的工作部署和处理范围的图示及制度要求,并在日常工作中将该项工作深化,充分发挥了协管力量深入参与城市管理的尝试。11月,地下空间正式纳入数字化监督管理。12月,完成重点人群的统计上报工作。全年共接收、处理区监督平台案件26820件。

(王永华)

【招录社区工作者】 3月,经区统一报名、笔试,街道面试、考察、体检,新招录38名社区工作者,平均年龄25岁,均为大专以上学历。至年底街道已有5名社区工作者取得社会工作师资格、4名社区工作者取得助理社会工作师资格。

(屈树金 邱春玲)

【文明传递进社区】 4月18日,携手朝阳传媒、京华时报,开展了“文明生活我参与、幸福生活在劲松”文明传递进社区系列活动,组织“同创文明区万人签名活动”,为慈善协会捐款48万多元,社区居民歌舞大PK活动,参与人员达3000余人,起到宣传创建工作、调动广大居民热情参与的目的。

(俞春晖)

【免费为低保对象体检】 4月,为改善低保对象的生活质量,促进低保对象共享社会经济发展成果,与劲松社区卫生服务中心合作,街道出资30万元、社区卫生服务中心出资20万元共50万元,为地区380名低保对象,按人均500元的标准设置体检项目,实施免费体检。

(顾 鹍)

【5.29计生协会纪念日活动】 5月27日,庆祝“中国计划生育协会成立30周年纪念日”在劲松电影院内举行,街道和来自川、豫、甘、浙等省份的400余名在京创业人员共同举办“我在劲松挺好的,平安家书寄故乡”活动。劲松文体协会的演员表演了精彩的文艺节目。此次庆祝活动达到了良好的宣传效果和社会反响,受到辖区流动人口的欢迎。

(王爱军)

【完成国庆安保期间维稳任务】 6月初至10月,司法所依照《朝阳区司法行政系统“国庆平安行动”工作方案》、《国庆安保期间社区服刑和刑释解教人员等级管控措施》的要求,逐步、逐级启动安保机制,采取有效措施,加强对辖区内130名社区服刑和刑释解教人员的日常教育和管控工作,从而确保国庆期间辖区内的社会稳定。

(冯红顺)

【慰问困难党员】 “七一”前夕,区委组织部、区委社会工委、街道工委及辖区社会单位对地区80名困难党员进行走访慰问,发放慰问款38000元。

(陈新霞)

【纪念9.25公开信发表30周年】 9月17日,街道计生办联合流动人口自管会,在《中共中央关于控制我国人口问题致全体共产党员、共青团员的公开信》发表30周年之机,400余名外来务工人员和部分社区居民共同参加由街道举办的“富民强国计生路,携手共渡三十年”庆祝活动。活动中,街道领导向辖区居民通报了捐助灾区献爱心的情况,并向独生子女困难家庭赠送了节日慰问品。

(王爱军)

【召开地区秋季运动会】 10月,劲松地区秋季运动会在北京工业大学附属中学操场召开。运动会分老、中、青三个年龄组,设有50米跑、立定跳远、实心球掷远、30米两人三足、30米篮球运动跑、1分钟单摇跳绳、30秒踢毽、30米托球跑、拔河、接力共10个比赛项目,机关工作人员、各社区居委会成员、社区居民代表、地区企事业单位代表和残疾人代表共500人参加运动会。

(邱春玲)

【成立总工会】 11月19日,召开街道工会第一次代表大会。民主推选出工会委员会委员11名、经费审查委员会委员5名、女职工委员会委员5名;并于同日召开各委员会第一次全体会议,街道纪工委书记任燕斌当选劲松街道总工会主席。

(赵 立)

【成立“爱心家园”】 12月,街道“爱心家园”正式成立。其受助对象为社区的低保户、部分低保边缘户和困难家庭,他们凭“爱心救助卡”每月可领取一定数量的物品。“爱心家园”的成立,为开展接受社会救助资源、帮助困难群众、开展社会互助搭建了一座爱心平台。

(顾 鹍)

【共青团工作】 年内,成立街道机关联合支部、社区第一支部和社区第二支部,选举共青团区第十一次代表大会劲松街道代表1人。向地区贫困青少年李天昊同学发放希望之星1+1助学慰问金600元;向品学兼优的高二学生武 跃发放爱心基金400元;向3名低保重残青少年发放价值600元的生活日用品。

(何 静)

【妇联工作】 年内,街道妇联为地区33名单亲特困母亲发放救助金200元/人,为地区166名老年城市无业妇女发放价值450元的医疗救助卡。劲松二区小公园被推荐为“北京市妇女健身示范站点”。

(何 静)

【地下空间管理】 年内,对地下空间实行“三统一化”管理,即:统一标识、统一规划、统一管理,监控系统网络化。92处人防工程口部房外安装了灯箱标识。32处住人人防工程实施网络化管理,安装电子显示屏、语音对讲系统,把地下空间管理纳入街道监测指挥中心管理平台。

(王加忠)

【残联工作】 年内,为262人办理每月100元的养老助残券。为39人申请"小帮手"电子服务器。为31名一、二级智力、精神残疾人家属发放享受"阳光工程"一次性200元助残券补贴。春节前,为各社区拨款6500元开展团拜慰问活动。"两节"期间,投资12万元,走访慰问189名残疾人。"助残日"及中秋、国庆慰问80人,2.1万元。为11户残疾人家庭实施改造。5月12日,劲松街道文体协会残疾人分会正式成立。

(史春凤)

【纪检监察工作】 年内,同下级党政负责人谈话3人(次),科级干部任用前谈话1人(次),领导干部述职述廉43人(次)。妥善处理电、信、访件5件(次),其中转办件1件(次),政民互动举报类信访件3件,街道1件(次)。完成街道确定的8项重点工作的立项监察。

(王爱青)

【社会保障】 年内,为2906名失业人员进行职业指导,开发就业空岗5216个,实现失业人员就业1195人(其中就业困难人员494人);为退休人员报销医药费2万8千余人(次),合计人民币5962.6万余元;为2561名"一老一小"、408名城镇无业人员办理大病医疗保险手续;为741名城镇无保障老人办理福利养老金手续;为336名无业居民办理城乡居民养老保险参保手续;为481户低保家庭发放救济金445万元;为272人次生活困难人员进行医疗救助,发放救助款33.6万元;为9名低保、低收入家庭子女办理新生入学救助3.6万元;对35名困难人员进行临时救助,发放救助款11.7万元;为980人(次)优抚人员发放各类补助29.4万元。地区社保所被评为"北京市五星社保所"。

(王丽丽)

【城市建设】 年内,完成大郊亭古建路北段整治任务,铺装1950平方米、绿化100平方米。解决劲松一中门前积水问题,铺装硬化1414平方米,铺设雨水管线202米。打通大郊亭三街,对古建路重新进行了铺装硬化,其中车行路4843平方米,人行路2126平方米。投资219万元,建设地区950平方米的百姓大食堂。投资205万元,对劲松老年家园进行整体装修。协调区水务局解决磨房北里社区道路积水问题,疏通管线200米,新建雨水管线150米。投资133万元,新建500平方米磨房北里社区办公用房。劲松中社区被首都绿化委员会办公室评为"首都花园式社区"。

(么亚波)

【文明创建干部进万家】 年内,开展"干部进万家,了解民意暖民心"活动。机关干部和社区居委会干部一起,深入到辖区企事业单位、居民家中走访。发放《致劲松地区各领域参与文明创建活动的一封信》6类4万余份,调查问卷6类1万余份。在10个社区安装意见箱,召开征求意见座谈会。收集居民意见建议2711条。

(俞春晖)

【劳动监察工作】 年内,对地区548家社会单位进行劳动合同和劳动用工情况检查,立案89件,处理举报投诉案件16起,处罚案件7起,处罚金额1万余元。处理拖欠农民工工资问题10起,为660名农民工追回拖欠工资1366余万元,为860名农民工补缴社会保险。对辖区内130家企事业单位进行书面审查,完成2233家单位的信息采集和录入工作。

(郑广义)

【"一二六十"治安防控体系建设】 年内,将"一二六"治安防控体系拓展为"一二六十"。以构建全模式综治维稳和社会服务体系为目标,大力推进社会服务管理创新,从做实做强"六个平台"和"十个阵地"入手,进行一系列创新和探索。4月22日,市综治办信通处处长陆海军来街道听取"一二六十"综治维稳体系情况汇报。5月7日,区委政法委在街道召开现场会,推广"一二六十"综治维稳体系。11月4日,首都综治办副主任许继慧在区综治办陪同下来街道调研,观看"一二六十"综治维稳体系多媒体片,并视察劲松街道综治维稳中心,查看治安岗亭,对街道的综治维稳体系予充分肯定。12月5日,《首都综治信息》全文刊登"一二六十"综治维稳体系建设。年内,通过综治维稳体系,发现并处理吵架、打架109件,处理街头刑事治安案件116起。街头无照游商,黑车等违法情况得到控制。110报警和街头案件明显下降,个别高发案社区也得到有效控制,地区发案率下降9.3%。

(王春珍)

【科技创安】 年内,投资27万元,维修城市综合中心;投资81万元,维修楼宇对讲系统;投资24.3万元,在十个社区联网安装广播系统;投资58.6万元,在十个社区安装电子显示屏。地铁十号线开通后,"黑摩的"扰序严重,街道投资10万余元,在地铁十号线D口建立了治安岗亭。在各个社区建立群防群治队伍,在全国"两会"及重大节日期间巡逻值守,为地区一方平安做出贡献。为压发案,地区巡防队伍加大夜间巡逻,有效遏制各类可防性案件的发生。

（王春珍）

【楼宇党建】 年内，根据区委相关精神，认真贯彻落实中央提出的“三有一化”要求，针对商务楼宇企业数量多、员工流动性大等特点，大力推进商务楼宇“党建服务站”和“社会工作站”建站工作，作为落实社会领域党建的具体形式，强调把党建工作的服务功能放在首位，建立了一批以华腾大厦为代表的商务楼宇党建服务站和社会工作站。街道工委按照组建“一个网络”，落实五种职能的要求，在劲松大厦、北人泽洋大厦、红星美凯龙等商务楼宇，新建立3个商务楼宇服务站。截至10月底，6座商务楼宇服务站建设基本完成。

（陈新霞）

【第六次人口普查】 年内，通过第六次全国人口普查，地区登记总人口132602人，其中现住人口109549人，占总登记人口数的82.6%。常住人口106983人，占总登记人口数的80.7%。户在人不在人口23053人，占总人口的17.4%。户籍人口68607人，占总人口的51.7%，与五普相比户籍人口10年增长9991人，增长率17%。常住外来人口29812人，占总人口的22.5%。

（刘　慧）

【税源建设】 年内，根据区委区政府关于“保增长”工作的总体要求，为全力扩大税源，着重从四个方面入手开展工作：一是建立和完善三级联席会议制度；二是建立健全辖区企业动态管理长效机制；三是实行分层分类管理；四是召开地区经济形势分析会。全年完成区级收入3.85亿，完成全年任务的100%，新增税收增长量名列全区街道系统前茅。代征个人出租房产税款627万元。按照《朝阳区税源建设工作奖励办法》，街道受到区级表彰及上年相关奖励余款共计1454万元。

（申桂珍）

【城市管理】 年内，联合交通、工商、公安、卫生等执法部门，积极开展重点区域的环境整治活动。城管分队与公安联手，查处黑摩的及人力三轮车辆336辆，取缔无照经营328起，处罚186起；查处店外经营102起，露天烧烤大排挡56起，暂扣桌椅240套，早点摊96起，无照收废品16起，汽车售货32起，暂扣无照经营三轮车88辆、自行车31辆，暂扣蔬菜水果6000余公斤，查处马车售货24起，没收马车11辆，规范门前三包5000余次，清理辖区无主垃圾150余吨，拆除各类非法广告牌匾145块，拆除违法建设1600余平方米，办理各类督办件540件，网格件2286件，非法小广告停机300个，共计罚款12余万元。对辖区内10个社区的200余吨堆物堆料及暴露垃圾进行清理。清理道路积雪150余车。清理大郊亭社区原化研院内混合建筑垃圾及枯枝树叶10000平方米。督促中铁建工集团清理和谐雅园南侧空地建筑垃圾6000吨。粉刷临街围墙300平方米。封闭大郊亭的垃圾房。彻底整治和谐雅园周边、百环西南路口、三环南路农光里二十号楼等七处多年来严重扰乱环境秩序的脏乱差现象。

（王南萍）

【外宣工作】 年内，加大对外宣传力度，被各级媒体采用的新闻报道296篇。其中，被中央媒体采用的新闻报道20篇，被市级媒体采用的新闻报道135篇，被区级媒体采用的新闻报道141篇。

（俞春晖）

【“两节”“两会”安全生产专项整治】 年内，根据区委、区政府安全生产专题会议精神及陈刚书记关于“落实责任制，严查60天，确保“春节”、“两会”期间大事不出，小事减少”的总体工作要求，“两节”“两会”期间，街道安全生产委员会组织开展“严查60天”安全生产大检查，累计出动1570人次，对787家社会单位进行安全检查，通过两种工作模式，实现了安全生产教育、监管全覆盖，共计排查隐患153处，整改138处。整改率达91%。实现了重特大及一般安全生产事故零指标，为“两节”、“两会”营造了良好的安全氛围。

（沈丽娟）

团结湖街道

【概况】 团结湖街道办事处位于朝阳区西部。东起水碓子东里、水碓子东路、朝阳体育馆西侧，南至呼家楼北街和二道沟北侧，西至东三环北路，北至农展馆南路。辖域面积约1.2平方公里，辖22条街巷，6个住宅社区，设6个社区居委会。地区总人口有14101户，36751人。境内有中央在京单位中国轻工集团、国家烟草局培训中心、北京青年报社等市属单位，建有中专1所、中职1所、中学1所、小学2所、幼儿园2所、托老所1所、医院3所。

地址：团结湖北头条9号楼
电话：8558.9999
编码：100026

（李丹梅）

【排查人民内部矛盾纠纷】 1月25日，在团结湖地区开展人民内部矛盾纠纷大排查工作。由街道领导牵头，信访办、司法所、综治办、城管队等相关部门以及社区居委会共同参与，对辖区内六个社区的矛盾隐患全面排查摸底，落实责任、协调化解。共排查出矛盾纠纷27件，其中重点问题6件，早市扰民问题申请列为区级重点矛盾问题，对辖区内5名重点信访人进行疏导化解工作，并制定了稳控措施。通过大排查工作,及时发现和化解了辖区内一批矛盾纠纷和隐患,确保了辖区和谐稳定。

（李丹梅）

【妇联工作】 春节前夕,对辖区22名单亲母亲进行每人200元节前慰问。开展五好文明家庭创建工作。街道以六个社区为单位,经过自荐、推荐、公示等环节,共评选区级文明家庭3114户,占辖区常住总户数(14162户)的22%。街道妇联继续为辖区17名老年无业困难妇女办理了医疗救助卡。

（李丹梅）

【工会工作】 春节前夕,对地区非公企业的5名困难职工每人进行1000元的帮扶慰问。从4月16日至5月20日,完成了对辖区内用人单位的调查工作。11月19日,经过街道第一次会员代表大会选举,正式产生地区总工会,同时产生经费审查委员会和女工委员会。年内,街道共发展工会会员276名,收缴经费19万元,比上年经费增长90%。认真开展会员信息采集工作,采集率100%。

（李丹梅）

【五个好创建活动】 七一前夕,街道工委重点面向社区、两新党组织和广大党员,开展了创先争优评选表彰活动。评选表彰了19个五好先进党组织,10名优秀党务工作者,10名"群众心目中的好党员"和119名优秀共产党员。同时,2名优秀党员分别被评为市级和区级"群众心目中的好党员"。通过开展创建工作,基层党组织的凝聚力不断增强、党委领导核心和党支部的战斗堡垒作用进一步强化。

（李丹梅）

【社会领域党建工作】 年内,街道先后投资10余万元对辖区六个社区的社区党员活动室电教室、党建宣传橱窗进行了更新改造。投资近百万元,改造建设750平米地区党建指导服务中心,使党建活动阵地功能更加完善,活动空间和服务范围进一步扩展。精心统筹建组织。结合社区规范化建设试点,着力加强了社区基层党组织规范化建设,对社区党委的职责任务进行细化,明确了30项主要职责任务。创新方式建体系。街道坚持"三个依托"的工作理念,依托"两委"建组织,大力培育特色支部。先后成立了民情工作室党支部、一二条环境志愿服务监督岗党支部、水碓子养犬自律会党支部、三四条党员牵手工作室党支部、瑞博写字楼党支部、弘医堂中医院党支部,基层党组织在社区内各种组织、各个单位的影响力、凝聚力进一步增强。依托"三站"建服务,先后建立四个商务楼宇社会工作站和党建服务站,依托社区工作站、流动人口管理服务站、商务楼宇党建服务站,初步构建了覆盖地区党员群众、流动人口和社会单位党员及员工的地区党建服务体系。依托"协会"建阵地,通过培育社会组织,发挥社会组织宣传、发动的优势,影响带动群众参与和谐宜居建设。同时结合地区特点,按照两新组织、民主建设、志愿服务、楼宇党建、特色活动、队伍建设等6大类型,选择确定了11个党建工作项目,以项目促工作,以项目树品牌,整体推进党建工作的项目化管理。

（李丹梅）

【干部工作】 年内,围绕作风建设年活动,以创建学习型领导班子为重点,在加强干部队伍建设方面,提出了进一步提高干部系统谋划、总结梳理和组织协调三种能力的目标要求。在干部队伍建设方面,突出了"选、育、管、用"四个环节。按照《党政干部选拔任用条例》和相关制度规定,面向社会公开招聘4名公务员。组织40岁以下年轻干部在街道信访办挂职锻炼,以提高年轻干部的工作能力。

（李丹梅）

【老干部工作】 年内,通过强化服务,试点推进,深入做好四就近工作,使街道老干部服务管理水平逐步提升。在三四条积极推进老干部居家养老服务项目试点工作,取得了阶段性成效。接受居家养老服务的老干部达到50人,主要针对老干部实际,开展家政服务,受到老干部的欢迎。积极组织老干部开展丰富多彩的文体活动,先后组织开展了羽毛球、象棋等比赛,组织老干部开展各种健康咨询和义诊活动,机关老干部支部被评为"五好支部"。

（李丹梅）

【全国文明城区创建】 年内,按照统一部署,建立了"责任明确、关系协调、条块结合、上下联动"的1516创建工作体系,制定了《团结湖地区文明指数测评体系》,明确了科室责任人、完成时间、内容等,做到任务明确、指标明确、责任明确。在此基础上整理档案2000余份,照片3000多张。编印了15000份《文明行动手册》、《致全体居民的一封信》,制作创建文明小挂件等物品免费发到居民手中。结合十大文明行动和垃圾分类试点、安全社区创建、人口普查等重点工作,举办了形势政策与国情教育、道德模范宣讲等10场报告会,"文明行"、"红歌会"等3场文艺演出、2场诗歌朗诵会、6场演讲比赛、6场创建全国文明城市知识竞赛等活动。为调动居民参与创建的积极性,选聘了12位形象大使,评选出4560户文明家庭,开展了"文明小天使风采展示"活动。以"欢乐团结湖"为主题,举办欢乐周末、欢乐家庭、欢乐伴你行等群众广场文体系列活动,各类协会组织、25支群众文体队伍做到每周社区有活动、每月街道集体举办大中型活动。通过组织开展丰富多彩、喜闻乐见的群众性精神文明创建活动,提高了创建工作的知晓率、参与率、满意率。紧紧围绕文明城区建设这个中心工作,引导机关各科室和六个社区及时反映情况、上报信息,在报刊、电视台发表宣传报道文章和图片167篇(幅),《团结社区》报每月一期,全年印制了12期,共18万份。

(李丹梅)

【一刻钟社区便民服务圈】 年内,街道规范化社区建设着力“三化”发展,即社区工作规范化、公共服务项目化、社会组织规模化。创立以“一街一圈,一组一会,一库一网”为基础,对接居民需求,拥有4大类94项248个服务内容的团结湖“一刻钟社区服务圈”,服务群体全覆盖;依托社区服务管理五级网络,为7200余人次解决了包括小区绿化、服务设施、出租房屋、流动人口等方面的8912个问题,社区工作实现精细化、网络化、人本化;大力培育和扶持慈善公益、文体活动、社区事务、生活服务四类社会组织,建立和发展各类功能协会,为提高群众参与率搭建平台,全面提升社区服务和管理水平台,为精神文明创建工作提供有力保证。

(李丹梅)

【城市网格化管理】 年内,指挥中心共处理24200件环境问题,其中发现问题8737件、协调处理2646件、自清6091件、复查网格6726件,与区监督中心协调处理案件187件,确保网格结案率100%。

(李丹梅)

【街道领导干部大接访活动】 年内,制定了《团结湖街道领导干部接访日时间安排表》,在团结湖街道开展领导干部接访活动。通过领导接访,处理了辖区内容易引发信访问题和群访事件的矛盾隐患,有效化解了疑难缠访和突出问题,确保重点时期辖区不出现越级访和群体访事件。

(李丹梅)

【矛盾纠纷集中化解专项行动】 年内,街道以科学发展观和正确政绩观为指引,以解决民生问题为根本,以化解社会矛盾纠纷为主线,从6月10日至8月31日,全面开展团结湖地区矛盾纠纷集中化解专项行动。街道工委召开民主生活会,认真传达学习和贯彻落实,制定了《团结湖街道关于开展安全稳定专项行动工作方案》,街道、社区和派出所、工商所等执法部门共同参加,成立一个领导小组、五个工作小组,分别是专案工作小组、稳控工作小组、宣传工作小组、督导工作小组、综合保障小组,组织协调落实此项工作。期间共排查梳理矛盾纠纷68件,集中力量对3个重点问题进行专项调处化解。经过专项行动,全部达到化解或稳控的标准,结案率达100%。

(李丹梅)

【信访工作】 年内,街道信访办共接待来电、来访、来信380件,其中政民互动件217件;接待集体访16次,76人,预防集体访6件次。全地区矛盾纠纷大排查中,排查出重点矛盾纠纷6件,其中区级挂账重点矛盾案件4件,已全部结案;全年没有集体到区政府上访事件发生,实现了零上访和无越级访,信访件办结率达到了95%以上。4月19日,在全街道开展“和谐有序、依法信访”信访宣传周活动。活动由街道工委、办事处主要领导出席,各科室、社区工作人员共55人参加,在辖区内共设置六个宣传点,在街道中心地区设立主宣传站点,悬挂信访宣传横幅20个、张贴信访宣传画12套,并举行了丰富多彩的秧歌舞表演,吸引了大批居民群众参加。活动中,区信访办领导、街道主要领导和工作人员向群众讲解依法诉求的知识,也向居民解答了一些办理过的信访案例,对“人文北京、科技北京、绿色北京”进行宣传。参加活动的居民达1500余人,共发放各种宣传资料1340份。

(李丹梅)

【社会治安综合治理】 年内,共开展安全检查850余次,出动检查人员2500多人次,检查单位3500余家,发现各类安全隐患650余件,发整改指令书630份,整改率达95%。开展“扫黄打非”检查137次,出动人数812人次,查图书报刊亭97个,查音像店49次,查网吧102次,查歌厅45次,查市场39次。开展禁毒宣传活动8次,发放禁毒宣传材料共1500余份。投资66万元,为两千余户居民更换了门禁系统。开展各种形式的宣传教育36次,受教育5000余人次,进一步提高了广大社区居民的安全意识。开展整治黑车“脉冲行动”11次,查处非法运营车辆79辆。与社会单位、驾驶员签定各类交通安全责任书570份,共削减车流量300辆。年内,地区共发生可防性案件25起,比上年29起下降14%。

(李丹梅)

【地下空间】 年内,街道强化地下空间安全监管措施,全面加强对辖区地下空间的管控力度。全年组织召开地下空间产权人和管理使用单位(人)安全管理工作会议3次。每月和重大节日假期对全地区地下空间进行安全检查,排查安全隐患,督促安全措施的落实,及时通报检查情况,严防因措施落实不到位发生各类安全事故。先后协调区民防、消防、房管、公安部门4次联合执法,全面整治地区地下空间,彻底消除了一批地下空间安全隐患。共开展安全检查145次，排查安全隐患214处，地下空间安全无事故，地下空间达标率居全区前列，有力确保了地区地下空间安全。街道被区民防局评为民防工作先进单位。

（李丹梅）

【双拥共建工作】 年内，街道为共建部队北京武警九支队六中队送去电视机，为复员老战士赠送纪念品，进军营慰问25400元。街道抗战女战士、80岁高龄的陈宽老人，应上级民政部门邀请参加国家纪念中国人民抗日战争胜利65周年活动。街道被北京市双拥工作领导小组评为“双拥模范街道”。

（李丹梅）

【老龄工作】 年内，地区有60岁以上老人10481人，占地区人口28.5%，其中空巢老人2156人。为117位80岁以上老人安装厕所扶手，为地区20户空巢老人家里安装了一按铃。为13名低保老人进行了免费体检。先后三批为地区老人办理小帮手139部。杨香玲、张俊珍等36位同志被评为市“万名孝星”，司堃范、李建军等四位同志被评为区级孝星；街道办事处、富润泽老年餐厅被评为市为老服务先进单位。

（李丹梅）

【募捐工作】 年内，街道共收到地区单位、居民募集新衣被2793件、为云南旱灾捐款100000万元、为舟曲灾区捐款72570元、为玉树灾区捐款156931元，10月募捐月捐款28303元。累计捐款357804元。

（李丹梅）

【残联工作】 年内，街道残联共走访慰问残疾人209户，支出经费101000元；为4人办理临时救助5000元；安置残疾人就业3人，其中社区安置就业2人；为10名残疾人办理市无固定性收入重残无业人员生活补助；为3名残疾人办理一次性扶持补贴共计10000元；为29名残疾人办理2009年度城镇个体就业残疾人享受社会保险补贴，共补贴112876.2元；为8名地区低保残疾人子女及残疾人学生申请“扶残助学”补贴，共补贴24000元；为77名残疾人办理了城乡居民养老补贴审核；举办了地区特奥周宣传活动；推荐4名残疾人参加区残疾人特奥项目竞赛，其中2个项目得了冠军。为地区24户重残人家庭进行了无障碍改造（每户4000元）；为5名精残人员申请住院补助；为42名贫困精残人员办理了精神病免费服药；为108名重度残疾人办理了居家养老助残券；为17名贫困残疾人办理了康复训练卡；与北京“寸草春晖”老年心理服务中心联合开展对地区37名精神病人进行心理疏导工作。

（李丹梅）

【科普活动】 年内，街道根据朝阳区创建全国科普示范城区的要求，陆续举办了“雏鹰普法禁毒小卫士”等活动；邀请讲师向辖区内居民讲授丰富实用的科学知识；组织辖区内的青少年，利用节假日到相关的科技单位进行参观学习，增长见识，增强科普知识普及率。开展第二届团结湖地区爱牙日“洁白之星”大赛，举办了为期2周的口腔科普展览，吸引了1000多名群众参观。

（李丹梅）

【计划生育工作】 年内，街道全体人口计生干部进一步总结经验，精心编辑了《团结湖街道人口和计划生育规范化工作手册》。《手册》共分11章，对基层人口计生工作涉及的表、册、政策法规等进行了全面收录，编辑汇总各类表册70余类，政策法规60余部。全年发展计生协会会员近4000人。审核办理一胎《生育服务证》203人，其中一胎随父入户进京换证58人。办理《独生子女父母光荣证》71人，办理二胎审核7例。办理580名职工转档业务。依法征收社会抚养费2例22万余元。全年共为符合条件的43名独生子女父母发放了1000元的一次性奖励款每人；为3名独生子女父母发放每人10000元的一次性经济帮助款；落实独生子女死亡家庭特扶政策年审37人，审批2人，发放特别扶助金39人93600元；发放独生子女费900人51415元。加强76个药具发放点的管理，其中自助避孕药箱26个，街道和社区发放点7个，单位发放点43个，避孕工具500盒。开展出生一级缺陷干预工程，发放叶酸45盒。与流动人口聚集的务工单位、出租房屋、经营场所签订责任书2000多份，签订率为95.01%。全年为100余名流动人口妇女免费体检。

（李丹梅）

【流动人口管理】 年内，进行了流动人口和出租房屋基础调查。经核实，地区出租房屋户2689户，4763间，住7040人。人防工程、普通地下室86处，住2294人。地区内流动人口总量为14119人，流动人口管理员入户检查育龄妇女是否有“婚育证明”920人次，对没有“育龄证明”的催办本市临时“婚育证明”211人次。入户宣传防火、防盗安全知识1930户，检查了62家有流动人口居住、经营的单位。对未办理“暂住证”或疑似有流动人口居住户发放申办“暂住证”告知书217份。发现重点人35人，制止安全隐患7处，上街宣传4次。总计发放宣传材料8300份，现场回答有关事项咨询460人次。向地区内居住在出租房和暂住在旅馆、地下室以及地铁施工工地的流动人口、务工人员发放3000份“致外来京务工人员一封信”。邀请区社区学院三位老师为地区952名流动人口讲解健康知识和应急安全知识。为流动人口发放计生药品、药具。完成了区流管办下发数据比对工作,共对比数据 2000 多条。输机录入流动人口 17584 人。积极为出租户、承租户义务免费介绍房屋 30 次。义务为居民出租户修理设施 20 次,共收到表扬锦旗 3 面,收到表扬信 6 封。与流动人口聚集的务工单位、出租房屋、经营场所签订责任书 2000 多份,签订率为 95.01%。

(李丹梅)

【安全生产】 年内,完成安全生产规范化建设工作,并通过了区安监局的验收。深入开展安全生产宣传教育活动,不断提高单位、居民的安全意识,以"安全生产月"为契机开展全方位、多层次、形式多样、内容丰富的宣传活动。召开安全生产月动员会,举办团结湖街道"安全在我身边"主题演讲比赛。强化安全检查,消除事故隐患,共开展教育培训 381 次,培训 1813 人,出动 3286 人次,检查单位 1861 余家,下发检查记录 300 余份,发现各类安全隐患 1400 余件,解决 1380 余件。通过隐患排查整改,促进了地区安全生产工作。

(李丹梅)

【人民调解】 年内,坚持人民调解"调防结合,以防为主,多种手段,协调作战"的工作方针,加强人民调解规范化建设,对地区各调委会进行科学化、规范化管理。以矛盾纠纷集中化解专项攻坚行动为重点,地区人民调解组织全年较大规模排查隐患 46 次,调处化解各类纠纷 1598 件,成功 1547 件,成功率达 96.8%,达成书面协议 14 件,有效预防了矛盾激化,维护了地区稳定。

(李丹梅)

【法制宣传】 年内,成功通过"五五"普法检查验收,街道被评为"市级优秀集体"。全年司法所组织并参与大型普法宣传 36 场,举办法律进社区 62 场,法制讲座 69 场,受教育人数累计达 4 万余人次。

(李丹梅)

【为民服务】 年内,开办便民理发、修车修鞋、洗衣、家电维修、家政服务、婚庆服务、驾校学车、法律咨询、便民菜店等传统便民服务,增加了志愿者帮扶项目、心理咨询服务、社会互助、居家养老等公共及公益服务项目。居家养老及一刻钟便民服务圈服务商达到 72 家,服务社区 1780 位 80 岁以上老人。96156 网络信息平台网录社区新闻 1830 余条,服务超市新闻 720 余条,96156 服务单 1055 张,服务热线 1178 个,社区大课堂 224 节。获"北京市社区公共服务平台工作先进街道"。"爱心超市"收到区民政局价值 10 万余元的救助物品,发放就助爱心卡 150 余张。开展邻里互助日活动,吸引了地区 500 多名社区居民积极参与。志愿者服务平台已有注册会员 4864 人,52 支志愿者队伍参与社区的志愿服务活动,项目达到 20 项。

(李丹梅)

【劳动监察】 年内,巡查劳动用工单位 205 家、立案 85 件、行政处罚 2 件、罚款 2500 元,结案率 100%;查处拖欠职工工资违法案件 6 件,追讨工资 1.33 万元;新增社会保险扩面征缴 10 家,清理空户 22 家。

(李丹梅)

【加强税源建设】 年内,通过成立社会单位联席会、实施走访单位责任制、保增长每月情况通报制度、为企业提供优质服务等措施,涵养税源、护税养税,不断深化税源建设工作,实现了区域经济又好又快发展。街道全年代征个人出租房屋房产税 740 万元。

(李丹梅)

【环境整治及小区改造】 年内,投资 500 万元对水碓子东里小区进行了高标准的绿化美化升级改造,共改造铺装 1.74 万 m²,绿化改造 1.9 万 ,粉刷 0.4 万 m²,增加 48 个绿茵停车位,对原有活动场地进行了重新规划设计。同时,充分考虑盲道及无障碍设施等因素,在小区内设置导示牌。在小区改造中,设置文化墙,与辖区中小学生联手,以"团结、文明、和谐、宜居"为主题,在原有的围墙上让孩子们描绘心目中的美好家园。修建宠物粪便收集池。由志愿者每周定期捡拾宠物粪便,并投放到池内,经过堆沤粪便转化为有机肥料,最后用做居民家庭养花和小区绿地花坛的有机肥料。水碓子东里小区所在的水碓子社区被评为首都绿化美化花园式社区。

(李丹梅)

【就业安置】 年内,街道社保所与 137 家社会单位签订空岗协议书,健全空岗报告制度,为失业人员搜集空岗信息 2752 个,推荐成功 344 人。利用社会单位力量,举办各类招聘会 6 次。参加基础职业指导 2030 人次,免费职业技能培训 110 人,均取得职业资格证书。对符合就业援助条件的就业特困人员实行托底安置(劳动保障协助管理员安置 20 人,城市管理协调管理员安置 41 人),同时建立"4050"就业困难人员台帐,与 287 名"4050"人员签订《再就业援助协议书》,帮助 659 名"4050"人员实现再就业,并办理招工备案手续。年内 209 人实现灵活就业并享受社会保险补助,6 人实现自谋职业自主创业,并享受社会保险补助。全年共有 593 人提档就业。

(李丹梅)

首都机场街道

【概况】 首都机场街道位于朝阳区

东北部，四周与顺义区接壤，面积12.23平方公里，包括航站区、工作区和生活区。生活区面积2平方公里，分为南路东里、南路西里、西平街和南平里4个社区，常驻人口12522户，35480人，其中户籍7202户，24167人。地区有企业288家，个体户618家。扩建后的首都机场总面积达27平方公里，年旅客吞吐量7千余万人次，位居全球第二。年内，街道围绕“新四区”发展战略，结合机场“特殊位置、特殊环境、特殊街情”，按照“围绕中心抓社会管理、围绕和谐促平安稳定、围绕民生强社区服务、围绕特色抓南楼文化、围绕作风固牢基础”的工作思路，攻坚克难，锐意进取，圆满完成了各项任务。

地址：首都机场宿舍区西平街2号
电话：64563946
邮编：100621

（苏章勇）

【党建工作】 年初，完成机关党总支5个党支部的改选工作。街道工委努力建设学习型领导班子，把理论学习、专题培训、社区调研结合起来，增强了学习的系统性、针对性和时效性。按照区纪委“5332”工作要求和领导干部七项廉洁自律规定，以制度建设为基础，以效能监察为手段，采取签订责任书、健全廉政工作机制、廉政专题活动和风险防范管理“回头看”措施，增强党员干部防范意识，明确耗资5万元以上的工程项目及1万元以上的开支由工委会决定。本年效能监察项目包括：创建全国文明城区、保障地区安全稳定、建设“温馨家园”、南平里自行车棚加建二层社区公益用房和四项民生工作。年内，以构筑地区党建新模式助创“新四区”的工作思路，将党的工作重点放在“三有一化”的社会领域党建格局上来，形成“以街道为核心、社区为基础、驻区单位参与，条块互联、资源互助、优势互补，发展互动”的党建新模式；6月召开地区党建工作会，街道工委与辖区相关单位商议调整地区党建工作协调委员会成员、修改协调委员会章程、制订社会领域党建工作要点和《关于深入开展创优争先活动的实施方案》。在街道综合服务楼建立了多功能党员服务中心，与四个社区党员活动站和民航五大退委会形成“一中心、四站点、五大场地”的党建阵地网络，并充分利用党建阵地，开展党员志愿服务活动。10月街道社会工作党委成立首家非公企业党支部——“朝航冷气设备有限公司党支部”。

（苏章勇）

【创建全国文明城区】 年初，按照区创建文明城区要求，编制《机场街道创建全国文明城区工作行动方案》，从和谐文化建设、思想道德建设、“五好五关爱”活动、青少年思想教育、整合辖区资源、文化三贴近（贴近生活、贴近实际、贴近群众）、为居民办十件实事等方面推进文明城区创建。成立了书记、主任为双组长、各主管领导为副组长的领导小组，形成了1个领导小组、8个专项工作组、4个社区（1+8+4）工作体系，街道机关、各事业单位、各社区及相关社会单位都承担了相应的工作。以“七个结合”推动文明城区创建：结合“三保”要求，以“十件实事”为抓手，将文明城区创建与惠民工程结合起来。结合地区实际，部署十项规定动作，通过重点活动推进创建工作。结合南楼文化的发掘和培育，展现民航人风采和“国门”特色，为文明城区创建注入地区之魂。结合机关科室调整和人员选拔工作，以文明城区创建为题，集思广益、建言献策。结合整合辖区宣教资源（电视台、南楼网、宣传栏、南楼生活报以及“工作动态”等载体），打造创建文明城区的立体宣传模式。结合环境整治，通过清理楼道杂物、绿地垃圾以及卫生死角，营造整洁环境。结合双拥共建工作，各社区与武警三支队各中队结成对子，搭建警民共建平台。

（苏章勇）

【城市管理】 1月，召开城市管理联席会，成员单位就城建城管、食品安全、治安秩序、安全生产、人口管理、公共交通等方面的问题进行了深入讨论，探索“条专块统、责权一致、依法行政、社会参与”的城市管理体制。2月召开数字化城市管理工作会议，总结上年工作，对本年数字化管理提出具体要求。3月采取四项措施护航“两会”：加强对航站楼周边无照商贩、“黑车”非法运营的查禁力度；加大机场辅路环境整治；全天候监控辖区主要大街、重点地区；完善城管举报协查网络。4月开展地区餐饮安全检查工作。5月制订十项措施强化地区校园安全管理，联合机场交通队开展黑车专项整治。开展夏季消防隐患排查活动，范围包括市场、网吧等人员密集场所以及“六小”经营单位；内容包括应急预案、员工培训、安全用电、烟道清理以及消防设备运行等方面，检查单位198家，签订《安全生产责任书》、《消防安全责任书》近400份。9月开始，按照市区统一部署开展街面环境秩序“百日整治行动”，制定三类整治台账，分析了重点问题、重点整治点位，提出整改思路；通过发放告知书、悬挂条幅，张贴《致广大市民的一封信》做好宣传；联合工商、城管、公安、交通、卫生等部门共同行动，落实整治内容。

（苏章勇）

【劳动就业与社会保障】 1月，召开社会保障工作会，来自国航、首都机场集团等单位的28家企业人力资源负责人与会。3月，以开展“春风行动”为主题的招聘活动，36家社会单位提供800余个工作岗位，437人达成就业意向。检查用人单位155家,立案40件,结案40件,其中社会保险案12件、劳动合同案件24、工时案2件、工资支付案2件。通过整改补签劳动合同735份,督办社会保险缴费72人次,补缴保险费24578元,追讨拖欠工资2550元,经济处罚2件。本年街道职介所管理各类档案878份,职业指导756人次、开发就业岗位624个、开发社区岗位121个、社区岗位安置失业人员92人,169人提档就业。全年发放失业救济金9万余元,148个灵活就业人员全年享受社会保险补贴资金62.8万元。全年为4794人提供药费报销服务,单据4933份,3.5万余张,1318万余元。街道社保所公共职业介绍取得了北京市职业介绍ISO9001质量体系认证审核证书,被评为市四星级社保所。

(苏章勇)

【领导班子考核】 1月25日,区委考核组对街道领导班子展开综合考核,书记、主任分别代表街道工委和办事处作上年度述职述廉;辖区内人大代表、政协委员和居民代表参加民意调查会;考核组采取实地调查、听取汇报及查阅材料等形式,就党务公开、班子成员党风廉政建设责任制落实及干部廉洁自律情况展开专项检查。9月15日,区纪委、社工委及评议(督导)组查访街道双百考核工作,听取工作汇报、组织评议基层站所工作及挂帐项目的完成状况;检查基层站所工作档案及制度建设材料,向社区居民了解民生工作落实情况;组织街道干部和居民代表对区委办局和街道工作进行测评。10月11日,区委第一巡视组进驻机场街道,听取书记、主任分别作的街道工委、办事处2007年以来的工作报告和个人述职;组织测评班子成员。年末,街道工委改革干部及队伍考核测评机制,对城管队、社保所、社区服务中心及四个社区的领导班子及成员进行单独考核,机关科级干部由街道全体干部及社区领导测评。

(苏章勇)

【募捐】 4月21日,首都机场地区为青海玉树灾区募捐,共捐1500余万元,其中机场集团有限公司1497万、中航油11.9万、办事处机关干部和居民2.3万元。

(苏章勇)

【第六次全国人口普查】 4月,按照市区政府的部署,启动全国第六次人口普查工作,成立普查领导小组和办公室;选配普查指导员,配备办公设备;部署人普工作,要求规模以上单位建立内部普查方案。4-5月开展人员培训;6-7月完成建筑物核查工作,核查建筑物2483栋,划分普查小区共121个,绘制121张普查小区图;8-9月做好户口整顿工作;10-11月完成正式普查登记工作,地区共有183名工作人员参与普查,完成120个普查小区12522户,35480人,境外21人、出生145人、死亡72人的普查登记工作。

(苏章勇)

【地区第六届文化节】 年内,以“彰显南楼文化、助创文明城区”为主题,举办地区第六届文化节,设南楼文化研讨会、南楼巧手才艺展、南楼舞林大会、南楼故事会和闭幕式文艺汇演五个板块,成立组委会,邀请驻场各中央、市区属单位参与组织文化节活动。9月28日,在希尔顿饭店召开“南楼文化”研讨会暨第六届文化节开幕式,邀请专家和地区各大单位及机场电视台、机场报、南楼网领导参加,街道领导做《培育南楼文化,共建文明空港》的主旨发言。11月26日,街道办事处在机场国门文化中心举办文化节闭幕式,区政府、区社会办领导及驻地大单位、部队领导、人大代表、政协委员应邀参加。

(苏章勇)

【维稳工作】 年内,提出大公共安全理念,把向百姓提供时时、处处、事事的安全保障作为安全稳定工作的新目标。投资400万元在办事处南侧楼一层建设地区综治维稳指挥中心,将综治、维稳、防范和处理邪教、流动人口和出租房屋管理、应急处突、交通宣传6项职能整合于一身,集公安、城管、交通、物业的视频值班于一体,使维稳资源和相关工作有机结合起来;调整地区社会治安综合治理委员会成员单位,形成共同承担地区平安建设责任的局面;将人民群众参与作为解决矛盾纠纷的新办法,请居民代表参加“天驿宾馆工程协调会”,面对面化解矛盾冲突,施工方就环境卫生,扰民等问题签订了自律书和责任书。积极推进“一网、两库、三关”建设,一网:机关、社区、楼门组长和社会单位负责人的“三级”情报信息网。两库:维稳基本情况库和应急决策支持库。三关:情报研判预警关、科学决策关、督察考核关。使信息来源更加及时通畅,治理措施更加快速有效。以地区矛盾调处分中心和所辖各社区调委会为依托、加大对地区矛盾纠纷隐患的排查力度,早发现、早介入、早处理。本年调解各种矛盾纠纷272件、成功调解270件,其中包括成功处置1起涉及20余人的突发群体性事件。5月,街道借“五五普法”总结验收之机,认真梳理辖区基本状况和问题,努力提升依法管理工作水平;加强安全意识教育、文明执法教育、制度建设和日常监管,全年开展各类现场检查600余次。地区可防性案件同比下降46.7%,继续保持“三无”记录。

(苏章勇)

【环境建设】 年内,完成老旧小区改造项目,包括京客隆北侧小广场铺装:291 平方米;绿化补建 245.29 平方米,栽种法桐 102 棵、国槐 68 棵;楼体粉饰、粉刷 16902 平方米。完成南平里自行车棚改造及加建二层项目,首层 320 平方米继续作为自行车棚,115 平方米作为社区服务站大厅;二层 419.48 平方米作为社区办公和社区活动中心。在南平街东口修建一座占地 100 平方米的公厕;在新建的公厕上加盖 2 层,作为交通、治安、城管综合执法管理站的办公场所。修补岗山路、陆联通东侧路及小区部分道路 1000 平方米。

(苏章勇)

【社区服务】 年内,完成残疾人"温馨家园"建设、社区便民蔬菜棚改造、增加社区公益活动场所等实事。7 月召开了辖区内民航六大企业退委会参加的研讨会,成立地区老年协会,整合为老服务资源,延伸服务内容。全年为 5500 名 60 岁以上老人办理领取市社会保险(障)长期待遇人员资格认证手续。为地区 337 位 80 岁以上老年人提供政府采购的居家养老服务,居家养老覆盖率达到 100%。全年发放各类民政社会救助资金 149 万余元;496 名无医疗保障老年人和 409 名学生儿童有了"一老一小"大病医疗保险;受理廉租房两户、经济适用房 18 户,限价商品住房 81 户;完成残疾人"家庭无障碍"改造工作和优抚对象调标工作,发放义务兵优待金 13.5 万,发放各类民政社会救助资金 149.4 万元。从 9 月开始,积极推进"一刻钟服务圈"建设,通过上门走访、问卷调查、专题座谈等形式了解居民需求;通过广泛征集、有效整合辖区服务资源,形成"应居民之需,尽政府之能,用市场之需,借志愿之力"的服务体系。

(苏章勇)

【完成财政收入任务指标】 年内,根据《朝阳区促进经济平稳较快发展责任书》和《朝阳区 2010 年经济工作折子工程》所列指标,完成区级财政收入 37093373.27 元,超额完成指标任务。个人房屋出租税征收 214 万。

(苏章勇)

【人口计生工作】 年内,投入人口计生经费 317 万元。与社会单位、社区居委会签定《2010 年人口计生工作责任书》。加强人口计生管理机制建设和计划生育业务技能培训;公开办事程序、联系电话及相关事项:审核办理一胎《生育服务证》187 个、二胎《生育服务证》12 个、《独生子女父母光荣证》83 个;落实独生子女家庭各项奖励政策:奖励 7 人共 7000 元,经济帮助 4 人共 40000 元;独生子女死亡、伤残家庭特别扶助 26 人;慰问独生子女困难家庭 20 户,慰问金 10000 元。本年地区户籍育龄妇女 5928 人,建卡率 99.7%;已婚育龄妇女 4671 人;婚嫁 580 人。街道连续 24 年被评为市人口与计划生育工作先进集体。

(苏章勇)

【工会工作】 年内,地区工会围绕街道中心工作和区总工会要求,重点落实"1123"计划,即建好三级服务体系平台、夯实一个基础、健全两个机制、加强干部和工会工作者的管理,抓好三项服务。全年收取会费 12.5 万元,发展 5 个单位入会,增加会员 282 人,入会企业重新签订职工工资协商协议书。11 月 30 日,成立地区总工会,召开第一届一次代表大会,代表 108 名,到会 99 人,选举出委员 11 名、经费审查委员 3 名、女职工委员 3 名。总工会辖地区企业工会组织 54 个 2050 人。

(苏章勇)

潘家园街道

【概况】 潘家园街道地处朝阳区东南部,东与南磨房乡相接,南与十八里店乡、南磨房乡、丰台区相邻,西与新东城区龙潭湖公园隔河相望,北与劲松街道相连。辖区面积 3.4 平方公里,人口约 13.7 万人,划分 12 个社区。潘家园旧货市场、北京古玩城、天雅古玩城、河南大厦、陕西大厦、广西大厦坐落辖区。有中国医学科学院肿瘤医院、肿瘤研究所、北京工业大学研究生院、北京眼镜城等中央、市区不同隶属关系的企事业单位 1400 余家。

地址:松榆里 43 号楼

电话:87381916

邮编:100021

(王玉田)

【成立和谐促进员协会】 9 月 17 日,召开街道和谐促进员第一届代表大会。代表大会对协会章程及协会制度等文件进行审议。通过协会章程,根据章程选举产生第一届理事会。理事会成员共 21 人组成。第一届理事会推选出协会会长 1 名、副会长 2 名、秘书长 1 名。12 月,和谐促进员正式开始工作。

(王玉田)

【城市管理】 年内,实施小区改造,加大环境整治力度,年度投入资金 1770 万元。完成潘东小区路等 6 条街巷胡同改造,改造面积 1.2 万余平方米,为居民出行提供方便;开展垃圾分类工作;加强老旧小区综合改造,对松榆里社区道路、停车、便民设施等进行综合改造,面积达 6 万余平方米,增加、规范停车位 400 余个。以磨房南里社区第二小区作为试点,开展"无物业管理院落"小区的管理工作研究。实施"公安先行,城管跟进,综治保障"的新型执法模式,开展黑车整治"脉冲行动"。切实解决辖区"黑摩的"违法上路、占道趴活、非法运营问题。整治行动出动执法人员 1420 人次,查扣非法运营黑车 468 辆,其中改装电动人力三轮车153辆,残摩和电动车315辆,取得全区第三名的好成绩。继续强化与双井、劲松街道共同建立的“五位三街一体”的综合联动执法机制,制定百日整治工作方案,组成联勤联动小组加强联合执法,加大对校园周边的环境整治和监控力度,不断提高城市管理的质量和水平。确保“两会”期间的社会秩序和环境面貌良好。全年,处理网格案件212起(环境卫生类45起,食品卫生类95起,市政、经营场所等72起),处理“96105”案件105起,包括供暖、开墙打洞、物业管理、道路设施、房屋安全、工程改造等;处理居民来电来访45起。回复率100%,处理率95%。

(王玉田)

【税源建设】 年内,努力发展地区经济,加强税源建设,实现区级收入10085.88万元,超额完成全年经济指标,比上年增加4870.11万元。个人出租房产税缴纳税款1160万元,比上年增加810.1万元。

(王玉田)

【安全稳定】 年内,将维护地区和谐稳定作为中心工作来抓。加强各类矛盾及重点人员排查,排查出各类矛盾隐患204起,化解各类矛盾纠纷182起,监控“法轮功”、两劳人员、重点信访人等各类重点人约666人次,处理网上各种信件205件。通过有效处理,圆满完成春节、两会、“六四”、“世博会”“武博会”等敏感期的安全稳定工作。把流动人口管理纳入城市管理和基层平安建设总体规划,建立流动人口和出租房屋管理长效机制,每月对出租房屋、流动人口进行调查登记就暂住证办证率达到95%。街道地下空间管理工作,代表街乡在全区综治工作会上做了经验介绍,得到区综治办的肯定。加强调解组织建设,年内联合调解室受理各类矛盾纠纷72起,司法所受理诉前调解36件,受理矛盾纠纷47起,解答法律咨询80余人次。切实发挥社区法律服务室的职能作用,将矛盾化解在基层、消灭在萌芽状态,做到小纠纷不出社区。年内,各社区法律服务室共调解纠纷134件、解答开展法律宣传108场次,受教育人数达5000余人次、举办法制讲座5次。完善“两警一工”工作机制,做好社区矫正和帮教安置工作。每月定期召开社区矫正联席会,及时了解掌握社区服刑人员和帮教安置对象思想状况,有针对性地做好社区矫正和帮教安置工作。司法所开展两类人员排查8次,排查1000余人次,与社区矫正、帮教安置对象见面谈话588人次。在社区服刑人员和帮教安置对象管理中注入人性化管理的理念,为32名生活困难的社区服刑人员和帮教安置对象发放慰问金8200元;按照规定为2名两类人员办理了司法救助。协助民政部门为5名符合条件的两类人员办理了低保。解决施工单位拖欠工资问题10起,遏制世界医药图书大厦、红八快捷酒店、劲松四中和五环大酒店劳务纠纷等突发事件4起,依法协调解决拖欠农民工工资110.2万元,为维护职工权益和确保一方平安做出积极努力。确定东三环南路作为本年“劳动用工规范一条街工程”规范街,对该街内的78家用人单位进行了规范,立案38起,处罚4起,加大了劳动用工监察和监测力度,针对金融危机日常监测劳动用工单位82家;监测劳动合同履行情况单位80家;各类企业劳动合同签订率95%以上、续订率85%以上;巡查单位指标完成130%;完成立案85起,完成率为101%;处罚8家,完成率67%;清理已办理社会保险登记而没有缴费单位26家(全年任务不超过30家)。为地区社会单位代办社会保险登记证13家,完成任务130%。

(王玉田)

【国际安全社区建设】 年内,潘家园街道被国际安全社区促进合作中心大陆国际安全社区支持中心命名为“国际安全社区”。

(王玉田)

【党建工作】 年内,以“建组织、建阵地、建服务体系”为重点,不断推进社区和社会领域党建工作创新。在民营企业潮星集团建立了党总支。以拓展楼宇党建示范站服务功能为标准,立足于打造品牌,在党务服务、社会服务、政务服务“三位一体”基础上,在北京汽车大厦引进“文化服务”,建立了在企业文化建设、图书借阅等多方面参与地区文化建设的示范工作站。5月19日,启动“党员奉献日”活动,并将每月19号固定为“党员奉献日”,寓意为“党员奉献要坚持持久”之意。“党员奉献日”活动提倡党员开展岗位奉献、助老助残、绿化美化、治安巡逻等奉献活动。表彰第一批“党员十大奉献标兵”和一个“党员奉献模范团队”,并形成长效工作机制。结合“七一”党的生日,评选表彰地区“优秀共产党员”和“先进基层党组织”。在市区组织的“群众心目中的好党员”的评选中,松榆西里社区党员宋金萍当选。完善了街道机关各项规章制度,增加《领导干部自学制度》、《干部分析制度》和《干部谈心制度》。强化服务意识,加强机关与社区的沟通协调,理顺机关与社区的关系,建立“机关围着社区转、社区围着居民转”的工作理念。在调整社会领域党建协调委员会33家社会单位的基础上,组建社会建设协调委员会,建立起政府搭台、社会参与的工作格局。地区社会建设协调委员会把地区4千多家社会单位按行业特点进行结合,组成十大行业分会,明确行业分会的职责和任务,形成了“1+10”的社会动员模式。

(王玉田)

【文明城区建设】 年内,制定下发《潘家园街道全国文明城区创建工作材料汇编》,实施“四个阶段”工作步骤。把切实提高公民的思想道德素质,科学文化素质和健康素质当做文明创建工作的重中之重,下大力度来抓。先后开展“读书月”、“党员奉献日”、“五五普法宣传月”“小手拉大手、文明一起走”等文明城区创建宣传活动36场,以“广泛发动、积极参与、素质提升、群众认可”为出发点,围绕创建的“八大环境”、“十大行动”制定了工作方案和开展10个方面31项活动。广泛开展“我为文明提建议”和“千名干部进万家”活动。在活动中共收集建议6350条。机关干部共入户走访44147户,占街道总户数的94.3%。街道处级领导开展社会单位“大走访”活动,走访社会单位4375家,占单位总数的90%。通过收集建议和走访,激发了地区群众和社会单位参与文明创建的热情。评出街道第一届“十大公德人物”,组建先进事迹宣讲团,他们的感人事迹在地区引起了强烈反响。发挥流动人员在文明城区创建中的作用,举办“流动人员文明标兵”评选活动,评出标兵12名。评出文明家庭公示达标数为11147户,占地区户数比例22%,有注册志愿者10847人,占地区总人口比例达9%。完成了社区形象大使和文明小天使的评选工作,12个社区评出形象大使19名,评选文明小天使46名。通过典型的引领、示范,地区群众的参与意识明显增强。

(王玉田)

【计划生育工作】 年内,继续把落实管理责任、坚持一把手亲自抓负总责、落实计划生育“一票否决”放在首位。与20个中央、市属单位、12个社区、15个计划生育综合治理科室分别签定计划生育责任书,各部门做到分工明确、职责落实,形成稳定的综合治理机制。地区计划生育率保持在98.1%。新建育龄妇女卡片、变更育龄妇女卡片信息4481张,上报出生人口539人;适龄注销及迁出916人,核对新生儿入户信息987人次。核查录入出生人口信息3820个,其中户籍出生人口录入信息3602个,流动人口出生信息1218个。接收人户分离人员委托书156人,发放人户分离人员委托书109人。建立地区药具发放网点登记备案及对外公示制度,截至年底地区药具发放网点99个,药管员91个,药具发放覆盖地区2.5万余名育龄群众。开展创建文明城区“和谐标兵家庭”评选推荐活动。评选出15户家庭为街道级和谐标兵家庭,其中:潘家园南里社区高善析家庭、松榆西里社区李军家庭被评为区百名“和谐标兵家庭”。加强出生缺陷一级工程干预,为135名待孕妇女免费提供叶酸及跟踪服务,各社区服务站设立了咨询台。为地区63对新婚夫妇发放婚育健康服务包180个。举办纪念“7.11世界人口日”百题知识竞赛活动,将树立“大人口意识、提高人口素质、倡导婚育文明”融入创建活动之中,各类代表共100余人参加活动。

(王玉田)

【社区建设】 年内,在成立地区社会建设协调委员会的基础上,12个社区也相继成立社区居民事务协调委员会,形成各方协同、群众参与的社会管理服务机制。社区以机制创新为契机,完善社区规范化建设。逐步理顺社区党委、社区居委会和社区工作站的关系,不断加强制度建设,修订《社区规章制度汇编》,民政科主持编辑《社区建设信息》形成定期上报制度,增进了信息交流,使各社区之间互通有无、取长补短,更为街道领导了解基层工作状态、把握工作进程提供参考。招聘13名社区工作者走进社区,本科生占54%、党员占54%。

(王玉田)

【社会保障】 年内,社会保障目标任务全面完成,实现再就业转档1102人,完成年度必保任务指标的69.83%;开发就业岗位7117个,完成年度任务指标129.82%;失业人员技能培训183人,完成年度任务指标的80.97%;公共职介推荐失业人员成功就业816人,完成年度任务指标的100.37%,失业人员实现创业106人,完成年度任务指标的162.27%,为26000多名退休人员报销医疗费用9094份,共计1379万元。为退休人员和灵活就业人员发放社保卡5412张,为3644名“一老一小”及无业人员人员报销药费41万余元。为403名新增灵活就业人员及时办理了养老、医疗保险。为210名自谋人员按时办理停险转出手续。为157名失业人员和灵活就业人员办理退休手续。向487户低保户、953人发放低保金341.13万元,发放低保医疗补助金41人次9.18万元。居家养老事业全面协调发展。为60岁以上的老年人办理老年证760人,为65岁以上老年人办理老年优惠证1297人,为80岁以上老年人办理养老服务券3055人。发放居家养老服务券251.4万元。经对服务商的考核,现有42家服务商加入为老年人服务的工作。收回服务券近230万元。街道托老所开办老年饭桌,将入住老人的服务与小饭桌的服务结合起来,使老年人有了一个交流沟通的平台。有300人次的老年人持养老服务券到托老所小饭桌就餐。

(王玉田)

【公共卫生】 年内,组建社区公共卫生联络员队伍,有效预防和控制疾病发生,促进地区公共卫生服务工作深入开展。利用社区文明市民学校,举办4场大型生殖健康、慢性病预防讲座。接受健康教育的居民近1000余人。围绕群众健康需求和卫生防病工作重点开展多种形式的健康教育活动,发放健康教育宣传材料2000多份。利用5月15日全国第17个防治碘缺乏病宣传日、“5.8”红十字日及“6.14”世界献血者日，在松榆里公园开展宣传活动。开展居民常见病健康调查及社区诊断工作。在8个社区1200户居民中开展卫生诊断工作，625名社区居民配合完成乙型肝炎基线调查，1000户居民建立了健康档案。开展娱乐场所、社区吸毒人群艾滋病基线调查及综合防治干预。120名易感人员接受了艾滋病现场干预。开展自愿无偿献血活动，84名社区居民参加了无偿献血报名，30名居民进行自愿无偿献血。确保防疫知晓率，引导群众切实提高防控和防范能力。全年共入户告知宣传1700多户，执法告知宣传160户，悬挂横幅36条，张贴宣传挂图500余份，发放致居民的一封信8000余份，发放宣传材料4000册，发动群众4000余人。通过普及宣传教育，进一步提升居民动物卫生安全防范意识。地区有注册犬1452只，到期犬只全部进行免疫。

（王玉田）

六里屯街道

【概况】 六里屯街道位于朝阳区东部，周边与7个街乡相邻，东至京包铁路，与东风乡、平房乡接壤；西至朝阳体育馆，与团结湖地区相邻；南以二道沟河为界，与八里庄、呼家楼、高碑店地区相望；北以农展南路为界，与麦子店地区相邻。辖区面积4、4平方公里。街道辖10个社区，常住人口46749户111777人，流动人口26535人，港澳台和外籍人口1282人。在“CBD”东扩中，六里屯街道有部分区域纳入其中。

地址：甜水园北里17号楼
电话：65067940
邮编：100026

（贾　宁）

【班子建设】 年内，以贯彻落实区委全会精神为契机，从思想建设入手，努力增强领导班子责任感、紧迫感，不断强化首都意识、服务大局，强化忧患意识、开拓进取，强化公仆意识、执政为民，强化节俭意识、艰苦奋斗。严格落实区委党员作风建设年总体部署，深化学习型领导班子建设，班子成员完成在线学习，90%以上的班子成员报名参加国际高级人力资源管理师、心理学辅导等研修班，顺利通过电子政务考试。街道主要领导定期开展交流谈心，及时把握班子成员及干部队伍的思想动态；班子成员之间坦诚相见，互相信任，互相支持，形成“心齐、气顺、风正、劲足”的工作局面。逐步形成协商于决策之前，统一行动于决策之后，努力营造想干事、干成事、不出事的良好发展环境。坚持实行“领导干部包社区制度”、“领导干部联系困难党员制度”，坚持理论联系实际和调查研究，主动倾听群众意见，以实际行动努力转变作风，全年处级领导为居民办理实事近20件。

（贾　宁）

【干部队伍建设】 年内，先后组织2名处级干部参加任职培训，76人次参加上级部门组织的公务员初任培训、专业培训、考察学习等。组织机关50岁以下公务员参加第二轮公务员信息化培训考试工作。在年初开展干部学习需求调查的基础上，举办公文写作培训、文明礼仪培训、心理健康辅导、法律专题讲座等30余次，累计参加人数达1000余人次。街道把优化干部结构，增强干部队伍活力，作为干部队伍建设的切入点，将干部任用选拔与大力培养相结合，通过上挂下派、系统交流、内部轮岗、岗位锻炼等方式为干部成长搭建广阔平台，全年干部交流轮岗、提拔使用等29人次，激发干部工作热情与积极性。

（贾　宁）

【社会领域党建】 年内，在辖区党员干部中深入开展创先争优活动，进一步加强作风建设。以地区党校为依托，先后组织两期培训班，参观区规划馆；成立残疾人党总支、存档失业人员党支部。全年发展新党员10名，16名预备党员转正。建立健全党内激励、关怀、帮扶机制，关心和爱护机关干部、老党员、生活困难党员，春节、七一、国庆期间走访慰问地区党员1126人，慰问金额17万余元。逐步规范深化社会党委工作，及时总结和提炼好的经验做法，充分发挥“典型引路”作用，营造“两新”组织党建工作良好氛围。维拓党总支常海龙被评为市劳动模范；恒安物业被评为区“五个好党建示范点”。在恒泰大厦成立商务楼宇服务站，完成社会工作党委换届选举。丰富党员活动内涵，组织企业开展演讲比赛、拔河比赛、天津新经济区考察学习、组织六里屯地区党校学习班、“两新”党组织负责人示范培训班、召开社会工作党委换届工作会、非公党建座谈会等活动。深入开展团中央团组织格局创新试点工作，整合地区青年志愿者队伍为辖区服务，全年开展各类青年志愿者活动30余次，受益人群达到2700余人次；创建市团建百强街乡，在朝阳体育馆建立市首批“社区青年汇”，地区青年活动场地资源实现共享。以更广泛地凝聚非公企业为出发点，在区总工会的指导下，组建六里屯街道总工会，将辖区内建会企业凝聚起来，挖掘有利资源为地区发展建设服务，在“大拇指”窗口行业文明行动中非公建会企业参与率达到100%。

（贾　宁）

【廉政建设】 年内，开展《廉政准则》学习教育活动，通过为处级领导、机关党支部、社区党委赠送《廉政准则》知识读本，邀请区纪委陈琳副书记进行专题讲座，利用理论中心组(扩大)学习,组织工委领导、机关副科以上实职干部召开专题研讨会,利用电子屏幕将“8个禁止”和“52个不准”滚动播放,各社区党委召开民主生活会等形式,进一步营造风清气正的工作氛围。街道纪工委对社区党建经费管理使用规定重新进行了修订,进一步规范了“党务公开”的工作流程。依托廉政勤政监督员,加强对“社区廉政勤政信箱”的管理,做到了廉政建设关口前移。确定街道本年区级效能监察立项任务11项,街道级重点工作八类59项,及时了解情况,全面推进各项工作。组织地区各界人士对城管分队、社保所、统计所、司法所进行民主评议,大力促进政风行风建设,提高窗口行业服务质量。

（贾　宁）

【城市建设】　年内,协调区市政所出资对团结湖中路进行拓宽、铺装改造600平米,道路通行能力得到提升,协调地区单位将路两侧护栏全部粉饰更新;解决六北10号楼院内雨水排放难的问题;粉刷甜北8号楼内墙;对秀水园社区东方德才学校北大门外进行改造;对六东9号楼、延东2号楼开展商业牌匾整治工作;整治六东9号楼北侧拆违空地;为团结湖中路更换18盏照明灯;在十北社区设立两处免冲洗活动卫生间。以十北、八南为试点,深入开展垃圾分类工作,北京晚报连续2个专版对此进行报道。

（贾　宁）

【城市管理】　年内,通过街面秩序整治、加强特殊点位的环境治理力度、适度转移工作重心、开展各类专项执法工作等措施,尤其是结合实际开展街面环境秩序“百日整治行动”,力求城市管理效果。全年处置网格案件18767件,拆除违法建设19处452.5平方米,巩固五星级大街2条,办理人大建议、政协提案3件,解决群众举报件513件,街道督办件12660件,处理群众来访23起。共拆除违法广告及牌匾1174块,规范“门前三包”单位496个,没收非法小广告4800张。完成签订“门前三包”责任书463个,对398个单位重新划定“三包”范围,全年各类执法罚款总额累计达到15.2万元。百日整治活动成果显著,开展联合执法52次,出动联合执法人员3748人次,执法车辆230车次,查处无照游商195起,规范门前三包300余家,拆除两处违法大型户外广告。

（贾　宁）

【完善平安建设体系】　年内,调整地区综治委员会,进一步明确社会治安综合治理责任。调整消防安全委员会,组建消防安全管理员队伍。筹建地区综治维稳中心,新增18个点位的视频监控点,将地区涉及安全稳定的各类工作力量凝聚起来,不断充实完善地区平安建设体系。开展校园及周边安全环境维护行动。联合开展治理黑车“脉冲行动”近20次,出动各种执法力量近500余人次,暂扣黑摩的、黑三轮等车辆149辆。

（贾　宁）

【完善公共安全保障体系】　年内,连续开展为期3个月的信访矛盾排查工作,得到区有关部门认可。全年处理群众信访诉求572件,处理群众来信431件,办结率达到99.3%。坚持“安全第一、预防为主、综合治理”的工作方针,加大安全生产检查和督查力度。开展建筑工地大检查35次,日常检查出动人员1300人次,出动车辆60台次,检查生产经营单位1193家,发现、整改隐患点894处,配合其他部门检查18次,检查单位390家。围绕文明城区创建,完成了甜水园安全生产宣传一条街,八里庄南里安全生产监察规范一条街的建设工作。街道还在610工作、社区矫正、安置帮教、安全防火、禁毒安全、流动人口管理、预防煤气中毒、加强门禁维护等工作中加强多层面统筹,顺利完成“两节”“两会”等主要节假日以及日常的防控任务,社会面整体控制势态良好。积极开展国家安全社区创建工作,筹建六里屯地区安全宣教中心,得到上级部门肯定。

（贾　宁）

【文明城区创建】　年内,成立创建全国文明城区分指挥部,实现机构、职责、任务、人员“四对接”;积极开展机关、社区干部“走千家、入万户”文明城区创建宣传活动;在社区及主要社会单位张贴一千多幅文明城区宣传海报;向每户居民、每个单位发放《创建文明城区争做文明市民》公开信;更换街道和社区60块宣传橱窗,并协调社区及时更新楼门文化橱窗,电梯宣传栏等活动版块的内容,使百姓出门便能了解到创建工作进展;通过创办《六里屯街道创建全国文明城区快讯》,街道与地区社会单位实现了信息资源共享,搭建了有效的沟通平台。地区各单位、各部门积极协作开展“大拇指”系列特色活动近80次,参与单位达一百多家,参与群众上万人次。街道设计并制作“大拇指”系列活动标识,向地区窗口行业的工作人员统一发放佩戴,向参加活动的居民发放“大拇指”即时贴,以提高地区居民创建文明城区的参与率。

（贾　宁）

【社区管理】　年内,街道和各社区分别成立社区建设管理委员会和社区事务协调委员会,组建和谐促进员协会,对排解社区矛盾、促进地区和谐稳定等方面工作起到了重要推动作用。十北、晨光、炫特、甜水园、道家园、碧水园六个社区被评为区级规范化建设达标社区,其中十北社区还被评为规范化建设示范社区,加强对其他四个社区的规范化建设,为实现社区100%规范化建设的目标创造条件。

（贾　宁）

【实行“准物业”管理】　年内,研究确定以十北社区为试点开展“准物业”管理。通过召开社区居民代表会、共建单位领导会,发放调查问卷等多种形式,对老旧小区管理工作广泛征求各方代表的意见和建议,最终确定地区“准物业”工作思路、目标、管理模式和三项任务,实现“准物业”管理与创建文明城区、社区创先争优、社区服务、市场机制四项内容有机结合,推动社会体系对老旧小区全方位的管理服务工作。12月17日“准物业”管理工作揭牌启动仪式在十北社区举行。

（贾　宁）

【民生工作】　年内,实现区级财政收入1.47亿元,与上年相比,增长62.46%,完成全年任务的135.5%,超额完成4000余万元,同时引进新税源户2家。小房产税收缴额呈明显上涨趋势,代征小房产税达183.15万元。落实“九养”政策,与16家服务商签订社会服务协议及老年餐桌服务协议,老年餐桌达到全覆盖。10个社区日间照料室建设工作顺利完成。与各单位积极沟通和协商,确定便民服务的商家和对象,完成“一刻钟”便民服务圈建设,为地区247位老人安装“小帮手”设备。落实保障性住房政策,地区办理限价商品房1071户,成功配售336户;经济适用房通过市级备案1015户,成功配售345户;廉租住房通过市级备案191户;公租房共有104户家庭进行登记。向区残联争取建设资金78.5万元,完成了对地区温馨家园和康复站的升级改造工程。为53户残疾人家庭进行无障碍改造,为178名符合条件的残疾人申请居家养老助残券,为29名残疾人办理阳光计划补助,为33名残疾人申请小帮手电子服务器。为459户912人,发放低保金445万元。提供以医疗救助、义务教育减免、临时救助等形式的社会服务,折合人民币11万元。开展医疗救助387人次,投入资金25万元。共受理35户居民的低收入认证申请,接待来访咨询2670人次。

（贾　宁）

【社会保障】　年内,组织开展失业人员职业指导48场,实施基础指导720人次,实现一对一重点职业指导613人次,推荐315名失业人员参加职业技能培训,为761人办理了《再就业优惠证》。接待用人单位105家,开发就业岗位5699个,接待求职登记人员615名,组织招聘会10场,积极与其他街道社保所加强横向沟通,实现岗位信息资源共享。开展“春风行动”等宣传活动,发放宣传材料近3000余份,解答咨询2000人次。全年接待退休人员1.7万余人,收取药费单据3420万元。为3020人办理“一老一小”和无业居民大病医疗保险,为参保人员报销药费133万余元。为企业退休人员6740人、社会化管理退休人员2497人发放医保卡。完成退休人员养老金资格认证和协助认证共计15613人次。为档案存放在社保所及人才职介的3693名居民发放独生子女费近11万元,为82人发放一次性奖励款8.2万元,为4人发放一次性经济帮助款4万元。征收社会抚养费78万余元。开展“生育后期关爱行动”,组织地区57名49周岁无业育龄群众进行免费健康体检。为做好灾区帮扶工作,组织对西南旱灾、玉树地震和甘肃舟曲泥石流灾区的捐款活动,募集善款共计26万余元。

（贾　宁）

麦子店街道

【概况】　麦子店街道位于北京商务中心区的延伸带——燕莎商圈,面积6.8平方公里,下辖五个社区,总人口数为52400人,社会单位3144家。街道有五大板块机构地域特色,以燕莎为中心的高档商厦写字楼、星级宾馆饭店、涉外高档公寓住宅构成燕莎商圈;包括美国、日本、以色列、韩国等十三个使馆和外交公寓座落在第三使馆区内;亚洲最大的市内公园朝阳公园形成一座天然绿色氧吧;集休闲、娱乐、购物、饮食为一体的蓝色港湾引领时尚生活;全国农业展览馆凸现会展经济。

地址:朝阳公园西里南区6号
电话:58260700
邮编:100125

（李寒力）

【领导视察】　1月31日,中共中央政治局常委、国务院总理温家宝在中共中央政治局委员、北京市委书记刘淇陪同下来到麦子店街道枣营北里社区服务中心,就政府工作报告征求意见。5月13日,市委书记刘淇、市长郭金龙在区委书记陈刚等领导陪同下,参观枣北垃圾分类工作。10月7日,刘淇、郭金龙,在陈刚等陪同下,到麦子店街道枣营北里社区2号楼地下空间检查。

（李寒力）

【文明城区建设】　3月25日,街道创建全国文明城区工作启动仪式在多功能举行,区委宣传部常务副部长苏民、区委宣传部副部长、文明办主任吕岚、区委社会工委书记汪洋、办事处主任董健参加启动仪式,办事处机关干部、地区社会单位代表、驻地部队代表和社区干部及居民代表近300人到会。街道工委副书记曾旭宣读《朝阳区创建全国文明城区工作麦子店街道实施方案》,推出

"创建文明城区麦子店八大工程"。启动仪式中,刘兰芳等9名地区各界代表被选为地区文明形象大使。街道"百星"评选活动也同时启动。8月19日,地区社会建设协调委员会成立大会召开。区人大常委会副主任李国、区委组织部常务副部长王小毛、区文明办主任吕岚、区司法局局长荣容、区社会办主任张永新、中国文联副主席、中国曲艺家协会主席刘兰芳等领导出席会议;参加会议的还有105名理事团体会员代表和个人会员代表。 (李寒力)

【环境管理】 4月3日,组织《植树减碳 播种生机》—朝阳区绿色希望行动启动仪式,市园林绿化局、首都绿化委员会办公室义务植树处,区社会建设办、区园林绿化局、街道办事处等领导参加,并为市首批以"购买碳汇"形式参与义务植树的7家社会单位颁发荣誉证书。

(李寒力)

【外宾参观】 5月12日,蒙古人民革命党监督委员会主席敦德格一行来社区服务中心参观。街道办事处领导陪同,向客人介绍中心基本设施,以及街道党建工作开展情况。

(李寒力)

【工会建设】 11月24日,街道工会第一次代表大会在街道多功能厅举行。区总工会副主席石燕秋、街道工委书记刘勇、办事处主任董健等领导以及班子全体成员参加成立大会。会上,选举产生总工会第一届工会委员会委员、经费审查委员会委员、女职工委员会委员,同时选举产生主席、副主席、经费审查委员会主任、女职工委员会主任各一名。

(李寒力)

【民生工作】 年内,"五扶送五福新春温暖行动"暨地区养老助残服务券首发式在街道多功能厅举行。机关干部、地区困难家庭代表、社区居民代表、驻地武警战士、服务商企业代表及"五扶"帮扶单位代表400余人到场参加活动。

(李寒力)

【环境管理】 年内,组织五个社区的50名小学生,进行绿色社区活动月——垃圾减量、垃圾分类进社区、进家庭"小手拉大手"垃圾分类学生实践活动。街道工委书记刘勇、办事处主任董健为社区垃圾分类小卫士代表佩戴袖标,为同学们进行垃圾分类知识讲座,并带领同学们参观高安屯垃圾处理厂的垃圾处理流程。

(李寒力)

【非公企业党建】 年内,组织地区商务楼宇内的非公企业以思想文化建设为主题进行研讨,北京天润置地集团第一副总裁、党支部书记邹吉福,北京中农科发科技中心总经理余本水,北京环球行国旅总裁、党支部书记王苏琪在会上进行交流发言。北京荷美尔食品有限公司、北京佳隆御苑餐饮有限公司、慈铭健康体检管理集团股份有限公司进行材料交流。市社区研究基地主任于燕燕、北京WTO事物中心主任、市国际经济贸易研究所所长邓洪波、北京国际城市发展研究院院长连玉明、市委党校暨北京行政学院教授吴刚对交流发言进行了现场点评。经过街道申报、区社会工委推荐、市专项检查组实地检查验收,光明公寓工作站、远洋新干线工作站被授予市商务楼宇优秀社会(党建)工作站。

(李寒力)

【妇联工作】 年内,社区服务中心文体协会组织地区摄影协会参加市妇联主办的"亲子瞬间"摄影比赛,荣获一等奖、二等奖、三等奖各一名,著名影视明星马景涛、牛莉为获奖者颁奖。

(李寒力)

【社会建设】 年内,举办主题为"WE ARE FAMILY 我们是一家人"第六届中外居民过大年活动。联欢会上为杜大卫、安德烈·米罗夫、Mike Weeks三位国际化社区建设顾问颁发聘书。召开星级社区评选表彰会暨社区居民自治工作推进大会,市社区研究基地主任、市社科院研究员于燕燕、《社区》杂志主编孟谦出席会议,街道相关科室负责人、全体社区工作者、居民常务代表等200人参加此次活动。农南、枣南社区获评"星级和谐社区",枣北社区服务站获得"星级社区服务站",根据《北京市朝阳区公开招录社区工作者公告》的有关规定,结合地区实际,经过笔试、面试,面向社会公开招录社区服务站社区工作者8人。

(李寒力)

【双拥工作】 年内,与北京青年联合会、WTO实务中心和北京武警九支队五大队联合举行"浓情麦子店 军民一家亲"——麦子店街道纪念建军八十三周年军民联欢会,来自驻区武警官兵、社区居民及优抚对象600余人观看了演出。副区长张春秀、团市委社区部部长易帅东、团区委书记孔磊、市青年联合会副秘书长关英武、市青联委员任素勇、区武装部政委王海洋及部队领导参加联欢会。举办庆"八一"军政招待会。北京军区总医院、区武装部、北京武警九支队、市武警九支队五大队、武警医院、北京军区老干部服务处、卫戍区干休所、麦子店派出所、区双拥办等单位领导20余人与办事处领导进行座谈。 (李寒力)

香河园街道

【概况】 香河园街道位于朝阳区东

北部,东起客车四厂路北端、静安西街、柳芳北街、左家庄西街与左家庄街道相邻,南以柳芳南里社区与东城区接壤,西以轻轨13号线与和平街街道相望,北自三环路太阳宫桥、坝河桥、坝河中心线与太阳宫乡交界。南北最长2.5公里,东西宽1.44公里,辖域面积约2.5平方公里。有8个社区居委会,总户数20936户,常住人口59865人,流动人口26986人。居民楼196栋,其中高层建筑102栋。地下空间216处,其中人防104处、设备层74处、普通地下室38处。地区绿化面积86.6万平方米,绿化覆盖率达34.6%。

地址:西坝河南里26号楼
电话:64677044
邮编:100028

(赵　中)

【设立工委新闻发言人】　1月,为进一步畅通党务公开和党内监督渠道,街道设立工委新闻发言人,由工委副书记王春清任工委新闻发言人,定期向地区党员、居民以及媒体就党的建设、组织建设、党员队伍建设以及党组织、党员发挥作用情况进行通报,与党员、居民实现互动,以达到监督和参与的目的;遇有突发事件,及时掌控工作进展情况,第一时间发布消息。

(王德金)

【计划生育】　1月27日,区计生协"亲情牵手暖朝阳"启动仪式在街道拉开全区志愿者服务序幕。4月23日,举办"快乐春天"—"种子工程"亲子游戏大赛,8个社区的25名宝宝分三个组别参加活动,逐个进行语言、肢体动作、精细动作、情绪社交、智力逻辑等"宝宝8项技能智力情商测评"。5月11日,为流动人口育龄妇女组织集中孕检158人。7月20日,举办"流动人口计划生育工作条例"知识竞赛和"计划生育药具知识"知识竞赛。地区计生协会会员、计生宣传员等100余人到场参加知识竞赛。9月21日下午,组织"纪念9.25迎中秋庆国庆文艺演出"为主题的演出活动,各社区组织文体队伍、计生协会会员、流动人口、育龄妇女等,宣传计划生育政策及法律法规。11月19日,召开"亲情牵手暖朝阳"志愿者座谈暨培训会。

(马翼淳)

【领导调研】　1月28日,市委社会工委书记宋贵伦带队到西坝河东里社区调研社区标准化建设情况,区委社会工委书记王智玲陪同调研。宋书记首先查看了社区党委、居委会、服务站、卫生站、党员活动室、文体活动室、标准化标识等社区标准化建设项目,还查看了为老服务中心、"心馨话屋"及"银发无忧"服务总队等街道的特色项目。调研中,宋书记对街道社区标准化建设的情况予以肯定,并指出,社区标准化建设与百姓生活密切相关,是居民安居乐业的坚实基础,是百姓生活幸福指数的重要参照,对于建设"三个北京"的目标有着重要意义,要打造和谐、宜居、文明的生活家园,实现北京建设世界城市的目标,就一定要重视社区标准化建设,切实把各项工作落到实处。3月15日,市社工委书记、社会办主任宋贵伦,市民政局局长吴世民,市社会建设办副主任周开让,市社会建设办副巡视员王智玲等领导在区社工委书记汪洋的陪同下,到西坝河东里社区就社区规范化建设情况进行调研。先后视察社区居委会、社区服务站等办公场所和服务设施,就社区服务内容与社区工作者进行了交流。对街道社区规范化建设工作给予充分肯定,并围绕社区服务标识设计等相关问题进行充分研讨。6月8日,副区长赵全保就城市管理工作到街道调研。

(王德金)

【召开创建工作动员会】　3月10日,召开社会建设暨全国文明城区创建工作动员部署会。区委宣传部常务副部长苏民、区社会工委书记汪洋、区文明办主任吕岚参加会议。地区社会单位负责人、机关干部、公安干警、社区干部、居民代表、志愿者代表、国庆受阅女民兵代表等400余人与会。会议就地区本年乃至整个创建全国文明城区过程中的各项工作进行全面部署,并与社会单位、社区代表签订责任书,为地区文明使者代表颁发绶带,文明使者代表发出文明行动倡议。

(王德金)

【建立社区消防工作站】　4月,为深入推进"防火墙"工程,按照《朝阳区社区消防工作"六个一"工程建设》要求,街道招聘消防协管员10名,成立社区消防工作站,建立健全地区防火组织机构和应急处置工作小分队,筑牢筑强了社区防火网络。年内地区火情比上一年下降92.3%。

(杨义国)

【安监工作】　4月,地区安监科独立办公,科室内编制科长1名,科员2名,均在市安全生产监督管理局取得执法资格证。6月13日,在莱特曼广场举办"安全生产月"宣传咨询日活动,营造"人人讲安全、事事讲安全、处处讲安全、时时讲安全"的良好社会氛围。动员街道相关科室、8个社区、多家物业公司60余人参加宣传,插挂彩旗20面、悬挂横幅10余条、布置展板15块、出黑板报10块、发放各种安全方面的知识资料12种2000余份;现场播放安全知识广播,向过往群众发放安全小常识,设立安全生产法律、法规咨询台,就安全生产、职业场所安全等方面解答群众关心的问题。截止到10年底,检查社会单位320余家,罚款

5000元,举办5期安全培训会,受教育人员达千人。

（吴桂昕）

【创先争优活动】 5月25日,召开在党组织和党员中开展创先争优活动动员部署会,党组织代表、党务工作者代表、党员代表分别就创先争优活动发言,表示以自身的模范带头作用和影响力,带领广大党员积极参与创先争优活动,以实际行动为创先争优活动增添色彩。紧扣“推动科学发展、促进社会和谐、服务人民群众、加强基层组织”这个总体目标,以“四项教育”为重点,以“三大工程”为载体,以“党建带群建”为抓手,统筹推进党的基层组织建设,确保活动不搞形式,不走过场,取得实实在在的成效。

（王德金）

【成立和谐促进员协会】 7月14日,地区和谐促进员协会揭牌。市社会工委副巡视员王智玲,区委常委、政法委书记佟克克,副区长张春秀、副巡视员刘英男、区文明办主任吕岚,区社会办主任张永新等领导参加揭牌仪式。街道和谐促进员协会下设8个分会,有会员1088人,其中居民916人,社会单位代表172人,为居民提供包括心理咨询、助老服务、法律服务等方面的志愿服务。协会承担着民意采集的信息员、政策法规的宣传员、民事纠纷的调解员、社区事务的联络员和社区工作的监督员的“五员”职责,从多方面为和谐社区建设服务。协会聘请濮存昕、战斗、钉铛为香河园街道和谐促进员协会形象大使,聘请市级“群众心目中的好党员”叶如陵为名誉会长,以名人效应提升协会形象。

（王德金）

【地区社会建设协调委员会成立】 7月29日,召开地区社会建设协调委员会成立大会,地区各界人士齐聚一堂,共商地区社会建设事业大计。大会审议并通过《北京市朝阳区香河园地区社会建设协调委员会章程(草案)》和《北京市朝阳区香河园地区社会建设协调委员会建议名单》;区社会工委书记汪洋为协调委员会主任、副主任、秘书长颁发聘书,并为协调委员会揭牌。协调委员会主任、中国国际展览中心集团公司副总裁贺彩龙发言表示,协调委员会的成立是地区社会建设事业发展进程中的一件大事,协调委员会一定会团结和吸纳更广泛的社会单位、更多的社会资源共同参与,全力践行和谐社会模范区建设,与街道工委办事处一道,构建“党委领导、政府负责、社会协同、公众参与”的社会管理工作格局。

（王德金）

【民政工作】 年内,为符合低保条件的新申请家庭18户42人,及时办理低保手续。建立低保管理数据库,加强低保动态调整机制,使低保工作做到符合条件的应保尽保,能够自立的应退尽退。全年对本地区低保家庭进行定期、不定期复审300余次,通过审查,有12户25人因收入变化或家庭人口变化等原因被取消低保资格,真正做到动态管理,有进有出。为本地区120户低保家庭227人调标保障金,增加保障金5000余元,及时、准确发放低保金99.1万元。为地区低收入及低保家庭75人次办理了医疗救助,救助金额为171486.73元。为低收入家庭1人申请办理新生入学高等教育救助4000元。为451名60岁以上老人办理老年证,为647名65岁以上老人办理老年优待卡,为90岁以上老年人1050人次办理助老津贴108000元,为234户空巢老年人申请、下发“小帮手”电子服务器。协助区老龄委为地区30户身患疾病的70岁以上空巢老年人家庭安装“一按铃”,并为142位行动不便的高龄老人安装厕所扶手。为20人发放水库移民补贴11200元。在落实北京市“九养”政策过程中继续推进居家养老服务工作,为1020名80岁以上老人申请居家养老服务,累计发放服务券14772人次,金额1377950元。为地区14位持有“助老慈善医疗卡”的低保老人进行了复审,并为2名符合条件的老人新申请“助老慈善医疗卡”。为地区持有“慈善医疗卡”的22位患慢性病且无医保的老人开展复审工作,经过复审有19位老人符合条件,上报区慈善协会,并为符合条件的5位老人办理新增手续。全年募集善款82525.01元,衣被2786件。开展“送温暖”活动,慰问烈属、伤残军人、军退人员、地退人员、低保户、贫困老党员、特困残疾人、贫困妇女、特困儿童、侨眷、侨联委员、占地孤老、特困老人、百岁老人、特困失业人员、社区矫正对象569户2260人,慰问金47万余元。保障性住房工作中,对1006户廉租房、经济适用房以及两限房申请人员进行复验、申报,联审核查138户虚报、瞒报家庭,完成34户首批廉租房的配房和114户限价房的配售工作,全年接待咨询13000余人次。

（刘云惠）

【文体活动】 年内,开办各类文体培训班30场,培训文体骨干120人次;举办文体活动119场,参与群众31860人次;为居民播放电影200余场。开展大量基层文体活动,举办地区第四届和谐杯乒乓球比赛、羽毛球比赛等特色活动。开展夏日文化广场体暨快乐六一文艺演出、“体育六进社区”启动仪式、参与文明传递社区行大型演出、配合区民政局双拥办举办“9·17”创建双拥模范城演出、地区诗书画协会配合区创建全国文明城区工作开展书画义展。

（刘艳华）

【卫生工作】 年内,与社区卫生服务中心全面合作,开展针对地区学龄前儿童查漏补种的接种工作、针对外来务工青年的麻疹接种工作、针对适龄散居儿童的麻疹疫苗强化免疫工作、针对社区居民的体检、乙肝基线调查和社区卫生诊断工作。对街道范围内的大病儿童,向区红十字会申请少儿大病救助款1万元,为地区居民提供专业的应急救护理论和实操培训,全年培训435名初级急救员,认真做好地区手足口防护知识的宣传及相关人员的居家观察工作,完成地区艾滋病防控宣传工作和基础数据的采集工作,针对日常生活中可能发生的意外伤害,向16969户家庭发放家庭版《急救手册》。

(刘艳华)

【国际安全社区创建通过验收】 年内,按照区整体工作部署,提出争创国际安全社区的工作目标。在确保对重点人群、脆弱群体、高风险环境伤害预防的基础上,加强了"意外伤害监测与隐患排查系统"、"晚霞心苑"心理咨询室、"老年人日间照料室"、民族职高运动伤害及"艾滋病"同伴教育、"叶如绫工作室"、"西坝河西里社区"安静小区、左家庄供热厂安全生产管理等重点项目建设。11月22日,世卫组织社区安全促进合作中心委托香港职业健康安全局的专家对创建工作进行验收,给予高度评价,一致同意街道进入国际安全社区的行列,并上报世界卫生组织批准。

(杨义国)

【综治维稳工作中心启用】 年内,根据市综治委《关于进一步整合基层维稳力量,开展综治维稳工作中心建设试点工作的意见》和区综治办下发的《朝阳区城市综合管理指挥中心运行管理办法》文件精神,决定将综治维稳工作中心建设成"集中受理、分头处理"的"一室、八组、八站"综治维稳工作中心组织体系。按照"街道24586综治维稳工作模式",加强"两个整合"、建立"四级管理网络"、健全"五联机制"、明确"八项职能"、完善"六项制度",切实维护地区的安全稳定。5月10日,举行地区综治维稳工作中心启动仪式,正式启用综治维稳工作中心。

(王德金)

【矛盾纠纷排查调处】 年内,街道人民调解委员会和街道物业纠纷调委会发挥职能,根据街道辖区矛盾纠纷发生的规律和特点,进一步健全矛盾纠纷预防排查调处机制,落实人民调解工作相关制度,做到"小纠纷不出楼,大纠纷不出社区,重大群体纠纷不出街道"。司法所多次召开专题会议,部署开展排查调处工作,要求各社区调委会和物业管理部门要加大矛盾纠纷的排查力度,责任落实到人,确保不发生因民事纠纷调处不当而引发民转刑案件及群体性事件。在工作中,街道专职调解员、社区调解员和纠纷信息员充分发挥作用,对矛盾纠纷抓早、抓小、抓苗头。在市区部署开展的"人民调解组织化解矛盾纠纷专项攻坚行动",及十七届五中全会、"世博会"和重大节假日等敏感期间矛盾纠纷排查调处工作中,街道各级调解组织开展排查活动24次,排查出地区重大矛盾纠纷隐患3件,并及时进行调处。全年未发生一起矛盾纠纷激化案件,连续第十年实现矛盾激化"零指标"。联合接待室调处各类纠纷323件,其中,参与调解治安行政纠纷73件,分流案件84件,调处民事纠纷166件;达成调解协议书65份。接待来访群众420人次。

(吴文利)

【劳动监察】 年内,开展以签订劳动合同、缴纳社会保险等情况为主的专项监察,依法纠正用人单位的违法违规行为。认真做好日常巡查工作,对本辖区内的重点企业进行不定期检查,全年日常巡查153户次,立案84件,处罚6件,直接维权金额60余万元。4月10日,开展"劳动合同法"宣传咨询活动,悬挂横幅19条,宣传展板34块,发放宣传材料1800份,现场进行劳动合同法有关问题质询、解答,宣传人数达千余人。9月26日,督促建筑工地劳务分包单位发放拖欠农民工工资110余人次,53万余元。

(张星玲)

【城管监察】 年内,分队联合公安、交通、综治办、城建等部门联合执法70余次,取缔无照经营300余起、规范店外经营80家次,发放宣传资料1500余份,取缔露天烧烤大排档50余起,没收各类小广告4600张,清除各类地贴、招贴5500余处、覆盖各类手写、喷涂800处,拆除违建钢架棚30平方米,拆除大型违章广告牌匾10块、各类乱贴乱挂广告牌6块,没收各类水牌400余块,先行登记保存电动三轮车、小三轮车32辆,教育和处罚1400余人,罚款11000元,有效遏制了辖区发案率。九月初,区委、区政府决定开展街面环境秩序"百日整治行动",分队及时召开会议,统一思想,积极布置开展"百日整治行动"各项工作。在街道"整治行动"领导小组统一部署指挥下,分队与公安、交通、工商、卫生等部门紧密配合,协调一致,充分发挥联合执法的优势,集中力量整治区级挂账重点难点问题,出动执法人员400余人次,出动执法车辆50余车次,暂扣小轿车3辆、电动三轮车10辆、小三轮车16辆,暂扣服装165件、小商品653件、各类食品160公斤。

(王学霞)

【妇联工作】 年内,继续实行"寸草报晖,母亲健康行动"计划,救助49

名老年无业贫困妇女，救助对象每人拥有一张450元的医疗救助卡，社区医院免挂号费。对地区38名“单亲母亲特困家庭”进行全年跟踪随访，节日期间上门走访、慰问，平时社区建立信息联络图，及时帮助解决实际困难。巩固妇女维权的工作平台。依据区和谐家庭教育服务体系，培训好专职妇联干部，掌握解决家庭矛盾的调解技能，做到及时化解，协调民调及司法等科室，对需要救助的妇女提供法律援助及心理咨询，做好疏导服务工作。特别关注流动妇女及儿童的生活状况，依法保护她们的合法权益。利用地区多支宣传队伍，健身操队伍、合唱队伍、腰鼓队、技能培训师资力量等，进行整合协调，在社区内不定期、多角度开展宣传活动。

（商令贞）

【社区建设】　年内，通过定期轮岗交流，交流社区正职6人，副职5人，一般干部17人，优化各社区班子队伍结构。为社区工作者送去定期体检的“健康关爱”，困难家庭走访的“生活关爱”，以及生日温馨祝福的“人文关爱”，努力打造一支政治硬、作风正、业务精、能力强的和谐团队。5月，开展“一刻钟社区服务圈”建设，三次对地区579家服务商进行摸底调查，绘制出《便民服务站点示意图》8张，印制《便民服务手册》5000册，并建立了具有能扩展、可编辑、易交互的多功能网站平台，重点培育打造“公共服务称心圈”、“健康美食舒心圈”、“休闲娱乐开心圈”、“便利生活省心圈”四个功能圈，逐步探索出符合地区特点的“1＋4”为民服务模式。6月，成立地区和谐促进员协会，7月14日，举行揭牌仪式，通过建立组织机构和运行机制，对地区1088名会员进行统一管理。7月，在8个社区全部成立居民事务协调委员会，充分运用司法帮扶、法律服务、人民调解、信访接待、综合治理等多种手段，加大矛盾排查化解力度，深化社区平安建设。11月中旬，严格按照竞争上岗程序，经过报名、资格审查、笔试、民主测评、面试、组织考察、公示及任职等环节，遴选出3名社区服务站副站长。进一步加强社区软、硬件建设，印制涵盖岗位制度、服务制度、管理制度等44项内容的《社区工作者规章制度手册》；开展精品特色社区培育工作，西坝河东里、柳芳北里社区分别获得市文化型和服务突出型精品社区称号。

（于华民）

【残疾人服务体系建设】　年内，街道残联以整合辖区康复资源为抓手，构建起“三三”康复体系。即：三个康复载体——温馨家园、街道星级辅助器具服务站与社区康复站；三个服务维度——居家康复、社区康复与专业康复。5月25日，区残联、区卫生局领导对街道“十一五”康复工作进行验收时，充分肯定“三三”服务体系。街道残联聘用1名社区康复专业毕业的大学生任温馨家园管理员，专业化的人员配置使温馨家园康复水平有了质的保障。组织辖区康复协调员、分管残疾人工作的社区工作者去平谷参加专业培训。经过考核，西坝河中里社区康复协调员获得区优秀协调员荣誉。为使辖区残疾居民在家门口就能享受到正规、放心的康复指导，街道残联与中日友好医院物理康复科、区脑病医院护理科及回龙观医院社区康复科逐步建立联系，从而使居民康复训练有“方”（康复处方），评估有“据”（病理依据）。街道残联在4月通过《拾香》专版宣传康复的基础上，于9月正式启动社区康复评书巡回宣传。9月26日北京卫视《北京您早》栏目对此给予报道。社会保障是残疾人的“安全网”，街道残联通过每月向47名残疾人发放重残无业补助，给25名残疾人发放困难补助，帮66名残疾人缴纳社会保险，为27名精神患者报销精神科门诊住院费用，组织26名精神、智力残疾人在温馨家园参与职业康复，在元旦、春节、全国助残日等节假日向197名残疾人发放慰问金91200元。

（朴学树）

【就业岗位开发】　年内，开发岗位1700余个，成功推荐400余人，完成指标的200%多。开发社区岗位300余个，完成社区就业岗位安置200人。为低保人员推荐工作30人次，规范了低保人员求职和单位复审的工作流程。为失业人员和就业困难的4050人员举办3场招聘会，参会单位30余家，达成就业意向的50余人次。为300人进行基础职业指导，推荐参加免费技能培训300人，其中指标数为58人，完成69人。

（孔　昊）

【居民养老】　年内，认证超过7000人，其中社会化管理服务退休人员2918人，企业退休3251人。从2月起至10月底，为35名无保障老人办理申请手续，为他们发放北京银行的存折。为已经死亡的12名老人办理减员手续。给失业人员报销医药费16427.59元、给困难人员发放医疗救助171486.73元、给地退人员发工资优抚人员发优抚金277396.36元、给占地超转人员发放生活费416200元、给占地超转人员发放报销的医药费233531.48元、给无丧葬费的死亡人员发放丧葬补助145000元，给高龄老人补贴106500元。为18名无业人员办理医疗保险手续。其中符合享受低保、重残人员补助的17人。发放社保卡300多张，张贴通知近千份。

（孔　昊）

【居民最低生活保障】　年内，新申请低保19户，复审376次，撤销12

户。医疗救助101人,救助金额168069.14元。教育救助1人救助金额4000元。街道低保对象为122户、229人。坚持动态管理,实现“进出通道”畅通。全年对20户、26人因家庭生活发生变化,超过低保标准的居民及时办理了停发手续。做到了动态管理下的应保尽保。1—11月份累计发放低保金968349.40万元。应保尽保率达100%。

(孔 昊)

亚运村街道

【概况】 亚运村街道位于朝阳区西北部,地处奥运主场馆核心区域,东起北苑西路,西到八达岭高速路与海淀区相邻,南起北土城公园与东城区、西城区相邻,北到安翔北路、慧忠路。四面环绕国家奥林匹克体育中心,三面环绕国家体育场,是奥运功能区建设的重点区域。下辖10个社区,居住家庭2.6万户,常住人口近7.8万人,流动人口约2.5万人,地区有2所大学、3所中学、4所小学、6所幼儿园;1所成人教育学院,辖区面积5.13平方公里。

地址:亚运村安苑北里21号楼
电话:64960468
邮编:100029

(俞丽娟)

【风筝作品展】 1月4日,市风筝协会第五届会员作品展暨市健康老人精品风筝展在亚运村社区活动中心举行开幕式,国家体育总局社会体育指导中心主任、中国风筝协会秘书长苏洁,北京科技活动中心科普活动部主任王肃平,以及亚运村社区活动中心主任李羊民出席开幕式。市风筝协会会员及风筝爱好者代表、新闻单位的代表100余人参加。此次展出的风筝作品有84种240余件,其中有传统风筝、现代风筝和创新风筝,品种和样式多于往年。充分显示了当代社区居民的手工制作技艺和艺术欣赏力,体现社区文化活动的丰富多彩。

(俞丽娟)

【成立社会工作师协会】 1月14日,市首家社会工作师协会成立大会在街道安慧里社区召开。来自街道10个社区的居委会主任、服务站站长及取得国家助理社会工作师以上资格的居干40多人济济一堂,共同交流进一步提升自我、服务居民、促进地区和谐的经验和方法。大会通过协会章程并投票选举出会长1名,副会长2名,秘书长1名,理事5名。街道社会工作师协会以“关注社会、服务社会、关爱弱势群体”为宗旨,以“团结、友爱、互助、奉献、求实、创新”为工作思路,践行“公平正义、利他主义、助人自助”的社会工作理念,用社会工作的专业理论和知识技巧实践于社会福利、社会救助、社会慈善、残障康复、青少年服务、社区矫正等社会工作领域。

(俞丽娟)

【低碳跳市赈灾义卖】 4月24日,发动地区未成年人开办“低碳社区一家亲”跳蚤市场,摆放有日常生活用品、学习用品和图书、玩具等。宣传低碳常识、培养未成年人创业能力、交流能力,营造良好社区气氛。街道社区办、团委、宣传科、妇联在义卖现场开展地区知名画家现场绘画义卖、青少年现场进行创建文明城区主题绘画及签名展示、居民用5节电池换一个环保袋、发放低碳知识宣传材料等活动。

(俞丽娟)

【家庭风采大赛】 5月15日,由区妇联,区文明办,街道工委、办事处主办,街道妇联承办的纪念第十六个“国际家庭日”暨温馨港湾家庭建设工程启动活动。活动分为区妇联温馨港湾项目推介及表彰;街道妇联“和谐家庭温馨港湾”家庭风采大赛两个部分。区妇联主席黄敏向参会人员介绍温馨港湾家庭建设工程,表彰好婆婆好儿媳,为低碳家庭文明朝阳征文获奖者进行颁奖。“和谐家庭温馨港湾”家庭风采大赛,由家庭才艺展示和知识问答两部分组成。10个社区选送的10个家庭,她们自编、自导、自演的参赛作品形式多样,有声乐、器乐、舞蹈、戏曲、情景剧。知识问答紧紧围绕创建全国文明城区及低碳生活小常识进行。

(俞丽娟)

【大碗茶广场故事会】 6月11日晚,与区文化委员会、区双拥工作委员会在街道葫芦岛中心广场共同举办“我的朝阳 我的家”大碗茶广场故事会。市文化局、区委宣传部、街道工委办事处领导和来自辖区的武警部队官兵代表、少数民族代表、国际友人代表以及老年人、残疾人代表、全体社区工作者等400余人参加活动。麦子店的百姓书场、朝阳民间花卉揭秘、惟肖惟妙的木偶表演、活灵活现的黑庄户小金鱼、刘兰芳、梁厚民等著名艺术家们精心演绎的一代名医孔国华的故事等一个个节目精彩纷呈。

(俞丽娟)

【发放党员“一卡通”】 6月25日,举行党员“一卡通”双向服务卡启动仪式,这是街道工委为进一步完善党内帮扶长效机制,整合区域志愿服务资源,做细做实服务党员工作推出的一项品牌服务项目。参加仪式的有辖区110家赞助党员服务“一卡通”的商家和60名党员志愿者代表。首批试行发放的133名“一卡通”党员志愿者以地区百名义工超市党员和非公经济党支部书记为主,辖区110家商家参加活动,其中中华民族园提供门票5折、北京剧院电影票5折、审美美发亚运村店7折等优惠项目。

（俞丽娟）

【绘制主题文化墙】 截至7月11日，街道安翔里社区北墙创建全国文明城区主题文化墙墙体绘画工作基本结束。北墙文化墙包括三个主题内容，一是“低碳生活篇”，二是“文明有礼篇”，三是“和谐社区篇”。北墙上墙作品共43幅，原创绘画作品包括来自中心幼儿园11幅，第一幼儿园10幅，第二幼儿园5幅，安贞里学区13幅，安翔里、丝竹园、北辰东路、京民社区各1幅。加之安翔里社区南墙5幅绘画作品，此次主题文化墙上墙绘画作品共计48幅。

（俞丽娟）

【成立居民事务协调委员会】 8月12日，街道首家居民事务协调委员会即安慧里社区居民事务协调委员会在街道社区活动中心成立，各社区居委会居干和协调委员会的50名个人会员、18个单位会员出席成立大会。大会听取协调委员筹备组的筹备工作报告，通过《安慧里社区居民事务协调委员会章程（草案）》和《安慧里社区居民事务协调委员会工作制度》。选举产生由区人大代表、社区民警、城管队员、社区居干、社区居民、卫生服务站医生、幼儿园老师、物业公司经理、餐饮行业代表、律师事务所律师等13人组成的协调委员会第一届理事会，选举产生1名会长、2名副会长和1名秘书长。选举后，区人大代表、协调会会长郑洁带领全体会员就如何做好协调会工作进行庄严宣誓，表达他们“尽已所能，积极奉献，服务社区，传播文明，做和谐社区的建设者、维护者”的坚定决心。

（俞丽娟）

【邓亚萍慰问志愿者】 8月30日下午，团市委副书记邓亚萍到街道武搏会城市志愿者站点，看望慰问在岗位上辛勤服务的城市志愿者。详细了解了志愿服务工作的开展情况，为志愿者佩戴写有“热情服务”的志愿者徽章，并感谢他们为武搏会付出的辛苦和汗水。

（俞丽娟）

【共建艺术园区】 10月20日，亚运村社区活动中心与安慧里中心小学共建艺术园区仪式启动，来自中心的15名专家成为艺术社团的首任辅导员，为学生们讲授社团活动的第一课。

（俞丽娟）

【残疾人音乐理疗】 12月21日，在街道社工师协会会长彭立新的带领下，街道8名智力残疾人和6名社工师一起参加在市残疾人活动中心举行的市智障人音乐理疗研讨会。

（俞丽娟）

【文明创建工作】 年内，街道以文明创建引领地区文化文明建设，建立1+6+10（1个领导小组及办公室、6个街道分指挥部、10个社区）的指挥体系；确定工委书记、办事处主任负总责，分管领导具体抓的组织体系；将创建工作与地区环境优化、平安创建、社会事业、民生工作等各方面工作相结合；建立健全考核机制，将创建工作作为考核领导班子和领导干部的重要内容，进行任务分解并定期公示。协调盘古大观、龙文学校、凯元洪通讯、巧食嘉等单位LED屏幕定期滚动播放区文明城区创建广告和宣传口号；开展学唱传唱《建设文明新朝阳》原创歌曲活动、创建文明城区百姓论坛、发行社区报刊等活动，积极营造文明歌曲大家唱、文明之风大家传、人人争做文明人的良好氛围。注重挖掘各行各业先进人物和典型事例，邀请13位辖区知名人士担当文明创建“形象大使”。树立集体榜样，开展“优质物业服务”、“文明家庭、文明楼院、文明小区”等系列评选活动。组织10个社区开展“清明赛诗会”等文明祭扫系列宣传活动；机关、社区干部及3000多名和谐促进员带头开展“社区换新颜”活动，号召居民共同行动净化社区环境；扎实推进市民排队引导、“做文明有礼的中国人”网上签名寄语等主题实践活动。

（俞丽娟）

【党员队伍作风建设】 年内，广泛开展以创建先进基层党组织、争做优秀共产党员为内容的创先争优活动，组织开展“千名党员访万家”活动、共产党员“一助一”大走访和佩戴党徽、亮明身份的志愿服务活动。组织机关60余名党员和干部到天津塘沽滨海新区参观学习城市建设和发展经验，在机关开展向灾区人民献爱心活动，机关干部党员共向灾区捐款55545.5元。在非公经济党组织中开展了每月一次的讲评活动，及时收集上报工作进展情况、具体做法和典型经验。组织辖区110名非公经济党员参与武博会文明观赛活动，开展“创先争优我先行”非公经济党员演讲比赛。结合文明城区创建活动，举办“两新组织联谊交流”、“党员志愿者生日会”、“以歌会友、以舞传情”主题活动、东西部党委社会领域党建研讨会、参观红色教育基地等项活动30多项，提高党组织的影响力和凝聚力。

（俞丽娟）

【党风廉政建设】 年内，深化“大宣教”工作机制，深入学习贯彻《中国共产党党员领导干部廉洁从政若干准则》，开展“文以载廉，以廉化人”——街道廉政文化作品展，街道机关干部、社区居民、社会单位等千余人参观了展览，观看《廉政风险防范管理机制工作纪实》片和反腐倡廉警示教育片《小金库引发的大案》。重新修订了《亚运村街道党风廉政责任制》、《亚运村街道社区领导班子成员逐级听取党风廉政建设情况汇报的制度》、《亚运村街道关于违反党风廉政建设责任制实行责任追究的有关规定》等制度,加大对涉及人、财、物等重点岗位人员的监督力度。深入开展廉政风险防范"回头看"工作。对街道创建全国文明城区、楼宇党建全覆盖、扩大敬老助残餐桌覆盖面、建立街道关爱帮扶中心、建设综治维稳工作中心等7项重点工作,实施立项,明确了工作任务和工作职责。街道纪检监察干部直接参与立项工程的全过程,做到全程参与、全程跟踪、全程监察,保证街道中心工作及立项工作按质、保量、及时、高效地完成。

(俞丽娟)

【社会领域党建】 年内,按照区委"建组织、建阵地、建服务体系"的工作思路,积极探索实践,建立社会工作党委1个、社区党委10个、党支部67个、党员2390人;非公企业党组织30个、党员327人;楼宇党建服务站11个。街道把20类60项服务送进楼宇,将服务站打造成政府进行社会管理和公共服务的工作平台和窗口。开展党员"一卡通"双向服务活动,党员志愿者发挥本人特长,义务为社区建设服务,对持有"一卡通"的党员志愿者,辖区一百多个商家为党员志愿者提供各类优惠、优质、优先服务。增强广大党员的认同感和归属感,激发他们参与社会建设和社区建设的热情。成立百名党员义工超市,"靳仿淑医疗工作室"、"韩如冰英语教学站"、"聋人党支部特色学习班"、"帮帮乐为残疾人义务送餐服务队"等基层党组织服务组织和服务活动,受到了百姓的欢迎和好评。组织开展"凝聚党旗下,文明先锋行"主题活动,开展"千名干部进万家,了解民意暖民心"活动,开办"红色讲坛"、"文明大讲堂"。建立了网上党校,开辟了社区党建、楼宇党建、非公党建、党建共建、博客网、QQ群等栏目,使大家及时了解党建信息、接受组织教育、提出意见建议。

(俞丽娟)

【养老助残服务】 年内,落实"九养"政策,在原有服务体系基础上进一步拓展服务项目、动员社会参与,投资近100万元,打造300余平米的新型养老(助残)服务平台—帮扶关爱服务中心,采取委托式经营、项目化管理的运行模式,向地区65岁以上老年人和残疾人群体提供日间照料、生活护理、家庭服务和精神慰籍等11项养老助残服务,惠及4个社区空巢老人及残疾人1000余人,使有需求的老年人和残疾人不出社区就能享受到专业看护机构的日间照料服务。为8623名65岁以上的老人办理优待证,办证率达100%。为1540名符合条件的老年人和124名残疾人办理养老(助残)券,实现养老(助残)券地区全覆盖。依托老年人协会与餐饮协会进一步规范养老(助残)餐桌服务管理,开办12家养老(助残)餐桌,日平均接待老年人、残疾人1000人左右,实现养老(助残)餐桌的社区全覆盖。

(俞丽娟)

【打造一刻钟便民生活圈】 年内,结合亚运村地区公共服务资源以及居民生活基本需求情况,统筹辖区企业、社会组织等公共服务资源359家,打破区域界限,按照优势互补、区域相邻、资源共享的原则,规划构建公共服务辐射、覆盖全辖区的安慧里、华严北里、安翔里、安苑里与华严里4个社区服务圈。开设街道社区便民服务网,设计印制亚运村街道便民服务手册及服务资源示意图。推进规范化管理,建立健全一刻钟便民生活圈认证服务商的准入、监督、评比、考核、退出制度,初步建立以街道办事处牵头、社区服务中心落实、社会组织参与的认证服务商运行机制,推出服务承诺制度,督促服务商提升服务质量。

(俞丽娟)

【社区规范化建设】 年内,按照"重点突破、全面推进"的原则,从硬件、软件两个方面有序推进社区规范化建设。协调解决安苑里、华严北里西社区办公用房问题,9个社区办公用房达到350平方米标准,配置了50平方米以上的一站式服务大厅。进一步梳理居、站工作职责,实施"两级划分、广泛征集"活动,推进居站分离;完善分工协作机制,继续推进"一会两卡三反馈"制度,促进居站之间的交流合作,提高居站工作交接效率;举办自治工作研讨会、专家讲座促进居委会正确定位,提升自治意识和自治能力。有4个社区被命名为市社区规范化建设示范社区、4个社区被命名为达标社区。

(俞丽娟)

【城市管理】 年内,探索新型环境管理模式,将辖区所有单位按行业划分为餐饮单位、特种行业、私营企业、物业公司及其他社会单位5个小组,按照量化指标及行业需求进行分类服务管理。推出执法力量科学调配法、工作任务捆绑法、执法情况公示法、执着跟随式教育法、联合执法扩大法等环境执法"五法",进一步完善管理机制、提升执法效能;启用综治维稳中心语音视频监控系统,通过视频监控探头与语音广播相匹配,利用视频监控探头发现、监测、劝阻无照商贩等违法行为,提高城管执法反应速度,实现对辖区的精准管理,把城管从满街转中解脱出来。

(俞丽娟)

【提升环境质量】 年内,完成丝竹园1号楼北侧200平方米道路的修整工作，解决道路积水问题，完成华严北里社区、安苑里小区安装2700个信报箱工程，并与邮局沟通，解决通邮问题；以奥林匹克公共区外围环境保障为重点，采取集中打击、跨区联合执法与常态执法相结合的模式，按照重点线路不间断巡查、重点部位专人盯守、难点问题有针对性联合执法工作机制，加大环境保障力度，开展联合执法141次，处理各类违法案件2900余起，罚款31000元，其中无照经营1900余起，露天烧烤200余起，办理小广告停机260起，查处黑车120余起，规范门前三包4500余次，拆除户外广告70余块、违法建设700平方米，处理网格督办6417件；通过各种方式广泛宣传垃圾分类的意义、流程、方法等，营造浓厚的氛围，分批推进志愿者和分拣员培训，摆放公用、居民用分类垃圾桶19600个；开展油烟污染专项整治行动，整治100余家餐饮单位，完成地区300辆黄标车现状基本情况核查，开展"世界水日"、"世界环境日"、禁烟日、城市清洁日等宣传活动20余次，覆盖社区居民7000余人。

（俞丽娟）

【安全稳定】 年内，统筹整合辖区各类维稳和城市管理力量、资源，研发集自动化办公、智能化研判、智能化考核为一体的综治维稳指挥管理系统，组建集矛盾调处、维护稳定、城市管理、平安创建、公共服务职能于一身，"一站三中心"模式的综治维稳中心。妥善处置奥体西门电力井溢水事故、有轨电车钩挂架空线带倒电线杆事故等10余起突发事件，作为北京首届世界武搏会区服务保障前方指挥部，完成武搏会期间的服务保障工作任务，得到中共中央政治局委员、中央政法委副书记王乐泉等中央、市、区领导的高度评价。街道以"一网、两库、三关"为核心的社会风险管理体系为引领，建立社区发案通报排名机制，开展创建"0发案社区"活动；在重点要害部位、治安复杂地带安装监控、报警、广播和对讲系统，实现重点部位全天候实时监控全覆盖。构筑楼层、楼门、院门、小区、社区"五道防线"累计发动各类群防群治力量6840人，加强"两会"、"6.4"、武搏会等重大时间节点和敏感时间的社会面防控；严格落实校园安全措施，组织民警、巡防队员、治安巡逻志愿者，分组对13所学校和幼儿园进行专门监控，有效确保了校园安全。

（俞丽娟）

【公共卫生】 年内，发放春季传染病宣传材料7800余份，为外来人口接种疫苗3000余例。与辖区6所幼儿园建立合作伙伴关系，严防手足口、麻疹等疾病在学校内传播；开展儿童麻疹接种工作，接种率达到97%。认真组织开展社区卫生诊断工作，问卷回收率达到100%。对地区吸毒人员、艾滋病病毒携带者等进行干预及每月回访80人次，举办艾滋病、癌症防控知识讲座6次，发放宣传材料4900余份。被评为区艾滋病综合防控示范社区。

（俞丽娟）

【工会工作】 年内，按照"广普查、深组建、全覆盖"的工作要求，召开第一次代表大会，依照法定程序选举产生街道总工会第一届委员会、经费审查委员会、女职工委员会，街道工会第一次代表大会被中工网作为建立基层工会教学片刊载；完成企业调查近2769家次，为上级工会制定维权政策提供依据；正式恢复工间健身操活动，组织机关干部参加区总工会比赛获优秀组织单位；新建工会13家，建会单位总数187家，会员总数3445人。

（俞丽娟）

【共青团工作】 年内，新建28个非公经济和新社会组织团支部，不断扩大服务阵地，拓展服务资源，深入开展"阳光接力"志愿行动，积极落实低保重残青少年青年文明号"一对一"帮扶，进一步提升蓝立方志愿站点名片效应。以"社区青年汇"建设为重点，扎实推进社区青少年活动的开展。

（俞丽娟）

【妇联工作】 年内，积极推进在非公经济组织中建立妇联组织，新建会20家，建立妇联楼宇工作者联系党建服务站工作机制，开展"共庆百年三八、共话百年进步"为主题的知识竞赛活动，结合创建全国文明城区，组织"和谐家庭温馨港湾"家庭风采大赛，开展五好文明家庭创建工作。

（俞丽娟）

【解决入托难】 年内，在进行大型问卷调查的基础上，为缓解幼儿园入托的紧张局面，街道将所属第二幼儿园内的广告公司清退，新增400多平方米空间，开设三个教室，多接收100多名儿童。对另外的两个幼儿园也实施了同样的腾退回收办法，收回600多平方米配套设施用房，改造成幼儿园教室，受到居民欢迎。

（俞丽娟）

【文化服务工程】 年内，在完善街道、社区二级文化网络建设基础上，以街道社区活动中心为龙头，整合现有文化设施、文化阵地、文化队伍资源，培育街道特色文化活动队伍和优秀文体活动骨干。巩固和提升高娃舞蹈团、羊民工作室、周末曲艺专场、喜乐园等文化品牌。以文明市民学校为主课堂，组织创建文明城区知识、摄影技巧、新闻写作知识、电脑维护知识、文明礼仪等系列讲座20多次。通过与亚运村图书大厦合作共建，为10个社区配送优秀图书2000多册。与北京电视台、北京故事广播联合主办“书香北京阅读进万家”系列活动,引导居民多读书、读好书,促进学习型社区建设、提升居民文化品位。

(俞丽娟)

【全民阅读】　年内,整合地区文化资源,与亚运村图书大厦、北京电视台青少频道、北京故事广播联合主办“书香北京阅读进万家”系列活动。本次以“引导居民多读书、读好书,促进学习型社区建设、提升居民文化品位”为主旨的“书香北京,阅读进万家”系列活动得到地区居民的广泛关注和热情参与。系列活动之一:推选书香人家,树立阅读家庭典范。从10个社区推选出10户书香人家,利用媒体进行典型宣传。书香人家评选的基本要求:家中藏书多,家庭学习氛围浓厚,家庭成员热爱读书,乐于参加社区公益活动。系列活动之二:设立社区新书架,让居民尽享阅读乐趣。在社区活动中心图书室设立新书架并定期更新书目,方便社区居民在第一时间阅读到新书、畅销书,更好地营造社区书香文化氛围。系列活动之三:名家讲座进社区,为百姓提供健康指导。著名健康专家赵之心走进社区,向社区居民传授健身方法和技巧,与居民共同分享健身乐趣;著名教育专家程泊华走进社区,与幼儿家长共同探讨教育问题,交流早教心得。系列活动之四:优秀图书进社区,丰富居民文化生活。在安慧里社区葫芦岛广场进行图书巡展。

(俞丽娟)

【人民调解工作】　年内,选用一批具有较高政治、业务素质和文化水平的人员加入到人民调解队伍中。每月22日召开社区民调主任会议,安排各阶段工作,穿插业务培训。并聘请司法局、法院、派出所等有关人员对司法行政工作、调解工作、帮教工作、社区矫正工作、普法工作、依法治理工作等进行全面讲解和辅导,使广大基层工作人员进一步明确工作任务,业务素质得到提高。街道基本形成了一个较为完善的“大调解”格局。全年共调处各类民间纠纷383件,成功调处370件,且当场履行完毕,调处成功率达98%。

(俞丽娟)

安贞街道

【概况】　安贞街道位于朝阳区西北部,东邻和平街街道,南与东城区和平里街道接壤,西与海淀区花园路街道、西城区德胜街道相交,北与亚运村街道相接、与奥林匹克公园公共区南部相接,辖域约3.6平方公里,有6个社区、304栋居民楼,驻有总装备部等重点单位和规模以上企业约300家。年内,第六次全国人口普查显示,辖区内登记人口32289户、88208人,其中现有人口70851人,户在人不在人口17357人,常住人口68454人,流动人口2397人。围绕建设“新四区”战略目标,抓住创建全国文明城区有利契机,通过探索建立社会服务管理新模式、新机制,地区社会建设工作水平进一步提升。

地址:安华西里一区13号楼
电话:64240346(值班)
　　64260018(办公室)
邮编:100011
邮箱:azxzb@sohu.com

(陈远荣)

【全国两会安全保障】　2月27日,市委副书记、政法委书记王安顺带队到街道全国两会部分代表驻地歌华开元大酒店实地检查两会安保工作,王安顺高度肯定街道全国两会安保部署及有关工作的落实,并向广大公安民警及所有参与全国两会安保工作的人员表示慰问和感谢。街道社会面防控、重点人、重点部位稳控工作得到各级领导肯定,在全国两会期间确保了地区安全稳定。

(陈远荣)

【创建文明城区】　3月30日,深入创建全国文明城区动员大会在中国木偶剧院隆重召开。通过整合资源,初步建立起地区立体化社会动员网络,形成文明城区创建“1+8+6”的工作模式,将地区60家社会单位纳入创建组织机构,采取月汇报、季小结、定期督办等制度,营造氛围加大宣传力度,宣传覆盖率达到99%,搭建平台组织各类创建主题活动321次,6万余人参与创建活动,文明城区创建工作全面推进。同时,切实解决好辖区社会单位、社区居民提出的问题,对11个方面329条意见、建议,全部解决、落实、反馈,有效提升地区居民的满意率。(陈远荣)

【安全检查】　4月26日,开展为期一周的“五一”安全生产大检查,出动8个检查组,92人次,检查单位53家,发现安全隐患62处,并下令进行整改。检查重点包括:人员密集场所——华联商厦、国美电器、京客隆、天欣海博菜市场等;歌舞厅、网吧——电神网吧、五洲信通等。同时注重六小场所的安全检查,确保地区不发生重大安全生产事故。9月17日,联合各成员单位启动地区“百日整治行动”,在广泛宣传发动的基础上,开展联合执法5次,出动执法人员98人次,33车次,查处大排档8处,发整治《告知书》8份。

(陈远荣)

【两新组织党建】　7月1日,依托社会工作站,在14座商务楼宇中成立党务工作站5个,建立9个接待点,初步形成党政工青妇多项工作进驻商务楼宇的党建工作新模式,实现党建工作对非公经济组织和新社会组织的新突破。至年底,成立14个非公企业党支部和1个新社会组织党支部,有党员165人,配备4名党务专职工作者,制定6项工作制度、工作职责,提出“四少四多”的工作机制,即少开会多办事、少麻烦多服务、少指挥多协商、少集中多深入,提高服务水平。(陈远荣)

【鹊桥联谊会】 7月17日,街道工会、共青团联合举办“鹊桥联谊会”,参加此次联谊会的有来自驻地及友邻地区的军队、社会单位各条战线上的青年男女200余人,联谊会现场促成约10余对青年男女交上朋友。

(陈远荣)

【社区居民服务】 8月6日,首个“社区居民事务协调委员会”在安华里社区成立并揭牌,截止到年底,6个社区全部成立“社区居民事务协调委员会”,有成员80名。10月18日,召开“一刻钟社区服务圈”便民医疗服务创新研讨会,就地区医疗机构如何发挥自身优势为居民提供更便利优质医疗卫生服务进行研讨。11月为80岁以上老人和残疾人发放“安贞医疗便民服务卡”。10月为地区有条件的楼宇安装“小帮手自动缴费机”等,使居民更方便地得到了相应的服务。年内,以办事处为中心,整合地区60项公共服务、10项公益服务、15项便民服务资源,突出地区六大特色服务,以“一个大圈带动六个小圈”的服务形式,打造一刻钟社区服务圈,保证辖区内居民出门步行一刻钟范围就能享受到快捷的公益、商业、生活、文体娱乐等方面的便民服务。

(陈远荣)

【安贞时讯创刊】 9月1日,街道工委、办事处主办的《安贞时讯》创刊,报纸四开八版,隔周周三刊发,至年底共发9期。《安贞时讯》以沟通和服务为宗旨,以社区居民和辖区单位为核心服务对象,以促进社区和谐、推动文明提升为方向,以宣传街道、社区工作,报道社区百姓新闻和安贞共驻共建动态为重点。共设要闻版、街道新闻版、社区新闻版、创建文明城区专版、特色版、生活版、互动版等八个版面。《安贞时讯》搭建起与居民及辖区单位沟通的桥梁,调动了社区居民、辖区单位参与社区建设的积极性。

(陈远荣)

【地区社会建设】 10月21日,成立“安贞地区社会建设协调委员会”,由地区机关、企事业单位代表和社会各界知名人士组成,成员名单中涉及安贞地区95家社会单位,并制定出《社会建设协调委员会章程》,首届协调委员会会长由安贞医院党委书记伍冀湘担任。

(陈远荣)

【第六次人口普查】 11月1日,是全国第六次人口普查正式登记时点。街道在第六次人口普查的全过程中,始终坚持“建筑物不遗漏、住房单元不留死角”的原则,进行地毯式“扫描”,以底册为线索逐户登记普查表,严格按照工作标准、时间节点、步骤要求,圆满完成第六次全国人口普查工作,确保人口普查底册数据真实、准确、有效。

(陈远荣)

【地区经济稳定增长】 12月31日,协调税管站征收依据及标准,保证税收征管,小房产税完成286万元,同比增长21%;完成区级财政收入5.22亿,同比增长8%;全年清理异地纳税单位1家,为地区近千家大中小型纳税企业及60余家异地纳税企业提供优质的公共服务,有效涵养了地区税源。(陈远荣)

【社区基层组织体系建设】 年内,街道各社区积极探索社区管理机制,在社区做实五级基层组织网络体系,即在社区党委领导下,社区居委会和服务站、社区党支部、楼长、门(层)长、信息员等五个层面,配齐配强社区基层组织网络人员。至年底,按照每15-25户设立1名信息员的要求,已配置1202人。通过完善工作制度、检查制度、补贴制度等,将五级基层组织网络工作纳入规范化管理范畴,为社区群众性基础工作全面、有效落实提供组织保证。

(陈远荣)

【弱困群体帮扶】 年内,投入资金580万元,对困难群体进行帮扶。其中,向248户低保家庭发放低保金192万元;通过爱心家园、走访慰问、临时救助、居家养老助残等投入377万元进行帮扶;落实74人次医疗救助,资助15名困难家庭子女入学,开展劳动者职业技能培训231人次,57人取得职业资格证书,开发就业岗位2230个,安置274人;开办19家老年饭桌,为688名65岁以上的老人新办理优待卡,2053名老人纳入享受居家养老的优惠政策范围;为12户困难家庭进行粉饰装修。

(陈远荣)

【双拥共建】 年内,开展“五项”培训进军营、“五项”军营服务进社区、“五项”双拥赛事展示、“五项”双拥联谊等双拥共建系列活动,争创双拥模范城,与驻区部队、社会单位相互间建立起多层面、多角度的双拥共建关系。北京银行开展“金融知识进社区,优质服务创文明”活动,安贞医院、总装黄寺门诊部、广济中医院等不断推进医疗资源惠民工程,长城宽带、中煤集团、国美电器等积极为辖区建设出技术、出资金、出服务,13家社会单位积极认建认养绿地,成立地区物业管理协作委员会并积极解决居民提出的物业管理问题,亿方物业公司实行错时停放管理,整合停车位近600个,惠及社会单位30多家。

(陈远荣)

【垃圾分类】 年内,通过强化动员发动机制、运行管理机制、奖惩考核机制、后勤保障机制,以安华西里、黄寺社区为试点,以点带面,建立垃圾减量垃圾分类管理工作的长效机制,使垃圾分类覆盖率达到100%。全年街道悬挂247条横幅,发放各类宣传材料2.9万份,进入99家社会单位和9708户居民开展宣传,街道自筹资金15万元,完成一处垃圾楼改造,配备9辆电动三轮车和2辆运输车,发放户用垃圾桶1416个,布设了30组公用垃圾桶,招募志愿者703人,分拣员25人,各项工作按要求落实到位。

(陈远荣)

【零发案社区建设】 年内,黄寺社区以双拥共建为依托,以群防群控为载体,依托派出所、管片民警、专职巡防队和各级治保组织,打牢人防、物防、技防基础,用好预防、控制、打击方法,抓好地域划分、流动人口管理、重点时段防控三个环节,做好发动、资源整合、岗位责任明确、军警民联动、巡逻防控和物防技防措施等六个到位,实现社区可防性案件"零发案"的工作目标。

(陈远荣)

望京街道

【概况】 望京街道位于朝阳区东北部,东邻京密路和机场高速路,南接北四环路,西连京承高速路,北至湖光北路、宏泰西街,周边与酒仙桥街道、将台地区、东湖街道、大屯街道及来广营、太阳宫、崔各庄等地区接壤,是北京市规划的十大边缘集团——望京—酒仙桥边缘集团的组成部分。辖区总面积10.36平方公里,由花家地、南湖渠、望京三大居住区组成。设花家地、南湖2个派出所,常住人口22.2万人,其中流动人口5.8万人,下辖22个社区居委会,3个筹备组,1个平房区。辖区内社会单位2877家,规模以上323家。内有中央美院、北京中医药大学、民航管理干部学院、经济管理干部学院、北京青年政治学院,北京94中、陈经纶中学分校、花家地实验小学、望京新城幼儿园等教育机构23家。主要道路31条,地铁13号线、15号线贯通望京。

地址:望京国风上观615楼。

电话:64703102;传真:64701376

邮编:100102

(王海燕)

【书画名家、音乐口哨进社区】 1月19日,望京街道在望京乐园举办"和谐望京 共创文明社区"——中国书画名家、音乐口哨进社区活动。著名画虎大师姚少华、书画名家袁熙坤等20余名中国书画界人士参加此次活动。

(项 悦)

【第六届中外邻居节】 2月2日,在望京乐园举办"第六届"中外邻居节活动。来自德、法、俄等十几个国家的30余名国际友人与社区居民欢聚一堂,共迎中国虎年新春佳节的到来。

(项 悦)

【创建全国文明城区】 2月3日,在民航干部管理礼堂举办"望京地区创建全国文明城区动员大会"。区创建办执行主任刘英南、区文明办主任吕岚等领导及机关人员、社会单位、居民代表、部队官兵、公安民警等代表600余人参加会议。会上,办事处主任宋军宣读《望京街道创建全国文明城区工作实施方案》,辖区物业单位、商市场、居民和街道办事处等代表就如何参与创建工作进行了表态发言,参会领导向单位和居民代表赠送《文明望京行动手册》。8日,在办事处会议室组织召开社区党委书记专题研讨会。来自25个社区的党委书记围绕如何全面推进全国文明城区创建工作,结合社区工作实际,就宣传氛围营造、社会动员与志愿服务、促进中外居民交流等内容进行了充分交流。同时,街道创建办对社区开展"文明小使者"与"文明示范家庭"评选活动进行工作指导。

(项 悦)

【残疾人五星评比】 2月4日,在望京乐园举办第二届残疾人"五星"评比表彰暨新春联欢会。会上,街道办事处主任宋军、街道残疾人联合会残疾人理事长徐宝星等分别为获得残疾人康复之星、文体之星、劳动之星、文明之星和志愿者之星等50名残疾人颁发了奖杯、证书和纪念品。

(项 悦)

【倾听日活动在望京举办】 2月6日,由团市委主办,团区委、街道工委、办事处共同承办团组织"倾听日"活动在街道举行,30余名来自望京地区的社区青年代表和望京网组织招募的论坛版主及热心网友代表,通过现场提问、网络互动交流等方式,围绕青年关心的社区文化、体育活动、参与志愿服务等话题畅谈心声。

(项 悦)

【为老服务】 2月6日,北京奥运形象大使桑兰到南湖西园二区社区看望社区老年人,与老年人共贺新春。9日,区创建全国文明城区工作领导小组办公室、区委宣传部、文明办等部门联合,在南湖西里社区居家养老服务站举办"关爱空巢老人—亲情陪伴过大年"活动。10日,在花家地南里温馨家园、南湖西里居家养老服务站开展“新春大联欢”饺子宴活动，街道领导、社区干部、武警官兵为地区特困、空巢老人包饺子、送饺子、送温暖。中秋节，全聚德望京店为社区高龄老人送月饼，请老人吃烤鸭，与老人共庆中秋。年内，委托北京汇晨专业养老机构进行日常管理，建立服务商准入、服务评估、监督反馈工作机制。培育和评估24家“望京街道居家养老服务定点单位”，为老年人提供6大类30项服务项目，有1405名老人享受了政府的居家养老服务券，服务金额达90.3万元；新增9个老年餐桌；依托汇晨专业养老队伍，培养专业助老志愿者400名。

（项　悦）

【残联党支部成立】 3月11日，在花家地南里温馨家园召开辖区街道残联党总支部成立大会，选举产生了地区首届残联党支部书记及委员。区残联副理事长杨泰峰，街道工委书记闫宾、办事处主任宋军为残疾人联合会党总支部揭牌，杨泰峰为残联党支部赠送5000元党建活动经费。

（项　悦）

【低碳行动】 3月27日，由中华环保联合会承担的子项目“望京社区低碳行动”启动仪式在民航管理干部学院举行。联合国驻华协调代表兼联合国开发计划署驻华代表马和励先生、财政部国际司全球环境基金中国业务联络员黄问航参加启动仪式。当日，街道还与华联嘉茂购物中心望京店联合举办“文明城区绿色望京——倡导低碳生活，节能一小时”活动，地区居民与企业事单位共同参与“创建文明城区共享低碳环保生活的万人签名”、环保创意灯泡大赛、环保服饰展示、明星互动等活动。

（项　悦）

【律师联合党支部成立】 4月13日，在社区服务中心多功能厅举办望京地区律师联合党支部成立大会。大会选举产生地区律师联合党支部书记及委员。

（项　悦）

【餐饮业参与文明城区创建】 4月15日，在办事处会议室举行望京餐饮业创建文明城区宣传动员大会。会上，望京地区餐饮业协会宣读创建全国文明城区望京地区餐饮业倡议书，倡议望京399家餐饮单位重视食品质量安全，严格遵守国家食品质量安全制度和规定，诚信生产经营，倡导健康消费理念，营造文明舒适的就餐环境。399家餐饮业负责人积极与协会签订食品卫生安全承诺书。

（项　悦）

【市防灾减灾座谈会在望京举行】 5月12日，市社区防灾减灾座谈会在街道安全社区促进中心举行。会上街道工委书记闫宾介绍了近年来街道防灾减灾工作的主要做法和成效。市委社会工委书记、社会办主任宋贵伦、市相关部门领导及18区县有关领导参加座谈。会后，参会人员参观了望京社区安全健康促进中心、望京应急指挥中心。

（项　悦）

【金九皋成为区文明形象大使】 5月27日，望京居民、节水明星金九皋在区文明委全体（扩大）会暨创建全国文明城区阶段工作推进会上，被聘为区创建全国文明城区形象大使。

（项　悦）

【节能宣传周启动仪式】 6月12日上午，区节能宣传周在望京西门子（中国）大厦启动。区委常委、常务副区长吴桂英及街道领导出席启动仪式。

（项　悦）

【社区服务】 6月18日，街道整合辖区朝阳供电公司“先锋电力服务队”资源，率先在望花路西里开展电力服务进社区活动。为辖区居居提供电力安全隐患排查，卡表使用、故障判断、安全用电、节约用电等知识宣传，入户为社区内70岁以上空巢老人家庭进行安全检查及更换节能灯等入户服务；对小区4栋多层居民楼20个单元的电路总进线进行安全隐患排查工作。

（项　悦）

【文明家庭颁奖庆典活动】 6月26日，为推动文明城区创建工作，带动更多家庭参与文明城区创建，在经济管理干部学院礼堂举办“创建文明家庭 建和谐望京”文明家庭颁奖庆典活动。地区13000户家庭受到表彰，区创建办、区妇联、街道办事处等部门领导为文明家庭代表颁发“望京街道文明家庭证书”，社会单位新一城购物中心为受表彰文明家庭提供荣誉顾客专属VIP卡。

（项　悦）

【庆祝建党八十九周年】 6月。举办“五个一”活动庆祝中国共产党员成立八十九周年。一是出资6万元对地区困难党员、党务工作者、先进党员等200余人进行慰问；二是组织地区非公经济党员、机关党员、社区党员骨干400人参观市规划展览馆；三是在机关、社区开展红歌比赛活动，参加区街道系统颂歌献给党活动；四是机关党支部积极组织党建知识竞赛，丰富党员生活；五是举办纪念建党八十九周年表彰大会。29日，街道工委在民航干部管理学院礼堂举行纪念建党八十九周年表彰大会。会上，表彰花家地北里社区第三支部等23个“五个好”党组织，花家地南里“阳光心理工作室”等5个社区党建项目创新先进单位，杨瑞洪等30名优秀党务工作者，陈延文等70名优秀共产党员，

杨木玲等29名党员志愿者之星,中国中医科学院望京医院等20家社会领域和谐建设先进单位,徐小�等10名社会领域和谐建设志愿者先锋。

(项　悦)

【社会实践启动仪式】　7月15日,朝阳公安分局出入境管理处、望京街道办事处、北京第二外国语学院在望京街道望京园社区举行"携手高校、服务社区、警民联合、共建和谐"社会实践活动启动仪式。警方、街道办事处组织学生担任义务普法宣传员,为地区外籍居民宣传外国人住宿登记制度、养犬规定等中国法律法规,组织学生担任小教员,为民警、社区工作者进行外语培训,组织中外居民代表座谈,为共建和谐社区建言献策。

(项　悦)

【双拥共建】　7月26日,与酒仙桥、机场、东湖街道在望京体育广场联合主办"携手争创文明区,共建双拥模范城"庆"八一"联欢活动。会上,四街道居民与武警八支队、武警三支队、望京消防中队、武警特警学院、边防检查总队等部队的官兵聚集一堂,居民、各部队单位代表表演了舞蹈、格斗术、相声、京剧、快板等节目,望京街道、机场街道分别向驻区部队困难官兵发放了扶助金。年末,街道被评为市双拥模范街道。

(项　悦)

【残疾人手工艺品生产基地开业】　9月4日,位于区金盏乡马各庄村,面积约800平方米"望京残疾人手工艺品生产基地"开业。市残联副理事长吴学文,副区长张春秀等相关领导及43个街乡残联主管主任、爱心企业代表、残疾人代表等100人参加了基地开业仪式。仪式上,地区10多名各类残疾人在专业技术人员指导下,从事软陶制作、玉器加工制作、核桃工艺品等加工制作。

(项　悦)

【双十表彰庆重阳】　10月12日,在望京乐园举办"庆九九重阳'双十'表彰"活动,对地区居民评选出的弈旭英等"十大孝星"及袁燕等"十大老年公益之星"进行表彰。

(项　悦)

【交通秩序整治】　10月22日,协调亚运村交通队、南湖派出所、花家地派出所、望京城管队组织望京交通秩序混乱重点地区非法运营"黑车"司机,召开"望京地区交通秩序综合整治动员会"。会上,办事处、亚运村交通队、南湖派出所、望京城管队分别围绕扰乱"三个秩序"(公共秩序、市场秩序、交通秩序)、引起"四个重视"(老百姓重视、人大代表、政协委员重视、媒体重视、领导重视)、争做维护交通秩序的"三种人"(自觉者、宣传者、共同维护者)等内容展开谈话,向参会司机阐述地区交通秩序整治的必要性和重要意义,组织参会司机观看非法停、运造成道路交通秩序混乱的录像。

(项　悦)

【外籍人管理与服务】　11月8日,大西洋、望京园2个社区的外籍人服务管理站正式投入使用。服务站配备外籍人服务管理协管员,为外籍居民提供入住登记、就学、就医、就业、居住、法律等多项宣传咨询服务内容,还针对外籍人需求,委托专业机构设计研发服务软件系统,当日起开始试运行。至年底已为683名外籍人提供服务。

(项　悦)

【首批便民服务站点挂牌营业】　11月9日,与街道签订合作协议,并悬挂统一配置认证标识的阜荣街、华鼎、望京西园四区等六个"一刻钟社区服务圈认定便民站点"正式挂牌营业。

(项　悦)

【工会第一次代表大会召开】　11月26日,召开街道工会第一次代表大会。会议审议通过《望京街道工会第一次代表大会筹备工作报告》、《望京街道工会第一次代表大会选举办法》,选举产生由王静等13名同志组成的街道总工会第一届委员会和由王连军等3名同志组成的街道总工会第一届经费审查委员会、由张凯妍等3名同志组成的街道总工会第一届女职工委员会。

(项　悦)

【刘淇书记到望京考察】　12月7日,市委书记刘淇、市长郭金龙率队到望京街道考察人防工作,刘淇书记一行听取了区人防工作汇报,参观了街道应急指挥宣传教育中心。

(项　悦)

【社会建设协调委员会成立】　12月14日,召开地区社会建设协调委员会成立大会,北京社会科学院马仲良教授,区社建办,机关副科级实职以上干部、社会单位代表等169人参会。会议通过《望京地区社会建设协调委员会筹备工作报告》、《北京市朝阳区望京地区社会建设协调委员会规程》、《望京街道社会建设协调委员会组织结构及成员名单》。

(项　悦)

【垃圾分类】　12月30日,联合区市政市容委、市环境卫生设计科学研究所、区环卫中心举办"绿色餐饮,有我有你"——望京辖区社会单位垃圾分类启动仪式。市环卫科研所、区市政市容委、街道办事处有关领导、200家餐饮单位负责人及25个社区居委会主任参加启动仪式。启动仪式上,街道城建科介绍街道在居民小区开展垃圾分类工作的进展和效果,市环境卫生设计科学研究所牛树新详细讲述社会单位餐厨垃圾规范处理的意义,并为打造绿色餐饮环境,提出倡议。“2010工程”社会单位代表与区环卫中心签订垃圾清运协议,望京餐饮单位代表眉州酒楼宣读“餐厨垃圾规范处理,构建绿色餐饮示范”自律宣言,承诺餐厨垃圾“零私运”。参会领导为地区10家绿色餐饮单位颁发“绿色餐饮示范店”牌匾。

（项　悦）

【“五项”措施保增长】　年内,继续巩固处级领导包企业工作机制,做到分析细致,服务主动,资源整合,部门协同,责任到人,落实到位。全年完成区级收入6.72亿元。主要工作措施:一是在“招”字上下功夫。坚持服务为先,全面掌握辖区内11处主要商业楼宇空置情况,加大招商引资力度,改善宜商环境;争取政策支持,协调工商、公安、交通、消防、卫生等部门为企业招商和发展提供保障。二是在“稳”字上做文章。将企业分为相对稳定、需进一步稳固、不确定三种纳税类型,有针对性采取有效措施。通过走访沟通,解决企业发展难题、掌握下一年项目开发和预计税源状况等多种形式,为企业发展出谋划策,引导企业规范纳税。三是在“转”字上谋出路。本着“抓大不放小”的原则,制订加强小房产税征收工作实施意见,通过加大宣传力度、增设征收点或代办站、联合职能部门加强管理服务、实施奖励等方式,进一步规范和加强地区个人出租房屋小房产税的征收工作。四是在机制创新上见实效。召开地区重点税源企业座谈会,征求企业对地区服务的意见建议,并请区有关部门为企业答疑解惑;加大企业间的沟通互动和资源共享力度。五是以文明城区创建为契机,搭建企业与社区互动共享的平台。策划西门子企业文化节、社区低碳文化宣传、“嘉茂杯”南北乒乓球对抗赛等活动,同时依托社会单位力量开展望京志愿者、社会单位与新运养育院残疾儿童过六一、地球熄灯1小时等活动,实现了政府、企业、社会和居民的互动和共赢。

（王海燕）

【社会保障】　年内,通过订单式互动、订单式培训、订单式追踪等措施,了解企业需求,摸清就业意向,提高用工单位和失业人员的“匹配率”,实现双向互动,向企业成功推荐386人就业。加大对就业困难人员、用人单位职业指导力度,全年进行基础职业指导36场,办理再就业优惠证481个,开展专项、群体指导及“一对一”指导910人次,开展“就业援助月”、“春风行动”、大型服务招聘会等活动6次,与110家大中型企事业单位签订订单式管理服务协议书,开发空岗2434个。

（项　悦）

大屯街道

【概况】　大屯街道位于朝阳区西北部,东邻来广营地区、望京街道,西北接奥运村地区,南靠亚运村街道、小关街道、太阳宫地区,地域总面积10.013平方公里。辖区内常住人口约14.82万人,流动人口5.76万人,总人口20.58万人。有14个社区居委会,74个居住小区,82个物业公司,楼房1206栋。年内,街道被香港职业健康局、中国职业健康安全协会授予国际安全社区称号。被区委、区政府评为年度区社会治安综合治理先进集体,被区政府、区绿化委员会评为年度绿化美化先进单位,被区妇联、区人保局评为妇联系统先进集体、人口和计划生育工作被评为年度标兵单位。社保所被评为五星级社保所,劳动科被评为劳动用工规范一条街工程工作先进单位,安监科获得“安全生产月”活动优秀组织奖。街道20余项工作得到市区表彰。

地址:安慧北里雅园1号
邮编:100101
电话:64917665
网址: http://dtjd.bjchy.gov.cn

（耿秀荣）

【文明城区创建】　年内,坚持“创建为民、创建靠民、创建利民”,把创建全国文明城区作为继亚运会、绿化隔离带建设、奥运会后的第四次发展机遇,严格按照“十大规定动作”的要求扎实推进,并结合街道的特点进行创新,强化与区创建办、地区居民、机关科室和14个社区的“四线”联动,利用党校分校、市民文明学校,对地区万名居民进行培训,围绕“小手拉大手”主题活动,开展文明形象大使携手文明小天使共创和谐社区。组织机关干部“进百家店、入千户门、暖万人心”,开展“金点子”征集活动。开展优质物业服务评选、门前三包评选活动,营造“讲文明、树新风、促和谐”的社会氛围。

（耿秀荣）

【税源建设】　年内,做好税源建设工作,主动上门、加强联络、扩展范围,整理2007年以来的万余张发票单据,走访500余家单位宣传税收政策,完成区下达任务,实现区财政收入9.9亿元,完成个人房产税代征1602万元。

（耿秀荣）

【完善民生服务措施】　年内,通过开展“送温暖、送政策、送岗位、送技能”的“四送”活动,城镇登记失业人员实现就业664人,就业困难人员实现就业330人,开发岗位2625个。9个社区通过“充分就业社区”评审验收,形成“就业岗位储蓄银行”服务品牌。为方便地区老年人、残疾人生活,投资500余万元新建上千平方米的残疾人温馨家园,实现残疾人学习、娱乐、工作、康复、心理疏导等各项功能,被市残联确定为全市对外接待和展示残疾人服务的亮点。建立15家养老助残餐桌和日间照料室,实现社区全覆盖,日均就餐2600人次。

(耿秀荣)

【双拥及人民武装工作】 年内,街道被评为市双拥模范街道。高标准超额完成征兵工作,地区9名优秀青年应征入伍。完成234名民兵的整组工作,加强预备役队伍建设。在本年度民政事业发展和双拥工作考核中名列街道系统第五名。

(耿秀荣)

【化解人民内部矛盾】 年内,处级领导进行走访410次,开展人民内部矛盾排查52次,受理信访案件618件,化解577件。发挥律师党组织作用,推进"法律服务进社区",整合辖区律师资源,为有需求人员提供法律服务,司法所各项评比中均位于前列。落实区维稳中心的"12456"工作模式,成立地区综治维稳工作中心,加强诉前调解和民事纠纷调解,建立矛盾联调、问题联治、平安联创、治安联防、工作联动等工作机制,民事纠纷调解成功率达90%(全年共受理民间纠纷调解145件,成功131件)。妥善处理武搏会前民工在洛克时代楼下聚集讨要工程款、山西个体户到北方公司楼下聚集讨要货款、顺义刑满释放人员威胁跳楼、四川凉山彝族民工聚集讨要工伤款等事件,解决劳动纠纷22件,涉及金额640万元,为350名劳动者现场追回工资56万元。

(耿秀荣)

【改善城市环境面貌】 年内,整治武警指挥学院西门道路,重新铺装路面3855平方米,铺设雨水管线271米。完成六王坟甲二号院的老旧小区改造工程,绿化改造面积900平方米,铺装面积1900平方米,新增停车位70余个,新建自行车棚3个。解决辛店路、科荟路两侧无绿化问题。开展垃圾分类工作,启动社区居干包楼包户制度,招募培训社区志愿者、二次分拣员328名,对社会单位和居民入户宣传6万余次,提高社会单位、居民的分类意识,卧龙小区垃圾分类工作成效显著。动员社会单位参与"植绿护绿"活动,新增绿地1.6万平方米、认养绿地6700平方米。对安逸、育慧里、育慧西里等社区的10个老旧小区的20万平方米绿地进行专业养护,提升了绿地养护水平。经区园林绿化局整体审议,街道被评为"养护管理良好、景观效果突出"单位。

(耿秀荣)

【安全生产】 年内,加强联合执法,排查治理隐患,创立"4321"安全生产工作模式。《中国安全生产报》和《现代职业安全》等国家级刊物多次报道街道安全生产做法和经验。动员整合社会单位力量,在75家企业组织培育109名安全生产义务监督员,织密安全生产防控网络,构建大安全生产工作格局,组织安全知识培训1000余人次,开展建筑工地、食品安全、彩钢板房、火灾、危化品、地下空间等各类安全生产执法检查4000余次,出动人员1.6万人次,检查经营单位1971家次,发现并整改安全生产隐患633处,确保全年无安全生产责任事故。

(耿秀荣)

【完成国际安全社区认证】 年内,稳步推进国际安全社区创建工作,统筹协调地区医疗机构、教育机构、企事业单位、居民代表等11个行业或部门,成立安全社区建设跨界组织,机关实行项目负责制,机关社区干部全员参与、全力以赴,组织培育温馨家园、文化广场、秀园幼儿园、居然之家建材超市、安全教育基地等10个示范点,积极开展居民预防伤害干预,增强居民安全防范意识,11月顺利通过国际安全社区考察认证。《现代职业安全》等多家国家级刊物对街道国际安全社区创建工作进行专题报道。

(耿秀荣)

【城市管理】 年内,针对"小广告"、路边摊贩、黑摩的等影响城市秩序的"瓶颈"问题,发动社会力量共同维护城市环境,采取小广告换洗涤用品等激励措施,组织5次集中换取活动,兑换小广告30余万张。针对环境秩序乱点重点地区,联合公安、工商、交通等部门,按照定人、定车、定责的原则,采取宣传教育、死看死守和打击整治相结合的办法,进行全天候、全覆盖、全时段监控,有效打击无照游商、黑车、摩的。健全城管工作台账,加大检查和处罚力度,推行星级单位评选制度,通过"明确职责、专业管理、门前三包、社区监督、部门执法、检查验收"等措施,完善环境维护长效机制。

(耿秀荣)

【治理治安乱点】 年内,针对飘亮广场被市挂帐为治安乱点的问题,成立整治工作专项领导小组,制定整治工作"十无"标准,建立集公安、交通、工商、城管为一体的综合治理管理服务平台,坚持24小时无缝值守,形成每日总结、每月会商、集中打击、联合巡查、领导督查、设立举报等六项长效工作机制,集中打击25次,治理黑车、黑摩的从业人员177人次,飘亮广场周边社会治安状况和环境面貌明显改善。市综治委在飘亮广场召开十六区县参加的全市街面整治经验交流会,并向全市推广。加大地铁五号线大屯东站"黑车治理"专项行动工作力度,机关干部带队,各部门配合,16个小时不间断盯守,查扣黑摩的300余辆,采取加装护栏、人车隔离的办法,有效维护了交通秩序。

（耿秀荣）

【流管工作】 年内，开展出租房和流动人口百日核查专项行动，群租房和地下空间摸排工作顺利开展，加强流动人口和出租房屋管理，新登流动人口 14549 人、出租房屋 1016 户。

（耿秀荣）

【健全社会动员体系】 年内，构建分层分类、条块结合的立体社会动员网络，打破隶属关系、单位级别、规模等限制，成立社会建设协调委员会，构建地区性社会动员网络。培育成立了街道和谐促进员协会及社区分会，辖区 1242 名和谐促进员参与社区事务。加强对社区社会组织的管理，辖区的 50 多支各类文体队伍和志愿者队伍成为社区居民展示才艺、锻炼身心、增强交流、丰富生活、自我服务的载体。社区时装协会、书法协会、新新家园合唱协会等社会组织在各类比赛中为地区赢得荣誉。

（耿秀荣）

【“一刻钟服务圈”建设】 年内，通过全面摸底服务资源、调查居民需求，确定 389 家定点服务单位、绘制双语标识示意图、建立服务平台，初步形成了以社区为基础的 16 个一刻钟生活服务圈。同时通过建网络、公示示意图，发放《便民服务手册》、《宣传手册》、《办事流程册》和“便民服务卡”，扩大“一刻钟服务圈”影响。

（耿秀荣）

【人口普查】 年内，采用“三表一图”，克服困难、摸索方法，高标准推进普查工作，形成“楼外找物业、楼下看灯光、楼道问邻居、门口留预约、家中打电话”等有效工作方法，经过普查，辖区有在住人员 165240 人，其中户籍人口 63802 人，人在户不在 42427 人，流动人口 57633 人，港澳台和外籍人员 1378 人。建筑物核查准备工作、电子绘制普查小区图、普查员培训方式等受到市、区人普办的高度肯定。慧二社区代表全国普查员接受国家统计局马建堂局长的慰问。

（耿秀荣）

东湖街道

【概况】 东湖街道位于朝阳区东北部，东至慧谷阳光小区东墙，向北至北小河中心线及原崔各庄与来广营乡老乡界至五环路中心线，与崔各庄、来广营乡接壤；南至北小河北侧沿望京西路西侧至湖光北路、宏泰西街北侧，与望京办事处接壤；西至地铁 13 号线西侧，与来广营乡接壤；北至五环路中心线，与来广营乡接壤。辖区面积 4.95 平方公里，常住人口 6 万人，流动人口 1.3 万人，有 7 个社区。辖区内有中学 4 所，小学 5 所，韩国学校 1 所，刘诗昆幼儿园 2 所。占地面积 24.8 万平方米的北小河公园和占地 21.7 万平方米的望湖植物园坐落在辖区。

地址：宏昌路 6 号
电话：84729787
邮编：100102

（史　艳）

【助残工作】 1 月起，每月为地区 40 名残疾人每人发放 100 元助残券，用于家政、就餐、洗衣等服务。上半年，街道残联“人人享有康复服务”项目通过区残联验收，各项康复指标圆满完成。8 月，为 9 户残疾人家庭进行无障碍改造，安装卫生间扶手、活动浴凳、升降沐浴喷头杆和固定式可折叠浴椅，提高残疾人的生活自理能力。

（万　孟）

【工会工作】 年初，街道工会召开地区工会工作大会，部署开展组建基层工会组织的计划。通过深入企业宣传、现场答疑和跟踪指导，推进 12 个非公企业成立工会组织，发展会员 587 名。全年收缴工会经费约 19 万元。11 月 29 日，召开第一届工会代表大会，选举产生“东湖街道总工会、工会经审委员会、工会女职工委员会”。

（范红仔）

【与来广营进行民政工作交接】 4 月，在区民政局领导的指导下，街道与来广营地区办事处完成除低保业务外的各项民政工作交接。

（李士博）

【文体活动】 4 月，街道文教科举办第四届“和谐东湖杯”乒乓球比赛。本次活动以球赛为载体，以社区为基础，以居民为主体，组织动员广大群众积极参与全民健身运动。5 月，举办第一届“天使杯”羽毛球大赛。活动以球赛为载体，以社区为基础，以居民为主体，组织动员广大群众积极参与全民健身运动。5 月 26 日，举办街道第一届社区文化艺术节“锐创杯”文艺汇演。本次活动紧紧围绕“争创全国文明城区”的中心工作，繁荣丰富了辖区群众文化生活。11 月，组织书画创作笔会活动。此次活动是创建文明城区、创建和谐东湖、营造和谐氛围的重要载体。

（单继红）

【养老助残券全覆盖】 5 月 1 日，实现养老助残券、养老助残餐桌、托老助残日间照料所三项全覆盖，奠定地区“九养”政策落实基础。为辖区 80 岁以上本市户籍老年人办理养老券 433 人；整合社区现有资源，挖掘潜在资源，开办养老助残餐桌 6 家；开办日间照料托老所 5 家，设置床位 15 张，实现符合政策的老人申请养老券、满足就餐需求、日间照料需求的三项全覆盖。

（李士博）

【成立街道房屋管理科】 6月,街道成立"房屋管理科"。将保障性住房、地下空间、物业及业委会等工作纳入规范专项管理。

(刘晓丹)

【成立非公企业党委】 9月9日,经区委组织部和区委社会工委批准,地区第一个非公企业党委——大地工程开发集团党委正式成立,下设10个党支部。

(侯文宇)

【成立商务楼宇服务站】 10月至12月,先后在北汽众运大厦、博泰国际、望京科技园分别建立了商务楼宇党建服务站,在社区服务中心设立街道社会工作党委办公室。

(侯文宇)

【地区社会建设协调委员会成立】 12月3日,地区社会建设协调委员会成立大会举行。区政协副主席关三多,区委副巡视员、创建全国文明城区办公室执行主任刘英男,及区社工委领导等,东湖地区知名企业家代表前来参会。协调委员会下设11个行业分会,即社会领域党建协调分会、公共服务协调分会、企业家协调分会、教育卫生系统协调分会、志愿者协调分会、物业管理协调分会、餐饮行业协调分会、金融系统协调分会、居民事务协调分会、地区文体协会、和谐促进员协会。社会建设协调委员会的成立,能够为地区社会各界和广大人民群众搭建广泛参与社会管理的平台,形成社会管理人人参与、人人共享的良好局面。

(杨 满)

【南湖东园北社区办公用房启用】 12月16日,举行南湖东园北社区办公服务用房启用仪式。南湖东园北社区办公用房设有独立的社区服务站、居委会和党委办公室,并配备市民学校、残疾人服务中心、文体活动室等,为满足地区居民的基本公共服务提供设施保障。

(张 莹 蒋立荣)

【应急体系建设】 年内,制定《东湖街道办事处筹备处突发事件总体应急预案》,并按照自然灾害、事故灾难、公共卫生、社会安全、应急保障5大类制定36个分预案,明确各科室职责任务,为维护广大人民群众生命和财产安全、确保本地区公共安全奠定了基础。

(刘晶晶)

【社保工作】 年内,地区城镇登记失业人员实现就业必保指标,开发就业岗位、公共职业介绍机构职业指导人次数、失业人员再就业培训指标数及失业人员创业培训指标都超额完成任务,其中失业人员再就业培训指标完成率达到200%。

(孟小霞)

【人口与计划生育】 年内,召开人口和计划生育工作会,签订人口和计划生育责任书67份;组织举办流动人口用工招聘会,设置招聘岗位100余个,达成用工意向50余人;发放政策法规、流动人口、预防出生缺陷、知情选择等计生宣传折页20000张;联合凌和医院为独生子女家庭办理母子免费体检卡,发放母子就医卡1000余张,参加体检1600余人;救助2户贫困流动人口家庭,发放困难补助1000元;地区协会单位叶氏、综开、爱慕、社区卫生服务中心等单位对"四关怀"计划生育困难家庭对子进行帮扶,送去慰问金和生活必需品,合计人民币2600元;开展"生育关怀一元捐"活动,募集捐款13521.6元。举办以"倡导婚育文明,牵手幸福生活"为主题的辖区企业单身青年联谊会活动;举办争创文明城区《流动人口计划生育条例》和药具知识竞赛,获区三等奖;在爱慕内衣公司举办"婚育新风进企业"第二届人口文化节文艺汇演活动;严格落实独生子女死亡、伤残家庭的特别扶助工作,通过调查、审核、上报等程序,为29名符合扶助条件的对象发放扶助存折。根据市人口计生委工作要求,以人口普查为契机,认真做好地区人口信息核查和全员人口信息库建设。对3859户进行信息核查,对22838人进行人口信息库核实录入,为人口普查提供有效数据。

(杨 芳)

【编发安全生产工作简报】 年内,编发《安全生产工作简报》,向辖区生产经营单位提供地区安全生产工作动态、宣传安全生产法律法规和相关政策、通报一批安全生产的典型事件,曝光违法违规安全生产行为。全年编写8期,发放一万余份。

(冯歆宇)

【安全检查】 年内,安监科和其它科室及各社区签订安全责任书475份,出动2076人次,检查单位1767家次,隐患整改731处,下发整改通知146份。

(冯歆宇)

【公共安全】 年内,以"关爱生命、安全发展"为中心,通过每月一个公共安全主题,面向基层,面向企业,面向安全生产第一线,扎实做好公共安全工作。从1月份公共安全主题年启动仪式暨消防演习开始,全年组织各类大型活动23次,采取讲座、演习、演讲、检查、参观、座谈、联合执法等多种活动形式,参与的社会单位达300多家,受教育居民达2.9万人次。

(冯歆宇)

【集体合同工作】 年内,在建会单位开展民主管理和职工代表大会制度,全年完成新签和续签集体合同9份。依法规范企业用工、维护职工的合法权益。

（范红仔）

【职工帮扶和职工互助保险】 年内，组织企业和职工两次参加玉树捐款和“献一份爱、暖职工心”的爱心捐款，计9700元。为四个企业的70名职工办理加入“职工重大疾病和女工特殊疾病”保障计划。为松下电子部品有限公司和家乐福望京店两个企业的4名职工建立困难职工档案，开展两节送温暖活动，两节期间慰问困难职工4人，慰问北汽众泰物业管理有限公司重大疾病1人，合计慰问金14000元。

（范红仔）

【人口普查】 年内，地区在全国人口普查工作中划分7个普查区，163个普查小区。正式登记户数28518户，普查登记人口数76425人（含外籍）。普查结果为：现有人口67113人；常住人口数64074人；出生人口673人；死亡人口90人；外籍及港澳台人口数3103人。

（苏 岩）

【调解经济纠纷】 年内，望湖综合市场因强行清退商户，造成产权方与40余家商户百余人的经济纠纷。为维护辖区稳定，成立由街道主管领导、相关部门组成的调解小组，调解纠纷。自8月至10月历时2个多月的时间，全部商户及时清退，无一人上访。

（陈 岩）

【法律服务进社区】 年内，建立7个法律服务室覆盖所有辖区，为居民服务；在北汽众运大厦建立法律服务进楼宇的商务服务点。

（陈 岩）

【矫正帮教】 年内，帮助社区服刑人员找档案、补办退休手续；为刑释人员依法维权，讨要人身损害赔偿金1.5万余元；就中途之家的社会性作用，接受《法制日报》的采访。

（陈 岩）

【城市管理】 年内，出动1000余人次、1400余车次；整治辖区内环境秩序乱点5处；清除小广告、小招贴10000余张；清除喷涂156处；清除暴露垃圾和无主渣土100余吨；整治查处黑车、黑摩的非法运营50辆；处理网格案件11982起；办结率达到90%以上。上交罚款10万余元；对外宣传市级媒体登载22篇，其它媒体登载60余篇；在做好日常检查的基础上，按要求对辖区内的重点大街建立了门前三包工作台帐，做到了情况清、底数明，根据情况的变化及时变更台帐，同时加大宣传力度，严格日常管理。

（李 昂）

【空地绿化新建改造工程】 年内，启动慧谷阳光北侧空地绿化新建改建工程，工程面积11361平方米，其中绿化面积6463平方米，铺装面积4898平方米，投资117.1万元，共栽植乔木70株、清运渣土4886.6立方米。

（张 莹）

【垃圾分类】 年内，成立垃圾减量、垃圾分类工作领导小组，把垃圾减量、垃圾分类工作作为下半年的中心工作，并以创建全国文明城区为契机，全面推进垃圾分类工作。

（张 莹）

【路灯安装工程】 年内，在创建全国文明城区活动中，对于群众反映的辖区四条道路两侧没有路灯和上公共厕所难的问题，协调区市政市容委帮助解决。至年底，已完成河荫西路两侧、康都佳园小区路灯安装工作。

（张 莹）

【公厕建设】 年内，与区市政市容委协调沟通，在河荫路、六佰本商业街东南角及131公交总站三处建环保公厕3处。至年底，已建成2座并投入使用。

（张 莹）

【防汛工作】 年内，结合地区实际，完善防汛工作预案，制定防汛工作措施和防汛值班表，与北小河公园、东湖环卫队鉴定防汛责任书，上半年，配合区防汛指挥部进行了防汛演练。针对河荫中路、利泽中一路路面不平、道路破损严重，雨天造成积水严重，影响正常交通行驶的问题，协调区市政所对两条道路进行修建，消除积水点。

（张 莹）

【组建东湖街道维稳中心】 年内，综治办牵头组建街道维稳中心，建立、完善相应的工作制度、管理制度等软件工作，在办事处领导的大力支持和统筹安排下，落实、装修办公用房，落实人员配置，在综治委规定的时间内完成工作制度、管理制度上墙；配备电脑、办公桌椅、文件柜等办公设备。在综治办的努力、协调下确保地区维稳中心工作全面启动，顺利通过区综治委的验收。

（刘艳青）

【门禁系统维护】 年内，多次联合相关科室、施工单位召开协调会对门禁系统维护和修复中存在的问题进行协商解决，最终将地区损毁门禁系统全部修复。为确保今后门禁系统完好率和充分发挥其在社会安全稳定中的作用，综治办通过资质认定与北京艾颖利德科技发展有限公司签订了门禁系统维护保养工程合同，截至到年底地区380个门禁系统运转正常、完好率达到98%。

（刘艳青）

【成立消防办公室】 年内，通过公开面向社会公开招聘的形式，按照严格的录用程序,本着择优录取的原则,综治办招聘消防协管员10名,成立街道消防办公室。以预防和减少社区火灾事故为目标,在社区开展消防安全“六个一”建设。即:一间消防工作室、一套消防档案、一支义务志愿消防队、一处固定消防宣传栏、一个消防器材箱和一条消防车通道。

(刘艳青)

【规范地区停车秩序】 年内,联合亚运村交通大队对地区“乱停车、停车难”问题进行综合治理。牵头组织亚运村交通大队、东湖派出所、东湖城管分队开展地区交通整治联合执法“脉冲”行动。期间出动执法人员248人,执法车辆80台次,扣留“摩的”、“黑三轮”124辆,对40辆违反规定行驶的三轮车进行处罚,对25辆非法运营“黑车”司机进行警告教育,对162辆违法停车的车辆进行贴条处罚。

(刘艳青)

【拆除“群租房”】 年内,多次组织朝阳公安分局东湖派出所、工商所、城管分队等职能部门开展“群租房”整治联合执法行动。拆除“群租房”219户754间、注销流动人口1105人,其中强拆101户348间、注销流动人口503人;房主或者中介公司自行拆除119户424间,注销流动人口602人。

(刘艳青)

城乡结合地区

太阳宫地区(乡)

【概况】 太阳宫地区(乡)位于朝阳区中西部,东北与望京街道办事处、将台地区办事处接壤;东南与麦子店街道办事处接壤,与第三使馆区、燕莎商业区毗邻;南面与左家庄办事处接壤,西南与和平街办事处、香河园办事处相邻,与国展商业区互相依托,西北与小关街道办事处、大屯街道办事处接壤,区位优势明显。地区辖区面积5.9平方公里,现有3个行政村,10个社区居委会,7家直属企事业单位;常住人口7万人;全年实现经济总收入17.6亿元,利润总额3175.4万元,税金4330.8万元,同比分别增长了3.5%、10.2%和14.5%。

地址:夏家园13号
邮编:100028
电话:5201.8656

(陶薇薇)

【妇女工作】 2月21日,在北京共济国际酒店举办“歌唱舞动的太阳宫”暨地区首届妇女“卡拉OK”大奖赛,大赛评出一等奖1名、二等奖2名、三等奖3名,纪念奖若干名;3月5日,在北京电子科技职业学院召开以“巾帼风采、和谐无限”为主题的纪念“三八”国际劳动妇女节100周年大会,对地区经济社会发展有突出贡献的148名杰出女性代表进行表彰,引导广大妇女同胞投身到地区农村城市化建设大潮中来,为地区发展做贡献。

(陶薇薇)

【开展“解放思想大讨论”活动】 3月3日－25日,开展以“团结协作、攻坚克难、再创优势、推动发展”为主题的解放思想大讨论活动,通过制定方案、学习研讨、查找问题、整改落实4个阶段,进一步统一思想,理清工作思路,找准工作的难点和重点,有针对性地开展工作,为高标准、高质量完成全年各项工作任务打牢思想基础。

(陶薇薇)

【全国文明城区创建】 4月10日,在朝师附小召开以“文明朝阳,精彩有我”为主题的创建全国文明城区工作社会动员大会暨第一届太阳宫文化艺术节开幕式,地区创建全国文明城区专家指导组成员、地区人大代表、政协委员、864家社会单位代表、驻地共建武警部队官兵代表、学生代表、残疾人代表、机关全体人员、基层各单位班子成员、建筑工地工人代表等3000余人参加活动,通过社区与社会单位结对子、社会单位代表表态、宣誓等环节,广泛发动地区百余家社会单位参与到创建工作来,地区文明城区创建工作正式拉开帷幕。地区文明创建工作以群众实际需求为切入点,先后成立由区人大代表、区政协委员、辖区高校专家组成的文明创建专家指导组、“彩袖标”志愿者行动队和停车管理服务公司,不断提高知晓率、参与率。

(陶薇薇)

【青年责任助推文明创建】 4月24日,组织“青年责任助推文明创建”系列活动暨“我与地区共发展”主题播种活动,发动地区青年参与到创建工作中来,争当传播文明的先锋,团区委领导、地区领导、各青年文明号单位代表、“青年责任助推文明创建”项目单位代表等200余人参加。

(陶薇薇)

【创先争优活动】 从4月开始，地区以党员作风建设年活动为契机，开展创先争优活动，筹备建立业余党校，选用社区内能人、聘请专家教授、老党员、退休老干部等为教师，利用远程教育网络、党员服务中心、党员电教室等活动平台，以集中轮训、党员领导干部讲党课、开设党员“流动课堂”、主题党日教育培训、党员自学等形式，开展中国特色社会主义理论体系教育、社会主义核心价值体系教育、党性党风党纪教育和业务知识与技术技能教育。“七一”前夕，组织一期入党积极分子培训班、发展14名入党积极分子入党、开展以“热爱家乡、热爱单位、热爱岗位”为主题的征文和演讲比赛、慰问118名老干部、困难党员、建国前老党员、优秀党务工作者、优秀党员，召开一千余人的纪念中国共产党建党89周年表彰大会暨创先争优动员部署大会，部署“创先争优”工作方案，表彰161名群众心目中的好党员，在全地区开展“爱是党员我承诺”活动，把每月21日确定为党员爱心日，开展“爱心助残”“爱心环保”“爱心扶贫”“爱心帮困”等活动，地区广大党员干部纷纷以慰问地区孤寡老人、疏导道路交通、清理地区卫生，为辖区居民做实事做好事，服务地区人民群众，促进地区社会和谐，以模范行动影响和带领广大群众共同为推动地区发展贡献力量。

（陶薇薇）

【人户分离计生管理新模式】 9月17日，由地区牵头，携手将台、来广营地区办事处和望京街道办事处，举办“太阳宫人户分离计生工作集体委托签字仪式”，主要涉及双方共同责任、户籍地职责及居住地职责三大项内容，对人户分离人员计生管理新模式进行有益探索。

（陶薇薇）

【党史教育活动基地（“红芍社”）揭牌】 9月21日，区委常委、组织部长陈宏志和区副巡视员刘英男为区党史教育活动示范基地（“红芍社”）揭牌。示范基地以“红芍社”党员服务中心为依托，增加10项新内容，“天天课堂”增加党史教育活动内容，图书阅览室设立党史书刊专柜，网络学习平台开设党史教育活动专栏，开设党史长廊，建立党史荣誉室，开展重要节日纪念活动，开展以党史教育为主要内容的冬令营、夏令营活动等。“红芍社”党史教育基地的成立，旨在激发广大党员干部群众和青少年对党、国家和家乡的热爱之情，更好地树立正确的世界观、人生观、价值观，立足本职，奋发进取，自觉地为地区发展贡献力量。

（陶薇薇）

【完成D区土地征用签约】 11月4日，在云南大厦举行D区土地征用签约仪式。新区D区是乡绿化隔离带建设的重要组成部分，土地总面积79.8788公顷，分为代征道路、代征绿地、教育用地和商用建设用地等，项目涉及十字口村、太阳宫村和牛王庙村，涉及转居转工人员1129人。D区征地各项工作完成后，意味着在乡域范围内将不存在集体土地，此次征地协议的签署，是地区农村城市化进程的一个重要里程碑，为后续的征地、拆迁、转居转工和劳动力安置等各项工作奠定良好的基础，成为太阳宫乡发展史上的重要节点。

（陶薇薇）

【成立太阳宫地区总工会】 11月26日，在云南大厦举办太阳宫地区总工会成立大会，选举产生太阳宫地区总工会第一届委员会、经费审查委员会和女职工委员会。地区总工会的成立，标志着地区一级工会领导机构的产生，是地区广大职工群众政治生活中的大事。地区总工会通过“党建工作站、社会工作站、工会服务站”三站合一和“党建带工建、工建促党建、党工共建”工作新模式，建立并领导区域内所属的基层工会委员会、行业性区域性工会联合会和联合工会，实现对不同规模、不同类型企业工会组织和工会工作的无缝全覆盖，把推动企业建立工资集体协商制度作为工会维权机制建设的核心内容。

（陶薇薇）

【党内民主建设】 年内，区委将乡作为区试行乡党代表常任制试点单位。10月21日－22日，地区举办乡党代表培训班并邀请区委党校教授潘德金讲授党代表任期制相关知识，地区百余名党代表参加培训。

（陶薇薇）

【组建社会工作党委】 年内，在1个非公经济组织党支部、2个在建非公经济组织党支部和22个初步具备成立条件的非公经济组织的基础上，组建地区第一届社会工作党委，由11人组成，设书记一名，副书记1名，下设办公室，选聘2名专职党务工作者负责日常工作，活动经费从党建经费中列支，活动场地设在地区党员活动中心。11月25日，在云南大厦举办地区社会工作委员会成立大会，区委农工委、社工委成员、部分新经济组织负责人，各社区党委成员等100余人参加大会。社会工作党委决定，以中远劳捷斯为试点，派驻专职党建工作指导员，大力推进楼宇党建工作站建设，不断壮大党员队伍，提高党的影响力。

（陶薇薇）

【A区农民回迁】 年内，成立A区工程协调推进工作小组和房屋回购方案制定小组，先后多次召开专题会议研究推进此项工作，制定突发事件处置、信访维稳、安全保障和医疗保障等工作方案，同步推进小区市政、道路铺装及绿化工程,6月28日正式启动回迁工作,全年完成2665人回迁。

(陶薇薇)

【人大附中朝阳校用地拆迁】 人大附中朝阳学校位于新区D区,规划总用地面积46800平方米(70.2亩),北至高压走廊南红线,南至新区四号路,西至西坝河路,东至太阳宫北街。该校的入驻是区委、区政府引进高品质学校,提高教育水平的一项重要举措。为确保学校如期开学,地区于6月启动学校用地范围内集体企业及私有住宅的拆迁工作。年内,拆除占地面积1.29万平方米集体企业4家、2100平方米市汽修五厂职工宿舍及建筑面积2200万平方米私有住宅,为人大附中朝阳学校如期开工提供建设条件。

(陶薇薇)

【太阳宫体育休闲公园建设】 年内,太阳宫体育休闲公园一期1415平方米的配套工程建设完成,公园二期设计方案进入评审阶段,园内各项体育休闲设施利用率不断提高,绿色休闲产业示范效应逐步显现。

(陶薇薇)

【为民办实事】 年内,紧密结合全国文明城区创建工作,坚持把改善民生作为经济社会发展的根本出发点和落脚点,将改善人民生活摆在突出位置,结合地区实际,重点完成直接关系群众生活方面的15件实事,提高地区群众对文明创建工作的满意度。这15件实事分别是:1.加快推进A区回迁楼建设,确保6月底启动农民回迁上楼;2.7月30日前,对太阳宫大街、太阳宫北街部分地块进行绿化;3.7月30日前,对芍药居二社区活动场进行调整,在芍药居一社区部分楼前设置垃圾收集设施;4.7月30日前,将芍药居三社区京承绿地改造成为绿化活动广场;5.10月30日前,完成A区回迁楼房建工程、市政配套工程、绿化工程建设;6.10月30日前,完成天泽路、夏家园社区区间路、老派出所门前路中修工作;7.10月30日前,完成太阳宫新区B区、太阳绿园40000平方米绿化任务;8.11月15日前,对新纪家园小区进行改造;9.12月30日前,完成太阳宫西路(三环至太阳宫大街段)建设;10.12月30日前,推进地区太阳宫公园改造,推进体育休闲公园二期建设;11.加大就业服务力度,完善就业援助机制,进一步加强对就业困难群体的帮扶援助,确保地区就业率达到65%;12.积极落实"九养"政策,完成1至2家社区(村)托老(残)所建设,完成1至4家养老"助残"餐桌建设。完成地区29户70岁以上老年人如厕把手安装;13.对30户肢体残疾人家庭,重点对80岁以上肢体残疾人家庭进行无障碍设施改造;14.举办第一届太阳宫地区文化艺术节,满足地区群众文化需求;15.建立一个爱国主义教育基地(太阳宫电厂)和一个党史教育基地(红芍社),开展社会主义、爱国主义和集体主义相关主题实践活动。

(陶薇薇)

【人口普查】 年内,组织开展第六次全国人口普查工作,地区划分为10个普查区,215个普查小区,完成普查边界勘察、普查区划分、摸底和户口整顿、登记编码等阶段工作,为地区经济社会发展提供有力的数据支撑和决策依据。

(陶薇薇)

【养老助残】 年内,发展16家养老助残服务商,其中新增两家,开办6个养老(助残)餐桌,投资整合社区温馨家园、老年课堂、老年活动室、老年活动站等活动场所,一室多用,健全多功能服务体系,形成8个日间照料室,对21户肢体残疾人家庭实施无障碍设施改造,逐步建立起覆盖全地区的"15分钟居家养老(助残)服务圈",地区养老(助残)餐桌和日间照料室实现"全覆盖"。

(陶薇薇)

【劳动监察网格化管理】 年内,劳动监察实行网格化管理,进行责任区域划分,完成辖区846家用工单位基础信息调查,基本实现管理区域、对象、环节和时限的全覆盖。

(陶薇薇)

【刘爱英被评全国先进工作者】 年内,芍药居二社区党委书记兼居委会主任刘爱英被评为全国先进工作者,自2003年社区成立以来,在刘爱英的带领下,芍药居二社区充分发挥基层党组织沟通民意、服务百姓的功能,铺设"金字塔"人员管理网络、设置内容丰富的天天课堂、健全"10910"服务体系、探索出"三调整、四融合"(调整工作目标、调整组织设置、调整工作模式;做到思想融合、情感融合、工作融合、文化融合)的工作模式,打造出"红芍社"党员服务中心品牌,得到社区居民的普遍认可。

(陶薇薇)

南磨房地区(乡)

【概况】 南磨房地区(乡)位于朝阳区南部,东与高碑店乡、王四营乡、垡头街道相邻,南与十八里店乡交界,西临东三环与双井、劲松、潘家园三街道相接,北至通惠河,辖域9.434平方公里。常住人口143975人,流动人口37728人,其中农业人口2164人。辖域内有中央、市、区属单位34家,有2个村委会,9个社区、10个社区服务站。乡属集体经济有田华四公司、和众运输集团、东方盛泽商贸集团、天润物华有限公司、华瀚投资集团、亮都投资公司，涉及城市商贸、开发建筑、现代物流、文化休闲四大产业。有中学3所，小学5所、幼儿园9所，卫生院1所，敬老院1所。截至年底，实现经济总收入88.3亿元，同比增长11.5%；利润总额3.97亿元，同比增长10.2%；上缴国家税金2亿元，同比增长9.4%。辖区税收达到10.3亿元，区级财政收入3.24亿元。

地址：西大望路甲29号
邮编：100124
电话：67322223
网址：nanmofang.bjchy.gov.cn

（王佳鑫）

【经济发展】　年初，提出继续强化集体经济“站稳、看准、管好”发展要求，加快发展方式转变。紧紧抓住绿隔政策调整、东坝土地规划调整机遇，保证全乡重点经济工作顺利推进。确保城市商贸、现代物流、开发建筑、文化休闲四大产业稳步快速发展：东方盛泽集团通惠国际传媒广场和酒吧街建设基本竣工，招商工作稳步推进；亮都广场燕莎奥特莱斯、亮都超市经营效益良好；和众物流被评为全国驰名商标，品牌影响力和企业效益持续提升；天润物华产业调整基本到位，仓储物流园区运营稳定，豆各庄建材大卖场顺利开业；田华四公司积极拓展项目运营，望京惠生园、弘善小区、平乐园东六区等项目进展顺利，开复工面积再超百万；华瀚集团乡内国际大厦规划设计方案全面完成，乡外长春、威海、昆明项目快速推进，综合效益全面提升；欢乐谷二期建设竣工。税源建设不断加强，完善辖区企业沟通协调机制，定期对企业进行走访，使燕莎奥特莱斯、首图等异地纳税企业主动回迁，鸿坤新业等312家税源户主动入驻。实现辖区税收和财政收入稳定增长目标，经济发展质量全面提升。

（王佳鑫）

【创建全国文明城区】　年内，始终坚持立足经济社会协调发展，以区创建全国文明城区为载体，改善民生，促进和谐，各项社会事业稳步发展。扩大地区就业，通过提供岗位信息、职业介绍和免费技能培训，失业人员实现再就业902人，新开发就业岗位3816个、推荐成功就业429人。开展“三对接”特色为民活动，妥善解决影响地区环境和平乐园小区居民生活质量的城市改建历史遗留问题，以及东郊自来水改造和部分区域防汛主管道建设等群众关心、关注的热点难题。扎实推进文明创建工作，对接落实创建测评目标任务，建立周循环工作和每周会商机制，广泛开展“走千家、入万户、解难题、办实事”活动，集中帮助百姓解决一批实际困难问题，打造出具有特色的创建工作模式和具有影响力、持续性的活动品牌，连续取得在全区创建综合测评中名列前茅的优异成绩。

（王佳鑫）

【创先争优活动】　年内，始终坚持以争创“五个好”党委为动力，推进“创先争优”活动开展，深入开展“四感”主题教育。班子围绕落实区委“新四区”建设，以创先争优为载体，坚持讲全局，谋发展，突出引领作用，大胆实践、创新工作，深入研究政策，缜密研判形势，纵向沟通、横向协调、统筹兼顾，充分发挥统揽全局、协调各方作用。地区各级党组织和广大党员，结合文明创建、矛盾纠纷集中化解等专项工作，带头参与各项工作，带头参加文明创建交通疏导义务服务，充分发挥出战斗堡垒和先锋模范带头作用，保证全年工作顺利完成。严格干部选拔任用和党员发展程序，全年调整提拔科级干部9名、录用公务员3名，新发展党员46名，转正预备党员46名。地区工委（乡党委）再次取得“五个好党委”综合测评第一的优异成绩并受到表彰。在纪念建党89周年之际，举办一系列以“创先争优”为主题的党建活动，大力弘扬和表彰先进，展示工作成果，鼓舞党员干部干事创业的热情和士气。

（王佳鑫）

【两新组织党建】　年内，深化聚合力工程，以强化服务为切入点，做好“两新组织”、商务楼宇建立党组织工作。深入调查，掌握两新组织、楼宇企业数量、从业人员状况、党组织情况等第一手资料。新成立美佳物业党支部、正大通力钢管有限公司党支部等非公党组织。筹备建立南磨房地区社会工作党委，为两新组织、商务楼宇提供党建指导和活动平台。

（王佳鑫）

【心连心广场投入运行】　年内，地区心连心广场试运行后，推进现场教学基地项目建设。按照参观者的不同层次、不同领域、不同喜好，制定三套教学方案，从城市化做法、党员作用发挥、民俗文化方面各有侧重。先后组织“南磨房党建文化月”、“南磨房地区迎中秋党员干部大型畅谈会”、“朝阳区广场文化博览系列展演暨国声剧团－南磨房戏剧之夜”、“南磨房老干部中秋一日游”、“重阳节敬老大巡游”等活动，接待中组部副部长王尔乘等各级领导和干部群众6000多人次，收到良好的社会效应，初步形成地区现场教学培训的新品牌。

（王佳鑫）

【区委党校分校】　年内，抓住区党校分校试点的机遇，强化地区分校的建设。分校有党建专职工作者4人、专兼职教师20人、各种后勤保障职工30余人。共分为南北两个校区，北校区即南磨房成人教育中心，主要承担地区党员干部理论教育和学习、居民素质教育、大规模室内活动等;南校区即地区党员服务中心心连心广场,以乡经历的“农业化、专业化、城市化、国际化”四个关键发展时期为脉络而兴建。主要承担地区党员干部现场教学、爱国主义传统教育、党员管理服务和群众性文体活动等职能。

(王佳鑫)

【社区管理】 年内,落实市“1+4”文件精神,并在此基础上结合地区实际,大胆创新,建立“两委两站”的服务管理模式,理顺社区党委、居委会、服务站的职责。启动了沿海赛洛城社区筹备工作,加强社区干部队伍建设,新招聘社区工作者60余名,与北工大签订合作意向书,构建多渠道培训工作机制。丰富社区服务项目,开展社会工作室、邻里守望等试点工作,有效提升了社区服务水平。在各社区的共同努力之下,完成第六次全国人口普查任务,并两次代表区接受市人普办的质量抽查,为全区争得荣誉。举办第三届社区管理论坛,邀请国家民政部基层政权建设司领导参加,区农委组织全区农口现场观摩。

(王佳鑫)

【十二五规划】 年内,及时对“十一五”期间的工作做总结。坚持深入开展调研,广泛征求民意,集中各方智慧,科学研究谋划地区“十二五”经济社会发展规划,努力把地区建设成为文创产业发达区、高端商务聚集区、环境优化示范区、和谐宜居文明区,在高起点上推进南磨房经济社会更好更快发展。

(王佳鑫)

将台地区(乡)

【概况】 将台乡位于朝阳区中北部,横跨东四环、五环路,与望京、太阳宫、东风、崔各庄、酒仙桥、麦子店等街乡相临,地处朝阳区丽都、燕莎商圈和电子城科技园区功能板块中,辖区面积11.45平方公里。地区下设驼房营、东八间房、安家楼三个村(管)委会,芳园里、丽都、水岸家园、将府家园、梵谷水郡五个社区居委会及瞰都嘉园一个社区筹备组。地区登记的人口总户数42880户,总人数为85640人,其中常住人口71341人,户籍人口24692人。全年全乡总收入完成38.6亿元,同比增长10%;利润总额完成4.15亿元,同比增长9%;上缴税金1.4万元,同比增长8% ,人均劳动所得22452元,同比增长8%,区域经济保持良好的发展态势。

地址:酒仙轿村甲1号
电话:64371688
邮编:100016

(卢楠楠)

【乡人大会议】 1月26日,召开第十五届人代会第七次会议。会议听取并审议乡政府工作报告和财政财务报告,与会代表全票通过关于《〈将台乡政府工作报告〉的决议》(草案)、《〈将台乡人大主席团工作报告〉的决议》(草案)和《<将台乡财政财务工作报告>的决议》(草案)。乡人大代表围绕集体经济改革发展、妥善解决土储拆迁困难户安置、改善居住环境、加强社区卫生服务站建设及解决地区儿童入托等方面提出5件批评建议。8月26日,第十五届人大八次会议召开,应到会代表42人,实际到会代表42名,会议听取上半年《将台乡政府工作报告》,审议并通过《将台乡关于土地和资产租赁管理办法》(试行),补选李滨为将台乡政府副乡长。

(卢楠楠)

【推进“平安将台”建设】 2月3日,召开平安建设大会,对地区上年度社会治安综合治理工作21个先进单位和51个先进个人进行表彰,并对本年重点工作进行部署。会议强调,要大力推进“平安将台”建设,按照“平安北京”建设的总体要求,将“平安将台”建设纳入地区经济社会发展大局。

(卢楠楠)

【文明城区创建】 3月19日,召开创建全国文明城区动员大会,就本年全国文明城区创建工作向全地区百姓进行动员,并就具体工作进行安排。围绕创建工作,将台地区推出四大“为民工程”,即政务为民工程、文化为民工程、宜居为民工程、平安为民工程。同日,将台地区全国文明城区创建工作领导小组正式成立,下设创建工作办公室(简称“创建办”)。

(卢楠楠)

【全国第六次人口普查】 4月27日召开将台地区第六次全国人口普查工作动员大会;6-7月开展了建筑物核查、普查小区划分和小区图绘制工作,并根据实际情况划分出8个普查区,301个普查小区,其中包括7个虚拟普查小区。8月15日至9月15日,开始人普清查摸底及户口整顿工作,11月1日至10日正式开展入户登记。

(卢楠楠)

【养老助残餐桌覆盖各社区(村)】 4月底,7家老年餐桌揭牌及老年餐桌服务工程全面启动,5个社区、3个村实现老年餐桌全覆盖,老年餐桌日接待量在50人次以上,持有养老助残服务券的老人,可享受老年餐桌服务。全年共为辖区487名老人发放养老(助残)服务券,其中80岁以下特殊老人125人,80岁以上的382人,80岁以上老人覆盖率达100%。

(卢楠楠)

【将府公园三期建设】 5月,将府公园三期建设筹备工作正式启动，继将府公园一、二期840亩建设完成后，公园三期900亩建设被纳入了区、乡的重点工作。该项目已完成选址、方案设计、地块的摸底调查。

（卢楠楠）

【“绿色责任卡”在将府家园社区推行】 5月18日，联合中国气象频道、绿色之星环保人合作组织，在将府家园社区举行“绿色环保责任卡”发放启动仪式。社区居民可通过交纳家中可回收废旧垃圾折合积分，用于兑换或优惠购买环保产品，此举是将台地区推动绿色“低碳”生活新尝试。

（卢楠楠）

【地区党政领导班子调整】 6月17日，按照区委组织部统一安排，地区领导班子进行调整，荣学强任将台地区工委书记，原书记刘新平调区农委工作；连文胜任地区工委副书记，李滨任办事处副主任；7月26日经党委办公会研究，将台地区党政领导分工重新作出调整。

（卢楠楠）

【第八届村委会换届选举】 6月25日，东八间房村举行村委会选举，选出第八届村委会领导班子。本次换届选举，有2126名选民参加投票，参选率占93.4%。选出村委会班子成员5名，其中主任1名，副主任1名，委员3名。新一届村委会成员得票率最高89%，最低78%。

（卢楠楠）

【“脉冲行动”整治“黑车”】 从7月14日开始，将台结合全区开展的整治黑车“脉冲行动”，重点对三轮摩托车、残疾人机动轮椅车、电动三轮车等非法运营行为进行查处，对非法运营者将依法处以2万元的高限处罚，并依法扣押违法车辆。开展“脉冲行动”20次，暂扣各类违法车辆238辆。

（卢楠楠）

【出台土地和资产租赁管理办法】 8月26日，乡第十五届人大八次会议讨论并通过《将台乡关于土地和资产租赁管理办法(试行)》(以下简称《办法》)。坚持资源整合，严格土地和资产管理；提高土地使用效率，调整增加土地收益，坚决杜绝违法建设，禁止单纯出租土地；在利用集体土地、资产新建改建项目中，必须坚持以乡、村集体经济组织为建设主体，严格按照有关规定及审批程序规范办理；乡、村集体经济组织对外签订的即将到期的土地、资产租赁合同，期满后原则上不再续签。截止年底年已调整合同2份，实现租金收入增长943万元。

（卢楠楠）

【制定乡党委三年工作纲要】 8月，地区制定《将台乡创建“五个好”乡党委三年工作纲要》。明确了以经济和社会发展走在全区前列为目标，以创建“五个好”乡党委为载体，以创先争优和文明城区创建为抓手，围绕经济建设、社会建设、文化建设和党的建设，内修和谐，外树形象，求实创新，加快发展，努力把乡建设成为“发展、稳定、优美、和谐”新城区。

（卢楠楠）

【地铁14号线将台站点拆迁工作】 9月，地铁14号线将台站点的拆迁工作正式启动，该拆迁工程是市、区政府的重点工作之一，涉及国有单位和宿舍，以及集体企业共7家，总建筑面积5000平方米。12月旬，拆迁工作全部完成，拆迁7家租赁企业，面积2800平方米。

（卢楠楠）

【地区社区服务中心启动运转】 9月21日，地区社区服务中心正式成立，区民政局、区农委、区文化委、体育局、老龄委等相关领导出席揭牌启动仪式。社区服务中心是地区为辖区居民提供公共事务管理、利民服务、文化教育、文体活动、居家养老、残疾人温馨家园为主要内容的综合性服务中心。社区服务中心总占地面积8246平方米，建筑面积5414平方米，投资1200万元。

（卢楠楠）

【公益法律服务中心成立】 10月，将台地区公益法律服务中心在将台服务中心正式挂牌成立，主要负责法律咨询、法律援助、人民调解等法律服务活动。

（卢楠楠）

【地区成立“新居民之家”】 10月，成立“新居民之家”，流动人口管理将由单一的重管理向“以服务为主、管理为辅”转变，以制度管理为点、情感管理为线、网络管理为面，坚持平等化、亲情化和人性化管理的全方位管理体系。同时，在全地区开展“我与流动人口一家亲”活动，以服务代管理、促和谐，增强流动人口的归属感、认同感和社会责任感。

（卢楠楠）

【转非安置工作】 11月3日，召开转非安置工作动员会。经过历时一个月的工作，12月中旬地区土储拆迁区域转非安置工作基本结束。涉及转非指标1730人，实际完成转非1370人，完成率79%；其中劳动力指标1090人，实际完成802人，完成率73.6%，岗位安置劳动力154人。此次转非安置工作取得较好成绩，以较高标准确定一次性就业补助费，加大奖励幅度，切实保障转非人员根本利益。对选择自谋的人员按照较高水平制定一次性就业补助费标准，并发动五家乡直属企业腾退出160余个岗位保证就业。

（卢楠楠）

【中国国际马球俱乐部项目落户】 11月24日,在第十四届京港经济合作研讨洽谈会上,地区正式签约打造中国国际马球俱乐部项目,该项目是由北京琼华文化发展有限公司与世界马球联合协会授权的阿根廷投资方合作建设,以"马球回归中国"为主题,建成中国第一家马球俱乐部,项目总占地面积410亩,一期计划总投资5000万美金(约合人民币3.35亿元),项目内容涵盖了马球竞技、马术学校、马球博物馆、文化会所、购物商店、餐饮酒店等各个方面,是一项集体育竞技、休闲娱乐于一体的国际化体育文化产业项目。该项目拟于2011年正式开工建设。

(卢楠楠)

【工会选举】 11月29日,地区总工会第一次代表大会召开,来自机关和辖区内建会企业的59名代表出席会议。会议严格按照选举程序民主选举产生将台地区总工会第一届委员会委员11名、第一届经费审查委员会委员3名和第一届女职工委员会委员3名。选举贾小培为工会主席,王宪君为副主席,张玉石任经费审查委员会主任,刘颖任女职工委员会主任。

(卢楠楠)

【就业指标超额完成】 截止11月底,实现失业人员就业393人,其中实现就业困难人员再就业110人。开发就业岗位1840个,职业指导701人次;社区岗位推荐就业114人。办理灵活就业118人,享受政策人员清查804人。

(卢楠楠)

【配合中央八部委开展社区普法活动】 12月9日,民政部、司法部、全国人大等八部委领导来到梵谷水郡社区,开展"法律进社区"活动。通过实地考察、座谈、入户调查等方式,对社区建设情况、基层司法工作情况进行了解,并介绍全国城乡社区建设情况及社区相关司法行政业务工作。部委领导对将台地区的社区建设给予了充分肯定,并从打牢基础、拉动群众参与、人才队伍建设、志愿者服务、群众满意度等方面对社区建设以及社区司法工作提出要求。地区领导表示,将进一步加强社区硬件建设,强化人才队伍,积极推进社区建设及普法工作。

(卢楠楠)

【驼房营路和将台东路建设】 12月底,驼房营路和将台东路建设完成,两条道路是贯通驼房营、电子城IT产业园及将府家园南北方向的主要道路,驼房营路全长1100米,将台东路全长950米。该两条道路的建成,极大提升了电子城东区路网环境。

(卢楠楠)

【开展非法行医专项整治行动】 年内,道过宣传摸底、集中整治、建章立制三个阶段,对藏匿在农村地区出租房屋内的黑诊所进行严厉打击,取得成效。组织卫生监督、药监、综治、流管、城管、公安、工商等部门联合执法,对摸排出的26家黑诊所进行逐一执法查抄,对7家重点目标查抄达到3次以上,查抄药品、器械价值2万余元;建立村居月报制度及周执法制度,对黑诊所进行持续、不间断的打击;起草《将台地区打击非法行医举报奖励办法》并将此项工作纳入社区、村目标管理考核。

(卢楠楠)

【新型农村合作医疗】 年内,全乡农业人口总数为2940人,参加医保434人,参加合作医疗总人数为2399人,参合率为98.4%。新农合每人出资额为820元,其中大病统筹每人420元,基本医疗每人400元,比区最低筹资标准高出100元。全年基本医疗报销4925人次,发生费用361万余元,报销金额163万余元;大病住院3000元以上及门诊特殊病统筹报销217人次,发生费用372万余元,报销金额163万余元;大病医疗救助127人,总发生费用368万余元,区医保中心报销174万余元,乡救助金额106万余元,区、乡两级报付率76%。

(卢楠楠)

【低收入群体社会保障】 年内,累计办理新申请城乡低保家庭15户,享受待遇30人;新申请低收入家庭23户,享受待遇59人;办理各类困难人员医疗救助61人次,发放救助金额44780.79元。完成低保半年复审124户、231人。情况变更12户、撤销2户。截止11月底,全地区有城市低保88户176人,月补助金64747.87元;城市生活困难补助8户9人,月补助金4257元;农村五保户7户7人,月补助金6593.09元;农村低保待遇17户24人,月补助金8969.54元;低收入家庭23户,享受待遇59人。

(卢楠楠)

【社区办成立】 年内,为加快地区社区工作步伐,更好地推动和支持社区工作,促进社区工作发展,经地区工委研究决定,成立地区社区办,主要负责做好社区居委会的组织建设、思想建设、作风建设和制度建设工作;指导社区居委会搞好社区建设,制定和实施社区建设、服务发展规划;指导社区居委会开展自治工作;组织、指导、协调社区开展群众性文体活动;精神文明的创建、协调工作;培育和发展社会组织工作;社区居委会固定资产监管工作;社区资源的调查、整合、利用和管理工作;社区志愿者工作等。

(卢楠楠)

【社会化保险】 年内,为新增

"4050"以下的农村居民乡村两级共补贴 80%,截止 11 月底,接收社会化退休人员药费 7000 余份,计 2000 余万元;办理地退人员公费医疗 365 人次,计 70 余万元;超转人员药费 2500 余份,计 550 余万元。

(卢楠楠)

【控违拆违】 年内,控违拆违始终保持高压态势,全年拆除违法建设 95 处、15280 平方米。其中,拆除二层 22 处、4200 平方米,帮拆 33 处、9610 平方米。同时,拆除区委区政府"四月行动"中给本地区挂帐的 19 处新增违法建筑。

(卢楠楠)

高碑店地区(乡)

【概况】 高碑店乡位于朝阳区东部,东邻中国传媒大学,南接王四营乡,西邻北京商务中心区,北靠平房乡。乡域面积 15.08 平方公里,总人口 18.5 万人。有 5 个村级单位和 18 个社区。年内,围绕"发展富民、保障安民、文化育民、管理塑民、廉政为民"五大主题,全面推进三大文化产业发展,加快农村城市化进程,扩大就业保障,强化平安建设,繁荣文化体育事业。地区完成经济总收入 123.95 亿元,同比增长 10%;利润总额 4.78 亿元,同比增长 4.1%;上缴税金 3.62 亿元,同比增长 15%。

地址:高碑店北路甲 1 号
电话:85764263
邮编:100025
邮箱:gbdnj@sina.cn

(李 伟)

【文化产业】 年内,新建高碑店水乡茶楼商业街一期工程主体完工;文化新大街企业引进取得新进展,中国雕塑院、北京中视东辰文化传媒公司等 22 家企业落户;古家具老街升级改造,举办第六届古典家具文化节;国际中医药港主体工程完工。"盛世龙源"基础设施日益完善,招商成果显著,园区出租面积达到 93%。八里庄工业区建设完工,招商工作陆续启动;运河壹号置业开发项目一期主体工程完工,二期工程有序推进。传媒文化产业发展势头强劲,高井传媒演播大厅运营良好,中央电视台等各大媒体知名栏目相继入驻,东亿国际传媒文化创意产业园全面投入使用;红星美凯龙项目主体结构基本完工。北花园时尚文化产业区腾退、拆除工作接近尾声,与天洋置业等大型企业达成合作意向。

(李 伟)

【安全稳定】 年内,成立地区综治维稳中心,强化社会治安综合治理,可防性案件同比下降 20.2%;加大对四惠等重点地区的联合执法力度,治安、环境、交通秩序明显改进;完善矛盾纠纷排查、预警、调解、处置机制,推广信访代理工作,成功化解各类矛盾纠纷 390 件,化解成功率 98%;加强安全生产队伍和制度建设,扎实做好日常监管,安全生产形势总体平稳;加强民兵正规化建设,突发事件应急处置能力得到提高。

(李 伟)

【城市建设】 年内,三路一站协助拆迁工作进展顺利,高碑店路拆迁完成 85%,水南庄路完成 70%,四惠公交枢纽拆迁基本完成。大黄庄边角地整治工作完成 95%;将违法建设管控纳入常态管理,全年拆除违法建设 7800 平方米;完善环境卫生管理制度,环卫绿化站运转良好。加大绿化美化力度,圆满完成百花郊野公园建设任务;加强网格力量,全年共处理各类网格案件 16 万件,地区城市管理水平明显提升。

(李 伟)

【新农村建设】 年内,高井白家楼新建文化活动公园一处,二期房屋置换工作接近尾声;高碑店村西区改造工程完成 90%,建成后预计达到 680 个院;北花园三定三限房项目拆迁工作基本完成;依据规划,充分论证,多方协调,确定西店重点村整治方案,基本完成企业腾退任务,为全面启动西店旧村改造奠定基础。

(李 伟)

【就业和社会保障】 年内,强化职业技能培训,168 人获得职业资格证书,开展职业指导 2123 人;开发就业岗位 4915 个,近千名城镇登记失业人员实现再就业;实施创业促就业工程,通过自主创业带动 1655 人实现就业;落实"一老一小"、无业居民大病医疗保险制度,完成 2806 人的"五险"100%征缴;加强劳动保障监察,开展"劳动用工规范一条街"、"双百双规范"等工作,用人单位法律意识不断增强,劳动保障争议案件同比下降 28%。

(李 伟)

【精神文明】 年内,以文明城区创建为引领,推动地区精神文明工作。开展"解难题、惠民生、办实事"工程,以"爱我高碑店"系列活动为核心,开展特色社区文化建设活动、文明行动月和青少年暑假主题实践活动,组织"做文明有礼的高碑店人"、爱我高碑店一日游、百姓之星评比等活动,全年开展"文明大讲堂"百余次,召开"百姓之星"故事会 20 余次,评选各类文明之星 500 余人,地区群众文明素质和地区文明指数持续提升。

(李 伟)

【文化体育】 年内,围绕"建设优秀团队"、"打造精品项目"两大主题,加强文化队伍建设,涌现出八里庄中老年舞蹈队等一大批高水平的文艺队伍;挖掘传统文化精髓,举办“漕运庙会、元宵灯会、端午民俗节、中原河灯节”等“我们的节日”文化活动,组织开展金秋艺术节、邻里节、社区大舞台系列活动20余场,完成“星火工程”文艺演出13场。

(李　伟)

【村委会换届选举】　年内,完成村委会换届,全乡1942名选民参加投票选举,选出村委会班子成员17名。其中高碑店村委会换届选举工作一次成功,是区首个完成投票选举的乡。参选率达99.9%,平均支持率99.1%。

(李　伟)

【社区规范化建设】　年内,大力推进社区配套建设,成立18个标准化社区服务站,推广全程代理服务工作;以通惠家园、兴隆家园社区为试点,全面推广社区党委、社区居委会、社区服务站三位一体的管理服务体系模式,社区管理服务更加规范化。

(李　伟)

【第六次全国人口普查工作】　年内,组织近800名普查指导员、普查员,对全地区17个普查区,通过建筑物清查、户口整顿、普查登记等各个阶段的工作,完成高碑店乡第六次全国人口普查工作。

(李　伟)

【救灾捐赠工作】　年内,以“高碑店地区慈善情”活动为主线,充分发挥爱心超市救助平台作用,开展形式多样的慈善活动。实施1115工程,即:成立一个牵手绿色环保基地,建立一个文化园,搭建一个救助平台,开展五个一活动,即:上一次社区大讲堂课、一次牵手互助活动、一次慈善情义卖活动、组织高碑店一日游、召开一次座谈会。开展为灾区“送温暖 献爱心”募捐活动。5.12减灾日在兴隆家园社区广场开展地区大型防灾减灾日活动。8月为舟曲灾区捐款3.8万元。9月全地区社会单位、机关、村、各社区居民为青海西宁灾区捐物10253件。为玉树捐款1275782.85元。

(李　伟)

【老龄工作】　年内,协商6家酒楼作为老年餐桌项目,覆盖面达到60%,18个社区为老年人提供老年人日间照料室,覆盖面达到100%。老年人享受政府补贴1174人,完成率100%;老年人津帖补助97人,完成率100%。为老人发放助听器50个,为30人安装应急门铃.任务完成率100%。开展“爱心助老 保健康”宣传月活动,8月与高碑店医院携手为地区无社会养老保障老年人进行免费体检14个项目。评选区级、市级“孝星”,对选出的“孝星”进行广泛宣传。为地区329位残疾人和老年人申请办理“小帮手”电子服务器。为199位有需求老年人安装“扶手”。重阳节期间,表彰80位为地区老年事业做出突出贡献的先进代表,组织先进代表参观香山植物园和中科院植物园。举办地区第二届重阳杯象棋团体比赛。荣获市敬老爱老为老先进单位。

(李　伟)

【残疾人救助】　年内,完成4例白内障复明手术,2名不满7岁的残疾人儿童享受机构康复训练补贴每月500元,为22名肢体残疾人和2名残疾少年办理了每年500元至1000元的社区、机构康复卡,3名脑瘫、智障儿童报销机构康复训练补贴1万元;实现残疾儿童康复服务保障全覆盖和贫困残疾儿童少年康复服务“全减免”;对2名盲人定向行走师和4名盲人定向行走员培训给予补贴1800元;评选3名精神残疾人成为本年度“康复之星”,免费为6名精神病人办理免费入住精神病康复机构11次,43名精神病患者的门诊、药费及住院自付部分等费用采取了适当的减免和实报实销政策补贴1.7万元。有52名重度残疾人享受每月100元特殊困难补助,39名轻度残疾的低保对象每月享受50元临时生活困难补助。另有72名重残无业残疾人每月得到410元生活补贴。开展就业援助进家入户,有5人成功实现就业,45人参加职业技能培训,38名精神、残智障人员在职业康复站参加康复劳动。高碑店社区残疾人温馨家园被市授予优秀职康劳动项目先进单位,13名轻重度残疾人享受了个体就业和灵活就业,社会养老、失业、医疗保险补贴5.2万元;对家庭困难的1名听力残疾人、1名肢体残疾人临时大病救助8000元;协调3户残疾人家庭落实了廉租房实物配租。为99名残疾人办理了残疾人城乡居民养老保险缴费补贴。元旦、春节走访慰问一户多残、老残一体、残困家庭486户,送去慰问金15.4万元。首开区重残儿童少年“送教上门”工作,3名残疾少年享受到了“一对一”的单独授课方式,对4名残疾人学生和生活困难残疾人的子女提供助学补助1.7万余元,对本年高考、中考录取的3名残疾人家庭子女分别奖励1000元至2000元。对10户残疾人家庭进行无障碍进家庭改造。

(李　伟)

【争先创优】　年内,开展“工作争先、服务争先、业绩争先”和“学习优、作风优、素质优”主题活动,树立先进典型,充分发挥党员干部的模范带头作用。9月15日,召开典型引路——创先争优先进事迹报告会,对创先争优活动中涌现出来的四个先进基层党组织和八个优秀党员代表进行了事迹报告,推动中组部干部四局与高碑店村开展了“牵手基层”创先争优共建结对活动。加大基层创先争优党建品牌创建力度,第一批培育确定项目19个,12月3日召开党建品牌汇报评比大会,对知名度高、影响力大、成效显著的党建品牌进行评比。

(李 伟)

【基层党建】 年内,基层党组织建设方面形成"五抓三建"的工作思路。即坚持农村党建抓深化、社区党建抓基础、非公党建抓拓展、流动党建抓服务、机关党建抓作风。建组织、建阵地、建服务体系。深化"党员干部联系户"制度,高碑店、高井和半壁店村党总支被评为区先进村级党组织。完善小区党委"五好联创"内容和标准,在小区党员中广泛开展了"一个党员一面旗,一言一行树正气"活动,规范党员言行,小区"五联系、四延伸"、"六卡连民心"、楼宇文化、居家养老、分区管理等新机制得到了不断完善和发展。八里庄、兴隆家园小区党委被评为区农村系统先进社区党组织。开展"爱岗位、建功业、抓技能、选人才、促氛围、谋发展"主题实践活动,引导和督促非公有制经济党组织,围绕生产抓党建,抓好党建促发展。进一步拓展楼宇党建工作,以太南社区为试点,开展"五学模式"教育培训活动、各种商务型的特色组织生活、党建联席会、企业家联席会等系列活动。年内成立了八里庄晋商博物馆党支部和太平庄南小区财满街非公企业党支部。有8人分别获得区优秀基层党组织书记、优秀组工干部、优秀共产党员。

(李 伟)

十八里店地区(乡)

【概况】 十八里店地区(乡)位于朝阳区南部,东与通州区交界,南与大兴区相连,西与丰台区紧邻,北与崇文区和本区潘家园街道、南磨房乡接壤。交通路网发达,毗邻京沈高速路,京城二、三、四、五环路、京津塘高速路和京津城际铁路穿越乡域。乡域面积25.23平方公里,辖8个行政村,5个居委会,1个社区。全乡户籍人口总数为37069人(其中:农业人口20783人,居民人口16286人),流动人口224110人。年内,全乡经济总收入116.9亿元,同比增长15.5%,利润总额6.65亿元,同比增长19.4%,税金总额2.77亿元,同比增长10.8%,本地农民劳均收入27230元,同比增长4%,主要经济指标在全市农村地区名列前茅。

地址:十八里店村18号
邮编:100122
电话:67473250
传真:67473250
网址:http://sbld.bjchy.gov.cn:9080/index-content.jsp

(李智博)

【召开乡人民代表大会第五次会议】 1月21日、22日,召开第十五届人民代表大会第五次会议。会议选举于建国、杨为民为十八里店乡人民政府副乡长。会议听取、审议政府工作报告、乡人大主席团工作报告、上年财政预算执行情况和本年财政预算草案,通过了相关决议。

(李智博)

【"三·八"妇女节活动】 3月3日,乡妇联在乡政府召开"庆三八"经验交流暨表彰大会,对上年各村妇联工作中做出突出成绩的56名先进个人进行表彰。"三八"国际妇女节期间,各村结合本村的实际情况开展多项丰富多彩的活动,对流动妇女进行法制宣传教育、开展妇女健康知识讲座、为妇女姐妹进行健康义诊咨询、召开妇女代表座谈会、联谊会等,以多种形式欢度妇女们自己的节日,营造本地区欢乐祥和的喜庆氛围。

(李智博)

【区委巡视组赴乡开展巡视工作】 3月26日,召开区委第三巡视组赴乡巡视工作动员会,对巡视工作进行全面动员和部署。区委第三巡视组组长张春荣对巡视工作方案进行说明,指出巡视工作的重要意义、指导思想、工作内容,明确了工作原则、方法步骤和时间安排。张春荣要求,领导干部要正确对待巡视监督,要自觉接受巡视监督,要客观公正地反映真实情况,确保巡视工作取得实效。乡党委书记杨霆和乡长张启顺分别就三年来乡党委、政府以及个人的工作情况进行汇报。同时组织参会人员对乡党政领导班子及成员进行民主测评。

(李智博)

【京城3·15活动启动】 3月15日,京城"创建首都良好消费环境示范街"活动在十里河商业街启动。副市长程红等市、区领导、乡领导和十里河商街各企业代表200余人参加活动。本次活动选择十里河商业街作为主会场,就是要以商街为龙头带动地区其它企业,共同提升服务品质。作为京城最著名的家居建材文化街、"家居CBD",十里河商业街已经在争创"首都良好消费环境示范街",十里河地区16家市场已经设立"消费者权益保障绿色通道",配备专职的人员、专用的设备、专门的办公场所,十八里店工商所十里河工作站也已设立。

(李智博)

【开展志愿服务月活动】 3月,组织开展"弘扬志愿服务精神,创建全国文明城区"活动。期间,地区治安志愿者全天候在乡域内的重点路段、重要路口开展治安巡逻、信息问询等服务,为全国两会平安稳定召开提供了保障;开展"九养"扶老志愿服务,针对孤残弱势群体需求,以房间打扫、常规体检、慰问走访等形式,与他们沟通交流,真正成为他们的贴心人;结合3月11日的市民自觉排队日,在维护秩序、传播文明,组织乘客候车的同时,向市民发放《致朝阳区市民的一封信》;组织志愿者到辖区内重点公交站台进行环境美化、铲除城市"牛皮癣"。

(李智博)

【整治违法建设】 3月29日,全面开展违法建设整治工作,重点拆除区政府下达十八里店乡的挂帐违法建设81处,主要为两类:一是区城管监督中心从上年9月至本年2月发现的未拆除的违法建设;二是国土资源部第10次卫星遥感发现的占用规划农用地的违法建设。坚决遏制新增违法建设,4月底前全面完成拆违任务。

(李智博)

【文明城区创建】 4月中旬,召开落实"朝阳区创建全国文明城区"工作动员大会,动员部署落实"朝阳区创建全国文明城区"工作,要求提高认识,充分认清创建工作的重大意义。充分认识争创工作是推动可持续发展的重要载体、是实现乡创造新优势的有力抓手、是体现发展惠民的根本要求;转变观念,稳步推进创建工作开展。推进"四个转变",即由突击迎检向长效建设转变、由行政组织向社会动员转变、由文明要素建设向文明体系建设转变、由局部文明向全体文明转变;责任到位,全力构筑创建工作合力。进一步完善工作体系、加强工作统筹、丰富工作内涵、落实工作责任,切实将创建工作抓紧抓好。

(李智博)

【第六次人口普查】 5月12日,召开第六次人口普查专题工作会,启动普查工作。会议部署全乡第六次人口普查各阶段主要工作,宣布乡普查领导小组办公室组成人员和职责分工,并对基础数据采集工作中的重点、难点环节进行政策说明和疑问解答。要求相关部门和工作人员高度重视、狠抓落实、广泛宣传、综合协调,全力确保第六次人口普查工作成功。

(李智博)

【召开春季运动会】 5月6日,地区"创建文明乡村、共建美好家园"第十七届春季运动会在乡中学开幕。来自全乡各村、各企业15个代表队的1450名运动员,参加22个项目的角逐。

(李智博)

【刘延东看望学校师生】 6月1日,中共中央政治局委员、国务委员刘延东到祁庄小学,参加由国家新闻出版总署主办的"关爱儿童,读书成长"向市十所小学进城务工人员子弟捐赠百种优秀少儿图书的活动。中央领导向祁庄小学师生捐赠价值2万元的文具和体育用品,并参观祁庄小学掇绣坊,与学生亲切交谈,了解孩子们的学习和生活情况,看望学校师生。

(李智博)

【村委会换届选举】 7月,乡各村第八届村民委员会选举工作完成。全乡有选民15557人,其中直接投票14917人,委托投票140人。当选村委会主任8名,其中党员8名,女性1名,平均年龄47岁,大专以上文化程度6人,连任主任6人;当选副主任14名,其中党员14名,女性1人,平均年龄44岁,大专以上文化程度11人,本届连任副主任12人;当选委员24名,其中党员23人,女性8人,平均年龄41岁,大专以上文化程度16人,连任委员13人。

(李智博)

【走访慰问驻地武警和消防部队】 7月28日,乡领导班子成员一行10余人来到武警十三支队和朝阳消防支队,带着乡党委、政府和全乡人民对子弟兵的深情厚意,慰问部队官兵,向他们送去了节日的祝福和亲切的问候,并分别送去10万元慰问金。

(李智博)

【地区第五届时尚家居文化舟】 9月19日至29日,以"创建文明城区"及"新四区"建设为主题的十八里店第五届时尚家居文化舟庆典活动在地区隆重举行。文化舟以繁荣商业文化,打造时尚文化,继承传统文化,活跃群众文化,全力推动文化产业发展为宗旨,本着氛围浓厚、广泛参与、提升品质的原则,以乡党委政府和八个行政村为主体,陆续组织和开展九场各具特色的大型活动,展示"打造三大特色产业,建设四条特色街,实现五个创新"的规划建设成果,促进地区又好又快发展,打造和谐十八里店。

(李智博)

【大洋路市场与中国农大"联姻"】 9月28日,中国农业大学食品学院与十八里店乡"联姻",在十八里店乡大洋路市场创建食品质量安全专业实习基地。该实习基地完善大洋路市场食品安全监测与管理水平,有益于培养、吸纳高层次的检测人才,促进市场向更高水平发展,对探索食品安全源头预警方法具有重要意义。

(李智博)

【联合国儿童基金项目官员到地区考察】 10月21日,联合国儿童基金会驻中国办事处项目官员一行5人,到地区自强希望小学进行实地考察,详细询问学校的办学条件、师资力量,参观了校图书室,并对学生和家长进行家访,详细询问他们在京的生活条件和学生的学习情况等。联合国项目官员对地区政府、学校及家长的辛勤付出表示感谢,并表示联合国儿基金会将会继续关注地区流动儿童的教育发展，积极筹集资金，加大对打工子弟学校的投资力度，使学生们能够接受到更好的教育。

（李智博）

【工会召开第一次代表大会】 11月20日，乡工会召开第一次代表大会。筹备组组长张奎宣读《十八里店乡总工会筹备报告》，全体代表表决通过《十八里店乡工会第一次代表大会选举办法》（草案）、十八里店乡总工会第一届委员会委员建议名单、经费审查委员会委员建议名单、女职工委员会委员建议名单以及总监票人、监票人建议名单。选举严格按照程序进行，产生工会委员会委员19名、经费审查委员会委员3名、女职工委员会委员3名。

（李智博）

【成立社会工作党委】 12月20日，地区社会工作党委成立，地区社会工作党委隶属于地区工委领导，由地区工委副书记担任社会工作党委书记，第一届地区社会工作党委班子由11人组成，其主要职责是指导辖区非公经济组织、新社会组织和商务楼宇的党建工作，积极搭建服务社会单位的平台，并完成地区工委交办的各项工作任务。

（李智博）

【举办"北京十里河发展论坛"】 12月4日，由中宣部、十里河商会联合举办的"北京十里河发展论坛"举行，中宣部、中直机关工委、市委宣传部、市社会办、市委社会工委领导，与十里河商会、集团、村委会领导、十里河地区企业家、党员代表、商户代表、职工代表汇聚一堂，就"十里河地区经济发展与社会和谐"、"十里河地区非公党建"和"城中村主动城市化"等诸多议题进行了充分的交流，探讨十里河未来发展中潜在的机会和挑战、十里河的经济、文化、党建等议题，为地区发展带来先进的工作思路。

（李智博）

【签订党风廉政责任书】 年内，乡正副处级领导干部、各科室正副主任（科长）、各村两委班子成员、各站站长、乡属企事业单位书记、经理、各居委会主任共200多人参加由中央党校林喆教授所做"学习廉政准则"辅导报告大会；乡党委书记和乡长分别与各村党总支书记、村长签定党风廉政责任书，明确党风廉政的责任内容、责任范围及责任追究。各村、各单位结合实际，把党风廉政责任制向各管理站、各部门延伸，层层签定责任书，一级管一级，一级抓一级，层层抓落实。

（李智博）

小红门地区（乡）

【概况】 小红门地区（乡）位于朝阳区南部，东靠京津塘高速公路，南临北京经济技术开发区，西与丰台区、大兴区接壤，北距南三环约1公里。乡域面积12.41平方公里，下辖4个行政村、3个居委会，1个社区，人口13113户，27534人。年内，全乡完成经济总收入503435.4万元，同比增长10.5%；实现利润总额13855.9万元，同比增长11.2%；实交税金11787.7万元，同比增长16.9%；人均劳动所得17706.8元，同比增长8.2%。

地址：龙爪树南里
电话：87694927
邮编：100176

（戚 璟）

【拆迁腾退】 1月5日，启动龙爪树村北B区的拆迁腾退工作。3月20日，启动全乡范围内的企业腾退工作。全年累计完成龙爪树村北B区113个院，498人的拆迁腾退，319家需腾退企业签署协议，完成总量的92.2%。配合区土地储备分中心、绿指办、规划分局共同进行成本核算，确定龙爪树村拆迁腾退的实施方案，经区政府会议原则同意并上报市政府。

（戚 璟）

【检查流动人口子女学校】 1月20日，区民办流动人口子女学校（幼儿园）规范管理领导小组对地区的流动人口子女学校、幼儿园进行突击安全检查，重点检查消防安全、食品安全、传染病防控、校车使用、宿舍安全等方面内容。检查组经过实地检查和查阅资料，认为明圆学校和春华小学，各项手续和相关制度都较为齐全，基本达到办学要求，未发现严重安全隐患。同时发现部分流动人口子女幼儿园存在消防安全通道不足、建筑材料易燃、相关安全预警制度欠缺等方面的安全隐患。检查组根据安全隐患程度，对排位靠后的9所幼儿园提出相应的整改建议，并督查其限期整改。

（戚 璟）

【基本医疗即时报销】 2月1日，在区率先推出基本医疗即时报销模式，地区四个社区卫生服务站和小红门社区卫生服务中心全部启动，所有参加基本医疗的群众手持基本医疗本便可就诊，并立即享受50%的药费减免，直接刷卡报销。

（戚 璟）

【发放鸿博家园六区《房屋所有权证》】 2月25日至6月底，小红门房地产开发公司为鸿博家园六区540户居民发放《房屋所有权证》。

（戚 璟）

【第六次全国人口普查】 3月，启动第六次全国人口普查，成立工作领导小组，领导小组下设办公室，负责具体工作。8月2日，召开人普宣传工作布置培训会,8个普查小区办公室主任、信息员等20余人参会。会议对户口整顿和清查摸底阶段的人普宣传工作做出布置,对地区人口普查信息员开展专项业务培训。8月15日,举办户口整顿与清查摸底工作启动仪式暨宣传日活动。通过悬挂宣传条幅,张贴宣传画、宣传公告,发放《致被调查户的一封信》,设立现场咨询台等方式,向群众宣传第六次全国人口普查的相关知识。11月15日,登记复查工作结束。

(戚　璟)

【爱心捐助】　3月,小红门村工会为特困职工于文兰捐款,募集捐款5900元。4月8日,乡政府机关和四个村委会开展"涓滴之水成海洋,颗颗爱心变希望",为西南旱灾区青少年献爱心捐款活动,募集善款6859.8元。4月22日,乡机关开展向青海玉树地震灾区捐款活动,募集善款12000余元。12月10日,龙爪树村委会为在火灾中烧伤婴儿李轩开展献爱心捐款活动,募集善款8900元。

(戚　璟)

【区领导调研】　3月10日,区委书记陈刚及区领导佟克克、刘希泉、陶晶、赵全保等,就最高人民法院人民来访接待室周边地区整治工作到地区调研。最高人民法院副院长苏泽林,市高级人民法院副院长翟晶敏,区综治办、区政法委、公安朝阳分局等相关部门的领导陪同调研。领导们先后视察高法接待站和肖村警务工作站,对高法接待站周边环境进行了实地考察。陈刚等领导在听取有关情况报告后,对地区全力保障高法接待站周边环境秩序和安全稳定所做的工作给予充分肯定。陈刚强调,维护高法接待站周边的安全稳定工作是责任,是挑战,是执政能力的检验,要从治标与治本两个方面主动地做、综合地做、长远地做,努力实现"全力保障、防控得力、标本兼治、长治久安"的整体工作目标。

(戚　璟)

【"春风行动"专场职业指导讲座】

3月25日,举办"春风行动4050人员"专场职业指导讲座,地区50多名失业人员参加了职业指导。会上,乡社保所负责人从国家出台积极促进"4050"登记失业人员再就业政策、树立正确的就业观念、"4050"人员成功就业的案例等三个方面,向失业人员介绍了农村富余劳动力转移就业的现状和存在的问题,解答村民们普遍关注的"4050"人员社会保险待遇、合法权益保障等热点问题。

(戚　璟)

【乡人代会】　3月29日至30日,召开第十五届乡人民代表大会第七次会议,审议并通过政府工作报告、上年财政预算执行情况、本年财政预算草案的报告以及人大主席团工作报告。会议依照《朝阳区小红门乡第十五届人民代表大会第七次全体会议补选副乡长选举办法》,对小红门乡副乡长依法进行补选。经与会的46名人大代表投票表决,李兴泉全票当选为副乡长。5月11日,召开第十五届乡人民代表大会第八次会议,通过《关于全乡在今后拆迁腾退工作中继续执行〈小红门乡绿化隔离地区建设腾退安置办法〉的建议》及《〈小红门乡绿化隔离地区建设腾退安置办法〉补充办法(三)》。

(戚　璟)

【地区发展形势座谈会】　4月至5月,召开多层次的地区发展形势座谈会,制定《小红门地区拆迁宣传工作方案》,拟定《宣传通稿》。地区领导下基层介绍近几年地区发展的基本情况及地区的整体规划,指出目前乡村发展面临的诸多问题,点明城市化进程的严峻性和紧迫性。进一步统一地区群众思想,提高党员干部对全乡发展的认识,凝聚发展合力,全力推进拆迁腾退工作。

(戚　璟)

【全国文明城区创建】　4月14日,在鸿博郊野公园举办地区青少年志愿者服务基地启动仪式,号召各类志愿者参加文明城区创建活动。4月22日,在恋日绿岛社区开展"文明创建我参与 美化家园社区行"活动,组织社区群众参与创建,提升社区文明水平。4月30日,与七十一中学联合开展"大手拉小手,共创美好家园"活动。5月13日,联合打工子弟学校明圆小学开展"携手一加六创建并肩行"活动,号召青少年以"一带六"的模式,带动身边六个人签订创建承诺书,倡导十大文明行为,摒弃十大不文明行为。在"朝阳区文明行动月"期间,以"创建全国文明城区,做文明有礼北京人"为主题,开展"四大文明行动",不断提升群众参与率,使文明理念深入人心。

(戚　璟)

【"和谐有序、依法信访"宣传日】　4月19日,开展"和谐有序、依法信访"宣传日活动,设立鸿博家园小区、恋日绿岛小区、燕归宁馨园小区三个宣传点,工作人员向群众发放宣传材料,解答群众咨询的信访问题。

(戚　璟)

【龙爪树村与区检察院共建活动】

4月22日,龙爪树村联合区人民检察院开展"迎'五四'争当时代楷模青年干部交流座谈会暨送法下乡"共建活动。龙爪树村委会的机关青年干部与区检察院的青年检察官开展交流座谈。设立"送法下乡"法律咨询站,检察官为村民们解答法律问题。

(戚　璟)

【镇海寺郊野公园开园】 4月29日,占地503亩的镇海寺郊野公园开园,区政协主席辛燕琴等参加开园仪式,并为郊野公园揭牌。公园以植物造景为主,主要种植场地现状乔木,并适当增加常绿树、彩叶树种和开花灌木,形成乔、灌、地被复合立体结构,着重营造其自然环境,力求再现郊野的美景,突出其生态性。

(戚 璟)

【村民代表会】 5月,四个行政村相继召开村民代表会,专题讨论年内拆迁腾退工作相关议题。各村代表们举手表决,一致决定村委会不参加第八届村民委员会选举,通过了各村拆迁腾退监审组成员名单和村民代表会决议,要求村委会按照乡党委的工作安排,通过组织村委会各部门,举全村之力对村民开展地区发展形势、机遇、城市化目标及《小红门乡绿化隔离地区建设腾退安置办法》等内容的宣传,达到进一步统一思想、坚定信心、鼓舞士气的目的;要求村委会选派专人对个别不接受政策的村民进行正面宣传教育,要求其顾全全村整体利益,配合拆迁腾退;要求村委会对不接受政策、拒绝拆迁腾退、严重影响本村村民集体利益实现的被腾退户,采取多种措施劝离被腾退房屋,安置到指定周转房,以确保集体土地实现规划,确保村民集体利益得以实现。

(戚 璟)

【"脉冲行动"】 6月至7月,开展专项整治机动车、机动三轮车等各类非法占路趴活、非法上路行驶等违法犯罪行为的"脉冲行动"。成立专项行动小组,乡党委委员、武装部部长负责现场行动指挥,乡综治办统筹协调,利用各种宣传载体,对辖区内的群众开展宣传教育。行动以城外诚家居广场西门为重点区域,以上下班高峰为重点整治时段,重点查处三轮摩托车、残疾人机动轮椅车、电动三轮车等车型。期间出动执法人员145人次,扣留非法营运三轮车60辆。

(戚 璟)

【经济合作社社员代表换届选举】 7月17日,召开经济合作社社员代表换届选举工作动员会,经济合作社社员代表换届选举工作正式启动。7月20日,召开工作培训会。7月底,进入社员登记、公示阶段,全乡共登记社员11310人,其中肖村村750人,小红门村4200人,牌坊村4500人,龙爪树村1860人。8月15日,四个行政村同时举行村经济合作社社员换届选举投票。共选出村经济合作社社员代表188名,平均投票率95%。肖村选出社员代表25人,龙爪树村选出社员代表53人,小红门村选出社员代表55人,牌坊村选出社员代表55名。

(戚 璟)

【拥军共建】 7月30日,乡民政科、司法所走访驻地空军某部,代表乡党委、乡政府向子弟兵们致以"八一"节日的问候,向他们赠送了慰问金和普法书籍。10月13日,驻地空军某部的"兵儿子"代表作为区爱老敬老志愿者服务队的优秀代表,参加区欢度"重阳节"孝亲敬老主题活动,并接受表彰。

(戚 璟)

【文体建设】 9月,地区秧歌文化大院正式挂牌。年内,小红门地方秧歌进入国家级非物质文化遗产的公示名单。持续加强文化文明干部队伍建设,在地区文体队伍中实现二级社会体育指导员全覆盖。地区图书馆和四个村"益民书屋"正式对外开放。

(戚 璟)

【新村党小组成立】 11月3日,龙爪树村在鸿博家园小区内率先成立新村党小组,50名新村党员开展第一次学习活动。12月15日,小红门村召开新村党小组成立大会,30名居住在鸿博家园小区的小红门村党员开展第一次集中学习。

(戚 璟)

【乡总工会第一次代表大会】 11月29日,召开乡总工会第一次代表大会,来自全乡各基层村、企业单位的职工代表共98人参加会议。经与会会员代表表决,通过了《大会选举办法》,工会委员会、经审委员会和女工委员会委员的候选人建议名单,通过了总监票人、监票人建议名单。会议依照《大会选举办法》,经与会的工会会员代表投票,选举产生了由马同玉等11名同志组成的小红门乡总工会第一届委员会,由王小红等3名同志组成的小红门乡总工会第一届经费审查委员会和由马同玉等3名同志组成的小红门乡总工会第一届女工委员会。

(戚 璟)

【集体经济运营管理】 年内,继续完善合同管理,加强集体资产监管,规避集体风险。制定《环境整治工作中乡村集体企业处置意见及方案》,完成5户乡级、3户村级集体企业改制工作,38户关闭企业正在备案。开展村干部任期责任审计。

(戚 璟)

【产业项目落实】 年内,结合地区规划发展要求及产业功能定位,合理引进新的产业项目落地,有效促进资源整合,不断培育新的经济增长点,提升土地和资源的双重收益。经开万佳国际工程机械城项目已全部建成并正常运营,招商率95%以上。集体经济收入由每年149万元提高到每年1850万元。国瑞嘉华商城项目建筑主体结构已竣工,招商工作完成80%。建成后预计实现年收益2亿元,上缴税金1100万元,为集体增加年收入500万元,安置本地劳动力88人。乡综合服务楼项目,正在办理相关规划手续,建成后预计实现年收益11988万元,上缴税金599万元,为集体增加年收入400万元,安置本地劳动力150人。红门国际广场项目建成后,预计每年上缴税金4300万元,为集体增加年收入1320万元,安置本地劳动力1000人。与银邦投资股份有限公司达成合作意向,共同开发小红门地铁站西侧165亩土地的商业配套项目,将建成北京最大的皮草、皮革商场。

(戚　璟)

【腾退安置用房建设】 年内,稳步推进农民腾退安置用房建设。一期B区1、2号楼按时竣工并入住,303户群众入住。B区剩余7栋楼和二期A区10栋楼正在抓紧建设。完成二期A区期房的选房工作,823个院的被腾退户选择了楼房。调整一期A区、二期B—F区用地控制指标,并取得规划意见书。

(戚　璟)

【最高法接待站周边环境整治】 年内,按照区委书记陈刚针对最高法接待站周边环境整治工作提出的"全力保障、防控得力、标本兼治、长治久安"的任务要求,本着"高度重视、加强管理、着重化解"的工作方针,成立肖村综合整治办公室,完善各项安全保障措施,开展综合治理工作。改建落实警务工作站办公场所,完善技防设施,安装探头50个。配备并组建了治安民警、预警信息员、志愿者巡逻队等三支专业队伍,采用全天候动态巡逻的方式,排查掌握本地区不稳定因素,做到突发事件早发现、快处置。开展环境综合治理行动53次,拆除私搭乱建等违法建设30处1000余平方米;疏导上访人员6万人次,清理滞留上访人员100余人。

(戚　璟)

【社会面防控和安全生产工作】 年内,组织地区群众1000余人参与社会面治安防控工作,建立健全长效机制。加大对"十黑"场所的清理力度,共取缔查抄废品回收站、黑发廊、非法行医及其他无照经营门店200余家。开展安全生产检查390余批次,检查企事业单位440余家。加强校园安全工作,组织专职巡防队员144人,社区及单位保安400余人,各类协管人员80余人投入到校园周边安保工作中。签订各类预防煤气中毒责任书16199张,发放宣传材料52082份,销毁不合格炉具187个,排除各类安全隐患200余处。实现"零伤亡、零事故"的工作目标。

(戚　璟)

【劳动与社会保障】 年内,制定《小红门乡农村劳动力安置工作方案》,探索拆迁腾退过程中劳动力安置的解决办法。举办4次企业招聘会,安置失业人员和农村富余劳动力就业972人。继续落实26号文,为1185名农村劳动力申请了社会保险补贴。加强劳动监察,调解劳资纠纷,解决工资纠纷12起,追回农民工工资108.46万元。提高基本医疗报销的上限。新农合参保人数11177人,参保率98.7%。为382名老人、215名残疾人提供居家养老服务,实现居家养老服务全覆盖。组织两次大规模的企业捐款,形成"政企联手、扶贫济困、构建和谐"的募捐机制,为全乡734户、1246名城乡低保对象和困难人员发放救助资金501.66万元,为6户空巢家庭及61户计划生育家庭提供免费家政服务,发放救助款71.09万元。

(戚　璟)

【党建工作】 年内,制定《关于在小红门地区开展共产党员"先锋工程"的实施意见》,教育引导各级党组织和党员干部争做"四个方面"的先锋。实施"共产党员一带四"活动,切实解决好群众关心的问题,激励和促进基层党组织和党员在中心工作中发挥战斗堡垒作用和先锋模范作用。编制创先争优活动摘要和展板,基层党支部和党员做出承诺,自觉接受群众监督。按照区委"党员作风建设年"的要求,开展服务型机关和学习型科室创建活动。坚持科务会制度,使机关干部学习经常化、制度化,不断提升业务能力和水平。实施全员式、多层次廉政风险防范管理,全地区乡、村党员干部共计189人参与廉政风险点查找,共查找廉政风险点890个,制定防范措施945条。对文明城区创建工作、龙爪树村重点村整治等五个项目开展效能监察。

(戚　璟)

王四营地区(乡)

【概况】 王四营乡位于朝阳区东南部,"城乡结合部"特点显著。乡域面积15.58平方公里,辖6个行政村、2个社区。辖区常住人口总数17018人,其中农业人口9030人,城镇居民7988人,辖区流动人口总数为68500余人。全乡共有基层党组织30个,党员总数891名。年内,实现经济总收入50.69亿元,利润总额2.37亿元,上缴税金1.04亿元,人均劳动所得20027元,分别比上年增长13.3%、18.5%、17.5%、15%,全面实现"十一五"期间规划目标,综合经济实力进一步增强,经济社会发展取得新成绩。

地址:王四营村甲1号
电话:67363954
邮编:100023

(郭雅君)

【乡人民代表大会】 1月30日，召开第十五届乡人民代表大会第七次会议，听取、审议上年度政府、人大、财政工作报告及其各项决议（草案），补选严进为副乡长。7月10日，乡召开第十五届人民代表大会第八次会议，听取审议乡人民政府上半年工作报告（草案），分组讨论审议《王四营乡农民退休人员调整退休补助金的补充办法》（草案），全体代表表决通过大会（草案）。

（郭雅君）

【工作会议】 3月1日，召开"王四营乡2010年工作会议"。乡领导班子全体成员，乡机关科长以上干部，各行政村正、副职干部，乡直属单位正职等出席会议。乡党委、政府各副职领导，部署本年重点工作任务，各行政村党总支书记、汇报本年重点工作计划，乡督查考核工作领导小组汇报督查考核结果。乡党委、乡政府与各行政村党总支、村委会签订本年目标管理考核责任书、党风廉政建设责任书。

（郭雅君）

【成立综治维稳工作中心】 7月12日，地区综治维稳工作中心挂牌成立。新成立的工作中心由乡党委副书记任主任，信访办主任任副主任，乡政府调派专门人员充实工作中心力量，初步完成建章立制、组建乡村两级工作队伍等项工作。按照"服务大局建设，维护首都安全稳定"、"凝聚基层力量，排查化解矛盾纠纷"的工作宗旨，确立"六五四三二一"的综治维稳模式。即实行议事例会、协调会、情况通报、督察督办、资料整理、检查考核六项制度；明确综合协调、信息研判、矛盾调处、社会管理、平安创建五项职能；按照区级维稳部门指导，健全乡综治维稳工作中心、村级综治维稳工作站、综治维稳小组四级管理网络；扩充工作力量组建各村委会综治维稳工作干部队伍、应急队伍、志愿者队伍三支队伍；建立"领导包案"和"分流指派"两项工作流程；设立综治维稳工作一本台账。"六五四三二一"工作模式的实施，使地区综治维稳工作中心形成集矛盾调处、维护稳定、平安建设为一体的工作平台，初步确立长期、有效的综治维稳机制。

（郭雅君）

【确定年度重点项目】 年内，乡重点建设4个项目，奥迪汽车4S店建设项目，计划总投资3500万元，建设规模4500平方米。盛华宏林粮油批发市场提升改造项目，计划分两期完成全部改造项目，预计投资2.5亿元。五方艺园花卉基地建设项目，计划投资7000万元，占地面积100亩，建设面积3万平方米。北京盛华家居广场建设项目，集家居生活用品一站式购买，综合性、规模化的家居建材集散地，投资规模3.5亿元，占地面积150亩，建设面积15.5万平方米。

（郭雅君）

【村民委员会选举】 年内，按照"两法一规程"稳步推进第八届村民委员会选举，圆满完成第八届村委会选举工作，官庄村、王四营村、南花园村、孛罗营村分别依法选举产生"第八届村民委员会"，各行政村设立村委会主任1名、副主任1名、委员3名，进一步加强基层民主政权规范管理。

（郭雅君）

【加大工作力度促进就业】 年内，采取措施促进就业，加大岗位开发力度，进一步开发适合农村劳动力和失业人员的就业岗位，通过"再就业援助月活动"和"春风行动"两场招聘会，开发技术工人、保安保洁、财会、营业员等岗位2300个，促成206人与招聘单位达成用工意向。加大技能培训力度，深化"就业培训终端站"建设和"职业指导送进门"活动，进一步提高求职者的技能素质。对白鹿郊野公园36名保洁人员进行在岗培训，使园林管理工作质量大幅度提高。加大政策补贴力度，为281人申请社会保险补贴和转移就业补贴，为71名失业者办理求职证和再就业优惠证，不断拓宽职业介绍渠道。加大档案管理力度，清理冗余失业人员档案，完善与失业人员的定期联系制度，做好就业人员信息跟踪，实时反馈就业安置工作进度。

（郭雅君）

【开展创先争优活动】 年内，以搭建平台、完善机制为基础，制定活动实施方案和操作流程。围绕乡重点工作丰富载体，量化考核标准开展评比，通过不断宣传营造活动氛围，使党员干部充分理解，敢于争创，勇于争创。机关领导干部和骨干党员率先垂范，主动带头发挥先锋模范作用，从具体岗位工作中找出创先争优的抓手，并结合实际，搞出特色。充分激发基层党员参与活动的热情，结合党员和群众提出的具体要求，开展一些独具特色的争创活动，丰富活动内容。充分发挥党员服务中心和基层服务站的阵地作用，结合创先争优活动的实际需求开展教育培训和组织活动，在此基础上建立长效机制，将创先争优活动长期坚持下去。

（郭雅君）

【计生工作】 年内，计划生育率达到98.5%，人口自然增长率1‰。充分发挥利益导向机制作用，为全乡1980名独生子女家长发放奖励费59515元；为851名育龄妇女报销94234元；为符合条件的20名独生子女家长办理一次性奖励，奖励费共2万元；为10名独生子女家长办理了奖励扶助。向生活困难的独生子女家庭发放米、面、油等生活必需品,为特别困难的单亲家庭购买洗衣机,解决他们的实际困难。全年共慰问60人,送去慰问金3万元;为“计生空巢老人”送去了4万元的一次性经济帮助款;免费为1385名独生子女及家长办理了农村合作医疗,投入资金42.8万元,全年报销药费55.6万元;为独生子女家长发放退休金430万元;为342名独生子女家长投资256万元办理五险;为2760人投资72万元办理市城乡养老保险;为58名考上大专、本科的独生子女发放奖学金11万元;为2323名独生子女和家长发放自谋补助742万元,发放妇女和儿童节日补助30万元;发放长效措施奖励2.2万元;乡村两级负担报销18.6万元。

(郭雅君)

【新村管理】 年内,加快推进绿化隔离地区建设,调整全乡规划用地方案,组织制定绿隔农民搬迁腾退政策。启动观音景园、观音惠园、柏阳景园新村“个人房屋所有权证”办理工作。投资1800万元完成观音景园临时电改造并投入使用。

(郭雅君)

【基础设施建设】 年内,安装观音堂村、孛罗营村路灯160盏。完成孛罗营村东侧五环辅路、王化路修建项目并投入使用。柏阳景园新村1210户居民实施更换中水表、电表工程,小区110个单元门安装防雨门头设施,新增停车面积330平方米。配合市政府两限房开发项目,实施孛罗营村集体土地租赁企业腾退147.4亩。广渠路二期征地拆迁2.14万平方米,完成总任务的95%;双桥路征地拆迁9500平方米,完成总任务的55.6%;染料厂征地拆迁2.28万平方米,完成总任务的95%。

(郭雅君)

【古塔郊野公园被评为市精品公园】 年内,乡古塔郊野公园被评为“北京市精品公园”。

(郭雅君)

【市容环境专项整治】 年内,成立“拆除违法建设及环境整治综合办公室”,拆除区级挂账违法建筑9处2万平方米,清理违规广告牌匾639块。开展市容环境专项整治,处理网格案件62662件,结案率95.79%。规范门前三包4123家,进一步增强环境承载力,提高环境建设管理水平,保障公共环境整洁有序。

(郭雅君)

【社会保障】 年内,整合扶持政策,加强就业服务,开展职业技能培训82人次,开发就业岗位2300个。新型农村合作医疗及大病医疗总人数为8477人,参合率达到97.19%,基本医疗总筹资款达到377.23万元。加强劳动市场监察,处理违法案件68件,解决拖欠工资案件22起。

(郭雅君)

【落实惠民政策】 年内,整合服务资源,完善为民体系,落实“九养”政策,为379名老年人、重残人员发放居家养老助残券40万元。为17名老年患者实施白内障复明手术。广泛开展社会救助工作,建设爱心超市、残疾人温馨家园,46名重度残疾人、老年人领取“小帮手”电子服务器。走访慰问困难人员、弱势群体2850人次,慰问金额80万元。办理经济适用房申请24户、限价房33户、公租廉租房3户,完成实物配售8户。

(郭雅君)

【文化教育事业】 年内,自筹资金对乡中心幼儿园装修加固,开办教学班11个,收托幼儿425名。完善公共文化设施,乡文化服务中心“羽球馆”建成投入使用,占地面积1500平方米,投资260万元。举办“王四营地区第三届全民运动会”、“和谐杯”乒乓球比赛。

(郭雅君)

东风地区(乡)

【概况】 东风地区(乡)位于朝阳区中部,东与平房乡、东坝乡接壤,南与八里庄街道、六里屯街道相接,西与六里屯街道、麦子店街道相接,北接将台乡和酒仙桥街道。下辖4个村、7个社区、3个村居。辖域面积7.38平方公里。

地址:北豆各庄甲1号
电话:85810712
邮编:100025
电子信箱:chy-df@163.com

(刘运成)

【两节慰问活动】 两节期间,慰问困难家庭、特病患者、优抚对象、空巢高龄老人等130余人,送出慰问品及慰问金27万余元。为地区400名老年人提供每人50元的家政服务。

(刘运成)

【综治维稳工作】 3月1日,率先在全区成立地区综治维稳工作中心。围绕有效整合基层综治维稳和城市管理力量,提高维护稳定和城市管理能力水平的总要求,积极探索适合东风实际的综治维稳工作中心建设新路子,总结出具有地区特色的24588综治维稳工作模式,即“两个整合”、“四级管理网络”、“五联机制”、“八项职能”、“八项制度”。3月3日,市委政法委副书记、首都综治办主任李万钧一行10余人到东风调研综治维稳工作。4月9日,首都综治办组织召开全市综治维稳中心建设现场会,全面推广地区的试点经验。全市18区县综治办主任参观综治维稳中心工作运行情况。

(刘运成)

【发放社会保障卡】 3月24日，地区社保所发放社会保障卡，涉及社会化退休人员、灵活就业人员及自谋职业人员1181人，为全面实施“持卡就医、实时结算”奠定基础。

（刘运成）

【为民服务大厅建设】 4月26日，占地1100平方米的为民服务大厅正式对外办公。厅内设立社保、残联、工会、民政、妇联等21个服务窗口，让地区居民享受到方便快捷的“一站式”服务。年内完成占地面积约350平方米，建筑面积约700平方米的石佛营东里社区服务站项目的工程建设任务，全面改善居委会办公、社区党员活动和居民娱乐等社区公共服务条件。

（刘运成）

【安全生产监察科成立】 5月14日，安全生产监察科正式成立，设1名科长，2名科员，全面负责东风地区安全生产综合监管，同时担负地区安全生产委员会办公室职能。

（刘运成）

【矛盾排查调处专项行动】 6月至8月，开展为期三个月的“信访矛盾排查调处”专项行动。影响地区安全稳定的拆迁补偿问题、集体资产处置等多起重点矛盾纠纷得到有效处理。

（刘运成）

【开展“脉冲行动”】 7月14日起，城管分队联合公安、交通、综治、残联等部门开展联合执法，出动执法人员160人次，执法车辆40台次，主要对石佛营西里北门、南门、民天市场周边、六里屯粮油市场周边等乱点进行集中整治，查处和暂扣各类黑摩的、拼装、改装电动三轮车29辆，教育人员60人次。

（刘运成）

【华中师附中落户东风】 9月1日，华中师范大学第一附属中学朝阳学校举行开学典礼暨揭牌仪式，办事处主任龙连柏出席并致辞。

（刘运成）

【非公企业党委成立】 11月17日，地雅投资管理集团有限公司党委在天鹅度假村国际会议中心成立，成为区农村地区第一家非公企业党委。

（刘运成）

【经济平稳增长】 年内，实现经济总收入179570万元，与上年比，增长12.3%。人均劳动所得23385元，与上年相比，增长8%。全年实现区级财政收入2.07亿元，个人房产税征收实现突破，代征税款380余万元。

（刘运成）

【绿色产业项目】 年内，以加快形成产业支撑、保持经济平稳增长为指导，稳步推进绿色产业项目建设进程，重点推进乡综合商业楼项目和将台洼村绿色产业项目建设。乡综合商业楼项目位于将台洼村，是上年9月底开工建设的产业项目，占地面积1.47万平方米，建筑面积11520平方米，地下一层，地上三层，于本年春节前完成了地下工程建设，年底完成主体结构及外部装修，配套设施完成水、电、气的报装手续及部分施工。

（刘运成）

【基础设施建设】 年内，配合市路灯处完成农村地区19条道路、13公里、450盏路灯改造工程建设任务，实现了农村地区主要道路亮灯工程；配合区市政市容委、区环卫服务中心在豆各庄、辛庄建成密闭压缩式垃圾转运站3座，改造石佛营西里、东润枫景垃圾转运站2座，加上已经建成的将台洼村垃圾转运站，形成布局均匀的垃圾转运站设置，为今后实行垃圾分类处理奠定基础；完成区环境办立项的“四村五街”及公园周边环境建设工程，对辖区内五条主要道路实施绿化美化2000平方米、硬化铺装18374平方米，清运垃圾渣土3450立方米、粉饰沿街外立面15175平方米、修补围挡墙1983平方米，修建东风公园铁艺护栏6700平方米。完成财政立项的六里屯村道路3750平方米，完成辛庄村低压线路改造架线工程。

（刘运成）

【地区绿化管护】 年内，探索绿化养护新模式，为切实做好东风公园养护管理工作，确保生态景观环境得到有效维护，成立区郊野公园养护管理中心东风公园分中心，委托区园林绿化局直属的绿化三队对东风公园进行专业养护，在节约养护资金的基础上确保养护质量。落实养护管理责任制，与各有林单位签订绿化养护管理责任书、古树保护管理责任书、森林防火责任书等，明确养护责任，并加强督促检查，确保责任制落实。经区园林绿化局春季、秋季绿化检查，对乡绿化工作予以肯定，给予乡绿化以奖代补资金12万元。

（刘运成）

【在施工地安全检查】 年内，按照区住建委每月至少对在施工地全面检查2次的要求，全年检查在施工地273个次，排查及整改各类安全隐患638处，特别是对地区自建工程项目给予严格检查，确保防患于未然，保证在施工地安全生产责任事故零指标。

（刘运成）

【社会捐赠活动】 年内，做好社会捐赠工作。4月，组织地区居民、办事处机关工作人员和城管分队工作人员为玉树抗震救灾捐赠活动，18

个单位3000多人参加捐助活动，募集捐款52497元，募集棉衣被8475件。爱心家园全年为125户130名低收入家庭的老人、儿童及重残人员办理了爱心救助卡，发放物品折合救助金15万元。为满足困难家庭的实际生活需求，地区先后10余次为爱心超市补充货源达6000余件商品，总价值约25万余元，基本满足了困难家庭日常生活所需。

(刘运成)

【居家养老】 年内，地区严格按照居家养老(助残)服务券的使用流程，按时、按质完成每月月报资金申请、新申人员审核、服务券发放、结算工作。共为65岁以上老人办理免费乘车优待卡401个，为90岁以上高龄老人申请核发高龄津贴37人，发放津贴4.5万元，办理老年证156个。为127名老人安装厕所扶手。重阳期间，对地区12户特困空巢老人及35户爱心卡老人进行走访慰问，送去慰问金近万元。

(刘运成)

【双拥慰问服务】 年内，为共建部队解难题、办实事，向6名困难官兵实施救助。积极参加区双拥办组织的各类活动，上报征集双拥文艺作品一件《唱支山歌给党听》，上报征集书画作品14件。春节及八一前夕，分别对武警十三支队和红庙、酒仙桥两个消防中队及辖区内两个驻区部队等相关单位进行走访慰问，赠送慰问金及慰问品共计16万余元。在部队支持地方建设上，红庙中队派出专人对将台洼小学少年军校学员进行为期四周的军事训练。

(刘运成)

【社会救助活动】 年内，办理低保新申请家庭17户29人，复审139户312人。审核限价房44户、经济适用房16户，廉租房5户。全年共接受来访及电话咨询7500余人次。为7名低收入家庭大学新生办理了高等教育新生入学救助金共计28000元。全年为6名因重大疾病、子女教育等问题造成家庭生活困难的人员办理了临时救助，发放救助金累计4.64万元；为19户低保家庭申请清洁能源自采暖补贴2万余元；为29户低保家庭申请燃煤采暖补贴1万余元。

(刘运成)

【地区优抚工作】 年内，走访慰问优抚对象50余人次，送出慰问品及慰问金4.42万元，为义务兵发放优待金25.5万元，为14名优秀士兵、1名三等功发放奖励金2.4万元，为优抚人员核报医药费2.07万元，为1名抗日老战士发放补助5000元，为2名优抚对象办理死亡丧葬手续，发放补助金7295元。

(刘运成)

【文明家庭挂牌】 年内，地区评选出2708户五好文明家庭。地区妇联、文明办联合为五好文明家庭挂牌。

(刘运成)

【文体活动】 年内，为创建全国文明城区，再创文化文明新优势，积极推进新四区建设，以“我的东风我的家”为主题，广泛开展丰富多彩的群众文化活动。9月2日晚，在将台洼村文化广场举办了“文明创建新四区，璀璨群星在东风”将台洼村广场文化展演活动。9月19日晚7点，东风地区在紫萝园社区七彩广场举办了以“迎国庆 庆中秋”为主题的广场文化展演活动。

(刘运成)

【计划生育】 年内，地区对辖区内25户独生子女困难家庭进行走访慰问，共发放慰问金12500元，慰问品7500元。发放独生子女一次性奖励50000元，慰问品50份。开展“倡导健康风尚，建设文明城区，做健康北京人”行动，为辖区居民提供量测血压和健康咨询活动。

(刘运成)

【司法调解】 年内，地区司法所及基层十三个工作站，发挥第一道防线的作用，对基层矛盾进行调解。调解民间纠纷223件，调解成功195件，调解成功率87.4%，排查出不稳定因素1件。

(刘运成)

【开展创先争优活动】 年内，地区党建工作按照上级要求，在基层党组织和广大党员中开展创优争先活动。6月25日，地区对14个先进基层党组织、16名优秀党务工作者和186名优秀党员进行了表彰。

(刘运成)

【村庄社区化管理】 年内，围绕探索新型村庄社区化的组织体系、管理模式和工作方式，全面推动地区由传统农村管理向社区化管理转变。投入520万元，在六里屯村、豆各庄高庙村进行了村庄社区化管理。新建治安岗亭10个，铁艺大门11个，安装护栏560米，新砌围墙500延米，更新河渠护网796延米。新增监控探头34个，建设“三站两室”(其中包括区警务站、流管站、巡防站以及民调室、监控室)1000平方米，新增工作人员60人，办理《人员出入卡》3000余张，《车辆出入证》244张。新建便民服务设施5处，外立面粉饰15000平米，路面硬化铺装5350平方米。清理废品收购点3处，拆除违章建筑3处，清理垃圾84吨。可防性案件零发案，外来人口由无序涌入状态转为相对平稳状态，流动人口数量相对减少，村内违法违章建设现象得以有效控制。

(刘运成)

东坝地区(乡)

【概况】 东坝地区(乡)位于朝阳区东部,东邻金盏地区,北临崔各庄地区,南与平房、常营地区接壤,西接将台地区,辖区总面积24.6平方公里,是北京市十大边缘集团之一;辖区9个行政村、8个社区;常驻人口33082人,农业人口12786人,非农业人口20296人;总户数15750户,农业户6436户,非农业户9314户。辖域内公办幼儿园2所、公立小学3所、中学1所、职业教育学校2所、高职院校1所、医院1所,8个村和4个社区有卫生服务站,1个卫生服务中心。年内经济总收入129170.6万元,同比下降32.9%;实现利润总额3120.8万元,同比下降58.6%;上交税金总额3345.6万元,同比下降27.2%;农民人均劳动所得为16551元,同比增长4%。实现辖区税收27000万元,同比增长12.5%;实现区级财政收入8900万元,同比增长11.4%。

地址:红松园16号

电话:65491768

邮编:100018

(刘炳祥)

【区领导考察调研】 1月21日,区长程连元率区教委、消防、房管等部门领导对位于东坝乡西北门村的"童梦"幼儿园和"早期教育双语幼儿园"两所私立幼儿园进行安全检查,就安全问题提出明确要求:办园者要注意工作细节,特别是在安全上的细小问题,不要放过任何一个细小的安全隐患;老师要增强责任心;切实保证孩子的生命安全,维护社会的安全稳定。乡党委书记孙振东、乡长安永存陪同检查。4月8日,区人大常委会副主任李国在城建环保工委主任李金山、农村工委主任张建顺、财经工委主任董万立及有关人员的陪同下,到地区就土地储备工作进行调研。听取副乡长陈启茂就地区土地储备工作进展情况、存在问题以及工作思路等方面的情况汇报。

(刘炳祥)

【土地储备腾退】 年初,启动坝河以南5个村(驹子房村、单店村、东晓景村,焦庄村、七棵树村)的土地储备腾退和东坝国际商贸中心区域内的企业腾退。为实现土地储备腾退目标,乡政府全力投入,精心组织,广泛动员,严格腾退政策,严格工作流程,严格层级管理,严格资金监管,坚持重大事项集体决策制度,确保土地储备腾退按计划有序推进和腾退资金安全。

(刘炳祥)

【乡人代会】 3月19日,在东晓景益佰城召开第十五届人民代表大会第七次会议,全地区49名乡人大代表和24名列席人员参加会议,会议听取审议乡《政府工作报告》、《人大主席团工作报告》、《财政工作报告》;选举王小宝为东坝乡副乡长;乡党委书记孙振东结合乡当前形势和主要任务,就做好人大工作提出新的希望和要求。8月25日,乡第十五届人民代表大会第八次会议在东晓景益佰城酒店召开。会议主要议程是听取和审议安永存乡长代表乡政府所做的《政府工作报告》。全乡48名正式代表、18名列席代表、5名区人大代表参加会议。

(刘炳祥)

【劳动就业和社会保障】 年内,以引导性培训和技能培训为重点,不断提高就业观念和就业技能,全年培训各类人员197人;挖掘就业岗位1600余个,实现就业760人。统一农民节日补助、独生子女父母退休补贴等发放标准和形式,上调农民养老补助金和自谋职业奖励金。为1.2万余人次各类人员发放民政、劳动、新农合等资金2700余万元。

(刘炳祥)

【文化体育】 年内,参加区组织的群众合唱比赛,举办"坝河之春"——东坝地区乒乓球选拔赛、"创建文明城区,构建和谐东坝——坝河之夏书画、摄影比赛"和书画、摄影作品展;建立"益民书屋",举办"品味书香朝阳、建设文明朝阳"主题活动,促进群众性文体活动深入开展。

(刘炳祥)

平房地区(乡)

【概况】 平房地区(乡)位于朝阳区中部,距东四环3公里。南靠朝阳路、临高碑店乡;西接京包铁路,临八里庄、东风乡;东侧、北侧分别与三间房乡和东坝乡接壤,区域面积15.18平方公里。地区(乡)内有4个行政村、8个社区,7个筹建中社区,常住人口12.1万人。全年经济总收入54亿元,比上年增长12.2%;利润总额2.55亿元,比上年增长10.2%;税金总额2.6亿元,比上年增长10%;农民人均劳动所得20919元,比上年增长8.6%。地区正常纳税户1781户,税收入库总额8.83亿元,比上年增长20.3%;收缴个人出租房产税442万元,同比增长43.5%,地区税收总额保持稳步增长。

地址:黄杉木店路8号

电话:85573164

邮编:100123

电子邮件:pingfangdiqu@126.com

(杨春青)

【周永康看望慰问地区治保积极分子】 2月8日,中共中央政治局常委、中央政法委书记周永康来到地区综治维稳中心,看望慰问治保积极分子。地区工委副书记寇晔向周永康介绍地区治安维稳工作情况。周永康来到基层治保工作者中间,了解流动人口服务管理、矛盾纠纷排查化解、信访接待、治安整治等情况,强调要适应新形势,发挥专群结合的传统优势,充分运用信息技术手段,积极探索创新,努力走出一条具有中国特色、体现首都特点、符合科学发展观要求的社会管理新路子。中共中央政治局委员、市委书记刘淇,国务委员、公安部部长孟建柱,最高人民法院院长王胜俊,司法部部长吴爱英等参加慰问考察。市领导郭金龙、王安顺、李士祥、黎晓宏,区领导陈刚、程连元、佟克克、陶晶陪同。

(杨春青)

【庆祝“三八”妇女节】 3月8日,地区举行纪念“三八”国际劳动妇女节100周年暨表彰大会。表彰“和谐家庭”、“学习型家庭”、“平安家庭”、“好儿媳”和先进工作者117个家庭/个人。

(杨春青)

【庆祝建党89周年】 6月11日,举行“争做优秀共产党员,永葆党员先进性”演讲比赛。6月24日,举行廉政丛书赠书仪式,向各村、社区赠送廉政丛书200余册。6月26日,举行创先争优活动2010年共产党员“五星百佳”表彰大会,对从地区无职党员、流动党员中评选出的100名“平安之星”、“志愿之星”、“环保之星”、“和谐之星”、“文明之星”进行表彰。6月28日,流动党员双向管理的福建莆田驻京第五支部为在平安聚源建材家居经商的共产党员商户挂牌,亮身份做表率。七一期间,地区全体党员签订了《党风廉政承诺书》,承诺在各项工作中发挥带头作用。

(杨春青)

【民主评议基层站所】 7月20日,召开工作动员大会。便民服务大厅、城管分队、司法所、统计所、社保所5个部门接受民主评议,提升服务质量和办事效率。地区被评为市“民政系统行风建设示范单位”。

(杨春青)

【共产党员“爱心驿站”启动】 8月27日,举行创先争优共产党员“爱心驿站”启动仪式。“爱心驿站”以“物质上帮助、精神上感染、追求上带动、感情上融合”为立足点,搭建起帮扶救助、志愿服务、学习带动和特长先锋4个平台,建立起党员帮难助困、学习引领、带头服务和发挥自身特长等长效机制。在启动仪式上,来自福建莆田第五党支部的流动党员和平安聚源建材家居的股东10人,为地区10名贫困大学生捐赠助学金2万元。

(杨春青)

【成立地区总工会】 11月25日,地区工会第一次代表大会召开,选举产生地区总工会第一届委员会委员15人,经费审查委员会委员3人,女职工委员会委员5人。经地区总工会第一届委员会投票选举,齐连会当选为地区总工会第一届委员会主席,魏民春当选为地区总工会第一届委员会副主席,张文龙当选为第一届经费审查委员会主任,张燕玲当选为第一届总工会女职工委员会主任。

(杨春青)

【成立地区社会工作党委】 12月10日,召开社会工作党委成立大会。社会工作党委第一届委员由11人组成,委员中包括朝阳大悦城、北京腾远兴业汽车服务有限公司、平安聚源建材家居等企业负责人。党委书记由乡人大主席、工委副书记寇晔担任。

(杨春青)

【经济发展】 年内,坚持依据政策、强化服务、抓住重大功能性项目,促进产业结构调整。4月28日,召开税源建设研讨会,并建立定期会商制度,形成相关职能部门参与的“大服务”联动格局。地区主要领导带队走访重点规模企业,深入了解企业需求,帮助企业解决出行、用水、用电等实际困难,税源建设不断稳固。5月28日,朝阳大悦城开业。年底,平房国际商务会馆主体工程建设完工。现代服务业的经济支撑作用日益彰显。

(杨春青)

【创建全国文明城区】 年内,确定“党委领导、政府推进、群众主体、社会参与”的创建模式,健全创建组织体系,加强考核督查,打牢创建基础。开展实事工程,大力解决居民关心关注的5大类42项重点、难点问题,全面推进道路畅通、生活便利、环境整治、文化丰富、体育建设、为老服务等重点项目,把“创建惠民”理念落到实处。严格对接测评指标体系,较好地完成了两次测评迎检工作。深化共创共建,凝聚社会各方力量参与创建工作。充分调动志愿者2000余名,参与文明出行、环卫保洁和巡查监管等工作,地区文明水平不断提升。创新宣传形式,强化品牌引领,广泛开展特色创建活动。以《百姓平房周报》为主宣传阵地,加大创建工作宣传力度;编印发放《平房地区文明行为手册》5000册、各类创建宣传品2万余件;绘制黄杉木店路两侧“文明墙”2000延米;举办“图书漂流”、“节能减排绿化家乡”、“婚育新风进万家”等系列活动;联合开展青少年“五彩假日”文明暑期活动,地区1500余个家庭、3000余人次积极参与;结合重大节日、纪念日,组织“星火工程”文艺演出350场,播放电影450场,举办“文明大讲堂”221场。全年各项文明创建活动参与人数达15万人次,群众热情高涨,文明风尚蔚然成风。

（杨春青）

【社会保障】 年内,做好养老、医疗、失业等各类社会保障工作。加强社会救助,完善爱心家园建设,丰富物品种类,救助人数增至183户,入卡救助金额总计8.53万元。落实“九养”政策,为598名老人提供居家养老服务;为3850名老人发放优惠券;挑选食品卫生干净的餐馆企业,签订老年餐桌服务协议,方便老人就餐。7047人参加新型农村合作医疗,参合率达99%,筹集资金334.4万元,为66497人次,报销金额347.7万元。为3629名居民办理了城乡居民养老保险参保、续保工作,累计为失业、退休、超转、低保等人员发放各类保障资金2006万元。

（杨春青）

【“两新”组织团建】 年内,依据企业规模、人员构成、行业类别,采取“单独创建、行业联建、挂靠组建”等方式,成立“两新”组织团支部28家,覆盖32家企业。

（杨春青）

【残联工作】 年内,乡村两级投资78万元,建成集康复、心理咨询、日间照料等七大功能为一体的石各庄村残疾人温馨家园,为残疾人提供更为优质的康复服务环境。为150余户老人和残疾人家庭进行无障碍改造。

（杨春青）

【社区建设】 年内,深化星级和谐社区建设,加快待建社区建设进度。5月12日,定福家园南社区成立地区首家社会工作室,设立首席社会工作师。6月,公开招聘40名社区工作者。5月18日至8月24日,组织8个社区全体工作人员130余人,参加“社区工作者学习培训大讨论”活动,通过专家授课、交流研讨、参观实践等,推进社区工作专业化、职业化、规范化建设。7月,投资200余万元对社区服务中心装修改造,开设服务热线,满足居民日常生活需求。创新开展特色服务,形成了雅成里社区“四送双带”活动、定福家园南社区“爱心互助会”,富华家园社区“五到家服务队”、国美家园社区“国美之声”信息平台等以党员为骨干的服务品牌。

（杨春青）

【劳动就业】 年内,广开就业门路,搭建供需平台,调查走访朝阳大悦城等39家企业,举办7场大型招聘会,提供就业岗位3629个,实现就业1297人。

（杨春青）

【重点村整治】 年内,坚持执行绿隔拆迁政策,保持乡域范围内拆迁政策的一致性和延续性。在重点村姚家园村的拆迁整治中,采取“分阶段、分地块”实施拆迁的方式,有力把控局面,保持安全稳定。大力宣传重点村拆迁整治的目的意义,充分利用《百姓平房周报》跟踪报道,及时向群众解读政策,通报拆迁腾退进程,最大限度赢得被拆迁户的理解支持。深入展开动员、帮扶工作,逐户分析,责任到人。全年拆除住宅面积12.9万平方米,拆除非住宅面积13.43万平方米。12月11日,市委常委、统战部部长牛有成等市区领导莅临视察拆迁整治进展情况,对工作给予充分肯定。12月27日,举行姚家园村回迁房项目开工典礼。地区被评为市城乡结合部重点村建设先进乡。

（杨春青）

【平安建设】 年内,深入推进“一网、两库、三关”维稳体系建设。加强社会治安综合治理,开展校园周边安保、环境秩序百日整治、“脉冲”行动、楼房群租房清理整治等专项行动,整顿各类违法行为900余起。发挥城市管理指挥中心科技创安作用,接报解决各类问题409起。加强流动人口服务管理,以房管人、以证管人,有效稳控流动人口规模。深入开展安全生产大检查,大力整改安全隐患,有效杜绝安全事故。针对绿隔拆迁群体访事件频发问题,党政领导靠前指挥,信访维稳指挥部、村、社区有效联动,第一时间与上访群众沟通交流,宣传政策法规,有效稳定群众情绪。坚持领导班子周会商,信息预警日报告,加强信访苗头综合研判,有效处置,确保了维稳形势总体可控。地区被评为“首都国家安全工作先进集体”。

（杨春青）

【环境建设】 年内,大力开展拆控违“四月行动”,拆除违法建设5590平米。推进垃圾分类试点工作,健全制度,完成数据台帐管理,加强对村、社区、学校、物业公司的垃圾分类指导培训。新建垃圾分类运转站2处,组织大规模环境卫生整治活动10次,清理暴露垃圾60吨、堆物堆料52处、小广告1200张、无照游商130处,规范店外经营600家,与1303家社会单位签订“门前三包”责任书。加强市政道路基础设施建设,安装道路照明设施,方便百姓安全出行。

（杨春青）

来广营地区(乡)

【概况】 来广营地区位于北京市南北中轴线北端东侧,朝阳区的东北部。东邻孙河乡、崔各庄乡;西与奥运村乡、大屯街道接壤;南与望京街道、大屯街道相连;北与昌平区东小口镇、北七家镇毗邻。来广营乡源于1961年4月成立的来广营人民公社,1982年改为来广营乡人民政府,

2003年2月经北京市批准成立朝阳区人民政府来广营地区办事处。辖区面积20.98平方公里,下辖17个社区,5个行政村。全地区常住人口6.9万人,流动人口4.2万人。年内,地区经济总收入80.79亿元,同比增长15%;利润总额4.5亿元,同比增长24.6%;乡属税金2.72亿元,同比增长9.8%;辖区税收8.5亿元,同比增长12%;形成区级财政收入3.2亿元,同比增长27%。

地址:红军营南路甲1号
电话:84953336
邮编:100012

(罗爱国)

【领导调研】 1月27日,区委副书记宋连娣到地区检查安全生产工作。2月20日,市委书记刘淇,市委副书记、市长郭金龙来到北苑村,就加快城乡结合部建设、推进城乡一体化发展进行专项调研。3月12日,全国100多名处级以上科协干部到绣菊园社区、茉藜园社区和温馨家园考察科普社区建设情况。5月7日,市政府研究室副主任于鸷隆、市委宣传部舆情处处长邓春富、市政府研究室农村发展处蔡少庆到来广营地区就如何"加快城乡结合部建设,推进城乡一体化发展"工作进行调研。5月14日,外交部党校第51期学员共40余人在外交部机关党校教务处长、大使胡业顺的带领下,到来广营地区进行国情考察。5月28日,中央巡视组到清河营郊野公园调研区郊野公园建设情况。6月22日,中央文明委创建全国文明城区专家组到地区调研和指导区全国文明城区创建工作。10月25日,市科协副部长张士贤带领市创新型科普社区指导员及新疆和田地区科协领导一行70人考察绣菊园社区。

(罗爱国)

【党建工作】 3月30日至31日,地区召开党建工作研讨会。6月8日,举办"争做优秀共产党员,永葆党员先进性"主题演讲比赛。6月25日,组织机关全体党员和社区、村、直属企事业单位的部分党员260人参加专题党课学习。6月28日,召开纪念中国共产党建党89周年暨表彰大会。"七一"前夕,地区工委班子成员和区党代表分组慰问9名建国前入党的老党员和4名生活困难党员,并送去13000元慰问金和慰问品。7月20日,组织机关党员和村、社区、直属企事业单位、两新党组织的干部及党员代表300多人共同观看电影《老百姓是天》,大力弘扬党的优良作风,发挥先进典型示范教育作用。11月19日,举办理论中心组(扩大)学习暨十七届五中全会专题讲座。年内,公开招聘19名大学生社区工作者,选拔30名基层后备干部。绣菊园社区党委成立了以热衷社区环保的老党员腾铭为核心的社区科普小组;紫绶园社区党委成立以区乡优秀党员李增江命名的30多名党员组成的社区党员环保服务队。

(罗爱国)

【郊野公园建设】 4月29日,清河营郊野公园举行开园仪式,市委常委、统战部长牛有成,市有关部门领导安钢、张宏图,区委书记陈刚、区长程连元,地区工委书记张克斌、办事处主任马文虎等出席开园仪式。

(罗爱国)

【定向安置房建设】 9月15日,地区土地储备定向安置房"来北家园"项目正式开工。该项目位于北苑村,总用地面积为80386平方米,总建筑面积260825平方米,项目共计8栋高层板式住宅楼、4栋配套公建楼和1栋幼儿园,建设周期为16个月。

(罗爱国)

【工青妇工作】 11月26日,地区总工会正式成立,同时举行第一次代表大会,辖区基层工会的110名会员代表参加会议,张淑田当选为第一届总工会主席,选举产生工会委员会委员11人、经审委员会委员3人、女工委员会委员3人。年内,围绕保护妇女、儿童合法权益,开展普法教育、知识竞赛和家庭教育知识讲座31场。14个社区(村)妇联成立巧娘工作室,为14名妇女找到就业岗位。接待妇女来访4起,均得到满意结果。对地区上年度22户五好文明家庭标兵进行表彰。大力推广健身活动,普及女性健身操,朝来绿色家园社区被评为市妇女健身示范站点。

(罗爱国)

【社会保障与服务】 年内,立足群众需求,重点解决好群众关心的热点难点问题,让改革成果惠及地区群众。城乡养老保险、城镇居民大病医疗保险等参保人数达4760人,发放社保卡3759张,新型农村合作医疗参合率达到99.23%。加大对弱势群体的帮扶力度,全面落实各项社会救助政策,发放低保金48万元,涉及53户、86人,为51人次发放各类救助金17.79万元。爱心家园投入14.4万元,对辖区困难家庭进行生活救助951人次,发放两节慰问金5.25万元,办理丧葬补贴26万元。为灾区募捐资金33万余元、过冬衣被1万余件。为282名残疾人发放各类补助及慰问金41.12万元,118名重度残疾人享受助残券,受益金额8万元,为17名残疾人家庭进行无障碍设施改造。编撰《九送助民政策汇编》,使各项惠民政策深入人心。加大就业培训和空岗开发力度,培训农村劳动力及失业人员1366人,开发空岗2286个,新增就业360人,对600余家企业用工情况实现"网络化"、"网格化"管理。红军营南路劳动用工规范一条街通过验收。妥善处理15起建筑施工工地农民工讨薪事件。继续狠抓计划生育工作不放松,新出生上报766人,计划生育率达99.7%。办理育龄妇女迁出迁入2417人,按政策审批一孩二孩770人,办理独生子女证321人,办理各种奖励扶助64人,为594名流动育龄妇女进行了生殖健康检查。为8000名儿童接种疫苗。开展红十字募捐和博爱救助活动,完成52家单位义务献血。地区办事处被评为区民政工作优秀单位。

(罗爱国)

【文明城区创建】 年内,围绕文明创建工作主题,结合"五一"、"七一"、"十一"等时间节点,开展"我们的节日"系列活动,开展演讲比赛、征文大赛、慰问演出等活动,举办15场"讲文明、促创建、文化社区行"活动,开展科教、文体、法律、卫生"四进社区"活动,举办多场百姓故事会,以身边的人、事带动更多的人参与文明城区创建工作。4月8日,地区召开创建全国文明城区动员大会。5月8日,举办"五月鲜花"文化活动。7月15日,举办"创建全国文明城区监测评价系统工作培训会"。8月10日,召开创建全国文明城区工作推进会。8月24日,召开在施工程推进绿色工地创建全国文明城区工作会。10月15日,召开区联动创建全国文明城区地区环境建设推进大会。11月5日,召开区创建全国文明城区农村系统工作例会暨"条块联动"经验推广会。11月29日,召开创建全国文明城区经验交流暨工作推进会。12月13日,召开创建文明城区"条块联动"阶段工作汇报会。极大地提升了文明创建知晓率,形成全民创建、全域创建的良好局面。

(罗爱国)

【经济建设】 年内,经济发展质量显著提升。个人出租房屋税款征收更加规范,出台《来广营个人出租房屋代征业务流程》、《个人出租房屋税款征缴奖励制度》等文件。规范、完善2007年－2009年三年的6600余笔代征业务,全年实现代征税款1000万元。成功回迁异地纳税企业3家,增加辖区税金3684万元。新增纳税企业205家,增加辖区税金800万元。实施集体单位投资项目评审,评审项目33个。完成上年年终分配方案执行情况、干部任期审计等工作。完成本年度的农村信息化工作和第六次全国人口普查工作。

(罗爱国)

【城市管理】 年内,投资10万余元对五环路两侧环境进行整治和美化,修缮朝来绿色家园破损道路,升级改造时代庄园北侧市场。加强地区环卫保洁和市容环境整治,出动保洁人员180余人次,清理暴露垃圾300余吨。开展垃圾分类工作,发放垃圾分类专用垃圾桶125个。实施绿化面积270亩,更换朝来绿色家园小区外围绿植。提高数字化城市管理水平,网格案件结案率达到98%。实现北苑东路全线通车、北苑路北延等多条道路的建设,完成新北路北段和立城苑南路的硬化,新建公厕6个。推进"新天国际二期"、"动感花园"项目的征地工作。对群众反映突出的黑车、游商、道路遗撒、夜施扰民等问题进行专项整治。对施工工地联合检查120余次,提出整改60余次,查处非法运营摩的51辆,查处渣土遗撒大车42辆,取缔无照摊群57起,整治夜市排档32家,整治户外广告2340条块,安装10块电子指示牌,查扣非法张贴、散发小广告2万余份,三级挂帐乱点地区环境秩序明显好转。完成对立水桥城铁站东北侧、北方明珠大厦南侧三角地的整治与美化。拆除茉藜园北门私搭乱建的棚户和简易房屋,清理长期在此处聚集的无照经营商户和钉子户,建立规范的便民服务摊点。对小清河北岸5000余平方米的违法建设和新北工业区内8000余平方米的违法建设进行拆除。全年共拆除违法建设44处,面积14800平方米。

(罗爱国)

【平安建设】 年内,以维护地区社会安全稳定为目标,完善领导包案制度,立案18件,全部得到有效化解。充分发挥人民调解、行政调解和司法调解的作用,共调解各类纠纷648件。社区服刑人员和帮教安置对象未出现脱管失控和重新犯罪现象。完成"五五"普法验收工作。新增综治消防协管员23人,新设立流动人口管理分站3个。增加探头7处,完成地区老旧小区147个门禁维修工作,完好率达到98%。加强校园周边安全及综合整治,门前全部安装监控探头,形成由民警、联防队员、治安志愿者和保安组成的巡控网络。推行"一警两员"进社区工作。强化生产经营单位生产安全,落实以安全生产年"三项行动"为主线的隐患排查整治工作,累计检查生产经营单位4000余家(次),整改隐患230个。采取多种有效措施,加强消防安全、交通安全、食品安全、娱乐场所安全、预防煤气中毒等多项安全工作,全年未发生甲方重大责任事故。

(罗爱国)

【社区建设】 年内,改善社区办公条件,完成黄金苑、莲葩园等几个社区办公用房的装修改造,总面积达1961平方米。建成社区服务站15个,建筑面积为50至150平方米,并全部投入使用。扎实推进社区科普工作,成功举办科技周活动。茉藜园社区被市科协评为市社区科普益民计划"优秀科普社区"。

(罗爱国)

【双拥共建】　年内，始终把双拥工作摆在地区工作的重要位置。以纪念建国和建军庆典为契机，宣传双拥光荣传统；以举办“八一慰问演出”、“军警民金秋艺术节”等演出，营造双拥共建环境；以每月升国旗仪式、定期国防知识讲座、法律进军营、开办少年军校等活动，提高居民国防意识。地区在推进双拥工作。同时，确保各项优抚政策落实到实处，为地区100余名优抚对象建立情况卡片，发放优抚金110万元。投入10万余元支持基层连队建设，为家庭受灾及困难官兵补助2万余元，协调有关部门为部队家属楼接通天然气，协调家属就业1人及子女上学、入托4人次。地区荣获“北京市双拥模范乡”称号。

（罗爱国）

【重点产业项目建设】　年内，抓好存量项目的管理和服务，完善汽车专卖板块、家居建材板块的建设，巩固百安居、东方家园、来广营西路汽车4S店一条街等行业支柱地位。大力推进增量项目建设，朝来购物中心项目完成回购，实现乡村两级股份合作制试点改造。杰华生物、中国寰球工程公司科研基地储备项目完成主体建设。朝来绿色家园10万平方米的底商全部完成招商任务。朝来温泉健康中心、老年公寓和朝来精品街，电子城西区B1、B5地块、一汽大众汽车培训基地等项目报批手续进展顺利，为地区未来经济发展提供充足后劲。

（罗爱国）

【土地储备】　年内，按照挂账重点村专项整治和市土地储备工作的要求，完成北苑村、白坟村、劈李坟村的搬迁腾退任务，搬迁腾退住宅704个产权院、3470人，总建筑面积31.9万平方米。腾退企业69家，总建筑面积23.56万平方米。

（罗爱国）

金盏地区(乡)

【概况】　金盏地区(乡)位于朝阳区东部，地处温榆河畔，北部、东部与顺义区、通州区以温榆河为界，南接常营乡，西邻东坝乡、崔各庄乡，北接孙河乡。辖区内有13个行政村，区域面积50.1平方公里，总人口达74318人，其中常住人口28600人，流动人口45718人。年内，实现经济总收入55.7亿元，比上年增长10.1%；实现利润总额1.8亿元，比上年增长10.8%；实现税金1.3亿元，比上年增长10.8%；人均劳动所得1.8万元，比上年增长8.2%。

地址：金盏大街2号
电话：84333130
邮编：100018

（赵希平）

【城乡一体化】　年内，加快推进城乡一体化进程，专门成立城乡一体化领导小组，制定城乡一体化实施计划，启动长店村、北马房村土地腾退工作，完成温榆河大道金盏段沿线拆迁腾退工作，机场二通道农民回迁安置房顺利峻工，长店组团农民回迁安置房建设二期工程开工建设。在土地腾退中，坚持做到统筹拆迁腾退与规划建设，统筹农民利益与发展集体经济，统筹当前利益与长远利益，注重解决好农民居住、产业发展、就业增收、社会保障、资产处置等问题，让全乡农民充分享受到城市化发展成果。

（赵希平）

【产业发展】　年内，加大产业调整升级力度，重点发展商务服务、商业、旅游休闲产业。一、二、三产比重由上年的1.5:50.1:48.4调整为1:27.3:71.7，第三产业支撑作用不断提升。非公经济总收入31亿元，占全乡经济总收入的78.5%，保持快速发展趋势。蓝调庄园项目新增投资2000余万元建设薰衣草园并正式对外营业，成为乡发展都市型现代农业的又一亮点。奥特莱斯作为地区首家大型休闲购物中心，建筑面积15300平方米，有50余家知名服装品牌店入驻开业。

（赵希平）

【经济管理】　年内，加强资金、资产、资源管理工作，对离任村干部进行离任经济责任审计；加强承包(租赁)合同管理工作，解除终止合同586份，终止合同面积9505.5亩。全面规范村级财务管理，严格开支审批、会计报帐等制度，严格控制非生产性开支。进一步明确压缩贷款担保责任和措施，确保民营及非公经济企业压缩贷款不低于20%，集体单位压缩在5%以上。产权制度改革逐步深化，成立乡资源资产股份合作联社，完成全乡13个村社员代表选举工作。

（赵希平）

【基础设施建设】　年内，为方便群众出行，开工建设皮沙路、东坝路、长店西路及温榆河大道等九条道路工程，全长2.6万米，硬化面积126万平方米。其中，温榆河大道建设建成通车，皮沙路完成全部翻修工程，其余道路完成市政管线铺设，东高路前期非住宅拆迁腾退工作基本完成。协调解决中组部干部学院配套市政设施建设，道路及配套设施建设顺利进行。为满足金盏居住组团的天然气用气负荷，配合温榆河大道工程，随路实施天然气高中压管线18.9公里，新建高压B调压站1座。

（赵希平）

【环境整治】　年内，坚持土地储备与整治并进，边储备、边整治，落实常态化管理要求，成立环境绿化管理站，强化地区环境管理，整治重点环境问题，扎实做好重大节日环境保障，认真办理环境网格案件，全年接到环境派遣案件63049件，结案11805件。开展环境秩序“百日整治行动”，规范查处无照经营、规范“门前三包”，及时清理垃圾渣土和非法喷涂张贴。做好全乡绿化管理养护工作，新增二道绿化面积535亩。通过ISO14001环境管理体系认证年度监督审核。

（赵希平）

【劳动就业】 年内，针对拆迁腾退后就业劳动力需求急剧增加的挑战，实施积极的就业政策，内挖潜力，外拓渠道，岗位开发由就业基地扩大到邻近街乡，在用人单位和劳动力之间搭建岗位对接平台，提供更多的就业岗位，妥善安置一部分劳动力，同时巩固扩大“牵手公交”就业成果。开发岗位2421个，安置就业422人。

（赵希平）

【社会保障】 年内，贯彻落实市区各项保障政策，关注贫困群体，分类施救并扩大救助范围，为贫困家庭发放救助资金15.7万元，爱心超市三批救助171户低保家庭。完成32户保障性住房审报工作。推进居家养老服务，成立乡级日间照料托老所，开办老年餐桌，464人享受居家养老服务，覆盖率100%。重视提高医疗保障水平，合作医疗、大病医疗参保率均达98.24%，合作医疗筹集资金460多万元，大病医疗报销总额534余万元，基本医疗报销总额460余万元。认真做好粮食直补、群众饮用水安全保障等各项农业服务工作，群众生活水平稳中有升。

（赵希平）

【平安建设】 年内，深入开展“平安行动”，建立乡综治维稳工作中心，完善硬件设施、各项制度和人员责任。完成乡城市化管理指挥中心基础建设，并在各村建立分控中心，安装覆盖全村的监控系统。组建700余人的治安巡逻志愿者队伍，对责任区域实施24小时巡查，对重点部位加强管控。强化流动人口服务管理，出租房屋比上年下降28%，流动人口比上年下降15%。从严格制度、加强检查入手，狠抓防火安全、交通安全、工地安全和食品安全工作，有效预防事故发生。安全生产强化专项检查与整治，以深入推进“安全生产年”为主线，加强安全生产隐患排查治理，检查企业及单位1231家次。高度重视做好信访工作，加大矛盾排查化解力度，全年接待来访88件，调处成功82件，成功率93%，维护了地区和谐稳定。

（赵希平）

【文明城区创建】 年内，参与创建全国文明城区，成立由乡主要领导任组长的创建领导小组及乡创建办，专门负责创建工作，加强组织领导，对311项创建内容逐一进行梳理、分类，实行责任制，分工负责抓好落实，通过召开动员大会、树广告牌、知识问答和致全乡村民的一封信等形式，普及文明创建知识，营造浓厚创建氛围，调动全乡干部群众参与创建热情。弘扬主弦律，积极开展优秀电影进社区、文艺演出进乡村、体育比赛等丰富多彩的文体活动，增强创建全国文明城区效果。

（赵希平）

【残疾人工作】 年内，完成170名重度残疾人助残券的审批发放，依托社会资源拓宽康复、就业渠道，开展文体活动，安排11名残疾人就业，为45名重度残疾人办理了生活补助，实现残疾人“人人享有康复服务”。

（赵希平）

【村委会换届选举】 年内，坚持以“两法一规程”为依据，严格把握推选选委会、选民登记、推荐提名候选人等环节，坚持乡副职、科室包村、党员包户工作机制，做到责任落实、宣传发动、教育引导、解决问题、程序操作“五到位”，确保第八届村委会选举工作全面完成。

（赵希平）

奥运村地区(乡)

【概况】 奥运村地区位于朝阳区西北部，东抵来广营乡，西接海淀区，南与亚运村街道和大屯街道接壤，北临昌平区。辖区面积18.8平方公里，总户数50306户，户籍人口131403人，居住人口约110563人。社区居委会12个。法人及产业单位数1864家，其中法人单位：1722家，产业单位142家。有中小学校8所，大学3所，医院5家；奥运村地区地处奥运核心区域，包括了“鸟巢”、“水立方”等7个奥运会竞赛场馆；600公顷的奥林匹克森林公园；北京奥运村科技园位于本辖区，区域内有中国科技馆、中科院感光所及天文台、中国环境科学院等十余家企事业单位；有三星级以上酒店有4个（北京凯迪克格兰云天大酒店、北京胜利饭店、北京塔里木石油宾馆、北京亚奥国际酒店）；有北顶娘娘庙、龙王庙、弥陀古寺等历史古迹。奥运村地区是集文化、旅游、休闲为一体的特色区域。

地址：安立路28号院3号楼
电话：84945556
邮编：100107

（甘剑雯）

【走访慰问】 1月20日，地区残联开展“两节”走访慰问活动，工委书记张永红、办事处主任胡杰华等领导对辖区内180户重残、一户多残、老残一体、单亲贫困残疾人家庭进行走访慰问，送去近11万元的慰问金和米、油、鸡蛋等年货及慰问品。

（刘剑峰）

【环卫设施建设】 1月25日，居民多次反映南沙滩、科学园、北沙滩地区无公共厕所设施,给附近居民带来很大不便。为解决此问题,规划建设管理科与区市政市容委、区环卫中心多次协调,实地勘察,确定三处公厕地点,经过紧张的规划、测绘、施工,年内南沙滩公厕建成,并投入使用,科学园、北沙滩两处公厕正在筹备。

(郭玉群)

【区领导指导工作】 2月20日,区长程连元一行来到地区指导工作,地区领导班子全体成员参加座谈会。工委书记张永红汇报地区"一个目标、二个提升、三个优势、四个探索、五个工程"的工作思路,程连元表示认可,并提出四点要求:一是充分把握区域特征。要紧紧把握地区国际化、开放化以及文化体育高度发达等一系列区域特征,密切结合实际工作,做到理念超前、谋划超前、操作超前。二是着力突出工作亮点。奥运村地区是北京、全国、乃至全世界瞩目的聚焦点。要围绕全国文明城区的创建工作,注重提升,抓出亮点,真正体现出奥运地区的标志性。三是不断夯实基层基础。要关注新型社区建设中的矛盾点,积极探索以党组织为核心、以政府为基础、以社区居委会为枢纽,有效统筹物业公司、业主委员会和社区居民的管理模式。四是加速推进产业发展。作为奥运功能核心区域,要对接功能区产业规划,有针对性地提升环境水平、优化服务质量,主动引进文化体育产业项目,积极引导未来产业发展。最后,程区长对地区党员领导干部一年来的辛勤工作表示慰问,并鼓励地区领导班子"守着最有特色的这片区域干出最有特色的一番事业"。

(刘全红)

【党建创新】 3月,以"资源整合、项目管理"为主线,走进社区,聘请专家研讨,启动4个党建创新项目:一是南沙滩社区的"走动式工作法",架构"楼-院-社区"一体化的走动联系模式,改变了南沙滩社区没有物业、无人管理的现状。二是风林绿洲社区成立"风林国学社",年底已有社员1300人。三是万科星园社区成立"城市学学习俱乐部",向居民发放相关学习材料,组织社区居民、党员代表参与编写《城市学简明读本》,吸引了社区居民、辖域单位加入。四是运动员村社区组织党员群众参观展览会、博物馆,参加中科院奥运科技园区科普开放日等活动,邀请研究院的专家走进地区,进行各种类型的科普讲座,提升地区居民科普素质。

(张振萍)

【房屋安全普查】 3月份,对辖区内1980年以前的住宅楼及平房进行一次房屋安全普查,查房屋建筑面积602.45608万平方米,其中92.8%为完好房,建筑面积为558.86948万平方米;6.4%为基本完好房,建筑面积为38.5941万平方米;0.76%为一般破损房,建筑面积为4.5825万平方米;0.04%为严重破损房,建筑面积为0.41万平方米,并无危险房。同时针对房屋产权单位进行了摸底清查,经统计,地区房屋产权单位或管理单位共计62家。

(郭玉群)

【创建全国文明城区】 3月1日,召开地区本年工作会暨创建全国文明城区动员大会,中国科学院生物物理研究所、中国船舶重工集团第七研究院、中国科学院奥运村园区管委会办公室、武警总队一师、区文明办、区农委、地区工委、办事处有关领导出席大会。机关、社区全体工作人员,区人大代表,辖区单位代表,共建部队代表,党员代表,楼门组长等共600余人参加大会。会上,办事处主任胡杰华详细阐述"围绕创建全国文明城区的工作目标,狠抓两个提升,传承三个优势,开展四项探索,扎实推进五项工程"的工作思路。辖区单位及居民代表分别发言,表示要为地区创建全国文明城区工作做出积极贡献。工委书记张永红强调,全地区要认清形势、把握工作核心点,要在创建工作中"抓精、抓实、抓细、抓长",以创建全国文明城区工作为统领,推进地区全面协调可持续发展。

(刘全红　任炎明)

【'三八'妇女节表彰大会】 3月3日,地区妇联在解放军306医院礼堂召开"奥运村地区纪念'三八'国际妇女节100周年暨表彰大会",区妇联主席黄敏、地区工委书记张永红、办事处主任胡杰华及地区副职领导出席大会,机关全体女同志,地区历届妇代会主任,先进个人代表等700余人参会。会上表彰妇联工作先进个人、五好文明家庭等8个奖项,计109人。3月4日,朝阳有线晚间新闻对地区纪念大会进行了报道。

(郭宝玉)

【居家养老(助残)】 3月9日,地区领导张永红、胡杰华、李书香、范二丽和地区居家养老办公室工作人员来到地区居家养老(助残)餐桌定点单位——京诚小院餐厅,进行实地考察。地区共有居家养老(助残)餐桌9家,总营业面积4200余平方米,日平均服务老年人600余人次。从4月至年底,结算养老服务券28万余元。实现了养老(助残)餐桌全覆盖,达到打造"一刻钟服务圈"的要求,满足地区老年人的就餐需要。

(刘剑峰)

【劳动监察】 4月至9月,开展"劳动用工规范一条街工程"工作。对西奥中心内52户用工单位进行规范。实现了用人单位100%与员工签订劳动合同,100%给员工缴纳社会保险费，工资按时发放，制度规范，工时管理规范。

（陈冬云）

【残疾人运动会】 4月21日上午，市第五届特奥运动会在区体育中心举办。在运动会上，奥运村地区残疾运动员比赛成绩优异。在田径项目比赛中，残疾人运动员王科科、尤智分获铅球和400米比赛冠军。尤智同时还获得4＊100米接力冠军和200米亚军。女子运动员霍晓昀表现突出，同时获得女子100米、跳远和4＊100米接力三枚金牌。

（刘剑峰）

【供水管线调查评估】 4月中旬，针对2000年以前竣工的住宅楼房，进行户内供水管线调查评估，共涉及辖区内住宅楼166栋，经过初步摸底调查、筛选，根据《北京市户内供水管线调查评估工作实施细则》的相关要求，按照竣工年代、住宅楼位置分布，从中抽取10%作为样板楼，年底已完成住宅楼基本信息台账，选定科学园南里316楼等20栋住宅楼作为样板楼上报区房管局。

（郭玉群）

【联合执法】 4月23日，朝阳分局治安支队，奥运村工商所，公园管委会，地区办事处综治办、奥运村派出所等部门，针对区级挂账整治治安重点地区——水立方周边的无照经营现象，进行联合执法。此次行动出动38人，检查并取缔1家无照经营场所，暂扣奥运纪念品31箱，没收兜售工具（皮包）30件。

（陈静仪）

【社区工作】 4月27日，社区办组织实施在社区工作者中公开竞聘社区服务站副站长，通过竞聘，选拔出乔保蕊、乔海彬、胡庆英、任利霞、武剑丽、尹雷丽、王伟7位服务站副站长。12月5日，对地区12个社区共130名社区工作者工资待遇进行调整，确保每一名社区工作者的切身利益，推进了地区社区工作者队伍职业化、专业化进程。

（方　泽）

【风林绿洲社区国学社启动】 6月13日，在中国传统节日端午节来临之际，地区在风林绿洲社区广场举行创建全国文明城区推进高潮日活动暨风林绿洲社区国学社、诗词广场启动仪式。市委党校教授、市社区建设专家组副组长吴刚，区委副巡视员、创建办执行主任刘英男等出席。办事处相关科室、各社区负责同志，风林绿洲社区社会单位代表、广大居民参加活动。地区办事处主任胡杰华与刘英男共同为风林国学社揭牌；北京明明德国学院理事高海为风林国学社赠送经典国学读物《论语》500本。启动仪式结束后，相关领导、嘉宾参观了风林国学社国学讲堂，并对地区社区党建、社区文化建设工作给予肯定。

（任炎明）

【清除城市牛皮癣倡议活动】 6月20日，与区创建全国文明城区办公室、区精神文明办公室共同主办，北京京城皮肤病医院承办的“建设优美环境 塑造优美朝阳——万名志愿者清除城市牛皮癣大型公益活动”正式启动。来自北京工业大学的志愿者们向大家发起“从我做起，清除城市牛皮癣，还城市美丽容颜”的倡议。

（郭玉群）

【国际禁毒日宣传】 6月26日，地区综治办在万科星园社区设立主宣传站，开展以“珍爱生命 远离毒品”为主题的国际禁毒日宣传活动。办事处常务副主任李建强亲自带队，在宣传现场悬挂了3条横幅，摆放展板4块，张贴宣传贴图10张，发放禁毒宣传手册、彩页2000余份，发放禁毒纪念品600余个，各社区分宣传站共张贴宣传贴图36张，辖区受教育群众约2万人。

（陈静仪）

【联合大检查】 7月6日，由地区综治办牵头，联合派出所、城建科、计生文教、城管等部门，协同消防支队、工商所、建委、食品卫生监督所等执法部门，针对消防安全、食品卫生安全、私搭乱建、无照经营等问题开展联合大检查。出动16人，车辆4辆，检查单位6家，发现安全隐患8处，立即整改3处，发现违章建筑2处，依法进行处罚，并责令限期整改；发现无照餐馆4家，全部责令停业整顿。针对地铁口、大型超市等可能出现黑车的重点部位，开展“脉冲行动”。出动人员120人次，车辆20车次，查扣黑车50辆。

（陈静仪）

【双拥工作】 7月21日，地区工委书记张永红、办事处主任胡杰华带领党政领导班子成员慰问地区11支共建部队，为各部队送去价值44万元的慰问金和慰问品，并与各共建部队领导座谈，共商地区双拥工作大计。

（王有才）

【少年军校成立】 7月22日，举办南沙滩小学少年军校成立仪式暨军事训练成果汇报表演。地区领导张永红、胡杰华、李建强、张宝会、王有才、李书香、方泽、崔美利，共建部队武警一师政治部副主任席思宝，武警五支队副政委马国忠，61606部队教导队队长高亮，南沙滩社区党委书记张惊志，南沙滩小学校长王虹，社区居民代表、师生代表、家长代表等300余人参加仪式。

（王有才）

【“红立方”党员服务中心建成】 8月，建成总面积1000余平方米的

“红立方”党员服务中心，服务中心集党员教育、管理、培训、服务、交流于一体，设有接待大厅、地区博物馆、电教室、多功能室、形体房、党员活动室、图书室、书画手工室等，是辖区内党组织和广大党员群众开展文体活动和教育的重要阵地。

(张振萍)

【区领导调研】 10月14日，区委常委、区委组织部部长陈宏志到地区调研，并参观“红立方”－奥运村地区党员服务中心和龙祥社区，充分肯定地区党建等方面的工作。

(刘全红)

【第六次全国人口普查】 10月31日晚22时—11月1日零时，开展全地区人口普查“零点行动”，人口普查入户登记工作全面展开。截止11月10日，自11月1日正式开始的为期10天的第六次全国人口普查入户登记工作落下帷幕，入户率及人口登记率均达到100%的工作目标。12个普区、638名普查员、普查指导员齐心协力，攻坚克难，完成入户登记工作任务。

(常华堂)

【走访中国文学艺术界联合会】 11月10日，副区长张春秀带领区政府办、区市政市容委、区文化委等部门走访中国文学艺术界联合会。地区工委书记张永红、办事处主任胡杰华陪同。张春秀一行参观了艺术展厅，随后双方进行深入交流座谈。张春秀表示将全力为中国文联做好服务工作，并就市区交通环境和百姓出行等方面进行了研讨。张春秀希望中国文联能够发挥文化资源优势参与区域文化建设，为拓展区域文化内涵、打造区域文化品牌、繁荣群众文化提供支持。中国文联办公厅张显力副主任表示，今后要加强与地区沟通交流，积极共享各类文化资源，为区域文化建设和改善交通环境等方面作出应有贡献。

(陈　勇)

【商务楼宇服务站】 11月，成立中共奥运村地区社会工作委员会，吸纳瑞丰投资管理有限公司党支部等非公经济组织、西奥中心等商务楼宇服务站等加入，消除非公企业党建工作空白点。实现西奥中心、名苑雅居、金苑大厦3个商务楼宇服务站规范化建设，统一标识、统一制作、统一管理，配齐配强人员和设备。

(张振萍)

【地区总工会正式成立】 11月24日，地区工会第一次代表大会在奥运村地区办事处会议室召开。区总工会常务副主席李琪，地区工委书记张永红、办事处主任胡杰华等出席大会，辖区各行业代表50余人参加，大会由工青妇办公室主任郭宝玉主持。会上选举产生地区总工会第一届委员会委员、第一届经费审查委员会委员和第一届女职工委员会委员。

(郭宝玉)

【地区社会建设协调委员会成立】 11月25日，地区社会建设协调委员会成立，这是在“政府、企业、社会”合作治理新模式下区农村系统成立的第一家协调委员会。地区工委召开社会建设协调委员会代表大会，审议并通过《北京市朝阳区奥运村地区社会建设协调委员会章程(草案)》和《北京市朝阳区奥运村地区社会建设协调委员会会长、副会长、秘书长、理事会理事长名单》。区委农工委副书记李华和地区工委书记张永红为社会建设协调委员会揭牌，由地区120家单位和个人组成的地区社会建设协调委员会宣告成立。中国曲艺家协会党组书记姜昆担任协调委员会会长。

(任炎明)

【“12.4”全国法制宣传日】 12月4日是“12.4”全国法制宣传日确立10周年纪念日。地区司法所联合劳动科、综治办、安全生产监察科、计生文教、工青妇、统计科、恒德律师事务所、奥运村法庭等相关部门，在万科星园社区普法广场开展“12.4”法制宣传日活动，同时其它社区以不同形式开展活动。围绕本年“12.4”全国法制宣传日系列宣传活动主题——“弘扬法治精神，促进社会和谐”，发放《生活与法》、《朝阳区法制宣传系列连环画》、《劳动合同法》、《安全生产条例》、计划生育法律法规及道路交通安全常识例话等图文并茂的法制宣传图书1万余册，法制宣传材料5000多份，展板20余块，受教育群众近万人次。

(范玉生)

【税源工作】 年底，地区办事处实现区级财政收入3.03亿元，超额完成全年1.9亿元的指标任务。

(李桂英)

【环境卫生】 年内，配合区市政市容委，协调相关单位做好责任区的认定，横到边、竖到底、不留死角，尽到告知责任。做好“门前三包”工作，签订责任书572份，强化责任人的责任意识，加大工作力度，做到形式和内容统一。同时加强对偷倒垃圾渣土的巡查监控和清理整治力度。坚持日常巡查，处理好突发事件，全年清理整治偷倒垃圾、渣土178车，查处偷倒渣土车辆37起，总计965吨。

(郭玉群)

【垃圾分类】 年内，根据《朝阳区进一步推进垃圾减量垃圾分类工作实施方案》精神，对辖区餐饮单位进行了全面摸底调查，建立台帐，并做好开展生活垃圾分类投放环节宣传动员准备工作。制作并向居民群众、社会单位、党政机关、学校发放“致居民垃圾分类一封信”和“垃圾分类指导手册”等宣传材料5000余份。每月开展不同主题的“城市清洁日”宣传活动,发放宣传材料1000余份,悬挂宣传条幅51条,发放环保袋200余个,环保节能手册600余份。并通过召开座谈会、举办专业培训、组织居民及社会单位到高安屯垃圾焚烧发电厂参观等多种形式,解除群众对生活垃圾分类运输和处理的困惑。

(郭玉群)

【施工工地管理】 年内,地区有工程项目34个、单体58个、总复工面积86万平方米;已完成竣工项目20个、单体22个、面积36万平方米。对地区15个在施工程项目的安全主体行为,现场实体防护三宝、四口、高处作业、临边防护、大型机械、临时用电、电梯井承重平台、大模板安装使用、消防、食堂卫生、防煤气中毒、液化气罐、特殊工种持证上岗,元旦、春节期间禁止燃放烟花爆竹,监理单位履职履责和建筑施工非法违法行为等,进行专项检查。对入场人员4666人的考试情况进行抽查。全年检查施工工地423次,查出安全隐患1512条,发出限期整改检查记录313份,全面停工整改39份,局部停工整改18份,对19个单位进行现场处罚,对存在重大安全隐患的22个单位给予立案处理,现场书面文字提示453条。

(郭玉群)

三间房地区(乡)

【概况】 三间房地区办事处位于朝阳区东部,通惠河畔,与管庄地区办事处、常营地区办事处、豆各庄地区办事处、平房地区办事处、高碑店地区办事处接壤,属首都总体规划定福庄边缘集团核心区。距天安门广场10公里、CBD核心区6公里,地理位置优越。辖区面积8.75平方公里,有11个行政村,13个社区。据第六次全国人口普查统计,截止11月30日,地区普查登记总户数57555户,总人数153137人。其中现有人口129467人(含出生919人)、户在人不在人、死亡326人、港澳台及外籍961人。年内,地区实现经济总收入233778.8万元,利润总额完成9895.4万元,税金完成3539.6万元。

地址:建国路22号
电话:65420015
邮编:100022

(秦杨华)

【“运河·新时尚”地产获奖】 3月28日,2010(第七届)中国商业地产行业年会暨年度颁奖盛典在四川成都拉开帷幕,区重点发展的文化创意产业项目“运河·新时尚”摘得中国最具创新商业地产项目奖。“运河·新时尚”创意产业项目是由区政府策划,乡政府主办,市通建合美投资管理有限公司投资兴建,属于通惠河文化创意产业规划区的配套商业综合项目,项目总建筑面积18万平方米,分两期开发,整个项目由“运河 .新时尚酒吧街”、“运河·新时尚—汇通时尚购物中心”和“汇通滨水动漫城”三部分构成。运河新时尚项目建设已完成,其中滨河动漫城为房地产项目,已经入住。汇通时尚购物广场正在办理营业执照及税务登记等开业前的各种手续。

(秦杨华)

【民营企业献爱心】 5月5日,市通建合美投资管理有限公司向红十字、区捐赠中心、区慈善协会、工会、妇联捐款现金50万元和价值130万元的两辆房车作为玉树灾区的办公场所。

(秦杨华)

【成立回迁安置房监督小组】 9月20日,成立土地储备安置房建设工作监督小组,由乡人大代表、村民代表和相关机关干部组成,共33名,其中群众代表占60%,干部占40%。主要职责:一是加快推进安置房建设进度,确保百姓能够按时回迁;二是强化项目日常管理和动态监管。三是规范资金申报使用流程,确保资金使用安全。

(秦杨华)

【北京银行入驻天籁轩】 9月28日,引进入驻天籁轩的北京银行双桥支开始试营业,10月26日举办开业庆典。北京银行双桥支行的入驻,缓解了南部区域银行网点少的局面,为南部地区居民储蓄、缴费等提供便利,也成为地区新的经济增长点,推动地区产业集聚与产业链条的延伸。

(秦杨华)

【工会工作】 11月26日地区总工会成立,由15名委员组成,经费审查委员会和女工委员会各由3名委员组成。年内,对25人以上的27条非公企业进行调研,组建基层工会3家,入会员工96人。对8家独立工会收缴会费25800元,对11家联合工会收缴会费11000元,5家社会单位工会收缴会费3800元,总计40600元。

(秦杨华)

【拆除定福庄中街违法建设】 12月21日,区城管大队联合公安朝阳分局、工商朝阳分局等部门集中整治定福庄中街的街面环境问题,对人行便道上搭建的56间简易结构违法建设进行拆除。

(秦杨华)

【乡域经济】 年内,为解决土地储备区域拆迁腾退后出现的就业问题,乡党委、政府立足民生需求和发展需要,以开发和利用乡域内的资源,盘活闲置资产,开拓集体资产保值增值新举措,提出由诚信腾远投资公司(负责集体资产运营)全额注资筹建停车管理公司、三间房动漫服务有限公司、三间房动漫投资管理有限公司。诚信安顺停车管理有限公司进入正常运转,解决本地区就业人员24人。动漫商务服务有限公司解决本地区就业人员7人,入驻企业4家。三间房动漫投资管理有限公司与工业和信息化部软件与集成电路促进中心签订“共建国家软件公共服务平台北京动漫分中心(朝阳区)合作协议书”。

(秦杨华)

【土地储备拆迁】 年内,继续做好土地储备腾退工作,至11月30日,非住宅拆迁共腾退企业226家,拆除建筑面积42.4万平方米,已完成非住宅腾退总面积的98%。其中,定福庄西村美福园娱乐城按照与定福庄西村村委会签订的租赁协议和相关村民代表大会决议,已收回集体资产并实施拆除。住宅拆迁完成腾退938个院1576户4134人,腾退总建筑面积21.56万平方米。4个土储拆迁村中,定福庄西村全部完成土储腾退工作,三间房东村剩16户,定福庄东村剩14户,三间房西村剩116户。滞留146户,涉及578人,面积2.92万平方米。正式启动国有单位住户的腾退安置工作,至年底与84家住户达成《腾退安置协议》,房屋基本拆除完毕。

(秦杨华)

【土储资金监管】 年内,出台《土地储备资金财务管理制度》和《关于加强征地、拆迁腾退补偿资金管理的规定》,明确土地储备资金只能专项用于土地储备开发相关工作,不得改变用途。建立地区土地储备专户,规定土地储备资金应直接支付被拆迁人及单位,不得转移存储。配备专(兼)职财会人员,负责收支核算和资金管理,并参与土地储备重大事项的研究和讨论。设置土地储备资金专账,专账核算征地拆迁资金的收入、支出、结余。

(秦杨华)

【村容村貌整治】 年内,西柳村先后投资100多万元对村内主街路面和下水管线进行彻底改造,先后铺设管线300多米,铺装硬化道路面积4000多平方米。金家村投资20多万元对村内下水管线进行改造,铺装改造路面2000多平方米。东柳村垃圾压缩周转站迁址重建。区、乡两级政府先后投资近500万元,完成工业园区周边道路铺装硬化、下水、绿化、公共照明工作,该道路改造工作经区监理公司和区评审验收,被评为优质工程。完成金卫路路灯安装工作。经与区市政市容委和环卫中心协调,完成新房村和金家村各一座、杜仲公园两座,面积分别80平方米公共改造任务。

(秦杨华)

【农村集体资产管理】 年内,制定《三间房乡农村集体资产租赁经营合同管理制度》、《农村集体资产租赁经营合作项目管理办法》,规定未经乡政府同意不得以集体土地租赁进行经营合作,对已出租土地上的地上物核实产权归属,对投资主体不是集体的经过协商收归村集体名下,有效改变以出租土地为目地的经营方式,科学利用土地资源。按照规定与西柳村出租土地的投资人经过协商将10亩地上的建筑物约10000平方米收购在诚信腾远投资管理有限公司名下。为规范集体资产租赁经营合同的管理,发挥经济办指导监督的职能,对北京通顺京吉陶瓷艺术品国际商贸有限公司与金家村、西柳村、东柳村签订的租赁合同进行修改、完善、规范。

(秦杨华)

【农民新村回迁楼建设获设计奖】 年内,在市规委举办的“首届城市规划设计论坛”上,三间房乡D区土地一级开发农民回迁安置用房项目获得市级规划设计奖。D区土地一级开发农民回迁安置用房项目,位于定福庄边缘集团定福庄西路东侧,朝阳路北侧,黄渠南街南侧,双桥路西侧,即D1、D2、D3、C2四个地块,总建设用地面积11.92公顷,总建筑面积42.19万平方米。回迁楼建设已有3个地块的项目部进场施工,D1、D2区的8栋回迁楼和2座地下车库已经开槽,正在做地下结构;C2区项目部进场之后正做施工现场临建和围挡工作;只有D3地块暂不具备开工条件尚未进场。

(秦杨华)

【解决朝阳旺角居民出行难问题】 年内,为解决管庄地区所辖旺角小区的居民因通惠河南岸运河路道路严重破损出行不便问题,区管委、区维稳办、区信访办和地区办事处等部门领导亲临现场调研。8月3日,乡规划科与管庄乡规划科和双方施工方代表在旺角小区前召开现场协调工作会,确定通惠河南岸运河路工程即日放线开工。地区办事处本着照顾管庄旺角小区居民的出行,让利于民,筹资修路,并责成施工方通建合美公司于8月21日起80天完成道路修缮工作,从根本上解决附近车辆和过往行人的出行问题。

(秦杨华)

【农民新村绿化】 年内,完成农民新村B8区、B6区新建工程、艺水芳园小区改造工程,绿化面积达13000平方米,赢得绿化工程奖4万元。加大对林地的管护力度,在全年市区2次大检查中榜上有名,赢得全年绿地养护费280余万元,获嘉奖4万元。

(秦杨华)

【司法民调化解矛盾】 年内,司法所正面引导土储村群众合法反映利益诉求。协助维稳、解决群体访事件21次。家庭财产纠纷与婚姻矛盾是土储拆迁工作中较突出的问题,表现出数量多、情况复杂的特点。其中有一些家庭财产矛盾纠纷直接指向腾退工作,为获得利益最大化,出现恶意分家、恶意离婚的情况。司法所本着实事求是的原则,认真核实情况,对于不符合条件的调解申请,不予受理。加大对涉及土地储备用地在拆迁范围内的两类人员疏导工作。针对不配合拆迁工作的人员,以稳定情绪为主,为防止发生过激行为或违法犯罪等问题,会同派出所加强教育管理。

(秦杨华)

【统筹改善民生】 年内,开发就业岗位15856个,704名城镇失业人员实现再就业,年度城镇登记失业率降至0.3%。制定了土储过渡期劳动力就业安置办法,有597名农村剩余劳动力实现转移就业和安置就业,162人完成计算机技能培训和引导性培训。为一老一小3385人办理参保。4755人实现"持卡就医、实时结算",医保覆盖率达到100%。为25类群体发放各项保障金2000余万元。落实"九养"政策,建立31个老年人日间照料室,为214位老年人配备"小帮手"电子服务器。为1160位80岁以上老人提供居家养老服务,累计提供服务费用118万余元。为195户困难家庭和598户残疾人家庭送去价值近30万元的慰问金及慰问品。4个土储拆迁村克服周转群众住地分散的困难,通过各种途径慰问周转群众,及时了解情况,加强联系,受到拆迁群众欢迎。"爱心家园"为416人发放和配送价值8.57万元的生活必需品。慈善协会、红十字协会、工会为玉树等灾区募集善款和物资达252.3万元。受理政策性住房申请440份,有10户困难家庭入住常营廉租房,有99户家庭通过摇号配售到限价商品房。为15名残疾人配备"小帮手"电子服务器,完成22户残疾人家庭无障碍设施改造。加强对拖欠劳动者工资的清理工作,先后为187名劳动者追讨工资29.6万元。

(秦杨华)

【"231"式居家养老服务】 年内,定南里社区在小区内推出"231"式居家养老服务。"2"即组建两支服务队伍:一是发展传媒大学家属院内的教工食堂和理发店为服务商;二是由小区党支部牵头联系有时间、有体力、有能力、有热情的党员、居民骨干,组成"夕阳红助老服务队",为老人提供上门服务。"3"即提供三类服务:一是依托传媒大学食堂,为老人提供"夕阳红"小餐桌服务;二是与社区理发店合作,为老人提供理发服务;三是由社区志愿者组成邻里互助队,为老人提供代购物、代缴费、陪聊天、陪散步等服务。"1"即完善一套制度:社区制定了《居家养老服务制度》,明确了服务商和服务队的职责,使各项服务工作更加规范。

(秦杨华)

【流动人口计生管理】 年内,在流动人口中开展九个一活动,即:发放一封信,让流动人口了解掌握计划生育相关政策。请专家给流动人口讲一次老年预防骨质疏松健康教育大课堂。在"六一"期间,给流动人口女孩送一份礼品。组织流动育龄妇女167人免费检查。深入工地开展一次流动人口团聚会。举办一场流动人口计划生育工作条例知识竞赛。对商场、超市、农贸市场开展一次执法检查。在7.11世界人口日,举办一场由流动人口参与且自编自演的文艺演出。开展一次百日行动评比活动。

(秦杨华)

【村委会换届选举】 年内,开展第八届村委会换届选举工作。11个村中有3个村参与换届,分别是西柳村、金家村、新房村。3个村选民参选率均达到99.9%。6月25日选举产生的新一届村民委员会成员共计9人,其中主任3人,委员6人,党员占78%,大专及以上学历占19%,平均年龄38岁,女委员占22.2%。

(秦杨华)

【残联工作】 年内,开展第二代残疾人证办理工作,地区有持证残疾人1044名,其中肢体569名,精神156名,智力101名,听力54名,言语8名,视力113名,多重43名。残疾人康复救助工作实行全覆盖,为4名贫困白内障患者申请免费复明手术,3名申请复明手术补助,1名成年智力残疾人入住康复机构,44名精神残疾人申请免费用药,6名贫困精神病人享受入住康复机构补助,免费发放辅助器具10件,3名0-16岁儿童享受机构康复训练,5名残疾儿童和23名肢体残疾人分别享受社区1000元和500元康复训练补贴。在春节、元宵节、中秋节等传统节日期间,走访慰问593户残疾家庭609名残疾人。准确掌握低保困难家庭、一户多残、老残一体、重残等特殊残疾群体实际情况,有的放矢落实惠民政策,享受城镇待业生活补助的18人,生活困难补助的35人,特困补助的9人,无固定性收入重残无业补助的51人,全年共发放补助款510510元,为96名残疾人发放城乡居民养老保险缴费补贴审核证。

(秦杨华)

【动漫商务中心落成】 年内,注册成立拥有独立经营资格的北京三间房商务服务有限公司,负责与朝阳工商分局合作,为入驻企业开辟工商登记绿色通道。三间房动漫商务中心坐落于西柳村,建筑面积

5215.33平方米,包括近1900平方米的企业办公宾用房和1000多平方米的近30间宾馆客房。

(秦杨华)

常营地区(回族乡)

【概况】 常营地区(回族乡)位于朝阳区东部,东邻通州区邓家窑村,西与平房乡黄渠村接壤,南邻管庄乡,北与金盏乡和东坝乡为界。乡域面积9.3平方公里,2004年常营回族乡增挂地区办事处牌子,行使双重管理职能。2008年10月地区全面实行城市社区管理体制,设6个社区,地区总人口约7.14万人,其中常住人口约5万人(含本区户籍人口约1.64万人,回族人口6768人,约占户籍人口的41%),流动人口约2.1万人。年内,经济总收入18亿元,利润总额3108万元,税金6980万元,人均劳动所得17300元。

地址:常营回族乡人民政府
邮编:100024
电话:65481589

(卢　婣)

【"新年倡勤廉亲情永相伴"活动】 1月23日,地区工委、纪工委举办"新年倡勤廉,亲情永相伴"活动,引导干部家庭充分发挥家庭助廉的阵地作用。中纪委宣教室副主任杨小平、市纪委宣教室副主任孟春明、杜晓光、区纪委书记尚延华、区妇联主席黄敏等领导出席活动并讲话,地区中层以上干部及家属参加活动。

(卢　婣)

【精神文明创建评比表彰】 1月29日,举办第三届"叠泉"杯"百星十佳"评选活动颁奖庆典,表彰精神文明创建"百星十佳"文明集体和个人。评选活动以各社区、村(居)、企业为单位开展,通过自荐、群众推荐,自下而上的方法进行,共评出28个公益明星,14个自强明星、16个学习明星、13个节约明星、23个岗位明星、6个就业明星、15个文明家庭、10个文明楼宇、5家文明单位,14家文明共建单位。

(卢　婣)

【乡人代会】 3月16日,召开第十五届人民代表大会第八次会议,听取并审议通过《政府工作报告》、《乡人大主席团工作报告》和《财政工作报告》。9月16日,召开第十五届人民代表大会第九次会议,听取政府半年工作汇报。

(卢　婣)

【第二届家庭文化周活动】 5月8日,在鑫兆佳园社区广场,举行"纪念第十六个'国际家庭日'暨地区第二届家庭文化周活动"开幕式,市妇联宣传部部长陈银亭、区委宣传部常务副部长苏民等市区领导、地区领导班子及社区居民约500人参加活动。本届家庭文化周以"亲情、友情、和谐大家庭,共建、共享、文明新常营"为主题,旨在通过家庭文化周系列活动,在家庭中倡导文明立家、学习兴家、平安保家、健康乐家、节约持家、廉洁守家等家庭和谐理念,以家庭的文明和谐推动地区的社会和谐,引导地区家庭在争创全国文明城区中发挥载体作用。

(卢　婣)

【中央领导视察调研】 8月13日,中共中央政治局常委、国务院副总理李克强到地区考察保障性住房建设情况,听取项目建设情况汇报。12月29日上午,中共中央总书记、国家主席胡锦涛到地区保障性住房金隅丽景园小区视察,胡锦涛深入居民家中与居民亲切座谈,了解居民的居住条件及生活情况。

(卢　婣)

【征兵工作】 9月-12月,辖区适龄青年420人参加兵役登记,登记率达100%,23人参加体检,4人被批准入伍。

(卢　婣)

【穆斯林群众欢度节日】 9月10日,本地区及附近1300多名穆斯林群众到常营清真寺参加节日聚礼,欢度开斋(尔代)节。11月17日,本地区及附近1200多名穆斯林群众到常营清真寺参加节日聚礼,欢度古尔邦节(宰牲节)。

(卢　婣)

【国家科技支撑计划项目启动】 10月19日,国家科技支撑计划项目——《应用于心理疾患防治的社区心理健康宣教干预示范》北京地区启动仪式在常营地区办事处召开。项目北方区负责人、首都医科大学心理学系主任杨凤池,市政协委员、北京社会心理健康咨询中心主任李晓童,工委书记吉广平,办事处主任蔡淑敏等领导出席启动仪式。

(卢　婣)

【首批廉租住房入住仪式】 11月10日,区首批廉租住房入住仪式在丽景园举行,区长程连元出席仪式。常营经济适用住房和两限房项目,是利用政府储备用地,按照新的保障性住房建设管理体制推出的大型居住区。此次入住的金隅丽景园项目总建筑面积260514平方米,其中住宅219190平方米,总户数3540户,其中经济适用房2980户、廉租房560户,总人口约9912人,居住人员主要来自西城、朝阳和石景山区。

(卢　婣)

【法律宣传服务】 年内,在辖区新建保障性住房小区建立5家法律服务室,并加印1万张彩页,宣传地区各法律服务室服务时间、地点。开展《生活与法》入户发放活动,将8000册图书送到居民手中。通过朝阳有线《与法同行》栏目、地区《品常社区报》、举办法制宣传活动、地区青少年普法教育基地等形式，地区法制宣传教育工作普及率达到83%。常营地区顺利通过“五五”普法验收工作，荣获市“五五”法制宣传教育先进集体。

（卢　婻）

【劳动力就业】　年内，完成农村劳动力技能培训54人，开发就业岗位735个，当年新增农村劳动力就业162人。截至年底共有1467人享受区级转移就业政策补贴，1159人享受乡级农村劳动力自主就业奖励。城镇居民失业人员181人，完成就业154人。加大对辖区企业劳动保障监察执法，对100家用人单位实行网格化管理，推进5家单位签订集体合同，辖区内企业用工环境显著改善。

（卢　婻）

【社会保障】　年内，发放农民生活补助、自主就业奖励、城乡养老保险乡级补贴等资金2240.8万元。社会救助政策落实到位，开展了“爱心六助”行动，全年救助低保180户、466人，发放低保金54.9万元；低收入家庭认定30户，办理医疗救助60人次，救助金额4.4万元；爱心家园救助198户次，救助物品折合人民币7.2万元；为28户困难家庭办理临时救助和新生入学救助，救助金额合计15.8万元。地区慈善协会救助因病造成生活困难家庭31户，救助金额11万元；进一步落实市区“九养”政策，建立2家社区养老助残餐桌，培育11家为老助残服务商，建立地区多功能居家养老日间照料室，463人享受到政府购买的居家养老（助残）券服务；为560名老年人和残疾人配备“小帮手”电子服务器。完成36户肢体残疾人家庭无障碍设施改造，为16名生活困难老年人、残疾人实施白内障复明手术，为227名残疾人进行健康体检，全年为残疾人发放各种补贴约41万元，地区残疾人社会保障覆盖率达到100%。

（卢　婻）

【公共卫生服务】　年内，为5000余居民提供涵盖基本医疗与公共卫生的各项特色健康服务；开展“健康封斋一加三”的特殊人群健康服务，使1000多回族居民从中受益；以中医诊疗为平台，开展“冬病夏治”三伏贴和伏茶赠送活动，5690余人在家门口享受到中医药服务，促进公共卫生与医疗卫生的有效衔接。全乡新农合参合人数达到5361人，参合率99.35%，全年报销药费645.6万元，医疗救助97人，救助金额7.6万余元。加大食品药品安全监管力度，全年开展9次大型联合执法行动，取缔41家无证照经营商户。依托地区红十字会普及居民自救互救知识，红十字志愿者400人经培训取得自救互救应急技能合格证书。手足口、麻疹、水痘等传染病得到有效防控，全年未发生大面积爆发和流行。

（卢　婻）

【人口计生工作】　年内，为2000余名育龄妇女进行健康检查。进一步健全计划生育利益导向体系，对764名独生子女和45名奖励扶助对象落实计生利民惠民政策33万元。开展“关爱女孩”、“婚育新风进万家”等各类主题宣传活动，宣传人群达到2万余人次。全年计划生育率98%，实现工作责任目标。完成第六次全国人口普查工作。

（卢　婻）

【群众文体活动】　年内，地区各社区文体队伍由原来的20余支发展到40余支，文体骨干29人，常年参与文体活动的人员达600余人。年内相继开展“书画讲座”、“健身知识大讲堂”、“摄影培训班”等课程，为64人申报、登记和注册社会体育指导员。组织“庆端午共建和谐家园”、“消夏文艺演出”、“庆中秋、迎国庆红歌文艺汇演”等活动，先后为万象新天等3个社区安装室外健身器材，为民族家园和连心园两个社区数字影厅安装播放设备。

（卢　婻）

【基础设施建设】　年内，新建道路11条14公里。配合完成地铁六号线黄渠站、常营站、草房站及车辆段内的征占地工作。协调市区有关部门，在保障性住房周边道路、常营西路及常营南路西段新安装路灯568盏，解决居民天黑出行难及安全问题。连心园小区和常营民族家园小区电力改造工程全部完成。地区一站式便民服务大厅和派出所建成并投入使用。

（卢　婻）

豆各庄地区（乡）

【概况】　豆各庄地区（乡）位于朝阳区东南部，东临黑庄户地区，南临通州区台湖镇，西与高碑店地区、王四营地区、十八里店地区接壤，北接三间房地区，面积14.16平方公里，下辖12个行政村、7个社区，常住人口11269人，其中非农业人口6618人，农业人口4651人，流动人口16898人。辖区内有具有丰厚民族文化底蕴的张义祠堂，有北京市第二监狱、北京市第二看守所及北京市禁毒教育基地等市属单位，有中学1所、全日制小学5所、一级甲等医院1所、幼儿园1所，老年公寓、公安派出所、商店、银行、集贸市场、社区卫生服务站一应俱全。乡域内有格林万德高科技农业园区、及富力又一城、京城雅居、青青家园大型宜居区和绿丰家园、朝丰家园农民新村。年内，全地区经济总收入242358.4万元，同比增长11.7%；利润16653万元,同比增长14.3%;税收15451万元,同比增长12.2%,农民人均劳动所得实现18332.3元,同比增长8.75%。

地址:西马各庄村
电话:65479002
邮编:100121

(李　南)

【对生活困难党员和老党员进行帮扶】 “两节”期间,走访慰问20名党员。此外还根据基层的上报情况,为郁华等8名困难党员申请生活困难党员帮扶专项资金。

(李　南)

【开展专项矛盾化解工作】 3月3日至22日,乡领导分34批与1118户居民家庭代表进行面对面座谈与沟通,并实行处级领导包片,机关干部包村,基层干部包户制度,做群众思想政治工作,解决群众的实际问题183件。

(李　南)

【开展“群众心目中的好党员”评选】 七一前夕,开展“群众心目中的好党员”评选活动,采取自下而上,民主推荐、民主评选的形式,最后通过投票确定92名“群众心目中的好党员”,其中,西马各庄村党支部书记张林当选区“群众心目中的好党员”。(李南)

【开展共产党员献爱心活动】 七一前,乡党委开展“共产党员献爱心”活动,530名党员共捐款32373元。

(李　南)

【成立北京双良混凝土有限公司党支部】 11月2日,正式成立北京双良混凝土有限公司党支部,使地区非公企业党支部增加到2个。

(李　南)

【环境建设】 年内,完成绿化面积20858平方米,围挡墙修复1700平方米。加大对违法建设的整治力度,对辖区重点大街实施定点盯守,严查张贴喷涂散发小广告,整治街头游商,清理店外经营,清理堆物堆料等。全年拆除各类违法建设36处、6000平方米,解决各类扰民、纠纷等15起,清理垃圾渣土500余处,规范门前三包140余家。

(李　南)

【就业保障工作】 年内,组织引导性培训444人,职业技能培训270人,开发就业岗位710个,实现了本地农村劳动力300人及90余名城镇失业人员就业。990余名无社会保障老人享受到了每月200元福利性养老金待遇,1518人参加城乡养老保险。走访慰问80多户贫困家庭,发放低保金50万元。为90余名“一老一小”办理参保手续。为576人申报农村劳动力转移就业补贴。

(李　南)

【基础设施建设】 年内,修建残疾人出行无障碍坡道30余处,新建成两个益民书屋,为社区购置文体器械,安装健身路径、铺设篮球场地。修建了5000平方米的停车场和两个便民菜市场,对黄厂路、西马各庄东路、茶家东路进行绿化建设,绿化面积7841平方米。

(李　南)

【优化产业结构】 年内,辖区内经济适用房二期和富力又一城三期建设竣工,房地产业不断发展壮大。引进了金丰创意天地、艾泽斯盖高科技园、豆各庄商品交易中心、金田商务会馆等四个重点产业项目。

(李　南)

【文化体育工作】 年内,组织“五月鲜花文艺汇演”、“夏日文化广场”系列展演、“社区一家亲”文化展演、“第二节手工‘十字绣’作品展示评比”等文娱活动,举办地区第三届全民运动会和“迎国庆,展巾帼风采”合唱比赛,成立“地区太极协会暨青青家园健身气功站点”。

(李　南)

【集体资产管理】 年内,贯彻落实《豆各庄经济合同管理的暂行规定》,出台《乡属集体企业事业单位的管理办法》,完成12个村的村账托管工作。

(李　南)

【社区建设】 年内,成立朝丰家园和绿丰家园两个社区党委,并对两个社区居委会进行内部改造,建立服务大厅,筹建活动中心和社区服务中心。组织社区工作者挂职锻炼、定期培训和野外拓展训练等。

(李　南)

【平安建设】 年内,建立城管队、综治办、派出所“三位一体”联合执法机制,针对区域内的发廊、网吧、作坊等场所,每月进行一次联合整治;开展“闪亮行动”,派出所、巡防队24小时不间断巡逻;设立群众义务执勤点,全年居民义务巡逻达3100多人次。

(李　南)

【签订党组织及党员公开承诺书】 年内,向各基层党组织印发《豆各庄地区关于开展基层党组织、党员公开承诺的工作意见》的通知,组织基层组织和广大党员参与到承诺书签订活动中来,共有26个基层党组织,563名党员签订公开承诺书,其中党员承诺实事896件,党组织承诺实事171件。

(李　南)

黑庄户地区(乡)

【概况】 黑庄户地区办事处(乡)位

于朝阳区东南部，西靠垡头边缘集团与豆各庄乡相邻，北靠定福庄边缘集团与管庄乡相邻，东与通州区台湖镇工业园区接壤，南与光机电产业基地相邻，辖区面积24.5平方公里。下辖16个行政村，5个社区，5个直属企业。有4所小学、1所中学、2所医院。有双鹤药业、602所等大中小企业620余家。常住人口6.1万人，户籍人口约1.8万人，流动人口6万余人。年内，实现经济总收入19.1亿元，利润8000万元，税金5406万元，分别同比增长11.2%、10.3%和10.1%；农民人均劳动所得达到14198元，同比增长9%；1－11月实现区级财政收入4918.7万元，完成全年任务的119.3%。

通信地址：工商大街甲1号
电话：01085383651
传真：01085381999
邮编：100121

（梁　艳）

【环境综合治理】　年内，以网格化管理为依托，加强环境综合治理。全年处理网格派遣案件97912件，结案率达98%，对暴露垃圾、黑车黑摩的、道路遗撒等开展持续有效执法，报停小广告电话266个，清理道路遗撒12处，签订“门前三包”1000余件。投资2072万元，建设完成双北林荫公园等3个环境治理工程。推进双南村生活垃圾分类试点工作，1000平方米垃圾分类管理站建设完成，垃圾分类入户收集开始实施。完成乡域南部电力增容，满足大鲁店等村用电需求。13座新建（翻建）冲水式公共厕所全部完成建设并通过区级验收。

（梁　艳）

【就业保障】　年内，开发就业岗位866个，实现214名失业人员再就业，实现农村劳动力转移就业356人。加强社会保障工作，建立医疗保障卡服务专用窗口，发放社会保险补贴和转移就业补贴1599万元，城乡居民养老保险参保率达98%。完善新型农村合作医疗制度，参合人数7381人，参合率达到99.78%。以开展“劳动用工规范一条街”工程为重点加强劳动监察，巡察单位170家，立案60起全部处理完毕，进一步规范了企业用工行为。

（梁　艳）

【民生保障】　年内，完成黑庄户地区慈善协会分会筹建工作，筹集善款82万余元。落实“九养”政策，成立居家养老分中心，372名老年人就近享受居家养老服务。

（梁　艳）

【土地确权流转】　年内，严格规范流转操作程序，有序推进农村土地承包经营权流转工作，年内签订流转合同70份，新流转土地528亩。制定“农用地确权确利续签工作意见”，通过提高确权收益等措施，稳步推进确权证书续签工作，已签订3387份，签订率达到98.9%。

（梁　艳）

【为民办实事】　年内，建立医疗保障卡服务专用窗口，方便群众进行发卡、换卡、查询等服务；完成幺铺村燃气外管线改造工程，新建（翻建）13座冲水式公共厕所并通过区级验收；建立农村饮用水无偿检测机制，保证村民饮用水安全；改善社区办公条件，5家社区服务站通过区级规范验收；双桥东路、鲁店北路修建前期准备工作有序开展。

（梁　艳）

【平安创建】　年内，开展三级平安联创达标活动，通过人防、物防、技防三管齐下，织密地区治安防控网络，打击和防范各类案件，可防性案件高发势头得到初步遏制。围绕“安全生产年”，开展生产经营企业安全生产“三项行动”和“安全生产月”活动，累计检查单位5472个，全年未发生重大安全生产责任事故，完善“1258”工作模式，实施流动人口动态管理。

（梁　艳）

【文明城区创建】　年内，强化组织领导，形成“1＋7＋21”的创建工作体系和运行机制，发放文明创建但议信2.5万封和宣传条幅300条，开展群众健身舞蹈比赛、创文明城区书画展等12项群众文体活动，1.2万人参与，创建氛围日益浓厚。

（梁　艳）

【矛盾纠纷化解】　年内，开展为期三个月的矛盾纠纷集中化解专项行动，全面排查化解矛盾纠纷，全年处理来信来访166批289人次，信访总量同比下降11%，集体访下降50%，充分发挥人民调解、法制宣传、矫正帮教和法律援助作用，排查处理各类纠纷736件，调解成功率95%，完成“五五”普法验收。

（梁　艳）

管庄地区（乡）

【概况】　管庄地区（乡）位于朝阳区东部，东邻通州区城关镇，南与豆各庄乡、黑庄户乡毗邻，西接三间房乡，北与常营乡接壤，属定福庄边缘集团的一部分。辖区面积10.2平方公里，常住人口10.5万人。区域内以汉族和回族为主。全地区现有法人单位1104个，其中：农业1个，工业78个，建筑业33个，交通运输邮电业40个，批发、零售、住宿和餐饮业431个，服务业484个，金融业1个，房地产及物业中介业36个。有中国音乐学院和北京科技大学（管庄）校区，中学3所，小学5所，幼儿园6所，社区卫生服务中心1个，职工医院3处，社区卫生服务站5个。年内，完成集体经济总收入

41.7亿元,实现利润总额2.8亿元,实现税金1.3亿元。

地址:管庄乡1号
电话:65790560
邮编:100024

(冯　妍)

【地区经济】 年内,加大招商引资力度,推介产业资源,参加京港经济合作洽谈会,筹备产业项目推介会。八里桥绿化服务楼项目成功签约,产业园区部分项目和绿隔35%产业项目正在抓紧磋商,京宁国大、东方零点和闽商木业大厦等项目建设完成,项目集聚效应初步显现,20余家企业落户管庄。投资4500余万元,完成刨花板市场建材装饰大楼改造任务,经营范围不断拓展,经济效益显著提升。八里桥原创音乐文化产业园项目如期落地。进一步深化"村账托管"和财务管理,完成12个村28名村干部任期和离任经济责任审计工作。

(冯　妍)

【重点工程】 年内,农民新村D区容积率调整工作取得突破性进展,绿隔新村规模进一步扩大。5月,启动新村D区南区8.6万平方米建设,推进工程顺利实施。至年底所有楼座均施工至8层以上,部分楼座已封顶,已投入建设资金近亿元。市政府挂账的20万平方米保障房项目如期启动,中联置地房地产开发公司等单位开发的多个住宅项目实施顺利。修建新村D区周边通惠河南街、塔营中路等市政道路,各种市政管线基本到位。高规格完成通惠河南岸代征绿地绿化工程,有效改善了新村D区周边的环境面貌。继续推进塔营村剩余31个村民院落的拆迁腾退工作,已有20个院落完成腾退。

(冯　妍)

【环境整治】 年内,专项开展"四月行动",拆除违法建设70处4268平方米。投入640万元,高标准改造丽景苑老旧小区交通、绿化、排水等设施,有效改善小区居住环境。实行"六位一体"管理模式,对16条道路实施专业保洁。依托城市综合管理指挥中心,区数字化监督案件得到及时有效落实。开展两个"百日整治"专项行动,认真落实"六定"方针,重点治理店外经营、游商、小广告等痼疾顽症,有效维护城市环境秩序。

(冯　妍)

【民生事业】 年内,为农民新村办理产权证1634个。严格依照程序做好保障性住房审核工作。举办"慈善晚宴",辖区29家企业和单位积极参与,募集善款137万余元和价值5万元的爱心卡。开展送温暖活动,发放各类慰问金31万余元。落实"九养"政策,享受居家养老服务券的老人已达1523人,实现80岁以上老人全覆盖。为582名老人配备"小帮手"电子服务器,为498名老人办理优待卡。弘扬中华民族尊老爱幼的传统美德,评选49名"孝星"。荣获市敬老爱老为民服务先进单位。投入2.14亿元,为塔营等4个村760名农转非人员变更户籍,安置劳动力41名,为229名农转非人员缴纳生活补助和医疗补助费。做好新型农村合作医疗工作,乡村两级出资292万元,为16685人次报销医疗费。深入贯彻落实各项计生政策,全年发放各类奖励扶助资金40余万元。举办"爱在人间,情暖管庄"残疾人专场慰问演出和残疾人运动会。开展人口普查,486名普查员深入210个普查小区,核查各类建筑物近2万个,绘制普查区图44张、普查小区图600张。登记总户数5.1万户,登记总人口13.3万人。

(冯　妍)

【文化文明工作】 年内,以创建全国文明城区为契机,构建"1+10+21"的创建工作体系。大力推进规范化社区建设,惠河西里、丽景苑、管庄东里3个社区服务站投入使用。举办了历时3个多月的第四届惠河文化节,通过开展文艺汇演、健身舞大赛等系列活动,打造品牌,展示形象。充分发挥562名文体志愿者和59支文体队伍的作用,全年开展活动250余次。借助市民文明学校,送知识进基层,开设百姓沙龙大讲堂26期。开展群众性精神文明创建活动,评选"文明管庄人"10名。惠河东里社区联合传媒大学,创办新媒体"社区手机报",创新为民服务方式。

(冯　妍)

孙河地区(乡)

【概况】 孙河地区(乡)位于朝阳区东北部的温榆河畔,属市第二道绿化隔离带、土地腾退和温榆河绿色生态走廊规划控制地区,北临顺义天竺空港工业区,西与昌平区隔河相望,东靠顺义天竺镇,距首都国际机场3公里,南与金盏乡和崔各庄乡接壤。辖域面积35.2平方公里,下辖14个行政村,一个社区,常住人口2.8万人,其中农业人口1.9万人。全地区有一所社区卫生服务中心,一家医院,9个社区卫生服务站。年内,围绕区委、区政府和乡党委的各项决策部署,克服各种不利因素,加快城乡一体化建设、推进产权制度改革,注重改善民生和创新社会服务管理,深化文明城区创建工作,经济社会各项工作取得新进展。全乡实现经济总收入19亿元,同比增长11.5%;实现区级财政收入7000万元,同比增长18%;人均劳动所得1.63万元,同比增长8%;地区发展的持续性和协调性不断增强。

地址:顺白路6号
电话:84595710
邮编:100103

(张晓娟)

【党建工作】 1月,各村分别组织党员代表开展农村系统廉政知识竞答活动。5月,通过最初筛选、笔试以及面试,引入5名大学生村官。6月30日,召开新老村官座谈会。8月,成立康营家园社区党总支。9月9日和11月11日,与大兴区黄村镇组织部交流探讨党建工作"1234"新模式。年内,投资50余万元成立党员服务中心和区委党校孙河分校,建成村级党员服务站3个;在温榆河畔国际文化创意产业园区建立党建协会。为适应土地储备党建需要,建立一网(党建联络网)、两片(东西7个村各为一片)、三责(党委、支部、党小组)、四定(定人员、定制度、定责任、定奖惩)工作模式,确保土地储备期间党员分散有组织、组织活动有场所、党员职权有保障。从四个方面实现农村党建到社区党建的转换和延伸:一是完善组织体系。按照"交叉设置机构,双向发挥作用"的组织设置方式,明确党组织隶属关系,即:建立社区党委(党总支)。二是转变组织职能。5个社区建成后,实行"党支部领导,经济合作社作为集体资产管理主体"的运行模式,逐步弱化并剥离村委会的经济职能,强化村民事务职能,社区党组织统筹协调领导社区内的村民、居民事务。三是完善服务载体。充分利用和发挥好地区党员服务中心作用。四是加强干部队伍建设。建立"选、派、聘、兼、留"的选任机制,选拔好社区干部。

(张晓娟)

【安全生产】 1月22日,在未腾退村开展了首场"冬季安全生产、预防煤气中毒安全知识大课堂"活动。9月29日,乡长刘伯明率相关领导与区住建委安全站领导一同到康营家园定向安置房和财富公馆施工现场进行安全生产检查。年内,采取四项措施做好安全生产工作。一是开展联合检查,加大检查执法力度,完善安全生产保障,及时消除隐患;二是强化宣传教育,落实冬季施工专项方案和安全保障方案;三是加强建设单位、监理单位、施工总承包单位监管力度。四是严格落实值班制度,确保快速反应。

(张晓娟)

【城乡一体化】 2月6日,前苇沟、沙子营、上辛堡、下辛堡和黄港五个村土储入户调查工作正式启动。3月3日完成入户调查工作。3月初,完成沈家坟、李县坟、西甸3个村的腾退任务。在统筹推进8个村土地储备工作的同时,启动康营家园定向安置房一、二、三期114万平米的建设。3月25日,乡住房保障工作通过区考核组验收。7月13日,区城乡一体化工作领导小组前期策划办公室在乡召开孙河组团规划设计方案征集项目情况介绍会。市区等相关部门参加会议。6月,上辛堡、下辛堡、黄港、康营、孙河、西甸和后苇沟七个村开始进行转居转工工作,8月14日至15日,各村进行机场南线项目转居转工人员抓阄工作,8月底基本完成。9月9日至11日,举办机场南线转居转工后期工作政策及业务培训班。11月18日开始进行康营回民墓地迁坟工作,到12月31日坟墓迁移过半。年内,途经乡的市区重点道路拆迁工作在规定期限内全部完成。

(张晓娟)

【市区领导调研】 2月25日、4月23日、6月30日,区委常委、区纪委书记尚延华等领导就安全稳定工作、违法建设拆除工作、维稳工作到乡进行检查指导。3月30日,区委常委、组织部部长陈宏志等领导就土地储备、产业规划等工作到乡调研。6月3日,区财政局局长邹立嵩等领导到乡调研土地储备项目(支农项目)工作。7月7日,昌平区党政代表团在尚延华等领导的陪同下到康营家园安置房建设现场实地考察农民新村建设、土地储备和拆违工作。8月4日,尚延华率区农委、区信访办、区维稳办、区监察局、朝阳公安分局治安支队、区土地储备中心等部门领导在乡召开地区稳定工作专题会议。10月22日,区委书记助理白瑞谨、区长助理巴图到乡调研地区发展情况。11月11日,区民族宗教办主任王爱录、区伊协副会长白继刚等领导到乡就新建的康营清真寺和回民墓地进行现场调研指导。

(张晓娟)

【劳动就业和社会保障】 3月3日,孙河、康营等八个已拆迁腾退村劳动力就业培训工作正式启动。开设物业管理、社区管理、农转居政策培训;家庭理财、科学养生等公共课程;收银员、营销员、物业管理员、保洁员等技能培训。3月16日,孙河、康营、西甸等八个已腾退村物业管理综合培训班开班,拉开劳动力就业培训序幕。4月7日,在康营一社区举办"2010年企业用工现场招聘会",300余名求职人员参加招聘会,达成初步求职意愿150人次。10月27日,康营家园一社区举办公益性招聘会,主要针对地区下岗和待业人员。年内,对8个已拆迁村的劳动力开展了转型培训、技能培训和生活品质培训。完成356名劳动力的引导性培训、324名劳动力的技能培训、888人岗前素质培训。举办"就业、择业"大型现场招聘会,挖掘就业岗位1204个,加强就业指导,30人实现创业,带动就业170人,完成了区下达的城镇登记失业人员实现就业60%的任务指标。制定了土地储备过渡期人员的安置政策和老年人补贴政策,为467人申请农村劳动力转移就业补贴167.97万元,5205人实现转移就业。加强劳动市场监管,为569名劳动者追回工资318万元,为49名劳动者补缴了社会保险。社会保障体系进一步完善,城乡社会保障制度体系加快对接,为4433名农民办理了社会保险,农村养老保险覆盖率达到98%,城乡低保基本实现了动态管理下的应保尽保。

(张晓娟)

【法律宣传】 3月15日,乡司法所、劳动科、计生办、残联等部门联合开展3.15消费者权益日法制宣传活动。3月22日至23日,结合第十八届"世界水日"和第二十三届"中国水周"开展水法宣传活动。4月份,乡司法所把为地区服务的律师、调解员、法律工作者资源进行整合,成立了由三信律师事务所、威创律师事务所、乡法律服务所、专职调解员、司法助理员等人员组成的乡土地储备工作法律服务顾问团。为腾退村村民提供法律咨询,为乡、村调处重大疑难纠纷等服务。5月20日,区举行孙河、崔各庄、将台和来广营四乡"五五"普法总结验收活动。区委书记助理赵国荣、区司法局局长荣容、区委宣传部常务副部长苏民、区人大代表負瑞强、尹德胜、政协委员吴国顺参加验收活动。8月,农业服务中心在区管水员知识竞赛中获得第三名。11月25日,乡农业服务中心管水员代表区水务局参加市水务系统知识竞赛荣获冠军。11月30日,乡各单位开展了《生活与法》走千家进万户法律宣传活动和以"关爱生命、关注健康"为主题的健康知识讲座等形式多样的宣传活动。12月3日,乡司法所举办"12.4"法制宣传送法进学校活动,在下辛堡村育星园小学举办交通安全法规专题讲座。

(张晓娟)

【康营清真寺建设】 3月26日,在康营清真寺新址举行工程开工奠基仪式。区民族宗教办主任王爱录、区伊斯兰教协会会长丁清光、伊协秘书长杨广亮,乡科级以上领导、各村党支部书记、康营清真寺阿訇、康营清真寺管委会全体成员、康营村在职干部及施工单位近200人参加开工奠基仪式。移址重建的康营清真寺整体建筑为单层西式建筑,占地面积5222.4平方米,建筑面积2020.22平方米。12月13日,康营清真寺举行交接仪式。

(张晓娟)

【社区建设】 3月29日,康营家园一社区服务站启动。6月18日,进行社区工作者招聘面试。6月26日,康营家园一社区举办首届"社区杯"中国象棋比赛。7月21日,市民政局社区工作处处长董明慧到康营家园一社区考察社区服务站及大学生志愿者工作。7月30日,在康营家园开展以"我的孙河我的家,和谐相处热爱它"为主题的文艺演出活动。9月20日,康营家园第一条公交线路915支3路公交车正式通车,首发站为康营家园小区,终点站为望京西里。9月27日,乡城管队执法人员正式进驻社区开展工作。11月15日,乡社区建设工作通过区民政局专项考核组检查验收。11月20日,文化服务中心与乡残联联合举办了康营家园一社区首届趣味运动会暨残疾人运动会。12月4日,康营家园一社区居委会、近邻服务中心和中华女子学院援边社联合举办首届"12.5建筑工人关爱日"活动,活动内容包括为建筑工人送文艺、送书籍、送祝福,丰富建筑工人的业余文化生活。

(张晓娟)

【环境整治】 3月31日,在沙子营村召开拆除违章建设现场会,乡党委书记、乡长亲自督战,乡科级以上干部、乡城管队、派出所均参与其中,区城管大队协调10个分队到拆违现场支援,区农委、区纪委、区组织部、规划分局、国土分局等10个委办局领导、金盏等3个重点乡乡长和孙河重点村党支部书记、村委会主任到场观摩,观摩人数达450人,共拆除沙子营村违章建筑4万平方米,拉开了"四月拆违行动"的序幕。10月28日,乡通过上年度二道绿化隔离地区绿化建设验收。11月17日,召开五个未拆迁村拆除彩钢工作协调会。11月下旬,五个未拆迁村采取相应措施启动彩钢房拆除工作。年内,实施环境整治、环境秩序、环境建设和环境布置工程,机场辅路、京顺路、顺黄路、来广营北路等10条主要道路环境得到有效整治;开展"四月拆违"行动,持续加大违法建设整治力度,累计拆除违法建设462处,178.1万平方米。拆除彩钢房屋83个院,1.78万平方米。开展环境秩序百日专项整治行动,街面环境秩序得到有效治理。完成沈家坟村95亩景观生态林绿化工程,对京承高速路两侧、五河十路绿化带等重点道路进行绿化补植,地区绿化覆盖率达到37%,环境得到改善。

(张晓娟)

【文体活动】 4月3日,上辛堡村举行第十九届春季庙会。4月25日,举办"同心同德创建全国文明城区、群策群力共建孙河美好家园"的大型文化活动。地区13支传统文化队伍共计300余人进行表演,现场观众达2000人。5月9日,以"创建文明社区、共建美好家园"为主题的"文艺演出星火工程"首场演出,在本乡村民居住比较集中的顺义区天竺花园开演。7月8日,举办第二届残疾人象棋比赛。9月13日,乡机关50名工作人员在区总工会组织的全区工间操大赛中获得第三名。9月20日,举办纪念中国计划生育协会成立30周年和9.25公开信发表30周年文艺演出活动,乡领导与计生干部、宣传员和近千名群众共同观看了演出。10月6日,区基层文化培训系列讲座班在乡开办，26名基层文艺团队人员参加培训。12月22日，乡残联开展第三届“读一本书”演讲比赛活动。

（张晓娟）

【第六次人口普查】 4月15日，在全乡范围内召开人口普查工作动员会。8月15日，是全国人口普查入户调查日，乡人口普查办在康营家园小区开展人口普查宣传活动。11月1日，乡第六次人口普查的入户登记工作正式开始。

（张晓娟）

【文明城区创建】 4月25日，举办“同心同德创建全国文明城区 群策群力共建孙河美好家园”大型文化活动，地区13支队伍共计300余人进行了表演，现场观众达2000人。5月初开展“爱朝阳、爱孙河、爱家乡”主题活动，提高地区凝聚力，促进文明乡风的形成。9月28日，举办“共创文明城区，争做孙河文明人”演讲比赛。乡长刘伯明、乡党委副书记贾民贤、副乡长崔如意等领导观看了演讲比赛。年内，为确保创建文明城区工作深入推进，采取五项举措推进文明城区创建工作。一是投资二十余万元与朝阳报携手创办《孙河家园》报，宣传孙河风貌，宏扬精神文明，传承文化精髓，全方位提升创建水平；二是制作两万份《孙河地区创建全国文明城区宣传手册》，分发到乡内居民、社会单位、学校等处，做到文明城区创建人人知晓，文明活动人人参与；三是组织以“群策群力创建文明城区 同心同德共建美好孙河”为主题的万人签名活动；四是弘扬尊老敬老传统美德，开展孝星评选活动；五是完善志愿者队伍体系，全乡注册志愿者达到2458人。

（张晓娟）

【捐款救灾】 4月29日，开展为青海玉树灾区献爱心捐款活动，捐款5.4万元。“5.29”会员活动日开展“生育关怀，慈善献爱”一元捐活动，乡广大计生协会会员、志愿者参与捐款，捐得善款10599元。

（张晓娟）

【经济发展】 5月，北京商业银行孙河支行正式落户孙河。8月，乡方圆平安食品有限公司、荷美尔食品有限公司两家企业成为区农产品质量安全追溯系统试点单位。10月26日，与正大集团举行了战略合作签约仪式。乡长刘伯明与正大集团副总裁、正大置地有限公司首席执行官杨小平签署《孙河乡人民政府与正大集团战略合作协议》；孙河农工商公司总经理骆振骏与正大置地有限公司助理副总裁许文玲签署《北京市孙河商业中心合作开发框架协议》。10月28日，乡粮食直补工作顺利完成，有5家农户得到补贴，发放秋季粮食补贴2.65万元，补贴面积305亩。12月，温榆河地税代征点正式运营。年内，落实重点项目投资1100万元，完成方圆平安连栋温室3万平方米地源热泵及华康体育休闲馆建设。缤纷四季园林公司投资6150万元在郎枣园建设科普展示区和百亩水蜜桃种植园。嘉溢雅美园林绿化有限公司投资5400万元开展种、养殖研发并对园区内基础设施等进行修建。各村完成资产清查，此次清查主要是从1993年建账至2010年6月，重点对2007年—2010年所有企业基本情况、账目明细等进行清查调整。

（张晓娟）

【人大工作】 6月7日，区人大常委会主任王力军，副主任闫学锋、李国等领导以及部分区人大代表、区相关部门领导到乡调研土地储备工作。6月11日，乡人大组织部分人大代表视察康营家园定向安置房建设情况。代表就做好康营家园安置房建设提出：进一步加强康营家园各项配套措施建设，科学规划社区办公场所及需配套建设用房，重点加强小区幼儿园、小学、中学、卫生服务配套设施服务，解决地区孩子上学难等问题；加强小区的信息化建设，包括有线电视、宽带、中国移动、中国联通基站站点的建设用地，解决小区通讯等问题；设立爱心家园和温馨家园，方便弱势群体；尽快完成地名地址申报工作，解决通邮难问题；在康营小区引进公交线路，解决小区居民出行难问题等建议。7月2日，市人大办公厅信息处处长苏玲俐、副处长樊斌等在区人大调研室主任张明慧等领导的陪同下到乡调研。10月20日至21日，召开第十五届人民代表大会第五次会议。会议审议并通过《孙河乡人大主席团工作报告》；以无记名投票等额选举的方式补选孙河乡乡长，刘伯明全票通过，当选为孙河乡人民政府乡长。11月4日，区农村城市化建设专题组人大代表到孙河乡视察康营家园安置房建设情况。区人大代表、乡党委书记纪海义向代表们详细介绍康营组团定向安置房规划建设情况，代表们在参观定向安置房样板间时，询问了房屋户型、面积、用材及水电气等配套设施建设情况。

（张晓娟）

【挖出汉白玉石碑和赑屃】 6月14日，孙河村京顺路北侧地铁15号线工地处，挖出一块汉白玉石碑和一尊赑屃（音同“毕戏”，俗称“龟驮石碑”），碑体长约4米、宽约1米，经区文物局鉴定为康熙十七年兵部尚书科尔可太的墓碑，此碑已安置于孙河村委会东侧，四周施建金属围栏加以安全保护。

（张晓娟）

【选举工作】 7月10日，顺利完成第八届村委会选举工作。8月7日至8日举办14个村村委会成员培训班。近50名村委会成员参加培训。6月7日开始,上辛堡、下辛堡、沙子营、黄港和前苇沟村进行了第八届妇代会换届选举工作。8月5日五个未拆迁村圆满完成第八届村妇代会换届选举工作。11月8日乡工会第一次代表大会代表选举工作顺利完成,地区有工会会员465人。

(张晓娟)

【维稳工作】 8月6日,启动"四个平台",维护地区稳定。一是政策咨询服务平台。二是算账咨询服务平台。三是投诉举报信息平台。四是治安管理投诉平台。为保障"四个平台"切实发挥作用,将工作做好、做稳、做实。建立快速解决沟通、村乡两级定期会商(一周召开一次情况汇总商议会)和整个工作运行检查等三个机制。12月15日新改造的信访接待大厅正式投入使用,使用面积约100平方米,设有6个接待窗口,配备视频和监控系统,实现来人、来信、来电和网上信访功能一体化和有序化的信访工作新模式。年内采取八项措施确保地区稳定。一是制定社会治安综合治理、禁毒、流动人口与出租房屋管理工作及重大活动期间工作方案;二是落实安保责任,确保重大活动时期及节假日安全;三是开展"治安重点村"整治行动,对治安重点村开展打击违法犯罪、取缔黑场所行动;四是加强重点人管控;五是开展"脉冲行动",专项整治三轮车违章上路行驶行为;六是按照"高峰勤务"工作要求,开展"校园周边整治"行动,对地区学校及幼儿园落实安保措施,形成常态工作机制;七是投资新改造"综治维稳工作中心",利用"维稳"工作指挥平台发挥治安作用,增强维稳工作主动性;八是成立由三信和威创律师事务所、乡法律服务所、专职调解员、司法助理员等人员组成的乡土地储备工作法律服务顾问团,为村民提供法律咨询、参与乡、村重大疑难纠纷的调处。

(张晓娟)

【产权制度改革】 9月中旬,乡14个村的社员代表大会全部通过《启动改革报告》、《村集体经济产权制度改革实施方案》、《清产核资工作方案》、《参加集体资产处置人员身份界定和劳动年限统计工作方案》和《关于入股乡资源资产股份合作联社的决议》等相关文件。乡、村两级集体经济组织清产核资和4个试点村的劳龄统计工作全面展开。10月21日,召开资源资产股份合作联社成立大会暨第一次团体社员大会,14个团体社员股东以举手表决的方式全票通过《孙河乡资源资产股份合作联社设立方案》、《孙河乡资源资产股份合作联社章程》和《关于孙河乡资源资产股份合作联社管理委员会、监委会机构设置的意见》,选举产生乡资源资产股份合作联社社长、管委会委员和监委会成员。12月15日,雷桥、北西、孙河和李县坟四个试点村劳龄统计进行一榜公示,公示人员5243人。

(张晓娟)

【食品安全】 9月26日,成立由城管、综治、安监、巡防、计生等职能部门组成的联合执法组,开展清查地沟油窝点专项行动,在上辛堡和沙子营两村共捣毁地沟油窝点5个。12月8日、9日,乡计生办与区卫生监督所、工商局、黄港派出所、综治办联合对5个未拆迁村的无证、无照商贩经营活动进行了清查。查抄无证餐馆14家。

(张晓娟)

崔各庄地区(乡)

【概况】 崔各庄地区(乡)位于朝阳区东北部,东与金盏乡接壤,南连将台乡,西靠来广营乡,北接孙河乡,紧邻首都国际机场和电子城功能区,属温榆河绿色生态走廊和第二道绿化隔离带。乡域面积31.7平方公里。下辖15个行政村、2个居委会,年内第六次人口普查,全乡总人口100905人,其中户籍人口23680人,常住外来人口77225人。京承高速、奶西西路(原来广营北路)、奶善路直穿西北,京顺路、机场高速、机场辅路、五环路、京包铁路斜贯东南,顺白路、香江北路、来广营东路、南盉路、北皋路横联东西,马泉营西路纵剖于中。域内重点企业近20个,全年经济总收入22.58亿元,同比增长26.3%;利润8075万元,同比增长10.4%;税金8736.3万元,同比增长19.7%;人均劳动所得20501元,同比增长8.5%。

地址:南皋路南
电话:64379211
邮编:100015

(花淑平 欧阳明德)

【文明城区创建】 从1月下旬开始,全乡利用春节、元宵灯会、全国两会、法制宣传日、国际志愿者日等时机广泛开展创建全国文明城区宣传活动,突出"爱朝阳、讲文明、树新风"主题。3月15日在党员代表大会上公布《2010年精神文明创建工作方案》,提出广泛开展宣传、人人参与创建,优化治理工程、创建优美环境,深化意识教育、提升文明涵养,实施治安联动、确保乡域安全,培育特色文化、推进"一村一品",开展志愿服务、展示文明形象。同时成立乡党委书记张树宝、乡长刘伯明为总指挥的全国文明城区创建工作分指挥部,下设综合协调推进组、社会事业建设组、环境优化建设组、督导检查组等8个小组,党委副书记孙连玉担任办公室主任。全年各项工作均对接全国文明城区测评体系64项创建指标,深化"一村一品"文化工程,全面开展普法和志愿者行动。

（欧阳明德）

【领导调研】 2月5日，中纪委六室主任耿欣秋一行来乡调研，在草场地村观看文化创意产业和梦公园舞台剧《十方》，参观北京赛特奥特莱斯购物中心。3月19日，区长程连元来乡考察草场地艺术村，提出要把文化创意产业与城乡一体化工作结合起来统筹兼顾，维护搬迁居民的利益，让农民在城市化进程中享受有保障的长远利益。4月13日上午，区委书记陈刚率区委、区政府领导和区有关部门来乡调研产业项目情况；下午，市纪委副书记隋秀梅一行来乡调研。5月7日，市人大常委会主任杜德印、副主任赵凤山等来乡调研区"统筹城乡发展，推动城乡一体化"情况。5月12日，市政府研究室副主任于鸷隆一行来乡调研体制改革工作，乡被区推选为产权制度改革典型。5月21日，副市长夏占义等市区领导及有关部门实地考察大望京公园、京旺家园样板房，就城乡结合部地区发展建设召开座谈会。6月2日，区政协主席辛燕琴一行来乡视察土地储备工作。7月3日，水利部副部长刘宁率检查小组在副市长夏占义等领导陪同下，检查辖域内马泉营污水资源化示范工程，听取乡党委书记张树宝汇报。8月11日，区委书记陈刚考察乡域启明星双语学校，了解基层土地储备工作。8月17日，区委书记陈刚、区长程连元等区领导率相关部门来乡调研城乡一体化工作。9月1日，市档案局副局长姜之茂等领导来乡调研城乡一体化档案整理工作，充分肯定乡档案管理工作。9月27日，副市长程红率有关部门深入何各庄村调研新农村建设情况。12月11日，市委常委、统战部长牛有成率十余个部门调研本乡拆迁整治、土地储备、安置房建设等情况。

（花淑平　欧阳明德）

【党员服务中心启用】 3月5日，位于黑桥村的乡党员服务中心投入使用，区委常委、组织部长陈宏志等区领导为中心揭牌。党员服务中心集教育、管理、服务于一体，设有咨询服务、宣传培训、综合教育等部门和电子阅览室、议事活动室、成果展示室、文体娱乐活动室等。党员群众在此参与、开展丰富多彩的活动，如巧娘作品展、书画协会作品展等。

（欧阳明德）

【党员代表大会】 3月15日，召开第二次党员代表大会第六次会议暨党建工作会议，108名代表出席，机关各科室、企事业单位、各村负责人列席。会议由乡党委副书记、乡长刘伯明主持；乡党委副书记孙连玉报告上年乡党委工作，提出本年推进城乡统筹发展、经济科学发展、社会和谐发展、党建率先发展的方针，在构建城乡一体化新格局上实现新突破；乡党委书记张树宝总结讲话，强调党建工作的多年积累为城乡一体化建设奠定了基础，要继续加强党建，为中心工作提供坚强的政治保证。会上，乡党委与各村党支部代表签订了《党风廉政建设责任书》，下发《致崔各庄乡全体党员的一封信》。

（欧阳明德）

【乡人代会】 3月28日，召开乡第十五届人民代表大会第九次会议，听取和审议《崔各庄乡人民政府2009年工作报告》、《崔各庄乡2009年财政预算执行情况和2010年财政预算草案报告》、《崔各庄乡人大主席团2009年工作报告》。会议由乡党委书记、人大主席张树宝主持，全体乡人大代表参加了会议。

（花淑平）

【土地储备】 5月至8月，在望京村城乡一体化试点成功的基础上，继续发挥组织领导、思想政治、亲民聚民、骨干带头四个优势，土地储备工作率先推进，北皋、东营、善各庄、崔各庄、索家村5个村陆续拆迁，共腾退企业326个，签约70.1%；腾退产权人2298个，签约99%，其中东营村签约100%。

（花淑平　欧阳明德）

【群众文化】 5月29日，奶子房村第十九届民间花会在奶东广场盛装开幕，市各区县以及河北的17档民间花会汇聚一堂，众多民间娱乐节目掀起一浪浪高潮。继续完善公共文化服务体系，打造奶子房民间花会、援朝大院、何各庄国际丰收节等特色文化活动。举办群众文化活动40余场次、文化培训14场次，新建1处500平米的文化活动室，6个村级益民书屋通过市区验收。

（花淑平）

【村委会换届选举】 7月5日至8月15日，全乡未腾退拆迁村进行第八届村民委员会换届选举，选举分准备、选委会产生、选民登记、提名确定候选人、投票选举、工作交接和验收总结归档七个阶段。参加换届选举的8个村共有选民7238人，8月10日参加投票选举7174人，参选率99.1%。8个村共选举产生村委会成员32人，其中主任8人、副主任6人、委员18人，平均年龄47岁。新一届村委会成员有共产党员25人，占78%；高中以上文化26人，占81%；妇女6人，占19%，30岁以下1人，占3%。

（花淑平）

【产权制度改革】 年内，经济体制改革取得阶段性成果，南皋、草场地等11个村产权制度改革已经完成，北皋、东营和善各庄村产权制度改革有序推进，望京村产权制度改革正式启动，乡级土地股份制改革初具雏形。

（花淑平）

【安居工程】 年内,定向安置房"京旺家园"一期完成24栋主体工程,已进行配套设施建设;二期工程开始进行前期施工准备。

(花淑平)

【北京最美的乡村】 年内,"何各庄模式"提升文化内涵,委托经营的住宅农户增至160余户,民宅改造完毕80余户,有30余户入住。市委农工委、市农委、市旅游局联合举办本年度"北京最美的乡村"评选,何各庄从31个候选村中脱颖而出,获"北京最美的乡村"称号。

(花淑平 欧阳明德)

【新农村建设】 年内,整治道路2.3万余平方米、文化设施建设1700平方米、景观改造2.1万余平方米。顺白路、马泉营西路、泉辛路绿化75000多平方米,完成樱桃园二期、湿地公园、黑桥村北小河南侧空荒地等重点项目绿化工程,共种植各类植物5万余株,被评为首都义务植树先进单位。开展马南里公园、马泉营西路等10项环境整治项目,绿化美化约15万平方米、铺装硬化1.2万余平方米、铺设管线9100余延米、修建围挡墙6200余平方米,总投资3185万元。推行数字化城市管理奖励细则和道路绿地保洁责任划分办法,在草场地村开展生活垃圾分类试点。修建3座生态公厕。加强各类新增建设的管理,处理新增建筑案件3000余起,拆除违法建设20余万平方米。严格控制各类建筑,开展"四月行动"等专项整治活动,全年制止各类违法建设98处约6万平方米,办理网格案件55000件。

(花淑平 欧阳明德)

【基础设施建设】 年内,推进地铁15号线建设,确保其一期工程首段年底通车。地铁15号线在乡内有长约6公里的地下线,设有两处车站和一处车辆段。修建1500米的泉辛路,连通南北区域。争取上级支持为黑桥中路、何各庄北路等6条道路安装路灯约160盏,方便了群众出行。对黑桥南路、蟹岛路翻新面积约15000平方米。启动香江北路恢复工程,推进北部产业功能区市政基础设施建设。组织实施沈干七支沟、西干沟、鸭子湖农场段、费家村段等排水沟整治工程,以及马泉营湿地公园、西干沟恢复工程、京旺家园一期污水站、马泉营污水站、赛特奥莱过路桥涵、樱桃园二期环境整治及雨洪利用等水利设施建设。

(花淑平 欧阳明德)

【产业建设】 年内,继续把四大产业板块作为经济发展的主战场,巩固经济组团格局。樱桃园二期、葡萄园二期、绿岛蓝莓园、龙吉特生态园、果园二期等项目积极推进,完成园区节水灌溉、玻璃温室、主干路网、绿化工程等基础配套建设。永顺华蔬菜基地建成蔬菜专业合作社牙苗菜加工温室,在市80多家超市设销售专柜,通过爱农驿站开展"蔬菜进社区"活动。依托中央别墅区推进赛特奥莱项目一期建设,入驻商户250家,日客流量达3000人,年收入5.6亿元、利润1163万元、税收2043万元。推进朝通物流中心建设,入驻商户1200家,日客流量达万人。全年申报可形成较大经济拉动作用和税收贡献的工程立项14个、科技计划立项2个、科普益民惠农立项1个,市区产业扶持资金2850万元。应对拆迁腾退影响,积极涵养税源,房产税收拓展渠道,税收总额达1672万元。

(花淑平)

【党建工作】 年内,党建工作围绕城乡一体化,发挥乡党委表率作用,用科学发展观加强领导班子的思想政治建设,强化又好又快发展的责任感和使命感,乡党委被评为市思想政治工作"双优"先进单位。开展"支部比创新"活动,培育出"城乡一体化改革先锋"、"何各庄模式"、"体制改革先锋"、"民主管理示范单位"等一批特色组织。以草场地村和南皋村为试点开展了农村社区建设,推进基层党组织创新。用清正务实的作风凝聚向心力,结合土地储备工作修订完善党风廉政责任书,实行"一把手"负总责、副职干部各负其责的责任制和连带责任制。强化班子成员分片包干负责制,带头深入一线破解难题、服务基层办实事。完善重大信访问题领导包案制度、重复上访问题集中整治制度、群体性上访事件处置制度和重大信访问题协调会制度,有针对性地"摸、排、查、处",带动乡村两级干部形成真抓实干的良好风气。抓重点村治理、选派选聘、基层活动场所建设等基础工作,推行"9+6+1"的"三级联创"指导考核方法,对9个未拆迁村、6个拆迁村和1个社区提出不同要求和目标。关爱帮扶困难党员,对近百名党员投入帮扶资金约20万元。提高村级领导工资报酬,完善村级组织"一把手"的绩效考核办法,报酬与实绩挂钩,充分调动其工作积极性。开展"党员比素质"活动,为800余名党员设岗定责,强化党代表任期制及八项配套制度的落实,在土地储备拆迁腾退工作中涌现一批模范人物。结合纪念建党89周年,开展"百名优秀共产党员、十名优秀党务工作者、十个优秀党员先锋岗"评选表彰活动,5名党员被评为区优秀共产党员,2名村党支部书记被评为区优秀党组织书记,1名村党支部书记被评为市劳模。全年发展新党员36名。

(花淑平 欧阳明德)

【平安创建】 年内,强化群防群治、巡逻巡查、"员包户"等机制,加强摸排整治行动,开展社会治安综合治理"6310"工程,交通、消防、食品、劳动监察、疾病防控等各项安全工作常态化、制度化，落实安全生产责任制，社会治安大防控体系效果显著，刑事发案率比上年下降3.1%，全年无重大事故，实现"大事不出、小事减少、管理严格、秩序良好"的总体目标。加强流动人口管理和服务，推行"1258"流动人口和出租房屋管理模式，分片联合管理，确保全覆盖、无盲区，人口规模得到有效调控。以"矛盾纠纷集中化解三个月专项行动"为契机，发挥乡法律工作站、联合接待室、基层调解组织作用，调处纠纷1865件，调处成功率97%，妥善解决了8件突出群体性问题，被评为市信访工作先进集体。

（花淑平　欧阳明德）

【民生工程】 年内，就业培训2400余人次，挖掘就业岗位近千个，新增就业近400人，帮助400余名失业人员享受灵活就业优惠政策。办理城镇保险1099人，为3524名农村劳动力办理城乡养老保险续费手续，有586人享受城乡养老待遇，对5693名城乡低保家庭、低收入人群、60岁以上老人、残疾人、独生子女困难家庭分类施保，累计发放保障金703万元、救助资金110多万元。做好1800名无保障老年人养老金发放和1014名"一老一小"、"无业人员"参保续费、报销医疗费等工作，全年办理老年人优待证、乘车优待卡、电子"小帮手"、高龄津贴、家政服务985人次，被评为市为老服务先进单位。完成电子城西区四期260人农转非安置和169名农转居人员社会保险缴纳工作。配售保障性住房，办理购买限价房9户、廉租房实物配租5户。在拆迁腾退过程中帮助33所学校、幼儿园妥善解决校址、学生安置等难题。全年投入走访慰问、医疗救助、临时救助、爱心家园、独生子女困难家庭、困难老人慈善医疗、贫困母亲、残疾人救助等各类社会救助资金110多万元。在区乡两级帮扶下，有44户88人脱贫。

（花淑平　欧阳明德）

【医疗卫生】 年内，新型农村合作医疗工作参保率达到100%，共为农民报销医疗费用近700万元；开展非法行医专项执法行动42次，查抄非法行医200余户次。疾病防控工作扎实开展，手足口病得到有效防治。

（花淑平）

人物

领导干部

中国共产党北京市朝阳区第十届委员会

书　　记　陈　刚
副 书 记　程连元　宋连娣
常　　委　陈　刚　程连元　宋连娣　吴桂英
　　　　　尚延华　佟克克　陈宏志　刘希泉
　　　　　李彦田　谢　莹　陶　晶
委　　员　(按姓氏笔画排列)
　　　　　卫停战　王　立　王　春　王力军
　　　　　王亚贵　王宝军　王智玲(3月免)
　　　　　尹秀峰　吕明杰　刘希泉　李建海
　　　　　李彦田　吴凤岐　吴金龙　吴桂英
　　　　　佟克克　辛燕琴　汪　洋　宋连娣
　　　　　张凤祥　张永红　张和平　张春秀
　　　　　陈　刚　陈合庄　陈宏志　尚延华
　　　　　范少飞　郑　宇(6月免)　郑　煌
　　　　　赵全保　陶　晶　郭德宏　黄　敏
　　　　　程连元　谢　莹
候补委员　王文远　支　芬　刘　野　王瑞林
　　　　　吉广平　苏　民　张德亮　杨　霆

中共朝阳区委工作机构负责人

办公室主任　苑文新
组织部部长　陈宏志
常务副部长　王小毛
宣传部部长　谢　莹
常务副部长　苏　民
精神文明建设委员会办公室主任　吕　岚
统一战线工作部部长　佟克克(兼)
常务副部长　刘乃晨(兼)
台湾工作办公室(区政府台湾事务办公室)主任
　　黄　亮
侨务办公室主任　李金虎
直属机关工作委员会书记　宋连娣(兼)
常务副书记　范少飞
社会工作委员会书记　王智玲(3月免)
　　汪　洋(3月任)
农村工作委员会书记　王宝军
政法委员会书记　佟克克
常务副书记　吴学文(3月免)
　　杨树旗(11月任)
社会治安综合治理委员会办公室主任　战玉贵
防范和处理邪教问题领导小组办公室(区政府防范和处理邪教问题办公室)主任　霍国庆
流动人口和出租房屋管委会办公室主任
　　鞠正义(6月免)
　　王春增(6月任)
教育工作委员会书记　吴金龙
非公经济工委书记　王小毛(兼)
老干部局局长　李学英(8月免)
　　郑　晶(11月任)
党史办公室主任　李惠芳
党校校长　陈宏志(兼)
党校党委书记、常务副校长　蒋自伟
保密委员会办公室(区国家保密局)
　　主任　金宏图(6月任)

朝阳区政府、人民团体党政分设工作机构党委(组)书记

国有资产管理委员会党委书记　刘　福
人力资源和社会保障局党委书记　郑　煌

园林绿化局党委书记　胡良森(3月免)
郝建国(3月任)
安全生产监督管理局党组书记　朱业平(6月免)
商务委员会党组书记　洪继元(兼,8月免)
统计局党组书记　刘方坡
文化委员会党委书记　张　前
卫生局党委书记　郭德宏(3月免)
牟燕东(3月任)
体育局党委书记　陈大中(8月免)
民政局党组书记　徐传孝
水务局党委书记　闻惠友
市政市容委党组书记　梅诗曙
信息化工作办公室党支部书记　云建明
区工商联党组书记　王小毛
科学技术委员会党组书记　林广吉
住房和城乡建设委员会党组书记　孙　梅
城市管理监察大队党委书记　刘丽平
循环经济产业园管理中心党总支书记　郭团会
环境卫生管理服务中心党委书记　黄庆林
广播电视新闻中心党委书记　洪建基
种植业养殖业服务中心党委书记　冯庆国
农业综合执法大队党委书记　张思忠
北京商务中心区管理委员会工委书记　吴桂英(兼)
北京奥林匹克公园管理委员会党委书记　王　春(兼)
中关村科技园区电子城科技园管理委员会工委书记
王文军

中国共产党北京市朝阳区纪律检查委员会

书　　记　尚延华
常务副书记　张树安
副书记　曲　君　陈　琳
常　　委　尚延华　张树安　曲　君　陈　琳
赵新跃　胡建东　田　华　陈伟航
王立新

朝阳区十四届人民代表大会常务委员会

主　任　王力军
副主任　闫学锋　李　国　于五一　孔德琴
杨文良
委　员　(按姓氏笔画为序)
于良佐　于　敏　王姮隽　吕　洪
朱春霞　刘丽平　闫金山　孙　立
李金山　李春霞　李　琪　连玉明
何兴图　何志强　辛荣军　张玉昆
张延平　张克成　昌延力　侯湘君
费　珉　绛　云　聂启明　奚传斌
高吉喜　崔源声　滑明达　蔡　勉

朝阳区人大工作机构负责人

办公室主任　朱春霞
内务司法工作委员会主任　侯湘君
财政经济工作委员会主任　董万立
城建环保工作委员会主任　李金山
教科文卫工作委员会主任　张克成
代表联络室主任　孙　立

北京市朝阳区人民政府

区　　长　程连元
常务副区长　吴桂英
副区长　刘希泉　赵全保　李建海　阎　军
张春秀　王　春　张立新(8月任)

朝阳区人民政府工作机构负责人

办公室主任　刘军胜
发展和改革委员会主任　王亚贵
教育委员会主任　孙其军
教育督导室主任　滕国清
科学技术委员会主任　王先勇
监察局局长　张树安
民政局局长　张凤祥
司法局局长　荣　容
财政局局长　邹立嵩
人力资源和社会保障局局长　吕明杰
机构编制委员会办公室主任　郑　煌(兼)
环境保护局局长　张永华
住房和城乡建设委员会主任　吴凤歧
房屋管理局局长　刘来祥
市政市容管理委员会主任　尹秀峰(兼)
农村工作委员会主任　陈晓东
水务局局长　李树东
商务委员会主任　张　勇
文化委员会主任　黄晓伟
卫生局局长　师　伟
人口和计划生育委员会主任　史素珍
审计局局长　刘　野

社会建设工作办公室主任　汪　洋(3月免)
　　张永新(3月任)
国有资产管理委员会主任　王文远
安全生产监督管理局局长　关　伟
体育局局长　田巨清(3月免)
　　陈　杰(兼,3月任)
统计局局长　王春平
绿化局局长　郝建国(3月免)
　　胡良森(3月任)
旅游局局长　兰学军
民防局局长　鄂曼叶(8月免)
　　闫　宾(8月任)
金融服务办公室主任　常树奇
民族宗教办公室主任　王爱录
外事办公室主任　宿静美(6月免)
　　李　辉(6月任)
法制办公室主任　刘　勇(6月免)
　　马　龙(6月任)
信息化工作办公室主任　王　臻
信访办公室主任　赵红伟(8月免)
　　陈　杰(8月任)

中国人民政治协商会议、北京市朝阳区第十一届委员会

主　　席　辛燕琴
副 主 席　刘乃晨　关三多　赵增华　茅玉麟
　　邢念增　高向宇
秘 书 长　宿静美
常务委员　(以姓氏笔划为序)

丁清光(回)	尹昌来(朝鲜)	毛大庆
王文军	王全辉	王均堂
王　岗	王建荣	王树声
王鲁宁	史　彬	叶茂西
叶　青	司爱华	田巨清
田新民	石燕秋	刘子华
刘　江	刘来祥	刘常平
刘　福	安阿玥(回)	何绍伟
张永华	张汉东	张秀云
张其成	张国利	张　耘
李龙吟(回)	李利民	李敬泽
杨　勇	杨毓莹	汪　斌
陈纪生	陈丽娟	周用和
周道珍	林安杰	苑文新
贺贝奇(蒙)	郝　雍	姬文革
徐沛东	徐艳梅	殷　菁
陶存文	高　菲	崔新未
黄关葆	傅志峰	富剑萍
曾原纪	滕国清	潘　迎

朝阳区政协专门委员会负责人

提案委员会主任　徐桂士
学习与文史委员会主任　王　岗
经济科技委员会主任　刘　福
教文卫体委员会主任　林安杰
城建环保委员会主任　张　耘
社会法制与民族宗教委员会主任　富剑萍
港澳台侨委员会主任　潘　迎

朝阳区政协工作机构负责人

办公室主任　宿静美(兼)
城建处处长　良　彪
文教处处长　徐宝强
经济处处长　闫立民
联络处处长　徐桂士
研究室主任　董　伟

朝阳区政法、军事机构负责人

人民检察院党组书记、检察长　王　立
人民法院党组书记、院长　李瑞翔
人民武装部部长　李彦田
人民武装部政委　王海洋
交通支队队长　张　成
公安局朝阳分局党委书记、局长　陶　晶
公安局朝阳分局政委　王益春
国家安全局朝阳分局局长　胡　颖

朝阳区各民主党派负责人

民革朝阳区委主委　绛云
民盟朝阳区委主委　曾原纪
民建朝阳区委主委　徐艳梅
民进朝阳区委主委　张耘
农工党朝阳区委主委　邢念增
致公党朝阳区委主委　高向宇
九三学社朝阳区委主委　茅玉麟
台盟朝阳区工委主委　潘迎

朝阳区各团体负责人

总工会主席　尹秀峰
共青团朝阳区委书记　孔　磊(8月免)
　　刘　凯(11月任)
妇女联合会主席　黄　敏
科学技术协会主席　张金科
残疾人联合会理事长　王　毅
归国华侨联合会主席　于　敏(3月免)
　　黄　亮(兼,3月任)
工商业联合会主席　聂启明
红十字会会长　谢　莹(兼)
红十字会常务副会长　王素荣
文学艺术界联合会秘书长　黄晓伟(兼)
慈善协会会长　李　靓

区属其他单位负责人

北京商务中心区管理委员会工委书记、主任
　　吴桂英(兼)
北京商务中心区管理委员会常务副主任
　　刘春成(6月免)
　　李国红(6月任)
北京奥林匹克公园管理委员会党委书记、主任
　　赵全保(兼,3月免)
　　王　春(兼,3月任)
北京奥林匹克公园管理委员会常务副主任
　　王　春(3月免)
　　田巨清(3月任)
中关村科技园区电子城科技园管理委员会主任
　　阎　军(兼)
中关村科技园区电子城科技园管理委员会工委书记、常务副主任　王文军
金盏金融服务园区管理委员会主任
　　王　健
温榆河生态走廊建设管理委员会办公室主任
　　杨　永
城市管理监察大队队长　吴熙盛
城市管理监督指挥中心主任　皮定均
重点政府工程协调领导小组办公室主任　沈乃宏
东坝航空商务区管委会筹备组办公室主任
　　孙振东(兼)
垡头产业区管委会办公室主任　荣学强(6月免)
定福庄产业区管委会办公室主任　桑小为
北京市朝阳区规划局党组书记、局长　张立新
北京市国土资源管理局朝阳分局局长　樊文祯
北京市朝阳区经济社会调查队队长　张建萍
北京市工商行政管理局朝阳分局局长　方世成
朝阳区国家税务局局长　刘嘉权
朝阳区地方税务局局长　陈合庄
朝阳区质量技术监督管理局局长　吴　平
北京市药品监督管理局朝阳分局局长　闫学会
农村集体经济办公室(农村合作经济经营管理站)党组书记、主任　秦　涛
老龄工作办公室主任　盛国敏
档案局局长　申玺朝
地方志编纂委员会办公室主任
　　赵万顺(8月免)
　　邓献云(11月任)
种植养殖业服务中心党委书记　冯庆国
种植养殖业服务中心主任　夏玉茂
广播电视新闻中心党委书记　洪建基
广播电视新闻中心主任　奚传斌
投资促进局局长　洪继元(8月免)
　　马英晖(11月任)
垃圾处理中心党总支书记　郭团会
垃圾处理中心主任　吴选辉
环境卫生管理服务中心党委书记　黄庆林
环境卫生管理服务中心主任　陈万明
职工大学党委书记、校长　马金东
北京商务中心区土地发展中心主任　赵光耀
农业综合执法大队党委书记　张思忠
农业综合执法大队队长　韩珍义
世奥森林公园开发经营有限公司党委书记　穆德林
世奥森林公园开发经营有限公司经理　田锦和
望京高新技术产业综合开发总公司党委书记　任国强
望京高新技术产业综合开发总公司经理　张维刚
北京朝阳公园开发经营公司党委书记　刘怡玲
北京朝阳公园开发经营公司经理　田锦和
北京京客隆商业集团股份有限公司董事长、党委书记
　　卫停战
北京京客隆商业集团股份有限公司总经理　李建文
北京昆泰房地产开发集团经理、党委书记　何志强
朝阳城市建设综合开发公司党支部书记　郭　艺
朝阳城市建设综合开发公司经理　刘福利
北京蓝岛大厦有限责任公司党委书记　王东海
北京蓝岛大厦有限责任公司董事长　黄　豪
北京蓝岛大厦有限责任公司总经理　李　伟
北京国际商务中心区开发建设有限公司总经理
　　周　建
北京宝嘉恒基础设施投资公司董事长、党总支书记
　　张　维

北京宝嘉恒基础设施投资公司经理　绳志明
北京弘朝伟业国有资产经营有限责任公司董事长兼党委书记　杨士山
北京弘朝伟业国有资产经营有限责任公司总经理　王伟林
北京金朝阳商贸国有资本运营公司党支部书记　张建军
北京金朝阳商贸国有资本运营公司经理　李　默
温榆河土地开发分公司总经理　苑志强
北京京广中心有限公司党委书记　孙明明
区副食品总公司经理、党委书记　顾汉林
北京郡王府管理中心党支部书记　王　彬
北京郡王府管理中心主任　李　杰
区粮食局党委书记　李长生
区粮食局局长、副书记　史中苏
区机关后勤服务中心党委书记　曹京伟
区机关后勤服务中心主任　张颖诚
北京市朝阳宾馆党总支书记　张　跃
北京市朝阳宾馆经理　马德山
北京潘家园国际民间文体发展中心董事长、党总支书记　崔新未
北京潘家园国际民间文体发展中心总经理　李桂芳
北京华阳经济开发公司经理　孙明明
朝阳区建筑工程公司经理、党委书记　马印秋
金盏融信投资中心经理、书记　汤　彤

朝阳区街道工委、办事处负责人

八里庄街道
工委书记　刘北阳
办事处主任　齐建宗

左家庄街道
工委书记　王玉华
办事处主任　郑金录

和平街街道
工委书记　付义军(8月免)
李连科(11月任)
办事处主任　李连科(11月免)
毕重伟(11月任)

双井街道
工委书记　于海波(6月免)
赵年生(6月任)
办事处主任　吴景刚

酒仙桥街道
工委书记　赵　玲
办事处主任　张志国(6月免)
崔少飞(6月任)

呼家楼街道
工委书记　胡建三
办事处主任　邢平芳

朝外街道
工委书记　武清林
办事处主任　田志刚

劲松街道
工委书记　郑　霞
办事处主任　殷　宁

安贞街道
工委书记　王　军
办事处主任　马海鹰

三里屯街道
工委书记　李振玲
办事处主任　常敬武

建外街道
工委书记　高春利
办事处主任　邵水平

团结湖街道
工委书记　赵年生(6月免)
张志国(6月任)
办事处主任　李　洁

潘家园街道
工委书记　董跃美
办事处主任　刘炳起

香河园街道
工委书记　郑　宇(6月免)
葛　强(6月任)
办事处主任　葛　强(6月免)
孔　磊(8月任)

六里屯街道
工委书记　马　龙(6月免)
付义军(8月任)
办事处主任　喻　军

亚运村街道
工委书记　杨树旗(11月免)
田　峡(11月任)

办事处主任 田 峡(11月免)
张 良(11月任)

小关街道

工委书记 刘伯韬(8月免)
王海军(8月任)

办事处主任 吴 冰

垡头街道

工委书记 王建军

办事处主任 高智勇

麦子店街道

工委书记 张永新(3月免)
刘 勇(6月任)

办事处主任 董 健

机场街道

工委书记 李 洋

办事处主任 苏向东

望京街道

工委书记 闫 宾(8月免)
刘伯韬(8月任)

办事处主任 宋 军

大屯街道

工委书记 徐家亮

办事处主任 徐江波(6月免)
宝月凤(11月任)

东湖街道筹备处

工委书记 高永宏

办事处主任 王春庆

朝阳区地区(乡)工委(党委)、办事处(乡)负责人

南磨房地区(乡)

工委(党委)书记 张德亮

办事处主任(乡长) 张 奎

高碑店地区(乡)

工委(党委)书记 张富生

办事处主任(乡长) 吴晓军

将台地区(乡)

工委(党委)书记 刘新平(6月免)
荣学强(6月任)

办事处主任(乡长) 左景全

太阳宫地区(乡)

工委(党委)书记 张宏明

办事处主任(乡长) 王 毅

十八里店地区(乡)

工委(党委)书记 杨 霆(8月免)
赵红伟(8月任)

办事处主任(乡长) 张启顺

小红门地区(乡)

工委(党委)书记 康志华

办事处主任(乡长) 李贺清

王四营地区(乡)

工委(党委)书记 李世喆

办事处主任(乡长) 高永荣

平房地区(乡)

工委(党委)书记 吴学文(3月免)
马国勇(3月任)

办事处主任(乡长) 米振华

东坝地区(乡)

工委(党委)书记 孙振东

办事处主任(乡长) 安永存

金盏地区(乡)

工委(党委)书记 张 岩

办事处主任(乡长) 于志刚

来广营地区(乡)

工委(党委)书记 张克斌

办事处主任(乡长) 马文虎

奥运村地区(乡)

工委(党委)书记 张永红

办事处主任(乡长) 胡杰华

东风地区(乡)

工委(党委)书记 张仲凯

办事处主任(乡长) 龙连柏

孙河地区(乡)

工委(党委)书记 纪海义

办事处主任(乡长) 刘大宏(8月免)
刘伯明(8月任)

崔各庄地区(乡)

工委(党委)书记 张树宝

办事处主任(乡长) 刘伯明(8月免)
陈 杰(11月任)

三间房地区(乡)

工委(党委)书记 牟燕东(3月免)
冯永忠(3月任)

办事处主任(乡长)　冯永忠(3月免)
　　　　　　　　　张小锋(11月任)

常营地区(乡)

工委(党委)书记　吉广平
办事处主任(乡长)　蔡淑敏

豆各庄地区(乡)

工委(党委)书记　李云飞
办事处主任(乡长)　张士华

黑庄户地区(乡)

工委(党委)书记　路　军
办事处主任(乡长)　马国勇(3月免)
　　　　　　　　　李　欣(11月任)

管庄地区(乡)

工委(党委)书记　杨建海
办事处主任(乡长)　周卫东

全国(含系统)先进集体、先进个人

先进集体

全国阳光体育运动先进区县
朝阳区

全国优秀法院
朝阳法院

全国维护妇女权益先进集体
朝阳区妇联

全国巾帼建功文明岗
三里屯街道妇联

全国巾帼文明示范村
金盏乡沙窝村

全国社区教育示范街道
亚运村街道

全国民政系统行风建设示范单位
救助管理站　军休办九所

全国老龄工作先进单位
区老龄办

全国安全社区建设先进单位
区社会建设工作办公室

全国安全生产月优秀单位
区安监局

全国人民防空先进集体
区民防局

先进个人

全国劳动模范和先进工作者
李高峰　刘爱英　郑丹娜　钟蔚莉

全国巾帼建功标兵
苏桂云

全国巾帼建功活动先进工作者
黄　敏

北京市先进集体、先进个人

先进集体

首都社会治安综合治理先进区
朝阳区

北京市安全生产工作先进区县
朝阳区

北京市模范集体
新源西里小学特教研究小组
北京工业大学附属中学史地政教研组
团结湖街道城管分队
麦子店街道枣营南里社区居民委员会
区农业综合执法大队白鹿公路动物防疫监督检查站
太阳宫乡芍药居二社区
朝阳剧场场务部
朝阳区中医医院灵通观社区卫生服务站
朝阳公园开发经营公司绿化保洁公司
京客隆商业集团股份有限公司生鲜食品配送中心
市工商行政管理局朝阳分局奥运村工商所
朝阳区医疗保险事务管理中心
区民政局婚姻登记处
市公安局朝阳分局十八里店派出所
闽龙世纪建材市场有限公司市场部

北京市敬老爱老为老服务先进单位
东湖街道
安贞街道
香河园街道
香河园街道社区服务中心

北京市思想政治工作优秀单位

区妇联

北京市妇女儿童工作先进集体

区教育委员会
区农村工作委员会
区卫生局
区妇女联合会

北京市巾帼文明示范村

十八里店乡吕家营村
黑庄户乡苏坟村

北京市"双学双比"示范基地

北京缤纷四季园林有限公司
北京永顺华蔬菜种植有限公司
北京朝来红太阳餐饮有限公司

北京市妇女健身示范站点

安贞街道妇女健身点
和平街街道和平家园妇女健身点
劲松街道劲松二区公园妇女健身站
六里屯街道八北社区妇女健身点
三里屯街道东三里社区妇女健身点
香河园街道西坝河中里社区妇女健身点
亚运村街道安慧里社区妇女健身点
太阳宫地区夏家园社区金玫瑰健身队
东坝地区文化服务中心妇女健身点
南磨房地区文化服务中心妇女健身点
管庄地区瑞祥里社区活动室妇女健身点
来广营地区朝来绿色家园社区妇女健身服务站
十八里店乡吕家营村妇女活动中心健身点
崔各庄乡奶东村活动站妇女健身点

北京市计生系统红旗单位

三里屯街道办事处
平房地区办事处

北京市计生系统先进集体

奥运村地区北沙滩社区
潘家园街道办事处
区人力资源和社会保障局
安贞街道办事处
来广营地区办事处
太阳宫地区办事处
左家庄街道办事处
管庄地区办事处八里桥社区
常营乡万象新天社区
市公安局朝阳分局
小关街道办事处高原街社区
六里屯街道碧水园社区
三间房地区办事处
崔各庄乡政府奶东村民委员会
和平街街道办事处
大屯街道办事处慧忠里第一社区
垡头街道办事处
双井街道办事处
东风地区将台洼村村民委员会
高碑店乡人民政府
香河园街道西坝河东里社区
团结湖街道办事处
十八里店地区老君堂村委会
南磨房地区办事处
区教育委员会
呼家楼街道办事处
亚运村社区卫生服务中心
朝阳区妇幼保健中心
北京飞机维修工程有限公司

北京市军工工作先进单位

安贞街道

先进个人

北京市劳动模范和先进工作者

安　平　蔡国启　蔡跃东　曹克亮　常海龙
陈　红　陈　洪　陈　杰　陈若哲　陈雪连
陈愚飞　崔　毅　邓会恩　东海霞　董秀珍
房　超　冯亚堂　高建华　高铁铮　侯　杰
黄志江　金明秀　金玉田　孔德英　李　广
李　合　李　涛　李永华　连玉明　刘爱英
刘宏军　刘　静　刘　军　刘来祥　刘乃忠
刘秋云　刘永生　刘占新　刘　震　罗洪卫
马　骏　孟宪东　牛　荣　荣　容　尚　焰
盛英波　苏连志　索宗喜　唐西兰　田　兴
王德明　王德仲　王建新　王　静　王礼先
王秀萍　王振祥　文爱群　翁志军　吴　莹
肖　丹　徐家亮　徐年琼　徐玉梅　许美琳
许卫军　杨丰伟　杨海欧　杨　红　杨利春
杨世玲　于励民　袁文辉　臧德胜　张德亮
张海云　张红军　张　宏　张剑玲　张　维
张晓曦　张新庆　张跃强　张志勇　张左盾
赵德远　赵玉旺　郑丹娜　周道才　周　静
周　明　周永旺　左翠霞　左立山

北京市巾帼创业明星

苏桂云　王淑红　郝常珍　张京湘　梁　棣

北京市妇女儿童工作先进个人

王智玲　朱春霞　霍　利　丰春秋　李晓静
崔贵然　华素霞　王　娟　刘　琳　郑荭梅

黄英梅　汤光玮　李　蓬　陈　璐

北京市文明示范家庭

麻志刚家庭　柏树英家庭　李玉华家庭
宋风标家庭　赵波家庭　姚彬家庭
陆琳家庭　卞红根家庭　张亮家庭
刘震生家庭　周燕家庭　李红家庭
李淑云家庭　张秀茹家庭　苗建军家庭
许振杰家庭　崔健家庭　柯红家庭
雷霞家庭　马全胜家庭

首都平安示范家庭

蒋捷卿家庭　王玉山家庭　赵学文家庭
崔宝祥家庭　孙永平家庭　陈伟中家庭
王德志家庭　王秀华家庭

北京市计生系统先进个人

宋连娣　张春秀　关三多　于五一　崔贵然
韩小军　韩逸伶　李　萍　章宁环　党津鸽
汤泽山　马国勇　米振华　李凤玲　任玉晨
董跃美　马俊华　吴立红　方世成　陈小玲
纪海义　崔如意　闫秀兰　邵水平　康　丽
司　宁　董玉兰　司琳弟　郭长福　乔峥嵘
娇　丽　常敬武　王　焕　孟　霞　张玉兰
李颜荣　张凤敏　马海鹰　宋　艳　王　毅
姜建莉　蔡淑敏　李冠男　王玉华　王建萍
李　霞　李俊仙　钱　琼　魏　薇　宋何阳
张英育　张勤素　郭东艳　刘灵霞　张士华
李美婷　张　雪　刘　晨　吴　冰　高建珍
李险峰　于　延　郭成双　喻　军　吴　莹
范小平　石卫华　张树宝　王立新　徐　敏
王　颖　岳卫红　唐　蔷　周　洁　靳小红
徐家亮　徐　蕾　杨　红　蔡　旭　高志勇
宫建民　袁连华　李　伟　李秀贤　宋　军
康玉章　李红梅　董　健　王书平　骆尚民
何　鑫　郭　冰　郑　霞　杨　洁　张亚芹
张仲凯　关进国　孟秀琴　王　青　郭光辉
王凤芹　孙淑芳　吴晓军　葛　强　谷　雨
于志刚　黄　丽　李存珍　张立云　李　洁
王利娜　郑新玲　徐　霞　杨　芳　付秀荣
李纪战　于　瀛　乔玉茹　顾少琴　奚玮琨
张笑迎　张　奎　金亚静　张　茹　王　延
侯育辉　赵文杰　李守民　张　丹　牛　捷
陈　明　王小红　赵　媛　李玉霞　胡杰华
武清林　吴　云　邢平芳　郭　萱　贾淑香
孙　侁　刘丽燕　沈　立　黄　敏　王淑敏
张艳明　师　伟　鲁　桦　李　涛　郭玉清
杜建新　易　旻　潘　竞　李　靓　徐立涛
高荣珍　汤光玮　左景全　刘　颖　白玉莲

朝　阳　区
先进集体、先进个人

先进集体

目标管理双百考核综合先进单位

区人力社保局(原区劳动保障局)
区人力社保局(原区人事局)
区政府办公室
区农委
区社会办
区统计局
区教委
区财政局
区审计局
区信访办
区住房城乡建设委
区房管局
区司法局
区投促局
区国资委
区市政市容委
区发展改革委
商务中心区管委会
区文化委
区人口计生委
区国税局
区地税局
区民政局
朝外街道
香河园街道
潘家园街道
亚运村街道
左家庄街道
建外街道
三里屯街道
大屯街道
麦子店街道
团结湖街道
呼家楼街道
望京街道

南磨房地区
来广营地区
高碑店地区
平房地区
东风地区
豆各庄地区
太阳宫地区
崔各庄地区
奥运村地区
小红门地区

目标管理双百考核单项先进单位

公安朝阳分局
市规划委朝阳分局
工商朝阳分局
区质监局
区科委
区法制办
区卫生局
区信息办
区绿指办
市国土局朝阳分局
市药品监督局朝阳分局
区园林绿化局
区水务局
区环境卫生管理服务中心
金盏金融服务园区管委会
奥林匹克公园管委会
电子城管委会
区城管监察大队
六里屯街道
安贞街道
垡头街道
双井街道
东湖街道筹备处
管庄地区
王四营地区
黑庄户地区
将台地区
常营地区

朝阳区重视人才先进单位

区教委
区卫生局
区检察院
南磨房地区
北京京客隆商业集团股份有限公司
北京中电华大电子设计有限责任公司
美铝(中国)投资有限公司
中国国际期货有限公司
慈铭健康体检管理集团
北京市金杜律师事务所

朝阳区高层次创新创业人才团队

精进电动科技(北京)有限公司
杰华生物技术(北京)有限公司
北京青青树动漫科技有限公司
奇智软件(北京)有限公司
奥博杰天软件(北京)有限公司

先进个人

朝阳区群众心目中的好党员(按姓氏笔画排序)

于　涛　王文和　王书英　王守仁　王丽华
王晓辉　王淑美　叶如陵　田景廉　付彦青
任　萍　任振军　刘　勇　刘　静　刘明波
刘金萍　刘爱英　刘海亭　纪锡占　苏国华
李　明　李桂芳　李颐扬　杨联安　肖广恒
谷现恩　沈玉德　宋金萍　张　林　张娜君
张根管　张毅新　张鬻制　陈　萍　陈春玖
陈　鸰　金九皋　郑丹娜　胡胜利　秦剑锋
耿学友　夏鸿飞　陶玉珍　黄志江　萨仁高娃
曹克亮　谢　强　蔡德江　臧德胜　谭志亮

朝阳区突出贡献人才(按姓氏笔画排序)

田树林　刘爱英　周鸿祎　房　超　薛运达

朝阳区突出贡献人才提名(按姓氏笔画排序)

严光文　余　平　宋关福　张桂红　李　虹
陈延文　郑丹娜　赵曾海　韩小红　赖祥麟

朝阳区国际人才(按姓氏首字母排序)

CHRISTOPHER JOHN BROOKE　蒲敬思(英国)
CHRISTINE CAYOL　佳　玥(法国)
MICHAEL ALAN CROOK　柯马凯(英国)
RENZO ISLER　易思乐(意大利)
DAVID X. LI　李祥林(加拿大)

朝阳区专业技术、管理拔尖人才(按姓氏笔画排序)

马继红　王永光　田锦秈　乔振江　刘　敏
孙建国　许珊琳　吴秋华　王贵军　王福来
史燕琨　刘福利　许　诺　吴　雷　吴晓东
宋友山　张　政　张　峰　张　慧　张凤英
张建平　张朝晖　李刚毅　李丽红　李贵华
李彩萍　杨丽欣　肖　虎　陈立华　范明军
郑康淳　赵　欣　钟亚利　郭银汉　彭海涛
韩　磊　熊振宏　臧德胜　张　维　张　雯
张秀兵　张维刚　张朝霞　郃武淳　林安杰
封和平　常　艺　章　平　漆万辉　薛志峰

朝阳区学术技术带头人(按姓氏笔画排序)

王贵军　王福来　史燕琨　刘福利　许　诺
吴　雷　吴晓东　宋友山　张　政　张　峰
张　慧　张凤英　张建平　张朝晖　李刚毅
李丽红　李贵华　李彩萍　杨丽欣　肖　虎
陈立华　范明军　郑康淳　赵　欣　钟亚利
郭银汉　彭海涛　韩　磊　熊振宏　臧德胜

朝阳区优秀青年人才(按姓氏笔画排序)

马利荣　马新宇　王　薏　王　冲　王　鹏
王　辉　计进波　代琳娜　白　旭　任应超
刘京惠　孙　杰　师俊超　朴　哲　张　雁
张　萌　张振军　张馨元　杨　兵　杨春生
芮　莉　苗铀琳　郑春杨　郑秋玲　侯庆辉
信振坤　赵　萍　徐德义　栾　杰　聂　鹏
郭　鹏　康文骏　梁　燕　梁雪琴　黄　琳
程安琪　谢谨捷　熊　萍　燕　萌　魏　威

逝世人物

刘玉满　北京市朝阳区人大常委会原副主任。男,汉族,中共党员,1925年8月河北省涞水县出生。1942年2月参加革命工作,1942年2月加入中国共产党。历任平西黎明报社文书,中共昌宛县委组织部统计干事,二区组织委员兼城联委员,昌宛三区副书记、游击政委,门头沟区城子镇工作团主任、副书记兼镇长、团工委副书记、书记,东郊区团工委书记、团区委书记,中共朝阳区委农工部部长,和平公社党委第一书记,中共朝阳区委书记处书记兼区委农工部部长,朝阳区农村组副组长,区农业局党委书记、革命委员会主任,中共朝阳区委副书记兼区农委书记,区革命委员会副主任,中共朝阳区委代理书记,朝阳区人大常委会副主任,1986年3月离休。2010年3月29日因病去世,享年85岁。

统计资料

地区生产总值(2010 年)

表 1　　　　单位:万元

项　　目	2010 年	构成(%)
合　　计	28041953	100.00
第一产业	13648	0.05
第二产业	3208144	11.44
工业	2385621	8.51
建筑业	822523	2.93
第三产业	24820161	88.51
交通运输、仓储和邮政业	1348304	4.81
信息传输、计算机服务和软件业	1485605	5.30
批发和零售业	6923273	24.69
住宿和餐饮业	882565	3.15
金融业	2794241	9.96
房地产业	3180231	11.34
租赁与商务服务业	3898610	13.90
科学研究、技术服务和地质勘查业	1644665	5.87
水利、环境和公共设施管理业	141809	0.51
居民服务和其他服务业	234180	0.84
教育	765644	2.73
卫生、社会保障和社会福利业	514368	1.83
文化、体育和娱乐业	420946	1.50
公共管理和社会组织	585720	2.09

注:地区生产总值为北京市统计局反馈初步核实数据。

地方财政收支

表2　　　　单位:万元

项　　目	决算数	项　　目	决算数
一、财政收入总计	2342627	二、财政支出总计	2280287
一般预算收入合计	2313388	一般预算支出合计	1680041
区县固定税收小计	298621	一般公共服务	140593
房产税	207553	国防	1548
车船税	24882	公共安全	192109
印花税	63483	教育	378967
资源税		#教育非附加支出	34410
耕地占用税	2703	科学技术	34072
共享税收小计	1976712	文化体育与传媒	284536
增值税	225995	社会保障和就业	138850
营业税	929477	医疗卫生	32641
城镇土地使用税	18557	环境保护	164
土地增值税	124512	#排污费支出	203643
教育费附加收入	8396	城乡社区事务	122453
城市维护建设税(85%)	109281	农林水事务	122453
企业所得税	540494	#水资源费支出	1200
企业所得税退税		资源勘查电力信息等事务	10296
分级收入小计	38055	商业服务业等事务	8877
国有资本经营收入		国土资源气象等事务	291
国有资源(资产)有偿使用收入	7147	住房保障支出	40413
其他收入	429	粮油物资储备管理事务	2668
罚没收入	16743	金融监管等事务支出	12000
行政性事业性收入	12318	地震灾后恢复重建支出	12301
排污费收入	164	其他支出	29373
水资源费收入	1254	政府性基金预算支出合计	600246
基金预算收入合计	29239	一般公共服务	
新型墙体材料专项资金收入	6878	文化体育与传媒	270
育林基金收入		社会保障和就业	22576
森林植被恢复费		城乡社区事务	560809
残疾人就业保障金收入	22361	农林水事务	4718
其他政府性基金收入		资源勘探电力信息等事务	6878
		商业服务业等事务	
		金融监管等事务支出	
		其他支出	4995

数据来源:北京市朝阳区财政局。

户数及人口数(户籍统计)

表 3　　单位:人

地区别	总户数(户)	总人口 合计	总人口 男	总人口 女	在总人口中 非农业人口	在总人口中 农业人口	出生数	死亡数
总　计	734100	1896986	952650	944336	1754249	142737	17095	9812
街　道	434497	1234697	623059	611638	1234629	68	9356	6659
建　外	13069	42108	21697	20411	42108		207	231
朝　外	12391	44280	23875	20405	44280		314	225
呼家楼	21250	63219	31371	31848	63219		459	386
三里屯	13488	38104	18515	19589	38104		251	206
左家庄	24810	66106	33494	32612	66106		291	542
香河园	13616	33902	17123	16779	33902		252	254
亚运村	16740	47406	24295	23111	47406		404	246
小　关	13814	49449	23654	25795	49449		320	201
酒仙桥	23865	68381	35564	32817	68381		399	391
麦子店	8130	20920	10671	10249	30918	2	171	91
团结湖	14100	36752	18579	18173	36752		227	244
六里屯	23575	60308	30379	29929	60306	2	464	362
劲　松	27184	69453	35046	24407	69416	37	551	386
潘家园	31432	80116	40249	39867	80112	4	539	548
垡　头	10024	26939	14340	12599	26939		229	163
双　井	250987	69726	35155	34571	69703	23	652	347
机　场	7202	24179	13266	10913	24179		168	84
望　京	27541	72736	36765	35971	72736		808	330
和平街	25080	99730	50381	49349	99730		510	427
八里庄	28249	82353	40873	41480	82353		633	372
安　贞	18623	48162	23973	24189	48162		326	301
大　屯	24168	64122	30611	33511	64122		746	233
东　湖	11149	26246	13183	13063	26246		324	89
乡	299603	662389	329591	332698	519620	142669	7739	3153
南磨房	22011	55090	28431	26659	53116	1974	686	266
高碑店	22236	45804	22964	22840	43293	2511	497	251
将　台	12163	24639	12212	12427	1565	287	119	
太阳宫	16066	35851	18394	17457	34454	1397	408	156
东　风	13401	28579	14200	14379	28340	239	239	190
小红门	13102	27505	13164	14341	13800	13705	385	116
十八里店	16746	36821	17404	19417	16063	20758	295	199
王四营	10388	18592	9009	9583	9538	9054	162	94
平　房	13994	28896	14165	14731	20788	8108	407	136
奥运村	20519	50457	25533	24924	50444	13	617	237
来广营	19025	37419	19011	18408	32766	4653	805	204
金　盏	12665	27802	13534	14268	10711	17091	290	167
东　坝	15769	33315	16929	16386	20524	12791	416	150
崔各庄	12883	23958	11635	12323	14399	9559	275	109
孙　河	12917	22010	10594	11416	10731	11279	219	73
常　营	8231	16475	8101	8374	9288	7187	282	63
三间房	22236	67564	32025	35539	64247	3317	632	258
管　庄	20566	51646	27534	24112	46766	4880	517	176
豆各庄	6092	11483	5684	5799	6846	4637	150	63
黑庄户	8593	18383	9068	9315	10432	7951	170	126

数据来源:北京市公安局朝阳分局。

城镇固定资产投资完成情况

表 4

项　　目	单位个数	项目个数	自年初累计完成投资	其中:基础设施投资	本年新增固定资产	房屋建筑施工面积	其中:住宅	房屋建筑竣工面积	其中:住宅
总　　计	153	336	4058110	2521889	2283784	4923762	259646	949567	137291
按注册类型划分									
国有	81	177	747712	231697	842189	3337869	259646	736300	137291
集体	4	4	723591	0	0	70756	0	0	
股份合作	0	0	0	0	0	0	0	0	0
国有联营	0	0	0	0	0	0	0	0	0
集体联营	0	0	0	0	0	0	0	0	0
国有与集体联营	0	0	0	0	0	0	0	0	0
其他联营	0	0	0	0	0	0	0	0	0
国有独资公司	8	87	913082	905583	45902	257394	0	91	0
其他有限责任公司	22	24	144539	12013	24369	251158	0	18732	1
股份有限公司	9	12	1322236	1246490	1246033	372370	0	0	0
私营	9	9	35561	0	56991	384086	0	147968	0
其他	5	5	25881	0	7896	119669	0	45000	0
与港澳台商合资经营	4	5	101707	92547	8	93876	0	0	0
与港澳台商合作经营	0	0	0	0	0	0	0	0	0
港澳台商独资	2	2	16461	6463	0	0	0	0	0
港澳台商投资股份有限公司	0	0	0	0	0	0	0	0	0
中外合资经营	5	6	9642	3409	6778	35108	0	0	0
中外合作经营	0	0	0	0	0	0	0	0	0
外资企业	5	6	33978	29969	44175	1476	0	0	0
外商投资股份有限公司	1	1	181	181	9443	0	0	0	0
个体户	0	0	0	0	0	0	0	0	0
个人合伙	0	0	0	0	0	0	0	0	0
按隶属关系划分									
中央单位	52	85	1691972	1284712	1695473	2562304	243293	695106	137291
市属单位	40‖141	1010635	902111	408516	654659	16353	33920	0	
区属单位	24	69	1050588	229970	82306	877625	0	16205	0
其它单位	37	41	304915	105096	97489	829174	0	204327	0

房地产开发完成情况

表 5　　单位:个、万元、平方米

项　目	单位个数	自年初累计完成投资	其中:基础设施投资	其中:土地开发投资	其中:住宅	房屋施工面积	其中:住宅	房屋竣工面积	其中:住宅	本年新增固定资产	商品房销售面积	商品房销售额	待售面积	住宅	一年以上住宅
合　计	394	7996427	198135	8245	3282832	28443787	15161879	8051127	4667484	4126564	4834058	10218673	5874916	1630702	341483
按注册类型划分															
国有	9	415031	158301	0	83474	1793867	1083102	376000	196404	75671	186725	123541	457931	278562	6809
集体	1	38810	0	0	0	0	0	0	0	0	0	0	0	0	0
股份合作	0	0	0	0	0	0	0	0	0	0	0	0	0	0	0
国有联营	0	0	0	0	0	0	0	0	0	0	0	0	0	0	0
集体联营	0	0	0	0	0	0	0	0	0	0	0	0	0	0	0
国有与集体联营	0	0	0	0	0	0	0	0	0	0	0	0	0	0	0
其他联营	0	0	0	0	0	0	0	0	0	0	0	0	0	0	0
国有独资公司	8	218799	0	597	188610	1142139	907971	266207	147686	214800	93398	208001	146947	26570	10942
其他有限责任公司	236	5774767	31547	7648	2231853	192744754	10190159	5731847	428361	3093491	3495194	7028433	3224271	819487	174889
股份有限公司	11	180958	3920	0	64063	750774	335522	428361	113010	343431	150400	339815	228209	34813	3991
私营独资	0	0	0	0	0	0	0	0	0	0	0	0	0	0	0
私营合伙	0	0	0	0	0	0	0	0	0	0	0	0	0	0	0
私营有限责任公司	30	656008	1332		387832	1319155	610254	312904	235718	118008	287659	50818	252946	101797	6514
私营股份有限公司	2	20972	0	0	0	0	0	0	0	0	0	0	27173	0	0
其他	0	0	0	0	0	0	0	0	0	0	0	0	0	0	0
与港澳台商合资经营	14	112258	1011	0	34736	489521	175159	0	0	0	52073	187705	270840	52751	15151
与港澳台商合作经营	30	112632	0	0	71113	902307	313374	152310	74760	44970	106639	395943	602638	165503	72834
港澳台商独资	13	288776	207	0	147978	1281819	819622	0	0	0133620	518741	118658	16302	12220	
港澳台商投资股份有限公司	1	22394		0	11277	540448	321419	467078	306299	86612	44088	47257	126097	57608	25357
中外合资经营	11	63704	1793		26436	494849	248394	246227	118419	112655	71712	276492	194486	25211	6258
中外合作经营	19	75947	0	0	33041	411028	150417	64300	51494	35054	110939	241684	161444	49353	4586
外资企业	8	15371	24	0	2419	43126	6486	5893	5043	1872	28894	45799	62952	2421	1932
外商投资股份有限公司	1	0	0	0	0	0	0	0	0	0	1772	4695	0	0	0
按隶属关系划分	0	0	0	0	0	0	0	0	0	0	0	0	0	0	0
中央	14	229463	0	0	70544	540318	211977	290801	138700	169867	139799	261268	146476	40576	7598
市属	59	1159753	8922	597	516979	8752592	4919756	3503376	1888972	2311770	1395358	2348996	1302653	299972	6749
区及区以下	321	6607211	189213	7648	2695309	19150877	10030146	44256950	2639812	1644927	3298901	7608409	4425787	1290154	266391
按资质等级划分															
一级	36	1151223	2001	806	632063	6647850	4599429	2811405	2050913	878715	1075909	1888940	1206624	393414	91366
二级	60	425588	2880	0	161777	3958144	1511629	637160	218393	1234408	712413	1485539	1334583	202982	47480
三级	51	464128	24	167	299886	2655778	1663719	819853	630649	264411	410608	941596	588948	138054	36081
四级	32	58675	27708	7272	696800	8698596	4191802	2882582	1243933	1418971	1601421	3344443	1881556	444690	68168
暂停	81	2129408	165522	0	783832	6240094	3033642	841197	475232	280059	1025166	2549081	366845	136482	27662
其他	34	1967405			708474	243325	161658	58930	48364	50000	8541	9074	496360	315080	70726

房地产开发企业主要财务指标

表6 个、万元、人

项目	单位个数	固定资产合计	累计折旧	固定资产折旧	资产总计	负债合计	营业收入	主营业务收入	商品房屋销售收入	主营业务成本	主营业务税金及附加	营业利润	利润总额	应交所得税	应付工资总额(贷方累计发生额)	从业人员平均人数
合计	687	49703674	7270635	1406038	779796177	629662175	94668704	93399478	81377952	52347775	11398847	19994848	20046672	5363028	2278540	23783
按注册类型划分																
国有	12	1641939	428658	61228	11962622	9696759	1223428	1117578	828866	783829	54548	35503	54241	10074	44067	662
集体	2	905525	255696	44083	6928536	6065171	1101656	1003562	1003562	700710	60703	262009	264540	73075	8142	148
股份合计	0	0	0	0	0	0	0	0	0	0	0	0	0	0	0	0
国有联营	0	0	0	0	0	0	0	0	0	0	0	0	0	0	0	0
集体联营	0	0	0	0	0	0	0	0	0	0	0	0	0	0	0	0
国有与集体联营	0	0	0	0	0	0	0	0	0	0	0	0	0	0	0	0
其他联营	0	0	0	0	0	0	0	0	0	0	0	0	0	0	0	0
国有独资公司	9	9432280	31119	4722	26824690	22567389	2272101	2226370	2103949	1147874	235594	595541	517513	182077	58549	399
其他有限责任公司	400	18578281	2402612	627511	434262610	360673552	48905266	48418279	40976989	28629031	5895875	8804695	8962334	2714185	1187264	12601
股份有限公司	17	5506322	46140	8238	42644639	27400798	1445827	1389349	1367237	966382	141296	513752	516406	57989	82950	330
私营独资	0	0	0	0	0	0	0	0	0	0	0	0	0	0	0	0
私营合伙	1	89911	565	342	179154	54512	257564	254318	254318	132722	15921	104196	102010	4585	1397	42
私营有限责任公司	111	1516130	370559	110915	38382114	32749229	2886313	2760074	2352001	1810354	332860	－74024	－68665	100465	113273	2404
私营股份有限公司	8	108654	59740	11748	3019825	2320718	210788	147357	13944	79802	8866	－28834	－42919	3504	9693	224
其他	0	0	0	0	0	0	0	0	0	0	0	0	0	0	0	0
与港澳台商合资经营	19	1260273	855692	46867	12680387	7316255	5772335	5750117	4968252	3968874	316092	999189	996439	178760	84560	486
与港澳台商合作经营	40	1364790	620011	79502	45495164	38464654	3097496	2964970	2199792	1378762	324236	－63252	－61178	171605	159887	1870
港澳台商独资	15	4269794	762517	153407	81651186	642009080	12369180	12354667	11865340	6024549	1267647	4648195	4603318	778998	197612	1377
港澳台商独资股份有限公司	0	0	0	0	0	0	0	0	0	0	0	0	0	0	0	0
中外合资经营	20	589018	340812	34639	39106167	30821022	11652456	11571297	11032541	4822244	2502531	3600812	3599316	940133	140618	1067
中外合作经营	23	3394674	531211	139300	17917790	12793717	2194866	2182070	1226131	1115986	167315	402569	402165	94757	162991	4689
外资企业	10	1046086	565303	83536	18741293	14537491	1279428	1259470	1065030	786656	75363	194498	201122	52821	27537	484
外商投资股份有限公司	0	0	0	0	0	0	0	0	0	0	0	0	0	0	0	0
按隶属关系划分																
中央	14	552585	34879	18548	40664551	28726039	1837144	1776836	1589759	1034177	187224	463766	404037	122508	91883	351
市属	87	11265815	331968	72736	114752372	93812791	25189956	25072364	23155298	15486485	2795112	4814282	4876509	1165964	360604	3089
区及区以下	586	37885274	6903788	1314754	624379254	507123345	67641604	66550278	56632895	35827113	8416511	14716800	14766126	4074556	1826053	20343
按资质等级划分																
一级	23	3906205	927435	181483	158672464	124064735	19838669	19628196	17921907	12509306	1681288	4113871	4082511	907769	379677	2570
二级	58	5638901	1193719	321283	119802545	102361343	17846470	17619184	15976857	9100011	2841923	3455966	3563354	1347103	470662	5135
三级	72	5688515	685181	130709	95810719	72444714	16038232	15740137	12871581	9711942	1248845	3573441	3501588	908231	280052	2677
四级	224	12236270	1710934	469447	206151528	171160372	34499854	34236358	30808252	17640063	5045902	7313818	8399131	1903388	668155	6975
暂定	160	18812821	934890	170341	151468308	123432000	4603737	4446199	3615447	2651928	477125	284307	220591	186335	185083	3437
其他	150	3420962	1818476	132775	47890613	36199011	1841742	1729404	183908	934525	103764	253445	279497	110202	194911	2989

社会消费品零售额

表 7　　单位:万元

项　　目	零售额	限额以上企业
社会消费品零售额	17374968	16121311
按商品用途分		
吃类商品	——	2412430
穿类商品	——	1579019
用类商品	——	9041261
烧类商品	——	3088601
按消费形态分		
餐饮收入	1538113	1279355
商品零售	15836855	14841956

集贸市场情况

表 8

项　　目	单位	2010 年	2009 年	增长速度(%)
市场经营管理单位个数	(个)	216	187	15.5
消费品市场农副产品成交量	(吨)	787691	780419	0.9
粮食类	(吨)	83450	82943	0.6
油脂油料类	(吨)	14338	14294	0.3
肉食禽蛋类	(吨)	112407	111671	0.7
水产品类	(吨)	27389	27241	0.5
蔬菜类	(吨)	436482	432637	0.9
干鲜果类	(吨)	113625	111633	1.8
消费品市场农副产品成交额	(万元)	371183	353620	5.0
粮食类	(万元)	25910	23246	11.5
油脂油料类	(万元)	25050	23807	5.2
肉食禽蛋类	(万元)	180180	171178	5.3
水产品类	(万元)	28835	27713	4.0
蔬菜类	(万元)	73228	68836	6.4
干鲜果类	(万元)	37980	38840	－2.2

注:工商系统年报的制作周期为上年的 12 月至当年的 11 月。数据来源:北京市工商行政管理局朝阳分局。

城乡个体工商业基本情况

表 9

项　　目	户数（户）	城镇	从业人员（人）	城镇	注册资金（万元）	城镇
合　　计	92051	62815	97721	64603	157370	100280
农林牧渔业	246	329	577			
采矿业	2	2	1			
制造业	1616	260	2029	301	3082	449
建筑业	51	25	326	229	92	47
交通运输、仓储和邮政业	799	232	823	244	1668	476
信息传输、计算机服务和软件业	853	394	886	465	1005	866
批发和零售业	66386	43780	69064	44913	105632	64300
住宿和餐饮业	3235	3101	4873	3102	5633	3821
租赁与商务服务业	674	341	699	389	1163	481
居民服务和其他服务业	9744	8869	9744	8869	34964	22722
卫生、社会保障和社会福利业	250	138	250	138	408	157
科学研究、技术服务和地质勘查业	335	95	466	101	616	194
文化、体育和娱乐业	3184	2127	3346	2301	4970	3218
其他行业	4676	3453	4875	3551	7559	3549

注:工商系统年报的制作周期为上年的 12 月至当年的 11 月。　　数据来源：北京市工商行政管理局朝阳分局。

对外经济基本情况

表 10

项　　目	单位	2010 年	2009 年	增长速度(%)
新批三资企业	（个）	788	593	32.9
合同外资金额	（亿美元）	21.8	31.5	－30.8
实际利用外资额	（亿美元）	24.0	21.8	10.1
外贸出口额	（亿美元）	121.1	92.8	30.5

数据来源：北京市朝阳区商务委

外商投资企业新设立情况

表 11

项　　目	企业数（个）	
	2010 年	2009 年
合　计	788	593
按登记注册型分	789	594
合资经营	85	63
合作经营	4	
独资经营	699	530
其他		
按三次产业分		
第一产业	1	
第二产业	9	7
第三产业	778	586
按客商国别(地区)分		
日　本	66	29
美　国	54	47
中国香港	306	208
澳大利亚	12	6
法　国	12	6
新加坡	35	22
加拿大	21	13
德　国	33	27
西班牙	6	8
中国台湾	24	23
瑞　典	3	4
泰　国	1	
比利时	1	4
丹　麦	3	1
韩　国	74	69
俄罗斯	1	4
其　他	136	122

数据来源：北京市朝阳区商务委

银行各月人民币存款情况

表 12　　单位:万元

月份	各项存款	企业存款	活期	定期	储蓄存款	农业存款
1月	83785400	43218694	25230121	17988573	29510551	1613412
2月	85203379	43891317	24485466	194085851	30532702	1693483
3月	88978696	47077941	26225499	20852442	31002134	1607642
4月	88107183	45366536	24848039	20518497	31175369	1587076
5月	88476017	46473686	26101851	20371835	31213381	1606481
6月	91547640	48046357	28489022	19557335	32096627	1601355
7月	89134732	46411873	27078257	19333616	31884346	1498133
8月	91907660	47869296	27819445	20049851	32113502	1535107
9月	94863323	49021537	27231056	21790481	33325197	1671637
10月	94362010	49292823	29415339	19877484	32716227	1472689
11月	93381094	49232125	29927885	19304240	32784075	1740922
12月	99147960	52026302	31368597	20657705	34232920	1592534

中资银行各月人民币贷款情况

表 13　　单位:万元

月　份	各项贷款	短期贷款	中长期贷款
1月	38424519	8812375	29056922
2月	39522697	9227635	29775719
3月	40631668	9218401	30846801
4月	41746876	9065659	31978369
5月	42299190	8622539	32901436
6月	43171451	9106390	33578796
7月	44088479	9466036	34036321
8月	44822756	9547596	34690792
9月	45542319	9655101	35333366
10月	46121183	9587509	35955063
11月	47560205	9978247	36994563
12月	48305280	10398421	37269001

统计指标解释

一、地区生产总值

地区生产总值：是按市场价格计算的一个地区所有常住单位在一定时期内生产活动的最终成果。地区生产总值有三种表现形式，即价值形态、收入形态和产品形态。在实际核算中，地区生产总值的三种表现形态表现为三种计算方法，即生产法、收入法和支出法。三种方法分别从不同的方面反映地区生产总值及其构成。

三次产业 根据社会生产活动历史发展的顺序对产业结构的划分，产品直接取自自然界的部门称为第一产业。对初级产品进行再加工的部门称为第二产业。为生产和消费提供各种服务的部门称为第三产业。我国现行的三次产业划分是：

第一产业：农、林、牧、渔业（包括农业、林业、畜牧业、渔业和农、林、牧、渔服务业）。

第二产业：工业（包括采矿业、制造业、电力、燃气及水的生产及供应业）和建筑业。

第三产业：除第一、第二产业以外的其他各业。

二、地方财政收支

一般预算财政收入：通过一定的形式和程序，由各级财政部门组织并纳入预算管理的各项收入，也就是会计制度改革以前所称的“预算收入”。

基金预算收入：是按规定收取，转入或通过当年财政安排，由财政管理并具有指定用途的政府性基金预算收入等。

一般预算财政支出：是各级财政部门对集中的一般预算收入有计划地分配和使用而安排的支出。

三、固定资产投资

自年初累计完成投资：指从本年1月1日起至本年最后一天止完成的全部用于房屋建设工程和土地开发工程的投资额以及公益性建筑和土地购置费等的投资。

土地开发投资额：指房地产开发企业（单位）进行的土地开发工程所完成的投资额，它是房地产开发企业（单位）对新征用（或购置）的土地进行道路、给水、排水、供电、供热、通讯等工程建设及土地平整（简称七通一平）等所完成投资额。

土地开发投资一般是指生地（荒地、山地）的开发，即将生地变成熟地的过程所完成的投资。重新规划的旧城区改造所进行了的“七通一平”工程也可进入土地开发投资。但列入房屋工程概预算的原有旧房屋的拆除、建筑场地平整以及施工临时用水、电、通讯工程不计入土地开发投资，而应计入房屋开发投资中。土地开发投资额应放入完成投资按结构分组中的建筑工程，在房屋用途分组中能分摊的就分摊，不能分摊的全部计入其他。未进行开发工程的，只进行单纯的土地交易活动不作为土地开发投资统计。

本年新增固定资产：指在报告期已经完成建造和开发过程并交付使用的房屋和土地开发面积的价值。指房地产开发公司进行开发经营活动的最终成果，即为社会提供的固定资产，而且是在报告期内新增加的。不是反映房地产开发企业本身固定资产的增加。

四、房地产开发

商品房销售面积（不含回迁）：指在报告期内出售商品房屋的合同总面积（即双方签署的正式买卖合同中所确定的建筑面积）。由现房销售建筑面积和期房销售建筑面积两部分组成。现房销售、期房销售中均不包括拆迁还建、统建代建、公共配套建筑、房地产开发企业自用及周转房等不可销售的房屋，也不包括销售的拆迁回迁商品房。（该指标取自当年签订的《商品房买卖合同》）

商品房空置面积：指报告期末已竣工的可供销售或出租的商品房屋建筑面积中，尚未销售或出租的商品房屋建筑面积，包括以前年度竣工和本期竣工的房屋面积，但不包括报告期已竣工的拆迁还建，统建代建，公共配套建筑、房地产公司自用及周转房等不可销售或出租的房屋面积。

五、社会消费品零售总额

社会消费品零售总额：指国民经济各行业直接售给城乡居民和社会集团的消费品总额。它是反映各行业通过多种商品流通渠道向居民和社会集团供应的生活消费品总量，是研究国内零售市场变动情况、反映经济景气程度的重要指标。

六、市场成交额

市场成交额：指从事消费品交易的商品市场的全部商品成交金额。

七、实际利用外资额

实际利用外资额：为批准的合同外资金额的实际执行数，指外国投资者根据合同（章程）的规定实际缴付的出资额与批准的企业投资总额内以企业名义从境外借入的资金之和。以下情况不列入外资统计：1）企业在投资总额之外的境外借款；2）企业在境内外资银行的借款。

八、存款、贷款

存款：企业、机关、团体或居民根据可以收回的原则，把货币资金存入银行或其他信用机构保管并取得一定利息的一种信用活动形式。根据存款对象的不同可划分为企业存款、财政存款、机关团体存款、城镇储蓄存款、农村存款等科目。它是银行信贷资金的主要来源。

贷款:银行或其他信用机构根据必须归还的原则,按一定利率,为企业、个人等提供资金的一种信用活动形式。我国银行贷款分为流动资金贷款、固定资产贷款、城乡个体工商户贷款以及农业贷款等科目。

附 录

中共北京市朝阳区委主要文件目录

中共北京市朝阳区委文件

京朝发〔2010〕1号:关于印发陈刚同志在区委十届十一次全体(扩大)会议上的工作报告的通知

京朝发〔2010〕2号:关于印发《中国共产党北京市朝阳区代表大会代表任期制实施细则(试行)》的通知

京朝发〔2010〕3号:关于创建全国文明城区工作的意见

京朝发〔2010〕4号:关于表彰2009年度朝阳区农村地区先进单位的决定

京朝发〔2010〕5号:关于表彰2009年度同“法轮功”及其他邪教组织斗争先进集体和先进个人的决定

京朝发〔2010〕6号:关于表彰2009年度朝阳区社会治安综合治理先进集体和先进个人的决定

京朝发〔2010〕7号:关于表彰2009年度朝阳区社会领域和谐建设先进单位的决定

京朝发〔2010〕8号:关于做好2010年春节、全国“两会”期间有关工作的通知

京朝发〔2010〕9号:关于统筹改善民生构建大民生格局的实施意见

京朝发〔2010〕10号:关于做好当前人大工作的若干意见

京朝发〔2010〕11号:关于加快推进“新四区”发展战略的意见

京朝发〔2010〕12号:关于在全区基层党组织和党员中深入开展创先争优活动的实施意见

京朝发〔2010〕13号:关于印发《2009—2013年朝阳区处级党政领导班子建设规划》的通知

京朝发〔2010〕14号:关于印发《2009—2020年朝阳区处级党政领导班子后备干部队伍建设规划》的通知

京朝发〔2010〕15号:关于印发《朝阳区区级领导班子及其成员推进廉政风险防范管理工作实施方案》的通知

京朝发〔2010〕16号:关于表彰朝阳区群众心目中的好党员的决定

京朝发〔2010〕17号:关于对矛盾纠纷集中化解专项行动工作先进单位进行通报表彰的决定

京朝发〔2010〕18号:关于印发《朝阳区推进社会服务管理创新实施意见》的通知

京朝发〔2010〕19号:关于聘请社会服务管理创新工作专家顾问的决定

京朝发〔2010〕20号:关于命名表彰朝阳区突出贡献人才奖、突出贡献人才提名奖、国际人才奖、专业技术管理拔尖人才、学术技术带头人、优秀青年人才和朝阳区重视人才先进单位、高层次创新创业人才团队的决定

京朝发〔2010〕21号:关于加强人民政协政治协商制度建设的意见

京朝发〔2010〕22号:关于做好2010年军队转业干部安置工作的通知

京朝发〔2010〕23号:关于制定朝阳区国民经济和社会发展第十二个五年规划的建议

中共北京市朝阳区委办公室文件

京朝办发〔2010〕1号:关于参加区十四届人大五次会议和区政协十一届五次会议有关事宜的通知

京朝办发〔2010〕2号:关于建立朝阳区网络舆情工作联席会议制度的通知

京朝办发〔2010〕3号:关于进一步做好2010年全国“两会”及元宵节期间维护社会稳定、加强服务保障等工作的通知

京朝办发〔2010〕4 号:关于下达 2010 年随军家属安置指标的通知

京朝办发〔2010〕5 号:关于印发《朝阳区委常委会 2010 年议题计划》的通知

京朝办发〔2010〕6 号:关于印发《朝阳区委十届十一次全体(扩大)会议重点任务分工方案》的通知

京朝办发〔2010〕7 号:关于转发《中共北京市朝阳区委党的建设工作领导小组 2010 年工作要点》的通知

京朝办发〔2010〕8 号:关于下达 2010 年度信息任务指标的通知

京朝办发〔2010〕9 号:关于成立最高人民法院人民来访接待室周边地区整治工作领导小组的通知

京朝办发〔2010〕10 号:关于印发《北京市朝阳区人民政府办公室主要职责内设机构和人员编制规定》的通知

京朝办发〔2010〕11 号:关于印发《北京市朝阳区发展和改革委员会主要职责、内设机构和人员编制规定》的通知

京朝办发〔2010〕12 号:关于印发《北京市朝阳区科学技术委员会(北京市朝阳区知识产权局)主要职责、内设机构和人员编制规定》的通知

京朝办发〔2010〕13 号:关于印发《北京市朝阳区民政局主要职责、内设机构和人员编制规定》的通知

京朝办发〔2010〕14 号:关于印发《北京市朝阳区财政局主要职责、内设机构和人员编制规定》的通知

京朝办发〔2010〕15 号:关于印发《北京市朝阳区人力资源和社会保障局主要职责、内设机构和人员编制规定》和《北京市朝阳区机构编制委员会办公室主要职责、内设机构和人员编制规定》的通知

京朝办发〔2010〕16 号:关于印发《北京市朝阳区环境保护局主要职责、内设机构和人员编制规定》的通知

京朝办发〔2010〕17 号:关于印发《北京市朝阳区住房和城乡建设委员会主要职责、内设机构和人员编制规定》的通知

京朝办发〔2010〕18 号:关于印发《北京市朝阳区市政市容委员会(北京市朝阳区城乡环境建设委员会办公室)主要职责、内设机构和人员编制规定》的通知

京朝办发〔2010〕19 号:关于印发《中共北京市朝阳区委农村工作委员会 北京市朝阳区农村工作委员会(北京市朝阳区动物卫生监督管理局)主要职责、内设机构和人员编制规定》的通知

京朝办发〔2010〕20 号:关于印发《北京市朝阳区文化委员会主要职责、内设机构和人员编制规定》的通知

京朝办发〔2010〕21 号:关于印发《北京市朝阳区卫生局主要职责、内设机构和人员编制规定》的通知

京朝办发〔2010〕22 号:关于印发《北京市朝阳区人口和计划生育委员会主要职责、内设机构和人员编制规定》的通知

京朝办发〔2010〕23 号:关于印发《北京市朝阳区审计局主要职责、内设机构和人员编制规定》的通知

京朝办发〔2010〕24 号:关于印发《中共北京市朝阳区委社会工作委员会 北京市朝阳区社会建设工作办公室主要职责、内设机构和人员编制规定》的通知

京朝办发〔2010〕25 号:关于印发《北京市朝阳区人民政府国有资产监督管理委员会主要职责、内设机构和人员编制规定》的通知

京朝办发〔2010〕26 号:关于印发《北京市朝阳区金融服务办公室主要职责、内设机构和人员编制规定》的通知

京朝办发〔2010〕27 号:关于印发《2010 年朝阳区委中心组学习计划》的通知

京朝办发〔2010〕28 号:关于做好《中国共产党北京市朝阳组织史资料丛书》编纂工作的通知

京朝办发〔2010〕29 号:关于调整城乡一体化工作领导小组的通知

京朝办发〔2010〕30 号:关于印发《朝阳区离退休干部工作领导责任制》的通知

京朝办发〔2010〕31 号:关于成立朝阳区城乡一体化工作领导小组指挥部前期策划办公室的通知

京朝办发〔2010〕32 号:关于调整朝阳区工程建设领域突出问题专项治理工作领导小组组长的通知

京朝办发〔2010〕33 号:关于印发《朝阳区密码电报使用和管理规定》的通知

京朝办发〔2010〕34 号:关于印发《中共北京市朝阳区委教育工作委员会北京市朝阳区教育委员会主要职责、内设机构和人员编制规定》和《北京市朝阳区人民政府教育督导室主要职责、内设机构和人员编制规定》的通知

京朝办发〔2010〕35 号:关于印发《北京市朝阳区司法局主要职责、内设机构和人员编制规定》的通知

京朝办发〔2010〕36 号:关于印发《北京市朝阳区水务局主要职责、内设机构和人员编制规定》的通知

京朝办发〔2010〕37 号:关于印发《北京市朝阳区商务委员会(北京市朝阳区人民政府口岸办公室)主要职责、内设机构和人员编制规定》的通知

京朝办发〔2010〕38 号:关于印发《北京市朝阳区安全生产监督管理局主要职责、内设机构和人员编制规定》的通知

京朝办发〔2010〕39 号:关于印发《北京市朝阳区体育局主要职责、内设机构和人员编制规定》的通知

京朝办发〔2010〕40 号:关于印发《北京市朝阳区统计局主要职责、内设机构和人员编制规定》的通知

京朝办发〔2010〕41号:关于印发《北京市朝阳区旅游局主要职责、内设机构和人员编制规定》的通知

京朝办发〔2010〕42号:关于印发《北京市朝阳区人民政府民族宗教办公室主要职责、内设机构和人员编制规定》的通知

京朝办发〔2010〕43号:关于印发《北京市朝阳区人民政府法制办公室主要职责、内设机构和人员编制规定》的通知

京朝办发〔2010〕44号:关于印发《北京市朝阳区信息化工作办公室主要职责、内设机构和人员编制规定》的通知

京朝办发〔2010〕45号:关于印发《中共北京市朝阳区委电子城科技园工作委员会、中关村科技园区电子城科技园管理委员会主要职责、内设机构和人员编制规定》的通知

京朝办发〔2010〕46号:关于印发《北京市朝阳金盏金融服务园区管理委员会主要职责、内设机构和人员编制规定》的通知

京朝办发〔2010〕47号:关于印发《北京奥林匹克公园管理委员会主要职责、内设机构和人员编制规定》的通知

京朝办发〔2010〕48号:关于转发《中共北京市的委办公厅关于印发《北京市2010年公开选拔领导干部工作意见》》的通知》的通知

京朝办发〔2010〕49号:关于转发《北京市人民政府办公厅关于贯彻国务院办公厅通知精神为青海玉树地震遇难同胞举行全国哀悼活动的通知》的通知

京朝办发〔2010〕50号:关于转发《中共北京市朝阳区委防范和处理邪教问题领导小组关于朝阳区2010－2012年教育转化攻坚与巩固整体仗工作方案》的通知

京朝办发〔2010〕51号:关于印发《2010年朝阳区党风廉政建设和反腐败主要任务分工》的通知

京朝办发〔2010〕52号:关于印发《朝阳区2009－2013年党员教育培训工作的实施意见》的通知

京朝办发〔2010〕53号:关于印发《北京市朝阳区园林绿化局(北京市朝阳区绿化委员会办公室)主要职责、内设机构和人员编制规定》的通知

京朝办发〔2010〕54号:关于印发《北京市朝阳区民防局主要职责、内设机构和人员编制规定》的通知

京朝办发〔2010〕55号:关于印发《北京市朝阳区人民政府外事办公室主要职责、内设机构和人员编制规定》的通知

京朝办发〔2010〕56号:关于印发《中共北京市朝阳区委朝阳区人民政府信访办公室(北京市朝阳区社会矛盾调处中心)主要职责、内设机构和人员编制规定》的通知

京朝办发〔2010〕57号:关于印发《北京市朝阳区房屋管理局主要职责、内设机构和人员编制规定》的通知

京朝办发〔2010〕58号:关于印发《北京市朝阳区温榆河生态走廊建设管理委员会主要职责、内设机构和人员编制规定》的通知

京朝办发〔2010〕59号:关于印发《中共北京市朝阳区委北京商务中心区工作委员会、北京商务中心区管理委员会主要职责、内设机构和人员编制规定》的通知

京朝办发〔2010〕60号:关于印发《北京市朝阳区城市管理监察大队主要职责、内设机构和人员编制规定》的通知

京朝办发〔2010〕61号:关于印发《北京市朝阳区城市管理监督指挥中心主要职责内设机构和人员编制规定》的通知

京朝办发〔2010〕62号:关于进一步加强农村地区拆违工作坚决制止和查处违法建设的通知

京朝办发〔2010〕63号:关于印发《朝阳区第八届村民委员会换届选举工作方案》的通知

京朝办发〔2010〕64号:关于印发《朝阳区加快北京商务中心区核心区建设实施方案》的通知

京朝办发〔2010〕65号:关于印发《朝阳区争创全国双拥模范城迎检考评试点工作方案》的通知

京朝办发〔2010〕66号:关于成立"新四区"行动计划起草工作领导小组的通知

京朝办发〔2010〕67号:关于印发《朝阳区矛盾纠纷化解专项行动工作方案》的通知

京朝办发〔2010〕68号:印发《中共北京市朝阳区委常委会讨论任免区委管理干部实行投票表决的办法(试行)》的通知

京朝办发〔2010〕69号:关于印发《区直机关开展"继续深化三服务,千名干部下基层"活动实施方案》的通知

京朝办发〔2010〕70号:关于印发《朝阳区创建北京奥林匹克公园国家AAAAA级旅游景区实施方案》的通知

京朝办发〔2010〕71号:关于印发《武警五支队与朝阳区建立对口支持、共同建设关系的实施方案》的通知

京朝办发〔2010〕72号:印发《关于进一步整合基层维稳力量在全区街乡组建综治维稳工作中心的意见》的通知

京朝办发〔2010〕73号:关于落实市委、市政府要求进一步规范外出学习参观考察等活动的通知

京朝办发〔2010〕74号:印发《关于成立朝阳区社会服务管理创新工作领导机构的方案》的通知

京朝办发〔2010〕75号:关于印发《朝阳区社会服务管理创新阶段性工作目标》的通知

京朝办发〔2010〕76号:关于印发《朝阳区社会服务管理创新工作折子工程》的通知

京朝办发〔2010〕77号:关于印发《朝阳区社会服务管理创新工作监察考核实施方案》的通知

京朝办发〔2010〕78号:关于进一步深化干部人事制度改革加快建设高素质干部队伍的意见

京朝办发〔2010〕79号:关于印发《朝阳区城市街面环境秩序"百日整治行动"方案》的通知

京朝办发〔2010〕80号:关于成立北京798艺术区协调领导小组的通知

京朝办发〔2010〕81号:关于印发《朝阳区民生工作领导小组2010年度工作任务分工》的通知

京朝办发〔2010〕82号:关于做好2011年度《人民日报》、《求是》杂志和《北京日报》、《前线》杂志征订工作的通知

京朝办发〔2010〕83号:关于转发区纪委、区委组织部、区编办、区监察局、区财政局《关于进一步加强纪检监察机关及基层纪检监察组织建设的实施办法》的通知

京朝办发〔2010〕84号:关于印发《朝阳区关于贯彻落实党的十七届五中全会精神宣传报道意见》的通知

京朝办发〔2010〕85号:印发《关于推进学习型党组织建设的工作意见》的通知

京朝办发〔2010〕86号:印发《关于做好新疆少数民族群众在朝阳区务工经商服务管理工作的实施方案》的通知

京朝办发〔2010〕87号:关于印发《朝阳区实施派出所社区民警驻区制警务模式试点工作方案》的通知

中共北京市朝阳区人民政府主要文件目录

北京市朝阳区人民政府文件

朝政发〔2010〕1号:关于印发《政府工作报告》的通知

朝政发〔2010〕2号:关于表彰2009年目标管理双百考核先进单位的通报

朝政发〔2010〕3号:关于开展第六次全国人口普查的通知

朝政发〔2010〕4号:关于印发朝阳区"健康北京人-全民健康促进十年行动规划(2009-2018"实施方案

朝政发〔2010〕5号:关于印发落实北京市第十六阶段控制大气污染措施工作方案的通知

朝政发〔2010〕6号:关于印发朝阳区知识产权联席会议制度的通知

朝政发〔2010〕7号:关于印发朝阳区知识产权促进与保护若干措施的通知

朝政发〔2010〕8号:关于印发朝阳区专利资助及奖励办法的通知

朝政发〔2010〕9号:关于印发朝阳区知识产权质押贷款贴息暂行办法的通知

朝政发〔2010〕10号:关于实施北京市朝阳区突发事件总体应急预案的通知

朝政发〔2010〕14号:关于开展规范性文件清理工作的通知

朝政发〔2010〕19号:关于进一步加强养老服务体系建设的意见

朝政发〔2010〕20号:北京市朝阳区人民政府关于授予杨洪彬等3名同志"见义勇为积极分子"荣誉称号的决定

北京市朝阳区人民政府办公室文件

朝政办发〔2010〕1号:转发区民政局关于贯彻落实北京市市民居家养老(助残)服务("九养")办法实施意见的通知

朝政办发〔2010〕2号:关于印发朝阳区有形市场奥运后(2009—2011)规范管理三年规划的通知

朝政办发〔2010〕3号:转发区房管局关于2010年度城镇房屋安全检查工作方案的通知

朝政办发〔2010〕4号:关于调整朝阳区农村集体经济合同纠纷调解仲裁委员会成员的通知

朝政办发〔2010〕5号:转发区体育局关于贯彻落实全民健身条例加强新时期全民健身工作实施意见的通知

朝政办发〔2010〕6号:转发区体育局关于学校体育设施向社会开放实施意见的通知

朝政办发〔2010〕7号:关于印发朝阳区2010年在直接关系群众生活方面拟办重要实事的通知

朝政办发〔2010〕8号:关于印发2010年区政府折子工程的通知

朝政办发〔2010〕9号:转发区目标管理双百考核领导小组办公室关于朝阳区2010年目标管理双百考核工作实施方案的通知

朝政办发〔2010〕10号:关于启用北京市朝阳循环经济产业园管理中心印章的通知

朝政办发〔2010〕12号:转发区市政市容委关于贯彻落

实北京市供热采暖管理办法实施意见的通知

朝政办发〔2010〕13号:转发区红十字会关于进一步加强红十字会工作意见的通知

朝政办发〔2010〕14号:关于成立朝阳区南水北调工程建设委员会的通知

朝政办发〔2010〕15号:关于印发区政府领导同志工作分工的通知

朝政办发〔2010〕17号:关于调整朝阳区社区教育领导小组成员的通知

朝政办发〔2010〕19号:关于成立朝阳区甜水园二期危改工作领导小组的通知

朝政办发〔2010〕21号:关于印发朝阳区打击侵犯知识产权和制售假冒伪劣商品专项行动实施方案的通知

驻 区 单 位

驻区部分中央单位名录

中国人寿保险股份有限公司	朝外大街16号	85659999
中国石油天然气股份有限公司华北销售分公司	嘉铭园二区11号楼	84869902
中国石油化工股份有限公司北京石油分公司	静安里12号楼	84469547
神华国华(北京)电力研究院有限公司	酒仙桥路12号电子城科技大厦906室	83562727
中国石化工程建设公司	安慧北里安园21号楼	84878607
中国石油集团长城钻探工程有限公司	安立路101号2305室	59285380
中国寰球工程公司	樱花园东街7号	58676899
中国石油天然气股份有限公司北京销售分公司	北辰东路8号汇宾大厦14层－15层	84869902
新华人寿保险股份有限公司	建国门外大街甲12号新华保险大厦	85210654
中信金属有限公司	新源南路6号京城大厦1903室	59661932
中国船舶燃料有限责任公司	安贞西里5区仟村商务大楼A座13	64430711
中石油北京天然气管道有限公司	大屯路9号	64986019
中国石化化工销售有限公司	朝阳门北大街22号10层	59966938
中建一局集团建设发展有限公司	望花路西里17号	64726644
中煤科技集团公司	煤科院主楼601605	84264357
中国国际技术智力合作公司	光华路7号汉威大厦	65613920
中交第一公路工程局有限公司	管庄周家井	65761831
中国石化国际事业有限公司	朝阳门北大街22号	59966126
中建一局集团第五建筑有限公司	定福庄北里1号	65762472
中国国投国际贸易有限公司	惠新西街19号	52021999
中国国际金融有限公司	建国门外大街1号国贸大厦2座27层及28层	85679888
北京攀承钒业贸易有限公司	建国路81号华贸中心1号写字楼1206号	59695189
北京东方石油化工有限公司	大郊亭4号	67766745
中交一公局第五工程有限公司	周家井大院	61594300
中信信托有限责任公司	新源南路6号京城大厦13层	84861327
华能北京热电有限责任公司	高碑店路南	87737103
中交路桥北方工程有限公司	管庄1号院	52016566
中国化纤总公司	建国路99号中服大厦23层、22层	65816699
北京电力建设公司	定福庄西里一号	65762863

中国纸张纸浆进出口公司	劲松九区 910 号	87763360
中海石油气电集团有限责任公司	东三环北路甲 2 号京信大厦	84523086
中意人寿保险有限公司	建国门外大街乙 12 号双子座大厦东座办公楼第 18 层和第 19 层	58763988
新时代健康产业(集团)有限公司	安翔北里甲 11 号创业大厦 18 层	64850599
中国出国人员服务总公司	惠新东街 4 号	84663019
远大海外经济投资发展有限公司	慧忠路 5 号远大中心 C 座 22 层	84891960
北京中铁隧建筑有限公司	朝阳区广渠门外大街 9 号院	67731652
中国庆安国际贸易集团有限公司	霄云路 27 号	64603403
中国航空技术国际控股有限公司	北辰东路 18 号	84808548
中国有色金属建设股份有限公司	安定路 10 号(中国有色大厦南楼)	84427242
中艺远东进出口有限公司	朝阳门外吉祥里 103 号中国工艺大厦	85656888
蓝星石化有限公司	北三环东路 19 号	64453732
北京龙宣翔贸易有限责任公司	安立路 56 号九台 2000 家园 1 号楼 2301 室	84802576
北京鑫丰物业发展有限公司	光华路 15 号院 1 号楼 1901 - 1903 室	85885905
中国石化财务有限责任公司	惠新东街甲 6 号	59966387
神华国华国际电力股份有限公司	力源里 3 号	58133912
中国图书进出口(集团)总公司	呼家楼街道工体东路 16 号	65063058
中国纺织机械和技术进出口有限公司	建国路 99 号中服大厦 18 层	51900387
北京清尚建筑装饰工程有限公司	东环北路甲 34 号三层 306 室	62668098
中国航空技术进出口北京公司	北辰东路 18 号 7、8 层	84808927
中国化工建设总公司	安贞西里 3 区 15 号楼	64418468

驻区部分市属单位名录

北京外企人力资源服务有限公司	朝阳门南大街 14 号	67772672
中国航油集团北京石油有限公司	首都机场耗油库(岗山路)	64584253
北京北辰实业股份有限公司	北辰东路 8 号	64991284
北京燕莎友谊商城有限公司	亮马桥路 52 号	64651188
北京城建道桥建设集团有限公司	西大望路 12 号	85891549
北京住总房地产开发有限责任公司	慧忠里 320 号	65953953
北京市热力集团有限责任公司	西大望路 1 号(1 号楼 2501 室)	65339689
北京纵横国际投资有限公司	建国门外大街 1 号国贸大厦 2 座 8 层 808 室	64956589
北京中石化首创石油投资经营有限公司	静安里 12 号楼 201 室	84481224
北京市朝阳烟草公司	和平街十三区甲 17 号	64207298
北京首驰昱达房地产开发有限公司	磨房北里禧福汇国际社区接待中心	87385267
北京市汽车修理公司	东直外门左家庄路二号	64650148
北京天海工业有限公司	天盈北路 9 号	67379582
北京恒兴置地房地产有限公司	东四环中路 78 号大成国际中心写字楼 B0702 室	58629936
中信国际合作公司	东三环北路丙 2 号天元港中心 A 座 22 层	59660125
北京城建五建设工程有限公司	安苑东里三区十号	64895711
中航嘉信商务旅行管理有限公司	建国门外大街永安东里 8 号华彬国际大厦 1701 - 1707 室	59293838
中信国际商贸有限公司	新源南路 6 号京城大厦 45 层	84862288
北京国际贸易公司	建国门外大街甲 3 号	65005884
北京首创新资置业有限公司	郎家园 6 # 院	51660015

北京住总集团有限责任公司	慧忠里 320 楼	84838135
北京同仁堂健康药品经营有限公司	建外大街甲 6 号中环世贸中心 D 座 19 层	65630880
北京方胜理信劳务服务有限公司	向军南里二巷甲 5 号 801	67772672
北京中弘兴业房地产开发有限公司	五里桥一街一号院 19 号楼	59621199
北京华普产业集团有限公司	朝外大街 19 号(华普大厦 17 层)	65803388
北京太阳宫燃气热电有限公司	西坝河路 6 号	64516699
中国牧工商(集团)总公司	东三环中路乙 10 号艾维克大厦 20 层	52238840
群星集团公司	大屯路科学园南里西奥中心 A 座 16 层	66573006
北京青年旅行社股份有限公司	潘家园南里 12 号潘家园大厦三层北区	87789938
北京城建七建设工程有限公司	德外祁家豁子 2 号	62011844
北京长城贝尔芬格伯格建筑工程有限公司	西坝河南路 1 号金泰大厦 16 层	64402721
北京双鹤药业股份有限公司	望京利泽东二路 1 号	64742227
北京中联置地房地产开发有限公司	建国路管庄 6 号	59299697
阳光财产保险股份有限公司	朝外大街乙 12 号办公楼	58289665
北京博瑞祥云汽车销售中心	花虎沟 2 号	82818514
北京住总第二开发建设有限公司	外馆街 6 号	52075019
北京贵友大厦有限公司	建国门外大街甲 5 号	65629171
北京城建亚泰建设工程有限公司	东土城路九号	64225995
北京市汽车贸易公司(第二名称:北京市汽车配件公司)	建国路 95 号	65812732
北京万东医疗装备股份有限公司	酒仙桥东路 9 号 A3 楼东座	84575739
民生人寿保险股份有限公司	东三环北路 38 号院 2 号楼	58206666
北京国际信托有限公司	安定路五号北京金融信托大厦 C 座	64436553
中国康辉旅行社集团有限责任公司	农展馆南路 5 号京朝大厦 11 层	65877689
中建电子工程有限责任公司	麦子店街 37 号盛福大厦 1900 室	85275210
北京铜牛进出口有限公司	金台里甲 9 号	52081287
北京市光环电信集团	安翔路 2 号	64877952
北京新燕莎奥特莱斯商业运营有限公司	东四环南路 9 号	87386602
北京市勤和汽车销售有限公司	建国门外郎家园建国路 95 号	65817268
中国和平国际旅游有限责任公司	东土城路 13 号金孔雀商务大厦二层	64484500
北京青年报现代物流有限公司	团结湖南里 15 号恒祥大厦北 3 层	51399696

驻区其它单位名录

中国石化燃料油销售有限公司	北辰西路 8 号院 3 号楼 B15F	84378422
梅赛德斯 - 奔驰(中国)汽车销售有限公司	望京街 8 号院戴姆勒大厦 16 层	84173258
宝马(中国)汽车贸易有限公司	东三环北路霞光里 18 号佳程广场 B 座 28 层	84558000
三星(中国)投资有限公司	建国路 118 号航华科贸中心招商局大厦 2208 - 13 单元	65689988
中国中煤能源股份有限公司	黄寺大街 1 号	82256062
丰田汽车(中国)投资有限公司	呼家楼京广中心 25 层	65978728
索尼(中国)有限公司	东三环北路霞光里 18 号佳程大厦 A 座 25 层	84586046
瑞钢联集团有限公司	霄云路 36 号国航大厦 2203	84193790
西门子(中国)有限公司	望京中环南路七号	64768593
松下电器(中国)有限公司	景华南街 5 号远洋光华中心 C 座 3 层、6 层	65626100
乐金电子(中国)有限公司	建国门外大街乙 12 号双子座大厦西塔 19、20、21 层 A	65631255

电装(中国)投资有限公司	东三环北路5号1幢518室	65908337
施耐德电气(中国)投资有限公司	望京东路六号	65039565
现代汽车(中国)投资有限公司	霄云路38号盛世大厦701A室	84539666
壳牌(中国)有限公司	建国门外大街1号国贸大厦2座32层3-18单元	65054501
中国惠普有限公司	建国路112号中国惠普大厦	65645847
爱立信(中国)通信有限公司	利泽东街5号爱立信大厦1-6A	84769000
ABB(中国)有限公司	酒仙桥路10号恒通广厦	84566688
北京搜候房地产有限责任公司	朝外大街乙6号朝外SOHOA座12层1201-10室	58788866
鼎桥通信技术有限公司	望京北路9号叶青大厦D座13-15层	58223366
北京富华园房地产开发有限公司	黄杉木店后街168号	85515555
北京银泰置业有限公司	建国门外大街2号北京银泰中心C座52层	65669955
国美电器有限公司	霄云路26号鹏润大厦B座18层	59289000
日产(中国)投资有限公司	光华路1号北京嘉里中心南楼1318室85298181	
冠捷科技(北京)有限公司	酒仙桥路10号(京东方)	64326699
卡特彼勒(中国)投资有限公司	望京街8号院2号楼卡特彼勒大厦1601室	59210088
葛兰素史克(中国)投资有限公司	东四环中路56号楼A座901? 910室	59252833
中冀斯巴鲁(北京)汽车销售有限公司	王四营乡孛罗营村北一街	51354560
北京恒美广告有限公司	华贸中心1座5层	65264838
北京红牛饮料销售有限公司	建国门外大街永安东里8号华彬国际大厦22层2201-2205	85288168
中国葛洲坝集团国际工程有限公司	建国路91号	59525923
克莱斯勒(中国)汽车销售有限公司	建国路91号金地时代中心8号楼A座16层02X室	59208286
北京ABB电气传动系统有限公司	酒仙桥北路甲10号D区1号	58217560
远洋地产有限公司	东四环中路56号远洋国际中心A座31层	59299918
索尼爱立信移动通信产品中国有限公司	望京科技创业园A座第3、4层	58659865
赢创德固赛(中国)投资有限公司	麦子店街37号北京盛福大厦1670室	65875300
北京惠通陆华汽车销售有限公司	东四环四惠桥东南角	85796666
北京浩瀚堂广告有限公司	左家庄15号主楼9层	64608040
北京恒远经贸有限责任公司	马甸裕民路12号元晨鑫大厦616	82251775
北京高盛房地产开发有限公司	广渠东路33号	85868486
华联新光百货(北京)有限公司	建国路87号	65820888
华糖洋华堂商业有限公司	北苑路32号院甲1号楼15-17层	65561345
北京恒通华泰汽车销售有限公司	安定门外安苑里1号院东侧	64978666
约翰迪尔(中国)投资有限公司	东三环北路霞光里18号佳程广场A座5层	59246666
北京世纪卓越信息技术有限公司	建国门外大街永安东里8号华彬大厦19层	65690161
路易达孚(北京)贸易有限责任公司	东三环中路39号建外sohu第一大道B座1701A室	58693666
本田技研工业(中国)投资有限公司	东三环北路5号北京发展大厦301室、303室-321室	65909020
北京柏宏房地产开发有限公司	朝阳北路237号楼27层3103	59152289
北京浙金都房地产开发有限公司	百子湾西里甲107号三楼	67750606
国际商业机器(中国)投资有限公司	工体北路甲二号盈科中心办公楼第20-26层	63614463

学　　校

高等院校

北京工业大学	九龙山平乐园 100 号	67392239
中央美术学院	酒仙桥路万红西街 2 号	64380462
清华大学美术学院培训中心	东三环中路 36 号	65815565
中国音乐学院	安翔路 1 号	64874884
北京化工大学	北三环 15 号	64434820
中国金融学院	惠新里东 10 号	64495106
中国传媒大学	定福庄东街 1 号	65779319
第二外国语学院	定福庄南里 1 号	65778005
北京中医药大学	北三环东路 11 号	64213841
北京针灸骨伤学院	望京中环南路 6 号	64377035
首都经济贸易大学	金台路 2 号	65976360
北京服装学院	樱花路甲 2 号	64288271
北京青年政治学院	望京中环南路 4 号	64722074
对外经济贸易大学	惠新东街 10 号	64492001
北京联合大学	北四环东路 97 号	64900098
北京联合大学师范学院	安定门外外馆斜街 5 号	64213054
北京联合大学机电学院	白家庄西里 12 号	65004885
北京联合大学自动化学院	北四环东路 97 号	64900710
北京联合大学管理学院	北四环东路 97 号	64900512
北京联合大学商务学院	延静东里甲 3 号	65940718
北京联合大学旅游学院	北四环东路 97 号	64900159
北京联合大学信息工程学院	北四环东路 97 号	64900316

中　学

陈经纶中学	朝外大街 38 号	65094792
陈经纶中学分校	望京南湖东园 223 号	84717641
一一九中学	建外永安西里 10 号	65685498
十七中学	高碑店西洼甲 1 号	85767201
三里屯一中	北三里屯幸福村路 41 号	64166435
服装学院附中	柳芳南里 20 号楼	64652463
新源里中学	新源街 31 号	64652102
垂杨柳中学	松榆里 20 号楼	67319045
工大附中	垂杨柳中街 1 号	67781018
劲松四中	华威西里 48 楼	67781970
和平街一中	和平街八区十六楼	64216403
中医学院附中	和平街 15 区	64215242

化大附中	惠新里38号	64936658
呼家楼中学	呼家楼西里南2号	65071942
八十中学	望京科技园利泽中园	64783592
日坛中学	光华西里4号	65072260
东方德才学校	水碓子北里9号楼	85961302
九十四中学	花家地北里18、19号	64734823
青年政治学院附中	大山子王爷坟	64371282
建院附中	管庄东里	65727778
信工附中	南沙滩6号	64879364
水碓子中学	团结湖中路8号	85989367
同仁中学	甘露园南里一区10号	85772185
北京轻工职业技术学院	芍药居甲1号	86935862
教科院实验中学	望京西园四区28号	64702845
首师大附属望京中学	望京花园133号	64745843
朝阳外语学校	慧忠里232号	64974327
创新园中学	华严北里68号	82844649
体育场路中学	工体南路1号	65525113
虎城中学	磨房北里230号	67312472
劲松一中	农光里100号	67731693
劲松三中	劲松四区406楼	67755417
樱花园实验学校	樱花园小区16号楼	64439334
五路居一中	安贞西里一区13楼	64420124
安苑北里中学	安苑北里7号楼	64911725
安慧北里中学	安慧北里安园5号	64952374
白家庄中学	白家庄西里7号	65301992
团结湖三中	水碓东路14号	85989412
中旅附中	八里庄西里8号	65565472
八里庄三中	八里庄西里8号	85836982
东方培新学校	慈云里甲1号	65024926
酒仙桥一中	酒仙桥南路甲7号	64372045
酒仙桥二中	酒仙桥十街坊3号	64372452
高家园中学	高家园小区	64313577
机场中学	燕翔西里19号	64576844
定福庄中学	大黄庄	65761528
育人学校	八里庄北里114号	85833007
垡头中学	垡头西里三区2号	67362949
枣营中学	枣营南里1号	65025417
花家地西里中学	望京花家地西里小区115号	64727530
孙河中学	孙河镇292号	84592310
草场地中学	草场地中学	64332863
崔各庄中学	崔各庄乡马南路	84701376
奶子房中学	崔各庄乡奶子房西村	84911296
民族学校	常营乡民族家园12号	65481748
十八里店中学	十八里店乡周庄大队甲1号	67472284
七十一中学	小红门路5号	67622310
楼梓庄中学	金盏乡楼梓庄村	84311025

十六中学	东坝红松园甲 3 号	84312061
双桥中学	双桥中路	65895502
金盏中学	金盏大街 1 号	84334919
北苑中学	安外北苑	84922680
豆各庄中学	豆各庄乡	67369693
九十七中学	平房西街 130 号	85755706
黑庄户中学	黑庄户乡	85383656
建国里中学	建外三道街 24 号	65673243
望京实验学校	望京西园 5 区 313 楼	64727464
大望路中学	西大望路下甸甲 1 号	67781103
朝阳工读学校	广渠门外广和里八巷 2 号	67783813
金融商贸职业技术学校	团结湖北三条 10 号楼	85972408
劲松职高	劲松八区 811 号楼	67710322
新源里职高	三源里街 14 楼	64676749
民族文化艺术职业学校	西坝河东里 1 号	64678754
东方职业学校	甘露园南里 60 号	85772265
电气工程学校	将台路 4 号	64363094
求实职业学校	望京北路 20 号	64391618
私立正则中学	楼梓庄乡东高路	84318444
私立新亚中学	十八里店 886 号	67473875
私立世贤中学	南新园 14 号楼	87312961
私立世青中学	亮马桥路 40 号	64616054
北京实验女子中学	劲松 3 区	87710866
北京忠德学校	东苇路 9 号鑫兆家园	51397594
北京亚奥学校	北苑仰山路 1 号	84928247
北京北方中学	建国门外砖场胡同甲 33 号	65660752
北京拔萃双语学校	拔萃路 1 号	65747826
北京市实验外语学校	新源街 41 号	64674915
铁十六局子弟学校	东坝乡铁十六局	51883289
医疗器械学校	安定门外北苑 6 号院	84924965
西藏中学	四环东路高原街 1 号	84637738

小 学

芳草地小学	日坛北路 1 号	85611740
白家庄小学	三里屯南路 40 号 65074746	
朝阳实验小学	实验小学	64154832
朝师附小	和平街 11 区 17 楼	64212623
花家地实验小学	花家地实验小学 18 号楼	64737775
安华学校	安华西里二区 12 号楼	64265837
三里屯小学	三里屯东街 4 号	64131481
新源里小学	新源里 12 号	64688684
新源里四小	三源里北小街 5 号	64672027
新源西里小学	新源西里中街 17 号	64671615
左家庄一小	左家庄后街 4 号	84510056
左家庄二小	左家庄前街 2 号	64662588

西坝河小学	西坝河村 63 号	84290696
西坝河三小	西坝河东里 19 号	64675043
黄胄艺术实验小学	西坝河中里 37 号	64677788
曙光里小学	静安庄曙光里 40 号	64684864
垂杨柳中心小学	垂杨柳中里 14 楼北侧	67782913
垂杨柳四小	垂杨柳四小	67781126
和平实验小学	劲松 7 区 713 甲楼	67783150
劲松一小	劲松一区 124 楼	67784949
劲松二小	劲松 417 楼	67782219
劲松三小	广渠门外东架松 24 号	67782086
劲松四小	垂杨柳南街 14 号	67785781
沙板庄小学	农光里 1 号	67312193
水南庄小学	百子湾路水南庄	67705724
垡头小学	曙光里 8 号	67383315
垡头二小	垡头三区 9 号	67383314
南磨房中心小学	松榆东里 3 号楼	67317538
武圣庙小学	松榆西里 3 号楼/40 号楼	67326307
松榆里小学	松榆里 14 号	67323216
平乐园小学	平乐园小区 103 号	67315049
安华里一小	安华西里三区 3 号	84241138
安贞里一小	安贞里二区 17 号	64424243
安贞里二小	安贞西里二区 28 号	64429604
南沙滩小学	南沙滩 33 号	64854394
安慧里中心小学	安慧里四区 12 号	64913239
安苑北里小学	安苑北里 6 号	64910182
华严里小学	华严北里 21 号	82844359
关西庄小学	洼里乡关西庄村	62916031
安慧北里小学	安慧北里安园 9 号	64925745
安慧北里二小	安慧北里秀园 18 号	64891665
慧忠里小学	慧忠里小区 414 号	64921679
科学园小学	科学园南里 703 号	64876586
和平街中心小学	和平街 12 区	64277790
惠新里小学	惠新里东街甲 243 号	64930396
小关北里小学	小关北里中街 205 号	64919764
关庄小学	安外关店村	64949193
芍药居小学	芍药居北里 212 号	84625824
慧忠北里二小	惠忠北里 409 号	64864377
呼家楼中心小学	呼家楼西里七巷 12 号	65022843
呼家楼一小	呼家楼西里甲 5 号	65072688
呼家楼三小	呼家楼新街大院	65019521
光华路一小	光华东里 19 号	65024219
光华路二小	光华西里 5 号楼	65023002
日坛小学	通惠家园惠生园 20 号楼	65584115
团结湖小学	团结湖北 10 号楼	65825526
团结湖二小	团结湖中路南 2 条 1 号	85989512
针织路小学	金台西路 2 号	65024073

下三条中心小学	朝外杨家胡同 3 号	65522165
南中街民族小学	朝外雅宝里 1 号	85611295
永安里小学	永安里中街甲 4 号	65681372
八里庄三小	八里庄西里 10 号	65574177
十里堡一小	十里堡 7 号	85770142
十里堡二小	十里堡北里 20 号	85830901
大望路小学	西大望路 5 号	65813892
甘露园小学	甘露园南里 1 区 18 号	85771712
康乐园小学	康家园小区	85775875
枣营小学	枣营北里 12 号	65953393
辛庄小学	东风乡辛庄村	85812053
石佛营小学	石佛营东里 125 号	85815228
将台洼小学	东风乡将台村	84301535
康静里小学	东风乡康静里小区	65754720
酒仙桥中心小学	酒仙桥路乙 28 号	64358508
酒仙桥二小	酒仙桥红霞路 9 号	64372456
大山子小学	酒仙桥王爷坟	64367485
机场一小	机场宿舍区燕翔西里 21 号	64595215
机场二小	机场宿舍区燕翔东里 11 号	64570855
将台路小学	将台路小学	64349027
高家园小学	高家园小区 112 号	64373123
望花路小学	望花园小学	64723888
花家地二小	花家地西里 113 号	64734836
南湖东园小学	南湖东园 109 号	64712859
南湖中园小学	南湖中园 239 号	64706415
驼房营小学	驼房营村 210 号	64372379
东八间房小学	东八间房村	84315915
北湖渠小学	来广营乡北湖渠小学	64952380
勇士营小学	勇士营小学	84913374
清河营小学	来广营乡清河营村	84911671
北苑小学	北苑村	84926470
紫绶园小学	北苑家园紫绶园 11 号楼	84960847
管庄中心小学	管庄东里 55 号	65753171
定福庄一小	三间房西村	65767934
定福庄二小	定福庄南里 2 号	65762468
定福庄四小	定福庄北街	65761547
八里桥小学	八里桥北	85701938
京通小学	京通苑 39 号楼	65709825
瑞祥民族小学	管庄乡瑞祥里小区	85708655
双桥第三小学	双桥中路小寺村西	65766168
双桥中心小学	双桥路 4 号	65895525
高碑店中心小学	高碑店村	85761245
北花园小学	北花园村	65762954
大黄庄小学	大黄庄村	65761108
半壁店小学	半壁店村	87743386
北皋中心小学	崔各庄乡北皋村	64371370

大望京小学	崔各庄乡大望京村	64372674
康营民族小学	孙河乡康营村	64379112
苇沟小学	孙河乡前苇沟村	84311933
孙河中心小学	孙河乡孙河村	84594022
北甸小学	孙河乡北甸村	84591640
奶子房小学	崔各庄乡奶子房西村	84709118
马泉营小学	崔各庄乡马泉营村	64357124
崔各庄小学	崔各庄乡崔各庄村	64354193
上辛堡小学	孙河乡上辛堡村	64323276
黑庄户中心小学	黑庄户村	85382787
万子营民族小学	万子营村	85383370
双桥第二小学	双桥中路	85395632
定辛庄小学	定辛庄村	85370574
豆各庄中心小学	豆各庄乡豆各庄村南	67364404
于家围小学	豆各庄乡石槽村西	67364404
水牛房小学	豆各庄乡水牛房村	67367179
王四营中心小学	王四营乡观音景园 201 楼	51351001
官庄小学	王四营乡官庄村	67364290
孛罗营小学	王四营乡孛罗营 194 号	87390448
白鹿司小学	王四营乡白鹿司村	87390078
十八里店中心小学	十八里店乡十八里店村 885 号	67472730
老君堂小学	十八里店乡老君堂村	67383445
祁庄小学	十八里店乡吕家营村	87691597
小武基小学	小武基村 46 号	67364288
西直河小学	十八里店乡西直河村	67383841
新升小学	十八里店乡周庄	67330546
张家店小学	十八里店乡横街子村 19 号	87303606
小红门中心小学	小红门乡小红门村 130 号	87601802
牌坊小学	小红门乡牌坊中街 5 号	87601810
肖村小学	小红门乡肖村后街 15 号	67622458
龙爪树小学	小红门乡龙爪树村 834 号	87690680
东坝中心小学	东坝娘娘庙街 72 号	84311847
西坝小学	东坝西坝村	84320568
单店小学	东坝乡单店小学	65759899
东小井小学	东坝乡东小井村	65418808
东坝三小	东坝西门村 84 号	84311549
驹子房小学	东坝驹子房村	65490379
铁十六局子弟小学	东坝乡铁十六局	51884237
金盏小学	金盏乡金盏东村	84333519
长店小学	金盏乡长店村	84335300
楼梓庄小学	楼梓庄中心小学	84316551
北马各庄小学	北马各庄小学	65419803
平房小学	呼家楼西里七巷 12 号	85573217
姚家园小学	平房乡姚家园村	85576082
黄杉木店小学	黄杉木店村一巷 2 号	85772893

幼 儿 园

三里屯幼儿园	吉庆里 3 号楼	65022426
团结湖一幼	团结湖九头条 11 号楼	65823906
水碓子北里幼儿园	水碓北里 10 号楼	85982394
枣营幼儿园	枣营北里 26 号楼	65917384
新源里幼儿园	新源里 12 号	84486289
新源里二幼	三源里北小街 7 号	64662140
光华路幼儿园	光华东里 19 号楼	65071740
劲松一幼	劲松一区 126 楼	87719385
松榆里幼儿园	松榆里 21 号楼	67339920
垡头幼儿园	垡头 2 区 12 号	67383337
京通幼儿园	京通新城 38 楼	65700438
西坝河一幼	西坝河东里 71 号楼	64640175
西坝河三幼	西坝河中里 20 号	64678598
群星幼儿园	西坝河西里 12 号	64275351
和平街幼儿园	和平街八区 6 号楼	64211548
惠新里幼儿园	惠新里 230 楼	64948637
安贞里幼儿园	安贞西里一区 18 楼	64430614
安华里幼儿园	安华里二区 12 号楼	64234828
安华里二幼	安华西里一区 23 号楼	64251691
秀园幼儿园	安慧北里秀园 19 楼	64945420
花家地幼儿园	花家地小区 11 号楼	64730729
培华幼儿园	红庙北里 9 号楼	65018139

教委直属单位

社区学院(原朝师)	和平里南口砖角楼北里 5 号	64213152
北京教育学院朝阳分院	金台路甜水园	65088899
教研中心	柳芳南里 14 号楼	64631140
教育信息网络中心	水碓子北里 14 号	85979246
国资管理中心	西坝河东里 103 号	64654693
招生考试中心	团结湖南路 1 号	85988626
教学设备中心	酒仙桥路 37 号	64327903
青少年活动中心	红庙延静西里 19 号楼	65060549
保健所	团结湖路 23 号	64429304
香河园少年之家	西坝河南里 1 号楼	64669301
老干部管理服务中心	裕民东路甲 1 号	85989474
教育人才交流分中心	关东店北街 23 楼	85963971
社会力量办学管理所	关东店北街 23 号	65017723

医院 卫生院

卫生部中日友好医院	和平里樱花东路	64221122
中国医学科学院肿瘤医院肿瘤研究所	潘家园南里 17 号	67781331
中国中医研究院望京医院	望京中环南路 6 号	64721267
首都医科大学附属朝阳医院	白家庄路 8 号	85231000
首都医科大学附属安贞医院	安定门外安贞里	64412431/2345
首都儿科研究所附属儿童医院	雅宝路 2 号	85628362
垂杨柳医院	垂杨柳南街 2 号	67718822
区第二医院	金台路 13 号内 2 号	85993431
区中医医院	工体南路 6 号	65534914
区妇幼保健院	华威六区	65952594
区第三医院	延静西里 11 号楼	65005221
煤炭工业部总医院	西坝河南里 29 号	64667755
酒仙桥医院	酒仙桥一街坊 6 号	64362631
民航总医院	高井甲 1 号	85762244
中国航空工业中心医院	安外北苑 3 号院	84931118－5226
首都国际机场医院	首都机场南路东里 17 号楼	64566811
冶金医院	安定门外小关街 51 号	64913931
老年病医院	华严北里小关西街甲 2 号	62027018
红十字会急诊抢救中心	德外清河东路急救中心	62922345
中国藏学研究中心北京藏医院	安外小关北里	64933181
中国人民解放军 306 医院	安翔北里 9 号	66356729
中国人民解放军北京军区总医院分院	麦子店	65386631－3722
中国人民武装警察北京武警医院	北三里屯	64161188
垂杨柳医院	垂杨柳南街 2 号	67711960
管庄医院	三间房	65762388
双桥医院	双桥东路	85390910
东坝医院	东坝乡东风大队二条	84313067
安华医院	安华西里二区 11 楼	64234017
和平医院	东直门外京顺路北皋北	64372525
新源里医院	顺源街 1 号	64672412
左家庄医院	左家庄前街 3 号	64671452
亚运村医院	安慧里 1 区 17 楼	64916748
慧忠医院	慧忠里小区 301 楼	64951752
三里屯医院	北三里屯	64155582
团结湖医院	团结湖北三条七号楼	85977775
化工路医院	垡头金蝉北里 19 号楼	67383282
高碑店医院	高碑店陶家湾	85757762
劲松医院	劲松五区 501 楼	67782554
双龙医院	双龙南里 101 楼	87310945

石佛营医院	石佛营西里 29 楼	8581.3671
常营回民医院	常营乡政府西	65755960
南磨房医院	西大望路 29 号	67326640
太阳宫医院	光熙门北里 34 号楼	64216660
安苑中医医院	安慧北里逸园甲 10 号楼	64947301
三间房医院	双桥中路火车站南	85362412
将台医院	酒仙桥路 49 号	64330039
望京新城医院	望京西园四区 412 栋	64750525
朝阳糖尿病医院	甜水园东里甲一号	65079996
慧新医院	慧忠里小区 301 楼	64951752
洼里乡卫生院	洼里乡	84916578
管庄乡卫生院	管庄村	65766890
世纪村门诊部	育慧北路 8 号世纪村二区 9 号楼	84593348
区急救站	潘家园华威里 25 号	87789880
区妇幼保健院	潘家园华威里 25 号	87789952
区疾病预防控制中心	潘家园华威里 25 号	87789475
区卫生局卫生监督所	潘家园华威里 25 号	87789655
区医疗器械修理所	甜水园东里 41 楼北	65022585
区人才服务中心卫生专业人才分中心	农光南路 5 号楼 1 楼 1 单元	67307136
区医院管理中心	甜水园东里甲 1 号	65850778
来广营乡卫生院	来广营乡来广营村	84912452
楼梓庄乡卫生院	楼梓庄乡中心街 104 号	84313901
王四营乡卫生院	王四营乡王四营村	67379393
小红门乡卫生院	小红门中街 1 号	87606741
十八里店乡卫生院	十八里店乡周庄六队	67473715
孙河乡卫生院	孙河乡西甸中街	84593347
豆各庄乡卫生院	豆各庄乡	67384620
黑庄户乡卫生院	黑庄户	85386211
黄港乡卫生院	来广营北路	84912328
平房乡卫生院	平房南街	8574840
金盏乡卫生院	金盏大街 2 号	84333650

公 证 处

区公证处	六里屯西里 5 号	65023752/65094862

律师事务所

爱义律师事务所	建国路89号华贸中心4号楼2307室	65307740
安博律师事务所	南磨房世纪东方嘉园204-4-301	87357787
安理律师事务所	朝阳门外大街18号丰联广场2312室	65882050
安伦律师事务所	呼家楼京广中心商务楼711室	65975210
安中律师事务所	六里屯北里十五号楼一一五室	51232591
昂道律师事务所	亚运村汇园公寓K9-318	64992318
八都律师事务所	外交部商街8号京华豪园南座17A	58207358
邦成律师事务所	建国路93号万达广场6号楼2706室	58695883
邦道律师事务所	东长安街建外SOHO12号楼1005室	64789988
北斗鼎铭律师事务所	望京西园221号博泰大厦十层	58672800
北方律师事务所	东三环南路58号富顿中心A座18层	84637534
博安律师事务所	小营路10号阳明广场3号楼南4A-2室	65398792
博道律师事务所	朝阳公园南路8号棕榈泉国际公寓9号楼2105室	64398858
博瀚律师事务所	望京北路9号叶青大厦A508室	64454861
博恒律师事务所	安定路35号安华发展大厦1203室	51286030
博融律师事务所	朝外大街26号朝外MEN财贸中心B座807室	51909058
博祥律师事务所	东三环南磨坊路37号华腾北塘大厦2303室	87732204
博喻律师事务所	百子湾路16号后现代城百子园5号楼B座1206室	58207035
策府律师事务所	建外大街朗家园11号万达广场1号楼2206室	58207035
柴傅律师事务所	亮马桥路39号第一上海中心4层405	84534567
昌明律师事务所	中旅大厦16层1610	64612505
长安律师事务所	北四环中路8号汇欣大厦B座308	84990914
朝恒律师事务所	首图东路5号新御景2#1A	87361520
潮阳律师事务所	六里屯西里5号	85972612
崇智律师事务所	白家庄路3号	64603161
达实律师事务所	南磨房路37号华腾北搪商务大厦2706室	51908158
大都律师事务所	安贞西里五区仟村商务大楼A座1007、1008	64430633
大理律师事务所	南湖南路9号圣馨E座0506、0507室	64745452
大器律师事务所	安立路58号中灿苑小区二区2号楼2602室	84804048
大禹律师事务所	甘露园南里25号国际创展中心1305室	85590811
丹宁律师事务所	安华里4区8号楼	64251317
道存律师事务所	东三环南路58号富顿大厦A1206	51650088
道和律师事务所	建国门外大街22号赛特大厦901室	65125200
道可特律师事务所	八里庄西里100号住邦2000商务中心一号楼西区1601	85862880
鼎钟律师事务所	惠新西街16号1-12-01	64911123
定坤律师事务所	建外SOHO16号楼2503、2505室	58699967
东友律师事务所	东三环中路39号建外SOHO B座2203	51404507

法拓律师事务所	安外小关安苑里 1 号龙强大酒店写字楼 5 层	58797700
丰禾律师事务所	朝外大街昆泰国际大厦 1811、1812 室	65046730
风清律师事务所	六里屯中街 227 号供销社	58696610
富顿律师事务所	建外 SOHO10 号楼 1604 室	58696051
富华邦律师事务所	东三环中路 39 号建外 SOHO13 号楼 2202	84584588
富普博淳律师事务所	霄云路 26 号鹏润大厦 B 座 2701 室	84512800
高博隆华律师事务所	三元桥霞光里 5 号瑞普办公楼三层	65073922
高顿律师事务所	六里屯中街 227 号	84241089
高科律师事务所	安定门外大街甘水桥甲 1 号太阳宫宾馆 721 室	65663470
高联律师事务所	东环南路 2 号瑞赛大厦 C 座 1008 室	65906639
高朋天达律师事务所	北京东三环北路 8 号亮马河大厦 2 座 19 层	66411616
格文律师事务所	霄云里 3 号楼中关村建设大厦 201 室	84489675
共和律师事务所	麦子店街 37 号盛福大厦 1930 室	85276468
光明律师事务所	潘家园东里 6 号楼 902	87791009
广盛律师事务所	建国路 99 号中服大厦 25 层	65813529
广言律师事务所	团结湖北五条 8 号	85968745
广住律师事务所	北辰东路 8 号汇宾大厦 A 座六层	84991300
国府闻佳律师事务所	北苑路欧陆经典 8 号楼 1201 室	84853855
国纲律师事务所	建国路 126 号瑞赛大厦 1007 - 1010 室	65663470
国睿律师事务所	建国路 89 号华贸中心四号楼 706 室	65305030
国韬律师事务所	六里屯北里 10 楼 1 层	65911944
国信律师事务所	小庄第一商城 26B	65959045
海勤律师事务所	建国路 93 号万达广场 A3 座 302	58206669
海斯律师事务所	裕民路 12 号华展国际公寓 C 座 1003 号	82252156
海通律师事务所	曙光西里甲 6 号时间国际 1 号楼 1605 室	58678833
海问律师事务所	东三环北路 2 号南银大厦 1711	64106566
海元律师事务所	广渠门外大街 8 号优士阁 B 座 1606	58612558
汉衡律师事务所	东三环中路 39 号建外 soho 小区 8 号楼 3103 房间	58691166

法 律 服 务 所

大屯地区法律服务所	安慧北里雅园一号	64974871
双井街道法律服务所	广渠门外广和路 3 号楼	67717656
潘家园街道法律服务所	潘家园华威西里 34 楼 101 室	67780566
将台乡法律服务所	酒仙桥	64318232
劲松街道法律服务所	劲松一区 115 楼 317 号	87795566—1846/1912
八里庄街道法律服务所	八里庄街道办事处	65060391
小关街道法律服务所	小关东里甲 2 号	64923853
孙河乡法律服务所	孙河乡人民政府	84591769
三间房地区法律服务所	三间房西村三间房地区办事处	65768610
朝外街道法律服务所	芳草地社区服务中心内	65094724

酒仙桥街道法律服务所	酒仙桥街道办事处 207 室	64371605—148
亚运村街道法律服务所	安苑北里 19 号楼 105 号	64986568
左家庄街道法律服务所	新源里左家庄办事处	64673210 - 6515

公安分局派出所

朝外大街派出所	三丰里甲 11 号	85612407
建外派出所	光华里甲 2 号	65005628
三里屯派出所	三里屯南 41 楼	64166786
呼家楼派出所	呼家楼北街	65021574
安贞派出所	安贞西里三区 7 楼	64419130
香河园派出所	西坝河南里 26 号	64660050
和平街派出所	樱花东街 3 号	64422553
新源里派出所	新源里 17 号	64674294
小关派出所	小关东街 5 号	64917134
太阳宫派出所	西坝河北里 8 号楼	64212857
麦子店派出所	枣营北里 1 楼	65857190
团结湖派出所	团结湖路 19 楼	85989395
六里屯派出所	十里堡北区 2 号楼	85817657
双井派出所	垂杨柳中街 2 号	67716244
劲松派出所	广渠路 66 号院 6 号楼	67727306
潘家园派出所	华威西里 29 楼	67713099
亚运村户籍派出所	安苑北里甲 8 号	64910477
大屯派出所	大屯 220 号 6 号楼	64949248
奥运村派出所	扶林路甲 9 号	84913594
来广营派出所	来广营乡来广营村	84913633
花家地派出所	花家地北里 8 号楼	84700714
将台派出所	将台乡将府家园北侧	64362030
首都机场派出所	首都机场燕翔东里 12 号	64561626
孙河派出所	孙河乡康营村	64384569
东湖派出所	望京花园 130 楼	64713294
南皋派出所	崔各庄乡南皋路	84566382
八里庄派出所	八里庄东里北巷 2 号	65561753
高碑店派出所	高碑店村	85753893
平房派出所	黄彬木店 180 号	85574138
东风派出所	东风乡辛庄村甲 28 号	85849101
酒仙桥派出所	酒仙桥路 30 号	64371415
东坝派出所	红松园北里甲 8 号	65495368
金盏派出所	金盏乡金盏街	84333271
楼梓庄派出所	曹各庄 249 号	84312825
南磨房派出所	平乐园小区 105 楼	67312979

王四营派出所	王四营村 3 号	67364358
垡头派出所	垡头北里 12 楼	67381152
十八里店派出所	十八里店村 20 号	67471965
小红门派出所	小红门灰爪树南里	87690144
豆各庄派出所	西马各庄村	85308831
黑庄户派出所	黑庄户乡商业大街 1 号	85380178
管庄派出所	管庄乡双会桥西甲 5 号	65761888
常营派出所	常营公园西侧 200 米	65481258
三间房派出所	建国路甲 6 号	65420101
黄港派出所	孙河乡上辛堡村	84791728
崔各庄派出所	崔各庄乡马泉营村	64320110
南湖派出所	南湖中园 238 楼	64704664
小武基派出所	十八里乡西直河村	87335727
奥林匹克公园派出所	安慧北里雅园 1 楼	64910162

工 商 所

六里屯工商所	甜水园北里 1 号楼	65069242
团结湖工商所	呼家楼北街乙 4 号楼	65006552
双井工商所	松榆东里 2 号楼东侧	67312502
酒仙桥工商所	酒仙桥路乙 21 号	64329430
左家庄工商所	太阳宫芍药居甲 31 号	64207507
奥运村工商所	安惠里 1 区 11 号	64915551
高碑店工商所	康家园 25 号	85777231
商务中心区工商所	建国路 93 号万达广场 3 号楼一层	58205533
双桥工商所	管庄乡杨闸村环岛东	85708720
华威工商所	双龙南里 212 楼	87312145
大屯工商所	惠新东街 8 号设计大厦 E 层	84644537
望京工商所	望京西苑 103 楼	64728614
安贞工商所	西坝河西里 28 号英特公寓 A 座 3 层	64437366
十八里店工商所	双龙南里 129 楼	87310453
崔各庄工商所	崔各庄乡政府东侧	64321040

国税局税务所

第一税务所	左家庄东里甲 3 号	84516036
第二税务所	驼房营南里	64323178

第三税务所	管庄燕京医药公司东侧	65765701
第四税务所	潘家园华威北里甲 26 号	87713713
第五税务所	潘家园华威北里甲 26 号	87716176
第六税务所	左家庄东里甲 3 号	84551699
第七税务所	管庄燕京医药公司东侧	65765705
第八税务所	小八里庄 6 号	67343755
第九税务所	小八里庄 6 号	87713718
第十税务所	驼房营南里	64369392
第十一税务所	朝外大街乙 6 号 朝外 SOHO C 座 3 层	58697940
车购税管理分局	姚家园路甲 1 号东方基业汽车城内	51193167

地税局税务所

第一税务所	安苑东里 3 区 1 号	64918178
涉外税务所	广渠东路 40 号	67799234
小关税务所	大屯东路 358 号	64915005
酒仙桥税务所	酒仙桥路 14 号	64314606
十里堡税务所	定福庄路 9 号	65711572
呼家楼税务所	团结湖东里甲 10 号	85967916
双井税务所	小八里庄 6 号	67344506
个体集贸所	安苑东里 3 区 1 号	64941174

银　　行

中国银行股份有限公司

安立路支行	安立路 68 号(阳光广场一层)	64955316
奥运村支行	安慧里三区六号楼一层	64974074
白家庄支行	白家庄西里 2 号	65086091
北辰西路支行	北土城西路 7 号	82275009
北苑支行	春华路北苑综合服务楼一层	84958560
长虹桥支行	工体北路 4 号	87356455
朝外大街支行	朝外大街乙 12 号昆泰国际中心 33 - 32 号	64689295
朝阳支行	东三环北路霞光里 18 号	59207135
大望路支行	广渠路 28 号西南转角商业	58632973
东长安街支行	建国门外大街甲 6 号 1 号楼大堂	65630308
发展大厦支行	东三环北路西侧	65908304

丰联广场大厦支行	朝外大街 18 号	65883071
工体东路支行	工体东路甲 15 号	65861640
光华路支行	光华路 8 号一层	64689295
国际贸易中心支行	建国门外大街 1 号	65052293
国门支行	首都国际机场三号航站楼 A4E9	64532779
和平东街支行	和平街 13 区 35 号楼	84264707
花家地支行	花家地南里 1 号楼	64731770
机场南路支行	首都机场燕翔西路 22 号	64568341
佳程广场支行	东三环北路霞光里 18 号 1 号楼三层	59207188
建国路支行	建外大街乙 12 号	64689295
建国门外支行	建国门外大街京华公寓 1 层	59271805
将台路支行	酒仙桥路甲 12 号首层	64368832
金台路支行	朝阳北路 177 号	65956100
劲松东口支行	南磨房路 37 号	64689295
京广中心支行	呼家楼(京广中心)	65974547
空港支行	空港工业区天柱路 10 号	80486468
丽都饭店支行	丽都饭店内	64369865
亮马河大厦支行	东三环北路 8 号	65906471
柳芳北里支行	柳芳北里 12 号楼一层	84481908
三里屯支行	三里屯西六街 6 号一号	64665308
三元桥支行	曙光西里甲 1 号东域大厦 B 座首层第 11A 号单元	58221406
商务区支行	北三环东路 8 号	64689295
市东三环中路支行	东三环中路 9 号一层	85910321
首都机场支行	首都机场公安路	64570267
四方新区支行	世纪东方嘉园 212 号楼	87356455
望京科技园支行	望京湖光中街 1 号(首层)	64741007
望京园支行	望京园 B25 区 1 号楼	64731792
望京支行	望京北路 9 号	64392608
五路居支行	安贞西里 2 区 21 楼	64440547
西奥中心支行	大屯路科学园南里风林绿洲 18 号 B 幢一层	64844598
西坝河东里支行	西坝河东里 77 号楼	64666527
西坝河南路支行	西坝河南路 1 号金泰大厦	64402901
霄云路支行	麦子店西路 3 号	64630899
新航站楼支行	首都机场 2 号航站楼 E023(首都机场内)	64578512
雅宝路支行	雅宝路 8 号亚太大厦一、二层	65199227
亚运村支行	安立路甲 56 号南楼首层	84802157
燕莎中心支行	亮马桥路 50 号	64651529
逸园支行	安慧北里小区逸园 28 号楼	64893328
樱花东街支行	樱花园东街 1 号	64423797
永安里支行	建国门外大街永安东里 8 号三块板四号 103B	64689283

中国工商银行股份有限公司

八里庄北里支行	十里堡路 1 号 11 号楼 B 座一层 101 室	85810811
八里庄支行	八里庄西里 100 号 1 层 2 层	85860680

北辰路支行	北辰东路8号(汇欣大厦首层)	84971938
北苑家园支行	北苑家园清友园19号楼	84964212
朝阳支行	朝外大街1号	65042097
垂杨柳支行	光渠门外垂阳柳中街14号	87781819
翠城支行	垡头三区4号	67383267
定福庄支行	定福庄南里1号	65761184
高碑店支行	高碑店北路5号一层5-1室	85759510
管庄支行	京通苑30号楼P1底商	65700198
光明桥支行	广和南里2条12楼	67759115
广渠路支行	广渠门外大街22号楼西	67717693
国航大厦支行	霄云路36号(国航大厦)1层01号	84475235
惠新支行	安苑路20号世纪兴源大厦一层	84896322
劲松支行	华威北里甲17号楼	87783592
九龙山支行	广渠路甲40号	67704884
民族园路支行	民族园路1号首层	64863545
潘家园支行	农光南里1号楼	67323015
三里屯支行	工体东路15号首层	65074361
商务中心区支行	东环南路2号	65660817
十里堡支行	八里庄东里单身丙楼	65561503
石门支行	石门村路2号	67748286
世纪村支行	育慧北路8号	84639296
首都机场支行	机场南路东里梨园小区	64379963
双井支行	双井路口西侧	67783427
甜水园支行	六里屯北里18号楼A座	65001266
团结湖支行	白家庄东里23号C座一层01商业	65901328
望京南支行	望京中路3号院4号楼旁	64379963
望京支行	酒仙桥路10号星城国际大厦c座6层	64368822
燕莎支行	麦子店街41号	65933978
左家庄支行	左家庄北里35楼	64673225
大望路支行	西大望路甲2号南侧	65079878

中国建设银行股份有限公司

安华支行	安定路35号	51993323
安慧支行	北辰东路8号汇欣大厦一层二层	84970059
朝阳支行	朝外大街乙10号楼	51995538
光华支行	光华路7号	65614010

中国农业银行

安外大街支行	安外大街甘水桥甲1号	64213258
北苑支行	安外北苑路68号	84936039
朝阳路北支行	六里屯西口北里4号	65004262
和平里支行	北三环东路甲11号	64214896

将台路支行	花家地街 5 号	64722969
康运支行	麦子店街 78 号	65042615
三元支行	霄云路 32 号	64624388
市朝阳区支行	工体路东 2 号	65522906
市亚运村支行	安定路 33 号	64411259
市盈科支行	工体北路甲 2 号盈科中心大厦	65910141
双北桥支行	安贞三区 23 号楼一层	64438886
水碓西里支行	团结湖水碓西里 3 号	85983470
团结湖支行	团结湖北路 2 号楼一层	65821874
小营支行	安苑路 11 号	64915397
英家坟支行	八里庄西里甲 616 号楼一层、二层	65564806
永安里支行	光华里乙 1 号楼	65862258
展览中心支行	西坝河南里 22 号	64619398

中国交通银行股份有限公司

东区支行	广渠路 21 号配套楼	58202983
亚北支行	安立路 60 号润枫德尚 6 号楼	64820734
育惠东路支行	小营路 12 号亚运花园一层	84624401

北京银行股份有限公司

安华路支行	外馆东街 51 号商业楼首层 0102	64408277
八里庄支行	延静西里 2 号	65002455
北辰路支行	北辰东路 8 号汇珍楼一层	84977466
北三环东路支行	北三环东路 26 号	64653994
北苑路支行	北苑路 172 号万兴苑 11 号楼一层 04 室	84854740
大望路支行	西大望路 15 号 1 号楼 512 室	87723153
东长安街支行	建国门外大街乙 12 号	65683608
东大桥支行	东直门外大街 22 号楼东侧	65083196
芳草地支行	东大桥路 10 号	65911026
关东店支行	东大桥三角地	65083196
红星支行	朝外大街 20 号	65885763
建外支行	建外 SOHO－9 号楼 0928、9230 商铺	58692971
健翔支行	安翔北里甲 11 号	64889925
金台路支行	团结湖路 52 号	65683608
九龙山支行	农光里 117 号	67342064
酒仙桥支行	酒仙桥路 3 号	64382939
三元桥支行	东三环北路 2 号南银大厦一层	64109256
商务中心区支行	光华路丙 12 号首层	65083196
新源支行	北三环东路 6 号	64653994
雅宝路支行	雅宝路二号(天雅大厦一层)	51362661
亚运村支行	慧忠北里天创世缘 309 楼 A 座首层	64809997
燕莎支行	亮马桥路光明饭店一层、三层	84418576

樱花支行	北三环东路 15 号(北京化工大学校门旁)	64419057

中国民生银行股份有限公司

奥运村支行	安立路66号安立花园 C 座中信建投证券首层北厅	64906563
朝阳门支行	朝外大街 22 号泛利大厦首层	65884529
电子城支行	酒仙桥路 14 号兆维大厦	58671027
工体北路支行	工体北路 9 号	64155280
国贸支行	东环南路 2 号	65674738
建国门外支行	建外大街甲 12 号新华保险大厦首层	65693081
建国门支行	建国门外大街 21 号	65326597
劲松支行	劲松三区 302 楼首层	87730408
京广支行	呼家楼京广商务中心 104 室	65974217
三元支行	东三环北路甲 2 号	84489520
首都机场支行	机场航安路首都机场职工之家办公楼北侧	64595916
望京支行	南湖东园 122 号博泰大厦首层	64755278
西坝河支行	西坝河西里甲 18 号	64295659
亚运村支行	惠新西街 3 号	64916864

中国光大银行股份有限公司

安贞支行	安定路 39 号	64417743
长虹桥支行	东三环北路 15 号	65066984
朝阳支行	朝外大街 16 号中国人寿大厦北一层、二层	85252520
光华路支行	光华路 2 号阳光 100G 座	65915259
建国门支行	建国门外大街甲 6 号中环世贸中心 D 座 1 层	65630900
京广桥支行	东三环中路 7 号财富中心写字楼 A 座商业一层 E108、1003	65309950
望京支行	望京中环南路花家地街花家地商业 1 号楼	84726279
新源支行	新源西里中街 12 号	64648256
亚运村支行	慧忠东路 5 号	84891161

中信银行股份有限公司

招商大厦支行	建国路 118 号招商局大厦 1 层 C 单元	65687851
安贞支行	安贞西里 3 区 26 号浙江大厦一层、五层	64417922
东大桥支行	工体东路甲 18 号	65944945
京城大厦支行	新源南路六号京城大厦 1－001 号	84865386
酒仙桥支行	酒仙桥路 14 号兆维大厦一层	64364850
三元桥支行	曙光西里甲 1 号首层	58222277
尚都国际中心支行	东大桥路 8 号尚都国际中心 A 座一层	58700922
望京支行	望京新兴产业区利泽中园二区 208 号院内 B 座 1 层	64391219

兴业银行股份有限公司

安华支行	北三环安华桥福建大厦	64450943
朝外支行	朝外大街77号	65522213
东外支行	东直门外大街23号	64688172
国贸支行	东三环南路2号	65661609
三元桥支行	霄云路21号一、二层	84540867
亚运村支行	亚运村安慧里16号楼	84885269

华夏银行股份有限公司

奥运村支行	慧忠北里410号楼	644993449
北沙滩支行	德胜门外北沙滩1号中国农业机械化科学研究院	64848676
朝阳门支行	朝外大街吉祥里103号	65527595
东直门支行	东土城路14号北京建达大厦首层西侧	85271101
光华支行	光华路8号和乔大厦A座一、二层	65832024
国贸支行	东三环南路嬴嘉中心	65669746
京广支行	东三环中路7号北京财富中心一层	65309568
亮马河支行	东三环北路3号幸福大厦B座	64688010
望京支行	望京西园222号星源公寓C座一层	84725982
秀水支行	秀水东街8号	65930733

广东发展银行股份有限公司

安贞支行	安定路39号	64445660
奥运村支行	北沙滩甲1号	64839015
国展支行	西坝河东里18号	84603367
建国路支行	建国路112号	65669647
京广支行	朝外大街甲6号万通中心一层 F1S23、25、26、28、29、C501、502	65574312
亚运村支行	北辰东路8号	84980873

新加坡大华银行有限公司

北京分行	建国门外大街1号国贸大厦2座2513	65051863

农村商业银行股份有限公司

朝阳支行	北苑路90号	64945337
大郊亭支行	大郊亭中街2号院华腾国际甲3－20底商	87951741
大望路支行	西大望路15号3号楼一层	87723680

高碑店支行	高碑店乡康家园小区 26 号楼	85775890
光华路支行	光华路甲 14 号诺安大厦 1 层	51309981
和平支行	来广营东路 5 号东郊农场综合服务楼	84701595
建国门支行	东三环中路 39 号建外 SOHO12 号楼 1200 商铺	58697627
将台支行	酒仙桥甲 3 号	64377060
金盏支行	金盏乡金盏大街中路	84333350
来广营支行	望京北路 18 号	64390753
南磨房支行	大望路平乐园路口南 300 米	67310618
商务中心区支行	十八里店乡大洋路周家庄村	67488550
十八里店支行	十八里店乡十八里店村 19 号	67473624
石佛营支行	十里堡 1 号炫特嘉园 3C 号第一、二层	85858925
双井支行	天力街 1 号楼 B1 - 1 号	62561856
太阳宫支行	西坝河北里 15 号楼	64215209
王四营支行	王四营乡官庄大队陶庄个体公园南	67382043
小红门支行	小红门乡宋家楼 4 号	67632186
亚运村支行	安立路甲 56 号	84802808
双桥支行	朝阳路管庄路口西 20 米	65761658
太阳宫农村信用合作社呼家楼分社	呼家楼南里 30 号楼一层	64215209
北京市朝阳区于南村经济合作社	豆各庄乡于南村	85367132

深圳发展银行股份有限公司

安华支行	安贞西里三区 10 号楼	51961912
朝阳门支行	关东店北街国安宾馆 1 层	65067489
光华路支行	光华路 4 号东方梅地亚中心 A 座一层 103、105、106、1106 室	65832833
三元桥支行	霄云路 38 号	84538668
望京支行	望京新城南湖西园 125 号一层、二层	84721880
亚运村支行	安立路 66 号 1 号楼 101 室	

招商银行

北苑路支行	北苑路 168 号一层	58247390
朝外大街支行	朝外大街 26 号	65272078
大望路支行	西大望路 15 号 3 号楼首层	87723112
慧忠北里支行	慧忠北里 305 号楼一层	84987800
建国路支行	建国路 116 号	65660172
建外大街支行	建国门外大街 4 号建外 SOHO6 号楼 1 - 2 层 SH - 0068	59000518
静安里支行	北三环东路 8 号一层	64689332
万达广场支行	建国路 93 号(万达广场 7 号楼)	58206565
万通中心支行	朝外大街甲 6 号万通中心一层 F1S17 - 22	59510225
望京西园支行	望京西园 134 号楼地上一层	64789907
望京支行	南湖南路 15 号院甲 1 号	64799867

中国邮政储蓄银行有限责任公司

北京东区支行	望京西园一区 120 号楼	64752130
北京分行	建国门北大街东侧	63982467
北京分行直属支行	建国门北大街东侧(国际邮局 2 幢一层)	63986666

财务投资公司

中恒资信评级有限公司	芳园里小区 37 楼	65386981
中佳信信通投资有限公司	静安庄一区 4 号 3 号楼 123 室	65937708

保 险

安邦财产保险股份有限公司	东三环中路 7 号财富中心 A 座 45 层	65309999
安邦财产保险股份有限公司北京分公司	东三环中路 7 号财富中心 A 座 45 层	59229119
安邦财产保险股份有限公司北京市朝阳支公司	安定门外安定路 12 号 1 号楼 202 室	64412133
安邦国际保险经纪有限公司北京分公司	慧忠北里 306 号(住宅)楼 1307	64800053
安华农业保险股份有限公司北京市朝阳支公司	安定路 1 号奥体西门北侧	64911291
安诺保险经纪有限公司北京分公司	建国路 88 号北京现代城 A 区(SOHO)区 D 栋(住宅楼)706 室	85806905
百科联保险经纪(北京)有限公司	首图东路 5 号御景园 2 # 6E	65673302
邦得(北京)典当行有限公司	北三环东路 22 号	64275120
葆和(北京)保险代理有限公司	建国门外大街甲 1 号 1 号楼 408 室	65918559
安诚信担保有限公司	望京中环南路甲 2 号 506	84721210
安惠保险代理有限公司	通惠家园惠民园 7 号(住宅)楼 1406 室	65578968
安康保险经纪有限公司	西坝河西里 28 号 B204 - B214.B216 - B217	58694345
安泰典当行有限公司	水碓子北里 2 号楼底商	85976220
奥正达科贸有限公司	望京东园二区 206 号住宅楼 4 单元 703 号	64758632
宝瑞通典当行有限责任公司	西坝河北里 50 号	64229863
宝瑞通典当行有限责任公司劲松分公司	东三环南路 5 号一层	64229863
宝瑞通典当行有限责任公司亚运村分公司	北辰东路 8 号汇珍楼二层	64229863
宝瑞通寄卖行有限责任公司朝阳北路分公司	朝阳北路 219 号一层	64229863
宝瑞通寄卖行有限责任公司第二分公司	东三环南路(新蕾百货商场)6 号楼 201	64229863
宝瑞通寄卖行有限责任公司第三分公司	建国门外大街甲 10 号 4 号楼 501 号	64229861
宝瑞通寄卖行有限责任公司第四分公司	北辰东路 8 号 25 号楼 201	64229863
宝瑞通寄卖行有限责任公司第一分公司	关东店 2 号楼北 1 号楼 1 层 101 室	64229861
昌和宏保险经纪有限责任公司	建国门外大街甲 24 号 905 室	65158079
长润保险经纪有限公司	安立路 56 号 1 号楼(住宅)0802 室	84803338
诚服斯文思保险代理有限公司	黑庄户乡大鲁店三队南侧	86528230

诚信保险代理有限公司	东三环南路甲52楼5层6C	58672950
诚信宏业投资顾问有限公司	安立路60号院1号楼1602室	64820157
传隆投资有限公司	建外大街甲12号新华保险大厦1602室	65693988
创富保险代理有限公司	建国路88号(7－10号楼)9号楼804室	51909166
大润保险经纪有限责任公司分公司	裕民路12号元辰鑫国际酒店C－1302室	82251146
道策会计服务有限公司	紫南家园105号住宅楼3门302室	86533655
道通永德财务咨询有限公司	建国路93号院4号楼1608室	13241931965
德信保险代理有限公司	安慧里4区16号916室	84885211
典当行业协会	左家庄北里2号200室	84544366
富邦保险代理有限公司	农展南路5号635室	67359189
富达保险经纪有限公司	吉庆里9号、10号(住宅)楼B座1单元502室	65539301
桂隆保险代理有限公司	东三环南路54号院7号住宅楼301室	86527373
国际信托有限公司	安定路五号北京金融信托大厦C座	64436553
国泰保险代理有限公司	幸福一村55号	64162696
国泰吉天版权代理有限公司	左家庄1号后三楼227号房	13911889400
国中保险经纪有限公司	建外大街16号东方瑞景苑1号(住宅)楼1610室	65691170
和政保险经纪有限公司	和平街东土城路12号3号楼19层1905室	64489589
和政保险经纪有限公司北京分公司	和平街东土城路12号院3号楼(怡和阳光大厦)17层1701室	64489549
恒泰保险代理有限公司	建国门外秀水街1号	85322952
华汇保险经纪有限公司	农光里117号楼901室	67355397
北京京都保险公估有限公司	建国门外大街22号赛特广场3层30302室	65227602
九州康达保险代理有限公司	东三环南路17号京瑞大厦B座9A	64323435
康信保险经纪有限公司	八里庄西里61号楼2501室	85861166－828、85861299
康信恒润保险公估有限公司	八里庄西里远洋天地61号楼2502室	85861297
明亚保险经纪有限公司	朝外大街22号泛利大厦6层	65888718
明亚保险经纪有限公司大北窑营业部	建国路90号1204－1209室	85897603
容源投资管理有限公司	大屯路2号科华商务大厦5层	64862815
融智博慧投资有限公司	东三环北路霞光里18号佳程广场A座11层A19	59231256
瑞丰民安保险代理有限公司	德胜门外黄寺大街28号	13381081097
瑞丰投资管理有限公司	安定路35号安华发展大厦1023室	64437378－201
睿泰保险代理有限公司	朝阳门北大街乙12号天一辰大厦10层1002A室	65678902
润盛保险经纪有限公司	东方东路8号	64681372

文物保护单位

全国重点文物保护单位

东岳庙	朝外大街141号	65510151
西黄寺	安定门外黄寺大街	62018966

元大都土城遗址	太阳宫芍药店居甲 80 号	64222821
日坛	日坛北路 6 号	85614261

北京市文物保护单位

八里桥	东部通惠河东段	65795265
十方诸佛宝塔	王四营乡马房寺村外东北角	67372496
941 电台	豆各庄地区办事处	87392145
北顶娘娘庙	德胜门外土城东北	84912224 – 878

朝阳区文物保护单位

山东会馆	呼家楼街道	65045497
张翼祠堂	豆各庄文化站	87392143
常营清真寺	常营民族家园 1 号	65484914
肃慎亲王敬敏墓	王四营地区办事处	67372496
显谨亲王衍璜墓	潘家园街道	67783641
那桐墓	三间房地区办事处	65410041
南下坡清真寺	朝外二条 129 号	85626316

体育场馆

北湖国际高尔夫俱乐部有限公司	安外北湖北京北湖国际高尔夫俱乐部有限公司	84919797
郡王府体育中心	朝阳公园南路 19 号	65940434
英特康乐城(英东游泳馆)	安外安定路 1 号	64910483
京体健身中心有限公司	南新园一号	87316973
震昊体育俱乐部有限公司	姚家园路 10 号	85974838
三纺体育运动发展有限公司	八里庄西里体育场 1 号	65564603
望京中韩体育中心有限公司	望京西园 D5 区体育公园	64753673
调良马术运动有限责任公司	孙河乡马泉营村北	64384947
邦泰达科技有限公司北苑高尔夫俱乐部	来广营乡红军营村北	84918058
国家奥林匹克体育中心	安定路 1 号场馆处	64912233
兴隆体育发展有限责任公司	碑店兴隆公园内西侧	85777256
博美健身中心	三间房东路 5 号	65741827
悠季瑜伽健身中心	日坛公园北路 6 号院内	85615506/07
锦湖园物业管理有限公司康赢国际健身俱乐部	白家庄东里 23 号 D 座	65901638
三环健身有限公司	建国门外大街 4 号建外 SOHO2 号楼	58690666
东方飞鸟体育发展有限公司	姚家园路 10 号	85983737
朝阳体育馆	六里屯西口朝阳体育馆	85975547

竞时天地体育发展有限公司	望京利泽中园八十中学南门内	64783614
工体钰泰保龄球网球中心有限公司	工体西路6号	65522688
强鹰健身有限公司分公司	安慧北里逸园20号楼E－52强鹰健身房	64891858
郡王府康漫健身俱乐部有限公司	朝阳公园南路21号	65863130
东方天星华普休闲健身俱乐部有限公司	孙河乡雷桥村甲88号	84916987
杰点文化发展有限公司	酒仙桥东路9号A2栋东一层	58237100
宇亭健身中心(蝉舟瑜伽)	西坝河南路1号新天地A座502室	64466778
中国国际贸易中心有限公司国贸溜冰场	建国门外大街1号国贸商城B2层	65055776
四季阳光健身俱乐部有限公司	白家庄东里1号一层	65065058
新利体育服务中心	定福庄南里6号	65758408
东方全红体育健身中心有限责任公司	来广营西路26号	84919966
港展览展示有限公司(金港汽车公园)	金盏乡金港大道1号	84333486
山得尔体育发展中心	将台乡路桥下东侧	64333211
望京新城健身俱乐部有限公司	望京西园402号楼	64701050
朝阳公园开发经营公司网球中心	农展南路1号	65016481
朝来佳伟健身服务有限公司	来广营乡来广营村小刘各庄150号	84916966
华腾健身有限公司	东三环南路54号	87735761
中日青年交流中心银橄榄体育世界	亮马桥路40号	64664824 64683311
春泉体育发展有限公司	十八里店村18号	13701184025
学友健身服务中心	砖角楼北里5号	64215754
来鹏高尔夫俱乐部有限公司	来广营东外环北路1号	84904352
飞翔体育俱乐部	花家地东路3号	58250670
康城高尔夫球俱乐部	双桥东路康城高尔夫俱乐部	85393802
东方天星乡村俱乐部有限公司	黄港乡雷桥村	84916987
新恒基物业管理有限公司健身俱乐部	麦子店西路3号629室	13391833885
富力会康体俱乐部有限公司	东三环中路59号	58622277
青鸟健身有限公司(兆龙店)	工体北路2号兆龙饭店三段写字楼	65972008
进步健身中心有限公司(大北窑店)	东三环南路2号	65670266
进步健身中心有限公司蓝堡店	西大望路3号蓝堡公寓	85997650
健乐菲力斯第一健身俱乐部有限公司	朝外大街16号中国人寿大厦商场B1/B3层	85251818
美松高尔夫俱乐部有限公司	高碑店乡兴隆西街10号	85753959
汉龙文化发展有限公司(朝阳公园游泳场)	双井北里18号2407室、朝阳公园南路1号	65025008
绿州健身俱乐部有限公司	东三环南路17号4层F座	67665432
奥克高尔夫球俱乐部有限公司	安定路1号奥体中心院内南侧	64910915 64914265
朝阳高尔夫俱乐部有限公司	团结湖小区上四路	65001225
维汀体育发展有限公司	望京西园三区316楼B1	64758329
高润体育俱乐部有限公司	来广营乡新北路1号	84917910
望京源林高尔夫运动培训有限公司	南湖渠落田洼东北郊苗圃	64791951
汪见虹围棋俱乐部有限责任公司	垂杨柳中街甲1号二层汪见虹围棋俱乐部	67710216
宝迪沃体育文化发展有限责任公司第四健身分店	机场路将台路丽都商业楼7号楼	64302008
中体倍力霄云健身俱乐部有限公司	霄云路36号国航大厦第十七、十八层	84475188
金贝健身俱乐部有限公司	白家庄东里42号院13号楼	65828788
中体倍力动感健身俱乐部有限公司亚运村店	大屯路风林绿洲18号公寓楼A座21A室	64889966
匠心之轮国际体育中心有限公司	黑庄户乡朗辛庄村88号	85383876
中体倍力新概念健身俱乐部有限公司	望京西园二区221号二层、三层	64789998

星河湾四季会企业管理有限公司	平房乡黄杉木店后街 168 号	85529988
超级碰撞体育发展有限公司	东土城路 5 号	13011210627
奥力健身有限公司	安立路 60 号润枫德尚 A 座二层	85869533
鸿军豪门体育文化发展有限公司	将台乡大环里将府庄园内	64362913
动感空间休闲俱乐部有限公司	华威北里 43 号 3 段地下一层	87730809
奥零捌体育发展有限公司(张贝健身)	西大望路 19 号院 7 号楼底商 100 室	87755665
空间蔚蓝体育发展有限公司(青鸟望京店)	望京湖光中街 1 号	64717811
第五大道健身有限公司(青鸟分店)	慧忠北里 309 号楼	64872009
奥林匹克置业投资有限公司	东坝乡驹南街 225 号	51079026
奇迹体育发展有限公司	望京阜通西大街 18 号院一号楼首层	64751911
金兰道保龄球俱乐部	团结湖东里 10 号	85981142

公　　园

日坛公园	朝外日坛北路	85622612
团结湖公园	团结湖南里 15 号	85962151
红领巾公园	后八里庄 5 号	85810901
元大都公园	安外小关街 53 号	64222820
四得公园	将台乡赵酒路口	64384057
朝阳公园	农展南路 1 号	65077997
中华民族园	民族园路 1 号	62063616
丽都公园	首都机场将台路	64328570
朝来农艺园	来广营乡新生村	84913178
郁金香花园	金盏西大街路北	84335180
兴隆公园	兴隆庄甲 8 号	85759918 - 809
太阳宫公园	太阳宫乡西坝河路甲 1 号	84496800
北焦公园	化工路东口	67383866
个园	王四营乡	67361945
镇海公园	小红门乡牌坊村	87602010
康心体育公园	楼梓庄乡政府东	84317701
黄渠公园	平房乡黄渠村	65745569
姚家园公园	姚家园村	85756191
窑洼湖公园	南磨房南楼梓庄村	67315008
北花公园	高碑店乡花园闸通惠河南侧	65475896
南湖公园	望京	64727461 - 3273
牌坊体育公园	小红门乡牌坊村	87602010
立水桥公园	来广营乡	
朝来都市森林公园	来广营乡新生村	84903608
清洋湖公园	洼里乡羊坊村西	84910999
蟹岛绿色休闲公园	蟹岛路 1 号	84335108
奥林匹克公园	洼里乡	

街道社区
居委会地区村(居)委会

朝外街道

芳草地社区居委会	东大桥路 23 号楼院内	85614934
吉庆里社区居委会	工体西里 4 号楼南侧院内	65522442
吉祥里社区居委会	吉祥里西区南门外东侧	65514388
三丰里社区居委会	三丰里 14 号楼南侧小楼	85612610
体东社区居委会	工体南路甲 1 号利康烤鸭店南侧	65522998
天福园社区居委会	天福园 8 号楼东侧	85611495
雅宝里社区居委会	雅宝里 4 号楼南侧院内	65094266

双井街道

广和里社区居委会	广和里 2 条 14 楼下平房	87775639
垂杨柳东里社区居委会	垂杨柳北里 14 楼 1 单元 4—6 号	67781829
双花园社区居委会	双花园西里甲 8 楼	67398998
垂杨柳西里社区居委会	垂杨柳西里 6 号楼西侧平房	67764486
广外南社区居委会	广渠门外大街 22 楼后平房	67751339
九龙社区居委会	百子湾 32 号院 5 号楼地下室	58263287
大望社区居委会	百子湾路百子园 1 号楼 D 单元 304 号	87732860
九龙南社区居委会	百子湾南二路 76 号院(乐城国际)5 号楼 12 号	87724721
富力社区居委会	双井富力城 B3 号楼	58621732
光环社区居委会	双花园南里 2 区 6 号楼 5 单元 1 门	87721692
广泉社区筹备组	广泉小区 15 号楼 204	87753405

八里庄街道

红庙社区居委会	慈云寺 4 号楼东侧平房	65046519
华贸社区居委会	建国路 89 号院 15 号楼北门 209	62036609
红北社区居委会	红庙北里 40 楼	65011745
延静里社区居委会	延静西里 22 号楼东侧平房	65941040
甘露园社区居委会	甘露园南里 18 号楼后	85781756
十里堡社区居委会	十里堡东里 27－28 楼之间平房	65577555
八里庄西里社区居委会	八里庄西里 506 楼前平房	65574650
八里庄东里社区居委会	八里庄东里 12 楼后二层简易楼	65569064
黄杉木店社区居委会	黄杉木店二巷 5 号	85773321
都会华庭社区居委会	十里堡甲 3 号院城市广场 2 号公寓 B2201	65561247

远洋天地社区居委会	八里庄西里 59 号楼南侧二层配楼	85866626
罗马嘉园社区居委会	朝阳北路 107 号院 23 楼	58627275
朝阳无限社区居委会	甘露园 10 号楼 1 单元 101 号	85739508

酒仙桥街道

高家园社区居委会	酒仙桥高家园小区 118 号	64384786
大山子社区居委会	酒仙桥大山子北里 18 楼后平房	64367486
酒仙桥电子球场路社区居委会	酒仙桥三街坊 2 楼旁平房	64384657
红霞路社区居委会	酒仙桥六街坊 11 楼 6 单元	64384778
中北路社区居委会	酒仙桥万红路 4 号院平房	64384788
酒仙桥东路社区居委会	酒仙桥驼房营南里兆维小区综合楼 2 层	64380061
酒仙桥南路社区居委会	酒仙桥十一街坊 16 楼旁	64384773
怡思苑社区居委会	酒仙桥南十里居 15 号院 8 号楼	84509756
驼房营西里社区居委会	酒仙桥驼房营西里甲 1 号	64372294

垡头街道

垡头街道一区社区居委会	垡头一区 6 号楼前	67200537
垡头街道二区社区居委会	垡头二区 18 号楼 1 号	67365471
垡头街道三区社区居委会	金蝉北里 9 号楼地下室	67367009
垡头街道北里社区居委会	垡头北里 17 号楼西侧二层楼	67374703
垡头街道东里社区居委会	垡头东里东院	67383915
垡头街道西里社区居委会	垡头西里 24 号楼北侧楼二层	67360853

和平街街道

和平家园社区居委会	和平街 11 区甲 12 号	64270844
砖角楼社区居委会	砖角楼北里 5 号楼院内平房	64219740
十四区社区居委会	和平街 14 区 14 楼前平房	64290569
和平东街社区居委会	和平街 15 区 3 号楼 101 号	64296326
樱花园社区居委会	樱花园 30 号楼 3 单元 101 号	64443929
胜古庄社区居委会	胜古庄南里前平房	64441057
小黄庄社区居委会	和平街西苑 8 号楼南平房	84279870

小关街道

惠新苑社区居委会	惠新西街 9 院 1 号楼 1 层	64810094
惠新北里社区居委会	惠新北里 8 号楼	64935173
高原街社区居委会	高原街 4 号院	84626490
小关社区居委会	小关北里 204 楼	64914908
惠新里社区居委会	惠新里 226 号楼地下室	64810091

三里屯街道

幸福一村社区居委会	太平庄南里甲3号	64169217
幸福二村社区居委会	幸福二村5号楼北侧2层楼1层	64166399
北三里社区居委会	北三里屯南楼西甲1号	64177960
中三里社区居委会	东三里屯中3楼院平房	66787026
东三里社区居委会	东三里中15楼西侧平房	64176151
中纺里社区居委会	中纺里9楼北侧平房	65929071
白西社区居委会	三里屯南路4号楼1层	65912776

建外街道

建国里社区居委会	建国里三道街一号楼南平房	65683900
永安里社区居委会	永安里中街煤炭宿舍院外平房	65661488
永安里东社区居委会	建外通用时代国际中心4号楼B1层	58793364
秀水社区居委会	东大桥路5号楼院内平房	65069929
光华里社区居委会	光华西里一号温莎大道A座1层	65005301
北郎家园社区居委会	建外光华路12号院	65831573
北郎家园东社区居委会	蓝堡国际公寓D座S215室	85997485
南郎社区居委会	南郎家园小区(634所宿舍院内)	65687937

左家庄街道

新源里社区居委会	新源街23楼侧	84552609
三源里社区居委会	三源里夏园活动中心	84518079
顺源里社区居委会	顺源里04楼前平房	64643074
新源西里社区居委会	新源西里中街甲5号楼	84551479
左家庄北里社区居委会	左家庄北里38楼102号	84543008
左家庄东里社区居委会	左家庄东里14楼二层	84515169
左家庄南里社区居委会	左家庄西街10楼7门102	64656209
静安里社区居委会	左家庄静安里甲6号	84518140
曙光里社区居委会	左家庄曙光里39楼后小白楼	84515170

呼家楼街道

小庄社区居委会	342总站标牌厂西侧	85991491
新街社区居委会	新街大院15号楼106号	65025529
关东店社区居委会	向军南里3号楼109号	65023450
关东店北街社区居委会	向军北里8号楼北侧平房	65861972
东大桥社区居委会	东大桥路2号楼南平房	65922005
金台里社区居委会	金台北街甲1号	85994144
核桃园社区居委会	农丰里7号楼7门101号	65947306

呼家楼北社区居委会	呼家楼北里1号楼下平房	65950122
呼家楼南社区居委会	呼家楼南里22号楼东侧平房	65924251
人民日报社社区居委会	金台西路2号民16楼北侧	65369869

劲松街道

劲松北社区居委会	劲松一区132楼	67759027
劲松东社区居委会	劲松三区321楼一层	67758807
劲松中社区居委会	劲松五区507楼	67757904
劲松西社区居委会	劲松八区甲813楼一层	67700806
农光里社区居委会	农光里142楼西侧	67354935
农光里中社区居委会	农光里二区212楼一层	67354936
农光东里社区居委会	农光东里托老所一层	67356577
磨房北里社区居委会	磨北二区216楼北侧二楼	67313633
八棵杨社区居委会	华腾园乙7裙楼四层	67735144
大郊亭社区居委会	珠江帝景9号楼	58631483

团结湖街道

一二条社区居委会	团结湖北头条4－1－101	65824358
三四条社区居委会	团结湖北三条16号楼	85971899
中路北社区居委会	团结湖街道中路北一条8号楼	85982265
中路南社区居委会	团结湖路南一条5号楼西侧	85989270
水碓子社区居委会	团结湖水碓子24号楼	85986788
南北里社区居委会	团结湖路21－1－101	85989524

首都机场街道

南路西里社区居委会	首都机场宿舍区苹果园11号楼	64571565
南路东里社区居委会	首都机场宿舍区东平里2号楼101号	64571579
西平街社区居委会	首都机场宿舍区西平街1号楼101号	64571567
南平里社区居委会	首都机场宿舍区南平里18号楼101号	64571574

潘家园街道

潘家园社区居委会	潘家园27#－2－204号	87701306
潘家园南里社区居委会	潘家园南里11楼北侧平房	87715076
潘家园东里社区居委会	潘家园东里12#－1层10号	67705015
华威西里社区居委会	华威西里42#乙	87771754
华威北里社区居委会	华威北里甲32#	67733310
松榆西里社区居委会	松榆西里61#楼西侧	67321248
松榆里社区居委会	松榆里26#－104号	67322086

松榆东里社区居委会	松榆东里 15# -0-014 号	67321348
武圣 农光社区居委会	松榆北路 7 号院 9 楼 2 层	87379079
武圣东里社区居委会	武东 51 楼 104 号	67322256
磨房南里社区居委会	磨南 22 楼 1 门 101	67356846
华威里社区居委会	华威南路 2 号楼地下一层	87731033

六里屯街道

秀水园社区居委会	水碓子北里 4 号楼前西平房	85988576
碧水园社区居委会	甜水园北里 6 号楼 7 单元 104 号	65033285
甜水园社区居委会	甜水园东里纺织小区存车处	65007498
道家园社区居委会	道家园 7 号楼 9 单元 102 号	65920781
八里庄南里社区居委会	八里庄南里 24 号楼北侧平房	85831049
八里庄北里社区委员会	八里庄北里 301 号楼 103 号	85830500
晨光社区居委会	晨光家园 212 号楼东 107 号	85827767
十里堡北里社区居委会	十里堡北里 29 号楼北侧平房	85832145
六里屯北里社区居委会	丽水家园 1 号楼地下室北侧	65862417
炫特家园社区居委会	炫特家园 3 号楼东侧	85856807

麦子店街道

枣营北里社区居委会	枣营北里社区小花园北侧	65035934
枣营南里社区居委会	枣营南里 21 号楼前平房	65075094
朝阳公园社区居委会	朝阳公园西里北区 2 号楼 3 门 101 室	65387984
农展南里社区居委会	农展南里社区居委会(3 号楼)	85952831
霞光里社区居委会	霞光里社区 30 号院内	51302817

香河园街道

柳芳南里社区居委会	柳芳南里 6 号楼前平房	64667112
柳芳北里社区居委会	柳芳北里甲 15 号平房	64514349
西坝河南里社区居委会	西坝河南里 20 号楼前平房	64651709
西坝河中里社区居委会	西坝河中里 2 号楼前平房	64676023
西坝河西里社区居委会	西坝河西里 4 号楼	64296921
光熙门北里北社区居委会	光熙门北里甲 6 号楼	64272821
光熙门北里南社区居委会	光熙门北里 10 号楼 101 室	64200497
西坝河东里社区居委会	西坝河东里 107 楼东侧	64669497

亚运村街道

安慧里社区居委会	安慧里一区甲 7 号楼	64980228
安慧里南社区居委会	安慧里三区 13 号楼	64932951

北辰东路社区居委会	安慧北里1号楼104室	64986781
安苑里社区居委会	安苑北里9号楼107室	64810748
祁家豁子社区居委会	华严里祁家豁子路	82026957
京民社区居委会	华严北里2号院	82028035
华严北里社区居委会	华严北里45号楼加建	82841857
华严北里西社区居委会	华严北里27号楼1层	82846023
丝竹园社区居委会	丝竹园社区7号楼11门2楼	64863772
安翔里社区居委会	安翔里1号	64886323

安贞街道

安贞里社区居委会	安贞里二区20号楼	64427731
安贞西里社区居委会	安贞西里三区5号楼东侧小2楼	64437232
安华里社区居委会	安华里二区11号楼	64246378
安华西里社区居委会	安华西里一区21号	64268241
裕民路社区居委会	裕中东里一号院西小楼	82027289
黄寺社区居委会	黄寺大街甲28号院内	62355252

望京街道

望京西园四区居委会	望京新城403号楼107	64728177 64706915
望京西园三区居委会	西园三区304楼2层	84726031 64716249
望花路东里居委会	金星路16号楼后院平房	64782766 64735021
望花路西里居委会	望花路西里9号楼2单元101	64726644 – 535 64726644 – 327
花家地居委会	花家地9号楼	84712151 84726244
花家地北里居委会	花家地北里5号楼12单元101	64730512
花家地南里居委会	花家地南里2号楼1单元1	64733093 64725778
花家地西里居委会	花家地西里109号楼	64716251 64716250
花家地西里三区居委会	南湖实业宿舍院内	64719483 64727461 – 3277
南湖东园居委会	南湖东园210楼1单元101	64706921 64706917
南湖中园居委会	南湖中园215楼4单元101	64706923 64734325
南湖西园居委会	南湖西园101号楼4单元101	64704359 64718559
南湖西里居委会	南湖渠西里院内	64709018
方舟苑居委会	方舟苑2号楼103	64780673 64780405
大西洋城居委会	大西洋新城会所四层	64727607 64720193
爽秋路居委会	嘉润花园C座负一层	64773107 64773106
圣星居委会	圣馨大地B座负一层	64747841 – 661
华鼎世家（筹备组）	望京园3区华鼎世家304楼103	84727640
宝星园（筹备组）	望京东园102楼M层	64756352
夏都盈座（筹备组）	湖光中街2号院3号楼101室	84727864
季景香颂（筹备组）	季景5号底商	52077111 – 6200
橄榄城（筹备组）	望京东园503楼2层	84781519
国风家园（筹备组）	望京东园6区国风601楼6单元1层	84762048
嘉美朝庭（筹备组）	阜荣街15号1号楼2单元1层	84763124

鹿港（筹备组）	望京西路50号院鹿港7号楼1层	84784239
南湖平房区居委会	南湖物业	64738749
六公主坟		64393676
将南平房区居委会	小望京公主坟	64361208
坝北居委会	村内	64377907
建工一居委会	南湖渠三巷	64738755

大屯街道

慧忠里第一社区居委会	慧忠里402楼8单元半地下室	64944067
慧忠里第二社区居委会	慧忠里B区108楼社区服务中心一层	64984710
慧忠北里第一社区居委会	慧忠北里411楼104号	64869360
慧忠北里第二社区居委会	慧忠北里202楼104室	64864019
安慧北里秀雅社区居委会	安慧北里秀园16号楼101号	64950058
安慧北里安逸社区居委会	安慧北里逸园18号楼0110号	64975352
育慧西里社区居委会	育慧西里小区居委会办公楼	64979709
育慧里社区居委会	育慧里二区18号楼二层居委会	84642597
世纪村社区居委会	世纪村西区8号楼107号	84633844
安慧东里社区居委会	北苑路178号院光大名筑8号楼118号	64826118
欧陆经典社区居委会	欧陆经典172号院15号楼底商三层	84853151
嘉铭园社区居委会	嘉铭园A区5号楼2单元101、102号	84859840
大屯里社区居委会	大屯里106楼307号	84806303
新新家园联合社区居委会	辛店路亚运新新家园物业一层	51737488

东湖街道办事处筹备处

望京花园社区	望京花园130楼2层	64700550(党、居)
		64743804(居委会)
		84729771(服务站)
利泽西园一区社区	利泽西园一区104楼106	64758250(党、居)
		64750195(服务站)
望湖社区	利泽西园二区206楼2单元地下室	64786258(党、服)
		64721670(居委会)
望京西园社区	望京西园一区116楼东南侧黄色二层楼	64754948(服务站)
		64715046(党、居)
南湖东园北社区	南湖东园一区中心花园旁	64791990(党、居)
		84713336(服务站)
南湖中园北社区	南湖中园117楼3门102室	64709041(居、服)
		64728432(党总支)
果岭里社区	果岭里社区东门外	84727412(党、居)
		84730215(服务站)

太阳宫地区

十字口村	太阳宫乡十字口村委会	52036065
牛王庙村	太阳宫乡牛王庙村委会	64635908
芍药居一社区居委会	芍药居北里 219 号楼 5 层	84627464
芍药居二社区居委会	芍药居北里 203 号楼	84628158
芍药居三社区居委会	芍药居北里 10 号楼下平房	84615524
芍药居四社区居委会	芍药居 2 号院	84612696
太阳宫社区居委会	西坝河北里南街 7 号院 6 号楼西侧 2 层	64220891
十字口社区居委会	西坝河北里 202 号院	64287853
牛王庙社区居委会	太阳宫子里沟 20 号	64385869
夏家园社区居委会	太阳星城水园 20 号楼	52036308
尚家楼社区居委会	尚家楼社区 48 号院	64683068

南磨房地区

双龙社区	朝阳区双龙南里 117 楼北侧	87326993
南新园社区	朝阳区南新园小区 26 楼二层	87322076
平乐园社区	朝阳区平乐园小区 218 楼西侧院内	87379890
紫南社区	朝阳区紫南家园 207 楼	87353976
百子湾社区	朝阳区东石门村路 6 号	87716591
欢乐谷社区社区	欢乐谷公园南 200 米	67372098
东郊社区	朝阳区水南庄 168 号	87705760
百子湾东社区	朝阳区赛洛城 304 – 2	87956922

山水文园社区

大郊亭村委会	朝阳区南磨房敬老院东院	67346570
楼梓庄村委会	朝阳区紫南家园 217 楼	87351374

将台地区

东八间房村村委会	东八间房村委会	52053188
驼房营村村委会	驼房营办公楼	84561035
安家楼管委会	安家楼村东林场	64372167
丽都社区	东四环北路 6 号阳光上东 C 区 1 号楼	51303352
梵谷水郡社区	驼房营南路 2 号院 14 号楼梵古水都小区	84706491
芳园里社区居委会	将台路芳园里 18 楼对面	64333088
水岸家园社区	朝阳区酒仙桥路甲 1 号水岸家园社区居委会	64332726
将府家园社区	将府家园北里 103 – 2 – 101	51373060

高碑店地区

甘露园南里一区社区居委会	高碑店康家园24号楼南侧	85752957
甘露园南里二区社区居委会	甘露园南里二区12－1－0104室	85752718
半壁店西社区居委会	高碑店乡高西店527号	67797776
半壁店东社区居委会	高碑店乡半壁店居委会	87741752
兴隆家园社区居委会	兴隆家园居委会12＃101室	85768044
花北西社区居委会	妇联小区7＃3门003室	65791272
花北东社区居委会	高碑店乡花园闸北里	65745746
通惠家园社区居委会	通惠家园惠民园7号楼103室	65589291
丽景馨居社区居委会	甘露园南里三区19号院9号楼	85748207
北花园社区居委会	高碑店乡北花园村委会	65475886
八里庄社区居委会	八里庄农工商公司八里庄38号	65586729
高碑店社区居委会	高碑店村1358号	87741569
高井社区居委会	高井甲8号	85765868
大黄庄社区居委会	大黄庄52号	85761780
康家园西社区居委会	康家园小区9＃八单元002室	85753107
康家园东社区居委会	高碑店北路甲6号白领家园5＃楼3单元201室	51316821
太平庄南社区居委会	朝阳路67号4号楼7单元0102	
太平庄北社区居委会	太平庄25号楼1门103室	85501665

十八里店地区

弘善寺社区居委会	左安东路259号	67683114
白墙子社区居委会	十里河村白墙子居委会	67671547
前祁庄社区居委会	吕家营村前祁庄居委会	87699836
后祁庄社区居委会	吕家营村后祁庄居委会	87691516
六道口社区居委会	吕家营村六道口居委会	87696579
十里河村村委会		67348869
吕家营村村委会		87691746
周家庄村村委会		67351958
十八里店村村委会		67471738
老君堂村村委会		87307508
小武基村村委会		67471948
横街子村村委会		87301239
西直河村村委会		67388057

小红门地区

小红门村村委会		87602942
肖村村委会		67678343
龙爪树村村委会		87695071
牌坊村村委会		87606296

王四营地区

管庄村村委会		67366137
观音堂村村委会		87743314
孛罗营村村委会		87393295
南花园村村委会		67362423
道口村村委会		87390769
王四营村村委会		67381411

东风地区

六里屯村村委会		65862164
辛庄村村委会		85846037
豆各庄村村委会		85811977
将台洼村村委会		84315469
石佛营西里社区居委会	石佛营西里 9 号楼 3 单元 101 室	85814852
石佛营东里社区居委会	石佛营东里 113 号楼 101 室	85818642
石佛营南里社区居委会	八里庄北里 125 楼	85814853
东润枫景社区居委会	南十里居 13 号楼后侧	64366261
紫罗园社区居委会	石佛营东里 136 号院 B 座 108 号	85846204
豆各庄社区居委会		85814846
辛庄社区居委会		85814847
将台洼社区居委会	七棵树西街 158 号	84312621

东坝地区

红松园社区居委会红松园社区	东坝乡红松园社区	65494922
东坝家园社区	东坝乡东坝家园 206 楼	65415375
康静里社区	东坝乡康静里社区 13 号楼 5 门 501	65493682
高杨树社区	东坝乡高杨树北里	65422944
朝阳新城第一社区	朝阳新城第一社区 12 – 2 – 102	6546113
朝阳新城第二社区	朝新嘉园东里 2 区 7 号楼物业 1 楼	65456113
奥林匹克花园社区	奥林匹克花园 225 – 8	51200749
中铁十六局社区	中铁十六局办公大楼内	51884630
大街居委会	东坝乡东风村委会楼上	84327090

平房地区

平房村村委会		85575527
姚家园村村委会		85577139
石各庄村村委会		65769907
黄渠村村委会		65765017

黄杉木店村村委会		85762303
姚家园社区居委会		85764015
平房社区居委会		85573772
华纺易城社区居委会		58777563

来广营地区

北苑家园绣菊园社区居委会	北苑家园绣菊园 11 号楼 101	84966936
北苑家园清友园社区居委会	北苑家园清友园 12 号楼 201	84967852
北苑家园紫绶园社区居委会	北苑家园紫绶园 10 号楼 104	84960696
北苑家园茉藜社园区居委会	北苑家园茉藜园 19 号楼 101	84926067
北苑家园莲葩园社区居委会	北苑家园莲葩园 9 号楼 108	84925448
黄金苑社区居委会	北苑路 5 号 1 号楼	84931521
新街坊社区居委会	北苑五号院四区冶金所院内	84927669
时代庄园社区居委会	红军营东路 18 号物业楼 2 层	84966474 - 809
青年城社区居委会	青年城小区会所三层	84954599
立城苑社区居委会	立水桥甲 2 号院	84816099
朝来绿色家园社区居委会	朝来绿色家园来春园小区综合楼	84950419
北苑一号院社区居委会	安定门外北苑一号院	66749494
北苑二号院社区居委会	北苑二号院 7 信箱	84936317
北苑三号院社区居委会	北苑三号院航空中心医院居委会	84929635
来广营村村委会		84904455
红军营村村委会		84921483
清河营村村委会		84914703
立水桥村村委会		84921705
北湖渠村村委会		52076966
东湖渠村村委会		64720003
新生村村委会		84916004

金盏地区

沙窝村村委会	84317838
金盏东村村委会	84343674
金盏西村村委会	84333579
皮村村委会	84331517
雷庄村村委会	84340177
长店村村委会	84339370
楼梓庄村村委会	84317960
黎各庄村村委会	84317601
东窑村村委会	84316859
曹各庄村村委会	84317813
小店村村委会	84333706
北马房村委会	84311013
马各庄村村委会	65418506

朝阳农场家属委员会		84331049
楼梓庄居委会	金盏大街 2 号	84333132

奥运村地区

总装社区	安祥北里 10 号院	66355671
南沙滩社区	南沙滩 2 号院 3 号楼 101	58770913
科学园社区	科学园南里东街 2 号楼二层	64889908
风林绿洲社区	大屯路科学园南里风林绿洲 F12 楼 4 单元 1 层	64865476
绿色家园社区	天居园 5 号楼 1 层	51095792
大羊坊社区	北苑路 13 号院 2 号楼 1 单元 103	51095691
龙祥社区	清林路世茂奥林 7 号三层(世纪龙祥嘉园)	84940730
万科星园社区	万科星园北门圆房子	84924006
北沙滩社区	北沙滩 8 号院 5 号楼	64830145
双泉社区	花虎沟 8 号院 6 号楼 2 单元 101	62925020
林萃社区	林萃路 9 号(京师园 5 号楼 18 号)	58213290
国奥村社区	大屯路甲 3 号	64888019

三间房地区

三间房东村村委会	65755100
三间房西村村委会	65797128
定福庄东村村委会	65738008
定福庄西村村委会	65726175
东柳村村委会	65702506
西柳村村委会	65400516
褡裢坡村村委会	65756279
白家楼村村委会	65752168
北双桥村村委会	65761784
新房村村委会	65758174
金家村村委会	85368437
梆子井村村委会	65461988
定南里社区居委会	65737663
定北里社区居委会	65793017
定西南里社区居委会	65761084
定西北里社区居委会	51962375
三间房南里社区居委会	65766922
福怡苑社区居委会	65407042
双柳社区居委会	65426384
双桥铁路社区居委会	65758180
双桥路社区居委会	85366803
美然动力社区居委会	65769868
绿洲家园社区居委会	65461440
艺水方园社区居委会	65400351

双惠苑社区居委会		65704791

常营回族乡

常营第一村委会	常营回族乡常营村	65481804
常营第二村委会	常营回族乡常营村	65480868
常营第三村委会	常营回族乡常营村	65482634
常营第四村委会	常营回族乡常营村	65482097
常营第五村委会	常营回族乡常营村	65482232
常营第六村委会	常营回族乡常营村	65484069
常营第七村委会	常营回族乡常营村	65480844
常营第一居委会	常营回族乡常营村	65482251
十里堡村委会	常营回族乡十里堡村	58240274
五里桥村委会	常营回族乡连心园小区 28－1－601	65720226
草房村委会	常营回族乡草房村村	58234549
荟万鸿社区居委会	常营回族乡荟康苑小区 3－8－102	65728145
鑫兆佳园社区居委会	鑫兆佳园小区 28－102	65431082
万象新天社区居委会筹备组	万象新天小区 216－1－101	65436225

豆各庄地区

南何家村村委会	南何家村村委会	85308298
于家围北村村委会	于家围北村村委会	85367127
于家围南村村委会	于家围南村村委会	85369197
石槽村村委会	石槽村	85363416
东马各庄村村委会	东马各庄	85307401
西马各庄村委会	西马各庄村	85307187
豆各庄村村委会	豆各庄村	67372530
孟家屯村村委会	孟家屯村	67365172
黄厂村村委会	黄厂村	67364672
孙家坡村委会	孙家坡村	67385414
水牛坊村委会	水牛坊村	67373802
马家湾村村委会	马家湾村	67372892
青青家园居委会	青青家园	85300960
491 电台居委会	491 电台	85361425
阳光家园社区	第二监狱职工家属院	85392146
京城雅居社区	京城雅居小区	(未装)
绿丰家园社区	绿丰家园小区	(未装)

黑庄户地区

大鲁店一村村委会		85386242
双树南村村委会		85373302

大鲁店二村村委会		85385253
双树北村村委会		85370167
大鲁店三村村委会		85383595
定辛庄东村村委会		85371426
小鲁店村村委会		85386256
定辛庄西村村委会		85372392
郎各庄村村委会		85387385
苏坟村村委会		85372287
郎辛庄村村委会		85382273
么铺村村委会		85370621
黑庄户村村委会		85385991
旭园社区居委会	旭园社区	85384802
四合庄村村委会		85381261
双桥第一社区居委会	双桥第一社区 39 号楼 110	85391807
万子营东村村委会		85381836
双桥第二社区居委会	双桥第二社区 6 号井小区	85391801
万子营西村村委会		85384093
康城社区居委会	双桥东路 9 号托幼楼 209 室	85373117
怡景城社区居委会	郎辛庄北路 58 号院怡景城社区	85380351

管庄地区

八里桥社区居委会	85701262
管庄东里社区居委会	51167315
管庄西里社区居委会	52037551
建东苑社区居委会	65752017
惠河东里社区居委会	65485807
瑞祥里社区居委会	85709409
京通苑社区居委会	65709460
丽景园社区居委会	65777481
惠河西里社区居委会	65438728
郭家场村村委会	85390172
八里桥村村委会	85708767
重兴寺村村委会	60533600
杨闸村村委会	85708652
司辛庄村村委会	65739289
小寺村村委会	65703627
果家店村村委会	85708429
管庄村村委会	65761536
东会村村委会	65457441
西会村村委会	85709630
咸宁侯村村委会	85365773
塔营村村委会	85709455

孙河地区

孙河村村委会	84592764
上辛堡村村委会	64386995
前苇沟村村委会	84329653
下辛堡村村委会	64384940
后苇沟村村委会	84564543
黄港村村委会	64348581
康营村村委会	64332678
雷桥村村委会	84911232
北甸东村村委会	84594385
沙子营村村委会	84912178
北甸西村村委会	84590227
李县坟村村委会	84910132
西甸村村委会	85595500
沈家坟村村委会	84912989

崔各庄地区

草场地村委会	64371230
奶西村委会	84709812
北皋村委会	64371106
崔各庄村委会	64387673
东辛店村委会	64371273
善各庄村委会	64327634
东营村委会	84338829
何各庄村委会	64381679
望京村委会	64364894
马泉营村委会	64362005
南皋村委会	64368319
马南里居委会	84704447
黑桥村委会	64331668
崔各庄居委会	64382609
索家村委会	64389778

南皋第一区社区居委会

费家村委会	64330157

东营社区居委会

奶东村委会	64366547

内容索引

说　明

·本索引为主题索引，又称内容分析索引，主题词（标目）以《北京朝阳年鉴》（2011年卷）正文中出现的专业名词、名词词组、机构名、地名为主。

·综述、大事记、专文、特载、统计资料、人物、附录等类目内容不在索引范围内。

·本索引按汉语拼音音序排列，首序相同时，则以第二字排序，依此类推。以数字、字母、符号开始的主题题词，排在最后。

·本索引的文字部分为标目，标目之后的数字表示所在页码范围（地址项）。

A

B

C

D

E

F

H

J

M

N

P

Q

R

S

T

W

X

Y

Z

数字索引

英语字母索引

感谢以下提供图片人员对本刊工作的支持

（按姓氏笔划排列）

毛丽珠　牛　荣　王巧玲　王吉武　王　芳　王　蕊
王　蕾　冯　燕　史路明　刘玉安　刘镇平　孙启明
孙爱红　朱京豫　阮林志　佟力霞　吴　琼　宋倩颖
宋艳花　张　伟　张宗璐　张洁梅　张　涛　张嘉明
张毅川　时　彬　李　由　李　卓　李宝华　李明哲
李继辉　李　敏　李智博　李新宇　杨春青　杨　满
陈德生　周玉龙　周　屹　林春光　英　姿　郑宇鹏
郑　敏　俞丽娟　徐　昚　莫宝林　郭　斌　康雅文
戚　璟　黄　敏　董　艳　谢雯雯　蔡红梅　裴晓波
樊　桦　戴　冰　魏新云